Mittler und Befreier

Mittler und Befreier

Die christologische Dimension der Theologie

Für Gerhard Ludwig Müller

Herausgegeben von Christian Schaller,
Michael Schulz, Rudolf Voderholzer

FREIBURG · BASEL · WIEN

www.herder.de
Einbandgestaltung: Finken & Bumiller, Stuttgart
Satz: Barbara Herrmann, Freiburg
Herstellung: fgb · freiburger graphische betriebe
www.fgb.de
Gedruckt auf umweltfreundlichem, chlorfrei gebleichtem Papier
Printed in Germany
ISBN 978-3-451-29804-2

Seiner Exzellenz
Dem Hochwürdigsten Herrn
Prof. Dr. Dr. h. c. mult. Gerhard Ludwig Müller
Bischof von Regensburg

Unserem Akademischen Lehrer
Zum 60. Geburtstag und zu seinem 30. Priesterjubiläum
In Verehrung und Dankbarkeit
gewidmet

Inhalt

Anhang

Papst Benedikt XVI.

Lieber Bischof Gerhard Ludwig!

In der Festschrift zu Deinem 60. Geburtstag möchte ich wenigstens mit einem Grußwort vertreten sein. Ich erinnere mich noch gut unserer ersten Begegnung, als Du mir Deine eben erschienene Dissertation über die Sakramente im Denken von Dietrich Bonhoeffer überreicht hast: Eine ökumenische Arbeit besonderer Art, die bei einem großen protestantischen Denker, den wir von seinen zentralen Thesen her alle zu kennen glauben, unerwartete Aspekte aufzeigt und so auf besondere Weise zur Begegnung einlädt. 1995 hast Du mir dann Deine „*Dogmatik*" zugesandt. Sie ist – soweit ich sehen kann – das einzige derzeit auf dem Markt befindliche Lehrbuch unseres Fachs, das von einem einzigen Verfasser geschrieben ist und so das große Gefüge der Welt des katholischen Glaubens in seiner inneren Einheit sichtbar macht. Als besonderer Vorzug kommt noch dazu, daß das Werk sich in einem Umfang hält, der es für Studenten als Arbeitsbuch geeignet macht. Damit hast Du eine wichtige Markierung gesetzt, denn die Theologie und auch das Fach Dogmatik droht sich in Spezialisierungen aufzulösen, die das Ganze nicht mehr erkennbar werden lassen, wo doch alles einzelne in unserem Glauben eben nur von seiner Ganzheit her recht verstanden werden kann.

Nach diesen mehr literarischen Begegnungen sind wir uns persönlich nahe gekommen in den Jahren, in denen Du Mitglied der Internationalen Theologenkommission warst, deren Präsident ich als Präfekt der Kongregation für die Glaubenslehre gewesen bin. Wir alle haben immer Deine umfassende Kenntnis der ganzen Geschichte von Dogma und Theologie bewundert, die in Deinen Gesprächsbeiträgen zum Vorschein kam und die das Fundament für Dein immer zuverlässiges Urteil gewesen ist. Bei allem haben wir auch gespürt, daß Deine Theologie nicht bloße akademische Gelehrsamkeit war, sondern – wie es das Wesen der Theologie verlangt – Mitdenken mit dem Wort des Glaubens, Mitdenken mit dem Wir der Kirche als dem gemeinsamen Subjekt des Glaubens war und ist. Du hast dafür gesorgt, daß die Arbeiten der Internationalen Theologenkommission auch in Deutschland bekannt wurden und hast in all diesen Jahren mit wichtigen Beiträgen zu den drängenden theologischen Fragen der Gegenwart Stellung genommen. Du hast Dich darum gemüht, das vielfach auf verzerrende Stichworte reduzierte Dokument „*Dominus Iesus*" verständlich zu machen. Als Bischof von Regensburg hast Du das biblische Grundwort Dominus Iesus – Jesus ist der Herr (*Röm* 10,9; 1 *Kor* 12,3) – als Wahlspruch gewählt und damit zugleich ein Programm festgelegt: Christus steht in der Mitte des bischöflichen Dienstes; er ist die Mitte unserer christlichen Existenz. Im Augenblick Deiner Bischofsweihe, als die Diskussion um das so beginnende Dokument der Kongregation für die Glaubenslehre noch voll im Gang war, war dieser Wahlspruch zugleich ein Hinweis darauf, daß das Lehramt mit dem umstrittenen Dokument uns eben zu dieser Mitte unseres Glaubens zurückrufen wollte.

Nun sind es schon fünf Jahre, seitdem Dir der Bischofsstuhl des heiligen Wolfgang anvertraut wurde. Du hast manche Stürme erleben müssen, und andere werden wohl noch kommen. Aber niemand konnte in dieser Zeit daran zweifeln, daß Du letztlich dies eine willst: Zeugnis für Jesus Christus geben, in dem Gott uns sein Angesicht zugewandt und sein Herz geöffnet hat. So möchte ich Dir bei Deinem 60. Geburtstag wünschen, daß der Herr Dir hilft, immer sein getreuer Zeuge und so „Mitarbeiter unserer Freude" (2 *Kor* 1,24) zu sein.

Rom, am Fest des heiligen Hilarius 2007 *Benedikt XVI.*

Grußwort

von Walter Kardinal Kasper

Ganz herzlich gratuliere ich meinem Mitbruder im bischöflichen Amt Dr. Gerhard Ludwig Müller zu seinem 60. Geburtstag am 31. Dezember 2007 und wünsche ihm zusammen mit den anderen Gratulanten dieser Festschrift, seinen ehemaligen Kollegen sowie den Vertretern seines Schülerkreises alles Gute und Gottes reichen Segen für sein weiteres Wirken.

Bischof Müller hat in den 16 Jahren seines akademischen Wirkens einen wichtigen Beitrag zur Theologie geleistet und damit auch Anerkennung im öffentlichen Raum gefunden. Darüber hinaus unterstützte er als Berater die ökumenische Arbeit des Päpstlichen Rates zur Förderung der Einheit der Christen.

Als Vorsitzender der Ökumenekommission der Deutschen Bischofskonferenz steht er heute in einem weiterführenden Dialog mit den Schwestern und Brüdern im gemeinsamen Glauben an Jesus Christus. Seine Kenntnisse über Leben, Gestalt und Lehre Jesu Christi sind das Ergebnis einer jahrzehntelangen Forschung mit der Heiligen Schrift und den Quellen der Tradition und dienen diesem an der Wahrheit orientierten Suchen nach der Erfüllung des Auftrags Jesu. Christus ist dabei die bleibende Mitte und das uns alle verbindende Zentrum unseres Ringens um die Einheit seiner Kirche. Aus dieser Dynamik des Dialogs erwächst dem Glauben eine neue Gegenwartskraft und die Kirche wird umso mehr „gleichsam das Sakrament der innigsten Vereinigung mit Gott wie für die Einheit der ganzen Menschheit." (LG 1)

Weil Bischof Gerhard Ludwig Müller sich dabei immer in den Dienst dieser Erfahrung gestellt hat, wurde er für viele zu einem echten Lehrer der Theologie.

Ihm bleibe ich verbunden im gemeinsamen Anliegen der Förderung der Einheit der Christen.

Walter Kardinal Kasper

Grußwort

von Joachim Kardinal Meisner

„Zur Freiheit hat uns Christus befreit." Paulus, der große apostolische Theologe christlicher Befreiung, überschlägt sich geradezu bis in die sprachliche Doppelung hinein, wo er die Galater dazu aufruft, sich nicht von neuem das Joch der Knechtschaft auflegen zu lassen (Gal 5,1). Es gibt kein freieres Geschöpf auf Erden als den Christen, und zwar nur und ausschließlich deshalb, weil Christus selbst ihn der Macht der Sünde entrissen hat. „Ihr wisst, dass ihr aus eurer sinnlosen, von den Vätern ererbten Lebensweise nicht um einen vergänglichen Preis losgekauft wurdet, nicht um Silber oder Gold, sondern mit dem kostbaren Blut Christi, des Lammes ohne Fehl und Makel" (1 Petr 1,18–19).

Es erstaunt, wenn man bei näherem Hinsehen bemerkt, wie wenig dieser freiheitsliebende Paulus seine Stimme gegen die Sklaverei seiner Epoche erhebt. Im Gegenteil: „Jeder soll in dem Stand bleiben, in dem ihn der Ruf Gottes getroffen hat. Wenn du als Sklave berufen wurdest, soll dich das nicht bedrücken; auch wenn du frei werden kannst, lebe lieber als Sklave weiter", schreibt er an die Korinther (1 Kor 7,20–21). Und den entlaufenen Sklaven Onesimus schickt er an dessen Herrn zurück. Denn christliche Freiheit ist eben zunächst einmal keine soziologische oder politische Größe, sondern die Freiheit von der Macht der Sünde, die sich wie eine personale Macht gegen Gott erhebt.

Freilich kann und will der Begriff der Erlösung seine Herkunft vom Lösen der Ketten des Sklaven und des Gefangenen nicht verleugnen. Sprechen wir griechisch von der lytrosis oder lateinisch von der redemptio – immer werden wir auf diese sprachliche Wurzel des „Freikaufs" zurückverwiesen. So hat auch Jesus seine Frohbotschaft vom Königtum Gottes bekräftigt, indem er Menschen von den Fesseln des Bösen, der Krankheit und selbst des Todes befreite. Wie antwortet Jesus doch dem Synagogenvorsteher, der ihm Vorwürfe wegen der Heilung einer verkrümmten Frau am Sabbat macht: „Diese Tochter Abrahams ..., die der Satan schon seit achtzehn Jahren gefesselt hielt, sollte am Sabbat nicht davon befreit werden dürfen?" (Lk 13,16).

In diesem Sinne lohnt es sich, noch einmal einen Blick auf Paulus und Onesimus zu werfen. Der Apostel befreit zwar den Sklaven nicht, schickt diesen sogar dessen Herrn – Philemon – zurück, aber eben, wie er zugleich schreibt, „nicht mehr als Sklaven, sondern als weit mehr: als geliebten Bruder" (Philemon 16). Wo jedoch der Sklave zum geliebten Bruder wird, da ist jede Sklaverei am Ende. Die Dimensionen christlicher Befreiung sprengen die Kategorien jeder soziologischen Analyse und jedes politischen Systems.

Aber kann man das Thema christlicher Befreiung wirklich – wie der Titel der Festschrift es ankündigt – in der Konzentration auf Christus behandeln? Müsste man nicht mehr auf unsere orthodoxen Geschwister hören, die die trinitarischen und namentlich die pneumatologischen Aspekte immer wieder einfordern? Nun, beides ist von großer Bedeutung und darf keinesfalls in Vergessenheit geraten. Aber es bleibt dabei, dass Christus nicht nur unser Friede ist, sondern auch unsere Freiheit. Was der himmlische Vater vorsieht, was der Heilige Geist bewirkt, das gewinnt in dem menschgewordenen Gottessohn Konturen. Christus verleiht der christlichen Freiheit ein Gesicht, gibt ihr Hand und Fuß.

Und so wünsche ich dieser Festschrift, dass sie nicht nur den Geehrten und die Gelehrten erfreut. Möge sie zugleich unserer heutigen Gesellschaft, die wohl noch leichtfertiger als einst die Galater dazu bereit ist, sich von neuem das Joch der Knechtschaft auflegen zu lassen, ins Gedächtnis zu rufen, zu welcher Freiheit wir befreit sind!

Joachim Kardinal Meisner
Erzbischof von Köln

I „Dass alle Menschen gerettet werden“
Anthropologischer Anweg

Die Inschrift des Jerusalemer Felsendoms als christologische Herausforderung

von Joachim Gnilka

Die Inschrift des Jerusalemer Felsendoms betrifft den Zusammenhang von Muslimen, Juden und Christen. Der faszinierende Bau, ein Oktogon mit (später vergoldeter) Kuppel, kann als das älteste Zeugnis muslimischer Architektur gelten. „The Shape of the Holy" ist der Titel eines Buches von Oleg Grabar, das sich mit ihm beschäftigt. Seine Bedeutung beschränkt sich aber nicht allein auf den Islam.

Der Kalif Abd al-Malik (685–705) aus dem Geschlecht der Omayaden ließ gegen Ende des siebten Jahrhunderts den Felsendom errichten. Der Bau wurde von christlichen, byzantinischen und syrischen, Architekten ausgeführt. Nach H. Busse steht der Felsendom in seiner architektonischen Gestalt außerhalb des Islam, rein islamisch ist das Beiwerk, das sind vor allem die arabischen Inschriften[1].

Weiterführend ist das, was man den „archäologischen Index" genannt hat[2]. Dazu gehören neben den Inschriften der Ort, an dem der Bau errichtet worden ist, seine Gestalt und seine Mosaiken. Wir wollen uns der Frage nach der Auswahl des Ortes und dann den Inschriften widmen.

Abd al-Malik wählte den Platz aus, auf dem einst der jüdische Tempel sich befand. Tritt man in den Felsendom ein, nimmt man den heiligen Felsen wahr, einen Fels von 17,7 mal 13,5 Meter Größe[3], der in einer von der Kuppel bekrönten Rotunde liegt und von einem Arkaden-Oktogon umgeben ist. Nach J. Jeremias steht es fest, dass auf ihm der ehemalige Brandopferaltar des Tempels stand. Spuren von Bearbeitung, besonders aus der Kreuzfahrerzeit, stellen diese Aussage nicht in Frage[4]. Unter sich hat der Fels eine Höhle mit Kanälen und Öffnungen, die zum Abzug des Feuers, zum Abfluss des Blutes, der Wasser- und Weinspenden und zur Reinigung des Altars gedient haben mögen.

---

[1] TThQ 161 (1981) 170.

[2] Den Begriff „archäologischer Index" prägte nach Grabar, Shape of the Holy 56, Max van Berchem.

[3] Jeremias, Golgotha 65.

[4] Jeremias, Golgotha 65. In der Kreuzfahrerzeit wurde über dem Felsen ein Altar mit steinernem Baldachin errichtet.

Die Auswahl des Ortes, die Ausrichtung auf den heiligen Fels spricht ziemlich klar für die Anknüpfung an die jüdische Tradition. Der Felsendom steht für den alten Jerusalemer Tempel. Die Heiligkeit und Besonderheit des Ortes wird zusätzlich bezeugt durch Traditionen, die ihn ausweisen als Grabhöhle Adams, Verschlussstein der Sintflut, Thronsitz Jahwes, Nabel der Welt, Eingang in die Unterwelt[5]. Wenn früher der Hohepriester am Versöhnungstag die Schaufel mit den glühenden Kohlen auf die beiden Tragstangen der Lade legte, so legte er sie seit dem Exil auf den heiligen Felsen und räucherte auf ihm. Der Felsen war somit die heiligste Stätte des Judentums und die Stelle des verschwundenen Thronsitzes Jahwes.

Festzustellen bleibt, dass diese Traditionen jüdischen Ursprungs sind. Wenn sich viele dieser Traditionen auch bei der christlichen Grabeskirche in Jerusalem finden – Grab Adams, Mittelpunkt der Erde, Schlussstein der Unterwelt, Melchisedek –, Abrahamsaltar und so weiter –, so bleibt zu berücksichtigen, dass sie vom Tempelplatz zur Grabeskirche gewandert sind, nicht umgekehrt[6].

Die Verbreitung der Vorstellung lehrt, dass das Attribut, Mittelpunkt und Nabel der Welt zu sein, ein Zentralheiligtum auszeichnet[7]. Abd al-Malik konnte mit der Wahl dieses Ortes ein islamisches Heiligtum errichten, das an Mekka heranreichte. Weil die Omayaden das Kalifat von Mekka nach Syrien verlegt hatten, dürfte dies seinen Intentionen entsprochen haben[8]. Ein heiliger Stein als Zentrum des Heiligtums bestimmt sowohl den Felsendom in Jerusalem als auch die Kaaba in Mekka.

Man wird neben dem jüdischen Hintergrund auch einen christlichen zu berücksichtigen haben. Dieser wird aber recht unterschiedlich bestimmt. Bei der Erörterung der Inschriften wird er klarer hervortreten. Der christliche Hintergrund kann schon deshalb nicht ausgeschlossen werden, weil Jerusalem, 638 von den Muslimen erobert, gegen Ende des siebten Jahrhunderts noch zu einem beträchtlichen Teil von Christen bewohnt war.

In der christlichen Perspektive rückt der Felsendom in Konkurrenz zur

---

[5] Zahlreiche Belege bei Jeremias, Golgotha 51–68.

[6] Krüger, Grabeskirche 134–139; Jeremias, Golgotha 40. In der Grabeskirche zeigt eine vasenähnliche Skulptur den Nabel der Welt an. Vgl. bei Krüger Abb. 153 auf S. 136.

[7] Die Vorstellung ist verknüpft auch mit dem Garizim, mit Bethel, Delphi, Mekka.

[8] Küng, Islam 257, bezeichnet den Felsendom als „religionspolitisches Signal" und berichtet in diesem Zusammenhang vom Konflikt Abd al-Maliks mit dem Gegenkalifen Ibn az-Zubair in Mekka.

Grabeskirche. Muqaddasi, ein muslimischer Bürger Jerusalems, nennt ausschließlich ästhetische Gründe. Der Kalif habe den schönen christlichen Bauten einen muslimischen äußerst dekorativen Bau entgegensetzen wollen[9].

Besteht eine geplante Relation des Felsendomes zur Aqsa-Moschee, die beide gleichzeitig entstanden? Die Aqsa-Moschee hat manche Besonderheiten, die sie von anderen Moscheen unterscheidet[10]. Dazu gehört, dass sie keinen eigenen gekennzeichneten Hof besitzt, es sei denn, dass man den ganzen Haram, die Plattform des Geländes des einstigen Tempels, als solchen betrachtet. Tut man das, könnte man auf den Gedanken kommen, das Ensemble von Felsendom und Aqsa-Moschee als Nachbildung der konstantinischen Grabeskirche anzusehen. Denn diese bestand auch aus zwei Bauten, einer Rotunde über dem Grab Christi und der großen Basilika[11]. Beide Bauten waren durch einen von Säulen umstandenen Hof voneinander getrennt. Der Felsendom hat nachweislich die Rotunde der Grabeskirche zum Vorbild genommen[12].

Geht man noch einen Schritt weiter, könnte sich der Gedanke nahelegen, dass auch einmal im Felsendom, in der Höhle unter dem heiligen Felsen, das Grab Christi verehrt wurde. Damit kommen wir zu einer weiteren Auffassung, dass nämlich der Felsendom ursprünglich ein christlicher Sakralbau gewesen sei. Diese These vertritt neuerdings Christoph Luxenberg[13]. Er beruft sich hierfür – abgesehen von der Inschrift, auf die wir noch zu sprechen kommen werden – auf die „Schatzhöhle“, eine Schrift aus der Schule Ephräms des Syrers (4. Jahrhundert), und philologische Argumente. Die „Schatzhöhle“ überliefert auch die Traditionen für den Tempelberg und den heiligen Felsen, die wir oben schon zitiert haben, dass sich hier das Grab Adams, der Nabel der Welt, der Melchisedek-Altar und so weiter befunden habe. Auch Christus

---

[9] Text bei Grabar, Shape of the Holy 53.

[10] Vgl. Grabar, Shape of the Holy 117–122.

[11] Die heutige Grabeskirche bewahrt nur die Rotunde. Von der Basilika sind nur geringe Reste erhalten, so Teile der Eingangswand mit Portalöffnungen in der Vorhalle im Warenlager des Zuckerbäckers Zalatimo. Die Größe der Basilika entsprach etwa der halben Größe der konstantinischen Peterskirche in Rom. Vgl. Krüger, Grabeskirche Abb. 46 und 59 S. 49 und 58.

[12] Nach Krüger, Grabeskirche 74, sind dies die gleichen Ausmaße der Rotunde, die auf zwölf Säulen und vier Pfeilerpaaren ruht, die hölzerne Kuppel, die Trennung in Bethaus und Wallfahrtsstätte.

[13] Neudeutung 143–146. Ähnlich Popp, Frühe Islamgeschichte 82. Christoph Luxenberg ist ein Pseudonym. Hinter diesem verbirgt sich nach den Informationen von Küng, Islam 630, ein in Deutschland unterrichtender orientalisch-christlicher Geistlicher aus dem Irak.

sei hier gekreuzigt worden. Die Angabe ist ungenau[14]. Für die Annahme eines christlichen Sakralbaus bedürfte es noch weiterer Argumente.

Damit kommen wir zu den Inschriften. Was dem Felsendom sein muslimisches Gepräge gibt, ist die Fülle der Inschriften. Es sind über hundert, die im Lauf der Zeit angebracht worden sind. Von besonderem Interesse sind vier Inschriften, die aus der Zeit Abd al-Maliks, des Erbauers, also aus dem letzten Jahrzehnt des siebten Jahrhunderts, stammen. Sie befinden sich im Innern des Gebäudes an der äußeren und inneren Seite der Arkaden, am Ost- und Nordtor und bilden ein zusammenhängendes Mosaikfries von etwa 240 Meter Länge. O. Grabar schließt nicht gänzlich aus, dass in der Kreuzfahrerzeit oder durch spätere Reparaturarbeiten manches verloren ging. Doch es könne sich dann nur um „additional statements" handeln[15].

Die Inschriften sind theologischen Inhalts. Sie verkündigen gemäß dem islamischen Grunddogma die Einzigkeit Gottes. Sie zitieren Suren des Koran. Ihre große Bedeutung besteht auch darin, dass sie die ältesten Textzeugnisse des Koran überhaupt darstellen. Die Inschrift an der inneren Seite der Arkaden muss uns besonders interessieren, denn sie macht christologische Aussagen, die wiederum weitgehend mit dem Koran übereinstimmen.

Im folgenden bieten wir im Anschluss an H. Busse[16] eine Übersetzung der Inschrift am Nordtor und eine Übersetzung der Inschrift an der inneren Seite der Arkaden, anschließend auszugsweise die Übersetzung der letztgenannten Inschrift nach Ch. Luxenberg. Die in Klammern gesetzten Zahlen stehen jeweils am Ende eines Koranzitats.

Die Inschrift am Nordtor:

„Im Namen des barmherzigen und gnädigen Gottes. Preis sei Gott, es gibt keinen Gott außer ihm. ‚(Er ist) der Lebendige und Beständige' (2,255). Er hat keinen Teilhaber. ‚(Er ist) ein einziger, durch und durch (er selbst) (?). Er hat weder gezeugt, noch ist er (selber) gezeugt worden. Und keiner kann sich mit ihm messen' (112, 1–4).

Mohammad ist der Diener und der Gesandte Gottes. ‚(Gott) hat ihn mit der Rechtleitung und der wahren Religion geschickt, um ihr zum Sieg zu verhelfen über alles, was es (sonst) an Religion gibt – auch wenn es den Heiden zuwider ist' (9,33).

---

[14] Die „Schatzhöhle" identifiziert den Tempelberg sogar mit Golgota, der Schädelstätte und Gabbata! Das philologische Argument lautet: Felsendom, arabisch qubbat as-sahra (= Felsenkuppel) bezeichnet das Mausoleum eines Heiligen.

[15] Shape of the Holy 57.

[16] TThQ 161 (1981) 172–174.

'Wir glauben an Gott und (an das), was (als Offenbarung) an Mohammad herabgesandt worden ist und was die Propheten von ihrem Herrn erhalten haben, ohne dass wir bei einem von ihnen (den anderen gegenüber) einen Unterschied machen. Ihm sind wir ergeben' (2, 136).

Gott möge Mohammad, seinen Diener und seinen Propheten segnen, und über ihn sei Heil, die Barmherzigkeit Gottes, sein Segen, seine Vergebung und sein Wohlgefallen."

Die Inschrift an der inneren Seite der Arkaden:

„Im Namen des barmherzigen und gnädigen Gottes. Es gibt keinen Gott außer Gott allein; er hat keinen Teilhaber. 'Er hat die Herrschaft (über die ganze Welt)' (64,1). Ihm gebührt Preis. 'Er macht lebendig und lässt sterben und hat zu allem die Macht' (57,2).

Mohammad ist der Diener und der Gesandte Gottes.

'Gott und seine Engel segnen den Propheten. Ihr Gläubigen! Segnet (auch ihr) ihn und grüßt (ihn), wie es sich gehört' (33, 56).

'Ihr Leute der Schrift! Treibt es in eurer Religion nicht zu weit und sagt gegen Gott nichts aus, außer der Wahrheit!

Christus Jesus, der Sohn der Maria, ist (nicht Gottes Sohn. Er ist) nur der Gesandte Gottes und sein Wort, das er der Maria entboten hat, und Geist von ihm. Darum glaubt an Gott und seinen Gesandten und sagt nicht (von Gott, dass er in einem) drei (sei)! Hört auf (so etwas zu sagen! Das ist) besser für euch. Gott ist nur ein einziger Gott. Gepriesen sei er! (Er ist darüber erhaben) ein Kind zu haben. Ihm gehört (vielmehr alles), was im Himmel und auf der Erde ist. Und Gott genügt als Sachwalter. Christus wird es nicht verschmähen, ein (bloßer) Diener Gottes zu sein, und auch nicht die (Gott) nahestehenden Engel. Und wenn einer es verschmäht, Gott zu dienen, und (zu) hochmütig (dazu) ist (hat das nichts zu bedeuten). Er wird sie (dereinst) alle zu sich versammeln' (4,171–72).

Gott! Segne deinen Gesandten und deinen Diener Jesus, den Sohn der Maria! Heil sei über ihm am Tage, da er geboren wurde, am Tage, da er stirbt, und am Tage, da er wieder zum Leben erweckt wird. 'Solcher Art ist Jesus, der Sohn der Maria – um die Wahrheit zu sagen, über die sie (immer noch) im Zweifel sind. Es steht Gott nicht zu, sich irgendein Kind zuzulegen. Gepriesen sei er! (Darüber ist er erhaben.) Wenn er eine Sache beschlossen hat, sagt er zu ihr nur: sei!, dann ist sie. Und (Jesus sagte:) Gott ist mein und euer Herr. Dienet ihm! Das ist ein gerader Weg' (19,33–36).

'Gott bezeugt, dass es keinen Gott gibt außer ihm. Desgleichen die Engel und diejenigen, die das (Offenbarungs-)Wissen besitzen. Er sorgt für Gerechtigkeit. Es gibt keinen Gott außer ihm (Er ist) der Mächtige und Weise. Als (einzig wahre) Religion gilt bei Gott der Islam. Und diejenigen, die die Schrift erhalten haben, wurden – in gegenseitiger Auflehnung – erst uneins, nachdem das Wissen zu ihnen gekommen war. Wenn aber einer nicht an die Zeichen Gottes glaubt, ist Gott schnell im Abrechnen‘ (3,18–19).

Luxenberg beschäftigt sich in seinem Beitrag nur mit der Inschrift an der inneren Seite der Arkaden und bietet darum auch nur deren Übersetzung[17]. Die entscheidende Veränderung (Neudeutung) erfolgt gleich am Anfang. Wir geben darum seine Übersetzung des Anfangs der Inschrift wörtlich wieder.

„Im Namen des gnädigen und barmherzigen Gottes (bzw.: im Namen des liebenden und geliebten Gottes!) / Es gibt keinen Gott außer ihm allein, er hat keinen Teilhaber / (Sure 64:1) ihm (gehört) die Herrschaft und ihm (gebührt) das Lob / (Sure 57:2) er spendet Leben (bzw. erweckt wieder zum Leben) und lässt sterben, er ist allmächtig. /

Zu loben ist (gelobt sei) der Knecht Gottes und sein Gesandter / (Sure 33:56) Gott und seine Engel sprechen Segen über den Propheten / Ihr, die ihr glaubt, sprecht Segen und Heil über ihn / Gott segne ihn, Heil über ihn und Gottes Erbarmen (oder Liebe)!“

Die radikale Neuinterpretation versteht muhammad nicht als Eigenname, bezogen auf den Propheten Muhammad, sondern als Verbalform (Gerundiv). Auf das Lob Gottes folgt das Lob des Knechtes und Gesandten Gottes. Es sei also nicht zu übersetzen: „Muhammad (ist) der Knecht Gottes und sein Gesandter“, sondern: „Zu loben ist (gelobt sei) der Knecht Gottes und sein Gesandter“. Natürlich entsteht jetzt sofort die Frage, wer denn dieser sei. Die Antwort ist zunächst negativ: „Mit diesem Gerundiv ist daher in diesem Kontext nicht der später metaphorisch zum Eigennamen gemachte Mohammed gemeint, zumal für dieses Verständnis die Kopula ‚ist‘ in diesem Satz fehlt, vielmehr macht hier das Gerundiv als Verbalform eine zusätzliche Kopula überflüssig.“ Die positive Antwort ist: der zu Lobende ist Jesus, der im folgenden Text der Inschrift erneut Gottes Gesandter und Knecht genannt wird: „Herrgott segne deinen Gesandten und Knecht Jesus, Sohn der Maria! Heil über ihn ...“[18].

Diese auf Jesus zielende Interpretation der Inschrift geht davon aus, dass es zur Zeit der Erbauung des Felsendoms am Ende des siebten Jahrhunderts den Islam noch nicht gegeben habe. Im Vorfeld des Islam liegen Streitigkeiten zwischen der byzantinischen und syrisch-arabischen Kirche, die um das Ver-

---

[17] Neudeutung 126–128.

[18] Luxenberg, Neudeutung 129f.

ständnis der Person Christi kreisen. Wie ist das Verhältnis von Gottheit und Menschheit in seiner Person des näheren zu bestimmen? Ist er Gott und Mensch zugleich, ist er Gottes Sohn, ist er bloßer Mensch, der durch die Wahl Gottes und eine heroische Lebensführung in ein einzigartiges Verhältnis zu Gott rückte? Das Konzil von Chalkedon im Jahr 451 hatte zwar klare Definitionen geschaffen, doch es vermochte sich nicht überall und mancherorts nur zögerlich durchzusetzen. Das gilt insbesondere für das syrische und arabische Christentum[19].

Der Felsendom ist demnach ein ursprünglich christliches Heiligtum. Gebaut wurde es als Demonstration des syrisch-arabischen Christentums gegen die vom byzantinischen Christentum bestimmte Grabeskirche. Das syrisch-arabische Christentum hätte hier seine christologische Auffassung, nach der Jesus nur Mensch und nicht Gottes Sohn sei, demonstrativ gegen die Christologie der byzantinischen Reichskirche, die durch das Konzil von Chalkedon geprägt ist (Jesus wahrer Mensch und Gott) zur Geltung gebracht. Das syrisch-arabische Christentum, dessen Vertreter Abd al-Malik gewesen sei, habe eine vornizenische Christologie konserviert – das Konzil von Nikaia war im Jahr 325 – und Christus nur als Knecht Gottes aufgefasst und den einen Gott gegen die Trinitätslehre der Nizener verteidigt.

Auch den Koran gab es nach Luxenberg zur Zeit der Erbauung des Felsendoms noch nicht. Wenn sich in der Inschrift Verse finden, die auch im Koran stehen, so seien sie der von Luxenberg postulierten dem Koran zugrundeliegenden Grundschrift zuzuordnen[20], die als christlich-liturgisches Buch entstanden und in einer aramäisch-arabischen Mischsprache abgefasst worden sei. Mithilfe syrisch-aramäischer Lesarten des Koran ließen sich Elemente dieser Grundschrift entdecken und aus dem Korantext herausdestillieren[21]. In diesem größeren Zusammenhang, der hier nur angedeutet werden kann, wird also auch die Inschrift des Felsendoms interpretiert. Auf diesem Weg tritt Luxenberg auch der Schwierigkeit entgegen, die die Inschrift selbst ihm bereiten könnte. Es ist das Wort l'islam, das im letzten Abschnitt der Inschrift steht und das hier herkömmlicherweise als terminus technicus verstanden wird. So auch die Übersetzung H. Busse's, die ich wiederhole: „Als (einzig wahre) Religion gilt bei Gott der Islam." Dieses Verständnis von „Islam" gab es aber nach Luxemberg gegen Ende des siebten Jahrhunderts noch nicht.

---

[19] Vgl. die hilfreiche Darstellung von K.-H. Ohlig, Das syrische und arabische Christentum und der Koran, in: Ohlig-Puin, Die dunklen Anfänge 366–404.

[20] Neudeutung 142.

[21] Vgl. Ch. Luxenberg, Die syro-aramäische Lesart des Koran (Berlin 2000).

Er leitet das Wort islam hier von syrisch-aramäischem šalmuta = consensus, concordia ab und gelangt – unter Einbeziehung noch anderer Überlegungen – zu der Übersetzung: „Als das Rechte (hinsichtlich des Schriftverständnisses) (gilt) bei Gott die *Übereinstimmung* (mit der Schrift)."[22] So erscheint die Schwierigkeit, dass der Islam als stehender Begriff durch die Inschrift bezeugt würde, beseitigt. Nicht vom Islam sei die Rede, sondern von Übereinstimmung mit der Schrift, das ist das Evangelium.

Die den Historiker nun brennend interessierende Frage ist die nach dem Verbleib des Propheten Muhammad. Luxenberg unterscheidet zwischen Muhammad I und Muhammad II. Muhammad I ist – wie wir schon anhand seiner Interpretation der Inschrift des Felsendoms an der inneren Seite der Arkaden gesehen haben – Jesus. Die Aussagen über Muhammad II bleiben unbestimmt. Im Zusammenhang mit der Interpretation sprach Luxenberg davon, dass muhammad später metaphorisch zum Eigennamen gemacht worden sei. In der späteren Prophetenbiographie – ab Mitte des 8. Jahrhunderts – werde Muhammad zum Eigennamen. Auf jeden Fall hat Muhammad II nicht von 570–632 gelebt. Und schließlich: „Ob nun ‚Mohammed II', von dem die ‚Sira' so viel zu berichten weiß, ... tatsächlich gelebt hat, oder ob er nur als Symbolfigur anzusehen ist, was der möglicherweise ebenso symbolische Vorname seines Vaters, ‚'Abd Allah' als Wiedergabe der Bezeichnung ‚Knecht Gottes' vom Felsendom nahe legen würde, dies herauszufinden, ist Aufgabe des Historikers."[23]

In einem Gespräch mit Ch. Burgmer, das im Sammelband „Streit um den Koran. Die Luxenberg-Debatte: Standpunkte und Hintergründe (Berlin 2004; 3. Auflage 2007)" erschienen ist, äußerte sich Luxenberg zur Frage nach der Historizität Muhammads (II) nur knapp: „Ich gehe ja nicht so weit zu behaupten, dass es Mohammed oder den Koran nicht gegeben hätte."[24] Gefährten des Skeptizismus findet Luxenberg in Mitarbeitern des Sammelbandes „Die dunklen Anfänge". So hält K.-H. Ohlig, die personelle Zuordnung des „Begriff(s) Mohammed" im Koran für schwierig: Jesus, Mose, der arabische Prophet?[25] Auch V. Popp versteht Muhammad als Titel.[26] C. Gilliot stellt im Anschluss an A. Sprenger fest, dass es hoffnungslos sei, einige Träger des Namens Muhammad vor dem Islam zu finden. Er hält an der Historizität

---

[22] Neudeutung 138f.

[23] Neudeutung 142.

[24] 32.

[25] 401.

[26] 102, in einem umfangreichen Aufsatz über numismatische Zeugnisse.

Muhammads fest, wahrscheinlich sei das aber nicht sein ursprünglicher Name gewesen.[27]

Wenn nicht alles trügt, könnte es bald eine Intensivierung der durch Luxenberg und seinen Kreis angeregten Forschungsbemühungen geben, die auch eine „Leben-Muhammad-Forschung" hervorbringt, die der „Leben-Jesu-Forschung" des 19./20. Jahrhunderts vergleichbar ist (A. Schweitzer).

Der neutestamentliche Exeget, der diese Bemühungen nur aus der Distanz betrachten kann, möchte nicht darauf verzichten, zur Interpretation der Inschrift des Felsendoms Fragen zu stellen und auch aus der Leben-Jesu-Forschung gewonnene Erfahrungen mitzuteilen, die sich in der historischen Beurteilung Muhammads anbieten.

Das soll im Folgenden geschehen: Luxenberg hat sich in seiner Interpretation auf die Inschrift an der inneren Seite der Arkaden beschränkt. Nennen wir sie Inschrift 4. Ziehen wir die Inschriften am Osttor (1), Nordtor (2) und an der äußeren Seite der Arkaden (3) hinzu, von denen uns die Archäologen sagen, dass sie aus derselben Zeit stammen und ein Ensemble bilden. Auffällig ist, dass Jesus (Christus) nur in der Inschrift 4 genannt wird, insgesamt viermal, und zwar einmal Christus Jesus, der Sohn der Maria, zweimal Jesus, der Sohn der Maria, und einmal Christus. Muhammad wird in den vier Inschriften zusammen zehnmal genannt, in 1 und 4 je einmal, in 2 dreimal und in 3 fünfmal. Diese Häufigkeit ist bemerkenswert, wenn man bedenkt, dass Muhammad im Koran nur viermal vorkommt.

Muhammad wird wie Jesus in 4 und 2 „Sklave und Gesandter Gottes" genannt[28]. Die Übersetzung „Sklave" ist gegenüber „Diener" zu bevorzugen, weil sie einen Würdetitel enthält. Unterscheidend aber klingt, dass nur Muhammad Gottes Prophet heißt (1 und 2), aber niemals „der Sohn der Maria" genannt wird. In 2 wird Sure 2, 136 verkürzt zitiert: „Wir glauben an Gott und (an das), was (als Offenbarung) an Muhammad herabgesandt worden ist". In Sure 2 kommt aber Muhammad gar nicht vor. Vielmehr liest man dort: „Wir glauben an Gott und (an das), was (als Offenbarung) an uns, und was zu Abraham, Ismael, Isaak, Jakob und den Stämmen (Israels) herabgesandt worden ist und was Mose und Jesus und die Propheten von ihrem Herrn erhalten haben."[29] Könnte man das nicht besser in dem Sinn interpre-

---

[27] 166 und Anm. 114.

[28] In 3 heißt Muhammad fünfmal „der Gesandte Gottes". Es folgt jeweils der Zusatz „Gott segne ihn".

[29] Neben diesem gibt es noch einen zweiten größeren Eingriff der Inschriften in den Korantext. In 4 wird Sure 19,33–36 zitiert. Im Koran spricht Jesus: „Heil sei über

tieren, dass in der Inschrift Muhammad als das „Siegel der Propheten" gerade auch nach Jesus herausgestellt werden soll? Das entspräche der klassischen Auffassung des Islam.

Wenn die Inschrift des Felsendoms das älteste uns verfügbare Zeugnis für einen Korantext ist, bleibt zweierlei bemerkenswert. Einmal ist es die relativ ausführliche Erwähnung Jesu, für die Luxenberg eine Neudeutung vorlegt, zum anderen ist es die Tatsache, dass ein Bezug auf die Juden fehlt. O. Grabar weist darauf hin, dass zur Zeit der Entstehung der Inschrift Jerusalem noch überwiegend von Christen bewohnt gewesen sei, während die Juden erst begannen, nach Jerusalem zurückzukehren.[30] Er schreibt darum der Inschrift einen „ökumenischen" Charakter zu. Die Konzentration auf Jesus wird noch deutlicher, wenn wir uns daran erinnern, dass die in der Inschrift zitierten Koranverse aus den Suren 3,4 und 19 stammen, jenen Suren, die das hauptsächliche Material über Jesus im Koran bieten. Die Masse der Suren geht ja überhaupt nicht auf Jesus ein.

Revolutionär ist die Infragestellung der Historizität der Persönlichkeit Muhammads. Wir erlebten Ähnliches in der Periode der Leben-Jesu-Forschung in Bezug auf die Historizität der Persönlichkeit Jesu. Die Bedingungen waren freilich andere, aber nicht ganz unähnlich[31]. Was dic Bcsonderheit der Infragestellung oder Relativierung der Historizität Muhammads ausmacht, besteht darin, dass Muhammad II, der vielleicht als historische Persönlichkeit existiert hat (oder auch nicht), an die Stelle von Muhammad I (Jesus) getreten sei. Der Ur-Islam (Islam I) sei demnach eine christliche Richtung gewesen, aus der der eigentliche Islam (Islam II) entstanden ist.

A. Schweitzer hat seinerzeit von den Bestreitern der Historizität Jesu die Berücksichtigung von vier „Hauptfragen" gefordert, aus denen das Problem in seiner Komplexität bestehen würde. Es seien dies eine religionsphilosophische, eine religionsgeschichtliche, eine dogmengeschichtliche und eine literarhistorische Frage.[32] Analoges müsste man von den Bestreitern der Historizität Muhammads einfordern. Ich greife aus dem Bereich der religionsphilosophi-

---

mir". Die Inschrift ändert in „Heil sei über ihm." Grabar, Shape of the Holy 63, spricht – die Inschrift insgesamt betreffend – von einer ikonographischen Botschaft.

[30] Shape of the Holy 67f.

[31] Vgl. Schweitzer, Geschichte der Leben-Jesu-Forschung 498–564. Bemerkenswert ist, was Schweitzer zu dieser Entwicklung sagte: „Der Ton, in dem die Verhandlungen über Existenz oder Nichtexistenz Jesu geführt werden, stellt der Kultur des zwanzigsten Jahrhunderts kein besonders gutes Zeugnis aus."

[32] Geschichte der Leben-Jesu-Forschung 503.

schen Fragen – wie sie Schweitzer verstand – nur eine heraus, die mir bedeutsam erscheint: ob nämlich die Religion, wie sie sich entwickelt hat, ohne die „Gründerfigur" verstanden werden kann, und zwar begriffen als historische Persönlichkeit. Wenn das Christentum ohne Jesus von Nazaret nicht gedacht werden kann, – wie eingeschränkt man auch unser Wissen um ihn beurteilen mag – man spricht dann auch vom „irdischen" statt vom „historischen" Jesus und konzentriert sich auf seinen Kreuzestod –, lässt sich Ähnliches von Muhammad und dem Islam sagen? Wer trägt die Beweislast? Luxenberg zieht sich aus der Affäre und schiebt die Beweislast den Historikern zu[33].

Doch wir wollen uns gedulden. Wenn es Ch. Luxenberg gelingt, das christlich-liturgische Buch, das dem Koran zugrunde liegen soll, zu rekonstruieren, ist eine neue Situation gegeben. Es bleibt dann das Problem zu lösen, wie es zum großen Einfluss des Judentums und zu den negativen Positionen gegenüber dem Christentum insgesamt gekommen ist: Ablehnung des Erlösungsgedankens, Zurückweisung von Kreuz und Auferstehung Jesu, den Zentraldaten des christlichen Kerygmas.

Der Felsendom auf dem Haram in Jerusalem reflektiert auf seine Weise die drei Weltreligionen Islam, Judentum und Christentum. Erbaut zu einer Zeit, als diese noch miteinander sprachen und sich gegenseitig beeinflussten und befruchteten. Man mag daran erinnern, dass Mu'awiya, der erste Kalif aus dem Geschlecht der Omayaden, der sich im Jahr 660 in Jerusalem huldigen ließ, auf Golgota, im Garten Getsemani und am Grab Marias betete[34].

Die drei Weltreligionen sind im Felsendom zu erkennen. Er steht auf dem Grund des Tempels, in dem jahrhundertelang Jahwe verehrt wurde. Das Areal, auf dem er sich befindet, wird im Westen gestützt von der alten Tempelmauer, die heute zur Klagemauer der Juden geworden ist. Christliche Baumeister haben ihn im Auftrag des Kalifen Abd al-Malik geschaffen, und sie nahmen dabei die Anastasis der Grabeskirche Jesu zum Vorbild. Inschriften in großer Zahl verkünden den Glauben, den Muhammad begründete, darunter die Inschrift im Tempelinnern, die sich an die Leute der Schrift wendet und mit der wir uns beschäftigt haben: „Ihr Leute der Schrift! Treibt es in eurer Religion nicht zu weit ..."

So ist der Felsendom kein Symbol der Einheit. Aber er ist eine Aufforderung zum Dialog. Und wo könnte dieser zwischen den Weltreligionen angemessener geführt werden als in Jerusalem?

---

33 Neudeutung 142.

34 Vgl. Küng, Islam 238.

Literatur

A. Schweitzer, Geschichte der Leben-Jesu-Forschung (Tübingen ^{2}1913); J. Jeremias, Golgotha (Leipzig 1926); H. Busse, Die arabischen Inschriften in und am Felsendom, in: Das Heilige Land 109 (1977) 8–24; J. Wansbrough, Quranic Studies. Sources and Methods of Scriptural Interpretation (London Oriental Series 31) (Oxford 1977); H. Busse, Monotheismus und islamische Christologie in der Bauinschrift des Felsendoms in Jerusalem, in: TThQ 161 (1981) 168–178; O. Grabar, The Shape of the Holy (Princeton 1996); J. Krüger, Die Grabeskirche zu Jerusalem. Geschichte – Gestalt – Bedeutung (Regensburg 2000); F. de Blois, Elchasai – Manes – Muhammad, in: Der Islam 2004, 31–48; H. Küng, Der Islam (München – Zürich 2004); K.-H. Ohlig – G.R. Puin (Hrsg.), Die dunklen Anfänge. Neue Forschungen zur Entstehung und frühen Geschichte des Islam (Berlin 2005), daraus: V. Popp, Die frühe Islamgeschichte nach inschriftlichen und numismatischen Zeugnissen 16–123; Ch. Luxenberg, Neudeutung der arabischen Inschrift im Felsendom zu Jerusalem 124–147; Ch. Burgmer (Hrsg.), Streit um den Koran. Die Luxenberg-Debatte: Standpunkte und Hintergründe (Berlin ^{3}2007).

Überlegungen zur „Geschichtlichkeit" der Sünde Adams und den wirklichkeitserschließenden Potentialen der Erbsündentheologie

von Michael Schulz

Gerhard Ludwig Müllers Theologie verdankt sich wesentlich dem transzendental-geschichtlichen Ansatz Karl Rahners[1]. Die folgenden Überlegungen versuchen auf der Spur dieser transzendental-geschichtlichen Denkform die wirklichkeitserschließenden Potentiale der Erbsündentheologie aufzuzeigen, um die Relevanz der Hamartiologie herauszustellen[2]. Das kann nur gelingen, wenn – im Sinn dieses Ansatzes – eine Ursprungsgeschichtlichkeit der Sünde Adams angenommen wird. Das entscheidende und zuerst zu erörternde Potential fällt mit der Voraussetzung dieser Denkform, nämlich mit einer heilsgeschichtlichen Wirklichkeitssicht, zusammen. Ohne diese – um mit Hans Urs von Balthasar zu sprechen – theodramatische Weltanschauung ist eine konsistente Hamartiologie nicht zu entwickeln[3].

---

[1] Vgl. Gerhard Ludwig Müller, Katholische Dogmatik. Für Studium und Praxis der Theologie, Freiburg [6]2005, 38f.; 52: Theologie müsse „mit einem Vernunftbegriff arbeiten, in dem die wechselseitige Bedingung des historischen, dialogischen und transzendentalen Geistvollzugs des Menschen zur Geltung gebracht wird." Vgl. ebd., 58, 108. Vgl. im Blick auf die Christologie unter den Bedingungen der Neuzeit: Gerhard Ludwig Müller, Vom Vater gesandt. Impulse einer inkarnatorischen Christologie für Gottesfrage und Menschenbild, Regensburg 2005, 68f.

[2] Vgl. Müllers dezidiert heilsgeschichtlich-theodramatische Konzeption des Bösen und des physischen Übels in: Kath. Dogmatik, 132–154; ders., Woher kommt das Böse? Dogmatische Überlegungen zur Theodizeefrage in der Neuzeit, in: Münchener Theologische Zeitschrift 38 (1987) 311–325; ders., Die Ursprungssünde: Der Mensch zwischen Tod und Erlösung, in: Anthropotes 13 (1998) 333–358.

[3] Dieser Festschriftbeitrag stellt im wesentlichen die überarbeitete Fassung meiner Antrittsvorlesung dar, die ich am 8. Dezember 2004 als neuer Direktor des Dogmatischen Seminars der Katholisch-Theologischen Fakultät der Rheinischen Friedrich-Wilhelms Universität in Bonn vortrug. (Wegen dieses Datums endet der Artikel mariologisch.) Der Beitrag resümiert ebenso zentrale Thesen meiner leider noch nicht veröffentlichen Habilitationsschrift „Theodramatisches Urereignis: die ursprunggebende Sünde Adams" (2003).

1. Evolutions- und biophilosophische Thesen zur Ethologie – ein Bezugsrahmen der Hamartiologie

Königsberg in Ostpreußen ist bekannt als die Stadt Immanuel Kants, in der er 1804 verstarb. Ungleich weniger bekannt und wohl auch weniger bedeutsam, doch für unser Thema nicht weniger wichtig ist der aus der Nähe Wiens stammende Ethologe Konrad Lorenz, der 1940 seine erste Professur für vergleichende Psychologie an der Universität Königsberg erhielt[4]. Der Biologe Lorenz, der durch seine Erforschung des Verhaltens von Graugänsen bekannt wurde, betrachtete sich in der Tat als ein Nachfolger des Transzendentalphilosophen: Er beanspruchte, die von Kant aufgewiesenen apriorischen transzendentalen Bestimmungen des Subjekts als a posteriori im Überlebenskampf der Hominiden erworbene, die objektive Realität erfassende Verstehensmuster wissenschaftlich erklären zu können[5]. Die evolutionstheoretisch ganz unkompliziert gelöste Frage nach der Wahrheitsfähigkeit des Menschen veranlasste den Paläontologen George Gaylord Simpson (1902–1984) zu dem geflügelten Leitwort der Evolutionären Erkenntnistheorie: „Der Affe, der nicht das Kausalgesetz erlernte, konnte nicht unser Vorfahre sein." Er starb aus, weil er seine Umwelt nicht richtig erkannte[6]. Die Erkenntnisfähigkeit und ein objektiver Realismus werden durch die Fähigkeit der Anpassung verifiziert.

Aber nicht nur epistemologische Fragen löste Lorenz evolutionstheoretisch. Genauso beantwortete er die klassische Frage *unde malum*: Er verweist auf die positive Bedeutung eines Aggressionstriebes im Überlebenskampf der Arten. Unter dem Stichwort „das sogenannte Böse" bot Lorenz eine ethologische Relecture der These Kants vom ererbten Hang zum Bösen[7]. Nicht weniger verwandelte er damit die christliche Hamartiologie in ein naturalistisches Konzept, das sich nahtlos in das Programm einer Evolutionären Ethik einfügen ließ.

---

[4] Vgl. Franz M. Wuketits, Konrad Lorenz. Leben und Werk eines großen Naturforschers, München 1990; ders., Warum uns das Böse fasziniert, Stuttgart u. a. 2000: Das Böse ist aus evolutionsbiologischen Gründen für das Überleben der Menschheit notwendig. Die „Moralpredigt" der Kirche scheitert am notwendigen Egoismus im Daseinskampf.

[5] Vgl. Konrad Lorenz, Die Rückseite des Spiegels. Versuch einer Naturgeschichte menschlichen Erkennens, München – Zürich 1997.

[6] Georg Gaylord Simpson, Biology and the Nature of Science, in: Science 139 (1963) 81–88.

[7] Vgl. Konrad Lorenz, Das sogenannte Böse. Zur Naturgeschichte der Aggression, München [20]1995, 1974. Vgl. das Remake dieser Gedanken bei Franz M. Wuketits, Verdammt zur Unmoral? Zur Naturgeschichte von Gut und Böse, München 1993.

Das epistemologische und ethikologische Potential der ethologischen Anthropologie Lorenz' erlangt neue Signifikanz sowohl in der Soziobiologie Edward Osborne Wilsons und Richard Dawkins[8] als auch in den Neurowissenschaften, wie sie von Wolf Singer und Gerhard Roth verstanden werden[9]. Unter der Voraussetzung, dass alle Prozesse im Gehirn deterministisch sind, so W. Singer, muss die aus der Erste-Person-Perspektive evidente freie Handlung des Subjekts als Illusion bezeichnet werden. Es erübrigt sich damit Immanuel Kants These von der individuellen Zurechenbarkeit selbst eines Hangs zum Bösen. Schon gar nicht gibt es die dazugehörige intelligible Tat, die im Widerspruch zum praktischen Gesetz des kategorischen Imperativs durch eine unsittliche Maxime, nämlich durch eine sinnlich zentrierte Selbstliebe, die Willensfreiheit bestimmt. Angesichts dieser „Verantwortungslosigkeit" erübrigen sich strafrechtliche Sanktionen der Legislative. Auch eine kirchenrechtliche Vorlesung *De sanctionibus* stößt ins Leere. Eine Hamartiologie wäre genauso sinnlos wie eine Soteriologie.

2. Theologische Einschätzungen der Erbsündentheologie

Gegenüber der Auflösung des menschlichen Subjekts in eine illusionäre Erst-Person-Perspektive ist im Folgenden das transzendentale Argument zu bestätigen, nach dem es keine menschlichen Aktivitäten gibt, eben auch keine ethologische und neurowissenschaftliche Forschung, ohne die Inanspruchnahme der Subjektivität des Menschen. Diese Subjektivität ermöglicht erst die Konstitution möglicher Forschungsobjekte. In der Selbstthemativität der Subjektivität liegt ebenso der Grund jeder prinzipiellen Verantwortlichkeit. Gleichzeitig hat die transzendentale Subjektivität eine Geschichte. Diese Geschichtlichkeit gilt es zu bedenken, um die apriorische Sündenverfangenheit

---

[8] Edward Osborne Wilson, Sociobiology. The New Synthesis, Cambridge/Mass – London [3]1976, 1975; Richard Dawkins, Das egoistische Gen, Hamburg 1994.

[9] Wolf Singer, Der Beobachter im Gehirn. Essays zur Hirnforschung, Frankfurt / M 2002; ders., Ein neues Menschenbild? Gespräche über Hirnforschung, Frankfurt / M 2003; Interview mit Wolf Singer ‚Un cerebro que conoce es diferente de un cerebro ignorante', in: El País vom 30.01.2002. Gerhard Roth – Mario F. Wullimann (ed.), Brain, Evolution and Cognition, Berlin 2001; Gerhard Roth, Worüber dürfen Hirnforscher reden – und in welcher Weise? und ders., Wir sind determiniert. Die Hirnforschung befreit von Illusionen, in: Hirnforschung und Willensfreiheit. Zur Deutung der neuesten Experimente, hg. v. Christian Geyer, Frankfurt / M 2004, 66–85; 218–222.

des Menschen denken, aber auch um die Möglichkeit der Erlösung durch ein heilsgeschichtliches Ereignis erschließen zu können.

Ein derartiger transzendental-geschichtlicher Denkversuch im Umfeld der Hamartiologie liegt quer zu Einschätzungen der Erbsündenlehre, nach denen sie eher als ein dogmatisches Gefahrenpotential zu betrachten ist, das man lieber entschärft sieht oder als ganz erledigt betrachtet. Während der Würzburger Systematiker Hermann Schell in seiner 1890 erschienen Dogmatik der Erbsündenlehre sogar ein Lösungspotential in Sachen Theodizee zuerkannte[10], lehnt sie Armin Kreiner bei seiner 1994 durchgeführten Überprüfung der Stichhaltigkeit von Theodizee-Argumenten als obsolet gewordene Standardantwort ab[11]. John Hick glaubt sie „educated Christians" nicht mehr würdig; egozentrisches Verhalten sei dem genetischen Programm geschuldet, das den Menschen zum Erfolg im Kampf der Arten zwingt[12]. Herbert Haag schreibt der Erbsünde ein Requiem; konsequent stellt er die Erlösungsbedürftigkeit aller Menschen in Frage[13].

Es gibt auch andere Stimmen: Der Befreiungstheologie diente die Hamartiologie als Schlüssel für das Verständnis einer strukturellen Sünde in Gesellschaft und Wirtschaft[14]. Auf der Linie Sören Kierkegaards erkennt man in

---

[10] Vgl. Hermann Schell, Katholische Dogmatik II, hg. v. Josef Hasenfuss und Paul-Werner Scheele, München 1972, 341–347. Schell bemüht sich um eine Rechtfertigung der „Strafübel".

[11] Vgl. Armin Kreiner, Gott im Leid. Zur Stichhaltigkeit der Theodizee-Argumente (QD 168), Freiburg 1997, 151–163; ders., Gott und das Leid, Paderborn ^{5}2005, 27–32.

[12] John Hick, The Metaphor of God Incarnate. Christology in a Pluralistic Age, Westminster / Louisville, Kentucky 1993, 116.

[13] Vgl. die hamartiologischen Antithesen von Herbert Haag, Die hartnäckige Erbsünde. Überlegungen zu einigen Neuerscheinungen, in: Theologische Quartalschrift 150 (1970) 358–366; 436–456, 456: „Ist es wirklich einmütige Lehre der Heiligen Schrift, daß *alle* Menschen Sünder sind, oder nur die Lehre einzelner biblischer Zeugnisse, denen andere entgegengestellt werden könnten? Steht nicht etwa in der Bergpredigt das Wort, daß der Vater im Himmel ‚seine Sonne aufgehen läßt über Böse *und Gute* und regnen läßt über *Gerechte* und Ungerechte' (Mt 5,45)?"

[14] Vgl. II CONFERENCIA GENERAL DEL EPISCOPADO LATINOAMERICANO, DOCUMENTOS FINALES DE MEDELLIN, IP 2: Esta falta de adaptación a la idiosincracia y a las posibilidades de nuestra población, origina, a su vez, una frecuente inestabilidad política y la consolidación de instituciones puramente formales. A todos ellos debe agregarse la falta de solidaridad, que lleva, en el plano individual y social, a cometer verdaderos pecados, cuya cristalización aparece evidente en las estructuras injustas que caracterizan la situación de América Latina. Vgl. Gustavo Gutiérrez, Theologie der Befreiung, Mainz ^{10}1992, 26f, 47f, 103f, 208f, 213, bes.

ihr einen hermeneutischen Schlüssel für die Selbstgefährdung endlicher Freiheit[15]. Der im Februar 2004 verstorbene Innsbrucker Systematiker Raymund Schwager sah in der Erbsündentheologie den privilegierten Ort, um sich mit soziobiologischen Thesen auseinanderzusetzen[16]. Seine geradezu biologisch-genetisch-naturalistische Deutung der Erbsünde provozierte zu Recht kritische Anmerkungen von Helmut Hoping und Barbara Hallensleben[17]. Bemerkenswert sind schließlich die Versuche, durch eine subjekttheoretische Reformulierung der Erbsündentheologie nicht nur deren Plausibilität im Kontext neuzeitlichen Denkens zu erhöhen, sondern dadurch auch einen qualifizierten Beitrag zur Subjekttheorie zu leisten[18].

Durch die Überwindung einer schroffen Entgegensetzung von Mythos und Historie in der Exegese der Erzählung vom Sündenfall zeichnet sich ebenso die Möglichkeit einer transzendental-geschichtlichen Lesart der Urgeschichte ab, wie sie beispielsweise von Lothar Ruppert[19] und Frank-Lothar Hossfeld[20] durch-

---

239ff, 352; Franz Marcus, Kirche und Gewalt in Peru. Befreiende Pastoral am Beispiel eines Elendsviertels in Lima, Münster 1997, 250–259; Instruktion der Glaubenskongregation für die Glaubenslehre über die christliche Freiheit und die Befreiung, 22. März 1986, Nr. 37–42, 68, 75; Päpstlicher Rat Justitia et Pax, Für eine bessere Landverteilung. Die Herausforderung der Agrarreform, 23. November 1997, hg. v. Sekretariat der Deutschen Bischofskonferenz (Arbeitshilfe 140), Bonn, Nr. 33, 61.

[15] Vgl. Christine Axt-Piscalar, Ohnmächtige Freiheit (Beiträge zur historischen Theologie 94), Tübingen 1996.

[16] Vgl. Raymund Schwager, Erbsünde und Heilsdrama. Im Kontext von Evolution, Gentechnologie und Apokalyptik (Beiträge zur mimetischen Theorie 4), Münster – Thaur 1997.

[17] Vgl. Helmut Hoping, in: Theologie und Glaube 87 (1997) 662–664; Barbara Hallensleben, in: Freiburger Zeitschrift für Philosophie und Theologie 45 (1998) 610–613. Zu Schwager vgl. die Dissertation von Nikolaus Wandinger, Die Sündenlehre als Schlüssel zum Menschen. Impulse K. Rahners und R. Schwagers zu einer Heuristik theologischer Anthropologie, Münster 2003.

[18] Vgl. dazu ausführlich Julia Knop, Sünde – Freiheit – Endlichkeit. Christliche Sündentheologie im theologischen Diskurs der Gegenwart, Regensburg 2006. Zur aktuellen Debatte vgl. ebenso Francesco Scanziani, Solidarietà in Cristo e complicità in Adamo. Il peccato originale nel recente dibattito in area francese (Dissertatio Series Romana 32), Milano 2001.

[19] Lothar Ruppert, „Urgeschichte" oder Urgeschehen? Zur Interpretation von Gen 1–11, in: ders., Studien zur Literaturgeschichte des Alten Testaments (SBAB 18), Stuttgart 1994, 66–88.

[20] Vgl. Frank-Lothar Hossfeld, Mythos und Geschichte in der Genesis, in: Wort und Antwort 45 (2004) 1–5.

geführt wird. Der entscheidende hermeneutische Bezugsrahmen ist die Heilsgeschichte, die sowohl den geschichtsenthobenen Mythos als auch die weltimmanente Historie auf die theologische Realität gottmenschlicher Interaktion hin übersteigt. Theologische Wirklichkeitserschließung erfolgt in diesem letzten Horizont, der durch die jeweils unübersteigbaren Pole göttlicher und menschlicher Freiheit gekennzeichnet ist.

3. Defizitäre Hamartiologie

Das erste wirklichkeitserschließende Potential der Hamartiologie liegt in der von ihr vorausgesetzten und beanspruchten heilsgeschichtlichen Wirklichkeitssicht. Das mag für die theologische Reflexion als trivial erscheinen. Aber selbstverständlich ist heilsgeschichtliches Denken im Bezug auf die Thematik des Bösen dennoch nicht: Kreiner kommt in seiner Konzeption der Theodizee ohne eine theoriekonstitutive soteriologische Christologie aus, weshalb er auch, wie vorausgeschickt, die Hamartiologie als Erklärungspotential zurückweist. Schwager naturalisiert die Heilsgeschichte; die Erbsünde bezeichnet nicht primär den Verlust der Gottesfreundschaft, sondern ein genetisch kodiertes Aggressionsprogramm (s. o.). Wolfhart Pannenberg identifiziert die Erbsünde mit einer spannungsreichen Naturanlage des Menschen[21]. Die Versuchung ist groß, bereits die kreatürliche Begrenztheit und Fehlbarkeit des Menschen mit einer „positiven" Disposition zur Sünde gleichzusetzen[22]. Die mit der endlichen Freiheit verbundene logische Möglichkeit zur Sünde gewinnt den ontischen Status einer Realmöglichkeit, die zu ihrer vollen Realisierung drängt. Ebensowenig kann deshalb eine Angst provozierende Nähe des Menschen zum Nichts[23], der Abgrund der endlichen Freiheit, eine unvollkommene Einheit[24] mit Gott oder eine vormoralische

---

[21] Vgl. Wolfhart Pannenberg, Anthropologie in theologischer Perspektive, Göttingen 1983, 101–116.

[22] Vgl. Paul Ricoeur, Die Fehlbarkeit des Menschen. Phänomenologie der Schuld I, München 1971, 173–189.

[23] Vgl. in diesem Sinn Eugen Drewermann, Strukturen des Bösen, Paderborn 1988, I 53–74, III 436–562.

[24] Vgl. Helmut Hoping, Freiheit im Widerspruch. Eine Untersuchung zur Erbsündenlehre im Ausgang von Immanuel Kant (IST 39), Innsbruck – Wien 1990, 262: Die mit der kreatürlichen Distanz „gegebene unvollkommene Einigung ... bedeutet eine unhintergehbare Nichtigkeit der Freiheit, eine Nichtigkeit, welche eine grundsätzliche

Schuldigkeit das Abgleiten des Menschen in die Sünde erklären[25]. „Kontingenzangst" stellt sich erst außerhalb der Gottesfreundschaft ein; eine unvollkommene Einheit mit Gott kann nicht mehr als den *status viatoris* bezeichnen, aber keine quasi-moralische Qualifikation darstellen. Pannenbergs hamartiologisches Konzept ist beispielsweise nicht frei von dieser modalen Transformation des „Sündigen-Könnens", wenn er in der Selbständigkeit des Menschen eine Tendenz zur Verselbständigung gegen Gott diagnostisiert[26]. Kreatürlichkeit mutiert unter der Hand in Konkupiszenz. Das Böse ist dadurch erklärt und wegerklärt. Eine Hamartiologie im Rahmen einer heilsgeschichtlichen Wirklichkeitssicht ist damit unterlaufen.

Bei subjekttheoretischen Ansätzen ist zu unterscheiden, ob sie die Erbsünde lediglich mit einer ungünstigen Disposition des konkreten Freiheitsvollzugs identifizieren, von der die transzendentale Freiheit sowenig innerlich berührt wird wie durch die Gnade, oder ob sie ein geschichtliches Moment bei der transzendentalen Subjektkonstitution erschließen, das als Bestimmung der transzendentalen Subjektivität anhaftet und die Vollzüge des Menschen a priori qualifiziert.

Ein Beispiel: Thomas Pröpper begreift die Ursünde als *„Freiheitsgeschehen"*[27]. In diesem Zusammenhang versteht er die Erbsünde als *Disposition* zur

---

Fehlbarkeit in der Zeitigung der Freiheit begründet." Diese Formulierung könnte zumindest den Eindruck erwecken, dass die Freiheit derart dicht an der Nichtigkeit „gebaut" und in einer derartigen Distanz zu Gott platziert ist, so dass die Verwirklichung der Fehlbarkeit fast auf der Hand liegt. Hoping unterstreicht jedoch in seiner Studie klar zwischen Schöpfung und Sünde, so dass das Zitat nicht mehr als die logische Möglichkeit der Sünde erklären kann.

[25] Vgl. Martin Heideggers existentialontologisches Vor-Verständnis von Schuld als Grundsein von Nichtigkeit (Sein und Zeit, Tübingen [19]2006, § 58).

[26] Vgl. Wolfhart Pannenberg, Probleme einer trinitarischen Gotteslehre, in: Walter Baier u. a. (Hg.), Weisheit Gottes – Weisheit der Welt. FS für Joseph Kardinal Ratzinger 1, St. Ottilien, 329–341, 338: „... die in der Selbständigkeit der Geschöpfe angelegte [!] Tendenz zur Verselbständigung tendiert [!] dazu, den Schöpfer zu einer bloßen Hintergrundgottheit, zu einem *deus otiosus* werden zu lassen. Diese Verselbständigungstendenz der Geschöpfe liefert die geschöpfliche Wirklichkeit ihrer eigenen Endlichkeit aus, also dem Tode." Vgl. ders., Systematische Theologie 2, Göttingen 1991: 303: Sobald der Mensch seine Selbständigkeit verwirklicht, „liegt es nur allzu nahe, daß das in der Form einer Verselbständigung geschieht, in der der Mensch sich selber an die Stelle Gottes und seiner Herrschaft über die Schöpfung setzt." Vgl. ebd., 199, 434, 454.

[27] Thomas Pröpper, Das Faktum der Sünde und die Konstitution menschlicher Identität. *Ein Beitrag zur kritischen Aneignung der Anthropologie Wolfhart Pannenbergs*, in: ders., Evangelium und freie Vernunft. Konturen einer theologischen Hermeneutik, Freiburg 2001,153–179: 164.

Sünde. Dazu gehören sowohl „die Schuldbestimmtheit der historischen Situation" menschlicher Freiheit, wodurch der Freiheitsvollzug „negativ konditioniert" und die Freiheit „bis ins Innere affiziert" wird[28], als auch das genetische Erbe des Menschen und die „ambivalente Verfassung der endlichen Freiheit selber". Er grenzt diese Disposition von der faktischen Sünde ab und kommt daher zu dem Schluss, „daß die Sünde ihre Macht über mich von mir hat"[29].

Pannenberg kommentiert die Aussage Pröppers mit der knappen Feststellung: Das „würde den Gedanken der Erbsünde ausschließen"[30]. Die

---

[28] Pröpper, Das Faktum der Sünde, 165.

[29] Pröpper, Das Faktum der Sünde, 166.

[30] Wolfhart Pannenberg, Sünde, Freiheit, Identität. Eine Antwort an Thomas Pröpper, in: Theologische Quartalsschrift 170 (1990) 289–298: 292. Allerdings scheint auch Pannenbergs Ansatz nicht frei zu sein von der Vorstellung, dass sich jeder einzelne Mensch selber durch seine Untat zum Sünder macht, indem er der Verführungsmacht der Sünde nachgibt. Vgl. ders., Systematische Theologie II, Göttingen 1991, 301: Adam sei nur der erste Sünder, das Urbild, dem alle Menschen mit ihrem Sündigen folgen. Pannenberg spricht davon, dass dem einzelnen Menschen die adamitische Entfremdung von Gott „nicht ohne sein Zutun und nicht ohne eine damit gegebene, wenngleich zwiespältige Zustimmung" widerfährt. Das sagt nun auch Pröpper. Diese Übereinstimmung zwischen Pröpper und Pannenberg ist kein Zufall. Denn Pannenberg meint auf der gedanklichen Linie Pröppers, dass der Erbsündenbegriff nur dann widerspruchsfrei gedacht werden kann, wenn man dem Individuum jenes eigene Mittun bei der Übernahme der Gottentfremdung einräumt. Pröppers Ansatz unterstützend und ausdrücklich gegen Hopings Ansatz gerichtet entwickelt Karl-Heinz Menke, Sünde und Gnade: dem Menschen innerlicher als dieser sich selbst?, in: Michael Böhnke u. a. (Hg.), Freiheit Gottes und der Menschen. FS für Thomas Pröpper, Regensburg 2006, 21–40, seine freiheitstheologische These zur Hamartiologie. Die im Titel formulierte rhetorische Frage wird negativ beantwortet zugunsten des Gedankens der von Gott dem Menschen gewährten Freiheit, deren Realität erst dann unverkürzt (und d. h. auch: Neuzeit konform) gedacht ist, wenn ihr, wie es Pannenberg schon zum Ausdruck gebracht hat, eine Bestimmbarkeit Gottes korrespondiert, zu der sich Gott selbst frei bestimmt hat. Grundsätzlich stellt sich die Frage, ob göttliche und menschliche Freiheit nicht zu sehr in einem univok gedachten Koordinatensystem erscheinen, in dem beide Freiheiten einander zu Konkurrenten werden (und folglich gilt: „Gott *oder* Mensch": Gisbert Greshake, Gnade – Geschenk der Freiheit. Eine Hinführung, Mainz 2004, 120), so dass wahre menschliche Freiheit als Korrelat die Bestimmbarkeit Gottes verlangt. Die theodizeerelevante Vorstellung von Hans Jonas, nach der sich Gott um der menschlichen Freiheit des Menschen willen bei deren Erschaffung ganz zurückzog und darum auch Auschwitz nicht verhindern konnte, oder ein postulatorischer Atheismus um der Freiheit des Menschen willen, dürfen und sollen auch nicht als Konsequenz einer zu Ende gedachten Bestimmbarkeit Gottes erscheinen. Solange allerdings die je größere Nähe Gottes zum und im Menschen –

Pointe der Erbsündenlehre liegt in der Tat darin, jede individuelle Freiheit gegenüber der Sünde Adams zu negieren. Eine gegenteilige Auffassung bewegt sich faktisch in der geistigen Nähe zur pelagianischen Position. Hoping unterstreicht daher zu Recht, dass die christliche Hamartiologie nicht davon ausgeht, dass die Sünde erst durch die Aktivität des Subjekts über es Macht gewinnt[31]. In ähnlicher Weise lehnt Müller den Gedanken der nachträglichen Ratifikation der Sünde Adams durch das eigene Sündigen ab[32]. Darum sei an dieser Stelle der Vorschlag gemacht, von einer indikatorischen Qualität der persönlichen Sünde zu sprechen: Diese zeigt das allgemeine Sündersein an, bewirkt es aber nicht. Wenn die Freiheit im Innersten von der Sünde affiziert wird, wie Pröpper sagt, so muss man, konsequent gedacht, davon ausgehen, dass die Sünde die transzendentale Subjektivität berührt, diese „verwundet", ohne sie zu annihilieren; andernfalls könnte man

---

nach welchem philosophisch-theologischen Modell auch immer – als Gegengröße zur menschlichen Freiheit ins Spiel gebracht wird, kann zumindest der Eindruck entstehen, der in die Ferne gerückte Gott sei der immer noch menschlichere. Eine nach dem Konkurrenzmodell konzipierte zwischenmenschliche Nähe provoziert ebenso ein Freiheitsproblem. Es muss hingegen deutlich werden, dass nicht Gottes „Rückzug", sondern vorbehaltloser Selbsteinsatz (seine je größere Nähe) als Liebe endliche Freiheit konstituiert und als Gnade dieser Freiheit zu sich im Guten aufhilft (gewissermaßen wieder laufen lernen lässt: so Otto Hermann Pesch in: ders. und Albert Peters, Einführung in die Lehre von der Gnade und Rechtfertigung, Darmstadt 1981, 29, um eine Ehrenrettung des Augustinus bemüht), da es ihr beim Tun des Schlechten bereits schlecht erging. Jede „Bestimmbarkeit" qua „Passivität" und „Rezeptivität" Gottes im Gegenüber zum Menschen ist ökonomische Manifestation der reinen Aktualität (oder Bestimmtheit) Gottes, d. h. seiner trinitarischen Liebe, in der es das „Gezeugtwerden" des Sohnes und „Sichempfangen" des Heiligen Geistes (sowie das unzeitliche Vaterwerden des Vaters dank des Sohnes) gibt. Sowenig aber das perichoretische Innesein des Vaters im Sohn (und des Sohnes im Vater usw.) die göttliche Unbedingtheit des Sohnes (des Vaters etc.) gefährdet, vielmehr ihre intime Einheit in Liebe dokumentiert und Gott als todüberwindende Beziehungswirklichkeit qualifiziert, sowenig bedrängt Gott die menschliche Freiheit durch seine Anwesenheit im Menschen – sowenig wird auch Gott bedrängt, wenn der Mensch als er selbst in Gott ist (Joh 17), sich in Gott bewegt und in ihm lebt, irdisch wie ewig (Apg 17,18). Die göttliche Nähe ist eben eine andere als die unter Menschen für möglich gehaltene: Zu ihrer je größeren Andersheit und unauslotbaren Transzendenz gehören ihre nicht mehr vermessbare, je größere Intensität und Innerlichkeit im Menschen. Wahre mitmenschliche Nähe nimmt daran Maß.

[31] Vgl. Helmut Hoping, Freiheitsdenken und Erbsündenlehre. Der transzendentale Ursprung der Sünde, in: Theologie und Glaube 84 (1994) 299–317, bes. 317.

[32] Vgl. dazu Müller, Die Ursprungssünde, 343.

auch keine „Verwundung“ mehr feststellen. Aber was ist darunter genau zu verstehen?

Nicht nur die Theologie, sondern auch die Philosophie fragt nach dem Woher des Bösen im Menschen. Wenngleich die philosophische Reflexion von sich aus keine offenbarungstheologische oder heilsgeschichtliche Wirklichkeitssicht vermitteln kann, ist es ihr im Kulturraum des Christentums dennoch möglich, den Menschen als ein auf Gott bezogenes Freiheitssubjekt zu begreifen und folglich ein freiheitsbezogenes Wirklichkeitsverständnis zu erschließen, in dem mit rationaler Plausibilität Ambivalenzen der menschlichen Realität auf die Freiheit und nicht unmittelbar auf die Endlichkeit des Menschen zurückgeführt werden können. Auf diese Weise kann es gelingen, strikt zwischen der metaphysischen und moralischen Unvollkommenheit des Menschen zu unterscheiden. Höchst problematisch ist folglich auch Leibniz' metaphysische Qualifikation der endlichen Realität als *malum metaphysicum*. Wie in den angesprochenen theologischen Konzeptionen wird auch in diesem Fall das Endliche selbst als „schiefe Ebene“, die sich dem *malum morale* zuneigt, dargestellt. Zumindest für Leibniz verdunkeln diese Abwege zum Bösen nicht die These von der besten aller möglichen Welten: Im Rückblick wird sich die Sünde Adams als Segen erweisen[33]. Eine freie Dramatik göttlicher und menschlicher Freiheit scheint überholt durch die begrifflich deduzierte Apokatastasis der besten Welt.

Die Hamartiologie und die sie implizierende heilsgeschichtliche Wirklichkeitssicht ermöglichen es der philosophischen Reflexion, wirklichkeitserschließende Unterscheidungen zwischen der Natur und dem sinnlos-unerklärbaren Bösen zu treffen und nicht dem Schein vermeintlich evidenter Zusammenhänge und Erklärungen zu erliegen. Umgekehrt wird diese Unterscheidung zur rationalen Plattform, von der aus eine Kritik der theologischen Sündenlehre vertretbar wird: Auch in der Theologie kann die Kraft der Unterscheidung schwinden und sich die Tendenz zur Naturalisierung der Sünde verstärken.

Im Folgenden soll zuerst die philosophische Legitimität der intendierten heilsgeschichtlichen Wirklichkeitssicht ausgewiesen werden. Eine derartige philosophische Vermittlung der Möglichkeit einer theologischen Hamartiologie verhindert, dass die Rede von Sünde als rein offenbarungspositivistische Setzung erscheint.

---

[33] Vgl. Tilman Ramelow, Gott, Freiheit, Weltenwahl. Der Ursprung des Begriffs der besten aller möglichen Welten in der Metaphysik der Willensfreiheit zwischen Antonio Perez S.J. (1599–1649) und G. W. Leibniz (1646–1716), Leiden u. a. 1997.

4. Die Legitimität einer heilsgeschichtlichen Wirklichkeitssicht

Zuerst müssen die äußeren, unübersteigbaren Pole einer heilsgeschichtlichen Weltanschauung bedacht werden: die göttliche und menschliche Freiheit. Zum Aufweis der menschlichen Freiheit sind Überlegungen Karl Rahners hilfreich: In der idealistischen Tradition Immanuel Kants und Johann Gottlieb Fichtes entwickelt Karl Rahner eine Anthropologie, die das menschliche Subjekt als „Selbsttat" versteht[34]. Die unhintergehbare, unbedingte Subjektivität des Menschen – diese Erste-Person-Perspektive – ergibt sich für Rahner als notwendige transzendentale Voraussetzung der naturwissenschaftlichen Erforschung der empirischen Bedingungen menschlicher Existenz. Diese Voraussetzung konstituiert die Möglichkeitsbedingung einer Dritte-Person-Perspektive, in der sich der Mensch selber zum Forschungsgegenstand macht. Empirische Bedingungen sind als solche nur erfassbar und verobjektivierbar von einem Subjekt aus, das sich selbst als eine Größe setzt und voraussetzt, die alles Bedingte grundsätzlich transzendiert und von diesem Überstieg her Bedingtes als Forschungsgegenstand vor sich zu bringen vermag. Dass Wolf Singer die Freiheit des Subjekts als Illusion erscheint, liegt daran, dass er an der falschen Stelle nach ihr sucht – dort, wo sie in der Tat nie gefunden werden kann, nämlich im neuronalen Knäuel zwischen unseren Ohren, d. h. im Bereich des Bedingten. Die transzendentale Freiheit des Subjekts konstituiert hingegen die Möglichkeit eines wissenschaftlichen kategorialen Gegenstandsbereichs. Fast provokativ lädt Rahner empirische Anthropologen geradezu ein, den Menschen möglichst auf seine Bedingungen hin zu reduzieren, denn derartige Reduktionen affirmieren nur wieder ihre Voraussetzung: das empirische irreduzible transzendentale Freiheitssubjekt[35].

Dieses Freiheitssubjekt stellt allerdings keine absolute Größe dar. Wenngleich es als selbstbezügliche und unbedingte Größe vorausgesetzt werden muss, um die Konstitution des Gegenstandsbereichs naturwissenschaftlicher Forschung zu erklären, so bezeugt das Selbstbewusstsein des Freiheitssubjekts doch keineswegs eine ursprüngliche Setzung seiner selbst; sie ist dem Menschen bleibend entzogen. Die Freiheit beginnt mit sich selbst, beginnt aber nicht sich selbst, erläutert Jörg Splett mit Bezugnahme auf Romano Guardini[36]. Rahner versteht die Selbsttat des Subjekts als durch eine ursprüng-

---

[34] Karl Rahner, Grundkurs des Glaubens. Studien zum Begriff des Christentums, ders., Sämtliche Werke 26, Freiburg 1999, 41.

[35] Vgl. Rahner, Grundkurs, 33–36, 43.

[36] Vgl. Jörg Splett, Freiheits-Erfahrung. Vergegenwärtigungen christlicher Anthropo-

liche Seins- und Selbstempfängnis ermöglicht[37]. Das Selbstbewusstsein ist sich ursprünglich in präreflexiver Form gegeben, erläutert Klaus Müller[38]; es konstituiert sich nicht in einem Akt auf sich selbst gerichteter Intentionalität, vielmehr gründet dieser Akt in einem vorintentionalen Vertrautsein des Menschen mit sich. Die Selbstbeobachtung des Subjekts führt zu der paradoxalen, aber nicht widersprüchlichen Einsicht in die Unverfügbarkeit seiner eigenen Unhintergehbarkeit. Das Freiheitssubjekt ist nicht aus sich heraus verständlich; es wird sich nur verständlich durch die Affirmation eines aus sich heraus verständlichen Absoluten und vollkommenen Unbedingten, das es selbst in seiner unbedingten Unhintergehbarkeit konstituiert; Freiheit ist sich verdankte Freiheit; sie verdankt sich einer absoluten Freiheit.

Eine Kants Intuition folgende Reduktion des aus sich selbst heraus Verständlichen, des „unbedingten Unbedingten" auf eine transzendentale Idee des Subjekts und damit auf eine bloße Denknotwendigkeit wird dem Phänomenbestand nicht gerecht. Ein nur Denknotwendiges ist bedingt durch den Denkenden, es ist nicht aus sich heraus selbstverständlich und unbedingt. Deshalb klärt es das sich plötzlich mit sich vertraute Subjekt nicht über sich selber auf. Hegel stellt zu Recht gegenüber Kants Vernunftbegriffen des Unbedingten ihre Bedingtheit fest in Gestalt ihrer Reduktion auf Denknotwendigkeiten[39]. Die bedingte Unbedingtheit des Subjekts wird demnach nur auf ein weiteres Bedingtes zurückgeführt und die Transzendenz des menschlichen Geistes in der Erkenntnis des Bedingten als eines solchen nicht erklärt. Wenn etwas Bedingtes in Gestalt einer bloßen Denknotwendigkeit als unübersteigbar Letztes definiert wird, dann wird Bedingtes in selbstwidersprüchlicher Weise verabsolutiert und das menschliche Subjekt in sich verschlossen. Trans-

---

Theologie, Frankfurt / M 1986, 97: Die Freiheit „vermag ... dies und jenes anzufangen, nicht aber sich." Guardini begreift die Freiheit als „Anfangskraft", die sich von Gott her empfängt: Vgl. Romano Guardini, Das Ende der Neuzeit. Ein Versuch zur Orientierung, Würzburg 1950, 71f: „Worin besteht die entscheidende Tatsache des Menschlichen? Darin, Person zu sein. Angerufen von Gott; von daher fähig, sich selbst zu verantworten und aus innerer Anfangskraft in die Wirklichkeit einzugreifen. Diese Tatsache macht jeden Menschen einzig."

[37] Vgl. Rahner, Grundkurs, 38.

[38] Vgl. Klaus Müller, Wieviel Vernunft braucht der Glaube? Erwägungen zur Begründungsproblematik, in: Fundamentaltheologie. Fluchtlinien und gegenwärtige Herausforderungen, hg. v. Klaus Müller, Regensburg 1998, 77–100, bes. 99.

[39] Vgl. Bernd Burkhardt, Hegels Kritik an Kants theoretischer Philosophie dargestellt und beurteilt an den Themen der metaphysica specialis, München 1989; zu Hegels Kritik an Kants Paralogismen der rationalen Psychologie: 181–192, 222–232.

zendentalphilosophische Ansätze, die nur die Plausibilität einer Gottesidee aufzeigen wollen, um die Ansprechbarkeit des Menschen für Gottes Offenbarung zu begründen, greifen deshalb zu kurz[40]. Eine transzendentale Idee begründet noch keine erkennbare Offenheit des Subjekts für ein Handeln Gottes; die Möglichkeit einer Heilsgeschichte ist nicht ausreichend begründet. Der Glaube muss in diesem Fall eine begründungstheoretisch „schwache Vernunft" kompensieren. Die transzendentale Reflexion kommt darum erst in der Annahme einer aus sich heraus begründeten absoluten, sich selbst bewussten Freiheit zu einem nicht mehr zu übersteigenden Resultat. Dieses Resultat impliziert die Möglichkeit der Behauptung, dass der Mensch der potentielle Adressat eines göttlichen Handelns ist, das nochmals über die Konstitution des Adressaten hinausgeht. Die Konstitution endlicher Subjektivität in der Zeit fällt nämlich nicht bereits mit der vollen Verwirklichung ihrer Freiheit im Bezug auf die absolute Freiheit zusammen; vielmehr ist die Konstitution der endlichen Freiheit nur die Voraussetzung ihrer gottbezogenen Selbstwerdung. In der auf die absolute Freiheit bezogenen Subjektivität und Freiheit gründet die Möglichkeitsbedingung einer gott-menschlichen Geschichte. Die philosophisch nicht deduzierbare, jedoch denkbare Heilsgeschichte kann nur in einem ebenso wenig deduzierbaren Akt menschlicher Freiheit angenommen werden: in einem Akt des Glaubens, der sich dem zuvorkommenden Handeln Gottes verdankt.

Erstphilosophisch ist mit diesen Überlegungen die Bühne des Theodramas aufgeschlagen, das, wie Hans Urs von Balthasar formuliert, durch das Zusammen- und Gegeneinanderspiel göttlicher und menschlicher Freiheit bestimmt ist[41]. Diese Bühne ist die Welt, der Kosmos. Über diese Bühne hinaus kann eine größere nicht gedacht werden, sind menschliche und göttliche Freiheit doch nicht qualitativ zu übersteigen.

Alle Wirklichkeit erschließt ihre tiefste Wahrheit daher nur auf dieser Bühne oder überhaupt nicht. Selbst eine noumenale Gegenständlichkeit kann nicht außerhalb dieses Bühnenraums positioniert werden. Wissenschaftliche Objektivität gibt es nie ohne, sondern nur mit dem über sich hinaus auf Gott bezogenen Subjekt. Insofern hat jede Wissenschaft eine theologische Spitze.

Zumindest als Indiz dafür mag auch das von Paläoanthropologen erstellte Doppelkriterium für Menschsein gelten: Das Auftreten des Menschen

---

[40] Vgl. so auch Rahner, Grundkurs, 69: Ein bloßer Gottesbegriff (Gottesidee) als „Gemächte" des Subjekts könne nicht die unabweisbare Transzendenzbewegung des Geistes erklären.

[41] Vgl. Hans Urs von Balthasar, Theodramatik II/1, Einsiedeln 1976, 56f.

in der Geschichte der Evolution wird an der Emergenz eines Selbstbewusstseins mit Transzendenzbezug festgemacht; das Selbstbewusstsein allein genügt nicht, da es ansatzweise auch im Tierreich anzutreffen ist; erst Religion signalisiert eindeutig die Realität des Menschen[42]. Das freilich nur deskriptiv verstandene paläoanthropologische Doppelkriterium für Menschsein zeigt zweifellos einen wertvollen Anknüpfungspunkt für das interdisziplinäre Gespräch über Anthropologie.

Nach diesen Überlegungen zur Subjektivität und Freiheit des Menschen als Legitimationsgrund einer heilsgeschichtlichen Realitätsauffassung wird eine Annäherung an die hamartiologische Thematik möglich.

5. Der Widerspruch der Freiheit

Aus der für die philosophische Reflexion offenkundigen Transzendenzbezogenheit des Selbstbewusstseins und der Freiheit folgt eine hamartiologisch relevante Einsicht. Es muss der Setzung eines Widerspruchs im menschlichen Freiheitssubjekt gleichkommen, wenn es sich gegen den Grund seiner unhintergehbaren Wirklichkeit entscheidet. Grundsätzlich hat der Mensch dazu die Möglichkeit; er ist frei sich selbst und Gott gegenüber. Als an sich selbst frei gegebene unhintergehbare Freiheit muss er deren unverfügbare Herkunft nochmals frei ratifizieren; die Freiheit muss sich selber frei annehmen, wozu die Annahme ihrer Kreatürlichkeit gehört.

Eine sich selbst verwerfende Freiheit existiert als Widerspruch und kann nur Unfreiheit bedeuten. Diese Widersprüchlichkeit muss sich nochmals in einer vom Menschen aus nicht mehr vermessbaren Weise steigern, wenn sich das Freiheitssubjekt nicht nur gegen die absolute Freiheit entscheidet, die es konstituiert, sondern wenn es sich darüber hinaus gegen das – philosophisch immerhin denkbare – Selbstangebot der göttlichen Freiheit entscheidet, mit der diese das Freiheitssubjekt in zuvorkommender Weise ergreifen und seiner unbedingten, uneingrenzbaren Offenheit gemäß mit dem eigenen grenzenlosen göttlichen Leben erfüllen will.

Erschließt sich außerdem alle Wirklichkeit allein auf jener theodramatischen Bühne, so muss sich diese Wirklichkeit auf ihr anders zeigen – sie muss

---

[42] Zur Diskussion über die Kriterien für Menschsein vgl. Ulrich Lüke, „Als Anfang schuf Gott …“ Bio-Theologie. Zeit – Evolution – Hominisation, Paderborn u. a. 1997, 265–295.

sich vor allem widersprüchlich zeigen, sobald der Mensch diesen Widerspruch tatsächlich setzt und von dieser Bühne abtreten will. Diese widersprüchliche Erfahrung der Wirklichkeit wird weiter unten an Schmerz und Tod exemplifiziert. In Auseinandersetzung mit Immanuel Kants Philosophie des radikal Bösen soll zuerst die Zeitursprünglichkeit dieser Widerspruchsetzung rational einsichtig werden. Dadurch gewinnt sowohl das Anliegen eines transzendental-geschichtlichen Ansatzes als auch die angesprochene heilsgeschichtliche Wirklichkeitsauffassung an Plausibilität.

6. Der Vernunftursprung des Widerspruchs

Kant ist von der Widersprüchlichkeit der menschlichen Existenz überzeugt. Denn an sich *sollen* alle Menschen den sittlichen Forderungen des kategorischen Imperativs gemäß leben, doch faktisch kennzeichnet ein Hang zum Bösen alle Menschen[43]. In seiner Religionsphilosophie führt Kant aus, dass man zwar keinen förmlichen Beweis für einen alle Menschen kennzeichnenden Hang zum Bösen erbringen könne, nur eine Menge schreiender Beispiele spreche dafür[44]. Eine transzendentale Deduktion des Bösen aus dem Begriff der Gattung Mensch muss sich Kant verbieten, weil er dadurch die Imputabilität des moralischen Subjekts desavouieren würde[45]. „Gut" und „Böse" kön-

---

[43] Aus der Fülle der Literatur zu Kants Erbsündenphilosophie vgl. den Überblick bei Heinrich Köster, Handbuch der Dogmengeschichte Bd. II 3c: Urstand, Fall und Erbsünde. Von der Reformation bis zur Gegenwart, Freiburg 1982, 149–158; ausführlich: Christoph Schulte, Radikal böse. Die Karriere des Bösen von Kant bis Nietzsche, München ^{2}1991, 13–154; Helmut Hoping, Freiheit im Widerspruch, 52–233; Henry E. Allison, Kant's theory of freedom, Cambridge 1990, 146–161; Marcus Köhler, Possibilità, realtà e necessità del „male radicale". Riflessioni su „La Religione nei limiti della semplice ragione" e la teoria dell'azione di Kant, in: Rivista teologica di Lugano 9 (2004) 121–151; Knut Wenzel, Die Erbsündenlehre nach Kant, in: Kant und die Theologie, hg. v. Georg Essen u. Magnus Striet, Darmstadt 2005, 224–250. Nach wie vor wichtig ist die 1938 erschienene umfangreiche Untersuchung von Josef Bohatec, Die Religionsphilosophie Kants in der „Religion innerhalb der Grenzen der bloßen Vernunft". Mit besonderer Berücksichtigung ihrer theologisch-dogmatischen Quellen, Hamburg.

[44] Vgl. Immanuel Kant, Die Religion innerhalb der bloßen Vernunft B 27f; (Werke in zehn Bänden, hg. v. Wilhelm Weischedel, Darmstadt 1975), Bd. 7: 645–879, hier 680.

[45] Vgl. Kant, Religion B 27, 46f.; Werke 7: 680, 693.

nen ausschließlich einen Vernunftursprung haben, keinen Zeitursprung[46]. Weder das Gute noch das Böse gehen deshalb dem moralischen Subjekt voraus. Kein zeitursprüngliches peccatum originale, sondern nur ein vernunfts- und freiheitsursprüngliches, von jedem Menschen faktisch gesetztes *peccatum originarium* sei als formaler Grund aller gesetzeswidrigen Taten anzunehmen, und zwar in Form der letztendlich unerklärbaren, eben nicht deduzierbaren Abwahl der Sittlichkeit, die an sich die Handlungsmaxime sein soll, zugunsten der Wahl anderer, vom kategorischen Imperativ abweichender Maximen[47]. Das von Kant zu Recht als „unerforschlich"[48] qualifizierte Böse, das ohne Sinn und Logik erklärungsresistent bleibt, vereitelt demnach auch die Aufklärung seiner universellen Faktizität.

Kant billigt der Erbsündentheologie nur in dieser Transformation nach dem Maßstab unbedingter Freiheit ein Potential zur Erschließung der menschlichen Widerspruchswirklichkeit zu. Die Vorstellung von der ererbten Sünde begreift er als ungeschickte Metapher für die faktische Allgemeinheit des Bösen[49]; metaphorisch versteht er ebenso die Rede vom verderbten oder auch angeborenen Hang zum Bösen.

Den konzeptionellen Preis, den Kants eigene Antwort fordert, ist eine spannungsreiche Konstruktion: Den angeborenen, verderbten, radikalen Hang zum Bösen klassifiziert er als durch eigene Entscheidung zugezogene und selbstverschuldete Handlungsdisposition. Gleichzeitig insistiert er auf der lückenlosen Allgemeinheit des Bösen. Er sagt, „dass kein Grund ist, einen Menschen davon [vom Hang zum Bösen] auszunehmen, er also von der Gattung gelte"[50]. Diesen Grund kann er aber nicht benennen. Es bleibt bei der induktiven Vermutung und „Hochrechnung" eines allgemeinen Faktums. Sosehr auch das Böse selbst unerforschlich bleiben mag, muss dies keineswegs von seiner universellen Vorfindlichkeit gelten, deren Gegenteil – vom unerforschbaren Bösen her – genauso angenommen werden könnte.

Um der Konsistenz des moralischen Subjekts willen betont Kant außer-

---

[46] Vgl. Kant, Religion B 44; Werke 7: 691: Die Sünde Adams illustriert, dass der Mensch mit seiner Tat das Böse setzt; kein Hang zum Bösen steht am Anfang des Freiheitsvollzugs. Vgl. auch die philosophische Transformation der biblischen Erzählung vom Sündenfall in Kants Schrift „Mutmaßlicher Anfang der Menschengeschichte"; Werke 9: 85–102.

[47] Vgl. Kant, Religion B 33–39; Werke 7: 684–688.

[48] Kant, Religion B 46; Werke 7: 693.

[49] Vgl. Kant, Religion B 42; Werke 7: 689.

[50] Kant, Religion B 15; Werke 7: 672.

dem die prinzipielle Einheit von Sollen und Können[51] trotz der kontrafaktischen Erfahrung, wie die der Fragilität des Menschen, welche Kant im Einklang mit Paulus kennzeichnet: „Wollen habe ich wohl, aber das Vollbringen fehlt."[52] Interpretatorisch ist es nach Henry Allison nicht ganz einfach zu entscheiden, ob Kant diese Diskrepanz zwischen Sollen und Können auf eine Wahl der Handlungsmaximen zurückführt oder ob er nun doch Gegebenheiten ins Spiel bringt, die die Grenzen der rationalen Selbstursprünglichkeit des handelnden Subjekts markieren[53]. In *Mutmaßlicher Anfang der Menschengeschichte* führt Kant sowohl Triebkräfte als auch andere das Handeln beeinflussende Dispositionen bis hin zur Konkupiszenz auf die zu sich erwachte Vernunft des Menschen zurück, die ihn zu seinen Triebkräften erst in ein Verhältnis versetzt. Aber auch diese spontanen Impulse versteht Kant nicht als Grundlage für ein Argument, das eine nur eingeschränkte Verantwortlichkeit des Menschen bei der Wahl seiner Handlungsprinzipien rechtfertigen könnte. Was die Genesis als Zeitursprung des Bösen mythologisch veranschaulicht, ist Kant zufolge philosophisch als Vernunft- und Freiheitsursprung des Bösen auf den Begriff zu bringen. Die Erzählung vom Sündenfall illustriert für Kant die Genese des moralischen Subjekts, das Gut und Böse unterscheiden lernen und darum aus seiner instinktgesicherten paradiesischen Unbestimmtheit ausbrechen muss[54].

7. Der Zeitursprung des Widerspruchs

Dass die Widerspruchssetzung des Freiheitssubjekts auf jeden Fall einen Ursprung in der Zeit hat und folglich die Geschichte transzendental bestimmt, ergibt sich jedoch dadurch, dass man die Auflösung von Kants spannungsreicher Konstruktion in Erwägung zieht. Unter der Voraussetzung der freien Wahl der Maxime ist nämlich nicht mehr verständlich, warum der Hang zum Bösen auch den moralisch besten Menschen belasten soll. Warum soll es keine sittlich einwandfrei lebenden Menschen geben? Warum soll, wie es

---

51 Kant, Religion B 76; Werke 7: 714: „Wir *sollen* ihr [der gesetzgebenden Vernunft] gemäß sein, und wir müssen es daher auch *können*." Diese These ist korrekt im Blick auf einen von der Ursünde nicht betroffenen Menschen.

52 Kant, Religion B 22; Werke 7: 677.

53 Vgl. Henry E. Allison, Kant's Theory of Freedom, 157f.

54 Vgl. Kant, Mutmaßlicher Anfang der Menschengeschichte A 14; Werke 9: 93; so auch Georg Wilhelm Friedrich Hegel, Vorlesungen über die Philosophie der Religion, Teil 3: Die vollendete Religion, hg. v. Walter Jaeschke, Hamburg 1984, 220–229.

Kant in der Kritik der praktischen Vernunft ausführt, die Heiligkeit moralischer Vollkommenheit nie erreichbar sein[55], zumal dann nicht, wenn dem sittlichen Sollen an sich ein adäquates Können entspricht? Kants Ansatz verfügt nicht über das konzeptionelle Potential, die ausnahmslose Wirklichkeit menschlicher Sündigkeit zu begründen. Als Philosoph muss er das nicht unbedingt, es sei denn, er beabsichtigt, die christliche Erbsündenlehre adäquat philosophisch zu reformulieren. Die universelle Erlösungsbedürftigkeit aller Menschen – unabhängig von ihrer Maximenwahl – ist zumindest notwendiges Implikat der Soteriologie. Deren christozentrische Exklusivität und Konsistenz hängen davon ab, dass es noch nicht einmal die Denkbarkeit einer „Insel der Seligen“ gibt. Deren Möglichkeit schließt Kants hamartiologische Rekonstruktion jedoch nicht a priori aus, nur mutmaßlich.

Hält man aber mit Kant daran fest, dass das Böse keine Wesensbestimmung des Menschen darstellt, obgleich es mit faktischer Notwendigkeit zusammen mit dem Menschen ausnahmslos existiert, dann muss es entgegen Kants Dafürhalten auf eine geschichtlich erworbene oder – vielleicht besser gesagt – verlorene Eigenschaft des Menschen zurückgeführt werden. Es muss einen Zeitursprung haben. Dieser Ursprung in der Zeit muss im Anfang der Menschheitsgeschichte liegen. Denn ausnahmslos gegeben ist eine zeitlich-geschichtlich erworbene (verlorene) Eigenschaft aller Menschen nur unter der Voraussetzung, so folgert Rahner aitiologisch, wenn sie von Anfang an, vom Ursprung menschlicher Zeit und Geschichte her gegeben ist[56]. Zu den transzendentalen Bedingungen konkreter Freiheit gehört demnach eine geschichtliche Bestimmung.

Die These, der Zeitursprung liege im transzendentalen Subjekt selbst, reproduziert das bereits bei Kant eruierte Problem[57]. Denn dieser Akt einer transzendentalen Verweigerung liegt vor jeder bewussten, individuellen Tat,

---

[55] Vgl. Kant, Kritik der praktischen Vernunft A 220–223; Werke 6: 252–254.

[56] Vgl. Rahner, Grundkurs, 110ff, ders., Kleine theologische Bemerkungen zum „Status naturae lapsae“, in: ders., Schriften zur Theologie XIV, Zürich u. a. 1980, 91–109, bes. 104ff.

[57] Vgl. die anspruchsvolle These von Helmut Hoping, Freiheit im Widerspruch. Eine Untersuchung zur Erbsündenlehre im Ausgang von Immanuel Kant (IST 30), Innsbruck 1990: Hoping unterscheidet klar zwischen der Transzendentalität des Subjekts und der transzendentalen Verweigerung, die er zeitlich und geschichtlich versteht. Die damit zugleich gegebene Kontingenz der Verweigerung macht nochmals ihre Nichtnotwendigkeit deutlich; genau deshalb stellt sich das Problem ihrer Allgemeinheit oder ihrer „Wesentlichkeit“.

andernfalls wäre er nicht notwendigerweise allgemein – man könnte ihn auch nicht setzen. Wenn er aber nicht „transzendentaler Natur" sein soll, muss er doch in der Zeit gesetzt sein in klarer Abgrenzung von der die Zeit eröffnenden Transzendentalität des Subjekts. Wer aber setzt diesen Akt, wenn er nicht einfach eine erste bewusst gesetzte Sünde sein kann, sondern Sündigkeit vor jeder Tatsünde begründen soll?

8. Die Einheit der Menschheit in ihrem zeitlichen Ursprung

Wenn es nicht das einzelne Subjekt selber sein kann, das diesen Akt setzt (in diesem Fall wäre die Sündigkeit entweder „Naturvollzug" oder sie wäre nicht notwendigerweise allgemein), so kann man als *suppositum* dieses Aktes ein Subjekt annehmen, das die Bedingung eines *universale concretum* erfüllt und darüber hinaus „alle Geschichte noch vor sich hat".

Zunächst ist das Christusereignis mit der Kategorie des *universale concretum* zu beschreiben: In ihm ereignet sich der allgemeine Heilswille unter den Bedingungen der sich gegen Gott definierenden Menschheit. Analoges lässt sich von der Subjektivität des geschichtlichen Anfangs sagen: Der Anfang repräsentiert das Ganze; der Anfang ist nicht nur temporäres *initium*, sondern ursprunggebendes *principium*. Das konkret Erstmalige geschieht universell allmalig, so dass im Anfang die von Gott gesetzten Bedingungen der Menschheit für die ganze Menschheit realisiert sind.

Für die Logik einer derart repräsentativen, allmaligen Anfangshandlung, die den Horizont der Menschheit ursprunggebend bestimmt, können folgende Beispiele hilfreich sein.

Für die Gesamtmenschheit – und damit für jeden Einzelnen – beginnt mit der Entdeckung Amerikas, der Zündung der ersten Atombombe oder dem ersten Menschen auf dem Mond (der bewusst für die Gesamtmenschheit den entscheidenden Schritt auf die Mondoberfläche setzt) jeweils ein neues Zeitalter. Nichts wird mehr so sein wie zuvor. Einer, ein Ereignis kann also schon für alle eine neue geschichtliche Bedingung des Freiheitsvollzugs und der Verantwortlichkeit setzen, positiv wie negativ – auch jenseits biologischer Abhängigkeitsverhältnisse und Genealogien. So kann bereits Einer ein Gerechtigkeitsverhältnis zwischen den Gliedern dieses Verhältnisses aus dem Lot bringen und ihm die Vollkommenheit rauben. Geschieht dies unmittelbar nach Konstitution der Anfangsbedingungen dieses Verhältnisses, ist es universell für immer gestört. Dem oder den Ersten in diesem Verhältnis wäre die Aufgabe der Mediation dieses Gerechtigkeitsverhältnis zugefallen. Eine Freiheit gegenüber dieser

Störung gibt es nicht, weshalb auch niemand innerhalb dieser ursprünglich konstituierten Ungerechtigkeitsverhältnisse einen Neuanfang zu setzen vermag, der die Einheit aller im Ursprung aufheben könnte. Der Neuansatz muss „von außen“ erfolgen, soll eine Wiedergutmachung des einmal gestörten Verhältnisses erwirkt werden können. Vorausgesetzt ist bei dieser Überlegung ebenso, dass das Verständnis für Gerechtigkeit nicht prinzipiell zerstört wird und gerade auf diese Verpflichtung hin die erlösungsbedürftige Einheit der Menschheit besteht. Vom Ursprung her gelingt die Mediation der Sollensforderung „Gerechtigkeit“; sie inhäriert dem einzelnen Subjekt und ist aktuell in der Begegnung mit dem Anderen. Diesem Anderen hat unbedingte Gerechtigkeit zu widerfahren, obgleich dies nicht mehr unverkürzt gelingt: Das Können des Gesollten ist abhanden gekommen; es wird vom Ursprung her nicht kommuniziert.

Folgende Argumente bezüglich der Einheit der Menschheit in ihrem prinzipiellen Ursprung unterstützen die explizierte These:

Philosophisch ist einsichtig, dass die Menschheit geeint ist im Gottesbezug jeder menschlichen Freiheit. Theologisch ist hinzuzufügen, dass die Menschheit darüber hinaus geeint ist hinsichtlich ihrer finalen, geoffenbarten Bestimmung, am Leben Gottes teilzuhaben. Philosophisch und theologisch kann der Mensch als rezeptive Dynamik auf die Gemeinschaft mit Gott hin beschrieben werden. Aufgrund dieser philosophisch und theologisch plausibel zu machen konstitutiven Ausrichtung aller Menschen auf Gott kann die Einzigkeit der Geschichte bzw. der Heilsgeschichte begründet behauptet werden – unabhängig davon, wie sich der phylogenetische Ursprung der Menschheit auch immer paläontologisch darstellen mag[58]. Diese Einheitskonzeption genügt, um die hamartiologisch entscheidende Abweisung der pelagianischen Imitationsvorstellung hinsichtlich der Weitergabe der Sünde Adams verständlich zu machen; die apriorische Erlösungsbedürftigkeit der Gesamtmenschheit ist sichergestellt. Mit Rahner kann darum festgehalten werden, dass das primäre Aussageziel der tridentinischen Formel bezüglich der Weitgabe der Sünde Adams *propagatione, non imitatione* in der Negation des Pelagianismus besteht; die positive Aussage jedoch als sekundär klassifiziert werden kann. Ausschlaggebend ist die Einsicht, dass alle durch Adam Erbsünder sind, jedoch nicht unbedingt *generatione*, sondern *„per inoboedientiam primi hominis“*[59].

---

[58] Vgl. z. B. Karl Rahner, Erbsünde und Evolution, in: ders., Sämtliche Werke 15, 458–468; ders., Erbsünde und Monogenismus, in: ebd., 652–688 und den in der nächsten Anm. angegebenen Aufsatz:

[59] Karl Rahner, Theologisches zum Monogenismus, in: ders., Schriften zur Theologie I, Einsiedeln u. a. [8]1967, 295f.

9. Der analoge Schuld- und Sündecharakter der Erbsünde

Vor dem Hintergrund der prinzipiellen Ursprünglichkeit der Sünde ist die hamartiologische Bestimmung der Erbsünde zu klären. Erkenntnisgrund der Ur- und Erbsünde ist die universelle soteriologische Dimension des Christusereignisses. Diese im Heilsereignis gründende soteriologische Dimension impliziert das nichtseinsollende, apriorische Fehlen einer nur als ursprünglich zu denkenden gnadenhaften Herrlichkeit, Heiligkeit und Gerechtigkeit jedes Menschen (DH 1511). Weil dieser prekäre Mangelzustand des aktuellen Menschen Gottes Willen und Selbstangebot widerspricht und auch nicht nur eine Art Erbschaden darstellt, kann er, da er unabhängig vom einzelnen Menschen besteht, Erbsünde (oder Erbschuld) genannt werden. Diese *prima facie* problematisch („ungeschicklich") erscheinende Wortbildung „Erbsünde" muss nicht aufgegeben werden, wenn man einen analogen Gebrauch des Wortes „Sünde" konzediert[60]. Persönliches Versagen wird allein dem Subjekt der Ursünde zugeschrieben (*ratio voluntarii*)[61]; diesbezüglich besteht eine Unähnlichkeit zwischen persönlicher Sünde und Erbsünde. Ähnlich sind sich persönliche Sünde und Erbsünde, weil sie einen Widerspruch zu Gottes Heiligungswillen darstellen. Selbstverständlich kann das Wort „Erbsünde" wegen seiner zunächst widersprüchlich erscheinen Semantik durch ein anderes Wort ersetzt werden, wenn es den komplexen Sachverhalt besser zum Ausdruck bringt. Die bislang entwickelten Äquivalente leiden daran, dass sie oft nur einige Aspekte der Erbsünde artikulieren.

Im Folgenden sind weitere wirklichkeitserschließende Potentiale der Erbsündenlehre auszuweisen.

---

[60] Das „*nicht* sein sollende Fehlen einer im voraus zur personalen Entscheidung vergöttlichenden *heiligen* Gnade hat [nur] in analogem Sinn den Charakter der Sünde": Rahner, Erbsünde, in: ders., Sämtliche Werke 17/2, Freiburg 2002, 1004; ders., Grundkurs, 111; ders., Die Sünde Adams, in: ders., Schriften zur Theologie IX, Einsiedeln [2]1970, 269. Vgl. pars pro toto Georg Kraus, Universale Sündenverfallenheit. Ein Äquivalent für den Erbsündenbegriff, in: Stimmen der Zeit 122 (1997) 261–268. Der Terminus „Sündenverfallenheit" bringt sicherlich einen Aspekt der Erbsünde auf den Punkt; Folge der Ursünde ist die Sündenverfallenheit des Menschen. Aber nicht nur das: Durch die Erbsünde verfällt er nicht nur dem Sündigen; vor der persönlichen Sünde steht er auch bereits in einem Widerspruch zu Gott. Müller, Kath. Dogmatik, 136, erkennt in dem analogen Gebrauch des Wortes eine sinnvolle Verstehenshilfe, die von der Kritik des Erbsündebegriffs „zu wenig beachtet" werde.

[61] Vgl. Karl Rahner, De peccato originali, in: ders., Sämtliche Werke 8, Zürich u. a. 1998, 415ff., 421, 425f, 428ff.

10. Die hamartiologische Unterscheidung

Die Erbsündenlehre bietet zuerst eine soteriologisch motivierte, heilsgeschichtliche Erklärung für die universelle Erlösungsbedürftigkeit des Menschen. Weder der Schöpfer noch die Schöpfung tragen Schuld an der Misere des Menschen. Wie oben angedeutet, muss jede Rede von der Unvollkommenheit der Schöpfung daraufhin überprüft werden, ob sie nicht unter der Hand eine Erklärung für die moralische Unvollkommenheit des Menschen anbietet, nach der der Übergang von der kreatürlichen Unvollkommenheit zur moralischen wie von selbst erfolgt. Eine derartige Erklärung belastet den Gottesbegriff mit nicht mehr aufzulösenden Inkonsistenzen. Der Soteriologie fiele die Aufgabe zu, auch die Erlösung des unvollkommenen Schöpfers zu entwerfen.

Die von der Hamartiologie ins Feld geführte Distinktion zwischen menschlichem Wesen und dem Bösen lässt sich nach Jörg Splett im gedanklichen Anschluss an Paul Ricouer phänomenologisch verifizieren: Im Schuldbekenntnis hofft der Sünder auf Befreiung von der Sünde, nicht vom Menschsein[62]. Bestreitet man – etwa aus evolutionsbiologischen Gründen – die Möglichkeit des Menschen, Schuld zu bekennen, nimmt man ihm sein Menschsein und „entböst" man das Böse. Auschwitz wird „biologisch" entschuldbar. Nach Hegel ist die Bestrafung des Verbrechers Ausdruck des Respekts vor ihm; denn die Strafe nimmt ihn als zurechnungsfähiges, menschliches Subjekt ernst[63]. Auf das Gegenteil laufen die Thesen einiger Neurowissenschaftler hinaus. Ihr Werben um Zustimmung zu ihren Thesen spricht jedoch für die Unauflösbarkeit des Subjekts: Nur ein Subjekt kann zwischen Positionen wählen und dabei rationalen Gründen folgen. Demnach wäre der Mensch doch verantwortlich und zurechnungsfähig.

Im Blick auf die anthropologischen Thesen einiger Evolutionsbiologen und Ethologen ist es keine überhebliche Selbstüberschätzung, wenn man behauptet, dass eine theologisch-christologische Anthropologie naturwissenschaftlich ansetzenden Anthropologien konzeptionelle Unterscheidungshilfen vermittelt und vor inkonsistenten philosophischen Fehlschlüssen bewahrt. Umgekehrt erfährt die theologische Anthropologie durch ihr empirisches Gegenüber mehr und mehr über die geradezu intime Verflechtung des Menschen mit dem Kosmos und allem Leben. Es wird so verständlicher, dass die Set-

---

[62] Vgl. Jörg Splett, Konturen der Freiheit. Zum christlichen Sprechen vom Menschen, Frankfurt 1974, 108.

[63] Vgl. Georg Friedrich Wilhelm Hegel, Grundlinien der Philosophie des Rechts (Werke 7), § 100, Frankfurt / M 1970, 190ff.

zung eines Widerspruchs zum Quell allen Seins gerade das Welt- und Selbstverständnis des Menschen betreffen muss.

Kant wird der hamartiologischen Unterscheidung dadurch gerecht, dass er das Böse nicht aus der Gattung des Menschen ableitet und es dem Abgrund der Freiheit anheimstellt, das Unheimliche des Bösen zu entfesseln. Insofern er das Böse als Urtat des Menschen denkt, denkt er es noch geschichtlich bzw. geschichtseröffnend. Die Universalität des Bösen fordert jedoch die Annahme einer urgeschichtlichen Tat. Sie erklärt die angesprochene Diskrepanz zwischen Sollen und Können. Die Diskrepanz zwischen Sollen und Können setzt eine Differenz und Einheit zwischen beiden voraus, zumindest der Möglichkeit nach. Ohne eine vorausgesetzte Einheit (Harmonie) bleibt auch die Diskrepanzerfahrung verborgen. Die Genese dieser Diskrepanz ist näher zu fassen.

11. Der innere Widerspruch zwischen Sollen und Können

Es ist davon auszugehen, dass die absolute Freiheit die aus sich heraus nicht notwendige, doch eine formal unbedingte Größe darstellende endliche Freiheit auf sich hin in der Einheit von Sollen und Können frei will und erschafft. (Andernfalls müsste diese Diskrepanz in der absoluten Freiheit angenommen werden; und/oder man müsste Gott unterstellen, er schaffe notwendig oder absichtlich eine widersprüchliche endliche Freiheit.) Der ursprüngliche, selbstaffirmative Akt der menschlichen Freiheit ist daher die Annahme ihres Konstituiert- und Angenommenseins durch Gott. Da die Freiheit nicht bereits mit sich in ihrem Ziel identisch ist, kann sie, wie schon erläutert, statt sich selbst – statt der Freiheit – auch die Unfreiheit wählen. Da bei einem logisch möglichen Akt der Selbstverweigerung nochmals die Freiheit in Anspruch genommen wie auch ihr göttlicher Konstitutionsgrund affirmativ vorausgesetzt wird, liquidiert der Akt der Selbstverweigerung die Freiheit in ihrem Transzendenzbezug nicht ipso facto; insofern bleibt auch das Sollen erhalten, an dem die Freiheit sich selbst erkennt. Folglich richtet sich die Verweigerung der Selbstannahme auf das Können des Gesollten; der sich nicht wollende und annehmende Mensch „kann" sich selbst nicht mehr – kann sich selbst nicht mehr als Freiheitssubjekt adäquat vollziehen, obgleich er nichts anderes als er selbst sein „soll"[64]. Er nimmt seine Annahme durch Gott nicht an, die mit seiner Konstitution ursprünglich verbunden ist.

---

[64] Vgl. Müller, Kath. Dogmatik, 133: „Die Ursünde ist in einem der innere geistige

Über den Gedanken des „Könnens" wird damit der von Hoping anvisierte hamartiologisch interessante Zeitfaktor in die Transzendentalität des Subjekts eingetragen. Wenn das transzendentale Subjekt völlig unberührt bliebe von der Sünde, dann würde man nur die *natura-pura*-Lehre in transzendentalem Remake wiedererstehen lassen. Deshalb ist auch, wie vorausgeschickt, eine „Verwundung" des transzendentalen Subjekts hamartiologisch in Betracht zu ziehen. Durch die Sünde tritt eine Veränderung des Menschen zum Schlechteren ein (DH 371, 1511).

Aufgrund der ontologischen Differenz, die den Menschen als endliches Wesen kennzeichnet und ihn als einen unter vielen definiert, und der notwendigerweise intersubjektiv zu denkenden Definition menschlicher Freiheit (das Sollen oder die Gerechtigkeit richtet sich stets auf ein Verhältnis zwischen Personen), ist es schlüssig, davon auszugehen, dass sich der Widerspruch gegen den divinen Grund in einem horizontalen Widerspruch darstellt und vermittelt. Damit ist zunächst gesagt, dass in das Verhältnis der Freiheit zu Gott das Verhältnis der Freiheit zu anderen Freiheiten hineinverwoben ist.

Die konstitutive Intersubjektivität der Freiheit unterläuft jedoch nicht deren Unvertretbarkeit und Unhintergehbarkeit, vielmehr entspricht es der Kreatürlichkeit der Freiheit, in die eigene unvertretbare Selbsthabe hineinvermittelt zu sein – von Gott her und vom Mitsein her. Das Freiheitssubjekt verfügt in seiner Endlichkeit nicht über den Anfang seiner Unvertretbarkeit; genauso wenig verfügt es über das ursprüngliche unbedingte Sollen. Vor jedem intentionalen Akt erfährt sich Freiheit mit sich selbst vertraut. In horizontaler Entsprechung zur Dynamik der Freiheit auf ihren göttlichen Ermöglichungsgrund hin ist das Freiheitssubjekt vom Du und Wir her an sich frei gegeben. Der Sollensanspruch, der mit jeder unvertretbaren und unbedingten Freiheit verbunden ist und von ihr in jeder Begegnung ausgeht, konstituiert den aktuellen Anfang unbedingten Sollens im Subjekt und vermittelt auf diese Weise die Konstitution des absoluten Anfangs des Freiheitssubjekts, der durch die absolute Freiheit gesetzt ist.

Während in der Begegnung der Freiheiten jede in ihr Sollen hineingerufen wird, weil der Anspruch des Unvertretbaren und Unbedingten mit jeder Frei-

---

Akt, der die geschöpfliche Verwiesenheit auf Gott erkennt und im strikten Gegensatz dazu die natürliche Selbsttranszendenz der Freiheit und damit die Annahme des Selbstangebotes Gottes verweigert. Darum gerät der Sünder nicht nur in *Widerspruch zu Gott*, sondern auch in einen unauflösbaren *Widerspruch zu sich selbst.*" Ders., Woher kommt das Böse?, 321: „Im Bösen gerät der Mensch … nicht mit irgendwelchen Geboten und Verhaltensmaßregeln in Konflikt, sondern in einen letzten Widerspruch zu sich selbst."

heit konvergiert, geschieht die Vermittlung des Könnens des Gesollten nicht ebenso unvermeidlich. Offenbar bleibt sich die Menschheit in diesem Fall immer etwas schuldig, nämlich die Gottes unbedingte Annahme vermittelnde Annahme ihrer selbst in Gestalt der Annahme der anderen Freiheit in Einheit mit jeder Freiheit. Das Defizit gründet nicht in der symbolischen Vermitteltheit aller intersubjektiven Akte[65]. Wie im Fall des Sollens, so könnte auch im Fall des Könnens dessen Vermittlung durch das Angesicht des Anderen geschehen.

Aus theologischer Perspektive geht es aber nicht nur um die Vermittlung der Konstituentien des Freiheitssubjekts, sondern darüber hinaus um die Mitteilung der Gnade, auf die hin die Erschaffung des Menschen zu verstehen ist. Die Verweigerung der Selbstannahme ist daher Sünde mit weitreichenden Folgen – deren Abgründigkeit die Herrlichkeit der Erlösung erfassen lässt. Wenn nämlich Gott nur durch Gott erkannt und angenommen werden kann, wenn daher die Freiheit im Akt ihrer Selbstannahme, mit der sie die Annahme Gottes annimmt, auch kraft der Selbstmitteilung Gottes handelt, dann richtet sich die Verweigerung der Selbstannahme gegen die innere Sinnspitze des menschlichen Könnens: gegen das „Können Gottes", d. h. gegen die Teilhabe an der Selbsterkenntnis und Selbstannahme Gottes und gegen das höchste „Können des Menschen", d. h. gegen dessen Selbstvollzug in Gott. Die auf der Ebene des Könnens wegbrechende Dynamik auf Gott hin fällt auf den Menschen zurück – im Widerspruch zu seiner intersubjektiv vermittelten Ausrichtung auf Gott durch das Sollen. Er wird zum habituellen Egoisten. Selbsthabe und Selbstgabe scheinen kaum mehr kompatibel zu sein.

Nochmals die Problematik des immer wieder als aporetisch qualifizierten Erbsündebegriffs aufgreifend kann an dieser Stelle festgestellt werden: Die aporetische Situation, dass den Menschen einerseits sein Gewissen für sein eigenes Tun anklagt (Sollen), dieses Tun aber andererseits auch Indikation seiner von Gott her nichtseinsollenden und zur Sünde reizenden Situation ist, die ihm persönlich jedoch nicht zugerecht werden kann, ihn dennoch als von Adam herkommend ausweist und ihn je in einen Widerspruch zu Gottes Heilswillen versetzt – diese aporetische Situation entlarvt nicht eine Aporetik des Erbsündenbegriffs, sondern den Widerspruch im gottbezogenen Freiheitssubjekt, den die Sünde Adams hervorruft und von dem sich der Einzelne nicht befreien kann, was er irgendwann durch persönliches Sündigen anzeigt. Die Erbsündentheologie versteht den Menschen als Glied einer die Menschheit umfassenden Tätergemeinschaft und Komplizenschaft.

[65] Zur Leibsymbolik der Freiheit vgl. Jörg Splett, Konturen der Freiheit, 37–59.

12. Triebkräfte, Konkupiszenz, agonale Existenz

Die Hamartiologie erschließt die heilsgeschichtliche Wirklichkeit der spontanen Triebkräfte des Menschen. Diese evolutiv ererbten Triebkräfte werden mitunter als zur Unmoral verleitend oder als versklavend erfahren, als Hang zum Bösen. Der angeborene Hang zum Bösen – diese Form der Unfreiheit der Freiheit – ist die Konsequenz dieses Widerspruchs gegen den Ermöglichungsgrund der Freiheit. Die an sich lebensnotwendige Dynamik dieser Triebkräfte ist nicht mehr eingebettet in die Dynamik der über sich hinaus auf Gott und Gottes Selbstangebot bezogenen Freiheit, weshalb sie als Konkupiszenz qualifiziert werden kann[66].

Konrad Lorenz, nach dessen Einschätzung das missling link zwischen Tier und Mensch der aktuelle Mensch ist, hofft angesichts der menschlichen Konkupiszenz auf eine Höherentwicklung des menschlichen Gehirns[67]. Diese und ähnliche Hoffnungen übersehen die Unabhängigkeit der moralischen Frage von der Intelligenz. Ein höheres Maß an Intelligenz ermöglicht vielmehr immer noch perfekter ausgedachte Gemeinheiten. Der Gedanke einer qualitativen Weiterentwicklung des Menschen ist auf den Konstitutionspunkt des Freiheitssubjekts zu beziehen: dessen Gottesbezug kann sich intensivieren, was das vollkommene Leben Jesu in der Beziehung zu seinem Abba-Vater belegt.

Wie die metaphorisch-symbolische und zugleich realitätsbezogene Geschichte von der Versuchung Jesu zeigt, sind in ihm, der ganz aus der Relation zu Gott, seinem Abba lebt, alle natürlichen Kräfte auf ihr Ziel hingeordnet; sie dienen der Vermittlung des Reiches Gottes, sind nicht Anknüpfungspunkt diabolischer Verführung. Durch diese neue Ordnung wird nicht nur der Mensch in seinen Triebkräften neu ausjustiert; auch das durch die Sünde in die Schöpfung hineingetragene Chaos wird überwunden: Tiere, die nach Gen 9,2 Furcht und Schrecken vor dem postlapsarischen Menschen haben müssen, verweilen beim neuen Adam, fühlen sich unter seiner Herrschaft aufgehoben (Mk 1,13 / Jes 11,6–9). Auch die unsichtbare Welt findet sich zum

---

[66] Vgl. Karl Rahners „Klassiker" Zum theologischen Begriff der Konkupiszenz, in: ders., Schriften zur Theologie I, Einsiedeln ^{8}1967, 1954, 377–414. In diesem Beitrag entwickelt Rahner zunächst einen positiven Begriff von Konkupiszenz im Sinn eines spontanen Begehrens, das überhaupt erst eine Stellungnahme des Menschen zu einem angestrebten Gut ermöglicht. Diese positive Konkupiszenz schließt auch alle evolutiv dem Menschen zugewachsenen Instinkte und Handlungsdispositionen ein. Vgl. dazu auch Müller, Woher kommt das Böse?, 315.

[67] Vgl. Konrad Lorenz, Der Abbau des Menschlichen, München ^{6}1996, 1983, 285f.

Dienen bereit (Mk 1,13; Joh 1,51; Lk 22,43); sie verstellt nicht mehr den Eingang des Paradieses, d. h. zu der Realität, die die Einheit des Freiheitssubjekts mit Gott in Heiligkeit und Gerechtigkeit symbolisiert[68].

Wer sich durch Gott in seiner Freiheit von dieser Heiligkeit, d. h. von der gottbestimmten und erfüllten Freiheit Jesu bestimmt sein lässt, indem er Jesus ganz für sich dasein und ihn sich näher kommen lässt, als er sich selbst nahe ist, der lässt sich zu selbstlosem Tun befähigen zugunsten anderer und überwindet progressiv seine Unfreiheit. Er stiftet Ordnung in sich und in seiner Umgebung. Dass der Mensch in der Gnade Christi ein agonale Existenz zu führen hat, wie das Konzil von Trient ausführt (DH 1515), liegt nicht in der Schwäche der Gnade, sondern in der Auszeichnung des erneuerten Menschen, an der Überwindung der Folgen jeder Trennung von Gott mitwirken zu können.

13. Hamartiologie und Theodizee

Die Hamartiologie leistet einen theodizeerelevanten Beitrag, indem sie Dimensionen der Wirklichkeit heilsgeschichtlich deutet, die die Frage nach der Rechtfertigung Gottes provozieren.

Wenn das Böse als das in sich Sinn-lose und Unvernünftige von der menschlichen Freiheit frei gesetzt wird, manifestiert sich die Wirklichkeit für den Menschen in einem steigenden Maß als unklar, unvernünftig, sinnarm bis sinnlos. Da diese Verrätselung und Sinndefizienz aber weder einem blinden evolutionären Naturdrang geschuldet ist, noch einem anonym waltenden Geschick entspringt, sondern einer heilsgeschichtlichen Situation korrespondiert, ist eine qualitative Änderung dieser Situation immer auch möglich. Das kann an den existentiell höchst bedeutsamen Phänomenen Schmerz und Tod illustriert werden[69].

Naturwissenschaftlich erscheinen Leid, Schmerz und Tod als Ingredienzien des sich entwickelnden Lebens. Die Evolution des Menschen ging und geht – wie die jedes Lebewesens – über Leichen. Eine derartige funktionale Beschreibung von Schmerz und Todes stößt spontan auf eine innere Abwehr. Denn die gewählte Außenperspektive bei der funktionalen Beschreibung von

[68] Zur Versuchungsgeschichte Jesu mit ihren protologischen und eschatologischen Assoziationen vgl. Joseph Ratzinger / Benedikt XVI., Jesus von Nazareth I: Von der Taufe im Jordan bis zur Verklärung, Freiburg 2007, 53–74.

[69] Vgl. Müller, Kath. Dogmatik, 131, 133f.; ders., Woher kommt das Böse?, 315, 317; ders., Die Ursprungssünde, 340ff.

Schmerz und Tod verdankt sich einer methodischen Abstraktion, die aus der Erste-Person-Perspektive geradezu zynisch wirkt, wenn sie nicht in ihrer methodischen Abstraktheit festgehalten wird. Die konkrete Wahrheit von Schmerz und Tod wird erst mit der heilsgeschichtliche Perspektive erreichbar, weil sie diese beiden Phänomene in den nicht mehr übersteigbaren Horizont der göttlichen und menschlichen Freiheit stellt. So wird auch das Wesen der Krankheit nicht erschöpfend durch empirische Parameter definiert; ihre Wahrheit besteht in ihrer umfassenden, existentiellen und weltanschaulichen Signifikanz für den Menschen. Moderne Behandlungs- und Betreuungsmethoden, die sich den Einsichten etwa der Psycho-Onkologie verdanken, weisen auf eine wachsende Sensibilität in dieser Hinsicht hin[70]. Dadurch lässt sich die abstrakte, am Maschinenmodell abgelesene Auffassung vom Körper und seiner Defekte relativieren und ihre nur begrenzte Berechtigung herausstellen.

Rahner diagnostiziert nun in der spontanen Abwehrhaltung gegen Leid und Tod keineswegs menschlichen Stolz, der sich mit der Vergänglichkeit des Lebens nicht abfinden will[71]; denn in der Tat soll diese Erfahrung von Gott her nicht sein. Rahner lenkt – wie auch Gerhard Ludwig Müller – den Blick auf die „Erfahrung des ‚Nichtseinsollenden'" *dieses* aktuellen Todes und *dieses* Leidens[72]. Auf der Linie paulinischer Anthropologie ist der so nichtseinsollende Tod in den Zusammenhang zu bringen mit der ebenfalls nicht seinsollenden Ferne des Menschen vom göttlichen Quell des Lebens, die in der Sünde Adams gründet. Dieser *so* nichtseinsollende Tod ist Sold der nichtseinsollenden Sünde, manifestiert der Tod doch im Höchstmaß Desintegrität, die der Mensch in Form des Hangs zum Bösen alltäglich erleidet. Angesichts des Todes kann der Mensch erst recht nicht, was er soll: nämlich alle Dimensionen seines Lebens auf seine innere Personmitte hin integrieren. In der Kraft der Gnade könnte das Sterben hingegen als Akt vollkommener Hingabe an den Quell des Lebens vollzogen werden. So hätte die über sich hinaus auf Gott bezogene Freiheit den Tod in sich integriert und ihm seine von Sünde herkommende desintegrative Macht genommen. Der Tod wäre nur Moment der Vollendung des durch und durch sinnvollen Lebens. Diese positive Sicht des Todes als Referenzpunkt der sich in ihm verendgültigenden Freiheit stellt

[70] Vgl. Fritz Meerwein / Walter Bräutigam (Hg.), Einführung in die Psycho-Onkologie. Bern u. a. [5]1998.

[71] Vgl. Karl Rahner, Erbsünde und Monogenismus, in: ders., Sämtliche Werke 15, Freiburg 2001, 652–688, hier 680.

[72] Karl Rahner, Erbsünde und Monogenismus, 677; vgl. Müller, Kath. Dogmatik, 131, 133f, 557.

Müller mit Rahner eigens heraus[73]. In der Tat: Nur ein zeitlich terminiertes Leben gewinnt eine unverwechselbare Gestalt, verleiht gewährten Augenblicken unwiederbringliche Größe. In dieser Hinsicht gehört der Tod zur guten Schöpfung, die durch die Sünde jedoch entstellt ist, so dass die ambivalente Gestalt des Todes die Widerspruchsetzung durch die Sünde enthüllt.

Im Kontext der Theodizeeproblematik erscheint es daher theologisch fahrlässig und unbiblisch, auf das wirklichkeitserschließende Potential der Erbsündentheologie verzichten zu wollen. Damit soll nicht behauptet werden, dass die Hamartiologie eine definitive Lösung des Theodizeeproblems verspricht. Rahner selbst ist dafür ein prominenter Zeuge. Die Annahme unbegreiflichen Leids gilt ihm vor allem als die Nagelprobe für die Annahme des unbegreiflichen Gottes[74]. Aber es ist trotz allen aufgewendeten Scharfsinns nicht besonders erhellend, wenn die leidverursachenden Faktoren im Gefolge der Naturgesetzte dem Menschen nur vor Augen führen sollen, welche Mächte seiner Freiheit übergeben sind, um anderen Leid zuzufügen, bzw. wie notwendig es ist, sich zu einem verantwortlichen leidvermeidenden und heilvollen Gebrauch dieser Möglichkeiten zu entscheiden[75]. Für dieses Lehrstück wären kaum die Höllen des 20. Jhs. notwendig gewesen: „Theodizee gelungen, Gott tot" –?[76]

Wenn Paulus Recht hat, dass uns nichts von der Liebe Gottes in Jesus Christus trennen kann, und dass Gott bei denen, die lieben, alles zum Guten führt (Röm 8,28.38) – wenn es, anders gesagt, definitiven Sinn gibt, in dem man sich festmachen kann, dann sind Leid und Tod nicht als Realsymbole der Sinnlosigkeit und Vergeblichkeit menschlichen Daseins zu betrachten, die den Schöpfer ins Zwielicht rücken. Die Sündigkeit des Menschen, seine

---

[73] Vgl. Müller, Kath. Dogmatik, 294, 558.

[74] Vgl. Karl Rahner, Warum läßt Gott uns leiden?, in: ders., Schriften zur Theologie XIV, Zürich u. a. 1980, 450–466, hier 463: „Die Unbegreiflichkeit des Leidens ist ein Stück der Unbegreiflichkeit Gottes." „... als wirklich und für ewig unbegreiflich ist das Leid eine wirkliche Erscheinung der Unbegreiflichkeit Gottes in seinem Wesen und in seiner Freiheit." Die Rückführung des Leidens auf die Sünde des Menschen habe demgegenüber sogar „etwas großartig Verführerisches an sich" (457); sie verführe zu einer Art Immunisierung Gottes und laufe auf eine pseudo-stolze Verabsolutierung der menschlichen Freiheit hinaus.

[75] Vgl. so jedoch Kreiner, Gott im Leid, 331–350, bes. 345f.

[76] Odo Marquard, Schwierigkeiten der Geschichtsphilosophie, Frankfurt / M 1973, 52–65; s. dazu Hans-Christian Schmidbaur, Theodizee in der Sackgasse? Reflexionen zu einer Neuorientierung, in: Münchener Theologische Zeitschrift 54 (2003) 238–249, 244.

Wahl des Absurden, begründet den Verdacht, dass jeder Theodizee eine Anthropodizee vorausgehen muss in Gestalt der Rechtfertigung des Sünders; andernfalls ist die paulinische Perspektive nicht zu gewinnen, die den Ansatz einer heilsgeschichtlichen Theodizee legitimiert.

Christologie und Soteriologie verstehen Jesu Schmerzen, Todesangst und Gottesverlassenheit nicht als Realsymbole seiner Entfremdung von Gott; vielmehr werden diese quasi-sakramentalen Negativsymbole der Ferne Gottes durch Jesus radikal umqualifiziert zu Zeichen seiner eigenen grenzenlosen Solidarität und Identifikation mit dem Geschick des Sünders. Die handgreiflichen Zeichen der Desintegration sind integriert in die Abba-Relation Jesu; dies ist menschlich möglich dank seiner sündlosen Freiheit und seines restlosen Bestimmtseins von der Liebe Gottes, die stärker ist als der Tod und darum ausnahmslos alles zum Guten führt. Rahner bedenkt sogar die Möglichkeit, ob gerade der von der Sünde und konkupiszenten Desintegration Freie nicht noch mehr an der Gottesferne des Sünders leiden kann als dieser[77]. Das schließt aber nicht aus, sondern ein, dass der Heilige Gottes die je größeren Abgründe der Gottesferne und ihrer Symbole in die immer noch größeren Abgründe der göttlichen Liebe einzubergen vermag.

14. Gottes immakulates Konzept vom Menschen

Von den Schmerzen Marias ist in analoger Weise zu sprechen[78]. Maria ist, wie Karl-Heinz Menke treffend formuliert, Gottes immakulates Konzept vom Menschen[79]; sie ist der von Gott her *so* seinsollende Mensch, der mit seiner ganzen Existenz ein von Desintegration freies, ganz eindeutiges und konzentriertes Jawort zur Bundestreue Gottes sprechen kann und auf diese Weise seine gottbezogene Freiheit zugunsten der Heilssendung Jesu und der Kirche vollkommen realisiert. Maria lebt deshalb kein leidfreies Leben. Die Schmerzen Marias, selbst die natürlichen bei der Geburt Jesu, sind aber, wie Müller mit Bezug auf Rahners Mariologie erläutert, hineinintegriert in dieses Jawort; sie sind deshalb Zeichen des angekommenen Heils Christi zugunsten der Annahme dieses Heils von allen Menschen.

---

[77] Vgl. Rahner, Erbsünde und Monogenismus, 682.

[78] Vgl. dazu Gerhard Ludwig Müller, Maria – die Frau im Heilsplan Gottes (Mariologische Studien XV), Regensburg 2002, 204–212.

[79] Vgl. Karl-Heinz Menke, Fleisch geworden aus Maria. Die Geschichte Israels und der Marienglaube der Kirche, Regensburg 1999, 181.

In Marias Tod verendgültigt sich ihr Fiat. Er ist deshalb nicht Sold der Sünde, sondern Zeichen der angenommenen Gnade des auferstandenen Herrn. In ihrem Tod geschieht deshalb bereits vollkommene Auferstehung. Keine desintegrative Unheilsgeschichte – keine *corruptio* – bindet sie an die Zeit, weshalb das Symbol ihrer Seele, ihr Leib, keiner *corruptio* unterworfen ist. In ihr ist die Zeit vollendet durch ihre ganz Gott gehörende Freiheitsgeschichte. Nicht eine kitschige, sondern eine heilsgeschichtliche Theologie der Schmerzen Jesu und Marias könnte einen erhellenden Beitrag zur Theologieproblematik bieten[80].

Gottes immakulates Konzept vom Menschen, das in Maria realisiert ist, lässt nochmals erkennen, dass wirklichkeitserschließende Potentiale der Erbsündentheologie keine pessimistische Anthropologie sanktionieren. Sie haben allein eine doxologische Absicht; sie geben Paulus recht, wenn er hymnisch formuliert: „Wo die Sünde mächtig wurde, da ist die Gnade übergroß geworden." (Röm 5,20)

---

[80] Vgl. Müller, Kath. Dogmatik, 505–508.

Arianismus und Priestermangel

von Franz Joseph Baur

Die eigentliche Bedrohung der Christenheit in unserer Zeit, so schrieb 1995 der damalige Kardinal Joseph Ratzinger, ist „ein neuer Arianismus“[1]. Ähnlich fragt Peter Henrici, ob die heutige Glaubenskrise „nicht vielleicht eine Krise des Glaubens an die wahre Gottheit Jesu Christi sei“[2]. Verschiedentlich wird ein defizitärer Christusglaube sehr konkret als tieferer Grund für bestimmte Schwierigkeiten namhaft gemacht, denen sich die Kirche heute ausgesetzt sieht, etwa auch als tieferer Grund für den Priestermangel, der aktuell die große Sorge der Kirche in Westeuropa darstellt. So hat z. B. der französische Bischof Michel Dubost (Évry) einmal im Gespräch über die Situation des Priesternachwuchses in Deutschland und Frankreich als eigentlichen Grund für den Priestermangel den heute weit verbreiteten Arianismus genannt. Um diese These soll es gehen: Der heutige Priestermangel hat seinen tieferen Grund im Glaubensdefizit einer Christologie, der sich zwar christlich sieht, aber Vorbehalte gegenüber dem Bekenntnis zur wahren Gottheit Christi und zu seiner Wesenseinheit mit dem Vater macht.

„Arianismus“ und „Priestermangel“ sind gewiss zunächst nur Schlagworte. Man müsste genauer nachfragen, wie es um den faktischen landläufigen Christusglauben steht, und was es mit dem komplexen Problem der abnehmenden Priesterzahl auf sich hat. Die beiden Termini sind gleichwohl als dogmatische Begriffe hinreichend klar bestimmt, so dass ihr Zusammenhang unter dogmatischer Hinsicht untersucht werden kann. Es ergeben sich daher zwei Durchgänge durch das Thema, einmal die Suche nach Folgerungen aus dem Arianismus für das Priesterbild, und sodann umgekehrt die Suche nach Folgerungen aus dem Priesterwerden für das Christusbekenntnis. Wenn anschließend nach der Tragweite der These – sie soll als zutreffend erwiesen werden – gefragt wird, muss sich der Blick noch einmal weiten und die nichtdogmatischen Aspekte der Sache in Augenschein nehmen.

---

[1] Joseph Ratzinger, *Ein neues Lied für den Herrn*, Freiburg 1995, 40.

[2] Peter Henrici, in: Peter Reifenberg – Anton van Hooff (Hg.), *Tradition – Dynamik von Bewegtheit und ständiger Bewegung*, Würzburg: 2005, 101.

Erster Durchgang: Folgerungen aus dem Arianismus für das Priesterbild

Heute wirbt niemand offen um Gefolgschaft für den alexandrinischen Priester Arius, den die Tradition in Wort und Bild so oft als Inbegriff des Häretikers dargestellt hat. Aber mit seinem Namen verbindet sich eine Christologie, die den himmlischen Vater der Hl. Schrift als den einzigen Gott annimmt und den Erlöser Jesus Christus von ihm abhebt, so dass er, gewiss einzigartig in seiner überragenden religiösen Bedeutung als präexistenter Logos und als erhöhter Herr, dennoch auf einer Art Zwischenstufe zwischen Gott und Welt, zwischen Schöpfer und Geschöpf einzuordnen ist. Eine solche Christologie hat der Kirche des IV. Jahrhunderts schwer zu denken gegeben. Sie scheint auch heute zunehmend plausibel und stößt auf spontane Sympathie. Symptomatisch dafür ist der Erfolg des fiktiven Tatsachenromans *Sakrileg* von Dan Brown. Darin wird Jesus als normaler sterblicher Mensch dargestellt, dessen Göttlichkeit erst auf dem Konzil von Nicäa mit Hilfe krimineller Manipulationen als Ideologie der offiziellen Kirche dekretiert worden sei.[3] Hinter solchen gern geglaubten Enthüllungen sieht D. Bock „eine ganz neue Richtung in der theologischen und historischen Forschung, die gerade anfängt, in den Medien Furore zu machen“[4].

Ansatzpunkt für die Überlegungen hier soll eine Argumentationsfigur des Athanasius in seiner Auseinandersetzung mit dem Arianismus seiner Zeit sein.[5] Diese Argumentation ist soteriologisch, das heißt, sie betrachtet eine christologische Position darauf hin, wie Christus zum Retter und Erlöser für die Menschen wird.[6] Insofern der Priester am Heilswerk Christi mitwirkt, bahnt diese soteriologische Argumentation den Weg zu einigen Folgerungen

---

[3] Dan Brown, *Sakrileg* (2004), engl. Original: *The Da Vinci Code* (2003).

[4] Darrell L. Bock, *Die Sakrileg-Verschwörung. Fakten und Hintergründe zum Roman von Dan Brown*, Gießen: 2006 (engl. Original: *Breaking the Da Vinci Code*, Nashville 2004), 138. Der Roman ist geradezu ein „Musterbeispiel“ für das, was in Forschung, Wissenschaft und Kultur „gerade populär ist“ (ebd. 137). Mit einem entsprechend zugkräftigen Titel bedient auch Rubenstein die Leserschaft, wobei das Buch selbst eine seriöse Studie darstellt: Richard E. Rubenstein, *When Jesus Became God: The Epic Fight over Christ's Divinity in the Last Days of Rome*, New York 1999.

[5] Athanasius, *Vier Reden gegen die Arianer*, *Vier Briefe an Serapion*, in: Bibliothek der Kirchenväter Bd. 3,1.

[6] Vgl. Gerhard Ludwig Müller, *Katholische Dogmatik*, Freiburg [6]2005, 334: „Im Bekenntnis zur wesenhaften Einheit des Sohnes mit dem Vater zeigt sich der Zusammenhang von Gotteslehre und Soteriologie.“ Vgl. Gerhard Ludwig Müller, *Vom Vater ge-*

für den Priesterberuf. Athanasius will den Arianismus durch den Nachweis ad absurdum führen, dass die Erlösung daran scheitert, dass sie den Erlöser nicht als wahren Gott, dem Vater wesensgleich, anerkennt: „If Christ was any less than God, he could not safe us."[7] Zwei Argumente, die Athanasius ausführlich erarbeitet hat, sind in diesem Zusammenhang relevant: 1. Ein arianisch gedachter Christus bringt keine wirkliche Offenbarung Gottes. 2. Ein arianisch gedachter Christus leistet keine wirkliche Rettung, Verwandlung und Erlösung der menschlichen Natur.

1. Nach dem neuplatonischen Denkmuster des Arius gehört zu Gottes Wesen notwendig seine absolute Einheit und Einzigkeit. Er teilt dieses Wesen mit nichts und niemand. Ein Sohn Gottes, der ihm wesensgleich – homoousios lautet der umstrittene Begriff des Konzils von Nicäa – wäre, ist nach dieser Logik unvorstellbar. Anteilhabe gibt es nur in Abstufungen von Ähnlichkeit und Unähnlichkeit. Wenn Christus also der Mittler zwischen Gott und Welt, zwischen Schöpfer und Geschöpf sein soll, dann steht er nach Rang und Wesen zwischen beiden. Er vermittelt zwischen beiden Termini, indem er beiden Seiten durch Ähnlichkeit verbunden ist. Er stellt die eine Seite in sich auf eine so veränderte Weise dar, dass sie nach der anderen Seite durch eine gewisse Ähnlichkeit anschlussfähig erscheint. Dementsprechend ist die Göttlichkeit des einzig wahren, in seiner Absolutheit unerkennbaren, jede Erkenntnis übersteigenden Gottes in diesem Mittler so weit transformiert, dass sie von der Warte des Geschöpfs aus erkennbar und fassbar geworden ist.

Athanasius kritisiert dieses Konzept von Mittlerschaft, indem er es in ein klassisches Dilemma überführt: Wenn Christus Geschöpf ist und als hervorragendes Geschöpf eine wahre Gotteserkenntnis vermitteln soll, dann bleibt entweder hinter dieser angeblichen Gotteserkenntnis der wahre Gott weiterhin unerkannt oder es kann jedes Geschöpf nach seiner jeweiligen Erkenntniskraft etwas von Gott erkennen. In beiden Fällen unterbleibt eine Offenbarung im eigentlichen Sinn, und die Mittlerschaft ist im Grunde gescheitert.

Ausführlich lautet die erste Alternative des Dilemmas: Wenn Christus nicht wesensgleich und damit ein echtes Bild des göttlichen Vaters ist, dann gibt er ein privilegiertes Wissen, aber doch ein äußerliches, fremdes Wissen über Gott weiter, das ihm irgendwie zu eigen ist. Die Instrumentalität dieser Mittlerfunktion lässt die Vermittlung willkürlich werden. Sie trägt in das

---

sandt. Impulse einer inkarnatorischen Christologie für Gottesfrage und Menschenbild, Regensburg 2005, 135–138.

[7] Rubenstein, *When Jesus Became God*, 9. Vgl. Müller, *Vom Vater gesandt*, 93: „Die Mitte christlichen Glaubens: Jesus ist der Erlöser, weil er der Sohn des Vaters ist."

Gottesbild mehr die Spuren des Instruments ein, als dass sie das wirkliche Bild Gottes selbst zum Ausdruck brächte. Wie könnte sich Gott in einem logisch sekundären, nachträglichen, „von außen eingezeichneten Bild“[8] wiedererkennen, geschweige denn zu erkennen geben? Tatsächlich zitiert Athanasius Arius mit der Aussage, dass „auch dem Sohn der Vater unsichtbar sei“, und dass auch Christus Gott „weder sehen noch auch genau und vollkommen erkennen“ könne.[9] Dagegen bietet Athanasius wiederholt als entscheidende biblische Referenz Joh 14,9 auf: „Wer mich sieht, der sieht den Vater.“[10] „Das Erkennen und Begreifen des Sohnes ist ein Erkennen des Vaters, weil er die eigene Zeugung aus seinem Wesen ist.“[11] Christus ist Gottes „Ausdruck und Abbild, in dem er geschaut und erkannt wird“[12]. Der Mittler stellt in sich selbst das authentische Bild Gottes dar. Wenn es zu Gottes Einzigkeit gehören würde, dass es ein solches wesensgleiches Bild von ihm nicht geben kann, dann bliebe Gott grundsätzlich unerkennbar – letztlich auch für den angeblichen Mittler.

Die zweite Alternative des Dilemmas führt Athanasius so aus: „Wenn aber alles aus Nichtseiendem und geschaffen ist, und der Sohn nach ihrer Ansicht eines von den Wesen ist, die geschaffen sind und einmal nicht waren, wie offenbart dann er allein den Vater, und erkennt auch kein anderer als nur Er den Vater? Denn wenn dieser, obschon ein Geschöpf, den Vater erkennen kann, so soll er auch von allen in analoger Weise erkannt werden, je nach der Fähigkeit eines jeden.“[13] Wenn aber jedes Geschöpf auf seine Art Gott erkennen kann, dann bedarf es keines Mittlers mehr. Dann unterbliebe eben die Offenbarung in dem Sinn, dass Gott von sich aus dem Menschen etwas zu erkennen gibt, was dieser nie aus eigener Erkenntniskraft und Erkenntnisbemühung finden könnte.

Was Athanasius als absurde und der Botschaft des Evangeliums widersprechende Implikationen des Arianismus herausstellt, scheint im heutigen Kontext jedoch wieder interessant und plausibel, und zwar in beiden – an sich widersprüchlichen – Gliedern des Dilemmas. Sowohl die grundsätzliche Unerkennbarkeit Gottes wie auch die tolerante Annahme, dass jeder von seiner

---

[8] Athanasius, *Gegen die Arianer,* I 20.

[9] Athanasius, *Gegen die Arianer,* I 6.

[10] Bei Athanasius aufgegriffen u. a. *Gegen die Arianer,* I 9; I 12; II 82; *Brief an Serapion,* III 2.

[11] Athanasius, *Gegen die Arianer,* I 16.

[12] Athanasius, *Gegen die Arianer,* I 16.

[13] Athanasius, *Gegen die Arianer,* II 22.

Warte aus eine wahre und legitime Gotteserkenntnis beanspruchen darf, scheinen heute einleuchtend. Christus wird als ein Weg unter anderen, als ein Lehrer spiritueller Wahrheit neben anderen, oder – mit den Worten des 4. Jahrhunderts – als eine „Kraft"[14] unter anderen angesehen. Die gegenseitigen Widersprüche im Pluralismus gleichermaßen legitimer Gottesvorstellungen erhalten ihre scheinbare Konsistenz in dem absolut unerkennbaren, transzendenten, absoluten Einen. Als Beispiel für dieses Paradigma referiert das jüngste Papier der Glaubenskommission der Deutschen Bischofskonferenz das bekannte Gleichnis von den Blinden, die einen Elefanten an unterschiedlichen Gliedmaßen zu fassen bekommen und unterschiedlich beschreiben.[15]

2. Der Mittler, der eine Mittelstellung zwischen Gott und Mensch einnimmt, verfehlt also die wirkliche Vermittlung der Wahrheit über Gott. Er verfehlt ebenso – und das ist das zweite Argument des Athanasius – die Wirklichkeit des menschlichen Elements. Zunächst scheint es, als würde gerade im Arianismus die Menschlichkeit des Erlösers ernst genommen. Gegenüber der Unveränderlichkeit Gottes wird hier an Christus das „Werden", die Entwicklung, der Lebensgang herausgestellt. Die Göttlichkeit eignet ihm nicht wesenhaft, sondern kommt ihm als Ausstattung zu, als Qualität, die er verliehen bekommen oder errungen hat. Das biblische Zeugnis von Jesus kennt viele Stellen, wo von einem Werdegang Jesu die Rede ist, der an Weisheit zunimmt, vom Vater Ehre und Herrlichkeit empfängt, vom Vater als Sohn eingesetzt, zu seiner Rechten erhöht wurde usw. „Auf dies hin sagen sie [die Arianianer]: Wenn er, wie ihr behauptet, Sohn von Natur war, dann hatte er nicht nötig zu empfangen, sondern er hatte es von Natur aus als Sohn."[16] Die Deutung nach arianischem Muster sieht im Werdegang Jesu eine Entwicklung, wonach Jesus als Geschöpf zur höchsten kreatürlichen Möglichkeit der Anteilhabe am göttlichen Leben gelangt ist. Die Arianer „leugnen wegen der menschlichen Zuständlichkeiten, denen der Heiland in seinem Fleisch ausgesetzt war, die Ewigkeit und Gottheit des Wortes"[17]. Um ihm aber gleichwohl den Rang und die Funktion des Heilands und Heilsmittlers zuzusprechen, müssen

---

[14] Athanasius referiert die arianische Position: „Es gibt viele Kräfte, und die eine ist Gott von Natur eigen und ewig; Christus ist aber wieder nicht die wahre Kraft Gottes, sondern auch eine der sogenannten Kräfte." (Athanasius, *Gegen die Arianer*, I 5).

[15] *Der Glaube an den dreieinen Gott. Eine Handreichung der Glaubenskommission der Deutschen Bischofskonferenz zur Trinitätstheologie* (= Die deutschen Bischöfe Nr. 83), hg. vom Sekretariat der Deutschen Bischofskonferenz, Bonn 2006, Nr. 35.

[16] Athanasius, *Gegen die Arianer*, III 26.

[17] Athanasius, *Gegen die Arianer*, III 27.

sie umgekehrt diese menschlichen „Zuständlichkeiten" minimieren. Gottähnlichkeit und Gottnähe gehen einher mit der Überwindung und dem Hinauskommen über das bloß Menschliche. Extreme Konsequenz dieser Logik ist, dass die Leiblichkeit als Medium der geschöpflichen Existenz möglichst überwindbar und entbehrlich gefasst wird, bis dahin, dass der Erlöser letztlich nur „eine Attrappe" [18], einen Scheinleib innehat. Damit ist das anfängliche Ernstnehmen der Menschennatur Jesu ins Gegenteil umgeschlagen.

Es ist allerdings nicht erst diese Zuspitzung, wo Athanasius einhakt, sondern schon der Grundsatz. „So dürfen wir auch, wenn wir die Worte vernehmen: ‚Er wurde' nicht denken, dass es beim Wort irgendeinen Anfang des Seins gebe, und nicht dürfen wir das Wort überhaupt als entstanden wähnen ... Denn damals, als das Wort Fleisch wurde und unter uns wohnte und kam, um zu dienen und allen Rettung zu bringen, wurde es uns Heil und Leben und Versöhnung."[19] Es geht – soteriologisch – darum, inwiefern die Existenz Jesu in seiner menschlichen Natur Heilsrelevanz für den Menschen hat. Wenn der Erlöser zunächst selbst eines Weges der Erlösung und Erhöhung bedurfte, dann betrifft dieser Weg nur ihn, quasi als seine private Geschichte. Wenn er erst am Ende des eigenen irdischen Wegs als erhöhter Herr zum Mittler des Heils für die Menschen wird, dann hat alles, was auf diesem Weg geschehen ist, keine unmittelbare Heilsbedeutung mehr für die Menschheit. Es ist allenfalls ein Musterbeispiel für einen Weg, den jeder Mensch zu seinem Heil selbst ähnlich zu durchlaufen hat. Athanasius setzt dem ein anderes Konzept von Erlösung entgegen. „Er ist also nicht, da er Mensch war, später Gott geworden, sondern da er Gott war, später Mensch geworden, um vielmehr uns zu Göttern zu machen."[20] Der gesamte Lebensweg Jesu ist „menschliches Heilswerk"[21], weil und insofern er von dem vollzogen wurde, der von Anfang an wahrer Gott ist. Unter Voraussetzung der Wesenseinheit Christi mit Gott, dem Vater, bedeutet seine Annahme der menschlichen Existenzbedingungen eine Veränderung eben dieser Existenzbedingungen. Sie werden Bezugspunkt für eine neue Gottesbeziehung, in ihnen erschließt sich die Gemeinschaft mit Gott. „Indem unser Herr Jesus Christus auf Erden erschien, wurden wir verbessert und von der Sünde befreit; er selbst aber bleibt derselbe."[22] Jedes „Werden" bei Chris-

---

[18] Müller, *Katholische Dogmatik*, 332.
[19] Athanasius, *Gegen die Arianer*, I 64.
[20] Athanasius, *Gegen die Arianer*, I 39.
[21] Athanasius, *Gegen die Arianer*, II 12.
[22] Athanasius, *Gegen die Arianer*, I 48.

tus ist also nicht sein eigenes Werden, so als würde er eine Entwicklung durchmachen oder den Raum zwischen Mensch und Gott durchlaufen, um damit zum Mittler zu werden, sondern ist ein Werden des Heils für den Menschen.

In den Ohren der individualistischen und emanzipierten Generation der heutigen westlichen Kultur klingt es natürlich sympathisch, wenn jeder seinen eigenen Heilsweg zu finden und zu gehen hat. Man will gar nicht mehr als ein Vorbild und ein Beispiel an Jesus haben, weil man sich selbst zutraut, sein Glück zu machen und die Möglichkeiten der eigenen Existenz zu verwirklichen.

Der positive Gehalt der Argumentation des Athanasius ist also folgender: Weil Christus wahrer Gott und wesensgleich mit dem Vater ist, deshalb ist er wirklicher Mittler des Heils. Er vermittelt die wirkliche Selbstmitteilung Gottes. Und er erhebt die menschliche Natur zu ihrer Vollendung in Gottverbundenheit. Die Mittlerschaft steht und fällt damit, dass in der Person Christi die wahre Gottheit und wahre Menschennatur verbunden sind. Sie hat nicht die Art einer ruhenden Mitte zwischen zwei Extremen, sondern bedeutet eine enorme Spannung. Die Vermittlung durch Christus geschieht nicht so, als ob „dieser in der Mitte stünde"[23], sondern dadurch dass der, der eines Wesens mit dem Vater ist, zugleich die menschliche Natur angenommen hat. Wäre Christus ein Mittelwesen, so könnte er die Vermittlung zwischen Gott und Geschöpf gerade nicht leisten, weil dann auch wieder zwischen Gott und ihm selbst eine Lücke klaffte, die wiederum einer Vermittlung bedürfte. Athanasius argumentiert mit dem unendlichen Regress einer „großen Menge von herbeiströmenden Mittelwesen"[24]. Demgegenüber gilt es, die Spannung zwischen den unterschiedlichen Naturen zu wahren. „Lasst ab, das Unvereinbare zu vermengen!"[25] Wenn man die Spannung nicht aushält und sie auf eine Art Ausgleich festzulegen versucht, wird aus einer Person, die zwei Naturen in sich vereint, ein Wesen von einer mittleren Natur: ein geschaffener Gott oder ein vorzügliches Geschöpf. Aber ein solches Mittelwesen leistet keine Vermittlung.

Was bedeuten diese christologischen Überlegungen nun für das Priestertum? Der Priester hat seine Bedeutung in der Kirche dadurch, dass er Christus repräsentiert. Gewiss muss bedacht sein, dass Christus der einzige Priester ist, und dass keine durchgängige Analogie der religionswissenschaftlichen Kategorie des Priesterlichen zwischen seinem Priestertum und dem Priestertum des ka-

---

[23] Athanasius, *Gegen die Arianer*, II 24.

[24] Athanasius, *Gegen die Arianer*, II 26.

[25] Athanasius, *Gegen die Arianer*, I 18.

tholischen Amtes hergestellt werden kann.[26] Dennoch gilt: „Der Dienst [des katholischen Priesters] stünde nicht wirklich im Zeichen Christi, wenn das verliehene Amt nicht an der Struktur seines einzigen Amtes teilnähme“[27]. Somit besteht eine Analogie der Sendung und der Mittlerschaft:[28] „Wie mich der Vater gesandt hat, so sende ich euch.“ (Joh 20,21). Für die Christologie war es entscheidend, die Spannungseinheit der beiden Naturen des Heilsmittlers festzuhalten. In der Theologie des Priesteramts findet sich eine analoge Spannungseinheit wieder. Der Priester verbindet in seiner Person kraft der Weihe eine Vollmacht, die ihm von Gott gegeben ist, mit dem Vermögen oder Unvermögen seiner individuellen Menschlichkeit. Das Priesteramt hat „sein Wesen darin ..., dass die ganze Person für das Amt gebraucht wird“[29]. Darin besteht das Spezifische der Weihe gegenüber jeder anderen Form von Beauftragung oder Übertragung von Vollmacht.[30] Der Priester ist durch die Weihe beauftragt und ermächtigt, mit den Worten des Erlösers „ich“ zu sagen und „seinen Leib“ darzureichen. Und zugleich weiß er und wissen alle um die Armseligkeit seines „ich“ und seines leibhaft-existenziellen Lebens. Wo immer über die Spiritualität der priesterlichen Existenz nachgedacht wird, ist das persönliche Einstehen für die amtliche Christusrepräsentation durch die eigene Person einer der ersten und wesentlichen Gesichtspunkte, nach Greshake die „erste und grundlegende Aufgabe des Priesters“[31].

---

[26] Hans Urs von Balthasar, *Priesterliche Existenz*, in: *Sponsa Verbi*, Einsiedeln 1961, 395: „Die Mittlerfunktion ist eindeutig von den Priestern auf Christus übergegangen.“

[27] Balthasar, *Priesterliche Existenz*, 399.

[28] „Es muss aber der Grundstein so sein wie das, was auf ihn aufgeführt ist, damit eine Aneinanderfügung stattfinden kann.“ (Athanasius, *Gegen die Arianer*, II 74). Athanasius spricht von der erlösungsbedürftigen Menschennatur und ihrer Anschlussfähigkeit an den Heilsmittler. Innerhalb dieser Analogie hat auch der Priester seinen Ort.

[29] Balthasar, *Priesterliche Existenz*, 399. Vgl. Müller, *Katholische Dogmatik*, 755 (mit Verweis auf Rahner): „Der Dienst am Wort betrifft den Priester ebenso in seiner persönlichen Existenz. Ihm kann das Heilswort nicht äußerlich bleiben; er ist kein bloßer Funktionär des Wortes.“

[30] „Und eben hierin liegt der wesenhafte Unterschied zwischen Beauftragung und Weihung, dass die Person des Beauftragten, indem sie einen Auftrag erhält und annimmt, sich nicht selber verändert, während der Geweihte eine neue seinshafte Qualität empfängt; durch die Konsekration wird er umgewandelt in eine *persona sacra*.“ (Josef Pieper, *Was ist ein Priester? Ein notgedrungener Klärungsversuch*. Textheft zur gleichnamigen Cassette mit dem vom Autor gespr. Beitrag, hg. v. Informationszentrum Berufe der Kirche, Freiburg 1987, 7).

[31] Gisbert Greshake, *Priestersein in dieser Zeit*, Freiburg im Breisgau 2000, 287.

Was wird aus dem Priester, wenn er nicht den orthodox, sondern den arianisch verstandenen Christus repräsentieren soll? In diesem Fall hat er sein Maß und sein Urbild in einem Mittelwesen und wird selbst ein Mittelwesen. Seine Rolle wird von Ähnlichkeiten und Unähnlichkeiten nach beiden Seiten hin, zu Christus und zur eigenen Individualität, markiert. Sie wird allerdings dabei nach beiden Seiten hin problematisch. Einerseits gerät die priesterliche Vollmacht unter den Verdacht der Anmaßung. Andererseits verlangt man von seinem menschlichen Vermögen ungeheuer viel. Er soll also einerseits Abstand nehmen von dem Anspruch, Christus zu repräsentieren und sich dezidiert unterhalb, als bloßer Mensch, bloßer Mitchrist, bloßer Mit-Glaubender ansiedeln. Und er soll andererseits in seiner kirchlichen Rolle kraft seines menschlichen Vermögens alles schaffen, was als Heil erhofft wird: die Nähe Gottes spürbar machen, die Menschenfreundlichkeit Gottes als eigenen Habitus pflegen, die Gerechtigkeit Gottes als Maßstab seines Handeln in Gremien, Räten und Verwaltung in sich tragen, alles Menschliche kennen und verstehen in unerschöpflicher Einfühlsamkeit. Es ist offenbar, dass das eigentlich Priesterliche in diesem Konzept nicht zur Geltung kommt. Der Priester wird nicht Christus repräsentieren, sondern letztlich im eigenen Können befangen bleiben. Und es ist die Frage, ob man ihn überhaupt braucht für all die erhofften heilvollen Dinge. Letztlich wird ein solcher Priester als Mittelsinstanz zwischen dem einzelnen Christ und seinem Gott eher als störendes Hindernis empfunden. Das kann einhergehen mit großen Beteuerungen der Wertschätzung des Dienstes der Priester. Aber im praktischen kirchlichen Leben gelingt ein solcher Dienst nicht und wird als beklagenswerter Zustand empfunden. Die Überforderung der Priester, die man ihnen anmerkt und die den Priesterberuf so freudlos, unerfüllt und kläglich aussehen lässt, ist im Grunde ein Spiegelbild der Forderungen, die sich an ihr menschliches Vermögen richten. Und die Geistlosigkeit, Depression und fehlende Gottverbundenheit spiegelt die Loslösung von der Unmittelbarkeit ihrer sakramentalen Christus-Repräsentation, die man ihnen aufzwingt, die Distanz zu ihrem Herrn und Meister.[32] Auf diese Weise schlägt sich ein arianisch verzerrtes Christusbekenntnis in einer Verformung des Priesterberufs

---

Hanna-Barbara Gerl-Falkovitz, *Welche Spiritualität braucht der Weltpriester heute? Leben in Spannung, spannendes Leben.* Vortrag auf der Deutschen Regentenkonferenz, Erfurt 2006, unveröffentlicht.

32 Hingegen ist das „Mitsein mit Christus“ (vgl. Mk 3,14) immer wieder die Quelle der geistlichen Erneuerung der priesterlichen Berufung. So Benedikt XVI., *Predigt in der Vesper mit Ordensangehörigen und Priesterseminaristen in der Altöttinger Basi-*

nieder, die diesen nahezu unmöglich macht. Ein arianisches Christentum würde wohl einen kirchlichen Stand kennen, der für organisatorische Funktionen in der Pflege des christlichen Gedankenguts zuständig ist, aber nicht den Priester.[33]

Zweiter Durchgang: Folgerungen aus dem Priesterwerden für das Christusbekenntnis

Der zweite Durchgang, der den Zusammenhang zwischen dem Christusbekenntnis und dem Priestermangel erhellen soll, nimmt den umgekehrten Weg und setzt bei den Priestern an, genauer bei der Entscheidung für den Priesterberuf. Man darf vermuten, dass diese Entscheidung einen Ausgriff auf das christologische Dogma impliziert, so dass sie sich je nach der Art des Christusbekenntnisses in einer anderen Situation, anders motiviert, anders gefördert oder gehindert vorfindet.

Aus meiner Erfahrung als Regens darf hier eine Geschichte einfließen, die mehrfach vorgekommen ist. Unser Bischof pflegt mit seinen Alumnen ins Heilige Land zu fahren. Dort ist die Hl. Schrift der Reiseführer, anhand dessen die Priesterkandidaten auf die Spuren Jesu geführt und tiefer, erfahrungsreicher und bewusster in die geistliche Verbundenheit mit dem Herrn hineingenommen werden sollen. Eine Episode wird auf jeder dieser Fahrten von den Priesteramtskandidaten als besonders eindrücklich empfunden: Der Bischof lässt auf einer Überfahrt über den See Genesareth mitten auf dem Wasser das Boot anhalten und den Motor abstellen, um die Perikope vom Seesturm und Jesu Gang auf dem Wasser vorzulesen (Mt 14,22–33). Die Einladung an Petrus, aus dem Boot auszusteigen und übers Wasser dem Herrn entgegen zu gehen, wird für die Seminaristen auf ihre Berufung hin gedeutet: Würden sie es wagen, sich für die Priesterweihe zu entscheiden? Das verlange den gleichen Glauben, den gleichen Mut, das gleiche Vertrauen auf

---

lika St. Anna, 11.9.2006, in: *Verlautbarungen des Apostolischen Stuhls* Nr. 174 (hg. v. Sekretariat der Deutschen Bischofskonferenz, Bonn 2006), 59ff.

[33] Dieser Gesichtspunkt wurde auch schon im Zusammenhang mit dem historischen Arianismus geltend gemacht: „In fact, Arian theology implicitly reduced the role of the institutional Church. If Jesus' life and character were supposed to serve ordinary Christians as a usable model of behavior, the principal mission of the clergy would be to help people transform themselves, not maintain theological and political unity throughout the empire." (Rubenstein, *When Jesus Became God*, 64).

Christus, wie es Petrus in jener Perikope bewiesen habe. Die unmittelbare Betroffenheit und die Erzählungen von den Reiseerlebnissen lange danach zeigen immer wieder: Dieses Bild „sitzt". Es spiegelt tatsächlich die Entscheidungssituation eines Interessenten für den geistlichen Beruf wieder. Nicht zufällig mündet die Perikope in eines der ausdrücklichsten Christusbekenntnisse der Evangelien: „Die Jünger im Boot aber fielen vor Jesus nieder und sagten: Wahrhaftig, du bist Gottes Sohn." (Mt 14,33). Mit der Proskynese verehren sie den wahren Gott, und mit dem Titel „Gottes Sohn" bringt der Evangelist das Bekenntnis theologisch auf den Punkt. Es ist genau jener Punkt, der mit dem Arianismus zum Streitpunkt wird. Diese Erfahrung legt einen Zusammenhang zwischen der Entscheidungssituation eines Priesterkandidaten und seinem Christusbekenntnis nahe. Danach würde der positive Entschluss zur Weihe das Bekenntnis zu Christus als wahrem Gott einschließen. Umgekehrt blockiert die Unfähigkeit zu einem solchen Bekenntnis auch den Weg zum Priesterberuf.

Es gilt, aus der besonderen Entscheidungssituation angesichts einer geistlichen Berufung einen Bezug zur darin implizierten Gottesbeziehung herauszuarbeiten. Ein Interessent für den Priesterberuf sieht sich herausgefordert, zu einer strukturellen Überforderung ja zu sagen. Er soll sich ein für allemal entscheiden und eine Festlegung treffen, die sein Leben lang gilt, ohne dass er weiß, was ihm alles bevorsteht und wie er sich selbst entwickelt.[34] Er soll sich rückhaltlos mit der ganzen Person zur Verfügung stellen, obwohl er seine charakterlichen Prägungen, seine Bedürfnisse, seine blinden Flecken kennt und erfahren hat, wie wenig er sich selbst in der Hand hat.[35] Er soll sich für die zölibatäre Lebensform entscheiden, obwohl er seine Anfechtbarkeit kennt. Er soll sich für einen Dienst an den Menschen entscheiden, obwohl absehbar ist, dass er ihren Erwartungen nicht entsprechen können wird.[36] Er

---

[34] Vgl. Klaus Demmer, *Die Lebensentscheidung. Ihre moraltheologischen Grundlagen*, Paderborn 1974. Selbstverständlich gilt dieselbe Struktur einer Lebensentscheidung auch für andere Lebens- und Glaubenszusammenhänge.

[35] „Die neutestamentliche Ent-persönlichung in das Amt hinein ist, richtig begriffen, nur als die höchste Anstrengung der Person, alles, was sie ‚hergibt', in das Amt herzugeben, verstehbar." (Balthasar, *Priesterliche Existenz*, 399). Diese Hingabe an das Amt ist eine lebenslange Aufgabe und stets gefährdet durch die unbewussten Anteile der eigenen Person, die den Idealismus der Lebensentscheidung womöglich konterkarieren. Vgl. Klemens Schaupp, *Eignung und Neigung. Hilfen zur Unterscheidung der Beweggründe*, in: Hermann Stenger (hg.), *Eignung für die Berufe der Kirche*, Freiburg 1989, 195–240.

[36] Hier ist auch die Entfremdung durch Verwaltung usw. zu nennen, die den Priester

soll sich an eine Kirche binden und deren konkrete Erscheinung mitverantworten, von der er nur das Geringste selbst in der Hand hat. Es ist sicher lohnend, einmal empirisch nach abschreckenden Gründen zu fragen, die gegen den Priesterberuf sprechen.[37] Aber letztlich wird es sowohl in der Berufungspastoral wie auch in der theologischen Erhellung der Sache nicht darum gehen, abschreckende Faktoren zu kritisieren oder zurückzudrängen, sondern darum, den guten Grund zu finden und zu legen, warum jemand trotzdem ja zur Berufung sagt.

Es gibt einen Grund, sich dieser strukturellen Überforderung zu unterziehen: der Glaube an Christus. Jedoch ist das nicht einfach der Glaube, den der Priester verkündet und den es zu verkünden lohnt, so dass der Verkündiger Erfolg hat und menschliche und berufliche Erfüllung erfährt. Es ist auch nicht der Glaube, den er als persönliche Spiritualität pflegt und der ihm fallweise Ausgleich und Erholung zu bieten vermag und ihn im Stress bestehen lässt.[38] Vielmehr kann es nur der Glaube sein, dass er als Priester in einer strukturellen Ähnlichkeit zu Christus lebt und zwar zu jenem Christus, der sich seiner Gottheit entäußert hat, Mensch geworden ist, sein eigentliches Wirken in der Ohnmacht des Kreuzes vollbracht hat, und der seine Vollmacht im Gehorsam ausgeübt hat. Im Glauben, darin in Gemeinschaft mit Christus zu stehen, darf sich jemand für den Priesterberuf entscheiden. Denn das „Mitsein mit Christus“[39]

---

am Eigentlichen hindert. Doch das gehört strukturell zum Amt dazu. Sind nicht immer die Umstände, die Zahl der Menschen, die einen Dienst erwarten, die Art ihrer Erwartungen, die Schwerkraft des Allzumenschlichen hinderlich für die Seelsorge? Wann könnte denn ein Priester je sagen, er habe seine Aufgabe erfüllt?

[37] Zulehner hat 2006 in einer Umfrage an der Wiener Katholisch Theologischen Fakultät nach den Gründen gefragt, warum sich jemand (und das waren 29 %) durchaus als „berufen“ empfindet, aber gleichwohl nicht den konkreten Schritt ins Priesterseminar oder in eine Ordensgemeinschaft getan hat (denn das waren nur 9 %). Dass der Zölibat die höchste Quote unter Abschreckungsgründen erreicht hat, hält auch Zulehner für sehr interpretationsbedürftig (Zölibat ist der vorzeigbarste Grund). Interessant sind die nächst starken Gründe. 62 % gaben an: „Wie kann ich mich jetzt für das ganze Leben entscheiden?!“ (Paul Michael Zulehner, Hinabsteigen. Priester in moderner Kultur, in: zur debatte 1/2007, 5).

[38] … als „frommes und erbauliches, im Grunde jedoch entbehrliches Anhängsel … gleichsam als spirituelle Kleinkunst für geistliche Artisten“ (Greshake, *Priestersein*, 286). Ähnlich Müller, *Vom Vater gesandt*, 194: „Darum ist der Priester nicht ein Christ, der zu seiner Relation zu Gott auch noch nebenbei ein Amt hat. Er realisiert sein Christsein gerade in seinem priesterlichen Dienst.“

[39] So oben bereits zitiert Papst Benedikt XVI. (Fußnote 32).

macht zusammen mit der Sendung zu den Menschen das Wesen des Priesterberufs aus. „Apostolischer Dienst geschieht aufgrund der Sendung und Bevollmächtigung Christi, aber er nimmt auch die innere Existenzform Christi, des Dieners aller, an."[40]

Für die Motivation zum Priesterberuf ist also der Ausgriff auf Christus unabdingbar. Diese Explikation ist zunächst ganz der subjektiven Perspektive eines Menschen in der Entscheidungssituation angesichts seiner Berufung verpflichtet. Ähnlich war im Positionspapier der Regentenkonferenz aus dem Jahr 2003 verfahren worden, welches damit den Vorwurf der Einseitigkeit auf sich gezogen hat:[41] „Das Profil des katholischen Priesters wird bestimmt ohne systembildende Einbeziehung des gemeinsamen Priestertums aller Glaubenden [und] ohne expliziten Hinweis auf die trinitarische Grundlegung."[42] In der Tat war auch in den Überlegungen hier die Perspektive der „systematische[n] Frage nach dem dogmatischen Ansatz des Amtspriestertums in einer Communio-Ekklesiologie"[43] ausgeklammert. Diese Ergänzung wäre noch zu leisten bzw. der theologischen Literatur zu entnehmen.[44] Jedoch wird die Einbettung der Theologie des Priesteramts in einen trinitarischen Zusammenhang und in eine vollständige Ekklesiologie der christologischen Zuspitzung nicht Abbruch tun.

Es gibt die Tendenz, die Christus-Repräsentation des Priesters zu mildern oder auf die Vergleichbarkeit mit anderen Charismen in der Kirche hin zu öffnen. Eine geist-gegründete Theologie des Amtes vermöchte demnach eine vielfältigere Sicht von kirchlichen Diensten und Funktionen zu eröffnen, so dass die heute erforderlichen Anpassungen in der soziologischen Ausgestal-

---

[40] Müller, *Vom Vater gesandt*, 179. Vgl. Balthasar, *Nachfolge und Amt*, in: *Sponsa Verbi*, Einsiedeln 1961, 82: „... weil das amtliche Moment mit der neutestamentlichen Nachfolge innerlich untrennbar gegeben ist."

[41] Gotthard Fuchs, *Leidenschaft für Gott und sein Volk. Zu den Priester-Optionen der Regentenkonferenz*, in: Anzeiger für die Seelsorge 2003/9, 36–38. Vgl. Deutsche Regentenkonferenz (hg.), *Priester für das 21. Jahrhundert. Optionen*, 2003.

[42] Fuchs, *Zu den Priester-Optionen der Regentenkonferenz*, 36.

[43] Müller, *Katholische Dogmatik*, 754.

[44] Müller, *Katholische Dogmatik*, 754ff; *Vom Vater gesandt*, 179–195; Greshake, *Priestersein in dieser Zeit*, 132f: „Wird das Amt nur christologisch verstanden, steht es isoliert unter dem Vorzeichen von auctoritas und potestas (Christi). Wird es ausschließlich pneumatologisch begriffen, ist es ein Dienst unter den anderen geistgewirkten Diensten. Weil aber die Kirche das unteilbare Werk des dreieinigen Gottes ist, wird sie vom Vater begründet als ein Volk, das zwar eins ist (im Heiligen Geist) und das doch in seiner Gestalt so strukturiert ist, dass in dieser Einheit der Vorrang Christi, sein Wort und sein Heil im Amt sakramental-greifbar in Erscheinung tritt."

tung der hauptamtlichen pastoralen Arbeit in spezifischen Berufen leichter möglich sei. Jeder könne und solle das tun in der Kirche, wozu ihm der Geist die entsprechenden Fähigkeiten gegeben hat. Jeder und jede repräsentiere Christus sowohl in sakramentaler Objektivität als getaufter und gefirmter Christ als auch durch die persönliche Spiritualität bewusster Nachfolge. Wenn die Amtstheologie in dieser Richtung „ergänzt" werden sollte, wird es problematisch, sowohl – erneut – für die Motivation dessen, der seine mögliche Priesterberufung erwägt, als auch für das kirchliche Leben. Dem Berufenen wird zugemutet, seine persönlichen Kompetenzen, liegen sie nun im Naturell oder hat er sie sich durch Ausbildung erworben, als Kriterium für die Berufswahl heranzuziehen. Priester soll dann derjenige werden können und dürfen, der die dazu passenden Fähigkeiten unter Beweis stellt. Wer die Funktionen des Priesters, insbesondere die Leitungsfunktionen, nicht erfüllen könne, solle dann eben nicht in dieses Amt berufen werden. Dann könnte allerdings kaum noch jemand ohne schlechtes Gewissen das Priesteramt erstreben. Aber auch für das kirchliche Leben entstünde ein Verlust. Eine „steile Christozentrik"[45] stellt das Amt ja nicht nur unter das Vorzeichen von „auctoritas und potestas", sondern auch unter das Vorzeichen des „ministerium"[46], des Dienens in Gehorsam. Das Element der geistlichen Fruchtbarkeit, die nicht aus Vollmacht, Kompetenz und zweckhaftem Handeln erwächst, sondern aus dem Aussäen ohne Berechnung (vgl. Mk 4,1–9), aus dem Aushalten und Mittragen des Kreuzes, ist konstitutiv für das kirchliche Leben. Und das Amt, das die Entpersönlichung in das Amt hinein strukturell einschließt und auferlegt, ist als Zeichen dafür unaufgebbar. Die Christusförmigkeit der priesterlichen Existenz ist nicht nur eine Sache der persönlichen Spiritualität des Amtsträgers, sondern gehört wesentlich zu diesem Amt und zum Sinn dieses Amtes in der Kirche dazu: „Nur in dieser Einheit von christologischer Bevollmächtigung priesterlicher Funktionen und christusförmiger Gestalt seiner Existenz ist der Priester in der Kirche Mitglaubender und, insofern er in der Person Christi, des Hauptes der Kirche, auf Kirche hin handelt, ‚Diener Christi und Verwalter der Heilsgeheimnisse Gottes' (1 Kor 4,1)."[47] Insofern kommt gerade die christologische Fundierung nicht nur dem Amtsträger oder der Ausstattung des Amtes zugute, sondern der Kirche insgesamt.

---

[45] Fuchs, *Zu den Priester-Optionen der Regentenkonferenz*, 36.

[46] Balthasar, *Priesterliche Existenz*, 397: „Die ursprüngliche Bezeichnung für das, was nach Christus und in Beziehung auf ihn noch als ‚priesterlich' gelten kann, ist schlicht ‚Dienst', diakonia, ministerium."

[47] Müller, *Vom Vater gesandt*, 179f.

Bewusst als Laie zu Laien gesprochen: „Derjenige ist euer Diener, der sich nicht scheut, der Erste zu sein."[48]

Gewiss ist die Gefahr nicht von der Hand zu weisen, dass hinter der Rede von Christus-Repräsentation in Armseligkeit, Schwäche und Demut keine geistliche Reife steht, sondern sich menschliche Defizite verstecken. Aber das Kriterium kann nicht sein, auf den Nachweis von entsprechenden Stärken zu pochen. Sondern es muss um die Prüfung gehen, ob einer von der Basis seiner Berufung aus fähig und bereit ist, sein Bestes zu geben für den Dienst im geistlichen Amt, oder ob es an dieser Freiheit mangelt. Einer kann nämlich seine Stärke in Dienstgesinnung einbringen oder auf eine Bühne aussein, wo er diese Stärke zur Geltung bringt. Und jemand kann seine Schwäche in Dienstgesinnung einbringen oder auf einen Status aussein, der ihm hilft, diese Schwäche zu überspielen. Nicht Stärken und Schwächen an sich sind das Kriterium in der Priesterbildung, sondern ob ihre Integration in einen Lebensentwurf der Berufung gelingt. Im Voraus zu den einzelnen Dimensionen und Feldern der Priesterbildung ist daher die Berufung als archimedischer Punkt zu nennen, von dem aus alle gegebenen und erworbenen (oder fehlenden) Kompetenzen beurteilt werden müssen: das „Sich-ergreifen-Lassen der ganzen Person von Jesus Christus"[49].

Diese Überlegungen haben nicht vom Thema „Arianismus" weggeführt, auch wenn das Stichwort nicht mehr gefallen ist. Wenn man abschließend noch einmal fragt, welcher Christus es ist, auf den hin der Ausgriff aus der Entscheidungssituation des Kandidaten für den Priesterberuf geschieht, dann wird klar: Es kann nur der orthodox verstandene Christus sein, nicht der arianische. Der Arianismus befördert die Tendenz, die geschaffenen bzw. geschöpflichen Qualitäten Christi als bedeutsam für seine Mittlerfunktion zu sehen, sei es, dass der Mittler von Gott als Erlösungsinstrument geschaffen wurde, sei es, dass er sich auf seinem irdischen Lebensweg die Funktion des Erlösers erworben hat. Diese Tendenz kann bei den Interessenten für den Priesterberuf nur zu Mutlosigkeit oder zu Zynismus führen: Mutlosigkeit bei den guten Kandidaten, die hinsichtlich der menschlichen Qualitäten ihre

---

[48] Christian Schuler, *Stellvertreter Gottes und der Menschen*, in: Geist und Leben 80 (2007), 69–74, hier 74.

[49] Johannes Paul II., *Pastores dabo vobis*, Nr. 42: „Es geht darum, nur diejenigen zum Priestertum zu führen, die berufen sind, und sie erst nach angemessener Ausbildung zuzulassen. Diese zielt bei den Kandidaten auf eine bewusste und freie Antwort der Zustimmung und des Sich-ergreifen-Lassens der ganzen Person von Jesus Christus, der zur innigen Vertrautheit mit ihm und zur Teilnahme an seiner Heilssendung ruft."

Unzulänglichkeit spüren. Zynismus bei den schlechten Kandidaten, die ihre menschlichen Qualitäten mit anderen vergleichen und sich, weil das Amt jeden überfordert, leichtfertig über ihre Defizite hinwegsetzen und ihre Schwächen glauben in Kauf nehmen zu dürfen. Verlangt wäre stattdessen eine Annahme der eigenen Stärken und Schwächen und ihre Integration in Antwort auf den Ruf Gottes. So wie der göttliches Logos zum Träger einer menschlichen Natur geworden ist, so ruft das Wort Gottes in der geistlichen Berufung dazu, die eigene Person rückhaltlos anzubieten und für jenes Amt zur Verfügung zu stellen, durch welches Christus selbst als Haupt der Kirche handeln will.[50] Und an die Stelle der arianischen Einordnung des Erlösers kraft seiner Eigenschaften und Vermögen als gott-menschliches Mittelwesen hat ein Verständnis der relationalen Bedeutung des heilshaften Tuns zu treten: Durch das gleiche Wesen ganz dem Vater verbunden, hat sich Christus mit der Menschheit zu deren Heil verbunden. Ebenso versteht sich der Priester ganz aus seiner Verbundenheit mit Christus, dem einzigen Priester, und aus dem Auftrag, dem er geweiht ist.

Fazit

Arianismus und Priestermangel stehen in einem nachvollziehbaren Zusammenhang. Wer sich um das anspruchsvolle Dogma von der wahren Gottheit des Menschen Jesus Christus herumdrückt, untergräbt den Sinn und die Stellung des Priesters in der Kirche und schwächt die Fähigkeit des einzelnen, sich für den Priesterberuf zu entscheiden. Gewiss ist es fraglich, wie weit das Schlagwort vom Arianismus trägt. Auch wenn einem gleich Beispiele aus Predigt und Religionsunterricht, aus Literatur, medialer Öffentlichkeit und persönlicher Begegnung einfallen, dürfte es nahezu unmöglich sein, unter den heuten Christen die vielfältigen Vorstellungen, Glaubensüberzeugungen und bekenntnishaften Formulierungen von Jesus Christus zu erheben, geschweige denn unter einen einzigen Begriff zu systematisieren. Gleichwohl ist es kein geringer Erkenntnisgewinn, wenn klar wird, wie das Christusbekenntnis mit

---

[50] Als Zwischenschritt fungiert das Priestertum Christi: „Die einzigartige und unwiederholbare Heilsbedeutung Jesu gründet also in der Wirklichkeit der hypostatischen Union von Gottheit und Menschheit in der Person des ewigen Sohnes Gottes. Darum müssen wir auch die Begriffe von Priestertum Jesu Christi und seinem Opfer ganz von diesem christologischen Hintergrund her auslegen." (Müller, *Vom Vater gesandt*, 186).

einer für das kirchliche Leben so sensiblen Sache wie dem Priesternachwuchs zusammenhängt. Es wird dadurch seiner scheinbaren Selbstverständlichkeit und Harmlosigkeit entrissen und erhält ein Stück konkreter Heilsrelevanz zurück. Auf der anderen Seite wäre über den Priestermangel noch vieles zu erwägen: Er hängt mit sozialen Veränderungen in Kirche und Gesellschaft zusammen. Er hängt mit den Veränderungen des geistigen Klimas im Großen zusammen. Er hängt mit der Wahrnehmung der pastoralen Situation zusammen.[51] Er bedeutet auch eine echte geistliche Not, eine existentielle Glaubensfrage nicht nur der Personalverantwortlichen in den bischöflichen Ordinariaten: Wie leitet Christus, der Gute Hirt, sein Volk? Wohin führt uns der Herr der Geschichte? Neben all dem hängt der Priestermangel aber eben auch mit einer defizienten Christologie zusammen. Indem das gezeigt wurde, erfüllt die Untersuchung ein Anliegen des Apostolischen Schreibens *Pastores dabo vobis* und „hilft uns, die Ausweitung der Krise der Priesterberufe zu verstehen, die von radikalen Glaubenskrisen verursacht und begleitet wird“[52].

Der Einbruch in den Priesterzahlen während der letzten Jahrzehnte stellt so etwas wie einen messbaren Parameter der Glaubenskraft der Kirche dar. Wenn sich die Situation hier beruhigt, wonach es derzeit aussieht, kann von da aus auch wieder eine positive Spirale in Gang kommen. Daran werden ebenfalls wieder beide Termini beteiligt sein: Jeder Priester, der treu seinen Dienst verrichtet, gibt ein Lebenszeugnis für Christus, weitgehend unabhängig davon, welche theologische Klarheit er in seine Predigten und Katechesen zu legen vermag. Gleichzeitig ist das theologische Bemühen unverzichtbar, das Bekenntnis zur wahren Gottheit Christi in Auseinandersetzung mit den geistigen Strömungen in jeder Generation neu wieder zu erarbeiten. Die Theologie wird dann auch der Berufungspastoral dienen. Sie kommt der „Dringlichkeit“ nach, „dass die Berufungspastoral der Kirche entschieden und vorrangig auf die Wiederherstellung der ‚christlichen Gesinnung‘ abzielt,

[51] Das geht bis dahin, dass der Begriff sehr grundsätzlich in Frage gestellt werden kann: Was heißt eigentlich „Mangel“, wenn das hauptamtliche Personal der Kirche über die Jahre hin zahlenmäßig gleich geblieben ist? In Relation wozu spricht man von Mangel, wenn andere statistische Kennzahlen des kirchlichen Lebens (z. B. die katholischen Eheschließungen) eine parallele Entwicklung durchgemacht haben? Beklagt man mit dem Stichwort „Mangel“ nur die geringere Anzahl oder auch die Qualität der Priester? Vgl. dazu Jörg Ernesti, *„Der Natur der Sache nach kann es nur wenige Priester geben“. Historische Überlegungen zur Wahrnehmung des Priestermangels*, in: Theologie und Glaube 91 (2001), 462–477.

[52] Johannes Paul II., Nachsynodales Apostolisches Schreiben *Pastores dabo vobis* (25.3.1992), Nr. 37.

wie sie vom Glauben hervorgebracht und getragen wird. Notwendiger denn je bedarf es einer Evangelisierung, die nicht müde wird, das wahre Antlitz Gottes, den Vater, der in Jesus Christus jeden von uns ruft, ... darzustellen."[53] „Jesus Christus ist der Erlöser" – und er beruft Priester – „weil er der Sohn des Vaters ist."[54]

---

[53] Johannes Paul II., *Pastores dabo vobis*, Nr. 37.

[54] Müller, *Vom Vater gesandt*, 93.

Romano Guardini und Martin Heidegger: Person als Antwort auf Existenz

von Hanna-Barbara Gerl-Falkovitz

1. Welt und Person: Geistesgeschichtlicher Kontext

Romano Guardini (1885–1968) denkt „Person" radikal vom Christlichen her. Das Christliche wird nicht seinerseits begründet oder gerechtfertigt, sondern als gegebener Phänomenbestand genommen und auf seine Implikationen und denkerischen Folgen hin erhellt. In diesem Sinn entwickelt Guardini eine Philosophie des Christlichen, näherhin eine Anthropologie auf der Grundlage biblischer Theologie. Damit schließt er sich aus anderer methodischer Sicht der Fragestellung nach dem Menschen an, die seit 1927 durch Heideggers *Sein und Zeit*, aber auch durch Schelers zeitgleich 1928 postum erschienene Arbeit *Die Stellung des Menschen im Kosmos* existenzphilosophisch neu zu verhandeln war.

Nachdem Guardini von seiner Berliner Professur für Religionsphilosophie und katholische Weltanschauung im Januar 1939 von den Nationalsozialisten entlassen worden war, aber noch publizieren durfte, erschien im geschichtsträchtigen Herbst desselben Jahres im Werkbund-Verlag Würzburg eine Zusammenfassung lange erarbeiteter Gedanken unter dem Titel *Welt und Person. Versuche zur christlichen Lehre vom Menschen* (^{2}1940). Mehr als zehnmal verwendete Guardini für seine Bücher den Ausdruck „Versuche", auch in Anspielung auf Montaignes *Essais*[1], vor allem aber aus Gründen der vorsichtigen Wegsuche[2] und des bedrängten Fragens, das seinem Denktypus so sehr zu eigen war.

Der Hauptgedanke von *Welt und Person* – trotz des schmalen Umfangs von 160 Seiten eine der wichtigsten Schriften Guardinis – lautet, „daß der Mensch nicht als geschlossener Wirklichkeitsblock oder selbstgenugsame, sich aus sich selbst heraus entwickelnde Gestalt, sondern zum Entgegenkom-

---

[1] Über Montaigne hielt Guardini in Berlin WS 1929/30 eine nicht erhaltene Vorlesung.

[2] Vgl. das Vorwort zu: R. Guardini, Auf dem Wege. Versuche, Mainz 1923.

menden hinüber existiert".[3] Anders: Der Charakter dieses Entgegenkommenden setzt eine Dynamik frei, die eine herkömmliche Ontologie des Menschen ebenso wie eine aufklärerische Autonomie des Subjekts als je für sich unzureichend erscheinen läßt und sie nur als Momente in einen aufsprengenden Gesamtvorgang einsetzt. An namentlichen Quellen erwähnt Guardini, der in der Regel eher sparsame Angaben macht, in diesem Fall eine gewichtige Ahnenreihe: Heraklit und Platon, das Neue Testament mit Paulus und Johannes, Augustinus, dann – mit großem Sprung ins 19. Jahrhundert – Goethe, Kierkegaard, Nietzsche, und von den Zeitgenossen Nicolai Hartmann, Theodor Haecker, Scheler und eben Heidegger. Letzterer ist häufig auch ungenannt Adressat der Auseinandersetzung, wie Begrifflichkeit und Fragestellung zeigen.

Diese Reihe von Namen – unter Auslassung von rund 1400 Jahren Philosophiegeschichte – macht deutlich, daß es sich nicht um ein Lehrbuch, vielmehr um eine zeitgemäße, scharf andrängende Frage handelt. Das Buch ist keineswegs im Sinne einer *philosophia perennis* oder unpolitisch zu lesen. Zum Umfeld ist auch ein Blick zu werfen auf das umfangreiche und noch unveröffentlichte „Anthropologie-Kolleg" der Berliner Jahre 1933–1939 mit dem Titel *Der Mensch. Grundzüge einer christlichen Anthropologie*. In diesem Kontext geht Guardini ausdrücklich auf die zeitgenössische Existentialphilosophie ein[4], was überhaupt den erstmaligen Einbezug dieser neuartigen Thematik in den Rahmen katholischer Theologie bedeutet[5]. Zugleich handelt es sich unausgesprochen, den Hörern aber gleichwohl deutlich, um eine entschiedene Abgrenzung zur nationalsozialistischen Ideologie. Das demselben Gedankenkreis zugehörige Manuskript von 1933/34 *Die religiöse Offenheit der Gegenwart. Gedanken zum geistigen und religiösen Zeitgeschehen* harrt ebenfalls noch der Veröffentlichung. *Welt und Person* von 1939 und die postum herausgegebene Schrift *Die Existenz des Christen* von 1976 sind daher bedeutende Teilstücke des umfassenden Anthropologie-Kollegs. Daß es sich bei all dem um erstmalige denkerische Wagnisse einer christlichen Stellungnahme handelt, hat Guardini scharf und verpflichtend empfunden, da es ein „originäres christliches Existenzbewußtsein als Allgemeinhaltung" noch nicht gebe. „Nur von dorther ist es verständlich, daß z. B. auf die tief erregende Frage eines Heidegger eine christliche Antwort noch nicht erfolgt ist.

---

[3] R. Guardini, Welt und Person. Versuche zur christlichen Lehre vom Menschen, Würzburg ^{2}1940, VIII. – Ziffern in Klammer im Text beziehen sich auf diese Ausgabe.

[4] Vgl. Gunda Brüske, Anruf der Freiheit. Anthropologie bei Romano Guardini, Paderborn 1998.

[5] Ebd., 99 und 103f.

Entweder kapituliert das christliche Denken vor ihm, oder es arbeitet mit summarischen Ablehnungen, die auf die Sache selbst nicht eingehen, oder es hält sich mißtrauisch fern. Heidegger geht von der neuzeitlichen Existenzerfahrung aus, worin sich die Probleme der Endlichkeit und der Unendlichkeit, des Etwas und des Nichts, des Absoluten und des Faktischen in einer ganz anderen Form anmelden, als es noch im 15. Jahrhundert geschieht. Soll ihm geantwortet werden, so muß auf gleicher menschlicher und kultureller Ebene eine originäre christliche Existenzerfahrung da sein."[6]

Zu einer solchen Antwort setzt Guardini an.

2. Welt

2.1 Welt als Räumlichkeit für Dasein

Um Person zu bestimmen, muß nach Guardini zunächst Welt als Raum des Daseins ins Auge gefaßt werden. Unausgesprochen steht damit bereits Heideggers „In-der-Welt-sein" als neu zu gewichtendes Existential im Hintergrund.

Anders als bei diesem bedeutet Welt bei Guardini, der immer vom zunächst Naheliegenden, Erfahrungsgebundenen ausgeht, den sinnlichen Raum, das Gesamt der Orte oder genauer den in Richtung und im Nacheinander angebbaren Zusammenhang der Dinge, den umfassenden endlichen Horizont für alles Dasein. Im nächsten abstrahierenden Schritt, analog zur sinnlichen Wahrnehmung, bestimmt er einen geistig-personalen Raum (31), in welchem Person zu begreifen, als „gerichtet" zu verorten ist. Dies geschieht unter Kategorien der Räumlichkeit und nicht der Zeitlichkeit (latent also gegen *Sein und Zeit*). Aber: Geistig-personaler Raum wird nicht mehr – wie der sinnliche – als Erstreckung und Quantum, sondern als Qualität des Gerichtetseins gefaßt. Er enthält Daseinspole: Richtpunkte oder Richtwerte des Geistigen, das sonst nicht anschaulich würde. Solche Daseinspole der Person sind Innen und Oben. Zwar selbst wert-indifferent, geben sie doch „die Bedingungen vor, unter denen Wert bejaht oder verneint werden kann" (32). Die Richtung auf „Innen" oder „Tiefe" kann zum Beispiel Sammlung, aber auch Verhärtung bedeuten, die Richtung auf „Oben" oder „Höhe" Hochgemutheit, ebenso aber Hochmut (32). Wieweit das Geistige immer werthaft, also gerichtet zu denken ist (ein Erbe von Augustinus und Scheler), wird noch zu zeigen sein.

---

[6] Ms. Die religiöse Offenheit der Gegenwart 70, zit. ebd., 106, Anm. 34.

Die Daseinspole, überhaupt die Kategorien der Räumlichkeit, erlauben es Guardini, die gewohnte Sprache der Lebenswelt zu einer prägnanten Vor-Stellung des Geistigen zu nutzen und zu einer bestimmten Transparenz weiterzutreiben, die nicht den angestrengten Sprachductus Heideggers hat.

2.2 Daseinspol: Innen

Welthaft-Räumliches läßt sich an der Klärung des Daseinspols „Innen" zeigen. Die Tiefenschichtung von „Innen" wird schrittweise freigelegt: vom unmittelbar spürbaren Körperinneren zu seelischen Affekten und ihren Tiefengraden: „unter" Zorn kann Sympathie liegen (34). Angst, wie Kierkegaard sie analysiert, kann jedoch nicht mehr nur dem emotional-psychischen Innen zugehören, sondern muß als Daseinsangst schlechthin gelesen werden; ihre Schichtung reicht bis in das Innen des Geistes, letztlich bis zum sammelnden Innen des Herzens. Herz meint bei Guardini die Mitte und den Einigungspunkt aller radialen, auch der gegenstrebigen zentrifugalen Dynamiken des Menschen, den Personkern.[7]

Wo dieser Daseinspol in seiner Tiefe erreicht ist, beginnt für Guardini jedoch eine entscheidende, grenzüberwindende Dynamik. Erst sie provoziert das Menschliche zu einer unbekannten Tiefe, zu einem ungeheuren Öffnen der Innerlichkeit. Denn das Ankommen tief bei sich selbst ermöglicht ein noch tieferes passives Unterfangenwerden und den Wechsel in eine neue Wirklichkeit. In diesem Augenblick wird „Welt", verstanden als welthafter Raum, transzendiert, was bedeutet: sowohl in seiner Eigengestalt grenzhaft erfahren als auch auf ein Jenseits der Grenze hin geöffnet.

Dies kann grundsätzlich im Auftreffen auf ein Du geschehen: „Meistens geht der Mensch im Körperlichen, Psychologischen, Soziologischen, das heißt im Öffentlichen auf. In bestimmten Augenblicken aber entzieht er sich und tritt ins Eigene: das ist der Innenraum des Menschseins. Diese Vorbehaltenheit kann der andere nicht aufbrechen. Soll sie offen werden, dann muß sie sich selbst öffnen. Das geschieht in der Liebe: wenn der Mensch sich nicht bloß beobachten läßt oder über sich berichtet, sondern sich dem Anderen zu lebendigem Mitvollzuge gibt."[8] Solche Öffnung führt – sofern sich der An-

---

[7] Zu Guardinis „Philosophie des Herzens" – im Blick auf Augustinus und Pascal – steht eine umfassende Analyse noch aus.

[8] R. Guardini, Der Herr. Über Leben und Person Jesu Christi (1937), Freiburg 1983, 509.

dere ebenfalls „gibt" – zur Gemeinschaft; sie ist nach außen wiederum vorbehalten.

Die biblischen Aussagen sprechen jedoch noch von einer weiteren resonanten oder respondierenden Tiefe des Innen. Sie ist nicht einfachhin da, sondern wird jeweils geschaffen mit dem Eintreten Gottes selbst oder verschließt sich im Widerspruch zu ihm. „(...) der zur Verwirklichung seines Reiches kommende Gott wirkt selbst die innere Tiefe und Weite, in der er wohnen will. Sie hängt an Gott und kann nur von ihm empfangen werden. Wenn aber Gott sie gibt, dann wird sie im leibseelischen Sein verwirklicht, und das bedeutet zugleich auch ein Räumigwerden des konkreten Menschen, ein Erstarken und Innigwerden der Akte und Zustände, ein Aufsteigen innerer Welt, worin der Mensch überhaupt erst zu dem wird, was der Schöpfer gewollt hat." (37)

Die Folgen sind nicht allein lebenspraktisch, sondern auch erkenntnismäßig von großer Wirkung: „Im Maße der Mensch die christliche Innerlichkeit verwirklicht, bekommt er sich selbst in den Blick und wird zur christlichen Selbsterkenntnis fähig. Diese (...) hat eine Hellsicht, einen Tiefgang, eine Unerbittlichkeit und schöpferische Erneuerungskraft wir keine sonst. Sie vermag das sonst Unmögliche, nämlich um das eigene Sein als Ganzes herumzufassen, das eigene Selbst objektiv zu erblicken und zu beurteilen. Das geht nur, weil hier nicht mehr nur das menschliche Selbst über sich selber urteilt, die psychologische Tatsache der Teilung in betrachtendes und betrachtetes Ich vollzogen und vertieft wird; sondern weil der Glaubende am Blick Gottes auf ihn, den Menschen, Anteil bekommt. Die christliche Selbsterkenntnis des Menschen ist der gnadengeschenkte Mitvollzug des Blickes Gottes auf ihn. So bleibt ihr – grundsätzlich, und im Maße sie Ernst macht – nichts entzogen; kein Rest vorbehaltensten, verborgensten Selbstes." (40)

2.3 Daseinspol: Oben

„Oben" oder „Höhe" enthält als Raum-Erfahrung ein anderes, unmittelbar zu empfindendes Wert-Moment (41): Es bekundet sich in der Lebenshöhe oder dem hohen Geist (etwa in Platons Eros-Begriff); Werte selbst sind als Haltungen des Hohen aufzufassen. Analog zur Öffnung der inneren Tiefe gibt es aber ebenfalls ein Aufgesprengtwerden zur Offenheit auf ein transzendierend Neues. „Die christliche Höhe ist nicht einfach vorhanden; weder als Stufe in der Schichtung der Wirklichkeit, noch als Grad in der Rangordnung der Werte, noch als objektiver seelischer oder metaphysischer Ort, wohin Christus sich und das Seine stellte. Diese Höhe hängt vielmehr an Christus. Das Droben ist dort, wo Er ist. Er ist selbst die Höhe. Dieser Höhe ist im Glaubenden der Ausgangspunkt des christlichen Eros zugeordnet. Auch er aber ist nicht von selbst da, nur über den anderen Ausgangspunkten menschlicher Höhenbewegung entspringend, sondern erwacht erst als Antwort auf das Erscheinen Christi. Er wird von Christus gegeben und erlischt, sobald der Bezug auf Diesen zerreißt." (45)

Der astronomische Himmel, den die Anschauung oben sieht, ist nur ein zu übersteigendes Bild für ein Anderes: „Himmel ist die Vorbehaltenheit des heiligen Gottes. Die Weise, wie Gott mit sich selbst allein und ebendadurch jedem Geschöpf unzugänglich ist." (45) Die Grenze nach oben ist die für sich seiende Einsamkeit der Welt, „darüber" Gott absolut ist (in der Sprache der griechischen Mythologie ist „darüber" das „Empyreum", die Feuerzone „über" dem Ganzen). Auch von dort kommt er in der verheißenen „Wiederkehr", am Ende der Zeit, vom Rande der Welt, zum Gericht aller und zuvor des einzelnen, denn: „Diese ‚Ankunft' des Herrn ist der Tod." (49)

In Guardinis Deutung geschieht das Neue, der konkrete Einbruch Christi in die Erfahrung, von zwei Daseinspolen her: *im* Glaubenden und *über* ihm. Dieses Ausgespanntsein zwischen zwei verschiedenen Arten der Erfahrung ein und desselben Grenzsprengenden führt tiefer nach innen und reißt zugleich höher hinauf, als es die menschliche Räumlichkeit, das In-sich-Sein, und das Einwohnen im Raum, das In-der-Welt-Sein, kennt. Mensch ebenso wie Welt sind damit vor ihre Grenze gebracht; denn das menschliche Innere ist Ende der Welt nach innen (47), Oben ist kategoriale Grenze des endlosen Immer-Weiter der Welt. Und dennoch ist solche Grenze zugleich Bedingung des Überstiegenwerdens. Grenze und Jenseits der Grenze werden in stärkster Weise durch den Tod offenbar. Damit ist Tod bereits nicht mehr im Deutungshorizont des Nichts, sondern des „Auf zu", in einer werthaften Bewegung. Allerdings hat sie sich erst vom Nichts abzuwenden.

2.4 Das Nichts: Grenze von innen, von oben

An der Erfahrung der Grenze des Welthaften macht sich ein wichtiges intellektuelles wie affektives Moment fest, das von der Existenzphilosophie beschworen wurde und das Guardini aus eigener Erschütterung, geradezu in Anfechtung weiterdenkt. Die Grenze der Innerlichkeit und des Oben ist nicht allein positiv markiert durch den „Einfall Gottes", und sei es auch durch den Tod. Sie ist zugleich von sich aus markiert durch das von innen und von außen heransteigende Nichts (47). Nichts meint das reale Nicht-Gewesen-Sein aller Dinge, die einem Anfang entspringen, und das Angrenzen des Endlichen an sein mögliches künftiges Nichtsein.[9] Es kann gelesen werden als „Wüste", in die der Mensch erschreckend hineingehalten ist. Es kann auch gelesen werden als jenes Nichts, aus dem geschaffen wurde – eben damit aber zeigt es gegen alle Schrecklichkeit „die von Innen her tragende Hand Gottes" (47). In beiden Fällen muß sich freilich die Selbsterfahrung dem Abgrund des Nichts stellen; im ersten Fall ausweglos „entschlossen" (Heidegger), im zweiten Fall weghaft vertrauend (Guardini). Für das zweite spricht, daß die Erfahrung des Nichts keineswegs einfach gemacht wird, sondern erst ansichtig werden muß an einem Kontrast. „Dieses Daseinsganze ist umgrenzt; nicht nach einem darumher liegenden leeren Raum, der ja ebenfalls zu ihm gehören müßte, sondern nach dem Nichts hin. Das wirkliche Nichts komme aber erst in einem religiösen Akt zur Gegebenheit: als jenes, das Gott zwischen sich selbst und jedes Geschöpf gestellt und „aus dem" er die Welt geschaffen hat. Erst an der Gotteserfahrung wird endgültig klar, daß die Welt eingegrenzt ist." (46)

Das bedeutet auch, daß ein Gang in das eigene Innere solange endlos und insofern unkonturiert bleibt, solange er nicht wirklich, religiös vermittelt, vor dieses Nichts gerät. Damit aber, in positiver Endlichkeit in die „Schranken gewiesen" (47), ist es erst möglich, „die Ganzheit meines Selbst, stehend in der Ganzheit des Daseins überhaupt, zu Bewußtsein" zu bekommen (46). Auch Heideggers Sprechen vom Nichts als Grenze des Daseins wäre demnach ein nur religiös ermöglichtes Sprechen, unabhängig von der antireligiösen Intention der Aussage.

Guardini wendet damit den Gedanken des Nichts in den Ermöglichungsgrund für Selbstsein; anders: Selbstsein ist Folge von Geschaffensein aus Nichts und von realer Erfahrung der Angrenzung an den „Ganz-Anderen" (47). Gott läßt die Erfahrung des Nichts ebenso wie die seines schöpferischen Rufes ins Dasein machen. Beides in je eigener Weise: „Das echte ‚Nicht' und ‚Nichts' kommt von der Wirklichkeit Gottes. Er ‚weist die Welt in ihre Grenzen', indem er deutlich macht, daß sie nicht er; daß er über ihr und innert ihrer; daß er der aus sich selbst und eigentlich Seiende, ‚der Herr' im ontologischen Sinne, sie aber das Geschaffene und nur ‚vor ihm' seiend, ontologisch im Gehorsam Bestehende ist. (…) Das eigentliche ‚Nicht' und ‚Nichts' ist jenes, welches der Satz meint, die Welt sei ‚aus Nichts geschaffen'; und ebenso der andere, die Welt bestehe immer als geschaffene, das heißt, sie sei ‚nicht Gott'. Erst von Gott her kann wirklich Welt erfahren werden." (61)

---

[9] Vgl. R. Guardini, Theologische Briefe an einen Freund, hg. v. Felix Messerschmid, Paderborn 1976.

Solche Erfahrung versetzt die christliche Innerlichkeit in Dynamik. Sie „ist der Ort, wo Christus in uns ist. Und zwar nicht statisch, untätig, sondern wirkend. Ja sogar in der Form des Kommens; denn von dort steigt er herauf, in der Verwirklichung des christlichen Daseins. Das Geformtwerden des Glaubenden durch Christus; der immer neue Selbstausdruck Christi in jedem Glaubenden ist ein reales Kommen: von jener Tiefe her in die Offenheit des Ausdrucks. Der Augenblick des wirklichen Hinaustretens wird wohl der Tod sein." (47) Tod wird damit Vollendung eines Vorgangs von Wachstum: Fähigsein zur endgültigen Begegnung mit dem eigenen Ursprung.

2.5 Die Selbstverschließung ins Nichts

Gegen diese Wirklichkeit und ihre dynamisierende Anziehung ist eine Verschließung möglich. Wird nämlich das Nichts als reine Leerstelle genommen, in welches Innen und Oben selbst „hineingeworfen" sind, dann wird dieses Nichts selbst absolut, numinos, dämonisch, ist nicht mehr Grenze, sondern Ende, es ist einfachhin „zu" (64), wird zur „Pseudomorphie des Gottesbegriffs" (65). Dagegen erhebt sich konsequent ein trotziges „Dennoch" des Endlichen in der Stimme des Menschen. (65) Guardini sieht mehrere Varianten desselben Trotzes: ein pantheistisches Hinausschieben von Grenze, bis Endliches und Unendliches ineinander verschwimmen, wie bei Giordano Bruno (62f), ein Bestehen auf der Kostbarkeit des Endlichen, gerade aufgrund seiner Vergänglichkeit, in Überkompensation: wie bei Nietzsche (63) und konsequent bei Heidegger. Welt ist, „je nachdem der Affekt sie betont, die leuchtende, von trotziger Kraft gespannte, oder die verzweifelt, in starrer Einsamkeit zusammengeschlossene Klammer um die Welt, die im Nichts nicht einmal ‚hängt', sondern in es ‚geworfen' ist – wobei es dann freilich nur eine Frage der inneren Konsequenz bleibt, wann das umgebende Nichts zu einer dämonischen Wirklichkeit, zum Verzweiflung erzeugenden Gespenst des verdrängten Gottes wird." (64) Ein Phänomen der westlichen Grammatik des Nichts wird auch der transformierte Buddhismus. Guardini läßt offen, ob der historische Buddha selbst den Trug, die Illusion der Welt nur als negativen, weil nicht anders möglichen Ausdruck einer Andersartigkeit der Gottheit formulierte.[10] Jedenfalls nahm die buddhistische These des Scheins in

[10] Auch Guardinis Blick auf Buddha bedarf noch einer umfassenden Darlegung. Nicht erhalten sind Unterlagen zu dem Berliner Seminar WS 1937/38: „Der Tod des Buddha. Die buddhistische Sinndeutung des Daseins und ihre Bedeutung für das Ver-

Verbindung mit einer abendländischen Skepsis deren „Müdigkeit und Sinnlosigkeitserfahrung" (64) an. „Da wird das Erlebnis des Scheins zur Basis einer verzweifelten Autonomie des in seiner Sinnlosigkeit versiegelten Daseins." (64)

Guardini macht die verborgene religiöse Komponente dieses Vorgangs deutlich, dechiffriert die Thesen atheistisch konzipierter Autonomie als Thesen einer religiös grundierten Revolte. „Der Autonomiewille löst die Geheimnisfülle, die Gott seinem Werk mitgibt, von Ihm, dem Überweltlichen, Freien, Souveränen, Heiligen ab und schlägt sie zum Geschaffenen. Aus ihr, die wie ein Strahl dorthin führen will, von wo sie herkommt, macht er eine Tiefendimension der Welt selbst. Ein Unternehmen, dessen Leistung, was Subtilität, Geschicklichkeit und Organisation aller benötigten Vorgänge angeht, unbegreiflich groß ist. Im Maße das gelingt, wird das Religiöse zu einem Mittel, die Welt in sich selbst zu verschließen. Das religiöse Suchen, welches eigentlich nach dem geht, was anders ist als die Welt, wird durch die Usurpation des Numinosen in die Welt selbst geleitet und in diese eingeschlossen." (66)

3. Person

3.1 Aufbau des personalen Seins

Welthaftigkeit des Menschen, gerichtet nach innen und oben, ist durch ihren raumhaften Baucharakter anschaulich; ferner ist sie in ihrem geschöpflich-endlichen Status – grenzhaft gegenüber Gott und dem Nichts – bestimmt. Menschsein aber hat komplexere Aspekte; es muß unter verschiedenen Ausgestaltungen und Relationen betrachtet werden, um Personsein zu definieren.

Sieht man den Menschen unter „Gestalt", so ist damit erfaßt seine spezifische Geformtheit, ebenso wie die eines Vorgangs oder Dings; unter „Individualität" ist gemeint das Einzelwesen gegenüber einer Gattung und anderen Einzelwesen; unter „Persönlichkeit" wird begriffen das ausgebildete, allseitig entfaltete Ganze eines konkret-lebendigen Menschen. (84ff) Was aber, gebildet aus diesen Bauelementen und als Ganzes mehr als die Teile, ist Person?

Person meint „das gestalthafte, innerliche, geistig-schöpferische Wesen, sofern es (...) in sich selbst steht und über sich selbst verfügt. ‚Person' bedeu-

---

ständnis des Christentums". Vgl. dazu H. – B. Gerl-Falkovitz, Romano Guardini (1885–1968), Leben und Werk, Mainz 4. Aufl. 1995; dies., Romano Guardini. Konturen des Lebens und Spuren des Denkens, Mainz 2005.

tet, daß ich in meinem Selbstsein letztlich von keiner anderen Instanz besessen werden kann, sondern mir gehöre (...), Selbstzweck bin." (94)

In-Sich-Stehen, zugleich Über-sich-Verfügen, Selbstzweck sein: Selbstgehörigkeit wird also in der Doppelform von „in sich" und „über sich" vollzogen (räumlich oder polhaft gesehen: wiederum von innen und von oben). Selbstzweck (der kantische Terminus!) betont die Ursprünglichkeit und Unableitbarkeit dieses Sich-Gehörens – was in vorchristlichen Gesellschaften nach Guardini nicht konzipiert wurde[11], weil es nicht gedacht werden konnte.

Dennoch ist Personsein nicht stumpfer Selbstbesitz: Es erwacht in Begegnung mit anderer Selbstgehörigkeit, mit anderem Ich. Erst in der Begegnung kommt es zu einer Bewährung des Eigenen, zur Aktualisierung des Ich. Guardini nennt zwei Arten der Bewährung: das Wahren der Ordnung in der Gerechtigkeit, das Wahren des anderen (seiner „Wertgestalt") in der Liebe. Löst sie sich von jenen Wirklichkeiten und Normen, wird Personsein gefährdet. (98) „Wer liebt, geht immerfort in die Freiheit hinüber; in die Freiheit von seiner eigentlichen Fessel, nämlich von sich selbst. (...) Jeder, der um die Liebe weiß, weiß um dieses Gesetz: daß erst im Weggehen von sich selbst die Offenheit entsteht, worin das Eigene wirklich und Alles blühend wird."(99) Zugleich ist das Sich-Ausrichten eine Selbstbeschränkung im Habenwollen: „Die personale Liebe beginnt entscheidenderweise nicht mit einer Bewegung zum anderen hin, sondern von ihm zurück. (...so) gehe ich meinerseits aus der Haltung des gebrauchenden oder kämpfenden Subjekts in die des Ichs über." (106)

Daher kommt in die Selbstgehörigkeit nicht nur durch die Stellung zu sich selbst (in sich und über sich verfügend), sondern ebenso durch die Bewährung am anderen eine entscheidende, ja schicksalhafte Dynamik. „Personales Schicksal entspringt erst in der ungeschützten Offenheit des Ich-Du-Bezuges – oder aber jenes Ich-Bezuges, dem die Vollendung vom Du her versagt ist." (107) „Es gibt viele Formen und Grade der Begegnung, auch die tragische, aus welcher nur noch Verzicht und Weisheit den personalen Sinn herausholen können." (108) Offenheit (und Schicksal) ergeben sich in der Spannung von Ich zum Du (105), in der Medialität der Sprache (107), in der Spannung von Ich zu Gott, der selbst worthaft-offen ist (110). In solchem Blickbezug entfällt ein gewisser „Schutz der Sachlichkeit" (106), der das neutrale Subjekt-Objekt-Verhältnis schirmt, und es beginnt ein Sich-Aussetzen oder Ausgesetztsein: Person wird auf Person resonant oder von ihr her ins Antwortlose preisgegeben.

---

[11] Guardini verweist dabei auf die Antike, aber auch auf die neuzeitliche Tendenz zur Auflösung des Personbegriffs (98).

3.2 Christlicher Begriff der Person

Im Christlichen verliert die Selbstgehörigkeit nicht ihre erstrangige Stelle, vielmehr läßt sie sich überzeugender begründen, gerade weil das Dialogische Konstituens der Person und wesentliches Merkmal ihrer Selbstgehörigkeit ist. „Hinübergehen“, sich öffnen kann die Person nämlich, weil sie sich immer schon gehört – dies eine Kritik an Schelers aktualistischem Personalismus, der das Ich überhaupt nur im Vollzug setzt (107f). „In Wahrheit ist Person nicht nur *Dynamis*, sondern auch Sein; nicht nur Akt, sondern auch Gestalt.“ (108) Eine verwandte Kritik trifft Goethes Faust, der an den Anfang Sinn oder Tat, nicht aber das sich öffnende, klare Wort setzt. (111)

Seit der Berliner Antrittsvorlesung 1923[12] gehört es zu Guardinis Methode, die Offenbarung als Maß des Denkens zu nehmen, um von diesem festen Punkt aus weiterzudenken. Freilich ist auch von dieser Vorgabe aus nur Annäherung an Wirklichkeit möglich, aber eine grundsätzlich mögliche Annäherung, die das Ganze anvisiert. Eine solche Vorgabe liefert die These: „Mein Ich-Sein besteht (...) wesenhaft darin, daß Gott mein Du ist.“ (113) „Die Dinge entstehen aus seinem Befehl; die Person aus seinem Anruf.“ (114)

Vor dieser These muß personale Selbstgehörigkeit vertieft definiert werden, sind damit doch die beiden Kennzeichen der Moderne, Immanenz und Autonomie, herausgefordert.

Das Problem stellt sich nämlich, christlich gesehen, darin, daß der pneumatische, auferstandene Christus *im* Glaubenden lebt, ein Innesein einnimmt, dessen Verhältnis zur Selbstgehörigkeit in Weltimmanenz und Autonomie also entscheidend tangiert. Am Beispiel der Aussagen des Paulus läßt sich sogar von einer „Entelechie“ des Daseins auf Christus hin sprechen. (122) Wie steht es dann mit der Einheit des personalen Daseins, „welches bei aller Kraft der Du-Beziehung voraussetzt, daß das Ich ganz und nur in sich selbst verwurzelt sei“? (117) Die Antwort, vor allem in Rückgriff auf paulinische Aussagen, lautet: „Der Geist allein wirkt echtes Neuwerden, und so, daß er die Würde und Verantwortung der Person nicht antastet.“ (123)

Wie ist das zu denken? In doppelter Hinsicht. Zum einen ist Personsein, christlich gesehen, die Zuspitzung eines bereits anthropologisch gegebenen, aber nur „akzidentell“ entfalteten, häufig unterschätzten oder sogar geleugneten „Existentials“: der Relation als Aktuierung der Selbstgehörigkeit. „Der Mensch (ist) kein Wesen, das geschlossen in sich stünde. Er existiert vielmehr

---

[12] Vom Wesen katholischer Weltanschauung, in: Die Schildgenossen 4 (1923), 66–79.

so, daß er über sich hinausgeht. Dieser Hinausgang geschieht schon immerfort innerhalb der Welt, in den verschiedenen Beziehungen zu Dingen, Ideen und Menschen (...); eigentlicherweise geschieht er über die Welt hinaus auf Gott zu. Das erlöste Dasein wird dadurch begründet, daß das in Christus entgegentretende Gottes-Du das Ich des Menschen in sich zieht, bzw. selbst in dieses eingeht." (124)

Weshalb aber, nochmals gefragt, wird damit Selbstgehörigkeit nicht außer Kraft gesetzt? Weil zum zweiten Gott selbst Person ist, also unter derselben Kategorie des Hinausgehens und Einbeziehens zu denken ist. „Den Kern der christlichen Botschaft bildet (...) gerade die Offenbarung der geheimnisvollen und überschwenglichen Weise, wie Gott Person ist. (...) Damit ist eine Absolutheit des Einsseins und zugleich der Freigabe; eine Innigkeit der Nähe und auch eine Ehrfurcht der Distanz von besonderer Art ausgesagt." (125f) Von daher, so Guardini, bedeutet Christsein, „in die Existentialität Christi einzutreten" (127). Dies wiederum heißt, am Charakter des Hin und Her (der Relation) zwischen den göttlichen Personen teilzunehmen, an der göttlichen Liebe als Wesenszug der göttlichen Selbstgehörigkeit. Weit entschiedener, ja außerhalb des Komparativs, ist christliche Personalität bestimmt durch Freisetzung, also durch zu sich selbst befreite (nicht autonome) Freiheit: Freisetzung ins Dasein überhaupt, Freisetzung ins Eigensein, Freisetzung in die Wirklichkeit der Relation zum eigenen Ursprung und dessen Liebe. Das Innesein Christi im Glaubenden ist nicht Entmächtigung, sondern Teilgabe an der göttlichen Selbstmächtigkeit. Solche Selbstmächtigkeit „äußert" sich übersteigend als Liebe, personhaft als Pneuma, als Geist. Geist ist Selbstbesitz und Selbstdistanz, genauer: Selbstbesitz in Selbsthingabe. Statt einer Ontologie, in welcher Relation nur als Akzidens des Seins unter anderen Akzidentien auftritt[13], wird Relation selbst zum Wesen Gottes (Relationsontologie). Statt der Immanenz der Selbsthabe also Selbsttranszendenz; statt Autonomie der Nomos der Liebe zum Du.

[13] In der aristotelischen Kategorienlehre bildet die Relation die vierte Kategorie, nämlich das dritte Akzidens zur Substanz nach Qualität und Quantität.

4. „Welt und Person“ als Antwort auf „Sein und Zeit“

4.1 Angst als sekundäre Reaktion

Was vereint Guardini und Heidegger im Denken und was entfernt sie doch unumkehrbar, klar abgegrenzt voneinander?

Herauszugreifen ist in Guardinis anthropologischem Entwurf[14] als entscheidende Differenz der Analyse die *Ursache* der existentiellen Angst. Angst ist nach Guardini nur Reaktion, und zwar keineswegs auf ein vorgängiges Nichts, sondern auf ein erstes, ursprüngliches Versagen des Menschen, auf ein traumatisches Gott-Gleichsein-Wollen. Insofern ist Angst gerade kein *Existential* im Sinne ursprünglicher menschlicher Verfaßtheit angesichts der Endlichkeit, sondern sekundäre Folge primär anders, sogar gegenteilig angelegter, nämlich vertrauensvoller, vom Nichts abgeschirmter, unbedrängter Beziehung. Angst ist nicht Konstatierung des bedrohenden Nichts, gleichursprünglich mit dem immer schon nichtigen Dasein, sondern Frucht einer (zu verantwortenden) Beziehungsstörung. Setzt man die Analyse solcherart an, dann wird Angst relativ und revidierbar; sie läßt sich – grundsätzlich lösbar – wieder in die ursprüngliche Beziehung Mensch-Gott rückführen.

4.2 Die folgenreiche Aufwertung des Nichts

In der postum 1976 herausgegebenen, demselben Gedankenkreis angehörigen Schrift *Die Existenz des Christen* steht in dem Kapitel *Die Struktur der menschlichen Existenz nach der ersten Schuld* die Vermutung, das drohende Nichts werde aus „nichts“ zu „etwas“ stilisiert und so mit erschlichener Macht aufgeladen:

„(...) dann sehen wir, wie in das, was wir sind, überall ein Element hineinspielt, das in der Existentialphilosophie Gegenstand besonderer Aufmerksamkeit geworden ist, nämlich das ‚nicht‘ substantiviert zum ‚Nichts‘. Dieses Nichts ist zu einem ‚Etwas‘ gemacht worden, das nicht ist und doch wirkt; ja gerade in diesem Nicht-Sein und Doch-Sein stärker wirkt, als wenn es einfach und eindeutig seiend wäre. Es ist zu einer gegen das Sein gerichteten ‚Macht‘ geworden – sieht man genauer zu, so erkennt man, daß es zur negativen Form

---

[14] Vgl. das unveröffentlichte Anthropologie-Kolleg.

des verlassenen Gottes, zu seinem Gespenst, wenn man so sagen darf, geworden ist."[15]

Die Problembeschreibung macht die gesamte Aufklärungsphilosophie, Nietzsche einschließlich, fest an der Verschiebung, ja (absichtlichen?) Verzeichnung der anthropologischen und mundanen Beziehungsordnungen, wie sie in den Daseinspolen entfaltet ist. In *Welt und Person* heißt es konzentriert: „Die Autonomieerfahrung der Welt geschieht ursprünglich geradezu auf religiösem Wege. Sie wendet sich gegen die Vorstellung des biblisch-überweltlichen Gottes und der von ihm kommenden Daseinsordnung, welche die Welt zu entleeren scheint, und behauptet, die Welt sei selbst von religiöser Macht, Tiefe und Herrlichkeit durchströmt. Das liegt in den pantheistisch-monistischen Bildern der unendlichen Welt zu Tage, trifft aber auch für die finitistische Auffassung zu. Das Nichts, in welches die Endlichkeit hinausgewagt ist, trägt durchaus numinosen Charakter. Es ist ein geheimnisvoll erfülltes Nichts und im Grunde eine Pseudomorphie des Gottesbegriffes. Auch das Gefühl von der Kostbarkeit des Endlichen, der todesmutige Trotz, mit welchem der Mensch es mit diesem Handvoll Dasein wagt, ist voll religiöser Energie. Die religiöse Mächtigkeit der Absolutheitswelt wendet sich ins Umgekehrte: an die Stelle der strömenden Unendlichkeit tritt die im „Dennoch" erfahrene Intensität des Endlichen; an die Stelle der sichernden Notwendigkeit die Herrlichkeit des Wagnisses; an die Stelle des Gefühls unendlicher Welttiefe jenes, wonach die Endlichkeit, sobald sie mit religiöser Inbrunst angenommen wird, eine Göttlichkeit neuer Art, endliche Göttlichkeit aus sich entlassen werde – siehe Nietzsches Lehre vom Übermenschen." (65f)

5. Das Gnadenhafte ohne Tragizismus

Welt baut sich für Guardini aus zwei komplementären Eigenschaften auf: dem Profanen und dem Numinosen. Der numinose Charakter erklärt sich durch den Hervorgang der Welt aus dem Ganz-Anderen; zugleich zwingt er nicht, sondern weist nur auf diesen ihren Hervorgang hin. Welt selbst ist *wesentlich Geschichte*, und Natur nur eine Wirklichkeit innerhalb dieser, also gerade kein einfaches, statisches Faktum. Zugleich besitzt Welt drei Eigenschaften, die „profan" anheben, aber sich ins Numinose steigern können

[15] R. Guardini, Die Existenz des Christen, hg. v. Johannes Spörl, Paderborn 1976, ^{2}1977, 178.

und philosophische Antworten herausgefordert haben: Endlichkeit, Selbstverschließung, Autonomsetzung. Guardini liest in Giordano Bruno die Sprengung der Endlichkeit durch die These von der unendlichen Wiederholung; er liest in Nietzsche die tragisch selbstbezügliche Welt; er liest in Buddha wie in der modernen Skepsis, auch bei Heidegger, die Autonomie der Sinnlosigkeit, die ausschließliche und zugleich lähmende Intensität des Endlichen, die Fixierung auf den Tod.

Der Mensch antwortet diesen (Fehl-)Entwürfen mit einer darauf abgestimmten Kontur. Um der Endlichkeit zu begegnen, unterwirft er sich ihr, begnügt sich mit der Konzeption quantitativer Unendlichkeit, als zeitlicher Wiederholung des Gleichen oder als räumlicher Ausdehnung ins Unendliche gedacht. Zugleich faßt er sich selbst als austauschbares Element des Alls, „akzeptiert" für sich selbst die Grenze (in einer Biologisierung und Heroisierung des Todes), während Grenze „für das Ganze" allerdings nicht gelten solle (dafür steht die Metapher vom Untergang des Tropfens im Ozean des Alls).

Um der Selbstverschließung der Welt in sich, ihrer Fassung als selbst Absolutes, zu antworten, denkt sich der Mensch tragisch: als trotziges Dennoch, als Absoluter trotz und in aller Begrenzung.

Die Autonomie des Sinnlosen ruft den Menschen als den geheimnisvoll Sinnlosen auf, der der Sinnlosigkeit die Intensität von Glück und Leid als Teilerfahrung – da sich ihm das Ganze ins Absurde verschließt – entgegensetzt. Die Bedeutung des Augenblicks, des abgerungenen Glücks nimmt zu – unter Verzicht auf das vollendete, aus dem Ursprung zugesprochene Glück.

In all diesen Existenz-Modellen ist in der Analyse Guardinis eine Art Befriedung des Menschen in der Welt und an der Welt erfahren und erstrebt. Welt selbst wird ein Gegenüber, das den Menschen zwar aus seinem Autismus herauszieht, ihm aber kein Du, sondern nur ein rätselhaft Großes anbietet. In den Erfahrungen und Theorien (Erhellungen) solchen Gezogenwerdens steckt der Keim eines Numinosen, tief Berührenden: Es kann als stärker empfunden werden als der Mensch, und dieser tritt davor zurück (so in Brunos Pantheismus); es kann seine Absolutheit auf den Menschen übertragen bzw. provoziert dessen innere Absolutheit, Unbedingtheit (Nietzsche); es erweist sich als scheinbar und leer, ja als absurd und provoziert damit Auflehnung (Camus); es trägt seinen Sinn im Sinnlosen an sich, zuhandene Welt ist sinngesättigt, wenn auch unumkehrbar endlich (Heidegger).

Was dabei auffällt: Daß in diesem welthaften Gegenüber Glück und Schmerz, Sinn und Sinnlosigkeit zur Steigerung kommen – das Phänomen Welt ist vieldeutiger Wandlungen fähig. Jedenfalls werden die Fragen nach

Sinn und Unsinn neuzeitlich in die Welt hineingebogen. Andererseits könnten die Antworten, die aus der Numinosität der Welt aufsteigen, eine Grenze berühren, ja öffnen: Woher Glück und Schmerz? Wohin der Sinn? Sinn meint ja Richtung, „über hinaus“, nicht Kreisen. Erschließt und verhüllt sich am Grunde des Daseins mehr? ein Sein? oder gar die „Ankunft einer fernen Huld“, wie der Psalmenkenner Heidegger selbst verfremdend formuliert?[16]

Guardini setzt bei letzterem an: bei der biblischen Vorgabe, die eine Denkmöglichkeit freisetzt (und Erfahrung einschließt!), daß die Welt aus einem anderen hervorgeht, als sie selbst ist. Ihre Numinosität muß nicht in sie selbst zurückgebogen werden: Sie weist wirklich auf den Ursprung, ihr großes „Voraus“, ihr älteres Du. Guardini nennt dieses Weisen „das Gnadenhafte im Dasein“[17]. Das Dasein bedarf, von der Offenbarung geöffnet, des „heroischen Tragizismus“ nicht, der die Existenzphilosophie affekthaft kennzeichnet[18].

Statt „Hinausstehen ins Nichts“ (Existenz) also „Anruf ins Sein“ (Person): „Sein schöpferisches Meinen: das ist mein Anfang (...) im Maße ich im Geheimnis dieser Kundwerdung heimisch werde, findet mein Leben seinen Sinn. Rätsel, Probleme sind dafür da, daß sie gelöst werden; dann gibt es sie nicht mehr. Hier ist nicht Rätsel, sondern Geheimnis. Geheimnis aber ist Übermaß von Wahrheit; Wahrheit, die größer ist als unsere Kraft. (...) Die Wurzeln meines Wesens liegen in dem seligen Geheimnis, daß Gott gewollt hat, ich solle sein.“[19]

---

[16] M. Heidegger, Brief an Erhart Kästner vom Dezember 1975: „Sind, die das Geläut der Stille hören, anvertraut der Ankunft einer fernen Huld?“, in: Martin Heidegger – Erhart Kästner, Briefwechsel 1954–1974, hg. v. H. W. Petzet, Frankfurt 1986, 131.

[17] R. Guardini, Freiheit – Gnade – Schicksal. Drei Kapitel zur Deutung des Daseins, München 1948, 140ff.

[18] Ms. Mensch 191, zit. nach G. Brüske, 107, Anm. 38.

[19] R. Guardini, Der Anfang aller Dinge. Meditationen über Genesis, Kapitel I – III, Würzburg 1961, 17.

Die personalistische Ergänzung des Chalkedonischen Dogmas

von Krzysztof Góźdź

Schon in den ersten Jahrhunderten des Christentums lassen die christologischen Irrlehren von sich hören. Die eine leugnete die Gottheit Jesu (die Ebioniten, der Adoptianismus), die andere – die wahre Menschheit Christi (der Doketismus, die Gnose), und noch eine andere ging in extreme Richtungen: der Infragestellung der Vollkommenheit der menschlichen Natur (der Appolinarismus), der Existenz von zwei Personen in Jesus Christus (der Nestorianismus), der Feststellung der einen Natur (der Monophysitismus) oder eines Willens in Christus (der Monoteletismus), schließlich der Negation der wahren Relation des Sohnes zum Vater (der Arianismus, der Subordinationismus).[1] Die Antwort der Kirche darauf gaben die Entscheidungen des Konzils von Nizäa (325), die sog. Einigungsformeln (433) und vor allem das Glaubensbekenntnis von Chalkedon (451).

Auch in der heutigen Kirche leben einige von den alten Irrlehren mit einer neuen Kraft wieder auf. Ihre kritische Stellungnahme in dieser Lage äußert berechtigt die – auf der Wache der Reinheit des Glaubens und der Lehre stehende – Vatikanische Kongregation für die Glaubenslehre. Die Neuigkeit bringt hier das Engagement der ganzen Kirche, vor allem der Theologie, auf der Suche nach besseren Erklärungen der Glaubenswahrheiten für den heutigen Menschen. In diesem Geiste entwickeln sich viele christologische Konzeptionen. In Westeuropa ist Professor Gerhard Ludwig Müller, gegenwärtig Bischof von Regensburg, einer der bedeutendsten Christologen.[2] In Ost- und Mitteleuropa werden christologische Fragen vor allem im theologisch-wissenschaftlichen Milieu an der Katholischen Universität Johannes Paul II. in Lublin behandelt, das die Professoren wie Czesław S. Bartnik,[3] Marian Ru-

---

[1] Cz. S. Bartnik, *Dogmatyka katolicka (Katholische Dogmatik)*, Bd. 1, Lublin 1999, S. 757–767; K. Góźdź, *Teologia człowieka (Theologie des Menschen)*, Lublin 2006, S. 297.

[2] *Katholische Dogmatik. Für Studium und Praxis der Theologie*, Freiburg i. Br. 1995, S. 254–387; *Christologie – die Lehre von Jesus dem Christus*, in: W. Beinert (Hg.), *Glaubenszugänge, Bd. 2, Paderborn 1995, 297 S.; Vom Vater gesandt. Impulse einer inkarnatorischen Christologie für Gottesfrage und Menschenbild*, Regensburg 2005, 195 S.

[3] *Historia ludzka i Chrystus (Die menschliche Geschichte und Christus)*, Katowice

secki,[4] Jerzy Szymik[5] und Krzysztof Góźdź[6], wie auch Karol Klauza, Andrzej Czaja und Krzysztof Guzowski vertreten.

Die Hauptursache des richtigen Verständnisses von grundsätzlichen Glaubenssätzen liegt im Mangel an der Schärfe der theologischen Begriffe, die solche Wahrheiten beschreiben. Einer der zahlreichen Wege ist meines Erachtens

---

1987, 348 S.; *Dogmatyka Katolicka (Katholische Dogmatik)*, Bd. 1, S. 497–810; *Chrystus Syn Boga żywego (Christus Sohn des lebendigen Gottes)*, Lublin 2000, 450 S; *Eseje o historii zbawienia (Essays über die Heilsgeschichte)*, Lublin 2002, 440 S.

[4] *Wokół deklaracji Dominus Iesus (Rund um die Deklaration Dominus Iesus)* (Hg.), Lublin 2001, S. 223f; *Fenomen chrześcijaństwa. Wkład w kulturę (Das Phänomen des Christentums. Beitrag zur Kultur)*, Lublin 2001, 202 S.; *Pan zmartwychwstał i żyje. Zarys teologii rezurekcyjnej (Der Herr ist auferstanden und lebt. Der Abriß der Auferstehungstheologie)*, Warszawa 2006, S. 284f.; *Traktat o cudzie (Das Traktat über das Wunder)*, Lublin 2006, 672 S.

[5] *Jezus Chrystus jako epifania Bożej Opatrzności w ujęciu Wincentego Granata (Jesus Christus als Epiphanie der Vorsehung Gottes nach W. Granat)*, in: Ders., *Teologia na początek wieku (Theologie für den Anfang des Jahrhunderts)*, Katowice 2001, S. 123–134; *Wszystko zjednoczyć w Chrystusie (Alles vereinigen in Christus)*, Wrocław 2003; *W światłach Wcielenia. Chrystologia kultury (In den Lichtern der Inkarnation. Die Christologie der Kultur)*, Katowice 2004, 269 S.

[6] *Jesus Christus als Sinn der Geschichte bei Wolfhart Pannenberg*, Regensburg 1988, 284 S; *Jezus Chrystus – uniwersalny Zbawiciel (Jesus Christus der universale Heiland)*, in: M. Rusecki, E. Pudełko (Hg.), *Katechizm Kościoła Katolickiego. Wprowadzenie (Katechismus der katholischen Kirche. Einführung)*, Lublin 1994, S. 79–90; *Paruzja jako „Dzień Jezusa Chrystusa" (Parusie als „der Tag Jesu Christi")*, RT 41 (1994) Heft 2, S. 83–93; *Z badań nad chrześcijańskim sensem dziejów (Aus der Forschung über den christlichen Sinn der Geschichte)*, in: Ders. (Hg.), *In Te Domine speravi*, Lublin 1996, S. 37–45; *Teologia historii zbawienia według Oscara Cullmanna (Die Theologie der Heilsgeschichte nach O. Cullmann)*, Lublin 1996, 323 S; *Bóg, Ojciec Jezusa Chrystusa (Gott, der Vater Jesu Christi)*, in: Ders. (Hg.), *Bóg – Ojciec wszystkich (Gott – der Vater von allen)*, Lublin 1999, S. 101–122; *Historia – Drogą Jezusa Chrystusa (Geschichte als Weg Jesu Christi)*, in: G. Witaszek (Hg.), *Tertio Millennio Adveniente. Na progu trzeciego tysiąclecia (TMA. An der Schwelle des dritten Jahrtausends)*, Lublin 2000, S. 133–150; *Realizm historyczny Jezusa Chrystusa (Der historische Realismus Jesu Christi)*, in: M. Uglorz (Hg.), *Chrystus i Jego Kościół (Christus und seine Kirche)*, Bielsko Biała 2000, S. 219–226; *Jedność i powszechność tajemnicy zbawczej Jezusa Chrystusa (Einheit und Allgemeinheit des Heilsmisterium Jesu Christi)*, in: M. Rusecki (Hg.), *Wokół deklaracji Dominus Iesus (Rund um die Deklaration Dominus Iesus)*, Lublin 2001, S. 85–97; *Odwieczne znaczenie człowieczeństwa Jezusa (Die ewige Bedeutung der Menschheit Jesu)*, „Studia Nauk Teologicznych PAN" Bd. 1 (2006) S. 23–37; *Chrystus centrum historii (Christus als Zentrum der Geschichte)*, RT LIII (2006) Heft 2, S. 59–75.

der universalistische Personalismus, der in der Christologie in der Person, genauso in Gott, wie auch im Menschen, seinen Ausgangspunkt bietet.[7]

Specificum cristianum ist der Dreipersonale Gott. Das Wesen des Christentums in der Heilsgeschichte bildet dagegen die Person Jesu Christi. Erst von dieser Person her kann man überhaupt vom Menschen sprechen und ihn auch verstehen. Der Mensch ist „auf Gott bezogen", denn nicht nur in seinem Wesen, sondern auch in seiner Existenz strebt er nach diesem Gott, um sich personal zu verwirklichen, zu vollenden, zu erfüllen und im Omega der Heilstat zu ruhen. Es ist ein Prozess des personalen Sich-Erfüllens[8] der Schöpfung als „Natur" zum Sich-Auffinden als „volle" Person in Gott der Eschatos. Erst dieser Weg von Gott zu dem Menschen, der durch die Schöpfung und die Erlösung führt, wie auch der Weg vom Menschen zu Gott als das freie und bewusste Schreiten auf der gleichen Ebene, verstanden als Antwort der menschlichen Person, gibt den Verstehensgrund der ganzen Wirklichkeit, die diesem Dialog von Gott und Mensch dient. Es handelt sich um einen Dialog, in dem das Sein auf der Ebene Gott – Mensch der einzige Vermittler ist.[9]

1. Die gegenwärtigen christologischen Irrlehren

Die Heilige Kongregation für die Glaubenslehre hat – angesichts mancher gegenwärtigen Irrlehren – am 21. Februar 1972 mit der Zustimmung Papst Pauls VI. die Deklaration *Mysterium Filii Dei* herausgegeben, die den Glauben an die Mysterien der Inkarnation und der Heiligen Trinität betrifft.[10] Dieses Dokument nahm Stellung zu den zwei grundsätzlichen Glaubenswahrheiten, die von Anfang an unveränderlich in der Kirche gelehrt wurden. Die

---

[7] Cz. S. Bartnik, *„Osoba" w Trójcy Świętej („Person" in der Heiligen Trinität)*, CT 53 (1983) Heft 2, S. 17–27; K. Góźdź, *Realistyczna filozofia osoby (Die realistische Philosophie der Person)*, „Heksis" 1/1996 (6), S. 3–8; Ders., *W poszukiwaniu definicji „osoby" (Auf der Suche nach der Definition der „Person")*, RT 43 (1996) Heft 2, S. 211–222.

[8] K. Góźdź, *Chrystologia „spełnienia osobowego" (Christologie „der Inpersonalisation")*, in: Ders. (Hg.), *Historia i Logos (Historie und Logos)*, Lublin 1991, S. 208–215.

[9] Cz. S. Bartnik, *Bóg człowiekiem (Gott wird Mensch)*, CT 58 (1988) Heft 4, S. 5; Ders., *Misterium człowieka (Das Mysterium des Menschen)*, Lublin 2004; K. Góźdź, *Teologia człowieka (Theologie des Menschen)*, S. 29.

[10] AAS 63 (1972) 237–241.

erste betrifft die Lehre von einer Person des Gottessohnes, der von Ewigkeit her nach der göttlichen Natur und in der Zeit nach der menschlichen Natur geboren wurde. Die zweite Wahrheit befasste sich mit der Ewigkeit der Person des Heiligen Geistes (Nr. 6).

Die christologische Wahrheit bildet ein Fundament für das Verständnis der trinitarischen, besonders der pneumatologischen Wahrheit. Das Dokument *Mysterium Filii Dei* nannte diese Wahrheiten entsprechend Inkarnations- und Trinitätsmysterium. Es beschriebt zuerst den katholischen Glauben an diese Wahrheiten und dann einige gegenwärtige Irrlehren, die diesen Glauben betreffen.

Die christologische Wahrheit (Menschwerdung) wurde auf dem Chalkedonischen Konzil so definiert: Ein und derselbe Christus, der Sohn Gottes, der Mensch geworden ist, wurde einerseits der Gottheit nach von den Zeiten aus dem Vater gezeugt und andererseits der Menschheit nach in den letzten Tagen aus Maria, der Jungfrau geboren (DH 301); in einer Person desselben Christus, des Gottessohnes, verbinden sich die zwei Naturen unvermischt und unveränderlich, ungetrennt und unteilbar (DH 302).

Die diese Wahrheit betreffenden Irrlehren verwerfen allgemein eine Person Jesu Christi und nehmen an dieser Stelle zwei Personen an: die göttliche und die menschliche. Die Argumentation dieser Irrlehre führt zur folgenden Behauptung: Es wurde nicht offenbar, dass der Sohn Gottes ewig im Mysterium der Gottheit oder auch dass die Menschheit Jesu Christi nicht als angenommene in die ewige Person des Gottessohnes existiert, sondern als in sich selbst als menschliche Person ist. Das würde bedeuten, dass Gott in der menschlichen Person gegenwärtig ist, und dass also die ewige und göttliche Person des Gottessohnes abgelehnt werden (Nr. 3).

Dagegen die trinitarische Wahrheit, die auf der offenbarten christologischen Wahrheit ruht, ist in *Mysterium Filii Dei* in der dreifachen biblischen Argumentation gezeigt: 2 Kor 13,13; Mt 28,19 und Joh 15,26. Sie wird von der dogmatischen Feststellung des 4. Laterankonzils (1215) bestätigt: „Wir glauben fest und bekennen aufrichtig, dass nur einer wahrer (...) Gott ist, der Vater, der Sohn und der Heilige Geist: zwar drei Personen, aber eine Wesenheit, Substanz oder gänzlich einfache Natur: der Vater (ist) von keinem, der Sohn allein vom Vater und der Heilige Geist in gleicher Weise von beiden: ohne Anfang, immerwährend und ohne Ende“ (DH 800).

Die diese Wahrheit betreffenden Irrlehren stellen vor allem die Ewigkeit der Existenz des Heiligen Geistes als einer Person in Gott in Frage. Es wurde dabei der Natur nach der Mangel der Gleichheit von Personen in der Trinität behauptet, und daraus folgt – die Trinität wurde nicht ewig (Nr. 5).

Die Deklaration *Mysterium Filii Dei* beschränkt sich auf die Aufzählung der o.g. Punkte und gibt keine tiefere Begründung des Glaubens der Kirche in dieser Hinsicht, sie befasst sich auch nicht näher mit den allgemein gezeigten Irrlehren. Sie lässt jedoch die Möglichkeit einer besseren Erklärung der Mysterien der Menschwerdung und der Heiligen Trinität auf eine andere Art und Weise (Nr. 6).

Einen Versuch der Erklärung der christologischen Fragen hat Professor Edward Schillebeeckx in seinen zwei Büchern *Jesus. Het verhaal van den levende* und *Gerechtighaeit en liefde* unternommen. Sein Versuch hat bewirkt, dass man ihn zunächst über den Briefwechsel und dann über die persönliche Begegnung mit der Glaubenskongregation, um weitere schriftliche Erklärungen, bat.[11] Es lohnt sich, auf diese beiden Punkte kurz einzugehen, weil sie auf den heutigen, schwierigen Sachverhalt in der Christologie hinweisen.

Professor Schillebeeckx hat zwei neue Termini vorgeschlagen: „hypostatische Identität" des Sohnes Gottes und „die Weise der personalen menschlichen Existenz" Jesu.[12] Der erste Begriff bringt die folgende Präzisierung: „Hypostatische Identität" des Wortes und der Menschheit Jesu wird – durch den Verfasser des Werkes *Jesus* – an Stelle des Begriffes „hypostatische Union" benutzt. Das bedeutet zugleich die Anerkennung der hypostatischen Union sowie auch die Übereinstimmung mit dem Konzil von Chalkedon.[13]

Dagegen will der zweite Begriff „die Weise der personalen menschlichen Existenz" oder „die personale Menschlichkeit" oder auch Jesus als „Person im menschlichen Sinne" nur die menschliche Vollkommenheit Jesu als des „wahren Menschen" unterstreichen, und nicht ausdrücken, dass Jesus die menschliche Person hat oder ist.[14]

Diese Erklärung war ausreichend für die Glaubenskongregation, aber meiner Meinung nach ist sie noch nicht ausreichend für die ganze Christologie. Deswegen glaube ich, dass diese christologische Frage eine präzisere Antwort braucht. Sie ist im Personalismus zu suchen, im Begriff „Christologie des personalen Sich-Erfüllens". Diese Christologie wird in den folgenden Relationen dargestellt: Gott und Mensch; Sich-Erfüllen des Menschen in Gott; Person und Natur; Person und Dasein.

---

[11] Vgl. *Brief an Edward Schillebeeckx: Depuis en certain temps* (20.11.1980) mit der Beilage, die die Erklärungen und Präzisierungen von Prof. Schillebeeckx enthält.

[12] *Depuis en certain temps*, Anhang, Nr. A. 2.

[13] Ebd., Anhang, Nr. B.1.

[14] Ebd.

2. Gott und Mensch

Gott und Mensch sind absolute Grenzmysterien, die man mit dem Sein weder identifiziert noch gleichsetzt. Das Dasein hat einen medialen Charakter. Es macht die wesentliche Bindung und die reale Kommunikation zwischen Gott und Mensch aus. Dabei wird die Realität des Seins nicht negiert, aber sie wird auch nicht über den Menschen, und noch weniger über Gott, gestellt. Die Unzerschlagenheit dieses Schemas hat ihren Bestand in der Schöpfungsidee, besonders in der Menschwerdung des Gottessohnes in Jesus von Nazareth. Diese Lehre fasst der polnische Personalist, Prof. Czesław S. Bartnik, auf folgende Weise zusammen: „Gott hat das Sein und in ihm das des Menschen – geschaffen. Darüber hinaus hat sich Gott im Menschen inkarniert im Schoß des Seins“.[15]

Dadurch wird die Dynamik zwischen der Schöpfung und der Menschwerdung unterstrichen: Gott ist Mensch geworden, damit der Mensch Gott wird.[16] Deshalb ist das Gut der gott-menschlichen Person, ihr innerlicher Wert selbst die Determinante und die Bezeichnung der Wirklichkeit. Auf diesem Weg kommt der Lubliner Theologe zur Personalität, in der man heutzutage den Schlussstein des Schemas „Gott-Sein-Mensch“ suchen soll.

Allgemein ist die These des hl. Thomas von Aquin bekannt, dass die Person das vollkommenste Sein ist. Die Person besteht in „Erhabenheit und Vollkommenheit von der Selbstständigkeit – Subsistenz“,[17] und zu ihr „gehört, um Anfang und Ende vom Handeln zu sein“.[18] Thomas, unterscheidend das Wesen und die Existenz, und erblickend die Dynamik der Person, hat die Person daher durch ihre Existenz, ihren Wert und ihre Entwicklung im omegalen Schema verstärkt. Die Person ist für ihn und für sein ganzes System die vollkommenste, die subsistierende auf die vernünftige, strebende und in gewissem Sinne freie Weise. Das Wesen der Person besteht in der Subsistenz, also sie ist „Jemand“, der in sich selbst exisitiert.

Diesen Grundsatz verallgemeinert Bartnik in folgender Weise: „Jedes Sein nimmt in irgendwelcher Weise aus der Person seinen Anfang, und von ihr begibt es sich im Werden“.[19] Zugleich erblickt er in anderen gegenwärti-

---

[15] *Bóg człowiekiem (Gott wird Mensch)*, CT 58 (1988) Heft. 4, S. 5; K. Góźdź, *Chrystologia (Die Christologie)*, S. 208.

[16] Ähnlich Irenäus von Lyon, Augustinus und Thomas von Aquin, vgl. STh III q I a. 1nn.

[17] STh III q 2 a. 2 ad 2.

[18] STh q 3 a 1 in corp.

[19] *Bóg człowiekiem (Gott wird Mensch)*, S. 7.

gen Richtungen den Personbegriff in der Gestalt des Bewusstseins, der Selbstreflexion oder der „individuellen" Subjektivität, und selber fasst er im Geiste des Realismus einen eigenen Begriff: „Person ist eine vernünftige Subsistenz, die einen freien und schöpferischen Willen besitzt, die sich in eigene Weise substantialisiert, sich absolut in Jemanden subjektivisiert und sich in Anderen endgültig vollendet. Deshalb ist die Person die wichtigste von den möglichen Gestalten des Seins, außer ihr kann man nicht etwas Vollkommeneres denken, höchstens kann man die Personen abstufen. Das Sein hält sich in der Person auf, es fasst sich zusammen, es erreicht sein Pleroma und vollendet sich in absolute Weise".[20]

In seinem Personalismus versucht Bartnik die Person neu zu definieren. Im ontologischen Aspekt ist die Person „eine individuelle psycho-somatische Subsistenz, die sich in ihr Ich verinnerlicht und sich zugleich transzendiert, um sich in anderen Personen und im Sein zu verwirklichen. Analytisch betrachtet ist die Person eine objektiv-subjektive, somatisch-geistige, immanent-transzendentale, individual-kollektive und essential-existente Subsistenz".[21] Einfacher formuliert ist die Person die in ein transzendentales Ich sich konzentrierte Substanz, sie ist Jemand substanziell Existierender und ein volles Ich-Sein im Werden, ein Sein als existierender Jemand.

Wenn man einen solchen Denkgang annimmt, muss nicht nur Gott als Schöpfer personal gefasst werden, sondern auch seine Schöpfung kann er uns als personales Sein erklären. Für Bartnik ist Gott dann das *Esse Subsistenz Personale*, also die personale selbständige Existenz. Gott muss das *Esse Personale* sein. Anders, d. h. ohne personalen Charakter des Schöpfers konnte die geschaffene Person nicht geschafft werden. Und der Mensch, selber als Person – als Werk des „apersonalen Gottes – wäre dann unendlich in seiner Art vollkommener als sein Schöpfer. Ein solcher „apersonaler" Gott wäre für den Menschen nie weder Ziel noch eine personale Vollendung.

Die These vom personalen Gott bestätigt die Offenbarung selbst: Er ist in der Natur einer und in der innerlichen Subjektivität dreipersonal.[22] Die christliche Tradition gibt zu, dass die Person auch die höchste Relation der Gottheit ist. In der Heiligen Trinität zeigt sich die Person als die absolute Subsistenz, die eine absolute Relation zu den anderen Personen zugleich ist, weil

---

[20] Ebd., S. 8; vgl. K. Góźdź, *Teologia człowieka Theologie des Menschen)*, s. 178–185.

[21] *Personalizm (Personalismus)*, Lublin 1995, S. 189.

[22] *Bóg człowiekiem (Gott wird Mensch)*, S. 7.

sie sich in ihnen und durch sie vollendet. Nur die Person war also die Kategorie der Schöpfung durch den personalen Gott. Dabei wird die spezifische Graduierung hervorgehoben: „Die Welt wird für die menschliche Person, der Mensch – für die Person des Gottes Sohnes, und das Wort Gottes – für den himmlischen Vater".[23] Es ist Paraphrase von 1 Kor 3,22–23: „Alles gehört euch; ihr aber gehört Christus, und Christus gehört Gott".

3. Die Erfüllung des Menschen in Gott

Schon die Relation Gott – Mensch selbst weist auf die Besonderheit der menschlichen Person hin. Die Relation zu Gott formt die ganze Existenz des Menschen und lässt ihn als Person sehen. Person ist keine statische, „fertige", unbewegte, sondern eine dynamische, immer werdende und sich im Prozess befindende. Der Mensch ist im Werden, er geschieht, vollendet sich. Dieser ganze Werdungsprozess geschieht in der Relation zu Jesus Christus. Nach Bartnik hat diese Relation vier Aspekte: einen personalen (als Inpersonalisation des Menschen in Gott), einen strukturalen (als Vergöttlichung der menschlichen Person), einen funktionalen (als Tun Gottes an der Ganzheit des Seins) und einen dialektischen (als Übergang von der Endlichkeit zur Unendlichkeit).[24]

Es entsteht dabei die Frage, ob es ein Muster dieses engen Zusammenseins von menschlicher und göttlicher Person gibt? Bildet ein solches Muster nicht die Vereinigung der Person Jesu von Nazareth mit dem göttlichen Logos? Die Antwort darauf kann nur bejahend sein: Gott und Mensch bilden eine Person, eine Subsistenz. Jesus Christus ist die menschliche Inpersonalisation in Gott (*interpersonalizatis identificans personaliter*). In Ihm gewinnen die ganze Menschheit und das ganze Sein ihren Sinn, durch ihre „Einheit" mit Gott werden sie Person. Die gegenseitige Relation Jesu Christi zur Welt, zur Geschichte markiert das Mit-Mysterium von den Beiden. Und eben hier unterscheidet man die folgenden Phasen: der Schöpfung (wenn es zu einem Hervorgehen aus dem Nichts kommt), der Inkarnation (wo eine gegenseitige innerliche Relationalität des Seins und Gottes stattfindet), des Pascha (wo es zu einer Selbstverwirklichung im Aspekt der Spannung „Leben-Tod" kommt)

---

[23] Ebd., S. 9.

[24] Vgl. Cz. S. Bartnik, *Chrystus jako sens historii (Christus als Sinn der Geschichte)*, Wrocław 1987, S. 117.

und Pfingsten (als absolute Subjektivisierung des Seins und Übergangs in den Zustand (*communio personarum*).[25]

Es ist wie ein Weg des Menschen zu Gott in Jesus Christus. Aber es gibt noch einen anderen Weg, der diesem vorausgegangen ist: Es ist der Weg Gottes zum Menschen. Diesen Weg bilden – aus Rücksicht auf die drei Personen in der Natureinheit – die Etappen oder Formen der Gegenwärtigkeit Jesu Christi in den Personen der Trinität. Die Person ist hier „vollkommener" als die Natur. Anders gesagt ist die ganze Gotteswirklichkeit im Christusgeschehen enthalten (Inkarnation – Auferstehung – Pfingsten). Es ist das „Ausgehen" oder „Herausstrecken" der Heiligen Trinität aus sich selbst zur Welt, vor allem zum Menschen (Schöpfung – Erlösung – Heiligung). Dieser Prozess geschieht nur in Jesus Christus. Nur durch Ihn tritt er in die ganze Wirklichkeit der Welt und der Geschichte ein. Bartnik fasst diesen Prozess – bei der Erhaltung von Einheit und dreifacher Persönlichkeit, die jeder Person eigen ist – in drei Aspekten, die den drei Formen der Gegenwärtigkeit Jesu Christi entsprechen: Schöpfung, Inkarnation und Erlösung wie auch Heiligung.[26]

Der erste Aspekt ist die Entstehung des Seins. Sie kommt in der Kosmogenese zum Ausdruck und ist das Abbild des Vaters, des Sohnes und des Geistes. Die Schöpfung ist dann eine gewisse Form der Inkarnation, obwohl der weit analogischen, d. h. sie ist ein Eintreten Gottes in die Welt. Das Zentrum dieses Eintrittsaktes Gottes in die Geschichte ist das Wort Gottes, durch das die Welt geschaffen wurde. Gott nimmt am Schöpfungsakt teil und Er gibt den Anfang, die personale Zeugung, die Vaterschaft. So erscheint Er als Gott der Vater, der die Person in sich selbst ist (per se), aber Er steht auch in der Relation zu den Gezeugten, zu den Geschaffenen. Das bedeutet, dass das Sein seinen Anfang und seinen Ursprung in Gott hat und dass es im personalem Fall gezeugt ist. Daher „geschieht" Jesus als Christus in einer doppelten, aber zugleich einer subsistenten Sohnschaft, der göttlichen und der menschlichen.[27] Jesus Christus ist dann ein Wort im Wort mit der dialogischen Struktur, d. h. ein ausgesprochenes Wort des Vaters zum Menschen (*lógos prophorikós*) und ein „beantwortetes" Wort vom Menschen und von der Menschheit (*lógos endiáthetos*).

---

[25] Ebd.; K. Góźdź, *Chrystologia (Die Chistologie)*, S. 210.

[26] Cz. S. Bartnik, *Chrystus jako sens historii (Christus als Sinn der Geschichte)*, S. 71ff.

[27] Vgl. K. Góźdź, *Bóg, Ojciec Jezusa Chrystusa (Gott, der Vater Jesu Christi)*, S. 109–120.

Die Menschwerdung ist also die ontische Basis für die personale Vereinigung des Menschen mit Gott. Hier offenbart Jesus Christus den Vater als den „ohne Anfang", und zugleich orientiert er den Menschen an Gott, das „Ohne-Anfang-Sein", und Er selber wird dann ein „Anfang".[28]

Den zweiten Aspekt bildet die Geschichte des Menschgewordenen bis zum Pascha. Die ganze Existenz, das ganze Leben zusammen mit dem Pascha Jesu verwandelt sich in die Relation Jesu Christi zum Vater und zum Heiligen Geist. Diese Relation offenbart sich im Dasein Jesu Christi, das ein Opfer sein wird. Der Vater ist der Adressat des Erlösungsaktes dank dem Opfer seines Sohnes. Der Heilige Geist ist dann die personale Erfüllung des Opfers. Das Pascha, das die Geschichte Jesu Christi in Gestalt der Erlösungsphase verziert, wird dabei mit der Entfaltung der vollen menschlichen Natur verglichen, die in die Grenz- und Redemptionssituation übergeht (pesach).

Nach dem Abschluss der historischen Existenz Jesu Christi kommt eine neue Phase der Gegenwärtigkeit seiner Person und seines Werkes in der Gestalt des Heiligen Geistes. Dieser Geist Gottes, die Person der Heiligen Trinität ist auf die Welt und auf den Menschen bezogen als der einigende Hauch der Liebe, die das Sein vollendet: „Der Heilige Geist ist in der Rolle des Geistes Christi aufgetreten". Es ist die personale Vergegenwärtigung der Relation Vater – Sohn auf die Weise des Geistes in jedem Menschen und in jeder Kirche. So wird der Heilige Geist die Seele der Gemeinschaft der Personen-Kirche, also Er wird das Prinzip des Seins, die Quelle des Lebens, die Wirkungsmacht, der Grund der Strukturen und Charismen. Der Heilige Geist ist also kirchenförmig, Er konstituiert die Epoche der Kirche, die das Werk der Personalisierung des Menschen weiterführt.

Im Lichte eines solchen Verständnisses wird nicht nur der Schöpfer die Person (Einer in der Natur und Dreipersonen in der Subjektivität), sondern auch die ganze Gotteskonzeption nimmt die Person als die höchste Gottesrelation an.[29] Daher nehmen Bartnik und seine Schule die Bezeichnung der Person als die absolute – existentielle und inhaltliche – Selbständigkeit an, aber auch im Verhältnis zu den anderen in gewisser dialektischer Pro-Subsistenz. Die Personalität ist daher die höchste Wirklichkeitskategorie und der endgültige Grund der Entstehung und des Inhaltes des Seins, die Ratio des Sich-Verkörperns von Sein im Menschen auf die innerlich-substantielle Wei-

---

[28] Vgl. Kol 1,18; J 1,1.

[29] Cz. S. Bartnik, *Bóg człowiekiem (Gott wird Mensch)*, S. 8–9.

se, und sogar die Ratio der Göttlichkeit. „Nur die Person kann die stärkste Bindung sein, die Gott, das Sein und den Menschen in eine ganzheitliche Wirklichkeit verbindet".[30]

4. Person und Natur

Man soll nicht vergessen, dass sich in der heutigen Christologie und Trinitologie, die Semantik des Wortes „Person" geändert hat. Früher bezeichnete die Person ontische Subsistenz, die Existenz in sich, jemanden anderen; heute bedeutet sie vielmehr die Subjektivität, das Pleroma, das Ich, die Autonomie. Das Chalkedonische Dogma lehrt, dass in Jesus Christus die vollkommene und wahre Menschheit sowie die vollkommene und wahre Gottheit sind, die aber einen Jemanden bilden: *hypostasis, prosopon, persona.* Zu Recht, denn Jesus als der wahre Mensch ist kein Anderer, wie der Nestorianismus lehrte. Aber heute, wenn dem Wort „Person" eine andere Bedeutung zukommt, kann man nicht mehr sinnvoll sprechen, dass Jesus der vollkommene und wahre Mensch war, aber „keine menschliche Persönlichkeit hatte". Es wäre ein Unsinn zu behaupten, Jesus sei der wahre Mensch, aber es sei Ihm das entzogen worden, was wesentlich zum Menschsein gehöre.

Man muss also annehmen, dass Jesus die Person auch im heutigen Sinne des Wortes ist. Diese Person bedeutet jedoch nicht Jemand Anderer gegenüber der Person des Wortes Gottes, sondern sie bildet die ontische Identität mit der Person des Wortes beim Unterschied von Naturen. Jesus ist dann die absolute Relation zur Person des Wortes, mit der Er die Subsistenzeinheit bildet, Er ist das untrennbare Subjekt, die Identität des Existierens im eigenen Inneren. Es ist kein Nestorianismus, weil es dort nicht ein Sein, sondern zwei Substanzen gibt. Hier gibt es absolute ontische Einheit, obwohl Jesus als Mensch nur durch das Wort, im Wort und für das Wort existiert. Die Person im heutigen Sinne ist etwas Omegales gegenüber der Menschheit und der Gottheit als solchen. Das bedeutet, dass Jesus sich personal in der Subsistenz des Wortes und nicht in der Natur Gottes erfüllt, sonst würde man von der Inkarnation der ganzen Trinität sprechen. Die Person Jesu ist relativ, die Person des Wortes ist dagegen absolut im eigentlichen Sinne des Wortes. Jesus ist daher personal die absolute Relation zur Person des Wortes, in der sich auf diese Weise Gottes Wort erfüllt. Jesus ist

[30] Ebd., S. 9.

dadurch der unerreichbare Archetyp der Relation einer jeden menschlichen Person zum himmlischen Vater.[31]

Im Personalismus wird noch die Relation zwischen der Person und der Natur beim Dreipersonalen Gott umgedreht. In der griechischen Tradition überragt die Natur die Person. In diesem Geiste lehrte z. B. Gregor von Nyssa oder Hilarius von Poitiers. Sie behaupteten, dass die Natur Gottes das Primat vor den Personen hat, die Natur „gebiert" und die Personen haucht. Um sich vor dem Vorwurf des Tritheismus zu schützen, wurde die Einheit hervorgehoben und dadurch der Primat der Natur gegeben. Nach der Meinung Bartniks ist dagegen „die erste Person, die personale Struktur, die Personen, und die Natur als Seins- und Wirkungsprinzip sekundär".[32] Das Wort „Gott" bedeutet zuerst die Personen: des Vaters, des Sohnes und des Heiligen Geistes, und die Natur bleibt an zweiter Stelle. Eben die Personen rehabilitieren die Einheit der Natur Gottes, weil die Person als erste ist und ihre Wesen erst sekundär, Natur, Seinsexistenz sind. Wenn man von einem ewigen *processus* in Gott spricht, dann geschieht er nicht in der Natur, sondern von Person zu Person – durch Natur-Wesen. „Im Vater als *Principium sine principio* ist es die ursprüngliche Verwirklichung des Wesens in der Person. Die Person des Sohnes ist das gezeugte und ‚reflexive' Wesen gegenüber der Person des Vaters. Die Person des Heiligen Geistes ist das gleiche Wesen, das gehaucht ist zwischen den Personen des Vaters und des Sohnes. Dabei erlaubt die Gezeugte Person der Zeugenden Person zu werden, und die Gehauchte Person erfüllt die personale und ontische Kommunion".[33]

5. Person und Sein

Nicht nur die Natur, sondern auch das Sein ist gegenüber der Person etwas Sekundäres. Nur die Person ist das Sein und die Seinsweise im Allgemeinen, weil sie substantiell ist; sie hat eine selbständige, subjektive Existenz und ist daher relativ absolut, untrennbar. Das Wesen der Person bildet nämlich ihre Existenz für sich selbst.[34] „Nicht-Person" ist dagegen das Sein im Sinne einer

---

[31] Cz. S. Bartnik, *Chrystus jako sens historii (Christus als Sinn der Geschichte)*, S. 51–53; 115ff.

[32] *Personalizm (Personalismus)*, S. 308.

[33] Ebd., S. 309.

[34] Ebd., S. 169–170; K. Góźdź, *Teologia człowieka (Theologie des Menschen)*, S. 192: *„esse in se, non in alio"*.

Hilfsrelation für Person, sie ist eine gewisse Konsequenz für die Person, ein Element, ein Medium zwischen den Personen.

Im geltenden Schema „Gott – Sein – Mensch“ wird der ganze Personalisationsprozess gezeigt. Einerseits spiegelt das Sein Gottes die Personalität wider, andererseits ist es ein Prozess der Personalisierung der menschlichen Natur und der Selbstverwirklichung der menschlichen Person in den drei Göttlichen Personen. Diesen Prozess kann man als „personales Erfüllen“ durch und in Christus bezeichnen. Daher folgt das Charakteristikum der Christologie Bartniks als eine Art des personalen Erfüllens, und dies sowohl in Bezug auf Jesus Christus als auch auf jedes in Ihm abgebildete menschliche Wesen, das sich im Personalisationswerk des Menschen befindet, d. h. im kollektiven Christus, also in Kollektiver Person,[35] in der Kirche.

Dies besagt, dass im Zentrum des Kosmos die Person als die höchste Seinskategorie steht. Daher ist das Wesen des Seins die Persönlichkeit. Christus als Person der menschlichen Personen ist Inpersonalisation in den Menschen Jesus von Nazareth, und dann in die ganze Menschheit, und umgekehrt: Der Mensch inpersonalisiert sich in Gottes Sohn (Irenäus von Lyon). Christus ist das Prinzip der Bewegung von der menschlichen Person zu den Göttlichen Personen hin, und deshalb tritt der Mensch als Person in die Relation zu diesen Göttlichen Personen. Eine „absolute Kommunion“ der Person zu erreichen, sich in den Sohn Gottes zu inpersonalisieren, ist der höchste Sinn des Menschen. Der Mensch wird desto mehr sich selbst, je mehr er von Gott „resorbiert“ wird. Dies bedeutet keine Einheit der menschlichen Person mit der Göttlichen Person und auch keine Identität zwischen den Beiden. Der Mensch ist Person vom Schöpfungsakt her. Christus dagegen vervollkommnet die geschaffene Person in der Einheit einer Person dadurch, dass Er einerseits die ungeschaffene Person, Gott selbst ist und dass er anderseits die verwirklichte Person durch die Inpersonalisation in die Person des Logos und durch das personale Sich-Identifizieren des Sohnes Gottes mit Jesus von Nazareth ist.[36]

Anbetracht des Gesagten stellt sich die Frage: Woher kommt der eigentliche Impuls eines solchen personalistischen Verständnisses von der Christo-

---

[35] Cz. S. Bartnik, *Personalizm (Personalismus)*, S. 190–221; K. Góźdź, *Problem osoby społecznej (Das Problem der kollektiven Person)*, RT 47 (2000) Heft 2, S. 13–20.

[36] Cz. S. Bartnik, *Bóg człowiekiem (Gott wird Mensch)*, S. 11: Die Menschheit Jesus – geschaffene und „geborene“ von Maria als Gottes Sohn – ist vollkommen auch personal in heutigen Bedeutung des Wortes „Person“, obwohl diese Person nur die Göttliche Subsistenz, also die Göttliche Existenz des Gottes Sohnes, vergegenwärtigt ist.

logie? Es scheint, dass die Antwort in der Periode zu suchen ist, in der sich die „Chalkedonische Wahrheit“ herausgebildet hat. Eine besondere Rolle spielt in diesem Kontext die Theologie Papst Leos des Großen (380–461), der Bartnik als Ausdruck der Lehre der Römischen Schule eine große Relevanz zuschreibt.[37] Die christologische Integration des Papstes stützt sich auf ein Schema mit drei Elementen: Gottes Natur, die Natur des Menschen und die Einheit der Person, in der die Eigenschaften der beiden Naturen bewahrt und in einer Person verbunden sind.[38] Für Leo ist „der Leib“ (sarx – der alexandrinische Aspekt) mit dem realen, vollkommenen und unversehrten „Menschen“ (anthropos – der antiochenische Aspekt) identisch. Den Begriff „die Person“ (persona = hypostasis) entnimmt der Papst zwar der bisherigen Lehre, er behauptet jedoch nicht direkt, dass es sich um eine reine Annahme der menschlichen Natur in die Person des Wortes handelt, sondern unterstreicht vielmehr im antiochenischen Geiste, dass „die eine und die andere Natur in einer Person zusammenkommen“ (et in unam coeuntem personam).

Eine andere Leistung Leos des Großen bildet die These, dass die Naturen in Christus nicht in etwas Drittes vermischt werden, aber auch nicht geteilt sind. Sie sind völlig in sich: „In der ganzen vollen Natur des wahren Menschen wurde Gott mit allen Seinen und unseren Eigenschaften geboren“.[39] Die Naturen verbinden sich miteinander und durchdringen sich gegenseitig: „Jede Natur tut das Ihre in Verbindung mit der anderen: Das Wort tut, was seine Eigenschaft ist, und der Leib tut, was ihm gebührt; und so wie das Wort den gleichen Ruhm wie der Vater hat, so verliert auch der Leib keinen Charakter unserer Natur“.[40]

Die Einheit der Person bewirkt, dass der Prädikatenaustausch über Christus sinnvoll ist. Die menschlichen Eigenschaften können auf Grund der Einheit (Identität) der Person auf die Gottheit übertragen werden (z. B. dass

---

[37] Cz. S. Bartnik, *Ku integralnej chrystologii – Leon Wielki (In Richtung einer integralen Christologie – Leo der Große*, AT 71 (1979) Bd. 2, S. 439–451; Ders., *Teologia historii według Leona Wielkiego (Geschichtstheologie nach Leo dem Großen)*, Lublin 2001; Ders., *Nadzieje upadającego Rzymu. Papieska wizja świata u schyłku Imperium Rzymskiego (Die Hoffnungen des niedersinkenden Roms. Die päpstliche Vision der Welt am Ende des Römischen Imperiums)*, Lublin 2002.

[38] DH 317: Brief des Papstes Leo I. *Promisse me memini* (458) an Kaiser Leon I. Die wichtigsten Aussagen stammen aus dem früheren Brief des Papstes *Sollicitudini meae* (453).

[39] Cz. S. Bartnik, *Ku integralnej chrystologii (In Richtung einer integralen Christologie)*, S. 447.

[40] Ebd.

Gottes Sohn gelitten hat), und entsprechend können die göttlichen Eigenschaften der menschlichen Natur Jesu (z. B. dass Jesus der natürliche Sohn Gottes ist) zugeschrieben werden.

Die Christologie vervollständigt die Soteriologie. Nach der Antiochenischen Schule wurde das Heil durch die menschliche Natur Christi bewirkt. In der Alexandrinischen Tradition hat dagegen Gott die Menschen geheilt.[41] Leo der Große verbindet diese beiden Positionen, indem er behauptet, dass die menschliche Natur zur Vervollkommnung des Erlösungswerkes notwendig ist, dass jedoch die reine menschliche Natur Christi die Erlösung nicht hätte vollbringen können, wenn sie mit der göttlichen Natur in der Personeinheit nicht verbunden gewesen wäre. So sind wir durch die Menschwerdung Christi (sog. mystische Heilstheorie) und durch seinen Tod und seine Auferstehung (die Paschatheorie) dank der Subsistenzeinheit geheilt.

Die hier skizzierte christologische Konzeption von Leo dem Großen bildet nach Professor Bartnik den Sauerteig des west-europäischen Personalismus, der in Polen durch ihn und seine Lubliner Schule repräsentiert ist, die der Verfasser dieses Artikels fortsetzt und mitformt.[42] Die Grundlage bildet hier selbstverständlich der Personbegriff, der der bisherigen Lehre über die Heilige Trinität entnommen wurde, nach der es drei Hypostasen (Personen), des Vaters, des Sohnes und des Heiligen Geistes, aber nur eine göttliche Physis (Natur) gibt.[43] Bartnik fügt hinzu, dass die Person ein unersetzliches, ja das vollkommenste Wesen, die höchste Subsistenz ist. Die sachliche Auffassung von der Person wird durch eine personale Auffassung im Sinne von personaler Selbständigkeit ersetzt. Die Person bildet dann das Subjekt als Subsistenz in sich selbst (sub-sistere = existieren in sich), als Existenz für sich selbst bis zur Ekstase in der Absolutheit, und das macht das Wesen der Person aus. Einen so hohen Rang gewinnt die Person dankt dem personalen Schöpfer, der die absolute Selbstexistenz ist, und dank Christus, der kraft der hypostatischen Union im Sinne von einer innerlichen Vereinigung der Person mit dem Sein, dem Menschen die reale Chance verleiht, von Gott „aufgenommen zu werden", d. h. die Chance seiner personalen Erfüllung.

---

[41] K. Góźdź, *Teologia człowieka (Theologie des Menschen)*, S. 334.

[42] Cz. S. Bartnik, *Ku integralnej chrystologii (In Richtung einer intergralen Christologie)*, S. 450; K. Góźdź, *Chrystologia (Die Christologie)*, S. 213.

[43] Es handelt sich hier vor allem um Tertulian (160–220), der von „zwei Naturen (oder Substanzen) in einer Person sprach"; vgl. E. J. Chierse, *Christologie*, Düsseldorf 1980, S. 124.

Zusammenfassung

Die neue Auffassung des Wortes „Person“, deren Autor der hervorragende polnische Personalist, Professor Czeslaw S. Bartnik mit seiner Lubliner Schule ist, erlaubt eine neue Lösung der alten christologischen und trinitarischen Problematik. Diese Auffassung basiert auf dem Prozess der sog. Inpersonalisation: Im Moment der Menschwerdung wurde die menschliche Person in der Person Christi verwirklicht, in die Person des Logos inpersonalisiert und mit ihr identifiziert. Es ist also eine Person, aber in zwei Dimensionen: der göttlichen und der menschlichen.

Das große Plus dieser Konzeption besteht darin, dass sie die beiden Naturen von der Person nicht trennt. Die Person hat freilich eine Natur, aber im Menschwerdungsakt verbindet die eine Person die beiden Naturen. Die Inkarnation erfolgt daher prinzipiell in der Person und nicht in der Natur. Die Einheit Gottes und des Menschen ist personal. Die Person des Wortes Gottes vereint die beiden Naturen. Dies bedeutet, dass Gott in seiner Person die menschliche Person verwirklicht hat. Daher ist nur Christus, die Person des Logos inkarniert, und nicht die ganze Trinität, nicht die Gottes Natur. Die Menschwerdung geschieht also prinzipiell auf der Basis der Person, und nicht auf der Basis der Göttlichen Natur. Die Natur ist hier einigermaßen sekundär gegenüber der Personidentität. Anders formuliert: Jesus, seiend die menschliche Natur, partizipiert an der Natur Gottes durch die Inpersonalisation in Christus, und darum werden die menschliche und die göttliche Natur nicht vermischt.

Tres palabras clave de humanidad y cristianía *

von Olegario González de Cardedal

„Multa renascentur quae iam cecidere, cadentque
quae nunc sunt in honore vocabula, si volet usus,
quem penes arbitrium est et ius et norma loquendi“
Horacio, *Ars poetica* 70–72

Las más bellas palabras de una lengua a fuerza del uso y del abuso terminan agotándose en su fuerza expresiva como velas que se apagan, una vez gastado el pábilo y la cera, o quedan ajadas como rosas mustias que han perdido su anterior esplendor. En ese momento estamos tentados a arrojarlas al muladar de lo sucio e inservible. Otras veces han sido utilizadas para defender sistemas injustos, propuestas deshonestas que, encubriendo bellas apariencias, arrastraban tras de sí las peores intenciones. No sólo quedaron desacreditados quienes las utilizaron sino ellas mismas perdieron su credibilidad original. Solo volverán a revivir y a expresar aquel sedimento sagrado que las constituye, si una nueva generación las revive desde su entraña o si ejemplares figuras personales, recreándolas, les devuelven su crédito primigenio.

¿Y por qué no olvidarlas para siempre y crear otras nuevas? Las palabras no se crean de un golpe desde la nada sino que advienen tras realizaciones vividas, pensadas y expresadas en la experiencia cotidiana de los hombres o forjadas en las grandes intuiciones de las figuras señeras de la humanidad. Forjar una palabra es participar en el poder creador de Dios. Quien encuentra una nueva en su vida es como quien encuentra un tesoro, porque cada una de ellas ilumina un segmento de la creación divina. Hay palabras insignificantes y hay palabras significativas, palabras vulgares y palabras sublimes. Son estas las que nos han abierto al misterio del ser, del hombre y de Dios. Tener la palabra es tener la realidad. En alguna forma tales palabras humanas se asemejan a las divinas que tenían fuerza creadora: „Dios dijo y existió“.

---

* Estas páginas no son la colaboración científica que merece el antes catedrático de Munich y ahora obispo de Regensburg, G. L. Müller, autor de obras tan significativas en el campo de la teología sistemática, cuya *„Dogmática“* tuve el honor de prologar en su edición castellana. Son sólo el homenaje agradecido a quien tan bien ha conocido la teología y espiritualidad españolas, a quien ha aprendido nuestra lengua, ha visitado nuestro país y nos ha honrado con sus lecciones en Salamanca, Santiago de Compostela y Madrid.

En él, decir es hacer y el nombrar es existir. Nosotros que no podemos ser creadores a partir de la nada sino de la realidad que nos precede unas veces vamos de las palabras a las cosas y otras de las cosas a las palabras.

Aquellas palabras que nos han hecho hombres, porque nos han elevado a las cumbres de nuestras posibilidades o nos han mostrado los abismos a los que podemos descender, no las podemos olvidar, ni las podemos sustituir por otras. Quizá cuando han sido ensuciadas, degradadas o ensangrentadas, tengamos que hacer silencio sobre ellas durante algún tiempo, pero es para que, superado el dolor de su humillación y arrepentidos nosotros de su malversación, podamos volver a usarlas con inteligencia y amor. Porque no todo se puede decir de cualquier modo.

En cada lengua hay palabras insustituibles, porque son ya el depósito sagrado de experiencias profundas, vividas por generaciones enteras que las han forjado, usado, trasformado, ensanchado y perfilado hasta conferirles una densidad suprema. Toda la historia anterior de los hombres se ha sedimentado en ellas y para revivir una época tenemos que revivir las palabras a las que ella otorgó primacía y desenterrar aquellas a las que enterró. Toda cultura vive de unos absolutos privilegiados y de uno absolutos reducidos a silencio. Por eso la historia de las palabras es la historia del amor y del odio de los hombres, de su proximidad a lo sagrado como la raíz de la que surge lo humano o de su retorno a la animalidad.

¿Quién redime las palabras y nos las devuelve sanas y salvas de su anterior degradación? Los genios, los santos, los poetas, porque ellos fueron quienes les otorgaron densidad significativa en su obra y en su vida. La persona hizo transparente la palabra. Un poeta las acuña y nos dice su sentido con toda su obra; un santo con toda su persona. Virgilio y Machado, Hölderlin y Unamuno, San Agustín y Santa Teresa forjaron palabras con su genio y con su santidad. Yo voy a referirme a tres de ellas que abarcan a la vez lo humano básico y lo básico religioso, para intentar reganarlas para nuestro diario vivir con toda su savia originaria, su peso y verdad inolvidables

Me propongo ahora glosar el tuétano irrenunciable de esas tres palabras de nuestro vocabulario, que a fuerza del uso han sido degradadas o malgastadas y a las que tenemos que volver como a veneros de humanidad, porque no podríamos vivir sin ellas y por nosotros mismos no somos capaces de inventar otras equivalentes. Son: *bondad*, *piedad*, *amistad*.

1º. Ser bueno.

Esos admirables matices del lenguaje cotidiano han forjado dos juegos bien distintos con este adjetivo. ¡Qué diferencia decir de alguien que es „un buen hombre" o decir que es „un hombre bueno". En el primer caso podemos estar ante una afirmación positiva, incluso ante un posible elogio, pero situado en el mismo borde de la afirmación negativa. Se trata entonces de alguien a quien le falta quizá inteligencia, decisión o coraje para hacer algo y termina quedando víctima de una situación empobrecedora o de un trato aprovechado o violento por parte de injustos que se van a aprovechar de él.

¿Qué decimos en cambio cuando afirmamos de alguien que es un hombre bueno? Ser bueno es algo tan elemental, tan primario, en el fondo tan consubstancial con la vida del hombre como ser razonable y moral, como ser prójimo y ciudadano, que en el fondo solo nos percatamos de lo que esa bondad significa cuando comprobamos su ausencia. Ser bueno es estar aposentado en la propia realidad y origen, acogiéndose a sí mismo desde ellos, con la normalidad de lo que nos es dado, no aceptando ciertamente sus límites o carencias pero si partiendo de ellos para conquistar otras alturas. Es el consentimiento interior al lugar que le ha sido asignado a uno, y la disposición de llevar adelante la misión resultante tanto del conjunto de circunstancias en las que uno se encuentra, como de las provocaciones exteriores a la acción que le pueden llegar en un momento dado. Consentimiento sencillo que está en los antípodas del resentimiento, propio de quienes rechazan su procedencia, no están nunca contentos con el lugar asignado y miran más hacia el afuera de la opinión que hacia el adentro de la realidad objetiva y de la perfección que cada obra reclama. Un hombre bueno es aquel que se reconoce siempre como próximo de todos los que están en su derredor y prójimo de aquel que le necesita. Es aquel a quien nos podemos dirigir sabiendo que la reacción va a ser la palabra verdadera con el consejo oportuno de aprobación o desaprobación porque la verdad y la justicia son las guías de su vida.

Ser bueno es serlo desde la raíz y desde la verdad, siendo antes que haciendo, olvidándose de sí mismo, con aquella inconsciencia propia de quien no se mira, cual nuevo Narciso en el propio espejo, ni mide sus obras por el eco que tienen sino por la realidad objetiva, ateniéndose a lo que las cosas reclaman en cada momento, a lo que el otro necesita y a lo que nosotros podemos aportarle a él. La bondad no está en las ramas sino en la raíz y en el tronco, es decir está en el ser antes que en el hacer. El evangelio nos remite a esa verdad primaria: no se pueden dar frutos buenos si no se es bueno. „Todo árbol bueno da buenos frutos y todo árbol malo da frutos malos. No puede árbol bueno dar malos frutos ni árbol malo frutos buenos“.[1]

Santa Teresa nos dejó dicho para siempre que la humildad es andar en verdad, atenerse a la realidad ante la que estamos, la que nos supera por arriba y la que tocamos por abajo. R. Guardini, sin referencia alguna al texto de Santa Teresa ha hecho el mejor comentario que se pueda pensar a esa afirmación teresiana de la humildad como existir en la verdad. En la primera páginas de las anotaciones que (12 de febrero de 1942), que luego serían publicadas bajo el título „Wahrheit des Denkens – Wahrheit des Tuns“ explica el sentido de esa humildad-bondad originarias:

> „DEMUT“.
>
> „Ihre erste Stufe ist die Bescheidenheit, welche sagt: Andere sind auch noch da und sind vielleicht besser als ich – wozu noch der Geschmack kommt, der es dumm findet, sich vorn hinzustellen.
>
> Ihre zweite Stufe ist das Stehen in der Wahrheit, uber welche die eigene Person sich selbst vergisst.
>
> Die dritte Stufe ist die Liebe, die jene heilige Bewegung mitvollzieht, in welcher der grosse Gott sich ins kleine hinabgeworfen hat“.[2]

Un hombre bueno es esencialmente un hombre humilde, con aquella gallardía que nada tiene que ver ni con encumbramientos por un lado ni con humillaciones extemporáneas por otro, sino con la fidelidad a la realidad en toda su admirable complejidad, la que nos es cercana y la que nos es lejana, la que podemos dominar y la que nos trasciende, la que es divinamente superior a nosotros y de cuyo benevolencia vivimos y aquella que nos inferior, esa animalidad, que aún perdura en nosotros y late en nuestros entresijos, por lo cual la brújula de nuestra ser nos orienta unas veces hacia Dios y otras hacia la tierra.

Un hombre bueno es el que llega hasta aquellos límites donde la justicia y la misericordia se dan la mano. Si el hombre bueno es el que no se tiene a sí mismo como centro de la existencia sino que vive con la mirada tendida y benevolente hacia el exterior y corresponde a él en la medida en que nos reclama, ¿cómo podría apropiarse egoístamente los bienes, el nombre, el lugar, el prestigio o los instrumentos del prójimo con los que este gana su vida? ¿Cómo podría negarle el elogio cuando le es debido? ¿Cómo podría meno-

---

[1] *Mt* 7, 17–18.

[2] R. Guardini, *Stationen und Rückblicke/ Berichte uber mein Leben* (Mainz 1995) 125.

spreciarle o sonreír ante su origen pobre, su desgracia o su falta de posibilidades? ¿Cómo no se acercará a él en la necesidad o en la enfermedad con una palabra de compasión serena o con la ayuda que le sea posible? La bondad de Jesucristo en el evangelio fue reconocida por sus milagros, que son ante todo gestos de misericordia para con quien padecía sufrimiento, carencia, o muerte, intentando dentro de sus posibilidades subvenirlas. Si el hombre bueno no se comportase así estaría negando la verdad interior para la que vive y de la que se nutre, sería ponerse en contradicción consigo mismo.

„Hay que ser justo y bueno". Con este título escribía Unamuno un artículo en marzo de 1916, que es la expresión de su arrepentimiento por la burla que había manifestado ante Rubén Darío, de quien antes había dicho que aún se le veían las plumas – las del indio – debajo del sombrero. Llegada la frase a los oídos del nicaragüense, le escribe estas líneas, saturadas tanto de humillación como de humildad: „Mi querido amigo: Ante todo para una alusión. Es con una pluma que me quito debajo del sombrero con la que escribo ...Sobrio y aislado en su felicidad familiar, debe comprender a los que no tienen tales ventajas. Sus preocupaciones sobre los asuntos eternos y definitivos le obligan a la justicia y a la bondad. Sea pues justo y bueno. *Ex toto corde*".[3]

Unamuno había escrito en su *Diario íntimo* páginas admirables sobre cómo no basta ser moral sino hay que ser bueno, ser religioso, ser humilde, repitiendo que no es lo mismo obrar el bien que ser bueno, que no basta hacer el bien sino que hay que ser bueno. Pasados los años Don Miguel, con la muerte de Rubén por medio, volverá en sí y se percatará de cómo esa erguida distancia con la que ha vivido en muchos momentos de su vida es lo contrario de la bondad y de la justicia. Es el artículo de 1916: „‚Sea, pues justo y bueno'. Esto me decía Rubén, cuando yo me embozaba arrogante en la capa del desdén de mi silencioso aislamiento, de mi aislado silencio. Y esas palabras me llegan desde su tumba reciente, ahora que veo llegar la otra soledad, la de la cosecha. ¡No, no fui justo y bueno no!"; con Rubén; no lo fui. No lo he sido acaso con otros. Y él, Rubén, era justo y bueno".[4]

El cristiano tiene en su interior un dinamismo que le lleva a ser bueno, ya que su condición de imagen de Dios, tendiendo a ser semejante a él le lleva a revivir su generosidad creadora y su bondad constituyente con todos los demás humanos. Dios es el origen, el espejo y el foco de luz hacia el que, alum-

---

[3] Rubén Darío, *Carta del 5 de septiembre 1907*.

[4] Cfr. *Obras Completas* IV 998–1001; 1006–1014, *Diario íntimo* (Madrid 1970), págs. 60, 77, 92, 93, 94. Textos en O. González de Cardedal, *El Poder y la conciencia. Rostros personales frente a poderes anónimos* (Madrid 1985), 120–124.

brado y deslumbrado, atraído y sostenido, camina el hombre. No son solo otros ejemplos humanos los que le dan la medida de la bondad sino la perfección y la misericordia del Padre, que esta en los cielos, que hace salir el sol, llover y escampar sobre buenos y malos.[5] Cada uno de los evangelistas, Mateo[6] y Lucas[7] subraya una de esas dos dimensiones a la hora de imitar al Padre: la perfección que, tomada absolutamente en serio suscitaría una tensión trágica en la vida humana al no poder llegar a ella, y la misericordia, que nos consuela al saber que el Padre nos acompaña hasta donde podemos llegar y allí es el quien asume nuestra carga y nuestra responsabilidad.

El hombre por ser imagen de Dios tiende a ser bueno, pero él puede oscurecer, entenebrecer o quebrar ese espejo de Dios que es y con ello enloquecerse, olvidando a Dios.[8] Jesucristo nos ha revelado de nuevo esa imagen del Creador, del que él mismo afirma que es el único bueno, la bondad absoluta;[9] a la vez que nos puso ante nuestros ojos la imagen del hombre bueno, Él en persona, que es la imagen encarnada del Padre, el Primogénito y a cuya luz y ejemplo podemos nosotros sentir nos hijos y con él „buenos“, llegando a conocer y a sentir las entrañas misericordiosas del Padre. El nos les revela con sus comportamientos. No nos da una definición del atributo divino de la bondad sino que nos traduce con sus acciones y actitudes permanentes lo que significa la bondad de Dios, llegando hasta el final de la misericordia y justificación del hombre pecador. Jesús es así el espejo, la imagen visible y vivible de la invisible y amable bondad de Dios. Sus seguidores le recordaron como el que fue, pasó haciendo bien;[10] más aún como el que todo lo hizo bien.[11]

2º. Ser piadoso.

Pocas palabras han sufrido tanto desgaste interior como las siguientes del vocabulario religioso (piedad, devoción, religiosidad ...), pasando de ser expresión de un bello orden de realidad sagrado, venerable, normativo y gozosamente fundante de la vida humana a designar actitudes agotadas, infantiles,

---

[5] *Mt* 5, 45.
[6] *Mt* 5, 48; 19, 21.
[7] *Lc* 6, 36.
[8] *Rom* 1, 21–23.
[9] *Mt* 10,18; *Lc* 18,18–19.
[10] *Hc* 10, 28.
[11] *Mr* 7, 37; cf. *Gen* 1, 21.

ingenuas o degradadas. En el vocabulario latino la „*pietas*“ virgiliana por ejemplo designaba aquella veneración indiscutible y evidente que el hombre tiene para todo lo superior que le origina, funda y sostiene: los padres, la patria, Dios ... Todo lo que atañía a ese orden era acogido, venerado y defendido como el fundamento de la propia existencia, que uno recibe agradecido en una actitud que no se concreta solo en actos sino que determina toda la existencia. Quizá la excesiva o exclusiva concentración en la relación a Dios, con desatención a otros órdenes de realidad haya llevado a conferir a la palabra „piadoso“, muchas veces degradada a „pío“, un sentido negativo y despectivo.

Algo similar ha acontecido con los adjetivos „devoto“ y „religioso“. El primero ha terminado en una ambigüedad tal que cuando uno lo oye no se sabe si se trata de un elogio o de un dicterio. El caso máximo es cuando se utiliza referido al género femenino: como „devotas“ son frecuentemente descritas aquellas mujeres que se atienen a los aspectos más rituales o exteriores, más convencionales o insulsos de la vida cristiana y más clericales o propios de sacristía, que al ancho horizonte evangélico, intelectual, abierto y crítico del entero cristianismo.

El término „religioso“ por su parte lentamente fue siendo reservado a aquellos cristianos que decidían vivir bajo una regla monástica, o como miembros de una orden, congregación o instituto de perfección. Frente a los religiosos estaban los seglares. Pero en la revolución interior que la iglesia vivió en los años posconciliares muchos de estos religiosos se sintieron como acusados de ser ajenos al mundo, de despreciar las realidades temporales, de vivir solo para el trasmundo venidero. Quedaron como mudos y derrumbados ante el grito de „Nietzsche“:

> „¡Yo os conjuro, hermanos míos, permaneced fieles a la tierra. Y no creáis a quienes os hablan de esperanzas sobreterrenales! Son envenenadores, lo sepan o no. Son despreciadores de la vida, son moribundos y están, ellos también, envenenados, la tierra está cansada de ellos ¡ojalá desparezcan!“[12]

Acomplejados ante tales apóstrofes decidieron vivir una dimensión más secular, menos atenida a los aspectos ascéticos, escatológicos y cultuales de la vida cristiana para subrayar más la dimensión ética (muchas veces artificialmente contrapuesta a la sacral-litúrgica), la inserción en el mundo, la corresponsabilidad social y política, la implicación en todo lo que atañe ahora y aquí a la familia humana. En una palabra a ser „menos religiosos“, en el sen-

[12] F. Nietzsche, *Así habló Zaratustra* (Madrid: Alianza 1983) 34.

tido individual y eclesial que la palabra había tenido hasta entonces para sentirse más cercanos a los seglares, seculares ellos mismos en el sentido de no esquivar ningún problema, responsabilidad o urgencia de este mundo y por ello a no diferenciarse nada de los demás cristianos en la forma de vestir, de actuar y de convivir.

Es necesario percatarse de esa movilidad casi insensible del lenguaje cotidiano, que puede vaciar una palabra de su viejo significado y rellenarla con uno nuevo. Las palabras hacen el camino de la vida con los hombres y tiene una historia compartida con ellos. Ese camino y esa historia hay que conocerlos. Pero una vez cumplida esta tarea hay que recuperar su médula originaria, despojarla de adyacencias desnaturalizadoras y volver a ponerlas en curso henchidas de verdad y de vida auténtica, con aquella resonancia sanadora y santificadora que tuvieron en su origen. Por eso ahora nos proponemos responder de manera breve a la pregunta: ¿Quién es una persona *religiosa, piadosa, devota* en el nobilísimo sentido del término?[13]

1. Alguien para quien Dios es „real" (realidad-rey), cuenta y pesa en su vida como una presencia luminosa, que alumbra y sostiene. El no es una cosa, ni un objeto, ni una idea que se puedan apresar y apropiar sino una realidad en cuya luz uno existe gozosamente, consiste lúcidamente y persiste volitivamente.
2. Alguien para quien Dios es „personal". Por tanto, no una realidad ciega y oscura sino un rostro abierto, una mirada amorosa, una palabra dirigida, un Tú, al que se puede invocar dirigir la palabra y por quien cada uno es llamado con el propio nombre, enviado a una misión y cargado con una responsabilidad.
3. Alguien que consiente a su existencia con amor en una actitud agradecida, porque sabe que la creación es un acto derivado de la generosidad y libertad absolutas de Dios que se suscita amigos y compañeros de alianza, para hacer el viaje de la existencia en común. Frente al resentimiento agrio de quien comprende la existencia como un sinsentido o una condenación, él vive en un consentimiento alegre consigo mismo y pacificador para los demás.
4. Alguien que ha asumido su autonomía en claridad teórica y en voluntad práctica, consciente de que nada ni nadie le releva de sus responsabilida-

[13] Uno de los autores que desde su profundo saber bíblico y su profunda sabiduría espiritual más han hecho por devolver a esta palabra (Frömmigkeit, fromm) su profundo sentido originario ha sido H. Schlier, *Besinnung auf das Neue Testament. Exegetische Aufsätze und Vorträge* (Freiburg 1964); Id., *Das Ende der Zeit* (Freiburg 1971⁹) Id., *Der Geist und die Kirche* (Freiburg 1980).

des en el mundo, pero que la comprende ante todo como la capacidad para reconocerse don, gracia de Dios, y consiguientemente expresa esa autonomía en acción de gracias, alabanza y adoración incesantes.

5. Alguien que convierte esa constitutiva gratuidad ante Dios en agraciamiento a los demás, ya que se comprende a sí mismo como mediación de la bondad divina hacia los demás y no se reconocería a sí mismo en tal gratuidad si no hiciese para con los demás lo que Dios ha hecho con él: crear, servir, abrir caminos, avanzar hacia la luz.
6. Alguien que por saberse fruto de amor, sentirse amado y ordenado a prolongar ese amor en el mundo, no teme el Futuro, porque lo que tiene por delante es el mismo que tiene en su origen: el Amor creador se manifestará como amor consumador. Solo puede ser nuestro Futuro quien es nuestro Principio. Quien se sabe radicado no en el azar o necesidad sino en la libertad, en el amor y en el logos, ese avanza tranquilo en la historia, en la que todo le puede „pasar“ y, sin embargo, nada le puede „traspasar“.
7. Alguien con entrañas de paz y de misericordia, porque en sí mismo antes que obligado y exigido se sabe religado en un fundamento que le sostiene, injertado en una raíz que le comunica savia permanente y le permite dar frutos. Por ello ante los demás antes que exigir ofrecerá y antes que obligar marchará por delante abriendo un camino, que muestre a los otros una posibilidad a su libertad.
8. Alguien para quien rezar, orar, clamar a Dios en privado y en público (en cualquier lugar de la naturaleza y sobre todo en aquellos templos y lugares en los que él se nos ha quedado como vecino de nuestro barrio y ciudad) es la respiración normal de su ser y lo hace con la frecuencia, normalidad y paz con las que respira físicamente, sabiendo que sin ese aire divino se moriría lo mismo que si su cuerpo desfallecería su cuerpo si le faltase el oxígeno.
9. Alguien para quien la creación es el don del Padre, que por ello la acoge, despliega y goza con todo el ímpetu del niño que juega gozoso para ser sin más, en libertad ante ella y a la vez en cuidado de ella.
10. Alguien que deja su vida y su muerte en manos de Dios, filialmente despreocupado, porque sabe que en esas divinas manos es donde mejor está, porque ellas le forjaron, como el alfarero hace del barro una orza o una tinaja para alegrarse contemplándolas. Así es posible aquel gozoso descuido de quien afanándose no se angustia, porque Otro cuida de él:

„Quedéme y olvidéme
el rostro recliné sobre el Amado,
cesó todo y dejéme,
dejando mi cuidado
entre las azucenas olvidado".[14]

La piedad nace de aquella sabiduría primordial que consiste en saberse criatura, fruto e imagen de una amorosa libertad creadora, existiendo en finitud y decadencia pero a la vez abierta al Absoluto, llamado a la comunión con Dios, por ello capaz de adorar y agradecer, de sentirse a distancia infinita del Creador a la vez que divinizada en aquella igualdad que el amor y la amistad instauran entre los amigos y que él mismo Dios ha iniciado en divina libertad y generoso amor. La piedad, que naciendo del conocimiento conduce al amor y naciendo del amor conduce a mayor conocimiento, es la que constituye la verdadera sabiduría. Eso que la Biblia llama veneración y respeto, atenimiento y acatamiento, cuando usa la palabra „temor de Dios", que deberíamos transliterar por otra, ya que ella nos pone en la tentación de confundirla con lo más terrible que existe: el miedo a Dios. Este supondría pensar mal de él, haciéndole inferior a los hombres y peor que ellos. Dios infunde amor y fascinación; nunca miedo y rechazo. Su santidad nos estremece pero nos trasforma; su Misterio nos deslumbra por fuera pero nos alumbra por dentro; su majestad descubre nuestro pecado pero es para incendiarlo y trasformarlo en materia de alabanza y motivo de futura perfección.

Goethe afirmó que ese estremecimiento recognoscente ante lo que nos precede, trasciende y alberga es la parte más nombre del ser humano

„Das Schaudern ist der Menschheit bester Teil
Wie auch die Welt ihm das Gefühl verteuere ...".[15]

Muchos autores han elegido esos dos versos como exergo de sus obras, desde el fenomenólogo de la religión R. Otto en su libro clásico: *Das Heilige* (1917). Frente a lo que hizo F. Vela en su edición de 1925, la traducción rigurosa en castellano debería ser „Lo sagrado" y no „Lo Santo", ya que aquello remite a realidades de múltiple orden trascendente, numinoso y sublime, mientras que a partir de la revelación bíblica, en contraposición a las religio-

---

[14] San Juan de la Cruz, *Noche oscura*. Estrofa 8ª.

[15] Fausto II Parte.

nes circundantes, para las que pueden ser sagrados los ríos, montañas y valles, santo sólo se considera a Dios El gran novelista norteamericano Thorton Wilder en su libro: *Los Idus de marzo*, acompaña el texto de Goethe con esta glosa: „Del reconocimiento que hace el hombre de la presencia de lo Santo-Sublime, surge lo que hay de mejor en las exploraciones de su espíritu, aunque este reconocimiento degenere a menudo en la superstición, esclavitud y exceso de confianza".

El poeta inglés Wordsworth ha descrito tal sabiduría de la humildad con estos versos: O, be wiser, thou!

„Instructed that true knowledge leads to love
True dignity abides with him alone
Who, in the silent hour of inward thought
Can still suspect, and still revere him self?
In lowliness of Heart".
„¡Sé pues tú más sabio!
Al saber que el conocimiento verdadero lleva al amor,
Que la auténtica dignidad mora solo en aquel
Que en la hora silenciosa de la humildad
Aun puede esperar y puede venerar no obstante,
Con el corazón lleno de humanidad".[16]

3º. Ser amigo.

El hombre solo es humano en proveniencia, dependencia y convivencia con otros hombres. Su existencia surge de una relación amorosa previa entre sus progenitores. El solo va creciendo y madurando en la medida en que integra los elementos que le llegan del exterior y aquellos que surgen de su propia libertad al ir eligiendo, prefiriendo y rechazando los posibles caminos que la vida le ofrece.

La vida está tejida así de relaciones y es su complejidad la que establece su riqueza en la medida en que esa aportación exterior encuentra en el horno de la propia intimidad el forjado que las personaliza y decanta, purifica e integra en el propio proyecto de existencia, dejándose moldear por ellas y a la vez moldeándolas. Hay relaciones necesarias y relaciones libres; relaciones

---

[16] W.Wordsworth y S. T. Coleridge, *Baladas Líricas* (Madrid: Cátedra 1990), 170–171.

que nos constituyen desde el origen y relaciones que aparecen fortuitamente en al trascurso del vivir y terminan convirtiéndose en matriz de una nueva existencia. La relación con los padres y hermanos, con el contexto de origen, con la sociedad entorno es una relación de naturaleza. El amor, la profesión, la amistad son relaciones de libertad, que han ido siendo elegidas, como fruto de una preferencia entre distintas posibilidades. Es verdad que la libertad no surge en un vacío sino que se engrana en una convergencia de realidades naturales que encuentran en la otra persona, en el trabajo o en el lugar de vida, aquello que viene a completar, perfeccionar o iluminar la propia vida personal anterior.

La amistad es una realidad misteriosa; es lo más necesario, decía ya Aristóteles[17] y a la vez es lo más gratuito de la vida. Para Cicerón eliminar la amistad de la vida equivaldría a reducir el día a noche, al privarle de la luz del sol, que eso es para los humanos la amistad. „Solem enim e mundo tollere videntur, qui amicitiam e vita tollunt“.[18] Para la historia y fuentes tanto clásicas como bíblicas y con una bibliografía exhaustiva.[19] No podemos vivir sin ella ni podemos conquistarla como se conquista un territorio, se captura una presa o se compra un instrumento. Como las más bellas realidades de la existencia llega hasta nosotros con la gratuidad de la luz del sol o la sorpresa de la primavera, que comprobamos presente sin saber cuando ha llegado. Por ello, la amistad es una suerte y un don en un sentido. Sin embargo sólo se logra y consuma como suma de un cultivo que reclama renuncia y generosidad, silencio y palabras, disponibilidad y reserva. Desde la Biblia a Aristóteles, Cicerón, San Agustín y Schiller se ha repetido que quien encuentra un amigo ha encontrado un tesoro, y que quien encuentra un tesoro tiene que guardarlo para no perderlo y protegerlo para que no le sea raptado. „El amigo fiel es seguro refugio, el que le encuentra ha encontrado un tesoro“.[20]

La amistad por un lado es una evidencia y por otro lado es un milagro. Se va gestando con la benevolencia, por la beneficencia y desde la confidencia mutuas. Para mantenerse entera e ir creciendo reclama *comunicación* desde el interior del hombre sobre las realidades esenciales de la vida, ya que es lo hondo lo que ahonda y lo fundamental lo que funda. Lo más sagrado es lo que crea la relación más profunda entre los hombres. Junto a la comunica-

---

[17] *Ética a Nicómaco* 1155, a 3–4.

[18] *De amicitia* XIII, 47.

[19] Cf. H-H.Schrey, „Freundschaft“, en *TRE* 11, 50–59.

[20] *Eclesiástico* 6,14. „Wenn der grosse Wurf gelungen eines Freundes Freund zu sein …“. Schiller, *An die Freude*.

ción está la *disponibilidad*: un amigo es aquel con quien se puede contar no solo en la necesidad sino también en los momentos de gozo y de los grandes logros para ser compartidos, ya que la participación con el otro constituye la suprema alegría de la vida humana. Quien se retiene, cierra o recoge sobre sí instaurando una muralla respecto de esas realidades primordiales propias, ése no tiene capacidad de amistad, porque al no mostrar quien es por dentro nadie puede adentrarse en su palabra y, al no mostrar quién es, no se hace disponible. Entre la procacidad y el excesivo pudor está la actitud de la presencia transparente, que deja ver sin dejarse apropiar o profanar. La tercera condición de la amistad es la *fidelidad*. Una fidelidad que, asentando a cada uno de los amigos en suelo propio, sin embargo los religa en la prueba y en el dolor, en la alegría y la esperanza. Sin fidelidad no hay amistad posible, y uno de los dolores que más sangre arrancan al corazón es la traición del amigo, porque con ella se nos va parte de nuestra vida. Otra condición de perduración de la amistad es su *cultivo* en el sentido clásico del cuidado y del culto (*Cura* en latín y *Sorge* en alemán). Nada de lo personal perdura por la pura inercia, la costumbre o el tiempo. Tiene que ser reafirmada, explicitada, recreada con signos y palabras, vivencias y convivencia. Por eso la amistad reclama al mismo tiempo cercanía y lejanía. Cercanía para compartir y comunicar; lejanía para evitar la fusión de identidad o la apropiación de uno por otro, reduciendo entonces la igualdad personal a sumisión o esclavitud.

La amistad puede tener muchas formas, surgir en contextos y por razones muy diversas: entre los cercanos en la vivienda, entre los miembros de un mismo grupo, entre los que ejercen la misma profesión, entre los que comparten los mismos ideales, entre los que forman una comunidad ideológica, cultural, religiosa, entre hombres y mujeres, entre personas del mismo sexo, entre quienes han compartido experiencias límites de orden negativo (dolor, enfermedad, destierro, guerra, exilio ...) o experiencias positivas (común descubrimiento científico, simultánea responsabilidad histórica, haber sido agraciados a la vez por un acontecimiento ennoblecedor). Ella está más allá de esas diferencias y las trasciende, ya que su fuerza es de naturaleza espiritual y esas realidades externas pertenecen a un orden inferior.

La amistad es una realidad tan noble y ennoblecedora que ha sido la palabra elegida por la Biblia para designar la relación específica entre Dios y los hombres. La designación „Dios amigo del hombre-el hombre amigo de Dios“, por ser de orden personal supera incluso a la designación de „Dios Padre-hombre hijo“ en el sentido en que esta tiene que ser liberada de la dimensión biológica natural que el lenguaje implica en una primera lectura. Esta supera, sin embargo, a aquella en la medida en que la generación (en nuestro caso creación) es un acto que afecta más al origen primordial del ser que la amistad, pues ésta si bien es de orden personal adviene a un ser ya constituido.

Abraham, el padre de los creyentes, y con ello nuestro origen, fundamento y modelo, es descrito en la Biblia como el amigo de Dios.[21] La fórmula se repetirá de los profetas.[22] Y del liberador de Egipto, y con ello el padre del pueblo, se dice: „Dios hablaba con Moisés cara a cara como un hombre habla con un amigo".[23] Jesús se describe a sí mismo en los Sinópticos como el amigo que se deja molestar en la oración por el amigo importuno.[24] Y en San Juan quiere instaurar con sus discípulos la relación que el Padre tiene con él, aun cuando sea de manera análoga. Son sus amigos porque no les ha ocultado ni su persona, ni su misión sino que les ha revelado todos los designios que el Padre le había confiado. Esa comunicación de fondo es el soporte permanente de la amistad: „Nadie tiene mayor amor que éste de dar uno la vida por sus amigos. Vosotros sois mis amigos, si hacéis lo que os mando. „Ya no os llamo siervos porque el siervo no sabe lo que hace su señor; pero os digo amigos, porque todo lo que oí de mi Padre os lo he dado a conocer".[25] La revelación de Dios a los hombres hay que pensarla por tanto como la conversación, el diálogo, entre quienes en alguna manera están en pie de igualdad. La revelación presupone la alianza, que es aquel acto de condescendencia absoluta de Dios por el cual religa su destino con el destino del hombre, mediante un pacto de solidaridad y responsabilización de su suerte con él en la vida y en la muerte.

Frente a una comprensión naturalista o intelectualista de la revelación divina, comprendida como la notificación de verdades, dogmas o preceptos morales, el Concilio Vaticano II ha puesto las categorías de amistad y diálogo en el centro para explicar las relaciones de reciprocidad existentes entre Dios y el hombre: „Quiso Dios en su bondad y sabiduría revelarse a Sí mismo y manifestar el designio salvífico de su voluntad. Por Cristo, la Palabra hecha carne, y en el Espíritu Santo pueden los hombres llegar hasta el Padre y participar de la naturaleza divina. En esta revelación Dios inasible, movido del amor a los hombres como amigos, trata con ellos para invitarlos y recibirlos en su compañía".[26]

---

[21] *Gen* 18, 7; *Sant* 2, 23; *2 Cor* 20, 7–8; *Is* 4l, 8.

[22] *Is* 41, 8.

[23] *Éxodo* 3, 11.

[24] *Lc* 11, 5–8.

[25] *Juan* 15,14–15.12 Para la fundamentación bíblica de la idea de amistad Dios-hombre, cfr. J. Vílchez Líndez, *Dios nuestro amigo. La Sagrada escritura.* (Estella 2006).

[26] *Constitución dogmática sobre la revelación divina* 2.

Uno de los grandes elogios que se puede hacer de alguien es decir llanamente: „Es un buen amigo“. De nuevo sería difícil llegar al suelo en que se asienta la amistad para describirla. Es un reflejo de aquella bondad radical, de aquel respecto ante la realidad y la alteridad, de aquel poner nuestra vida ante la faz del prójimo para que cuente con ella y se sepa superior a su suerte individual. El amigo es el que sabe mirar y admirar, venerar y reprochar, ofrecer y recibir, escuchar y hablar en el momento oportuno. Quien lo ha encontrado tiene que dar gracias a Dios y poner todos los medios para hacerse digno de esa amistad durante todo el resto de su vida, con la correspondencia, la esperanza y la fidelidad que se expresa unas veces en la palabra y otras en el silencio, unas veces en la cercanía que protege y otras en la lejanía que confiere libertad.

Una de las características que más llama la atención en la liturgia oriental, a dife rencia de la romana, es que aquella siempre invoca a Dios con esta formula bíblica. „Tú, Señor, que eres amigo de los hombres“, remitiéndose a la afirmación bíblica de la „filantropía“ divina.[27] Frente a ella la liturgia occidental ha acentuado la majestad, el poder, incluso la misericordia de Dios respecto de los hombres. Con ello el pecado y un cierto temor (lo moral, lo psicológico, lo político) han estado en primer plano de la conciencia frente a la actitud oriental que ha vivido más impresionada por la gloria de Dios (la belleza, la celebración, el monaquismo) que comunica al hombre, se goza en ella y la refleja en el mundo, por una comprensión de la revelación y encarnación divinas como gesto de la filantropía, de la condescendencia, de la alianza de Dios con sus hijos los hombres a los que acompaña incluso hasta la embocadura de la muerte, como el amigo, que no deja solo a su amigo, yendo con él hasta el extremo límite de la muerte sin negarle ni compañía ni ayuda.

Palabra final.

Lo que es un hombre verdadero no está dicho en ninguna definición metafísica ni demostrado en ninguna formula matemática. Vamos descubriendo y describiendo la humanidad verdadera en la medida en que quienes nos preceden la realizan en ejemplaridad y excelencia En unos casos el pulso del corazón nos dice lo que es inhumanidad para evitarlo y en otro lo que es admirable realización de nuestro destino para imitarlo. La adhesión, la imitación y el seguimiento son así los cauces de realización de la vocación humana. La

[27] *Tito* 3,4.

ejemplaridad que invita y no la demostración que subyuga es la que nos lleva a vivir ciertas actitudes, a correr ciertos riesgos y en todo caso a entrar por los caminos de la verdad, del heroísmo y de la santidad. „La sociedad nace de la atracción superior que uno o varios individuos ejercen sobre otros. La superioridad, la excelencia de cierto individuo produce en otros, automáticamente, un impulso de adhesión, de secuacidad".[28] Mucho de eso tiene la figura de Cristo en el cristianismo y su imitación-seguimiento en la Iglesia.

En otra de sus obras más importantes *España invertebrada* (1921) muestra que esa ejemplaridad, con la docilidad y adhesión que suscita, es el real origen de la sociedad:

> „Al hallar otro hombre que es mejor, o que hace algo mejor que nosotros, si gozamos de una sensibilidad normal, desearemos llegar a ser de verdad, y no ficticiamente como él es, y hacer las cosas como él las hace. En la imitación actuamos, por decirlo así, fuera de nuestra auténtica personalidad, nos creamos una máscara exterior. Por el contrario en la asimilación al hombre ejemplar que ante nosotros pasa, toda nuestra persona se polariza y orienta hacia su modo de ser, nos disponemos a reformar verídicamente nuestra esencia, según la pauta admirada. En suma, percibimos cómo tal la ejemplaridad de aquel hombre y sentimos docilidad ante su ejemplo. He aquí el mecanismo creador de toda sociedad: la ejemplaridad de unos pocos se articula en la docilidad de otros muchos. El resultado es que el ejemplo cunde y que los inferiores se perfeccionan en el sentido de los mejores ... No hay ni ha habido jamás, otra aristocracia que la fundada en ese poder de atracción psíquica, especie de ley de gravitación espiritual que arrastra a los dóciles en pos de un modelo".[29]

Cuando uno vuelve la mirada a la propia vida se percata de quienes le han enseñado a leer, a pensar a trabajar; quienes a descubrir la pintura, la música o la poesía; quienes a orar o a estudiar; quienes a ejercer una profesión. Pero sobre todo se percata de quien le ha enseñado a vivir con dignidad, los *Lebensmeister* junto a los *Lesemeister*, a ser un hombre a la altura del tiempo y a la medida de la fe; para decirlo con la frase de Unamuno, a ser „Nada menos que todo un hombre". Sin esos hombres que nos hemos encontrado en el camino de mi vida no seríamos hoy quien somos ni como somos. A ese don solo se puede corresponder con una palabra: „gracias" y con la voluntad de ser bueno, de ser piadoso, de ser amigo.

---

[28] J. Ortega y Gasset, *El Espectador* III y IV (Madrid 1966) 162.

[29] Obras Completas III, 103–106.

Reflexion – Nachfolge Jesu und Option für den Armen

von Gustavo Gutiérrez

Die fünfte Konferenz der lateinamerikanischen- und karibischen Bischofskonferenz wird im kommenden Jahr in Brasilien stattfinden (9.–14. Mai 2007). Das zentrale Thema, das für diese Versammlung gewählt wurde, ist die Nachfolge Jesu, das Zentrum der Botschaft des Evangeliums, auf das man ständig zurückkommen muss, denn über Nachfolge zu sprechen, bedeutet etwas Dynamisches, sich Veränderndes in den Optionen und den konkreten Quellen. Das Zeugnis Jesu zu aktualisieren bedeutet einen engen Dialog mit dem Evangelium und den historischen Umständen. In dieser Reihe der Gedanken hat das *Documento de participación* der Konferenz, der vorrangigen Option für den Armen einen großen Wert gegeben und schlägt zugleich vor, dass hier noch viel zu tun wäre (Nr. 34 u. 126).

Auf diesen Seiten nehmen wir uns vor, über die Verbindung zwischen dieser Option und der Nachfolge Jesu zu reflektieren. Vor einigen Jahren hat sich Gregory Baum darauf als „gegenwärtige Form der Nachfolge"[1] bezogen. Eine Vertiefung ihrer Bedeutung und Auswirkung könnte helfen, das Wesen und das Tun der Kirche auf dem Kontinent, auch im Hinblick auf das konkrete Thema der Bischofskonferenz, besser zu profilieren.

Die Sichtweise über das christliche Leben, die in der Überschrift und in der Umsetzung der „vorrangigen Option für den Armen" zum Ausdruck kommt, ist der kennzeichnende Beitrag des Lebens und der theologischen Reflexion der lateinamerikanischen Kirche für die universale Kirche. Aus diesem Grund ist es nicht möglich diese Option vom kirchlichen Prozess und vom pastoralen, theologischen und spirituellen Kontext zu trennen, die sie in unseren Tagen aufs Tapet gebracht haben. Die Theologie, die in Lateinamerika und in der Karibik entstanden ist, ist insbesondere mit dem verbunden, was wir durch diese Option zum Ausdruck bringen. Das Terrain in dem sie entsteht und aus dem diese Perspektive schöpft, befindet sich auf den Spuren der Nachfolge Jesu, das lebendige Martyrium, die Erfahrungen der Verkündigung des Evangeliums und die Solidarität mit den Armen, sowie im theologischen Verständnis dieses Engagements. Ihre Wurzeln liegen in den

[1] *Essays in Critical Theology* (Kansas City, Sheed and Ward, 1994) 67.

Erfahrungen und Reflexionen; auf diese muss zurückgegriffen werden, um ihren Sinn zu verstehen[2].

Zu dieser Wahrnehmung haben erste Schritte in den Jahren vor Medellín beigetragen und diese hat sich in der darauffolgenden Zeit bestätigt. Die Aufnahme die ihr die Konferenzen in Medellín und Puebla gegeben haben, gab ihr einen Schwung und einen Platz, den sie ohne diese nicht gehabt hätte. Heute ist sie in verschiedenen Verlautbarungen der lateinamerikanischen Bischofskonferenz, bei Johannes Paul II. und in diversen Bischofskonferenzen der katholischen Kirche zu finden[3]. Sie befindet sich ebenso – und das ist bedeutend – in wertvollen Texten mehrer christlicher Konfessionen. Einen hervorgehoben Platz hat sie im gegenwärtigen christlichen Bewusstsein erhalten, zahlreiche Erfahrungen und engagierte Initiativen wurden von ihr inspiriert, die in entscheidender Weise das Zeugnis und das Bild der Kirche – vor allem in den armen Regionen der Menschheit – verändert haben.

Dieser Kontext erlaubt uns, die Reichweite der Option für den Armen zu sehen. Es handelt sich um eine Solidarität mit den Armen und Unbedeutenden dieser Welt, die aber nicht eine Verteilung der pastoralen Kräfte in denen sich diese befinden, meint. Das ist in vielen Fällen wichtig, aber die Option für den Armen ist globaler und entschiedener. Sie betrifft das Zentrum christlichen Lebens und entfaltet sich in verschiedenen Bereichen: in der Spiritualität, in der theologischen Arbeit und in der Verkündigung des Evangeliums.

Diese dreifache Dimension schenkt der vorrangigen Option für den Armen eine Perspektive und Kraft. Bevor diese verschiedenen Aspekte betrachtet werden, ist es sinnvoll, an die biblische Forderung der Bedeutung des Anderen die zur Entflechtung ihrer biblischen Wurzeln führen, zu erinnern.

Aus der Welt des Anderen

Das Universum der Armen und Geringen stellt sich gegenüber den sozialen Sektoren, Personen, Kriterien und dominierenden aktuellen Ideen als die Welt der Anderen dar.

---

[2] Siehe auch einige Notizen über den Prozess, der zur Formulierung der vorrangigen Option für den Armen geführt hat, in G. Gutiérrez, „Pobreza y teología“, in *Páginas*, Nr. 191 (Februar 2005) 12–18.

[3] F. Chamberlain ist einigen dieser Spuren nachgegangen, s.a. „La opción preferencial por los pobres en la Iglesia universal“, in: *El rostro de Dios en la historia* (Lima, PUCP-CEP-IBC, 1996) 185–198.

Das ist die Erfahrung eines jeden der sich in authentischer Weise für sie einsetzt. Es handelt sich dabei um ein Engagement von konkreten Personen, die ihre sozialen Beziehungen in einem bestimmten kulturellen und religiösen Bereich knüpfen, deren Gewohnheiten und ihre Weise zu denken und zu beten aufnehmen. Die Solidarität mit den Armen bedeutet, sich in diese Welt einzulassen. Das ist ein langer und schwieriger Prozess, doch notwendig für ein echtes Engagement. Das sog. Gleichnis des barmherzigen Samariters, das so sehr die christliche Erinnerung geprägt hat, bekräftigt den Vorrang des Anderen, eine der Leitlinien der Botschaft Jesu (vgl. Lk 10,25–37).

Die Frage: Wer ist *mein* Nächster? stellt den Fragenden ins Zentrum eines Raumes, in dem der Nächste sich unter dem ihm Nahestehenden befinden würde, Personen die in einer gewissen Weise um ihn kreisen und die „behandelt" werden müssen; in diesem Fall der Mann der überfallen wurde. Jesus dreht die Sache um und antwortet mit einer anderen Frage: Wer war der Nächste des *Verwundeten* der am Straßenrand liegt? Auf diese Weise werden wir an die Rolle die den Wanderern zukommt erinnert, in besonderer Weise die des Samariters. Wir stehen nun in einem anderen Szenario: im Zentrum befindet sich der Misshandelte, der Auf-die-Seite-gelegte. Der Gesprächspartner Jesu wird an einen Ort an den Rand getrieben, der zu Anfang der Ort des Opfers schien. Wir stehen vor einer Bewegung die vom Ich zum Du führt, von meiner Welt zu der des Anderen, eine Bewegung die das Herzstück des Gleichnisses ausmacht. Aus der Perspektive heraus, den Anderen als Objekt und Adressat meiner Hilfestellung zu sehen, gelangt man zur Gegenseitigkeit, die den Anderen als Subjekt der Nähe sieht.

Täuschen wir uns aber nicht. Der zentrale Darsteller des Berichts ist nicht der Samariter, sondern derjenige, den der Bericht „ein Mann …" nennt, die verwundete Person, ohne Namen, ohne Titel, der Andere. In seiner Eigenschaft als Malträtierter und Vernachlässigter fordert er diejenigen heraus, die sich mitten im alltäglichen Trubel befinden, von einer Stelle zur anderen gehen, an einen bestimmten Ort gehen, um einer Aufgabe nachzukommen. Der Text muss aus der Perspektive des gedemütigten Menschen gelesen werden. Eine solche Lektüre bringt eine Richtungsänderung mit sich, und zwar die eines authentisch menschlichen und gläubigen Lebens. Die Weisung ist gegeben: „Handle genauso!" (V. 37) sagt Jesus, „übe die Barmherzigkeit" im besten und eigentümlichsten Sinn des Wortes, „lege das eigene Herz in das des Bedürftigen".

Der Nächste ist also nicht die Person mit der wir auf unserem Weg oder in unserem Gebiet übereinstimmen, sondern jener auf den wir zugehen, insofern wir den eigenen Weg verlassen und auf dem Weg des Anderen in seine

Welt eintreten. Es geht darum, den Fremden nahe zu bringen, derjenige der nicht obligatorisch in unsere geographische, soziale oder kulturelle Umgebung gehört. In gewisser Weise können wir sagen, dass wir keine Nächsten „haben", sondern sie durch unsere Initiativen, Gesten und Engagement dazu „machen", die uns in Nächste verwandeln. Den anderen in unseren Nächsten zu verwandeln, lässt uns selber zu unseren Nächsten werden. Gegen Ende der Erzählung fragt Jesus: „Wer von diesen dreien hat sich als Nächster erwiesen (*gegonénai)* (Vers 36)?"[4]. Die Form *gegonénai* könnte wörtlich übersetzt werden „er hat sich zum Nächsten gemacht oder wurde zum Nächsten". Tatsächlich ist die „Nähe" ein Ergebnis eines Aktes, einer Annäherung und nicht bloß eine einfache physische oder kulturelle Nähe.

Diese Sichtweise wird durch den Kontrast zwischen den respektierten Persönlichkeiten des Priesters, des Leviten und des Samariters hervorgehoben. Die ersten wenden sich weder von ihrem Weg ab, noch nähern sie sich der Situation der anonymen Person die auf kriminelle Weise verletzt wurde; sie wenden sich eher von der Person ab, die als ein religiöser Dissident im Auditorium Jesu betrachtet wird. Der Samariter geht auf ihn zu, er ergreift die Initiative seinen Pfad zu verlassen und sich dem Verletzten zu nähern, ohne dass jener ihn darum bittet, ohne eine besondere Beziehung zu ihm zu haben. Er tut es nicht um eine äußere und kalte Pflicht zu erfüllen (wie es Nazarín tut, die Person mit gleichem Namen im Film von Bunuel), sondern aus der Situation der geprügelten Person heraus. Das Motiv seines Handelns ist das Mitleid, das er – im Sinn des Teilens des Leidens des Anderen – erfährt: Lukas wählt ein ausdrucksvolles Verb aus, um dies deutlich zu machen: *splankhnízomai*, das Herz aufrütteln[5]. Eine Liebe, die – wörtlich verstanden – Fleisch wird, die nicht auf einer abstrakten oder neutralen Ebene bleibt. Die synoptischen Evangelien berufen sich mehrmals auf diesen Begriff, um sich auf das Mitleid Jesu zu beziehen. Es ist die Präsenz der Caritas, die Gabe Gottes die in der menschlichen Liebe Fleisch wird, in unterschiedlichen Formen in denen Menschen ihre Liebe zum Ausdruck bringen[6]. Diese physische Gemütsbewegung ist eine wesentliche Komponente der Caritas.

---

[4] Im Spanischen wird die Nueva Biblia Espanola zitiert. Die Jerusalemer Bibel schreibt kurz: „war Nächster".

[5] Vgl. Mt. 9,36; 14,4; 15,32; 20,34; Mk 1,41; 5,19; 6,34; 8,2; Lk 7,13 und im Gleichnis des barmherzigen Vaters: 15,20. Aus diesem Grund erkennen viele Kirchenväter im Samariter die Figur Jesu Christi.

[6] „Es gibt keine Caritas außerhalb der menschlichen Liebe (…) Die Caritas stellt sich nicht über die menschliche Liebe (…) sie weitet diese auf eine universale Ebene aus, sie

Der Primat des Anderen – niemand stellt diesen Zustand besser dar als der Arme und Ausgeschlossene – ist ein wesentliches Merkmal einer Ethik des Evangeliums. Dies drückt ein Gedicht von Antonio Machado sehr gut aus:

> „Lehre den Christus: deinen Nächsten
> wirst du lieben wie dich selbst,
> doch vergiss nie, dass er ein anderer ist.“

In einem Prozess des Abgleitens von unserem Weg können wir aus der Welt des Armen uns dem Anderen nähern und die verschiedenen Dimensionen der vorrangigen Option für den Armen verstehen: die spirituelle, theologische und evangelisierende Dimension. Tatsächlich stellen sie die im Evangelium genannte Umkehr dar, eine *metanoia*, die eine Abkehr von einem Weg bedeutet, um einen anderen Weg zu gehen. Dazu sind wir eingeladen.

Jesus folgen

Christ sein bedeutet – vom Hl. Geist bewegt – hinter den Schritten Jesu zu gehen. Diese Nachfolge, *die sequela Christi*, wie man sie traditionell genannt hat, ist die Wurzel und der letzte Sinn der vorrangigen Option für den Armen.

Ein globaler und alltäglicher Sinn

Diese Option – der Ausdruck ist relativ neu, der Inhalt ist biblisch – ist eine wesentliche Komponente der Jüngerschaft. Im Kern dieser Jüngerschaft liegt – wie Meister Eckhart sagte – eine spirituelle Erfahrung des Geheimnisses Gottes, das gleichzeitig „nicht benennbar“ und „allbenennbar“ ist. Bis dorthin ist es verpflichtend mitzugehen, um den tiefen Sinn dieser Option für die Abwesenden und Anonymen in der Geschichte zu begreifen. Die selbstlose und radikale Liebe Gottes drückt sich im Gebot Jesu aus: „Wie ich euch geliebt habe, so sollt auch ihr einander lieben“ (Joh 13,34). Es handelt sich um eine universale Liebe aus der nichts ausgeschlossen ist und gleichzeitig eine vorrangige Liebe für die Letzten der Geschichte, die

---

reinigt und vervollkommnet sie, indem sie Grenzen der menschlichen Liebe aufzeigt“, die evtl. in eine „besondere und egoistische“ fallen kann (G. Gutiérrez, „Caridad y amor humano“, in: *Caridad y amor humano* (Lima, Unec, 1965/ 9).

Unterdrückten und Unbedeutenden. Indem die Universalität und der Vorrang simultan gelebt werden, offenbart sich Gottes Liebe und vergegenwärtigt das seit alters her verborgene und jetzt enthüllte Geheimnis: Die Verkündigung Jesu als den Christus, wie Paulus sagt (vgl. Röm 16,25–26). Daraufhin zielt die vorrangige Option für den Armen, mit Jesus, dem Messias gehen zu können[7].

Puebla erinnert deswegen – ebenso wie es in ähnlicher Weise Medellín getan hat – dass, „der Dienst an den Armen das privilegierte, wenngleich nicht ausschließende Maß unserer Nachfolge Jesu ist" (Nr. 1146). Die Erlebnisse vieler Christen auf den verschiedenen eingeschlagenen Wegen der Solidarität mit Randgruppen und Unbedeutenden der Geschichte, hat darauf aufmerksam gemacht, dass letztendlich, das Einbrechen des Armen – seine neue Präsenz in der Geschichte – ein wahres Einbrechen Gottes in unser Leben bedeutet. So haben sie es erfahren, mit Freuden, Unschlüssigkeit und Anforderungen, die eine solche Tatsache mit sich bringt.

Dies zu sagen heißt nicht, der Präsenz des Armen sein Fleisch gewordenes Leid in der Geschichte abzusprechen sowie seine menschliche, soziale, kulturelle Beschaffenheit und seine Forderungen für Gerechtigkeit. Es handelt sich nicht um eine kurzsichtige „Spiritualisierung" die diese menschlichen Dimensionen vergessen kann. Geht man aber von der Bibel aus, lässt das Engagement für den Nächsten erkennen, was damit aufs Spiel gesetzt wird. Gerade weil wir das geschichtliche Ereignis des Einbrechen des Armen würdigen und als solches respektieren, sind wir in der Lage, eine gläubige Lektüre diese Ereignisses zu machen. Das heißt, wir erkennen es als ein Zeichen der Zeit an, das im Licht des Glaubens untersucht werden muss, um die Herausforderung Gottes, der nach Johannes (1,14) sein Zelt mitten unter uns aufgeschlagen hat, zu unterscheiden. Die Solidarität mit dem Armen ist Quelle einer Spiritualität, eines gemeinsamen oder gemeinschaftlichen Weges, wenn man so will, zu Gott hin. Sie ereignet sich in einer Geschichte welche die unmenschliche Situation des Armen in ihrer ganzen Grausamkeit zeigt, aber die es ebenso erlaubt, ihre Möglichkeiten und Hoffnungen zu erkennen.

Die Nachfolge Jesu ist eine Antwort auf die Frage nach dem Sinn menschlicher Existenz. Es ist eine globale Vision unseres Lebens, die in das Alltägliche und Unscheinbare hineinwirkt. Die Nachfolge ermöglicht uns, unser Leben in Beziehung mit dem Willen Gottes zu sehen und zeigt uns Ziele

---

[7] Die Quelle dieser Behauptung ist biblisch, die neuere Referenz ist der bekannte Satz Johannes XXIII.: „Die Kirche aller und insbesondere die Kirche der Armen".

auf, die gelebt werden und auf die wir durch die tägliche Beziehung mit dem Herrn zugehen. Sie schließt auch die Beziehung mit anderen Personen ein. Die Spiritualität bewegt sich auf dem Gebiet der Praxis christlichen Lebens in der Danksagung, im Gebet und im geschichtlichen Engagement, in der Solidarität, vor allem mit den Ärmsten. Kontemplation und Solidarität sind zwei Ströme einer Praxis, die durch einen globalen Sinn der Existenz lebt und Quelle der Hoffnung und der Freude ist.

Das Antlitz Jesu in den Gesichtern der Armen entdecken

Der tiefste Sinn des Engagements für den Armen ist die Begegnung mit Christus. Wenn wir uns die Aussagen über das Endgericht aus dem Matthäusevangelium zu eigen machen, lädt uns Puebla dazu ein, in den Gesichtern der Armen „die Spuren des leidenden Christus, des Herrn, der uns hinterfragt und herausfordert" (Nr. 31) zu erkennen. Santo Domingo bekräftigt: „das Antlitz des Herrn im Antlitz der Armen und Leidenden zu entdecken" (vgl. Mt 25,31–46) und fordert die Christen zu einer tiefen persönlichen und kirchlichen Umkehr heraus (Nr. 178). Der Text des Matthäus ist ohne Zweifel ein wesentlicher Text in der christlichen Spiritualität und deswegen zentral in der theologischen Reflexion Lateinamerikas und in der Karibik, um die Reichweite der vorrangigen Option für den Armen zu verstehen. Er bietet uns ein grundlegendes Element der Unterscheidung auf dem Weg der Treue zu Jesus.

Msgr. Romero sagte in seinen Predigten: „Es gibt ein Kriterium um zu erkennen, ob Gott uns nahe ist oder weit von uns entfernt: Jeder der sich um den Hungrigen, den Nackten, den Armen, den Verschollenen, den Gefolterten, den Gefangenen, um alles leidende Fleisch sorgt, hat Gott in seiner Nähe" (05. Februar 1978). Die Geste gegenüber einem Anderen, die Nähe zum Behinderten entscheidet über die Nähe oder die Distanz Gottes, lässt das „warum" dieses Urteils und die Bedeutung des Begriffs „spirituell" im Kontext des Evangeliums erkennen.

In seiner ersten Enzyklika über die Liebe als Quelle wahren christlichen Lebens, drückt Benedikt XVI. eindeutig diesen Punkt aus: „Gottes- und Nächstenliebe verschmelzen: Im Geringsten begegnen wir Jesus selbst, und in Jesus begegnen wir Gott" (*Deus Caritas est, Nr. 15)*. Die Identifizierung Christi mit den Armen bringt die Wahrnehmung der prinzipiellen Einheit dieser beiden Lieben und die Anforderung ihrer Nachfolger mit sich. Es handelt sich um eine Bestätigung mit großer Reichweite.

Die Perikope über das Endgericht des Evangelisten Matthäus berichtet uns über sechs Aktionen (der Text zählt diese vier mal litaneiförmig auf). Es ist eine Einladung die Liste fortzusetzen und dadurch die Botschaft zu aktualisieren. Heutzutage dem Hungernden zu essen zu geben, bedeutet in unmittelbarer Weise dem Notleidenden zu helfen, aber auch die Pflicht, die Ursachen die dazu führen, abzuschaffen. Der „Kampf um die Gerechtigkeit", um einen Ausdruck Pius XI. zu verwenden, gehört zu den Gesten gegenüber dem Armen, die uns zu Jesus führen. Die Ablehnung der Ungerechtigkeit und der damit verbundenen Unterdrückung ist im Glauben an den Gott des Lebens verankert. Diese Option wurde durch das Blut jener gekennzeichnet, die – wie Msgr. Romero sagte – „im Zeichen des Martyriums" gestorben sind. Das war sein eigenes Schicksal aber auch das, vieler Christen auf einem Kontinent, der sich als christlich versteht. Man kann diese Märtyrersituation in einer Reflexion über sie Spiritualität in Lateinamerika nicht bei Seite schieben.

Das Dokument über die *vorrangige Option für den Armen* von Puebla, präzisiert sechs Mal, dass die Solidarität mit dem Armen eine Umkehr erforderlich macht[8]. Es geht um ein Umdenken und eine Umkehr im Leben. Im Evangelium ist die Umkehr eine Bedingung zur Aufnahme des Reiches Gottes auf den Spuren Jesu. Sie gilt jeder Person, aber auch der ganzen Kirche. „Wir bejahen – lautet es in der besagten Konferenz – die Notwendigkeit der Umkehr der ganzen Kirche zu einer vorrangigen Option für die Armen, im Hinblick auf ihre integrale Befreiung" (Nr. 1134). Das beinhaltet die Auseinandersetzung mit den offenen und verdeckten Schwierigkeiten, mit der Feindseligkeit und der Verständnislosigkeit, die zusammen mit der Erfahrung des Friedens im Herrn, der Freuden und der persönlichen Nähe, zum Weg des Jüngers gehören, wie im Evangelium berichtet wird. Nicht alle haben es in dieser Weise verstanden. Von daher gibt es Tendenzen dies zu vergessen bzw. diese Forderung subtil an den Rand zu drängen. Es ist wahr, dass es nicht einfach ist, die Aussage, die Bonhoeffer den Preis der Jüngerschaft nennt, anzunehmen. Viele wissen das in der Kirche Lateinamerikas und in der Karibik zu genüge. Diejenigen, die bis zur Hingabe ihres eigenen Lebens geraten sind, sind privilegierte Zeugen dafür; sie sind es aber auch Hoffnungsträger der Jüngerschaft Jesu. Die fünfte Konferenz stellt uns durch ihr Thema auf den Weg, um die Jüngerschaft Jesu in der Gegenwart aufzunehmen und zu vertiefen.

Die Option für den Armen ist eine grundlegende Dimension einer Spiritualität, die es ablehnt, eine Art Oase zu sein bzw. noch weniger eine Flucht

---

[8] Vgl. Nr. 1134, 1140, 1147, 1155, 1157, 1158.

oder ein Refugium in schweren Stunden. Gleichzeitig handelt es sich um einen Weg mit Jesus, der ohne von der Realität abzuheben und ohne sich von den Pfaden der Armen zu distanzieren dazu hilft, das Vertrauen in den Herrn lebendig zu halten und die Ruhe zu bewahren, wenn Stürme nahen.

Eine Hermeneutik der Hoffnung

Wenn die Nachfolge Jesu durch die vorrangige Option für den Armen gekennzeichnet ist, dann ist es ebenso die Einsicht des Glaubens, die aus diesen Erlebnissen und Herausforderungen erwächst[9]. Das ist die zweite Dimension der Option für den Armen die wir hervorheben wollen.

Theologie und Geschichte

Der Glaube ist eine Gnade; die Theologie ist eine Einsicht dieser Gabe durch die Vernunft. Es handelt sich um eine Sprache die versucht, etwas über diese geheimnisvolle und erhabene Realität auszudrücken, die wir Gläubige Gott nennen. Es ist ein *Logos* über *Theos*.

Den Glauben denken ist für den Gläubigen etwas Natürliches, eine Bewegung, die durch den Willen hervorgebracht wird, um das Glaubensleben zu vertiefen und authentischer werden zu lassen. Der Glaube ist letzte Quelle der theologischen Reflexion; er gibt ihr das Eigentümliche und begrenzt ihren Bereich. Sein Ziel ist es – sollte es sein – zur Vergegenwärtigung des Evangeliums in der Geschichte der Menschheit durch das Zeugnis der Christen beizutragen. Eine Theologie, die sich nicht aus dem Weg, den Jesus uns vorausgegangen ist, schöpft, verliert ihren Horizont. Das hatten die Kirchenväter sehr gut verstanden. Für sie war alle Theologie eine spirituelle Theologie.

---

[9] Vor einigen Jahrzehnten sagte M.D. Chenu treffend: „Letztendlich sind die theologischen Systeme nichts anderes als der Ausdruck ihrer Spiritualitäten. Das ist ihr Interesse und ihre Größe". Und umgekehrt: „Eine Theologie die ihres Namens würdig ist, ist eine Spiritualität welche die adäquaten rationalen Instrumente ihres religiösen Ausdrucks gefunden hat." (*Le Saulchoir. Une école de théologie* (Kain-lez-Tournai (Bélgien) – Etiolles (Frankreich), Le Saulchoir, 1937; Neuauflage mit Studien von G. Alberigo und anderen in Paris, Le Cerf, 1985). Spiritualität ist also die Mitte der Theologie.

Auf der anderen Seite handelt es sich hier nicht einfach um ein individuelles Werk. Sowohl der Glaube als auch die Reflexion über ihn, werden in Gemeinschaft gelebt. Derjenige, der schließlich die Einsicht des Glaubens voranbringt, ist ein Subjekt in Gemeinschaft: der christlichen Gemeinschaft; d. h. in der einen oder anderen Weise haben alle Glieder der Kirche daran teil. Das macht aus der Rede über den Glauben eine Aufgabe, die mit der Verkündigung des Evangeliums zusammenhängt und der Gemeinschaft ihre Berechtigung gibt. Das Subjekt dieser Reflexion ist nicht der vereinzelte Theologe dieser Gemeinschaft.

Jede Rede über den Glauben stammt aus einem konkreten Ort und in einer konkreten Situation. Sie sucht nach Antworten auf Situationen und historischen Fragen in denen die Gläubigen leben und das Evangelium verkünden. Es handelt sich um eine fortwährende Aufgabe, sowohl in der Bemühung des Verständnisses aus dem Glauben als auch gleichzeitig um eine sich verändernde Aufgabe, insofern sie auf konkrete Herausforderungen und einer vorgegebenen kulturellen Welt antworten muss. Das erklärt die Entstehung neuer Theologien in der Geschichte der Christenheit. Der Glaube wird je nach geschichtlichen Gegebenheiten und Herausforderungen in unterschiedlichen Weisen gelebt, gedacht und vorgeschlagen.

Deswegen führt – strikt genommen – die Aussage, dass eine Theologie kontextuell sei, zu einer Tautologie. In der einen oder anderen Weise ist es jede Theologie, auch die Theologie, die in Europa erarbeitet wird, auch wenn es nicht an denen fehlt, die dagegen Widerstand leisten[10]. Vermutlich stammt dieser ungenaue und reduzierende Ausdruck aus einer Zeit, in der die christlichen Kirchen eine vom historischen Kontext distanzierte Theologie dominierte, wenn nicht sogar dem historischen Bewusstsein fremd[11]. Es gibt keine kontextuellen Theologien und andere die es nicht sind. Der Unterschied besteht eher darin, dass einige ihren Kontext ernst nehmen und andere es nicht tun.

---

[10] Wir erinnern uns an keine umfassende Arbeit einer gegenwärtigen Theologie oder eines Lexikonartikels in diesem Bereich, die unter dem Titel „kontextuelle Theologie" die Theologie in Europa oder in USA stellen würde (außer der, die durch Minderheiten erarbeitet wird).

[11] In einem bedeutenden Text über die theologische Methode schrieb K. Rahner Bezug nehmend auf unsere Zeit: „Zum ersten Mal in der theologischen Geschichte des Geistes, ist die Theologie nicht nur historisch eingeschränkt, sondern auch sowohl ihrer Begrenztheit als auch ihrer Unfähigkeit diese zu verhindern bewusst" („Betrachtungen über die theologische Methode" (1969), in: *Schriften zur Theologie, Band* 9). Rahner ist vielleicht etwas großzügig im Hinblick auf diese Anerkennung, aber es stimmt durchaus, dass wichtige Schritte in diese Richtung getan wurden.

Die Herausforderung der Armut

Die Behauptung der Theologie der Befreiung und anderer Reflexionen über die christliche Botschaft, die vom Universum der sozialen Unbedeutendheit ausgehen, welche die Rede über den Glauben zu erkennen vermag und in gewisser Weise, die Beziehung zur Geschichte der Menschheit und zum alltäglichen Leben hervorhebt, bedeutet – unter Berücksichtigung der Herausforderung durch die Armut – eine wichtige Veränderung in der theologischen Arbeit. Tatsächlich haben wir über lange Zeit die Armut im Fächerregal der sozialen Probleme beheimatet betrachtet. Heute haben wir eine komplexere und tiefere Wahrnehmung. Ihr unmenschlicher und dem Evangelium fern gelegener Charakter – wie Medellín und Puebla behaupten – letztendlich ihre zum frühen und ungerechten Sterben verurteilte Beschaffenheit, lassen mit aller Klarheit die Realität der Armut als ein menschlich globales Problem erscheinen und deswegen als Herausforderung gegenüber einem Leben nach dem Evangelium und dessen Verkündigung. Es handelt sich um ein theologisches Problem. Die Option für den Armen wird sich dieser Situation bewusst und bietet einen Weg an, um die Angelegenheit zu betrachten.

Wie alle Herausforderungen, denen sich der Glaube zu stellen hat, ist die Situation des Armen hinterfragend und bietet gleichzeitig Elemente und Kategorien an, die es ermöglichen, neue Wege im Verständnis und in der Vertiefung der christlichen Botschaft zu gehen. Es ist unbedingt wichtig, die Vorder- und Kehrseite einer jeden Hinterfragung präsent zu haben. Die theologische Arbeit besteht darin, unabhängig von ihrer Radikalität, diese Herausforderungen von Angesicht zu Angesicht zu betrachten. Sie muss die Zeichen der Zeit in denen sie geborgen sind, erkennen und den neuen Rahmen der Glaubensinterpretation im Licht des Glaubens unterscheiden, um den Glauben zu denken und über Gott zu den Menschen unserer Tage zu reden.

Aus dieser Perspektive heraus spielt die Option für den Armen eine wichtige Rolle in der theologischen Reflexion. Die Theologie ist klassisch gesprochen *fides quaerens intellectum*, Glaube, der vernünftige Einsicht sucht. Jon Sobrino forderte uns auf, dies als eine Vernunft der Liebe für die Armen (*intellectus amoris*) in der Geschichte zu verstehen[12]. Da der Glaube nach Paulus in der Liebe wirksam wird (vgl. Gal 5,6), handelt es sich um eine Reflexion,

---

[12] „Theologie in einer vom Leid gezeichneten Zeit: die Theologie der Befreiung als *intellectus amoris*", in *Revista Latinoamericana de Teología* 15 (1988) 243–266. Vgl. auch die die Bemerkungen von C. Boff, *„Retorno à arché da teologia"*, in *Sarca ardente. Teologia na America Latina. Prospectivas* (Sao Paulo, Paulinas, 2000) 175–177).

die versucht, die Wege eines Volkes sowohl in ihrem Leiden, in seinen Freuden, seinen Entscheidungen, seinen Enttäuschungen und Hoffnungen mitzugehen als auch in seinem Bemühen sich des sozialem Universum in dem es lebt, bewusst zu werden und in seiner Entschiedenheit seine eigene soziale Tradition besser kennen zu lernen. Eine theologische Sprache, die das ungerechte Leiden nicht berücksichtigt und nicht laut das Recht aller und eines jeden zur Freude verkündet, wird keine Tiefe erhalten und verrät den Gott, von dem man sprechen möchte, ausgerechnet den Gott der Seligpreisungen.

Letztendlich ist jede Theologie eine Hermeneutik der Hoffnung, es ist die Vernunft der Motive, die wir haben, um zu hoffen. Die Hoffnung ist an erster Stelle eine Gabe Gottes, so erinnert uns Jeremias daran, wenn er die Botschaft Gottes vermittelt: „Denn ich, ich kenne meine Pläne die ich für euch habe – Spruch des Herrn –, Pläne des Heils (hebräisch: *shalom)* und nicht des Unheils, denn ich will euch eine Zukunft und eine Hoffnung geben" (29,11). Diese Gabe anzunehmen, öffnet den Nachfolger Jesu für die Zukunft und für das Vertrauen. Die theologische Arbeit als eine Auffassungskraft der Hoffnung zu betrachten, stellt größere Ansprüche wenn man von der Situation des Armen und der Solidarität mit ihm ausgeht. Es ist keine leichte Hoffnung, auch wenn sie so zerbrechlich erscheinen mag. Dennoch ist sie fähig in einer Welt der sozialen Unbedeutendheit, in der Welt des Armen Wurzeln zu schlagen und sich inmitten schwieriger Situationen zu entzünden und lebendig und kreativ zu bleiben. Trotzdem bedeutet hoffen nicht warten, die Hoffnung muss uns vielmehr dazu führen, aktive Gründe für die Hoffnung zu suchen. Wir wollen noch betonen, dass es sich nicht um ein Erlebnis handelt, das strikt genommen, mit einer historischen Utopie oder einem sozialen Projekt zu verwechseln ist, aber sie setzt diese voraus und erzeugt diese, insofern sie den Willen eine gerechtere und geschwisterliche Gesellschaft zu bauen zum Ausdruck bringen.

Nach Paul Ricoeur entsteht die Theologie an der Schnittstelle eines „Raumes der Erfahrung" und eines „Horizontes der Hoffnung". Das ist der Raum, in dem Jesus uns einlädt, ihm in einer Erfahrung der Begegnung mit dem Anderen zu folgen, vor allem mit den Kleinsten seiner Brüder und Schwestern, in der Hoffnung, dass wir uns im Horizont des Dienstes am Nächsten und im Dienst der Gemeinschaft für alle gläubigen oder nicht gläubigen Menschen zur Begegnung öffnen, in Gemeinschaft mit dem Herrn, wie das Evangelium berichtet (vgl. Mt 25, 31–46)[13].

---

[13] Zu diesem Kapitel des Evangeliums, vgl.: G. Gutiérrez, „Donde está el pobre está Jesucristo", in *Páginas* Nr. 197 (Februrar 2006).

Ein prophetisches Wort

Die vorrangige Option für den Armen ist eine wesentliche Komponente der prophetischen Verkündigung des Evangeliums, die ein Bindeglied zwischen der selbstlosen Liebe Gottes und der Gerechtigkeit bildet. Ein wichtiger Aspekt darin ist die Tatsache, dass die Ausgeschlossenen Träger ihres eigenen Zieles sind.

Evangelisierung und Kampf für die Gerechtigkeit

Es ist unmöglich in die Welt des Armen einzutreten, der eine menschenunwürdige Situation der Ausgeschlossenheit lebt, und die Verkündigung der guten Botschaft, die befreit und zur Humanisierung beiträgt, nicht wahrzunehmen und deswegen Träger einer Forderung nach Gerechtigkeit ist. Ein zentrales Thema in der prophetischen Tradition des Alten Testaments, das wir als ein zusammenfassendes Gebot mitten in der Bergpredigt wieder finden und das dem Leben des Gläubigen Sinn gibt, lautet: „Euch muss es zuerst um sein Reich und um seine Gerechtigkeit gehen" (Mt 6,33).

Die Herzmitte der Botschaft Jesu ist die Verkündigung der Liebe Gottes die in der Ankündigung des Reiches Gottes zum Ausdruck kommt. Das Reich Gottes gibt der Geschichte der Menschheit weit über sich selbst und ihr Ziel hinaus Sinn; gleichzeitig ist es schon jetzt mitten in ihr gegenwärtig. Von seiner „Nähe" berichtet uns das Evangelium. Diese doppelte Dimension, auf welche die Gleichnisse über das Reich Gottes hinzielen, kommen in der klassischen Formel des „schon und noch nicht" zum Ausdruck. Schon gegenwärtig, aber nicht vollkommen. Deswegen offenbart sich das Reich Gottes als eine Gabe, eine Gnade, eine Aufgabe, eine Verantwortung.

Das Leben der Jünger Jesu stellt sich im Rahmen der Beziehung zwischen Gabe und geschichtlicher Verantwortung für Momente spannungsvoll, aber immer fruchtbar dar; ebenso das Reden über Gott und sein Reich, das wir im Glauben aufnehmen. Der Abschnitt der Seligpreisungen aus dem Matthäusevangelium enthält die Zusage des Reiches für alle die in ihrem alltäglichen Leben die ihnen geschenkte Gabe annehmen und zu Jünger Jesu werden. Das Reich Gottes wird in den Evangelien in vielgestaltiger Weise, in Ausdrucksformen und Bildern eines großen biblischen Reichtums betrachtet: die Erde, der Trost, die Sättigung, die Barmherzigkeit, die Schau Gottes, die Gotteskindschaft. Das dominierende Merkmal dieser Begriffe ist das Leben, das Leben in allen seinen Aspekten. Andererseits ist die Wesensart des Jüngers insbesondere in der ersten Seligpreisung zu erkennen: Arme im Geist; die anderen sind nur Nuancierungen derselben. Die Jünger sind jene, welche die Zusage des Reiches Gottes sich zu eigen machen, indem sie ihr Leben in die Hände Gottes legen. Die Anerkennung des Reiches Gottes macht sie gegenüber allen anderen Gütern frei. Sie bereitet sie für die evangelisierende Sendung vor. Dazu gehört der in Jerusalem durch den Apostel Paulus empfangene Rat: „an ihre Armen denken" (Gal 2,10).

Welche Stellung nimmt der Aufbau einer gerechten Welt in der Verkündigung des Reiches Gottes ein? Betrachtet man in einer Rückschau die Entwicklung dieser Beziehung innerhalb der Theologie und in der Lehre der Kirche in den letzten Jahrzehnten, dann ist eine interessante Fortentwicklung festzustellen, die sich immer einheitlicher zeigt, auch wenn es sich um eine komplexe Einheit handelt, ohne leichte Verwirrungen. Um die Mitte des letzten Jahrhunderts unterschied Y. Congar zwei Sendungen der Kirche: die Verkündigung des Evangeliums und, abgeleitet von ihr, die zeitliche Beseelung (im umfassenden Sinn einer Sache eine Seele zu geben). Das war ein Schritt nach Vorne gegenüber Theologien, welche die Evangelisierung und die soziale Förderung als getrennte Seiten behaupteten. Die Position von Congar war von großer Bedeutung und findet sich ebenfalls in verschiedenen Dokumenten des II. Vatikanischen Konzils wieder. Verschiedene Faktoren haben aber die Bedeutung der Reichweite der Evangelisierung für die Geschichte der Menschheit und das soziale Leben beschleunigt.

In der nachkonziliaren theologischen Reflexion wurde mehrfach auf die Präsenz der christlichen Botschaft im öffentlichen Bereich hingewiesen und auf die Relevanz der Glaubensverkündigung aus der Perspektive der Kehrseite der Geschichte, aus der Perspektive der Ungerechtigkeit in der Welt und der sozialen Ausgrenzung, in der die Armen leben. Selbstverständlich spiegelten sich diese Sorgen und Ansichten in verschiedenen Texten der Lehre der Kirche wieder. Medellín (1968) sagte, dass Jesus dazu gekommen sei, um uns von den Sünden zu retten. Die Folgen der Sünde sind Knechtschaft verschiedenster Art, die in der Ungerechtigkeit zusammengefasst sind (vgl. *Justicia* 3). Kurz danach bekräftigte die römische Synode über die *Gerechtigkeit in der Welt* (1971), dass die Sendung der Kirche „den Schutz und die Förderung der Würde der Menschen und der grundlegenden Rechte menschlichen Lebens" beinhaltet (Nr. 37).

Paul VI. drückte sich folgendermaßen im synodalen Text über die Evangelisierung aus: „Darum fordert die Evangelisierung eine klar formulierte Botschaft, (...) über die Rechte und Pflichten jeder menschlichen Person, über das Familienleben, über das Zusammenleben in der Gesellschaft, über das internationale Leben, den Frieden, die Gerechtigkeit, die Entwicklung; eine Botschaft über die Befreiung, die in unseren Tagen besonders eindringlich ist“ (*Evangelii nuntiandi* (1974) 29). In der Eröffnungsansprache in Puebla (1979) behauptete Johannes Paul II., angeregt durch das Gleichnis des Samariters, dass der evangelisierende Auftrag der Kirche „die Förderung der Gerechtigkeit und der menschlichen Würde als eine unerlässliche Aufgabe“ (III,2) zu betrachten sei. Diese Bestätigung wird auf mehrere Dokumente dieser Versammlung Einfluss ausüben[14].

Wie man erkennen kann, haben die Begriffe über die evangelisierende Sendung der Kirche an Präzisierung gewonnen und es wurde eine globale und einheitliche Einsicht erreicht. Die durch Jesus verkündete frohe Botschaft – der oftmals in den Evangelien als Prophet bezeichnet wird – gewinnt ihren prophetischen Charakter zurück, welche die Liebe Gottes zu jeder Person – insbesondere gegenüber den Kleinen und Unterdrückten – proklamiert und aus diesem Grund energisch die Ungerechtigkeit im Verhalten gegenüber dem Armen, nicht nur auf persönlicher Ebene, sondern auch in gewisser Weise im sozialen Bereich verurteilt.

Die Förderung der Gerechtigkeit ist in wachsender Weise zu sehen als wesentlicher Bestand der Verkündigung des Evangeliums. Sie ist nicht – das ist klar – die gesamte Evangelisation, aber sie ist auch nicht nur an der Schwelle der Verkündigung der guten Nachricht verortet; es handelt sich nicht um eine Vorstufe der Evangelisierung, wie einmal behauptet wurde. Sie ist Teil der Verkündigung des Reiches Gottes, auch wenn sich ihr Inhalt nicht erschöpft. Es war nicht einfach, zu diesem Ergebnis zu kommen, aber es wird deutlich, dass die derzeitige Formulierung sowohl verarmende Verkürzungen als auch mögliche Verwirrungen meidet.

Baumeister ihres Schicksals

Die Solidarität mit den Armen wirft eine wesentliche Forderung auf: die Anerkennung ihrer vollen menschlichen Würde und ihrer Beschaffenheit als Töchter und Söhne Gottes. Auf jeden Fall wächst unter den Armen die Über-

[14] Zitieren wir zwei Beiträge Johannes Paul II. im Zusammenhang mit Lateinamerika: In Kuba 1998: „Es ist notwendig, weiterhin darüber zu sprechen, solange in der Welt Ungerechtigkeit herrscht, so gering sie auch sein mag, andererseits wäre die Kirche dem Sendungsauftrag Jesu nicht treu“ (Homilie am 25. Januar). In einer Ansprache an die Bischöfe aus Honduras (eines der ärmsten Länder des Kontinents): „Es darf nicht vergessen werden, dass die Sorge um das Soziale ein Teil der evangelisierenden Sendung der Kirche ist“ (2001).

zeugung, die ihnen wie allen Menschen zu eigen ist, dass sie die Zügel ihres Lebens in die Hand nehmen müssen. Die Kirche hat mit Johannes XXIII., dem II. Vatikanischem Konzil und Medellín einen wichtigen Schritt auf dieser Marschroute unternommen, sie hat Verpflichtungen inspiriert, wichtige Entscheidungen herbeigeführt, Wege gebahnt; einige wurden gesperrt oder eingeschränkt, andere neu eröffnet.

Die Tatsache, Baumeister ihres Schicksals zu sein, ist kein theoretisches Postulat oder ein rhetorisches Element, sondern eine verpflichtende, schwierige und mühevolle Erfahrung. Sie ist darüber hinaus dringend, wenn man berücksichtigt, dass in Lateinamerika heutzutage – nach einer langen Phase der Unterdrückung der Volksorganisationen – versucht wird, eine gewisse Skepsis zu verbreiten, um z. B. im Zusammenhang mit den Möglichkeiten der Armen gegenüber neuen Realitäten, der Globalisierung, der internationalen wirtschaftlichen Situation, der einseitigen Politik und dem Militär eine radikale Richtungsänderung als notwendig erklärt. Das hat aber die geschlagene und unterdrückte Perspektive vieler Armen nicht daran gehindert, weiterhin und auf neuen Wegen präsent zu sein.

Es gibt kein solidarisches Engagement für die Armen, wenn sie nur als passive Hilfeempfänger betrachtet werden. Der Respekt vor ihrem Zustand als Träger ihres Schicksals, ist eine unerlässliche Bedingung für eine genuine Solidarität. Deswegen geht es nicht um den Vorsatz der Umkehr zur „Stimme derjenigen ohne Stimme“ zu werden – außer in äußerst gravierenden Fällen und für kurze Zeit –, sondern darum, dazu beizutragen, dass diejenigen die heute keine Stimme haben, diese auch erhalten[15]. Das erfordert auch das notwendige Schweigen, wenn ein Wort darum kämpfen muss, sich Gehör zu verschaffen. Für jeden Menschen ist die Tatsache, Träger seiner eigenen Geschichte zu sein, ein Ausdruck seiner Freiheit und Würde, Ausgangspunkt und Quelle einer authentischen menschlichen Entwicklung.

Die Unbedeutenden der Geschichte waren – und sind es zum großen Teil immer noch – die Schweigenden in der Geschichte.

Dazu ist es wichtig darauf hinzuweisen, dass die Option für den Armen nicht etwas ist, das allein diejenigen tun können, die nicht arm sind. Die Armen selbst sind aufgefordert, sich an erster Stelle für die Unbedeutenden und Unterdrückten einzusetzen. Viele tun dies, aber es ist auch festzustellen, dass nicht

[15] Msgr. Romero sagte, dass die Befreiung erst dann erreicht wird, wenn die Armen „Akteure und den Kampf um ihre Befreiung selbst in die Hand nehmen, indem sie auf diese Weise die tiefsten Wurzeln falschen Paternalismus selbst innerkirchlich demaskieren“ (2. Februar 1980).

alle sich für die Schwestern und Brüder ihrer Rasse, ihrer Gattung, ihrer sozialen Klasse und Kultur engagieren. Sie leben – wie alle anderen auch – unter dem Druck der Umgebung, der individualistische Ziele und Leichtfertigkeit vorschlägt und keine Solidarität verdient. Den Pfad, den sie einschlagen, um sich mit den Letzten der Gesellschaft zu identifizieren, wird ein anderer sein als der, den Menschen anderer sozialen Schichten einschlagen, aber durchaus notwendig und wichtig, damit sie Subjekte ihres eigenen Schicksals werden.

Die ersten Schritte im Hinblick auf die Armen als Träger ihres Schicksals auf der sozialen Ebene hat ihre kirchliche Korrelation in der Entstehung der christlichen Gemeinschaften bzw. Basisgemeinschaften. Hier handelt es sich um weit mehr als um eine einfache zeitliche Übereinstimmung, denn die Gemeinschaften sind Teil eines größeren historischen Prozesses, ohne den ein Verständnis für ihr Aufkommen schwierig ist. Die Kirche lebt nicht in einer anderen historischen Zeit, sie besteht aus Menschen, die zu verschiedenen sozialen und kulturellen Welten gehören und mit Personen, anderen menschlichen und spirituellen Horizonten zusammenleben.

Aus diesem Grund legen sowohl die christlichen Gemeinschaften als auch die theologische Arbeit auf dem Kontinent großen Wert darauf, den Armen als Träger und nicht nur als Adressaten des Evangeliums zu betrachten. Damit verbunden ist das Recht des Armen, seinen Glauben zu denken und seine Hoffnung auszudrücken. Das ist eine Perspektive die aus den Erfahrungen der lokalen lateinamerikanischen Kirchen stammt. So erkennt es auch Puebla an: „Das Engagement für die Armen und Unterdrückten und die Entstehung der Basisgemeinschaften haben der Kirche geholfen, das evangelisierende Potential der Armen zu erkennen“ (Puebla, 1147)[16].

Dabei handelt es sich um wesentliche Erfahrungen, die Medellín bestätigt und bekräftigt hatte und die uns daran erinnern, dass die Jüngerschaft im Teilen in Gemeinschaft gelebt wird.

Wir haben diese drei Dimensionen (spirituelle, theologische und evangelisierende) von der vorrangigen Option für den Armen getrennt, um uns einzeln mit ihnen zu befassen und dadurch ihr eigenes Profil zeichnen zu können. Es ist offensichtlich, dass sie durch eine Trennung an Eigenschaften ver-

---

[16] Die unmittelbare aber vielleicht nicht einzige Quelle für diesen Text, war ein Beitrag der Peruanischen Bischofskonferenz in Puebla. Der Abschnitt, der dem Thema „Der Arme in Lateinamerika als Adressat und Träger der Evangelisierung“ gewidmet ist, meint den Prozess den die Kirche gegangen ist, um „das evangelisierende Charisma der Armen und Unterdrückten zu erkennen und zu schätzen“ (Beitrag der Peruanischen Bischofskonferenz, Nr. 435–441, Zitat aus Nr. 435).

lieren und verarmen. Sie vernetzen und nähren sich gegenseitig. Werden sie als eigenständige Teile betrachtet, verlieren sie an Sinn und Kraft.

Die vorrangige Option für den Armen gehört zur Nachfolge Jesu, einer Lebensform derer, die „nach dem Geist leben“ (Röm 8,4), der der menschlichen Existenz den letzten Sinn schenkt und in dem wir nach der Hoffnung fragen, die uns erfüllt (vgl. 1 Pe 3,15). Er hilft uns dazu, die Einsicht des Glaubens als eine Hermeneutik der Hoffnung zu sehen, eine Interpretation, die in unserem Leben und in der Geschichte ständig erneuert werden muss und Gründe der Hoffnung schmieden soll. Er hilft uns, die geeigneten Wege zu einer prophetischen Verkündigung des Reiches Gottes zu finden, respektvoll und Gemeinschaft stiftend, in Geschwisterlichkeit, in der Anerkennung der Gleichheit zwischen den Personen und in Gerechtigkeit.

In der Fortsetzung und in schöpferischer Kontinuität mit Medellín, Puebla und Santo Domingo, wird die Versammlung die in Aparecida/Brasilien stattfinden wird, das Thema der Jüngerschaft in den neuen und alten Bedingungen, die in Lateinamerika und in der Karibik gelebt werden, überdenken müssen. Die Kirche muss ebenso wie der Samariter unaufhörlich von ihrem Weg auf der Suche nach dem Reich Gottes und der Gerechtigkeit abweichen, die Solidarität mit den Ärmsten üben und die Nähe zu ihnen erneuern. Genauso wie der Schriftgelehrte der zum Jünger wurde, muss „das Alte und das Neue“ aus seinem Schatz herausgeholt werden (vgl. Mt 13,52). Das Alte und das Neue.

Aus dem Spanischen übersetzt von Maria Luisa Öfele

Die menschliche Existenz als Ansatzpunkt einer Theologie der Religionen?

von Wolfgang W. Müller

Verschiedene Ansätze traditioneller Dogmatiken versuchen die innere Stringenz des christlichen Glaubens nachzuweisen. Sie haben, unter formalem Aspekt, eine binnentheologische Struktur. Angesichts der geistesgeschichtlichen Umbrüche erhält heute die Frage nach einer Theologie der Religionen in systematischen Entwürfen einen hohen Stellenwert. Die Debatte um eine ‚Theologie der Religionen' hat mit den Äußerungen des Lehramtes zu Fragen solcher einer gesuchten Theologie der Religionen eine neue Reflexionsstufe erhalten, die in der aktuellen Diskussion zu beachten ist. Im Folgenden werden kurz die systematischen Entwürfe von Hans Urs von Balthasar und von P. Jacques Dupuis SJ vorgestellt und es wird gefragt, welche Inhalte diese beiden theologischen Positionen zur gegenwärtigen Debatte beitragen können. Es soll gezeigt werden, dass die gesuchte Theorie einer christlichen Theologie der Religionen ihren Ansatzpunkt beim Bedenken der menschlichen Existenz zu nehmen hat.

I. Hans Urs von Balthasar

Es kann sich hier keineswegs um eine ausführliche Darstellung der Thematik im Œuvres von Hans Urs von Balthasar (1905–1988) handeln. In gebotener Kürze wird versucht, den Leitlinien seiner Behandlung der Frage nach dem Stellenwert nichtchristlicher Religionen in seinem Wer nachzugehen.[1] Das Christusereignis kann nur aposteriorisch im Glauben erkannt werden. ‚Glaubhaft ist nur die Liebe'. Das Herabkommen des göttlichen Logos kann

---

[1] Siehe dazu auch: Karl-Heinz Menke: Einziger Erlöser aller Menschen? Die Heilsuniversalität Christi und der Kirche bei Hans Urs von Balthasar. In: Magnus Striet/Jan Heiner Tück (Hg.): Die Kunst Gottes verstehen. Freiburg i. Br./Basel/Wien: Herder, 2005, 146–180; Bernhard Uhde: ‚Si enim comprehendis, non est Deus' – ‚Begreifst du, so ist es nicht Gott' oder die Bedeutung der Theologie des Hans Urs von Balthasar für das interreligiöse Gespräch. In: Walter Kasper (Hg.): Logik der Liebe und Herrlichkeit Gottes. Hans Urs von Balthasar im Gespräch. Ostfildern: Grünewald, 2006, 423–432.

weder in einer anthropologischen Sichtweise ganz erfasst werden, noch ist es kosmologisch zu konzipieren. Die Heilsbedeutung Jesus Christus lässt sich in zwei Begriffen denkerisch einholen. Einerseits gilt es, das Moment des Personalen zu bedenken. Von Balthasar geht vom Begriff der Freiheit aus. Die Freiheit eines Du und all seiner interpersonalen Beziehungen richtet sich auf eine andere Freiheit aus. Andererseits gebraucht er die Kategorie des Ästhetischen: Das Ästhetische meint die Erkenntnis der Unauslotbarkeit des anderen und verbindet sie mit der Zustimmung zu dessen souveräner Notwendigkeit. Das Personale und das Ästhetische müssen, um adäquat vom Christusereignis reden zu können, auf das Eine und Unfassbare der göttlichen Liebe und Herrlichkeit hin überstiegen werden. Nur eine Erblickungslehre, die der theologische Entwurf der ‚Herrlichkeit' bietet, kann das je größere Geheimnis der göttlichen Liebe zeigen, wie es sich in Jesus Christus geoffenbart hat. Jesus Christus ist die Liebe, die Gott uns Menschen zugesprochen hat. In der Schau der Herrlichkeit zeigt sich die universale Geltung dieser einzigartigen Gestaltung und die Kenose der göttlichen Liebe. Alle Handlungen Christi sind nur aus seinem ‚Sohnesgehorsam' zu begreifen. Die kenotische Struktur manifestiert sich im Letzten im Kreuz Christi. Inkarnation und Kreuz verstehen sich als Gehorsamstat. Das Kreuz als Selbstentäußerung in der Welt und für die Welt offenbart die Liebe Gottes. Die Hoheit Jesu ist Erscheinung der Kenosis der Herrlichkeit Gottes in die Unfreiheit (den Gehorsam) der Sklavengestalt. Diese Unfreiheit (vgl. Joh 6,38) muss in ihrem Kreuzesernst und zugleich als Folge der freien Liebe (Joh 10,18) verstanden werden, einer freien Liebe, die von Balthasar als kenotisch charakterisiert und trinitarisch begründet wird. Das Bedenken der Exousia Christi wie der radikalen Armut und Verlassenheit Jesu findet eine Auflösung im trinitarischen Mysterium. Von Balthasar geht von der Präexistenz Christi aus, die alleine die volle Wahrheit der irdischen Erscheinung Christi (bis zum Kreuz) sein kann. Die trinitarisch begründete Christologie weist den Platz der Menschen auf: In der Kenose des Gottessohnes wird die innerste Mitte göttlicher Liebe offenbar. Das Menschsein ist in dieses Geschehen der dreieinen Liebe aufgenommen. So wird dem Menschen Raum gegeben, er wurzelt in Gott. Die Gehorsamstat Christi, sein Leben und Tod, steht stellvertretend für die Erlösungstat Gottes. Die Schau dieser Herrlichkeit erschließt sich dem Menschen im Glauben an Jesus Christus.[2] Evidenz und Plausibilität des Christusereignisses liegen ganz auf

[2] Hans Urs von Balthasar: Herrlichkeit. Eine theologische Ästhetik. Bd. 1. Einsiedeln: Johannes Verlag, 1961, 424–450 (= H). Weitere Werke von Balthasars werden wie folgt zitiert (und abgekürzt): Theologie der Geschichte. Ein Grundriss. Einsiedeln: Jo-

Seiten Gottes. Nur als Selbsterweis Gottes ist die Herrlichkeit rational fassbar; ihre Evidenz leuchtet im Glaubensakt (als Höchstform) des Individuums ganz ein. Ausgangspunkt ist die seit der Aufklärung virulente Frage, wie ein historisches Ereignis universale Geltung beanspruchen kann. Wie ist das in Jesu Leben, Sterben und Auferstehen Geschehene göttliches Offenbarungshandeln und damit heilsrelevant? Von Balthasar legt das biblische Offenbarungsgeschehen dramatisch aus, d. h. durch das Geschichtshandeln Gottes in Jesus Christus ist eine Situation entstanden, die ein Aufeinandertreffen von göttlicher und menschlicher Freiheit denken lässt. Da keine der beiden Freiheiten der Mitspielenden herabgesetzt oder eliminiert werden darf, kommt es zu einem dramatischen Wechselspiel. Es kann bei diesem Gang der Geschichte jedoch nicht zu einem Überspielen der göttlichen und/oder menschlichen Freiheit kommen. Das eigentliche Handeln Gottes in übernatürlicher Gnadenfreiheit ist als eine Besinnung auf die natürliche geschöpfliche Freiheit zu verstehen. Wie in dem großangelegten Entwurf der Ästhetik wird die menschliche Freiheit als in der göttlichen Freiheit gründend gedacht. Die menschliche Freiheit hat ihren Ursprung somit nicht nur in Gott, sondern wird von Gott grundsätzlich bejaht. Das geschichtliche Leben der Menschen findet sich in einer ‚paradoxalen' Grundverfassung wieder, das Absolute muss sich in das Relative, Vergängliche einprägen. Die Erfüllung dieses absolut Gesollten ist aber aus eigener Kraft seitens der Menschen nicht zu erbringen. Die Zuspitzung des Dramas zwischen Gott und Mensch findet seinen Höhe- und Schlusspunkt im Christusereignis. Gottes Antwort auf die Aporie der beiden Freiheiten erfolgt dramatisch, insofern Gott selbst sich die tragischen Aporien der menschlichen Existenz durch Jesus Christus zu eigen macht. Diese Tat entsteht aus freiem Entschluss und in unendlicher Liebe. In der göttlichen Lebensfülle erweist sich die ganze Liebe Gottes zu uns Menschen. Das Christusereignis in seiner soteriologischen Bedeutung entfaltet das Mysterium der göttlichen Dreieinigkeit. In dem zwischen Vater und Sohn waltenden unendlichen Abstand, der vom Hl. Geist zugleich offen gehalten wie überbrückt wird, lassen sich alle Abstände der endlichen Welt einfangen (ThD III, 301, vgl. ThD II/2, 20). Durch die Gottverlassenheit Christi, durch Christi Leiden und Sterben am Kreuz erweist sich die rettende Liebe Gottes. Das soteriologische Ereignis des Lebens, Leidens, Todes und der Auferstehung Jesu Christi als ‚universale concretum' versteht die theologisch zentrale Kategorie der Stell-

---

hannes Verlag, 6. erw. Aufl. 2004, 9–112 (ThG); Theodramatik. Einsiedeln: Johannes Verlag, 1976 (ThD + Bandnr.); Das Ganze im Fragment. Einsiedeln [2]1990 (=GF)

vertretung auf dem ontologischen Hintergrund der Analogia-entis-Lehre.[3] In der Sekundärliteratur wird nachgewiesen, dass die Stellvertretung in der Entsprechungslehre aufgipfelt.[4] Christus kann „die konkrete Analogia entis genannt werden, da in sich selbst, in der Einheit seiner göttlichen und menschlichen Natur das Maßverhältnis für jeden Abstand zwischen Gott und Mensch bildet" (ThG, 53). In Leben, Leiden, Tod und Auferstehung realisiert sich in analoger Weise die Kundgabe der Liebe Gottes in/zu der Welt. Jesus Christus ist als die personalisierte analogia-Entis zu sehen, da Christus seine Freiheit in dieser Zustimmung realisiert. Die analogia entis ist letztlich eine analogia libertatis, da diese Entsprechung nicht nur die freie menschliche Tat („Gehorsam") voraussetzt, sondern ebenso die freie Selbstkundgabe Gottes. Am Kreuz manifestiert sich die Ohnmacht der Liebe Gottes.

Balthasars Christologie ist geschichtlich verfasst. Jesus Christus ist als die „Mitte der Offenbarungsgestalt" zu verstehen (H I, 445–450). Die Bezeichnung der Mitte ist für unsere Thematik von Interesse, insofern sie erkennen lässt, dass die geschichtliche Offenbarung Gottes in Jesus Christus „Umkreise" hat, die zum Ganzen der Offenbarungsgestalt gehören (H I, 445). Der geschichtliche Jesus manifestiert sich in einer kontemplativen Schau als „innere Stimmigkeit, Proportion und Harmonie zwischen Gott und dem Menschen" (H I, 459). Das stimmige Bild des historischen Jesus von Nazaret ist nur die eine Seite der objektiven Evidenz. Die damit untrennbar verbundene andere Seite ist, dass sie sich in der Gestalt des Christus des Glaubens auszuprägen hat. M.a.W.: Kraft des Hl. Geistes sind Jesus der Geschichte und Christus des Glaubenskerygmas eins (vgl. H I, 472). Die Gestalt Christi soll nicht „aus einer herrlichen Isolation die Welt in Erstaunen" versetzen (H I, 506), sondern sich den Menschen mitteilen und einprägen. Die Überlegungen zeigen, dass Jesus Christus als das ‚universale concretum' die absolute Einmaligkeit in der gottmenschlichen Heilsbeziehung zukommt.

Dieser Vorgang der Einprägung vollzieht sich durch vermittelnde (wiederum) gestalthafte Größen, die zum Offenbarungsgeschen gehören. Dieser Umkreis umfasst zunächst den alten Bund und die Kirche. In einem weiteren Verständnis können, in einer geschichtlichen Schau, die anderen Religionen dazu gerechnet werden. Vorerst werden nun der alte Bund und die Kirche im Blick auf unsere Thematik betrachtet.

---

[3] Jesus Christus „selber ist konkrete, persönliche und historische Idee, universale concretum et personale" (ThG, 69).

[4] Bei Balthasar bereits in: ThG, 17–23.

Das Verhältnis zwischen altem und neuem Bund muss stets dialektisch gedacht werden (ThD II/2, 336). Die Geschichte des alten Bundes ist bereits „sowohl historisch wie im prophetischen Sinn“ (ThG, 49) mit dem Schicksal der Heiden verbunden. Israel steht mit Ägypten und Assur in einer eschatologischen Schicksalsgemeinschaft. So ist der Heide Hiob „vielleicht die tiefste und direkteste Prophetie des Kreuzes“ (ThG, 49). Im alten Bund beginnt die Heilsgeschichte im engeren Sinn, die die klaren und feststellbaren Verheißungsbilder liefert. Der alte Bund steht im Verhältnis der Verheißung zur Erfüllung (ThG 49) und seine gesamte Heilsgeschichte ist in das Christusgeschehen eingeschrieben. Der Gedanke einer „Entwicklung der Offenbarung“ (GF, 196) denkt die Präsenz des lebendigen Gottes im alten Bund, dessen Gegenwart sich im neuen Bund vertieft (vgl. ebd.). Die Botschaft des alten Bundes ist innerlich zeitbedingt, denn die Fülle des Heils (vgl. Eph 1,23), das in der Kirche angebrochen ist, kann nicht überboten werden. Theologisch betrachtet versteht von Balthasar den alten Bund als eine „Erziehung des Judengeschlechts aus dem Schoß der mythischen Religionen zu einem Leben im Raum des lebendigen, heiligen Gottes“ (GF, 197). Der alte Bund hört geschichtlich gesehen nicht auf. Es stellt sich die Frage, wie diese Dialektik überwindbar ist. Die Fortdauer Israels nach dem Christusereignis ist von der alttestamentlichen, messianischen-geschichtlichen Entwicklung her bestimmt. Diese Sicht verleiht Israel eine „dynamische Öffnung“, die von einem transzendierenden, absoluten Glauben an innere Vollendbarkeit von Mensch und Welt gebunden ist (vgl. GF 180). Diese Messianität wird dem Christentum gegenüber immer eingefordert. In der „gegenseitigen Anschuldigung den biblischen Glauben verraten zu haben, vollendet sich das theologische Mysterium der ‚Eifersucht‘, zwischen Juden und Heiden, dessen Verantwortung Gott selber aufgebürdet wird (Röm 10,19 [GF 197])“. Die Sichtweise der Beziehung zwischen Christentum und Israel in der paulinischen Perspektive des Römerbriefs lässt die dialektische Grundspannung beider Größen sichtbar werden. Die letzte Fülle, die der Kirche verheißen ist, wird nicht erlangt sein, bevor nicht „ganz Israel gerettet ist“ (ebd.).

Der geschichtliche Charakter der Heilsgeschichte stellt von sich aus die Frage nach dem Stellenwert der anderen Religionen im Denken von Balthasars. Im Blick auf die Urgeschichte ist von einer Periode der „Indifferenz und Ungeschiedenheit zwischen den Menschen angesichts Gottes und seiner universalen Vorsehung“ auszugehen (ThD II/2, 369). Der Geschichtsverlauf seit Abraham ist bei aller inneren Wandelbarkeit durch den Gegensatz Erwählung (=Israel) und Nichterwähltsein der Völker bestimmt. Der weiter oben bereits erwähnte Gedanke einer Entwicklung der Offenbarung „reitet auf dem Gesamtverlauf der Kulturen“ (GF, 196). Dieser Entwicklungsgedanke kann nicht nur als eine Verdichtung der Präsenz des lebendigen Gottes betrachtet werden, sondern ebenso unter dem Aspekt der Heilsgeschichte, in der die Offenbarung gleichsam stillsteht und „wartet, bis die fortschreitende Reflexion die Tiefen und Folgerungen des je schon Gesetzten adäquater erfasst“ (GF, 196). Besteht der theologische Sinn der Zeit der Kirche darin, die Auswirkung der kirchlichen Präsenz Christi in der Weltgeschichte zu manifestieren, dann richtet sich die damit verbundene Universalität auf die innere Ausrichtung der Welt und ihrer Geschichte auf das „Magnetzentrum des Gottessohnes“ (GF, 197). Die Ausstrahlung und Realisierung dieses kirchlichen Auftrags gehört zum „Lichtauftrag Christi“ (GF, 198), der an die Apostel weitergegeben wurde. Diese Ausstrahlung ist nur möglich, wenn das „Strahlzentrum dauernd aktiv und lebendig bleibt“ (GF, 199).

Die neutestamentliche Situation geht im Blick auf die Völker und Religionen vom Gedanken einer „kirchlichen Sendung“ aus, die in der „Verkündigung einer von Gott selbst ergehenden Botschaft an die Heidenwelt“ besteht (ThD II/2, 374). Von diesem neutestamentlichen Grundansatz fragt von Balthasar nach einem theologischen Begriff, um das Verhältnis von Jesus Christus, seiner Kirche und den Religionen beschreiben zu können. Er findet diesen gesuchten Begriff in der Duldung, insofern dieser Begriff sich bei der christlichen Enthüllung des göttlichen Gesamtplanes als jener göttliche Wille auszeichnet, der alle Menschen retten möchte (vgl. 1 Tim 2,4). Die Duldung ermöglicht geschichtstheologisch das „Vielfach-Bunte der göttlichen Weisheit und Vorsehung“ zu sehen (ThD II/2, 376), die eine ‚Ökonomie‘ des seit Urzeiten in Gott verborgenen Mysteriums’ in der Geschichte annimmt. Diese Ökonomie realisiert sich für Juden und Heiden auf je verschiedene Weise, die sich auf dramatisch und doch im Endergebnis harmonisierende Weise in der Weltgeschichte zeitigt (vgl. ThD II/2, 376). Paulus und der Kirche obliegt es, diese christozentrische Dramatik der göttlichen Geschichtsführung den Mächten der Welt insgesamt zu enthüllen.

Die Frage der anderen Religionen wird von Balthasar thematisch durch den Gedanken der Inklusion in Christus behandelt. Wenn Jesus Christus als Ikone des dreieinen Gottes betrachtet werden muss, dann soll damit weder die Freiheit Gottes noch die Freiheit der Menschen eingeengt werden. Ist in Christus der Mensch umfangen, dann wird der Mensch vom Umfangenden geprägt und bestimmt. Der Inkludierte (=Mensch) ist letztlich vom Inkludierenden (=Christus) her zu verstehen (vgl. ThD II/2, 20). Dieser christologische Ansatz wendet Balthasar auf die verschiedenen Religionen an. Das gnadenhafte Christusereignis sichtet die Geschichte der Völker und Religionen neu. Das Christusereignis als gnadenhaft Umgreifendes „bewirkt … eine Erhebung der Natur, um sie zu einer fruchtbaren Verfolgung ihres Endzieles zu befähigen, eine Erhebung, die sich zweifellos vom Mittelpunkt des historischen Christusereignisses aus durch alle Zeiten hin auswirkt" (ThD II/2, 383). So lassen sich in allen Religionen der Welt „Spuren" nachweisen, die der für Gott geschaffene Mensch in seinem Tasten nach Gott zurückgelassen hat. Diese Spuren sind jedoch für von Balthasar nicht identisch mit den objektiven Religionssystemen, sondern das „Anzeichen einer einzigen Achse", auf der das gesamte Menschengeschlecht seinem endgültigen Heil entgegengehen soll (ThD II/2, 383), das ihm irreversibel in Jesus Christus geschenkt ist. Das wahre Personsein tritt erst in Christus auf, hier ergeht ein ausdrückliches Sendungswort an den Menschen, verbürgt dessen qualitative Einmaligkeit und ruft zur Entscheidung. Die außerbiblischen Religionen sind Ausdruck einer unpersonalen Beziehung und können i. S. einer neuzeitlichen Religionskritik als „Fabrikate und Projektionen des Menschen" (ThD II/2, 381) verstanden werden; das Religiöse kann als ideologischer Überbau entlarvt werden. Es gehört jedoch zur Freiheit Gottes sich „unter den Heidenvölkern nach seinem Belieben zu offenbaren und aus ihnen einzelne Weise und Propheten zu erwecken" (ThD II/2, 381f).

Mit diesen Reflexionen ist es einsichtig, weshalb sich von Balthasar vehement gegen das Modell der pluralistischen Religionstheorie ausspricht. In schöpfungstheologischer und christologischer Sicht kann deshalb von einer ‚ecclesia ab Abel' gesprochen werden. Momente, die zu dieser Geschichte der ‚ecclesia ab Abel' gehören, gehen quer durch alle Religionen. Die historisch gewachsenen Religionen können somit nicht mehr als Heilswege der Völker bezeichnet werden. Haben die verschiedenen Völker und Kulturen im Rahmen einer personalen Christologie ihre Dignität von theologischen Personen im Theodrama verloren, so bleibt dennoch die Vielfalt und jeweilige Eigenart religionsgeschichtlich bedeutsam und müssen von der missionarischen Kirche „sorgsam beachtet" (ThD II/2, 384) werden. Die personale Selbstmitteilung Gottes in Jesus Christus zeigt allen Völkern, dass der ‚naturale' Mensch nicht mehr wesenhaft ein Gottsucher sein müsste, sondern wie (!) der Mensch sich bedingungslos und ohne Rückblick auf sich selber Gott suchen kann. „Alles, was Gott dem Menschen sagen kann und geben kann, ist in Jesu Menschlichkeit voll angekommen" (ThD II/2, 385). Dieses Aufleuchten der Liebe des dreieinen Gottes besagt als Erfüllung aller einzelnen religiösen Suchwege der Menschheit objektiv das Ende der übrigen Religionen.[5]

[5] „Dieses Ganze kann unmittelbar die Konfrontation mit jedem religiösen Mythos und Ritus, jeder Heilsmittlergestalt und jedem Reinigungs-, Erleuchtungs- und Einigungsweg aufnehmen" (ThD II/2, 385f).

Alle Wahrheitsfragmente der verschiedenen Religionen können sich anthropologisch auf einen plausiblen Ausgangspunkt berufen. Niemals kann jedoch aus der Summierung dieser Fragmente das unteilbare Eine konstruiert werden: das fleischgewordene Wort ‚voll Gnade und Wahrheit' (Joh 1,14). Dieser qualitative Sprung darf in keinem Umgang mit anderen Religionen übersehen werden.[6] Die Kirche besteht aus Heiden und Juden. Die Einsenkung und Einprägung des Christlichen in die verschiedenen Kulturen ist ein geschichtlicher Prozess. Er dauert und verlangt das Wissen um Überlieferung und Religion der verschiedenen Völker. Die Aufgabe der Kirche in ihrem Missionsbefehl ist Mission als Dialog. Der Übergang vom Vorchristlichen ins Biblisch-Christliche ist einerseits abrupt, wenngleich andererseits nicht alle Brücken zum Vorausliegenden abgebrochen werden (ThD II/1, 362). Mit der biblischen Offenbarung tun sich einerseits Abgründe der ungeschaffenen wie geschaffenen Freiheit auf, andererseits öffnen sie sich gerade um „‚Geheimnisse' ans Licht treten zu lassen, die einzig innerhalb dieser Abgründe sichtbar werden können und die inhaltlich herzeigen, wie beschaffen in Wahrheit, von Gott her, die Idee des Menschen ist" (ThD I/1, 364). Annahme des christlichen Glaubens, der Umgang des Christentums mit den anderen Religionen ist von dieser personalen Prämisse zu sehen. Diese ‚Personalisierung in Christus' ist Maßstab des Umgangs mit anderen Religionen. Hans Urs von Balthasar verhandelt seine Theorie der Religionen im Problemkontext neuzeitlichen Denkens. Wird seit der Aufklärung vermehrt der subjektive Pol des Glaubensgeschehens herausgestellt, so thematisiert von Balthasar, geradezu antizyklisch, den objektiven Pol des Erlösungshandelns Christi.[7] Der ästhetische wie dramatische Ansatz Hans Urs von Balthasars bedenkt das Verhältnis des christlichen Glaubens zu den anderen Religionen von seiner christologischen Mitte aus. Denn die Christologie von Balthasars bringt jene existenzielle Dimension des Glaubens und der Liebe zum Vorschein, die allem theologischen Denken zur Wahrheit verhilft. Das Moment der Freiheit im Gott-Mensch-Be-

---

[6] Hierin liegt auch der Unterschied zwischen dem alten Bund und den verschiedenen Religionen. Ist Israel von jeher als Gottesvolk bestimmt, das sich in der Kirche vollendet, im theologischen Heilsdrama eine Dignität besitzt, stehen die anderen Völker und Religionen nur unter einer allgemeinen übernatürlichen Vorsehung (vgl. ThD II/2, 388). Der Hl.Geist zieht in der Begegnung einer „ständigen conversio ad phantasma" (ThG, 69f) des menschlichen Daseins auf die sinnliche Realität des Evangeliums (ebd.).

[7] Hans Urs von Balthasar: Die Absolutheit des Christentums und die Katholizität der Kirche. In: Ders.: Homo creatus est. Skizzen zur Theologie V. Einsiedeln: Johannes Verlag, 1986, 330–353.

zug, den Balthasar trinitarisch begründet, lässt diesem geforderten Dialog seine Würde und Freiheit und zeichnet sowohl das subjektive wie das objektive Moment im Glaubensvollzug in aller Deutlichkeit nach. Die Betonung des personalen Moments zeigt in einer begriffsgeschichtlichen Perspektive, was das Christusereignis in die Welt eingestiftet hat.[8] Der geschichtstheologisch wie christologisch konzipierte Ansatz von Balthasars lässt seine Theologie der Religionen als ‚teilhabende Mittlerschaft in wechselseitiger Inklusion' umschreiben.[9]

II. P. Jacques Dupuis SJ

Der belgische Jesuitenpater Jacques Dupuis (1923–2004) hat in verschiedenen Studienhäusern der Gesellschaft Jesu in Indien gelehrt. Im Alter kehrte er nach Europa zurück und entwarf eine ‚Theologie der Religionen', die sich als Vermittlungsversuch zwischen den Weltreligionen, näherhin des Hinduismus, und des christlichen Glaubens versteht. Der interreligiöse Dialog muss auf einer positiven Beurteilung der unterschiedlichen religiösen Traditionen aufbauen. Der Dialog, so P. Dupuis, ergibt sich aus dem Missionsauftrag der Kirche. Dialog und Verkündigung stehen in einem dialektischen Verhältnis zueinander. Zwischen dem Dialog und der Verkündigung muss jedoch eine Spannung erhalten bleiben. ‚Konstitutive' wie ‚inlusive' Christologie lassen einen Freiraum für die Verkündigung des Evangeliums. Die universale Heilswirkung Christi räumt – selbst wenn sie als ‚konstitutiver' Bestandteil des Heilsereignisses für die Welt betrachtet wird – Heilsfiguren und religiösen Traditionen einen Platz ein. Durch diese anderen Figuren und Traditionen ist Gottes Geist gleichfalls präsent und wirksam. Das Reich Gottes, das Jesus verkündigt, ist umfassender als die Kirche, die auf dem Christusereignis aufbaut. Das Reich Christi kommt nicht nur durch das Mitwirken der Christen, son-

---

8 „Der Begriff der Person und die hinter diesem Begriff stehende Idee ist ein Produkt der christlichen Theologie; anders gesagt: er ist aus der Auseinandersetzung des menschlichen Denkens mit den Gegebenheiten des christlichen Glaubens überhaupt erst erwachsen und auf diesem Weg in die Geistesgeschichte eingetreten" (Papst Benedikt XVI./Joseph Ratzinger: Zum Personverständnis in der Theologie. In: Ders.: Dogma und Verkündigung. München Freiburg i. Br.: Wewel Verlag, 1973, 205–234.

9 Michael Schulz: „Teilhabende Mittlerschaft" und wechselseitige Inklusion. Zur Christozentrik des interreligiösen Dialogs. In: Rivista teologica di Lugano 6(2001), 303–318.

dern auch der ‚anderen' zustande. Der so geführte Dialog ist authentischer Ausdruck des Evangeliumsauftrags. Mit dem Dialog alleine ist die Sendung der Botschaft Christi noch nicht erfüllt, denn es gilt weiterhin die Einladung Jesu Christi, ihm nachzufolgen und Glied seiner Kirche zu werden. Das Fundament der Beziehung der Kirche zu den nichtchristlichen Religionen lebt von dem ‚Geheimnis der Einheit', das besagt, dass alle Völker eine einzige Gemeinschaft sind und einen einzigen Ursprung in Gott haben (vgl. Nostra aetate 1). Der gesuchte Dialog muss auf einem doppelten Fundament aufbauen. Einerseits resultiert der Dialog aus der Gemeinschaft, die durch die Schöpfung aus Gott hervorgegangen ist, andererseits lebt er aus der Schicksalserfüllung in Gott, durch das Christusereignis in seinem Geist. Jesus Christus bleibt für P. Dupuis das zentrale Heilsereignis Gottes für uns Menschen.[10] Das historische Christusereignis ist nicht, dem Maenstream der pluralistischen Religionstheologie folgend, als eine der möglichen Manifestationen des Göttlichen zu sehen. Die geschichtliche Erkenntnis des Christusereignisses setzt für ihn jedoch die Annahme vielfältiger und verschiedener Heilswege in der Geschichte voraus. Das immanente Christusereignis wird als transzendenter Grund dieser anderen religiösen Wege und Praktiken betrachtet. In diesem Modell werden Inkarnation, Kenose und Pneumatologie verbunden und öffnen einen Weg für eine christlich konzipierte ‚Theologie der Religionen'.[11] Der Geist Gottes ist allgegenwärtig. Er ist zum einen in der Welt, zum anderen im Leben religiöser Traditionen anderer Religionen anwesend. Die Universalität des Reiches Gottes, das in der Welt präsent ist, steht zugleich für die Allgegenwart der Präsenz des Heilsgeheimnisses in Jesus Christus. Wenn alle am Reich Gottes teilhaben, dann impliziert dies ebenfalls, dass alle an demselben Heilsgeheimnis partizipieren. Alle Menschen haben Zugang zum Reich Gottes, in dem sie Gott in ihrem Glauben und durch ihre Umkehr folgen. Die Teilhabe aller Menschen an der Wirklichkeit Gottes in der Welt und in der Geschichte wird mit der Gegenwart Gottes in den Religionen begründet. Es gibt somit eine ‚anonyme Teilhabe' an dem einen Reich Gottes und durch diese Teilhabe gehören sie zum bereits historisch existierenden Reich Gottes.

Die Herausforderung des Dialogs liegt in einer Glaubenstreue und gleichzeitigen Offenheit. Im interreligiösen Dialog können Christen ihren Glauben

[10] Vgl. Jacques Dupuis: Vers une théologie chrétienne du pluralisme religieux. Paris: Cerf, 1997, 456. Zum Konzept des theologischen Entwurfs von P. Dupuis siehe: Daniel Kendall/Gerald O'Collins (Ed.): In many and divers ways. In honor of Jacques Dupuis. N.Y.: Orbis Books, 2003.

[11] Vgl. Vers une théologie, aaO., 453.

nicht verhehlen, müssen aber zugleich die andersgläubigen Dialogpartner respektieren. Eine ‚konstitutive' Christologie, die in Jesus Christus die Universalität des Heilsereignisses sieht, handelt einerseits von der Vermittlung dieses Ereignisses (‚Kirche') wie es andererseits von der noch ausstehenden ‚Vollendung' der göttlichen Offenbarung ausgeht. Beide Bezüge gründen in Jesus Christus.

P. Jacques Dupuis möchte mit diesem Ansatz eine Vermittlerposition zwischen einem inklusiven und einem exklusiven Verständnis des Christentums einnehmen. Dabei kommt es ihm sowohl auf den persönlichen Glauben des Individuums als auch auf die Erfahrung des anderen an. Es stellt sich die Frage, wie und ob es möglich ist, sich beides zu eigen zu machen und beides gleichzeitig in seiner eigenen religiösen Praxis zu leben. In einer totalen Perspektive scheint dies unmöglich, denn jeder Glaube bildet und beansprucht ein unteilbares Ganzes zu sein und fordert eine uneingeschränkte Glaubenstreue. So bedeutet Christsein für P. Dupuis „nicht nur, in Jesus die richtigen Werte oder einen Sinn für das eigene Leben zu finden, sondern sich ihm ganz hingeben und widmen und in ihm den Weg zu Gott finden."[12]

Mit dem Konzept eines ‚Bindestrichchristen/chrétien à trait d'union' soll betont werden, dass eine andere religiöse Praxis mit dem christlichen Glauben verbunden werden kann. Allerdings ist dabei zu berücksichtigen, dass es in den anderen Religionen zum einen Elemente gibt, die mit dem christlichen Glauben zu vereinbaren sind, zum anderen sie jedoch Elemente aufweisen, die sich ausschliessen und somit nicht assimilierbar sind. Der gesuchte Dialog kann nur authentisch sein, wenn die Denkweise und Praxis der anderen erkundet wird. Dieser ‚intrareligiöse' Dialog bildet ein unverzichtbarer Teil des interreligiösen Gesprächs. Die bestehende Vielfalt und bekannten divergierenden Standpunkte im interreligiösen Dialog lassen sich mit dem Konzept des ‚Bindestrichchristen' nicht auflösen. P. Dupuis verwendet das Bild der menschlichen Augen, um die beschriebene Situation theologisch zu analysieren: Zwei Augen vereinen sich zu einer Sicht. So ist es der Geist Gottes, der die lenkende und antreibende Kraft in diesem Dialog ist. Das geforderte Gespräch ist kein Monolog, kein einseitiger Prozess, sondern als authentischer Dialog, der zum theozentrischen Grund der Schöpfung und Erlösung führt. Gott wohnt in den Herzen der Menschen und ist zugleich der ‚totaliter aliter' und die ‚Seinsgrundlage' allen Geschaffenens. Er ist der transzendente Grund der Welt und zugleich der ‚immanente' Grund, Vater Jesu Christi. Der Dia-

---

[12] Jacques Dupuis: Der interreligiöse Dialog als Herausforderung für die christliche Identität. In: ZMR 88(2004) 3–19, 15.

log, den die Christen mit den Religionen führen (müssen), kann in dieser Hinsicht den eigenen Glauben sowohl bereichern als auch fordern. „Der Dialog setzt nämlich nicht nur grundsätzlich eine grössere Öffnung für den anderen und für Gott voraus, sondern er bewirkt auch durch den anderen eine grössere Offenheit für Gott in uns."[13]

Im Anschluss an die vatikanische Erklärung ‚Dominus Jesus', die die Einzigkeit und die Heilsuniversalität Jesu Christi und der Kirche im theologischen Gespräch mit den verschiedenen Religionen in Erinnerung ruft, wurde eine Notifikation bezüglich des Buches ‚Verso una teologia christiana del pluralismo' von P. Jacques Dupuis veröffentlicht. Wenngleich das theologische Œuvres Dupuis eine Theologie des religiösen Pluralismus im Licht der christlichen Offenbarung erforschen will, die die Bedeutung der Pluralität religiöser Traditionen im Heilsplan Gottes erkundet, stellte das Lehramt nach Prüfung des Buches ‚Verso una teologia christiana del pluralismo' fest, „dass das Buch in wichtigen lehrmässigen Fragen schwerwiegende Zweideutigkeiten und Schwierigkeiten" aufweise, „die den Leser zu irrigen und gefährlichen Meinungen verleiten" können.[14] Die Frage der einzigen und universalen Heilsmittlerschaft Christi, die Einzigkeit und Fülle der Offenbarung Christi, das universale Heilswirken des Heiligen Geistes, die Hinordnung aller Menschen auf die Kirche sowie den Wert und die Bedeutung der Heilsfunktion der Religionen bedürfen, so die Aussage des Lehramtes einer weiteren Klärung im theologischen Ansatz Jacques Dupuis'.

III. Erste Ansätze

Der heutigen systematischen Reflexion stellen sich im Blick auf die zu erörternde Thematik folgende Fragenbereiche: a) Die dogmatische und inhaltliche Bedeutung des christlichen Bekenntnisses zur Gottheit und Heilmittlerschaft Jesu, b) die Relevanz einer christlichen Theologie der Religionen und c) die Frage nach Sinn und Modus eines Dialogs der Religionen.

[13] Dupuis: Der interreligiöse Dialog als Herausforderung für die christliche Identität, aaO., 18.

[14] Kongregation für die Glaubenslehre. Notifikation bezüglich des Buches von Jacques Dupuis ‚Verso una teologia christiana del pluralismo'. In: Gerhard Ludwig Müller (Hg.): Die Heilsuniversalität Christi und der Kirche. Originaltexte und Studien der römischen Glaubenskongregation zur Erklärung ‚Dominus Jesus'. Würzburg: Echter Verlag, 2003, 142–145, 142.

Von Balthasar und P. Dupuis SJ legen eine erste Spur, sie betreiben eine Theologie der Religionen von der Figur der Existenz aus. Das theologische Werk von Balthasars ruft eindrücklich die dogmatische Qualität des Christusereignisses in Erinnerung. Der theologische Ansatz von P. Dupuis hebt die Berechtigung einer Erarbeitung einer christlichen Theologie der Religionen hervor und ruft einige Elemente des gesuchten Dialogs auf. Papst Benedikt XVI. hat während seiner Zeit als Präfekt der Glaubenskongregation auf wunde Punkte in der aktuellen Debatte um eine Theologie der Religionen hingewiesen. Er stellt sich nämlich die grundsätzliche Frage, ob nicht alle bisherigen Ansätze daran kranken, dass sie eine zu vorschnelle „Identifizierung und der Problematik der Religionen mit der Heilsfrage und eine zu undifferenzierte Betrachtung der Religionen als solcher zugrunde" legen?[15] In den vorgelegten Entwürfen wird, trotz der kontroversen Debatte um den Begriff von Religion, von einem eindeutigen Religionsverständnis ausgegangen.[16] Es ist jedoch vielmehr von einer „Dynamisierung der Religion" zu sprechen, die sich in der gesamten Religionsgeschichte ausfindig machen lässt. Jesus wurde als ‚Messias' von den Aposteln gefunden, da sie nach der ‚Hoffnung Israels' Ausschau hielten. Die Heidenkirche entstand, da es im paganen Umfeld ‚Gottesfürchtige' gab (vgl. Apg.17, 22–31), die die traditionellen Formen ihrer Religion überschritten. Die systematischen Entwürfe von Karl Barth und Dietrich Bonhoeffer rufen das Prinzip der Dynamisierung von Religion auch für den christlichen Glauben in Erinnerung. Es geht nämlich nicht einfach darum, ein Gefüge von Traditionen und Einrichtungen weiterzugeben, „sondern im Glauben doch immer nach seiner innersten Tiefe, nach der wahren Berührung mit Christus zu suchen."[17] Der Ansatz Hans Urs von Balthasars

---

[15] Papst Benedikt XVI./Joseph Kardinal Ratzinger: Glaube, Wahrheit, Toleranz. Das Christentum und die Weltreligionen. Freiburg i.Br. / Basel/ Wien: Herder, 2003, 44 (abgekürzt als GWT). Die vorgelegten Reflexionen orientieren sich an den von Papst Benedikt XVI. vorgelegten Erörterungen, ebd. 38–45. Siehe auch: Benedikt XVI./Joseph Ratzinger: Grundsatzreden aus fünf Jahrzehnten. Regensburg: Pustet, 2005, 99f. Das Bedenken der Existenz als Ausgangspunkt der christlichen Rede von Gott eröffnet zugleich ökumenische Perspektiven! Die dogmatische Theologie des reformierten Theologen Fritz Buri geht konsequent von der Existenz und Transzendenz als den beiden Polen der Nichtobjektivierbarkeit menschlichen Lebens aus, vgl.: ders.: Dogmatik als Selbstverständnis des christlichen Glaubens. 3 Bde. Bern: Verlag Haupt, 1965–1978; Imelda Abbt/ Alfred Jäger (Hrsg.): Weltoffenheit des christlichen Glaubens. Fritz Buri zu Ehren. Bern/Tübingen: Verlage Haupt/Katzmann, 1987.

[16] Vgl. zum Folgenden: GWT45.

[17] GWT 45.

zeigt der theologischen Forschung, dass das Christusereignis ‚von innen' her zu betrachten ist, d. h. die glaubende Schau lässt dessen Einzigartigkeit, Geheimnishaftigkeit und ausstrahlende Werte umfassen und erahnen. Die theologische Rede von Jesus Christus hat sowohl von einer trinitarischen Gründung als auch von einer anthropologischen Verortung auszugehen.[18]

Der Mensch ist ein Suchender, der sich nicht mit seiner ihm zugefallenen Religion bescheiden muss. Als Suchender verfeinert er sein Gewissen und strebt nach der „reineren From seiner Religion".[19] Der Begriff der Person und der Existenz bilden den Ansatz einer christlichen Theologie der Religionen. Die Absolutheit drückt sich in der Wirklichkeit ‚Gott' aus. Diese Wirklichkeit umfasst das Ganze menschlicher Existenz. Diese Wirklichkeit Gottes manifestiert sich, anthropologisch betrachtet, in der Erfahrung des Heils. Durch die Erfahrung des Heils bekommt der Begriff und die Wirklichkeit Gottes einen qualitativen Inhalt. „Gott ist nicht das ‚Was', sondern ein ‚Wer', der ‚Er' schlechthin: der Träger absoluter Initiative, Bewusstheit, Freiheit und Verantwortung."[20]

Gemäss dem Postulat der anthropologischen Verortung ist nach dem erkenntnistheoretischen Zugang zu dieser Einsicht zu fragen. Mit dem religionsphänomenologischen Ansatz Bernhard Weltes kann von der Erfahrung einer ‚Heilsdifferenz' gesprochen werden. Das menschliche Dasein in der Welt und das Dasein des Seienden in der Welt ist als Ganzes von Bedeutsamkeit bestimmt. „Wir meinen damit das, um dessentwillen es uns immer und in allen Gestalten unseres lebendigen Daseins in der Welt auf etwas ankommt, mit dem Mitmenschen, mit den Mitseienden überhaupt, mit uns selbst."[21] Die von Welte ausgemachte Figur der Bedeutsamkeit ermöglicht die konkreten Gestalten des Daseins in der Welt. Dieser konstatierte Grundzug findet sich, implizit oder explizit, immer in unseren Bezügen zu Mit- und Umwelt. In dem Leben in und mit der Welt verhalten wir uns immer von einer Differenz bestimmt, die zwischen dem je Faktischen und dem Wesen waltet. In der fak-

---

[18] Diesem Ansatz ist die Christologie Gerhard Ludwig Müllers stets verpflichtet, siehe neuerdings dazu: ders.: Vom Vater gesandt. Impulse einer inkarnatorischen Christologie für Gottesfrage und Menschenbild. Regensburg: Pustet, 2005.

[19] GWT 45.

[20] Romano Guardini: Das Unendlich-Absolute und das religiöse Christliche. In: ders.: Unterscheidung des Christlichen. Bd. 1: Aus dem Bereich der Philosophie. Mainz/Paderborn: Grünewald/Schöning: 1994, 289–306, 293.

[21] Bernhard Welte: Heilsverständnis. In: Ders.: Gesammelte Schriften: IV/1: Hermeneutik des Christlichen. Freiburg i.Br.: Herder, 2006, 19–193, 68.

tischen ‚Heilsdifferenz' öffnet sich der Raum, in dem das Heil sich zeigt. Damit taucht in der Welt ein neues Element auf. Das Heil manifestiert sich in der Erfahrung dieser Differenz als das Allumfassende, das Allvereinende, das Unendliche, das Unvergängliche, das Unbedingte und als das Überseiende, Selbst- und Duhafte. Das Heil erweist sich den Menschen als frei geschenkte Huld. In unserem Seins- und Daseinsverständnis zeigt sich das Heilsverständnis als göttlich gewährtes Heil.[22]

Gott, das Absolut-Heilige, umfasst das Endlich-Heilige. Orte, bei denen sich das Endlich-Heilige manifestiert, sind etwa die Gesinnung, das Heilige zu suchen und zu ehren, die Respektierung des Gewissens, oder das Wissen um die Anwesenheit Gottes in der Welt. In Hoffen, Glauben und Lieben erfährt der Mensch einen Zugang zum Absoluten, zu Gott unter den Bedingungen seiner Endlichkeit. Das Sprechen, Lieben, Leiden und Handeln des Menschen unter dem Aspekt der vorgestellten Heilsdifferenz betrachtet, muss in jeder theologisch-systematischen Betrachtung als letzter Respekt vor dem Mysterium des Handeln Gottes führend und prägend bleiben.[23] Es ist dieser Respekt vor der absoluten Geheimnishaftigkeit, die die Religionen zueinander führt, dabei geht es keineswegs um eine Kanonisierung des jeweils Bestehenden.[24] Der Mensch in seiner Endlichkeit ist und bleibt ein Suchender, der gerade in dieser Offenheit in seiner tiefen Suche nach Heil auf den Weg zu Gott geführt wird.

Die Unmittelbarkeit der Gotteserfahrung, dies sagt der christliche Glaube, geschieht in der Vermittlung des Menschen Jesus von Nazaret. Die jesuanische Gotteserfahrung, die den Menschen ‚Abba' sagen lässt, ist die Offenbarung des unausschöpflichen Geheimnisses Gottes, der sich durch den Sohn und den Geist als Liebe gezeigt hat. Diese Offenbarung Gottes enthebt uns, „unbedingt eine Theorie" zu erfinden, „wie Gott retten kann, ohne der Einzigkeit Christi Abbruch zu tun"[25] und erfüllt die tiefe Suche des Menschen nach Heil und Wahrheit. In der Geschichte kennt diese Offenbarung einen irreversiblen und eschatologischen Ansatzpunkt: In Jesus als dem Christus erhielt diese tiefe Sehnsucht der Menschen einen Weg und eine Hoffnung. Die Gemeinschaft der Glaubenden, die Kirche Jesu Christi, lebt aus dieser Hoffnung. Der gesuchte Dialog mit den Religionen sagt dem Christen, dass er in

22 Welte, ebd., 102.
23 GWT 44.
24 GWT 45.
25 GWT 45.

der Welt einen Dienst zu tun hat: „als ein Hoffender, der unbeirrbar weiss, dass durch alles Versagen und alle Zwietracht der Menschen hindurch sich das Ziel der Geschichte erfüllt – die Verwandlung des ‚Tohuwabohu', mit dem die Welt begann, in die ewige Stadt Jerusalem, in der Gott, der eine, ewige Gott unter den Menschen wohnt und ihnen leuchtet als ihr Licht auf immer (vgl. Apk 21,23; 22,5)."[26]

[26] Joseph Ratzinger: Der christliche Glaube und die Weltreligionen. In: Herbert Vorgrimler (Hg.): Gott in Welt. Bd. II. Freiburg i.Br.: Herder, 1964, 287–305, 305.

Inkarnation als die Ermächtigung des Differenzdenkens

Das Logosverständnis und die permanente Herausforderung zur Interpretation

von Andrzej Wierciński

1. Einführung in das Thema

Das Inkarnationsdenken ermöglicht ein Differenzdenken eigener Art. Denn der Glaube an die personale Verbindung von göttlicher und menschlicher Natur in der Inkarnation des göttlichen Logos fordert eine Interpretation heraus, die immer aufs Neue versucht werden muss, wenn der Mensch in seiner konkreten Lebensgeschichte das einzigartige Phänomen der Selbstmanifestation Gottes in der Geschichte erschließen möchte. Theologische Hermeneutik soll im Folgenden als eine inkarnatorisch-kenotisch und zugleich als eine trinitarisch strukturierte Interpretationskunst dargestellt werden. Das von dem christlichen Inkarnationsglauben ermöglichte Differenzdenken verweist zudem auf die sprachliche Natur des menschlichen Denkens und trägt somit wesentlich zu der Überwindung der Sprachvergessenheit der griechisch-metaphysisch orientierten klassischen abendländischen Geschichte der Philosophie bei.

Ich beginne mit zwei Zeugnissen: mit einem Zeugnis eines Dichters und einem Zeugnis eines Theologen.

1.1 Tadeusz Rózewiczs Theodramatik: Die Konkretisierung und Verdichtung des Bezugs von Mensch zu Gott im Kontext der Geburt und des Todes Gottes

Tadeusz Różewicz, geboren 1921, einer der Größten unter den lebenden polnischen Dichtern, thematisiert in seinem Gedicht unter dem Titel „ohne“ die Geburt und den Tod Gottes als Grenzen einer Deutungsperspektive des menschlichen Lebens. Sein Dichten der menschlichen Verlorenheit und Selbstentfremdung, das in präzisen Skizzen eine Welt beschreibt, die sich nicht versöhnen lassen will, macht das Problem der Unentschiedenheit und der Bestimmungslosigkeit des postmodernen Menschen in seiner Singularität verständlich.[1]

---

[1] „Ambivalenz ist das mindeste, womit man bei den gegenwärtigen Weltverhältnissen

Ich stelle das Różewiczs Gedicht „ohne“ in meiner eigenen Übersetzung vor:

ohne[2]	bez
das größte ereignis im leben des menschen sind die geburt und der tod Gottes	największym wydarzeniem w życiu człowieka są narodziny i śmierć Boga
vater Vater unser warum wie ein böser vater nachts	ojcze Ojcze nasz czemu jak zły ojciec nocą
spurlos und ohne zeichen ohne ein wort	bez znaku bez śladu bez słowa
warum hast du mich verlassen warum habe ich Dich verlassen	czemuś mnie opuścił czemu ja opuściłem Ciebie
ein leben ohne gott ist möglich ein leben ohne gott ist unmöglich	życie bez boga jest możliwe życie bez boga jest niemożliwe

---

rechnen muß.“ Wolfgang Welsch, *Ästhetisches Denken* (Stuttgart: Reclam, 1990), 192. Ferner, idem, „Topoi der Postmoderne,“ in Hans Rudi Fischer, Arnold Retzer und Jochen Schweitzer (Hrsg.), *Das Ende der großen Entwürfe* (Frankfurt a.M.: Suhrkamp, 1992), 35–55; idem, *Vernunft. Die zeitgenössische Vernunftkritik und das Konzept der transversalen Vernunft* (Frankfurt a.M.: Suhrkamp, 1996); idem, *Verteidigung des Relativismus*, in Hans Rudi Fischer und Siegfried J. Schmidt (Hrsg.), *Wirklichkeit und Welterzeugung: In memoriam Nelson Goodman* (Heidelberg: Carl-Auer-Systeme, 2000), 29–50.

[2] Tadeusz Różewicz, „ohne“, in idem, *Letztendlich ist die verständliche Lyrik unverständlich: Späte und frühe Gedichte* (München: Hanser, 1996), 38–39. Karl Dedecius, der Übersetzer des Gedichtes in der Hanser Ausgabe gibt die dramatischen Zeilen des Lebens mit oder ohne Gott anders wieder:

ein leben ohne gott ist möglich
das leben ohne gott ist unmöglich

Damit scheint mir eine wichtige Interpretationsoffenheit, welche der Dichter in der polnischen Sprache bewusst gelassen hat, in der Übersetzung verloren und auf die letztendlich unmögliche Entscheidung für ein Leben ohne Gott zugespitzt. Auch die anderen mir wichtigen Stellen gingen in der Übersetzung verloren, deswegen auch meine eigene Übersetzung.

denn mir als kind	przecież jako dziecko karmiłem się
warst Du die nahrung	Tobą
ich aß Deinen leib	jadłem ciało
ich trank Dein blut	piłem krew
vielleicht hast du mich verlassen	może opuściłeś mnie
als ich die arme zu öffnen	kiedy próbowałem otworzyć
das leben zu umarmen	ramiona
versuchte	objąć życie
im leichtsinn	lekkomyślny
habe ich die arme geöffnet	rozwarłem ramiona
hab' Dich gehen lassen	i wypuściłem Ciebie
vielleicht aber bist du geflohen	a może uciekłeś
mein lachen war zu viel	nie mogąc słuchać
für Deine ohren	mojego śmiechu
Du lachst nicht	Ty się nie śmiejesz
vielleicht hast du mich	a może pokarałeś mnie
den kleinen finsteren bestraft	małego ciemnego za upór
für den hochmut	za pychę
dafür	za to
daß ich einen neuen menschen	że próbowałem stworzyć
eine neue sprache	nowego człowieka
erschaffen wollte	nowy język
du hast mich verlassen	opuściłeś mnie bez szumu
still und heimlich	skrzydeł bez błyskawic
wie ein feldmäuschen	jak polna myszka
wie wasser das im sande versickert	jak woda co wsiąkła w piach
beschäftigt zerstreut	zajęty roztargniony
habe ich Deine flucht nicht bemerkt	nie zauważyłem twojej ucieczki
Deine abwesenheit	twojej nieobecności
in meinem leben	w moim życiu
ein leben ohne gott ist möglich	życie bez boga jest możliwe
ein leben ohne gott ist unmöglich	życie bez boga jest niemożliwe

Różewicz spricht von einem konkreten Menschen in seinem konkreten Bezug zu Gott. In diesem Sinne beschreibt das Gedicht auf eine verdichtete Weise die

Dramatik des In-Bezug-Bringens des Menschen zu Gott in je konkreter Lebensgeschichte. Denn jede Verallgemeinerung bleibt der Dichtung fern und fremd. Dichtung steht immer im Dienst des Einzelnen und des Konkreten. Der polnische Nobelpreisträger Czesław Miłosz spricht sich eindeutig gegen jede Verallgemeinerung aus, indem er dem Bild vom Feind des Menschen die Tatsache zugrunde legt, dass der Mensch nicht mehr in der Dimension der Transzendenz begriffen wird, sondern nur in der Dimension der Geschichte, die die Idee der Person vernachlässigt. Die Geschichte wird zum Verstehen der bloßen Notwendigkeit reduziert. Somit beruht sie auf etwas Unmenschlichem, das mit der Ordnung der Transzendenz unvereinbar ist. Dichtung dagegen ist immer im Dienst des Einzelnen, des Konkreten, also dessen was in der Hochrechnung der Geschichte unbedacht bleibt und somit der Konzentration der existentiellen Aufmerksamkeit unwürdig und unwichtig.

Der wahre Feind des Menschen ist die Verallgemeinerung.	Prawdziwy wróg człowieka jest uogólnienie.
Der wahre Feind des Menschen, die sogenannte Geschichte,	Prawdziwy wróg człowieka, tak zwana Historia,
Zieht an und stößt ab durch den Plural.	Zaleca się i straszy swoją liczbą mnogą.[3]

Im Gegenteil zu der Vereinnahme des Einzelnen für das Allgemeine, alles was existentiell wichtig und somit auch wirklichkeitsnah ist, ist immer Singular, offen und empfänglich auf das Bestimmte, je Meine, auf den konkreten Menschen in seiner konkreten Lebenslage, in der er Gott begegnet und in der göttlichen trinitarischen Selbstoffenbarung eine Antwort auf die Frage nach dem Menschen entdeckt. In der konkreten Erschlossenheit Gottes in Christus begreift der Mensch, dass er nicht nur die Frage nach Gott stellt, sondern er selbst die eigentliche Frage nach Gott ist.

Różewicz bringt die Dramatik des menschlichen Bezugs zu Gott treffend auf den Punkt: Denn das Gedicht beginnt mit der Behauptung: „das größte

---

[3] Polnisch: Czesław Miłosz, „Sześć wykładów wierszem: Wykład IV," Berkeley, 1985, im Gedichtband *Kroniki* (1987), in idem, *Wiersze*, Bd. 3 (Kraków: Wydawnictwo Znak, 1993), 305–311. Deutsch in meiner eigenen Übersetzung: „Sechs Vorträge in dichterischer Form: Vortrag IV", in Andrzej Wierciński, *Der Dichter in seinem Dichtersein: Versuch einer philosophisch-theologischen Deutung des Dichterseins am Beispiel von Czesław Miłosz* (Frankfurt a.M.: Peter Lang, 1997), 115.

ereignis im leben des menschen sind die geburt und der tod Gottes". Mit der Geburt und dem Tod Gottes sind die beiden Grenz- und zugleich Kardinalpunkte des Lebens Jesu Christi bzw. der Inkarnation des Gottessohnes gemeint. Diese sollen das größte Ereignis im Leben des Menschen sein. Für den christlichen Gläubigen besitzt diese Aussage zweifelsohne den Charakter einer Feststellung. Doch sie beschreibt einen Soll- und keinen Ist-Zustand. Denn zu ihr steht die anschließend beklagte Gottverlassenheit des dichterischen Ich in einem auffallenden und beabsichtigten Kontrast. Mit diesem Spannungsverhältnis will uns Różewicz, der Dichter, zunächst sagen: Auch wenn es objektiv wahr ist, dass das soteriologisch bedeutsamste Ereignis für jeden Menschen die Geburt und der Tod Gottes sind, kann dennoch der einzelne Mensch für sich zumindest zeitweise so leben, als wäre dies nicht wahr, kann jeder einzelne ohne Gott, im besonderen ohne den christlichen Gott leben. Diese Auskunft, dass ein Leben ohne Gott möglich ist, fordert der Dichter heraus, sein eigenes Leben zu durchdenken und nach den möglichen Gründen der Gottverlassenheit zu hinterfragen.

Das Gedicht zeigt zunächst, wie es zu einem Leben ohne Gott kommen kann: Indem Gott – wie ein böser Vater heimlich im Dunkel der Nacht – spurlos und wortlos, ohne Verabschiedung, aus dem Leben eines Menschen verschwindet. Doch wie kann es dazu kommen? Stiehlt sich der christliche „Vater unser" einfach feige und verantwortungslos wie ein schlechter menschlicher Vater aus dem Leben eines Menschen? Der Dichter ergänzt seinen Fragenhorizont: „Warum habe ich Dich verlassen?" Die schmerzliche Erfahrung unserer Gottverlassenheit könnte durch uns selbst verursacht werden, wir könnten die Schuldigen unserer Gottverlassenheit sein, wie der Dichter nun selbst mutmaßt: „Vielleicht hast du mich verlassen als ich die arme zu öffnen, das leben zu umarmen versuchte". Er bestätigt diese Mutmaßung und lässt sie schuldbewusst zur Selbstanklage werden: „im leichtsinn habe ich die arme geöffnet, hab' Dich gehen lassen, mein lachen war zu viel für Deine Ohren, Du lachst nicht." Er forscht weiter nach seinem eigenen möglichen Versagen als dem Grund für Gottes Flucht und Entzug aus seinem Leben, indem er die *superbia*, den Hochmut, nennt: „Vielleicht hast du mich, den kleinen finsteren, bestraft für den hochmut, dafür dass ich einen neuen Menschen, eine neue Sprache erschaffen wollte."

Der Mensch hat selbst durch sein Umarmen des Lebens, sein übermütiges Lachen, seinen hochmütigen Versuch, einen neuen Menschen und eine neue Sprache zu schaffen, mit anderen Worten: Sich selbst an die Stelle des den Menschen und seine Sprache schaffenden Schöpfergottes setzen zu wollen, Gott aus seinem Leben zum Verschwinden gebracht. Nicht einmal dieses

Verschwinden und die Abwesenheit Gottes, der einst in seinem Leib und Blut in den Kindheitstagen des dichterischen Ich dessen Nahrung und Getränk war, nicht einmal sein Verschwinden und Verschwundensein wird von dem ohne ihn lebenden postmodernen Menschen mehr bemerkt. Diese Beobachtung des dichterischen Ich erinnert an Michel Foucaults Formulierung vom Verloschensein des Verlöschens der Spur Gottes in unseren postmodernen Lebenswelten. Denn der Mensch unserer Zeit ist so „beschäftigt zerstreut", wie das dichterische Ich von sich selbst in der zweitletzten Strophe unseres Gedichtes sagt, dass er Gottes Verschwinden und Verschwundensein aus seinem Leben gar nicht mehr bemerkt.

Ein Leben gänzlich *ohne* Gott, ohne irgendeine Beziehung, nicht einmal die einer Erinnerung mehr, zu ihm zu besitzen, ist daher möglich. Denn ein solches Leben ist vielfach wirklich, wie das für unsere zeitliche Gegenwart überhaupt repräsentative dichterische Ich aber zumindest lebensabschnittsweise selbst zeigt. Und dennoch soll dieses Leben ohne Gott – darin liegt das Paradox des menschlichen Gottesverhältnisses gerade in unserer Zeit – zugleich unmöglich sein. Das Fehlen Gottes im eigenen Leben wird auch von dem postmodernen Menschen irgendwann einmal als schmerzlich empfunden und deshalb überhaupt erst bemerkt. Davon ist zumindest Różewicz noch überzeugt. Und zwar dann, wenn er aus der Zerstreuung in sich zurückkehrt, etwa gezwungenermaßen in Krisen- und Grenzsituationen. Dann wird ihm das Fehlen und, sofern er früher einmal christlich sozialisiert war, auch das Verschwinden des christlichen Gottes aus seinem Leben schmerzlich bewusst. Dann erfährt er, dass ein Leben ohne Gott auf Dauer unmöglich ist. Der Glaube an den menschgewordenen Gott wurde ihm einmal in seiner Kindheit gegeben. Dieser Glaube aber bringt sich als ein schmerzliches Vermissen des Geglaubten erneut zur Geltung.

Różewiczs Dichtung artikuliert die widersprüchliche Zerrissenheit, die dramatische Unentschiedenheit des Gottesverhältnisses des postmodernen Menschen: Ein Leben ohne Gott ist zugleich möglich und unmöglich, wobei der postmoderne Ausgangspunkt dieses faktisch widersprüchlichen und daher unentschiedenen, unbestimmten Gottesverhältnisses das „ohne" (nämlich ohne Gott zu leben), ist, weshalb das Gedicht genau diesen Titel trägt. Różewiczs zeitgeschichtliche Dramatik verleiht der Frage des postmodernen Menschen nach Gott ihre Spannung und Sinnhaftigkeit. Die Situation des Menschen am Anfang des 21. Jahrhunderts ist gekennzeichnet von einer inneren Zerrissenheit zwischen einer Möglichkeit, das eigene Leben mit oder ohne Gott zu gestalten. Der Dichter kann die Antwort auf die Frage nicht eindeutig geben, denn er selbst gehört zu denen, die beschäftigt und zerstreut die

Flucht Gottes und seine Abwesenheit in ihrem Leben nicht gemerkt haben. Różewicz situiert das Entscheidungsdilemma im Kontext einer mitreissenden Spannung, die durch die Frage *warum* ihre eigentliche Dramatik erreicht. „vater Vater unser/ warum / wie ein böser vater / nachts / spurlos und ohne zeichen/ ohne ein wort / warum hast du mich verlassen". Der lange Abstand zwischen dem hervorgehobenen „warum" und der eigentlichen Frage nach dem Grund der Gottesverlassenheit betont die existentielle Bedeutung des menschlichen Selbstverständnisses in seiner Suche nach dem letzten Grund und Sinn aller Wirklichkeit.

In seinem Gedicht zeigt Różewicz die existentielle Spannung, die dem Menschen im Leben nicht abgenommen wird: „ein leben ohne gott ist möglich/ein leben ohne gott ist unmöglich". Man kann ohne Gott leben, man kann ohne Gott nicht leben. Die Schalen einer Waage schwanken um einen Gleichgewichtszustand. Wird eine der Schalen deutlich gewinnen? Letztendlich bleibt dem von Różewicz geschilderten postmodernen Menschen eine Selbstdefinition: Sein möglicher Glaube oder sein möglicher Unglaube können schließlich nicht begründet werden, solange die Hauptprämissen der Postmoderne einer prinzipiellen und bestehenden Unmöglichkeit der Bestimmung des Menschen akzeptiert sind.[4] Diese Annahme der Unbestimmbarkeit des Menschen, die von Foucault in Anknüpfung an Nietzsche programmatisch deklariert wurde,[5] führt zu einer prinzipiellen Unentscheidbarkeit als dem Hauptmerkmal des Stiles und der Logik des Differenzdenkens.[6]

Gerade der postmoderne Mensch in seiner widersprüchlichen Zerrissenheit und Unentschiedenheit aber ist der Adressat der christlichen Glaubenswahrheit, dass für ihn und sein Heil Gott Mensch geworden, gekreuzigt, gestorben und auferstanden ist. Unsere Aufgabe wird es sein, die Frage nach der Möglichkeit des Zugangs zu dieser Glaubenswahrheit in einem Horizont von inkarnatorisch-kenotischer und trinitarischer Hermeneutik zu erschließen.

---

[4] Wolfgang Welsch spricht von einem spielerischen Umgang mit der Unsicherheit. Vgl. Wolfgang Welsch, „Die Kunst, mit der Unsicherheit zu leben," in Richard van Dülmen (Hrsg.), *Die Zukunft des Menschen – Selbstbestimmung oder Selbstzerstörung?* (Saarbrücken: Stiftung Demokratie 1999), 143–174.

[5] Vgl. Arnold Davidson, (Hrsg.), *Foucault and His Interlocutors* (Chicago: University of Chicago Press, 1997); Allan Megill, *Prophets of Extremity: Nietzsche, Heidegger, Foucault, Derrida* (Berkeley, Calif.: University of California Press, 1985).

[6] Vgl. Gregor M. Hoff, *Die prekäre Identität des Christlichen: Die Herausforderung postModernen Differenzdenkens für eine theologische Hermeneutik* (Paderborn: Schöningh, 2001).

1.2 Karl Rahner: Das Wagnis einer Annährung an das Geheimnis der Menschwerdung als Antwort auf das Versagen der Theologie

Die Menschwerdung Gottes in Jesus Christus erschließt uns den Zugang zum Geheimnis des dreifaltigen Gottes und ist somit für uns Christen die Mitte, aus der heraus wir leben und denken. In seinem Aufsatz „Zur Theologie der Menschwerdung“ fordert uns Karl Rahner dazu auf, das Nachdenken über diese Mitte zur Hauptaufgabe des denkenden Glaubens und verantworteten Sprechens von Gott zu machen. Er schreibt:

> „Wir sollten also in der Theologie und im christlichen Leben über diese Mitte nachdenken. Und manchmal weniger über tausend andere Dinge reden. Denn dieses Geheimnis ist unerschöpflich, und verglichen mit ihm, sind die meisten anderen Dinge, über die wir reden, belanglos. Es ist ein düsteres Zeichen der Theologie und der kirchlichen Verkündigung, daß über das umfassende Geheimnis fast nur – und etwas gelangweilt – wiederholt wird, was schon immer gesagt wurde. Aber man kann doch die Wahrheit des Glaubens nur behalten, wenn man immer neu sich um sie bemüht. Denn auch hier gilt, daß die Vergangenheit nur hat, wer die eigene Gegenwart erwirbt.“[7]

Das Geheimnis der Menschwerdung fordert uns demnach auf Grund seiner unerschöpflichen Tiefe dazu heraus, sich immer und immer wieder um ein noch besseres und angemesseneres Verständnis seiner zu bemühen, um aus ihm das Geheimnis Gottes und des menschlichen Lebens zu begreifen. In dem Versäumnis dessen sieht Rahner sogar wörtlich ein Versagen der Theologie. Bei diesem Verständnis geht es um eine aktive, volle und fruchtbringende Teilnahme im Sinne einer *actuosa participatio* an der geschichtlichen Überlieferung (*traditio*). Das Behalten der Tradition – *praeservare* – heißt das Erhaltene weiterzugeben. Es ist eine gewisse Art der Über*setzung* und *Über*setzung des Erhaltenen (*translatio traditio est*).[8] Von Anfang an ist es

---

[7] Karl Rahner, „Zur Theologie der Menschwerdung,“ in idem, *Menschsein und Menschwerdung Gottes: Studien zur Grundlegung der Dogmatik, zur Christologie, Theologischen Anthropologie und Eschatologie,* in idem, *Sämtliche Werke*, bearbeitet von Herbert Vorgrimler (Freiburg i. Br.: Herder, 2005), 309.

[8] Wie im italienischen Sprichwort „traduttore, traditore“, der Übersetzer ist ein Verräter, jede Übersetzung, die über die bloße Wiedergabe des in einer Sprache Gesagten in eine andere Sprache beim Transformieren der Syntax der einen Sprache in die der anderen hinausgeht macht uns auf das „Verräterische“ der Sprache aufmerksam, also an das Potential der Sprache, etwas anzukünden, was sich noch nicht direkt in der

deutlich, dass eine spannende Bewegung zwischen Tradition und Interpretation besteht. Bewahren bedeutet, dass man das Wahre behält und aufrechterhält. Das Versagen der Theologie in der Lehre und Verkündigung besteht in der bloßen Wiederholung des bereits und immer wieder Gesagten ohne den Versuch einer neuen Aneignung und Aktualisierung der alten Glaubensbekenntnisse wie etwa der Inkarnation.[9] Diesem theologischen Versagen stellt Rahner den lebendingen Glauben der Kirche gegenüber, eine Hoffnung, „dass es Menschen gibt, die dem Herrn in Glaube, Hoffnung und Liebe im Leben und Sterben verbunden sind".[10]

Rahners provozierende Aussage sollte unbedingt auch historisch eingeordnet werden, schon in Bezug auf Rahners *Grundkurs des Glaubens.*[11] Man kann sich berechtigterweise fragen, ob es heute noch gilt, wenn wir eine Fülle der christologischen Studien haben. Hier kann ich leider nicht näher an die Erweiterung der Christologie eingehen.[12]

Sprache zeigt. In diesem Sinne verlangt die Sprache, das wir unserem „alten" Denken entkommen, indem wir die „alte" Sprache immer wieder in Frage stellen. Da wir hermeneutisch von einer Zusammengehörigkeit von Denken und Sprechen ausgehen, müssen wir uns im Denken und im Sprechen immer von Neuem auf die Sache, die verstanden werden will, total einlassen. Vgl. Andrzej Wierciński, „Die ursprüngliche Zugehörigkeit von Denken und Sprechen," in Andrzej Przyłębski, (Hrsg.), *Das Erbe Gadamers* (Frankfurt a.M.: Peter Lang, 2006), 65–83.

[9] „Alles *Ver*sagen ist in sich ein Sagen, d. h. Offenbarmachen. Was sagt das sich im Ganzen versagende Seiende in diesem Sichversagen? Wovon sagt es ein Versagen? Von dem, was dem Dasein irgendwie beschieden sein könnte und sollte. Und was ist das? Eben die *Möglichkeiten* seines Tuns und Lassens. Von diesen Möglichkeiten des Daseins sagt das Versagen. Das Versagen spricht nicht darüber, eröffnet darüber nicht eine Verhandlung, sondern versagend *weist es auf sie* und macht sie kund, indem es sie versagt." Martin Heidegger, *Die Grundbegriffe der Metaphysik: Welt – Endlichkeit – Einsamkeit (Wintersemester 1929/1930)*, hrsg. von Friedrich-Wilhelm von Herrmann (Frankfurt a.M.: Vittorio Klostermann, 1983), 211–212.

[10] Rahner, „Zur Theologie der Menschwerdung", 309.

[11] Karl Rahner, *Grundkurs des Glaubens: Studien zum Begriff des Christentums*, in idem, *Sämtliche Werke*, Bd. 26, bearbeitet von Nikolaus Schwerdtfeger und Albert Raffelt (Freiburg i.Br.: Herder, 1999).

[12] Für die Einschätzung Rahners angesichts neuerer christologischer Arbeiten seien hier stellvertretend nur einige neuere Veröffentlichungen zur Christologie genannt: Gerhard Ludwig Müller, *Vom Vater gesandt: Impulse einer inkarnatorischen Christologie für Gottesfrage und Menschenbild* (Regensburg: Pustet, 2005); idem, „Die Christologie – Die Lehre von Jesus Christus", in Wolfgang Beinert, (Hrsg.), *Glaubenszugänge: Lehrbuch der Katholischen Dogmatik 2* (Paderborn:: Schöningh, 1995),

Auch wenn Mensch tatsächlich glaubt, dass in Jesus Christus das Heilsmysterium Gottes ganz und vollständig geoffenbart ist und dass Gottes Sohn im fleischgewordenen Wort ein wahrer Mensch und ein wahrer Gott ist, bleibt die Tiefe des göttlichen Mysteriums an sich transzendent und unerschöpflich. Deswegen benötigen die Glaubenswahrheiten einer ständigen Auslegung, die uns sowohl Gott, der offenbart und sich offenbart als auch die Wahrheit, die er offenbart näher bringt. Da der Reichtum dieses Mysteriums nie gänzlich mit menschlichen Begriffen erfasst werden kann, brauchen wir immer neue theologische Erklärungen und Weiterführungen, die dem konkreten Menschen im Vollzug seines Glaubens helfen. All diese Versuche und Denkansätze müssen ständig die Fülle des Mysteriums der Menschwerdung als Heilsereignis für die ganze Menschheit gegenwärtig haben und die innere Verbundenheit zu dem „Einzigen, der Gott ist und am Herzen des Vaters ruht“ (Joh 1,18) nie zu verlieren.

Nach Rahner stellt die theologische Frage nach dem Sinngehalt unseres Inkarnationsglaubens als einer *fides quae* eine unabschliessbare Aufgabe da, die unser immer neues Bemühen herausfordert. Mit ihm können wir fragen:

> Was meinen wir Christen, wenn wir die Menschwerdung des Wortes Gottes glaubend bekennen? Das in immer neuem Bemühen zu sagen, das ist die ganze Aufgabe der Christologie, die nie zum Ende kommt.[13]

Es ist zunächst die Frage nach der *fides quae*, nach dem, woran wir glauben, wenn wir glauben. Das griechische Verb πιστεύειν und das lateinische Verb *credere* umfassen die beiden Aspekte des Glaubens: das Für-wahr-halten, geglaubter Glaube, *fides quae creditur* und das aktive Verhalten des Vertrauens und der Zuversicht als glaubenden Glauben, *fides qua creditur.* Somit können wir an eine triadische Struktur des Glaubens verweisen: „jemandem etwas glauben“ bedeutet, dass „jemand (Nominativ) jemandem (Dativ) etwas (Akkusativ) glaubt“.

Dieses von Rahner geforderte „immer neue Bemühen“, das von der Kir-

---

1–297; Ulrich Kühn, Christologie (Göttingen: Vandenhoeck und Ruprecht, 2003); Christoph von Schönborn, *Gott sandte seinen Sohn: Christologie*, unter Mitarbeit von Michael Konrad (Paderborn: Bonifatius Verlag, 2002). Die neuere protestantische Christologie lässt sich nicht denken ohne Wolfhart Pannenbergs, *Grundzüge der Christologie,* 7 Aufl. (Gütersloh: Gütersloher Verlagshaus Mohn, 1990), Gerhard Ebeling, *Wort und Glaube*, Bd. 1–4 (Tübingen: Mohr, 1960–1995) und Ingolf U. Dalferth, *Der auferweckte Gekreuzigte: Zur Grammatik der Christologie (Tübingen: Mohr, 1994).*

[13] Rahner, „Zur Theologie der Menschwerdung“, 309.

che Geglaubte sich stets neu und tiefer anzueignen, ist gleichbedeutend mit einer nie aufhörenden Herausforderung zur Interpretation der kirchlichen Glaubenswahrheiten. Diese ist keine bloße wortwörtliche Wiederholung des Alten, aber auch keine von der Tradition separierte, gänzlich neuartige Auslegung. Vielmehr dürfen wir mit Rahner die Hoffnung haben, dass

> „jedes Verstehen dadurch geschieht, dass das Verstandene nicht erstarrt steht, sondern in dasjenige namenlose Geheimnis bewegt entlassen wird, das alles Verstehen trägt. Wenn das im allgemeinen schon so ist, d. h. wenn immer schon das wahre Verstehen das Offenwerden des Verstehenden in das unüberschaubare Geheimnis hinein ist und dieses Geheimnis nicht der nur vorläufig noch unbewältigte Rest des Begriffenen, sondern die Bedingung der Möglichkeit des ergreifenden Begreifens des einzelnen, die uns umgreifende Unbegreiflichkeit des ursprünglichen Ganzen ist ... dann ist es nicht verwunderlich, wenn solches erst recht dort geschehen muss, wo das ergreifbare Schicksal des unbegreiflichen Wortes begriffen werden soll."[14]

Dieses „ergreifbare Schicksal des unbegreiflichen Wortes" zu begreifen, bedeutet, die Menschwerdung Gottes nicht als ein von Gott abgesetztes Werk zu verstehen, sondern als eine Offenbarung seiner eigenen Wirklichkeit. Die Sache, die verstanden werden will, nämlich das namenlose Geheimnis Gottes, ermöglicht und trägt das ganze Verstehen. Das wahre Verstehen bedeutet hier das Offenwerden des Verstehenden für dieses namenlose Geheimnis. Die existentielle Verwurzelung in diesem Geheimnis ist die Bedingung der Möglichkeit dieses Verstehens. Hier geht es nicht um ein partielles, ein qualitativ und quantitativ steigerungsfähiges Begreifen dessen, was noch nicht verstanden ist, sondern vielmehr um die Einsicht in die „umgreifende Unbegreiflichkeit des ursprünglichen Ganzen". Damit ist die hermeneutisch angemessene Auffassung des ursprünglichen christlichen Mysteriums der Menschwerdung Gottes bezeichnet.

Das Inkarnationsverständnis schließt das Verständnis des Wortes Gottes und umgekehrt das Verständnis des Wortes Gottes das Verständnis seiner Menschwerdung mit ein. Diese wechselseitige Bedingtheit der beiden Horizonte des Verstehens macht uns auf die Zirkularität des hier erforderlichen Verstehens aufmerksam. In der Hermeneutik des Inkarnationsverständnisses wie überhaupt der Gottesfrage kann es kein voraussetzungsloses Verstehen geben. In Anlehnung an den gadamerschen hermeneutischen Zirkel allen Verstehens dekonstruiert Walter Kasper daher auch das Postulat einer voraussetzungslosen Theologie:

---

[14] Rahner, „Zur Theologie der Menschwerdung", 310.

> „Es gibt gar kein voraussetzungsloses Erkennen. Alles menschliche Erkennen geschieht im Medium der Sprache, die uns immer schon Symbole und Schemata der Wirklichkeitsdeutung vorgibt. Wir können darum auch in der Theologie nicht anders beginnen, als daß wir fragen, was die Religionen und was die theologische Tradition unter Gott verstanden haben. Wir müssen die Geschichte des Redens von Gott befragen, um uns so erst das Problem aufschließen zu lassen, um das es in dem Wort Gott überhaupt geht."[15]

Kasper betont hier die Sprach- und die Geschichts- bzw. genauer Traditionsgebundenheit allen theologischen Sprechens. Ein hermeneutisch angemessenes Verständnis des Theologumenons der Inkarnation ist daher auch nicht voraussetzungslos, sondern muss berücksichtigen, dass die Inkarnation nur ein, wenn auch der radikalste, Fall des Gott-Mensch-Verhältnisses darstellt, für welches das folgende Axiom grundsätzlich gültig ist:

> „Weil in der Menschwerdung der Logos schafft, indem er annimmt, und annimmt, indem er *selbst sich* entäußert, darum obwaltet auch hier, und zwar in radikalster, spezifisch einmaliger Weise, das Axiom für alles Verhältnis zwischen Gott und Geschöpf, daß nämlich die Nähe und die Ferne, die Verfügtheit und die Selbstmacht der Kreatur nicht im umgekehrten, sondern im selben Maß wachsen. Darum ist Christus am radikalsten Mensch und seine Menschheit die selbstmächtigste, freieste, nicht obwohl, sondern weil sie die angenommene, die als Selbstäußerung Gottes gesetzte ist. Die Menschheit Christi ist nicht so die „Erscheinungsform" Gottes, daß sie der Schein von Leere und Dunst wäre, die keine Eigengültigkeit vor dem Erscheinenden und ihm gegenüber hätte."[16]

Weil sich die göttliche und die menschliche Natur so zueinander verhalten, dass die Selbständigkeit der menschlichen Natur und die göttliche Verfügung über diese im selben Maße wachsen, ist beides, die Selbständigkeit der

[15] Walter Kasper, *Der Gott Jesu Christi* (Mainz: Matthias-Grünewald-Verlag, 1982), 14. Kasper erklärt die Notwendigkeit eines Vorverständnisses eines Sachgehalts für das Entstehen einer Dynamik von Fragen und Antworten: „Die Frage ist deshalb: Wie können wir zu einem solchen *Vorbegriff von Gott* kommen? Womit sollen wir in der Theologie einsetzen? Sicherlich nicht damit, daß wir scheinbar voraussetzungslos mit einem Gottesbeweis beginnen. Denn wer einen Gottesbeweis unternimmt, muß bereits eine Ahnung von dem haben, was er beweisen will; jede sinnvolle Frage setzt ein gewisses Vorverständnis des Erfragten voraus; auch ein Gottesbeweis setzt einen Vorbegriff von Gott voraus." Ibid.

[16] Rahner, „Zur Theologie der Menschwerdung", 320.

menschlichen Natur und die göttliche Verfügung über diese, im inkarnierten Christus am größten, weil dessen menschliche Natur von Gott angenommen bzw. als seine Selbstentäußerung gesetzt ist.[17] Inkarnation als diese Annahme der menschlichen Natur durch Gott zeigt daher im Höchstfall die gänzliche Verwiesenheit des Menschen auf das unendliche Geheimnis Gottes.

In der Radikalisierung des Inkarnationsgeschehens ist die Fleischwerdung als die Annahme der menschlichen Natur, in der sich Gott selbst entäußert, zu verstehen. Insofern ist die Inkarnation als das hermeneutische Kriterium zu fassen, in dem die undefinierbare Natur des Menschen als ihre Grenze (*limit*) die grenzenlose Verwiesenheit auf das unendliche Geheimnis der göttlichen Fülle hat. Gott als unendliches Geheimnis, als der total Andere (*the Wholly Other*), ermöglicht durch seine Selbstmanifestation ein prinzipiell ontologisch begründetes Differenzdenken, wie im Folgenden gezeigt werden soll.

2. Das Differenzdenken

Das durch die Inkarnation ermächtigte Differenzdenken denkt von einer ursprünglichen Differenz in Gott selbst aus, einer Differenz, welche die Einfachheit des göttlichen Wesens voraussetzt. Denn es geht von der Differenz zwischen den göttlichen Personen aus, die ohne die Inkarnation für uns nicht erkennbar gewesen wäre. Insofern ermöglicht die Inkarnation erst dieses Differenzdenken in seiner vollen Reichweite. Die personale Unterschiedenheit in Gott selbst aber ist nicht weniger als die, sondern gleichursprünglich mit der Einfachheit des göttlichen Wesens. Differenz bzw. Unterschiedenheit muss daher für ein genuin christliches Denken ebenso ursprünglich sein wie Einheit. Darin unterscheidet sich das christliche Differenz-Verständnis wesentlich von dem der Einheitsmetaphysik des griechisch sprachigen Platonismus und Neuplatonismus.

---

[17] Im Zusammenhang mit der Annehmbarkeit der menschlichen Natur durch Gottes Sohn ist auf Rahners Auffassung von *potentia oboedientialis* zu verweisen. „Wer theologisch richtig versteht, was potentia oboedientialis für die hypostatische Union, die Annehmbarkeit der menschlichen Natur durch die Person des Wortes Gottes, bedeutet, der weiß, daß diese potentia kein einzelnes Vermögen neben anderen Möglichkeiten im menschlichen Seinsbestand sein kann, sondern sachlich mit dem Wesen des Menschen identisch ist. Wer aber dies begreift, der kann in scholastischer Theologie nicht bestreiten, daß es möglich und berechtigt sein muß, dieses Wesen so zu beschreiben, daß genau es als solche Potenz erscheint. Rahner, „Zur Theologie der Menschwerdung", 313.

Zwischen den göttlichen Personen aber besteht eine reale relationale Differenz (der Vater ist das hervorbringende, selbst aber nicht aus einem anderen hervorgehende Prinzip in der Gottheit, der Sohn ist das aus dem Vater hervorgehende Moment, der Geist das beide anderen göttlichen Relationsglieder miteinander vereinigende, verbindende personale Moment in Gott); des weiteren besteht auch eine rationale, aber real grundgelegte Differenz in Gott zwischen dem Wesen Gottes und den göttlichen Personen. Dieser formale Unterschied oder diese formale Nichtidentität (Scotus) zwischen den göttlichen Personen und dem Wesen Gottes ist die Bedingung der Möglichkeit der Trinität als drei subsistierender Personen, die durch real verschiedene Relationen konstituiert sind. Die Differenz in Gott ist nicht als eine Negation zu verstehen (im Sinne Hegels), die der Überwindung von Unbestimmtheit dient.[18] In der unendlich positiven Identität Gottes ist alle Andersheit nicht notwendig für die Überwindung einer ursprünglichen Unbestimmtheit, sondern vielmehr Ausdruck einer grundlosen Freiheit. Mit Michael Schulz könnte man die hegelsche Formel *omnis determinatio est negatio* für das christliche Gottes- und Wirklichkeitsverständnis in die Formel *omnis determinatio est relatio* überführen. In dieser relational verstandenen ursprünglichen Bestimmtheit des göttlichen Lebensaktes kann sich Gott sowohl auf sich selbst (in jeweiliger Differenz zwischen den Personen, durch die der Vater nicht der Sohn ist, etc.) als auch auf die Schöpfung als nichtgöttliche Andersheit beziehen.[19]

Weil Gott in sich selbst eine ihm seinsursprüngliche Unterschiedenheit besitzt, kann er gleichsam aus sich heraustreten und etwas anderes ins Sein setzen. Die Schöpfung ist formal betrachtet eine Hervorbringung von Differenz zwischen Gott und einem nicht-göttlichen Bereich. Sie gründet aber in der gottimmanenten Differenz zwischen Vater und Sohn, da der Vater die von ihm geschaffene Welt nach dem Vorbild der göttlichen Ideen bzw. Exemplarursachen hervorbringt, die im Sohn verwirklicht sind.

---

[18] Vgl. Michael Schulz, *Sein und Trinität: Systematische Erörterungen zur Religionsphilosophie G.W.F. Hegels im ontologiegeschichtlichen Rückblick auf J. Duns Scotus und I. Kant und die Hegel-Rezeption in der Seinsauslegung und Trinitätstheologie bei W. Pannenberg, E. Jüngel, K. Rahner und H.U. v. Balthasar* (St. Ottilien: EOS Verlag, 1997), 328–351; idem, *Überlegungen zur ontologischen Grundfrage in Gustav Siewerths Werk „Das Schicksal der Metaphysik von Thomas zu Heidegger“* (Einsiedeln: Johannes Verlag, 2003).

[19] Vgl. Giovanni Ventimiglia, *Differenza e contraddizione: Il problema dell'essere in Tommaso d'Aquino: esse, divisum, contradictio* (Milano: Vita e Pensiero, 1997).

Durch seine Menschwerdung bestätigt der Schöpfer gleichsam die Differenz zwischen sich und der Welt, indem er sich diese selbst aneignet, ihr aber den trennenden Charakter nimmt. So ist der menschgewordene Gott einerseits die Bestätigung der Differenz zwischen Gott und der Welt und zugleich deren Versöhnung, indem er in sich jede Entzweiung zwischen beiden Seiten getilgt hat.

2.1 Die Ontologie der Seinsdifferenz

Die Ursprünglichkeit einer transzendentalen Seinsdeutung, also des Denkens des Seins in seinem Seiendsein mit Verweis auf die Differenz von Sein und Seiendem, kennzeichnet das Differenzdenken als ihr Hauptmerkmal.[20] Im Seinsverständnis spielt das Differenzdenken die entscheidende Rolle, denn es ermöglicht die Einheit und die Verschiedenheit des Seins zugleich zu denken (transzendentale Einheit und Verschiedenheit).[21] Die ontologische Bestimmtheit des Seins kann in Bezug auf die in Gott selbst begründete ursprüngliche Seinsdifferenz nicht als Überwindung der Unbestimmtheit, sondern als Fülle und Beziehungsereignis begriffen werden. Der erste Inhalt unserer Vernunft ist das Sein. Die Seinserkenntnis erfolgt auf dem Grund der Beziehung zwi-

---

[20] „Das Sein wie auch das Seiende (esse und ens) steht jedoch primär unter der ebenfalls transzendentalen Sicht der Einheit oder der Einfalt (omne ens qua ens est unum, individuum, simplex, et omne ens ut compositum est totum; esse est aliquid simplex). Also kann die Differenz nur aus und innerhalb dieser Einheit und Einfachheit gedacht werden, ohne welche sie ‚unendlich' oder ‚unfaßlich' würde. Denn was nicht vorgängig als Weise von Einheit bestimmt wurde, kann auch nicht als ‚unterschieden' begriffen werden, schon deshalb, weil ‚unendlich verschiedene' sich nicht mehr vergleichen lassen. Daher ist Differenz immer die Zwei- oder Mehrfältigkeit eines Einigen, die Nicht-identität einer Identität, die Andersheit eines Selbigen. Diese Andersheit kann sich offenbar in mehrfältiger Weise zur Selbigkeit verhalten." Gustav Siewerth, „Die Differenz von Sein und Seiend", in idem, Gott in der Geschichte: Zur Gottesfrage bei Hegel und Heidegger, Gesammelte Werke, Bd. 3, Hrsg. von Alma von Stockhausen. (Düsseldorf: Patmos, 1971), 106.

[21] Das Sein ist im Seienden präsent, aber von ihm ontologisch verschieden: „Das Sein ist in den Seienden, es durchwaltet sie und hält sie im Einigen seines Wirklichens, wodurch es sie zugleich in lichtende Helle wie in wirkmächtiges Wirklichsein bringt, ohne sie als passive Bausteine in ein Ganzes zu fügen. Also ist das die Differenz der Seienden an sich haltende Sein einerseits nicht selbig mit den Seienden, aber auch nicht von ihnen zu lösen in dem Sinne, wie Seiendes von Seiendem geschieden ist." Gustav Siewerth, *Philosophie der Sprache* (Einsiedeln: Johannes Verlag, 1962), 94.

schen Sein und Denken, indem das Wirkliche in seiner Offenbarheit aufgezeigt und enthüllt wird. Somit beginnt unser Denken nicht mit einem Seinsbegriff (*conceptus entis*), sondern mit einem urteilenden Begreifen (*conceptio entis*).

Erst im Ereignis der Offenbarung wird das von der Erbschuld geschwächte menschliche Denken zum Seinsdenken ermächtigt. Diese Ermächtigung erlaubt dem erkennenden Subjekt die Wirklichkeit unmittelbar von Gott aus zu erfassen. In einer „theologisch durchlichteten Metaphysik“[22] ist das Sein eine vermittelnde Mitte, das sich in der Seinsdifferenz zwischen Aktualität und Subsistenz zeigt. Die Differenz zwischen den göttlichen Personen und ihre Selbigkeit mit dem Wesen Gottes wird in der Differenz zwischen Akt und Subsistenz widergespiegelt. Diese Differenz steht in einem engen Zusammenhang mit der realen Differenz zwischen den göttlichen Personen; Vater, Sohn und Geist sind relational real voneinander unterschieden. Sie begründet eine relative Differenz in Gott und zugleich drückt eine ursprüngliche Wesenseinheit aus. Neben dieser realen relationalen Differenz zwischen den göttlichen Personen besteht auch eine gedankliche Differenz, mit einem *fundamentum in re*, die zwischen dem göttlichen Seinsakt und den göttlichlichen Personen besteht. Es handelt sich hierbei um die Differenz zwischen Akt und Subsistenz in Gott.

Da das geschaffene Sein aber den Seinscharakter eines Abbildes gegenüber seinem Schöpfer besitzt, waltet auch in ihm eine ursprüngliche Differenz, und zwar die Differenz zwischen dem geschaffenen Sein als Erstling alles Geschaffenen und dem geschaffenen Seienden in seiner Einzelheit. Diese anders als bei Heidegger zu verstehende ontologische Differenz zwischen dem kreatürlichen Sein und dem kreatürlichen Seienden bildet, wie gesagt, die innergöttliche Differenz zwischen Vater und Sohn ab und muss daher als eine in allem Geschaffenen seinsursprüngliche Fülle, als dessen ihm vom Schöpfer eingestifteter Beziehungsreichtum verstanden werden. Aber auch die Differenz zwischen den göttlichen Personen auf der einen und dem göttlichen Wesen auf der anderen Seite findet ein kreatürliches Entsprechungsverhältnis in der Differenz zwischen der Aktualität des Geschaffenen und seiner Subsistenz.

Dies so zu sehen ist jedoch nur einem Denken möglich, das vom Ereignis der Offenbarung, der Inkarnation, zu einem ontologischen Differenzdenken ermächtigt wird.

---

[22] Gustav Siewerth, *Das Schicksal der Metaphysik von Thomas zu Heidegger* (Einsiedeln: Johannes Verlag, 2003), 82.

2.2 Inkarnations-Theologie als ein exemplarischer Fall des Differenzdenkens

Im Anschluss an die Definition der Person von Richard von St. Victor, *„persona est intellectualis naturae incommunicabilis existentia“*,[23] können wir sagen, dass in Gott kraft der einfachen göttlichen Natur die göttlichen Personen handeln, indem sie die Liebe als die höchste Form der Relation zwischen Personen realisieren, die zugleich eine Offenheit für den Dritten ist. Die Selbstmitteilung Gottes im Mysterium der Menschwerdung offenbart auch die Differenz in Gott, die in der absoluten Einfachheit des göttlichen Wesens gehalten ist und somit jede radikale Verschiedenheit ausschließt. Spekulativ lässt sich insbesondere mit Hans Urs von Balthasar[24] und Gustav Siewerth eine Negativität im Akt der göttlichen Selbsterfassung bzw. des Hervorgangs des Sohnes denken. Weil das Nicht-Vatersein und das Nicht-Sohnsein zum göttlichen Wesen gehört, kann die *processio* des Sohnes zugleich auch im ewigen göttlichen Differentsein als die Selbstdurchdringung des göttlichen Geistes und seiner Liebe gedacht werden.[25]

Diese formale Nicht-Identität drückt die Verschiedenheit zwischen den göttlichen Personen aus. Sie ist ein Ausdruck der Kommunikation in Gott, die sich auf der Ebene der innertrinitarischen Relationen volzieht und sich auf der Ebene der exemplarischen Identität zwischen Gott und seiner Schöpfung spiegelt. Der Grund sowohl der innergöttlichen Kommunikation als auch des Entsprechungsverhältnisses zwischen Gott und seiner Schöpfung

---

[23] *„Persona est intellectualis naturae incommunicabilis existentia“*. Richard von St. Victor, *De Trinitate* 4, 22.

[24] Vgl. Hans Urs von Balthasar, *Theodramatik II: Die Personen des Spiels 1: Der Mensch in Gott* (Einsiedeln: Johannes Verlag, 1976), 241f und Anm. 36.

[25] „Was daher die mittelalterliche Theologie ‚die Nachahmbarkeit‘ Gottes nannte, ist sein ewiges Different-sein, das in der Selbstdurchdringung seines erkennenden Geistes und seiner Liebe den Abgrund des Nicht-Gottseins in sich selbst aufklaffen läßt, weil das ‚Nicht-Vatersein‘ oder ‚Nicht-Sohnsein‘ zu seinem einfältigen Wesen gehört. Dieses ‚Nicht-Gottsein‘ enthält notwendig den ganzen Abgrund an Möglichkeiten, die sich zwischen dem reinen, dreifach substistenten Sein Gottes und dem absoluten Nichts ausbreiten. Diese Möglichkeiten sind daher ein gedachtes und entworfenes Produkt jenes zeugenden Urspruchs, der sich im ‚gezeugten Wort‘ seiner selbst als reine Selbigkeit aus seiner Differenz zu sich selbst oder zu seiner unendlichen Lebens- und Wesensfülle vermittelt hat. Sein ursprüngliches Einig- und Differentsein kommt daher nur zu sich selbst, indem es zugleich sich gegen die absolute Andersheit und Nichtigkeit in seinem Selbstsein durchmißt.“ Siewerth, „Die Differenz von Sein und Seiend“, 123.

aber ist die göttliche Liebe, die in der Menschwerdung den Bund zwischen Gott und seiner Schöpfung vollendet.

Die Faktizität der Inkarnation wirft neues Licht auf die richtige Einschätzung des Differenzdenkens. Indem Christus

> „in der Fülle der sich zeitigenden, im Herzgrund gereiften Zeit" selbst aus der subsistenten Tiefe des göttlichen Seinsaktes „Fleisch" wird und als „comprehensor alles Geschaffenen" sich dem Geschick der verfallenden Seins- und Bestandsverkehrung als „Lamm Gottes" ausliefert, werden alle Differenzen ins Einige göttlichen Lebens gekehrt, wie zugleich die absoluteste Differenz einer letzten Entscheidung und Scheidung sichtbar wird."[26]

Das kenotische Inkarnationsereignis offenbart Gottes schöpferischen Entschluss, die durch die innergöttliche Differenz zwischen den göttlichen Personen ermöglichte Seins-Differenz zwischen Gott und der von ihm geschaffenen Welt in das Geheimnis des göttlichen Lebens hineinzunehmen. Insofern die Seinsgeschichte im schöpferischen Entschluss Gottes zum Leben in Gott selbst berufen wird, wird sie im Vollzug der göttlichen Liebe im Einigen und Einigenden des göttlichen Lebens der göttlichen Subsistenz angeglichen. Wie die Differenz von Sein und Nichtsein der inner-göttlichen Differenz entspringt, so nimmt Gott sowohl in der Fleischwerdung seiner Wortes als auch in der Ausgießung seines Geistes die Differenzstrukturen der geschaffenen Welt an und versöhnt diese mit der ihm eigenen Natur.[27]

In Bezug auf die neutestamentlichen Stellen wie etwa 2 Petr 1:4–5; Joh 1: 12; 14: 20; Röm 6: 5 usw. (1 Kor 1: 9; Apg 17: 28; 1 Joh 4: 19–5, 13; Gal 5: 25) können wir sagen, dass Gott durch seine Menschwerdung die Schöpfung zu sich selbst zurückführen will. Der göttliche Vater zeigt in der Menschwerdung Christi nicht nur seine Liebe zu seinem Sohn, sondern darüber hinaus auch seinen Willen, die ganze Schöpfung in sein göttliches Leben einzubeziehen.[28] Das Denken des Seins in seinem Seiendsein und das Schicksal der Geschichte der

---

[26] Siewerth, „Die Differenz von Sein und Seiend", 126. Vgl. Andrzej Wierciński, *Inspired Metaphysics? Gustav Siewerth's Hermeneutic Reading of the Onto-Theological Tradition* (Toronto: The Hermeneutic Press, 2003), 148–166.

[27] Vgl. Siewerth, „Die Differenz von Sein und Seiend", 126.

[28] Diese Argumentation ist eine *descendens*, indem hier im Licht der Offenbarung gedacht wird. In der Philosophie pflegen wir eher eine Argumentation *ascendens*, vom Grund her. Vgl. Andrzej Wierciński, *Die scholastischen Vorbedingungen der Metaphysik Gustav Siewerths. Eine historisch-kritische Studie mit Bezug auf die Seinsvergessenheitstheorie von Martin Heidegger* (Frankfurt a.M.: Peter Lang, 1991), 58.

Metaphysik verweisen auf die Singularität des erlösenden kenotisch angezielten historischen Inkarnationsgeschehens und somit erheben sie die geheimnisvolle Menschwerdung Gottes zum hermeneutischen Prinzip aller Wirklichkeit.[29] Die Identifikation Gottes mit dem Schicksal des Menschen im Leben, Sterben und Auferstehen Jesu verklärt im Heiligen Geist die Geschichte der gefallenen Menschheit zur Geschichte der erlösenden Liebe.

Der menschgewordene Sohn besitzt gegenüber dem göttlichen Vater sowohl eine Ähnlichkeit als auch eine Unähnlichkeit, wie Thomas von Aquin in *Quaestio* 4 *De Verbo* aus den *Quaestiones disputatae De Veritate* ausführt.[30] Für Thomas ist das inkarnierte *Verbum Dei* sowohl dasselbe mit und gleichzeitig verschieden von Gott Vater. Es ist identisch mit dem Vater, insofern es der Inhalt der Selbsterkenntnis des Vaters, dessen Erkenntnisbild ist. [31] Als das Abbild des Vaters ist das *Verbum Dei* aber zugleich auch der Mittler zwischen dem Schöpfer und der Schöpfung: *Verbum dicitur esse medium inter patrem et creaturam.*[32] Die Abbildlichkeit des *Verbum Dei* ermöglicht die Rolle des Mittlers zu verstehen: Gott, als das Erkennen seiner selbst, ist mit dem Verbum identisch. Insofern ist das *Verbum* die vermittelnde Vermittlung: der Mittler

---

[29] Vgl. Andrzej Wierciński, „Das Geschick oder Das Schicksal der Metaphysik: Die Ermächtigung des Denkens und die Seinsvergessenheit", in Michael Schulz, (Hrsg.), *Das Sein als Gleichnis Gottes* (Freiburg i.Br.: Katholische Akademie, 2005), 75–109.

[30] Vgl. Andrzej Wierciński, *Über die Differenz im Sein. Metaphysische Überlegungen zu Gustav Siewerths Werk* (Frankfurt a.M.: Peter Lang, 1989), 63–71.

[31] *De veritate*, q. 4 a. 1 ad 6. „Ad sextum dicendum, quod verbum incarnatum habet aliquid simile cum verbo vocis, et aliquid dissimile. Hoc quidem simile est in utroque, ratione cuius unum alteri comparatur: quod sicut vox manifestat verbum interius, ita per carnem manifestatum est verbum aeternum. Sed quantum ad hoc est dissimile: quod ipsa caro assumpta a verbo aeterno, non dicitur verbum, sed ipsa vox quae assumitur ad manifestationem verbi interioris, dicitur verbum; et ideo verbum vocis est aliud a verbo cordis; sed verbum incarnatum est idem quod verbum aeternum, sicut et verbum significatum per vocem, est idem quod verbum cordis."

[32] *De veritate*, q. 4 a. 1 ad 4. „Ad quartum dicendum, quod medium quod accipitur inter terminos motus, aliquando accipitur secundum aequidistantiam terminorum, aliquando autem non. Sed medium quod est inter agens et patiens, si sit quidem medium, ut instrumentum, quandoque est propinquius primo agenti, quandoque propinquius ultimo patienti; et quandoque se habet secundum aequidistantiam ad utrumque; sicut patet in agente cuius actio ad patiens pervenit pluribus instrumentis. Sed medium quod est forma qua agens agit, semper est propinquius agenti, quia est in ipso secundum veritatem rei, non autem in patiente nisi secundum sui similitudinem. Et hoc modo verbum dicitur esse medium inter patrem et creaturam. Unde non oportet quod aequaliter distet a patre et creatura."

zwischen dem Schöpfer und der Schöpfung, der sowohl in Gott als auch in der Schöpfung ist (allerdings nur *secundum similitudinem*): *Verbum dicitur esse medium inter patrem et creaturam*. Das *Verbum* ist Exemplar für die Schöpfung, die Schöpfung ist das Abbild, das Exemplatum des *Verbum*: *Verbum est similitudo creaturae, non quasi imago eius, sed sicut exemplar*.[33] Zugleich ist das *Verbum Dei* aber auch die Fülle der Identität von Denken und Gedachtem. Denn mit Thomas können wir die Identität des Vaters mit dem Sohn als die Identität von Erkennen und Erkanntem verstehen. Dem inkarnierten Sohn eignet aber in seinem geschaffenen Sein auch eine Nicht-Identität mit dem Vater. Der menschgewordene Sohn Gottes ist daher die Identität der Identität und der Nicht-Identität mit dem Vater-Gott.

2.3 Das Differenzdenken als eine Brücke zwischen der klassischen und der postmodernen Auffassung von der Ursprünglichkeit der Differenz

Der postomoderne Diskurs über den Anderen und die Andersheit beruht auf einer Interpretation des Anderen und des Andersseins, die von der Differenz bestimmt wird. Wir können berechtigterweise von einer Preisgabe einer Logik der Identität zugunsten einer Logik der Differenz sprechen. Besonders in Bezug auf die levinassche Ontologiekritik, die einer Eröffnung der Dimension der Transzendenz und den unverzweckbaren Anderen dienen sollte,[34] ist es zu erinnern, dass in der klassischen metaphysischen Auffassung der Andere dient nicht zum Zwecke der Überwindung der Unbestimmtheit des Subjekts,

[33] *De veritate*, q. 4 a. 4 ad 2. „Ad secundum dicendum, … quod in aeque ordinatis ad invicem, recipimus similitudinis reciprocationem; ut scilicet unum dicatur alteri simile, et e converso. Sed in his quae se habent per modum causae et causati, non invenitur, proprie loquendo, reciprocatio similitudinis: dicimus enim quod imago Herculis similatur Herculi sed non e converso. Unde, quia verbum divinum non est factum ad imitationem creaturae, ut verbum nostrum, sed potius e converso; ideo Anselmus vult quod verbum non sit similitudo creaturae, sed e converso. Si autem largo modo similitudinem accipiamus, sic possumus dicere, quod verbum est similitudo creaturae, non quasi imago eius, sed sicut exemplar; sicut etiam Augustinus dicit, ideas esse rerum similitudines. Nec tamen sequitur quod in verbo non sit summa veritas, quia est immutabile, creaturis existentibus mutabilibus: quia non exigitur ad veritatem verbi similitudo ad rem quae per verbum dicitur, secundum conformitatem naturae, sed secundum repraesentationem, ut in quaestione de scientia Dei dictum est."

[34] Vgl. Emmanuel Levinas, *Gott und die Philosophie*, in Bernhard Casper (Hrsg.), Gott nennen: Phänomenologische Zugänge (Freiburg i. Br.: Alber, 1981), 81–123.

sondern stellt als die ursprüngliche und unüberwindbare substantielle Potentialität eine apriorische Bereitschaft für den Anderen dar.

Das hier nur im Ansatz zu entfaltende Differenzdenken könnte auch als eine Brücke zwischen dem Denken der metaphysischen Tradition sowie ihren Erneuerungsversuchen etwa im Neo-Thomismus (z. B. eines transzendentalen Thomismus eines Maréchal, Rahner oder des existentialen Thomismus eines Gilson) und dem postmodernen Denken Derridas[35] sowie einiger französischer Phänomenologen wie Dominique Janicaud, Jean-Luc Marion und Michel Henry verstanden werden, was jedoch hier nicht mehr näher ausgeführt werden kann. Indem das Sein ungetrennt von der Differenz im Sein gedacht wird, wird sich das klassische Differenzdenken nicht im Widerspruch zum postmodernen Denken der *différance* verstehen, ohne jedoch sich der gewaltigen Formen des Denkens der *différance* und somit der Verabsolutierung der Subjektivität unterwerfen zu müssen. Das Differenzdenken erreicht in seiner Konfrontation mit dem post-metaphysischen Denken eine besondere Bedeutung für die hermeneutische Traditionsauffassung und somit waltet als ein Brückenschlager zwischen den verschiedenen gegenwärtigen philosophischen Positionen. Die theologische Auseinandersetzung mit dem klassischen Differenzdenken und dem neuzeitlich-modernen und gegenwärtig-postmodernen Differenzdenken kann als eine Antwort auf die Herausforderung, dem Denken eine Offenheit für die transzendente Andersheit Gottes zu erschließen und somit zur Spur des transzendenten und nicht zu funktionalisierenden Gottes zu werden, verstanden werden.

---

[35] Vgl. Derridas Auffassung von der Urspünglichkeit der Abwesendheit und seine Kritik der Metaphysik der Anwesenheit, welche die Möglichkeit der Transzendenz als Andersheit ausschließt. Dazu siehe James K. A. Smith, „A Principle of Incarnation In Derrida's (Theologische?) Jugendschriften: Towards A Confessional Theology,“ *Modern Theology* 18, no. 2 (April 2002): 217–230. Bei dem Titel „Derrida's (Theologische?) Jugendschriften“ handelt sich um die Anspielung an Hegels theologische Jugendschriften und an das Heideggers „Natorp Bericht“, den Gadamer „Heideggers theologische Jugendschrift“ benannt hat. Vgl. Hans-Georg Gadamer, „Heideggers ‚theologische‘ Jugendschrift,“ in Martin Heidegger, *Phänomenologische Interpretationen zu Aristoteles*, hrsg. von Günther Neumann (Frankfurt a.M.: Vittorio Klostermann, 2002), 76–86.

3. Worttheologie als Logos-Christologie

Der Gedanke eines der menschlichen Geistseele inneren Logos hat seinen Ursprung in der philosophischen Tradition der Stoa. Schon bei Platon wird das Denken bezeichnet als „ein Gespräch, das die Seele mit sich selbst hält über den Gegenstand ihrer Untersuchung".[36] Unter Rekurs auf Platon verweist Gadamer auf die enge Zusammengehörigkeit zwischen dem Denken und seiner Verlautbarung, dem ins Äußere heraustretenden Wort als einer Manifestation des Denkens. Gadamer betont aber nicht nur die Ursprünglichkeit des Verhältnisses von Denken und Sprechen bei Platon für die Ausreifung der im Inkarnationsdenken verwurzelten Idee des *verbum interius* im frühen Christentum, sondern auch den dynamischen oder diskursiven Charakter des Denkens.[37] Die platonische Auffassung des sprachlichen Charakters des Denkens erreichte nach Gadamer erst durch die Inkarnation des *Verbum Dei* ihre maßgebliche Ergänzung und Ermächtigung.

3.1 Vom verbum cordis zum verbum mentis: Denken als Hervorgehen ut actus ex actu, als processus perfectus de actu in actum

Augustinus leitet seinen Begriff *verbum cordis* von dem stoischen Begriff des λόγος ενδιάθετος ab und spricht ihm eine zentralle Rolle in seiner Trinitätstheologie zu. Er übersetzt das griechische Wort „λόγος" mit dem lateinischen Begriff *verbum*. Das *Verbum*, das er mit dem Schöpfungs- und Inkarnations-Denken verbindet, fasst er als *potentia operativa* auf, als eine kreative Mani-

---

[36] Platon, *Theätet*, in idem, *Sämtliche Dialoge*, Bd. 4, übers. O. Appelt (Hamburg: Felix Meiner, 1998), 108, (189e4).

[37] „Mir nämlich stellt sich die Sache so dar, als ob die Seele, wenn sie denkt, nichts anderes tut als dass sie redet, indem sie selbst sich fragt und die Frage beantwortet und bejaht und verneint. Wenn sie aber, sei es langsamer, sei es schneller vorgehend, zur Klarheit gelangt ist und, mit sich einig geworden, in ihren Behauptungen nicht mehr schwankt, dann ist sie, wie wir dies nennen, im Besitze einer Meinung. Ich nenne also das Meinen ein Reden und die Meinung ein ausgesprochenes Urteil, nur nicht gegen andere und nicht laut, sondern leise zu sich selbst." Platon, *Theätet*, 108, (190e6). Ähnlich versteht Platon das innere Gespräch der Seele mit sich selbst in *Sophistes*: „Denken (dianoia) und Aussage (Logos) sind dasselbe; nur dass das erstere ein Gespräch der Seele innerlich mit sich selbst ohne sprachliche Äußerung ist, weshalb es eben diesen Namen von uns erhielt: denken". Platon, *Sophistes,* 119, (263d).

festation Gottes nach Außen, die sich sowohl in der Menschwerdung des Gottessohnes als auch in der Schöpfung der Welt zeigt[38]:

> „In principio erat verbum. Quod Graece logos dicitur, Latine et rationem et verbum significat. Sed hoc loco melius verbum interpretamur, ut significetur non solum ad patrem respectus, sed ad illa etiam quae per verbum facta sunt operativa potentia. Ratio autem, etsi nihil per illam fiat, recte ratio dicitur."[39]

Augustinus nennt das *verbum cordis* Wort, weil es ein Formbares ist (*formabile*), also Wort werden kann. Dieses *formabile* als *potentia operativa* drückt die Möglichkeit des Denkens aus, den Sachverhalt des Denkens im Sprachvollzug zum Ausdruck zu bringen. Augustinus macht auch auf die Differenz zwischen dem *verbum cordis* und dem *Verbum Dei* aufmerksam, indem er ein Formbares des menschlichen Wortes von der einfachen immerwährenden Gestalt des göttlichen Logos unterscheidet.

Thomas von Aquin, der das augustinische Verständnis von *verbum cordis* übernimmt, entwickelt den Begriff durch die Einbeziehung des Begriffs *emanatio* zum Begriff des *verbum mentis* weiter. Ohne hier auf die Einzelheiten der thomanischen Verbumlehre näher einzugehen, können wir den Begriff der *emanatio intelligibilis* in einen Deutungshorizont darstellen, in dem die *species intelligibilis* den Ausgangspunkt und das *verbum mentis* die Vollendung des Erkennens darstellen.

In der gadamerschen Auffassung der Hermeneutik des Wortes ist das Denken als Hervorgehen *ut actus ex actu*, als *processus perfectus de actu in actum*[40] im Anschluss an den Geschehenscharakter des inneren Wortes in der Trinitätstheologie des Thomas dargestellt.

---

[38] Das lateinische Wort *incarnatio* bedeutet Fleischwerdung. Dabei ist das griechische Wort, das im Kontext des Inkarnationsdenkens benutzt wird, ενανθρωπήσαντα oder ενανθρωποισις, Menschwerdung. Hier bedeutet ανθρωπος Mensch in einer Abgrenzung zu den Nichtmenschen. In der Patristik und in der orthodoxen Liturgie werden auch die Begriffe σεσαρκωμένος (inkarniert) oder σεσωματωμένος (Fleischgeworden) verwendet.

[39] Augustinus, *De diversis quaestionibus octoginta tribus*, 63 (PL 44). Schindler verweist auf die Akzentverschiebung zwischen *verbum* und *sermo* und nicht auf die Opposition zwischen den beiden termini. Vgl. Alfred Schindler, *Wort und Analogie in Augustinus Trinitätslehre* (Tübingen: Mohr-Siebeck, 1965), 116–117.

[40] Thomas von Aquin, *De natura verbi intellectus*: „Prima autem actio eius per speciem est formatio sui obiecti, quo formato intelligit, simul tamen tempore ipse format, et formatum est, et simul intelligit, quia ista non sunt motus de potentia at actum, quia iam factus est intellectus in actu per speciem, sed est processus perfectus de actu in actum, ubi non requitur aliqua species motus".

> „Der Vorgang und Hervorgang des Denkens ist insofern kein Veränderungsvorgang (*motus*), als er kein Übergang von der Potenz in den Akt ist, sondern ein Hervorgehen *ut actus ex actu*: das Wort wird nicht erst gebildet, nachdem die Erkenntnis vollendet ist, also scholastisch gesprochen, nachdem die Information des Intellektes durch die *species* abgeschlossen ist, sondern das Wort ist der Vollzug der Erkenntnis selbst. Insofern ist das Wort mit dieser Bildung (*formatio*) des Intellektes ein gleichzeitiges Geschehen."[41]

Die innere Einheit von Denken und Sichsagen entspricht dem trinitarischen Mysterium der Inkarnation. Das innere Wort ist nicht durch einen reflexiven Akt gebildet. Gadamer expliziert:

> „Wer etwas denkt, d. h. sich sagt, meint damit das, was er denkt, die Sache. Er ist also auf sein eigenes Denken zurückgerichtet, wenn er das Wort bildet. ... Wer denkt, schreitet nicht vom Einen zum Anderen, vom Denken zum Sichsagen fort. ... Das Denken, das seinen Ausdruck sucht, ist nicht auf den Geist, sondern auf die Sache bezogen. ... Der gedachte Sachverhalt (die *species*) und das Wort sind es, die auf das engste zusammengehören."[42]

Das Denken ist also auf die Sache bezogen und geschieht über das innere Wort, über den spontan erzeugten Begriff des Verstehens. Wenn wir sprechen, geben wir dem Geisteswort die Stimme:

> „Das innere Wort, indem es das Denken ausdrückt, bildet also gleichsam die Endlichkeit unseres diskursiven Verstandes ab. Weil unser Verstand das, was er weiß, nicht in einem denkenden Blick umfasst, muss er jeweils das, was er denkt, erst aus sich herausführen und wie in einer inneren Selbstaussprache vor sich selber hinstellen. In diesem Sinne ist alles Denken ein Sichsagen."[43]

In diesem inneren Dialog, den Gadamer vom platonischen Gespräch der Seele mit sich selbst unterscheidet, ist das Geisteswort weder griechisch noch lateinisch; es gehört keiner bestimmten Sprache an.[44] Wie der Sohn,

---

[41] Gadamer, *Wahrheit und Methode*, GW1, 427–428. Näheres über die Hermeneutik des Wortes in Thomas Bettendorf: *Hermeneutik und Dialog. Eine Auseinandersetzung mit dem Denken Hans-Georg Gadamers* (Frankfurt a.M.: 1984), 186–195.

[42] Gadamer, *Wahrheit und Methode*, GW1, 430.

[43] Gadamer, *Wahrheit und Methode*, GW1, 426.

[44] Augustinus, *De trinitate* 15, 10, 19 (PL 42:1071): „Necesse est enim cum verum loquimur, id est, quod scimus loquimur, ex ipsa scientia quam memoria tenemus, nascatur verbum quod ejusmodi sit omnino, cujusmodi est illa scientia de qua nascitur. Formata

der aus dem Vater hervorgeht und auf ihn zurückweist, besitzt sich das Wort nicht und verweist auf seine Herkunft.[45]

3.2 Sprache, *Verbum* und Inkarnation

Den hermeneutischen Vorrang der Sprache führt Gadamer auf die mittelalterliche Trinitätstheologie zurück. Das innere Geisteswort ist mit dem Gedanken in der Weise verbunden, wie es der göttliche Sohn mit dem göttlichen Vater ist. Das Wort ist kein über-zeitlicher Geist, sondern ein Ereignis: ein Hervortreten des Wortes im Geschehen des Verstehens. Bei der Entwicklung seiner Sprachauffassung geht Gadamer über den Begriff des griechischen Logos hinaus. Er beginnt das Kapitel „Sprache und verbum" in *Wahrheit und Methode* mit einer Erklärung seiner Akzentverschiebung:

> „Es gibt aber einen Gedanken, der kein griechischer Gedanke ist und der dem Sein der Sprache besser gerecht wird, so dass die Sprachvergessenheit des abendländischen Denkens keine vollständige werden kann. Es ist der christliche Gedanke der Inkarnation."[46]

Die einzige geschichtliche Alternative zu der durch die griechische Philosophie verursachten Sprachvergessenheit ist für Gadamer die christliche Verbumlehre im Kontext des Inkarnationsgedankens.[47]

Gadamer findet in der theologischen Spekulation die entscheidenden

---

quippe cogitatio ab ea re quam scimus, verbum est quod in corde dicimus: quod nec graecum est, nec latinum, nec linguae alicujus alterius; sed cum id opus est in eorum quibus loquimur perferre notitiam, aliquod signum quo significetur assumitur".

[45] Augustinus, *De trinitate* 15, 12, 22 (PL 42:1075): „Tunc enim est verbum simillimum rei notae, de qua gignitur et imago ejus, quoniam de visione scientiae visio cogitationis exoritur, quod est verbum linere guae nullius; verbum verum de re vera, nihil de suo habens, sed totum de illa scientia de qua nascitur"; ibid., 15, 15, 25 (PL 42:1078–1079): „Et tunc fit verum verbum, quando illud quod nos dixi volubili motione jactare, ad id quod scimus pervenit, atque inde formatur, ejus omnimodam similitudinem capiens; ut quomodo res quaeque scitur, sic etiam cogitetur, id est, sine voce, sine vocis cogitatione, quae profecto alicujus linguae est, sic in corde dicatur".

[46] Gadamer, *Wahrheit und Methode*, GW1, 422. Vgl. auch Petra Plieger, *Sprache im Gespräch: Studien zum hermeneutischen Sprachverständnis bei Hans-Georg Gadamer* (Wien: WUV, 2000), 187–192.

[47] „Die Einmaligkeit des Erlösungsgeschehens führt den Einzug des geschichtlichen Wesens in das abendländische Denken herauf." Gadamer, *Wahrheit und Methode*, GW1, 423.

Implikationen für seine philosophische Hermeneutik. In der Trinitätstheologie ist die Relation zwischen Denken und Sprechen thematisch. Gott offenbart sich *in* seinem Wort und *durch* sein Wort. Ähnlich wird der menschliche Gedanke verwirklicht: in der Sprache und durch die Sprache. Die Einheit des Denkens mit dem *verbum interius* spiegelt die Einheit von Gott-Vater mit dem *Verbum Dei* wider. Die Analogie zwischen dem *Verbum Dei* und dem *verbum interius* ist für Gadamer der Schlüssel zum Universalitätsanspruch seiner Hermeneutik, denn sie betont die Allgegenwart der Sprache.[48] Die Identität des Vaters und des Sohnes stellt die Identität dessen, der etwas ausdrückt, mit dem Ausdruck dar. Wie das *Verbum Dei* gleichen Wesens mit Gott ist, so ist das innere Wort eins mit dem Denken. Das Wort, das im Anfang bei Gott und mit Gott identisch ist (Joh 1,14), tritt in die Geschichte ein[49] und ist somit ein Modell für den Geschehenscharakter der Sprache:

> „Die Einheit des Wortes, die sich in der Vielheit der Wörter auslegt, lässt darüber hinaus etwas sichtbar werden, was im Wesensgefüge der Logik nicht aufgeht und den Geschehenscharakter der Sprache zur Geltung bringt: den Prozess der Begriffsbildung."[50]

Der Gedanke des Geschehenscharakters der Sprache überwindet nicht nur die Sprachvergessenheit, er beleuchtet die Sprache wesentlich als Ereignis.[51]

---

[48] Vgl. Bernd Springer, „Die Bedeutung von Augustinus verbum interius für die Hermeneutik Gadamers", in idem, *Die antiken Grundlagen der neuzeitlichen Hermeneutik* (Frankfurt a.M.: 2000), 338–343.

[49] „Im Anfang war das Wort, und das Wort war bei Gott, und das Wort war Gott. Im Anfang war es bei Gott. Alles ist durch das Wort geworden und ohne das Wort wurde nichts, was geworden ist". (Joh 1,1–3.) „Und das Wort ist Fleisch geworden und hat unter uns gewohnt und wir haben seine Herrlichkeit gesehen, die Herrlichkeit des einzigen Sohnes vom Vater, voll Gnade und Wahrheit." (Joh 1,14.) „Er war in der Welt und die Welt ist durch ihn geworden, aber die Welt erkannte ihn nicht. Er kam in sein Eigentum, aber die Seinen nahmen ihn nicht auf. Allen aber, die ihn aufnahmen, gab er Macht, Kinder Gottes zu werden, allen, die an seinen Namen glauben, die nicht aus dem Blut, nicht aus dem Willen des Fleisches, nicht aus dem Willen des Mannes, sondern aus Gott geboren sind". (Joh 1,10–13.) „Niemand hat Gott je gesehen. Der Einzige, der Gott ist und am Herzen des Vaters ruht, er hat Kunde gebracht". (Joh 1,18).

[50] Gadamer, *Wahrheit und Methode*, GW1, 431.

[51] Vgl. Wolfgang Ullrich, *Der Garten der Wildnis: Eine Studie zu Martin Heideggers Ereignis-Denken* (München: Fink, 1996), und Friedrich-Wilhelm von Herrmann, *Wege ins Ereignis: Zu Heideggers Beiträge zur Philosophie* (Frankfurt a.M.: Vittorio Klostermann, 1994).

Erst durch das Inkarnationsereignis konnte die menschliche Sprache in ihrem Geschehenscharakter erkannt werden.

Die christliche Verbumlehre bezieht sich auf die Theologie des Johannesevangeliums.[52] In der Einleitung nennt Johannes die zweite Person der Trinität Logos, und zwar in seiner Relation zu Gott, λόγος ενδιάθετος, und in seiner Relation zur Schöpfung, λόγος προφοριχός.[53] Die Analogie von innerem und äußerem Wort gewinnt in der christlichen Auffassung einen exemplarischen Wert. Das Wunder der Menschwerdung Gottes besteht darin, dass im Werden des inkarnierten Sohnes keine Wesensveränderung Gottes stattfindet. Das ursprüngliche Sprechen Gottes (*Ur-sprechen*) findet seinen Ausdruck im *Verbum, Filium Dei Unigenitum*. Analog zum *Verbum Dei* verlässt beim Menschen das innere Wort den Horizont des Denkens und bleibt doch innerhalb des Verstehenshorizontes. Das *verbum interius* ist der ursprüngliche Horizont des Verstehens, und deshalb tritt im Verstehen Bedeutung als solche auf. Durch die sprachliche Struktur des Daseins wird Sprache zu einem Gegenstand der Ontologie und die Hermeneutik zu einer Universaltheorie des Verstehens. Die philosophische Hermeneutik ist in der Geschichtlichkeit der Sprache verwurzelt und gewinnt sich in der Zeitlichkeit als dem Horizont des Seins, das wir sind, wieder.

Wie das menschgewordene *Verbum Dei* identisch mit der zweiten Person der Trinität bleibt und sich doch von ihr unterscheidet, so ist auch das äußere Wort identisch mit dem inneren Wort und zugleich von ihm verschieden. Das *Verbum Dei* ist ein Ereignis, also ein Wort, das die Wirklichkeit nicht nur beschreibt, sondern auch erschafft. Gadamer betont den Geschehenscharakter des Verbum als einen Fortschritt, und zwar als einen des christlichen Denkens gegenüber dem griechischen Denken.[54] Denn der griechische Logos sei eine ewige und statische Form.

---

[52] Der johanneische Logosbegriff folgt der Richtung der alttestamentlichen Weisheitsliteratur eines Übergangs vom Bild zum Begriff und somit lässt nicht nur seinen gnostischen Ursprung, sondern auch klare alttestamentliche und urchristliche Wurzeln erkennen.

[53] Die ursprüngliche Begrifflichkeit von λόγος ενδιάθετος und λόγος προφοριχός wird der philosophischen Tradition der Stoa zugesprochen. Die sind nicht zwei verschiedene λόγοι, sondern zwei Aspekte desselben λόγος. Die geistige Funktion des Menschen und seine Fähigkeit zu einem diskursiven Denken wird vom λόγος ενδιάθετος beschrieben. Dafür ist λόγος προφοριχός die artikulierte Stimme, ein Ausdruck der spirituellen Energie, ein Anzeichen der Konkretisierung des Abstrakten. Vgl. Wassilios Stravoravdis, „Der Widerruf der Welt im Logos: Zum Verhältnis von λόγος ενδιάθετος und λόγος προνοφριχός bei den Stoikern und Merlau-Ponty", *Phänomenologische Forschungen* (2003): 171–187.

[54] „Dass das Wort ein Prozess ist, in dem sich die Einheit des Gemeinten zum voll-

„In der Mitte der Durchdringung der christlichen Theologie durch den griechischen Gedanken der Logik keimt vielmehr etwas Neues auf: Die Mitte der Sprache, in der sich das Mittlertum des Inkarnationsgeschehens erst zu seiner vollen Wahrheit bringt."[55]

Die Entstehung des inneren Wortes spiegelt also die ursprüngliche Zugehörigkeit von Denken und Sprechen wieder und ist ein Abbild des Verhältnisses zwischen dem Vater und dem Sohn.[56] Die Rede von Jesus Christus als Sohn Gottes, die die Gleichwesentlichkeit wie die Unterschiedenheit von Gott dem Vater und Jesus Christus beschreibt, bedient sich einer Analogie aus dem menschlichen Bereich. Die Präzisierung des Vater-Sohn Verhältnisses, besonders in Bezug auf die Wesenseinheit, erreicht die Christologie mit der Interpretation der biblischen Überlieferung des Bildes von Jesus Christus als dem Sohn Gottes durch den Begriff Wort Gottes.[57] Das Inkarnationsdenken verbindet den Versuch das Geheimniss des Menschen im Geheimniss des im menschgewordenen Gott offenbarten Gott mit dem Wort Gottes, *Verbum Dei* zu vermitteln. Indem *Verbum Dei* auf das Geheimnis der Menschwerdung verweist, inspiriert es das menschliche Denken die Wesensgleichheit und die Verschiedenheit der Person zwischen Gott-Vater und Gott-Sohn wieder aufs Neue zu durchdenken.[58] Dabei ist die Verbumlehre hilfreich:

---

endeten Ausdruck bringt – wie das in der Verbumspekulation gedacht wird -, bedeutet gegenüber der platonischen Dialektik des Einen und Vielen etwas Neues". Gadamer, *Wahrheit und Methode*, GW1, 438.

[55] Gadamer, *Wahrheit und Methode*, GW1, 432. In der gleichen Sektion würdigt Gadamer das Überwinden der neuplatonischen Emanationstheorie von Cusanus in dessen *De docta ignorantia*: „Der Cusaner hat das emanatistische Schemata im entscheidenden Punkt überwunden. Er spielt nämlich gegen sie die christliche Lehre vom Verbum aus. Das Wort ist ihm kein anderes Sein als der Geist, keine geminderte oder abgeschwächte Erscheinung desselben. Das zu wissen, macht für den christlichen Philosophen seine Überlegenheit über die Platoniker aus." Ibid, 439.

[56] Die entscheidende Bedeutung der christlichen Verbumlehre ist der eindeutige Verweis auf den Abbildcharakter des menschlichen Daseins. In der Menschwerdung des *Verbum Dei* erhält der Mensch die Erhellung seiner Existenz als Geschöpf.

[57] Der Begriff Wort zeigt sich als zentral in der Interpretation der Gottessohnschaft Christi und somit als hermeneutisches Prinzip der Deutung der Wirklichkeit als Schöpfung. In Anlehnung an das Verständnis des innergöttlichen *intelligere*, in dem Gott sich selbst und das von ihm Verschiedene als Nicht-Gott erkennt, ist das *Verbum Dei* nicht nur der Ausdruck der Vaters, sondern auch der Schöpfung.

[58] Vgl. Kasper, *Der Gott Jesu Christi*, 230–231.

> „Das innere Wort des Geistes ist mit dem Denken genauso wesensgleich, wie Gottessohn mit Gottvater. … Das Geheimnis der Trinität findet im Wunder der Sprache insofern seinen Spiegel, als das Wort, das wahr ist, weil es sagt, wie die Sache ist, nichts für sich ist und nichts für sich sein will: nihil de suo habens, sed totum de illa scientia de qua nascitur. Es hat sein Sein in seinem Offenbarmachen."[59]

Hier wird die selbstlos offenbarmachende Funktion des wahren Wortes verglichen mit dem Verhältnis des göttlichen Sohnes gegenüber dem göttlichen Vater. Zudem ist das Wort konsubstanziell mit dem Denken wie der Sohn mit dem Vater. Wenn Gadamer vom Wunder des Lautwerdens des Wortes in der *vox*, vom Wunder der Sprache spricht, dann betont er nicht, dass

> „das Wort Fleisch wird, und im äußeren Sein austritt, sondern dass das, was so heraustritt und sich in der Äußerung äußert, immer schon Wort ist. Dass das Wort bei Gott ist, und zwar von Ewigkeit her, das ist die in der Abwehr des Subordinationsimus siegreiche Lehre der Kirche, die auch das Problem der Sprache ganz in das Innere des Denkens einkehren lässt."[60]

Wenn wir ein Wort denken, beziehen wir uns nicht auf das Denken selbst, sondern auf *die Sache* –, auf das, was zu denken ist. Das *verbum interius* ist, wie Gadamer betont, der durchdachte Sachverhalt.

Das innere Wort ist also gewiss nicht auf eine bestimmte Sprache bezogen, und es hat überhaupt nicht den Charakter eines Hervorbringens von Worten, die aus dem Gedächtnis hervorkommen, sondern es ist der bis zu Ende gedachte Sachverhalt (*forma excogitata*).[61] Das Wort ist daher nicht der Ausdruck des menschlichen Geistes, der sich selbst reflektiert, sondern *similitudo rei*. Das in der Sprache ausgesagte war schon lange ein Wort, bevor es sprachlich geäußert wurde. Das innere Wort drückt die Sache, die gedacht wurde, aus.

---

[59] Gadamer, *Wahrheit und Methode*, GW1, 425.

[60] Gadamer, *Wahrheit und Methode*, GW1, 424. Mit der Verwerfung des Subordinationismus geriet auch die direkte Bezugnahme auf die Äußerung des Wortes in die Vergessenheit. Hier zeigt sich die Bedeutung der Hermeneutik für die christliche Dogmatik, die eigenen ursprünglichen Prämissen neu zu durchdenken und sich somit dem Mysterium der Sprache in der Verbumlehre neu zu widmen. „Und wenn die direkte Bezugnahme auf die Äußerung, auf Lautwerden des Wortes, am Ende in der christlichen Dogmatik – in der Verwerfung des Subordinationismus – mitverworfen wird, so wird es doch gerade auf Grund dieser Entscheidung nötig, das Mysterium der Sprache und ihren Zusammenhang mit dem Denken philosophisch neu zu durchleuchten." Gadamer, *Wahrheit und Methode*, GW1, 424.

[61] Vgl. Gadamer, *Wahrheit und Methode*, GW1, 426.

Das Wort erschöpft sich also nicht in seiner sprachlichen Ausdrucksform. Das ungesagte, innerlich bleibende Wort gehört unverzichtbar zum gesagten Wort, sowie das göttliche Wort zwischen dem Göttlichen und dem Menschlichen vermittelt. Gadamers Auffassung des Wortes begreift dieses als Vollzug des Verstehens. Als solches ist das gesprochene Wort nie ein letztes Wort, da das Denken immer weiter geht. Darüber hinaus ermöglicht nach Gadamer der Geschehenscharakter der Sprache, die Endlichkeit des Daseins in Bezug auf die göttliche Unendlichkeit zu denken. „Die Christologie wird zum Wegbereiter einer neuen Anthropologie, die den Geist des Menschen in seiner Endlichkeit mit der göttlichen Unendlichkeit auf eine neue Weise vermittelt".[62] Gadamer entdeckt im christlichen Inkarnationsgedanken die Einsicht in die sprachliche Natur des Denkens, in die konstitutive Bedeutung des inneren Wortes für das menschliche Denken. Diese exemplarische Wiedergewinnung der christlichen Theologie für die Philosophie lässt die universale Bedeutsamkeit der christlichen Inkarnations- und Logostheologie aufs Neue hervortreten, die Walter Kasper wie folgt zum Ausdruck gebracht hat:

> „Die Logoschristologie kann verständlich machen, daß uns in Jesus Christus zugleich Gottes innerstes Wesen wie der letzte Grund und Sinn aller Wirklichkeit offenbar ist. Sie macht deutlich, daß Jesus Christus das Haupt der ganzen Schöpfung ist, daß in ihm als dem einen Wort des Vaters alle Wirklichkeit zu Wort kommt und ihren tiefsten Sinn findet. Nur wer Jesus Christus kennt, versteht letztlich den Menschen und die Welt."[63]

---

[62] Gadamer, *Wahrheit und Methode*, GW1, 432. „Man kann die Größe, die Tiefe und die Konsistenz dieser klassischen Worttheologie unmöglich bestreiten. Sie ist in Schrift und Tradition bestens begründet, und sie ist eine nicht hoch genug einzuschätzende Hilfe für ein tieferes Verständnis der Offenbarung, ihres inneren Zusammenhangs und ihrer Entsprechung zur menschlichen Erkenntnis." Kasper, *Der Gott Jesu Christi*, 234.

[63] Kasper, *Der Gott Jesu Christi*, 234.

4. Das kenotische Inkarnationsdenken und eine inkarnatorisch-kenotische und trinitarische Hermeneutik

4.1 Das kenotische Inkarnationsdenken als die Ermächtigung des Differenzdenkens

Die stark philosophisch geprägte Logoschristologie in der Tradition des theologischen Denkens macht eine Ergänzung und Vertiefung durch die biblische Worttheologie erforderlich. Die biblische Auffassung der Inkarnation als Fleischwerdung des Sohnes verweist auf die Hinfälligkeit und Todverfallenheit des Menschen. Es ist kein Zufall, dass der Ausdruck der Fleischwerdung, σαρκωσις, des ewigen Wortes, später in der Konfrontation mit dem Hellenismus durch den Begriff der Menschwerdung weitgehend ersetzt wurde, um die inkarnatorische Annahme der ganzen menschlichen Existenz (Geist, Seele und Materie) durch Jesus Christus zu betonen.

Die Logoschristologie sollte durch eine Kenosischristologie ergänzt werden. Denn das Kreuz ist aus der Sicht einer Kenosischristologie nicht nur die Konsequenz des irdischen Auftretens Jesu, sondern das Ziel seiner Menschwerdung von Anfang an. Das Kreuz ist demnach nicht etwas zum Leben Jesu Hinzugekommenes, sondern das Sinnziel dieses Lebens, auf das alle ihm zugehörigen Momente finalursächlich hingeordnet sind. Nicht die nach der Analogie der Hervorbringung des geistigen Wortes gedachte innergöttliche Zeugung des Sohnes durch den Vater, sondern die Hingabe des Sohnes durch den Vater und die Selbsthingabe des Sohnes an den Vater und für die vielen sollte der Ausgangspunkt jeder christologischen Reflexion sein.[64]

Wenn wir die zentrale hermeneutische Aufgabe einer systematischen Christologie in einer konstruktiven Spannung zwischen christlichen Überlieferung und Interpretation sehen, also in der hermeneutischen Aneignung der biblischen Grundlagen und der auch darüber hinausgehenden authentischen Glaubensüberlieferung, dann müssen wir den Gedanken der Entäußerung, der Kenosis Gottes in der Menschwerdung aufgreifen, weiterdenken und zu vertiefen versuchen. Unsere Aufgabe ist es, die hermeneutische Erschließung des überlieferten Glaubens von dem im jüdischen Fleisch menschgewordenen Sohnes Gottes für unsere Zeit zu liefern. Mit Hans Urs von Balthasars dramatischer Kreuzestheologie können wir den Sühnetod Christi für das Heil aller Menschen als die soteriologische Mitte der Geschichte Gottes mit uns Menschen, der *Theodramatik,* verstehen und darin zugleich als Ausdruck der

---

[64] Kasper, *Der Gott Jesu Christi*, 235.

Freiheit der ewig-innergöttlichen Selbsthingabe des Sohnes an den Vater aus grundloser Liebe (*passio caritatis*). Mit Paulus (Phil 2, 6–8) verbindet Balthasar den Gedanken der Entäußerung (κένωσις) des Sohnes in der Offenbarung im Fleisch mit dem Kreuz, durch das er für uns zur Sünde gemacht wurde".[65]

Daher kann die inkarnatorische Selbstentäußerung als das Selbstmitteilungs- Selbstunterscheidungs- und Selbstbegrenzungsprinzip Gottes verstanden werden. Denn die innertrinitarische Liebe ist die Bedingung der Möglichkeit und die Bestätigung der Unterschiedenheit der göttlichen Personen. Für die Theologie des göttlichen Wortes ist ein Verständnis des Wesens der Trinität im Ausgang von der sich selbst dem anderen schenkenden Liebe grundlegend.[66] Durch das Handeln Gottes im Leben Jesu wird Gottes allmächtige Liebe definitiv offenbar. Die leiderfüllte Geschichte der Treue des Vater zum Sohn im Heiligen Geist verweist auf die göttliche Liebe als die Sinneinheit von Menschwerdung, Kreuz und Auferstehung. Dabei wird durch die vereinigende Kraft des Heiligen Geistes die innertrinitarische Liebe erst vollkommen. In der Menschwerdung hat Gott sich bis in die tiefsten Abgründe menschlicher Erfahrungen hinein entäußert und dadurch seine Liebe dem Menschen selbst dort geoffenbart, wo dieser sich von Gott verlassen fühlt.

Das kenotische Inkarnationsdenken führt daher auch zu einem pneumatologischen Verständnis sowohl der Wirklichkeit Gottes als auch seiner Schöpfung. Die eschatologische Verwandlung und Verklärung der Welt ist nach Auskunft der Heiligen Schrift das Werk des göttlichen Geistes. Weil der Heilige Geist innertrinitarisch die Versöhnung des Unterschieds zwischen den Liebenden ist, geht es in dieser Liebesgeschichte weder um sich selbst noch nur um den anderen, sondern einzig und alleine um die Beziehung zueinander. Liebe ist keine bloße Aufopferung der Liebenden an den Geliebten. Sie ist vielmehr und primär eine solche Hingabe an den anderen, in der eine lebensstiftende Beziehung zueinander wurzelt. Letztendlich geht es nicht darum, dass im Vollzug der Liebe einer der Betroffenen überhand nimmt, sondern darum, dass in der Liebe der Liebende und der Geliebte zueinander finden. Offenheit in der Liebe heißt

---

[65] Von Balthasar spricht von der Ur-Kenosis, einer Trennung in Gott selbst: „Daß Gott (als Vater) seine Gottheit so weggeben kann, daß Gott (als Sohn) sie nicht bloß geliehen erhält, sondern ‚gleichwesentlich' besitzt, besagt eine so unfassbare und unüberbietbare ‚Trennung' Gottes von sich selbst, dass jede (durch sie!) ermöglichte Trennung, und wäre es dunkelste und bitterste, nur innerhalb *ihrer* sich ereignen kann". Hans Urs von Balthasar, *Theodramatik III: Die Handlung* (Einsiedeln: Johannes Verlag, 1980), 302.

[66] Vgl. Richard von Sankt Viktor, *De Trinitate*, 266 f.

verletzlich sein. Letzendlich können wir es auf den Begriff bringen, indem wir sagen, dass Lieben heißt, sich verletzlich zu machen. Das hat uns Gott exemplarisch im Tod seines einzigen Sohnes bewiesen. Umgreifende Unbegreiflichkeit des Mysterium der Liebe Gottes lässt Gott als der erfühlende Wille zur Leere, die er selbst füllen kann, und die über den physischen Tod hinausgeht, begreifen.

> „Die Liebe besagt eine Einheit, die den anderen nicht aufsaugt, sondern ihn eben in seiner Andersheit annimmt und bejaht und ihn so erst in seine wahre Freiheit einsetzt. Die Liebe, die dem anderen nicht etwas, sondern sich selbst schenkt, bedeutet in eben dieser Selbstmitteilung zugleich Selbstunterscheidung und Selbstbegrenzung. Der Liebende muß sich selbst zurücknehmen, weil es ihm nicht um sich selbst, sondern um den anderen geht. Noch mehr, der Liebende läßt sich vom anderen betreffen; er wird geradezu in seiner Liebe verletzlich. So gehören *Liebe und Leiden* zusammen. Das Leiden der Liebe ist jedoch nicht nur ein passives Betroffensein, sondern ein aktives Sich-betreffen-Lassen. Weil Gott also die Liebe ist, kann er leiden und eben darin seine Göttlichkeit offenbaren. So bedeutet die Selbstentäußerung des Kreuzes keine Entgöttlichung Gottes, sondern seine eschatologische Verherrlichung. *Die ewige innergöttliche Unterscheidung von Vater und Sohn ist die transzendental-theologische Bedingung der Möglichkeit der Selbstentäußerung Gottes in der Inkarnation und am Kreuz.* Das ist mehr als eine mehr oder weniger interessante Spekulation; besagt diese Aussage doch, daß bei Gott von Ewigkeit her Raum ist für den Menschen, Raum auch für wirkliches sym-pathein mit dem Leiden der Menschen. Der christliche, d. h. der von Jesus Christus her gedachte Gott ist damit kein apathischer Gott, sondern im wirklichen Sinn des Wortes ein sympathischer Gott, der mit dem Menschen leidet."[67]

Das kenotische Inkarnationsdenken führt zu einer pneumatologischen Auffassung der Wirklichkeit:

> „Die eschatologische Verwandlung und Verklärung der Welt ist nach der Schrift das Werk des Geistes Gottes. Weil er nach der theologischen Tradition die Versöhnung des Unterschieds zwischen Liebendem und Geliebtem, zwischen Vater und Sohn ist, deshalb ist er auch in seinem weltlichen Wirken die Macht der eschatologischen Verklärung und Versöhnung der Welt."[68]

---

[67] Kasper, *Der Gott Jesu Christi*, 244.
[68] Kasper, *Der Gott Jesu Christi*, 245.

Die pneumatologische und somit die trinitätstheologische Komponente des Inkarnationsdenkens vertieft daher wesentlich das Verständnis des historischen Ereignisses der Menschwerdung. Das fleischgewordene Wort Gottes ist der Verkünder und Träger der endgültigen Heilsgeschichte und die volle Erschließung Gottes für die menschliche Erkenntnis Gottes und die volle Liebesgemeinschaft mit Gott. Denn gerade für unser Gottesverhältnis ist es entscheidend, dass Christus als Mensch der eine wahre Mittler des einen Gottes und Vaters ist (1 Tim 2,5).

Das kenotische Inkarnationsdenken ist eine Ermächtigung des Differenzdenkens, nicht im Sinne eines Herrschaftswissen der metaphysischen Tradition in ihrer christlichen Ausprägung im Abendland, sondern und vielmehr als eine Befähigung, die Einzigkeit Christi als Gottes endgültige Selbstoffenbarung und Selbstentäußerung und somit als geschichtlich Unbedingte zu verstehen. Das Differenzdenken beherrschen, bedeutet hier nicht eine Herrschaft über das Denken auszuüben. Es geht nicht um eine solche Ermächtigung des Denkens, die eine im Zeitalter der Technik geprägte Kunst der Herrschaft über die Denkart wäre (im Sinne von Heideggers Unterscheidung zwischen dem berechnenden und besinnlichen Denken), sondern und vielmehr um einen von Gott her durch die in ihm waltende allursprüngliche Differenz ermöglichten Modus des Denkens. In diesem Sinne ist das kenotische Inkarnationsdenken als Ermächtigung des Differenzdenkens zu verstehen, weil es dem menschlichen Denken die Urmöglichkeit, die Differenz in Gott selbst zu denken, als Potenz zum Differenzdenken eröffnet.

Inkarnationsdenken als der einmalig höchste Fall des Wesensvollzugs des Menschen ermöglicht eine Denkauffassung der menschlichen Wirklichkeit, die das Wesen des Menschen durch Gottes volle Hin- und Weggabe einsichtig macht. Das kenotische Inkarnationsdenken zeichnet eine menschenfreundliche Theologie, die uns einen „sympathischen" (und nicht einen Gott, der wie im Różewiczs Gedicht nicht lacht) im menschgewordenen Christus offenbarten Gott endgültig, von der Erfahrung der παρουσία her, näher bringt, der auch die endgültige Antwort auf die Theodizeefrage ist.[69] Das Fragen des Menschen steht somit im Zentrum des Glaubens und seinen radikalen Vollzug befähigt. Im Gottes Sprechen an den Menschen und somit in seinem Sich-dem-Menschen-ansprechbar-machen, zeigt sich Gott nicht als ein Gott einer spekulativen Abstraktion, sondern als ein Gott, der sich frei dem geschichtlichen Menschen unter den geschichtlichen Vorbedingungen als göttlicher

[69] Kasper, *Der Gott Jesu Christi*, 244.

Mittler kundtut. Das pneumatologisch aufgefasste Inkarnationsdenken ermöglicht den Glauben als das Licht zu verstehen, das die Fragen nicht nur nicht aufhebt, sondern sie bis in den Abgrund führt, wo sich Mensch auf Gott als einen der sich selbst entäußerte einlassen kann. Dabei müsste man zugeben, dass das Leiden des göttlichen Logos selbst über die rein existentielle Tröstung im Leiden des Menschen zu verstehen ist, und erst in ihrer erlösenden und befreienden Funktion als der Weg Christi und somit auch unser menschlicher Weg zur Auferstehung aufzufassen ist.

4.2 Rezeption und Interpretation als die Aufgabe einer im Dienst des Glaubens stehenden Theologie

Die entscheidende Aussage des Bekenntnisses von Nicäa, die auf das Taufsymbol zurückgreift, bedient sich der biblischen Formulierungen in einer aktualisierenden Interpretation, die eine Antwort auf die durch die Lehre des Arius hervorgerufenen Auseinandersetzungen liefern und somit die gefährdete Einheit der Kirche bewahren sollte:

> „Wir glauben … an den einen Herrn Jesus Christus, den Sohn Gottes, als einzig Geborener gezeugt vom Vater, das heißt aus der Wesenheit des Vater, Gott von Gott, Licht vom Lichte, wahrer Gott vom waren Gott, gezeugt, nicht geschaffen, wesenseins (ὁμοούσιος) mit dem Vater, durch den alles geworden ist, was im Himmel und auf Erden ist, der um uns Menschen und um unseres Heiles willen herabgestiegen und Fleisch und Mensch geworden ist."[70]

[70] Vgl. die feierlichen Aussagen der Konzilien von Nizäa und von Chalkedon. Concilium Nicaenum I sollemniter proclamavit suam fidem in „Iesum Christum, Filium Dei natum ex Patre unigenitum, hoc est de substantia Patris, Deum ex Deo, lumen ex lumine, Deum verum de Deo vero, natum, non factum, unius substantiae cum Patre: per quem omnia facta sunt, quae in caelo et in terra; qui propter nos homines et propter nostram salutem descendit, incarnatus est et homo factus est, et passus est, et resurrexit tertia die, et ascendit in caelos, venturus iudicare vivos et mortuos" (Nizänisches Glaubensbekenntnis, *DH* 125). Concilium Chalcedonense professum est se „unum eundemque confiteri Filium Dominum nostrum Iesum Christum … eundem perfectum in deitate, eundem perfectum in humanitate, Deum vere et hominem vere … consubstantialem Patri secundum deitatem et consubstantialem nobis eundem secundum humanitatem … ante saecula quidem de Patre genitum secundum deitatem, in novissimis autem diebus eundem propter nos et propter nostram salutem ex Maria virgine Dei genetrice secundum humanitatem" (Glaubensbekenntnis von Chalkedon, *DH* 301).

Die Konzilentscheidung „ad hoc" mit der Hilfe des philosophischen Begriffs ὁμοούσιος sollte nur die Grundrichtung des Glaubens festlegen und zugleich neue Impulse für die nachfolgende theologische Reflexion geben. „Deshalb kam es dem Konzil auch gar nicht darauf an, genauer zu klären, wie sich dieses eine Wesen Gottes des Vaters und des Sohnes zu der Unterscheidung beider verhält. Es handelt sich in Nikaia – wie bei den meisten Konzilsentscheidungen – um eine Lösung ‚ad hoc'. Die Klärung der Implikation einer solchen Aussage ist die Aufgabe der folgenden theologischen Rezeption und Interpretation".[71] Auch wenn die Lehrentscheidungen des Konzils über die Endgültigkeit und Vollständigkeit der Offenbarung im Mysterium des fleischgewordenen Sohnes Gottes sich in Übereinstimmung mit den biblischen Aussagen bewegen, so geschieht doch die entscheidende Klärung der grundlegenden Sachfrage nach dem ontologischen Status der Person Jesu Christi in der Sprache der Philosophie, und zwar vor allem durch den nichtbiblischen Begriff ὁμοούσιος. Damit hat sich das Konzil bewusst einer nichttheologischen Tradition bedient und somit das metaphysische Wesensdenken in die dogmatische Sprache der Kirche und ihrer Theologie eingeführt. Dieses Einbeziehen einer philosophischen Sprech- und Denkweise in die Theologie führte bekannterweise zur kritischen These einer Enteschatologisierung des Christentums als Voraussetzung und Folge seiner Hellenisierung bzw. eines Übergangs von einem primär eschatologisch-heilsgeschichtlichen Denken der Heiligen Schrift und der Theologie des Urchristentums zu einem primär spekulativ-abstraktiven Wesensdenken der späteren christlichen Theologie. Daher ist es außerordentlich wichtig, den kenotischen Charakter vieler biblischer Inkarnationsaussagen zu berücksichtigen, um gegenüber dem rein philosophischen Verständnis eines leidenslosen und leidensunfähigen Gottes das biblische Bild eines sympathetischen, eines mit den Menschen und für sie leidenden Gottes zur Geltung zu bringen.

Im Zentrum der Aufmerksamkeit des Konzils steht die gegenseitige Beziehung vom Vater und Sohn. Deswegen auch die Betonung der Zugehörigkeit von Vater und Sohn, die die Wesensgleichheit (μοούσιος) von den beiden zum Ausdruck bringt und somit Christus als Gezeugten und nicht Geschaffenen nicht auf die Seite der Geschöpfe, sondern auf die Seite Gottes bestätigt, ist von entscheidender Bedeutung.[72] Die detaillierte Unterscheidung von den gött-

---

[71] Kasper, *Der Gott Jesu Christi*, 227–228.

[72] „Die ‚neuen' Wesensaussagen stellen im Grunde *keine Hellenisierung, sondern eine Enthellenisierung des Christentums dar.* Der Arianismus war die illegitime Hellenisierung, die das Christentum in Kosmologie und Moral auflöste. Das Konzil will

lichen Personen voneinander hat das Konzil von Nicäa bewusst der weiteren theologischen Interpretation der kirchlichen Tradition überlassen. Somit hat dieses Konzil auch die folgende Richtung der theologischen Reflexion wesentlich bestimmt: In der Theologie soll es nicht primär um die Klärung der philosophischen Prämissen theologischer Aussagen gehen, auch wenn deren Verständnis für die christliche Theologie von großer Bedeutung ist. Das Konzil hat vielmehr deutlich gezeigt, dass das soteriologische Element stets im Mittelpunkt des christlichen Glaubens und seiner Verkündigung stehen muss. Gott hat uns berufen nicht seine wissenschaftlichen Assistenten und Sprecher zu sein, sondern er machte uns zu seinen Söhnen und Töchtern (Röm 8,15).[73]

Tradition und Interpretation sind essentiell als ein Dienst am Glauben zu verstehen, denn es geht nicht primär um eine bloße intellektuelle Auseinandersetzung mit den verschiedenen Traditionen alleine um der Spekulation willen, auch nicht um das eigene Verständnis zu präzisieren. Es ist daher ein Dienst am Glauben, theologisch zu zeigen, dass die Entwicklungen der nachösterlichen Verkündigung ihre Wurzeln im biblischen Glauben an Jesus, dem menschgewordenen Gott, besitzen. Dabei können wir berechtigterweise von einer Wechselwirkung zwischen christicher Tradition und Interpretation sprechen, die zu einer kreativen Verkündigung der Glaubenswahrheiten führt. Denn die Auslegung der Glaubensprinzipien entsteht in einer Wechselwirkung zwischen den gelebten Glaubenswahrheiten und den jeweiligen geschichtlichen Herausforderungen des Glaubens. In seinem Gott- und seinem Menschsein verkörpert das fleischgewordene Wort Gottes die vollkommene Begegnung zwischen Gott und dem Menschen. Der Mensch findet in seiner sich selbst transzendierenden Suche nach Gott in diesem Wort Gottes seinen Ursprung und sein Ziel. Mit der Inkarnation wird uns Menschen gegenüber dem außerbiblischen ein radikal neues und gegenüber dem alttestamentlichen ein radikal vertieftes und erweitertes Gottesbild vermittelt, das in der frühen Kirche grundsätzlich legitimerweise auch mit den vorhandenen philosophischen Deutungsmustern zu bestimmen versucht worden ist. In Bezug darauf können wir mit Kaper von einem *aggiornamento* von damals sprechen, „um den *hermeneutisch notwendigen Versuch, die eine und ein für alle Mal gültige*

---

demgegenüber die Sohnesaussagen des Neuen Testaments festhalten und bekräftigen, daß in Jesus Christus Gott selbst auf dem Plan ist. Deshalb muß das Konzil sagen, daß Jesus Christus nicht auf die Seite der Geschöpfe, sondern auf die Seite Gottes gehört, daß er nicht geschaffen, sondern gezeugt und gleichen Wesens (μοούσιος) mit dem Vater ist." Kasper, *Der Gott Jesu Christi*, 227–228.

[73] Vgl. Kasper, *Der Gott Jesu Christi*, 228–229.

christliche Botschaft angesichts der neuen Fragestellungen in der Sprache der Zeit auszusagen. Die vermeintliche Hellenisierung ist also ein Zeichen von inkarnatorischer Kraft und geistlicher Präsenz."[74]

4.3 Die Fülle des Heilsmysteriums des fleischgewordenes Wortes und die permanente Herausforderung zur Interpretation

Die Menschwerdung Christi ist als das ein für alle Mal ergangene, mithin endgültige und eschatologische Ereignis der Selbstoffenbarung und Selbstmitteilung Gottes zu verstehen. Gott entäußert sich in seiner Inkarnation in ein Anderes – die menschliche Natur – hinein, um dieses Andere als das Andere seiner selbst zu erweisen. Der bekennende Christ wird dazu aufgerufen, die Inkarnation als ein geschichtliches Ereignis zu begreifen, in dem das Wort Gottes unwiderruflich in die Geschichte eintritt. Das Wort, das „im Anfang bei Gott war" (Joh 1,18) ist dasselbe, welches „Fleisch geworden ist" (Joh 1,14). Der Glaube an die von einem dreifaltigen Gott konstituierte Heilsordnung, deren Quellgrund und Mitte das Mysterium der Fleischwerdung des Wortes ist, sucht nach einem vertieften Verständnis. Die Selbstoffenbarung Gottes in Christus als uns von Gott zur Kenntnis gebrachte universale und unüberbietbare Wahrheit verlangt vom menschlichen Verstand, dass er sie immer wieder neu und tiefer eigen zu machen versucht und daher niemals bei einem einmal erreichten Aneignungsversuch stehenbleibe (*ne umquam consistat*). Daher ist die geschichtliche Offenbarung Gottes in Jesus Christus eine permanente Herausforderung zu immer neuer Interpretation. Dabei soll die eigentliche geschichtliche Offenbarung als übernatürliches und kognitives Wortoffenbarungsgeschehen verstanden werden. Die Geschichtlichkeit der Menschwerdung Christi in der Heilsgeschichte kulminiert neben der Schöpfungsgeschichte die göttliche Mitteilung und verlangt nach einer immer währenden Auseinandersetzung des einzelnen Menschen mit Christus als dem letzten Wort von der παρουσία. Diese je neue Auseinandersetzung mit einem erheblichen Interpretationsspielraum bedeutet, dass das Verständnis des Offenbarungsinhalts dadurch immer mehr vertieft werden muss, dass die dogmatischen Auffassungen in ihrem Wahrheitsanspruch ernstgenommen und in ihren Sachaussagen immer weiter begründet und dadurch fortentwickelt werden. Die theologischen Aussagen werden immer neu in ihren jeweiligen Wahrheitsansprüchen wahrgenommen

---

[74] Vgl. Kasper, *Der Gott Jesu Christi*, 227.

werden und auch weiter geführt werden (Dogmenentwicklung). Die Aufgabe der Interpretation dogmatischer Aussagen wie des Inkarnationsdogmas besteht daher in der weiterführenden Explikation ihres unendlichen und daher für uns Menschen prinzipiell unausschöpflichen Sinn- und Bedeutungsgehalts. Es geht darum, den Inkarnationsglauben grundsätzlich allen Menschen aller Zeiten und aller Kulturen verständlich zu machen. Dazu gehört auch ein kreativer Umgang mit der Spannung zwischen sprachlicher Divergenz der religiösen Aussagen und funktionaler Konvergenz, die die heilshafte Ausrichtung des Menschen in seinem jeweiligen historisch-kulturellen Lebensraum unterstützt. In Anbetracht des Inkarnationsglaubens darf daher dessen universaler und absoluter Wahrheitsanspruch nicht zugunsten einer rein metaphorischen Deutung aufgegeben oder auf einen partikularen und bloß relativen Wahrheitsanspruch reduziert werden, wie etwa im Fall der pluralistischen Religionstheologie, welche den Heilsexklusivismus des Christusereignisses streng genommen negiert und auf eine gleichberechtigte Vielfalt religiöser Heilsangebote reduziert. Demgegenüber kann die unüberbietbare Heilswahrheit der Menschwerdung Gottes in Jesus Christus unverkürzt und uneingeschränkt nur im Glauben der Kirche angenommen werden. Diese Annahme aber findet in der Vielfalt von Formen heilshafter menschlicher Antwort auf die Gottesfrage. Die jeweilige historische Erkenntnis und Anerkennung eines absoluten Heilbringers geschieht unter der Prämisse der absoluten Zusage der Gnade Gottes an den Menschen. Gerade dieser Gott will sich in seiner Selbstmitteilung der jeweiligen historischen und kulturellen Bedingtheit seines Adressaten so an ihn anpassen, dass der Mensch die Selbstoffenbarung Gottes verstehen und annehmen kann, auch wenn diese Annahme an die Bedingung einer fortwährenden Herausforderung zur Lebensveränderung verbunden ist. Nur in dieser grundsätzlichen Bereitschaft zur Veränderung des eigenen Lebens im Sinne der Nachfolge Christi findet sie ihren existenziellen Vollzug.

Das Mysterium Christi und das Mysterium des Heiligen Geistes sind von Anfang an, also bereits vor ihrer geschichtlichen Offenbarung, unmittelbar miteinander verbunden. Diese Verbundenheit lässt die Fülle des geoffenbarten Heilsmysteriums des fleischgewordenen Wortes und des heiligen Geistes tiefer verstehen. Die Einzigartigkeit Christi und die Wahrheit des christlichen Heilsweges ist für den Menschen mit seinen ihm eigenen, natürlichen Mitteln nicht hinreichend erkennbar. Hierzu bedarf er der Assistenz des Heiligen Geistes und der interpretativen Hilfe der kirchlichen Auslegung. Theologische Interpretation muss ihre Berechtigung stets dadurch nachweisen, dass sie die amtlich definierten Aussagen des christlichen Glaubens respektiert und diese in ihrer Bedeutungsfülle erschließt. Denn der Geist Gottes ist auch in der kirchlichen Tradition wirksam und lebendig. Deshalb ist diese Tradition ein unverzichtbares Regulativ und eine unentbehrliche Hilfe zum tieferen Verständnis christlicher Glaubenswahrheiten.

In unserem Fall des christlichen Inkarnationsglaubens hat die theologische Interpretation unter Beachtung des Glaubenssatzes sich zu vollziehen, dass der universale Heilswille des einen und dreifaltigen Gottes ein für allemal im Mysterium der Inkarnation, des Todes und der Auferstehung des Sohnes Gottes angeboten und Wirklichkeit geworden ist. Die Begründung des Glaubensgutes und die Unterstützung des Menschen in seiner Suche nach Gott kann einzig und alleine im Gehorsam des Glaubens gegenüber der geoffenbarten Heilswahrheit und mit Respekt vor der Freiheit des Menschen geschehen. Dementsprechend ist die Aufgabe der theologischen Forschung, das Ganze des Mysteriums Jesu Christi in den Blick zu bekommen und es mit Bezug auf die kulturellen Bedürfnisse unserer Zeit verantwortungsvoll zu bedenken und zu würdigen. Die Einzigartigkeit des Heilsereignisses Christi, der als menschgewordener, gekreuzigter und auferstandener Sohn Gottes durch die Sendung des Vaters und in der Kraft des Heiligen Geistes beweist, dass er selbst die Mitte und das Ziel der theologischen Reflexion ist. Die Aufforderung, das *Ganze* der christlichen Glaubenswahrheiten immer aufs Neue zu bedenken, stellt eine Herausforderung zu einer permanenten Interpretation des schon immer Verstandenen und darüber hinaus auch ein indirektes Plädoyer für eine inkarnatorisch-kenotische und eine trinitarische Hermeneutik dar. Dabei vollzieht sich das tiefe Begreifen der ganzen Fülle Gottes (vgl. Kol 2, 9–10) dadurch, dass die vielen Offenbarungswahrheiten in ihrem inneren Zusammenhang als Gestalten des einen Geheimnisses der Inkarnation Gottes erörtert werden. Im Dienst am Glauben an die Heilsuniversalität Christi werden die Aussagen der Heiligen Schrift im Lichte der Überlieferung und des kirchlichen Lehramtes erklärt.

Die Aufgabe einer inkarnatorisch-kenotischen und trinitarischen Hermeneutik heute ist es, die göttliche Offenbarung und dessen Erschließung im theologalen Glauben im Kontext des geglaubten Glaubens zu rezipieren, zu bekräftigen und tiefer zu verstehen, um dem Menschen des angehenden dritten Jahrtausends Rechenschaft über die Hoffnung, die uns christlich Glaubende erfüllt, in auch rational überzeugender und verantworteter Weise zu geben. Somit ist diese Hermeneutik eine Kunst der Interpretation des geschichtlichen Inkarnationsereignisses und damit zugleich ein Instrumentarium, welches den eher christentumsskeptischen oder gar christentumsfernen Adressaten der christlichen Verkündigung in unserer Gegenwart einen Verstehenszugang zum Heilsmysterium des menschgewordenen Gottes eröffnen kann.

Die endgültige Offenbarung Gottes in der Menschwerdung seines Sohnes verkörpert kategorial die Einzigartigkeit der allumfassenden göttlichen Selbstmanifestation und der Selbsterschließung. Das tiefe Begreifen der ganzen Fülle Gottes (vgl. Kol 2, 9–10) geschieht dadurch, dass die vielen Offenbarungswahrheiten in ihrem inneren Zusammenhang als Gestalten des einen Geheimnisses Gottes in einer Entsprechung zum Geheimnis des Menschen erörtert werden und somit ein analoges Begreifen ermöglichen. Im Dienst an den Glauben an die Einzigkeit der Heilsordnung des fleischgewordenen Wortes und die Heilsuniversalität Christi werden die Aussagen der Heiligen Schrift im Lichte der Überlieferung und der kirchlichen Tradition erklärt. Mit Walter Kasper können wir betonen, dass die Herausforderung zur Interpretation in einer Spannung zwischen dem klärenden Abschluss einer Glaubensdebatte und einem neuen Anfang der sich aus dieser Klärung ergebenden Fragen ihre Begründung und Unerlässlichkeit findet. Indem das Nizänische Glaubensbekenntnis,

> „in Treue zur Schrift und zur Tradition ein Problem gelöst hat, hat es andere geschaffen, die uns heute auf der Grundlage von Nikaia neu zur Lösung aufgegeben sind. So zeigt bereits das Dogma des ersten allgemeinen Konzils, daß dogmatische Formulierungen nie nur der klärende Abschluß einer Auseinandersetzung, sondern zugleich immer der Anfang neuer Fragen und Probleme sind. Gerade weil Dogmen wahr sind, bedürfen sie immer wieder neu der Interpretation“.[75]

Tradition und Interpretation bilden eine dynamische Einheit, die das einigende Auslegungsprinzip einer inkarnatorisch-kenotischen und trinitarischen Hermeneutik darstellt. In einer freien Paraphrasierung meines theologischen Doktorvaters Gerhard Ludwig Müller darf ich sagen, dass die theologische Hermeneutik kein Glasperlenspiel unbegrenzter Interpretationsmöglichkeiten ist, sondern Rechenschaft über die Stellungnahme angesichts der Selbstmitteilung Gottes im Fleisch, das den konkreten Namen Jesus Christus, der selbst der geoffenbarte Name Gottes voll Gnade und Wahrheit ist (Joh 1, 12.18) trägt.

Die Zusammengehörigkeit von Erfahrung und Erkenntnis ist ein Grundzug einer theologischen Hermeneutik, die von der Prämisse ausgeht, dass sich der selbstmitteilende Gott auch das Medium seines Erkennenwerdens mitoffenbart. Insofern ist die Methode des theologischen Denkens nie ohne die Sache, die verstanden werden will zu denken. Entscheidend für die theologische

---

[75] Kasper, *Der Gott Jesu Christi*, 229.

Hermeneutik ist die Übereinstimmung der Interpretation mit dem Selbstverständnis des sich selbst offenbarenden Gottes, so wie gerade diese Offenbarung von der Schrift und der inhaltlichen Überlieferung einer an Christus orientierten Glaubensgemeinschaft bezeugt ist. Deswegen ist der Ausgangspunkt einer inkarnatorisch-kenotischen und trinitarischen Hermeneutik die Anerkennung der Wirklichkeit Gottes in der Konkretion seiner freien Hingabe an den Menschen, also in der Inkarnation des Absoluten im Endlichen mit der Überschreitung der Grenzen der Logik, indem der Schöpfer in der Menschwerdung ein Teil seiner Schöpfung geworden ist.

Der tranformative Charakter dieser Hermeneutik betrifft nicht nur den theologischen Sachverhalt, der immer aufs Neue bedacht werden muss, sondern auch die Denkenden und Gläubigen selbst in ihrem lebenslangen Streben nach geistiger Reife und theologischer Schärfe im aufrichtigen Bewusstsein ihrer eigenen Unzulänglichkeit. Die Aufgabe einer inkarnatorisch-kenotischen und trinitarischen Hermeneutik ist es, den theologalen Glauben im Kontext des geglaubten Glaubens in einer kritischen Rezeption zu bewahren und zu bekräftigen, um die Rechenschaft über den lebenstiftenden Charakter des Glaubens dem Menschen des angehenden dritten Jahrtausends überzeugend und eindringlich (*modo persuasivo atque efficaci*) zu geben. Somit wird sie nicht nur eine wichtige und kritische Interpretationskunst der Einmaligkeit des historischen Inkarnationsgeschehens, sondern darüber hinaus ein Weiterdenken der Fülle des Heilsmysterium des fleischgewordenen Wortes.

Der Glaube geht immer dem reflektiven Fleischwerdungsereignis und der sprachlichen Fassung des Inkarnationsgeschehens im Glauben voraus. Denn nur der Glaube an die Geeschichtlichkeit des fleischgewordenen Wortes, die durch die christliche Offenbarung dem Glaubenden aufleuchtet, also der Glaube an das Christus Ereignis, begründet die Bekenntnisaussage über das fleischgewordene Wort, das schon immer in Gott lebt. Nur im Glauben ist auch die Interpretation des geschichtlichen Ereignisses begründet, denn sonst wäre sie als Unableitbare und Kontingente der Geschichte nur ein akzidentelles Moment an einer zuvor entwickelten und interpretationsbedürftigen Idee.

Die vorgeschichtliche Existenz Jesu (Präexistenz) ist der hermeneutische Ort, von dem das Christusereignis interpretiert werden muss, denn der sprachliche und gedankliche Ausdruck des Heilsmysteriums bedarf einer Auslegung, die das heilsgeschichtliche Inkarnationsereignis mitteilt und im Modus der Mitteilung auch verständlich und erkennbar macht.

Die Aufgabe einer so verstandenen Hermeneutik ist allem voran auf dieses sich selbst auslegende heilsgeschichtliche Ereignis, das die von der Schrift bezeugte Identität Jesu mit dem sich in ihm in der Geschichte offenbarten

Gott als Vater, Sohn und der Heilige Geist, aufmerksam zu machen. Insofern ist schon von der Menschwerdung Gottes als dem Ursprungsereignis der Christologie ausgehend, jede theologische Hermeneutik als inkarnatorisch-trinitarische Interpretationskunst zu verstehen. Da die heilsgeschichtliche Selbstoffenbarung Gottes sich als die Offenbarung der Trinität erweist, ist das eschatologische Heil, das Gott selbst ist, schon immer in dieser christologisch-trinitarischen Perspektive einzusehen.

Somit ist auch jedes Argument der „christlichen Engführung" widerlegt,[76] denn Christus als historische Selbstmitteilung Gottes ist nicht nur die Mitte der Weltgeschichte, sondern auch ein absoluter Verweis auf Gott den Vater, der sich in der Erlösungsgeschichte als Gott der Schöpfer, der Erlöser und der Lebensspender gibt.

---

[76] In einem kritischen Kommentar zu John Hick's, ed., *The Myth of God Incarnate* (London: SCM Press, 1993), John Milbank stellt ein Christentumverständnis vor, das nicht auf einer „christozentrischen Fixierung", sondern auf einem sozialen Projekt basiert: „Very little is given in Myth to the idea that religions can be considered as social projects as well as worldviews. This is particularly apparent in the assumption ... that Christian uniqueness resides essentially in its Christocentric claims. ... [What is] wrong with the Christocentric fixation is that it implies that Christological claims are only to do with the fetishization of the particular, rather than with the very constitution of the Christian mode of universality and the Christian social project. Yet the gospels are not actually all that much concerned with Jesus as an individual, but rather present him as exemplifying perfect humanity, perfect sonship, and through this exemplification making a later repetition of this sonship possible in the church." John Milbank, „The End of Dialogue," in Gavin D'Costa, (Hrsg.), *Christian Uniqueness Reconsidered: The Myth of a Pluralistic Theology of Religions* (New York: Orbis, 1990), 179.

„Deus caritas est"

Versuch einer Entfaltung und Ausdeutung der theologischen Grundaussagen der ersten Enzyklika von Benedikt XVI.

von Christoph Binninger

Die Formel lautet: „Leben ist Wille zur Macht. (…) Was ist gut? Alles, was das Gefühl Macht, den Willen zur Macht, die Macht selbst im Menschen erhöht. Was ist schlecht? Alles was aus der Schwäche stammt …; nicht Frieden, sondern Krieg. (…) Die Schwachen und Mißratenen sollen zugrunde gehen: Erster Satz unserer Menschenliebe: Man soll ihnen noch dazu helfen. Was ist schändlicher als irgendein Laster? Das Mitleiden der Tat mit allen Mißratenen und Schwachen, das Christentum!"[1]

Diese furchtbaren Forderungen Nietzsches sind auf grausame Weise gerade im letzten Jahrhundert Realität geworden. Das 20. Jahrhundert geht in die Geschichte der Menschheit als die wohl blutigste Epoche ein. Es steht für klassenkämpferisch und rassistisch geprägten Völkermord. Doch der Terror nimmt auch in unseren Tagen nicht ab. Er tritt uns fast täglich in einem nun religiös verbrämten Gewand entgegen: Töten im Namen Gottes, Morden als religiöser Akt, als Geschenk für Gott.

Daneben stoßen wir gerade in den reichen westlichen Industrieländern auf ein Massenphänomen, das das christliche Leben bedroht: die Säkularisierung. In Abwandlung eines Wortes von Benedikt XVI. könnte man auch von einer „Diktatur der Säkularisierung" als einer vermeintlichen „Entmythologisierung des Christentums" oder als einer „Verweltlichung des Christlichen" sprechen. Die Säkularisierung zeigt sich als religiöse Indifferenz, die eine oftmals unreflektierte atheistische Grundhaltung gebiert. Sie offenbart sich aber auch zunehmend in einer aggressiven atheistischen Religionsfeindlichkeit gerade bei sogenannten aufklärerischen Intellektuellen, die bewusst die Gefühle Gläubiger verletzen wollen.

„Wohin ist Gott? Ich will es euch sagen. Wir haben ihn getötet, ihr und ich! Wir alle sind seine Mörder."[2] So schreibt wiederum Nietzsche in seinem Werk „Fröhliche Wissenschaft" und fährt in seinem Buch „Also sprach Zarathustra" fort: „… denn wenn es Götter gäbe – wie hielte ich es aus, kein Gott

[1] Nietzsche, F., Der Antichrist, Nr. 1.

[2] Ders., Die fröhliche Wissenschaft, III, Nr. 125.

zu sein! Also gibt es keine Götter."[3] Gott wird als Gegner des Menschen gesehen, der ihn durch seine Gebote einengt, gefügig macht und ihm so die Freiheit eigenen Wirkens, eigener Selbstentfaltung stiehlt. Gott ist demnach der Feind des Menschen, der ihm den Lebensspaß verdirbt. Der Mensch empfindet sich als „mündig", wobei das Wort „Mündigkeit" eine Chiffre für die geforderte Omnipotenz des Menschen darstellt. Er allein entscheidet, was gut und schlecht ist. Dieser Mensch möchte sich von den vermeintlichen Fesseln der Unmündigkeit durch Gott befreien. Die einen gehen dabei den Weg des postulatorischen Atheismus. Andere wiederum – wohl die große Mehrheit – gehen nicht soweit, die Existenz Gottes generell zu leugnen, aber auch sie halten Gott strikt aus ihrem Leben heraus, verbannen ihn an einen weltfernen Ort und betrachten ihn als eine Art „höheres Wesen", das mit dem eigenen Leben im Jetzt und Heute nichts zu tun hat. Dieses deistische Weltbild, das Gott aus dem eigenen Leben verbannt – Gott ist tot für das eigene Leben -, ist nicht selten zu einer eigentümlichen Spielart eines verkappten Atheismus geworden. Gerade diese deistische Position ist zu einem Massenphänomen geworden. Die Folge ist, dass dieses Denken einen unüberbrückbaren Abgrund zwischen Gott und den Menschen aufbaut und jede personale Gottesbeziehung ausschließt.

Die zentrale Frage bleibt dann jedoch bestehen: „Was ist der Mensch?". Schon Kant stellt diese Frage des 8. Psalms in seiner Logik-Vorlesung als vierte hinter die Frage der Metaphysik „Was kann ich wissen?", der Moral „Was soll ich tun?" und der Religion „Was darf ich hoffen?". Doch der theoretische Status der Anthropologie, ihr systematischer Ort im Denken Kants, bleibt weitgehend ungeklärt und vage. Ein Dilemma, das nicht nur diesen Philosophen befallen hat, sondern das geradezu symptomatisch für die meisten neuzeitlichen und modernen Denker ist. „Die fundamentale Schwierigkeit", schreibt R. Spaemann, „beginnt heute schon damit, daß es gar nicht klar ist, was derjenige, der fragt, ‚Was ist der Mensch?', eigentlich wissen will und welche Antwort er als Antwort auf seine Frage gelten lassen würde. Würde ihn die chemische Formel der DNS-Struktur der menschlichen Gene zufriedenstellen? Möchte er die spezifischen Anpassungsleistungen des menschlichen Organismus an seine Umwelt, seine ‚ökologische Nische', kennenlernen, und genügt es ihm für dieses Verständnis der menschlichen Kulturleistung, wenn er diese in ihrer Funktionalität für die Selbsterhaltung der Gattungen begriffen hat?"[4]

---

[3] Ders., Also sprach Zarathustra, Nr. 106.

[4] Spaemann, R., Über den Begriff einer Natur des Menschen: Michalski, K. (Hrsg.), Der Mensch in den modernen Wissenschaften. Castelgandolfo-Gespräche, Stuttgart 1983, 100.

Betrachtet man jedoch noch einmal näher die anthropologische Frage Kants, „Was ist der Mensch?“, die ihr Vorbild im Psalm 8 findet, so wird die ganze Tragödie, die hinter dieser Frage steht, sichtbar. Sie stellt eine entscheidende Verkürzung des Psalms dar. Der Bezug zu Gott ist ausgeklammert, beiseite geschoben. So heißt es in Psalm 8,5: „Was ist der Mensch, dass du an ihn denkst, des Menschen Kind, dass du dich seiner annimmst?“ Vers 6 lautet: „Du hast ihn nur wenig geringer geschaffen als Gott, hast ihn mit Herrlichkeit und Ehre gekrönt.“ Der moderne Mensch dagegen versucht, sich selbst durch sich selbst zu erklären. Die Beziehung des Menschen zu Gott, die Beziehung des Geschöpfes zum Schöpfer, wird, wenn nicht gar total negiert, so doch zumindest weitgehend unbeachtet gelassen.

Kann man aber den Menschen rein aus sich heraus verstehen, ohne Gott? Muss der suchende Frager nach dem Menschsein nicht zuerst Gott als den „Schöpfer“ des Menschen suchen und finden, um von ihm zu erfahren, wer der Mensch ist, wozu er bestimmt ist? Theodor Haecker hat Recht, wenn er schreibt: „Ohne die Erklärung des Menschen von oben, von Gott, von der Offenbarung her, kann keine Erklärung des Menschen, sei es nun aus dem Mythos, aus der Dichtung, der Wissenschaft oder selbst der Metaphysik, zum Ziele führen ...; alle diese Erklärungen versanden entweder in den Niederungen des materiellen Daseins oder schimmern auf und verschatten wieder im farbenbunten Tiefenleben unserer unerlösten psychischen Natur oder verflattern und lösen sich wie Sonnenwölkchen in der dünnen Luft eines substanzlosen Idealismus.“[5]

Diesen Weg, den Menschen von Gott, aus Gott heraus zu erklären, setzt sich Papst Benedikt XVI. in seiner ersten Enzyklika „Deus caritas est“ zum Ziel. Er sieht in 1 Joh 4,16 („Gott ist die Liebe, und wer in der Liebe bleibt, bleibt in Gott und Gott bleibt in ihm.“) gleichsam den Nukleus des christlichen Glaubens, der das Geheimnis über das Wesen Gottes und des Menschen und ihr Zueinander aufleuchten lässt. Dieser Vers bildet das Fundament für seine Enzyklika, von dem heraus er das Gottes- und Menschenbild erklärt. Im Folgenden möchte ich mich daher auf die Entfaltung und Ausdeutung der wichtigsten theologischen Grundaussagen, gleichsam auf das theologische Mark der Enzyklika beziehen, wie es sich vor allem im I. Teil des päpstlichen Schreibens darstellt. Es ist gerade dieser erste, sehr spekulative und durchaus mit Gedanken der Mystik durchzogene Teil, der ganz offensichtlich das Herzstück der ersten Enzyklika darstellt. Die hier getroffenen, geradezu program-

[5] Haecker, Th., Was ist der Mensch?, Berlin 1959, 137.

matischen Aussagen bilden mit großer Sicherheit das theologische Fundament von dem her Benedikt XVI. sein zukünftiges Wirken entfalten wird.

Die Liebe! Augustinus schreibt in seinem Kommentar zu jener Stelle 1 Joh 4,16: „Dilige, et quod vis, fac!" („Liebe, und dann tu, was du willst!")[6]. Wie oft wird dieser Satz heute liberalistisch und egoistisch falsch verstanden. Der Begriff „Liebe" ist zu einem schillernden Begriff geworden, über dessen Inhalt geradezu eine „babylonische Sprachverwirrung" herrscht. Was ist Liebe? Was charakterisiert sie? Was beinhaltet sie?

Der Papst sieht sich daher genötigt, zunächst das Wesen der Liebe darzulegen. Er unterscheidet zwischen Eros und Agape. Unter Eros versteht er die begehrende und bedürfende, leidenschaftliche Liebe, die tiefe Sehnsucht nach Erfüllung, nach Glück und das Streben nach diesem Glück. Der Eros entspringt also der Selbstliebe, der Liebe zu sich selbst, die Erfüllung für sich anstrebt. Er ist zunächst das schöpfungsgemäße begehrende, leidenschaftliche Streben der beiden Geschlechter im je anderen Geschlecht Liebe zu erfahren, Erfüllung und Glück.

Der Eros trägt aber darüber hinaus auch das begehrende Streben in sich, sich selbst und die Welt zu transzendieren hin zu Gott als dem höchsten Gut, das Erfüllung aller Sehnsucht nach Glück verheißt. Benedikt XVI. schreibt: „Ja, der Eros will uns zum Göttlichen hinreißen, uns über uns selbst hinausführen ..." (Nr.5) Die Agape dagegen ist die sich dem Du verschenkende Liebe in der Selbsthingabe.

Der Papst greift mit der Unterscheidung von Eros und Agape – von den meisten Lesern unbemerkt – eine anthropologische Grundproblematik auf, die im ökumenischen Dialog bedauerlicherweise fast ausgeklammert ist. Da nach Andres Nygren, Bischof von Lund (gest. 1970), und Karl Barth, die sich auf Luther berufen, durch die Erbsünde die menschliche Natur völlig verdorben sei, wäre auch der Sexus und der Eros als Selbstliebe völlig verdorben. Die Selbstliebe und das Streben nach Erfüllung des Eros werden als etwas negatives, als blanker verwerflicher Egoismus angesehen, den es zu überwinden gilt, da nur die Agape die alleinige, wahre Liebe sei. Nygren beruft sich auf Luthers Wort „Est enim diligere seipsum odisse" („lieben heißt sich selber hassen").[7] Das Streben nach eigenem Glück durch den Eros ist aus protestantischer Sicht „Punkt für Punkt der Widerpart der Agape".[8] Für Barth ist

---

[6] Augustinus, In 1 Joh, Tr 7, 8; PL 35, 2033.

[7] Vgl. Nygren, A., Eros und Agape. Gestaltwandlungen der christlichen Liebe, 2 Bde, Gütersloh 1930.1937. Zitiert nach: Pieper, J., Über die Liebe, München 1987[7], 97.

[8] Pieper, J., Über die Liebe, 97.

daher der Eros als „nehmende, erobernde, possessive Selbstliebe das genaue Gegenteil der christlichen Liebe und jeder Moment der Toleranz ihr gegenüber wäre ein dezidiert unchristlicher Moment."[9]

Diese Eros-Feindlichkeit findet sich teilweise auch bei einzelnen katholischen Theologen wieder. So fordert der verbreitete Jansenismus des 17. Jahrhunderts eine „reine Liebe" (l'amour) als „interesselose Liebe" (l'amour désintéressé), die nicht einmal ihr eigenes Glück anstreben darf. Allerdings wurden diese Positionen vom katholischen Lehramt immer wieder als nicht vereinbar mit der katholischen Lehre zurückgewiesen.

Benedikt XVI. stellt nun in seiner Enzyklika die katholische Sicht des Wesens von Agape und Eros und ihr Zueinander dar. Dieses lehramtliche Schreiben stellt zum ersten Mal in dieser Deutlichkeit den positiven Wert des Eros und seine Notwendigkeit heraus. Dies wird schon in der ersten Grundaussage deutlich: „Der Eros ist gleichsam wesensmäßig im Menschen selbst verankert." (Nr. 11) Der Eros, seine Existenz, wird damit in die Schöpfungsordnung selbst hineingestellt. Er ist von Gott selbst geschaffen worden und in das Wesen des Menschen hineingesenkt. Da der Eros von Gott geschaffen worden ist, ist er demnach gut. Benedikt XVI. steht damit in einer gedanklichen Übereinstimmung mit Thomas von Aquin, der formuliert: „Die naturhafte Zuneigung (dilectio) ist nichts anderes als die vom Schöpfer der Natur eingegebene Neigung der Natur."[10] Demnach ist sowohl für Thomas als auch für Benedikt XVI. das Verlangen nach Glück und Erfüllung, nach eigener Glückseligkeit, mit der Natur eines jeden Menschen selbst gegeben und infolgedessen eine innere Notwendigkeit, der kein Mensch ausweichen kann, will er nicht gegen sein von Gott geschaffenes Wesen handeln.

Der Eros ist entgegen der Meinung Barths für Benedikt XVI. durch die Erbsünde nicht zu etwas völlig Verdorbenem geworden, aber er ist geschwächt, verletzt in der Art und Weise und dem Ziel seines Strebens. So kann der Eros als begehrende geschlechtliche Liebe so deformiert werden, dass er in seinem Streben nach eigenem Glück zu reinem Egoismus entartet, der den anderen wie einen Gegenstand zur eigenen Glücksmaximierung missbraucht. Er kann aber auch die Einheit von Leib und Seele verletzen, indem er „nur Geist sein will und den Leib sozusagen als bloß animalisches Erbe abtut, ... oder wenn er den Geist leugnet und so die Materie, den Körper, als alleinige Wirklichkeit ansieht." (Nr. 5) Benedikt XVI. erteilt damit jedem

[9] Barth, K., Kirchliche Dogmatik, IV/2, Zürich 1964², 833f.

[10] Sth II-II q 26, a.13 ad 3. Zur Übersetzung vgl. DThA 17 A, Heidelberg 1959, 167.

leibfeindlichen Puritanismus, jeder Prüderie und jeder Vergötzung des Sexus eine klare Absage und sieht in ihnen unchristliche Fehlformen. Der geschlechtliche Eros als begehrende Liebe strebt stets sowohl nach der Seele als auch dem Leib des anderen, erhofft, in der Vereinigung von Geist und Leib seine begehrende Liebe zu stillen.

Der Eros kann aber schließlich auch das Ziel seines Glücksstrebens, das, wie der Papst formuliert, „Unendlichkeit, Ewigkeit – das Größere und ganz andere gegenüber dem Alltag unseres Daseins verheißt“ (Nr. 5), nämlich auf Gott hin, auf rein endliche, zeitliche, irdische, materielle Güter ganz und gar reduzieren und deformieren. Die Folgen solcher falscher Zielsetzung des Eros – wie der Papst sie beschreibt – können wir tagtäglich in der Pastoral beobachten.

Da der Hunger nach unendlichem Glück sich nicht mit rein irdischen, materiellen Zielen stillen lässt, bleibt er bestehen und quält gerade junge Menschen, denn er geht einher mit dem Gespür der eigenen inneren Leere und Armut. Es ist eine Leere, die ein tiefes Gefühl der Traurigkeit und Unzufriedenheit mit dem eigenen Leben und der Welt entstehen lässt. Schon die frühchristliche Philosophie und später auch Kierkegard sprechen von der „acedeia“, der tödlichen Lähmung und Traurigkeit der Seele, die sich von dieser inneren Misere befreien will durch eine Gier nach zerstreuendem Allerlei, durch die ruhelose Beschäftigung mit rein oberflächlichen Dingen. Doch alle diese Ablenkungen nehmen der Seele nicht ihre lähmende Grundtraurigkeit und Unzufriedenheit. Sie brechen immer wieder offen auf und zeigen sich in Resignation, Weltverdrossenheit, Verunsicherung oder Identitätslosigkeit. Bisweilen entladen sie sich gar in selbstzerstörerischem Eigenhass und eruptiven Aggressionen gegen andere. Augustinus nennt solche auf sich zentrierte Menschen „homines curvati“, in sich verkrümmte Menschen, Menschen „deren Herz zutiefst unruhig ist“, weil sie das Ziel ihres Lebens verloren haben.

All dies zeigt, dass der Eros durch den Sündenfall zwar nicht völlig verdorben, aber in Unordnung geraten ist. Er bedarf der Reinigung, vor allem aber der Heilung. Dies geschieht in der Begegnung des Eros mit der Agape, der sich verschenkenden Liebe des Du an das eigene Ich. Der Eros als leidenschaftliche Sehnsucht nach Glück, als begehrende Liebe erfährt im Du des anderen, der sich ihm schenkt, Erfüllung. Diese Erfahrung der sich an ihn verschenkenden Liebe des Du lässt ihn auf den anderen in Dankbarkeit und Liebe zugehen und – wie Benedikt XVI. schreibt – „immer mehr sich um ihn sorgen, sich schenken, für ihn da sein wollen“ (Nr. 7). Die Agape reinigt den Eros vom Egoismus. Die Agape, die verschenkende Liebe des anderen, tritt in sein Leben ein, durchwebt sein Leben, lässt ihn selbst auch Agape für andere werden. Eros und Agape verbinden sich zu einer Einheit, durchdringen sich, bilden die eine Wirklichkeit der Liebe, des Schenkens und Beschenktwerdens. Im Gegensatz zu Theologen wie Karl Barth, die diese sogenannte „Caritassynthese als mittelalterlich und typisch katholisch ablehnen"[11] und stattdessen allein die Agape, die sich verschenkende Liebe, als die eine wahre christliche Liebe gelte lassen möchten, hebt Benedikt XVI. hervor, dass es unmöglich sei, dass ein Mensch einzig und allein sich stets nur verschenkt, die Agape lebt. „Er kann nicht immer nur geben, er muss auch empfangen. Wer Liebe schenken will, muss selbst mit ihr auch beschenkt werden." (Nr. 7) – eine auch heute in der Psychologie, vor allem in der Kinderpsychologie weitgehend unumstrittene Tatsache, die aus der Lebenserfahrung erwächst. Der Mensch hat von Gott in seinem Wesen verankert ein Recht darauf, sich nach erfüllender Liebe zu sehnen, Liebe zu empfangen. Benedikt XVI. verteidigt damit eine Selbstliebe, frei von Egoismus: „Liebe deinen Nächsten wie dich selbst."

Diese Liebeseinheit und dieses Wechselspiel von Eros und Agape, von leidenschaftlicher begehrender Liebe und Sehnsucht nach Liebe einerseits und sich verschenkender Liebe andererseits, bildet gleichsam das Koordinatensystem für einen Liebesdialog, in dem sich die Heilsgeschichte, die Liebesgeschichte Gottes mit den Menschen auf Erden, vollzieht. In ihm leuchten das Geheimnis des Wesens Gottes und das des Menschen und ihr Miteinander auf.

Diese Aussage in ihrer Radikalität stellt in der ganzen Religions- und Philosophiegeschichte ein Novum dar. In der griechischen Philosophie ist dieser Gedanke unvorstellbar. Für die Vorsokratiker wie Xenophanes gibt es einen Gott. Ohne Mühe bewegt er alles mit seinem Geist. Ein liebender Gott, ein Gott der Liebe gar, ist für sie abwegig. Für Aristoteles ist Gott in seinem XII. Buch der Metaphysik der erste Beweger der Welt, Urgrund des Seins. Er wird nur von den Menschen geliebt, er selber aber liebt nicht. Ihm sind fast im stoischen Sinne alle Gefühlsregungen fremd. Für den Neuplatonismus Plotins schließlich ist Gott rein negativ bestimmt: Gott ist unerkennbar, das Ur-Eine jenseits allen „Welt-Wesens". Die Transzendenz Gottes wird so stark hervorgehoben, dass eine unüberbrückbare Kluft entsteht, die eine reale personale Begegnung zwischen Gott und den Menschen verhindert.

Ganz anders ist da das jüdisch-christliche Gottesbild. Es geht von einem einzigen und personalen Gott aus: „Höre, Israel, der Herr, unser Gott, der Herr ist nur einer" (Dtn 6,4). Er allein ist Schöpfer alles Seienden. Er ist der

---

[11] Vgl. Barth, K., Kirchliche Dogmatik, IV/2, 836f.

Herr des Lebens. Alles Seiende erhält von ihm Sein und wird durch ihn im Sein gehalten. Die Schöpfung ist von ihm „gewollt". Sie ist nicht das Werk von dämonischen und chaotischen dunklen Mächten. Die Genesis betont immer wieder bei der Schöpfung: „... und Gott sah, dass es gut war" – auch die materielle Welt. So verbietet sich schon von daher jede Leibfeindlichkeit.

Und im Gegensatz zum Gottesbild der griechischen Philosophie ist der jüdisch-christliche Gott ein Gott, der nicht nur geliebt wird, sondern der seinerseits selbst zur Liebe fähig ist, der liebt – Israel. „Gott ist die Liebe". Gott wird geradezu dadurch bestimmt, die Liebe zu sein. Benedikt XVI. nennt dies die „Mitte des christlichen Glaubens" (Nr.1). Gottes Handeln am Menschen ist ein Liebeshandeln, das ungeschuldet, frei ist. Ein Liebeshandeln, das nicht erst die Liebe der Menschen zu ihm als notwendige Voraussetzung, gleichsam als Bedingung der Möglichkeit für Gottes Liebeshandeln einfordert.

Zum ersten Mal wird unter Berufung auf Dionysius Areopagita in einem lehramtlichen Schreiben, in einer Enzyklika – wenn auch in analoger Weise – vom Eros Gottes gesprochen, der leidenschaftlichen, begehrenden Liebe Gottes, die sich nach der sich ihm verschenkenden Liebe, der Agape, des Menschen sehnt. Freilich nicht in dem Sinne, als würde ihm ohne die Agape des Menschen etwas an seiner Vollkommenheit fehlen. Für Benedikt XVI. ist damit die Liebe Gottes nicht nur Agape, sich verschenkende Liebe, sondern immer auch Eros, leidenschaftliche Sehnsucht nach der Liebe des Menschen.

Der Eros und die Agape Gottes sind eins. Der Eros ist zugleich auch ganz und gar Agape. Damit wird nicht nur der menschliche Eros durch den göttlichen Eros „gleichsam aufs Höchste geadelt", sondern auch jede deistische Gottesvorstellung eines weltfernen Gottes gesprengt.

Benedikt XVI. beruft sich dabei vor allem auf die Propheten Hosea und Ezechiel, die in kühnen Bildern diesen Eros, die Leidenschaft und Sehnsucht Gottes nach der Liebe des Menschen, beschreiben. Gott wählt sich als Bräutigam unter allen Völkern Israel als seine Braut aus, freilich mit der Absicht durch dieses Volk alle Menschen in diesen Ehebund hineinzuführen. Das universale Ziel des liebenden Heilshandeln Gottes als Bräutigam ist es, die ganze Menschheit, jeden einzelnen als seine Braut, in die eheliche Liebesgemeinschaft zu führen. Diese Erwählung zeigt auf, dass die Initiative von Gott selbst ausgeht. Gott ist es, der uns zuerst, bedingungslos geliebt hat, der zuerst den Menschen seine Agape, seine sich verschenkende Liebe, darreicht. Die Erwählung zur Braut entspringt seinem Eros, seiner Sehnsucht nach der Liebe des Menschen zu ihm, und seinem Wunsch, seine Liebe, seine Agape, dem Menschen zu schenken. Die Antwort des Menschen auf die Liebeserwählung zur Braut besteht darin, dass er dieser Liebe, der Agape und dem

Eros Gottes glaubt: „Wir haben dieser Liebe geglaubt" – formuliert der Papst. Die Antwort des Menschen auf diese Liebe kann daher nicht einfachhin in einer Einhaltung der göttlichen Gebote als einer Art „bürokratische Pflichterfüllung" bestehen. Die Liebe, die Agape des Menschen, die sich verschenkende Liebe der Braut an den Bräutigam, ist daher die einzig wahre Antwort auf dieses Geschenk des Geliebtseins durch Gott, besiegelt den Ehebund zwischen Gott und den Menschen.

Besonders Hosea vergleicht diesen Liebesbund mit einer Hochzeitsfeier und einem Eheversprechen, das den Ehebund besiegelt. So heißt es bei Hosea (2,20–22): „Ich schließe mit Israel einen Bund. (...) Ich traue dich mir an auf ewig; ich traue dich mir an um den Brautpreis von Gerechtigkeit und Recht, von Liebe und Erbarmen, ich traue dich mir an um den Brautpreis meiner Treue." Das Hohelied der Liebe, das prägend ist auch für die christliche Brautmystik, beschreibt diese eheliche Vereinigung Gottes mit dem Menschen. Sie werden in ihrer Liebe eins, Eros und Agape, bedürfende, leidenschaftliche Liebe und sich verschenkende Liebe. Immer wieder wird dafür in der Tradition das Bild der geschlechtlichen Vereinigung gebraucht. Gott und Mensch werden eins, bilden eine eheliche Gemeinschaft der Liebe, ohne aber dass diese Vereinigung ein „Verschmelzen, Untergehen des Menschen im namenlosen Ozean des Göttlichen ist." (Nr.10) Diese Ehe Gottes mit dem Menschen ist auf Liebe, Einzigkeit, Treue und Unauflöslichkeit aufgebaut.

Benedikt XVI. hebt dabei deutlich hervor, dass dieser Ehebund Gottes mit den Menschen, der auf der inneren Einheit von Eros und Agape, von Liebe empfangen und Liebe schenken, beruht, das Urbild für die Ehe von Mann und Frau ist. Der Ehebund Gottes mit seiner Braut, die Art wie er liebt, wird somit zum Maßstab für die Ehe zwischen Man und Frau. Paulus sieht in Eph 5,21–33 in der Ehe gar ein Geheimnis, das diesen Ehebund zwischen Christus und seiner Kirche widerspiegelt, sichtbar macht, nachahmt, um Zeugnis vom Liebesbund zwischen Gott und den Menschen im hier und heute zu geben.

Benedikt XVI. verweist aber noch auf ein weiteres Charakteristikum der Liebe Gottes: Sie ist verzeihende Liebe. Als Israel mit Götzendienst den Ehebund bricht, „Hurerei" betreibt, sich von seinem Bräutigam lossagt, weggeht, kündigt Gott den Ehebund nicht auf. Er geht seiner Braut nach, um sie wieder zu gewinnen, wieder in den Bund der Liebe hineinzunehmen. Der Eros Gottes, die Sehnsucht nach der Liebe Israels, und die Agape Gottes, die sich verschenkende Liebe, werden zur verzeihenden Liebe. Eros und Agape Gottes als verzeihende Liebe werden somit auch in der Krisenzeit einer menschlichen Ehe zu einem Vorbild und Lebenskompass. Wie schwer dieser Weg allerdings sein kann, wissen wir alle aus der Seelsorge. Er setzt tiefen Glauben voraus.

Der Eros Gottes, die Sehnsucht Gottes nach der Liebe seiner Braut, und die Agape Gottes, das „Sich-verschenken-wollen" Gottes an die geliebte Braut, bilden den geheimnisvollen Grund für die Menschwerdung des Sohnes. Gott, der Bräutigam, kommt leibhaft in die Welt, um seine Braut, nicht mehr nur Israel, sondern die Menschheit, die sich von ihm losgesagt hat, wieder in die eheliche Gemeinschaft heimzuführen. Benedikt XVI. betont daher zu Recht, dass das „eigentlich Neue des Neuen Testaments nicht neue Ideen" (Nr. 12) sind, sondern die Gestalt Jesu Christi. Christlicher Glaube ist daher nicht Glaube an „irgendetwas", sondern an ein „Du", ist stets personale Begegnung mit Gott. In Jesus Christus begegnet die Braut hier auf Erden ihrem göttlichen Bräutigam, der auch in der Todesgefahr sich nicht von ihr trennt. Er stirbt am Kreuz, weil er zu seiner Liebe, zu seiner Braut, steht. Er opfert angesichts der Pein am Kreuz nicht seine Liebe zur Braut, sondern er opfert sich aus Liebe zur Braut für die Braut. Er zeigt, dass selbst der Tod seine Liebe nicht töten kann. Der Eros und die Agape Gottes, die Sehnsucht nach der Liebe der Braut und das sich der Braut schenken wollen, erreichen am Kreuz seine unüberbietbare Sichtbarkeit. Das offene Herz für seine Braut, das geöffnete Herz, aus dem Wasser und Blut fließen, von alters her auf die Taufe und Eucharistie gedeutet, wird zum Realsymbol der Liebe Gottes. Er verschüttet sich, verschenkt sich ganz an seine Braut: Das ist die Agape Gottes.

Diese Agape Gottes am Kreuz wird im Sakrament der Eucharistie bleibend leibhaft gegenwärtig. Der sakramentale Empfang des eucharistischen Christus, des Bräutigams, durch die Braut, durch jeden einzelnen, schenkt eine wahre Vereinigung, die in der Mystik (z. B. Bernhard von Clairvaux) nicht selten im Bild der geschlechtlichen Vereinigung ausgedrückt worden ist. Die Eucharistie schenkt auf Erden sakramental die höchste Form des liebenden Einswerdens von Gott und Mensch, von Braut und Bräutigam. Benedikt XVI. greift diesen mystischen Gedanken auf, wenn er von der „Mystik" (Nr. 13) dieses Sakraments spricht.

Aus dieser eucharistischen Vereinigung der Liebenden erwächst ganz im Geiste des Hl. Augustinus für Benedikt XVI. auch der Ethos der Liebenden, diese ihre Liebe gemeinsam weiterzuschenken, um andere an dieser Liebe teilhaben zu lassen, sie in diese Lebensgemeinschaft hineinzunehmen. Die Braut, der einzelne Getaufte, soll durch seine Begegnung mit der Liebe Gottes aus seiner eucharistisch-seinsmäßigen Vereinigung mit dem Bräutigam heraus sich auf den Weg machen, auch eine Gemeinschaft im Denken und Wollen zu werden. Aus ihrer mystisch-seinsmäßigen Liebesvereinigung erwächst auch der Wunsch nach einer Vereinigung des Willens und des Denkens. John Henry Newmann betet: „Mache mit mir, was du willst. (…) Ich will das sein, wozu du mich haben willst; ich will all das, wozu du mich machen willst.“[12]

Der Liebende möchte auch im Denken und Wollen mit dem Geliebten eins sein, sich vereinigen. Benedikt XVI. formuliert: „Die Liebesgeschichte zwischen Gott und Mensch besteht eben darin, dass diese Willensgemeinschaft in der Gemeinschaft des Denkens und Fühlens wächst und so unser Wollen und der Wille Gottes immer mehr ineinander fallen.“ (Nr. 17) Die Braut, der Mensch, macht sich auf den prozesshaften Weg, den Eros, die leidenschaftliche Sehnsucht Gottes nach der Liebe der Menschen, und die Agape Gottes, die Sich-verschenkende-Liebe Gottes, auch zum eigenen Lebenskompass, zur eigenen Lebensmaxime zu machen, so dass Gottes Eros und Gottes Agape in ihm und durch ihn leibhaft in der Welt zum Heil der Menschen weiterwirken können. Er teilt die Sehnsucht Gottes nach der Liebe der Menschen zu ihm, macht sie auch zu seiner Sehnsucht. Er erhebt den Wunsch Gottes, sich an die Menschen verschenken zu dürfen, zu seinem Wunsch. Der Eros und die Agape Gottes werden zu seinem Eros und seiner Agape – werden zu seinem Lieben, Denken und Wollen. Das „Ich“ des Menschen und das „Du“ Gottes werden so zum „Wir“ im Denken, Wollen und Fühlen. Die Lebensziele Gottes werden zu seinen Zielen. Die Menschenliebe Gottes wird für ihn zum Handlungsvorbild, weil er aus seiner Gottesliebe heraus den Weg Gottes nachahmen und gehen will. Darum kann es keine Gottesnachfolge ohne Nächstenliebe geben. So zeigt sich hier die gegenseitige Wechselwirkung zwischen Gottes- und Nächstenliebe. Die Gottesliebe ist der Quellgrund für die Nächstenliebe. Der Mensch soll vielmehr die Welt, die Mitmenschen mit den Augen Gottes, mit dem Eros und der Agape Gottes, mit dem „Blick der Liebe“ (Nr. 18) sehen. Die Nächstenliebe besteht daher darin, „dass ich auch den Mitmenschen, den ich zunächst gar nicht mag oder nicht einmal kenne, von Gott her liebe. (...) Ich lerne diesen anderen nicht mehr bloß mit meinen Augen und Gefühlen anzusehen, sondern aus der Perspektive Jesu Christi heraus. Sein Freund ist mein Freund“ (Nr. 18).

Diese in der Gottesliebe verwurzelte und aus ihr herausfließende Nächstenliebe ist zunächst ein Auftrag an jeden einzelnen Gläubigen, aber sie ist auch ebenso der Auftrag der ganzen kirchlichen Communio, in dem sich ihr Wesen widerspiegelt.

Die Eucharistie hat neben der Taufe und der Firmung auch einen gemeinschaftsstiftenden, kirchenkonstituierenden Aspekt. Die Vereinigung des

---

[12] Gebet im ‚Gotteslob‘ 5,4.

Einzelnen mit Gott in der Eucharistie verbindet alle eucharistisch beschenkten Gläubigen zur Kirche, als der einen Braut Christi. Es ist eine sakramentalseinsmäßige, einzigartige und unauflösliche eheliche Liebesgemeinschaft zwischen Braut und Bräutigam. Und aus ihr – aus dieser Liebeserfahrung heraus – entspringt nicht nur der Auftrag, sondern auch die Sehnsucht von Braut und Bräutigam auch nach einer Gemeinschaft im Denken und Wollen.

Die Kirche als Braut macht die Sehnsucht Gottes nach der Liebe der Menschheit zu ihm und sein „Sich-der-Menschheit-verschenken" zu ihrer Lebensaufgabe. Sie erhebt diesen Herzenswunsch Gottes zu ihrem Herzenswunsch. Die Kirche als Braut teilt seinen Eros, seine Agape. Sie stellt sich aus Liebe mit ihrer ganzen Existenz dieser Liebe Gottes zur Verfügung, damit sich Gott den Menschen verschenken kann, um ihre Liebe zu ihm zu gewinnen und die ganze Menschheit in diesen Ehebund hineinzuführen. Benedikt XVI. spricht davon, dass Gott zusammen mit seiner Braut eine Familie gründet (vgl. Nr. 19). Die Menschheitsfamilie soll zur Gottesfamilie werden. Ein Grundgedanke des II. Vaticanum, der die Universalität der Liebe Gottes und mit ihr der Liebe der Kirche unterstreicht. Dafür stellt die Kirche als Braut sich dem Liebesdienst ihres Bräutigams als Zeugin und als Mitarbeiterin der Liebe Gottes zur Verfügung. Auch sie verschenkt ihre Liebe frei, ungeschuldet, denn es ist die freie, ungeschuldete, bedingungslose Liebe Gottes, die sie weiter schenken darf, die Christus durch sie schenken, vermitteln möchte. Die Kirche als Braut wird dann wirklich zur lebensspendenden Mutter für die Menschheit. Das geöffnete Herz ihres Bräutigams am Kreuz, aus dem seine Liebe und sein Leben gleichsam befruchtend und segensbringend für die Welt herausfließen, ist das Bild für das Wesen und die Aufgabe der Kirche als Braut Christi. Es ist auch das theologische Fundament der ganzen katholischen Soziallehre und Arbeit, wie sie Benedikt würdigend hervorhebt.

Eine Kirche, die ihr Herz angesichts des Leides und der Not in der Welt nicht öffnet, sondern verschließt und verhärtet, verrät ihren Ehebund, ihre Liebe zu Gott ihrem Bräutigam. Sie wird sinnlos – überflüssig. Dies ist eine stete und direkte, auch mahnende Anfrage nach unserem kirchlichen Tun, nach unserem Tun als Christen. Was ist der letzte Quellgrund für unseren Dienst?

„Gott ist die Liebe, und wer in der Liebe bleibt, bleibt in Gott, und Gott bleibt in ihm." Dies ist wirklich die Mitte des christlichen Glaubens. Benedikt XVI. stellt seine Enzyklika von der Liebe Gottes an den Beginn eines neuen Jahrhunderts, ja Jahrtausends. Was wird es mit sich bringen? Wir wissen es nicht. Manche düstere Wolken kündigen sich an, doch unser Bräutigam ist unter uns. „Wir haben die Liebe erkannt, die Gott zu uns hat, und ihr geglaubt." (Nr. 1) Dies gilt auch für die Zukunft: Deus caritas est – spes nostra – unsere Hoffnung!

Sekundärliteratur

Augustinus, In 1 Joh, Tr 7: PL 35.
Barth, K., Kirchliche Dogmatik IV/2, Zürich 1964[2].
Binninger, C., Mysterium inhabitationis Trinitatis. MJ. Scheebens theologische Auseinandersetzung mit der Frage nach der Art und Weise der übernatürlichen Verbindung der göttlichen Personen mit dem Gerechten: MThS II, 62, St.Ottilien 2003.
Ders., „Ihr seid ein auserwähltes Geschlecht". Berufen zum Aufbau des Gottesreiches unter den Menschen. Die Laienfrage in der katholischen Diskussion in Deutschland um 1800 bis zur Enzyklika „Mystici Corporis" (1943): MThS II, 61, St. Ottilien 2003.
Haecker, T., Was ist der Mensch?, Berlin 1959.
Nietzsche, F., Der Antichrist, Werke, Bd. 2, Stuttgart 1938.
Ders., Die fröhliche Wissenschaft, Leipzig 1919.
Ders., Also sprach Zarathustra. Ein Buch für alle und keinen, Leipzig 1930.
Nygren, A., Eros und Agape. Gestaltwandlungen der christlichen Liebe, 2 Bde, Gütersloh 1930.1937.
Pieper, J., Über die Liebe, München 1987[7].
Spaemann, R., Über den Begriff einer Natur des Menschen: Michalski, K. (Hrsg.), Der Mensch in den modernen Wissenschaften, Castelgandolfo-Gespräche, Stuttgart 1983.
Piegsa, J., Der Mensch – das moralische Wesen. Religiöse Grundlage der Moral. Glaube – Liebe – Hoffnung, Bd.1, St. Ottilien 1996.
Thomas von Aquin, Sth II-II q.26. Zur Übersetzung: DThA 17 A, Heidelberg 1959.

II „Einer ist Mittler – der Mensch Jesus Christus"
Christologisch-soteriologische Zentrierung

„Er ist der Retter der Welt!" (Joh 4,42)

Die Heilsuniversalität Jesu nach Johannes*

von Thomas Söding

1. Monotheismus und Universalität

Das urchristliche Bekenntnis „Jesus ist der Herr" (1Kor 12,3; vgl. Röm 10,9; Phil 2,11) ist konkreter Monotheismus (vgl. 1Kor 8,6), geprägt von der Hoffnung auf Erlösung und gesättigt vom Glauben an die Wahrheit.[1] Treibt dieses Bekenntnis die Kirche in eine Haltung der Feindschaft zur Welt mit ihren verschiedenen Religionen, Philosophien und Wahrheiten?[2] Oder führt es sie zu einer Haltung nicht nur der guten Nachbarschaft und Partnerschaft, sondern der Freundschaft und geistlichen Gemeinschaft, wie dies die Botschaft Johannes Paul II. in Assisi war?[3] Und spaltet das Bestehen auf Orthodoxie die Kirche, weil allzu schnell Ketzer ausgegrenzt werden[4]? Oder eint es sie, wie dies die katholische Option in „Unitatis redintegratio" und „Ut unum sint" ist?

---

* Die folgenden Zeilen seien dem Dogmatiker Gerhard Ludwig Müller gewidmet, der seine ausgezeichneten exegetischen Kenntnisse in den Dienst systematischer Theologie stellt (Katholische Dogmatik. Für Studium und Praxis der Theologie, Freiburg – Basel – Wien 1995 u.ö), und dem Bischof, der in Gesprächsform eine kleine biblische Theologie vorgestellt hat (Gott und seine Geschichte. Ein Gespräch über die Bibel mit Johannes Marten und Philipp von Studnitz, Freiburg – Basel – Wien 2005).

1 Vgl. Der Glaube an den dreieinen Gott. Eine Handreichung der Glaubenskommission der Deutschen Bischofskonferenz zur Trinitätstheologie (Die deutschen Bischöfe 83), Bonn 2006. Gerhard Ludwig Müller hat erst als Berater, dann als Mitglied der Glaubenskommission nicht unerheblichen Einfluss auf das Entstehen der Studie genommen.

2 Das ist der Verdacht, den jüngst mehrfach *Jan Assmann* geäußert hat: Die mosaische Unterscheidung oder der Preis des Monotheismus, München – Wien 2003.

3 Gute Beobachtungen bei *Gerda Riedl,* Modell Assisi. Christliches Gebet und Interreligiöser Dialog im heilsgeschichtlichen Kontext, Berlin 1998.

4 Davon sind weite Teile der liberalen Exegese und Theologie des 19. Jh. fest überzeugt; brillant vorgetragen von *Adolf von Harnack,* Lehrbuch der Dogmengeschichte I, Tübingen [4]1909 ([1]1885); *ders.,* Das Wesen des Christentums. Neuauflage zum 50. Jahrestag des ersten Erscheinens mit einem Geleitwort von Rudolf Bultmann, Stuttgart 1950. Auf dieser Linie liegt auch die einflussreiche Studie von *Walter Bauer,* Rechtgläubigkeit und Ketzerei im ältesten Christentum (Beiträge zur historischen

Die starken Kritiker des christlichen Absolutheitsanspruchs geben zu, dass ohne den biblischen Monotheismus, ohne Inkarnation und Auferstehung, ohne Trinitätstheologie kein eschatologisches Heil, keine endgültige Rettung der Welt denkbar ist. Deshalb fordern sie aber, auf die Perspektive universaler Hoffnung zu verzichten[5]: Sie sei eine Illusion, der schöne Schein des Dogmatismus, die Verführung zum totalitären Denken; kurz: Opium des Volkes oder für das Volk.

Eine starke Kritik dieser Kritik kann sich nicht damit begnügen, aufzuzeigen, wie menschlich die Hoffnung wider alle Hoffnung ist, wie unmenschlich die Unterwerfung unter das Schicksal, wie göttlich die Unbedingtheit der Liebe und wie teuflisch eine letzte Unentschiedenheit zwischen Leben und Tod, Wahrheit und Lüge. Sie kann auch nicht die Humanitätsgewinne des Christentums gegen die Sünden der Christenmenschen aufrechnen wollen. Sie kann wohl nur versuchen, darzustellen, wie sich der Glaube, dass Jesus der Retter der Welt ist, herausgebildet hat, worin er besteht und welche Sicht Gottes und der Welt, des Menschen und seiner Geschichte, seines Glücks und Unglücks, seiner Schuld und Gnade, seines Lebens und Sterbens ihm entspricht.

Die starken Kritiker der Orthodoxie geben auch zu, dass die Kirche nichts anderes zusammenhält als der Glaube, der Bekenntnis und Vertrauen in einem ist. Aber gerade deshalb müsse die Vielfalt der Konfessionen, das Gegen-, Mit- und Nebeneinander verschiedener „Kirchentümer" herrschen.[6] Denn nur so komme der christliche Individualismus zu seinem Recht, zwischen verschiedenen Formen gelebten Christentums wählen zu können. Schon das Neue Testament dokumentiere in seinen verschiedenen Schriften mit all ihren Unterschieden und Widersprüchen nicht die Einheit der Kirche, sondern die Vielfalt der Konfessionen;[7] die Reformation habe nicht etwa zur Spaltung der Kirche geführt, sondern ihren zuvor verborgenen Zwiespalt aufgedeckt.[8]

Theologie 10), Tübingen 1934. 2. Auflage mit einem Nachtrag, hg. v. Georg Strecker 1964.

[5] So z. B. *Odo Marquard*, Lob des Polytheismus. Über Monomythie und Polymythie, in: ders., Abschied vom Prinzipiellen (1981) (RUB 7724), Stuttgart 1991, 91–116.

[6] Grundlegend vorgedacht von *Friedrich Schleiermacher*, Über die Religion. Reden an die Gebildeten unter ihren Verächtern. Mit einem Nachwort von Carl Heinz Ratschow (RUB 8313), Stuttgart 2003.

[7] So die weitreichende Sicht von *Ernst Käsemann*, Begründet der neutestamentliche Kanon die Einheit der Kirche? (1951), in: ders. (Hg.), Das Neue Testament als Kanon, Göttingen 1970, 124–133.

[8] Auf dieser konfessionalistischen Linie liegt *Reinhard Brandt*, Art. Einheit der Kir-

Eine starke Kritik dieser Kritik kann nicht darin aufgehen, die Zerrissenheit der Christenheit zu beklagen und auf die erfolgreichen Versuche ökumenischer Konsensbildungen hinzuweisen.[9] Sie kann nicht nur die philosophischen und ethischen Probleme benennen, die entstehen, wenn auf ein Denken geschichtlich sich manifestierender Einheit verzichtet wird[10]. Sie kann wohl nur versuchen, darzustellen, wie sich der biblische Gedanke der Einheit zur Vielfalt des Lebens verhält und welche integrative Kraft dem Glauben gerade dadurch zukommt, dass er, allerpersönlichster Akt der Freiheit, geschichtlich vermittelt ist, weil er an Jesus von Nazareth gebunden ist, und Gemeinschaft voraussetzt wie begründet. „Ich glaube“ nur, weil „wir glauben“; und „wir glauben“ können nur diejenigen sagen, die auch „ich glaube“ sprechen.

2. Johanneische Diskussionen

Das Johannesevangelium ist ein neutestamentliches Paradebeispiel, das Thema von den biblischen Quellen aus zu diskutieren. Sein theologisches Niveau steht außer Frage; sehr in Frage steht aber der geschichtliche und theologische Horizont des Evangeliums.

Der Monotheismus ist stark betont; aber er ist christologisch und pneumatologisch konkretisiert[11]; die altkirchliche Trinitätstheologie erwächst wesentlich aus der sachgerechten Interpretation johanneischer Texte. Nach dem

---

che, in: RGG[4] 2 (1999) 1162ff. Seine Unterscheidung von Grund und Gestalt der Kirche läuft auf eine Trennung hinaus. Der gesamte Artikel krankt daran, dass er keinen Abschnitt zur Bibel enthält. Klar ist hingegen der Einblick, den im neuen Lexikon für Theologie und Kirche *Karl Kertelge* vom Neuen Testament aus verschafft: Art. Einheit der Kirche, in: LThK[3] 3 (1995) 544–547.

[9] Vgl. *Harding Meyer – Hans-Jörg Urban – Lukas Vischer (Hg.),* Dokumente wachsender Übereinstimmung. Bd. I: Sämtliche Berichte und Konsenstexte interkonfessioneller Gespräche auf Weltebene 1931–1982, Paderborn – Frankfurt/Main 1983; Bd. II: Sämtliche Berichte und Konsenstexte interkonfessioneller Gespräche auf Weltebene 1982–1990, Paderborn – Frankfurt/Main 1992; Bd. III: Sämtliche Berichte und Konsenstexte interkonfessioneller Gespräche auf Weltebene 1990–2001, Paderborn – Frankfurt/Main 2003.

[10] Es fehlt nicht an philosophischen Bündnispartnern gegen die postmoderne Variante der Vielfaltseuphorie; einer der einflussreichsten ist *Jürgen Habermas,* Die Einheit der Vernunft in der Vielheit ihrer Stimmen: Merkur 42 (1988) 1–14.

[11] *Ulrich Wilckens* hat dies in den Mittelpunkt seiner Auslegung gestellt, zusammengefasst in: Theologie des Neuen Testaments I/4, Neukirchen-Vluyn 2005.

Johannesevangelium nimmt Jesus den jüdischen Vorwurf, er verletze das Erste Gebot (Joh 5,18; 10,33; 19,7), bitter ernst und antwortet, indem er seine Einheit mit dem Vater betont (Joh 10,30) und den heiligen Geist als den Tröster verheißt, der die Jünger in die ganze Wahrheit, die Heilswahrheit für alle Welt, einführen wird (Joh 15,12).

Deshalb entspricht dem konkreten Monotheismus das Denken der Einheit.[12] Das gesamte hohepriesterliche Gebet Joh 17 ist dem Thema gewidmet. Die Einheit der Glaubenden ist in der Einheit Gottes, des Vaters, des Sohnes, des Geistes, begründet; sie ist begründet in der Anteilgabe an der Einheit zwischen dem Vater und dem Sohn im Heiligen Geist. Die johanneischen Immanenzformeln[13] zeigen die Einheit als Innerlichkeit, die auf Anteilnahme beruht und alles Leben bestimmt: weil Gott – der Vater durch den Sohn im Heiligen Geist – sich als das innerste Ich der Menschen offenbart.

Führt dieses Pathos der Einheit aus der Welt heraus und zur Spaltung der Kirche? Die historisch-kritische Exegese[14] ortet Johannes traditionell in einer Nische des Urchristentums und erkennt in der johanneischen Kommunität sektenhafte Züge und eine Weltfeindlichkeit, die sich in einer Konventikelmoral ausspräge.[15] Dieses Bild hat sich zwar letzthin erheblich gewandelt; Johannes rückt wieder mehr in die Mitte des Urchristentums und an die theologische Spitze des Kanons.[16] Aber die entscheidende Frage bleibt: Wenn Jesus nach Joh 14,6 sagt: „Ich bin der Weg und die Wahrheit und das Leben, niemand kommt zum Vater außer durch mich!" – gibt es dann noch Raum für die Anderen? Wird nicht ein Sinnmonopol behauptet, das prinzipiell keine Alternative, keine Variante, keine Modifikation aner-

---

[12] Vgl. *Th. Söding*, Einheit der Heiligen Schrift? Zur Theologie des biblischen Kanons (QD 211), Freiburg – Basel – Wien 2005.

[13] Vgl. *Klaus Scholtissek*, In ihm sein und bleiben. Die Sprache der Immanenz in den johanneischen Schriften (HBS 21), Freiburg – Basel – Wien 2000.

[14] Ihre Sicht verteidigt jüngst *Jürgen Becker*, Das Verhältnis des johanneischen Kreises zum Paulinismus. Anregungen zur Belebung der Diskussion, in: Dieter Sänger – Ulrich Mell (Hg.), Paulus und Johannes. Exegetische Studien zur paulinischen und johanneischen Theologie und Literatur (WUNT 198), Tübingen 2006, 473–495.

[15] *Ernst Käsemann* (Ketzer und Zeuge. Zum johanneischen Verfasserproblem [1951], in: ders., Exegetische Versuche und Besinnungen I-II, Göttingen 1964. 168–187) portraitiert gar den „Presbyter" des Zweiten und Dritten Johannebriefes als Ketzer, der dem orthodoxen Bischof Diotrephes widerspreche. Die Quellen sprechen eine andere Sprache.

[16] Einige Stimmen aus der aktuellen Diskussion habe ich gesammelt in: Johannesevangelium – Mitte oder Rand des Kanons? (QD 203), Freiburg – Basel – Wien 2003.

kennen kann?[17] Wird Mission, so gewaltlos auch immer sie getrieben werde, nicht doch zur Verwerfung, Verdrängung, Vernichtung alternativer Religionen führen? Und zeigt nicht der harte Konflikt, den der Erste Johannesbrief gerade über den Grundsatz „Gott ist Liebe" (1Joh 4,8.16) austrägt, dass es eine Überforderung ist, alle auf das Niveau der eucharistischen Brotrede zu führen, die doch, wie der Evangelist selbst erzählt, zur Spaltung im Jüngerkreis geführt hat (Joh 6,60–71)? Ist also die Universalität des Heiles nur ein anderer Name für ideologischen Imperialismus? Und Orthodoxie für Integralismus?

3. Das Gespräch am Jakobsbrunnen

Das Gespräch am Jakobsbrunnen, das Jesus nach Joh 4 mit einer Samariterin führt, ordnet sich in die Reihe der großen Glaubensgespräche des Johannesevangeliums ein. Diese erzählten Dialoge legen einerseits in vollkommener Offenheit und idealtypischer Klarheit von den Schwierigkeiten Jesu Rechenschaft ab, sich den Menschen mit seiner Botschaft verständlich zu machen, und führen zum Grund des Verständigungsproblems: den Schwierigkeiten der Menschen, zu glauben, in Gottes Augen so wertvoll zu sein, dass ihnen in diesem Menschen Gott selbst begegnet, um sie zu retten; andererseits aber zeigen die Gespräche in ebenso großer Offenheit und paradigmatischer Klarheit, worin die Lösung dieser Schwierigkeiten zu suchen ist: dass es keinen Punkt eines gelebten Lebens gibt, von dem aus kein Weg zu Gott führte; dass es keinen Weg zu Gott gibt, auf dem es nicht zu einer existentiellen Krise kommt; und dass es keine Krise gibt, die Gott nicht zum Guten wendete. Weil Jesus *der* Weg zum Vater ist, gibt es so viele Wege zu Gott, wie Menschen leben, die Gott retten will.

Besonders markant ist der Kontrast zwischen Joh 3 und Joh 4.[18] Das eine Mal redet Jesus des nachts in Jerusalem mit einem Mann, Nikodemus, einem „Lehrer Israels" (Joh 3,10) und Mitglied des Hohen Rates; das andere Mal redet er zur Mittagszeit auf dem Feld von Sychar mit einer Samariterin, einer Frau mit Vergangenheit und von zweifelhaftem Ruf. Dort spricht er über Geburt und Wiedergeburt, Mose und die Wüste; hier über Durst und Wasser, Beth-El und Jerusalem. Hier wie dort handelt Jesus vom irdischen und vom ewigen Leben, vom Glauben und Verstehen, von Schuld und Erlösung, Not und Rettung. Das

---

[17] *Hans Blumenberg* hat in Joh 14,6 die klassische Ausprägung des christlichen Dogmas gesehen, gegen den sich die neuzeitliche Freiheitsgeschichte durchgesetzt habe.

[18] Vgl. *Ulrich Wilckens*, Der Sohn Gottes und seine Gemeinde. Studoien zur Theologie der Johanneischen Schriften (FRLANT 200), Göttingen 2003,184–203.

erste Gespräch endet offen: Nikodemus wird seine Rolle noch finden müssen, bis er im Hohen Rat dem Druck widersteht, Jesus widerrechtlich umzubringen (Joh 7,50), und am offenen Grab Jesus die letzte Ehre erweist (Joh 19,39). Das zweite Gespräch endet hingegen mit dem Bekenntnis der Samariter: „Er ist der Retter der Welt“ (Joh 4,42).[19] Damit sind sie den Jüngern weit voraus, die so schnell nicht darüber hinwegkommen, dass Jesus überhaupt mit einer Frau spricht (Joh 4,27). Aber das Bekenntnis findet ein Echo im Ersten Johannesbrief. Dort machen es sich die nachösterlichen Jünger, die als Glaubensgemeinschaft „wir“ sagen, zu eigen: „Und wir haben gesehen und bezeugen: Der Vater hat den Sohn gesandt als Retter der Welt“ (1Joh 4,14).

Dass ausgerechnet die Samariter Jesus zuerst als den erkennen, der er in Wahrheit ist, hat der Evangelist durch die Komposition seines Werkes, besonders durch den Kontrast der beiden ersten Glaubensgespräche betont. Die Synoptiker sind ein wenig unklar, was die Beziehungen Jesu zu den Samaritern anbelangt. Dass er keine Berührungsängste kannte, zeigt die Beispielgeschichte vom barmherzigen Samariter (Lk 10,25–37). Dass er in Samarien war, spiegelt die nicht ganz zu Ende erzählte Konfliktgeschichte Lk 9,51–56, in der Jesus den Jüngern verwehrt, Feuer vom Himmel über die ungastlichen Samariter herabzurufen. Die johanneische Szene bildet den positiven Kontrast. Sie ist zwar aufs höchste stilisiert und theologisch aufgeladen[20], wird aber doch historisch zutreffend festhalten, dass Jesus weder den Kontakt mit Samaritern gescheut noch das Gebiet Samariens nahe Jerusalem gemieden hat[21].

---

[19] Seine politischen Konnotationen lotet aus *Michael Labahn,* „Heiland der Welt“. Der gesandte Gottessohn und der römische Kaiser – ein Thema johanneischer Theologie?, in: ders. – Jürgen Zangenberg (Hg.), Zwischen den Reichen: Neues Testament und Römische Herrschaft, Tübingen 2002, 147–173.

[20] Die Exegese hat sich lange Zeit auf Dekompositionsentwürfe konzentriert, die vorjohanneische Traditionen von johanneischen Redaktionen abheben sollen; so auch, besonders elaboriert, *Andrea Link,* „Was redest du mit ihr?“ Eine Studie zur Exegese-, Redaktions- und Theologiegeschichte von Joh 4,1–42 (BU 2), Regensburg 1992. Die Frage ist nur, wie sicher man gerade bei johanneischen Texten Wachstumsschichten abheben kann. Die radikale Alternative wäre, zu sagen, Joh 4 sei im ganzen Redaktion (johanneische Gestaltung) und im ganzen Tradition (Erinnerung an Jesus). Neue Impulse erhält die Exegese jenseits des Historismus durch die Integration narratologischer Methoden; vgl. *Roberto Vignolo,* Personaggi del Quarto Vangelo. Figure della fede in San Giovanni (Biblica 2), Milano 2003, 121–166.

[21] Vgl. *Jürgen Zangenberg,* Frühes Christentum in Samarien. Topographische und traditionsgeschichtliche Studien zu den Samarientexten im Johannesevangelium (TANZ 27), Tübingen – Basel 1998.

Der Ort wird zum Anlass und Gegenstand des Gesprächs. Jesus bittet die Frau, weil er müde ist und Durst hat, um Wasser und schenkt ihr das „lebendige Wasser", das auf immer den Durst stillt (Joh 4,10.13f.). „Nahe bei dem Feld, das Jakob seinen Söhnen gegeben hat" (Joh 4,5; vgl. Gen 33.18f; 48,22; Jos 24,32), bricht der Gegensatz zwischen Juden und Samaritern auf – und geschieht die Versöhnung beider, weil Jesus sich an jenen Platz, einen Ur-Ort Israels, begibt. Jesus agiert als Jude; als solcher wird er von der Frau angesprochen; als solcher identifiziert er sich selbst.[22] Die Frau weiß genau, wie sehr es unter der Würde eines Juden ist, mit einer Samariterin zu sprechen und sie gar um etwas zu bitten (Joh 4,9). Sie ahnt nicht, wie groß die Demut des Gottessohnes in Wahrheit ist. Aber es ist es genau diese Demut, die Jesus dazu führt, die Grenze nach Samaria zu überschreiten und die Nähe dieser Frau zu suchen, um ihr und allen Samaritern den unendlichen Horizont der rettenden Lebens- und Gotteserfahrung zu öffnen. Damit ist die Universalität der Mission im Namen Jesu vorgezeichnet. Jesu Demut besteht ja nicht darin, dass er seine Sendung verschwiege, sondern darin, dass er sie wahrnimmt.

4. Die Anbetung in Geist und Wahrheit

Jesus stellt sich im Gespräch am Jakobsbrunnen auf den Standpunkt des biblischen Monotheismus. Er argumentiert mit dem Gesetz und den Propheten. Das versteht die Frau von Anfang an. Aus der Perspektive der Unterlegenen, der Samariterin, markiert sie genau den Unterschied zwischen dem Garizim, dem heiligen Berg der Samariter, und dem Zion, dem Tempelberg in Jerusalem: „Unsere Väter haben auf diesem Berg angebetet und ihr sagt, in Jerusalem sei der Ort, wo man anbeten müsse" (Joh 4,20).[23] Aber diesen Widerspruch hebt

---

[22] Das Judesein Jesu ist im Johannesevangelium als angewandte Inkarnationschristologie betont; in den größeren Zusammenhang habe ich das Motiv gestellt in: Der Gottessohn aus Nazareth. Das Menschsein Jesu im Neuen Testament, Freiburg – Basel – Wien 2006, 53–59.

[23] Nach Dtn 11,29 und 27,12 sowie Jos 8,33 ist der Garizim der bei Sichem gelegene Berg des Segens für Israel (vgl. Ri 9,7). Nach Dtn 27,4 in der ursprünglichen Textgestalt des Samaritanus und der Vetus Latina befiehlt Mose den Bau eines Tempels auf dem Garizim. In der samaritanischen Tradition sind aber eine Abraham-Ätiologie (Memar Marqa II 46,12 [ed. McDonald]; Ps-Eupolemos [Euseb, PraepEv IX 17,5]) und eine Stiftszelt-Tradition (Memar Marqa V 120,1–2 [ed. McDonald]) noch wichtiger. Über die Besiedelung Sichems und den Tempelbau auf dem Garizim berichtet Josephus, ant. 11,312–344.

Jesus auf. „Es kommt die Stunde, dass ihr weder auf diesem Berg noch in Jerusalem den Vater anbeten werdet" (Joh 4,21). Die Samariter werden sich nicht den Juden unterwerfen, sondern beide werden sich auf neue Weise Gott unterwerfen. Das wird die Wunden heilen. Die Zerstörung des Tempels 70. n. Chr., auf die Johannes schon zurückblicken dürfte, spielt keine Rolle. Es ist die Stunde Jesu, die alles verwandelt: die Stunde seines „Pascha", da er „hinübergeht aus dieser Welt zum Vater" (Joh 13,1f.). Diese Stunde „kommt", indem Jesus seinen Weg geht, und sie ist „schon da" (Joh 4,23), weil Jesus schon da ist auf seinem Weg zum Vater.

Es ist die Stunde der Anbetung Gottes „in Geist und Wahrheit" (Joh 4,23). Das Wort ist oft so gedeutet werden, dass damit alles Rituelle, Kultische, Priesterliche ins rein Geistige, Innerliche, Spirituelle überführt werde.[24] Eine Spiritualisierung des Kultes schwebt tatsächlich Philo von Alexandrien vor, dem jüdischen Zeitgenossen Jesu; in seinem Buch über Moses fragt er: „Gibt es ein wahrhaft heiliges Opfer außer dem frommen Sinn einer gottgefälligen Seele?" (De Vita Mosis 2,108).[25] Dieser Satz ist hochherzig; er entspricht dem Ethos der Prophetie. Aber so wie Philo ihn formuliert, ist er nicht in der Lage, die Heilsfrage zu beantworten; er hätte vielleicht das Potential, eine geistige Partnerschaft zwischen aufgeklärten Juden und Samaritern zu begründen – aber nur um den Preis, dass eine Sünderin wie die Frau am Jakobusbrunnen ausgeschlossen würde.

Jesus aber bezieht sie ein. Er redet nicht von der Menschen, sondern von Gottes Geist und Wahrheit: Er selbst ist „die Wahrheit", weil er „das Leben" bringt, indem er „den Weg" zum Vater geht und verkörpert (Joh 14,6); seine Worte sind „Geist und Leben" (Joh 6,63), weil er selbst das Wort Gottes ist (Joh 1,1). Er ist dieses Wort als der Inkarnierte, der sein Leben einsetzt „für das Volk" Israel und für alle Menschen, die Gott retten will (Joh 11,50ff.). Das Ethos der Gottesverehrung, auf das es Philo ankommt, ist bei Jesus in radikaler Weise verwirklicht: bis zum Martyrium. Aber Jesus übersteigt die Moralität ins Unendliche: Er ist und bringt das ewige Leben, das in Gottes Liebe besteht; er verkündet diese Liebe nicht nur; er lebt sie.

Die Pointe des Gespräches mit der Samariterin ist im Evangelium gut vorbereitet. Jakob auf den die Frau sich bezieht, hat die Himmelsleiter ge-

---

[24] Damit setzt sich kritisch auseinander *Erik Peterson,* Johannesevangelium und Kanonstudien. Aus dem Nachlass hg. von Barabara Nichtweiß und Mitarbeit von Kurt Anglet und Klaus Scholtissek, (Ausgewählte Schriften 3), Würzburg 2003, 185–191.

[25] Vgl. *Christian Noack,* Gottesbewusstsein. Exegetische Studien zur Soteriologie und Mystik bei Philo von Alexandrien (WUNT II/116), Tübingen 2000.

schaut (Gen 28,12–22) – die Jesus nach Joh 1,51 seinerseits vor Augen stellt, wenn er Nathanaël und allen Jüngern verheißt: „Ihr werdet den Himmel offen sehen und die Engel Gottes auf- und niedersteigen über dem Menschensohn" (Joh 1,51).[26] Jakob nannte den Ort seines Traumes „Beth-El" – „Haus Gottes" (Gen 28,19); Jesus offenbart sich selbst als Ort der Gegenwart und der Anbetung Gottes. Das Ab- und Aufsteigen der Engel verweist auf Jesu Inkarnation und Auferstehung.

In der johanneischen Tempelerzählung (Joh 2,13–22)[27] deutet der Evangelist das traditionelle Logion vom Abriss und Neubau des Tempels christologisch: „Er aber sprach vom Tempel seines Leibes" (Joh 2,21). Jesu Jünger, notiert Johannes, werden das erst nach Ostern verstanden haben. Die Kraft, mit der Jesus die Händler aus dem Tempel vertreibt, erhellt im Licht der Schrift: „Der Eifer für dein Haus wird mich verzehren" (Joh 2,17: Ps 69,10). Daran, erzählt der Evangelist, „erinnern" sich die Jüngern – nach Ostern, wenn klar ist, dass sein Tod eine Einheit mit seiner Auferstehung bildet.

Die Konsequenzen für die Gottesverehrung sind radikal. Auch das Judentum hat – unter Schmerzen – gelernt, dass echte Gottesverehrung fern von Jerusalem und ohne Heiligtum möglich ist. Aber der Tempel steht doch als idealer Ort in jedem Gottesdienst vor Augen. Synagogen können überall gebaut werden; der Tempel hat für Orthodoxe nur in Jerusalem seinen Platz. Für Christen hingegen ist der Ort der wahren Anbetung Jesus Christus. Gottesdienst kann überall gefeiert werden, wo Jesus ist. Jesus aber, der Auferstandene, ist überall: nicht nur dort., wo er wahrgenommen und gefeiert, sondern auch dort, wo er abgelehnt und verkannt wird oder ganz unbekannt ist. In der Universalität der Heilssendung Jesu ist die Katholizität der Kirche begründet – und die Freiheit, überall dort Gottesdienst zu feiern, wo Gott diejenigen findet, die er sucht, um ihren Lebensdurst auf ewig zu stillen.

---

[26] Gute Beobachtungen bei *Annegret Meyer,* Kommt und seht. Mystagogie im Johannesevangelium ausgehend von Joh 1,35–51 (FzB 103), Würzburg 2005.

[27] Vgl. *Christine Metzdorf,* Die Tempelaktion Jesu. Patristische und historisch-kritische Exegese im Vergleich (WUNT II/168), Tübingen 2003.

5. Der Weg der Samariter

Der Weg zur wahren Anbetung Gottes, den Jesus der Frau am Jakobusbrunnen weist, führt sie über ihre samaritische Tradition hinaus, die ihr ganzes Leben prägt. Aber Jesus zerstört ihre Religiosität nicht, sondern zeigt ihr, woran sie in Wahrheit glaubt, wenn sie den einen Gott bekennt und auf den Messias hofft. Der Dissens, der sich an der Abkehr von Jerusalem und am Kult auf dem Garizim festmachen lässt, führt zu einem Defizit der Samariter, das Jesus ansprechen und beheben muss. Deshalb formuliert er: „Ihr betet an, was ihr nicht kennt; wir beten an, was wir kennen" (Joh 4,22). Die Samariter feiern ihren Kult auf dem Garizim; sie erkennen die Propheten nicht an; ihnen fehlt das Zeugnis des Täufers. Deshalb ist ihr Gottesbild verdunkelt. Dennoch spricht Jesus ihnen nicht ab, Gott anzubeten. Das liegt nicht daran, dass die Schnittmenge religiöser Bräuche doch noch groß genug ist, sondern daran, dass es nur einen Gott gibt, der sich auch den Samaritern trotz ihrer Sezession nicht gänzlich entzogen hat.

Ähnlich ist es mit der Messiashoffnung der Samariter.[28] Die Frau spricht sie in ganz einfachen und offenen Worten an, da sie zu ahnen beginnt, wer sie um Wasser aus dem Jakobsbrunnen gebeten hat: „Ich weiß, dass der Messias kommt. ... Wenn er kommt, wird er uns alles verkünden" (Joh 4,22). Die Antwort Jesu ist ebenso einfach und schlicht: „Ich bin's, der mit dir spricht" (Joh 4,23). Das ist eine radikale Bestätigung. Jesus lässt sich nach Johannes nicht auf die Differenzen zwischen samaritischen und jüdischen Messiasbildern ein. Auch das Alte Testament wagt nicht zu denken, dass der göttliche Logos Fleisch wird und der Erlöser am Kreuz stirbt, um von den Toten auferweckt zu werden. Die Frau am Jakobusbrunnen kommt so wenig von sich aus darauf, Jesus als den messianischen Gottessohn zu erkennen, wie die ersten Jünger Jesu aus sich heraus zum Glauben gelangen, obwohl sie vom Täufer vorbereitet sind. Jesus muss sich offenbaren – und Gott offenbaren, indem er sich selbst offenbart. Nur weil er das macht, gibt es Heil. Doch bringt diese Offenbarung zu sich selbst, was die Samariter hoffen. Ihre Tradition wird nicht destruiert, sondern transzendiert.[29] Dass Jesus mit der Frau spricht,

---

[28] Ein Leittext ist Dtn 18, die Erwartung eines Propheten wie Mose (Zusatz von Dtn 18,18–22 und 5,27f. zu Ex 20,21b im Samaritanischen Pentateuch; vgl. 4QTest 1–8); teils richte sich die Hoffnung auf die Wiederkunft des Mose selbst (Memar Marqa IV 89.2–3 [ed. McDonald]).

[29] Das ist die Konsequenz johanneischer Offenbarungstheologie insgesamt; vgl. meinen Artikel: Die Offenbarung des Logos. Biblische Theologie und Religionsgeschichte

sagt alles. Er hält sie nicht auf Distanz, sondern zieht sie ins Gespräch. Weil er selbst Durst hat auf seinem Weg zu den Menschen, kann er ihren Lebensdurst auf ewig stillen.

Mit der messianischen Selbstoffenbarung Jesu endet die Samaritermission nicht; sie beginnt. Die Frau wird zur Glaubensbotin. Allerdings hat sie keine fertige Antwort weiterzugeben, sondern eine entscheidende Frage: „Kommt, seht den Menschen, der mir alles gesagt hat, was ich getan habe. Ob er der Messias ist?" (Joh 4,29). Was Jesus der Frau gesagt hat, ist die Wahrheit ihres Lebens: „Fünf Männer hast du gehabt, und der jetzige, den du hast, ist nicht dein Mann" (Joh 4.18). In dieser Wahrheit, die Jesus mit dem diagnostischen Blick des Propheten erkennt, spiegelt sich nicht nur ein moralisches Problem der Samariterin, sondern die Geschichte der Samariter wider. Hieronymus (ep. 108) und Origenes (Joh 13,8 [GCS 10,232]) deuten die fünf Männer auf die fünf Bücher Mose, die von den Samaritern akzeptiert sind. Dass ihr jetziger Mann nicht ihr wahrer ist, verweist auf das Schisma, für das der Garizim steht.[30]

So erklärt sich, wie der Evangelist die Reaktion der Samariter beschreibt. Sie erfolgt in zwei Schritten. Zuerst entsteht Glaube wegen des Zeugnisses, das die Frau von Jesus abgelegt hat. Es ist freilich ein Glaube, der sich erst noch finden muss – wie der Wunderglaube in anderen Szenen zwar die Tür zu Jesus öffnet, aber erst den Anfang des Weges zum Verstehen bildet. Der zweite Schritt setzt den ersten konsequent fort. Jesus lässt sich bitten, zwei ganze Tage zu bleiben, und daraufhin, ohne dass der Evangelist weiteres über Predigten, Gespräche, Gastmähler mitteilen müsste, können die Samariter sagen: „Wir haben selbst gehört und wissen: ‚Er ist der Retter der Welt!'" (Joh 4,4 2).

Die Samariter stellen ausdrücklich fest, dass schließlich nicht der Bericht der Frau, sondern Jesus selbst diesen Glauben hervorgerufen hat. Die Vermittlungsfrage bleibt aber virulent. Wie es nachösterlich, wenn Jesus nicht mehr leibhaftig gegenwärtig ist, möglich ist, Glauben zu wecken, wird exemplarisch an der Thomas-Perikope (Joh 20,24–29) deutlich: Nicht zu sehen und doch zu glauben, ist denen möglich, die hören, was Jesus getan hat. Das Buch des Evangelisten selbst wird zu einem wichtigen Medium der Glaubensbezeugung und -vertiefung (Joh 20,30f). Aber es kann nur wirken in dem Raum, den die österliche Aussendung der Jünger durch Jesus aufschließt:

---

im johanneischen Spektrum, in: Michael Labahn – Klaus Scholtissek – Angelika Strotmann (Hg.), Israel und seine Heilstraditionen im Johannesevangelium. Festgabe Johannes Beutler, Paderborn 2003, 387–415.

[30] Hieronymus deutete allerdings auf den Ketzer Dositheos.

„Wie mich der Vater gesandt hat, so sende ich euch!" (Joh 20,21; vgl. Joh 17,18). Johannes kennt keinen universalen Befehl zur Völkermission wie Mt 28,16–20.[31] Aber die kosmische Weite der Soteriologie führt zu einer weltweiten Verbreitung des Evangeliums und einer weltweit präsenten Kirche. Das Abschiedsgebet Joh 17 spricht davon, dass dies die Gabe und Aufgabe Gottes für die Jünger ist.

6. Kosmische Soteriologie

Die kosmische Weite des Erlösungsglaubens trauen viele dem Vierten Evangelisten nicht zu, weil er so oft mit Dualismen arbeitet: Licht und Finsternis, Wahrheit und Lüge, Oben und Unten.[32] Die kosmische Weite entspricht aber der Schöpfungstheologie des Prologes (Joh 1,1–18): Die von Gott geschaffene Welt kann im Erlösungsgeschehen nicht einfach vergehen, wenn Gott nicht seine Schöpfungstat dementieren will. Im Kosmos gibt es nicht nur Licht, sondern auch Finsternis; aber das Licht ist von allem Anfang stärker als die die Finsternis. In der Welt gibt es diejenigen, die Gottes Wort ablehnen. Aber Gottes Wort ist Fleisch geworden, um Gottes Herrlichkeit in der Welt erstrahlen zu lassen. Damit ist über alles entschieden.

Die „Welt", als deren Retter Jesus sich offenbart, ist bei Johannes als Ort nicht nur des geschichtlichen Lebens, der Natur und Kultur gesehen, sondern auch als Ort des Widerstandes gegen Gott, der Vergänglichkeit und Schwachheit, des Todes. Das führt aber Gott nicht dazu, sich von seiner Schöpfung abzuwenden oder sie im Erlösungsprozess zu spalten. Vielmehr gilt der Kardinalsatz neutestamentlicher Soteriologie: „So sehr hat Gott die Welt geliebt, dass er seinen eingeborenen Sohn gegeben hat, damit jeder, der an ihn glaubt, nicht verlorengeht, sondern das ewige Leben hat" (Joh 3,16). Dass aber alle zu Glaubenden werden, ist gerade das Ziel der Sendung Jesu, an die sich die Sendung seiner Jünger anschließt.[33]

---

[31] Die Exegese schließt meist wegen der trinitarischen Taufformel auf eine späte Redaktion. Eine alte judenchristliche Tradition erkennt jedoch *Peter Stuhlmacher,* Zur missionsgeschichtlichen Bedeutung von Mt 28,16–20, in: Evangelische Theologie 59 (1999) 108–130.

[32] Vgl. *Otto Schwankl,* Licht und Finsternis. Ein metaphorisches Paradigma in den johanneischen Schriften (HBS 5), Freiburg – Basel – Wien 1995.

[33] Die Heilsbedeutung des Glaubens ist eine radikal positive. Auf Spekulationen, was passiert, wenn gar kein Glaube entstehen kann, weil niemand verkündet hat oder

Der Dualismus ist dieser Heilsuniversalität zugeordnet, nicht umgekehrt.[34] Die Gegensätze machen deutlich, dass im Letzten, wenn es um Leben und Tod geht, ein Entweder – Oder angesagt ist: Gott oder Götze, Glaube oder Aberglaube, Liebe oder Hass. Das ist konkreter Monotheismus; es ist der Anspruch der Wahrheit. Der johanneische Dualismus macht, mehr noch, deutlich, dass ohne Gericht, ohne Kritik, ohne Unterscheidung und Beurteilung, auch ohne Verurteilung des Bösen, kein ewiges Leben entstehen kann; die Alternative wäre eine Beschönigung des Alten, ein sublimer Zynismus des nur gut Gemeinten, aber nicht gut Gemachten. Der johanneische Dualismus ist kein metaphysischer, sondern ein existentieller. Er setzt Gottes Einheit voraus und deckt das Drama der Offenbarung Gottes in der Welt auf.

Im Gespräch am Jakobusbrunnen blickt Jesus auf die Mission der Jünger voraus, die der Heilsuniversalität Gottes gerecht werden und der Einheit der Kirche dienen soll (Joh 4,31–38).[35] Sie ist bleibend von der Sendung Jesu bestimmt. Die Jünger können nichts ernten, was Jesus nicht gesät hätte; aber Jesus hat gesät, damit sie ernten können. Wenn sie Früchte ernten, dann deshalb, weil „andere gearbeitet" haben: der Vater und der Sohn.[36] Ihre Arbeit ist das Heilswerk, das Jesus vollendet und in das die Jünger, von Jesus gesandt, eintreten. In ganz ähnlicher Weise ist auch in den Abschiedsreden, besonders im Bildwort vom Weinstock und den Reben (Joh 15), die Einheit zwischen Jesus und den Seinen als Grund für die Sendung der Jünger zum Heil der Welt gesehen.

Die Mission der Jünger ist gerade nach dem Johannesevangelium das Gegenteil einer militanten Aktion. Sie ist Zeugnis. Sie zwingt nicht, aber sie weicht der Wahrheitsfrage auch nicht aus. Sie schärft die Erinnerung an das

---

nicht richtig verkündet worden ist, lässt sich das Johannesevangelium nicht ein. Das Vertrauen darf sich auf Gottes Heilswillen richten – aber ihm keine Vorschriften machen wollen.

[34] Vgl. *Enno Edzard Popkes*, Die Theologie der Liebe Gottes in den johanneischen Schriften. Zur Semantik der Liebe und zum Motivkreis des Dualismus (WUNT II/197), Tübingen 2005.

[35] Dass sich die Verse 31–36 die Sendung Jesu in ihrem Verhältnis zum Wirken Gottes und erst die Verse 37f die Mission der Jünger in ihrem Verhältnis zum Wirken Jesu beschreiben, meint *Rudolf Schnackenburg*, Das Johannesevangelium I (HTHK.NT IV/1), Freiburg – Basel – Wien 2000 (1966), 482–488. Das scheitert am „denn" in Vers 37. Der Passus handelt durchweg von der Sendung der Jünger. So deuten die Kirchenväter.

[36] So mein Lehrer *Wilhelm Thüsing*, Die Erhöhung und Verherrlichung Jesu im Johannesevangelium (NTA XXI 1/2), Münster ^{3}1979 (^{1}1959), 54f.

Wirken und Leiden wie die Auferstehung Jesu. Sie setzt auf die Gegenwart des Erhöhten im Geist. Sie vernichtet nicht, was sie bei den Menschen vorfindet, sondern klärt, kritisiert, läutert und transzendiert es. Sie stiftet Einheit über alle Grenzen von Religionen und Kulturen, Geschlechtern und Nationen, Rassen und Klassen hinweg. Sie sieht die Einheit nicht aus dem Gleichklang von Interessen wachsen und deshalb auf eine Uniformität zulaufen, sondern aus der Liebe Gottes zur Welt und deshalb in Freiheit bestehen.

Dominus Iesus. Jesus ist der Herr

Das Urdogma als Wappenspruch – Herkunft, Hintergründe und Implikationen

von Rudolf Voderholzer

Unter den Äußerungen des kirchlichen Lehramtes anlässlich des Jubiläumsjahres 2000 ragen unter praktischer Hinsicht die Vergebungsbitten des Papstes vom Ersten Fastensonntag[1], unter systematisch-theologischer Rücksicht aber die Erklärung der Glaubenskongregation über die Universalität und Heilsmittlerschaft Jesu Christi vom 6. August des Jahres 2000 hervor[2]. Wie der damalige Präfekt der Glaubenskongregation, Joseph Kardinal Ratzinger erläuterte[3], griff man bei der Formulierung der programmatischen Anfangsworte, nach denen römische Verlautbarungen traditionsgemäß benannt und zitiert werden, auf das Urbekenntnis „der werdenden Kirche" zurück: „Dominus Iesus" („Herr ist Jesus")[4]. Mit der Wahl dieser Worte zu seinem bi-

---

[1] Vgl. dazu begleitend und kommentierend Internationale Theologische Kommission: Erinnern und Versöhnen, Freiburg 2000. Der von Gerhard Ludwig Müller im Auftrag der Internationalen Theologischen Kommission übersetzte und fristgerecht publizierte Text erlebte innerhalb weniger Wochen drei Auflagen. Die dritte Auflage enthält auch die Vergebungsbitten des Papstes im Wortlaut.

[2] Vgl. Müller, Gerhard Ludwig: Mit der Kirche denken. Bausteine und Skizzen zu einer Ekklesiologie der Gegenwart, Würzburg 2001. ²2002, 7f. sowie 314–325.

[3] Vgl. Ratzinger, Joseph: Christus – der Erlöser aller Menschen. Die Einzigkeit und Universalität Christi und seiner Kirche, in: Ders.: Unterwegs zu Jesus Christus, Augsburg 2003, 55–78, hier 55.

[4] Vgl. Rainer, Michael J. (Hg.): „Dominus Iesus". Anstößige Wahrheit oder anstößige Kirche? Dokumente, Hintergründe, Standpunkte und Folgerungen, Münster u. a. 2001. Die Rezeption der Erklärung der Glaubenskongregation stand seinerzeit weitgehend unter dem Vorzeichen einseitiger Fixierung auf die ekklesiologisch relevanten Aussagen im vierten Kapitel von „Dominus Iesus". Die vorausgehenden und das Folgende begründenden Überlegungen zum Fundament des christlichen Glaubens und der Kirche wurden nicht selten einfach ignoriert. Der Wappenspruch Bischof Müllers lädt jedoch ein zu einer allem kirchlichen Tun zugrunde liegenden und immer wieder nötigen Selbstvergewisserung über die tragenden Fundamente von kirchlichem Glauben und einer diesen Glauben kritisch reflektierenden Theologie. Zusammen mit Massimo Serretti organisierte und edierte Müller einen Sammelband mit Beiträgen, die sich im Anschluss an „Dominus Iesus" mit der pluralistischen Religionstheorie auseinandersetzten: Ders. / Serretti, Massimo (Hgg.): Einzigkeit und Universalität

schöflichen Wappenspruch hat Gerhard Ludwig Müller die Ausübung seines Hirtendienstes somit unter ein zentrales neutestamentliches Motto gestellt.

Im folgenden soll zunächst der Blick auf den Wortlaut dieses neutestamentlichen Bekenntnissatzes „Herr ist Jesus", seine Zitation im paulinischen Briefkorpus und den jeweiligen Kontext gerichtet werden, bevor nach der inhaltlichen Bestimmung des christologischen Hoheitstitels Kyrios = Herr = Dominus gefragt wird. In einem dritten Abschnitt soll die Entwicklung der Formel „Herr ist Jesus" hin zur trinitarischen Taufformel skizziert werden. Und ein vierter Schritt schließlich diskutiert die Legitimität der Identifizierung von Jesus und Herr und gibt Gelegenheit, auf eine Schlüsselstelle im theologischen Werk Gerhard Ludwig Müllers einzugehen.

1. „Jesus ist der Herr" als Urbekenntnis der Kirche

In den Jahren unmittelbar nach den Ereignissen um Tod und Auferstehung Jesu bis zur Abfassung der ersten neutestamentlichen Schrift hat sich dogmengeschichtlich mehr ereignet als in den folgenden 700 Jahren christologischer Dogmenentwicklung, so Martin Hengel[5], oder sogar als in den bislang zurückliegenden insgesamt 2000 Jahren, so neuerdings Thomas Söding, der von einer „Explosion der Christologie" als unmittelbare Reaktion der Glaubenden auf das Christusereignis spricht[6]. Der historische Befund ist in der Tat atemberaubend: Am Pessachfest um das Jahr 30 wird vor den Stadttoren Jerusalems in einem Winkel des römischen Reiches der Anführer einer jüdischen religiösen Bewegung von den Römern durch Kreuzigung hingerichtet. Er war nicht der erste, und er sollte nicht der letzte sein. Abertausende erlitten diese „mors turpissima crucis". Von *einem* aber, Jesus von Nazaret mit Namen, bekennen schon kurze Zeit später seine Anhänger in einem für den

---

Jesu Christi im Dialog mit den Religionen (= Sammlung Horizonte N.F. 35), Freiburg 2001.

[5] Hengel, Martin: Der Sohn Gottes. Die Entstehung der Christologie und die jüdisch-hellenistische Religionsgeschichte, Tübingen ²1977, 11: „[...] dass sich in jenem Zeitraum von nicht einmal zwei Jahrzehnten christologisch mehr ereignet hat als in den ganzen folgenden sieben Jahrhunderten bis zur Vollendung des altkirchlichen Dogmas". Vgl. Ratzinger, Joseph / Benedikt XVI.: Jesus von Nazareth, Freiburg 2007, 21, wo indirekt auf diese Worte Bezug genommen wird.

[6] Söding, Thomas: Der Gottessohn aus Nazaret. Das Menschsein Jesu im Neuen Testament, Freiburg 2006, 17–19.

Gottesdienst formulierten Lied[7]: „Christus Jesus war Gott gleich, hielt aber nicht daran fest wie Gott zu sein, sondern entäußerte sich, wurde wie ein Sklave und den Menschen gleich" (Phil 2,6f.). Und nachdem die Erniedrigung in dem aus Gehorsam angenommenen Kreuzestod Jesu besungen wurde, preist der Philipperhymnus die Erhöhung des Gekreuzigten, vor dem alle ihre „Knie beugen" (2,10, womit Jes 45,23 auf Jesus hin gedeutet wird), dem der Vater einen Namen über alle Namen gegeben hat, mit dem ihn nun jeder Mund bekennt (*exomologeeseetai*): „Jesus Christus ist der Herr" (Phil 2,11).[8]

Die Bekenntnisaussage „Kyrios ist Jesus" steht als paulinische Parallele neben dem petrinischen Bekenntnis: „Du bist der Messias (= Christus)" (Mk 8,29; vgl. die jeweils anders akzentuierenden synoptischen Seitenreferenten Mt 16,16 und Lk 9,20). Paulus, der den Kyrios-Titel 189 Mal im Zusammenhang mit dem gekreuzigten und auferstandenen Jesus von Nazareth verwendet und für den er somit der wichtigste christologische Hoheitstitel ist[9], führt an zwei prominenten Stellen seines Briefkorpus wörtlich die Akklamation „Jesus ist der Herr" an, wobei jeweils deutlich wird, dass der Apostel das Bekenntnis nicht selbst kreiert, sondern dass es ihm bereits aus der Überlieferung der Urkirche zugekommen ist.

a. „Keiner kann sagen: ‚Jesus ist der Herr', wenn er nicht aus dem Heiligen Geist redet" (1 Kor 12,3). Der Form nach handelt es sich bei den Worten „Herr ist Jesus" um eine „Akklamation". Heinrich Schlier definiert sie als öffentlichen, gemeinsamen, rhythmisch formulierten, sprechchorartig vorgetragenen, als inspiriert geltenden, irgendwie rechtlich verbindlichen „Zuruf des Volkes"[10].

---

[7] Lohmeyer, Ernst: Kyrios Jesus. Eine Untersuchung zu Phil. 2,5–11, Heidelberg ²1961.

[8] Lohmeyer, Kyrios Jesus (wie in Anm. 7), 6f. rechnet die angeschlossene Bestimmung „zur doxa Gottes des Vaters" nicht mehr zur ursprünglichen Akklamation. Die Einheitsübersetzung und die sie übernehmenden liturgischen Bücher der katholischen Kirche schließen sich durch die Abführungszeichen nach „Herr" diesem Urteil an. Vgl. auch Gnilka, Joachim: Der Philipperbrief (= HThKNT X/3), Freiburg ³1980, 137.

[9] Vgl. Theobald, Michael: Art. „Kyrios", in: LThK³, Bd. 6 (1997), 558–561, hier 559.

[10] Schlier, Heinrich: Die Anfänge des christologischen Credo, in: Welte, Bernhard (Hg.): Zur Frühgeschichte der Christologie. Ihre biblischen Anfänge und die Lehrformel von Nikaia (= QD 51), Freiburg 1970, 13–58, hier 14. Als anschauliches Beispiel aus dem religionsgeschichtlichen Umfeld kann man die Szene in Apg 19,23–40 vergleichen, wo geschildert wird, dass die um ihre künftigen Einnahmen bangenden Silberschmiede von Ephesus zwei Stunden lang wie aus einem Mund den Ruf skandieren: „Groß ist die Artemis von Ephesus" (Apg 19,34). Eine wiederum vergleichbare „Megas-Akklamation" liegt nach Auffassung von Ceslas Spicq auch 1 Tim 3,16 zu-

Auch in den gottesdienstlichen Versammlungen der Urkirche spielten Akklamationen eine Rolle. Eine solche Situation ist offenkundig in 1 Kor 11–14 vorausgesetzt, wo Paulus Fragen in Bezug auf die rechte Ordnung in der Kirche von Korinth beantwortet und autoritativ klärt. Es ist von zwei enthusiastischen Rufen die Rede. Offenbar von gegnerischer (jüdischer?) Seite wird mit einem akklamatorischen Anathem ausgerufen: „Verflucht sei Jesus!“. Dem steht der „Kyrios-Jesus-Ruf“ gegenüber. In ihm bekennt sich die christliche gottesdienstliche Versammlung zu Jesus als ihrem Herrn und unterstellt sich seiner Herrschaft. Von der Kyrios-Jesus-Akklamation heißt es ausdrücklich, dass sie eine Frucht des empfangenen Geistes darstellt, während das Jesus-Anathem untrügliches Zeichen für das Fehlen des Geistes ist. Der damit unterstrichene Offenbarungscharakter der Kyrios-Jesus-Akklamation hat insofern eine Parallele in Mt 16,16–17, als dort vom Petrus-Bekenntnis: „Du bist der Messias, der Sohn des lebendigen Gottes“ gesagt wird, „nicht Fleisch und Blut“ hätten dies dem Simon offenbart, sondern „mein Vater im Himmel“. Beide Male wird im Bezug auf das den Glauben der Kirche tragende Bekenntnis betont, dass sich dem Menschen darin eine Erkenntnis auftut, die „menschliche Erfahrung und ihre Deutung“ transzendiert[11]. Neben der „Kyrios-Jesus-Akklamation“ steht von den Uranfängen der christologischen Bekenntnisbildung der Jesu Auferstehung von den Toten bezeugende Zuruf, der bis auf den heutigen Tag im ostkirchlichen Bereich als österlicher Gruß noch immer quasi akklamatorisch verwendet wird: „Christus ist auferstanden – Er ist wahrhaft auferstanden“ (vgl. Lk 24,34).[12] Die beiden zunächst eigenständig geformten Akklamationen werden jedoch sehr bald zusammengebunden, wie die nun zu untersuchende Stelle aus dem Römerbrief zeigt.

b. Ein zweites Mal nämlich führt Paulus die Akklamation im der Israelthematik gewidmeten Abschnitt seines Römerbriefes (Röm 9–11) an: „Wenn Du mit Deinem Mund bekennst: ‚Jesus ist der Herr‘, und in deinem Herzen glaubst: ‚Gott hat ihn von den Toten auferweckt‘, so wirst du gerettet wer-

---

grunde, womit das im folgenden zitierte Lied eingeleitet wird: „Groß ist das Geheimnis unseres Glaubens“ (Spicq: Les Épîtres Pastorales, Paris 1947, 107; zitiert bei Schlier, ebd. 14, Anm. 3).

[11] Ratzinger, Unterwegs zu Jesus Christus (wie in Anm. 3), 55. Vgl. auch Gal 1,11, wo Paulus ausdrücklich auf dem Offenbarungscharakter des ihm anvertrauten Evangeliums besteht.

[12] Vgl. Schlier, Heinrich: Über die Auferstehung Jesu Christi, Einsiedeln ^{4}1975, 7. Vgl. Ratzinger, Joseph: Der Gott Jesu Christi. Betrachtungen über den Dreieinigen Gott, München ^{2}1977, 77.

den“ (Röm 10,9). Paulus, voller Trauer (Röm 9,2) angesichts der Verweigerung seiner Brüder Christus gegenüber, ringt um den Glauben seines Volkes Israel, dessen Privilegien er rühmt (Röm 9,3–5), das er die „Wurzel“ (Röm 11,18) und den „edlen Ölbaum“ (Röm 11,17) nennt, in den die Kirche als wilder Trieb eingepfropft ist, für dessen Rettung in der Hinwendung zu Christus er betet (Röm 10,4). Im Geist erkennt er Christus als das Ziel (*telos*) des Gesetzes, ja als die Gerechtigkeit in Person, als von Mose vorherverkündet. Näherhin sieht Paulus in Dtn 30,11–14 das Christusbekenntnis verborgen: „Dieses Gebot, auf das ich dich heute verpflichte, geht nicht über Deine Kraft und ist nicht fern von dir. Es ist nicht im Himmel, so dass du sagen müsstest: Wer steigt für uns in den Himmel hinauf, holt es herunter und verkündet es uns, damit wir es halten können? Es ist auch nicht jenseits des Meeres, so dass du sagen müsstest: Wer fährt für uns über das Meer, holt es herüber und verkündet es uns, damit wir es halten können. Das Wort ist dir nahe, es ist in deinem Mund und in deinem Herzen.“[13] Paulus identifiziert dieses Wort mit dem von ihm „Wort des Glaubens“ (*rheema tees pisteoos*) genannten urkirchlichen Kerygma in seiner Doppelgestalt[14] von einerseits christologisch-ontologischem, nominal formulierten Bekenntnis zum Herrsein Jesu und andererseits zum heilsgeschichtlichen, verbal formulierten Bekenntnis zur Auferweckung Jesu. Heilsgeschichtliches und ontologisches Credo widersprechen sich nicht und schließen sich nicht aus, sondern bedingen einander: „Als Auferstandener ist Jesus der Herr, und er ist auferstanden, weil er der Herr ist.“[15]

---

[13] Erik Peterson resümiert die komplexe und mit der Erniedrigungs- und Erhöhungschristologie des Philipperhymnus vergleichbare Argumentation des Apostels in seinem aus den 1920er Jahren stammenden Römerbriefkommentar wie folgt: „Im Judentum ist das Wort nahe, weil es *nicht* im Himmel und *nicht* jenseits des Meeres ist, in der Kirche aber ist das Wort gerade darum nahe, weil es im Himmel und im Abyssos gewesen ist. Damit wird gesagt, es sei nicht nötig, Christus aus dem Himmel zu holen, denn er sei schon von dort herabgestiegen, und es sei nicht nötig, ihn aus der Hölle heraufzuholen, denn er sei schon aus ihr herausgekommen. Zwei Momente werden also an Christus betont: das ‚im Himmel sein‘ und das ‚in der Hölle sein‘ und im Zusammenhang damit der Abstieg und der Aufstieg. […] Vergleichbar ist mit der hier vorausgesetzten christologischen Anschauung Phil 2“ (Peterson, Erik: Der Brief an die Römer. Aus dem Nachlaß herausgegeben von Barbara Nichtweiß unter Mitarbeit von Ferdinand Hahn [= Ausgewählte Schriften 6], Würzburg 1997, 302).

[14] Vgl. Ratzinger, Joseph: Theologische Prinzipienlehre. Bausteine zur Fundamentaltheologie, München 1982, 19f., 191–193.

[15] Ratzinger, Theologische Prinzipienlehre (wie in Anm. 14), 19.

Stellt die „Kyrios-Jesus-Akklamation" zunächst einen enthusiastischen Zuruf dar, wird sie noch in der Zeit vor der Abfassung der ersten Paulusbriefe im Verbund mit anderen vergleichbaren Bekenntnissätzen zum Gegenstand theologischer Reflexion, zur inneren Kraft neutestamentlicher Hymnen, zum Ausgangspunkt für Katechese und missionarischer Predigt.

Wenn Paulus an dieser Stelle des Römerbriefes auch nicht ausdrücklich wie in 1 Kor 11,23 und in 1 Kor 15,2 davon spricht, er gebe hiermit weiter, was er selbst empfangen habe, so besteht doch kein Zweifel daran, dass Paulus sowohl in 1 Kor 12,3 wie auch in Röm 10,9 eine ihm vorgegebene, von ihm bereits vorgefundene Christusakklamation zitiert. Ein Blick auf die Verwendung „Herr Jesus" in der urkirchlichen Gebetssprache, wie sie in der Apostelgeschichte überliefert ist, dürfte darüber hinaus in den Glaubenskontext führen, in dem Paulus die Akklamation „Herr ist Jesus" vermittelt bekam.

c. Der aufgrund seines geisterfüllten Christuszeugnisses gesteinigte und sterbende Stephanus betet: „Herr Jesus, nimm meinen Geist auf" (Apg 7,59; Ps 31,6). Das lukanische Geschichtswerk lässt verfolgen, wie Jesus als der Kyrios zum Adressaten des Psalmengebetes wird. Jesu eigenes Gebet am Kreuz (Ps 31,6 in Lk 23,46) ist an den Vater gerichtet, wobei die Verknüpfung des Psalmverses mit der Vateranrede der Abba-Relation Jesu als dem tragenden Grund seiner Sendungsautorität entspricht. Bereits in der ersten christlichen Generation spricht mit dem Märtyrer Stephanus die Kirche denselben Psalmvers auf Jesus hin, macht also Jesus zum Adressaten des Psalmengebetes[16] und setzt damit implizit seine Gottheit voraus. Somit verweist auch die in der Apostelgeschichte bezeugte Gebetspraxis auf das Glaubensbewusstsein der Kirche von der Gottheit Jesu[17]. Stephanus, der bis zum letzten Atemzug Jesus treu bleibt, betet wie Jesus sterbend für seine Verfolger. Dieses Gebet ist nur noch mit der Anrede „Herr" eingeleitet: „Herr, rechne

[16] Balthasar Fischer hat besonders Apg 7,59 im Blick, wenn er das christologische Psalmenverständnis der frühen Kirche und des Mittelalters als im Neuen Testament selbst verankert und von dorther legitimiert ausweist: Fischer, Balthasar: Die Psalmenfrömmigkeit der Märtyrerkirche (1949), in: Ders.: Die Psalmen als Stimme der Kirche. Gesammelte Studien zur christlichen Psalmenfrömmigkeit, hg. von Andreas Heinz anlässlich des 70. Geburtstages von Balthasar Fischer, Trier 1982, 15–35, hier 34.

[17] Vgl. Hurtado, Larry W.: Lord Jesus Christ. Devotion to Jesus in Earliest Christianity, Cambridge 2003, 198f. Hurtado entwickelt eine neutestamentliche Christologie auf der Basis einer Untersuchung der in allen neutestamentlichen Schriften bezeugten kultischen Verehrung und Anbetung Jesu Christi, des „Namens" Jesu und eben auch Jesu des „Herrn".

ihnen diese Sünde nicht an“ (Apg 7,60).[18] Paulus, der gemäß der Apostelgeschichte Zeuge der Steinigung des Stephanus gewesen ist, hat in jedem Fall den Glauben an Jesus den Kyrios nicht kreiert, sondern er hat ihn von der Urkirche, die er zunächst verfolgt hat, empfangen in bereits für die Liturgie, das Gebet und die Katechese geprägten Formeln. Stephanus gehört nun aber dem hellenistischen Teil der Urkirche in Jerusalem an, und hier nimmt die These von Wilhelm Bousset (1865–1920) ihren Ausgangspunkt, der in seinem Werk „Kyrios Christos“[19] (1913. ^{2}1921) die These vertrat, der Kyrios-Titel sei Jesus aus dem religionsgeschichtlichen Umfeld des Hellenismus zugesprochen worden und sei somit letztlich eine Überfremdung Jesu.

2. Die Bedeutung von „kyrios“

Die These Boussets hat eine heftige Kontroverse ausgelöst. Während Bousset und mit ihm Bultmann zu beweisen suchten, dass der Kyrios-Titel nicht in der aramäisch-sprechenden Urgemeinde, sondern, wenn auch vorpaulinisch, so eben doch vom griechisch sprechenden, hellenistisch beeinflussten Teil der Urgemeinde auf Jesus übertragen worden sei, plädierten Gewiess, Cullmann und Schweizer für einen judenchristlichen Ursprung in der Jerusalemer bzw. sogar in der galiläischen (so Lohmeyer) Urgemeinde. Die Gründe für die letztgenannte Position lauten: Der noch in 1 Kor 16,22 überlieferte aramäische Ruf Marana-tha (Unser Herr, komm!), mit dem ohne Zweifel Jesus angerufen wurde, bezeugt den Kyrios-Glauben der palästinischen Urgemeinde in Bezug auf Jesus. Des Weiteren wird auf die häufige Verwendung von Ps

---

[18] Vgl. Thomas Söding, Der Gottessohn aus Nazaret (wie in Anm. 6), 65: „Dieses Gebet geht – logisch – dem Bekenntnis und der Reflexion voraus: Der Kyrios, der Herr, der Bitten erfüllen kann, ist Jesus – und deshalb wird er Stephanus nicht im Stich lassen. Jesus aber ist der Kyrios; denn Gott hat ihn zu seiner Rechten erhöht; dort steht er, weil er auferstanden ist.“

[19] Bousset, Wilhelm: Kyrios Christos. Geschichte des Christusglaubens von den Anfängen des Christentums bis Irenaeus, Göttingen 1913. ^{2}1921. Ders.: Jesus der Herr. Nachträge und Auseinandersetzungen zu Kyrios Christos, Göttingen 1916. Vgl. Hengel, Martin: Der messianische Anspruch Jesu und die Anfänge der Christologie (= WUNT 138), Tübingen 2001, 3, der darauf hinweist, dass schon Boussets Buchtitel „Kyrios Christos“ „irreführend“ ist, insofern sich diese Wendung, die einen Titel und einen zum Namen werdenden Titel zusammenstellt, nirgendwo im NT findet. Auch Oscar Cullmann, Die ersten christlichen Glaubensbekenntnisse, Zürich 1943, 23 und 25, argumentiert unkritisch mit der Formel „Kyrios Christos“.

110,2 zur Begründung des Christusglaubens verwiesen (etwa in Mk 12,36 par.; Apg 2,24; Hebr 1,13). Mit dem schrifttheologischen Erhöhungskerygma wurde die gottgleiche Kyrios-Würde des Auferstandenen proklamiert. Franz Mußner resümiert abwägend, die hellenistische Gemeinde habe zur Ausgestaltung und vollen Erfassung des urgemeindlichen Kyrios-Glaubens entscheidend beigetragen, sei aber nicht seine Schöpferin gewesen.[20]

Oscar Cullmann hatte die Übertragung des Kyrios-Titels auf Jesus vornehmlich aus dem religionspolitischen Kontext der frühen Christenheit zu erklären versucht. Der Schlüssel zum Verständnis wäre demnach die Antithese von „Kyrios Kaisar“ und „Kyrios Jesus“ bzw. „Kyrios Christos“[21]. Schon 1 Kor 12,3 deutet er vor dem Hintergrund der Verfolgungssituation, wenn er mit Hinweis auf das Martyrium des Polykarp und vor allem auf den Brief des Statthalters Plinius an den Kaiser Trajan daran erinnert, den Christen sei nicht nur ein Bekenntnis zum Kaiser als „Kyrios“, sondern auch die Verfluchung ihres „Herrn Jesus“ abverlangt worden. Die Verwendung des Kyrios-Titels in Lk 2,11 mit dem dort vorausgesetzten weltgeschichtlichen Horizont und der Gegenüberstellung von Augustus und Jesus mag diese These stützen. In der Tat, so Michael Theobald, führte das Bekenntnis zu Jesus dem Herrn „schon bald in den Konflikt mit denen, die durch den k. der Christen ihre eigene Herrschaft bedroht sahen“ (vgl. das Martyrium des Polykarp, 8,2), doch ist dies eben bereits eine Folge der Kyrios-Jesus-Akklamation und der damit verbundenen Relativierung jeder anderen religiös verbrämten Totalherrschaft über den Menschen und nicht der unmittelbare Anlass für den Glauben und die ihn ausdrückende Formel.

Letztlich steht am Ursprung die Übertragung des Gottesnamens mit „Kyrios“ in der Septuaginta und die Erkenntnis der gottgleichen Würde Jesu im Licht der Auferstehung Jesu von den Toten. Die nachösterliche Akklamation „Herr ist Jesus“ konnte wohl anknüpfen an der respektvollen Anrede Jesu als „Herr“ und „Rabbi“ (Joh 13,13) schon vor Ostern. Aufgrund der Auferweckung Jesu aber wurde für die Glaubenden definitiv klar, dass Jesus als zu Gott Erhöhter auch Gottes ureigenen Namen selbst trägt, den Gott ihm zuspricht (Phil 2,9.11; Röm 10,9 u. ö.). „Kyrios“ (hebräisch: Adonai), „Herr“ ist in der Sprache der griechischen Bibel die Umschreibung des aus Ehrfurcht nicht mehr ausgesprochenen Namens Gottes (JHWH; vgl.

---

[20] Mußner, Franz: Art. Kyrios, in: LThK², Bd. VI., 714.

[21] Vgl. Cullmann, Die ersten christlichen Glaubensbekenntnisse (wie in Anm. 19), 24f.

Ex 3,14: „Ich bin der ‚Ich-bin-da'.")[22]. Der Titel wurde auch im biblisch-judenchristlichen Bereich bereits gebraucht, indem die Kirche sich an ihren Herrn wendet mit dem Ruf: Marana tha! (Unser Herr, komm!, oder: Der Herr ist gekommen: 1 Kor 16,22; vgl. Offb 22,20) und damit ihre Hoffnung auf eine baldige Wiederkunft des Herrn bekennt. Die urchristliche Kirche war sich jedenfalls, so Ulrich Wilckens, „vollauf bewusst, was sie tat, wenn sie den einen Kyrios Jesus neben Gott als den einen Kyrios stellte und mit diesem zusammen nannte (1 Kor 8,6). Das Taufbekenntnis ‚Herr ist Jesus' (Röm 10,9; 1 Kor 12,3) konkurriert aber nicht mit dem Bekenntnis Israels zum einzig-einen Gott, sondern gilt dessen Verherrlichung (Phil 2,11). Das Wort Jesu Joh 10,30: ‚Ich und der Vater sind eins' sagt in äußerster Verdichtung, was in der Glaubensüberlieferung der Kirche von Anfang an als die eschatologische Wahrheit von Ostern, ja als die Wahrheit alles Wirkens Jesu bewusst gewesen ist"[23]. Wenn die durch den von der LXX gegebenen Bezug auf den Gottesnamen vermittelte Vertiefung des Bedeutungsgehaltes von „Kyrios" auch behutsam vorgenommen wurde, so ist sie doch eine theologisch „höchst bedeutsame"[24] Vertiefung, die den Glauben der Kirche bezeugt, dass Jesus Christus nicht nur ein gottbegnadeter Mensch, sondern Gott von Gott ist.

---

[22] Joseph Ratzinger sprach unter Berufung auf A. Schmitt u. a. im Zusammenhang mit der Übersetzung des Gottesnamens mit „Kyrios" von einer „theologischen Großtat": „Kürzlich hat A. Schmitt an die universalisierende Bedeutung der Übersetzung des Gottesnamens mit Kyrios – Herr – in der Septuaginta [...] erinnert: ‚Es ist ... die theologische Großtat der Septuaginterübersetzer [sic] gewesen, Jahwe, den Gott des kleinen Volkes Israel als den großen Gott der griechisch-hellenistischen Welt, ja als Gott alles Geschehens in Geschichte und Natur durch die Wiedergabe mit Kyrios zu verbinden', in: M. Görg (Hg.), Biblische Notizen Heft 17 (München 2002). Schmitt verweist zur Sache auf A. Deissmann, Die Hellenisierung des semitischen Monotheismus, in: Neue Jahrbücher f.d. klassische Altertum, Geschichte und deutsche Literatur und für Pädagogik X (Leipzig 1903) 167–177, sowie auf W.W. Graf Baudissin, Kyrios als Gottesname im Judentum und seine Stelle in der Religionsgeschichte (Gießen 1928–1929, 4 Bde.)" (Ratzinger, Unterwegs zu Jesus Christus [wie in Anm. 3], 57, Anm. 2).

[23] Wilckens, Ulrich: Theologie des Neuen Testaments, I. Geschichte der urchristlichen Theologie, 1. Geschichte des Wirkens Jesu in Galiläa, Neukirchen 2002, 57f.

[24] Theobald, Michael: Art. Kyrios, in: $LThK^3$, Bd. VI., 558–561, hier 560.

3. Von der Kyrios-Jesus-Akklamation zum trinitarischen Taufbekenntnis

Schon für Röm 10,9 ist anzunehmen, dass Paulus darin ein frühkirchliches Taufbekenntnis überliefert. Weil dieses nicht trinitarisch strukturiert ist, hat Oscar Cullmann[25] einen Gegensatz angenommen zwischen dem ursprünglich heilsgeschichtlichen Credo zum Herrsein Jesu und seiner Auferweckung von den Toten einerseits und einem metaphysisch ausgerichteten Bekenntnis zum dreifaltigen Gott andererseits. Steht also das Bekenntnis zu Jesus als Herrn in Konkurrenz zum trinitarischen Taufglauben? Hat sich in der frühesten Entwicklung des christlichen Symbolums eine langsame Erweiterung von den ursprünglich eingliedrigen und vor allem heilsgeschichtlich ausgerichteten Praesymbola zum metaphysisch-ontologischen Bekenntnis zum dreifaltigen Gott vollzogen, was wiederum den Verdacht nährte, dass sich in diesem frühen Stadium der Bekenntnisentwicklung eine verhängnisvolle Hellenisierung vollzogen habe[26].

Doch was Cullmann hier als Gegensatz wenn nicht gar als Widerspruch erscheint, sind komplementäre Elemente ein und desselben Bekenntnisses. Ein Bindeglied zwischen den vermeintlich antagonistischen, sich in Wahrheit jedoch ergänzenden Credoformeln ist der von Paulus ebenfalls in 1 Kor überlieferte zweiteilige Glaubenssatz: „[...] so haben doch wir nur einen Gott, den Vater. Von ihm stammt alles, und wir leben auf ihn hin. Und einer ist der Herr: Jesus Christus. Durch ihn ist alles, und wir sind durch ihn" (1 Kor 8,6). In dieser zweigliedrigen Bekenntnisformel, die in 1 Tim 2,5 eine spätere Parallele hat, liegt eine Verbindung vor von alttestamentlichem Bekenntnis zum einen Gott (Dtn 6,4) und spezifisch christlichem Bekenntnis zu Jesus Christus, dessen Gottsein den Monotheismus nicht aufhebt, sondern radikalisiert. Das zweigliedrige Bekenntnis nimmt in erstaunlicher Weise wesentliche Aussagen der ersten beiden Strophen der späteren Taufsymbole vorweg[27]. Dieses älteste überlieferte zweiteilige Bekenntnis bezieht sich gleichzeitig auf Gott, den Vater, und auf Jesus Christus. Ein sehr spezieller Konfliktfall (es geht um die Frage nach dem Götzenopferfleisch, die auch in der Apostelgeschichte, beim Apostelkonzil, eine Rolle spielen wird) veranlasst den Apostel zu grundsätzlichen

---

[25] Cullmann, Die ersten christlichen Glaubensbekenntnisse (wie in Anm. 19).

[26] Vgl. Ratzinger, Theologische Prinzipienlehre (wie in Anm. 14), 20f.

[27] Vgl. Hahn, Ferdinand: Bekenntnisformeln im Neuen Testament. Zur neutestamentlichen Begründung unseres Credo, in: Brantschen, Johannes / Selvatico, Pietro (Hgg.): Unterwegs zur Einheit. FS für H. Stirnimann, Fribourg/Freiburg 1980, 200–204. Vgl. Schneider, Theodor: Was wir glauben. Eine Auslegung des Apostolischen Glaubensbekenntnisses, Düsseldorf [4]1991, 38.

Erwägungen zur Gottesfrage. Das christliche Bekenntnis zu dem einen Gott und dem einen Herrn setzt voraus, dass es keine anderen Götter und Herren gibt. Aber das besagt keineswegs, dass nicht doch Götzen und Herren in der Welt für andere und durch andere Menschen wirksam sind (8,5). Erst und nur durch das Bekenntnis wird das Walten anderer Mächte außer Kraft gesetzt. Die Zweiteiligkeit der Formel in 1 Kor 8,6 ist nach Ferdinand Hahn nicht zufällig, sondern *sachbedingt*. Jedes urchristliche Bekenntnis ist ein Bekenntnis zu dem einen Gott *und* zu Jesus Christus. Im jüdischen bzw. judenchristlichen Bereich jedoch brauchte das nicht ausdrücklich gesagt zu werden. Das christliche Bekenntnis setzt voraus: Der Gott, der Jesus gesandt hat, der ihn hingegeben hat, der ihn auferweckt hat, ist derselbe Gott, der im Alten Testament bezeugt wird. In dem Augenblick, in dem die christliche Mission den jüdischen Bereich überschritt und heidenchristlichen Bereich erreichte, konnte nicht unbedingt der Glaube an den einen Gott Israels, der zugleich als der Schöpfer erkannt worden war, vorausgesetzt werden. Und so musste dieses Bekenntnis ausdrücklich mit aufgenommen werden. Auch Oscar Cullmann muss einräumen, dass ein- und zweigliedrige Formeln nicht nacheinander, sondern gleichzeitig im frühest möglichen Stadium der Bekenntnisentwicklung auftreten[28]. Vor allem aber gilt es den jeweiligen Kontext zu bedenken. Nicht jede Formel ist eine Taufformel. Und was im Bereich judenchristlichen Glaubens und Betens als selbstverständlich vorausgesetzt werden konnte, bedurfte im heidenchristlichen Kontext der ausdrücklichen Erwähnung.

Die dreigliedrige Bekenntnisformel hat ihren Bezugspunkt in der auf den Namen des dreifaltigen Gottes gespendeten Taufe, wie sie in Mt 28,19 für den syrisch-judenchristlichen Bereich vom Matthäusevangelisten bereits vorausgesetzt ist (vgl. auch Did. 7). Wenn auch die Tauformel in Mt 28,19 keine Credoformel darstellt, so bot doch das Bewusstsein von der Gabe des Geistes als Wirkung der Taufe (vgl. Eph 4,4) einen schlüssigen Anknüpfungspunkt für eine Erweiterung auch der zweiteiligen Credoformel in der Urform von 1 Kor 8,6 um das Bekenntnis zum Heiligen Geist. Damit ist insofern keine Abkehr von der heilsgeschichtlichen Sicht gegeben, als mit dem Bekenntnis zum Vater und zur Schöpfung der Anschluss an das Bekenntnis des Alten Bundes gesucht und mit dem Bekenntnis zum Geist die Vollendung der Heilsgeschichte in den Blick kommt. Pierre Benoît[29] und

---

[28] Cullmann, Die ersten christlichen Glaubensbekenntnisse (wie in Anm. 19), 32f.

[29] Benoît, Pierre: Der neutestamentliche Ursprung des Apostolischen Glaubensbekenntnisses, in: Ders.: Exegese und Theologie, Düsseldorf 1965, 280–293. Benoît zeigt aufgrund einer Analyse der den Schriften des Neuen Testaments zugrunde lie-

Henri de Lubac[30] haben denn auch Mt 28,19 als den reifen Abschluss der neutestamentlichen Entwicklung herausgestellt, in dem zugleich die Einheit der Heilsgeschichte und der sie bezeugenden Schrift hergestellt ist. Es verdient Beachtung, dass die vermeintlich metaphysische und somit hellenistisch-trinitarische Formel ausgerechnet in dem vornehmlich für judenchristliche Adressaten verfassten Matthäusevangelium überliefert ist (und in der ebenfalls in den syrischen Raum führenden Didaché eine Parallele hat) und dort offenbar bereits Kern der gängigen Taufpraxis ist. Gerade die trinitarische Taufformel ist eine heilsgeschichtliche Formel und stellt, wie Joseph Ratzinger mit Hinweis auf Pierre Benoît und Henri de Lubac feststellt, die Einheit der Testamente und die Verwurzelung des christlichen Taufbekenntnisses im Glauben Israels heraus[31]: „Das Bekenntnis der Christenheit bleibt wie dasjenige Israels ein Bekenntnis zu dem einen Gott, ist aber nun konkretisiert durch die Begegnung mit dem Menschgewordenen und mit dem von ihm gesandten Heiligen Geist.“[32]

„Kyrios ist Jesus“ und „Du bist der Christus, der Messias“ sind das Urdogma der Kirche[33]. Mit der Identifizierung von vorösterlich-irdischem Jesus

---

genden Bekenntnisformeln und ihrer Struktur die tiefere Wahrheit der Legende vom Entstehen des Apostolischen Credo.

[30] Lubac, Henri de: Credo. Gestalt und Lebendigkeit unseres Glaubensbekenntnisses (= Theologia Romanica 6), Einsiedeln 1975, 38f.: „Nur ein langsam gereifter Rückblick erlaubte den unmittelbaren Jüngern Jesu all das wahrzunehmen, was das in der Hoheit seiner Person schon immer erahnte Mysterium in sich schloss. Zudem handelte es sich bei dem sicher sehr früh erfolgten Übergang von der christologischen zur trinitarischen Glaubensformel weniger um eine eigentliche Vertiefung als um eine Entfaltung. [...] Beschränkt man sich nicht auf die unmittelbar taufbedingten Texte, so stellt man fest, dass Vater und Geist ebenfalls von Anfang an und ausdrücklich dem Werk des Sohnes verbunden erscheinen.“

[31] Vgl. auch Müller, Gerhard Ludwig: Katholische Dogmatik. Für Studium und Praxis der Theologie, Freiburg 1995 (Neuauflagen), 661: „Die Taufe ‚auf den Namen Jesu, des Herrn‘ (Apg 2,38; 8,16; 19,5; Röm 6,3) ist keine andere als die Taufe auf den Namen des Vaters, des Sohnes und des Heiligen Geistes (Mt 28,19), weil der Name Jesu in sich selbst die Beziehung des Sohnes zum Vater und zum Heiligen Geist enthält. (Es handelt sich also nicht um unterschiedliche Taufverständnisse; es geht um ein und dieselbe Taufe; vgl. parallele Formulierungen in Did. 7,1.3; 9,5).“

[32] Ratzinger, Theologische Prinzipienlehre (wie in Anm. 14), 21.

[33] Mit Recht macht Jörg Splett in diesem Zusammenhang darauf aufmerksam, dass das Christentum („gegen ein breites Missverständnis inner- wie außerhalb seiner“) nicht in erster Linie eine Ethik, also ein Imperativ ist, sondern zuerst ein Indikativ (so sehr gewiss das Sein ein entsprechendes Handeln fordert): Splett, Jörg: Wahrheits-

von Nazareth und dem nachösterlich im Licht der Auferweckungstat des Vaters in der Kraft des Geistes als Kyrios bekannten und angebeteten Christus steht und fällt der christliche Glaube. Die Herausforderung der neuzeitlichen Bibelkritik liegt exakt in der Bestreitung der Legitimität dieser Identifizierung.

4. Die „christologische Ursynthese" als dogmatischer Ansatzpunk der Christologie

In einem programmatischen Aufsatz für die Münchener Theologische Zeitschrift hat Gerhard Ludwig Müller 1993 nach dem systematischen Ansatzpunkt der Christologie (und damit im Grunde aller christlichen Theologie) gefragt und darin die Formel von der „christologischen Ursynthese" geprägt[34]. Müller greift damit Überlegungen Ratzingers[35] wie auch der Internationalen Theologischen Kommission[36] auf und spitzt sie auf ihre systematische Bedeutsamkeit zu. Die christologische Ursynthese lässt sich nach Müller bei aller Verschiedenartigkeit der Formulierung im Einzelnen auf den *einen* Grundinhalt zurückführen: „Der gekreuzigte Jesus ist der von Gott zum ewigen Leben auferweckte Herr, der bestätigte eschatologische Heilsmittler, der Christus-Messias (1 Thess 1,10; 4,14; das literarisch älteste Zeug-

---

zeugnis. Die Wahrheit als Zeuge und ihre berufenen Zeugen, in: LebZeug 62 (2007) 20–24, hier 22.

[34] Müller, Gerhard Ludwig: Das Problem des dogmatischen Ansatzpunktes in der Christologie, in: MThZ 44 (1993) 49–78; aufgenommen in den Sammelband: Ders., Vom Vater gesandt. Impulse einer inkarnatorischen Christologie für Gottesfrage und Menschenbild, Regensburg 2005, 54–90.

[35] Vgl. Ratzinger, Joseph: Thesen zur Christologie, in: Ders.: Dogma und Verkündigung, München 1973, 133–136, hier 134. Die fünfte von zehn Thesen lautet: „Für den Glauben der werdenden Kirche war das Bewusstsein konstitutiv, dass sie mit dieser Auslegung der Gestalt Jesu nicht nachträglich einen Lehrer in Israel theologisch verklärte, sondern sachlich richtig sein eigenes Wort und Werk interpretierte. Deshalb gehört das erinnernde Festhalten der Worte Jesu und seines Weges, vor allem seiner Passion, von Anfang an zum Kern der christlichen Traditionsbildung und zu ihren Maßstäben. Die Identität zwischen dem irdischen und dem auferstandenen Jesus ist grundlegend für den Glauben der Gemeinde und verbietet jede spätere Zertrennung zwischen historischem und kerygmatischem Jesus."

[36] Commissio Theologica Internationalis: Quaestiones selectae de Christologia, in: Gregorianum 61 (1980), 609–632, hier 614f. (Thesen I, A, 2.2–5): „Identitas substantialis et radicalis inter Iesum terrestrem et Christum exaltatum ad nuntium evangelicum essentialiter pertinet."

nis in 1 Kor 15,3–5; Röm 10,9; 2 Tim 2,8; 1 Petr 3,18; 1 Tim 3,16; Mk 16,6; Mt 28,5; Lk 24,5; Joh 20,8f u.ö.). Diese Einsicht in die heilsgeschichtlich vollendete und offenbarte Identität des irdischen Jesus, der Gottes eschatologische *Herrschaft* proklamierte und in seinem Geschick real vermittelte, und des zu Gott erhöhten *Herrn* vermittelt auch den Zugang zur personalen Identität Jesu in Bezug auf Gottes Wesen und die geschichtliche Selbstoffenbarung des Wesens Gottes in der Menschheit Jesu."[37]

Sowohl in Müllers einbändiger Dogmatik, in der die Christologie das fünfte Kapitel darstellt[38], wie auch in der quasimonographischen Darstellung der Christologie im Rahmen des von Wolfgang Beinert herausgegebenen dreibändigen Handbuches „Glaubenszugänge"[39] wird die Christologie von diesem systematischen Ansatzpunkt her entwickelt.

In dieser ausführlicheren Christologie erläutert er die mit der These von der systematischen Relevanz der christologischen Ursynthese gegebenen Aufgabe: „*Die entscheidende Aufgabe* einer Grundlegung der Christologie im neutestamentlichen Zeugnis besteht in dem Nachweis, *dass die wesentlichen Elemente des Christus-Bekenntnisses eine Explikation der Realität des in seiner Auferweckung endgültig geoffenbarten Person-Geheimnisses Jesu darstellen.*"[40] Würde sich nämlich herausstellen, dass die fundamental zum neutestamentlichen Christuszeugnis gehörenden Bekenntnisaussagen zur „Inkarnation des Logos" oder zur „Präexistenz des Sohnes des ewigen Vaters" nur äußerlich aufgesetzte mythologische Deutekategorien „im Sinne einer Aufwertung Christi zu einem Heroen und Halbgott im olympischen Götterhimmel [sind], dann wäre der Christus-Glaube, der ja von seiner sachgerechten Überlieferung nicht zu trennen ist, seiner Substanz nach zerstört".[41]

Diese Ursynthese als Identifizierung von Christus und Kyrios des Glaubens mit dem Jesus der Geschichte ist von höchster theologischer Brisanz. Sie nimmt die Auseinandersetzung mit der heftigsten Infragestellung des kirchli-

---

[37] Müller, Das Problem des dogmatischen Ansatzpunktes in der Christologie (wie in Anm. 34), 77.

[38] Müller, Gerhard Ludwig: Die Offenbarung Jesu als „Sohn des Vaters" und Mittler der Gottesherrschaft (Christologie / Soteriologie), in: Ders., Katholische Dogmatik (wie in Anm. 31,) 253–387, hier 273f.

[39] Müller, Gerhard Ludwig: Christologie – die Lehre von Jesus dem Christus, in: Beinert, Wolfgang (Hg.): Glaubenszugänge. Lehrbuch der katholischen Dogmatik II, Paderborn 1995, 3–297, hier 20.

[40] Müller, Christologie (wie in Anm. 39), 86.

[41] Müller, Christologie (wie in Anm. 39), 86.

chen Glaubens im Kontext neuzeitlicher Philosophie und Theologie auf, insofern sie diese Synthese gerade bestreiten. *Die Bestreitung der christologischen Ursynthese* findet im neuzeitlichen postchristlichen Denken ihre ersten und wirkmächtigsten Vertreter in Gotthold Ephraim Lessing und in seiner Folge Herder[42], die, Thesen der sich mit dem englischen Deismus verbündenden neu aufkommenden Bibelkritik aufgreifend, das „ist" zwischen Jesus und Christus infrage stellen. Eine vermeintliche Diskrepanz zwischen der Botschaft des irdischen Jesus und der Lehre der Urgemeinde hatte bereits Hermann Samuel Reimarus vorausgesetzt, dessen Fragmente Lessing herausgegeben hatte und der gerade mit der Zielsetzung, den wahren geschichtlichen Jesus von den kirchlich-gläubigen Übermalungen freizulegen, zum Begründer der Leben-Jesu-Forschung wurde. Lessing spricht von der Differenz zwischen der „Religion Christi" und der „christlichen Religion", also zwischen dem vorösterlichen, verkündigenden Jesus und dem nachösterlichen, verkündigten Christus und charakterisiert sie knapp und präzis in einem Fragment, das sich in seinem Nachlass fand.[43]

Die vermeintliche Diskrepanz zwischen der Religion Christi und der christlichen Religion, die von Lessing breitenwirksam und von seinen agnostisch-pluralistischen Thesen im Nathan flankiert vertreten wurde, nährt bis auf den heutigen Tag bei vielen den Verdacht, der verkündigte Christus habe mit dem Jesus der Geschichte nichts gemein. Noch Hans Küngs Christologie ist durchgängig vom Verdacht getragen, der Glaube der Urkirche habe den Jesus der Geschichte in den „Schatten des Gottessohnes" gestellt[44]. Seine Alternative besteht in der Favorisierung des ganz neuen, weder biblischen noch

---

[42] Johann Gottlieb Herder: „Nirgend finde ich in der Geschichte eine Revolution ... als die sich unter dem Namen nicht *Deiner Religion*, d. i. Deines lebendigen Entwurfs zum Wohl der Menschen, sondern größtenteils einer *Religion an dich*, d. i. einer Gedankenlosen Anbetung Deiner Person und Deines Kreuzes den Völkern mitgeteilt hat" (Werke VI, hg. v. M. Bollacher, Frankfurt 1989, 709; zitiert von Lubac, Henri de: Die göttliche Offenbarung, Freiburg 2001, 70f., Anm. 31).

[43] Lessing, Gotthold Ephraim: Die Religion Christi, in: Werke VII, herausgegeben von Herbert G. Göpfert, Darmstadt 1976, 711–712, hier 711: „§ 1 Ob Christus mehr als Mensch gewesen, das ist ein Problem. Daß er wahrer Mensch gewesen, wenn er es überhaupt gewesen; daß er nie aufgehört hat, Mensch zu sein: das ist ausgemacht. § 2 Folglich sind die Religion Christi und die christliche Religion zwei ganz verschiedene Dinge." So lauten die ersten beiden von insgesamt nur acht kurzen Paragraphen.

[44] Küng, Hans: Christ sein, München-Zürich 1974, Vgl. dazu: Grillmeier, Alois: Jesus von Nazaret – im Schatten des Gottessohnes?, in: Balthasar, Hans Urs von (u. a.): Diskussion über Hans Küngs „Christ sein", Mainz 1976, 60–82, hier 80–82.

überhaupt personalen, sondern juridisch blassen Titels „Sachwalter" für Jesus, in dem das Anliegen des historischen Jesus von Nazareth angeblich besser gewahrt sei. Neuerdings, um eine Vielzahl anderer Belege zu übergehen, bestreitet mit Walter Simonis wiederum ein Dogmatiker in einer systematischen Gesamtdarstellung der Christologie die Legitimität des christlichen Urbekenntnisses. Die Besonderheit der Position von Simonis liegt darin, dass er nicht nur die Angemessenheit des nachösterlichen Bekenntnisses bestreitet, sondern sogar behauptet, das Neue Testament selbst wisse nichts von einem Bekenntnis zur göttlichen Natur Jesu.[45]

Müller antwortet auf diese Infragestellung in doppelter Weise: Zum einen durch den Aufweis der Befangenheit der Kritiker in einem neuzeitlichen Erkenntnisdualismus, der die Selbstmitteilung Gottes im Medium von Raum, Zeit und Geschichte a priori ausschließt und dem entsprechend nach „natürlichen" Erklärungen für das eindeutige Zeugnis des Neuen Testaments suchen muss. Ein erster Schritt der Auseinandersetzung ist also philosophischer und fundamentaltheologischer Natur und unterzieht die neuzeitliche Religionskritik einer Gegenkritik. Der Aufweis der Offenbarungsfähigkeit Gottes einerseits und der Transzendenzfähigkeit des Menschen als möglicher Empfänger einer geschichtlichen Offenbarung Gottes andererseits sind unabdingbare Voraussetzung für eine weiter gehende theologische Reflexion[46].

---

[45] Simonis, Walter: Jesus Christus, wahrer Mensch und unser Herr. Christologie, Düsseldorf 2004, 184: „Weder die neutestamentlichen Autoren, die in der samaritanisch-damaszenischen Tradition stehen und deren Präexistenz- und Inkarnationschristologie vertreten (Paulus, Johannes), noch für neutestamentliche Autoren, die in der jerusalemisch-antiochenischen Tradition verbleiben (die Synoptiker), ist Jesus – sei es der vorösterliche Jesus Christus, sei es der auferweckte, österlich-nachösterlich-kirchliche Jesus Christus – selbst Gott. Weder einfachhin noch ‚irgendwie'." Vgl. die Rez. zu diesem Werk von Manfred Gerwing, in: Die Tagespost Nr. 33 vom 17.3.2007, 12. Gerwing zeigt, dass Simonis mit seinen Thesen das ausdrückliche neutestamentliche Zeugnis ausblenden muss und sich der neueren exegetischen Literatur gegenüber verschließt. In einem Leserbrief an die F.A.Z. vom 18.06.2007, in dem er sich kritisch zu Ratzingers/Benedikts XVI. neuem Jesus-Buch äußert, bringt Simonis es fertig, zur Stützung seiner Thesen 1 Kor 8,6 zu zitieren und dabei dieses älteste zweigliedrige, das Urbekenntnis Israels bewusst um das Bekenntnis zu Jesus als Kyrios im Sinne seines Gottseins erweiternde Praesymbolum zu verstümmeln, indem er nach dem Bekenntnis zum Vater einfach abbricht.

[46] Vgl. Müller, Das Problem des dogmatischen Ansatzpunktes in der Christologie (wie in Anm. 34), 58–68. Ders., Erkenntnistheoretische Grundprobleme einer Theologie der Religionen, in: Ders. / Serretti (Hgg.): Einzigkeit und Universalität Jesu Christi, 17–48.

Innertheologisch geht Müller den Erweis der Legitimität der christologischen Ursynthese an mit der Unterscheidung von „impliziter" und „expliziter" Christologie. Unter „impliziter" (= eingefalteter, unausdrücklicher) Christologie versteht Müller das am Anspruch des vorösterlichen Jesus, seinen Worten und Taten ablesbare Selbstverständnis und sein darin zu Tage tretendes Persongeheimnis in seiner Beziehung zu Gott seinem Vater. „Explizite" (d. h. ausgefaltete, ausdrückliche) Christologie ist dem gegenüber das in den so genannten Hoheitstiteln und Bekenntnisformeln ausgefaltete ausdrückliche Bekenntnis der Jünger in der apostolischen Verkündigung. Die explizite Christologie setzt die Vollendung des Christusereignisses in Tod und Auferstehung und auch die Sendung des Geistes voraus. Die Auferweckung Jesu von den Toten durch den Vater im Heiligen Geist bestätigt den Anspruch des irdischen Jesus, tatsächlich das „Reich Gottes in Person" zu sein. Erkannt werden kann diese Synthese erst in der Kraft des Heiligen Geistes. Umgekehrt können die Jünger erst im Licht des Ostergeschehens und in der Erleuchtung des Heiligen Geistes das in der Wirksamkeit des vorösterlichen Jesus erkennbare Persongeheimnis angemessen deuten.

Historische Anhaltspunkte für eine „implizite Christologie" sind für Müller unter anderem Jesu Bewusstsein von der mit seiner Soteriopraxis anbrechenden Gottesherrschaft (vgl. Lk 11,20), seine mit Vollmacht vorgetragene Lehre, mit der er sich nicht einreiht in die Schar der Schriftausleger, sondern die Autorität des Urhebers der Schrift selbst zur Geltung bringt (vgl. Mk 1,22.28; Mk 10,6; Mt 5–7), sein Anspruch auf Sündenvergebungsvollmacht (vgl. Mk 2,5), seine unvergleichlich innige Beziehung zu Gott, den er in der vertraulichen Form „Abba" nannte und demgegenüber er sich als der Sohn wusste (vgl. Mk 14,36; Mt 11,25–27 etc.). „Am Verhalten Jesu zeigt sich auf jeden Fall, daß hier mehr ist als Jona und Salomo (Mt 12,41f.). Jesus ist mehr als der Nachkomme Davids, der Messias, dessen Sohn ihn ‚seinen Herrn' nennt (Mk 12,37a; Ps 110,1). Der ‚Sohn Abrahams' (Mt 1,1) steht sogar über der Autorität des Stammvaters (vgl. Joh 10,58). Jesus ist mehr als die Thora und der Tempel (Mk 11,15–19)"[47]. Sinn dieser historischen Argumentation ist nicht der längst als vergeblich erkannte Versuch einer Rekonstruktion eines historischen Jesus, wie er „wirklich" war, sondern der Aufweis, dass die nachösterlichen Bekenntnisaussagen auch mit guten historischen Gründen als zutreffend betrachtet werden können. Damit wird das Christusbekenntnis nicht von der Leistungsfähigkeit einer historischen Kriteriologie abhängig gemacht.

[47] Müller, Katholische Dogmatik (wie in Anm. 31), 290.

Vielmehr wird angesichts einer hartnäckigen Infragestellung gegenüber die Überzeugung auch historisch plausibel gemacht, dass das nachösterliche Bekenntnis nicht nur nicht mehr über Jesus aussagt, als dieser zu sein beanspruchte, sondern dass umgekehrt das ursprüngliche, alle Erwartungen transzendierende, analogielose Heilsereignis alle sprachlichen Fassungen überschreitet. „Die *christologische Ursprungserfahrung* von der *Identität des irdischen Jesus mit dem eschatologischen Heilsmittler Gottes* ist umfassender, als dass sie je gedanklich reflex und sprachlich-formuliert eingeholt werden könnte. Die unterschiedlichen Formulierungen des christologischen Bekenntnisses konvergieren alle in dem einen Christus-Ereignis, dem sie sich gemeinsam verdanken und das sie im Glaubenszeugnis tradieren wollen“[48].

---

[48] Müller, Christologie (wie in Anm. 39), 85.

Mysteria in carne Christi perpetrata

Die problemgeladene Geschichte der sogenannten „Leben-Jesu-Christologie"

von Karl-Heinz Menke

Der 1909 von dem Historiker Joseph Lebon gebildete Begriff „Neuchalkedonismus" bezeichnet das Phänomen einer die westliche Theologie bis weit hinein in das 20. Jahrhundert bestimmenden Einseitigkeit[1]. Diese Einseitigkeit liegt – verkürzt gesagt – in der Lehre, dass der göttliche Logos als das Subjekt aller Erfahrungen und Handlungen Jesu Christi dessen geschöpfliche Natur wie ein bloßes Medium erscheinen lässt. Jesu Menschsein ist aber nicht bloß Bühne, Medium oder Werkzeug des göttlichen Handelns, sondern in der raumzeitlich gebundenen Endlichkeit von dreiunddreißig irdischen Lebensjahren die Offenbarkeit der Beziehung, die Gott selbst als Liebe des Vaters zu seinem gleichwesentlichen Sohn und als Liebe dieses Sohnes zu seinem „Abba" ist. Diesen Sachverhalt hat kein Geringerer als Thomas von Aquin in die knappe Formulierung „mysteria in carne Christi perpetrata"[2] gefasst.

Der von den drei Kappadokiern Basilius von Caesarea, Gregor von Nazianz und Gregor von Nyssa innerhalb der Trinitätslehre diakritisch angewandte Terminus *hypostasis* bezeichnet im Unterschied zum Terminus *ousia* das Besondere gegenüber dem Allgemeinen. An und für sich gibt es das Wesen Gottes nicht. Das Wesen Gottes existiert nur in Gestalt dreier Hypostasen bzw. Subsistenzen. Also ist die *hypostasis* innerhalb der Trinitätstheologie das Individuationsprinzip der göttlichen Wesenheit (*ousia*). Wenn aber derselbe Terminus *hypostasis,* der innerhalb der Trinitätslehre in keiner Weise das Wesen Gottes, sondern ausschließlich das Unterscheidende dreier gleichwesentlicher Personen ausdrückt, in der Christologie die personale Identität des Menschen Jesus mit der zweiten trinitarischen Person bezeichnet, dann muss

---

1 Dazu: Gerhard Ludwig Müller, Enhypostasie, in: LThK³ III (Freiburg 1995) 673–674; ders., Katholische Dogmatik. Für Studium und Praxis der Theologie, Freiburg 1995, 350–355.

2 „Ad primum ergo dicendum quod ‚Verbum prout erat in principio apud Deum, vivificat animas'. Sicut agens principale; caro tamen eius, et mysteria in ea perpetrata operantur instrumentaliter ad animae vitam; ad vitam autem corporis non solum instrumentaliter, sed etiam per quamdam exemplaritatem, ut supra dictum est." (STh III,62,5 ad 1).

man folgern, dass Jesu Menschsein zu seiner Einzigkeit, zu seiner Individualität und Personalität nichts beiträgt. Diese Folgerung erinnert fatal an die Christologie des Apollinaris von Laodicea, der Jesus Christus einen menschlichen Leib, nicht aber eine menschliche Seele, einen menschlichen Geist und Willen zuschreibt. Natürlich wollte das Konzil von Chalkedon besonders diese Spielart des Monophysitismus verwerfen. Aber der Versuch, mit ein und demselben Begriff trinitätstheologisch das Unterscheidende der drei Personen des einen göttlichen Wesens und christologisch das Verbindende zweier grundverschiedener Wesenheiten zu bezeichnen, führte mit innerer Folgerichtigkeit zur Ausbildung neuchalkedonischer, d. h. die wahre Menschheit des Erlösers relativierender Christologien[3].

Vordergründig betrachtet mag überraschen, dass der Neuchalkedonismus im Westen stärker ausgebildet wurde als in der vom griechischen Denken bestimmten Osthälfte des römischen Reiches. Doch dieser Befund ist rasch erklärt, wenn man bedenkt, dass der primäre Ort der Theologie des Ostens in der praktizierten Kommunikation mit Christus, näherhin in der Liturgie, liegt.

1. Die Christus-Ikonen der Ostkirche

Die Christus-Ikonen der Ostkirche sind so etwas wie kristallin gewordene Christusbegegnung. In ihnen begegnet der Gläubige nicht der subjektiven Interpretation eines Malers oder Theologen, sondern den Szenen des Lebens Jesu, in denen sich das erlösende Handeln Gottes offenbart. Die Christus-Ikonen der Ostkirchen setzen voraus, dass sich die Einzigkeit der Person des Erlösers nicht unter dem Mantel der menschlichen Natur oder der Alltäglichkeit der menschlichen Existenz *verbirgt*, sondern im Gegenteil durch das wahre Menschsein Jesu *offenbart* wird[4].

Im Osten baute sich in den ersten Jahrhunderten nach Chalkedon eine zunehmende Spannung auf zwischen einer genuin chalkedonischen Christopraxis bzw. Liturgie und einer neuchalkedonischen Christologie. Der daraus resultierende Konflikt ist als Bilderstreit in die Kirchen- und Theologiegeschichte eingegangen. In ihm gewannen die Bilderstürmer zunächst die

---

[3] Dazu: Georg Essen, Die Freiheit Jesu. Der neuchalkedonische Enhypostasiebegriff im Horizont neuzeitlicher Subjekt- und Personphilosophie (Ratio Fidei 5), Regensburg 2001, bes. 24–124.

[4] Dazu: Christoph von Schönborn, Die Christus-Ikone. Eine theologische Hinführung, Schaffhausen 1984, bes. 139–229.

Oberhand, weil sie Kaiser Konstantin V. († 775) auf ihrer Seite wussten. Die Argumentation der Ikonoklasten spiegelt in geradezu exemplarischer Deutlichkeit das als Neuchalkedonismus beschriebene Problem. Mit Verweis auf die Texte des Konzils von Chalkedon beklagt Konstantin V., dass eine Ikone, die den Anspruch erhebt, die Person des Erlösers darzustellen, dessen Individuationsprinzip bzw. Personalität von der göttlichen (undarstellbaren) auf die geschöpfliche (darstellbare) Ebene verlege. Aus der Sicht des Kaisers[5] setzt eine bildliche Darstellung Jesu Christi entweder die monophysitische (und zugleich doketische) Lehre von der einen Natur des aus einer göttlichen Seele und einem menschlichen Leib bestehenden Gottmenschen voraus, oder aber die nestorianische (und zugleich adoptianistische) Lehre von einer menschlichen Person, die durch den Heiligen Geist mit der Person des ewigen Logos zu einer nachträglichen Union erhoben wird. Es war der große Mönchstheologe Theodor von Studion († 826), der den eigentlichen Denkfehler der ikonoklastischen Christologie aufgedeckt hat[6]. Aus seiner Sicht verfehlt den Kern der chalkedonischen Christologie, wer lehrt, dass die „umschreibbare" und also abbildbare menschliche Natur auf Grund ihrer hypostatischen Union mit der „unumschreibbaren" göttlichen Natur ihrerseits „unumschreibbar" werde. Denn die Annahme der menschlichen Natur durch die Person des ewigen Logos bedeutet weder irgendeine Dominanz der Eigenschaften der göttlichen Natur des Erlösers über die Eigenschaften seiner menschlichen Natur, noch die Verhüllung des göttlichen Sohnes durch das Äußere eines Menschen. Vielmehr *ist* Jesus Christus *als* wahrer Mensch die

---

[5] Vgl. die Aufzeichnungen des mit Theodor von Studion gegen den Ikonoklasmus argumentierenden Patriarchen Nikephorus: Antirrheticus adversus Constantinum Copronymum 1: PG 100, 228D-293A.

[6] „Si verbum in propria hypostasi humanam naturam assumpsit: cum invisibilis illa sit et figurae expers, si per picturae circumscriptionem figuretur, altera persona inducetur in Christi hypostasim. Hoc vero absurdum est, et Nestorii haeresi favens, personarum binarium in Christo praedicare. Si carnem a Verbo assumptam, hypostasim propriam habere diceremus, veri similitudinem haberet oratio. Quia vero iuxta ecclesiasticam sententiam, Verbi hypostasim communem utriusque naturae hypostasim esse confitemur, quae naturam humanam in seipsa sustentat, cum proprietatibus, quae illam a ceteris eiusdem speciei distinguunt; merito eamdem Verbi hypostasim incircumscriptam quidem secundum divinitatis naturam dixerimus; circumscriptam autem secundum essentiam nostram; quae non in consistente per se et per se circumscripta persona extra Verbi hypostasim, sed in ipsa exsistentiam, ne subsistentia carens natura foret, sortita est; et in ea tanquam in individuo spectatur et circumscribitur." (Theodor von Studion, Antirrheticus III,1,22 [PG 99, 399 C-D]).

Offenbarung der innertrinitarischen Beziehung des Sohnes zum Vater. Theodor von Studion kleidet seine Christologie in das Motto: „Der Unumschreibbare wird umschreibbar."[7] Das heißt: „Die Person des ewigen Wortes wird, indem sie Fleisch annimmt, selber Träger und Quelle einer menschlichen Existenz, in ihrer unverwechselbaren Individualität. [...] Gerade in den Jesus als diesen bestimmten Menschen kennzeichnenden Zügen wird seine göttliche Person sichtbar. Das Paradox der Menschwerdung ist es, dass die göttliche Person des ewigen Wortes in den individuellen, persönlichen Gesichtszügen Jesu ‚umschreibbar' geworden ist."[8] Die These der Ikonoklasten, durch die Christus-Ikonen werde das ewige Wort des Vaters verendlicht, enthält etwas durchaus Richtiges, übersieht aber, dass der Logos sich selber „umschreibt", indem er sich in der Individualität eines bestimmten Menschen authentisch aussagt. Jesus Christus ist als das sichtbare Abbild des unsichtbaren Gottes nicht nur das eher verbergende als enthüllende Symbol einer transzendenten Wirklichkeit, sondern deren Selbstoffenbarung. Wie die Verehrung der für immer mit Gott untrennbar verbundenen Menschheit Christi keine Idolatrie ist, so auch die Verehrung einer Ikone, die den mit Gott untrennbar verbundenen Menschen darstellt, kein Götzendienst. Denn die Verehrung gilt ja nicht der Ikone als solcher, sondern der durch sie dargestellten Person[9]. Wieder bringt Theodor von Studion die gemeinte Sache auf den Punkt. „Sollte", so bemerkt er, „jemand sagen: ‚Da ich Christus geistig verehren soll, ist es überflüssig, ihn in seiner Ikone zu verehren', so soll er wissen: damit verleugnet er auch die geistige Verehrung Christi. Denn wenn

---

[7] „Postquam vero per summam suam bonitatem ad naturam humanam descendit, similis nobis factus, qui unus est e Trinitate; et facta est immistorum mistio, et intemperatorum temperatio; incircumscripti nimirum cum circumscripto, interminati cum terminato, infiniti cum finito, figurae expertis cum figurae suddito, quod paradoxum fuit planeque admirandum; ob id Christus imagine effingitur; et qui invisibilis est cernitur; et naturalem corporis sui circumscriptionem recipit, qui ex propria deitate est incircumscriptus." (Theodor von Studion, Antirrheticus I,2 [PG 99, 331 A]).

[8] Christoph von Schönborn, Gott sandte seinen Sohn. Christologie (AMATECA VII), Paderborn 2002, 194.

[9] „Atque ut omnis homo per imaginem repraesentatur, hoc habet et Christus: et nobis est imago depicta instar sacri luminis, ac salutaris monumenti, dum ipsum natum intuemur, baptizatum, edentem miracula, crucifixum, sepultum, resurgentem, in caelos ascendentem, in quibus recte dicimus non ita se rem habere, consentiente visu cum animi contemplatione: et ex ambobus confirmati in fide mysterii incarnationis, cum omni fructu, et quam maximo sensu pietatis." (Theodor von Studion, Refutatio et subversio impiorum poematum [PG 99, 455 C]).

er mit seinem Geist nicht Christus in menschlicher Gestalt zur Rechten des Vaters sitzen sieht, dann verehrt er ihn überhaupt nicht. Im Gegenteil, er leugnet, dass das Wort Fleisch geworden ist. Dagegen ist seine Ikone der zuverlässigste Zeuge dafür, dass das ewige Wort dem Menschen gleich geworden ist. Denn mit ihrer Annahme und Verehrung wird Christus angenommen und verehrt."[10] Theodor von Studion will sagen, dass die Menschwerdung Gottes zwei Seiten hat: zum einen die, dass die dreiunddreißig Jahre des Lebens, des Sterbens und der Auferstehung Jesu den ewigen Logos authentisch offenbaren; und zum anderen, dass das Menschsein Jesu keine Larve war, die der Sohn nach der Kreuzigung wieder abgestreift hat, sondern dass Gott in seinem Sohn für immer Leib, Bezogenheit auf den Menschen, ist.

2. Eine Besonderheit der thomanischen Christologie

Unter dem überragenden Einfluss des hl. Augustinus wurde die westliche Christologie durchgehend von der Frage bestimmt, wie das durch die Sünde Adams und aller Adamiten zerstörte Verhältnis zu Gott wiederhergestellt werden könne[11]. Der Römer denkt vor allem in Rechtskategorien und überträgt

---

[10] „Quod si quis dicat: Ergo, quandoquidem per cogitationcm adorare mihi licet, supervacaneum est ut in imagine: sciat, quisquis est, negatum etiam sic esse quod Christus mente adoretur. Nisi enim mens contemplata fuerit illum in hominis similitudine ad dexteram Dei et Patris consedisse, adorationem non inferet: nisi forte Verbum carnem factum esse neget. Quod autem similis homini factus sit, fide digna testis est imago: qua suscepta est adorata, susceptus est adoraturque Christus." (Theodor von Studion, Epistolae II,65 [PG 99, 1287 C-D]).

[11] Obwohl in 2 Kor 5,19 die Versöhnung als ein Geschehen von Gott her auf den Sünder hin bezeichnet wird, kommt es schon in der so genannten Rekapitulationstheorie des Irenaeus von Lyon zu einer Umkehrung der paulinischen Perspektive. Was der erste Adam durch seinen Ungehorsam zerstört hat, nämlich die Gemeinschaft des Menschen mit Gott, das hat der zweite Adam durch seinen Gehorsam „repariert" (haer. V,14,1–13; 16,3; 17,1). Weil Christus wahrer Mensch (neuer Adam) ist, kann er so auf die Seite der Adamsmenschheit treten, dass er deren Brücke zum Vater wird. Die schon bei Irenaeus umgekehrte Perspektive des Versöhnungsvorgangs, dass nicht der Mensch von Gott, sondern Gott vom Menschen versöhnt wird, erhält ihre klassische Gestalt durch Cyprian und besonders durch Augustinus, der die von der Erbsünde bestimmte Menschheit unter dem Zorn Gottes wähnt und deshalb von der Notwendigkeit eines Mittlers und Versöhners spricht, der durch die Darbringung eines einzigartigen Opfers den Zorn Gottes besänftigt hat (enchir. X,33: *in hac ira cum essent homines per originale peccatum, [...] necessarius erat mediator, hoc est reconci-*

diese auch auf das Verhältnis des Sünders zu Gott. Die Formel „aut satisfactio aut poena" ist Ausdruck einer Gerechtigkeit, die Schuld und Sühne wie objektiv messbare Größen versteht. Da der Mensch alles, was er ist und hat, seinem Schöpfer schuldet, kann er – so folgert die theologische Anwendung des römisch-germanischen Äquivalenzdenkens – Gott zum Ausgleich für seine Sünde nichts anbieten, was er ihm auf Grund seiner Geschöpflichkeit nicht ohnehin schuldet. Deshalb beantwortet Anselm von Canterbury die Frage nach dem Warum der Menschwerdung des ewigen Logos mit der These, nur ein von jeder Sünde freier Mensch könne durch sein freiwilliges (nicht notwendiges) Sterben die Schuld der Adamsmenschheit durch ein äquivalentes Verdienst sühnen. Damit ist die Menschwerdung der zweiten trinitarischen Person aus seiner Sicht als notwendig begründet, zugleich aber das konkrete Menschsein Christi als relativ gleichgültig ausgewiesen. Denn für Anselm ist nicht wichtig, welche Worte und Taten uns erlösen oder welcher konkrete Mensch der „neue Adam" ist. Entscheidend ist lediglich, dass der Logos tatsächlich auf die Seite der Adamsmenschheit tritt. Obwohl die neuere Forschung zu Recht herausstellt, dass Anselm das Sühneopfer des Kreuzes nicht deshalb für notwendig hält, weil die Gerechtigkeit Gottes ein Äquivalent für die ihm zugefügte Beleidigung fordert, sondern weil die Würde des Sünders wiederhergestellt werden muss, geht es doch auch so gesehen um die Äquivalenz von Schuld und Sühne und nicht um die Offenbarung unseres Weges, unserer Wahrheit und unseres Lebens in den dreiunddreißig Lebensjahren Jesu Christi.

Es ist kein Zufall, dass Anselm und seine zahlreichen direkten und indirekten Schüler ihre Christologien im Kern auf Explikationen der Satisfaktionstheorie reduzieren und z. B. das Thema Auferstehung gar nicht eigens thematisieren. Aber auch die Scholastiker, die dem Thema der Auferstehung und Erhöhung des Erlösers mehr Aufmerksamkeit schenken, sind nicht an der Selbstoffenbarung Gottes in dem Menschsein Christi interessiert; sie fragen nach dem Verhältnis der beiden Naturen im Geschehen von Tod und Auferstehung und/oder nach dem Verdienstcharakter der Auferstehung über den Sühnetod am Kreuz hinaus[12]. Vor diesem Hintergrund erscheint der dritte Teil der *Summa theologiae* des Thomas von Aquin – bezogen auf die gesamte

---

liator, qui hanc iram sacrificii singularis […] oblatione placaret). Wiederholt (conf. V,68; civ. IX,15,2) reflektiert Augustinus darüber, dass Christus nicht insofern er dem Vater gleich ist, also nicht nach seiner Gottheit, sondern nur insofern er den Menschen gleich ist, also auf Grund seiner wahren Menschheit, der Mittler sein könne. Mit dieser Position hat Augustinus die lateinische Scholastik nachhaltig beeinflusst.

[12] Dazu: Thomas Marschler, Auferstehung und Himmelfahrt Christi in der scholasti-

Christologie des Mittelalters – wie ein Solitär[13]. Thomas verbindet nämlich die seit Anselm vorgegebene Frage nach dem Mittel der Wiederherstellung des durch die Sünde zerstörten Verhältnisses der Menschheit zu Gott mit dem Gedanken, dass alles, was der Mittler in den dreiunddreißig Jahren von seiner Empfängnis unter dem Herzen Mariens bis hin zu seiner Erhöhung zur Rechten des Vaters gesagt, getan und erlitten hat, Werk der Erlösung ist. Dabei geht es Thomas bei aller Schriftnähe nicht um so etwas wie die historisch-kritische Rekonstruktion des Lebens Jesu. Die insgesamt 59 Quästionen umfassende Christologie der *Summa* behandelt zur Hälfte – in den ersten 26 Quästionen – das Verhältnis der beiden Naturen in der einen Person des Erlösers, um erst auf dieser Grundlage den Verdienstcharakter all dessen zu explizieren, „was der fleischgewordene Sohn Gottes in der mit Ihm vereinigten menschlichen Natur wirkte und litt"[14]. Dabei ist zu beachten, dass die Verdienste, die Christus als wahrer Mensch erwirbt, nicht der Bezahlung unserer Schuld bei dem als Gläubiger vorgestellten Vater dienen. Denn Thomas betont ausdrücklich: „Um das Menschengeschlecht ausreichend (*secundum sufficientiam*) von allen Sünden zu erlösen, reichte tatsächlich ein einziges ganz geringes Leiden Christi hin. Um es aber nach Gebühr (*secundum convenientiam*) zu erlösen, war nur hinreichend, wenn er alle Leidensarten erduldete."[15] Der Aquinate geht ganz offensichtlich davon aus, dass die Erlösung auch anders als durch den biblisch bezeugten Weg Christi hätte realisiert werden können. Jedenfalls sagt er an keiner Stelle, dass dieser Weg notwendig war. Wohl bemüht er sich um das Aufzählen von Konvenienzgründen, die es uns erlauben, die Fakten der Heilsgeschichte immer tiefer zu verstehen.

Weil Thomas im Unterschied zu allen anderen Scholastikern jedes Detail des Lebens und des Leidens, des Sterbens, der Auferstehung und der Erhö-

---

schen Theologie bis zu Thomas von Aquin (BGPhMA NF 64/I), Münster 2003, bes. 60–78.

[13] Jean-Pierre Torrell, Le Christ en ses mystères. La vie et l'œuvre de Jésus selon saint Thomas d'Aquin (CJJC 78/79), Paris 1999, bes. 709–717; ders., Magister Thomas. Leben und Werk des Thomas von Aquin, aus dem Frz. übers. v. Katharina Weibel, Freiburg 1995, bes. 273–279; Marschler (Anm. 12) 73.86.

[14] „Post praedicta, in quibus de unione Dei et hominis et de his quae unionem sequuntur, tractatum est, restat considerandum de his quae Filius Dei incarnatus in natura humana sibi fecit vel passus est." (STh III,27,prol.).

[15] „Ad tertium dicendum quod, secundum sufficientiam, una minima passio Christi suffecit ad redimendum genus humanum ab omnibus peccatis. Sed secundum convenientiam, sufficiens fuit quod pateretur omnia genera passionum, sicut iam dictum est." (STh III,46,5 ad 3).

hung Christi als heilsbedeutsam erklärt, gilt er in jüngeren Arbeiten zu Recht als Vater einer heilsgeschichtlich konzipierten Christologie bzw. als Autor einer „Mysterientheologie".

3. Exkurs zur Geschichte der so genannten „Mysterientheologie"

Der Terminus „Mysterientheologie" bedarf wegen seiner Vieldeutigkeit einiger Anmerkungen. Im NT wird das griechische Wort „mysterion" niemals auf alle Taten und Leiden Jesu, sondern – wenn überhaupt – auf bestimmte Ereignisse wie das Kreuzesgeschehen (1 Kor 2,1.7) oder die Teilhabe der Heiden an den Verheißungen Christi (Eph 3,6) bezogen. Die frühe Patristik weiß um die heidnischen Mysterienkulte und hat deshalb die Rezeption dieses religionsgeschichtlich vorgeprägten Begriffs weitgehend vermieden. Die lateinische Übersetzung *sacramentum* greift zwar bestimmte Grundelemente des griechischen Begriffs auf, wird aber im Mittelalter zu einem terminus technicus der Lehre über die sieben zentralen „Gnadenmittel". Auch bei Thomas wird diese Engführung des Begriffs „sacramentum" nicht überwunden. Natürlich kann man retrospektiv seine Theologie des Lebens Jesu (STh III,27–59) als Mysterientheologie oder als Sakramententheologie bezeichnen[16]. Doch unproblematisch ist dies auch aus der Perspektive des 20. Jahrhunderts nicht. Denn der große Postulator einer Umkehr der scholastischen in eine biblisch und patristisch fundierte Mysterientheologie heißt Odo Casel (1886–1948). Die zum Teil heftige Ablehnung seines Konzeptes von Seiten einer ganzen Reihe von Jesuiten[17] beruhte keineswegs nur auf dem Gegensatz

[16] Vgl. Joseph Ratzinger, Die sakramentale Begründung christlicher Existenz, Meitingen 1966; ders., „Zum Begriff des Sakramentes", München 1979; Leo Scheffczyk, Die Bedeutung der Mysterien des Lebens Jesu für Glauben und Leben des Christen, in: Ders. (Hg.), Die Mysterien des Lebens Jesu und die christliche Existenz, Aschaffenburg 1984, 17–34; ders., Die Stellung des Thomas von Aquin in der Entwicklung der Lehre von den Mysteria Vitae Christi, in: Manfred Gerwing / Godehard Ruppert (Hgg.), Renovatio et Reformatio. Wider das Bild vom finsteren Mittelalter (FS Ludwig Hödl), Münster 1985, 44–70.

[17] Vgl. Erich Przywara, Ringen der Gegenwart. Gesammelte Aufsätze 1922–1927, Augsburg 1929; ders., Theozentrische und anthropozentrische Frömmigkeit, in: Ders., Religionsphilosophische Schriften (Schriften 2), Einsiedeln 1962, 46–65; Johann B. Umberg, Mysterien-Frömmigkeit?, in: ZAM 1 (1925/26) 351–366; ders., Die These von der Mysteriengegenwart, in: ZKTh 52 (1928) 357–400; Jean-Michel Hanssens, Estne liturgia cultus mysticus?, in: PRMCL 23 (1934) 112–132.137–160;

zweier grundverschiedener Auffassungen von Theologie[18]. Wo die Kritiker Casels auf die Unvergleichlichkeit der heidnischen Mysterienkulte mit dem christlichen Kultmysterium verweisen, da tun sie dies aus gutem Grund. Denn die Liturgie ist nicht die Epiphanie einer an sich ewig gleich bleibenden unsichtbaren Wirklichkeit, die den Mysten ergreift und verwandelt. Wenn Erich Przywara den Laacher Benediktinern eine geschichtsvergessene „Verklärungstheologie" vorwirft, argumentiert er keineswegs nur als Verteidiger

---

Josef Bütler, Die Mysterienthese der Laacher Schule im Zusammenhang scholastischer Theologie, in: ZKTh 59 (1935) 546–571: Karl Prümm, Religionsgeschichte und altkirchlicher Glaube. Eine Auseinandersetzung mit Odo Casel, in: ZKTh 62 (1938) 545–568. – Zur Kritik der genannten Jesuiten gesellt sich die gewichtige von Gottlieb Söhngen: Symbol und Wirklichkeit im Kultmysterium, Bonn ²1940; ders., Der Wesensaufbau des Mysteriums, Bonn 1938; ders., Die Kontroverse über die kultische Gegenwart des Christusmysteriums, in: Cath(M) 7 (1938) 114–149.

[18] „Spätestens seit dem 12. Jahrhundert ist nicht nur ein zunehmendes Auseinanderwachsen der Kloster- und Domschulen in organisatorischer und gesellschaftlicher Hinsicht zu beobachten, sondern vor allem auch eine rasch einsetzende Differenzierung zwischen Mönchs- und Schul*theologie* feststellbar. Ausschlaggebend dafür war die unterschiedliche Bewertung der ‚Dialektik' innerhalb der ‚artes liberales' und gegenüber der Heiligen Schrift. Während man sie an den Domschulen der reinen ‚lectio' der ‚sacra pagina' (‚libri divini') oder anderer autoritativer Texte (‚auctoritates') mit dem Ziel der ‚meditatio', ‚oratio' oder ‚contemplatio' (‚theoria') unterordnete, stellte man sie an den Dom- und Stadtschulen, später an den Universitäten in Gestalt der ‚quaestio' oder der ‚disputatio', d. h. als vernünftig kritisches Denken, das auf Verstehen und Beurteilen ausgerichtet ist, an die Spitze des methodischen Vorgehens. Neben die Autorität der Bibel und der heidnisch/christlichen Klassiker, die besonders unter den Mönchen, den ‚claustrales', fast ausschließlich anerkannt wurde, trat dadurch eine neue Autorität: die Autorität der Theologen und Philosophen, die sich auf die Einsichten ihrer eigenen Vernunft beriefen, d. h. die ‚auctoritates magistrorum'. Diese Entwicklung wiederum führte zu jenen heftigen Kontroversen, die in der Philosophie- und Theologiegeschichte in der Regel als Kämpfe zwischen ‚Dialektikern' und ‚Antidialektikern' Eingang finden." (Heinrich M. Schmidinger, „Scholastik" und „Neuscholastik" – Geschichte zweier Begriffe, in: Emerich Coreth u. a. [Hgg.], Christliche Philosophie im katholischen Denken des 19. und 20. Jahrhunderts, Bd. II. Rückgriff auf scholastisches Erbe, Graz 1988, 23–53; hier: 35). – Vor diesem Hintergrund spricht Odo Casel von der Notwendigkeit einer Alternative zum Rationalismus der Scholastik. *„Pneumatische Theologie* im Sinne Casels und seiner Interpretation der Vätertheologie versteht sich also zunächst als solche weniger vom Inhalt als *vom Prozess* her, d. h. Gottes Geist, sein Pneuma, ist nicht Gegenstand der Reflexion, sondern die Kraft, das ‚Erkenntnismittel und -vermögen', durch die sich diese Reflexion vollzieht." (Maria Judith Krahe, Der Herr ist der Geist. Studien zur Theologie Odo Casels, Bd. 1. Das Mysterium Christi [PiLi 2], St. Ottilien 1986, 71).

einer scholastischen oder jesuitischen Gegenposition. Im Blick auf die Jesus-Betrachtungen der Ignatianischen Exerzitien betont Przywara die von Chalkedon intendierte Eigenständigkeit des Menschseins Jesu, die geschichtliche Kontingenz seiner Worte und Taten, die nicht einfach Erscheinung eines von Ewigkeit her bestehenden göttlichen Planes sind. Auch in den sieben Sakramenten geht es aus seiner Sicht nicht um das Ergriffenwerden durch Gott, um die Verklärung des Gläubigen, sondern um das Drama seiner keineswegs auf nur eine Möglichkeit festgelegten Antwort an das Fleisch gewordene Wort. Przywara unterscheidet durchaus zwischen den berechtigten Intentionen Casels und den aus seiner Sicht bedenklichen Einseitigkeiten seiner Mysterientheologie. Mit dem Benediktiner wendet er sich gegen eine moralisierende Jesulogie, die den Imperativ vor den Indikativ stellt. Aber dieser Indikativ darf nicht als überwältigendes, ergreifendes, vereinigendes Ereignis der Epiphanie missverstanden werden. Damit würde man dem wahren Menschsein, der Geschichtlichkeit (Kontingenz) seiner Worte und Taten und ebenso der geschichtlich situierten Freiheit der Gläubigen nicht gerecht. Hugo Rahner, der mit seinem patristisch motivierten Programm einer „Verkündigungstheologie" die berechtigten Anliegen der Laacher Benediktiner aufgreift, unterstreicht zugleich, dass es niemals um die Alternative Mysterium *oder* Leben Jesu gehen könne[19]. Diese Alternative lässt Casel aber erkennen, wenn er z. B. hinter der von den Jesuiten besonders geförderten Herz-Jesu-Frömmigkeit oder dem Betrachten aller Einzelheiten des Lebens Jesu in den von den Jesuiten empfohlenen Exerzitien-Betrachtungen und erst recht in den auf die Nachahmung Jesu zielenden Praktiken der Volksfrömmigkeit das Gegenteil von dem erkennt, was er selbst als Epiphanie des Pascha-Mysteriums in der Liturgie beschreibt. Arno Schilson kommt zu dem Ergebnis, dass aus Casels Sicht alle Worte und Taten des geschichtlichen Jesus zu einer einzigen Tat verschmelzen, die in der Eucharistie epiphan wird. Wörtlich bemerkt er: Selbst der Christushymnus von Phil 2,5–11 wird von

---

[19] „Ignatius lässt nicht umsonst ausdrücklich die ‚Mysterien' des Lebens Jesu betrachten. Seine Exerzitien sind keineswegs nur eine liebenswürdige, fast spielerische, jedenfalls rein geschichtliche Beschäftigung mit dem Leben Jesu in Palästina […], sondern sie halten für einen Augenblick jene wundervoll ausgeglichene Mitte zwischen Pneuma und Fleisch fest, die dann nur noch von den besten seiner Söhne und Geisteserben gewahrt wurde, während viele, die sich auf ihn beriefen, allzu sehr ins Irdische der bloßen Erbaulichkeit absanken, und andere, die sich gegen ihn erhoben um einer überspitzten Geistigkeit willen, um des ‚reinen Gebetes' willen, in eine zutiefst noch ödere Pneumatomanie verfielen." (Hugo Rahner, Theologie der Verkündigung, Freiburg ^{2}1939, 94).

Casel „in Richtung einer ‚Verklärungstheologie' ausgelegt. Dasselbe geschieht mit den ursprünglich ebenso geschichtlich gemeinten Aussagen des Paulus, der Kyrios sei nun ‚Pneuma' geworden (2 Kor 3,17) und er kenne ihn nicht mehr ‚dem Fleische nach' (2 Kor 5,16)[20]. Casels ‚Verklärungstheologie' [...] blendet nicht nur die konkrete ‚Geschichtlichkeit' des Lebens Jesu aus zugunsten seiner *Heils*bedeutung; sie entpuppt sich bei genauerer Betrachtung sogar als implizite Leugnung der Bedeutsamkeit kontingent-geschichtlicher Ereignisse überhaupt und lässt sich daher nur schwer vereinbaren mit dem biblischen Begriff wahrer Heilsgeschichte, die ein echtes dialogisches Zusammenwirken von Gott und Mensch meint. Für eine solch positive Würdigung geschichtlich-kontingenter Ereignisse fehlt bei Casel [...] nicht nur jeder Hinweis – im Gegenteil: Geschichte wird bei ihm zu einem bloßen Aufscheinen göttlicher Gedanken, gleichsam zum Abbild eines ewigen Urbildes[21]. [...] Die anfänglich so positiv erscheinende Perspektive einer heilsgeschichtlichen Christologie verkehrt sich also bei genauerer Betrachtung in ihr Gegenteil: Nicht von der Geschichte her und damit in geschichtlichen Kategorien wird hier gedacht, sondern von der Ewigkeit Gottes her, die Geschichte nur als Verwirklichungsraum ewig-gültiger ‚Ideen' betrachtet, deren ‚Erscheinen' in der Welt *an sich* ohne tiefere Bedeutung bleibt – es sei denn, sie würden wiederum hineingeboren in Gottes ewiges Leben."[22]

---

[20] Bezeichnend ist, dass Maria Judith Krahe ihre Studien zur Theologie Odo Casels" mit dem Titel „Der Herr ist Geist" versehen hat: Bd. I. Das Mysterium Christi (PiLi 2); Bd. II. Das Mysterium vom Pneuma Christi (PiLi 3), St. Ottilien 1986. So bringt die Autorin zum Ausdruck, dass Casel im steten Rekurs auf 2 Kor 3,17 vor allem an einer Ent-Grenzung, Ent-Zeitlichung und All-Gegenwart des Erlösers gelegen ist. Diese Tendenz geht bis zu einer weitgehenden „Auswechselbarkeit von Kyrios, Logos und Pneuma" (Arno Schilson (Theologie als Sakramententheologie. Die Mysterientheologie Odo Casels [TTS 18], Mainz 1982, 209). Obwohl dies gewiss nicht Casels Intention entspricht, wird er faktisch zu einem deutschen Vorläufer jener angelsächsischen „Geistchristologie", die auf Grund ihrer mangelnden Unterscheidung zwischen Inkarnation und Geistsendung die Wurzel aller christologischen Relativierungen von Seiten der Pluralistischen Religionstheologie bildet.

[21] Arno Schilson (Anm. 20) verweist u. a. auf Casels These, „die Hauptphasen des Erlösungswerkes [... seien] mehr Ideen, die zur Geschichte geworden sind, als historische Ereignisse, oder klarer: geschichtliche Verwirklichungen göttlicher Gedanken" (Odo Casel, Das Mysteriengedächtnis der Messliturgie im Licht der Tradition, in: JLW 6 [1926] 113–204; 130).

[22] Schilson (Anm. 20) 207f.

4. Die thomanische Darstellung der „mysteria in carne Christi penetrata"

Der von Odo Casel geprägte Begriff „Mysterientheologie“ sollte nicht auf die *tertia pars* der *Summa theologica* des Aquinaten angewandt werden. Denn Thomas sieht in der Geschichte des *ingressus* (STh III,27–39), des *progressus* (STh III,40–45), des *exitus* (STh III,46–52) und der *exaltatio* (STh III,53–59) Jesu nicht die Epiphanie ewiger Ideen oder göttlicher Ratschlüsse, sondern die Worte und Taten eines mit eigener Vernunft und eigenem Willen begabten Menschen. Diese Worte und Taten sind für die Adressaten des Erlösers in jedem Detail heilsbedeutsam, aber deshalb nicht heilsnotwendig. Um wenigstens ein Beispiel zu nennen, sei hier die Frage des Artikels 7 der 35. Quästion genannt: „Musste Christus in Bethlehem geboren werden?“ Thomas antwortet mit zwei Konvenienzgründen. Der erste liegt darin, dass er dem Fleische nach aus dem Geschlechte Davids stammte und also wie David in Bethlehem geboren wurde. Und der zweite Konvenienzgrund liegt darin, dass das Wort Bethlehem übersetzt „Haus des Brotes“ bedeutet und also diese Stadt der rechte Geburtsort war für den, der von sich gesagt hat: „Ich bin das lebendige Brot, der ich vom Himmel herabgestiegen bin.“ Diesen Konvenienzgründen fügt Thomas Anmerkungen bei, die andeuten, aber nicht vorschreiben, wie der das Leben Jesu betrachtende Christ die in den geschichtlichen Fakten gegebene Gnade annehmen bzw. in sein je eigenes Leben einfließen lassen kann. Zu den beiden in STh III,35,7 explizierten Gründen bemerkt er: „David war in Bethlehem geboren worden (1 Sam 17,12), erwählte aber Jerusalem, um dort seinen Königsthron zu errichten und den Tempel Gottes zu erbauen (2 Sam 5, 5). So wurde Jerusalem Königs- und Priesterstadt zugleich. Das Priestertum Christi aber, ebenso wie Seine Königsherrschaft, hat sich vor allem in Seinem Leiden vollendet. Daher war es angemessen, dass Er Bethlehem zu Seiner Geburtstadt, Jerusalem dagegen zur Stätte Seines Leidens erwählte. Gleichzeitig wollte Er dadurch die Ehrsucht jener Menschen beschämen, die sich wegen ihrer Herkunft aus einer vornehmen Stadt brüsten und deswegen besonders geehrt zu werden wünschen. Christus wollte dagegen in einer geringen Stadt geboren werden und in einer vornehmen Schmach erdulden. ‚Blühen‘ wollte Christus durch Seinen tugendhaften Wandel, nicht durch den Geburtsort. Deshalb wollte Er in der Stadt Nazareth erzogen und ernährt, in Bethlehem aber gleichsam wie in der Fremde geboren werden. Denn wie der hl. Gregor sagt, ‚wurde Er Seiner angenommenen Menschheit nach – nicht auf Grund Seiner Macht, sondern auf Grund Seiner Natur – gleichsam in der Fremde geboren‘. Und ‚gerade dadurch, dass Er in der Herberge keinen Platz fand, bereitete Er uns viele Wohnungen im Hause Seines Vaters‘ (Beda). ‚Hätte Er das große Rom zu Seiner Stadt erkoren', heißt es in einer Rede beim Konzil von Ephesus, ,so hätte man die Umwandlung des Erdkreises der Macht seiner Bürger zugeschrieben. Wäre Er Sohn des Kaisers gewesen, so hätte man in Seiner eigenen Macht den Grund Seines Erfolges gesucht. Damit man aber erkennt, dass die Gottheit den Erdkreis umgewandelt hat, erwählte Er sich ein armes Mädchen zur Mutter und ein noch ärmeres Land zur Heimat.'"

Es zeichnet die *Summa theologica* des Thomas von Aquin vor allen anderen Beiträgen der Scholastik aus, dass sie das Menschsein des Erlösers nicht nur als Ausdruck, Symbol, Exempel oder Anlass des göttlichen Erlösungshandelns, sondern als jenes Geschehen in Raum und Zeit ausweist, das identisch ist mit der rechtfertigenden Gnade. Dies gelingt einerseits durch eine konsequente Abweisung des Monotheletismus[23] und andererseits durch die ebenso klare Bestimmung wie Ausfaltung des Begriffs der Instrumentalkausalität. Im Unterschied zu den meisten Autoren, aus denen er selbst schöpfte, kannte Thomas die Konzilsentscheidung (DH 550–559), die dem Menschsein Christi nicht nur eine eigene Vernunft, eine eigene Seele und einen eigenen Leib, sondern auch einen eigenen Willen zuspricht. Deshalb betont er im Rahmen seiner Erörterungen des Phänomens der Instrumentalkausalität[24], dass die Eigenständigkeit der *causa instrumentalis* in eben dem Maße wächst, in dem ihr Innerlichkeit bzw. Seinsmächtigkeit zukommt, dass aber diese je größere Eigenständigkeit keineswegs identisch ist mit wachsender Unabhängigkeit von der Prinzipalursache. Denn ein mechanisches Werkzeug – z. B. ein Hammer – ist als solcher relativ unabhängig von dem Handwerker, der ihn als Werkzeug benutzt, in seiner Eigenwirkung als Instrumentalursache jedoch relativ unselbständig. Im Vergleich dazu ist ein vom Heiligen Geist inspirierter Prophet als Instrumentalursache relativ eigenwirksam, obwohl er unabhängig von der ihn inspirierenden Prinzipalursache gar kein Prophet wäre. Übertragen auf die Person Jesu Christi bedeuten diese grundsätzlichen Überlegungen[25], dass der Wille Gottes sich als Prinzipalursache so gegenüber

---

[23] Dazu: Jean-Pierre Torrell, La causalité salvifique de la résurrection du Christ selon saint Thomas, in: Ders., Recherches thomasiennes, Paris 2000, 214–241.

[24] Vgl. STh III,18. – Einen ausgezeichneten Kommentar bietet Adolf Hoffmann in: Die Deutsche Thomas-Ausgabe, Bd. 26: Des Menschensohnes Sein, Mittleramt und Mutter (STh III,16–34), Heidelberg 1927, 460–473. – Dazu auch: Theophil Tschipke, Die Menschheit Christi als Heilsorgan der Gottheit unter besonderer Berücksichtigung der Lehre des hl. Thomas von Aquin, Freiburg 1940, bes. 146–191; Marschler (Anm. 12) bes. 168–210.

[25] Die Reflexionen über das Verhältnis von Prinzipal- und Instrumentalursache gehö-

dem Willen eines Menschen als Instrumentalursache verhalten kann, dass letzterer in demselben Maße eigenwirksam ist, in dem er sich dem ersteren übereignet. „Weil [...] Jesu menschliches Wollen ein- für allemal und ganz in den göttlichen Willen übereignet ist (Thomas spricht [in STh III,18,1,4] von einem ‚modus determinatus' des menschlichen Willens in der hypostatischen Union), können alle Handlungen, die vom Herrn leiblich-konkret vollzogen werden, an derjenigen heilbringenden Kraft teilhaben, deren Ursprung Christus seiner Gottheit nach ist."[26]

Die Abweisung aller monotheletischen Tendenzen in STh III,18 wird ergänzt durch die Abweisung des Monergetismus in STh III,19. Ausdrücklich wendet Thomas sich gegen die These, in Jesus Christus gebe es nur eine Handlung der Person und nicht der Natur. Denn auch wenn die menschliche Natur in Christus von der göttlichen Natur des Logos bewegt und geleitet wird, bleibt deren Handlung im Sinne der oben explizierten Verhältnisbestimmung von Prinzipal- und Instrumentalursache eine eigenständige Tätigkeit. Natürlich gewinnt das Wirken der menschlichen Natur Christi erst auf Grund der hypostatischen (personalen) Geeintheit mit der göttlichen Natur des Logos jenen unendlichen Wert, von dem schon Anselm in seiner Satisfaktionstheorie spricht. Aber im Unterschied zu Anselm geht es Thomas nicht um die Äquivalenz zwischen der unendlichen Schuld Adams und dem unendlichem Verdienst des mit dem Logos hypostatisch geeinten neuen Adam. Er beantwortet die Frage nach dem Warum der Menschwerdung Gottes mit dem patristischen Gedanken der Teilnahme des Menschen an dem Geeintsein Jesu mit Gott[27].

---

ren in den größeren Rahmen der Analogia-entis-Lehre, aber auch der Gnaden- bzw. Tugendlehre. Vgl. die zusammenfassenden Analysen bei: Béla Weissmahr, Ontologie, bes. 96–101; Otto Hermann Pesch, Thomas von Aquin. Grenze und Größe mittelalterlicher Theologie, Mainz 1988, bes. 231–253.

[26] Marschler (Anm. 12) 177.

[27] Im Unterschied zu der umfassenden Analyse von Thomas Marschler (Anm. 12, bes. 128–311) spricht noch Leo Scheffczyk von einer Neigung des Aquinaten „zur nicht-heilsgeschichtlichen Dimension der Soteriologie" (Die Stellung des Thomas von Aquin in der Entwicklung der Lehre von den Mysteria Vitae Christi, in: Manfred Gerwing / Godehard Ruppert [Hgg.], Renovatio et Reformatio. Wider das Bild vom finsteren Mittelalter [FS Ludwig Hödl], Münster 1985, 68). Aus seiner Sicht kann es nicht überraschen, wenn sich Thomisten und Skotisten gleichermaßen auf Thomas berufen. Scheffczyk verweist u. a. auf: Luigi Bogliolo, Mediazone dell'uomo e Mediazione del Cristo, in: Div 18 (1974) 88–105; Michel Corbin, La parole devenue chair. Lecture de la premiere question de la Tertia Pars de la Somme Theologique, in: RSPhTh 62 (1978) 5–40; Jeremy Moiser, Why did the Son of God become Man?,

Jede Einzelheit im Leben Jesu ist nicht nur Beispiel oder Hinweis, sondern Gnade, weil die oben bezeichnete Instrumentalursache nicht Mittel, sondern Mittler ist[28]. Das gilt sogar da noch, wo die menschliche Natur Jesu den Tod erleidet. Denn der Tod bedeutet zwar die Trennung der menschlichen Seele vom menschlichen Leib Christi, nicht aber die Aufhebung der hypostatischen Union des ewigen Logos mit dem Menschen Jesus[29]. „Darum bleibt der Leib des Herrn auch im Tode Werkzeug der ihm geeinten Gottheit und kann uns so in deren Kraft Gnade erwirken, sogar noch in seinem Begräbnis."[30]

Es gibt zwar zusammenfassende Darstellungen all der Fragen und Antworten, all der Konvenienzgründe und Kommentare, die Thomas mit dem Leben Jesu verbindet; nicht aber den Versuch, die Aussagen zusammenzutragen, mit denen Thomas die sich für jeden Gläubigen individuell gestaltende Integration in das Erlösungswerk Christi beschreibt oder zumindest andeutet. Was Karl Rahner in seinem berühmt gewordenen Aufsatz über den „einen Mittler und die Vielfalt der Vermittlungen" geschrieben hat, wird in der Sa-

---

in: Thom 37 (1973) 288–305; Domenico Bertetto, San Tommaso e la questione circa il fine prossimo primario dell'Incarnazione, in: Antonio Piolanti (Hg.), Studi Tomistici Bd. II, Rom 1974, 70–81.

[28] „Indem der Aquinate die Heilsbedeutung des menschlichen Tuns Christi in der Verbindung der Naturen, wie sie durch die Inkarnation konstituiert wird, fundiert hat, ist es ihm gelungen, die Forderung, dass alles im Christusereignis für uns heilsam war, vollständig in seine Theologie zu integrieren. Durch seine (aus der Personeinheit mit dem göttlichen Wort) ‚geheiligte' und zugleich (als nicht bloß moralisch, sondern instrumentalursächlich die Gnade vermittelnd) selbst ‚heiligende' Menschheit ist Christus wirklich der ‚Emmanuel': ‚Gott, der mit uns ist', weil er uns durch unsere eigene menschliche Natur berührt und erlöst, wenn sich menschliches und göttliches Tun in der Relation von ‚causa principalis' und ‚causa instrumentalis' verbinden. [...] die angenommene Menschheit Christi wird [...] für die Erwählten zum eigentlichen ‚Ursakrament' Gottes, zum vornehmlichen Ort der Gnade in der Welt." (Marschler [Anm. 12] 181f).

[29] Ausdrücklich betont Thomas z. B. im Kontext der Schilderung des Höllenabstiegs, dass die Trennung der menschlichen Seele Christi von seinem menschlichen Leib nicht gleichzeitig die Trennung der Person des Logos von der menschlichen Seele und dem menschlichen Leib des Erlösers bedeutet. Wörtlich bemerkt er: „In morte autem Christi, licet anima fuerit separata a corpore, neutrum tamen fuit separatum a persona Filii Dei, ut supra dictum est. Et ideo, in illo triduo mortis Christi, dicendum, est quod totus Christus fuit in sepulcro, quia tota persona fuit ibi per corpus sibi unicum; et similiter totus fuit in inferno, quia tota persona Christi fuit ibi ratione animae sibi unitae; totus etiam Christus tunc erat ubique, ratione divinae naturae." (STh III,52,3).

[30] Marschler (Anm. 12) 181.

che schon von Thomas vertreten[31]. Der einzelne Christ kann sich einbeziehen lassen in die Instrumentalität der Menschheit Jesu, und zwar in jeden Aspekt und jede Szene seines Lebens. Mit einer bloß moralisierenden Jesulogie hat eine solche Christologie nichts gemein. Denn wer in der einzelnen Tat oder dem einzelnen Wort Jesu ein Geschenk erkennt, das er nicht nur empfangen, sondern auf je eigene Weise auch geben kann, nimmt teil an der Sakramentalität der menschlichen Natur des Erlösers. Wenn man beachtet, dass die von Paulus als Leib beschriebene Kirche dem Logos nicht hypostatisch geeint ist, darf man sie aus der Sicht des Aquinaten als das Ereignis unserer Teilnahme am Inkarnationsgeschehen beschreiben[32].

Ob Thomas in seinem systematischen Spätwerk einen eigenen Traktat über die „Acta et Passa Christi" anregen wollte, kann man bestenfalls vermuten. Leo Scheffczyk verweist auf die eindeutige Zweiteilung der Christologie in einen Traktat über das Geheimnis der hypostatischen Union zweier vollständiger Naturen und einen Traktat über das Leben Jesu. Zweifelsohne hat Thomas das Einteilungsschema der Vorlagen gesprengt, aus denen er ansonsten schöpft (z. B. Petrus Lombardus, Alexander von Hales, Wilhelm von Auxerre, Albertus Magnus). Vor ihm wird die Christologie entweder nach den Glaubensartikeln des Credo oder nach dem Muster der Fragen des Petrus Lombardus gestaltet. In beiden Fällen spielt das Leben Jesu – abgesehen von Geburt und Tod – eine untergeordnete Rolle. Insofern stellen die Quästionen STh III,27–59 etwas Neues dar, werfen aber zugleich die Frage nach der Absicht des Autors auf. Inos Biffi vermutet, dass die Intention des Aquinaten nicht gegen die Einteilungsschemata der Tradition gerichtet war und schon gar nichts Programmatisches an sich hatte, sondern ganz einfach die eigenen Bibelkommentare in die systematische Christologie integrieren wollte[33].

---

[31] Vgl. Karl Rahner, Der eine Mittler und die Vielfalt der Vermittlungen, in: Schriften VIII (Einsiedeln 1967) 218–235; Gerhard Ludwig Müller, Gemeinschaft und Verehrung der Heiligen. Geschichtlich-systematische Grundlegung der Hagiologie, Freiburg 1986, bes. 210–343; Manfred Scheuer, Weiter-Gabe. Heilsvermittlung durch Gnadengaben in den Schriftkommentaren des Thomas von Aquin (StSSTh 32), Würzburg 2001, bes. 111–158.

[32] „In saying all this, we are merely pointing to the fact that Thomas' ecclesiology is to a very large extent simply a moment of his Christology." (George Sabra, Thomas Aquinas' Vision of the Church. Fundamentals of an Ecumenical Ecclesiology [TTS 27], Mainz 1987, 84).

[33] Vgl. Inos Biffi, I misteri della vita di Cristo nei commentari biblici di San Tommaso d'Aquino, in: DT(P) 79 (1976) 217–254.

5. Der Thomas-Kommentar des Francisco Suárez

Nicht selten findet man in der entsprechenden Literatur den Hinweis, nach Thomas habe nur der Barockscholastiker Francisco Suárez (1548–1617) die Vorgabe des Aquinaten aufgegriffen und so etwas wie einen eigenen Traktat zu den „Acta et Passa Christi“ geboten. Richtig ist, dass Suárez seine Christologie als Kommentar zum dritten Teil der *Summa Theologica* entfaltet. Er zitiert den von Thomas gebotenen Text und kommentiert jeweils die Abschnitte, die Thomas vorgibt. Wenn man einmal von den *disputationes* absieht[34], die er seinem Thomas-Kommentar einfügt, ist seine Christologie ebenso strukturiert wie das kommentierte Vorbild. Dennoch liegt bei Suárez das ganze Gewicht seiner theologischen Bemühungen auf der Kommentierung der Quästionen des hl. Thomas, in denen es um das Warum der Inkarnation, um die beiden Naturen und die hypostatische Union geht[35]. Die Kommentierung von STh III,27–59 nimmt sich im Vergleich zur Kommentierung von STh III,1–26 wie ein Anhang zur Erörterung von Einzelfragen aus, in denen es nicht um das Eruieren von Gründen, sondern nur um das Ob und Wie von Fakten geht[36].

Hinter der Beobachtung, dass es Suárez im zweiten Teil seines christologischen Thomas-Kommentars nicht um den Gnadencharakter der einzelnen Szenen des Lebens Jesu für die Gläubigen, sondern um die Klärung exegetischer Detailprobleme geht, verbirgt sich eine Denkweise, die wie der Nominalismus Denken und Sein, Begriff und Wirklichkeit weitgehend trennt. Während das hochmittelalterliche Denken sich den Begriff von etwas stets durch die Wirklichkeit vermitteln lässt, ist für den Nominalisten der Begriff

---

[34] Die *disputationes* werden im Index der Werke des Suárez gesondert aufgeführt. Sie befassen sich in der Regel mit Positionen, die den christlichen Glauben an das Schon-Gekommensein des Messias, an die Möglichkeit einer realen Inkarnation etc. bestreiten.

[35] Vgl. Philipp Kaiser, Die gott-menschliche Einigung in Christus als Problem der spekulativen Theologie seit der Scholastik (MThS.S 36), München 1968, 94–156. – In seiner luziden Analyse zeigt Kaiser, dass für Suárez die Realdistinktion des hl. Thomas zwischen existentia und essentia inakzeptabel ist. Aus seiner Perspektive ist eine menschliche Natur ohne eigenen Existenzakt undenkbar. Die Folge ist eine in der Tendenz nestorianisierende Christologie. Denn die hypostatische Union der an sich selbständigen beiden Naturen in Christus ist so abstrakt und formal gedacht wie ein *punctum mathematicum*.

[36] Als Ausnahmen kann man die Passagen bezeichnen, die nochmals auf Fragen des ersten Teils Bezug nehmen – z. B. auf das Fortbestehen der hypostatischen Union nach der im Tod erlittenen Trennung der Seele der menschlichen Natur Christi von deren Leib.

immer nur das als möglich Gedachte im Unterschied zum faktisch Wirklichen. Auf Seiten Gottes entspricht der Trennung von Denken und Sein die Unterscheidung zwischen dem, was der Allmächtige an und für sich tun könnte (*potentia Dei absoluta*), und dem, was er tatsächlich tut (*potentia Dei ordinata*). Suárez macht sich die klare Unterscheidung zwischen Denken und Sein zueigen, zeigt aber im Unterschied zu den Nominalisten, dass das Denken des Menschen gerade da, wo es viele Möglichkeiten durchspielen kann, die angemessenere oder bessere von der weniger guten oder weniger angemessenen *possibilitas* unterscheiden kann. So erweist er die Inkarnation als die relativ beste Möglichkeit[37] der Erlösung unter der Voraussetzung, dass Gott das Erlösungswerk im Sinne der Anselmschen Satisfationstheorie in Gestalt einer Gerechtigkeit vollbringen wollte, wie sie größer nicht gedacht werden kann. Während Thomas von Aquin aus der faktischen Selbstverschenkung des Gekreuzigten den Begriff einer Güte entwickelt, die sich selbst verströmt, entwickelt Suárez zunächst die verschiedenen Begriffe von Güte, bevor er zu dem Ergebnis kommt, dass die höchstdenkbare Gestalt von Güte die der innertrinitarischen Relationen und die der Selbstverschenkung des trinitarischen Gottes in Jesus Christus ist[38].

Neben den Aspekten des Inkarnationsereignisses, die als die Realisierung der jeweils besten Möglichkeit erwiesen werden können, gibt es auch viele Einzelheiten, deren Umstände man zwar kritisch und kontrovers erörtern, aber nicht eigentlich wissenschaftlich reflektieren kann. Wissenschaftlich ist für Suárez ebenso wie für René Descartes nur das, was unabhängig von seiner Faktizität als möglich eingesehen werden kann[39]. Dies gilt aus seiner Sicht

---

[37] Dass Suárez die Erlösung selbst nicht für notwendig, sondern nur als eine Möglichkeit des Sichverhaltens des allmächtigen Gottes zum Sünder betrachtet, drückt er u. a. wie folgt aus: „Dico primo, redemptionem lapsi hominis non esse opus ex necessitate a Deo factum, sed omnino libere; itaque potuit sine ulla imperfectione aut indecentia lapsum hominem sine remedio delinquere." (Francisco Suárez, Commentaria ac disputationes in tertiam partem D. Thomae, scilicet, opus de incarnatione, in: Ders., Opera Omnia, Bd. XVII, hg. v. Charles Berton, Paris 1866, 49).

[38] „Quia hoc inter omnia opera divinae omnipotentiae videtur maximum, in quo nempe cuncta naturae gratiaeque opera super omnem naturae ordinem mirabili modo coniunguntur." (Suárez [Anm. 37] 35).

[39] Peter Hünermann (Jesus Christus. Gottes Wort in der Zeit. Eine systematische Christologie, Münster 1994) bezeichnet die transzendentale Metaphysik des Francisco Suárez als „Zwischenposition" auf dem Weg der Geistesgeschichte hin zu Descartes: „Für Suárez sind die einzelnen notwendigen Wahrheiten, die der Mensch als Vernunftwesen erkennt, zugleich der Inhalt des Denkens Gottes [...]. Gott ist dem

aber nicht für Fakten, wie er sie in seinem Kommentar zu STh III,27–59 erörtert – z. B. für die Frage, was Judas für seinen Verrat für einen Preis erzielt hat, ob der Schweiß, den Jesus am Ölberg vergossen hat, echt war; ob die, die Jesus nach dem Leben trachteten, ihn gekannt haben; ob Christus das Abendmahl tatsächlich genau zu der vom Gesetz des Mose vorgeschriebenen Zeit abgehalten hat, usw. Diese im Band XIX der *Opera Omnia* des Francisco Suárez behandelten Fragen werden mit Hinweisen aus der Schrift oder den Vätern beantwortet, nicht aber durch die methodisch autonom argumentierende Vernunft.

In der Christologie des Francisco Suárez erscheint die konkrete Geschichte Jesu nicht als die Gnade, durch die jeder einzelne Mensch beschenkt und gesandt werden kann. Suárez reduziert die eigentliche Christologie auf einen Traktat der Metaphysik. Daher erscheinen die kontingenten Begebenheiten des Lebens Jesu als nützliche, aber eigentlich entbehrliche „facta et dicta probantia“ für die „in der eigentlichen (metaphysischen) Christologie“ entwickelten Thesen.

Hätte Suárez im Exerzitienbüchlein seines Ordensvaters Ignatius von Loyola bereits das christologische Potential erkannt, das viel später – letztlich erst von Erich Przywara und den Brüdern Hugo und Karl Rahner – entdeckt wurde, dann wäre sein Kommentar zur *tertia pars* der *Summa Theologica* des Thomas von Aquin anders ausgefallen. Denn Ignatius sieht in jeder Einzelheit des Lebens Jesu ein Mittel und Werkzeug des Vaters zur je anderen, weil je einmaligen Einbeziehung des einzelnen Exerzitanden in das Erlösungswerk des Sohnes.

Denken erschlossen und in seinem Licht offenbar, so dass die Vernunft als das Letzt-Kriterium aller Wahrheiten auftritt. [...] Gott ist nicht jenseits der menschlichen Vernunft, sondern ihr so innerlich, dass er das Höchste, Verständlichste und damit zugleich das Selbstverständlichste der Vernunft wird. [... Und] „Descartes wird missverstanden und gegen seine eigene Intention interpretiert, wenn man ihn einfach als den Philosophen des selbstbewussten Ich deutet. Zwar liegt das Schwergewicht seiner philosophischen Erörterungen auf dem Ich als *res cogitans*. [... Aber] den Weg zur absolut gewissen Erkenntnis, zur Sicherheit des Wissens von allem [...] bahnt die Idee Gottes.“ (268–270).

6. Die Leben-Jesu-Betrachtungen des Ignatius von Loyola

Der als Ritter und Soldat vor Pamplona verwundete Ignatius wird nicht von der Frage eines Augustinus oder eines Martin Luther nach der Vereinbarkeit der eigenen Existenz mit der Gerechtigkeit Gottes gequält. An das Krankenlager gefesselt, liest er – zunächst eher aus Langweile denn aus Interesse – die Betrachtungen des Kartäusers Ludolf von Sachsen über das Leben Jesu[40]. Der eidetisch begabte Draufgänger lässt sich ergreifen und im wahrsten Sinne dieses Wortes hineinversetzen in die einzelnen Szenen des Lebens Jesu. Aber er betrachtet Jesus wie einen Lehensherrn, dessen Achtung und Anerkennung verdient werden will. Also beschließt er nach seiner Genesung, in Zukunft nicht mehr im Dienste eines Kriegsherrn, sondern im Dienste Jesu Verdienste zu erwerben. Seine Vorstellung von wahrem Christentum sind an der Passion Jesu und an den Beispielen von Heiligen ausgerichtet, die in der Legenda Aurea des Jakobus de Voragine als besonders radikale Asketen geschildert werden. Ignatius geht nach Manresa, um dort sein neues Rittertum einzuüben. Er lebt als verwahrloster und verspotteter Bettler ein Bußleben härtester Art – begleitet von Anfällen tiefster Niedergeschlagenheit, von innerer Verzweiflung, von Skrupulosität, angsterfülltem Beichten, Lebensüberdruss und Selbstmordgedanken. Die große Wende erfolgt in einer „umwerfenden Erfahrung“ in einer Höhle am Fluss Cardoner, der ganz in der Nähe von Manresa fließt. Noch als Sechzigjähriger bekennt er, dass die Summe aller Einsichten und Erkenntnisse seines Lebens nichts sei im Vergleich zu dem, was er dort erfahren durfte. Diese Erfahrung, so sagt er ausdrücklich war eine Begegnung mit dem biblisch bezeugten trinitarischen Gott, aber keine Erscheinung im eigentlichen Sinn. Ignatius erfährt am Cardoner eine ungeheure Befreiung, weil er sich, vom Vater Jesu Christi angesprochen, unbedingt (ohne Bedingung oder Voraussetzung) geliebt weiß; er erfährt die Befreiung eines Menschen, der seine eigene Identität (den Sinn seines Lebens) leisten, machen, verdienen wollte, aber dann die im wahrsten Sinne des Wortes umwerfende Erfahrung macht, dass er nur eines muss: sich von dem Gott, der als der trinitarische unbedingte Liebe ist, ergreifen lassen.

Vergleicht man Luther und Ignatius, dann fällt auf, dass Luther seine Befreiung von der skrupulösen Angst der Werkgerechtigkeit als ausschließliches Geschenk Gottes erfährt – in diesem Sinne: Meine Erlösung verdanke ich nur

[40] Dazu: Andreas Falkner, Was las Inigo de Loyola auf seinem Krankenlager? Zum Prooemium der „Vita Iesu Christi“, in: GuL 61 (1988) 259–264.

Ihm; mein Glaube an seine in Christus geoffenbarte Liebe ist reines Empfangen; im Gebet ausgedrückt: ‚Du, Herr, bist alles; ich selbst bin nichts'. Ignatius erfährt sein Cardoner-Erlebnis ebenfalls als Befreiung. Auch er vollzieht eine radikale Umkehr der Perspektive. *Aber* er erfährt das Geschenk der Rechtfertigung (die Erfahrung, unbedingt geliebt zu sein) als „Zugesellung" (von daher der Name seines Ordens, der „Gesellschaft Jesu"), als Sendung und Auftrag. Die Annahme der Rechtfertigung ist für ihn nicht *zuerst* ein bloßes Empfangen, das *dann* ein Geben zur Konsequenz hat. Die Liebe des trinitarischen Gottes – so bezeugt Ignatius in seinem Geistlichen Tagebuch ebenso wie in seiner Exerzitienanleitung – gipfelt gerade darin, dass er den Sünder nicht zum bloßen Empfänger eines einseitigen Geschenkes bestimmt, sondern zum Geber dessen beruft, was er ihm schenkt. Gott wirft seine Gaben nicht einfach hin, sondern will sie in die offene Hand legen, die im Sich-Auftun das göttliche Geben mitermöglicht.

Das Exerzitienbüchlein (EB) des Ignatius[41] geht von ganz ähnlichen Voraussetzungen wie Thomas von Aquin mit dem Konzept seiner *Summa theologica* aus. Denn was der Gründer des Jesuitenordens als *Fundament*[42] des Exerzitienweges beschreibt, ist der Hinweis auf die Hinordnung der gesamten Schöpfung und insbesondere des Menschen auf die Gemeinschaft mit Gott. Das heißt: Der Mensch, der dem Willen Gottes folgt, realisiert in Freiheit das, was er im Sinne eines ihm eingeschriebenen Sollens immer schon ist. Ignatius geht von der Überzeugung aus, dass Gott jeden Menschen ganz persönlich ruft; dass keiner nur ein Fall von Menschsein, sondern im Gegenteil ganz und gar einmalig ist. Dieser mit dem Willen Gottes identischen Einmaligkeit des je eigenen Weges auf die Spur zu kommen, ist Sinn der vierwöchigen Exerzitien.

Die *erste Exerzitienwoche* – verbunden mit einer das Leben umgreifenden Beichte – intendiert die Umkehr der Perspektive: Sich nicht mehr vom eigenen Ich her, sondern mit den Augen Jesu Christi betrachten. Erich Przywara spricht in seiner Interpretation der Ignatianischen Exerzitien von der notwendigen „Nyktothetik"[43]. Wörtlich übersetzt bedeutet dieser Begriff so viel wie „das Setzen der Nacht". Gemeint ist die „Nacht des Sehens mit den Augen des Ich".

---

[41] Im Folgenden wird die von Hans Urs von Balthasar vorgelegte Übersetzung (Ignatius von Loyola, Exerzitien, Einsiedeln ^{9}1986) mit dem Kürzel *EB* zitiert:

[42] „Der Mensch ist geschaffen dazu hin, Gott unseren Herrn zu loben, Ihn zu verehren und Ihm zu dienen, und so seine Seele zu retten. Die anderen Dinge auf Erden sind zum Menschen hin geschaffen, und um ihm bei der Verfolgung seines Zieles zu helfen, zu dem hin er geschaffen ist." (EB 23).

[43] Dazu: Michael Schneider, „Unterscheidung der Geister". Die ignatianischen Exer-

Die *zweite Exerzitienwoche* führt dem Exerzitanden vor Augen, wer der trinitarische, in Jesus Christus Mensch gewordene Gott ist. Das wurde uns – davon ist Ignatius überzeugt – in jeder Szene des Lebens Jesu gesagt. Allerdings interessiert ihn überhaupt nicht, ob es Unterschiede in der Darstellung der vier Evangelisten gibt, warum Markus andere Akzente als Lukas setzt, warum bestimmte Erzählungen der Synoptiker von Johannes gar nicht geschildert werden usw. Ihm geht es einzig und allein um die von ihm selbst erfahrene Tatsache, dass Jesus Christus jeden Menschen, der sich von seinem biblisch bezeugten Leben und Sterben ergreifen lässt, dem eigenen Erlösungswerk auf je einmalige Weise „zugesellt". In der für die eigene Lebensentscheidung (Wahl) zentralen zweiten Exerzitienwoche beschränkt er sich auf die Nennung der einzelnen Szenen des Lebens Jesu, die er auch „Erwählungen" (EB 164) nennt: „Betrachtung, wie Christus unser Herr vom Jordan in die Wüste ging, einschließlich der Versuchung [...] Wie Sankt Andreas und andere Christus unserem Herrn nachfolgten [...] Von der Bergpredigt, die über die acht Seligkeiten handelt [...] Wie Christus unser Herr seinen Jüngern auf den Wogen des Meeres erschien [...] Wie der Herr im Tempel lehrte [...] Von der Auferweckung des Lazarus [...] Von dem Palmtag" (EB 161). Viel wichtiger als einzelne Inhalte sind Ignatius Anweisungen, die verhindern sollen, dass der Exerzitand beim objektiven Betrachten, beim rationalen Analysieren oder bei einer moralisierenden Reduktion Jesu auf ein bloßes Beispiel stehen bleibt. Deshalb spricht er viel ausführlicher von den Bedingungen, unter denen es gelingen kann, das Leben Jesu als Anrede des Herrn selbst, als die je eigene Erwählung zu erfahren. Da sind vor allem die drei Weisen der Demut zu nennen (EB 165–167). Gemeint ist die Bereitschaft, Christus mehr zu gehorchen als jeder Versuchung, es wirklich Christus zu überlassen, was gut für das eigene Leben ist. Und gemeint ist vor allem der feste Glaube daran, dass Gott mich in jeder Szene des Lebens Jesu ansprechen und so in meine einmalige Beteiligung an dessen Sendung einweisen will. Ich soll „erwägen, wie Gott sich anstrengt und müht um meinetwillen in allen geschaffenen Dingen auf der Welt" (EB 236), und natürlich erst recht in jeder Szene des Lebens Jesu. Am Ende der zweiten Exerzitienwoche steht die „Wahl" der dem Exerzitanden von Christus zugedachten Sendung. Es geht um die Übereinstimmung der eigenen Lebensentscheidung mit dem Willen des Herrn. Wo diese Übereinstimmung da ist, stellt sich, so weiß Ignatius aus eigener Überzeugung, eine Freude ein, die nicht

---

zitien in der Deutung von Erich Przywara, Karl Rahner und Gaston Fessard (ITS 11), Innsbruck [2]1987, bes. 33–35.

durch irgendein äußeres Motiv verursacht ist (*consolacion sin causa*), sondern die Gabe des Trösters ist, den die Tradition den Heiligen Geist nennt.

Die der Passion und Auferstehung Christi gewidmeten Betrachtungen der *dritten Exerzitienwoche* führen jeden Exerzitanden, der seine Wahl getroffen hat, in das Feuer der Bewährung. Und wieder geht es den Anleitungen des Exerzitienbuches mehr um die Anwendung aller Sinne als um die Inhalte der Betrachtungen. Denn Ignatius weiß um die Gefahr des ästhestisierenden oder moralisierenden Außen-vor-Bleibens. Letztlich geht es um die Übersteigung des Glaubens und des Hoffens hinein in jene Verähnlichung des Christen mit Christus, die Paulus in 1 Kor 13 als die alles übersteigende Liebe beschreibt. Entsprechend haben nicht wenige Interpreten der Ignatianischen Exerzitien die in EB 230–237 ausgebreitete Betrachtung zur Erlangung der Liebe und die in EB 238–260 gebotenen Anweisungen zu einem Beten, das die bleibende Verbindung mit Christus garantiert, als Wegzehrung des Exerzitanden für den Alltag beschrieben.

Nach den Anweisungen für die Betrachtungen während der genannten vier Wochen bietet Ignatius eine chronologische Aufzählung der „Geheimnisse des Lebens unseres Herrn", die zwar über eine bloße Bezeichnung der Einzelszenen hinausgeht, sich aber dennoch auf die Skizzierung bestimmter Grundelemente beschränkt. Im einzelnen unterscheidet Ignatius die folgenden 50 „Geheimnisse" (EB 262–312): „die Verkündigung unseres Herrn"; „die Heimsuchung unseres Herrn bei Elisabeth"; „die Geburt Christi unseres Herrn"; „die Hirten"; „die Beschneidung"; die drei Magier-Könige; „die Reinigung unserer Herrin und die Darstellung des Knaben Jesus"; „die Flucht nach Ägypten"; „die Rückkehr Christi unseres Herrn nach Ägypten"; „das Leben Christi unseres Herrn vom zwölften bis zum dreißigsten Lebensjahr"; „das Auftreten des zwölfjährigen Jesus im Tempel"; „die Taufe Christi"; „die Versuchung Christi"; „die Berufung der Apostel"; „das erste Wunder bei der Hochzeit zu Kana in Galiläa"; „Christus treibt die Händler aus dem Tempel"; „die Bergpredigt Christi"; „Christus unser Herr stillt den Sturm auf dem Meer; „Christus wandelt auf dem Meer"; „die Aussendung der Apostel zur Predigt"; „die Bekehrung der Magdalena"; „Christus unser Herr gibt fünftausend Menschen zu essen"; „die Verklärung Christi"; „die Auferstehung des Lazarus"; „das Mahl von Bethanien"; „Palmsonntag"; „die Predigt im Tempel"; „das Abendmahl"; „die Geheimnisse vom Abendmahl bis zum Garten einschließlich"; „die Geheimnisse vom Garten bis zum Hause des Annas einschließlich"; „die Geheimnisse vom Hause des Annas bis zum Hause des Kaiphas einschließlich"; „die Geheimnisse vom Haus des Kaiphas bis zu dem des Pilatus einschließlich"; „die Geheimnisse vom Haus des Pilatus bis zu dem des Herodes";

„die Geheimnisse vom Hause des Herodes bis zu dem des Pilatus"; „die Geheimnisse vom Hause des Pilatus bis zum Kreuze einschließlich"; „die Geheimnisse am Kreuz"; „die Geheimnisse vom Kreuz bis zum Grab einschließlich"; „die zweite Erscheinung"; „die dritte Erscheinung"; „die vierte Erscheinung"; „die fünfte Erscheinung"; „die sechste Erscheinung"; „die siebte Erscheinung"; „die achte Erscheinung"; die neunte Erscheinung"; „die zehnte Erscheinung"; die elfte Erscheinung"; „die zwölfte Erscheinung"; „die dreizehnte Erscheinung"; „von der Himmelfahrt Christi unseres Herrn".

In der Regel nennt Ignatius für jedes „Geheimnis des Lebens Jesu", das er zur Betrachtung empfiehlt, drei Punkte. Diese Punkte sollen jeden einzelnen Exerzitanden auf je eigene Weise mit dem lebendigen Erlöser konfrontieren. Das heißt: Es geht Ignatius weder um einen exegetischen Kommentar, noch um ein vollständiges Erfassen der biblischen Zeugnisse, sondern einzig und allein um die Sakramentalität des Lebens Jesu. Der Exerzitand soll das Leben Jesu als die Art und Weise erfahren, in der Gott selbst ihn beschenken, senden, in die eigene Identität einweisen will und kann. Um zwei Beispiele (EB 271f) zu nennen: Die drei Punkte, die Ignatius zur Betrachtung des Lebens Jesu vom 12. bis zum 30. Lebensjahr vorlegt, lauten: „Erstens: Er war gehorsam seinen Eltern. – Zweitens: ‚Er nahm zu an Weisheit, Alter und Gnade.' – Drittens: Er scheint das Zimmermannshandwerk ausgeübt zu haben, wie Sankt Markus im sechsten Kapitel anzudeuten scheint: ‚Ist Dieser nicht der Zimmermann?'" Und die drei Punkte, die Ignatius zur Betrachtung des Auftretens des zwölfjährigen Jesus im Tempel vorlegt, lauten: „Erstens: Christus, unser Herr, zwölf Jahre alt, ging von Nazareth nach Jerusalem hinauf. – Zweitens: Christus unser Herr blieb in Jerusalem und seine Eltern wussten es nicht. – Drittens: Nach Verlauf der drei Tage fanden sie Ihn disputierend im Tempel, mitten unter den Lehrern sitzend, und als Seine Eltern Ihn fragten, wo Er gewesen sei, antwortete Er: ‚Wisst ihr nicht, dass es Mir geziemt, in dem zu sein, was Meines Vaters ist?'"

Vergleicht man die Jesusfrömmigkeit des Ignatius von Loyola mit jener der so genannten *Devotio moderna*, dann wird deutlich, wie sehr sich diese beiden Gestalten der Mystik voneinander unterscheiden. Was die Vertreter der *Devotio moderna* von Jesus Christus sagen, basiert stets auf dem nominalistischen Grundsatz, dass Gottes Freiheit als Ungebundenheit zu denken ist, dass er sich auch nicht an seine Schöpfung gebunden hat, dass deshalb so etwas wie natürliche Theologie unmöglich ist, und dass folglich das Einzige, was wir von Gott wissen können, dasjenige ist, was er uns positiv durch Jesus gesagt hat. Das instruktionstheoretische Offenbarungsmodell der *Devotio moderna* ist positivistisch, weil nur wichtig ist, was gesagt wurde, nicht aber, dass die Adressaten auch verstehen und einsehen. Also basiert die Frömmigkeit des ausgehenden Mittelalters bzw. der beginnenden Neuzeit zunächst einmal auf einem Gehorsam, der nicht fragt und begründet, sondern befolgt. Die *Devotio moderna* ist in ihren Grundzügen antiintellektualistisch und theologiefeindlich, weil sie in den Bemühungen der Schultheologie (Scholastik) den apriori zum Scheitern verurteilten Versuch sieht, den ganz anderen Gott unter die eigenen Vorstellungen, Kategorien und Spekulationen zu zwingen. In dem berühmtesten Dokument der *Devotio moderna*, in der fälschlicherweise Thomas von Kempen zugeschriebenen „Imitatio Christi", ist Jesus Christus nur dem Bekenntnis nach der in einem wahren Menschsein offenbare Gott. Praktisch wird Jesus reduziert auf ein unübertroffenes Beispiel jener leidensverliebten Askese, die diese Welt gering achtet und mental schon in der ganzen anderen Welt Gottes weilt[44]. Auch wenn der vierte und letzte Teil der „Nachfolge Christi" von der Verbundenheit des Christen mit Christus in der Eucharistie handelt, dominiert selbst dort der Imperativ den Indikativ. Denn der eucharistische Christus wird vor allem als Stärkung der eigenen Anstrengungen auf dem Weg aus dieser Welt fort in das Leben mit Gott hinein beschrieben. Die „Imitatio" macht nirgendwo Ernst mit dem Dasein Gottes in jedem Detail des Lebens und Sterbens Jesu, sondern betreibt eine moralisierende Jesulogie. Es geht ihr um ein Nachahmen; aber die Mittlerschaft des Gottmenschen wird nicht realisiert. Von der Dynamik durch Christus im Heiligen Geiste zum Vater ist in der „Imitatio" keine Rede. Deshalb wird auch das Geheimnis der Kirche nicht erkannt. Das Verhältnis zu Christus bleibt im Bereich des Individuellen, ja Privaten befangen, weitet sich nicht aus zum Geheimnis des „Totus Christus" der Kirche[45].

---

[44] „Gerade wir, die wir am Ende des großen Säkularisierungsprozesses der Neuzeit stehen, empfinden die resignierende Weltflucht der *Imitatio* und ihre leib- und weltfeindliche Innerlichkeit als besonders gefährlich. Wir können die bittere Kritik Rudolf Stadelmanns nicht als völlig unzutreffend zurückweisen, der in seinem Buch ‚Vom Geiste des ausgehenden Mittelalters' die *Imitatio* ‚Das Erbauungsbuch der Enttäuschten aller Jahrhunderte' nennt. Die verkürzte Einstellung zur Welt in der ‚Nachfolge Christi' hat ihren Grund in einer beschränkten Sicht des Christusgeheimnisses, der Menschwerdung, des Leidens und der Verklärung des Herrn." (Erwin Iserloh, Thomas von Kempen und die *Devotio moderna*, in: Ders., Kirche – Ereignis und Institution. Aufsätze und Vorträge, Bd. I. Kirchengeschichte als Theologie, Münster 1985, 111–136; hier: 132)

[45] Vgl. Erwin Iserloh, Die Kirchenfrömmigkeit in der Imitatio Christi, in: Ders., Kirche – Ereignis und Institution. Aufsätze und Vorträge, Bd. I. Kirchengeschichte als Theologie, Münster 1985, 151–168. – Zum Vergleich mit Ignatius: Werner Löser,

In demselben Maße, in dem der Nominalismus von der Unmöglichkeit spricht, durch das Denken die Wirklichkeit zu erfassen; und in demselben Maße, in dem die Transzendenz Gottes gegenüber der Schöpfung gelehrt wird, wächst das Bedürfnis nach einer Brücke über den so aufgerissenen Abstand. Einen solchen Brückenschlag versucht die Mystik des ausgehenden Mittelalters bzw. der beginnenden Neuzeit. Zunächst ist jede Gestalt von christlicher Mystik der Versuch, durch Reinigung und Erleuchtung zur Erfahrung des ganz Anderen zu gelangen. Die Mystik der *Devotio moderna* aber hat bei diesem Versuch vergessen, dass Gott sich in dem Menschsein Jesus als er selbst ausgesagt hat. Sie sucht in Jesus nicht sie Selbstoffenbarung Gottes, sondern eine Anweisung für einen Weg aus allem Innerweltlichen heraus in die Erfahrung des ganz Anderen hinein.

Erst vor diesem Hintergrund kann deutlich werden, wie tiefgreifend sich die Mystik des Ignatius von jener der *Devotio moderna* abhebt[46]. Auch Ignatius geht es um ein Erfahren, um ein Sehen, Fühlen, Riechen und Schmecken der Wirklichkeit Gottes. Aber er sucht diese Wirklichkeit nirgendwo anders als im wahren Menschsein Jesu und in der Eingestaltung des eigenen Lebens in die inkarnatorische Bewegung des trinitarischen Gottes von oben nach unten[47]. Gottes- und Nächstenliebe, Nähe zu Gott und Nähe zur Welt sind für ihn keine Gegensätze, sondern bedingen einander. Und was ein Vergleich der Mystik des Ignatius mit jener der *Devotio moderna* erkennen lässt, gilt mutatis mutandis auch für die anderen Repräsentanten der Spanischen Mystik, für Teresa von Avila und Johannes vom Kreuz. Teresa entwickelt eine am Leben Jesu orientierte Spiritualität. Obwohl sie von ihrem Beichtvater ermahnt wird, sich vom Sichtbaren immer mehr abzuwenden, um sich in der „eigentlichen Sphäre" des unsichtbaren Gottes zu verankern, weiß sie sich in ihrem Gebetsleben nur da wirklich er-

---

Die Regeln des Ignatius von Loyola zur kirchlichen Gesinnung. Ihre historische Aussage und ihre aktuelle Bedeutung, in: GuL 57 (1984) 341–352.

[46] Dazu: Werner Löser, Mystik des Konkreten. Die Anwendung der Sinne in den Exerzitien des heiligen Ignatius, in: GuL 63 (1990) 367–372.

[47] Zur Christologie des hl. Ignatius und speziell zu seinen Anregungen für eine Christologie der Mysterien des Lebens Jesu: Hugo Rahner, Die Christologie der Exerzitien, in: Ders., Ignatius von Loyola als Mensch und Theologe, Freiburg 1964, 251–311; Hermann Josef Sieben, Mystères de la vie du Christ. I. Études historiques, in: DSp 10 (1980) 1874–1880; Werner Löser, Mystères de la vie du Christ. II. Réflexions théologiques, in: DSp 10 (1980) 1880–1886; Santiago Arzubialde, Los misterios de la vida de Cristo nuestro Senor, in: Manresa 64 (1992) 5–14.

reicht von Gott, wo sie ihm in dem Menschen Jesus begegnet[48]. Und Johannes vom Kreuz sieht den Mystiker erst da am Ziel seiner Suche, wo er die Bewegung des Inkarnierten von oben nach unten, wo er die gekreuzigte Liebe des herabsteigenden Erlösers mitvollzieht[49].

7. Der immer tiefer werdende Graben zwischen dem Jesus der Geschichte und dem Christus des Glaubens

Obwohl Ignatius alle Voraussetzungen für die Entstehung eines christologischen Traktates von den Mysterien Christi bietet, kommt es in der Folgezeit zu einer Neuauflage jener Spaltung zwischen erbaulicher Jesulogie und spitzfindiger Scholastik, die auch die Zeit vor der Glaubensspaltung charakterisiert hat. Gerade die Jünger des Ignatius stehen für eine Scholastik, die sich mit ihren Begriffen und immer ausgefeilteren Distinktionen von der frommen Literatur entfernt. Suárezianismus und Neuthomismus bedeuten eine zunehmende Metaphysizierung der biblisch bezeugten Heilsgeschichte. Dieser vor allem von den Jesuiten und Dominikanern betriebenen Barockscholastik steht – besonders in Frankreich – eine an der Satisfaktionstheorie orientierte Opfer- und Sühnefrömmigkeit gegenüber, die zwar Ernst macht mit dem wahren Menschsein Jesu, dessen Leben aber auf das Leiden und Sterben reduziert und dabei oft mehr das Beispiel Jesu als den Gnadencharakter seiner Passion im Blick hat[50]. Zu erwähnen sind in diesem Zusammenhang Pierre de Bérulle (1575–1629), der 1601 mit ausdrücklichen Verweisen auf die Ignatianischen Exerzitien einen „Discours de l'état et de grandeur de Jésus" veröffentlicht hat, und Charles de Condren (1588–1641), der mit sei-

---

[48] Vgl. Ulrich Dobhan, Teresas Weg zu Christus, in: Johannes Kotschner (Hg.), Der Weg zum Quell. Teresa von Avila 1582–1982, Düsseldorf 1982, 129–156; ders., Zur Christusmystik Teresas von Avila, in: Praesentia Christi (FS Johannes Betz), hg. v. Lothar Lies, Düsseldorf 1984, 456–466; Udo Maria Schiffers, Weisheit des Gehorsams bei Teresa von Avila, in: Weisheit Gottes – Weisheit der Welt (FS Joseph Ratzinger), hg. v. Walter Baier u. a., Bd. II., St. Ottilien 1987, 835–862.

[49] Vgl. Hans Urs von Balthasar, in: Herrlichkeit. Eine theologische Ästhetik, Bd. II/2. Fächer der Stile. Laikale Stile, Einsiedeln ^{3}1984, 465–531; Paul Varga, Schöpfung in Christus nach Johannes vom Kreuz (WBTh 21), Wien 1968, bes. 144–160.

[50] Dazu: Jean Galy, Le sacrifice dans l'école française de spiritualité, Paris 1951, 84–104 ; Louis Cognet, Das kirchliche Leben in Frankreich, in: Hubert Jedin (Hg.), Die Kirche im Zeitalter des Absolutismus und der Aufklärung (HKG V), Freiburg ^{2}1985, 84–104.

nen „Considérations sur les mystères de Jésus Christ“ jene „mystique de l'anéantissement“ begründet, die für mehrere Jahrhunderte vor allem die Opferfrömmigkeit der von den Sulpizianern getragenen Priesterausbildung beherrscht.

Die Aufklärung führt zwar zu einer radikalen Abrechnung mit der Scholastik und mit der Metaphysik überhaupt. Aber der von Lessing und Kant aufgerissene Graben zwischen dem Jesus der Geschichte und dem Christus des Glaubens ist ja – bei Licht betrachtet – das exakte Gegenteil dessen, was Thomas und Ignatius intendiert haben. Sie wollten das wahre Menschsein Jesu als die Zeit und den Raum ausweisen, in dem Gott selber spricht und handelt. Die Jesus-Buch-Literatur des 19. Jahrhunderts hingegen bietet nichts anderes als Variationen des immer wieder neu unternommenen Versuchs, den Jesus der Geschichte vom Christus des Glaubens zu trennen. Natürlich nimmt jeder Autor eines solchen Jesus-Buches für sich in Anspruch, nun endlich den wahren Jesus darzustellen. Herausgekommen ist – wie Albert Schweitzer entlarvend demonstriert hat[51] – die Erkenntnis, dass die historisch-kritische Exegese nicht einmal von einem einzigen Wort Jesu beweisen kann, dass er es wirklich gesprochen hat. Es hat lange gedauert, bis man flächendeckend eingesehen hat, dass die Evangelien Glaubenszeugnisse sind, die nur deshalb als authentisch gelten, weil die Kirche sie als inspirierten Ausdruck ihres Glaubens rezipiert hat. Im Rückblick erscheint die von der Aufklärung und ihren Folgeerscheinungen vertiefte Trennung des Menschen Jesus von dem durch die Kirche verkündigten Christus als das entscheidende Hindernis auf dem Weg zu einer Christologie, die Gottes Wahrheit gerade in der Endlichkeit des Menschen Jesus und nicht jenseits von dieser sucht.

---

[51] Vgl. Albert Schweitzer, Geschichte der Leben-Jesu-Forschung (Siebenstern-Tb. 77–80), München 1966, 620–630. – Ähnlich ernüchternd sind neuere Ansätze der Leben-Jesu-Literatur zu beurteilen. Dazu: Ulrich Ruh, Die Schwierigkeiten mit dem ‚wirklichen‘ Jesus. Bemerkungen zu einigen neueren Jesusbüchern, in: HK 44 (1990) 287–291; ders., Ein anderer Jesus? Neuere Jesusbücher zwischen Psychologie und Spiritualität, in: Albert Raffelt (Hg.), Begegnung mit Jesus? Was die historisch-kritische Methode leistet (Freiburger Akademieschriften 1), Düsseldorf 1994, 13–28; Werner Georg Kümmel, Vierzig Jahre Jesusforschung 1950–1990 (BBB 91), Königstein / Bonn 1994; David du Toit, Erneut auf der Suche nach Jesus. Eine kritische Bestandsaufnahme der Jesusforschung am Anfang des 21. Jahrhunderts, in: Ulrich H. J. Körtner (Hg.), Jesus im 21. Jahrhundert. Bultmanns Jesusbuch und die heutige Jesusforschung, Neukirchen-Vluyr 2002, 91–134.

8. Hoffnungsvolle Ansätze zu einer „Christologie der Mysterien Jesu"

Erst Hans Urs von Balthasar und Karl Rahner greifen mit dem Programm einer am Leben Jesu orientierten Christologie bewusst zurück auf die von Thomas und Ignatius gegebenen Impulse. Diese sollte das Herzstück einer 1939 vom Verlag Herder der Federführung Balthasars und Rahners anvertrauten Dogmatik werden. Äußere Umstände wie die Schließung der Innsbrucker theologischen Fakultät durch die Nationalsozialisten haben verhindert, was sich heute noch als vielversprechendes Projekt ausnimmt. Aus Rahners Feder ist uns ein Aufriss der gemeinsamen Pläne erhalten[52], in dem wir der interessanten Frage begegnen: „Wo gibt es *theologische* Arbeiten über die Mysterien des Lebens Christi? Ein dickes Buch z. B. über die Himmelfahrt des Herrn auf französisch und spanisch ist völlig blind für solche Fragen, die über Textkritik und die historische Apologetik dieses Geschehens hinausgehen. Das *Dictionnaire de théologie catholique* hat trotz seiner enormen Größe einen Artikel darüber vergessen. Noch mehr fehlt eine grundsätzliche Besinnung über Sein und Bedeutung der Mysterien des Lebens Christi im allgemeinen in der heutigen Theologie. Im Leben Jesu ist für die heutige dogmatische Theologie nur noch interessant die Inkarnation selbst, die Gründung der Kirche, seine Lehre, das Abendmahl und der Tod. In der Apologetik wird noch die Auferstehung unter fundamental-theologischen Gesichtspunkten betrachtet. Alles andere von den Mysterien des Lebens Christi existiert nicht mehr in der Dogmatik, sondern nur noch in der Erbauungsliteratur."[53] Mit beispielhafter Klarheit erkennt Rahner die Einseitigkeit einer Christologie, die sich nur für das „formale Verständnis der Einheit Christi als geeinter"[54] und für den meritorischen Wert des Lebens und Sterbens Jesu, nicht aber für die Erfahrbarkeit des Erlösers in den Szenen

[52] Über Rahners Pläne und Beiträge zu einer heilsgeschichtlich strukturierten Christologie: Engelbert Guggenberger, Karl Rahners Christologie und heutige Fundamentalmoral (IST 28), Innsbruck 1990, bes. 111–12; Gerd Lohaus, Die Lebensereignisse Jesu in der Christologie Karl Rahners, in: ThPh 65 (1990) 349–386; Arno Zahlauer, Karl Rahner und sein „produktives Vorbild" Ignatius von Loyola (IST 47), Innsbruck 1996, bes. 294–300; Andreas R. Batlogg, Die Mysterien des Lebens Jesu bei Karl Rahner. Zugang zum Christusglauben (IST 58), Innsbruck ^{2}2003.

[53] Vgl. Karl Rahner, Über den Versuch eines Aufrisses einer Dogmatik, in: Sämtliche Werke IV (Freiburg 1997) 404–448; hier: 412.

[54] Karl Rahner, Probleme der Christologie von heute, in: Sämtliche Werke XII (Freiburg 2005) 261–308; hier: 293

seines Menschseins interessiert. Bei seinem Ordensvater Ignatius erkennt Rahner jene Logik der existentiellen Erkenntnis, die Grundvoraussetzung für eine Theologie ist, die auf erfahrener Wirklichkeit aufruht[55]. In dem berühmt gewordenen Aufsatz, den er 1954 in einer Festschrift zum Jubiläum des Konzils von Chalkedon publiziert hat, bemerkt er: „Für eine wahre Theologie des menschlichen Lebens Jesu (nicht bloß: eine Theologie des Außergewöhnlichen des Lebens Jesu) muss der rechte Blick erst wieder geübt werden, damit er nicht (‚abstrahierend‘) gerade das übersieht, was man real nicht vom Menschlichen Jesu scheiden kann: dass nämlich dieses Menschliche nicht menschlich ist (und als solches weltlich uninteressant) ‚und dazu‘ noch Gottes ist (und in dieser Hinsicht allein wichtig ist, welche Eigentümlichkeit aber immer nur das Menschliche überschwebt und von außen einfasst), sondern dass das gewöhnliche Menschliche dieses Lebens die Eksistenz Gottes [...] ist und umgekehrt.“[56]

Rahner ist zwar selbst nie dazu gekommen, das wiederholt[57] formulierte Postulat einer so genannten Mysterien-Christologie zu realisieren. Dennoch lassen sich aus seinen meistens situativ entstandenen Aufsätzen und Vorträgen die Koordinaten einer heilsgeschichtlich strukturierten Christologie entnehmen.

Eine erste Komponente liegt in seiner Antwort auf die Verhältnisbestimmung von Faktum und Bedeutung Jesu Christi. Die Geschichte Jesu – so betont er – ist keine bloße Veranschaulichung einer Idee oder – im Sinne Rudolf Bultmanns – bloßer Aufhänger eines Existentials, sondern der Sinn (der Logos) selbst. Rahner wörtlich: „Es kann kein neues Wort Gottes in diese Geschichte der Menschheit ergehen, das sein bisheriges überböte und zu einem nur vorläufigen machte. Gott hat sein letztes Heilswort, das innerhalb dieser menschlichen Geschichte, innerhalb dieses Äons zu den Elementen dieser Geschichte

---

[55] Dazu: Karl Rahner, Betrachtungen zum ignatianischen Exerzitienbuch, München 1965; ders., Die Logik der existentiellen Erkenntnis bei Ignatius von Loyola, in: Sämtliche Werke X (Freiburg) 368–420. – Dazu: Juan Carlos Scannone, Die Logik des Existentiellen und Geschichtlichen nach Karl Rahner, in: Herbert Vorgrimler (Hg.), Wagnis Theologie. Erfahrungen mit der Theologie Karl Rahners, Freiburg 1979, 82–98; Harvey D. Egan, „Der Fromme von morgen wird ein ‚Mystiker‘ sein“. Mystik und die Theologie Karl Rahners, in: Wagnis Theologie. Erfahrungen mit der Theologie Karl Rahners, Freiburg 1979, 99–112.

[56] Karl Rahner, Probleme der Christologie von heute, in: Sämtliche Werke XII (Freiburg 2005) 261–308; hier: 294.

[57] Vgl. Karl Rahner, Mysterien des Lebens Jesu, in: KTW (Freiburg 1961) 250; ders., Mysterien des Lebens Jesu, in: LThK^2 VI (Freiburg) 721–722.

gehört, schon gesagt an einem ganz bestimmten raum-zeitlichen Punkt dieser Geschichte: in Jesus, da und nur da, und da allein als endgültig letztes."[58] Deshalb kann jedes Detail dieses biblisch bezeugten Lebens den Logos von Schöpfung und Geschichte berührbar machen[59]. Deshalb ist diese Geschichte insgesamt und im Detail Gnade. Denn Gnade ist aus Rahners Sicht „nur dann christlich begriffen, wenn sie nicht nur eine möglichst metaphysisch verstandene Vergöttlichung, sondern die Angleichung an Christus ist, die sich existentiell umsetzt in die Nachfolge Christi, von der die Moral mehr reden sollte, auch wenn das ein kasuistisch weniger leicht handbares Schema bietet als die Zehn Gebote oder sonstige Schemata eines natürlichen Sittengesetzes."[60] Nicht durch Prinzipien, sondern durch die Faktizität seines konkreten Menschseins empfängt der Christ die Normen seines Verhaltens. Das bedeutet, dass kein Mensch, der Christ sein will, sich vom Leben Jesu in der Meinung lösen kann, „er habe bereits seinen Geist und könne nun unabhängig von seinem Leben der Weg der Nachfolge finden"[61] Denn „Jesus der Mensch *war* nicht nur einmal von entscheidender Bedeutung für unser Heil, d. h. für das wirkliche Finden des absoluten Gottes, durch seine historischen und jetzt vergangenen Taten des Kreuzes usw., sondern er *ist* jetzt und in Ewigkeit als der Menschgewordene und Geschöpfgebliebene die *dauernde Offenheit* unserer Endlichkeit auf den lebendigen Gott unendlichen ewigen Lebens, und er ist deshalb auch in seiner Menschheit die geschaffene, im Akt unserer Religion stehende Wirklichkeit für uns, derart, dass ohne diesen Akt auf seine Menschheit hin und durch sie hindurch (implizit oder explizit) der religiöse Grundakt auf Gott gar nicht sein Ziel erreicht. Man sieht in Ewigkeit den Vater nur durch ihn hindurch."[62]

Eine zweite Komponente der von Rahner postulierten „Leben-Jesu-Christologie" liegt in seiner These, dass jede Szene des Lebens Jesu soteriologische Bedeutung für jeden einzelnen Menschen hat: Erlösung – so betont er – ist nicht einfach die Bezahlung einer Schuld beim Vater (Satisfaktionstheorie)

---

[58] Karl Rahner, Priesterliche Existenz, in: Schriften zur Theologie III (Einsiedeln 1956) 285–312; hier: 294.

[59] Vgl. Karl Rahner, Über die Erfahrung der Gnade, in: Schriften zur Theologie III (1956) 105–126.

[60] Karl Rahner, Probleme der Christologie von heute, in: Sämtliche Werke XII (Freiburg 2005) 261–308; hier: 300.

[61] Nikolaus Schwerdtfeger, Gnade und Welt. Zum Grundgefüge von Karl Rahners Theorie der ‚anonymen Christen' (FrThSt 123), Freiburg 1982, 332.

[62] Karl Rahner, Die ewige Bedeutung der Menschheit Jesu für unser Gottesverhältnis, in: Schriften zur Theologie III (Einsiedeln 1956) 47–72; hier: 57.

oder einfach die Zuwendung der durch den Stellvertreter Jesus verdienten Versöhnung an jeden Gläubigen. Rahner will nicht bestreiten, dass Gott die Welt auch anders als durch die Inkarnation des Sohnes hätte erlösen können. Aber von solcher Possibilientheologie hält er nichts. Denn sie abstrahiert von der faktischen Heilsgeschichte, statt deren Sinn zu ergründen. Rahner wörtlich: „Er hätte es auch anders tun können? Er hätte die Welt auch ohne dies retten und in seine Freiheit und Unendlichkeit hineinerlösen können? Gewiss. Aber er hat es so getan, dass er das Erlösungsbedürftige selber wurde, und darin und eben *dadurch,* dahindurch muss *die* Erlösung geschehen sein, die es wirklich gibt und die wir allein kennen."[63] Rahner sieht den einzelnen Christen nicht nur als Empfänger, sondern auch als Geber dessen, was er durch Christus empfängt. Deshalb ist jeder Christ eine je einmalige Gestalt der Vermittlung des durch den einen Mittler geschichtlich offenbaren Heils[64]. Oder anders gesagt: Jeder Mensch kann die mit dem Leben und Sterben Jesu identische Gnade auf je einmalige Weise verleiblichen. Jeder Christ kann und soll auf je einmalige Weise ein Sakrament des Ursakramentes Jesus sein[65]. Hier wird die ignatianische Spiritualität Rahners unmittelbar greifbar. Auch aus seiner Sicht ist jeder Christ eine Sendung, die teilnimmt an der Sendung des einen Mittlers. Auch aus seiner Sicht sind alle Christen Christus „zugesellt".

Eine dritte Komponente der noch zu erstellenden „Christologie der Mysterien Jesu" müsste aus Rahners Sicht die Ausrichtung des Lebens Jesu – sein Herabsteigen in die Welt bis zur Konsequenz des Kreuzes, das „Je mehr" seiner Demut (vgl. EB 165–168) – so explizieren, dass die je einmalige Inklusion jedes einzelnen Christen in das Erlösungswerk Christi dieselbe Ausrichtung aufweist. Es geht, wie Rahner wiederholt betont, nicht um eine Reduktion auf das Pascha-Mysterium, sondern um die Ausrichtung jeder Szene des Lebens Jesu und des eigenen Lebens auf das Pascha-Mysterium. Rahner wörtlich: „Nicht nur Inkarnation, Kreuz und Auferstehung sind Ereignisse, die

---

63 Karl Rahner, Probleme der Christologie von heute, in: Sämtliche Werke XII (Freiburg 2005) 261–308; hier: 284.

64 Dazu: Karl Rahner, Der eine Mittler und die Vielfalt der Vermittlungen, in: Schriften zur Theologie VIII (Einsiedeln 1967) 218–235; ders., Über die heilsgeschichtliche Bedeutung des einzelnen in der Kirche, in: Ders., Sendung und Gnade, Innsbruck ^{5}1988, 88–126.

65 „Nur wenn wir sein Leben so wirklich fortführen und nicht bloß zu multiplizieren versuchen, wobei wir doch nur verwässerte Abzüge zustande brächten, ist Nachfolge Jesu wert gelebt zu werden." (Karl Rahner, Betrachtungen zum ignatianischen Exerzitienbuch, München 1965, 122).

universale Bedeutung in und trotz ihrer historischen Einmaligkeit und Kontingenz für das Heil aller haben [...], sondern dasselbe gilt grundsätzlich von allen Ereignissen im Leben Jesu. Durch diese Betrachtung als Mysterien werden diese Ereignisse nicht falsch sublimiert oder mythologisiert, sondern es wird bekannt, dass das eine ganze Leben Jesu mit all seinen Inhalten (jeder nach seiner Weise u. an seinem Platz) sinnhaft ausgerichtet und geeint im Tod und der Auferstehung das eine Ereignis ist, um dessentwillen Gott uns gnädig ist. Darin ist gerade eingeschlossen und muss bei der Meditation dieser Mysterien bedacht werden, dass wir gerade dadurch erlöst sind, dass das Wort des Vaters die Niedrigkeit, Profanität u. Todgeweihtheit unseres Lebens annahm und eben darin die Gestalt der Gewöhnlichkeit unseres eigenen Lebens zum Ereignis der Gnade, die Gott letztlich selbst ist, machte. Der Mysteriencharakter der Einzelgeschehnisse im Leben Jesu ist also gerade immer ein und derselbe, der in seinem Tod und seiner Auferstehung zur deutlichsten Erscheinung kommt: indem das Endliche zu seiner bittersten Endlichkeit kommt, geschieht in ihm (nicht durch diese Selbstentlarvung als solche) die Ankunft der verklärenden Gottheit. Dafür ist (von der Auferstehung her) das ganze Leben Jesu Vorbild und endgültiges Unterpfand."[66]

Wenn man nach Ansätzen zur Realisierung des von Karl Rahner so eindringlich formulierten Postulates fragt, ist vor allem das heilsgeschichtlich konzipierte Gemeinschaftswerk mit dem bezeichnenden Titel „Mysterium Salutis" zu nennen. Der zweite Halbband des dritten Teiles beginnt mit dem Abdruck eines schon zuvor publizierten Überblicks von Alois Grillmeier über das Verständnis der so genannten Mysterien Jesu von der Väterzeit bis in die Gegenwart[67]. Erst nach dieser theologiegeschichtlichen Einordnung beginnt das eigentliche Unternehmen. Raphael Schulte behandelt die „Mysterien der ‚Vorgeschichte'" (Empfängnis und Geburt Jesu Christi; Beschneidung, Darstellung, Tempelszene). Christian Schütz übernimmt die „Mysterien des öffentlichen Lebens und Wirkens Jesu" (Taufe Jesu, Versuchung Jesu, Verklärung Jesu, Wunder Jesu) und Hans Urs von Balthasar das „Mysterium Paschale" (Passion; Gang zum Kreuz, Ölberg, Preisgabe, Prozess, Verurteilung, Kreuzigung, Karsamstag, Ostern). Das Ergebnis ist sehr unterschiedlich ausgefallen. Wäh-

---

[66] Karl Rahner, Mysterien des Lebens Jesu, in: Kleines theologisches Wörterbuch, Freiburg 1961, 250.

[67] Alois Grillmeier, Geschichtlicher Überblick über die Mysterien Jesu im allgemeinen, in: MySal III/2 (Einsiedeln 1969) 3–22 (ursprünglich [1968] publiziert unter dem Titel „Das Mysterium und die Mysterien Christi" in der u. a. von Otto Semmelroth herausgegebenen Festschrift für Hermann Volk).

rend die Beiträge von Schulte und Schütz weitgehend eine Zusammenfassung dessen bieten, was die Exegese zu den betreffenden biblischen Topoi zu sagen hat, bietet Hans Urs von Balthasar eine „Theologie der drei Tage", die nicht nur am Schriftzeugnis, sondern auch an dem Grundsatz orientiert ist, dass jedes Detail (*concretum*) der biblisch bezeugten Leidens und Sterbens auf jeweils konkrete Weise das Ganze (*universale*) der Selbstoffenbarung Gottes enthält. Auch wenn der Text stellenweise durch Exkurse (über den Zusammenhang des nachexilischen Tempelkultes mit dem Sühnopfer Christi, zum Verhältnis von Kreuz und Philosophie, von Kreuz und Trinität, zur Theologiegechichte der Descensus-Interpretation, zur exegetischen Diskussion über die so genannten Erscheinungsberichte) überfrachtet erscheint, könnte eine zukünftige „Christologie der Mysterien des Lebens Jesu" an Balthasars Beitrag Maß nehmen. Denn ihm gelingt es beispielgebend, das biblisch bezeugte Detail als Ort der Begnadung der Adressaten Jesu zu erklären. Im Rahmen dieses kurzen Beitrags müssen drei Beispiele genügen:

- Unter dem Stichwort „Kreuzesereignisse" lesen wir: Der erhöhte Durchbohrte ist „die endgültige von Johannes selbst gesehene und feierlich vorgestellte (19,35) Meditationsikone, das ‚Ecce Deus', die letzte Darstellung und Auslegung des Gottes, den nie jemand sah (1,18). [...] Es ist das gleiche Bild, die Ikone des Vaters, verklärt und verwundet zugleich, die Thomas mit Händen betasten soll (20,26ff), obschon er am gläubigen Blick (Schauen, Erkennen, Glauben gehen für Johannes ineinander über) genug haben müsste."[68]
- Unter der Überschrift „Mitgekreuzigt" betont Balthasar, „dass der Sünder *als Sünder* am Kreuz Christi hängt, real und nicht nur in einer vagen Repräsentation"; und „dass ‚nicht ich leide, sondern Christus in mir leidet', der sich aus mir ein Organ für *seine* Erlösung geschaffen hat, dass wir also nicht *unser* Leiden, sondern ‚Christi Todesleiden an unserem Leibe tragen', damit auch nicht unser Leben, sondern ‚Jesu Leben an unserem sterblichen Fleische offenbar werde' (2 Kor 4,10f). [...] Dass für ihn ein objektiver Raum am Kreuz ausgespart und freigegeben ist, sagt Paulus mit der paradoxen Wendung: ‚Ich erstatte ergänzend [...] für den Leib Christi, die Kirche, an meinem Fleische, was von den Bedrängnissen Christi noch aussteht' (Kol 1,24)."[69]
- Unter dem Titel „Die „Lösung der Bande" heißt es: Die Kirche wird am Karsamstag „in eine Begleitung aus der Ferne verwiesen: Gregor von Nazianz

[68] Hans Urs von Balthasar, Mysterium Paschale, in: MySal III/2 (Einsiedeln 1969) 133–326; hier: 216.
[69] Balthasar (Anm. 68) 221.

ermahnt uns, am Abstieg des Herrn im Geist teilzunehmen [...] Thomas von Aquin wiederholt die Mahnung [...] Die Frage bleibt, wie solche Begleitung theologisch möglich sei – da der Erlöser stellvertretend in letzte Einsamkeit sich begibt – und ob sie anders als Begleitung gekennzeichnet werden kann als durch irgendwelche echte, das heißt christlich auferlegte Teilnahme an solcher Einsamkeit: mit dem toten Gott tot zu sein."[70]

Gerhard Ludwig Müller hat gegenüber der Pluralistischen Religionstheologie, gegenüber extremen Geist-Christologien und neuerlichen Versuchen der Trennung des verkündigenden Jesus vom verkündigten Christus eine Grundsatzreflexion zum Verhältnis von Christusereignis und Kirche, von Kirche bzw. Tradition und Schrift angemahnt. Seine Beiträge zu einer christologischen Erkenntnislehre[71] lassen sich m. E. in die folgenden fünf Leitsätze fassen:

(1) Weil das Ereignis der Selbstoffenbarung Gottes ein geschichtliches Ereignis – näherhin eine bestimmte geschichtlich greifbare Person – *ist*, wird das Wesen des Christentums immer dann verfehlt, wenn der verkündigende Jesus vom verkündigten Christus getrennt wird; oder wenn der geschichtliche Jesus der bloße Mittler einer Idee (z. B. der Idee der Einheit von Mensch und Gott), einer inneren Erfahrung bzw. eines transgeschichtlichen (unsichtbaren) Immediatverhältnisses des jeweils einzelnen Gläubigen zu Gott ist.

(2) Würde das Ereignis der Selbstoffenbarung durch die Geschichte nur angezeigt statt in Raum und Zeit geschehen, dann wäre der christologische Basissatz hinfällig. Denn dieser lautet: Mit dem Inkarnationsereignis kann das Sein und Wesen Gottes nicht mehr ohne seine Bestimmtheit durch Jesus Christus ausgesagt werden.

(3) Weil die Offenbarkeit Gottes eine geschichtlich existierende Person ist, wird seine Wahrheit nicht zuerst durch Begriffe und Theoreme „über" Jesus Christus, sondern durch die Praxis der glaubend, hoffend und liebend von Christus her und auf Christus hin lebenden Menschen erkannt und tradiert.

(4) Eine Wahrheit, die geschichtliches Ereignis bzw. Person ist, kann nicht begriffen, wohl aber bezeugt werden. Deshalb ist jede Interpretation oder theologische Reflexion des Christusereignisses etwas Nachträgliches.

---

[70] Balthasar (Anm. 68) 255.

[71] Vgl. Gerhard Ludwig Müller, Christologie – Die Lehre von Jesus Christus, in: Wolfgang Beinert (Hg.), Glaubenszugänge. Lehrbuch der katholischen Dogmatik, Bd. II, Paderborn 1995, 1–297; ders., Vom Vater gesandt. Impulse einer inkarnatorischen Christologie für Gottesfrage und Menschenbild, Regensburg 2005.

Sie entartet zur Spekulation oder gar Ideologie, wenn sie nicht strikt bezogen bleibt auf die Zeugnis- bzw. Traditionsgemeinschaft Kirche.

(5) Auch die biblischen Deutungen des Christusereignisses sind Epiphänomene der Traditionsgemeinschaft Kirche. Der einzige Unterschied der biblischen zu späteren christologischen Interpretationen liegt in ihrer Kanonizität. Weil das Glaubensbewusstsein des Anfangs kristallin geworden ist in den Schriften des Neuen Testamentes, kommt ihm für alle folgenden Epochen eine normierende Bedeutung zu. Das heißt: Die christologischen Interpretationen der Folgezeit dürfen den biblischen Interpretationen nicht widersprechen.

Diese grundsätzlichen Überlegungen des sechzigjährigen Bischofs von Regensburg werden auf ideale Weise konkretisiert durch das im November 2006 angekündigte und in seinem ersten Teil inzwischen erschienene Jesus-Buch von Papst Benedikt XVI[72].

---

[72] Joseph Ratzinger / Benedikt XVI., Jesus von Nazareth. Erster Teil. Von der Taufe im Jordan bis zur Verklärung, Freiburg 2007. – Vgl. die entsprechenden „Vorarbeiten“: Joseph Ratzinger, Jesus Christus, in: Ders., Einführung in das Christentum. Vorlesungen über das Apostolische Glaubensbekenntnis. Mit einem neuen einleitenden Essay, München 2000 [Erstaufl.1968], 181–312; ders., Thesen zur Christologie, in: Ders., Dogma und Verkündigung, München 1973, 133–136; ders., Zum Begriff des Sakramentes, München 1979; ders., Schauen auf den Durchbohrten. Versuche einer spirituellen Christologie, Einsiedeln 1984; ders., Auf Christus schauen. Einübung in Glaube, Hoffnung, Liebe, Freiburg 1989; ders., Jesus Christus heute, in: IKaZ 19 (1990) 56–70; ders., Ein neues Lied für den Herrn. Christusglaube und Liturgie in der Gegenwart, Freiburg 1995; ders., Unterwegs zu Jesus Christus, Augsburg 2003.

Theistische Offenbarung, Christologie und historische Kritik

von Sascha Müller

„Die ganze Geschichte des ‚Christentums' bis auf den heutigen Tag, die innere, wirkliche Geschichte desselben, beruht auf der ‚Parusieverzögerung'".
(Albert Schweitzer[1])

„Blüh auf, gefrorner Christ!
Der Mai ist vor der Tür,
Du bleibest ewig tot,
Blühst du nicht jetzt und hier!
(Angelus Silesius[2])

I. Problemstellung

Der Exeget Albert Schweitzer (1875–1965) möchte mit seiner „Lösung der konsequenten Eschatologie"[3] in der Sache auf ein Problem antworten, das der Philosoph Richard Schaeffler folgendermaßen beschreibt: „Auf welche Weise kann ein Wort, das inmitten der Zeit gesprochen wurde und deswegen bei seinen Sprechern wie bei seinen Hörern eine konkrete, historisch bedingte Weise ihres Anschauens und Denkens voraussetzte, universale Geltung beanspruchen?"[4] Schweitzer war mit außerordentlichen Begabungen gesegnet, aber eine gründliche philosophische Aufarbeitung der von ihm aufgeworfenen offenbarungstheologischen Probleme schien er nie erreicht zu haben. Dabei wäre es doch eine genuine Aufgabe des *Denkens* (Philosophie), die Identität des historischen Jesus in Identität und Nichtidentität mit Jahwe zu erforschen, denn: „Die anthropologische Basis aller christlichen Theologie ist die Einsicht in das Personsein des Menschen."[5] Wohl bemerkt Schweitzer:

---

[1] Geschichte der Leben-Jesu-Forschung. Tübingen ^{6}1951, 407.

[2] Zit. nach: Keller, Gottfried: Der grüne Heinrich. Zweite Fassung (Herausgegeben und mit einer Einleitung von Gustav Steiner). Zürich 1993, 831.

[3] Geschichte der Leben-Jesu-Forschung. Tübingen ^{6}1951, 390.

[4] Philosophische Einübung in die Theologie. Erster Band: Zur Methode und zur theologischen Erkenntnislehre (Scientia & Religio: Band 1/1. Herausgegeben von Markus Enders und Bernhard Uhde). Freiburg/München 2004, 398.

[5] Müller, Gerhard Ludwig: Christologie – Die Lehre von Jesus dem Christus, in: Bei-

„Die Zeit zieht herauf, wo Denken und Geschichte, nachdem die letztere über ein Menschenalter hindurch die religiösen Geister fast allein beschäftigt, wieder beide in ihre Rechte eintreten und nach Versöhnung streben. Diese kann darin bestehen, daß wir uns unserer wesentlichen Beziehung auf die Vergangenheit und zugleich unserer Freiheit von ihr bewußt werden, und die Religion nicht nur auf die Ueberlieferung und ihre Deutung, sondern auch, und dies viel mehr als bisher, auf den Geist gründen. Nur der letztere, nicht irgend eine Geschichtsauffassung vermag gegen die gebundene Religiosität zu streiten und den Freisinn, in seiner edelsten und tiefsten Form, durch Erkenntnis und Tat zum Siege zu führen."[6] Schweitzer selbst wählte für sich persönlich die Tat, indem er die universale Geltung des WORTES in einer universalen Ethik der Ehrfurcht vor dem Leben erblickte; aber der Geist in seiner theoretischen Dimension als Erkenntnis (Philosophie) blieb bei ihm als Desiderat weitgehend offen. Schweitzers Aussage läßt sich jedoch für die Theologie der Gegenwart als Aufforderung deuten, nicht einfachhin tradierte Gewohnheit zum Glaubens-Maßstab zu erheben[7]; denn gegen eine solche hatte bereits Jesus besonders in seiner Bergpredigt (vgl. Mt 5,1–7,29) Einspruch erhoben („Ich sage euch aber"). Vielmehr gilt es, im *Denken hier und jetzt*, also durchaus geschichtlich bedingt, Jesu Verkündigung vom Reich Gottes in ihrem *universalen Wahrheitsanspruch* zu entfalten: Theismus, Christologie und historische Kritik sind für den Menschen „da" nur im Denken, im Geist[8].

---

nert, Wolfgang (Hrsg.), Glaubenszugänge. Lehrbuch der Katholischen Dogmatik: Band 2. Paderborn-München-Wien 1995, 1–297, hier: 3.

[6] Geschichte der Leben-Jesu-Forschung. Tübingen ^{6}1951: Vorwort zur zweiten Auflage (1913), XX.

[7] Joseph Ratzinger notiert: „Bei den Kirchenvätern erscheint ‚Gewohnheit' geradezu als Synonym zu Heidentum" (Unterwegs zu Jesus Christus. Augsburg 2003, 76 [Anm. 18]). Denn schließlich: „‚Christus hat sich die Wahrheit genannt, nicht die Gewohnheit'" (Einführung in das Christentum. Augsburg 2005, 130, mit Verweis auf: Tertullian, De virginibus velandis I,1: CChr II, 1209).

[8] Hier eben gilt es über Schweitzer hinauszugehen und den auch von ihm verwendeten Begriff *Geist* philosophisch zu verstehen: „Wodurch der Mensch Mensch ist, ist der Gedanke überhaupt, der konkrete Gedanke, näher dies, daß er Geist ist" (Hegel, G.W.F.: Vorlesungen über die Philosophie der Religion: I [Werke: 16]. Frankfurt/M. ^{4}2000). Und bereits Augustinus schreibt: „[I]m Denken nämlich erscheint die Einsicht, welche von jener Einsicht stammt, die schon im Gedächtnis war, aber verborgen.' (zit. nach: Grabmann, Martin: Gesammelte Akademieabhandlungen, 37, mit Verweis auf: De Trinitate 1. XV c. 26 n. 40)."

II. Die Universalität der Wahrheit: Kern des Theismus und der Christologie

1. Was ist Wahrheit?

Eine – wenn auch implizite – Kenntnis *der* ontologischen (metaphysischen) Wahrheit ist die Voraussetzung allen Zuwachses an Welt-Wissen[9]; und dies stellt – auch im Sinne von Aristoteles – keine *petitio principii* dar. „Die in dem selbstbewussten Subjekt anwesende implizite Seinsintuition ist dasjenige, was die Dynamik der Erkenntnis (und – fügen wir hinzu – des freien Wollens) begründet."[10]

Nochmals: „Was ist Wahrheit?" (Joh 18,38) Daß diese Frage gerade Jesus selbst zu hören bekam, ist bezeichnend. Denn das (metaphysische) Wissen um *die* Wahrheit gibt die Grundlage der Christologie ab. Eine (legitime wie illegitime) Revision der Metaphysik bleibt nicht ohne Konsequenzen für die Christologie als bereits philosophisch zu erhellende Thematik. Georg Essen z. B. nennt die Aufgabe neuzeitlicher Verstandesanalytik und meint: „Gefordert ist deshalb der Entwurf einer neuen christologischen Denkform, die die von Kant aufgeworfenen Fragen und Einsichten produktiv bewältigen muss. Würde sich die Christologie diese gewiss kritische, aber eben auch konstruktive Auseinandersetzung vom Leibe halten wollen, würde sie sich in einen theologischen Binnendiskurs einschließen und wäre somit der Möglichkeit beraubt, auch im Kontext der Moderne ihr Sinnpotential einzubringen."[11] Helmut Hoping spricht sich für „eine Transformation des im Rahmen der klassischen Metaphysik formulierten christlichen Theismus" aus und meint: „Was schließlich die Christologie betrifft, so bemüht sich die systematische Theologie schon seit längerem darum, das Christusereignis nicht mehr einfach mit Hilfe der metaphysischen Begriffswelt des christologischen Dogmas zur Sprache zu brin-

---

[9] Vgl. Thomas von Aquin: Sth I-II, q. 109, a. 1, ad 1. „Es zählt allein die Kraft des Arguments und nicht die Herkunft dessen, der etwas vertritt; zwischen ‚heilig' und ‚profan' fallen die Trennungswände, es gibt nur eine Wahrheit und die ist zugleich ‚heilig' und ‚weltlich'. Man braucht sie nicht zu taufen, sie zu christianisieren, ihr nicht einen frommen Mantel überziehen, denn sie ist als Wahrheit immer schon christlich, weil sie aus Gott stammt (Horst, Ulrich: Thomas von Aquin. Der Wahrheit verpflichtet. Katholische Kirchenstiftung St. Kajetan [Hrsg.]. München o. J., 7)."

[10] Weissmahr, Béla: Die Wirklichkeit des Geistes. Eine philosophische Hinführung. Stuttgart 2006, 166.

[11] Abschied von der Seelenmetaphysik. Eine theologische Auslotung von Kants Neuansatz in der Subjektphilosophie, in: Ders.; Striet, Magnus (Hrsgg.), Kant und die Theologie, Darmstadt 2005, 187–223, hier: 216.

gen."[12] Hier avanciert die (nach-klassische) Metaphysik zur Kritikerin des Dogmas, da sie beansprucht, eine neue, verbindliche Interpretation überlieferter Erfahrungen vorzulegen. Unabhängig davon, ob man Essen und Hoping im Detail zustimmt, bleibt Eines klar: Nicht schon exegetische und historische Erwägungen als solche bilden den hinreichenden Grund für die Annahme einer Dogmenentwicklung[13], denn es geht um die *ontologischen* Implikationen von Bibel und Geschichte. Ebenso genügt es nicht, ein verändertes Metaphysik*verständnis eo ipso* als Legitimierung dogmatischer Revisionen anzuführen, sondern es gilt, dem Sachanspruch selbst *mit* hermeneutischer Aktualisierung gerecht zu werden, – im Licht *der* Wahrheit[14].

2. Kontingenz – Präsens – Präsenz

Bereits der antike Philosoph Kelsos wollte mit seinem im Jahre 178 n. Chr. verfaßten Werk dem „Wahren Wort" in seiner Universalität auf die Spur kommen, wobei er die historische Kontingenz des Christentums karikiert: „Ueberall aber ist dort [sc. im Christentum] das Holz des Lebens und Auferstehung des Fleisches vom Holz, deswegen, meine ich, weil ihr Lehrer an ein Kreuz angenagelt wurde und ein Zimmermann war in seiner Kunst. Aehnlich so, wenn jener zufällig von einem Abhang hinuntergeworfen oder in einen Abgrund gestossen

---

[12] Weisheit als Wissen des Ursprungs. Philosophie und Theologie in der „Summa contra gentiles" des Thomas von Aquin, Freiburg i.Br. 1997, 465.

[13] „Woraus schöpft der Theologe seine Erkenntnis Christi? [...] Letzte Quelle der Theologie ist Gottes Offenbarung. Davon zeugt uns die apostolische Überlieferung und in einzigartiger Weise deren schriftlicher Niederschlag, die Bibel. Das Evangelium wird uns nun nicht primär durch das Lesen der Schrift, sondern durch die lebendige, vom Geist getragene Verkündigung der Kirche übermittelt. Die kirchliche Verkündigung und das kirchliche Glaubensbewußtsein ist daher auch eigentliche und unmittelbare Quelle der Theologie, die Heilige Schrift ist das dagegen nur, insofern ihr Inhalt auch den Inhalt der kirchlichen Verkündigung bildet (Reinhardt, Klaus: Der dogmatische Schriftgebrauch in der katholischen und protestantischen Christologie von der Aufklärung bis zur Gegenwart. Paderborn 1970, 425; 427)."

[14] „Der Dogmatiker wird sich nicht damit zufrieden geben, daß er z. B. weiß, was Paulus und Johannes über Jesus gedacht haben; er will vielmehr die von den Hagiographen gemeinte ‚Sache', in unserm Falle also Jesus Christus, begreifen. Man kann diese auf die Sache, also das Wesen abzielende Frage die ontologische Aufgabe der Dogmatik nennen. Das ontologische Ziel der Dogmatik ist zugleich ein systematisches Ziel: von der Sache her läßt sich die Vielheit der Zeugnisse und der Aspekte in ihrer inneren Einheit verstehen" (Reinhardt, Klaus, a. a. O., 436).

oder mit einem Seil erstickt worden wäre oder ein Schuster oder Steinmetz oder Eisenarbeiter gewesen wäre, ginge wohl über die Himmel hinaus der Abhang des Lebens oder der Abgrund der Auferstehung oder der Strick der Unsterblichkeit oder der selige Stein oder das Eisen der Liebe oder heiliges Leder."[15] Kelsos vermag es nicht, die historische *Vita Jesu* mit seiner Vorstellung von der Wahrheit zu vermitteln; viel zu zufällig ragt für ihn das Leben des Nazoräers in den Weltenlauf hinein, als daß sich daraus ein verbindlicher Anspruch für alle Völker ableiten ließe. Der Grund für dieses Unvermögen liegt im Ausfall des Schöpfungs- und Erlösungsbegriffs: Kelsos verkannte die theistische Offenbarung Israels und damit die „Einsicht in das Personsein des Menschen" (G.L. Müller), die der hermeneutische Horizont für das Verstehen der Person Jesu Christi bleibt. Der Theismus, wie ihn z. B. Thomas von Aquin vertritt, verdankt zwar seine Genese der jüdisch-christlichen Tradition, stellt aber in der Sache eine (person-)philosophische (= dogmatische) Position dar und bezieht seine Geltung im Denken *der* Wahrheit. Für die *Summa theologiae* des Aquinaten gilt: Die innergeschichtliche Vita Jesu zwischen Empfängnis und Kreuzestod wird dabei in all ihren Einzelheiten für den Geltungszusammenhang der grundlegenden theologischen (Pars Prima) und anthropologischen (Pars Secunda) Einsichten nicht entscheidend; trotzdem kann sie in die *Wahrheit* des Theismus vermittelt werden, da die Person Jesu in ihrem grundlegenden Wahrheitsanspruch (vgl. Joh 14,6) auch geschichtliche Zeugin der Wahrheit ist: „viam veritatis nobis in seipso demonstravit"[16].

Jesus gibt in seiner menschlichen Freiheit Zeugnis vom Reich Gottes (vgl. Mt 12,28; Lk 11,20) und – hier hat Albert Schweitzer wohl Richtiges gesehen – vertritt dabei die Universalität einer konsequenten Eschatologie, die zugunsten des *Präsens* der Gottesherrschaft traditionelle Erfahrungen auf diese Wahrheit hin theologisch interpretieren kann: „Eschatologie ist ja nichts anderes als dogmatische Geschichte, welche in die natürliche hineinragt und sie aufhebt."[17] Schweitzer gibt ein (bis heute exegetisch umstrittenes[18]) Beispiel: „Jesus behauptet sogar, daß über den Elias geschrieben stehe, was die Menschen mit dem Täufer getan haben (Mk 9,13). Es bleibt uner-

---

[15] Kelsos: Wahres Wort (Älteste Streitschrift antiker Weltanschauung gegen das Christentum vom Jahr 178 n. Chr. Wiederhergestellt, aus dem Griechischen übersetzt, untersucht und erläutert, mit Lukian und Minucius Felix verglichen von Theodor Keim). Aalen 1969 (Nachdruck der Ausgabe Zürich 1873), 89f.

[16] Sth III, Prologus.

[17] Geschichte der Leben-Jesu-Forschung. Tübingen [6]1951, 391.

[18] Vgl. Pesch, Rudolf: Das Markusevangelium (HThK NT: II/2), 81.

findlich, welche Stelle er gemeint haben kann. Daß er derartiges in einer für uns verlorenen Apokalypse gelesen habe, ist auch nicht anzunehmen. Es ist unmöglich, daß der wiederkommende Elias jemals als leidende Figur vorgestellt wurde."[19] Jesu Denken orientiert sich an der endgültigen *Präsenz* der göttlichen Wahrheit; sie ist der Maßstab, um das Kontingente zu deuten. Die Ekklesia Israel war der geistige Raum, in dem solch eschatologisch-theistisches Denken entstehen konnte[20].

3. Theismus und historische Kritik

Wie verhalten sich ob dieser Präsenz Dogma und historische Kritik?[21] In jedem Fall gilt: Nicht weil die christliche Kirche etwas behauptet, ist es wahr, sondern sie behauptet es (als Dogma), weil es *wahr ist*. Ein sächsischer Pastoren-Sohn hat Recht, wenn er sagt: „Doch man wird es begriffen haben, worauf ich hinaus will, nämlich daß es immer noch ein *metaphysischer Glaube* ist, auf dem unser Glaube an die Wissenschaft ruht – daß auch wir Erkennenden von heute, wir Gottlosen und Antimetaphysiker, auch *unser* Feuer noch von dem Brande nehmen, den ein jahrtausendealter Glaube entzündet hat, jener Christen-Glaube, der auch der Glaube Platos war, daß Gott die Wahrheit ist, daß die Wahrheit göttlich ist"[22].

---

[19] Geschichte der Leben-Jesu-Forschung. Tübingen [6]1951, 420 (Anm. 1).

[20] Vgl. Schaeffler, Richard: Philosophische Einübung in die Theologie. Dritter Band: Philosophische Einübung in die Ekklesiologie und Christologie (Scientia & Religio: Band 1/3. Herausgegeben von Markus Enders und Bernhard Uhde). Freiburg/München 2004, 223.

[21] Hegel z. B. erkennt den ontologischen Primat *der* Wahrheit vor historisch-kritischer Quellensichtung: „In neuerer Zeit hat ebenso die Theologie in der Exegese ein Gewicht darauf gelegt, in wie vielen Codices diese oder jene fragliche Stelle sich findet. So ist eine Stelle im Neuen Testament, welche nach dem griechischen Text heißt: Gott ([abbreviert] Θς) hochgelobt in Ewigkeit; ein altes Stück in Oxford gefundenes Pergament dagegen sagt: welcher [Θς] (Christus) hochgelobt in Ewigkeit; eine Verschiedenheit, die durch den Strich im Θ hervorgebracht wird; nun hat man aber wieder nachgewiesen, daß der Strich von der andern Seite durchscheint, usf. Wenn die Kritik von dem, was wir von der Natur Gottes wissen, auf solche Dinge verfällt, so sind dies Zeugnisse, die keine Zeugnisse sind. Der Inhalt der Religion ist die ewige Natur Gottes, nicht solche zufällige, äußerliche Dinge" (Hegel, a. a. O., 211f.).

[22] Nietzsche, Friedrich: Die fröhliche Wissenschaft V 344: Werke II (ed. Karl Schlechta). Frankfurt/M. 1972, 208.

Doch lange vor Nietzsche hat diese weltanschauliche Grundeinsicht der Evangelist und (liebende) Transzendentalphilosoph Johannes auf den Punkt gebracht: „Und der, der es gesehen hat, hat es bezeugt, und sein Zeugnis ist wahr. Und er weiß, daß er Wahres berichtet, damit auch ihr glaubt (Joh 19,35)." Wohl gemerkt: Nicht *weil* Johannes etwas bezeugt, ist es wahr, sondern er bezeugt es, weil es *wahr ist.* Es handelt sich keineswegs um ein vages Meinen, um Hypothesen; vielmehr geht es um ein echtes *Wissen*, das freilich nicht nochmals aus einem übergeordneten Prinzip heraus bewiesen werden kann, denn wie anders könnte Wahres erkannt werden denn in *der* Wahrheit? Zum Wesen des gewußten Wahren gehört es nicht, aktual bewiesen werden zu können. Dies hat auch Jesus gewußt, weshalb diese Generation kein Beweis-Zeichen kriegt (vgl. Mt 12,39; 16,4. Lk 11,29). Nicht *weil* der historische Jesus etwas sagte, ist es wahr, sondern er sagte es, weil es *wahr ist*: „Ich bin der Weg und die Wahrheit und das Leben (Joh 14,6)." Freilich soll hier die Person des LOGOS, nicht das empirische Ich Jesu als Hauptsprecher augenfällig werden; diese Aussage entstammt der Reflexionsleistung des Evangelisten Johannes[23]: Das Christentum ist nicht deshalb wahr, *weil* der Mensch Jesus von Nazareth dies und jenes behauptete, sondern er tat dies, weil es *wahr ist.* „Ich und der Vater sind eins (Joh 10,30)." Es gibt keine *spezifisch* christliche Wahrheit, sondern allein *die* Wahrheit, die Jesus von Nazareth *für* das Wollen und Erkennen der Menschen restituiert hat („mirabiliter condidisti, et mirabilius reformasti"). Was sonst sollte die Aussage: „DEI VERBUM religiose audiens et fidenter proclamans, Sacrosancta Synodus verbis S. Ioannis obsequitur dicentis: ‚Adnuntiamus vobis vitam aeternam, quae erat apud Patrem et apparuit nobis: quod vidimus et audivimus adnuntiamus vobis, ut et vos societatem habeatis nobiscum, et societas nostra sit cum Patre et cum Filio eius Iesu Christo' (I Io. 1, 2–3)"[24], anderes bedeuten als: Der Neue Bund konstruiert nicht *die* Wahrheit, sondern bezeugt sie so, wie *Jesus* sie bezeugt: Als *Präsenz* JAHWES, die schon immer durch den LOGOS, das VERBUM *ontologisch* unüberholbar grundgelegt ist: „denn sie tranken aus dem Leben spendenden Felsen, der mit ihnen zog. Und dieser Fels war Christus (1 Kor 10,4)", d. h. der LOGOS. Die Inkarnation ist ein hermeneutisches Ereignis („apparuit nobis"), um das, was im Anfang geschah (Gen 1,1; Joh 1,1) *allen* Völkern end*gültig* kundzutun[25]: die zur *historischen* Menschwer-

---

[23] Vgl. Schnackenburg, Rudolf: Das Johannesevangelium (HThK NT: IV/3), 73.

[24] DV 1.

[25] „Mit den Worten H. BLUMENBERGS: Es gibt keine stärkere Bestätigung der ‚endgültige(n) und unüberbietbare(n) Wohlgelittenheit der Menschen bei ihrem Gott' als

dung Gottes in einem Individuum drängende Dynamik der Schöpfung, die bereits das eigentliche *ontologische* Argument („*Dii estis* [Joh 10,34]".) für das Christusereignis ist[26]. Auf den Einwand hin, kein Mensch könne behaupten, JAHWE zu sein (vgl. Joh 10,33), läßt Johannes Jesus mit einem Psalmenwort (Ps 82,6) kontern, das interessanterweise als zum Gesetz gehörig gezählt wird („ἐν τῷ νόμῳ" / „in lege")[27]: „Heißt es nicht in eurem Gesetz: *Ich habe gesagt: Ihr seid Götter*? Wenn er jene Menschen Götter genannt hat, an die das Wort Gottes ergangen ist [ὁ λόγος τοῦ θεοῦ], und wenn die Schrift nicht aufgehoben werden kann, dürft ihr dann von dem, den der Vater geheiligt und in die Welt gesandt hat, sagen: Du lästerst Gott – weil ich gesagt habe: Ich bin Gottes Sohn?" (Joh 10,34–36). Die von der Schrift bezeugte Wahrheit – das „Gesetz der Freiheit" (Jak 1,25; 2,12) – bleibt: *Theozentrische* Freiheit, die Gott im Anfang durch seinen LOGOS (Joh 10,35) grundgelegt hat, damit sie „gerecht und gerade (iustus et rectus)" (Dtn 32,4; vgl. 1,16) sei; die ungerechten Richter (dieser Welt) aus Ps 82 haben ihren νόμον ἐλευθερίας verraten: Das Erbteil, das Gott gehört und *in ihm* allen Völkern (vgl. Ps 82,8) (= *Communio Sanctorum*). Die Zuwiderhandlung gegen das Gesetz der Freiheit stemmt sich gegen *die* Wahrheit selbst.

Im Christus-Ereignis überholt der LOGOS nicht sich selbst, sondern erscheint – welche Gnade! – als Menschenkind. Gott *ist* die Wahrheit. Die Wahrheit *ist* Gott: „θεὸς ἦν ὁ λόγος" (Joh 1,1). „Denn was ich gesagt habe, habe ich nicht aus mir selbst, sondern der Vater, der mich gesandt hat, hat mir aufgetragen, was ich sagen und reden soll (Joh 12,49)." Wie kommt Johan-

---

die ‚Immersion des Gottessohnes in die Menschennatur'. Die Inkarnation bedeutet ‚einen absoluten Realismus der Festlegung göttlicher Gunst auf den Menschen'. Der Glaube an sie führt an den für die Begründung der Menschenwürde denkbar tiefsten und sichersten Punkt" (Göbel, Wolfgang: Der Mensch im Licht der Inkarnation. Thesen zur theologischen Eigenheit der Pastoralkonstitution „*Gaudium et spes*", in: Euler, Walter Andreas [Hrsg.], 40 Jahre danach. Das Zweite Vatikanische Konzil und seine Folgen. Trier 2005, 71–90, hier: 83, mit Verweis auf: Hans Blumenberg, Arbeit am Mythos. Frankfurt/M. 1979, 30).

[26] Sachlich muß ja, soll es überhaupt eine wirkliche *Selbst*mitteilung Gottes an endliche Freiheit geben können, die mit dem LOGOS verbundene Menschen*natur* als Möglichkeitsbedingung aller (historischen) Heilsgeschichte „je schon" bei Gott realisiert sein (– eine überhistorische Heilsgeschichte ereignet sich nach meinem Verständnis in der *visio*, die für den Menschen immer Bezug zu Geschichtlichkeit bedeutet). Daß hier die für die Theologie immer noch nicht befriedigend spekulativ durchdachte Universaliendebatte neu aufzunehmen wäre, kann jetzt nur angedeutet werden.

[27] Das nach Mt 5,18 ja ohne *Wenn* und *Aber* bestehen bleibt.

nes auf die geniale Einsicht, daß das Wesen des Christentums *die* Wahrheit aller Menschen, *die* Wahrheit dessen, was es heißt, frei zu sein, ist? Wie gesagt: Johannes war *geliebter* und *liebender* Transzendentalphilosoph (vgl. Joh 19,35), der in der Sache die Valenz des ontologischen Arguments: „quo nihil maius cogitari possit" (Anselm von Canterbury), erkannte.

Die Gretchenfragen an die historisch-kritische Bibelauslegung lauten also: Wie hältst Du es mit dem Theismus, wie hältst Du es mit der Liebesfähigkeit (Freiheit) des Menschen? Der harte Kern der Christologie ist der Theismus im Zeugnis menschlicher Freiheit; er ist die Voraussetzung für die Möglichkeit der christologischen Ursynthese. Jene Exegeten, die aus vermeintlich historisch-kritischen Gründen die christologische Ursynthese als „textfern" ablehnen, zeigen in Wahrheit ihre Vorbehalte gegenüber dem Theismus, denn das anselmische „quo nihil maius cogitari possit" verschließt sich nicht der Möglichkeit, daß Gott Mensch werden kann. G.W.F. Hegel hat in diesem Punkt Recht: Das Christentum ist die absolute Religion, denn Gott wird Mensch. Was Hegel jedoch übersieht, ist der unentbehrliche Wurzelgrund (vgl. Röm 11,16–18) für diese Absolutheit: Der Theismus der Ekklesia Israel, der im Gottesknecht die endgültige (eschatologische) Befreiung von Gottlosigkeit (Sünde) erblickt und deshalb damit rechnet, daß Gott Mensch werden kann, denn – die Pharisäer sehen es richtig: „Wer kann Sünden vergeben außer dem einen Gott?" (Mk 2,7) Auch Jesus läßt das ontologische Argument gelten: Er begründet den Theismus Israels nicht neu, sondern rekurriert auf ihn („Am Anfang [ἀπ᾽ ἀρχῆς] war das nicht so" [Mt 19,8][28]), genauer: auf die Freiheitsgeschichte seines Volkes. Der Theismus verrät die Wahrheit des Menschen: Freiheit interpretiert sich je schon im Licht unbedingter (= trinitarischer) Selbstbezüglichkeit: „Denn in ihm leben wir, bewegen wir uns und sind wir, wie auch einige von euren Dichtern gesagt haben: Wir sind von seiner Art" (Apg 17,28). Das Geschichtsbewußtsein Israels ist kritisch und hermeneutisch zugleich, d. h. es hat erkannt, daß diese Welt niemals aus eigenen Kräften zu Frieden für Ferne und Nahe finden werde (vgl. Jes 57,19) (= Kritik), aber das heilige Volk dennoch ein Potential bezeugt, das die Ankunft des Ewigen selbst möglich macht (= Hermeneutik) (vgl. Jes 9,5): „Seht, mein Knecht hat Erfolg, er wird groß sein und hoch erhaben" (Jes

---

[28] Wohl gilt nach 1 Joh 3,8 auch, daß „ἀπ᾽ ἀρχῆς" der Diabolos gegen das *Gesetz der Freiheit* sündigt und polemisiert, so daß das *historische* Erscheinen des Gottes-Sohnes („ἐφανερώθη") diese Ur-Sünde gegen *die* Wahrheit end*gültig* als irriges Werk überführt und damit auflöst („λύσῃ"). Freilich wurde durch diese Polemik das Wesen der Freiheit selbst nicht zerstört.

52,13). Die Freiheitserfahrungen Israels sind bereit für eine konsequente Eschatologie. Jesus hat diese Erfahrungen *mit*vollzogen, und den Dialog mit Gott dergestalt weitergeführt, daß er erkannte: Befreites Handeln und Denken in Liebe ist nur dem möglich, der schon befreit ist: vor aller Leistung, trotz aller Schuld. Wie könnte jemals alles sehr gut werden, wenn nicht je schon alles sehr gut wäre (vgl. Gen 1,31)? „Hab Vertrauen, mein Sohn, deine Sünden sind dir vergeben!" (Mt 9,2) Das Potential Israels wartet auf solch eine Zusage aus menschlichem Munde. Jesus ersetzt diesen zu solcher Freiheitserfahrung ermächtigenden Gott nicht, sondern legt ihn end*gültig* aus: „... weil es mir nicht um meinen Willen geht, sondern um den Willen dessen, der mich gesandt hat" (Joh 5,30). Jesus mußte bis zu seinem Kreuzestod nicht wissen, daß er seinen personalen Selbstand im LOGOS hat. Die im Licht des Ostermorgens sich entfachende Christologie widerspricht dem Selbstverständnis Jesu deshalb nicht, weil er sich vor Ostern mit den eschatologischen Freiheitserfahrungen Israels (Theismus) identifiziert, die prinzipiell mit einer Ankunft göttlicher Freiheit in Menschengestalt rechnen. Und Jesus wurde als der eschatologische Knecht (vgl. Apg 3,13; 3,26) bestätigt (vgl. Röm 1,4): „Diesen Jesus hat Gott auferweckt, dafür sind wir alle Zeugen (Apg 2,32)." Wahre Christologie ist eschatologisch-restituierter Theismus: Gegenwart der βασιλεία; hier treffen sich Juden und Christen. Der Schleier auf Israels Herzen (vgl. 2 Kor 3,15) ist gnoseologisch zu verstehen, nicht ontologisch, denn Gott hat sein Sein *pro nobis* bereits *im* Anfang (vgl. Gen 1,1; Joh 1,1) grundgelegt, der zwar historisch bezeugt wird, aber selbst kein Ereignis-Geschehen *in* der Geschichte ist. Der erste Glaubensartikel des Credo wird nicht historisch-kritisch, sondern philosophisch begründet. Jesus drängt zum Vater. Hätte die Ekklesia Israel diesen Vater nicht bezeugt, der die Einheit des Menschengeschlechtes verbürgt, sondern der Welt nur schattenhafte Gottesbilder eines letztlich unbekannt bleibenden Numinosums vorzuweisen gehabt, dann wäre die christologische Ursynthese ein fideistischer Akt gewesen. Hier liegt auch die Verderblichkeit Adolf Harnacks, dessen unmetaphysischer Historismus[29]

[29] „Was ist Christentum? – lediglich im historischen Sinn wollen wir diese Frage hier zu beantworten versuchen, d. h. mit den Mitteln der geschichtlichen Wissenschaft und mit der Lebenserfahrung, die aus erlebter Geschichte erworben ist. Damit ist die apologetische und die religionsphilosophische Betrachtung ausgeschlossen" (Das Wesen des Christentums. Sechzehn Vorlesungen vor Studierenden aller Facultäten im Wintersemester 1899/1900 an der Universität Berlin gehalten. Leipzig ^{4}1901, 4). In der Sache erteilt Harnack hier dem Hegelschen Programm des *Denkens des Geistes* eine Absage.

den personalen Gottesgedanken erstickt und sich im Grunde an das numinose „Real“ annähert, das in jüngerer Zeit John Hick propagiert. Wer demgegenüber verstanden hat, daß Gott – *die* Urwirklichkeit – für den Menschen allein im Sohn „da“ ist, daß – nun metaphysisch gesprochen – die Hypostatische Union die einzig mögliche Antwort auf die Frage: „Wie kann endliche Freiheit überhaupt die personale *Selbst*mitteilung Gottes erfahren?“ darstellt, erkennt in Harnacks Diktum: *„Nicht der Sohn, sondern allein der Vater gehört in das Evangelium, wie es Jesus verkündigt hat, hinein.“*[30] eine ontologisch falsche Opposition. Denn: „das Paradox des Zugleich von Absolutem und Endlichem, Gott und Von-ihm-Wissen(den)“[31] kann nur durch den mit der Menschennatur vereinten LOGOS aufgehoben werden. Das originäre gnoseologische Korrelat des Theismus ist eine transzendentalphilosophisch vertiefte Person- und Dialogphilosophie. Die historische Kritik erweist sich dabei als unentbehrliche Methode, um die im Kontext der Ekklesia Israel stehenden Anliegen des historischen Jesus zu eruieren; deren Zentrum: Die Gegenwärtigkeit der βασιλεία τοῦ θεοῦ.

III. Die Wahrheit des Christentums: Präsenz der heilen Freiheit

„Darum verlangt es [sc. das Ich] nun nach Gott selbst. *Ihn*, *Ihn* will es haben, den Gott, der handelt, bei dem eine Vorsehung ist, der als ein *selbst thatsächlicher dem Thatsächlichen des Abfalls entgegentreten* kann, kurz der der HERR des Seyns ist“. [...] Denn Person sucht Person.“[32] Von dieser Einsicht war Jesus durchdrungen. „Denn nur Persönliches kann Persönliches heilen, und Gott muß Mensch werden, damit der Mensch wieder zu Gott komme. Mit der hergestellten Beziehung des Grundes auf Gott ist erst die Möglichkeit der Heilung (des Heils) wiedergegeben.“[33] Jesu bedingungslose

---

[30] Das Wesen des Christentums, 91.

[31] Splett, Jörg: Christologie – philosophisch, in: Batlogg, Andreas R.; Delgado, Mariano; Siebenrock, Roman A. (Hrsgg.), Was den Glauben in Bewegung bringt. Fundamentaltheologie in der Spur Jesu Christi (FS Karl H. Neufeld), Freiburg 2004, 423–440, hier: 435.

[32] Schelling, F.W.J.: Philosophie der Mythologie: Sämmtliche Werke, 2. Abtheilung, 1. Band. Stuttgart-Augsburg 1856, 566.

[33] Schelling, F.W.J.: Philosophische Untersuchungen über das Wesen der menschlichen Freiheit: Sämmtliche Werke, 1. Abtheilung, Band 7 [Werke von 1805–1810]. Stuttgart-Augsburg 1860, 380.

Ansage der *Gegenwart* der Wahrheit wurde von Gott durch ein universal gültiges Ereignis bestätigt (vgl. Apg 3,13). „Die Auferstehung Christi ist das entscheidende Factum dieser ganzen höheren, vom gemeinen Standpunkt freilich nicht begreiflichen Geschichte. Thatsachen wie die Auferstehung Christi sind wie Blitze, in welchen die höhere, d. h. die wahre, die innere Geschichte in die bloß äußere hindurchbrechend hereintritt. Wer diese Thatsachen hinwegnimmt, verwandelt sich die Geschichte in eine *bloße* Aeußerlichkeit, das, was ihr Halt, Werth und ihre einzige Bedeutung gibt, ist mit jenen Factis zugleich hinweggenommen, und wie öd, leer und todt, wie alles göttlichen Inhalts beraubt, erscheint die Geschichte, wenn sie ihres Zusammenhangs mit jener inneren göttlichen, transcendenten Geschichte beraubt ist, welche eigentlich erst die *wahre* Geschichte, die Geschichte κατ᾽ἐξοχήν ist! – Außer dem Zusammenhang mit *dieser* ist zwar eine äußere, gedächtnißartige Kenntniß der Begebenheiten, aber eigentlich nie der wahre Verstand der Geschichte möglich. [...] Die äußere Geschichte nicht *aufzulösen* in jene höhere, aber ihren Zusammenhang mit dieser zu erhalten, dieß muß unter anderm auch eine der Wirkungen seyn einer – Philosophie der Offenbarung."[34] Mit dem Stichwort der *Philosophie der Offenbarung* schließt sich der Kreis: Es geht um das *Person-Denken*, den tätigen Geist, die allein die „‚Parusieverzögerung'" als „die innere, wirkliche Geschichte" des Christentums (vgl. Anfangsmotto von Albert Schweitzer) bewältigen können. Ob vor oder nach Ostern, – die Grundsituation ist dieselbe: Jesu Person wird (freilich nur im Heiligen Geist) durch einen Akt der Interpretation, durch menschliche *Freiheit* gegenwärtig, die im bis heute andauernden Zeitalter des Realismus die „Gegenwart selbst des Gegenwärtigen"[35] nicht zur Fiktion erklärt: „Blüh auf, gefrorner Christ! / Der Mai ist vor der Tür, /

---

[34] Schelling, F.W.J.: Philosophie der Offenbarung: Sämmtliche Werke, 2. Abtheilung, 4. Band. Stuttgart-Augsburg 1858, 219f.

[35] „Die Gegenwart selbst des Gegenwärtigen kommt gewöhnlich nicht eigens zur Gegebenheit. Wenn dies in seltenen Fällen doch geschieht, spricht man von einem ‚Präsenzerlebnis': Nicht die gegenwärtigen Dinge, sondern das Eigentümliche ihrer Gegenwart selbst tritt in den Vordergrund. Dieses außergewöhnliche Erleben von Gegenwart unterscheidet sich von dem alltäglichen Erleben insbesondere durch seine ganz eigene Färbung: Die erlebte Gegenwart wird als Geschenk empfunden, als Gabe, die dieses Erleben gleichzeitig trägt und erfüllt" (Drewsen, Margarethe; Fischer, Mario: Vorwort, zu: Dies. [Hrsgg.], Die Gegenwart des Gegenwärtigen [Festschrift für P. Gerd Haeffner SJ zum 65. Geburtstag]. Freiburg/München 2006, 11–14, hier: 12, mit Verweis auf: Haeffner, Gerd: Präsenz, in: ders. Wege in die Freiheit. Philosophische Meditationen über das Menschsein. Stuttgart 2006).

Du bleibest ewig tot, / Blühst du nicht jetzt und hier!" (vgl. Anfangsmotto von Angelus Silesius)

Und im *Denken* dieser *Freiheit* geschieht Wunderbares: Schelling spricht von Blitzen, und denkt damit – Albert Schweitzer könnte zufrieden sein – konsequent eschatologisch: Jesu Verherrlichung steht für den Aufmerksamen nicht als ein einsam-singuläres Ereignis der Vergangenheit da, weit entfernt vom *Jetzt* des Atmens und Sinnens:

„Haben Sie ein Blatt gesehen, ein Blatt vom Baum?" (Kirillow)

„Ja." (Stawrogin)

„Ich sah vor kurzem ein gelbes, kaum mehr grünes, es war an den Rändern angefault. Der Wind trieb es umher. Als ich zehn Jahre alt war, schloß ich im Winter manchmal absichtlich die Augen und stellte mir ein grünes Blatt vor, ein lebhaft grünes mit Äderchen, und daß die Sonne strahle. Ich öffnete die Augen und traute ihnen nicht, weil es so schön gewesen war, und schloß sie wieder." (Kirillow)

„Ist das eine Allegorie?" (Stawrogin)

„N-nein ... warum? Keine Allegorie, ich meine einfach ein Blatt, nur ein Blatt. Das Blatt ist gut. Alles ist gut." (Kirillow)

„Alles?" (Stawrogin)

„Alles. Der Mensch ist unglücklich, weil er nicht weiß, daß er glücklich ist; nur deshalb. Das ist alles, alles!" (Kirillow)[36]

---

[36] Dostojewskij, Fjodor Michailowitsch: Die Dämonen (Aus dem Russischen übertragen von Marianne Kegel. Mit einem Nachwort von Horst-Jürgen Gerigk). München [15]2005, 270f. Den Hinweis auf diesen – konsequent-eschatologischen – Dialog verdanke ich Professor Jörg Splett.

Die christologischen Aspekte der Darstellung des Herrn

Die Thematik der universalen Heilsmitterschaft Jesu in Lk 2,22–40

von Alexa Feucht

Licht, das die Heiden erleuchtet, und Herrlichkeit für dein Volk Israel – mit diesen Worten preist der Prophet Simeon das 40 Tage alte Messiaskind bei dessen Ankunft im Tempel. Diese Attribute, die nur dem Sohn Gottes zukommen, weisen auf das Heilsmysterium der Darstellung des Herrn, die Lukas niedergeschrieben hat (Lk 2,22–40) und die heute als Darstellung des Herrn am 2. Februar gefeiert wird. Es geht um das Offenbarwerden von Jesu Gottessohnschaft und seiner Heilsmittlerschaft für die Menschen die im Kreuzestod und in der Auferstehung ihren Höhepunkt findet. Beides ist in der Perikope anfanghaft gegeben. Gott hat seinen Sohn gesandt, um zu retten und um Licht zu sein. Für die Christologie der lukanischen Perikope Lk 2,22–40 über die Geschehnisse in Jerusalem sind in erster Linie das Verständnis und die Bedeutung der Darstellung Jesu selbst, die die Frage nach den beiden Naturen in Jesus aufwirft, sowie die Prophetie des Simeon maßgeblich, die das Thema der Heilsmittlerschaft Jesu einschließt. Die christologischen Bezeichnungen der Perikope geben Aufschluss sowohl über die Göttlichkeit als auch über die Menschlichkeit des 40 Tage alten Kindes, das von Simeon im Tempel empfangen wird. Auffallend im Nunc dimittis (Lk 2,29–32) des Simeon in Bezug auf Jesus ist, dass er einmal als positiver Erlöser und Retter und Herrlichkeit aller Menschen gepriesen wird, zum anderen wird er in der sich anschließenden Prophetie (Lk 33–35) als „Zeichen, dem widersprochen wird" und an dem viele durch ihn zu Fall kommen bzw. aufgerichtet werden, betitelt. Deutlich wird in beiden Fällen, wie eng Jesus mit dem Gottesvolk verbunden ist.

1. Die Offenbarung von Jesus als Sohn und als Sohn Gottes[1]

Obwohl nicht ausdrücklich genannt, tritt das Problemfeld von Jesus als Menschen-Sohn und Gottes-Sohn an dieser Stelle deutlich hervor: Zum einen ist Jesus jener Sohn, der von seinen Eltern Josef und Maria zum Tempel gebracht

---

[1] Vgl. zum Hintergrund der beiden Bezeichnungen J. Ratzinger, Einführung in das Christentum. Vorlesungen über das Apostolische Glaubensbekenntnis. München [7]1968, bes. 174–184. [Ratzinger, Christentum].

wurde, zum anderen wird er durch Simeons Nunc dimittis als Sohn Gottes offenbart. Beide Ebenen der Sohnesschaft sind, obwohl sie in der einen Person Jesu Wirklichkeit und auf gewisse Weise vereint werden, doch voneinander zu unterscheiden.

1.1 Jesus, der Sohn

Die Bezeichnung „Sohn“, die im Neuen Testament ausdrücklich der „verschlüsselten Gleichnissprache“[2] Jesu angehört, verwendet dieser später auch für sich selbst. Diese Selbstbezeichnung ist an dieser Stelle zwar nicht ausdrücklich genannt, aber dem Sinn nach findet der Ausdruck dennoch eine innere Entsprechung im Verhalten Josefs und Marias. Weder der auf die Mutter bezogene Reinigungsritus noch der Loskauf der Erstgeburt sahen vor[3], dass das Kind selbst im Tempel erschien. Da es dafür keine entsprechende Gesetzesgrundlage gab, war es also ein bedeutsames Ereignis, dass das Kind von seinen Eltern in den Tempel gebracht wurde[4]. Außerdem war es nicht üblich, dass der Vater des Kindes im Tempel erschien. Die Tatsache der Anwesenheit Josefs gewinnt vor dem Hintergrund an Bedeutung, dass Lukas die Auslösung, anders als das Reinigungsopfer, gar nicht erwähnt. Indem Josef Jesus nicht ausgelöst hat, wird indirekt auf den eigentlichen Vater des Kindes verwiesen, denn nur der leibliche Vater konnte ein Kind auslösen, nicht einmal der Adoptivvater[5]. Das Vorzeigen und die Darstellung Jesu im Tempel als dem Zentrum des jüdischen Kultes, verweist auf das innere Geschehen der Handlung: Mit dem Bringen Jesu in den Tempel wird die Einzigartigkeit der Gottesbeziehung Jesu zu seinem Vater und seine Nähe zu Gott hervorgehoben, die ihn von allen Menschen unterscheidet. Das innere Geschehen, das die „Darstellung Jesu“ genannt wurde, ist also eine Art des Stehens von Gott, wie es allein das fleischgewordene Wort konnte. Obwohl die Eltern Jesu als im weitesten Sinne Ahnungslose hingestellt werden, ist es dennoch ihr Verdienst, dass sie das erwartete Messiaskind im Tempel vor Gott brachten und

---

[2] Ebd., 180.

[3] Vgl. zu den Alttestamentlichen Grundlagen der Perikope A. Feucht, Licht und Herrlichkeit. Dogmatische Studien zur Darstellung des Herrn. Paderborn-München-Wien-Zürich 2006, 42–47. [Feucht, Licht und Herrlichkeit].

[4] Vgl. auch R. Schulte, Die Mysterien der „Vorgeschichte“ Jesu, in: MySal 3/2 (1969) 23–57, 46. [Schulte, Mysterien der Vorgeschichte].

[5] Vgl. ebd., 47.

damit ihre Gabe an den Geber zurückgaben: Dies bedeutet auch eine Anerkennung seiner Gottessohnschaft und seiner Göttlichkeit.

Durch dieses Stellen vor Gott und Zurückgeben an Gott wird also die besondere Bezogenheit Jesu auf Gott deutlich. Seine Existenz ist nicht aus eigener Kraft, sondern wird als „gänzlich relative ausgelegt [...], die nichts als ‚Sein von' und ‚Sein für' ist, aber in dieser Totalrelativität mit dem Absoluten in eins fällt"[6]. Anhand dieser Darstellung wird auch deutlich, dass er in seinem Sohnsein und seiner mit der Menschwerdung begonnenen Sendung ganz von Gott her kommt und ganz auf Gott hin lebt. Dieses „Ganz von Gott her"- und „Ganz auf Gott hin-Leben" wird später in Jesu Gottesanrede „Abba" seinen entsprechenden Ausdruck finden. In dieser Anrede zeigen sich sowohl Nähe als auch Unmittelbarkeit ihres Verhältnisses.

1.2 Jesus, der Sohn Gottes

Ganz anders dagegen erscheint der Jesus, der im „Nunc dimittis" des Simeon zutage tritt: Er wird als Licht, Herrlichkeit und Zeichen gepriesen, das Juden und Heiden Erleuchtung bringen wird als der „Messias des Herrn", wie er in den Gottesknechtsliedern[7] verheißen wurde. Der innere Sinn der Rede weist also auf Jesus als den „Sohn Gottes". Er ist die Erfüllung der messianischen Verheißung, die an Israel ergangen ist. „Sie bezeichnet Jesus als den wahren Erben des Alls, als den Erben der Verheißung, in dem sich der Sinn der Davidstheologie erfüllt. Zugleich wird sichtbar, dass sich die Königsidee, die solchermaßen im Sohnestitel auf Jesus übertragen wird, mit der Knechtsidee verschränkt"[8]. Ohne die Bezeichnung „Sohn Gottes" zu verwenden, weist Simeon auf die Bedeutung Jesu und dessen Erwählung zur Erlösung und Erleuchtung der Menschen hin. Mit der Menschwerdung wurde zugleich ein neues Verständnis von Erlösung, Macht, Erwählung und Menschsein geschaffen. Mit Simeons Canticum ist daher ein Bekenntnis zu Jesus als dem Sohn Gottes gegeben. Die Bezeichnung „Sohn Gottes" stammt aus der Königstheologie des AT und sollte die Erwählungstheologie Israels ausdrücken. Psalm 2,7f. dient als Grundlage und Ausgangspunkt der christologischen Prägung des Begriffs: „Den Beschluss des Herrn will ich kundtun. Er sprach zu

[6] Ratzinger, Christentum, 182.

[7] Zum Zusammenhang zwischen der Perikope Darstellung des Herrn und den Gottesknechtsliedern Jes 40–55 vgl. Feucht, Licht und Herrlichkeit, 214–218.

[8] Ebd., 177.

mir: ‚Mein Sohn bist du. Heute habe ich dich gezeugt. Fordere von mir, und ich gebe dir die Völker zum Erbe, die Enden der Erde zum Eigentum'". Der physische Zeugungsakt wurde schließlich durch den Erwählungsakt durch Gott ersetzt. „Der König ist Sohn, nicht weil er von Gott gezeugt, sondern weil er von Gott erwählt ist. Nicht ein physischer Vorgang ist angesprochen, sondern die Macht des göttlichen Wollens, das neues Sein schafft"[9].

1.3 Die Verbindung in Christus: Wahrer Gott und wahrer Mensch

Das Evangelium der Darstellung des Herrn beinhaltet auch die Fragestellung nach dem wahren Gott- und Menschsein Jesu und nach dem Verhältnis beider Naturen zueinander: Als Mensch lebt er sein göttliches Leben in der menschlichen Natur. Die Einigung von Gottheit und Menschheit Jesu geschah allein aus Marias geistigem Sein und ihrer Jungfräulichkeit. Maria, die Mutter des Herrn, begibt sich zum Tempel, um das rituelle Reinigungsopfer zu vollziehen, wie es das Gesetz vorschrieb. Dies kann als Hinweis darauf verstanden werden, dass neben der Gottheit auch die Menschheit Jesu herausgehoben werden sollte. Jesu Menschwerdung war von Gott gewollt, „als die Erfüllung seiner Heilsversprechungen, sie ist eine messianische Wirklichkeit"[10].

Da nur von einer echten Selbstmitteilung Gottes gesprochen werden kann, muss der von Gott kommende Logos, der mit ihm identisch ist, auch „der metaphysische Träger (Hypostase, Person) der Menschheit Jesu sein, durch das und in dem er sich mitteilt"[11]. Das dargestellte Kind, der Mensch Jesus, ist demnach Gott. In ihm wird das Reich Gottes präsent und der Zugang durch ihn (Licht zur Erleuchtung der Heiden, Herrlichkeit für das Volk Israel). Die Menschheit Christi begründet sich durch die Selbstaussage Gottes in seinem Sohn in die Welt hinein. „Er ist in Person die menschliche Erscheinung sowohl von Gottes Versöhner- und Erlöserliebe wie auch Kulttuender auf den Vater hin im Namen der Menschheit"[12]. Durch den Akt der An-

---

[9] Ebd., 175.

[10] E. Schillebeeckx, Christus Sakrament der Gottbegegnung. Aus dem Niederländischen übers. von H. Zulauf. Mainz 1960, 24. [Schillebeeckx, Sakrament der Gottbegegnung]

[11] G. L. Müller, Maria – Die Frau im Heilsplan Gottes. Hg. von A. Ziegenaus (=Mariologische Studien XV). Regensburg 2002, 268.

[12] A. Stenzel, Der Gottesdienst der in Christus versammelten Gemeinde, in: MySal 4/2 [1973] 18–45, 28. [Stenzel, Der Gottesdienst der Gemeinde].

nahme erwirkt sich die menschliche Natur die Hypostase des Sohnes und ist dadurch der Grund des Menschseins Jesu.

2. Die Christusattribute in Lk 2,22–40 und deren Bedeutung

Mit prägnanten Attributen weist Lukas auf die Gottheit und Transzendenz Jesu hin. Das Nunc dimittis (Lk 2,29–32) des Simeon ist Verkündigung davon, dass die Gottesherrschaft in der Welt bereits angebrochen ist. Simeon bezeichnet Jesus am Anfang des Nunc dimittis als Heil, als Licht und als Herrlichkeit und in der sich anschließenden Prophetie (Lk 2,33–35) als Zeichen. Das „Schon" der Gottesherrschaft wird durch diese Gottesbezeichnungen ausgedrückt. In diesem Sinne ist sie auch Andeutung an die Basileia-Verkündigung Jesu. Innerhalb der von Unheil und Sünde geprägten Welt ermutigt Simeons Nunc dimittis die Menschen, aus der göttlichen Heilszusage und Heilsnähe zu leben und in dieser Gewissheit zu handeln. Die Begriffe „Heil/Retter-Licht-Herrlichkeit" sind zugleich eschatologische und schöpfungstheologische Aussagen. Sie geben einerseits dem israelitischen Glauben an Gott den Schöpfer Ausdruck und sind damit auch eine schöpfungstheologische Untermauerung der Vorstellung des Reiches und der Herrschaft Gottes. Andererseits wird dadurch auch zugleich der Gegenwarts- und der Zukunftsaspekt des göttlichen Heilshandelns ausgedrückt: Jetzt ist der Sohn Gottes, das Wort, im Tempel, und durch die Verkündigung seiner Botschaft nimmt Simeon alle Menschen mit in dieses Geschehen hinein. Zugleich weist er durch den Inhalt seiner Botschaft auf die Zukunft, die damit in die Gegenwart und somit in das Heilshandeln Gottes hineingenommen wird. Auf diese Weise verschränken sich Schöpfungsglaube und Zukunftshoffnung. Die Zukunft ist die Zeit, in der die dem Bösen und der Sünde verfallene Welt neugeschaffen wird von Gott durch seinen Sohn. Allen Bezeichnungen, die Simeon auf Jesus anwendet, ist daher der universelle Heilsaspekt gemeinsam. Der Evangelist Lukas unterstreicht mit den Christusattributen seine Absicht, die heilsgeschichtlichen Phasen herauszuheben. Darüber hinaus ist hier ein enger Bezug zur Inkarnation des Logos gegeben. Jesus wird als „Ursprung und Zukunft alles Geschaffenen"[13] herausgestellt.

---

[13] E. Schillebeeckx, Christus und die Christen, 350.

2.1 Heil, Retter (σωτήρ)

Im zweiten Vers des Nunc dimittis preist Simeon Jesus als Heil („denn meine Augen haben dein Heil gesehen“ (Lk 2,30). Ohne den Namen Jesus zu verwenden, spielt er dadurch auf den Namen an. Mit Blick auf Jesus ist damit auch auf seinen Namen angespielt: „Jeschua“, das bedeutet „Jahwe rettet“. Deutlich ist dabei, dass das Heil von Gott kommt, also eine innertrinitarische Anspielung, denn das Kind ist ja der Christus des Herrn. Das vierzig Tage alte Kind wird so zum Träger der Verheißung. Die Bezeichnung „Retter“ als weitere Bedeutung von σωτήρ steht hinter der Aussage „viele werden durch ihn aufgerichtet werden“, denn dort wird auf Christus als den Retter angespielt. Dies schließt auch die Vollmacht zur Sündenvergebung mit ein. Diese Aussage, Jesus als den Retter und Heiland zu preisen, liegt der ganzen Intention der lukanischen Kindheitsgeschichte zugrunde[14]. Simeon bestimmt das Heil, das das Kind mit sich bringt, näher. Es ist bestimmt, dass neben und durch Israel auch die Heiden zum Heil kommen werden, aber auch, dass sich die Geister an der Person des Messias scheiden werden, denn seine Sendung ist nicht von der Person zu trennen. Die Geschehnisse weisen somit in die Zukunft. Zugleich sind das Heil und seine Gegenwart, das der Messias in göttlicher Vollmacht mit sich bringt, schon bei seiner Geburt erfahrbar (Lk 2,11), was durch das „Heute“ bzw. „jetzt“ (Lk 2,29)[15] betont wird. Die Gottesherrschaft ist also im Diesseits bereits angebrochen und als solche auch erfahrbar. Die Vollendung der Gottesherrschaft ist im Nunc dimittis durch die Verwendung von „σωτήρ“ bereits angedeutet, aber sie kann letztlich nur durch Gott allein verwirklicht werden. „Die Spannung von Nähe und Unverfügbarkeit der Gottesherrschaft ist aufgehoben im durchgängigen Vertrauen Jesu in das immer auch heute schon heilschaffende Wirken Gottes“[16]. Wichtig ist auch das Ergebnis der Rettung durch Christus: Durch Kreuz und Auferstehung besiegt Jesus Christus den Tod. Dies wiederum zieht die Befreiung der geschichtlichen Vorväter sowie die „Wiederherstellung und die Zusammenfassung aller Dinge und besonders der Menschheit in Christus“[17] nach

---

[14] R. Laurentin, Struktur und Theologie der lukanischen Kindheitsgeschichte. Geleitwort K. H. Schelke. Nachtrag von J. Gewiess, Die Marienfrage Lk 1,34. Stuttgart 1967, 142. [Laurentin, Lukanische Kindheitsgeschichte].

[15] Vgl. Feucht, Licht und Herrlichkeit, 30 und 233f.

[16] D. Sattler, Th. Schneider, Gotteslehre, in: Handbuch der Dogmatik I. Hg. von Th. Schneider. Düsseldorf ²2002, 76. [Sattler, Schneider, Gotteslehre].

[17] A. Grillmaier, Die Wirkung des Heilshandelns Gottes in Christus, in: MySal 3/2 (1969) 327–392, 377. [Grillmaier, Die Wirkung des Heilshandelns].

sich. Diese sogenannte „Anakephalaios-Lehre“ beinhaltet, dass der durch Adam und Eva verlorene Urzustand wiederhergestellt wird. Ihr Ungehorsam wird in Jesu Gehorsam, der bis zum Kreuz geführt hat, aufgehoben. Dies bewirkt die Wiederherstellung der verlorenen Gottebenbildlichkeit und Gottesgemeinschaft. Ferner ist darin eingeschlossen, dass in Christus die menschliche Geschichte zusammengefasst ist. In ihm wird der ursprünglich von Gott geplante Lauf Wirklichkeit. Durch Christus kann das Heil in der Geschichte siegreich zu Ende geführt werden, nachdem Adam dies Ziel verfehlt hatte. Rettung durch Christus bedeutet also die Wiederherstellung der urspünglichen Schöpfungsordung und die zugleich endzeitliche Zusammenfassung der von Gott geplanten Heilsordnung. Die Rede von Jesus Christus als dem Retter spannt den Bogen vom Anfang bis zum Ende und wird zur Auferstehung fortgeführt.

2.2 Licht (φῶς)

In der biblischen Verwendung ist das geistige Licht etwas, das von Jahwe ausstrahlt (vgl. u. a. Jes 2,5, Ijob 29,3; 33,30; Ps 4,7; 36(35),10; Weish 18,14). Jahwe wird das Licht der eschatologischen Zeit sein (Vgl. Jes 60,19–20). Ebenso wird Israel Licht sein (Jes 60,1.3; 10,17). Laurentins Meinung zufolge hat Lukas diesen Ausdruck der Weissagung des Jesaja entnommen (Jes 42,6; 49,6). Dort wird der Gottesknecht „Licht für die Völker“ genannt. Jesus ist das „Licht für die Völker“, das die Dunkelheit vertreibt. Dies deutet auf einen neuen Schöpfungstag durch das Kommen des Wortes Gottes in die Welt. Das Erscheinen Jesu in der Welt begründet, dass die Finsternis weicht. Als Licht erleuchtet er die Menschen zur Erkenntnis der Offenbarung. Die Bezeichnung „Licht“ schließt auch den Hinweis auf Jesu irdisches Leben mit ein. Durch seinen Lebensweg erhellt er den Lebensweg der Menschen und fordert zur Nachahmung und Nachfolge auf.

Auch die Bezeichnung „Heiden, Völker“ gibt Hinweis auf die Bedeutung Jesu in der Welt. Auch die Heiden werden in die Nähe Gottes mit einbezogen, sie überspringen „sogar die Nähe Israels zu Gott durch ihre Nähe zu ihm im Blute Christi“[18]. Ebenso wie Simeon nun Frieden findet, finden auch die Heiden Frieden, weil in Christus eine neue Friedensordnung angefangen hat, die allumfassend ist. Damit wird auch die Wirksamkeit Christi ausgesagt, nämlich dass es in seinem Vermögen liegt, Juden und Heiden zu einem neuen

[18] Grillmaier, Die Wirkung des Heilshandelns, 363.

Menschen in sich selbst zu schaffen. Durch sein Kreuz versöhnt er Juden und Heiden, darüber hinaus alle Vorfahren und Nachkommen mit Gott, indem er die Gottebenbildlichkeit wiederherstellt. Jesus als „Licht" bezeichnet bedeutet auch, dass die Finsternis besiegt ist, die für Feindschaft und Sünde steht. Beide können nun nicht mehr trennend zwischen Gott und Menschen wirksam werden. Jesus Christus wird so Ursprung und Einheit der neuen Gemeinschaft aus Juden und Heiden.

Die Bezeichnung „Licht" verweist daher auf die Wirkung der kommenden Erlösung durch Christus. Juden und Heiden werden in Simeons Nunc dimittis, dem sogenannten „Canticum", in den Blick genommen, denn sie sind die zukünftige Heilsgemeinde, die in Christus zur Einheit zusammengefasst wird.

2.3 Herrlichkeit[19] (δόξα)

An keiner Stelle des Alten und Neuen Testaments wird dieses Prädikat einem Menschen zugedacht[20]. Die Verwendung von δόξα für Jesus ist Sondergut bei Lukas, das bei ihm außerdem bei der Geburts- und Verklärungsgeschichte verwendet wird. Bei der Geburt bestimmt der Chor der Engel das Geschehen näher, indem er verkündet: „Verherrlicht ist Gott in der Höhe, und auf Erden ist Friede bei den Menschen seiner Gnade" (Lk 2,14). Durch die Geburt erweist Gott also den Menschen die Herrlichkeit des neugeborenen Heilands aller Menschen. In der Person Jesu ist Gott auf der Welt und die verheißene

[19] Im AT war die Bezeichnung zunächst ein Wort der Profansprache und bedeutete Ehre. Ehre war nicht als rein idelles Gut aufgefasst, sondern damit wurde das bezeichnet, was das Ansehen einer Person begründete. So konnte das Wort sowohl den Reichtum bezeichnen als auch die durch materiellen Wohlstand gegebe Ehrenstellung. Aber nicht nur das Materielle wurde bezeichnet, auch das Imponierende am Menschen war gemeint. Damit fällt δόξα unter die anthropologischen Begriffe. Auf Gott bezogen bedeutete δόξα zunächst den Eindruck des Menschen von Gott als höchste Gewichtigkeit, die durch Naturgewalten und Erscheinungen wie Wolken, Blitze, Feuer, wankende Berge, Getöse wie Wasserrauschen erfahren wurde. Als die Reflexion von Jahwes Unerreichbarkeit und Naturjenseitigkeit fortschritt, ging die Bedeutung von der „Gewichtigkeit" Gottes zum Offenbarwerden weniger des Wesens Gottes an sich als der endgültigen Verwirklichung des Herrschaftsanspruchs an die Welt. Vgl. dazu G. Kittel, G. von Rad, δόξα, in: Theologisches Wörterbuch zum Neuen Testament II. Hg. von G. Kittel. Stuttgart 1935, 240–245. [Kittel, δόξα].

[20] Eine Variante findet sich bei Joh 1,14, wo es heißt: „[...] die Herrlichkeit des einzigen Sohnes vom Vater [...]".

Heilszeit bereits angebrochen. Im Textzusammenhang mit Lk 2,32 erlangt die Stelle einzigartige Bedeutung. Ursprünglich ein Wort, das allein verwendet wurde, um Jahwes Ruhm und Herrlichkeit zu beschreiben, wird es nun zum Träger, der eine Christusaussage macht. Neben Christusaussagen spiegelt es auch die Bewegtheit des Vater-Sohn Verhältnisses[21]. Lukas verwendet δόξα mit Blick auf die Parusie: Die Herrlichkeit Gottes kommt, um die Menschheit zu erlösen. Jesu Verklärung durch Simeon ist Vorwegnahme seiner Eschatologie.

Die Bezeichnung „Herrlichkeit“ ist schließlich die Offenbarung der Gottheit Jesu in der Heiligen Stätte, auf welche die Kindheitsgeschichte vor der Darstellung Jesu hindrängt[22]. Im Tempel nun sieht Simeon in Jesus die Herrlichkeit Gottes. Dies wird durch die singuläre Verwendung von „Herrlichkeit“ für Jesus noch unterstrichen. Diese Offenbarung ist im eschatologischen Sinne verwendet, denn Simeon spricht in seinem Canticum über das Schicksal Israels und des Restes der Welt. Dass der Begriff „δόξα“ hier verwendet wird, weist auf die Bedeutung des „göttlichen und himmlischen Lichtglanzes, der die Erhabenheit und Majestät, ja das Wesen Gottes und seiner Welt überhaupt darstellt“[23]. Von daher wird auch der enge Zusammenhang zwischen „Licht“ und „Herrlichkeit“ deutlich: δόξα kann im neutestamentlichen Sinne verwendet auch die Zusatzbedeutung von „Glanz, Pracht“[24] haben. Obwohl nicht von der Herrlichkeit Gottes gesprochen wird, ist sie dennoch gemeint, denn mit der Geburt seines Sohnes ist Gott bereits unter den Menschen. In der Herrlichkeit seines Sohnes ist auch das Wesen des Vaters offenbart, das die Erde mit seiner Herrlichkeit erfüllt. Δόξα ist somit auch Sichtbarwerdung, Selbstoffenbarung des Wesens Gottes. Mit Jesus kam der göttliche Lichterglanz in den Tempel und die Gegenwart Gottes greifbar in die Welt. Wenn Lukas diesen Begriff an dieser Stelle verwendet, will er damit Jesu göttliches Wesen herausstellen. Die Kombination von Licht und Herrlichkeit im Neuen Testament hat seine Parallele im Prolog des Johannesevangeliums: „Und das Licht leuchtet in der Finsternis, und die Finsternis hat es nicht erfasst. [...] und wir haben seine Herrlichkeit gesehen, die Herrlichkeit des einzigen Sohnes vom Vater, voll Gnade und Wahrheit“ (Joh 1,5.14).

---

[21] Vgl. Kittel, δόξα, 251.

[22] Laurentin, Lukanische Kindheitsgeschichte, 141.

[23] Kittel, δόξα, 240.

[24] Ebd., 240.

Umgekehrt bedeutet die Erscheinung der δόξα im Tempel, dass der Mensch in ein neues, tieferes Verhältnis zur δόξα gestellt wird. Der Schwerpunkt liegt, wie bei Simeon deutlich wird, beim Sehen und beim Empfangen. Dieses Sehen an sich ist schon sehr folgenreich, wie Simeon ausdrückt: „meine Augen haben das Heil gesehen". Die Teilhabe an der δόξα ist eschatologisch ausgerichtet. Indem Simeon die eschatologische Teilhabe des Menschen an der δόξα des Sohnes weiß, verknüpft er damit die heilsgeschichtlichen Ereignisse der Geburt, der Kreuzigung und der Auferstehung Jesu mit der Errettung der Menschen. Mit δόξα nun ausgedrückt, dass die Menschen auf die δόξα des Herrn und damit ihre Vollendung, das bedeutet die Teilhabe an Christus, hoffen können. Simeons Lobpreis Jesu als der δόξα im Nunc dimittis gibt so zum einen seiner Hoffnung Ausdruck, dass in der Auferstehung Jesu Gottes Heilshandeln am Menschen zum Ziel kommt, zum anderen ist das Rühmen dessen auch als Gewissheit zu verstehen. Der Ausdruck δόξα zeigt so, dass die eschatologisch orientierte δόξα bereits jetzt in das gegenwärtige Leben der Gläubigen hineinwirkt. So ist sie bereits jetzt wirksam, weist aber dennoch auf die noch ausstehende Vollendung. Bereits von hier weist die Linie zu Joh 17: Die Jünger sehen die δόξα Jesu. Jesus ist verklärt bei ihnen.

2.4 Zeichen (σημεῖον)

Simeon preist Jesus als σημεῖον (Zeichen). Damit ist das Erscheinen des Sohnes Gottes, sein Kommen als Licht und Herrlichkeit für die Völker und für Israel unübersehbares Zeichen. Wird Zeichen, verstanden als Wirklichkeit, die auf eine andere verweist und darum diese anzeigt, auf die göttliche Person angewendet, soll damit das Erscheinen der Gottheit als solches erkennbar gemacht werden. Als menschgewordenes Wort Gottes verweist er durch seine Anwesenheit und seine Sendung auf Jahwe („ich-bin-da"), der gerade dadurch gegenwärtig gesetzt wird. Indem Christus „Zeichen, dem wiedersprochen wird" genannt wird, wird darauf verwiesen, dass nun eine neue Zeit der geschichtlichen Heilsphase begonnen hat, denn bis zum Christusmysterium war Israel Zeichen und Ursache der Gnade Gottes. Die Zeichenhaftigkeit verschiebt sich nun von Israel zu Jesus, dem Christus. Fortan ist er die vollendete Gegenwart der göttlichen Gnade, die in Israel nur als noch nicht vollendete Gnade erscheinen konnte. „Christus ist selbst Kirche, eine unsichtbare Gnadengemeinschaft mit dem lebendigen Gott (des menschgewordenen Sohnes mit dem Vater), veranschaulicht und verwirklicht in seiner sichtbaren menschlichen Gestalt und Formgebung“[25]. Außerdem wird auf seine apokalyptische Funktion hingewiesen.

2.5 Trost (παράκλησις)

Simeon hielt sich im Tempel auf, berichtet Lukas in 2,25 und wartete auf den „Trost“ (παράκλησις) Israels. Lukas verwendet hier das Wort Trost kurz von der Ankunft des Sohnes Gottes im Tempel verwendet. Nach damaligem Brauch galten das Brot und der Becher des Trostes als Mittel des Zuspuchs[26] (vgl. auch Jer 16,5.7). Brot und Wein als Mittel des Trostes gehören zu den ältesten Verbindungen der beiden Elemente. In Bezug gesetzt zur Weissagung Simeons über das zukünftige Leiden, das sich auf Maria und ihren Sohn bezieht, kann dies auch als erster Hinweis auf die Passion und die damit verbundene Auferstehung gesehen werden. Die Kreuzigung wiederum ist der Grund für die Eucharistiefeier. Simeon wartet auf den wahren Trost, der sich durch die Kreuzigung Christi ereignen wird. Der Hinweis auf das Warten auf den Trost Israel, kurz darauf das Kommen des Kindes in den Tempel, das Simeon als Licht und Herrlichkeit preist, also als den erwarteten Messias, kann als impliziter Hinweis auf die Eucharistiefeier interpretiert werden, die durch das wahre Blut des Bundes Wirklichkeit wird. Das Blut des Bundes erinnert auch an den Sinaibund, der im Blute geschlossen wurde (Ex 24,8). An die Stelle des Tieropfers tritt nun ein neues Opfer, dessen Blut die wirksame Verbindung zwischen Gott und den Menschen herbeiführt. Durch die Erfüllung des Wartens auf den Trost durch das Kind Jesus wird zugleich ausgesprochen, dass der wahre Trost der Menschen von Gott allein kommt. „Ohne Gott ist Mensch und Volk und Welt ohne Trost“[27]. Bei der Darstellung des Herrn im Tempel kommt nun der erwartete Trost nicht unmittelbar durch verschiedene Mittler, sondern durch den einen Mittler zu den Men-

---

[25] Schillebeeckx, Sakrament der Gottbegegnung, 23.

[26] O. Schmitz, G. Stählin, παρακαλέω, παρκάλησις, in: Theologisches Wörterbuch zum Neuen Testament V. Hg. von G. Friedrich. Stuttgart 1954, 786. [Schmitz, παρακαλέω]. Schmitz führt aus, warum Wein als Trost galt: „Der Wein allein galt sogar [...] als der älteste aller Tröster in der Bibel; denn offenbar bezieht sich die Deutung des Namens Noah als des Trösters auf den Weinberg, den er auf dem um Adams willen verfluchten Acker pflanzte, dh aber auf den Freudenwein, den er so als Trost für den Fluch gewann“.

[27] Ebd., 786.

schen. Simeon und Hanna sind erste Zeugen. Jesus wird als Licht der Menschen alle Dunkelheit und Trostlosigkeit besiegen. Damit stehen auch alle sekundären Tröster, die in der alttestamentlichen Welt bekannt waren, Propheten, die Schrift (vgl. 2 Makk 15,9) sowie die Weisheit (Weish 8,9) hinter dem wahren Tröster zurück, zu dessen Hauptaufgaben es später gehört, Armen, Kranken, Verstoßenen und Sündern die Botschaft von der Herrschaft Gottes zu bringen. Der „Trost" Israels bedeutet also zweierlei: Einmal ist der Trost durch die Verbindung von Trost mit Brot und Wein erste Voraussage des Leidens, der Auferstehung und damit Hinweis auf die sich durch die Eucharistiefeier konstituierende Kirche. Diese Bezeichnung hat auf mehreren Ebenen ihre Bedeutung. Simeon als Vertreter des Alten Bundes und als einer von zwei Propheten im NT trifft auf Jesus, den Neuen Bund. Damit sagt Gott den Menschen die Heilskontinuität zu. Außerdem zeigt Trost Israels an, dass Jesus die Erfüllung der Hoffnung auf den Messias ist.

2.6 Christus (χριστός)

Durch die Wendung „Messias des Herrn" (χριστὸν κυρίου) wird deutlich, wer der Ursprung des Gesalbten ist und von wem der Gesalbte ausgeht. Das Messiaskind kommt von Gott und ist, wie aus dem folgenden Nunc dimittis deutlich hervorgeht, mit der Durchführung des Heilshandelns beauftragt. Simeon proklamiert das Kind als den erwarteten Christus, indem er ihn als σωτήρ und δόξα bezeichnet. Zugleich verdeutlicht Simeon, dass das Kind der von Gabriel an Maria verkündete ewige König aus dem Stamm Davids ist. Der von Gott Kommende ist mit göttlicher Vollmacht ausgestattet. Diese Vollmacht, die durch seine Stellung zu Gott begründet ist, ist eschatologischer Art, da sich an ihm das Geschick der Menschen entscheidet. Daher ist das Bekenntnis zu ihm entscheidend dafür, ob ein Mensch fällt oder aufersteht und an Christi Gnade teilhat.

3. Die Dimensionen der „παραστῆσαιṕτῷ κυρίῳ"

Mit der Darstellung (παρίστημι) Jesu im Tempel nimmt das Messiaskind die angemessene Haltung Gott gegenüber ein. Durch die äußere Darstellung vor Gott wird für alle Menschen sichtbar und durch Simeons Canticum für alle hörbar die umfassende Relation zwischen Christus und seinem Vater geoffenbart. Damit ist der sichbare Anfang des uneingeschränkten und unendlichen Vertrauens Gott gegenüber gesetzt, der innerlich schon immer gegeben war. Aus dem bisher Ausgeführten wird deutlich, dass die παραστῆσαιρτῶ κυρίῳ mehrere Nuancen in sich trägt und so auch anders verstanden werden kann. Die verschiedenen Möglichkeiten des Begriffsverständnisses sollen hier aufgezeigt werden[28].

3.1 Das Da- und Anwesendsein als „Darstellen, Vorstellen, Vor-Augen-stellen"[29]

Im neutestamentlichen Kyrios-Glauben ist „παρίστημι" mit den Begriffen des Dienens und Anbietens verbunden. So kann die Darstellung zunächst in einem eher einfachen Sinn von Anwesendsein, Dasein verstanden werden[30], was im transitiven Sinne „bereitstellen, zur Verfügung stellen"[31] bedeutet. Die Hingabe des Sohnes an den Vater zeigt sich bereits in der Darstellung Jesu und ist daher auch andeutungsweise vorhanden. In letzter Unüberbietbarkeit ist die Hingabe an den Vater beim Mahl vor seinem Tod gegeben, wo er seine Lebenshingabe unblutig und zeichenhaft vorwegnimmt. In Treue und Gehorsam, die durch die eingehaltenen Gesetzesvorschriften schon ansichtig werden, gibt er für die vielen sein Leben zur Vergebung der Sünden und zur Stiftung des Neuen Bundes zwischen Gott und den Menschen. Die Gaben der Erlösung werden dem Volk Gottes durch Umkehr, Glaube und Nachfolge jetzt schon zuteil. Simeon drückt dies aus, indem er die Völker und Israel zur Umkehr aufruft, in dem er proklamiert, dass Jesus ein umstrittenes Zeichen ist, an dem viele durch ihn zu Fall kommen, viele aufgerichtet werden und dass deren Herzen offenbar werden. Das letzte Offenbarwerden der Heilsgüter steht durch die Parusie an. Die Sündenvergebung, die durch die Kreuzigung und Auferstehung gewirkt wird, klingt durch die Prophetie an Maria an, indem ihr Schmerzen vorausgesagt wird.

---

[28] B. Reicke geht so weit, dass er bei der Darstellung „an das Aufstellen eines sakralen Dieners vor seinen Herrscher" denkt. In Anlehnung an Samuel oder Nasiräer wird die Darstellung als Weihe gesehen. Dieser Argumentation folgt auch M. Miyoshi, Jesu Darstellung oder Reinigung im Tempel unter Berücksichtigung von „Nunc dimittis" Lk 2,22–38, in Annual of the Japanese Biblical Institut 4 (1978) 85–115, 103. Vgl. B. Reicke, G. Bertram, παρίστημι, in: Theologisches Wörterbuch zum Neuen Testament 839. [Reicke, Bertram, παρίστημι]

[29] W. Bauer, Griechisch-Deutsches Wörterbuch zu den Schriften des Neuen Testaments und der frühchristlichen Literatur. Hg. von K. Aland, B. Aland. Berlin-New York 1988, 1268. [Bauer, Wörterbuch zum NT].

[30] Vgl. B. Reicke, G. Bertram, παρίστημι, 839.

[31] Bauer, Wörterbuch zum NT, 1267.

3.2 Der Opferaspekt der Darstellung des Herrn

„Παρίστημι“ kann auch, dem Opfergedanken angelehnt, als Darbringung im bildlichen Sinne des „lebendigen Opfers“[32] verstanden werden. Durch den Opfergedanken wird der Hinweis auf den Tod Jesu gegeben, der als das wirkkräftigste Opfer betrachtet wird, das sühnend die Sünde hinwegnimmt und damit für die mit ihm Verbundenen eine neue Reinheit schafft. Durch Christi Opfertod ist das Volk Gottes ein neu geschaffenes und von Jesus gereinigtes Volk, das, von der Erbsünde befreit, zu gottgemäßen Wirken und Taten befähigt wurde. Durch die Rückhaltlosigkeit des Opfers Jesu kann das Volk Gottes die Rückhaltlosigkeit selbst Gott gegenüber vollziehen, da die innere Einheit des von der Sünde zerstörten Gewissens wieder hergestellt ist. Insofern ist hier der Reinheitsgedanke mit dem der Darstellung verknüpft, als der neue, durch Jesus gebrachte sittliche Reinheitsbegriff als die wahre Reinheit in der Welt verwirklicht wurde. Damit wird der Zustand der Heiligkeit bei den Menschen wiederhergestellt und befähigt zu einer neuen Beziehung zu Gott und damit zu neuer Gottesnähe. Auf diese Weise ist die Darstellung des Herrn vorweggenommener Opfertod, der die Reinigung und Abkehr von den Sünden bewirkt und eine neue Gottesbeziehung erwirkte.

3.3 Die Darstellung des Herrn für die Menschen

Diese Sicht nimmt ihren Ausgang wieder von einer Bedeutung im Sinne von „bereitstellen, zur Verfügung stellen, vor Augen stellen“, aber in diesem Fall in die entgegengesetzte Richtung: Nicht aufsteigend als Bewegung der Menschen zu Gott, sondern im absteigenden Sinn als Gabe Gottes an die Menschen. Das „für uns“ ist ein weiterer Sinn. Wird die Darstellung Jesu als Verdeutlichung der Gabe an die Menschen verstanden, erklärt sich auch Simeons Nunc dimittis sowie die Prophetie. Simeon empfängt die Gabe in Vertretung für alle Menschen. Die Gabe, die der Geber zugleich ist, dient dem Wohl der Menschen. Die Darbringung ist also die höchste Form von Opfer, das zugleich reales und symbolhaftes Geschehen ist: Gott schenkt das Höchste, was er schenken kann, nämlich seinen Sohn. Die Göttlichkeit erkennt Simeon durch den Geist, wenn er sagt: „Meine Augen haben das Heil gesehen“. Vor allem im Zusammenhang mit „Heil“ gewinnt die Dar-

[32] Ebd., 1268.

stellung eine neue Dimension: eines Heils, das für die Menschen bereitgestellt und gegeben ist. Diese These der Darstellung für die Menschen wird gestützt von einer weiteren Bedeutung von παρίστημι: Dies kann auch „dienend, helfend, rettend zur Verfügung stehen"[33] bedeuten. Jesus muss nicht Gott helfend zur Verfügung stehen, sondern er tut es durch die Sendung Gottes für die Menschen. Das Heil, vermittelt in und durch Jesus bedeutet Rettung und Überwindung des Risses zwischen Mensch und Welt einerseits und Gott andererseits. Die Bedeutung „Darstellung für die Menschen" bezieht sich auf die „immer schon von Gott gewollte Darstellung und Verwirklichung des gottebenbildlichen Menschen in Jesus Christus"[34]. Für das Wesen des Menschen, das durch seine Gottebenbildlichkeit gekennzeichnet ist, wird hier auch das Woraufhin, das Ziel der Intention Gottes für die Menschen deutlich: In und durch Jesus hat sich Gott dem Menschen zugesagt und damit seiner liebenden Zuwendung und seinem Eintreten für die Menschen Ausdruck gegeben, das für diese allumfassendes Heil bedeutet. „Man kann das inhaltlich nur als ein Sich-zur-Geltung-Bringen von Liebe verstehen, die dem Geliebten Bejahung und Annahme und damit Bestätigung und Befreiung zuteil werden lässt"[35].

3.4 Die Darstellung Jesu als Begegnung mit dem Vater

Unter Selbstmitteilung Gottes versteht Karl Rahner, „dass das Mitgeteilte wirklich Gott in seinem eigenen Sein und so gerade die Mitteilung zum Erfassen und Haben Gottes in unmittelbarer Anschauung und Liebe ist"[36]. Auf dieses Selbstangebot gilt es nun für den Menschen, in Freiheit darauf zu antworten. Nimmt der Mensch diese Selbstmitteilung im Modus der Vorgegebenheit oder im Modus der Stellungnahme an, handelt es sich um „rechtfertigende Gnade". Die rechtfertigende Gnade ist nur eine Stufe der Selbstmitteilung Gottes, deren Vollendung aber ist die unmittelbare, beseligende Gottesschau, die daher nur auf diese Vollendung hin zu verstehen ist. Die Selbstmitteilung Gottes bedeutet demnach, dass Gott sich selbst gibt und nicht nur das „radikal

---

[33] Reicke, Bertram, παρίστημι, 836. So vor allem der Gebrauch in der Septuaginta.

[34] M. Seils, Heil und Erlösung VIII. Dogmatisch, in: TRE 21 (1991) 170–177, 628. [Seils, Heil und Erlösung].

[35] Ebd., 629.

[36] K. Rahner, Grundkurs des Glaubens: Einführung in den Begriff des Christentums. Freiburg ^{6}1991, 124.

fernbleibende Woraufhin und Wovonher dieser Transzendenz"[37] ist. Das Woraufhin der Transzendenz und ihr Gegenstand fallen zusammen: Weder ist die unmittelbare Gottesschau Aufzehrung der Endlichkeit des Menschen, noch wird das Geheimnis Gottes als solches aufgehoben, sondern nur die „Entbergung Gottes, als des bleibenden absoluten Geheimnisses"[38]. Bei der Selbstmitteilung Gottes, die sich in der Darstellung des Herrn konkretisiert, ist der Geber die Gabe selbst. Diese Selbstmitteilung ist ungeschuldete Gnade Gottes, da sie ein Akt der Erschließung seiner letzten Intimität in absolut freier Liebe[39] ist. Die Selbstmitteilung bedeutet nun, da der Mensch von vornherein als Adressat in Frage kommt, dem Menschen nicht äußerlich, die Vollendung seiner Transzendenz.

4. Die Verknüpfung von Menschwerdung und Passion

4.1 Inkarnation, Darstellung und Tod als Gehorsam

Das Kreuz als die Mitte aller Christologie ist kein „isoliertes Ereignis" im Leben Jesu, sondern scheint bereits kurz nach der Menschwerdung auf: Simeon weissagt die Kreuzigung mit Blick auf Maria. Die Verbindung der Ereignisse in Jesu Leben, Inkarnation, Darstellung und Kreuzigung, zeigt sich im Gehorsam. Die Inkarnation zeichnet sich im Gehorsam aus, als sie der Beginn der Unterordnung Jesu unter Gottes Willen ist. Die Darstellung offenbart die Sendung von Gott her und damit auch die Jesus eigene göttliche Vollmacht. Die Darstellung bzw. Darbringung durch Maria und Josef kann auch als zeichenhafte Vorwegnahme der Selbstdarbringung Jesu am Kreuz aufgefasst werden. Von der Darstellung des Herrn, die aus Gehorsam gegenüber Gott geschah, wird der Bogen zur äußersten und letzten Gehorsamstat Jesu geschlagen. Indem auf das Kreuz bereits 40 Tage nach der Geburt zum einen durch das Schwert und zum anderen durch die vorausgesagte Polarisierung angespielt wird, wird deutlich, dass Jesu Weg auf die Kreuzigung zuläuft und dass das Ende des irdischen Lebens Jesu die Schlüsselrolle spielt. Erst vom Ende her lassen sich seine Taten und sein Wirken erschließen. Die Darbringung Jesu ist daher in der Inkarnation grundgelegt und wird in der Dar-

---

[37] Ebd., 125.

[38] Ebd., 126.

[39] Vgl. ebd., 129.

stellung des Messiaskindes durch Unter- und Hinordnung zum Vater zeichenhaft offenbart.

4.2 Österliche und vorösterliche Elemente bei der Darstellung des Herrn

Bei der Darstellung des Herrn sind österliche und vorösterliche christologische Ansätze zu erkennen. Vorösterliche Elemente sind insofern enthalten, als Simeon Jesus als den Erwarteten offenbart und zugleich auf die kommenden Taten und das Erlösungswerk des Messias hinweist. Sie sind nicht einzeln entfaltet, sondern zusammengefasst, indem Christus als der „Messias des Herrn“ bezeichnet wird, der Heilsbringer ist und daher Fall bzw. Auferstehung der vielen herbeiführen wird. Damit ist zweierlei ausgesagt: Zum einen wird deutlich, dass sich die Herrschaft Gottes bereits in der Lebensgeschichte Jesu verwirklicht. Zum anderen ist die Perikope Beispiel dafür, dass das Reich Gottes, die Herrlichkeit und Erleuchtung kein punktuelles Ereignis ist, sondern in und durch die Lebensgeschichte Jesu ihre Konkretion erhält. „In seinem ganzen Lebensvollzug wie in seinen Taten und Worten kommt Jesus immer wieder aus dem Ursprung seiner Sendung her. Die einzelnen Vollzüge sind zwar von verschiedener Intensität und Ausdrücklichkeit, aber die Herkunft und Richtung ist ihnen gemeinsam“[40]. Über das Verhältnis zwischen Gott und Jesus hinaus ist des Weiteren ausgesagt, dass in der Perikope das in Jesus verwirklichte und konkretisierte Verhältnis Gottes zur Menschheit impliziert ist. Durch Simeons Erwähnung des Friedens und Trostes wird das Mensch/Welt-Gott-Verhältnis charakterisiert. Durch die Inkarnation ist das Verhältnis grundgelegt, das sich aber im Hinblick auf das ganze Leben Jesu als Gesalbtem und Gesandtem erweisen muss. Charakteristisch an der vorösterlichen Christologie der Perikope ist die Offenheit. Sowohl der geschichtliche Weg Jesu ist offen als auch der Ausgang des Verhältnisses der menschlich-geschichtlichen Welt zu Gott. Das wird zum einen durch das eschatologische „Jetzt“ (Lk 2,29) der Perikope ausgedrückt als auch dadurch, dass der „Fall“ des Menschen in den Blick gerückt wird. Beide Ereignisse sind so verknüpft, dass sich das, was Gott an Jesus handelt, auch auf die Menschen auswirkt. Gottes Treue zu Jesus entscheidet über die Erlösung und Befreiung der Menschen. Diese Treue Gottes ist in seiner Entscheidung zugunsten vom Heil Jesu damit auch das Heil der Menschen in der Kreuzigung, Auferweckung und

---

[40] D. Wiederkehr, Entwurf einer systematischen Christologie, in: MySal 3/1 (1970) 477–648, 519.

Erhöhung geworden. Die österlichen Elemente zeigen sich ansatzweise in der Verwendung der Prädikate von Herrlichkeit, Heil, Frieden, Trost, Erleuchung. Diese Attribute stehen nicht alleine, sie sind verbunden mit dem Hinweis der Adressaten, den Menschen. Diese Attribute werden Jesus zugesprochen, und damit wird zugleich die volle Gemeinschaft mit Gott offenbart und damit die Gleichwesentlichkeit von Vater und Sohn. Mit der Nennung der Attribute durch Simeon verheißt er, dass Gott all dies nach der Auferweckung seines Sohnes für die Menschen sein wird. So hat sich Gott den Menschen in Treue zugesagt und entschieden, „für die Welt ein mitteilender, versöhnter Gott“[41] zu sein. Da durch die Gleichwesentlichkeit Jesu und Gottes auch ein gemeinsames Handeln ausgesagt ist, trifft dieses Handeln Gottes am Menschen auch auf Jesus zu, der damit auch im vollen Sinne „Sohn Gottes“ ist.

5. Die universale Heilsmittlerschaft des Gottessohnes

5.1 Die Verknüpfung von Jesus und dem endzeitlichen Gottesvolk

In Simeons Nunc dimittis scheint eine enge Verbundenheit zwischen Jesus und dem Gottesvolk, das zu sammeln er berufen ist, durch. Zunächst wird differenziert: Der Messias hat das Heil vor den Augen aller Völker bereitet. Mit „bereitet“ ist noch nicht ausgesagt, dass auch alle Völker am Heil teilhaben werden. Der Bogen wird von Israel, das zunächst von Gott in ein besonderes Treueverhältnis gerufen wurde, zu den Völkern/Heiden gespannt. „Aber die Sichtbarwerdung dieser Gnadengegebenheit wart im Heidentum (das gilt in gleichem Maße für die Religiosität, die in den ‚modernen Heiden‘ vorhanden sein kann) bleibt in eine starke Anonymität gehüllt“[42]. Anders als Sahlin[43] geht Schillebeeckx davon aus, dass diese Stelle als Beleg für den universalen Heilswillen Gottes zu betrachten ist. Grund dafür ist sowohl die Aussage, dass das Heil vor aller Augen bereitet wurde, als auch die Tatsache, dass Christus als „Licht

[41] Ebd., 521.

[42] Schillebeeckx, Sakrament der Gottbegegnung, 20.

[43] Vgl. auch dazu H. Sahlin, Der Messias und das Gottesvolk, Studien zur protolukanischen Theologie. Uppsala 1945, bes. 256–258: „Das Heil ist nach protolukanischer wie spätjüdischer Anschauung dem Gottesvolk vorbehalten. [...] Wenn man Lk 2:31 vom alttestamentlich-jüdischen Standpunkt aus beurteilt, ist entschieden damit zu rechnen, dass nur Israel des Heils teilhaftig wird. Sicher hat m. E. Proto-Lukas die Stelle gemeint“.

für die Heiden und Herrlichkeit für Israel" gesandt wurde. Ein Beleg dafür ist das Ereignis der Begegnung zwischen Jesus und Simeon; diese ist Ausdruck des Heils, das immer eine Begegnung zwischen Gott und Mensch ist. Von Gott her konnte dies durch die sich erschließende Selbstoffenbarung geschehen.

Dazu ist es zunächst wichtig, den Begriff des „Volkes Gottes" näher zu betrachten: „Volk Gottes" ist zunächst eine zur Verhältnisbestimmung zwischen Gott und den Menschen (Israel, Völker) gebrauchte Charakterisierung aus der Schöpfungsordnung, die wiederum von Gott geschaffen wurde. Der Neue Bund, durch den Geist begründet, sammelt alle Völker als neues Israel im Geist Gottes. Die bisherige Zugehörigkeit zum Volk Gottes, die durch nationale Zugehörigkeit begründet wurde, hebt sich aus der fleischlichen Zugehörigkeit Israels in die Zugehörigkeit des Heiligen Geistes auf. Von daher weist Simeons Aussage ganz klar auf den universalen Heilswillen Gottes, wenn er sagt: „Denn meine Augen haben das Heil gesehen, das du vor allen Völkern bereitet hast, ein Licht, das die Heiden erleuchtet, und Herrlichkeit für dein Volk Israel" (Lk 2,30–32). Gottes Heilswille trifft nicht isoliert Einzelne, sondern beruft die ganze Menschheit in ihren Beziehungen und geschichtlichen Gegebenheiten zum Heil. Die Mitte und Einheit der Berufung der Völker ist die in Freiheit angenommene Selbstmitteilung Gottes, die in seinem Sohn und dessen Auferstehung nicht mehr reversibel ist. In Simeons Nunc dimittis erscheint Jesus als eine alle Menschen, d. h. die Völker und Israel einende Selbstzusage Gottes, die in dieser Zusage gerechtfertigt werden. Der Zusammenhang zwischen Jesus Christus und den Völkern bzw. dem neuen Gottesvolk wird durch das Christusprädikat σωτήρ deutlich: Im Gegensatz zu den alttestamentlichen Erlösungserwartungen im Hinblick auf einen Retter, der von den Römern befreite, bewirkte dieser Retter die Befreiung von den Sünden.

5.2 Jesus und das Gesetz

In der Perikope der Darstellung des Herrn tritt das spannungsvolle Miteinander von „Gesetz", das in der Regel mit den Verhaltensvorschriften des Pentateuchs im Alten Testament in eins gesetzt wurde, und „Evangelium", das als Frohe Botschaft den Menschen sowohl die Liebe Gottes als auch seinen eschatologischen Heilswillen zusagt, bereits ansatzhaft zutage[44]. Die Einheit

[44] Vgl. dazu G. Kraus, Gesetz und Evangelium, in: Lexikon der katholischen Dogmatik. Hg. von W. Beinert. Freiburg-Basel-Wien 1987, 186.

von Gesetz und Evangelium liegt in Gott: Er ist der eine Urheber von Gesetz und Evangelium und richtet seinen dadurch ausgedrückten Heilswillen an die Menschen. Dieser Heilswille tritt in zwei Phasen hervor: Zum einen durch die dargelegten alttestamentlichen Vorschriften, die sich durch eher fordernden Charakter auszeichnen, und zum anderen durch die Verheißung des Evangeliums, das in Jesus Christus personifiziert ist und letztlich die Befreiung der Menschen verheißt.

In der Perikope bei Lukas wird durch die Einhaltung der Reinigungsvorschrift und die Auslösung des Erstgeborenen die Gesetzestreue der Eltern Jesu hervorgehoben. Als Teil des Volkes Israel entsprachen sie damit den damals üblichen Verhaltensregeln, denn in diesen Forderungen zeigt sich der Wille Gottes. Diese Vorschriften waren der äußere Anlass für Josef und Maria waren, zum Tempel zu kommen. Der innere war, das vierzig Tage alte Kind Gott darzustellen und seiner Bestimmung zu übergeben. Jesu spätere Stellung zum Gesetz und seinen Vorschriften wird von denselben Voraussetzungen bestimmt sein. Die eingehaltenen Vorschriften weisen auf den alttestamentlichen fordernden Willen Gottes, der Mose diese Weisungen gab. Dem stehen in der Perikope der Darstellung des Herrn bereits ansatzhafte Anzeichen der Reich-Gottes-Verkündigung Jesu gegenüber. Die in Jesus verheißene Vollendung zeigt sich in Zusagen wie Trost, Simeons Befreiung, Messias, Heiland. Auch für Jesus ist es undenkbar, Schrift und Gesetz aufzuheben, da sie Bekundungen des Gotteswillens sind. In ihm zeigt sich aber insofern eine Kritik am jüdischen Gesetzesverständnis, als Jesu Meinung nach das Gesetz im Sinne Gottes verstanden und erfüllt werden sollte, ohne dass diese Erfüllung auf Kosten der Menschen oder eines Menschen ging. Nun stand Jesus aber als Mensch auch in einer so einzigartigen Beziehung zu Gott, dass für ihn der Wille Gottes unmittelbar gegeben war. Es war neu, dass er durch sein Auftreten und Predigen eine Abstufung der Ge- und Verbote der göttlichen Willenserklärung einführte. Von daher erklärt sich auch seine Gemeinschaft mit Unreinen, Ausgestoßenen und Zöllnern. Aus der prinzipiellen Haltung der Nähe Gottes lässt sich auch die Kritik Jesu am Gesetz erklären, die er verschiedentlich übte. Diese Kritik ist als Aktualisierung des Gotteswillens erklärbar.

5.3 Die stellvertretende Genugtuung durch Jesus Christus

Mit der Bezeichnung σωτήρ charakterisiert Simeon das Kind als den Heiland. Das neugeborene Kind ist der erwartete und verheißene Retter. Dadurch wird der messianische Charakter des Kindes betont, der auch die Vollmacht zur

Sündenvergebung mit einschließt (vgl. Lk 1,77). Durch die Erwartung des Heilands und dessen Offenbarung durch Simeon wird deutlich, dass Jesus von Gott für die anderen Menschen gesandt wurde und für diese heilswirksam werden kann. Die Begegnung zwischen Jesus und Simeon, Ausdruck des Heilswillens Gottes, zeigt auf die heiligmachende Gnade, die weder „von der persönlichen Liebe Gottes zum Menschen noch von der menschlichen Antwort auf diese göttliche Aufmerksamkeit losgelöst“[45] gedacht werden kann. Insofern ist diese Begegnung auch sakramental, denn dies „ist jede übernatürliche Wirklichkeit, die sich geschichtlich in unserem Leben vollzieht“[46]. Durch diese Begegnung wird deutlich, dass die ganze Menschheit unter dem inneren Anruf Gottes zur Gnadengemeinschaft mit ihm steht.

Die unmittelbare Hingabe an Gott, wie es in der Darstellung des Herrn geschieht, ist zugleich auch Vorwegnahme und prophetische Ankündigung seiner Passion und seines Sterbens. Jesus Christus hat durch seinen Tod dem Vater die Genugtuung für alle Menschen angeboten. Ebenso wie Adam in Stellvertretung für alle Menschen die Erbsünde erlangt, geschah Jesu Tod in Stellvertretung für alle Menschen, denn sie sind durch die Erbsünde gehindert, die unmittelbare Beziehung zu Gott zu haben wie Jesus sie hat. Dies verdeutlicht auch die Ausrichtung der Perikope auf das Ostergeheimnis und zeigt damit die enge Verbindung von der Darstellung des Herrn zur Menschwerdung und zur Passion. Besonders durch die Bezeichnung „σωτήρ“, mit dem Simeon Jesus bezeichnet, wird der Sieg Jesu über den Tod deutlich, denn dieser Sieg geschah im sog. „Heiligen Tausch“: Jesus Christus wurde Mensch, um die Menschen zu dem zu vollenden, was er selbst ist.

6. Soteriologischer Aspekt: Die Darstellung Jesu als Offenbarung der Heilsverwirklichung

Simeon weist im Nunc dimittis auf die Zukunft hin: Gott hat vor den Augen der Völker das Heil bereitet, Jesus wird das „Licht für die Völker“ sein und „Herrlichkeit für Israel“. Jesus wird als Heil dargestellt, das der Inbegriff ist für „Vollendung allen menschlichen Verlangens nach Wahrheit und Leben, Freiheit in Gott, dem Schöpfer und Vollender seiner Kreatur“[47]. Indem Gott

---

[45] Schillebeeckx, Sakrament der Gottbegegnung, 15.

[46] Ebd., 15.

[47] G. L. Müller, Katholische Dogmatik, Freiburg-Basel-Wien 1995, 373.

sein Wort geschichtlich durch Jesus zu den Menschen sandte, ist er auch der Weg, auf dem die Menschen zu Gott kommen können. Jesus ist der eine und der einzige Mittler des Heils, das sich auf Vergebung, Rechtfertigung und Heiligung auswirkt.

Bei der Ankunft Jesu im Tempel preist Simeon das Kind als σωτήρ (Heil/ Retter). Der Begriff des Heiles/Retters ist ein Schlüsselbegriff für das gesamte Verständnis der Perikope in systematisch-theologischer Hinsicht. In Simeons Nunc dimitts und der sich anschließenden Prophetie werden zwei zunächst voneinander verschiedene Heilsverwirklichungen vorgestellt.

1. Vermittelt durch die Person Simeons wird das Messiaskind als Heil für die Menschen gepriesen, das sie von den irdisch-endlichen Gegebenheiten befreit und zu ungehinderter Gottesgemeinschaft und -schau führt. Diese Sicht begründet sich dadurch, dass Simeon sterben wird, denn für ihn hat sich seine Verheißung erfüllt. Er hat das Heil, den Messias, nicht nur gesehen, er hat ihn auch in Händen gehalten. Simeon selbst antwortet nonverbal durch die angemessene Haltung von Glauben, Hoffnung und Liebe, die das Kind als den Messias erkennt und preist und dadurch Befreiung (Sterben) und Versöhnung (Frieden) erfährt.

2. Im Gegensatz zu den Erfahrungen des Simeon wird im Nunc dimittis eine ganz andere Heilsverwirklichung dargestellt. Indem Simeon das Messiaskind als Licht und Herrlichkeit preist, das den Völkern und Israel Heil bringen wird, zeigt dies das Heil als Resultat des heilsgeschichtlichen Verlaufs an. Dieser Gang der Geschichte strebt auf die Reich-Gottes-Herrschaft als das Zukunfts- und Endziel hin. Der Höhepunkt dieses Verlaufs ist die Menschwerdung des Logos.

Wie passen diese beiden Vorstellungen zusammen? Im Hinblick auf die Heilswirkungen werden Aussagen über das Heil der Welt und über den Menschen gemacht. Aussagen über Mensch und Welt durch Gott sind Heilsabsichten. Es wird einerseits deutlich, dass das Heil den Menschen und Gott umfasst und andererseits Heil „für Mensch und Welt unbedingt erforderlich ist, damit sie zu ihrer Erfüllung und zu der von ihnen erwarteten Gänze kommen. Es setzt voraus, dass sie dies nicht mehr von sich aus erreichen können“[48].

Die Gaben der Erlösung werden dem Volk Gottes durch Umkehr, Glaube und Nachfolge jetzt schon zuteil. Simeon drückt dies aus, indem er die Völker und Israel zur Umkehr aufruft, indem er proklamiert, dass Jesus ein umstrittenes Zeichen sein werde, an dem viele zu Fall kommen, viele aufgerichtet wer-

[48] Seils, Heil und Erlösung, 625.

den und dass deren Herzen offenbar werden. Das letzte Offenbarwerden der Heilsgüter steht durch die Parusie an. Die Sündenvergebung, die durch die Kreuzigung und Auferstehung gewirkt wird, klingt durch die Prophetie an Maria an, da ihr Schmerzen vorausgesagt werden. Aus diesen Ausführungen wird deutlich, dass in und durch die Person Jesu für die Menschen gemäß der Darstellung des Herrn das Heil auf die Welt gekommen ist. Er bringt Welt und Mensch das Heil, weil er selbst das Heil ist. Durch die Heilswirkung, die Überwindung der Entfremdung, wird das Beziehungsgefüge Mensch/Welt-Gott in ihren Bezügen in wahres und ewiges Leben gestellt. Auf diese Weise zeigt sich noch eine zweite Dimension des universalen Heilswillen Gottes: Nicht nur alle Menschen, die Völker und Israel sind die Adressaten, sondern Gottes umfassender Heilswille erstreckt sich auch auf die Welt.

7. Zusammenfassung

Das Christusprädikat σωτήρ („Heil, Retter") ist für das Verständnis der Christologie der Darstellung des Herrn der Dreh- und Angelpunkt.

1. Im Zusammenhang mit Simeons Nunc dimittis, in dem die Sendung des Sohnes Gottes beschrieben wird, zeigt σωτήρ an, dass das Heil in und durch Christus zu erlangen ist. Dies wird verstärkt durch den Schluss, in dem betont wird, dass Jesus gesetzt ist zum Fall und zur Auferstehung der vielen. Nur in ihm und durch ihn kann das von Gott für die Menschen gewollte Heil verwirklicht werden. Am Bekenntnis zu Jesus Christus entscheidet sich die Rettung der Menschen.

2. Die Perikope der Darstellung des Herrn betonet durch die verschiedenen auf Christus bezogenen göttlichen Prädikate die Göttlichkeit Jesu. Von dem Christusprädikat σωτήρ erhalten auch alle weiteren Bezeichnungen ihre Bedeutung. Als σωτήρ ist er die Erfüllung der alttestamentlichen Messiaserwartung und Trost, der den umfassenden Frieden zwischen den Menschen untereinander und zwischen Mensch und Gott wirkt. Da er als Heiland von Gott gesendet ist, ist er auch die Herrlichkeit, die auf Gott verweist und von ihm kommt, und zugleich sein Gesalbter (Messias). Die steten Anspielungen auf die Göttlichkeit Jesu unterstreichen zugleich die Präsenz Gottes in der Welt. Durch das Kommen Jesu in den Tempel wird Jesus als Retter und Heil Gottes offenbart. Simeon bezeichnete ihn, als er in den Tempel gebracht wurde, als δόξα des Volkes Israel. Simeon erlebt in der Begegnung mit dem inkarnierten Wort die Entschiedenheit Gottes zu den Menschen und antwortet darauf in Glaube, Liebe und Hoffnung. Bei der Begegnung zwischen Simeon,

der die Propheten des Alten Testamentes verkörpert, und Jesus, dem Messias leuchtet der Neue Bund schon anfangshaft auf. Damit wird deutlich, dass die Darstellung des Herrn Gottes Sein-bei-den-Menschen und damit Heilszusage für alle Menschen ist.

Moyses et Elias cum eo loquentes

Anregungen aus einer Kritik an der Erklärung *Dominus Iesus*

von Achim Buckenmaier

I.

Als im Jahr 2000 die Kongregation für die Glaubenslehre ihre Erklärung „*Dominus Iesus* – Über die Einzigkeit und die Heilsuniversalität Jesu Christi und der Kirche" veröffentlichte[1], war das Dokument, kaum daß es gelesen und bekannt wurde, bereits von einer dunklen Wolke ablehnender Urteile und negativer Meinungen umgeben, die zunehmend düsterer wurde. Der Text wurde nicht nur von protestantischen Theologen und Kirchenleitungen als „Rückschlag", „Ohrfeige" und „Belastungsprobe für die Ökumene"[2] und als „Salz in die Wunden" der Kirchenspaltung bezeichnet, auch katholische Theologen, Verbände und Institutionen gingen mit der Erklärung, ihren Aussagen und ihrer Form hart ins Gericht. Der damalige Präfekt der Glaubenskongregation, Kardinal Ratzinger, äußerte sich selber zu einigen Kritikpunkten[3], auch Bischof Gerhard Ludwig Müller hat sich mehrfach mit der Kritik auseinandergesetzt und Stellung genommen[4].

---

[1] Kongregation für die Glaubenslehre, Erklärung *Dominus Iesus* – Über die Einzigkeit und die Heilsuniversalität Jesu Christi und der Kirche, hrsg. vom Sekretariat der Deutschen Bischofskonferenz (=VAS 148), Bonn 2000.

[2] Vgl. u. a. P. Neuner, Belastungsprobe für die Ökumene. Anmerkungen zum Kirchenverständnis in einem Dokument der Glaubenskongregation, in: StZ 215 (2000), 723–737; M. Kehl, Die eine Kirche und die vielen Kirchen, in: StZ 216 (2001), 3–16.

[3] Vgl. J. Ratzinger, Es scheint mir absurd, was unsere lutherischen Freunde jetzt wollen. Die Pluralität der Bekenntnisse relativiert nicht den Anspruch des Wahren. Joseph Kardinal Ratzinger antwortet seinen Kritikern, in: FAZ Nr. 221, 22. Sept. 2000, 51 f.

[4] G. L. Müller, Gegen die Intoleranz der Relativisten. Zu der Empörung über die Erklärung der Glaubenskongregation „Dominus Iesus", in: DT Nr. 108, 9. Sept. 2000, 3 f.; ders., Die Kirche steckt in einer Krise, und die ist dramatisch. Hoch lodert das Feuer der Empörung über Rom und der Theologe Hünermann gießt noch einmal Öl darauf, in: DT Nr. 112, 19. Sept. 2000, 5; ders., Nur griesgrämig die alten Klischeebilder bedient. Antwort auf eine Erklärung, die die Arbeitsgemeinschaft der deutschsprachigen Dogmatiker und Fundamentaltheologen zu „Dominus Iesus" abgegeben hat, in: DT Nr. 119, 5. Okt. 2000, 5; ders., Vom Vater gesandt. Impulse einer inkar-

Nachdem sich der aufgewirbelte Staub etwas gelegt hatte, zeigten sich unter der Oberfläche der vielen Einsprüche die Konturen einer Kritik, die eher unerwartet war: Die Kritik von jüdischer Seite an *Dominus Iesus*[5]. Worin bestand sie?

Im Bewußtsein jüdischer Beobachter war das Jahr 2000 durch die großen Gesten Papst Johannes Pauls II. geprägt, durch die Vergebungsbitten der Katholischen Kirche am Ersten Fastensonntag, die auch die Schuld der Christen gegenüber dem Judentum einschloß, und durch die Reise des Papstes nach Israel, von der besonders der Besuch Johannes Pauls II. in der Gedenkstätte Yad Vashem und sein Gebet an der Klagemauer in Jerusalem im Gedächtnis bleiben. Immer wieder wurde anerkannt, daß diese Gesten Ausdruck einer wirklichen inneren Entwicklung der katholischen Kirche sind[6].

Trotz des Fortschrittes waren jüdische Leser von *Dominus Iesus* an zwei Punkten der Erklärung unsicher geworden: Eine Schwierigkeit entstand aus der katholischen Betonung der trinitarischen und christologischen Vermittlung des Heiles: „Es muß herausgestellt werden, daß der zentrale Gedanke der gesamten Erklärung, der beinahe auf jeder Seite unterstrichen wird, der ist, daß das Heil für die ganze Menschheit nur in *einer* Weise kommt, nämlich durch den dreieinigen Gott und sein fleischgewordenes Wort."[7]

Das zweite Hindernis, das jüdische Leser aufgerichtet sahen, ist das Verständnis des Dialoges, welches die Erklärung formuliert: „Um es kurz zu sagen, haben wir hier ein offizielles Dokument der Katholischen Kirche, ‚ratifiziert und bestätigt' durch den Papst selber, das erklärt, daß eine entscheidende Absicht des Dialoges Mission ist. Es ist offensichtlich und nicht zu bezweifeln,

---

natorischen Christologie für Gottesfrage und Menschenbild, Regensburg 2005, bes. 24 ff.; eine Sammlung von Dokumenten und Stellungnahmen bis zum Jahr 2001 bietet M. J. Rainer (Red.), „Dominus Iesus" – Anstößige Wahrheit oder anstößige Kirche? Dokumente, Hintergründe, Standpunkte und Folgerungen, Münster u. a. 2001; vgl. P. Neuner (Hrsg.), Glaubenswissenschaft? Theologie im Spannungsfeld von Glaube, Rationalität und Öffentlichkeit (=QD 195), Freiburg – Basel – Wien 2002.

[5] Vgl. D. Rosen, Der Dialog wird definitiv weitergehen. Rabbi Rosen zu den christlich-jüdischen Beziehungen, in: KNA Basisdienst, 2. Okt. 2000; D. Berger, On *Dominus Iesus* and the Jews, in: S. J. Pope / Ch. Hefling (Hrsg.), Sic et Non. Encountering *Dominus Iesus,* New York 2002, 39–43; G. L. Müller, An das anknüpfen, was gemeinsam ist. Zum Dialog der Religionen: Über die Einzigkeit Jesu Christi im Gespräch mit Juden und Muslims, in: DT Nr. 134, 9. Nov. 2000, 6.

[6] Vgl. D. Berger, *Dominus Iesus* 43.

[7] A. a. O. 40 (Übers. v. Vf.).

daß der Verfasser dies auch auf die Juden bezieht."[8] Um diese Sicht zu bekräftigen, griff D. Berger auf einen Vortrag Kardinal Ratzingers aus dem Jahr 1994 zurück, in dem dieser im Zusammenhang des Gespräches mit dem Judentum davon spricht, daß der Dialog missionarisches Handeln nicht ersetzen kann: „Der Dialog ist nicht ziellose Unterhaltung, sondern er zielt auf Überzeugung, auf Wahrheitsfindung, sonst ist er wertlos."[9]

Ist also das Gespräch zwischen Israel und der Kirche, kaum daß es begonnen hat, wieder gefährdet, der Dialog eine höfliche Täuschung und der gemeinsame Boden, ehe er begangen ist, schon brüchig? Ist die Einheit und gegenseitige Erhellung von hebräischer Bibel und Neuem Testament eine einseitige christliche Betrachtungsweise, die den Dialogpartner vereinnahmt, statt ins Gespräch mit ihm zu treten?

Christliche Beobachter waren überrascht. Waren nicht die Zeichen des Papstes glaubwürdig, die offiziellen Texte deutlich? Sind nicht bereits vierzig Jahre vergangen, seit mit der Erklärung *Nostra aetate* des Zweiten Vatikanischen Konzils die Tür zu einem Gespräch aufgetan wurde? Ist die neue christliche Öffnung und Wiederentdeckung mit einer „Hermeneutik des Mißtrauens"[10] konfrontiert?

II. „Mortara" – ein kurzes Schlaglicht auf eine lange Geschichte

Vielleicht kann der Blick auf ein einzelnes Ereignis helfen, die entstandenen Fragen besser zu verstehen: Die Seligsprechung Papst Pius IX. (1846–1878) durch Johannes Paul II. im selben Jahr wie die Veröffentlichung der Erklärung *Dominus Iesus* rief einen Aspekt der jahrhundertelangen Leidensgeschichte der Juden in Erinnerung, der von der Kirche ausgegangen war: Die Judenmission[11]. Mit der Person Pius' IX. ist ein spätes Kapitel dieser Geschichte verbunden, die sogenannte Affäre Mortara.

---

[8] A. a. O. 42 f. (Übers. v. Vf.).

[9] J. Ratzinger, Die Vielfalt der Religionen und der Eine Bund, Bad Tölz ^{2}1998, 120.

[10] H. H. Henrix, Die Katholische Kirche und das jüdische Volk. Neuere Entwicklungen nach der Vergebungsbitte und der Israelreise des Papstes, in: StZ 218(2000), 375–388.

[11] Vgl. P. Browe, Die Judenmission im Mittelalter und die Päpste, Rom 1942 (1973); P. G. Aring, Christliche Judenmission. Ihre Geschichte und Problematik, dargest. u. unters. am Bsp. des evangelischen Rheinlandes, Neukirchen-Vluyn 1980; ders., Christen und Juden heute – und die „Judenmission"? Geschichte und Theologie protestan-

1858 gestand die christliche Magd einer jüdischen Familie aus Bologna, daß sie heimlich den schwer erkrankten sechsjährigen Sohn der Familie Mortara, getauft hatte. Edgardo Mortara wurde daraufhin seiner jüdischen Familie gegen deren Widerstand weggenommen und christlich erzogen. Die amtliche Entführung des Kindes löste heftige Proteste in ganz Europa aus[12]. Pius IX. aber, unter dessen Herrschaft Bologna stand, billigte ausdrücklich die Maßnahme. Die Tatsache, daß Edgardo später nicht mehr zu seinen Eltern zurück wollte, Priester wurde und einen Eifer in der Missionierung von Juden in Amerika entwickelte, der von der Kirche selber eingedämmt werden mußte, macht diese Geschichte noch vielschichtiger. Mit ihr reichte die lange schmerzvolle Geschichte der Zwangstaufen bis ins 19. Jahrhundert hinein, und nur ein kurzes Gedächtnis kann über den Schrecken hinwegsehen, den diese Erinnerung auslöste[13].

Im Vergleich mit den Jahrhunderten der erzwungenen Taufen, der Vertreibungen, Verwüstungen, Morde und Pogrome ist die Zeit des Dialoges und der neuen Sicht jüdischer Wurzeln des Christentums kurz und bedarf der nüchternen Prüfung, und jedes Gespräch – dies wäre eine angemessene christliche Sicht – lebt aus dem Staunen und Dank für die gewährte Verzeihung und das geschenkte, vorausgehende Vertrauen in diese neue Epoche des Verhältnisses der Kirche zu Israel. Die Kritik an *Dominus Iesus* hat diese Geschichte nicht erwähnt, und doch ist es offensichtlich, daß sie im Hinter-

---

tischer Judenmission in Deutschland, Frankfurt a. M. 1987; H. Kremers, Judenmission heute? Von der Judenmission zur brüderlichen Solidarität und zum ökumenischen Dialog, Neukirchen-Vluyn 1979; P. F. Lotter, Art. Judenmission, in: H. J. Schoeps (Hrsg.), Neues Lexikon des Judentums, Gütersloh 1992, 241.

[12] Vgl. G. Martina, Pio IX (1851–1866), Rom 1986, 31–35.

[13] Immerhin reicht der Stoff bis heute zur publizistischen Verarbeitung: vgl. D. I. Kertzer, The Kidnapping of Edgardo Mortara, New York 1997 (dt. Die Entführung des Edgardo Mortara. Ein Kind in der Gewalt des Vatikan, München u. a. 1998). Wie heikel das Thema Judenmission ist, zeigt sich vielleicht auch darin, daß erst im Jahr 1971 „Der Messiasbote“, das „Nachrichtenblatt der Berliner Landeskirchlichen Judenmission“, eingestellt wurde. Nach einer Unterbrechung zwischen 1940 und 1947 war er 1948 in einer „Neuen Folge“ wieder erschienen; vgl.: Der Messiasbote. Nachrichtenblatt der Berliner Landeskirchlichen Judenmission, hrsg. v. der Gesellschaft zur Beförderung des Christentums unter den Juden, 1(1906)-35(1940); NF 1(1948)-48(1971); vgl. F. Weichert, Die Anfänge der Berliner Judenmission: JBBKG 38 (1963), 106–141; in einigen evangelikalen Gruppen ist der Gedanke der Judenmission allerdings bis heute nicht aufgegeben und wird in der Form sogenannter „messianischer Gemeinden“ wiederbelebt.

grund präsent ist. Zwei Momente der Erklärung können das betretene Terrain noch etwas mehr ausleuchten.

Die Selbstbeschränkung von *Dominus Iesus* im Hinblick auf Israel

Dominus Iesus thematisiert das Verhältnis zu Israel nicht. Kardinal Ratzinger hat mehrfach darauf hingewiesen, daß „der Dialog von uns Christen mit den Juden auf einer anderen Ebene stattfindet als der mit den anderen Religionen“[14]. Nur an einer Stelle des Dokumentes spricht die Glaubenskongregation indirekt auch über Israel, wenn sie mit der Konstitution *Dei verbum* des Zweiten Vatikanischen Konzils die Einheit der Heiligen Schrift betont, die in der Lehre der Kirche als Altes und Neues Testament inspirierte Schrift ist, „in ihrer Ganzheit mit allen ihren Teilen“ (Art. 8)[15]. Auch von daher ist deutlich, daß Israel in einer Weise mit dem Christentum verbunden ist, die es aus den Fragen nach interreligiösem Dialog, nach Religionspluralismus und Relativismus, wie sie angesichts der Religionen gestellt sind, herausnimmt: „Der in der Bibel der Juden, dem Alten Testament der Christen, bezeugte Glaube ist für uns nicht eine andere Religion, sondern das Fundament unseres Glaubens.“[16]

---

[14] J. Ratzinger, Das Erbe Abrahams, in: HEUTE in Kirche und Welt. Blätter zur Unterscheidung des Christlichen, 1(2001), 1 f.; zuerst ersch. in: L'Osservatore Romano 140 (2000), No. 299 vom 29. 12. 2000 unter dem Titel „L'eredità di Abramo dono di natale“.

[15] Vgl. Zweites Vatikanische Konzil, Dogmatische Konstitution *Dei Verbum*, 11.

[16] J. Ratzinger, Erbe Abrahams, ebd.; darum ist es auch abwegig, in *Dominus Iesus* eine andere Sprache zu sehen, als in anderen Dokumenten zum Verhältnis von Kirche und Judentum, speziell zur Frage der Judenmission, wie es F. Prosinger, „Wer in Christus ist, ist ein neues Geschöpf“. Zur Diskussion über das Thema Judentum und christliche Taufe, in: DT Nr. 129, 28. Oktober 2006, 13 vermutet. Der Rekurs in diesem Zusammenhang auf Paulus, der, so wird insinuiert, zur heutigen Judenmission auffordert, zeigt letztlich nicht nur ein ungeschichtliches Verständnis der Schrift, das die einmalige Situation der Entstehung der Kirche aus Heiden *und* Juden nicht wahrnimmt, sondern auch eine mangelhafte Sicht auf die Einzigartigkeit des Christentums, das aus seiner jüdischen Herkunft her auch in seiner Mission zwischen der Offenbarung und den Religionen unterscheiden muß. Darüber hinaus hat die Existenz des Judentums nach Christus auch zu einer vertieften Sicht der Heilsgeschichte geführt, die bedenken muß, ob sich nicht Gott jene letzte Einheit von Israel und der Kirche vorbehält, die zu erstreben angesichts der Säkularisierung der westlichen Welt und der religiösen Fana-

Die Verklärung Christi als Moment der Auslegung

Die Kongregation für die Glaubenslehre hat ihre Erklärung *Dominus Iesus* in den Kontext eines biblischen Gespräches gestellt, indem sie den Text mit dem Datum des Festes der Verklärung des Herrn am 6. August 2000 veröffentlichte. Der Festinhalt des Tages findet sich in den biblischen Erzählungen bei Mk, Mt und Lk. Die Synoptiker berichten mit leicht unterschiedlichen Nuancen von der *transfiguratio*, der Verwandlung Jesu vor den Augen der drei Jünger Petrus, Johannes und Jakobus (vgl. Mk 9,2–10 parr.) und heben das Geschehen deutlich von einer mirakulösen Erscheinung, einem subjektiven religiösen Erleben oder einer Metamorphose im hellenistischen Sinn ab[17], indem sie die Verwandlung als eine Verklärung, ein Sichtbarmachen und (wenigstens vorläufiges) Verstehen des Weges Jesu schildern. Dazu trägt das Schweigen der Jünger (bei Mk und Mt als Gebot Jesu) ebenso bei wie die deutende himmlische Stimme, die von der Einzigartigkeit des Sohnes spricht. Besonders die Konstellation von Personen und Ort gibt einen wichtigen Hinweis: Auf einem Berg werden drei Erstjünger Zeugen des Gespräches zwischen Jesus, Mose und Eljia: „Da erschienen plötzlich vor ihren Augen Mose und Elija und redeten mit ihm. – *Et ecce apparuerunt illis Moyses et Elia cum eo loquentes.*“ (Mt 17,3). Es geschieht also an einem Ort, der ähnlich hervorgehoben ist wie der Berg, auf dem Mose die Tora empfangen hatte; dort war es das Gesicht des Mose, das strahlte (Ex 34,35). In der Verklärungsszene geht es um die Fortführung dieser Offenbarung und um den, der sie im Heute der Jünger und Israels mit Autorität auslegen kann: „In der Mitte des Evangeliums hat die Verklärungsgeschichte auch eine besondere Funktion für deren Hörer: über die Jünger sind sie aufgefordert, auf Jesus zu hören, auf ihn, den Auferstandenen, wie er im Evangelium verkündet wird bzw. selbst zu Wort kommt.“[18]

Die Exegese der Väter sah in dieser Personengruppe ein besonders deutliches Zeichen der Einheit von Alten und Neuem Testament. Papst Leo der Große erkannte in der Gegenwart dieser fünf Männer (Mose, Elija, Simon Petrus, Johannes und Jakobus) die Bedingungen einer zuverlässigen Zeugenschaft als erfüllt, wie sie in Dtn 19,15 (aufgenommen in Mt 18,16) formuliert sind: „Was könnte denn dauernder und bleibender sein als eben dieses Wort,

---

tisierung der islamischen Welt dennoch eine der wichtigsten Aufgaben von Juden und Christen ist.

[17] Vgl. R. Pesch, Das Markusevangelium. II. Teil: Kommentar zu Kap. 8,27–16,2 (HThKNT II/2), Freiburg – Basel – Wien ²1980, 72.

[18] A. a. O. 82.

bei dessen Verkündigung die Posaunen des Alten und Neuen Testamentes zusammenklingen und die Urkunden der alten Verkündigung mit der Lehre des Evangeliums übereinstimmen?"[19]

Petrus redet in der Verklärungsszene – entsprechend den unterschiedlichen theologischen Perspektiven der Synoptiker – Jesus mit verschiedenen Titeln an: „Rabbi!" in Mk 9,5, „Meister!" in Lk 9,33. Bei Matthäus ist es der „Herr", den die Jünger im Gespräch mit den beiden großen Propheten Israels sehen: *Respondens autem Petrus dixit ad Iesum: Domine* ... (Mt 17,4 Vulg.).

Von diesen Überlegungen her richten wir unseren Blick auf die Erklärung *Dominus Iesus* und versuchen, dieses innere Gespräch zwischen Jesus und dem Volk, aus dem er herkommt und zu dem er gehört, als den notwendigen Hintergrund einer Theologie aufzuzeigen, welche von der Einzigkeit und Heilsbedeutung Jesu und seiner Kirche sprechen will. Die jüdische Nachfrage zu *Dominus Iesus* und die Geschichte, die hier nur ausschnitthaft gestreift wurde, die aber doch bezeichnend für einen großen Teil des historischen Verhältnisses Kirche/Israel ist, weisen darauf hin, daß in der Argumentation der Erklärung Aspekte ergänzt werden können, die noch nicht genügend deutlich entfaltet sind.

III. Vom Logos-Sarx-Schema zum Logos-Anthropos-Schema

Der Gedanke des Fleisch gewordenen Wortes Gottes, der Inkarnation, durchzieht in verschiedenen wiederkehrenden Formulierungen das ganze Dokument *Dominus Iesus*[20]. Er ist der Angelpunkt der Argumentation. In der Rede vom „Wort, das Fleisch geworden ist" (vgl. Joh 1,14) ist festgehalten, daß die ganze Offenbarung Gottes zum Heil der Welt in der geschichtlichen Person Jesus von Nazareth ausgesagt und erfüllt ist.

Die johanneische Aussage vom Fleisch gewordenen Wort hat bereits dadurch eine Prägung erfahren, daß sie seit Irenäus von Lyon auch substantivisch verwendet wurde: ‚Fleischwerdung' (σάρκοσις / incarnatio[21]) wird bereits bei Irenäus antignostisch in Stellung gebracht. Von hier aus setzt sich

---

[19] Leo d. Gr., Tractatus (sermo) 51 c. 4: CChr.SL 138 A, 295–303; 299; PL 54,311.; dt. BKV^2 55, 74 f. (hier leicht abweichende Übers.).

[20] Vgl. Art. 0.4, I.5,6; II.9–12; III.13–15 und VI.22.

[21] Irenäus von Lyon, Adv. haer. III,19,1; [griech./lat./dt.], übers. u. eingel. v. N. Brox, Freiburg u. a. 1995 (=FChr Bd. 8), 238 f.; vgl. G. L. Müller, Katholische Dogmatik, Freiburg – Basel – Wien 1995, 316.

die Entwicklung fort: „Da biblisch ‚Fleisch' den ganzen Menschen in seiner Konstitution, aber auch in seiner geschichtlichen Situation meint, wurde ‚Fleischwerdung des Logos' auch mit ‚Menschwerdung Gottes' wiedergegeben. Um dem Mißverständnis der Arianer und Apollinaristen entgegenzutreten, die meinten, Christus habe nur das ‚Fleisch' (Leib) des Menschen ohne eine vernünftige Seele angenommen, wurde das Logos-Sarx-Schema mehr und mehr durch das Logos-Anthropos-Schema ersetzt."[22]

Dem Gewinn an anthropologischer Präzision steht die Gefahr einer ins Ungeschichtliche abgleitenden Abstraktion gegenüber: Die vom biblischen Hintergrund oder vom homologischen Kontext isolierte Zeugnis der Menschwerdung kann zur Aussage eines allgemeinen Faktums werden, ohne daß das heilsgeschichtliche Datum weiter sichtbar ist. Damit wäre *ein* Mißverständnis um den Preis eines anderen ausgeräumt. G. L. Müller hat deswegen zu Recht betont, daß im Bekenntnis der Kirche immer „Inkarnation und vom Geist gewirkte Empfängnis Jesu aus der Jungfrau Maria miteinander verknüpft"[23] sind. Das Credo der Kirche ist an den biblischen Aussagen festgemacht und geht von ihnen aus. Besonders Röm 1,3 f. hält den Zusammenhang von Menschwerdung des Logos und konkreter Menschennatur aus den jüdischen Vorfahren fest: „dem Fleisch nach geboren als Nachkomme Davids".

Die Theologie des 20. Jahrhunderts mußte aber noch in eine andere Richtung antworten. Da die Aufklärung ein Handeln Gottes in der Welt in Frage gestellt hatte, war die Rede vom Gottessohn gefährdet, nur noch als mythologisches Relikt aufgefaßt zu werden. Deswegen begann die Christologie, den Gedanken der Mensch-Werdung zu vertiefen. Sie reflektierte stärker das Menschsein Jesu *als solches* und versuchte, die innere Verbindung von Menschsein und Inkarnation darzustellen. K. Rahner betonte die Notwendigkeit dieser Klärung, die er über eine theologische Anthropologie durchführte. Ohne diese Herausarbeitung der inneren Bezogenheit von Trinitätstheologie, Inkarnationschristologie und Anthropologie schien ihm die Theologie in der Gefahr, einen geradezu mythologisches Verständnis der Menschwerdung hervorzurufen, so als habe Gott „in der Livree einer menschlichen Natur, die ihm nur äußerlich anhaftet, auf Erden nach dem Rechten gesehen, weil es vom

[22] G. L. Müller, Art. Inkarnation, in: Lexikon der katholischen Dogmatik, hrsg. von W. Beinert, Freiburg – Basel – Wien 1987, 286–289; 287.

[23] G. L. Müller, Katholische Dogmatik, Freiburg – Basel – Wien 1995, 320; Vgl. G. L. Müller, Was heißt: Geboren von der Jungfrau Maria? Eine theologische Deutung (=QD 119), Freiburg i. Br. 1989, 50 f.; 57.

Himmel aus nicht mehr ging“[24]. Das Anliegen war es also, die innere, wesentliche Verbindung von Menschwerdung des Logos und menschlicher Natur, die gerade dadurch ausgezeichnet ist, daß sie auf Gott verwiesen ist, zu zeigen.

Die christologische Präzisierung in *Dominus Iesus*

Die Erklärung *Dominus Iesus* richtet sich vor allem an die Kirche. Nicht ein allgemeiner Relativismus oder eine religionspluralistische Zeitströmung in der westlichen Gesellschaft sind im Blick, sondern spezifische Gefährdungen innerhalb der Theologie. Zu diesen Gefahren gehört für die Glaubenskongregation die Trennung zwischen einer Heilsordnung des Heiligen Geistes und einer Heilsordnung des fleischgewordenen Wortes (vgl. Art. 4), das heißt eine Auffassung, die das Zusammenwirken von Gott und Mensch faktisch leugnet und im Gegensatz zum biblischen Zeugnis nicht mehr damit rechnet, daß Gott durch Menschen in dieser Welt handelt. Deswegen stehen im Zentrum des Textes die Aussagen über die Inkarnation. Der Text bestimmt sehr präzise, worin das Eigentliche des christlichen Inkarnationsglaubens besteht: „Mit der Inkarnation werden alle Heilstaten des Wortes Gottes immer in Einheit mit seiner menschlichen Natur vollbracht, die es zum Heil aller Menschen angenommen hat.“ (Art. 10).

Inkarnationschristologie bringt also zum Ausdruck, daß durch die Menschwerdung das Menschsein von Gott angenommen und dadurch auch gerettet ist. Gregor von Nazianz hat diesem Axiom die klassische Form gegeben: *Quod non est assumptum, non est sanatum.*[25] Erlösung ist nicht ein Heraustreten aus den Dingen der Welt, ein Ersetzen der Schöpfung durch eine andere, ‚jenseitige‘ oder geistige Welt, sondern eine Verwandlung, die zugleich Arbeit der Veränderung als auch Geschehenlassen von Umformung und Neuwerdung ist. Was ist, muß in das Licht dieser Aufklärungsgeschichte gestellt werden, damit es als das erkannt und zu dem verwandelt werden kann, als das es im Plan Gottes gedacht ist.

Um das volle Bild der biblischen Verkündigung zu sehen, muß man freilich noch etwas anfügen: Gerade die Inkarnationsaussagen des Johannes-

---

[24] K. Rahner, Grundkurs des Glaubens. Einführung in den Begriff des Christentums, Freiburg – Basel – Wien ^{3}1976, 211–226; 217; vgl. ders., Theologie der Menschwerdung, in: ders., Schriften zur Theologie Bd. IV, Einsiedeln ^{2}1961, 137–155.

[25] Gregor von Nazianz, Epistola CI (SChr 208, 50; PL 37,181 f.); vgl. A. Grillmeier, Quod non assumptum non sanatum, in: LThK^{2} Bd. 8, 954–956.

evangeliums bedeuten „eine Entmythologisierung und Entsakralisierung des Menschen und eine Relativierung dessen, was Menschen sonst für groß, bedeutend und angesehen halten“[26], weil nicht Gott allgemein Mensch wird und sich ‚den Menschen‘ als Ort und Instrument seines Handelns erwählt. Der Gott Israels hat sich ein Volk erwählt als den Ort seiner Gegenwart, und in ihm, nach einer fast zweitausendjährigen Geschichte, fand diese Suche Gottes ihre Antwort in Jesus aus Nazareth, wurde „das Wort Fleisch“. Auch *Dominus Iesus* hebt diesen Zusammenhang mehrfach hervor[27]. Damit wird auch die Brücke geschlagen zu der großen Frage nach der Heilsbedeutung *dieses einen* konkreten Menschen, die nicht mehr als eine einzelne willkürliche Setzung Gottes verstanden werden muß, sondern als Zuspitzung der Erwählungsgeschichte Israels, das seit Abraham berufen ist, ein Segen zu sein für die Völker, und an dem sich das Wohl der Völker entscheidet.

Es ist ein entscheidendes Moment des nachösterlichen Glaubens, daß die Jünger den Auferstandenen wiedererkennen als den Gekreuzigten, d. h. als den, der nicht nur die Wundmale trägt, sondern auch der ist, der sie sammelt, der ihnen die Geschichte Israels aufschließt, weil er selber Teil und Erfüllung dieser Geschichte ist, der ihnen ihre Schuld vergibt und ‚bei ihnen bleibt‘ (vgl. Mt. 28,20), in einer neuen, entgültigen Weise, aber doch nicht ohne Beziehung zu dem, was er in den drei Jahren zusammen mit ihnen getan und gesagt hat. In den neutestamentlichen Schriften ist diese Verbindung bis in kleine Notizen hin festgehalten. So erkennt auch Paulus, der sein Apostelamt auf die Begegnung mit dem auferstandenen Christus gründet, in ihm den Juden Jesus. In seiner Verteidigungsrede vor dem judäischen König Agrippa berichtet Paulus von dieser Begegnung auf dem Weg nach Damaskus und erzählt davon, daß der auferstandene Herr „hebräisch“ (τῇ ‘Εβραΐδι διαλέκτῳ) zu ihm geredet habe (Apg 26,14).

Zur christologischen Bedeutung der davidischen Herkunft

Um noch mehr Aufschluß über die Richtung zu finden, die *Dominus Iesus* in seiner Inkarnationschristologie anzeigt, ist es angebracht, über das Bisherige hinaus die biblische Aussage am Anfang des Römerbriefs zu Wort kommen

---

[26] W. Kasper, Jesus der Christus, Mainz [1]1977 ([11]1992), 232.

[27] Vgl. *Dominus Iesus* 10; Johannes Paul II., Enzyklika *Redemptor hominis* 6, hrsg. vom Sekretariat der Deutschen Bischofskonferenz (=VAS 6), Bonn 1979.

zu lassen, die zentral in die Inkarnationschristologie hineingehört, indem sie Fleischwerdung und jüdische Abstammung Jesu miteinander verbindet. Bei Paulus ist auffallend, daß er gleich zu Beginn seines Schreibens an die Gemeinde in Rom eine offensichtlich ältere christologische Formel aufgreift, die bereits vor ihm geprägt worden war und die ihn mit der Verkündigung, wie sie in den synoptischen Evangelien ihren Niederschlag gefunden hat, verbindet. Paulus stellt sich vor als Apostel, der berufen ist, das Evangelium vom Sohn Gottes zu verkünden, vom Sohn, „der dem Fleisch nach geboren ist als Nachkomme Davids, der dem Geist der Heiligkeit nach eingesetzt ist als Sohn Gottes ..." (Röm 1,3.4a)[28]. Es ist nicht zu übersehen, daß sich Paulus hier mit einer lebendigen Tradition verbindet, die schon in das Bekenntnis und den Gottesdienst der Gemeinden eingegangen war, in der Jesus noch deutlich als der Nachkomme aus dem Haus Davids gewußt und seine Menschwerdung in enger Verbindung mit seinem Messiassein gesehen wird: ἐκ σπέρματος Δαυὶδ κατὰ σάρκα. Das Fleisch-Werden geschieht hier als ein Herkommen aus dem Samen Davids, als ein Als-Jude-Geborenwerden. Daß dies an so herausgehobener Stelle wie am Briefeingang aufgegriffen wird, gibt der Aussage ein eigenes Gewicht. Denn diese Überlieferung berührt sich nicht nur mit den „Sohn-Davids"-Anreden der synoptischen Evangelien, sondern auch mit den Texten der nicht-paulinischen Briefliteratur wie in 2 Tim 2,8 und dem Buch der Offenbarung (Offb 5,5 und 22,16), wo Jesus als Nachkomme Davids, aus der Wurzel und dem Stamm Davids gesehen wird. Sie verknüpfen nicht nur kerygmatische Auferweckungschristologie und vorösterliche Messias-Christologie, sondern binden maßgebend die Theologie der Inkarnation an das Bekenntnis zur jüdischen Abstammung Jesu, der – wie es der Hebräerbrief sagen wird – „in allem seinen Brüdern gleich" werden mußte (Hebr 2,17).

Es kann nicht überraschen, daß auch die Apostolischen Väter diese Verbindung gesehen haben. Sie haben die großen Linien des Neuen Testamentes erkannt und in die Situation ihrer Gemeinden ausgezogen. Besonders Ignatius von Antiochien erinnert an die jüdische Abstammung des Christus, der „nach Gottes Heilsplan aus Davids Stamm (ἐκ σπέρματος μὲν Δαυὶδ)" herkommt

---

[28] Vgl. U. Wilckens, Der Brief an die Römer (Röm 1–5) (=EKK VI/1), Zürich u. a. 1978, 56 ff.; H. Schlier spricht von einer „Credo-Formel", die Paulus hier aufgreife: H. Schlier, Der Römerbrief (=HThKNT Bd. VI), Freiburg – Basel – Wien ^{3}1987, 23–27; R. Pesch, Das Evangelium Gottes über seinen Sohn. Zur Auslegung der Tradition in Röm 1,1–4, in: K. Kertelge u. a. (Hrsg.), Christus bezeugen (FS W. Trilling), Leipzig 1989, 208–217.

(Ign. Eph. 18,2)[29]. Auch in Eph. 20,1 f. betont Ignatius, daß diese davidische Herkunft Gottes Plan für die Rettung der Welt, d. h. Gottes *oikonomia* war. Hier und in Rom. 7,3, wo Ignatius auf die Eucharistie zu sprechen kommt, sind die Rede von der σὰρξ Jesu Christi und der Gedanke, daß Christus aus dem Samen bzw. dem Geschlecht Davids stammt, eng miteinander verbunden. Wie Paulus in Röm 1,3 f. verknüpft auch Ignatius im Brief an die Gemeinde in Smyrna im einem *parallelismus membrorum* die jüdische Abstammung Jesu und sein Gottes-Sohn-Sein und betont es in bewußter antidoketischer Weise mit einem mehrfachen ‚wirklich' (ἀληθῶς). „Ich preise Jesus Christus, den Gott (…), der wirklich aus dem Geschlecht Davids stammt nach dem Fleisch, Sohn Gottes nach Gottes Willen und Macht" (Ign. Smy. 1,1). Menschheit und jüdische Abstammung gehören für Ignatius nicht nur zusammen. Gerade die Herkunft Jesu aus dem Samen Davids und seine Geburt aus der Jüdin Maria bringen für ihn zum Ausdruck, daß Jesus *vere homo* ist[30].

Es ist kein Zufall, wenn Ignatius gerade in diesem Zusammenhang das Thema der Einheit der Gemeinde berührt. Wer, wie die Doketisten, der Realität des menschgewordenen Logos nicht glaubt, der steht nicht nur in einem bekenntnismäßigen Dissens mit der Kirche, sondern er steht auch außerhalb der Versammlung der Gemeinde: Von der Eucharistiefeier und vom Gebet bleiben diejenigen fern, welche das Menschsein Jesu Christi und seine reale Gegenwart in der Gemeinde leugnen (vgl. Smy. 7,1). Wer nicht mit der Geschichte Gottes mit Israel denkt, verliert auch den Blick auf die Notwendigkeit der konkreten, gemeindlichen Versammlung, die in der Tradition Israels als der Ort der Gegenwart Gottes geglaubt und erfahren wird. Ignatius, der wenige Zeilen weiter zum erstenmal von der „katholischen Kirche" (Smy. 8,2) spricht, hat damit bereits eine Entwicklung gesehen, die bis in die Gegenwart hinein in eine spiritualistisch und individualistisch geprägten Frömmigkeit mündet und Erlösung an der Kirche vorbei zu finden meint. Auch von diesem frühen Zeugnis her wird deutlich, warum *Dominus Iesus* die Themen der Einzigkeit Jesu Christi und der Kirche zusammen sieht und darstellt. Die Klarheit, mit der dieser Zusammenhang schon bei Ignatius vor unsere Augen tritt, überrascht: Wer die Konkretheit des Judeseins Jesu nicht sieht, kann auch die Konkretheit des Leibes der Kirche und ihres Wesens als konkreter, ortsgebundener Versammlung nicht sehen.

---

[29] Die Apostolischen Väter (griech. u. dt.), eingel., hrsg. u. erl. v. J. A. Fischer, München [1]1956, 157.

[30] Vgl. Ch. Burger, Jesus als Davidssohn. Eine traditionsgeschichtliche Untersuchung, Göttingen 1970, 38 f.

IV. Teilhabe am Auftrag Israels

Was können die christologischen Linien, die wir ausgehend von *Dominus Iesus* und der Kritik daran gezogen haben, für das von der Glaubenskongregation angerissene Thema der Heilsuniversalität und Einzigkeit Christi und der Kirche bedeuten?

Ein erster Hinweis berührt eine grundsätzliche Bestimmung des Verhältnisses von Israel und Kirche, die eigentlich als selbstverständlich vorausgesetzt werden müßte: es geht um die innere Verbindung zwischen Judentum und Christentum. Die „andere Ebene" des Verhältnisses, von der Kardinal Ratzinger sprach, resultiert aus der einzigartigen Geschichte Israels, aus der Jesus von Nazareth hervorgegangen ist und zu der er gehört. Dabei geht es nicht um eine vordergründige, religionssoziologisch verstandene Beziehung, wie sie in der Formel „das Judentum als Wurzel des Christentums" ausgedrückt erscheint. Die Person Jesu selber, „aus dem Samen Davids", stellt diese Verbindung her. Von der Einzigkeit und Heilsuniversalität Jesu und der Kirche kann nicht gesprochen werden, ohne von der Erwählung und Besonderheit Israels zu sprechen, und sie muß unverständlich bleiben ohne den Bezug auf die geschichtliche Herkunft dieser Idee. Die Evangelien haben diesen Weg einer heilsgeschichtlichen Sicht gezeichnet.

Am Anfang seines Evangeliums ordnet Matthäus die Geschichte nach den großen Phasen der Historie Israels (Mt 1,1–17). Jede dieser Epochen steht für einen Versuch, die Form zu finden, in der das herausgeholte Volk Gottes Willen vernehmen und tun kann: als Stämmeverbund, als Staat und Königtum, oder in der Form der Synagogengemeinden, die in der Deportation und im Exil entstanden. Diese Geschichte, die zum einzigartigen Sohn, zur universalen Heilsbedeutung seiner konkreten Person und seiner Nachfolgeschaft, der Kirche, führt, beginnt bei Matthäus mit dem Anfänger Abraham, von dem als erstem die Götter- und Religionskritik erzählt wird, die Absetzung von den Religionen seiner natürlichen, fruchtbaren Umgebung. Gerade die matthäische Komposition zeigt, daß der Evangelist an die *toledot* der Genesis anschließt. Die zweite Völkertafel, nach dem Debakel des babylonischen Turmbaus, läuft im Unterschied zur in einer seltsamen Zerstreuung endenden Völkertafel Gen 10,1–32 geradlinig auf Abraham zu, bei dem Matthäus ansetzt, um die Linie zu Josef, Maria und Jesus zu führen.

Die Lehre von der Einzigkeit und universalen Heilsbedeutung Jesu Christi und seiner Kirche ist nicht ein in die Geschichte des Gottesvolkes mit der Menschwerdung gleichsam abrupt eingeführtes Dogma. Seine Wurzeln liegen der Inkarnation voraus und gehören mit in die Struktur der gesamten Heilsgeschichte seit Abraham, in der sich Gott ein Volk schafft als Instrument zur Sammlung und Rettung der Welt[31]. Zu dieser Struktur gehört das Prinzip der Freiwilligkeit, das voraussetzt, daß an einem Ort die Alternative aufgezeigt ist als ein gelebter Maßstab – in der biblischen Sprache die Rechtsatzungen und Weisungen JHWHs für und in Israel –, an dem sich die Entscheidung für oder gegen Gottes Willen vollziehen kann. Um also in der Frage nach der Einzigkeit und universalen Heilsbedeutung die Fülle des biblischen Zeugnisses zu erreichen, muß man diese geschichtliche Tiefe mitdenken. Theologie der Menschwerdung ist nicht statisch, weil sie sich nicht auf ein abstraktes Menschsein bezieht. Menschwerdung bedeutet nicht – wie Joseph Ratzinger hervorgehoben hat – das Sein irgendeines Menschen, welches „nur der zufällige Entzündungspunkt“[32] ist, sondern Eingehen in eine Geschichte. Sie ist aber auch nicht aktualistisch, weil sie sich an die geschichtliche Dimension der Treue und Zusage Gottes bindet.

Daraus folgt bleibend, daß sie eine Geschichte der Freiwilligkeit ist, die insofern missionarisch wirkt, als sie eine gelebte Alternative darstellt.

An der Nahtstelle zwischen der universalen Urgeschichte und der Geschichte der besonderen Wahl und Findung Israels als eines „Eigentumsvolkes“ sind die Abrahams-Legenden angesiedelt. Wiederherstellung und Rettung der Welt geht von da an nur durch die Geschichte des aus der Sammlung und Unterscheidung Abrahams gewordenen Volkes Israels, in der sich die unablässige Sammlung Gottes immer neu erweist. Der Katechismus von 1993 hat diese Verbindungsstelle am Beispiel der Epiphanie Christi besonders sichtbar gemacht: „In diesen ‚Weisen‘, den Vertretern der heidnischen Religionen der Umwelt, sieht das Evangelium die Erstlinge der Nationen, welche die frohe Botschaft vom Heilsereignis der Menschwerdung empfangen. Daß die Weisen nach Jerusalem kommen, ‚um [dem König der Juden] zu huldigen‘ (vgl. Mt 2,2), zeigt, daß sie im messianischen Licht des Davidsterns in Israel nach dem suchen, der König der Völker sein wird. Ihr Kommen bedeutet, daß die Heiden nur dann Jesus entdecken und ihn als Sohn Gottes und Heiland der Welt anbeten können, wenn sie sich an die Juden wenden (vgl. Joh 4,22) und von ihnen die messianische Verheißung empfangen, wie sie im Alten Testament enthalten ist (vgl. Mt 2,4–6).“ (KKK Nr. 528) In den Fußnoten weist der Katechismus zweimal auf die Geschichte des heidnischen Visionärs Bileam hin, der gerufen

---

[31] Zur alttestamentlichen Theologie der Erwählung Israels und ihrer Verbindung zur Ekklesiologie vgl: G. Lohfink, Braucht Gott die Kirche? Zur Theologie des Volkes Gottes, Freiburg i. Br. u. a. [3]1998.

[32] J. Ratzinger, Einführung in das Christentum, München [11]1968, 184.

wird, die einzigartige Rettungsgeschichte Israels zu beenden, der aber die Schönheit der Zelte Jakobs sieht und so die Geschichte und den Auftrag Israels erkennt (vgl. Num 22–24). Der Stern, den Bileam aus Jakob aufgehen sieht (Num 24,17), wird der Stern sein, der die Weisen aus dem Morgenland sieht, in denen der Katechismus (KKK Nr. 528) den Ursprung der Kirche aus den Heiden wahrnimmt[33].

Israels Geschick als Eigentumsvolk Gottes, als *Am segula*, nimmt nicht den Stachel weg, der für viele in der Erwählungstheologie liegt; aber als ein geschichtlicher Weg, der vor allem von Verfolgung und Vertreibung gezeichnet ist, wäre er geeignet, den Gedanken der Heilsuniversalität und Einzigkeit Christi und der Kirche zu profilieren und ihn noch deutlicher als Dienst und Auftrag sichtbar zu machen.

Einzigkeit, Universalität und Reformbedürftigkeit des Gottesvolkes

Die Geschichte Israels, wie sie in den Schriften des Alten Testamentes und der mündlichen Tradition reflektiert ist, spiegelt sowohl die Schritte dieser Entwicklung als eines Weges von Versuch, Irrtum und Lernen, als auch das wachsende Bewußtsein der Aufgabe, die diesem Volk gestellt ist, wieder: Von Abraham aus entfaltet sich der Gedanke, daß die Unterscheidung der Religionen und der Erweis der Einzigkeit und universalen Bedeutung der Offenbarung Gottes nicht nur durch das Postulat eines neuen Denkens, sondern vor allem durch das Tun vollzogen wird.

Spätestens im 8. Jahrhundert ist bei Jesaja der Gedanke ausgereift, daß sich an Israels Weg der Weg der Völker und Religionen entscheidet. Die Vision des messianischen Friedens in Jes 2 ist gleichzeitig eine Schau der universalen Bedeutung Israels, zu dem die Völker hinblicken, von dem sie sich Orientierung und Rechtsprechung holen. Die *Tatsache* des „Hauses des Herrn“ (Jes 2,2) als eines Baus an überragender Stelle, nicht der erhobene Anspruch einer Exklusivität ‚überragt‘ die anderen Lebens- und Weltentwürfe. „An der gelebten gesellschaftlichen Alternative erkennen die Menschen der anderen Gesellschaften, daß ihre eigenen Lebenskonstruktionen falsch sind.“[34] Die Tora, die auf dem Zion proklamiert wird, ist deutlich als Wort JHWHs aus

---

[33] Vgl. J. Ratzinger, Israel, die Kirche und die Welt. Ihre Beziehung und ihr Auftrag nach dem „Katechismus der Katholischen Kirche“ von 1992, in: T. Wallbrecher u. a. (Hrsg.), HEUTE pro ecclesia viva, Bad Tölz 1994, 152–167; 154 f.

[34] N. Lohfink, Die messianische Alternative. Adventsreden, Freiburg i. br. 1981, 21.

Jerusalem gekennzeichnet, also an diese Geschichte gebunden und von ihr ausgehend. Damit fällt die universale Bedeutung des Gottesvolkes als Aufgabe auf dieses Volk zurück. Nicht umsonst endet die Vision des Propheten mit dem Appell an das „Haus Jakob" (nicht an die Völker!): „Laßt uns im Licht JHWHs unseren Weg gehen!" (Jes 2,5). Die *Verwirklichung* der Tora ist der Weg, die Einzigkeit der Offenbarung an Israel zu erweisen und der Welt Segen zu verschaffen.

In der Katastrophe des Exils wird die Reflexion der geschichtlichen Aufgabe Israels weitergetrieben. Die deuteronomistische Geschichtsschreibung und die von ihr geprägten Theologen greifen den Gedanken des *goi gadol* (vgl. Gen 12,2), des großen Volkes wieder auf, das Israel berufen ist zu sein. Jetzt, da das nationalistische Mißverständnis dieser Verheißung durch die politischen Fakten ausgeschlossen war, konnte von der Besonderheit und Größe Israels wieder neu gesprochen werden. Besonders Dtn 4,5–8 macht deutlich, daß die Größe Israels und seine Einzigartigkeit gegenüber den anderen Völkern in der Tora, in der Sozialordnung vom Sinai besteht: „Welche große Nation besäße Gesetze und Rechtsvorschriften, die so gerecht sind wie alles in dieser Weisung, die ich euch heute vorlege?" (Dtn 4,8).

Von derselben Sprache der Exilstheologen und ihrer Geschichtsschau durchtränkt ist das Gebet Davids, das auf die Natansverheißung antwortet: „Darum bist du groß, mein Herr und Gott. Ja, keiner ist dir gleich, und außer dir gibt es keinen Gott nach allem, was wir mit unseren Ohren gehört haben. Welches andere Volk auf der Erde ist wie dein Volk Israel? Wo wäre ein Gott hingegangen, um ein Volk für sich als sein Volk freizukaufen und ihm einen Namen zu machen und für dieses Volk große und erstaunliche Taten zu vollbringen, so wie du ganze Völker und ihre Götter vertrieben hast vor den Augen deines Volkes, das du dir von den Ägyptern freigekauft hast?" (2 Sam 7,23). Auch Ps 147,20 beschwört in seinem Aufruf die selbe Einsicht, der wir in Dtn 4,7f. begegneten: „An keinem andern Volk hat er so gehandelt, keinem sonst seine Rechte verkündet." Der Gedanke an den einzigartigen und gleichzeitig universalen Auftrag geht auch in der späteren Diaspora nicht mehr verloren (vgl. Tob 4,19).

Diese Einsicht war das Ergebnis des Lernprozesses, dem sich Israel unter Führung der Propheten unterzogen hat. Für die Geschichtsschreibung Israels schloß dies eine schonungslose Sicht seiner Geschichte und die Befragung der Ereignisse mit ein. Vor allem im religiösen Synkretismus und in der zivilisatorischen Anpassung an die Umwelt sahen die deuteronomistischen Theologen die Ursache für Deportation und Exil. Der Pluralismus der Königszeit zerstörte die Identität des JHWH-Volkes als einer freien, egalitären und geschwisterlichen Gesellschaft[35], verdeckte die eigentliche Aufgabe des Gottesvolkes und verhinderte die Erfüllung seines Auftrages, eine alternative Gesellschaft zu bilden.

Die Auserwählung und Einzigkeit, derer sich Israel durch die Reflexion der Geschichte an den jährlichen Festen vergewissert, soll auf die stets notwendige Reform des Gottesvolkes hinführen: „Leitwort ist das ‚Sich-Freuen' in geschwisterlicher Gemeinschaft ‚vor JHWH'. (...) Es ist eine ‚eucharistische' Freude, Dank für den persönlichen Segen JHWHs. Sie überwindet alle Klassenbarrieren: Alle Bedürftigen und Abhängigen haben an der gottgeschenkten Fülle Anteil. Diese Liturgiereform zeigt sich als der Gipfel einer das Gesellschaftliche erfassenden Gemeindereform."[36]

Ohne die Reflexion der Geschichte als einer Geschichte des Handelns Gottes und der bleibenden Reformbedürftigkeit des Gottesvolkes muß sich der Gedanke der Einzigkeit zu Borniertheit verengen oder wird unter dem Gesetz eines ewig Gleich-gültigen eingeebnet werden. Das Zeugnis der Heiligen Schrift, d. h. die Erfahrung Israels, bindet das Wissen um die Einzigkeit Gottes und seines Volkes an die Erinnerung dieser Geschichte und an die Aufforderung, die Gemeinde Israel zu reformieren.

In den synoptischen Evangelien leuchtet deswegen die Heilsbedeutung Jesu als des geliebten Sohnes Gottes im Dialog mit dieser Geschichte auf, als deren Protagonisten Mose, der Israel aus Ägypten herausführte, und Elija, der für die Unterscheidung zwischen Offenbarung und Religionen stand, gelten. Jesus ist im Gespräch mit der ganzen Geschichte seines Volkes, denn Mose und Eljai repräsentieren den ganzen Tenach, die Tora und die Propheten. In diesem Licht muß man auch den Gedanken der davidischen Herkunft Jesu und seiner Einordnung ins jüdische Volk durch die Beschneidung sehen. Es geht nicht um eine religionstechnische Zugehörigkeit, sondern um das Tun der Tora, so wie es Paulus lapidar zusammengefaßt hat: „Ich versichere noch einmal jedem, der sich beschneiden läßt: Er ist verpflichtet, das ganze Gesetz zu halten." (vgl. Gal 5,3). Thomas von Aquin hat es klar formuliert: „Christus hat in jeder Hinsicht *(in omnibus)* nach den Vorschriften des Gesetzes gelebt. Um dies zu zeigen, wollte er sich beschneiden lassen, denn die Beschneidung ist eine Art Versprechen, das Gesetz zu erfüllen." (STh III q. 40 a. 4). Zur Zeit Jesu war aber, nach den großen Konflikten des 2. Jahrhunderts mit dem Helle-

---

[35] Vgl. G. Braulik, Deuteronomium 1–16,17 (=Die Neue Echter Bibel), Würzburg 1986, 14.

[36] A. a. O. 15 f.

nismus, die Beschneidung neben dem Sabbat als das äußere Unterscheidungsmerkmal bereits profiliert und zugleich seine Bedeutung in der innerjüdischen Diskussion vertieft worden. Die prophetische Kritik konnte schon von der Notwendigkeit der *Beschneidung des Herzens* sprechen. Sie warnte davor, kein „unbeschnittenes Herz" (Lev 26,4) und keine „unbeschnittenen Ohren" (Jer 6,10) zu haben, welche die Weisung Gottes nicht mehr vernehmen können. Die Beschneidung der Herzen der Kinder Abrahams meint die Bereitschaft, ein mit dem Bruder solidarisches Leben nach der Tora zu führen. Jesus hat diese prophetische Kritik weitergeführt und mehrfach als Frage nach der wirklichen Befolgung der Tora aufgeworfen. Sein Jude-Sein durch Menschwerdung im Volk Israel, durch davidische Herkunft und Beschneidung (vgl. Lk 2,21) steht deswegen auch unter diesem Anspruch der Reform und des Gehorsams gegenüber der Tora, und stellt alle, die seine Einzigartigkeit und universale Bedeutung bekennen, unter denselben Maßstab.

Davidische Sohnschaft und Nachfolgeschaft

Die Kennzeichnung Jesu als Sohn Davids ruft die Geschichte Israels herauf, deren konkrete Dimension gerade in der Gestalt ihres größten Königs am sichtbarsten wird. Wie Mk 12,35–37 – die Lehre Jesu über die Davidssohnschaft – zeigt, beansprucht die Rede vom Sohn Davids in der christlichen Verkündigung keine christologische Qualität; die hat es der Menschensohn-Christologie übertragen. Dadurch wird um so klarer, daß es beim „Sohn Davids" um das Verhältnis Jesu zu Israel, konkret zu seiner davidischen Abstammung geht, die seinen Zeitgenossen offenbar nie zweifelhaft war[37].

David steht für den historischen Versuch, der Sammlung eines Eigentumsvolkes JHWHs (vgl. Dtn 7,6) den Schutz einer staatlichen Form zu geben. Die nachexilische, deuteronomistische Königskritik hat diesen Versuch klarsichtig analysiert und seine menschlichen Schwächen an der Figur des Königs Davids aufgedeckt. Sie hat aber nicht das Ringen an sich um eine entsprechende Form für das Leben des Gottesvolkes kritisiert, vielmehr hat sie die Kritik um dieser Suche willen durchgeführt. In der David-Sohn-Theologie ist also die Suche nach dem Land und der gesellschaftlichen Form auch des neutestamentlichen Gottesvolkes wachgerufen. Wenn in Christus der Logos Fleisch geworden ist ‚aus dem Samen Davids', dann bedeutet dies ein Doppel-

[37] Vgl. R. Pesch, Markusevangelium II 252

tes für die Nachfolger dieses Davididen: In Christus ist diese Suche Israels nach der Form des Gottesvolkes aufgenommen. Dies war zweifellos ein zentrales Anliegen Jesu und darin wird auch der Auferstandene und Erhöhte wiedererkannt. Die Christologie eröffnet so die Sicht auf die Heilsbedeutung der Kirche. Gegen die Verjenseitigung und Spiritualisierung der Heilsvorstellung hält die Sohn-Davids-Vorstellung daran fest, daß Jesu Sehnsucht die Reform des Gottesvolkes als einer geschichtlichen und gesellschaftlichen Realität war und er in der Kontinuität dieser Geschichte steht.

Das zweite Moment, das die Erinnerung an die Sohnschaft des Christus aus David in die Christologie einbringt, ist die Verbindung, die diese Theologie zwischen den Nachfolgern des Davidssohnes heute schafft. Erlösung bedeutet von daher: Durch die Teilhabe an der Kirche hat der einzelne Christ auch Teil an dieser Erlösung. Das Wissen und die Anerkenntnis, daß das fleischgewordene Wort Sohn Davids ist, verweist den einzelnen Christen in die Gefolgschaft des Königssohns. Der Glaubende kann nicht dem Davidssohn folgen, ohne daß er in Verbindung mit den anderen tritt. Gefolgschaft oder Nachfolgeschaft weisen darauf hin, daß dieses Verbindende nicht eine zusätzliche Komponente des christlichen Heilsweges ist, sondern ein an mehrere ergangener Ruf, der sie im Gefolge des Königs oder Herrn miteinander verbindet.

V.

Was zu Beginn als Kritik oder Verstörung wiedergegeben wurde, hat unseren Blick konsequent auf das Konkrete der Menschwerdung des Gotteswortes gelenkt: Jesus war Mensch, jüdischer Mensch[38]. Was auf den ersten Blick als Einengung erscheint, hat sich aber gerade als Weitung erwiesen: Die Ausweitung auf das Ganze der Welt hin lag zum einen in den Tiefen der jüdischen Tradition, die Abraham als Gesegneten und allen Völkern Segen Vermittelnden wußte und die universale Bedeutung der Tora und ihrer Erprobung durch ein Volk erkannte, zum anderen in der Reform Jesu – von Paulus aufgegriffen und aktualisiert –, der vom Täufer her wußte, daß die Abrahamssohnschaft nicht natürlich eingeengt werden darf, da der Gott Israels auch aus Steinen Nachkommen Abrahams schaffen kann (vgl. Mt 3,9 par.). Der Jude Jesus

[38] Vgl. J. Jervell, Sohn des Volkes, in: C. Breytenbach / H. Paulsen (Hrsg.), Anfänge der Christologie (FS F. Hahn), Göttingen 1991, 245–254; 245; dazu deutlich auch: K. Barth, Kirchliche Dogmatik IV/1, 181: „Das Wort wurde – nicht ‚Fleisch', ‚Mensch', erniedrigter und leidender Mensch in irgendeiner Allgemeinheit, sondern jüdisches Fleisch."

von Nazareth hat die Aufgabe Israels erkannt und übernommen – auch in seiner universalen Ausrichtung. Die Öffnung der ersten Gemeinden auf die Heiden hin ist nur von dieser Israel übertragenen Sendung her verstehbar.

Theologie muß – auch selbstkritisch – daran erinnern, daß der Mensch Erlösung nicht durch Reflexion erlangt, sondern durch die Teilhabe an der konkreten Geschichte des Volkes Gottes, das diese Geschichte trägt und von ihr getragen ist. Der einzigartige Sohn ist nicht der mythische Gottessohn, der vom Himmel herab die Welt verwandelt, sondern der Knecht JHWHs, durch den Gott handelt und in dem das einzigartige Wissen Israels (vgl. Ps 147) zur Erfüllung kommt. Sein bestimmtes „Mir nach!" (wörtlich: Hinter mich!; vgl. Mt 4,19 parr.) ist nicht die Einforderung blinden Gehorsams, sondern die aktuelle Wiederaufnahme einer Sammlung, aus der Israel in einzigartiger Weise geworden ist, und die Heiden und Juden nun in die Gefährtenschaft der Kirche führen kann. Hier klingt das große Thema Israel und Kirche an, ohne daß es in diesem Rahmen weiter vertieft werden könnte. Nur so viel kann gesagt werden: Aus der Geschichte, an die wir eingangs erinnerten, und aus der Reflexion von *Dominus Iesus* mag es scheinen, daß sich Gott tatsächlich die letzte Einheit von Israel und Kirche, Juden und Christen, für das Ende der Tage vorbehalten hat. Den Grund dafür dürfen wir nicht in der Ohnmacht Gottes suchen – ein in dieser Tradition ganz und gar fremder Gedanke –, sondern in unserer eigenen Kleingläubigkeit, die jene lebensmäßige und leibhaftige Gefährtenschaft scheut, die uns mit dem Israel Gottes neu und im tiefsten verbinden könnte. Für die Kirche und in der Kirche, die aus dieser Wurzel herkommt, gilt aber: Nachfolge Jesu ist Begegnung mit dem geschichtlichen Juden Jesus und seinem heutigen Leib, der Kirche, so wie es Ignatius klar gesehen hat.

Dominus Iesus, am Anfang dieses Jahrhunderts von der Kirche gewagt, ist in die Kirche hineingesprochen als eine Mahnung und Korrektur, aber darin auch als eine Aufforderung an die Christen, so zu leben, daß die Einzigartigkeit der Sammlungsgeschichte Gottes und die Heilkraft seines Volkes in dieser Zeit sichtbar wird. Die jüdischen Anfragen sind gleichzeitig der Hinweis, daß ohne die aktuelle und im theologischen Sinn exklusive Verbindung von Israel und Kirche etwas *ad extra* und *ad intra* fehlt. Kardinal Christoph Schönborn hat für das *ad extra* darauf aufmerksam gemacht: „Ohne den konkreten und anschaulichen Bezug zur Erwählung Israels kann im übrigen die Einzigkeit der Kirche Jesu Christi nicht wirksam werden."[39] Unsere Über-

---

[39] Ch. Schönborn, Gott sandte seinen Sohn. Christologie (=AMATECA. Lehrbücher zur kath. Theologie, Bd. VII), Paderborn 2002, 22.

legungen wollten u. a. ergänzen, was die Theologie- und Kirchengeschichte vielfältig aufzeigen: daß auch im Inneren der Kirche das Wissens der jüdischen Herkunft und des Judeseins Jesu notwendig ist und umgekehrt ihr Fehlen Irrlehren und Irrwege hervorbringt.

Dominus Iesus erinnert an die Wahrheit dieser Geschichte, deren Einzigartigkeit auch in der Kirche durch die Nebel von Inkarnationspluralismus und Relativismus immer wieder verdunkelt zu werden droht. Zu Israel mußte es nicht sprechen, denn das Judentum ist erster und bleibender Teil dieser besonderen Geschichte. Mit dem Verweis auf die Verklärung Christi, in der wir Mose und Elija im Gespräch mit Jesus wahrnahmen, lädt das Dokument – wie wir an Hand der jüdischen Kritik gesehen haben, auch über sich selbst hinausweisend – ein, ihn noch deutlicher als den „geliebten Sohn“ „aus dem Samen Davids“ und die Kirche als den uns aufgetragenen Ort der universalen Erfüllung der Verheißungen zu sehen, die Israel bleibend gegeben sind.

Das Mysterium der Einwohnung

Eine spirituelle Einübung

von Eugen Biser

Die Lesehilfe

Zu den schönsten Beweisen der interreligiösen Verständigung gehört die Lesart, der *Martin Buber* die neutestamentlichen Schriften aus jüdischer Sicht unterzog. Von größter interkonfessioneller Bedeutung ist dabei seine Deutung des seit alters umstrittenen Petrusbekenntnisses (Mt 16,16ff)[1]. Aufgrund seiner Verwurzelung in der prophetischen Tradition Israels hebt er dabei besonders auf den Zusammenhang der Jüngerbefragung mit der Krise ab, die Jesus durch den Massenabfall nach der in dem Hingabewort „Ich bin das Brot des Lebens" gipfelnden Brotrede erlitt (Joh 6,60–66)[2]. Erschüttert durch den Rückschlag, der sein Lebenswerk in Frage zu stellen scheint und damit sein Sendungs- und Selbstbewußtsein verdunkelt, wendet er sich an seine Jünger und Schüler mit der Frage, „wer" er sei. Nach der Matthäusversion hört Jesus aus der Antwort des Petrus: „Du bist Christus, der Sohn des lebendigen Gottes" (Mt 16,16) ein Echo des in der Taufe an ihn ergangenen Zuspruchs: „Du bist mein geliebter Sohn" (Mk 1,11) heraus; denn „nicht Fleisch und Blut" habe ihm diese Antwort eingegeben, sondern sein himmlischer Vater (Mt 16,17)[3]. Das aber kann nur heißen, daß ihm der Zuspruch des Freundes aufgrund seiner hintergründigen Wiederholungsfunktion zu neuer oder doch wiedererlangter Selbstfindung verhalf[4].

Da das Petrusbekenntnis aber als nachösterliches Zeugnis zu gelten hat (*Hahn*), muß „Sohn Gottes" im theologisch qualifizierten Sinn des Ausdrucks und damit im Zusammenhang mit der Eingangsformel des Römer-

---

[1] *M. Buber*, Zwei Glaubensweisen, Zürich 1950, 30f.

[2] Zu dieser Verdeutlichung des Buberschen Ansatzes siehe mein Jesusbuch „Das Antlitz. Eine Christologie von innen", Düsseldorf 1999, 110–114.

[3] *F. Hahn*, Theologie des Neuen Testaments II: Die Einheit des Neuen Testaments, Tübingen 2002, 491–484.

[4] Nur indirekt ist das der Matthäusversion dadurch zu entnehmen, daß sich Jesus zunächst nach den umlaufenden Ansichten über sich erkundigt, bevor er die ihn eigentlich bewegende Identitätsfrage stellt.

briefs verstanden werden, nach der der dem Geschlecht Davids Entstammende durch die Auferstehung „zum Gottessohn mit Macht" eingesetzt wurde (Röm 1,3f). Nach *Ludger Schenke* liegt auf dieser Wendung der Hauptakzent, so daß die Selbstfindung Jesu mit dem Bewußtsein seiner Gottessohnschaft zusammengedacht werden muß[5]. Mit dieser Akzentuierung des Selbstverständnisses Jesu ist, höchst bezeichnend für dessen „altruistische" Struktur, eine Aufgabe verbunden. Wie sie sich der Zuwendung dessen verdankt, der sich in ihm spiegelte und „sein Wohlgefallen" fand, drängt sie Jesus dazu, von ihm veräußert und weitergegeben zu werden. Das faßte *William Wrede* in den Satz:

> *Christus, der Sohn Gottes gibt die Sohnschaft auf und wird ein elender Mensch wie wir, damit wir, die Menschen, zu Söhnen Gottes werden*[6].

Im Rückschluß auf die Selbstfindung Jesu ergibt sich daraus geradezu zwingend, daß sie nicht auf dem allgemein-menschlichen Weg, sondern auf dem dazu geradezu diametral entgegengesetzten der Selbstübereignung und Hingabe stattfindet. Jesus ist, wie Paulus im Liebeshymnus des Römerbriefs versichert, das sich selbst verschenkende Gottesgeschenk, mit dem uns „alles geschenkt" ist (Röm 8,32). Gilt das auch für seine Hilfe zur Selbsthilfe?

Die Selbsthilfe

Bei aller Strenge ist die sich in der christlichen Botschaft bekundende Selbstoffenbarung Gottes ein einziges Entgegenkommen, genauer noch bestimmt: der göttliche Beistand zur personalen Selbstwerdung. Wie ein leibhaftiges Exempel dessen wirkt der in seiner inneren Biographie begriffene Paulus[7]. Sie erschließt sich freilich erst, wenn man seinen ersten Liebeshymnus (1Kor 13,1–13) aufgrund deutlicher Kriterien als ein Selbstzeugnis aus seiner vorchristlichen Zeit und im Blick auf die überwiegend negativen Aussagen als ein Dokument der Sehnsucht nach erfüllender Selbstwerdung begreift[8]. Wie der an Jesus in der Taufszene ergehende Zuspruch der Himmelsstimme erscheint dann die Damaskusvision als dreifache, akustisch (Gal 1,15f), optisch

[5] *L. Schenke*, Die Urgemeinde. Geschichte und theologische Entwicklung, Stuttgart 1990, 131ff.

[6] *W. Wrede, Paulus,* in: *K. H. Rengstorf* (Hrsg.), Das Paulusbild in der neueren deutschen Forschung, Darmstadt 1964, 60.

[7] Dazu meine Untersuchung „Der unbekannte Paulus", Düsseldorf 2003.

[8] A. a. O., 21f.

(2Kor 4,6) und haptisch (Phil 13,12) an ihn ergehende Antwort auf dessen Sehnsuchtsruf[9]. Doch nicht nur dies. Wenn er im weiteren Anschluß an das erste Selbstzeugnis, wonach ihm das Geheimnis des Gottessohnes ins Herz gesprochen wird (Gal 1,16), das Wort von seiner Selbstfindung in Christus – „Ich lebe; doch nicht ich, Christus lebt in mir" (Gal 2,20) – dieses Urwort seiner Mystik, formuliert, gibt er zugleich zu verstehen, daß sich seine Selbstfindung auf dem Weg seiner Überformung durch die innere Biographie Jesu vollzog. Zwar hatte er (nach 2Kor 5,16) den historischen Jesus weder kennengelernt noch ihn nach menschlichen Maßstäben beurteilt; wohl aber war er in die „sich entäußernde Gottesgestalt" Jesu hineingewachsen (Phil 2,66), und dies in einem Maß, daß er am Ende seines Römerbriefs gestehen konnte, daß er sich nicht unterfange, etwas zu sagen oder zu tun, was nicht Christus in ihm bewirkt habe (Röm 15,18)[10].

Das gilt aber keineswegs nur für ihn selbst. Vielmehr stellt er sich mit seinem Selbstzeugnis auf die Seite seiner Adressaten, die er nach Albert Schweitzer sogar „mit Gewalt" in ein sich dem seinen angestaltendes Erlebnis hineinzustoßen sucht[11]. Er trägt sie (nach 2Kor 7,3) in seinem Herzen, so daß er sein österliches Erlebnis mit ihnen zu teilen sucht. Wie ihm der Gottessohn zugesprochen wurde (Gal 1,16), soll auch ihnen das leibhaftige Gotteswort nahe sein: in ihrem Mund und ihrem Herzen (Röm 10,8). Wie ihm der Gottesglanz im Antlitz des Auferstandenen aufleuchtete (2Kor 4,6), soll er sich auch in ihnen „von Klarheit zu Klarheit" widerspiegeln (3,18). Und wie er von der Macht des Auferstandenen ergriffen wurde (Phil 3,12), soll sie auch ihnen in Gestalt der vielfältigen Charismen widerfahren (1Kor 12, 2–12).

Die Einwohnung

Ziel all dessen ist die Gleichförmigkeit der Glaubenden mit dem Identitätsgewinn des Apostels, wie er ihn mit dem Urwort seiner Mystik (Gal 2,20) umschrieb, und wie es der Epheserbrief in den Gebetswunsch faßte:

> *Christus möge durch den Glauben in euren Herzen wohnen, damit ihr in der Liebe verwurzelt und gegründet seid* (Eph 3,17)[12].

---

[9] A. a. O., 43–50.

[10] *F. Hahn*, Theologie des Neuen Testaments I: Die Vielfalt des Neuen Testaments, Tübingen 2002, 305f.

[11] *A. Schweitzer*, Die Mystik des Apostels Paulus, Tübingen 1930, 376.

[12] *R. Schnackenburg*, Der Brief an die Epheser, Zürich, 1982, 151f.

Damit stößt dieses Gebetswort die Tür zu einem ebenso naheliegenden wie ferngerückten Motiv auf. Naheliegend schon deshalb, weil das Neue Testament seine Botschaft schon in den Paulusbriefen, vor allem aber in den johanneischen Schriften (Joh 14,20–23;17,23) darauf konzentriert. Naheliegend erst recht aber im Blick auf den Verlauf der glaubensgeschichtlichen Entwicklung. Denn nach der Kehre vom Autoritäts- und Gehorsamsglauben zum Verstehensglauben, vom Satz- und Bekenntnisglauben zum Erfahrungsglauben vollzieht die Entwicklung eine letzte Kehre: die Wende vom Gegenstands- zum Innerlichkeits- und Identitätsglauben[13]. Ans Ziel gelangt diese letzte Wende mit der Wieder- und Neuentdeckung des Einwohnungsmotivs. Im Rückblick gesehen, bietet sich Jesus den Seinen erneut als das „Brot des Lebens" und damit als den ihnen unentbehrlichen Lebensinhalt an. Wie in der Synagoge von Kapharnaum stößt er damit aber auch heute auf Unverständnis und Widerstand. Denn bei aller Nähe ist das Einwohnungsmotiv dadurch ferngerückt, dass es nach dem Urteil *Gottlieb Söhngens* zu einem „vergessenen Gegenstand" geworden ist[14]. Über der Gegenwartstheolgie liegt trotz aller Fortschritte noch immer der Schatten der Neuscholastik, die eine Ideologisierung des Glaubens betrieb und dadurch den mystischen Aufbrüchen den Einzug ins kirchliche Leben versperrte[15]. Im Gegenzug zur Entdeckung des Mystikers Paulus durch *Deissmann*, *Wikenhauser* und *Schweitzer* herrscht heute überdies das Bestreben, Paulus diese Qualifikation abzusprechen und seine mystischen Äußerungen umzudeuten[16].

---

[13] Dazu meine Programmschrift „Glaubenserweckung. Das Christentum an der Jahrtausendwende", Düsseldorf 2000, 13ff.

[14] *G. Söhngen,* Christi Gegenwart in und durch den Glauben, in: Die Einheit der Theologie, München 1952, 324–341.

[15] Sie setzte sich definitiv durch auf der Münchener Gelehrtenversammlung von 1863 (St. Bonifaz) gegenüber der der mystischen Tradition verpflichteten Theologie *Martin Deutingers* und seiner Geistesgefährten wie *Johann Adam Möhler* und *Franz Anton Staudenmeier*; dazu *E. Coreth*, *W. M. Neidl* und *G. Pfligersdorffer* (Hrsg.), Christliche Philosophie im katholischen Denken des 19. und 20. Jahrhunderts I: Neue Ansätze im 19. Jahrhundert, Graz 1987, 52–419; II: Rückgriff auf scholastisches Erbe, Graz 1988, 23–53; 310–672. Besonders tragisch ist der Fall des Berliner Studentenpfarrers *Karl Pelz*, dessen von den Dogmatikern *Engelbert Krebs* und *Michael Schmaus* befürwortetes Werk „Der Christ als Christus" (1939) schon am 30. Oktober 1940 indiziert wurde.

[16] Symptomatisch ist dafür der Galaterkommentar *Franz Mussners*, der das „in mir" der Schlüsselstelle (Gal 1,16) zu einem Dativ umdeutet: Der Galaterbrief (Freiburg 1981,86), aber auch die gleichsinnige Behandlung der Stelle durch *Ferdinand Hahn*:

Während dieser Einschätzung entgegengehalten werden muß, daß sie weder die stupende Lebensleistung des Apostels noch seine frömmigkeitsgeschichtliche Nachwirkung zu erklären vermag, muß dem theologischen Trend vorgeworfen werden, daß er den Kontakt mit dem Gang der Geistes- und Glaubensgeschichte verlor. Um beides wieder in Einklang zu bringen, muß die irritierte Gegenwartstheologie wieder an ihre Herkunft aus der Gottesentdeckung Jesu erinnert werden. Und das um so nachdrücklicher, als durch die vom Zweiten Vatikanum vollzogene Absage an die gewaltsam-administrative Konfliktbewältigung zugunsten der dialogischen die über der Mitte des Evangeliums liegende Hülle beseitigt und der Einblick in diesen Quellgrund aller Intuition und Inspiration freigegeben wurde. Ungeachtet aller Relativierungs- und Marginalisierungstendenzen muß sie lernen, Jesus als den größten Revolutionär der Religionsgeschichte zu begreifen, dem es im Bruch mit der gesamten Menschheitstradition gelang, das ambivalente Gottesbild aller Religionen als eine menschliche Selbstprojektion zu entlarven und im Gegenzug dazu den Gott der bedingungslosen Liebe zu entdecken und glaubhaft zu machen[17].

Revolutionär ist diese Großtat aber nicht nur deswegen, weil Jesus mit dem zwischen Trost und Schrecken oszillierenden Gott der Menschheitstradition brach, sondern vor allem deshalb, weil er seiner Stiftung dadurch einen von keiner anderen Religion erreichten Grundimpuls einstiftete. Denn mit dem Erweis dieser alle Positionen sprengenden Liebe überstieg Gott sein eigenes Schöpfertum, sofern dieses seine Kreaturen dem Gesetz der universalen Todverfallenheit unterwarf, während er gleichzeitig ein neues, nur genealogisch zu begreifendes Nahverhältnis zu ihm als Vater begründete. Obwohl er seiner Schöpfung näher ist, als diese sich selbst, zielt er mit seiner Liebe, dem Grundgesetz aller Liebe folgend, auf deren Innerstes, das Menschenherz. „Wenn einer mich liebt", versichert der johanneische Jesus, „wird ihn mein Vater lieben, und auch ich werde ihn lieben, und wir werden kommen und Wohnung bei ihm nehmen" (Joh 14,21. 23) Ihr Ziel hat die von Jesus entdeckte Gottesliebe in ihrer Vorbehalt- und Bedingungslosigkeit somit erst mit der Einwohnung Christi – und mit ihm des Vaters und des Geistes – im Herzen der Glaubenden.

Die Theologie des Neuen Testaments I, 296f. Entschiedener noch spricht *Eduard Lohse* Paulus die Qualifikation als Mystiker ab: Paulus. Eine Biographie, München 1996, 211.

[17] Dazu meine Schrift „Gott im Horizont des Menschen" (Ausgabe *Jentzmik*), Limburg 2001, 25–79; 125–138.

Doch die Lebensgeschichte Jesu warnt davor, sich dieses Geschenk konfliktfrei vorzustellen. Als Jesus auf dem Höhepunkt der vom Johannesevangelium berichteten Brotrede im Bestreben, seinen Zuhörern das unvergleichlich bessere Brot als das von ihnen genossene zu bieten, erklärt:

Ich bin das Brot des Lebens. Wer zu mir kommt, wird nicht mehr hungern, und wer an mich glaubt, wird niemals mehr dürsten (Joh 6,35),

reagieren die auf ökonomische und praktische Hilfe bedachten Zuhörer mit Empörung, Ablehnung und schließlich sogar mit dem Massenabfall (Joh 6,60. 66), obwohl er ihnen mit seinem Brotwort das denkbar Beste, sich selbst als Lebensinhalt, als Garant eines geglückten Lebens und der von ihnen ersehnten Freiheit angeboten hatte. Dabei bestand der Grund ihrer Fehlreaktion nicht einmal so sehr in einem Mißverständnis als vielmehr in einer Fehlhaltung, die sie von der Annahme seines Angebots abhielt. Welcher Rückschluß ergibt sich daraus auf den Mitvollzug der Einwohnung?

Der Mitvollzug

Wie aus der Fehlreaktion der Adressaten der Brotrede zu schließen ist, steht der Einwohnung vor allem deren politische Fehleinstellung und, wesentlicher noch, deren im Grunde „polemische“ Form der Selbstfindung entgegen. Denn der Mensch gewinnt seinen individuellen Stand durch Akte der Abgrenzung und Selbstunterscheidung von Welt und Gesellschaft, mit *Martin Buber* gesprochen, von Du und Es[18]. Als Selbstsetzung (*Fichte*) hat dieser Urakt der Individuation, strukturell gesehen, den Charakter der Entgegensetzung zu den beiden Grundformen der dem zu sich erwachenden Ich begegnenden Welt. Daran gemessen erweckt der Einzug des Einwohnenden zunächst den Eindruck eines Einbruchs mit der Folge einer Kollision. Diesem Eindruck kann nur auf zweifache Weise begegnet werden. Von seiten des Einwohnenden dadurch, daß er sich der Art der Selbstfindung des Empfängers selbst unterwirft; von seiten des Empfängers dadurch, daß er sich konsequent zurücknimmt und so dem zu ihm Kommenden öffnet. Darauf läßt sich das Christuswort im apokalyptischen Sendschreiben an die Gemeinde von Laodizea beziehen:

[18] *M. Buber*, Ich und Du, in: Werke I: Schriften zur Philosophie, München und Heidelberg 1962, 77–170.

Siehe, ich stehe vor der Tür und klopfe an. Wenn jemand meine Stimme hört und die Tür öffnet, werde ich bei ihm einkehren und Mahl mit ihm halten und er mit mir (Apk 3, 20)[19].

Der Einwohnende erwirkt sich den Einzug in die Zitadelle des subjektiven Selbstseins, indem er dessen Zustandekommen mitvollzieht und wie der zu sich selbst kommende Mensch eine Geschichte mit sich selbst durchlebt. Sie durchläuft die bereits angesprochenen Stadien vom Aufbruch des durch den himmlischen Zuspruch bestätigten Selbstseins über dessen sprachliche und energetische Übereignung und die Wiedergewinnung der durch den Rücksturz bedrohten Identität bis hin zur letzten Steigerung dieses Dramas in Jesu Kreuzestod und Auferstehung. Da er mit dieser das Gesetz der Todverfallenheit alles Lebendigen durchbricht, gewinnt er zugleich den erstrebten Eintritt in die menschliche Subjektivität, zumal es auf die Frage nach dem „Wohin" keine angemessenere Antwort gibt als die „in die Herzen der Seinen"[20]. Ihnen hatte er sich ohnehin schon dadurch angeglichen, daß er in seiner „inneren Biographie" wie sie eine Geschichte mit sich selbst durchlief[21].

Sie erschließt sich, wenn man den Menschen als Antwort auf die richtig nach ihm gestellte Frage begreift. Denn diese lautet nicht so, wie sie seit dem Ödipus-Mythos immer schon gestellt wurde, also nicht wie die auf eine Wesensbestimmung abzielende Frage: „Was ist der Mensch?", sondern so, wie sie in der biblischen Erzählung vom Sündenfall an diesen ergeht, also „Wo bist du?" (Gen 3,8) und wie sie von *Buber* und *Rosenzweig* auch immer schon als die einzig richtige verstanden wird[22]. Die so gestellte Frage reißt den Spielraum auf, in dem sich der „Möglichkeitsmensch", dieser „Mann ohne Eigenschaften" (*Musil*), auf der Suche nach der ihm angemessenen Qualifikation bewegt. Er kann dabei scheitern, wenn er ermüdet und dem Sog der ihn niederzwingenden Tendenzkräfte erliegt. Er kann sich dabei aber auch selbst gewinnen, wenn er nur die sich ihm anbietenden Hilfen, und unter ihnen in erster Linie die sich ihm durch den Mitvollzug der „Christusexistenz" (*Guardini*) nahelegende in Anspruch nimmt[23].

So notwendig die Übernahme für seine definitive Selbstwerdung ist, kommt es doch gerade dabei zur Kollision seiner Identitätsfindung mit der

---

[19] *A. Vögtle*, Das Buch mit den sieben Siegeln, Freiburg 1981, 44ff.

[20] Dazu mein Beitrag „Auferstanden – aber wohin?", in: Meditation 22 (1996) 54–57.

[21] Dazu meine Studie „Der Mensch – das uneingelöste Versprechen. Entwurf einer Modalanthropologie", Düsseldorf 1956.

[22] Dazu meine Schrift „Buber für Christen. Eine Herausforderung", Freiburg 1988.

[23] *R. Guardini*, Das Ende der Neuzeit. Ein Versuch zur Neuorientierung, Würzbung 9/49.

des vor seiner „Tür“ Stehenden und Einlaß Begehrenden. Denn die Selbstfindung Jesu erfolgt auf diametral entgegengesetztem Weg zu der seinen. Kommt er durch Akte der Abgrenzung und Unterscheidung zu sich, so Jesus, wie sich bereits abzeichnete, auf dem der Übereignung und Hingabe. Das lehrt im Grunde schon die Versuchungsperikope (Lk 4,1–13), wenn Jesus der Verlockung der Genuß-, Geltungs- und Machtgier widersteht. Erst recht spricht es aus seiner Hinwendung zu den Bedrückten und Beladenen (Mt 11,28), die ihm nichts außer ihrer Bedürftigkeit entgegenbringen können. Geradezu programmatisch aber kommt es in dem Schlüsselwort des Markusevangeliums zum Ausdruck:

> *Der Menschensohn ist nicht gekommen, sich bedienen zu lassen, sondern um zu dienen* (Mk 10,45)[24].

Die Kollision entschärft sich dann aber dadurch entscheidend, daß der Einwohnende den Empfänger in seine Hingabe einbezieht und ihm seine Zuwendung als Hilfe zur Selbsthilfe präsentiert. Dennoch bleibt ein ohne weiteres nicht auszuräumendes Restproblem, das die Akzeptanz dieses Angebots betrifft. Es kann nur gelöst werden, wenn sich der Empfänger bereit findet, sich in der Form seiner Selbstfindung zurückzunehmen, um sich der mystischen Entgegenkunft zu öffnen. Doch wie gestaltet sich diese Zurücknahme?

Die Zurücknahme

Darauf antwortet die christliche Aszetik immer schon mit dem schon vom Evangelium gebrauchten Begriff der Selbstverleugnung. Im Vorgriff auf seinen Entschluß, den Todesweg nach Jerusalem einzuschlagen (Lk 9,61), wendet er sich nach dem Bericht des Lukasevangeliums an seine Anhänger mit den Worten:

> *Wer mir nachfolgen will, verleugne sich selbst und nehme sein tägliches Kreuz auf sich; so folge er mir nach. Denn wer sein Leben retten will, wird es verlieren; doch wer sein Leben um meinetwillen verliert, wird es retten* (Lk 0,23).

Nach Ausweis der Parallelstelle (Lk 14,26–33) ist damit die Zurückstellung aller familiären und subjektiven Interessen zugunsten der Bindung an Jesus gemeint, die nun erneut mit dem Begriff der „Nachfolge“ umschrieben wird.

---

[24] Dazu die Einführung meines Jesusbuchs „Das Antlitz. Eine Christologie von innen“, Düsseldorf 1999, 164ff.

Den Brückenschlag zum Einwohnungsmotiv vollzog zu einer Zeit, in der die Nachfolge vielen das Lebensopfer abverlangte, *Origenes* in seiner „Ermahnumg zum Martyrium" mit den Worten:

> *Längst schon sind wir dazu verpflichtet, uns selbst zu verleugnen und zu sprechen: „Ich lebe, doch nicht mehr als ich selbst". Denn jetzt soll offenbar werden, ob wir „unser Kreuz" auch wirklich auf uns genommen haben und Jesus nachgefolgt sind*[25].

Daß sich die von Origenes Ermahnten diesem Ziel gegenüber aber immer noch in einem schwer zu behebenden Rückstand befinden, verdeutlicht mit großer Eindringlichkeit eine *Makarius* zugeschriebene Geistliche Homilie mit dem Hinweis:

> *Noch bohrt in uns der Todesstachel; noch haben wir den neuen Menschen nicht angezogen. Noch tragen wir das Bild des Himmlischen nicht an uns; noch sind wir seiner Herrlichkeit nicht gleichgestaltet. Noch zeigen sich an unserem Leib nicht die Wundmale Christi, obwohl wir im Geheimnis seines Kreuzes leben. Noch unterliegen wir den Folgen der finsteren Nacht, und der Morgenstern ist noch nicht in unseren Herzen aufgegangen. Noch sind wir nicht vereint mit der Sonne der Gerechtigkeit; noch sind wir nicht von ihren Strahlen durchdrungen*[26].

Wie kann dieser Rückstand eingeholt werden?

Die Entäusserung

Die paradoxe Antwort der Mystik lautet: gerade durch das geduldige Verharren in diesem Noch-nicht! Dem hatte Paulus durch das Geständnis vorgearbeitet:

> *Wir geben keinerlei Anstoß, damit unser Dienst nicht in Verruf gerate. Vielmehr empfehlen wir uns in jeder Hinsicht als Diener Gottes: in großer Geduld, in Drangsalen und Nöten, in Ängsten, bei Schlägen ..., bei Ehre und Schmach, bei Lob und Tadel, als Schwindler geltend und doch wahrhaftig, als Unbekannte und doch wohlbekannt, als Todgeweihte und doch überlebend, als Niedergeschlagene und doch nicht umgebracht, als Betrübte und doch allzeit fröhlich, als Bettler, die viele beschenken, als Habenichtse, die doch alles besitzen* (2Kor 6,3ff. 8ff).

---

[25] *Origenes*, Ermahnung zum Martyrium, c. 13; dazu *S. Dopp und W. Geerlings* (Hrsg.), Lexikon der antiken christlichen Literatur, Freiburg 1998, 460–468.

[26] *Pseudo-Makarius*, Geistliche Homilie 25, c. 4; dazu A. a. O., 409f.

Das vertiefte *Johannes vom Kreuz* zu den mystischen Paradoxa:

Willst du dazu gelangen, alles zu genießen,
so suche in nichts Genuß.
Willst du dazu gelangen, alles zu wissen,
so verlange von nichts etwas zu wissen.
Willst du dazu gelangen, alles zu besitzen,
so verlange nichts zu besitzen.
Willst du dazu gelangen, alles zu sein,
so verlange, in nichts etwas zu sein[27].

Was aber trägt die Auskunft des Mystikers zur Lösung des Problems der Einübung bei? Die Antwort darauf gibt das Wort Jesu an den Bewerber um die Jüngerschaft: „Verkaufe, was du hast ..., dann komm und folge mir nach" (Mk 10,21), das er, an das Volk gewendet, zur Forderung der Kreuzesnachfolge verschärft:

Wenn jemand mir nachfolgen will, verleugne er sich selbst und nehme sein Kreuz auf sich; so folge er mir nach (Mk 8,34)[28].

Ludger Schenke hat dieses Wort, sicher zu Recht, auf die für die Glaubensausbreitung der ersten Stunde hochbedeutsamen Wandercharismatiker bezogen. Sie begaben sich, mittel- und schutzlos, dorthin, wo sie niemand erwartete; sie verzichteten auf den familiären Rückhalt und selbst auf den „unverzichtbaren Bestandteil jüdischer Reiseausrüstung" (*Krauss*), um dem Evangelium dort zur Geltung zu verhelfen, wo noch niemand gepredigt hatte (Röm 10,15), und sie unterzogen sich, noch nicht einmal mit einem Stock gegen aggressive Hunde bewaffnet, ja sogar todesbereit, im Glauben an den Gott, der „vom Tode zu erwecken vermag" (Hebr 11,15), ihrer Aufgabe, den Auferstehungsglauben denen zu verkünden, denen dieser als Torheit erschien.

So sind die Wandercharismatiker das leibhaftige Paradigma der von Jesus geforderten Nachfolge, in der es im Unterschied zum üblichen Lehrer-Schülerverhältnis kein Nachrücken in die Meisterschaft gibt, weil der „eine Meister" (Mt 23,8), so *Kierkegaard*, nie zu einem Vergangenen werden kann, sondern für alle, die sich ihm anschließen, die bestimmende Orientierungs- und Identifikationsgestalt bleibt.

Mit der den Nachfolgenden abgeforderten Bereitschaft zu Verzicht, Risiko und Leiden ist aber die von Jesus erwartete Selbstverleugnung noch immer nicht voll ausgeleuchtet. Sie tritt vielmehr erst ins volle Licht, wenn der

---

[27] *Johannes vom Kreuz*, Aufstieg zum Berge Karmel, München 1937, 66.

[28] *F. Hahn*, Theologie des Neuen Testaments I, 78f.

von ihnen geleistete Dienst genauer ins Auge gefaßt wird. Er besteht nicht nur in der bereits angesprochenen Verbreitung des Glaubens, sondern auch in der Konsolidierung und gegenseitigen Verknüpfung der bereits bestehenden Glaubenszellen. Als Kenner der nach der Auferstehung gesammelten Jesusworte, aus denen, nicht zuletzt durch ihr Zutun, die zunächst mündlich überlieferte, bald aber auch schriftlich fixierte Logienquelle Q hervorging, berichteten sie den aufnahmebereiten Hausgemeinden von der Botschaft und dem Lebensweg Jesu. Auch wenn die Logienquelle keine Leidens- und Ostergeschichte enthält und insofern keine Rückschlüsse auf das Osterzeugnis der Wandermissionare erlaubt, konnten sie doch gerade auch „von dem nicht schweigen" (Apg 4,20), was sie zu ihrem Einsatz bewogen hatte und nur in ihrer Überzeugung von der Auferstehung Jesu bestehen konnte[29].

So sind sie, wie sich daraus ergibt, das leibhaftige Paradigma der Jesusüberlieferung und damit des Anlasses, der zur Entstehung der neutestamentlichen Schriften führte. Gerade das Verschweigen der Passions- und Ostergeschichte im Spruchevangelium (*Robinson*) zeigt, daß gerade darin der Anstoß zum Christusglauben in allen seinen Äußerungen gesucht werden muß. Hätte der schmähliche Kreuzestod das Ende Jesu besiegelt, so hätte nicht der geringste Anlaß bestanden, seiner Lebensgeschichte, seiner Lehre und seinen Werken nachzugehen, sie zu sammeln und zu überliefern. Der radikale, selbstvergessene Einsatz der Wandercharismatiker läßt aber darauf schließen, daß nach dem Tod Jesus ein Ereignis von ungeheurer Wucht eintrat, das zunächst die versprengte Jüngergruppe sammelte und einte, um sie dann „in alle Welt" hinauszutreiben, um dieser die Kunde davon zu übermitteln (Mt 28,29)[30].

Die Boten des Evangeliums aber standen, wie ihr Radikalismus beweist, so sehr unter dem Eindruck dieses Ereignisses, daß ihnen alles an dessen Promulgatiom, nichts dagegen an ihnen selber lag. Ihre Selbstverleugnung bestand daher darin, daß sie völlig hinter ihrer Botschaft zurücktraten, während umgekehrt die von ihnen überbrachte Botschaft eine geradezu leibhaftig-personale Gestalt annahm. Der sie bewegende Initialstoß war so übermächtig, daß sie geradezu hinter ihrer Aussage verschwanden. Das bestätigt ihr Auftrag:

---

[29] *L. Schenke*, Die Urgemeinde, 232 ff; *Th. Schmeller*, Brechungen. Urchristliche Wandercharismatiker im Prisma soziologisch orientierter Exegese, Stuttgart 1989, 96; ebenso *L. Schenke*, Die Urgemeinde 221.

[30] *Th. Schmeller*, Brechungen, 83–98.

Wenn ihr in ein Haus eintretet, dann sagt zuerst: Friede diesem Haus! Wenn dort ein Kind des Friedens wohnt, so wird euer Friede auf ihm ruhen; wenn nicht, wird er zu euch zurückkehren (Lk 9,5f)[31].

Wie die Liebe im ersten der paulinischen Liebeshymnen (1Kor 13,1–13) erscheint hier der Friede wie sonst nur noch die Weisheit als eine selbständig agierende Entität. Das aber hatte die von *Schenke* beobachtete Tatsache zur Voraussetzung, daß die Wandercharismatiker die vorösterliche Lehre und Tätigkeit Jesu im österlichen Licht sehen und seine Worte als „Worte des Auferstandenen" überlieferten[32]. Nun hatte aber die Auferstehung Jesu, wie *Anton Vögtle* hervorhob, zur Folge, daß der zum Glauben Rufende zum Geglaubten, der Botschafter des Gottesreichs zur Botschaft und der Lehrer seines Programms zur Lehre wurde[33]. Das führte in der Konsequenz zu seiner Identifizierung mit dem von ihm verkündeten Wort (Joh 1,1), mit seiner Wegweisung und seiner Wahrheit (14,6), vor allem aber mit dem von ihm gelebten und gegen die eskalierende Kriegsstimmung mit ganzer Kraft, wenn auch vergeblich proklamierten Frieden (Joh 14,27; Eph 2,14).

Die Aneignung

Schon im tragenden Osterzeugnis zeigt sich, daß im Christentum die Inhalte nicht wie Gegenstände behandelt werden können, weil die Rezeption zur Sache dazugehört. Nicht die Ostererscheinungen lassen sich daher historisch dingfest machen, sondern nur das Zeugnis derer, die zu Empfängern dieser Erscheinungen wurden. Aber wie wurden sie es? Unter allen Osterzeugen ist Paulus der einzige, der auf seine Erfahrung in seinem dreifachen – akustischen (Gal 1,15), optischen (2Kor 4,6) und haptischen (Phil 3,12) – Zeugnis darauf eingeht. Und selbst er spricht in diesem Zeugnis nur davon, daß er von Christus ergriffen worden sei, und daß ihm sein Leben seither in dem Wunsch bestehe, den immer umfassender zu begreifen, von dem er ergriffen worden sei. Doch schweigt er sich zunächst darüber aus, daß er sich von dem sich ihm Zeigenden auch wirklich ergreifen ließ. War er dazu überhaupt bereit, und willigte er tatsächlich in die ihm widerfahrende Überwältigung ein?

---

[31] *L. Schenke*, Die Urgemeinde, 220–225.

[32] A. a. O., 225.

[33] *A. Vögtle*, Der verkündigende und verkündigte Jesus „Christus", in: *J. Sauer* (Hrsg.), Wer ist Jesus Christus? Freiburg 1977, 27–91.

So sehr diese Frage in der Beschreibung der ihn überwältigenden Erfahrung unterzugehen scheint, bleibt sie doch nicht völlig unbeantwortet. Die Antwort ergibt sich, wenn man den Liebeshymnus aus der Korrespondenz mit Korinth aufgrund unverkennbarer Indizien auf die „vorchristliche" Zeit des Paulus zurückdatiert, weil dann unter der Decke des fanatischen Christenverfolgers (Gal 1,13; Apg 9,1f) der sich nach Liebe und Geliebtsein Sehnende zu Vorschein kommt[34]. Danach schlug der Blitzstrahl von Damaskus nicht auf einen Felsen; vielmehr ergoß sich der damit bezeichnete Liebeserweis in ein dafür bereitstehendes und offenes Gefäß, das längst schon dieser Erfüllung entgegenharrte, dann aber durch Ressentiment und Aggressivität verdeckt worden war. Darin bestand die „Tür", die Paulus dem machtvoll daran Anklopfenden öffnete (Apk 3,10).

Die Übereinkunft

Im Grunde ist die paulinische Lebensgeschichte paradigmatisch für jede andere. Der Zwiespalt zwischen Selbstsucht und Selbstflucht, in welchem *Kierkegaard* den Menschen zu Beginn seiner „Krankheit zum Tode" begriffen sieht, ist kein Primärdatum, sondern erst die Folge wachsender, ebenso bestätigender wie enttäuschender Lebenserfahrungen[35]. Aufgrund seiner Bedürftigkeit und seines Seinshungers ist der Mensch zunächst das Wesen sehnsüchtiger Erwartung und Offenheit, bevor ihn Widerstände und Enttäuschungen zum Rückzug auf sich selbst veranlassen und bevor ihn die dabei erlebte Enttäuschung zu kompensatorischen Reaktionen veranlaßt. In der Fühlung mit dem bei ihm Einlaß Begehrenden kommt es daher darauf an, die nachträgliche Verhärtung gegenüber der Erfahrungswelt abzubauen und die ursprüngliche Erwartungshaltung freizulegen. Das letzte Wort in dieser entgegenkommenden Selbsterschließung spricht dann das schweigende Warten, auf das das Evangelium einen besonderen Akzent legt. So schon in dem zweifellos sekundären, weil nur aus der Parusieverzögerung zu erklärenden Gleichnis von den klugen und törichten Jungfrauen (Mt 25,1–11)[36]. Erst recht aber in dem gleichfalls auf die Parusie bezogenen, sicher aber auch auf die mystische „Ankunft" zutreffenden Mahnwort, in das das Gleichnis vom dienenden Herrn ausklingt:

---

[34] Dazu die Stellenangabe in Anm. 8.

[35] *S. Kierkegaard*, Die Krankheit zum Tode (Ausgabe *Richter*), Hamburg 1962, 17–21.

[36] *F. Hahn*, Theologie des Neuen Testaments II, 774.

Wenn er in der zweiten oder dritten Nachtwache kommt und euch bereit findet: selig seid ihr! Darum seid bereit! Denn der Menschensohn kommt zu einer Stunde, da ihr es nicht vermutet (Lk 12,38. 40)[37].

Den denkbar höchsten Anreiz zu dieser wachsamen Bereitschaft aber gibt der Rollentausch, zu dem sich der von der Wachsamkeit seiner Dienerschaft überraschte Herr bewogen sieht:

Selig die Knechte die der Herr bei seiner Ankunft wachsam findet. Ich sage euch: er wird sich umgürten, sie zu Tisch bitten und hinzutreten, um sie zu bedienen (Lk 12,37).

Auch an der Art dieses Dienstes hatte das Evangelium keinen Zweifel gelassen. Denn in dem Wort vom Menschensohn, der nicht gekommen ist, um sich bedienen zu lassen, sondern um zu dienen (Mk 10,45), brachte er unmißverständlich zum Ausdruck, daß sein „Dienst", jenseits aller sonstigen Hilfen, in seiner Selbstübereignung, also in ihm selbst besteht[38]. Bei aller Ungewißheit, die mit der bloßen Erwartung verbunden ist, verbindet sich mit dieser Einsicht doch die Zuversicht, daß der Kommende die Sache seiner Einwohnung zuletzt selbst in die Hand nimmt und über alle Hemmungen des Empfängers hinweg durch seine Initiative zum Ziel führt. Der Empfänger aber sieht sich dadurch ans Ziel gebracht, daß er die Einwohnung als die in ihm überhandnehmende Überformung durch den zu begreifen lernt, der ihn in seine eigene Lebensgeschichte hineinnimmt, um ihn dadurch definitiv mit sich selbst zu versöhnen und zu sich selbst finden zu lassen.

---

37 A. a. O., 771.

38 Dazu mein Jesusbuch „Das Antlitz", 171–175.

Mittler und Befreier

Zur christologischen Dimension der Theologie

von Rino Fisichella

Bestimmung der Grundlage

„Die Welt erkennt uns nicht, weil sie ihn nicht erkannt hat" (1 Joh 3,1). Diese beinahe beiläufige Bemerkung des Evangelisten läuft leicht Gefahr – wie es in der Tat in verschiedenen Kommentaren geschieht – übergangen zu werden. Dabei enthält sie manch wertvolles Element, das herauszustreichen ist, um einen Argumentationsbeitrag zu einigen wichtigen Fragen zu leisten, welche die theologische Problemstellung hinsichtlich ihrer erkenntnistheoretischen Dimension berühren. Nimmt man den unmittelbaren Kontext der Perikope in Augenschein, dann könnte eine erste Deutung von αυτόν dahin führen, das Objekt mit jenem πατήρ gleichzusetzen, auf den hin der Evangelist unsere Kindschaft kraft seiner ungeschuldeten Liebe bekundet. In gewisser Hinsicht scheint auch Augustinus in seinem Kommentar diese Interpretationsrichtung einzuschlagen, wenn er schreibt: „Die Welt ist zur Gänze christlich und gleichzeitig ist sie zur Gänze gottlos; die Gottlosen nämlich sind über die ganze Welt verstreut und dasselbe lässt sich von den Frommen sagen: Die einen kennen die anderen nicht. Wie wissen wir, dass sie einander nicht kennen? Aus der Tatsache, dass die Gottlosen denjenigen, die gut leben, Beschimpfungen entgegen schicken. Gebt genau Acht, denn sie finden sich vielleicht auch in euerer Mitte. Jeder von euch lebt bereits religiös, achtet die weltlichen Dinge gering, besucht keine Schaustellungen, betrinkt sich nicht, als handle es sich dabei um einen Kultritus, verunreinigt sich nicht an den Festen der Heiligen ... warum also wird derjenige, der all diese Handlungsweisen nicht an den Tag legt, beschimpft von demjenigen, der sie vollzieht? Freilich wie könnten sie Gegenstand von Beschimpfungen sein, wären sie denn recht erkannt? Warum also sind sie nicht erkannt? Weil die Welt *den Vater nicht kennt.*"[1]

Ohne der Autorität des großen Bischofs von Hippo Abbruch tun zu wollen, zeigt ein genauerer Blick auf den Text doch, dass sich im Licht des nachfolgenden Verses, welcher von der Offenbarung spricht, αυτόν nicht auf den

[1] Augustinus, *In Ep ad Parthos Tract.*, 4,4.

Vater, sondern auf Christus bezieht.[2] Dieser Umstand ist für unseren Argumentationsgang keineswegs von geringer Bedeutung, wie im Folgenden klar hervortreten wird. Was in diesem Moment zu geschehen hat, ist die eingehende Betrachtung jener Beziehung, die zwischen der Kenntnis der christlichen Gemeinschaft und der Kenntnis Jesu Christi besteht. Der biblische Autor scheint tatsächlich zwischen den beiden beinahe einen Zusammenhang von Ursache und Wirkung herzustellen. Ganz offen tritt somit eine Komponente des „Kennens" zu Tage, die es bestimmend sein lässt für den Glauben an den Sohn Gottes und, folglich, für die Eingliederung in die Kirche, welche die Glaubenden „wirklich" (καί εσμέν, v. 1) zu Kindern Gottes macht. Die Annahme oder die Ablehnung Christi, welche – gemäß dem Geist des Textes – die grundlegenden Verhaltensweisen werden, hängen von der Kenntnis ab, die man von den an Christus Glaubenden hat, von ihrer Annahme oder von ihrer Ablehnung. Der Evangelist selbst scheint im Verlauf des gesamten Briefes genau diese Dimension der Gotteserkenntnis zu bekräftigen. Es mag genügen, einen Blick auf das vorausgehende Kapitel zu werfen, um sich von dieser Sicht überzeugen zu lassen: „Wenn wir seine Gebote halten, wissen wir, dass wir ihn erkannt haben. Wer sagt: Ich habe ihn erkannt!, aber seine Gebote nicht hält, ist ein Lügner, und die Wahrheit ist nicht in ihm. Wer sich aber an sein Wort hält, in dem ist die Gottesliebe wahrhaft vollendet. Wir erkennen daran, dass wir in ihm sind. Wer sagt, dass er in ihm bleibt, muss auch leben, wie er gelebt hat" (1 Joh 2,3–6).

Wie man bemerkt, sind „wissen" und „erkennen" zueinander in Beziehung gesetzt, um weitreichend das Handeln der Gläubigen dergestalt zu deuten, dass derjenige, der nicht aus jener Liebe lebt, die zu verzeihen weiß, gemäß der Folgerung des Johannes offensichtlich „nicht weiß, wohin er geht" (2,11); denn er verharrt in der Unwissenheit und also in jener Finsternis, die seine Augen blind macht und die es verhindert, dass er eine stimmige und sichere Richtung einschlägt. Die Gotteserkenntnis ist daher nicht nur grundlegend, um befreit den Zugang zum Glauben zu finden und auf diese Weise Gottes Kinder zu werden. Sie ist vielmehr auch zutiefst an die Kenntnis derjenigen gebunden, die an seinen Sohn glauben und gemäß dessen Wort leben. In dieser Sicht der Dinge bilden das Evangelium nach Johannes und sein erster Brief eine beeindruckende Übereinstimmung bezüglich ihrer Aussageabsichten: Die Kenntnis Jesu Christi bildet das Wesen der Offenbarung, indem sie jenen Höhepunkt darstellt, über den hinaus man unmöglich gehen

[2] Vgl. R. Bultmann, *Le lettere di Giovanni*, Brescia 1977, 88f.

kann. „Glauben“ und „erkennen“ sind in der johanneischen Theologie innig miteinander verbunden – bis zu dem Punkte gar, dass man das irdische Wirken von Gottes Sohn *erkennen* muss, um an ihn zu *glauben*. Der Glaube an Christus kann nicht getrennt werden von der Kenntnis Jesu, der den Vater offenbart. Es ist kein Zufall, dass Jesus gerade in diesem Sinne, angesichts der Anklage der Gotteslästerung, die sich gegen seine Feststellung wendet, er sei Gottes Sohn, antwortet: „Wenn ich nicht die Werke meines Vaters vollbringe, dann glaubt mir nicht. Aber wenn ich sie vollbringe, dann glaubt wenigstens den Werken, wenn ihr mir nicht glaubt. Dann werdet ihr erkennen und einsehen, dass in mir der Vater ist und ich im Vater bin“ (Joh 10, 37f.). Man darf also sagen, dass der „Beweis“ für die Wahrheit seiner Offenbarung aufs Engste mit den Werken verbunden ist, die er vollbringt; man kann vielleicht seinem Wort keinen Glauben schenken, aber es ist unmöglich, der Evidenz jener Werke zu widerstehen, die unter den Augen aller geschehen. Zusammenfassend muss man den ganz besonderen Inhalt von Glauben beim Evangelisten Johannes bekräftigen; er will den Glaubenden zu einer immer tieferen Erkenntnis führen, zu einer Erkenntnis freilich, in der das Geheimnis, welches er in sich aufnimmt, weiter fortdauert.[3]

Allerdings genügt es nicht, Jesus als den Offenbarer des Vaters anzuerkennen. Von diesem Anfangsstadium muss ein Weg seinen Ausgang nehmen, der den Gläubigen dazu bringt, sich immer tiefer auf das Geheimnis seiner Person einzulassen und schließlich zu einer echten Lebensgemeinschaft mit ihm zu gelangen. Tatsächlich setzt jeder Mensch immer dann, wenn er sich Jesus anvertraut und ihn in seinem Leben als letzten und definitiven Sinn annimmt, eine anhaltende Dynamik des Wachstums in Gang, die seinen Glaubensweg kennzeichnet. Genau hierin ist der Grund zu sehen, weshalb „Glauben“ und „Erkennen“ niemals in irgendeinem Widerspruch stehen können; denn das *credo ut intelligam* bleibt nicht bei einer intellektuellen Erkenntnis oder bei einer rein rationalen Analyse seiner Inhalte stehen. Es verweist auf wesentlich mehr; in ihm kommt nämlich die langsame und doch unaufhaltsame Gewissheit zum Ausdruck, dass die Lebensgemeinschaft mit dem Herrn die letztgültige Sinnwahrheit für das eigene Leben ist. In seinem Kommentar zum Brief über die Liebe, auf den schon Bezug genommen wurde, scheint Augustinus genau dieses Verständnis mit Nach-

---

[3] Vgl. zu dieser Thematik unter den vielen Publikationen, die sich zitieren ließen, J. Alfaro, *Cristologia e antropologia*, Assisi 1973, 433–456; A. Dulles, *The Assurence of Things Hoped For*, New York, 7–11; R. Fisichella, *La fede come risposta di senso*, Milano 2005.

druck zu vertreten: „Was auch immer wir über diese unaussprechliche Wirklichkeit sagen, was auch immer wir uns mühen zu sagen, es ist eingeschlossen in diesen Namen: Gott. Aber wenn wir ihn ausgesprochen haben, was haben wir dann ausgesprochen? Was haben wir gesagt? Ist vielleicht eine Silbe alles, was wir erwarten? Was auch immer wir also zu sagen in der Lage sind, es bleibt weit unterhalb der Wirklichkeit: Bleiben wir daher froh bei der Sehnsucht nach ihm stehen, auf dass er uns erfülle, wenn er kommen wird“[4]. Anders gesagt: Die Kenntnis ist nichts weiter als ein erstes Stadium; was dauernd aufrecht erhalten werden muss, ist das Verlangen, immer mehr zu erkennen. In jedem Falle nicht nur gemäß einer Einsicht, welche Frucht der Vernunft ist; vielmehr mit jenen Vernunftgründen, die einem liebenden Herzen entspringen, das, kraft dieser Tatsache, der stetigen Verbindung mit der geliebten Person zuneigt.

Jesus Christus als Grundlage der Theologie

Die Wendung des Evangelisten, die am Anfang unserer Überlegungen stand, hat eine große theologische Bedeutung und veranlasst gleichzeitig zu jener kühnen Analyse, die auch in unseren Tagen noch der Betrachtung wert ist. Wenn man so will, so macht sich *Dei Verbum* den johanneischen Horizont zueigen, wenn sie schreibt: „Gott hat in seiner Güte und Weisheit beschlossen, sich selbst zu offenbaren und das Geheimnis seines Willens kundzutun: dass die Menschen durch Christus, das fleischgewordene Wort, im Heiligen Geist Zugang zum Vater haben und teilhaftig werden der göttlichen Natur. In dieser Offenbarung redet der unsichtbare Gott aus überströmender Liebe die Menschen an wie Freunde und verkehrt mit ihnen, um sie in seine Gemeinschaft einzuladen und aufzunehmen“ (DV 2). In theologischer Perspektive zeitigt diese Unterweisung Folgen aus, welche auf unmissverständliche Weise unsere Erkenntnistheorie bestimmen.

Das Herz und die Mitte der *scientia Dei* ist, wie der Name selbst belegt, das Geheimnis Gottes. Seit jeher besitzt die Theologie diese ihre Grundlage; dies auszuführen, käme lediglich einem Durchgang durch 2000 Jahre unserer Geschichte gleich. Man müsste beginnen mit der Verschiebung des Bedeutungsfeldes, seinem ursprünglichen Charakter bei den griechischen Philosophen und bei Varro, wie es von Augustinus bezeugt wird. Dann käme man

---

[4] Augustinus, *In Ep ad Parthos Tract.*, 4,6.

zur Unterscheidung der griechischen Väter zwischen *Theologie* und *Ökonomie*. Es würde sich anschließend, bei der Betrachtung der Bemühungen von Abelard und der denkerischen Schärfe von Anselm, zeigen, wie sich der Begriff in wachsendem Maße von seinem anfänglich mythischen Inhalt befreite, um endlich das Geheimnis Gottes als seinen besonderen Gegenstand herauszuarbeiten. Von hier aus nun entwickelt und konsolidiert sich das theologische Wissen.[5] Die glückliche Synthese, welche bei Thomas erreicht wurde, belegt dies auf bestechende Weise: „Deus est subiectum huius scientiae. Sic enim se habet subiectum ad scientiam, sicut obiectum ad potentiam vel habitum (...). Omnia autem pertractantur in sacra doctrina sub ratione Dei: vel quia sunt ipse Deus; vel quia habent ordinem ad Deum, ut ad principium et finem. Unde sequitur quod Deus vere sit subiectum huius scientiae“[6]. Angesichts dieser Bestimmung lässt sich also allem Anschein nach nichts Bedeutungsvolles zu jener langen und fruchtbaren Überlieferung hinzufügen, die uns vorausgeht.[7]

Was jedoch unsere Aufmerksamkeit verdient, ist ein weiterer Gesichtspunkt der Problemstellung: Wie kann man an das Geheimnis Gottes gelangen und was bildet seine Grundlage? Vor diesem Fragehorizont tun sich bekanntermaßen zwei Wege auf: jener der Vernunft und der Weg des Glaubens. Es ist hier nicht der Ort, die Problematik zu entfalten, welche *Dei Filius* so konzentriert zum Ausdruck bringt: „Ecclesia tenet et docet Deum, rerum omnium principium et finem, naturali humanae rationis lumine e rebus creatis certe conosci posse (...) attamen placuisse eius sapientiae et boninati, alia eaquae supernaturali via se ipsum ac aeterna voluntatis suae decreta humano generi revelare“ (DS 3004). Der Weg der *ratio* führt – um in der gedanklichen Linie des Paulus zu verbleiben – unweigerlich zur Betrachtung der Existenz des Schöpfers (vgl. Röm 1,20). Würde diese Straße bereits von allem Anfang an durch die Theologie beschritten werden, dann entstünden nicht wenige Probleme gerade auf der Ebene der Erkenntnistheo-

---

[5] Vgl. unter den vielen Veröffentlichungen, die sich der Frage annehmen, besonders G.L. Müller, *Katholische Dogmatik*, Freiburg-Basel-Wien 1998, 12ff.; M. Seckler, *Im Spannungsfeld von Wissenschaft und Kirche*, Freiburg i. Br., 1980, 26–41; R. Fisichella, *Che cos'è la teologia*, in: G. Pozzo / G. Lafont, *La teologia tra rivelazione e storia*, Bologna 1999, 20–26; A. Gonzales Montes, *Fundamentación de la fe*, Salamanca 1994, 43–72.

[6] Thomas von Aquin, STh I,1,7.

[7] Sehr erhellend sind in diesem Zusammenhang die Ausführungen in M. Seckler, *Im Spannungsfeld von Wissenschaft und Kriche*, 163–177.

rie. Es wäre in der Tat schwierig, zwischen ihrem Formalobjekt und der Methode der Philosophie, näherhin jener der Theodizee oder einer beliebigen Religionsphilosophie, zu unterscheiden. Um auf eine der eigenen Erkenntnistheorie verpflichtete Weise „Theologie" zu sein, muss man deshalb von der Offenbarung ausgehen. Letztere ist im vollen Sinne die Grundlage des theologischen Wissens und kann keinesfalls durch irgendein anderes Element ersetzt werden; man würde andernfalls sträflich die nämliche Identität der wissenschaftlichen Erkenntnis und die Kompetenz eines schlüssigen Denkens verlieren.

Ganz gewiss kennt die Offenbarung eine fortschreitend dynamische Entwicklung, die auf ihre Vollendung zuführt. Sie hebt mit der Berufung des Abraham an, der sein Land verlassen muss, um einem Volk das Leben zu schenken, das Gott zum Empfänger seines Willens bestimmt hat. Die Ausersehung Israels zum erwählten Volk ist die Offenbarung, mit der sich Gott selbst zu erkennen gibt als einzig wahrer Gott, der mit keinem anderen verwechselt werden darf (Ex 20,2; Dtn 5,7–9). Von da an wird er als Schöpfer von allem verstanden; ja sogar als derjenige, der seiner Schöpfung jene Male einprägt, die ihn wahrnehmbar, sichtbar und verstehbar machen (vgl. Weish 10,1). Es wird die Aufgabe der Torah und der Propheten, diesen Offenbarungsinhalt greifbar zu machen und zu einer Form der Verinnerlichung zu führen, die keinen Raum lässt für einen legalistischen Formalismus. Die Botschaft der Propheten jedoch, mag sie auch noch so anspruchsvoll und tiefgründig sein, fordert dazu auf, weiterhin auszuschauen nach einem Ziel, das noch der Vollendung harrt. Mit den Worten des Hebräerbriefes meint dies: „Gott hatte für uns etwas Besseres vorgesehen" (Heb 11,40). Der Gipfel der Offenbarung musste demnach der antiken Verheißung entsprechen und jenes unmittelbare Eingreifen Gottes vorstellen, das sich in der Menschwerdung des Sohnes zum Heil des Menschengeschlechts zeigte.

In diesem Sinne hat die Offenbarung ihre ganz besondere Verortung nicht nur als *Gegenstand* der Theologie, der einen Aufruf darstellt, seine geschichtliche Entwicklung verstehen zu lernen und zu interpretieren. Um in das Innerste des Geheimnisses vorzudringen, muss sich die Theologie vielmehr die Offenbarung selbst als *Vermittlungsgröße* in ihrer erkenntnistheoretischen Argumentation zu eigen machen. Bei dieser Unterscheidung handelt es sich nicht um eine Spitzfindigkeit, sondern es geht darum, die Komplexität des Gegenstands und die Vielschichtigkeit der Materie herauszustreichen. Wie bereits die Exegese des Ersten Johannesbriefs zeigte, wird die Kenntnis Gottes – und alles, was auf der persönlichen Ebene für die Gläubigen, welche die Gotteskindschaft erwerben, daraus erwächst – durch die Offenbarung Jesu Christi bestimmt.[8] Dies schließt ein, dass die Offenbarung als jene kohärente Erkenntnisform bestehen bleibt, wodurch der menschliche Geist in das Geheimnis Gottes vordringt; außerhalb dieser Dimension gäbe es keinerlei Gotteserkenntnis, es sei denn allein *per viam rationis*. Dieser Sachverhalt hat seine schmerzliche Seite, denn der Vernunftweg führt zu einer Kenntnis nicht etwa des Geheimnisses, sondern dessen, was der menschliche Geist im Ausgang von sich selbst herzustellen vermag, von seinen Erkenntnisweisen und von den Arten, durch die er die Wirklichkeit wahrnimmt. Der Gott, der *per viam rationis* erkannt wird, ist der Schöpfer von allem, derjenige, dem Himmel und Erde gehören, und jene höchste Intelligenz, die notwendig angenommen werden muss, will man die Verständlichkeit des Geschaffenen und auch der Materie erklären. Freilich ist dieser Gott nicht notwendigerweise „Person". In Gott eine Person zu sehen, ist nur in dem Maße möglich, in dem man ein Beziehungsverhältnis annimmt; und dies wiederum ist nur möglich kraft der Offenbarung, die Gott allein vollzieht. Indem er sich offenbart und sich als Vater Jesu Christi erkennen lässt, der den Heiligen Geist schenkt, gestattet er sowohl das Erkennen seiner personalen Identität als auch jene Art des Beziehungsgefüges, mit der er diese Kenntnis bezeugt. Wie man an dieser ersten Dimension ablesen kann, sieht sich die Theologie gezwungen, über den Gegenstand der Offenbarung nachzudenken, insofern dieser eine Erkenntnisform und jene besondere Weise darstellt, durch die Gott ins Innere einer persönlichen Erkenntnisfähigkeit vordringt. Doch dies genügt nicht. Die Offenbarung ist auch eine Form, durch die sich Gott erkennen lässt. Dies wiederum lässt den Weg der Vermittlung zu einem notwendigen Instrument werden, um in das Geheimnis zu gelangen. Zusammenfassend muss festgehalten werden, dass die Offenbarung nicht nur Erkenntnis, sondern auch Vermittlung ist, durch die Erkenntnis überhaupt möglich wird. Sie muss deshalb sowohl die notwendigen Modalitäten in sich tragen, um vom Menschen angenommen zu werden, als auch die instrumentalen Vollzüge, um mit ihm zu kommunizieren.

In diesem Szenarium stellt Jesus Christus den Offenbarer des Vaters dar. In der Tat besitzt die Theologie in der ihr eigenen Form der Erkenntnistheorie jene christologische Grundlage, ohne die sie nicht auf angemessene, stimmige und vollständige Weise an das Geheimnis Gottes heranreichen könnte. Für unser Thema hat dies nun mindestens einen zweifachen Beiklang: Zunächst ist da der geschichtliche Horizont, außerdem dann der offenbarende. Erstens

---

[8] In der Tat kann εφανερώθη in 1 Joh 3,2 nicht anders gedeutet werden als im Hinblick auf Jesus, welcher der Offenbarer des Vaters und seiner Liebe ist, die vergibt, rechtfertigt und tröstet.

also geht es um die Fähigkeit zu zeigen, wie noch eine bestimmte theologische Erkenntnis, die das Ergebnis der eigenen Forschung ausmacht, verankert ist in einem geschichtlichen Ereignis, das eine universale Heilsbedeutung hat. Zweitens ist die unabdingbare Fähigkeit des *intellectus fidei* gemeint, den *auditus fidei* zu seiner vollen Entfaltung zu bringen. Wir sind davon überzeugt, dass gerade diese Perspektive, allzumal im augenblicklichen Moment der Geschichte, eine positive Tragweite von apologetischer Dringlichkeit besitzt. Es kann wahrlich nicht stillschweigend übergangen werden, wie sich von vielen Seiten her und in den unterschiedlichsten literarischen Gattungen eine mächtige Angriffslustigkeit ausbreitet. Seit 2000 Jahren ist die Apologetik daran gewöhnt, auf verschiedene Herausforderungen zu reagieren, die auf mehr oder weniger intelligente Weise Anschläge gegen die Geschichtlichkeit Jesu, gegen seine Wunder und selbst gegen seine Auferstehung verüben. *Nihil novi sub sole* möchte man gerne wiederholen. Die heftigen Ausfälle von extrem rationalistischen Kreisen und von improvisierenden Romanschriftstellern bringen in Misskredit, was den Glauben von Milliarden von Menschen in einem Zeitraum von über 20 Jahrhunderten unserer Geschichte ausmachte; all das trägt sich unter dem indifferenten oder werbenden Blick von rückständigen Menschen zu, für welche das Recht auf freie Meinungsäußerung nur in die eine Richtung gilt. Die Fundamentaltheologie muss, aufgrund der ihr eigenen Natur, fähig sein, die bewahrheitende und erkenntnistheoretische Bedeutung des historischen Jesus nicht nur für die ganze Theologie hervorzuheben, sondern – und dies gilt heute in besonderer Weise – für jene „profane" kulturelle Ausrichtung, welche die wissenschaftlichen Ergebnisse nicht zu kennen scheint, die in den letzten drei Jahrhunderten erreicht wurden.[9]

Unauflösliche Einheit

Das Konzil lädt die Theologie dazu ein, in der heiligen Schrift das Fundament und die Seele ihres Forschens zu finden (DV 24); dabei deckt es auch ein hermeneutisches Prinzip auf, welches Anwendung finden soll. Die Rede ist von der Zentralität der Evangelien, insofern diese das „Hauptzeugnis für Leben und Lehre des fleischgewordenen Wortes" sind (DV 18). Die Offenbarung, welche sich in der Geschichtlichkeit des Jesus von Nazareth ereignet, wird

[9] Vgl. zu diesem Gesichtspunkt unser Handbuch R. Fisichella, *La Rivelazione evento e credibilità*, Bologna 2002[8], 359–389.

also ein tragendes Element der Theologie. Die Präsentation der Person Jesu im geschichtlichen Vollzug seiner Existenz erlaubt es ihr somit, nicht nur die Christologie ins Zentrum ihrer Forschung zu rücken, sondern auch jene Daten der Bibel, der Patristik und der genuin thomistischen Prägung wiederzuentdecken, welche das Glaubensleben für wenigstens zwölf Jahrhunderte kennzeichneten. Mit einem Wort gestattet es die wiedergefundene Zentralität der Christologie, in vollem Umfang jene Thematiken zu würdigen, die es dem Glauben erlauben, seinen Inhalt als ein allumfassendes Ereignis zu erhellen, das eine Bedeutung für das Heute hat; unter den vielen Gesichtspunkten sei nur hingewiesen auf die Geschichtlichkeit Jesu, die sich mit seiner Einzigkeit verbindet, auf seine universale Bedeutung und auf sein Heilswirken. Kurz gesagt geht es für die Theologie darum, die Dimension der *Geschichtlichkeit* zur vollen Entfaltung zu bringen – und zwar als grundlegendes Instrument ihres Forschens.

Der Wiedergewinn der Geschichtlichkeit impliziert ein dreigliedriges Vorgehen, das sich in aller Kürze mit den folgenden Elementen beschreiben lässt. Zuallererst ist es nötig, nicht nur einen Zugang zu den Quellen wiederherzustellen, sondern vor allem ihre Zuverlässigkeit zu gewährleisten. Man kann nicht genug auf die Voreingenommenheit von Bultmanns Kritik hinweisen, wonach die Evangelien als Glaubensdokumente nicht dazu in der Lage seien, hinreichende historische Zeugnisse zu liefern. Gleichfalls zu vermeiden ist die Sicht Kierkegaards mit ihrem Aufruf zur Radikalität des Glaubens, welche auf den Gehorsam abzielt und deshalb der Geschichte nicht bedarf. Die Überwindung jener Trennung zwischen dem Jesus der Geschichte und jenem des Glaubens ist einer der Punkte, welche die Exegese der Gegenwart als eine ihrer wissenschaftlich bedeutendsten Errungenschaften der letzten Jahrzehnte vorweisen kann. Gerade im Durchgang durch die verschiedenen Schichten der *Traditionsgeschichte* – unter Einbeziehung der Daten, die aus außerbiblischen Quellen stammen – lassen sich Inhalte aufdecken, die auf unanfechtbare Weise den geschichtlichen Kern Jesu vorstellen, welchen der Glaube seinerseits achtet und als solchen hochgehalten hat. Das „gestis verbisque" (DV 2), mit dem *Dei Verbum* die Einheit der Sendung Jesu Christi bewahrend unterstreicht, veranlasst zu überprüfen, wie nicht nur volle Geschichtlichkeit herrscht, sondern sich ein tiefer Offenbarungsinhalt präsentiert beispielsweise in der Predigt vom Reich, in der Berufung der Jünger und in den Zeichen, die Jesus vollzog. Die Einheit seiner Person geht also Hand in Hand mit seinem offenbarenden Dasein.

Ein zweites wichtiges Element besteht in der neuerlichen Herausarbeitung des Bewusstseins, das Jesus von sich besaß und das er wiederholt gegenüber seinen Jüngern und seinen Zeitgenossen bekundete. In ihm bewahrheitet sich nicht nur, was er hinsichtlich seiner Person und seiner Sohnesbeziehung zum Vater offenbarte, sondern auch seine Weltanschauung und sein Heilsplan. Dieses Selbstbewusstsein gibt das Zeugnis Jesu über sich selbst zu erkennen und erlaubt aufzudecken, wie er seine Existenz im Horizont seiner Sendung verstand, nämlich als einen vom Vater erhaltenen Auftrag, dem er seinen vollen und ganzheitlichen Gehorsam als Form seines Lebens entgegenbringt (vgl. Joh 5,19; 10,25; 12,49; 14,31). Indem er immer, besonders jedoch im entscheidenden Augenblick seines Todes, auf den Willen des Vaters verweist, bezeugt Jesus, dass es keinen anderen gangbaren Weg als den seinen gibt, um in das Geheimnis des trinitarischen Lebens als Form der Liebe zu gelangen. All diese Daten gehören auf unumstößliche Weise zur Geschichtlichkeit des Jesus von Nazareth; eine Theologie, die nicht zur Gänze deren Wert aufnähme, verfiele leicht einer Form der Gnosis oder einem modernen Doketismus.

Ein letztes Element schließlich bezieht sich auf die Analyse des Glaubens der Jünger, die mit dem Meister „gegessen und getrunken“ (Apg 10,41) haben. Alles verließen sie, um ihm zu folgen (Mt 19,27), weil sie von seinem Wort eingenommen waren; so gingen sie dem Tod entgegen, nur um nicht nachgeben zu müssen in ihrer Überzeugung, dass sie ihn „lebend“ nach seinem Kreuzestod gesehen hatten. Gerade dieses geschichtliche Zeugnis kann das Verständnis dafür fördern, wie das Wort des Meisters auf treue Art zunächst durch mündliche Verkündigung weitergegeben wurde und unmittelbar anschließend kodifiziert ward im viergestaltigen Evangelium. Die große Bedeutung dieses Wortes, welches das Leben ganzer Völkern bestimmte, indem es überallhin die Wahrheit über das Dasein einer Person trug, bleibt eine positive Aufforderung, wieder bei sich selbst einzutreten und zu versuchen, eine Antwort auf die Frage nach dem Sinn zu geben.

An dieser Stelle tut sich ein Horizont der Bewahrheitung als bestimmendes Geschehen auf, um die Entwicklung zu überprüfen, welche diese geschichtlichen Daten den Kulturen in den vergangenen 2000 Jahre aufgeprägt haben. Die Person Jesu zeigt sich wirklich als einzig wahrer Vermittler jener Offenbarung Gottes, die auf ihre Vollendung wartete. Sein Leben erscheint als eine erfüllte Verheißung, und die Kraft des Ostergeheimnisses dauert fort als die letzte Aussage des Wortes, das in das Geheimnis Gottes vorzudringen wagt. Es vollzieht sich also der Übergang von der *Christo*-logie zur *Theo*-logie. Denn das Ostergeheimnis gilt allzumal als das letzte Wort, welches Gott über sich ausspricht, um demjenigen, der an ihn glaubt, den Zugang zu einem Leben in seiner Gemeinschaft zu erlauben. Auf diese Art wird Jesus Christus auch der Befreier des Menschen. Sein Wort und sein Handeln haben eine universale Tragweite, weil Ostern die wahre Anerkenntnis der Begrenztheit des Menschen bedeutet und gleichzeitig die Möglichkeit eröffnet, darüber hinauszugehen. Wenn man allein dem Rätsel des Todes verhaftet bleibt, wird es vergeblich, den Blick auf Gott zu richten. Hier gilt es immer auf der Hut zu sein vor einem Alibi für den Unglauben, das gestützt wird durch die eigene Unfähigkeit, eine Antwort zu finden, die Sinn hat. Dagegen gibt die Wahrheit der Auferstehung das Geheimnis der Liebe eines Gottes zu erkennen, der den Tod auf sich nimmt, um das Leben zu schenken.

An dieser Stelle schließt sich der Kreis, und die Theologie sieht sich veranlasst, auf ihr kirchliches Engagement zurückzukommen als ein Instrument, um vor dem Gläubigen Rechenschaft über den eigenen Glauben abzulegen und dem „anderen“ die Gründe der christlichen Hoffnung darzutun. Man wird also an den Ausgangspunkt zurückgebracht, dorthin, wo die mangelnde Kenntnis der Glaubenden zur Ablehnung Christi führt. Die Theologie muss deshalb Gründe anbieten können, damit der Glaube zu Leben und zu wahrhaftigem Zeugnis gedeihe und damit auf diese Weise der Übergang zur echten Erkenntnis Jesu Christi möglich werde. Die Glaubwürdigkeit des Glaubens, die in der Geschichtlichkeit Jesu ihre unaufgebbare Grundlage besitzt, weitet sich in der Glaubwürdigkeit des Zeugnisses der Christen aus. Die Gläubigen sind demnach zu einem Leben in Glaube, Liebe und Hoffnung berufen, auf dass sie es all denjenigen, die ihre Erfahrung nicht teilen, ermöglichen, bewegende Gründe zu finden, um zum Geheimnis jener Liebe Gottes vorzudringen, die durch Jesus Christus offenbar wurde.

Die mens humana Christi, ihre Identität und ihr Wissen

von Michael Stickelbroeck

Einleitung

Eine Fülle von Jesus-Literatur eigener Art evozierte seit Beginn des letzten Jahrhunderts die Frage nach der Kontingenz und Geschichtlichkeit des menschlichen Wissens Christi.[1] Dabei konzentrierte sich die Aufmerksamkeit nicht nur darauf, ob denn Jesus alles, was in den menschlichen Erkenntnishorizont treten kann, gewusst habe, sondern auch auf das davon zu unterscheidende Wissen um seine Gottessohnschaft. Inwiefern hat Jesus sich von Anfang an als der Sohn Gottes gewusst bzw. ein Bewusstsein seiner eigenen Gottessohnschaft gehabt? Im Trend dieser Frage liegt auch das Problem eines menschlichen Ich-Bewusstseins Jesu: Ist ein solches bewusstes psychologisches Aktzentrum bei ihm anzunehmen oder verbietet das Aufgenommensein der menschlichen Natur in die Hypostase des Logos die Existenz eines menschlichen „Ich" neben der einen Person des Wortes?

Mit der letzten Frage ist der erste Problemkreis, den ich hier verfolgen möchte benannt. Dabei sollen einige wichtige Lösungsversuche umrissen werden, ohne die damals kontrovers verlaufende Diskussion im Ganzen wieder aufzurollen: Die Positionen von P. Galtier und B. Lonergan, die in etwa die Kontroverse widerspiegeln, sollen kurz beleuchtet werden, um dann, nach einer Vorüberlegung über das Phänomen „Bewußsein" und den neuzeitlichen Personbegriff, eine eigene Position zu entwickeln.

Der zweite hier anvisierte Frageaspekt betrifft die von der älteren Tradition (Patristik, Mittelalter) und dann von der kirchlichen Lehrverkündigung aufgegriffene Lehre von der ständigen immediaten Gottesschau der Seele

---

[1] Vgl. R. Haubst, Welches Ich spricht in Christus?, in: TThZ 66 (1957) 1–20; ders., Welches Ich spricht in Christus?, in: TThZ 91 (1982) 1–17; Ph. Kaiser, Das Wissen Jesu in der lateinischen (westlichen) Theologie, Regensburg 1981; vgl. H. Riedlinger, Geschichtlichkeit und Vollendung des Wissens Christi, Freiburg 1966; L. Scheffczyk, Der Wandel in der Auffassung vom menschlichen Wissen Christi bei Thomas v. Aquin und seine bleibende Bedeutung für die Frage nach den Prinzipien der Problemlösung, in: MThZ 8 (1957) 278–288.

Christi, über die noch K. Rahner sagen kann: „Die kirchlichen Lehräußerungen gebieten uns, an der unmittelbaren Schau des Logos durch die menschliche Seele Jesu festzuhalten."[2]

Wie ist die Aussage zu verstehen, nach der Jesus in jedem Augenblick seines irdischen Lebens mit seiner Geistseele in die visio eingetaucht war? Bildet sie keinen Widerspruch zu der anderen aus dem chalcedonenischen Dogma ableitbaren Lehre, dass er eine wahre und echte, uns gleichwesentliche Menschheit angenommen habe, deren Erkenntniserwerb in der Weise einer geschichtlichen Aneignung, diskursiv voranschreitend und wachsend vor sich geht, und dem Unfang nach intentional begrenzt und endlich ist?

Steht die Lehre von der visio der Seele Christi nicht auch in einem unaufhebbaren Widerspruch zum *status exinationis* wie er schon im Philipperbrief (2,6–11) bekannt wird? Kannte Jesus in seinem Seelenleben nicht die echt menschlichen Affekte der Furcht und der Trauer? Überkam ihn nicht vor seinem Sterben das abgründige Gefühl der Nicht-Anwesenheit Gottes? Steht die traditionelle Lehre nicht auch gegen den neutestamentlichen Tatbestand, dass Jesus versucht wurde, Erfahrungen des Lernens machen musste, in Todesangst geriet und schließlich die Gottverlassenheit durchleben musste?

Es ist einleuchtend, dass ein Problem erst dann entsteht, wenn man mit der Glaubensüberzeugung der frühen Kirche übereinstimmt und an der Lehre von der hypostatischen Union sowie der Einheit der Person festhält, ohne die auch die Überzeugung von der unmittelbaren Gottesschau der menschlichen Geistigkeit Jesu keinen Sinn machen würde.

1. Die Frage nach dem menschlichen „Ich" Jesu

1.1 Der Ausschluß eines menschlichen Ich-Zentrums (B. Lonergan u. a.)

Von verschiedenen Autoren wurde es abgelehnt, Jesus als Menschen ein eigenes Selbstbewusstsein neben dem Logos einzuräumen. Dieser sei das alleinige Subjekt und auch der direkte Ursprung aller menschlichen Akte Jesu.

Für den kanadischen Erkenntnistheoretiker B. Lonergan, dessen Philosophie und Theologie sich als zeitnahe Interpretation des Thomas von Aquin

[2] Vgl. K. Rahner, Dogmatische Erwägungen über das Wissen und Selbstbewusstsein Christi, in: Schr. z. Theol., Bd. 5, Einsiedeln 1962, 222–245, hier: 243.

versteht, ergibt sich die Ablehnung eines eigenen bewussten Aktzentrums des Menschen Jesus aus der Funktion, die er jedem Bewusstsein zuschreibt: Bewusstsein, so sagt er, hat nicht nur eine kognitive, sondern auch eine konstitutive Funktion: Es hat die Aufgabe, sowohl das, was ohne Bewusstsein existiert, als auch das, was durch Bewusstsein konstituiert wird, das eigene Ich, zu erfassen. Dem Bewusstsein kommt es zu, „die basale psychologische Einheit des Subjektes als Subjekt“ herzustellen.[3]

Durch das Bewusstsein gewahren wir uns nicht nur selbst als Leidende (ohne Bewusstsein kein Leiden!); das Bewusstsein gehört auch „zur Konstitution des bewusst intelligenten Subjekts“, das Akte des Einsehens vollzieht, des bewusst rationalen Subjekts, das Urteile hervorbringt und des bewusst freien Subjekts, das eigenverantwortliche Akte vollzieht.[4] Als Bedingung der Möglichkeit von selbstursprünglichen Erkenntnisakten und sittlichem Handeln gehört das Bewusstsein für Lonergan demnach auf die Seite der Person, die er im klassischem Sinn als „distinctum subsistens in rationali naturae“ versteht. Es gehört nicht auf die Seite der Natur, durch die (als *principium quo*) das Handlungssubjekt seine Tätigkeiten vollzieht.

Daher findet das Bewusstsein Jesu zu keiner Vertrautheit mit einem menschlichen „Ich“. Lonergan folgert, dass es in Christus nur ein bewußtes Subjekt der menschlichen Handlungen und des physischen Schmerzes gibt:

Das menschliche Bewusstsein Jesu, dessen Realität sich aus dem Dogma von Chalcedon ergibt, wird aufgrund der gratia unionis von einem anderen Subjekt gertragen: dem göttlichen.[5] Für Lonergan erfährt Christus, der in jeder Hinsicht ein einziges Subjekt ist, sich als Gott und auch als Mensch, obwohl es etwas anderes ist, sich selbst als Gott zu erfahren wie sich selbst – durch die Inexistenz in der menschlichen Natur – als Mensch zu erfahren. Hier gibt es eine unüberschreitbare ontologische wie psychologische Dualität, die aber unbedingt im Geheimnis der hypostatischen *Union* einbehalten bleiben muss.

Das Bewusstsein ist die Präsenz des Subjektes zu sich selbst als Subjekt in allen psychischen (sinnlichen wie geistigen) Akten des Erkennens und Strebens. Es ist gewissermaßen die Erfahrung seiner selbst in allen psychischen

---

[3] Vgl. B. Lonergan, Christ as Subject. A reply (Collected works of Bernard Lonergan, Bd. 4), hrsg. von F. E. Crowe/R. M. Doran, Toronto 1988, 153–184, hier: 165: „... it constitutes and reveals the basic psychological unity of the subject as subject.“

[4] Vgl. ebd.

[5] Ebd., 181: „It follows a pari that the Word as man was the conscious subject of his human acts ...“

Akten.[6] Lonergan kann darum auch auf der psychologischen Ebene keine Abweichung von der Ontologie zulassen.[7] Das menschliche Bewusstsein begründet nicht ein eigenes Ich. Insofern dasselbe psychologische Subjekt sich selbst sowohl in dem göttlichen als auch in dem menschlichen Bewusstsein erfährt, muss man in Christus nicht nur eine einzige Person, sondern auch simpliciter ein einziges Ich anerkennen.

Wo aber dasselbe psychologische Subjekt in seiner Beziehung auf die Natur und auf das Bewusstsein, dessen Subjekt es ist, in den Blick tritt, muss man wgen der Dualität der beiden „Bewusstseine" zwischen dem göttlichen „Ich", das sich in seiner unendlichen Vollkommenheiten erkennt, und diesem selben göttlichen „Ich", das sich selbst gemäß den Grenzen seiner angenommenen menschlichen Natur erfährt, unterscheiden. Dies macht es nach Lonergan unmöglich, ein bloß menschliches Ich zu statuieren, das wenigstens psychologisch von der göttlichen Person zu unterscheiden wäre.[8]

Das einzige „Ich" in Jesus ist eine göttliche Realität. Dabei gebietet Chalcedon es, zu sagen: Das göttliche und das menschliche Bewusstsein bestehen unvermischt und ohne Durchdringung: „Es ist ein großer Unterschied, ob man sich seiner selbst als Gott oder seiner selbst als Mensch bewusst ist."[9] Demnach ist der psychische Einheitspunkt des menschlichen Denkens und Bewusstseins immer zugleich der göttliche Logos.

Schon in den fünfziger Jahren des 20. Jahrhunderts wurde die Meinung vertreten, dass einzig die göttliche Person in der Weise die gesamten Tätigkeiten der menschlichen Natur samt ihren Lebensregungen und bewussten Akten lenke, dass sie für ein menschlich-psychologisches Ich-Zentrum keinen Platz lasse.[10] In dieser Zeit hat auch Pius XII. die extreme Gegenposition eines Déodat de Basly († 1937) in seiner Enzyklika „Sempiternus Rex (1951)

---

[6] Vgl. ebd., 182: „... by the *gratia unionis* the Word is a man and a potential conscious subject of a human consciousness."

[7] Vgl. ebd., 182f.: „A parallelism is to be recognized between ontological an psychological statements about the incarnate Wort ... as there is one person with a divine and a human nature, so there is one subject with a divine and a human consciousness."

[8] B. Lonergan, The Ontological and Psychological Constitution of Christ (Collected Works of Bernard Lonergan, Bd. 3) hrsg. von Michael G. Shields, Toronto 2002; vgl. ders., De Verbo incarnato, Rom ^{3}1964; vgl. auch ders., De Deo trino: pars systematica, Rom ^{3}1964.

[9] B. Lonergan, Christ as Subject, 183.

[10] Vertreter dieser Auffassung sind P. Parente, B. Xiberta und H. Diepen. Vgl. R. Haubst, Welches Ich spricht in Christus? In: TThZ 91 (1982) 1–17.

abgewiesen: „In Jesus bestehen nicht zwei Subjekte, sondern ein einziges Subjekt, die göttliche Person."[11] Damit bleibt allerdings immer noch Raum für eine Diskussion um ein menschliches „Ich" Jesu.

1.2 Die Verselbständigung des empirischen Ich (P. Galtier)

Einen Vorstoß, auf der Grundlage des Dogmas von Chalcedon zu einem eigenen menschlichen Ichbewusstsein Jesu zu gelangen, machte P. Galtier[12], der vom klassischen Personbegriff ausgeht: Die Akte, die der menschlichen Natur Jesu entspringen, sind auf einen Mittelpunkt bezogen, der als Ich bezeichnet werden muss. Nach Galtier besitzt das menschliche Ich in Jesus jedoch keine eigene Subsistenz, sondern subsistiert in der göttlichen Person.[13] Ohne selbst hypostatisch zu sein, ist dieses menschliche Ich doch gewissermaßen das empirische Zentrum der menschlichen Akte (des Wahrnehmens, Empfindens und Wollens).

Dabei drückt das menschliche Ich das göttliche „Ich" aus, da es Gott durch die *visio beata* vollkommen erkennt. Die Voraussetzung für diese Unterscheidung liegt in der Annahme, dass das Bewusstsein nicht als solches personbildend ist, Person also auf einer anderen als der Bewusstseinsebene, nämlich der subsistenten, zu suchen ist. Obwohl diese Voraussetzung m. E. unbedingt zu halten ist, bleibt doch die Frage, ob das psychologische Ich Jesu nach dieser Konzeption nicht eine zu große Autonomie erhält. Jedenfalls bleibt die göttliche Person mit ihrem logos-gemäßen Erkennen der menschlichen Bewusstseinssphäre Jesu in ihrer eigenen Erfahrung vollkommen transzendent, denn in seinem menschlichen Selbstbewusstsein ist Jesus der Verbundenheit mit dem Logos als seinem Subsistenzgrund nach Galtier nicht gewahr.

Die Position von Galtier, der die gesamte Christologie vom empirischen Ich-Bewusstsein Jesu her entwickeln will, muss mit einer eingehenderen Re-

---

[11] DH 3905.

[12] Vgl. ders., L'unité du Christ. Etre, personne, conscience, Paris 1939; vgl. ders., La conscience humaine du Christ à propos de qulques publications récentes, in: Greg 32 (1951) 525–568.

[13] In diesem wesentlichen Punkt unterscheidet sich Galtier von einem Déodat de Basly, der in einer Radikalisierung der scotischen „duo esse" in Christus zwei Realitäten angenommen hat, die je für sich subsistieren, so dass er zwei Subjekte erhält, die jeweils „ein anderer" sind.

flexion der ontologischen Begründung von Person-Sein, in dem die empirische Ich-Erfahrung wurzelt, vermittelt werden.[14]

Die Diskussion über dieses Thema wurde vor allem in der französischen und italienischen Literatur geführt.[15] Der Aufassung von Galtier widersprachen u. a. P. Parente und J. Galot, für die ein doppeltes „Ich" im Letzten auch zwei Subjekte impliziert. Dadurch würde die Einfachheit der Person Christi aufgehoben. Parente will, dass der menschliche Geist in seinem Wollen und Erkennen ein göttliches Selbstbewusstsein ausdrücken kann. Dazu muss aber (so Galtier) die *visio beata*, in der die menschliche Seele Christi Gott erkennt, wie er ist, vorausgesetzt werden. Es dürfe also nur ein göttliches Selbstbewusstsein geben, das die menschliche Seele Jesu auszusagen vermag. Dieser Aufassung haben sich J.-H. Nicolas und A. Amato angeschlossen, für den das göttliche „Ich", die Person des Wortes, das alleinige Subjekt auch der psychischen Akte der angenommenen menschlichen Natur ist.[16]

1.3. Das Problem des neuzeitlichen Personbegriffs

Seit dem englischen Empirismus wird Person nicht mehr von dem unmitteilbaren *esse* her verstanden, durch das eine geistgebabte Natur eine unverwechselbare Subsistenz gewinnt, sondern vom Ichbewusstsein abgeleitet. Sie entsteht allererst durch die Reflexion des Bewusstseins auf sich selbst, durch die sie sich als Subjekt eines möglichen oder wirklichen Selbstbewusstseins erfährt. So hält etwa J. Locke dafür, dass allein das Bewusstsein personale Identität konstituiert, die dann folglich diachron auf gegebene Gedanken und Handlungen ausgedehnt werden kann.[17]

---

[14] Vgl. G. L. Müller, Katholische Dogmatik, Freiburg/Basel/Wien [2]1995, 367.

[15] Zu berücksichtigen wäre hier das Buch von J. Galot, La personne du Christ. Recherche ontologique, Duculot: Gemboux 1969; vgl. ders., Chi sei tu, o Cristo? (Nuova Collana di Teologia Cattolica 11) Libreria Editrice Fiorentina: Firenze [3]1984 und das Werk von P. Parente, L'Io di Christo, 1955, Rovigo 1981; vgl. J.-H. Nicolas, De la Trinité à la Trinité. Synthèse dogmatique, Paris 1985, 392–567; vgl. A. Amato, Gesù il Signore. Saggio di Christologia, Bolgna 1993, 374–380. B. M. Xiberta fasst in „El Yo de Jesucristo. Conflito entre dos cristologías" (Barcelona 1954) die bis dahin erschienene Diskussion zusammen.

[16] Vgl. A. Amato, 378–379.

[17] Vgl. J. Locke, Versuch über den menschlichen Verstand 1–2 (PhB 75/76) Hamburg [4]1981, 420.

In der neuzeitlichen Bewusstseinsphilosophie wird die Person als psychologisches Aktzentrum oder als Subjekt verstanden, d. h. als das, was nicht mehr objektiv eine substantielle Einheit, unabhängig vom Denken und Fühlen, sondern was akt- und subjekthaft ist. Wo die Frage, ob das Selbstbewusstsein zeitübergreifende Identität genauso wie den faktischen Weltbezug begründen kann, positiv beantwortet wird, dort herrscht die neuzeitliche Konzeption von „Person" vor, die sich vom patristischen Hypostasenbegriff prinzipiell unterscheidet: Person ist dann jenes Subjekt, das im Vollzug sich selbst objektiv bewusst ergreift. Der Mensch *wird* Person im Akt der Selbst-Setzung, im Vollzug des Bewusstseins. Bewusstsein und Wollen sind konstitutiv für das Personsein. Die Wurzel für Freiheit und Verantwortung des Menschen ist dessen Selbstbesitz und Selbstvollzug.

Dieser Personbegriff ist für die Christologie ganz und gar ungeeignet, weil er zum einen der Unvordenklichkeit des Personseins nicht gerecht wird und zum anderen in Christus ontologisch zu zwei Personen und psychologisch zu zwei konkurrierenden Ichs, d. h. zu einem endlichen, menschlichen Selbstbewusstsein, überlagert von einem unendlichen, göttlichen, führen muss, wobei dann immer die Frage bleibt: Wie verhalten sie sich denn zueinander? Wie sollten sich beide zur Einheit bringen lassen, ohne dass das menschliche vom göttlichen absorbiert wird? Was die Einheit der Person in Christus angeht, so benötigt die Theologie den klassischen, gerade aus trinitätstheologischem Ringen erwachsenen Personbegriff.[18] Die Verwendung

[18] Vgl. M. Stickelbroeck, Christologie im Horizont der Seinsfrage. Über die epistemologischen und metaphysischen Voraussetzungen des Bekenntnisses zur universalen Heilsmittlerschaft Jesu Christi (MThSt, 59) München 2002, 645–673. Den klassischen Personbegriff und die daran sich anschließende Enhypostasie-Lehre verwinden möchte G. Essen, der das christologische Dogma mit Hilfe der neuzeitlichen Ich-Philosophie transzendental neu interpretieren möchte. Dabei zeigt sich ein für die Christologie bedeutendes Folgeproblem, wenn das Selbst- oder Ichbewusstsein die Personidentität konstituieren soll – das menschliche Bewusstsein Jesu wird dann eo ipso zur Person. Vgl. G. Essen, Die Freiheit Jesu. Der neuchalkedonische Enhypostasiebegriff im Horizont neuzeitlicher Subjekt- und Personphilosophie, Regensburg 2001, 297: „Die reale Bestimmtheit seiner Person durch die ursprünglich-unvermittelte Beziehung zum Vater und die unmittelbare Gewissheit von ihr weist Jesus als die *göttliche* Person des ewigen Sohnes aus. Doch weil die geschichtliche Gestalt Jesu das vom freien Selbsterweis des Gottessohnes für uns nicht ablösbare Realsymbol der liebenden Menschenzuwendung des Vaters durch ihn ist, kann die Person Jesu nur als eine echt menschliche das Medium sein für das Inerscheinungtreten des präexistenten göttlichen Sohnes." Kann die Dialektik sich ausschließender Prädikate eine intellektuell befriedigende Lösung bieten?

eines aus der empirischen Bewusstseinsphilosophie abgeleiteten Personbegriffs, der die personale Identität auf das empirische Ich-Bewusstsein zurücknimmt, läuft in der Christologie auf den Grundsatz hinaus, dass die menschliche Natur unfähig ist, von einer göttlichen Hypostase getragen zu werden.

Trotzdem scheint es mir berechtigt, dass sich der Theologe auch auf das Gebiet der Bewusstseinsphilosophie bzw. Psychologie[19] begibt, um von hier aus nach dem Bewusstsein Jesu und dessen Einheitspunkt in einem empirischen Ich-Zentrum zu fragen. Unter diesem Ich soll hier das Zentrum des menschlichen Erlebnis-Bewusstseins verstanden werden. In diesem Sinne würde das menschliche Ich, das dabei in den Blick kommt, christologisch auf die Seite der „Natur" gehören, die im klassischen theologischen Sprachgebrauch die Gesamtkonstitution des Menschen aus sinnlichem Strebevermögen, Selbstbewusstsein und freiem Willen umfasst. Wer sich auf diesem Wege dem Selbstbewusstsein Jesu annähert, dem muss klar sein, dass er damit noch nicht bei der Person ist, in der dieses menschliche Selbstbewusstsein subsistiert. Umgekehrt bildet die Hypostase des Logos, der eine allumfassende göttliche Erkenntnis eignet, nicht ein empirisches „Ich" – ein Begriff, den wir immer nur vom Menschen aussagen können –, so dass es in der Christologie gar nicht erst zu einer Konkurrenz zwischen einem göttlichen und menschlichen „Ich" kommt. Bei jeder Prädikation über den Logos müssen die Gesetze der nur analogen Aussagbarkeit von geschaffenen Vollkommenheiten gewahrt werden. Für den Selbstbesitz des göttlichen Geistes ist der Begriff des „Ich" im psychologischen Sinne inadäquat.

1.4 „Bewusstsein"

Um die Frage zu entscheiden, ob Jesus als Mensch – seiner angenommenen Natur entsprechend – ein Selbstbewusstsein gehabt hat, soll zuerst eine Vorüberlegung über die Begriffe „Bewusstsein" und „Selbstbewusstsein" vorangestellt werden.

Mit der menschlichen Denktätigkeit geht eine erste unmittelbare Gegenwärtigkeit des Geistes einher. Der aktuell denkende Verstand nimmt sich darin in habitueller Weise selbst wahr, und zwar vorgängig zu jeder Reflexion,

---

[19] Den Begriff des „psychologischen Ich" habe ich mit Absicht gemieden, enthält er doch zu viel Unschärfen und ist in seinem Begriffsinhalt abhängig von der jeweiligen Schule, in der er gebraucht wird.

in der er auf sich selbst zurückkommen kann. Diese ganz allgemeine vorreflexive Bewusstheit heißt bei Thomas von Aquin „Selbstgegenwart des Intellekts“:

> „Im Hinblick auf die habituelle Erkenntnis aber sage ich, dass die Seele durch ihre Wesenheit sich sieht, d. h. ihr gegenwärtig ist und so in den Akt der Erkenntnis ihrer selbst übergehen kann ... Hierzu genügt allein die Wesenheit der Seele, die dem Geist gegenwärtig ist.“[20]

In einem späteren Paralleltext bietet Thomas die gleiche Ansicht über die Selbsterkenntnis des Intellekts:

> „Um eine erste Erkenntnis vom Geiste zu haben, genügt die Gegenwart des Geistes selbst, die das Prinzip des Aktes ist, aus dem der Geist sich selbst wahrnimmt.“[21]

Das Bewusstsein kann aber auch eine Rückkehr vom Akt des Verstehens (von einer beliebigen Objekt-Erkenntnis) zum bewusstseinsmäßig Gegebenen vollziehen. Dabei kommt es zur einfachen Selbstbejahung der Form: „Ich bin ein Erkennender.“ Darin nimmt sich das Subjekt als eine Einheit wahr, die den Vollzug des Erkennens auf sich bezieht.

Diese einfache Selbstgegenwart des Geistes, die sich bei jeder aktuellen Erkenntnisoperation einstellt, ist habitueller Art, d. h. sie läßt sich nicht sogleich in ein satzhaft mitteilbares Wissen (*enuntiabile*) umsetzen, auch wenn der Verstand darauf zurückkommen und diese Selbstgegenwart zum Objekt seiner Tätigkeit machen kann. Aber dies wäre ein zweiter Schritt.

Es muss dabei im Auge behalten werden, dass das Bewusstsein uns nur eine Erfahrungserkenntnis liefert. Die innere Erfahrung unserer eigenen psychischen Akte macht uns unserer selbst *als Subjekt* bewusst. In dieser Erfahrung seiner selbst als Subjekt besteht das Bewusstsein – die Präsenz des Subjektes zu sich selbst als Subjekt. Obwohl wir durch die innere Erfahrung uns selbst immer nur als gegeben erkennen, so wie die Sinneserkenntnis ihr Objekt als gegeben wahrnimmt, variiert diese Erfahrung je nach der Ebene, auf der das Subjekt agiert: Denn eine ist die Erfahrung unserer selbst als Subjekt, wenn wir auf der Ebene des sinnlichen Wahrnehmungsvermögens tätig sind, eine andere, wenn wir uns auf der Ebene des Einsehens (*intelligere*) bewegen und noch einmal eine andere, wenn wir eine rationale Urteilserkenntnis vollziehen. Von einer zu nächsten Ebene voranschreitend, nimmt das Subjekt sich selbst mehr und mehr in Besitz.

---

[20] De ver., q. 10, a. 8.

[21] S. Th. I, q. 87, a. 1.

Wenn man dies beachtet, verbietet es sich, anzunehmen, dass das Bewusstsein durch eine Reflexion auf sich selbst entsteht, dass aber die Reflexion über sich selbst den Erkenntnisprozess von der schon gegebenen *Erfahrung* seiner selbst zur eigentlichen *Erkenntnis* seiner selbst einleitet. Die einzig uns mögliche Erkenntnis unserer selbst als Subjekt ist die Erfahrung; und diese bedeutet noch keine Erkenntnis unserer selbst als ein intelligibles Wesen. Wir äußern diese spontane Subjekterkenntnis in jedem Satz, den wir mit „Ich" beginnen: „Ich hatte gestern Hunger ..."

Aus dem „Unvermischt und Ungetrennt" des Chalcedonense muss gefolgert werden, dass dieses menschliche Erkennen und die damit einhergehende Selbstgegenwart des menschlichen (!) Geistes, so wie sie Thomas hier fasst, Christus zu eigen gewesen ist. Der Aquinate, der sich in seinem frühen Sentenzenkommentar vom Perfektionsprinzip leiten ließ und davon ausging, dass das menschliche Wissen Christi immer schon die größtmögliche Vollkommenheit der Erkenntnis beanspruchen kann, räumt in seinen späteren Schriften dem *intellectus agens*, der für den Erkenntniserwerb aus den sinnfälligen *Dingen (scientia acquisita)* steht, eine größere Zuständigkeit ein.[22]

Dieser tätige Intellekt ist ein zur menschlichen Natur gehörendes natürliches Licht (*lumen naturale*), durch das die einzelnen Gegenstände erkannt werden. Wenn wir heute sagen, dass wir die Dinge im „Licht des Bewusstseins" erfahren, so meinen wir genau dies, dass die Dinge dem Intellekt in diesem Licht „gegenwärtig" sind, in dem er auch sich selbst gegenwärtig ist.[23]

Eine so allgemein gefasste spontane bewusste Erkenntnis seiner selbst als Subjekt muss Christus in jeder nachchalcedonischen Christologie, für die eine integre menschliche Natur maßgebend bleibt, zugestanden werden. Darüber hinaus scheint es legitim, auch einen Begriff wie den des „Ich", der einem neuzeitlichen Denkhorizont entstammt, in Anwendung zu bringen.

In der Neuzeit hat man sich allein noch auf das Bewusstsein als Ich-Bewusstsein konzentriert und das allgemeine Bewusstsein von Seiendem großenteils aus den Blick verloren.[24] Noch für Thomas ist das faktische „ist" dasjenige, was als erstes in den Verstand „einfällt", längst bevor dieser auf-

---

[22] Vgl. S. Th. III, q. 9, a. 4; vgl. q. 12, a. 2; vgl. H. Schoot, Christ the ‚name' of God. Thomas Aquinas on naming Christ, Leuven 1993, 183.

[23] Thomas zitiert in disem Zusammenhang Augustinus: „‚Non velut absentem se quaerat mens cernere; sed praesentem quaerat discernere', idest cognoscere differentiam suam ab aliis rebus, quod est cognoscere quidditatem et naturam suam." Vgl. Augustinus, De Trin., l. 10 (PL 42, 980).

[24] Vgl. H. Seidl, Sein und Bewusstsein. Erörterungen zur Erkenntnislehre und Meta-

grund vieler Reflexionen zu einem eigentlichen Seinsbegriff kommt.[25] D. h. das Bewusstsein steht primär mit der Wirklichkeit der Dinge, wie sie in der Welt unmittelbar für uns erfahren werden, in Kontakt. Für Descartes, Kant und ihre Nachfolger fällt das aktuelle Verstandesbewusstsein mit dem „Ich denke“, das „alle meine Vorstellungen muss begleiten können“, also mit dem Subjekt-Bewusstsein, zusammen.[26]

Daraus ergibt sich ein erster, zu kritisierender Aspekt der neuzeitlichen Bewusstseinsphilosophie: die Verengung des Bewusstseins auf das Ich-Bewusstsein. Diese Reduktion muss im Rückgriff auf die Erkenntnismetaphysik der Tradition überwunden werden.

Ein zweiter Punkt ist die Identifikation der Person mit dem aktuellen Ich-Bewusstsein, das aus der Reflexion des Bewusstseins auf sich selbst in einem diskursiven Prozess entsteht. Für diese Richtung ist das personale Ich keine originäre Voraussetzung jeder Frage von der Art: „Wer bin ich eigentlich?“, mit der das Subjekt auf sich selbst zurückkommen kann, sondern es resultiert allererst aus dem Prozess der Selbstreflexion.

In den siebziger und achtziger Jahren des 20. Jahrhunderts wurde in der Theologie, die bisweilen solche genetischen Selbstbewusstseinsmodelle adaptierte, von manchen die Theorie von einem werdenden Sohnes-Bewusstsein Jesu, aus dem seine personale Identität als „Sohn Gottes“ hervorgeht, vertreten.[27] Im Hinblick auf die Gretchenfrage in der Christologie läuft dies auf die

---

physik in einer Gegenüberstellung von Aristoteles und Kant (Philosophische Text und Studien) Hildesheim/Zürich/New York 2001, 30–37.

[25] Vgl. In I Metaph. Lectio 2, nr. 46; In libr. de causis, lectio 6, n. 174.

[26] Vgl. Kant, KrV B 132: „Ich nenne die Einheit desselben die transzendentale Einheit des Selbstbewusstseins.“ Vgl. 133: „Nur dadurch, dass ich ein Mannigfaltiges gegebener Vorstellungen in einem Bewusstsein verbinden kann, ist es möglich, dass ich mir die Identität des Bewusstseins in diesen Vorstellungen selbst vorstelle.“ Vgl. H. Herring, „Ich“, in: HWPh Bd. 4, Sp. 2.

[27] Vgl. P. Hünermann, Jesus Christus – Gottes Wort in der Zeit. Eine systematische Christologie, Münster 1994, 393: „Es ist Gott, der in reiner Ursprünglichkeit diesen anhebenden Selbstand und dieses werdende Selbstsein Jesu Christi in sich konzentriert. Aus Gottes Gegenüber wird er er selbst.“ Vgl. zum Kontext 386–399; auch für G. Essen, der ebenfalls von einer werdenden Personidentität des Menschen Jesus mit dem Sohne Gottes ausgeht, da er die Ansicht vertritt, „dass sich die Realgenese des Ich zur Person als ein geschichtlicher Prozess vollzieht, in dem und durch den sich ein als Freiheitswesen begriffenes Ich zur Person konstituiert“, ist die Person Jesu das Ergebnis einer Selbstvermittlung in der Bezogenheit auf den himmlischne Vater. Vgl. ders., 296.

Auskunft hinaus: Jesus war noch nicht von der Krippe an „der Sohn". Dies ist er erst am Ende eines reflexiven Prozesses, durch den es bei Jesus zu einem sohnlichen Bewusstsein kommt.

Eine beachtenswerte Kritik an den genetischen Selbstbewusstseinsmodellen des 20. Jh. hat D. Henrich in die Diskussion eingebracht: Jeder Versuch des Ich, sich durch Reflexion zu erfassen, setzt jeweils schon das tätige Ich-Subjekt und auch dessen Selbstbeziehung voraus. Die Identität des Selbst ist unvordenklich. Durch Reflexion erlangt das Ich keine Selbstbeziehung.[28] Das Subjekt weiß immer schon von sich, bevor es in der Reflexion auf sich zurückkommt und sich mit sich selbst identifiziert.[29]

Jede fragende Rückbeziehung setzt eine unmittelbare, identische Kenntnis des Subjektes von sich als einer Realität voraus – ein Tatbestand, der bei Henrich eine „unmittelbare Vertrautheit" des Ich mit sich selbst heißt.[30] Mit den Überlegungen Henrichs wird die Engführung des Bewusstseins auf Selbstbewusstsein überwunden und die bereits in einer früheren Tradition anerkannte originäre Form eines Bewusstseins von Wirklichkeit – noch jeder Unterscheidung von Subjekt und Objekt vorausliegend – erreicht, das bei jeder dinglichen Erkenntnis mitgewußt wird.

Angwandt auf die Christologie würde dies bedeuten, dass Jesus sich bei jedem aktuellen Erkenntnisakt seiner selbst in dieser Form einer vorreflexiven originären Vertrautheit mit sich selbst als des Sohnes vom Vater bewusst war.

2. Spekulative Überlegung zu einem menschlichen Ich-Bewusstsein Jesu

2.1 Die Profilierung eines Unterschieds zwischen Jesus und Gott als Gott (der Trinität)

Im Sprachgebrauch der Hl. Schrift wird Christus oftmals Gott als dem höheren Prinzip aller Dinge gegenübergestellt. Dabei ist nicht immer nur an das Gegenüber von Christus und dem Vater gedacht, sondern bisweilen wird auch der Logos mitverstanden, wo von „Gott" die Rede ist. Dazu muss man die unterschiedlichen Aussageweisen, die sich auf diese Relation beziehen, beachten.

[28] Vgl. D. Henrich, Selbstbewusstsein. Kritische Einleitung in eine Theorie, in: Hermeneutik und Dialektik, hrsg. von R. Bubner/K. Cramer/R. Wiehl, Tübingen 1970, 257–284, hier: 264–274.

[29] Vgl. ebd., 272.

[30] Vgl. ebd., 267,

In der Regel betrifft die Unterscheidung zunächst das Verhältnis, in dem Jesus als Mensch zu Gott als seinem Vater steht, weil ja der Name „Gott“ zumeist im NT für Gott den Vater supponiert. In dieser Bedeutung steht Gott für alles, was der Vater in Hinblick auf den Sohn tut, für den er innertrinitarisch das Ursprungsprinzip und nach Außen hin das Prinzip der Salbung und das Haupt ist. Und darum wird in diesen Benennungen Jesus dem Vater als einer *real* verschiedenen Person gegenübergestellt.

Wenn man nun aber einen Schritt weiter geht und die Aussagen des NT einer *relecture* aus der trinitätstheologischen Sicht der frühen Konzilien unterzieht, so darf man wohl – ohne anachronistische Rückprojektion – fragen:

Welches ist denn der Status dieser Differenz zwischen Jesus und Gott für die andere Ausdrucksweise der Hl. Schrift, nach der „Gott“ in einer Bedeutung genommen wird, dass damit die drei göttlichen Personen als gemeinsames Prinzip aller geschaffenen Dinge, bezeichnet werden, die Person des Sohnes und des Geistes eingeschlossen, sofern sie im trinitarischen Gott sind und gemeinsam mit ihm wirken. Deutet sich hier nicht ein Unterschied zwischen Jesus wie er zu den Menschen spricht und als Mensch handelt und dem Logos an, der immer *in sinu Patris* (vgl. Joh 1,18) und mit diesem ein Gott ist?

Ein Blick auf die wichtigsten Benennungen, in denen eine Relation Jesu zu Gott *als* Gott hervortritt, könnte hier Klarheit bringen: Als ein gewissermaßen zu Gott hinzukommendes eigenes Subjekt erscheint Christus in 1 Kor 3,23b: „Ihr aber gehört Christus, Christus aber Gott.“ In ähnlicher Weise wird ja auch Gott als „der Gott Christi“ bezeichnet. Nur qua Mensch kann er mit den übrigen Menschen zusammen Gottes Eigentum sein, nicht sofern er der Logos ist. Und in Mk 10,18 par trifft Jesus – ohne sein Sohnes-Bewusstsein in Frage zu stellen – eine Unterordnung, wenn er sagt: „Nur einer ist gut: Gott allein.“ Eine Hinbeziehung auf Gott wie auf ein von ihm unterschiedenes Subjekt tritt dann vor allem in jenen heilsmittlerischen Vollzügen hervor, in denen er sich im Gebet, gerade auch in der Anbetung auf ihn bezieht und die Menschen mit ihm versöhnt. Man wird daher wohl sagen müssen: Die im NT zum Audruck kommenden Beziehungen Jesu zu Gott haben als Bezugspunkt nicht bloß Gott, sofern er Vater ist, sondern den Vater, insofern er Gott mit den anderen Personen der Trinität ist, deren ganzes Wirken nach außen ihnen ja gemeinsam zugeschrieben werden muss. Dies ist immer dann der Fall, wenn Gott in seiner schaffenden, lenkend-leitenden, heiligenden Tätigkeit oder als Adressat der Verherrlichung ins Auge gefasst wird. Hier tritt implizit eine Differenz zwischen Christus als Mensch und seinem subsistenten göttlichen Sein als Logos in der trinitarischen Gemeinschaft der göttlichen Personen hervor. Dies wird insbesondere daraus klar, dass jedes Wirken Gottes nach außen allen drei göttlichen Personen gemeinsam ist. In 1 Joh 5,7 (Der Logos ist mit dem Vater und dem Heiligen Geist Zeuge für Christus) wird sogar explizit eine solche Differenz Christus-Logos ausgedrückt, um eine sprachliche Verdoppelung der Person des Logos zu vermeiden.

Dass mit dieser unterscheidenden Abgrenzung von Gott (vgl. Hebr. 10,5–7) die Selbsterkenntnis Jesu als des Sohnes zusammen gehalten werden kann, zeigt sich in dem bekannten Logion Mt 11, 27 par: „Und niemand kennt den Sohn als der Vater; und niemand kennt den Vater als der Sohn und der, dem es der Sohn offenbaren will."

Noch eine Beobachtung: Im Evangelium begegnet Jesus nicht als jemand, der predigend mit einer göttlichen Selbstprädikation auftritt und die ihn von allen anderen unterscheidende Sohneswürde für sich reklamiert. Vielmehr besteht er in seiner Verkündigung auf der bedingungslosen Unterordung unter die von ihm angekündigte Herrschaft des Vaters.

Gerade wegen seiner vermeintlichen „Gottgleichheit" wurde er dem Tod überliefert, dem er sich unterstellt hat. Darin hat er aber das menschliche Dasein gerade in seiner Endlichkeit mit allen anderen getragen. Und gerade so wurde er ein Antitypos des alten Adam, der in seinem Wahn wie Gott sein wollte und vermeinte, auf diese Weise nicht sterben zu müssen. Aus dem Tod hat Gott ihn errettet und uns mit ihm „zusammen lebendig gemacht" (Eph 2,4). Man könnte fragen, ob Jesus von Gott ohne sein eigenes Zutun lebendig gemacht worden oder selbst auferstanden sei. Beide Ausdrucksweisen lassen sich im Kerygma der frühen Kirche finden. So sehr dafür auch Letzteres gilt, weil der Logos in seinem Zusammenwirken mit dem Vater und dem Geist an diesem größten Werk beteiligt war, so sehr tritt die erste Aussage stärker hervor, nach der Gott ihn nicht im Tod gelassen, sondern durch die Auferweckung bestätigt habe, sobald man die Aussage auf Christus in seiner Menschheit, d. h. in seinem endlichen Gegenüber zu Gott, bezieht. Mit Gott und in dessen Macht stehend hat der Logos Christus mitauferweckt. Als quasi relatives „Subjekt" neben dem Logos ist der Herr von Gott auferweckt und in Herrlichkeit eingesetzt worden: „machtvoll nach dem Geist der Heiligkeit auf Grund der Auferstehung von den Toten als Gottessohn eingesetzt" (Röm 1,4). Hier ist deutlich gesagt, dass Gott an ihm gehandelt und in der Auferstehung Jesus zum Kyrios gemacht hat. Die Christen glauben seither „an den, der unseren Herrn Jesus von den Toten auferweckt hat" (Röm 2,4; vgl. Apg 10,40–42; 2 Tim 2,8). Die oben angesprochene Differenz zwischen dem Gott-Logos und dem menschlichen Dasein Jesu tritt gerade in solchen Aussagen über die Auferweckungstat Gottes klar hervor.

Systematischer Ertrag: So gibt es also nach neutestamentlichem Sprachgebrauch nur eine *indirekte Identität* Jesu mit dem Sohne Gottes als einer göttlichen Hypostase. Aus dem Gegenüber Christi zur Hypostase des Logos lässt sich aber umgekehrt eine relative „Subjekthaftigkeit" der menschlichen Vollzüge Christi gewinnen, wenngleich klar sein muss, dass es immer nur ein einziges *principium quod* seiner Handlungen geben kann: die Person des Logos. Daraus ergibt sich die Möglichkeit, in der christologischen Aussage (trotz der Idiomenkommunikation) bestimmte Prädikate explizit auf die Menschheit Jesu zu beziehen, wie z. B. in dem Satz: „Jesus als Mensch hat Hunger und Durst gehabt."

Jeder Gegenüberstand des als echter Mensch lebenden, betenden und handelnden Christus zu sich selbst als in der göttlichen Natur subsistierend muss unbeschadet der realen Einheit der Person in Christus konzipiert werden. Alles andere würde die Christologie in ein nestorianisches Fahrwasser bringen. Trotzdem zeigt die Beachtung der schriftgemäßen Redeweise, dass Christus an vielen Stellen nicht als göttliches Subjekt, sondern in seiner menschlichen Daseinsweise hervortritt. In dieser stellt er nun in gewisser Weise ein „Subjekt" neben und außer Gott bzw. der einen göttlichen Hypostase dar. Auf dieses Problem einer notwendigen Unterschiedung aufmerksam geworden, hat als erster M. J. Scheeben von „‚Christus' als ein(em) besonderen Subjekt von Attributen *neben* ‚Gott'" gesprochen.[31]

Man könnte sagen: Weil Christus sich in der Menschheit persönlich auf Gott als seinen Ursprung und sein Ziel beziehen kann, ergibt sich in ihm eine nicht nur im Hinblick des betrachtenden Verstandes wurzelnde Differenz zwischen dem tragenden Grund seines Seins und seiner menschlichen *Persönlichkeit.*

Es liegt in seiner Selbstunterscheidung von Gott[32] als Gott, dass etwa Scheeben von dem menschlichen Subjekt (als Träger von Aussagen) als einer „von Christus als Gott relativ und virtuell verschiedenen Person" sprechen konnte.[33]

---

[31] Vgl. M. J. Scheeben, Handbuch der Katholischen Dogmatik, Bd. VI/1, Freiburg 1954, § 236, 288.and

[32] W. Pannenberg spricht in diesem Zusammenhang von der sich kenotisch zuspitzenden „Selbstunterscheidung vom Vater als innerem Grund seiner Gottessohnschaft". Vgl. W. Pannenberg, Systematische Theologie, Bd. 1, Göttingen 1991, 415; 418.

[33] Vgl. ebd., 290: „Wohl aber kann und muss es (sc. Das wahrhaft menschliche persönliche Wesen) speziell seinem eigenen persönlichen Prinzip gegenüber, soweit dieses in der Gottheit subsistiert, als ein *relativ selbständiges* und virtuell resp. *moralisch*

2.2 Die Legitimität einer bewußseinsmäßigen Annäherung: das menschliche Selbstbewusstsein und Ich Jesu

Es ist zu fragen, ob eine dem Logos substantiell geeinte individuelle Menschennatur ohne ein bewusstes Aktzentrum nicht ein Torso wäre und das „in allem uns gleich, außer der Sünde" relativieren müsste. Ohne ein solches wären auch die sensitiven Lebensregungen dieser menschlichen Natur direkt dem Logos als Prinzip zuzuschreiben. Zudem wäre es schwierig, zu erklären, warum der umfassende göttlich-geistige Horizont des Logoswissens Jesus als Mensch nicht immer zugänglich gewesen sein soll, was aber vorausgesetzt werden muss, wenn man mit dem Zustand der „Entäußerung" von seinem Gottgleichsein ernst macht. Also scheint eine Einschränkung geboten: Trotz der Personeinheit mit der Logos-Hypostase muss das menschliche Wissen Jesu vom göttlichen „abgeschirmt" sei. Daher soll hier folgender Lösungsweg, die das über „Bewusstsein" und „Person" Gesagte in Rechnung stellt, eingeschlagen werden:

Im Anschluß an den spekulativen Versuch, eine relative „Subjekthaftigkeit" der menschlichen Natur Jesu herauszuarbeiten, ist nun ein Schritt zu einem bewusstseinsmäßigen Aktzentrum bzw. einem menschlichen „Ich", das als Bezugspunkt der menschlichen Affekte, Gefühlsregungen, Tätigkeiten und Leiden dient, zu machen. Dass Jesus in seiner Menschheit ein von seiner göttlichen Person „virtuell verschiedenes Subjekt" bildet, lässt auch die Annahme eines solchen Ich berechtigt erscheinen, wenn man bereit ist, zwischen der Ontologie des Personseins und dem Ich-Bewusstsein zu unterscheiden. Unter diesem Ich-Bewusstsein verstehe ich das empirische Zentrum, das alle Zuständlichkeiten des menschlichen Seelenlebens auf sich bezieht. Räumt man dies als theologisch möglich ein, so lassen sich manche Schwierigkeiten, die aus der besonderen Art der Erkenntnis Jesu erwachsen, lösen. Das Bewusstsein Christi ist nicht mit der Erkenntnis zu verwechseln, die Christus von sich selbst als Gott hatte.

Jesus kann sich damit in seiner Menschheit, die über ein menschliches Erkennen und eine geistige Bewusstheit verfügt, als Repräsentant der übrigen Menschen auf Gott beziehen, besonders in der Form einer echten „Stellvertretung". Dort, wo er an unserer Stelle „Sohn" ist, bezieht er sich nicht als die zweite Person der Dreifaltigkeit auf den Vater, sondern als Mensch unter Menschen. An dieser Differenz ist unbedingt festzuhalten.

Wer von der ontologischen Begründung des Personseins als einer *incom-*

---

und *juristisch von ihm verschiedenes* persönliches Wesen angesehen werden, welches mit Gott ebenso verkehren und ihm gegenüber ebenso ein besonderes Rechtssubjekt darstellen kann wie die reell von ihm verschiedenen rein menschlichen Personen."

municabilis subsistentia einer geistbegabten Natur ausgeht – was sich von einer auf Chalcedon fußenden Theologie her nahe legt –, wird jedoch nicht das empirische Selbstbewusstsein Jesu, sondern das unableitbare *esse actualis* der Logoshypostase zum Konstruktionsprinzip seiner Christologie machen. Mit der in Rückbeziehung auf Chalcedon möglich gewordenen Herausarbeitung des Personseins als einer hypostatischen Wirklichkeit bzw. der Enhypostasie der menschlichen Wirklichkeit können die Verengungen einer psychologisierenden Christologie mit ihrem unvermeidlichen Dualismus überwunden werden. Trotzdem ist es möglich, nach dem menschlichen Ich-Bewusstsein Jesu zu fragen, selbst wenn man gewahr ist, dass sich daraus nicht die (personale) Sohnesrelation zum Vater, die eine ewig subsistente Wirklichkeit ist, ableiten lässt.

Im Hinblick auf das Bewusstsein Jesu, das nicht mit der Erkenntnis zu verwechseln ist, die Christus von sich selbst als Gott hatte, ergibt sich Folgendes: Ausgehend vom Dogma, dass Christus keine menschliche Person war (kein *homo assumptus*) muss man sagen, dass er erstens als göttliche Person durch sein göttliches *Erkennen* sich seiner selbst als göttlicher Person, aber auch, dass er sich in seinem menschlichen *Bewusstsein* seiner selbst als einem menschlichen Ich bewusst gewesen ist, und dies in einer spontanen originären Vertrautheit mit sich selbst. Jesus weiß darüber hinaus von allem Anfang an um sich als jemand, der in einzigartiger Beziehung zu Gott, seinem Vater, steht. Man könnte hier fragen: Wie war diese Erfahrung seiner selbst als Subjekt durch das menschliche Bewusstsein? Sie war die Erfahrung seiner selbst, also eine Erkenntnis seiner selbst als bloß gegeben, d. h. negativ, dass in dieser Erkenntnis keine Einsicht in sein eigenes Wesen und kein Urteil über die Wirklichkeit seiner selbst enthalten war. Dies kommt überein mit dem neutestamentlichen Befund, dass Christus nicht in einer Selbstprädikation über sich aufgetreten ist. Das Bewusstsein ist eben nur das erste Moment in jenem Prozess, der zur Erkenntnis seiner selbst führt und nicht selbst Erkenntnis im vollen Sinn des Wortes. Darum ist es etwas anderes, danach zu fragen, wie Jesus von der Erfahrung seiner selbst durch sein eigenes menschliches Bewusstsein zur Erkenntnis gelangen konnte, dass er Gott, bzw. Gottes Sohn war. Dies ist nämlich die Frage, wie Jesus von der ihm gegebenen Erfahrung seiner selbst zum Verständnis dessen, was Gott ist, gelangen konnte, um dann eine satzhafte Identifizierung dieser unendlichen göttlichen Intelligibilität mit dem im Bewusstsein erfahrenen Subjekt vorzunehmen, so dass er dann sagen konnte: „Ich bin Gottes Sohn."

Man darf also ein empirisches Ich-Bewusstsein Jesu, behaftet mit der ganzen Kontingenz des geschichtlichen Vollzugs und der Aneignung von Erfahrungswissen konzedieren. In ihm spiegelt sich nicht nur die Erkenntnis seiner selbst als Subjekt wieder, sondern auch das, was bei Thomas „erworbenes Wissen" (*scientia acquisita*) heißt. Auf dieser Ebene gibt es im Leben des Herrn eine bereichernde Erfahrung, menschliches Lernen, ein Wachstum in den Tugenden und in der Gnade.[34] Es ist ein Wissen, das dann über die Schritte der Einsicht und des Urteils zu einer *scientia enuntiabilis* führt – zur Mitteilbarkeit in der Aussage.

Dieses Ich – Bezugspunkt aller bewussten Akte sowie der passiven Eindrücke und Zuständlichkeiten – entbehrt aber, anders als bei den übrigen Menschen, der eigenen Insich-Ständigkeit und Substantialität. Es ist aufgenommen von dem umfassenden Wirklichkeit des Logos, ohne dadurch aber seine „Ichhaftigkeit" zu verlieren.

3. Das menschliche Wissen Jesu

Um die Eigenart des *menschlichen* Wissens Jesu und seiner Erfahrungserkenntnis besser herausarbeiten zu können, sollen zuerst einige Bemerkungen zur Erkenntnis des Logos vorangestellt werden, denn dieser ist das eigentliche Subjekt der Tätigkeiten Jesu.

3.1 Die Erkenntnis des Wortes Gottes

Der Logos als der vollkommene Selbstausdruck des göttlichen Erkennens erkennt sich in Gott genauso wie Gott selbst Erkennen ist. Zu bedenken wäre als erstes im Sinne einer negativen Theologie der unendliche Abstand zwischen dem Erkennen Gottes und der menschlichen Geistigkeit – ein Thema, auf das bereits Augustinus zu sprechen kommt:

> „Ganz unähnlich also ist diesem Wissen unser Wissen. Was aber das Wissen Gottes ist, eben das ist auch seine Weisheit, und was die Weisheit Gottes ist, eben das ist sein Wesen oder seine Substanz. In der wunderbaren Einfachheit dieser Natur ist ja nicht etwas anderes das Weisesein, etwas anderes das Sein (Wesen), sondern was das Weisesein ist, das ist auch das Sein. … Unser Wissen jedoch ist hinsichtlich der meisten In-

---

[34] Vgl. M. Schmaus, Katholische Dogmatik, Bd. II,2, München 1963, 250.

halte verlierbar und erwerbbar, weil für uns das Sein nicht dasselbe ist wie Wissen oder Weisesein."[35]

Trotz dieses Abstandes hat die kirchliche Lehrverkündigung in analoger Weise dem göttlichen Erkennen eine Bewußtheit und ein vollkommenes Begreifen seiner selbst zugeschrieben.[36] Wegen seiner überwesenhaften Vollkommenheit genügt Gott sich in seinem Selbstbegreifen. Er erwacht nicht erst am Geschaffenen, Außergöttlichen, zu sich selbst, wie der Mensch, der es nötig hat, sich zuerst den sinnenhaften Dingen zuzuwenden, die ihn umgeben. Gott ist vollkommener geistiger Selbstbesitz. Als unbrauchbar erweist sich der psychologische Personbegriff der Neuzeit, wenn es um Gottes Selbstsein geht. Er würde nämlich dazu führen, dass das göttliche Wesen in sich selbst eine Person bildet, da es ein geistiges Aktzentrum ist. Person in Gott ist aber nicht die Wesenheit, sondern die drei göttlichen Hypostasen, die mit dem einen göttlichen Erkennen eins sind. Genauso wäre es m. E. verfehlt, den Begriff des „Selbstbewusstseins" oder des „Ich" auf das Wesen Gottes anzuwenden, da es sich hier um Ausdrücke handelt, die keine reinen Vollkommenheiten bezeichnen, sondern unlöslich geschöpfliche Begrenzungen mitbezeichnen. Wo man vom Beisichsein des göttlichen Geistes spricht, sollten diese Bezeichnungen gemieden werden: Gott ist nicht ein einziges Selbstbewusstsein oder ein Ich, genausowenig wie der Logos als Selbstaussage des Vaters im Sinne der Bewusstseinsphilosophie ein „Ich" darstellt.

„Erkenntnis" dagegen ist ein wahrer Name Gottes (*nomen Dei*).[37] Gottes Erkenntnis ist die Erkenntnis seiner selbst, die er ausschließlich durch sich selbst vollzieht.[38] Dies ist entscheidend, wenn wir das *Verbum Dei* betrachten: Da das Verbum die perfekte Selbstaussage des Vaters ist, beinhaltet es alles, was in Gott ist, alles, was Gott versteht. Es umfaßt das Wissen dessen, der die Welt erschaffen hat. Es gibt – anders als beim Menschen – nur einen vollkommenen Ausdruck des göttlichen Seins, der göttlichen Erkenntnis, und dieser ist das eine vollkommene Wort Gottes.[39]

Diesem Wissen und Erkennen des ewigen Wortes können wir uns nur in analogen Prädikationen annähern. Dabei bleiben wir immer hinter der Wirklichkeit, die wir ausdrücken wollen, zurück. Als vollkommene Selbstaussage

---

35 Augustinus, De Trinitate, l. 15, 13.

36 Vgl. Vat. I Sess. 3, cap. 1 (DH 1782–1784).

37 Vgl. S. Th. I, q. 14, a. 1.

38 Vgl. S. Th. I, q. 14, a. 2, ad 4.

39 Vgl. Quaestiones De Veritate 2,1.

Gottes eignet der göttlichen Erkenntnis, die das Wort ist, eine *innominabilitas*: Sie ist, wie Thomas in Anlehnung an Pseudo Dionysius sagt, „Wort jenseits der Sprache".[40] Daher lässt sie sich auch nicht in Kategorien der menschlichen Objekt-Erkenntnis, die in sprachlichen Formulierungen zum Abschluss kommt, oder in denen des „Bewusstseins" fassen. Das menschliche Erkennen Christi ist mit dieser Erkenntnis des Wortes hypostatisch geeingt. Es bleibt jedoch gemäß dem „Unvermischt" von Chalcedon davon zu unterscheiden.

3.2 Die visio immediata der Seele Christi

Thomas hat es als ein notwendiges Erfordernis der hypostatischen Union angesehen, dass die Seele Christi in jedem ihrer „Stände" die unmittelbare Anschauug Gottes im Sinne der *visio beata* besessen habe, in die er wenigstens mit der höchsten Spitze seines Geistes (*apex mentis*) eingetaucht war.

Zwar gehören das ewige Wort und das kreatürliche Wissen einer unterschiedlichen Ordnung an – das eine ist die Quelle des anderen –, aber das, was mit seinem Ursprung verbunden ist, wird von ihm auch in besonderer Weise erfüllt. Thomas drückt dies so aus:

> „So wie seine einzigartige Seele über jeden geschöpflichen Modus hinaus mit dem Vater in Personeinheit verbunden war, so wurde sie auch unmittelbar durch das Wort selbst über die gewöhnliche menschliche Art hinaus mit Wissen und Gnade erfüllt."[41]

Über dieses sogenannte „eingegossene Wissen" hinaus bewirkt die personhafte Einigung mit dem Wort auch, dass Christus die *visio beata* zukommt, was für den Pilgerstand einzigartig ist.[42]

> „Alle Seligen haben die Anschauung des göttlichen Wesens, insofern sie an dem Licht, das ihnen von seiner Quelle im Wort Gottes her zukommt, partizipieren. ... Die Seele Christi, dem Wort Gottes in Person geeint, ist diesem Wort enger verbunden als irgendein anderes Geschöpf. Und darum empfängt sie den Einfluss dieses Lichtes, in dem Gott geschaut wird, in vollerem Maße (plenius) als irgendeine Kreatur." Und somit sieht sie die erste Wahrheit, die das Wesen Gottes ist, vollkommener als alle Geschöpfe."[43]

---

[40] Vgl. In Dionysii De Divinis Nominibus I, 1, 30.

[41] S. Th. III, q. 12, a. 4.

[42] Vgl. S. Th. III, q. 11, a. 2.

[43] S. Th. III, q. 10, a. 4.

Die Gründe für die Formulierung der Lehre von der *visio immediata Dei*, über die während 6 Jahrhunderte ein breiter Konsens der Theologen bestand, liegen im schriftgemäßen Selbstanspruch Jesu, wie ihn insbesondere der johanneische Christus verkörpert: Hier wären vor allem jene Stellen zu erwähnen, die von einer innigen Anteilhabe der menschlichen Erkenntnis Jesu am göttlichen Erkennen des Vaters sprechen. Außer dem Logion Mt 11,27 par verdient Beachtung, was der Täufer in Joh 3,32 sagt: „Wer vom Himmel kommt, bezeugt, was er gesehen und gehört hat." Und der johanneische Christus sagt von sich: „Was wir wissen, reden wir, und was wir gesehen haben, bezeugen wir" (Joh 3,12) Und auch: „Was ich bei meinem Vater gesehen habe, rede ich" (Joh 8,38). Eine vollkommene Durchdringung der väterlichen und sohnlichen Erkenntnis ergibt sich aus dem nachdrücklichen Sein des Sohnes „in sinu Patris" (Joh 1,18), das auch den Grund seiner alle früheren Propheten überragenden Offenbarungseinheit mit dem Vater darstellt.

Eine solche Kenntnis dessen, was „im Schoß des Vaters" ist, muss im menschlichen Bewusstsein Jesu das stete Gegenwartswissen von seiner eigenen göttlichen Person, d. h. das gott-menschliche Selbstbewusstsein, einschließen. Erst daraus läßt sich der Anspruch Jesu verstehen, in einer vollkommenen Offenbarungseinheit mit dem Vater zu stehen, den Vater in seinem Zeugnis zu offenbaren: „Der Sohn kann von sich aus nichts tun, außer was er den Vater tun sieht" (Joh 5,19). Die Juden sollen zur Einsicht kommen, „dass in mir der Vater ist und ich im Vater bin" (Joh 10,38). Darum kann er nach einer Aussage des Hebräerbriefs auch der „Urheber und Vollender unseres Glaubens" (Hebr 12,2) sein. Wie könnte der, von dem in der Hl. Schrift wiederholt derartiges behauptet wird, selbst im Halbdunkel des Glaubens unterwegs sein? In der Ausdeutung dieser und ählicher Stellen hat die patristische Tradition einen Anhalt für die Lehre von der *visio* gefunden.

Jetzt zurück zu unserer Fragestellung, wie die *visio immediata* der Seele Christi, die zwar kein formelles Dogma ist, an der aber aus genannten Gründen festzuhalten sein wird, mit dem echt menschlichen und d. h. kontingenten Wissen Jesu zu vereinbaren ist.[44]

---

[44] Vgl. E. Gutwenger, Das menschliche Wissen des irdischen Christus, in: ZKTh 76 (1954) 170–186; H. Riedlinger, Geschichtlichkeit und Vollendung des Wissens Christi, Freiburg u. a. 1966; A. Ziegenaus, Katholische Dogmatik, Bd. 4, Aachen 2000, 425–442.

3.3 Gottesschau und menschliches Wissen Christi

Nach den vorausgeschickten Vorüberlegungen stellt sich die Sache so dar: Damit das menschliche Erfahrungswissen in seiner Kontingenz nicht durch die übermächtige *visio* um sein Eigenrecht gebracht wird, muss man m. E. ein relativ selbstständiges menschliches Bewusstsein Jesu voraussetzen, selbständig, weil die menschliche Selbsterfahrung und das göttliche Erkennen nicht interferieren, und *relativ* selbständig, weil dieses Bewusstsein immer schon von der göttlichen Person getragen ist, so dass es keinen eigenen Selbstand in sich besitzt. Dieses Bewusstsein ist nun in seinem geschichtlichen Vollzug auf empirische Daten, Erfahrung und Belehrung angewiesen und erfährt einen extensiven und intensiven Erkenntniszuwachs. Jesus dringt von der bloßen Erfahrung seiner selbst als gegebener zu einer eigentlichen Erkenntnis seiner selbst als göttlicher Person durch. Dafür ist die unmittelbare Schau Gottes unbedingt nötig.

Die aus der Gottesschau resultierende Erkenntnis Christi ist nicht eine Allwissenheit als aussagbare Objekterkenntnis. Es besteht keine Notwendigkeit, sie auf die verschiedenen Formen der Erkenntnis (z. B. ein Wissen um die *futurabilia contingentia*) auszudehen. Man muss hier an die Einsicht Bonaventuras erinnern, dass die Seele Christi nicht einfach all das erkennt, was in der Erkenntnis des Wortes Gottes eingeschlossen ist.[45]

Würde man davon ausgehen, dass sein aus der visio erwachsendes göttliches Wissen in jedem Augenblick in sein menschliches Bewusstsein hinein redundierte, dann wäre jedes Wachsen der menschlichen Erkenntnis durch einen Zuwachs an Erfahrung und Urteil ausgeschlossen. Echtes Lernen wäre dann gar nicht möglich gewesen. Wie aber hätte er dann in der Werkstatt des hl. Josef das Zimmermannshandwerk erlernen sollen? Die Verneinung des Fortschritts in der menschlichen Erkenntnis käme aber nicht damit überein, dass Christus unser menschliches Dasein in seinem viatorischen Charakter teilt – er ist zugleich *perfectus Deus et viator.* Zudem würde die Aussage der Schrift ins Unrecht gesetzt: „Und Jesus nahm zu an Weisheit und Alter und Gnade vor Gott und den Menschen“ (Lk 2,52).

Um zu verstehen, warum das Eingetauchtsein des höheren Seelenlebens in die visio den Zuwachs an menschlicher Erkenntnis nicht aufhebt, muss man eine Unterscheidung vornehmen: Die *visio beatifica* Jesu, durch die er

---

[45] Vgl. Bonaventura, Sent., l. 3, d. 14, q. 3, conclusio: „… quod anima Christi numquam tot cognoscit, quot cognoscit ipsum Verbum.“

sich der Identität mit der göttlichen Hypostase des ewigen Wortes vergewisserte, und die ihm akual präsent war – nicht nur in einigen wenigen Augenblicken seines menschlichen Lebens[46] –, liegt auf einer anderen Ebene wie sein erworbenes natürliches Wissen. Letzteres ist auf die *conversio ad phantasmata* angewiesen, aus der dem menschlichen Verstand zunächst ein Erfahrungswissen und sodann – mit Hilfe der Abstraktion – eine wesenhafte Erkenntnis der Dinge zuwächst, deren Wirklichkeit der Mensch im wahren Urteil (*enuntiatio*) erkennt. Die visio bietet Christus ein habituelles Wissen alles Vergangenen, Gegenwärtigen und Zukünftigen, jedoch nicht so, dass dies immer sogleich als aktuell mitteilbares Wissen abrufbar gewesen wäre.

Aus der Gottesschau resultiert für das menschliche Ichbewusstsein Jesu ein habituelles, jeden Bewusstseinsakt begleitendes Wissen um das Einssein mit Gott. Aber dieses liegt nicht auf der Ebene einer aussagbaren Objekterkenntnis. Das Wissen der *visio* ist nicht begrifflich und daher unaussprechbar.

In der Umsetzung dieses Unaussagbaren in ein *enuntiabile* muss eine *conversio ad phantasmata* stattfinden: Solche Art Erkenntnis, wie sie für den Menschen als leib-geistigem Wesen typisch ist, wird sukzessiv und diskursiv aus Erfahrunseindrücken gewonnen. Sie ist durch geschichtliche, kulturelle und zeitgebundene Vorstellungen bedingt und als solche kontingent. Und obwohl der Mensch die Fähigkeit zur Erkenntnis überzeitlicher Wahrheiten besitzt, ist er zur sprachlichen Vermittlung wieder auf solche Ausdrucksmittel angewiesen, die auf dem Boden einer bestimmten Kultur und Epoche gewachsen sind. So wird es nicht nötig sein, Christus die aktuelle Erkenntnis aller in Gott enthaltenen Dinge (besonders alles Geschaffenen) zuzuschreiben. Als *viator*, der „durch Leiden Gehorsam gelernt“ hat (Hebr 5,8) brauchte er seine Aufmerksamkeit nicht auf jede Wahrheit zu richten und sie zur aktuellen Erkenntnis werden zu lassen. Darum wird man nicht postulieren, er habe höhere Differentialgleichungen lösen, Auskünfte über Fragen der modernen Physik geben können oder sei mit jeder Kunst vertraut gewesen. Vielmehr wird man davon ausgehen müssen, dass das Wissensspektrum des gottschauenden Christus von seiner Sendung her normiert wurde.[47]

Zu der eingangs gestellten Frage nach den Implikaten der *forma servi* (Phil 2, 7) und ihrer Vereinbarkeit mit der Fülle des Wissens soll nur so viel gesagt werden: Der *status exinationis*, der eine wahre *passibilitas* – als totale

---

[46] Anders freilich G. Marchesi, Gesù di Nazaret chi sei? Lineamenti di Christologia, Cinisello Balsamo 2004, der die Hypothese aufstellt, dass Jesus nur bei bestimmten Ereignissen die beseligende Schau genoss.

[47] Vgl. Gutwenger, 185.

Solidarität mit der leidenden Menschheit – einschließt, erfordert es, dass der natürliche Einfluss der Anschauung Gottes auf den gesamten Seelenzustand Christi wegen der Leidensfähigkeit der wahren menschlichen Natur ausgesetzt gewesen ist. Festzuhalten bleibt indes:

In der Seele Christi ruhte das Bewusstsein seiner Gottheit. Die Erkenntnis von der Gottheit ihres personalen Trägers und von der Dreipersönlichkeit des göttlichen Wesens wäre der Seele Christi ohne die Gottesschau nur in analogen Begriffen und geschöpflichen Bildern möglich gewesen. Dies muss aber wegen der hypostatischen Union ausgeschlossen werden: Christus hatte eine nicht bloß analoge Gotteserkenntnis.

Dem nicht enuntiablen Charakters des Bewusstseins von der personalen Identität mit dem Logos entspricht der exegetisch zu erhebende Tatbestand, dass Jesus nicht mit einer göttlichen Selbstprädikation hervorgetreten ist. Er hat sich nicht selbst verkündigt, indem er etwas von sich sagte: „Ich bin Gott" oder indem er als Theologe gesprochen und eine Darlegung der Dreipersönlichkeit Gottes geboten hätte.

Trotzdem gab es bei ihm – schon als 12-jähriger im Tempel – das Bewusstsein, als der Sohn mit dem Vater eins zu sein.

Man wird in jeder nachchalcedonischen Theologie auch die Freiheit Christi theologisch ins Spiel bringen müssen: Sein menschlicher Wille wurde durch die Gottesschau zu einem freien Akt angeregt, der vor Gott eine höchste Verdienstlichkeit besitzt.

Perspektiven der Christologie

von Bruno Forte

Dem Freund, Kollegen und Bruder im Bischofsamt
Gerhard Ludwig Müller

Es ist nun schon über 20 Jahre her, dass – im Jahr 1981 – mein Buch *Gesù di Nazaret, storia di Dio, Dio della storia. Saggio di una cristologia come storia* erschienen ist, das inzwischen in Italien die 8. Auflage erreicht hat (^{8}1997) und in mehrere Sprachen übersetzt worden ist.[1] Seither ist auch mein wissenschaftliches Werk auf zahlreiche Titel angewachsen, vor allem durch die Fertigstellung der *Simbolica ecclesiale* in 8 Bänden (von denen *Gesù di Nazaret* ein Teilband war),[2] der *Dialogica* in 4 Bänden und durch pastorale, spirituelle und literarische Schriften, die ich unter dem Titel *Poetica della speranza*[3] zu-

[1] Spanisch: *Jesús de Nazaret. Historia de Dios, Dios de la historia. Ensayo de una cristología como historia*, übers. von E. Requena, Ediciones Paulinas, Madrid 1983, ^{2}1989; deutsch: *Jesus von Nazaret: Geschichte Gottes, Gott der Geschichte*, mit einem Vorwort von W. Kasper, übers. von A. Berg, Matthias-Grünewald-Verlag, Mainz 1984; französisch: *Jésus de Nazareth, histoire de Dieu, Dieu de l'histoire*, übers. von B. Sébire, Cerf, Paris 1984; portugiesisch: *Jesus de Nazaré, história de Deus, Deus da história. Ensaio de uma cristologia como história*, übers. von L. J. Gaio, durchges. von J. A. Garcia Soares Ferreira, Ediçôes Paulinas, Saô Paulo 1985.

[2] Die in den Edizioni San Paolo erschienene Reihe umfasst: 1. *La Parola della fede. Introduzione alla Simbolica ecclesiale* (1996); 2. *La teologia come compagnia, memoria e profezia. Introduzione al senso e al metodo della teologia come storia* (1987, ^{2}1996); 3. *Gesù di Nazaret, storia di Dio, Dio della storia. Saggio di una cristologia come storia* (1981, ^{8}1997); 4. *Trinità come storia. Saggio sul Dio cristiano* (1985, ^{6}1997); 5. *La Chiesa della Trinità. Saggio sul mistero della Chiesa, comunione e missione* (1995, ^{2}1995); 6. *L'eternità nel tempo. Saggio di antropologia ed etica sacramentale* (1993, ^{2}1999); 7. *Teologia della storia. Saggio sulla rivelazione, l'inizio e il compimento* (1991, ^{2}1991); 8. *Maria, la donna icona del mistero. Saggio di mariologia simbolico-narrativa* (1989, ^{4}2000).

[3] Die Reihe *Dialogica* (Editrice Morcelliana, Brescia) umfasst: 1. *Sui sentieri dell'Uno. Metafisica e teologia*, Neue erw. Auflage, Brescia 2001 (1. Aufl. 1992); *In ascolto dell'Altro. Filosofia e rivelazione*, 1995, ^{2}1998; *La porta della Bellezza. Per un'estetica teologica*, 1999, ^{4}2002; *L'uno per l'Altro. Per un'etica della Trascendenza*, 2003, ^{2}2004. Vgl. auch *Cristologie del Novecento*, Editrice Queriniana, Brescia 1983, ^{3}1995; *Trinità per atei*, mit Beiträgen von M. Cacciari, G. Giorello und V. Vi-

sammengefasst habe. Viele Begegnungen, Gespräche und Auseinandersetzungen haben mir die Möglichkeit geboten, meine christologischen Reflexionen zu vertiefen und meine Erfahrungen bezüglich Menschen, Gläubigen und Glaubensdenkern zu bereichern. Dennoch glaube ich sagen zu können, dass die Leitlinien des Buches über die Christologie ihre wesentliche Gültigkeit bewahrt haben, ja dass die bekannten Weiterentwicklungen vor allem in den Bänden über die Trinität und die Offenbarung ihnen nicht nur nicht widersprechen, sondern dass sie aufgreifen und vertiefen, was im Buch *Gesù di Nazaret* in einem anfänglichen Stadium enthalten war. Die folgende Reflexion soll die Linien herausstellen, die mir die wichtigsten von diesem Buch ausgehenden Fortentwicklungen zu sein scheinen und die heute dazu dienen können, es in einem eingehenderen und vielleicht bereichernderen Licht zu lesen.

Unter den vielen Urteilen, die das Buch hervorgerufen hat,[4] scheinen mir die folgenden meine Vermutung zu bestätigen: „Das Problem ‚*Christologie und Geschichte*'" – schreibt Walter Kasper in dem Neuen Vorwort (1992) zu seinem bekannten Werk über die Christologie[5] – „ist gleichfalls der Schwerpunkt des christologischen Entwurfs von Bruno Forte. In einem eigenständigen Ansatz versucht er im Blick auf dieses zentrale Problem eine Christologie nach Aufklärung und Historismus. Sein Anliegen ist eine Vermittlung zwischen der konkreten Geschichte Jesu und dem in metaphysischer Begrifflichkeit formulierten Christusbekenntnis. ... Forte legt die Geschichte Jesu als Geschichte des trinitarischen Gottes mit den Menschen aus. ... Bruno Fortes Beitrag ist

---

tiello, Raffaello Cortina Editore, Mailand 1996; *Dio nel Novecento. Tra filosofia e teologia*, Morcelliana, Brescia 1998; *La sfida di Dio. Dove fede e ragione si incontrano*, Mondadori, Mailand ^{2}2001; *L'essenza del cristianesimo*, Mondadori, Mailand 2002 (deutsch: *Das Wesen des Christentums*, übers. von Karl Pichler, Academic Press Fribourg, Kohlhammer Stuttgart, 2006). Die Reihe *Poetica* umfasst u. a. *Il libro del viandante e dell'amore divino*, Piemme, Casale Monferrato 2003, ^{2}2004; *Il mendicante del Cielo*, Piemme, Casale Monferrato 2004; *Seguendo Te, luce della vita, Esercizi spirituali predicati a Giovanni Paolo II*, Mondadori, Mailand 2004, ^{3}2005 (deutsch: *Dem Licht des Lebens folgen. Die Exerzitien des Papstes*, übers. von Ingrid Stampa, Herder, Freiburg-Basel-Wien 2005).

[4] Auffindbar auch unter den Beiträgen in dem Band, der mir sehr zu denken gegeben hat: *Una teologia come storia. La „Simbolica ecclesiale" di Bruno Forte fra filosofia e teologia*, San Paolo, Cinisello Balsamo 1998, mit 26 Beiträgen verschiedener Autoren. Für eine erste Rezeption verweise ich auf mein „Nachwort" zu diesem Band: 351–356.

[5] W. Kasper, *Jesus der Christus*, Matthias-Grünewald-Verlag, Mainz, 11. Aufl. 1992, VIII.

ein hoffnungsvoll stimmender Beitrag zum Problem des Verhältnisses von Christologie und Geschichte." Von evangelischer Seite scheint mir folgendes Urteil von Jürgen Moltmann bezeichnend zu sein: „Trinitarisches Denken scheint sich in ewigen Kreisläufen zu bewegen und wie die liturgischen Doxologien Wiederholungen zu lieben. Geschichtliches Denken ist seit der Neuzeit linear auf den Fortschritt von der Vergangenheit durch die Gegenwart in die Zukunft eingeschworen. Die Vermittlung beider stammt aus der Umkehrung der heilsgeschichtlichen Trinität in eine trinitarische Auffassung der Heilsgeschichte ... Der italienische Theologe Bruno Forte hat in der Tradition des süditalienischen Geschichtsdenkens ... eine trinitarische Geschichtsauffassung entwickelt, die auf die ‚trinitarische Heimat' (1 Kor 15,28) verweist. Ich weiß mich seinem Denken sehr nahe ..."[6] In eindrucksvoller Zusammenfassung führt Battista Mondin in seinem *Dizionario dei teologi* aus: „In hermeneutischer Hinsicht ist die Theologie Bruno Fortes gekennzeichnet durch eine bewusste Übernahme des ‚historischen Bewusstseins', die sie in die Linie der großen italienischen Überlieferung stellt ... (es genügt an G. B. Vico zu denken und auf dem eigentlich theologischen Feld an die Relevanz des historischen Elements bei Joachim von Fiore, Thomas von Aquin und Alfons von Liguori) ... Im Blick auf den Inhalt kann man sagen, dass die ganze *Simbolica ecclesiale*, die Forte dabei ist zu veröffentlichen, ein organischer Versuch ist, die christliche Botschaft im Ausgang von ihrer Mitte und ihrer Besonderheit darzulegen, die im Bekenntnis der Heiligen Dreifaltigkeit bestehen."[7]

1. Eine „theologischere" Christologie: die trinitarische Christologie im Ausgang von der „Offenbarung"

Die Christologie – insofern sie die Bemühung ist, das Christusereignis zu Wort zu bringen („Christo-logie") – ist ihrer Natur nach gekreuzigter „Logos", ein Wort, das auf einem anderen Wort, einem anderen Schweigen steht oder darauf fällt: auf dem Wort oder dem Schweigen der Offenbarung, die in Jesus Christus zur Vollendung gekommen ist. Der Begriff der Offenbarung ist also bestimmend für die Art und Weise, in der ein christologisches Unternehmen konzipiert und durchgeführt wird: Zur Definition einer Christologie gehört

---

[6] J. Moltmann, *In der Geschichte des dreieinigen Gottes. Beiträge zur trinitarischen Theologie*, Chr. Kaiser Verlag, München 1991, 19 f.

[7] B. Mondin, *Dizionario dei Teologi*, Bologna 1992, 244.

also bevorzugt die Idee einer Offenbarung, auf der sie gründet. Wenn diese Idee – auf der Linie der Wiederentdeckung der historischen und personalistischen Konzeption der Offenbarung, die das II. Vaticanum gebracht hat – als die der freien Selbstmitteilung gedacht wird, in der der lebendige Gott den Bewohnern der Zeit sich als Vater, Sohn und Heiliger Geist offenbart, ohne in den Maschen eines notwendigen und allumfassenden Prozesses gefangen zu sein, dann ist es absolut nötig, das Übermaß des verborgenen Gottes bezogen auf seine Offenbarung hoch und rein zu halten: Gott ist und bleibt größer als der Horizont dieser Welt, auch wenn er durch einen ungeschuldeten Akt seiner Freiheit, und also aus Liebe, sich selbst dem menschlichen Herzen mitteilt, indem er in Jesus Christus in die Geschichte eintritt. Das heißt, im Offenbarungsereignis muss die Dialektik von Transzendenz und Immanenz gewahrt werden: Nur so wird Gott nicht in die Welt aufgelöst und wird die Welt nicht, verzehrt vom Feuer seiner Wahrheit, in Gott annihiliert.

Wenn Gott nämlich sich in seiner geschichtlichen Offenbarung total manifestieren würde, wenn das Wort, in dem er sich ausspricht, ihn vollständig aussagen würde, würde eine der beiden Möglichkeiten eintreten: Entweder würde die göttliche Welt sich auf die Maße der menschlichen Welt, der er sich mitteilt, reduzieren, oder die menschliche Welt würde einfach im blendenden Licht des Absoluten verschluckt. Die in Christus Jesus erfolgte Offenbarung hebt den Unterschied zwischen den beiden Welten nicht auf: Und gerade so legt sie den Grund für die Bedingungen der Möglichkeit der Hermeneutik als Wissenschaft der Interpretation, die sowohl die Wiederholung der Identität als auch die Nichtmitteilbarkeit der Differenz zurückweist. Das bedeutet: Wenn Gott in der Offenbarung sich im Wort manifestiert, steht und bleibt jenseits dieses Wortes, der authentischen göttlichen Selbstmitteilung, ein göttliches Schweigen. Dieses göttliche Schweigen ist vor allem das Nicht-Wort, die geheimnisvolle Jenseitigkeit und Quelle, aus der das Wort hervorgeht und bei dem das Wort in der ewigen Geschichte Gottes war und ist: „Im Anfang war das Wort, und das Wort war bei Gott, und das Wort war Gott" (Joh 1,1). Der griechische Text dieses Verses unterscheidet mittels des Artikels die beiden Male, in denen in ihm der Begriff Gott vorkommt: Das Wort war „bei dem Gott" (πρὸς τὸν ϑεόν) – das Wort war Gott (ϑεός). Diese Unterscheidung sagt die gemeinsame Zugehörigkeit des Wortes und dessen, der der Gott ist, zur göttlichen Welt aus, ihre Vereinigung im Sein der Gottheit, und zugleich die Unterscheidung zwischen dem Gott, bei dem das Wort war, und dem Wort, das selbst göttlichen Zustands ist. Das Nicht-Wort, das Schweigen des Anfangs, ist also der Gott, der im Neuen Testament mit dem Vater Jesu Christi identifiziert wird, während das Wort, das Verbum, das immer bei Gott dem Vater war, das ist, das Fleisch geworden ist und in der Geschichte ertönt (vgl. Joh 1,14).

Das Wort der Offenbarung verweist so auf das Schweigen des Ursprungs, auf die Tiefe, aus der es ewig hervorgeht und bei der es ewig ist: Der Gott, der sich sichtbar gemacht hat, verweist auf den unsichtbaren Gott, von dem er getreues Ebenbild ist (vgl. Kol 1,15; 2 Kor 4,4; Hebr 1,3 usw.). Wie man auf der Ebene der Inhalte der geoffenbarten Botschaft sagt, dass der Sohn vom Vater ausgeht und von ihm in die Welt gesandt wird, so kann man im Hinblick auf die Form der Offenbarung sagen, dass das Wort ewig aus dem göttlichen Schweigen hervorgeht und von ihm ausgeht, um zu den Menschen gesandt zu werden im Blick auf ihr Heil. Der Vater hat sich geoffenbart „durch seinen Sohn Jesus Christus, der sein aus dem Schweigen hervorgehendes Wort ist" (Ignatius von Antiochien, *Ad Magn.* 8,2).[8] Und wie der Sohn eins ist mit dem Vater, obwohl er unterschieden ist von ihm, so ist das Wort eins mit dem göttlichen Schweigen, obwohl es unterschieden ist vom Schweigen: Wäre es nicht Eines mit dem Schweigen des Ursprungs, wäre das Wort nicht Selbstmitteilung Gottes; wäre es aber nicht unterschieden vom ewigen Schweigen als Wort, das in der Ewigkeit gesprochen und in der Geschichte Mensch geworden ist, würden göttlicher Ursprung und weltliche Bestimmung sich vermischen.

Die trinitarische Vertiefung des Wortes der Offenbarung, die vom Neuen Testament erfordert wird, zeigt also, dass das letzte Ziel der Annahme des Offenbarungsereignisses nicht das Ereignis selbst ist und auch nicht die Person des Wortes, die in ihm handelt, sondern – ihn ihr und durch sie – die Person des Vaters, der im Schweigen verborgene Gott, der in völliger Gratuität in der Inkarnation des Sohnes sich zugänglich gemacht hat. Das Wort der Offenbarung, das der Christus ist, muss also überschritten werden, nicht in dem Sinn, dass es eliminiert oder indifferent in Parenthese gesetzt werden könnte, denn das würde jeden Zugang zu den göttlichen Tiefen verschließen, sondern in dem Sinn, dass es Wahrheit und Leben ist, gerade insofern es Weg ist (vgl. Joh 14,6), Schwelle, die auf das ewige Geheimnis öffnet, Tür, durch die man schreiten muss, um in den Schafstall einzutreten (vgl. Joh 10,7), Licht, das in die Finsternis gekommen ist, um das Licht zu sein, in dem wir das Licht schauen werden (vgl. Joh 1,9 und Ps 36,10). Dank der trinitarischen Dialektik von Wort und Schweigen ist im Ereignis der Offenbarung die Transzen-

---

[8] Nicht nach PG 5, 669 f., basierend auf Codices, die von anti-gnostischen Ängsten beeinflusst sind, sondern nach der kritischen Edition von Funk 1, 196.

denz nicht an die Immanenz übergeben – wie es im Monismus des Geistes bei Hegel der Fall ist –, sondern es ist, ganz im Gegenteil, die Immanenz der Geschöpfe aufgerufen, sich durch die Vermittlung des Wortes, das sein Zelt mitten unter uns aufgeschlagen hat (vgl. Joh 1,14), immer leidenschaftlicher an die unergründliche göttliche Transzendenz zu übergeben.

Diese Dialektik der Öffnung und des Verbergens, der realen Selbstmitteilung und des nicht weniger realen Übermaßes des Geheimnisses bezogen auf die Form der Mitteilung, wird in der Etymologie des lateinischen Wortes „revelatio" selbst angezeigt (wie auch in dem griechischen Wort ἀποκάλυψις): Das Präfix „re-" hat in den Komposita sowohl die Bedeutung der Wiederholung des Selben (wie in „re-sumo") als auch die des Übergangs zum entgegengesetzten Zustand (wie in „re-probo") (analog zur Bedeutung von από *apo* in Zusammensetzungen griechischer Wörter). „Re-velare" besagt also den Akt des Übergangs vom Verhüllten zum Offenbaren, die Enthüllung dessen, was zuvor verborgen war, aber es schließt in keiner Weise eine Verdoppelung aus, ein Bleiben des Schleiers, sogar, dass er sich durch die Wiederholung verdichtet gerade in dem Akt, in dem er weggenommen zu werden scheint (Analoges könnte man von der ursprünglichen Bedeutung von ἀποκαλύπτω sagen, Wegnahme der Abdeckung, was nicht ausschließt, dass sie sich verstärkt). Bemerkenswert ist, dass dieses dialektische Spiel im Deutschen mit den Wörtern „Offenbarung, offenbaren" verloren geht: damit kommt nur der Akt des Sich-Öffnens zum Ausdruck und damit der Zustand des Offenen und Manifesten. In diesem Sinn scheint die hegelianische Interpretation der Offenbarung als total expressive und konstitutive Offenbarung des Gottes, der sich zeigt, die zu sein, die der deutschen Etymologie am besten entspricht. Eine Christologie, die bewusst auf der „re-velatio Dei" aufbaut, wird jedoch einen betont *trinitarischen* Charakter aufweisen: Insofern jeder Akt im Leben Jesu von Nazaret Geschichte des Sohnes ist, der sein Zelt unter uns aufgeschlagen hat – *Geschichte des Wortes* –, beinhaltet jeder Akt seines Lebens die gesamte trinitarische Geschichte, das heißt, er impliziert eine Beziehung zum Vater im Geist. So ist zu verstehen, dass eine Christologie, die die konstitutive Verbindung jeder Aussage über Christus mit dem trinitarischen Geheimnis vernachlässigt, sich in eine trockene Spekulation auflöst und den Raum freimacht für eine begriffliche Lehre über Gott, die wenig mit dem konkreten Sich-Offenbaren des lebendigen Gottes in der Heilsökonomie zu tun hat. Die Wiedergewinnung der trinitarischen Dimension der Geschichte Jesu ist die einzige den Menschen gegebene Tür, die sich auf die schweigenden Tiefen Gottes öffnet und ermöglicht, sich vom Göttlichen eine christliche und nicht eine mit rationaler Notwendigkeit vom Begriff deduzierte Vorstellung, gemäß der jedem

„Monismus des Geistes“ innewohnenden Gefahr, zu machen. Es ist nötig, sich mit Entschiedenheit auf eine immer „theologischere“ Christologie hin zu bewegen, die – in wahrhaft christlichem Sinn – eine immer „trinitarischere“ Christologie sein wird müssen!

2. Eine „gläubigere“ Christologie: die kirchliche Christologie im Ausgang vom Gehorsam

Der Dialektik der „re-velatio“ entspricht die Dialektik des Glaubens: Die Aufnahme des Wortes ist eine Dynamik, die sich beständig überschreiten muss, sie ist ein Hören des Schweigens, aus dem das Wort hervorgeht, auf dem es beruht und zu dem es zurückkehrt. Die unerforschliche Tiefe dieses göttlichen Schweigens motiviert die unerschöpfliche Suche, die mittels des Wortes dahin strebt, über das Wort hinaus zu gehen. Es ist dies der Weg, auf dem der Geist die Gläubigen in die ganze Wahrheit führt (vgl. Joh 16,13), durch Aktualisierung des Gedächtnisses Christi und dadurch, dass er sie alles lehrt (vgl. Joh 14,26). Die Aufnahme des Wortes, insofern sie Hören des in ihm verborgenen göttlichen Schweigens ist, ist „Ekstasis“, Ausgang aus sich auf die Tiefen Gottes zu, aus denen uns die reine Quelle des Lichtes anzieht, der Vater des ewigen Wortes. Die „ekstatische“ Liebe Gottes, die Liebe, auf Grund derer er aus dem Schweigen heraustritt und sich im Wort mitteilt, ruft gleichsam eine – ebenfalls „ekstatische“ – Liebes-Antwort hervor, die gar nicht anders kann, als aus der Geschlossenheit der eigenen Welt herauszutreten, um den abgründigen Weg zum Schweigen einzuschlagen, auf den das Offenbarungsereignis getreu hinführt. Der Selbstentäußerung des göttlichen Schweigens entspricht so – in der Asymmetrie des Bezugs, die zwischen der Schöpfung und dem Schöpfer besteht, und durch das reine Geschenke der Gnade – die Selbstentäußerung der Gläubigen, ihre Öffnung auf das Geheimnis, das sich über das Wort und in ihm darbietet, das Staunen und die Verwunderung der Anbetung des in der Verborgenheit geoffenbarten und in der Offenbarung verborgenen Gottes.

Was in dieser Exodus-Bewegung des Glaubensbewusstseins die erste Stelle einnimmt, ist das Wort: Eine *Christologie,* die ihrem Wesen und ihrer Aufgabe treu ist, muss vom Anfang bis zum Ende *biblisch* sein, völlig gehorsam dem Wort der Offenbarung, auf der sie aufbaut, von der sie genährt wird und an der sie immer wieder von neuem gemessen wird. Der Glaube kommt vom Hören (vgl. Röm 10,17)!

Das Hören aber ist in dem Maß möglich, wie sich in der Geschichte das Ereignis des Wortes vollendet, das die „re-velatio“ des lebendigen Gottes in der ganzen Dialektik ist, das es konstituiert (ebd.) Der Gehorsam des Glaubens ist also nicht nichts anderes als das tiefe Hören (*oboedientia* von *ob-audio* = ὑπ- ακοή), das Hören dessen, was darunter und darüber steht (*ob-*, ὑπό), bezogen auf das unmittelbar gehörte Wort. Man nimmt tatsächlich das Wort-Ereignis (so könnte man das griechische ῥῆμα von Römer 10,17 übersetzen, aber auch z. B. die Stelle Lukas 1,38: „es geschehe mir nach deiner Wort-Handlung") nur dann auf, wenn man es hört und zugleich „überschreitet", wenn man ihm „gehorcht", indem man das hört, was darüber und dahinter steht und tiefer ist als es selbst. Wenn man dieses Jenseits des Wortes mit dem Namen des Schweigens benennt, könnte man sagen, dass die wahre Aufnahme des Wortes des Christus das Hören des Schweigens ist, das es übersteigt und woraus es hervorgeht: „Ein Wort hat der Vater gesprochen, und das war sein Sohn, und er spricht dieses immerfort in ewigem Schweigen; und im Schweigen soll es vom Menschen gehört werden."[9] Das Wort aufnehmen, indem man in ihm das Schweigen hört, heißt im Heiligtum der Anbetung verweilen und sich vom schweigenden Gott lieben lassen und sich von ihm anziehen lassen mittels der unersetzlichen und notwendigen Vermittlung des Wortes: „Niemand kommt zum Vater außer durch mich" (Joh 14,6b). Hier ist die Hermeneutik des Wortes die Tür zum Unbegrenzten, die Schwelle, die sich öffnet zu den unerforschlichen Tiefen des schweigenden Ursprungs. Hier wird verstehbar, dass eine *Christologie* im Horizont des Glaubens tief verwurzelt ist im gelebten Glauben, in der *Spiritualität* des Hörens, genährt vom Gebet. Christologie und Spiritualität zu trennen würde heißen, sich des hermeneutischen Horizonts zu berauben, der notwendig ist, um das geoffenbarte Wort zu „überschreiten" hin auf das Schweigen, das die Quelle ist, aus der das Wort kommt und auf das hin es öffnet. Die Einheit des christologischen Denkens und des gelebten Glaubens wiederzugewinnen, jenseits der Trockenheiten, die vom Rationalismus der Moderne auch in die Theologie eingeführt wurden, heißt zurückkehren zum ursprünglichen und für das Denken des Glaubens konstitutiven hermeneutischen Zustand.

Die Doppel-Bedeutung von „re-velatio" zeigt sich hier in ihrer ganzen Dichte: Im Wegnehmen des Schleiers gibt es ein Sich-Verdichten des Schleiers; im Sich-Zeigen ein Sich-Entziehen; im Sich-Offenbaren ein Sich-Verhüllen. Das gläubige Hören erreicht das Geoffenbarte so, dass es dank seiner und

---

[9] Johannes vom Kreuz, *Worte von Licht und Liebe. Briefe und kleinere Schriften.* Vollständige Neuübertragung: Sämtliche Werke Bd. 2, hrsg., übers. und eingel. von Ulrich Dobhan OCD, Elisabeth Hense, Elisabeth Peeters OCD, Freiburg i. Br. 1996, Nr. 99, S. 125.

durch es auf das Verborgene zu geht: ὑπακοή, der Gehorsam des Glaubens, ist auf das gerichtet, was unter, hinter dem Wort steht (ὑπό = unter, jenseits, hinter); der „Gehorsam“ ist ein Hören, das ganz auf das Andere ausgestreckt ist, auf das, was jenseits des Gesagten ist (*ob* = auf … hin, auf eine Ortsbewegung weisend, über das Ziel hinaus, auf das letzte Ziel). Das Wort ist die Vermittlung, das Schweigen ist das andere Ufer, die verborgene Tiefe des Gesagten, das Ziel und die Heimat des Gehorsams des Glaubens an das Wort. Ohne das Wort würde es keinen Zugang zum Schweigen geben; aber ohne das Schweigen wäre das Wort nur das „Offenbare“ dieser Welt, eine „Offenbarung“, die nicht auf eine andere Welt und eine andere Heimat verweisen würde, weil im „Offenbaren“ nichts mehr verborgen ist, alles in der vollständig erfolgten Enthüllung aufgelöst ist. Nur im Verweis auf das Schweigen fordert das Wort den Gehorsam des Glaubens; nur im Sich-Mitteilen im Wort ist das Jenseits des Gesagten zugänglich und fordert die Antwort der gläubigen Intentionalität heraus, als Öffnung des menschlichen Herzens auf die unerforschlichen Tiefen Gottes hin. Hier wird erfassbar die Dringlichkeit, dass die *Christologie* sich innerhalb der lebendigem *kirchlichen* Überlieferung des Wortes verortet, die von Zeuge zu Zeuge und von Gehorsam zu Gehorsam das Wasser des Lebens bis zu uns gelangen lässt.

Eine Theologie, die sich von der lebendigen Überlieferung des Glaubens der Kirche – im Besonderen von der innerhalb der „Schwelle“, die die dogmatische Definition ist, bewahrten Überlieferung – trennen würde, würde sich auf unangebrachte, epistemologisch fragwürdige und inkonsistente Abenteuer einlassen. Das hat nichts mit einer Theologie, die von der dogmatischen Definition blockiert wird (einer „Denzinger-Theologie“!), zu tun, es geht vielmehr um die Voraussetzung der Lebendigkeit des gläubigen Denkens, das aufgerufen ist, Rechenschaft zu geben von der Hoffnung, die gegründet ist auf der Wahrheit des Glaubens: Weit davon entfernt, eine mechanische Wiederholung dessen zu sein, was tot ist, ist die Überlieferung Leben, das Leben vermittelt. Die göttliche Ankunft erweckt das Volk der Pilger, das berufen ist, allen Generationen das Gedächtnis des Ewigen zu übermitteln, das gebunden ist an den Text der inspirierten Schrift, aber auch an den Kontext der Verkündigung und der gläubigen Praxis, in der der Geist wirkt, um die Kirche zur Fülle der göttlichen Wahrheit zu führen. Gezeugt vom Wort, wird die Gemeinschaft dann der lebendige Ort des Wortes, das in ihr ankommt und Kinder für Gott erweckt. In der lebendigen Überlieferung wird das Gedächtnis des Glaubens Gegenwart und aktuelle Erfahrung; die ein für allemal in Jesus Christus erfolgte Ankunft wird so in der Kraft des Heiligen Geistes für die Menschen von heute gegenwärtig und erfahrbar. In diesem

Sinne ließe sich sagen, dass die Überlieferung die Geschichte des Geistes in der Geschichte seiner Kirche ist, bis die Verheißungen Gottes sich erfüllen (vgl. *Dei Verbum*, 8). Eine Christologie im Horizont des Glaubens ist also nicht nur biblisch begründet und von gelebter Spiritualität gespeist, sie ist auch kirchlich verantwortungsbewusst und aufmerksam darauf gerichtet, die Abenteuer der Subjektivität auf die Objektivität der empfangenen und weitergegebenen „fides Ecclesiae" hin zu überschreiten.

3. Eine Christologie, die „kämpferischer" ist: die Christologie der Nachfolge im Ausgang vom Geist

Das Wort geht aus dem Schweigen hervor, und es wird im Schweigen widerhallen. Wie es ein Hervorgehen des Wortes aus dem schweigenden Ursprung gibt, so gibt es eine Bestimmung des Wortes, seine ihm eigene „Zukunft", als Ort seiner Ankunft: Diese „Zukunft" des Wortes wird im Neuen Testament der Heilige Geist genannt, der Geist der Wahrheit: „Es ist gut für euch, dass ich fortgehe. Denn wenn ich nicht fortgehe, wird der Beistand nicht zu euch kommen; gehe ich aber, so werde ich ihn zu euch senden. … Wenn aber jener kommt, der Geist der Wahrheit, wird er euch in die ganze Wahrheit führen. Denn er wird nicht aus sich selbst heraus reden, sondern er wird sagen, was er hört, und euch verkünden, was kommen wird" (Joh 16,7.13). Auch der Geist ist in gewissem Sinne Schweigen: Er folgt auf das Wort, so wie das Wort auf das erste Schweigen folgt. Aber der Geist ist nicht das Schweigen des Ursprungs, das Schweigen des Ausgangs. Er ist das Schweigen der Bestimmung, das Schweigen der Rückkehr. Er ist das Schweigen, in dem das Wort, das aus dem fruchtbaren Schweigen des Vaters ausgegangen ist, in der Ewigkeit Gottes zur Ruhe kommt. Er ist der Friede des Liebenden und des Geliebten, das Band zwischen dem Wort und dem, der es spricht, das „Wir", in dem Schweigen und Wort in ewigem Dialog stehen. Und er ist zugleich das Schweigen, in dem das Wort aus dem Ursprung hervorgeht, um in die Zeit einzutreten, um Fleisch zu werden in der Geschichte der Menschen. Er ist der Schatten, der die Jungfrau Maria überschattet, er ist das Schweigen der Ekstase Gottes, des göttlichen Aus-sich-Heraustretens, um sich dem Anderen zu schenken im Schöpfungsakt und an Pfingsten. Als Schweigen des Friedens und Schweigen der Ekstase kann das Schweigen des Geistes Schweigen der Begegnung genannt werden. In ihm begegnen sich, sich gegenseitig schenkend, das Wort und das Schweigen in der göttlichen Ewigkeit; in ihm begegnen sich der Schöpfer-Gott und die Schöpfung, über deren Urflut der Geist schwebt (vgl. Gen 1,2); in ihm begegnen sich das Wort, das Fleisch geworden ist, und das glaubende Herz und die ganze Menschheitsgeschichte, denn er ist der Zeuge des Christus, sein lebendiges und vergegenwärtigendes Gedächtnis; der Geist ist das Gedächtnis Gottes, der die Distanz überbrückt, ohne in die Gefangenschaft des Idols fallen zu lassen (vgl. Joh 14,26).

Der Geist ist im Verhältnis zum Wort das Schweigen der vergegenwärtigenden Annahme, aus dem die oft schweigende Beredsamkeit des Zeugnisses hervorgeht (vgl. Joh 15,26 f): „Wer wirklich das Wort Jesu besitzt, kann auch sein Schweigen vernehmen, damit er vollkommen ist, damit er wirkt durch das, wovon er spricht, und erkannt wird durch das, wovon er schweigt" (Ignatius von Antiochien, *Ad Eph.* 15, 2: PG 5, 657 f.; Funk 1, 184). Das Handeln des Geistes in der Geschichte, erkannt und aufgenommen mittels der Unterscheidung des Glaubens, drückt sich vor allem in der in der Kirche gelebten *Liebe* aus, in jener Kraft der Liebe, die von Gott kommt, durch die die christliche Gemeinde die Herausforderung der Zeichen der Zeit erfasst, sich mit dem konkreten Nächsten solidarisch macht und ihm dient in der Sache seiner vollsten Förderung und das heißt der Befreiung von allem, was die Würde der Kinder Gottes verletzt. Auf diesem Weg eröffnet sich den Augen des Glaubens die geheimnisvolle Gegenwart des Herrn in der größten Verschiedenheit der menschlichen Situationen: Christus verbirgt sich in den Armen, den Hungernden, den Dürstenden, in den Randständigen und Leidenden, in den ausgebeuteten Kindern, in den missachteten Frauen, in den Letzten (vgl. Mt 25,31 ff.). Wer auf den Hunger und den Durst all derer mit freier und befreiender Liebe antwortet, wird zum lebendigen Evangelium, zu dem Wort, das vom Geist nicht länger auf Tafeln aus Stein geschrieben ist, sondern in das Fleisch der Menschen (vgl. 2 Kor 3,3): Die *Christologie* des Wortes drückt sich aus in der gelebten *Nachfolge* des Nazareners, und die Praxis – Ausgangspunkt der gläubigen Reflexion über Christus – wird ihr davon nicht ablösbares Ziel.

Die Gegenwart des Christus im Heute des Schmerzes und der Tränen wird so erkennbar in dem, der in seinem Namen liebt: „Daran werden alle erkennen, dass ihr meine Jünger seid: wenn ihr einander liebt" (Joh 13,35). In der Liebe zum Nächsten offenbart sich die Liebe Gottes (vgl. Mk 12,28–31 und Parallelen): „Wer seinen Bruder nicht liebt, den er sieht, kann Gott nicht lieben, den er nicht sieht" (1 Joh 4,20). In dieser konkreten Liebe macht Christus sich gegenwärtig in seinem Geist und spricht seine Worte ewigen Lebens. Der Andere ist im Geist ein Sakrament der Begegnung mit dem Herrn Jesus: Ort der Ankunft, Zusage des Heils (vgl. Gen 1,26; Mt 25,31 ff; Röm 8,29; Kol 3,10). Eine Christologie, die nicht Maß nimmt an den Dringlichkeiten der Liebe und keine Gründe bietet für ein Leben der Selbstentäußerung in der Nachfolge des „Exitus" und in der Hoffnung auf den „Reditus" des Sohnes im Fleisch, entartet in eine Vernunftübung, die allen möglichen Risiken der ideologischen Gefangenschaft ausgesetzt ist. Die „Christologien der Praxis" (Christologien der Befreiung, politische Christologien, Christologien der Hoffnung und des „Eschaton") zeigen hier ihr positives und unausweichliches Potenzial, das um so mehr rezipiert und entfaltet wird, je mehr es im Licht des Handelns des Geistes interpretiert wird, der in der Zeit das Gedächtnis Gottes in Christus vergegenwärtigt und die gesamte Schöpfung und die Kirche auf die Erfüllung der Verheißungen vorbereitet, die in der Auferstehung des Gekreuzigten enthalten sind. Die in streng *pneumatologischer* Perspektive entwickelte *Christologie* nimmt die Praxis als integrierenden Teil der Geschichte Gottes mit den Menschen, die vom Geist in das Herz der Geschichte geschrieben wird, in sich auf. Eine Christologie, die „kämpferischer" ist – vor allem auf der Ebene der Liebe und des Einsatzes für die Gerechtigkeit für alle und für die Ehrfurcht gegenüber der von Gott in Christus gewollten Schöpfung –, scheint also erfordert, wenn die Reflexion über die Nachfolge des Nazareners innerhalb der Sendung des Geistes korrekt angesetzt wird.[10]

Schluss: eine Christologie beständig „im Werden"

Ausgehend vom Wort der Offenbarung, ist die gläubige Kontemplation des Geheimnisses also immer ausgespannt einerseits in Richtung auf das Schweigen des Ursprungs, andererseits in Richtung auf das Schweigen der Ekstase und der Begegnung: Der Mensch gewordene Sohn offenbart den Vater, aus dem er hervorgeht, und er sendet den Geist, mit dem er gesalbt ist. Schweigen, Wort und Begegnung bieten sich als die formalen Kategorien an, mit denen es möglich ist, den Akt der Offenbarung in Entsprechung zu seinem trinitarischen Inhalt auszudrücken, ohne dass dadurch die Struktur von einer abstrakten Idee a-priori deduziert wird gemäß einem Gesetz logischer Notwendigkeit, die die göttliche Freiheit bindet. Die Grundlegung des Diskurses ist hier die historische Faktizität des Wortes, das leibhaftige Ereignis der Inkarnation des Wortes in seiner ganzen unableitbaren Neuheit: Vom Wort selbst wird man zurückverwiesen auf die Jenseitigkeit des Ursprungs und

---

[10] Zu den ethischen Implikationen meines theologischen Ansatzes – im Ausgang von der Christologie – vgl. G. La Mendola, *Racconto dell'amore inquieto tra Dio e l'uomo. Il problema etico in Bruno Forte*, Edizioni Chiesa-Mondo, Catania 2000.

das Geschehen der Begegnung. Der Sohn ist der Zeuge des Vaters, wie der Geist der Zeuge des Sohnes ist; das Wort geht hervor aus dem Schweigen und hallt wieder im warmherzigen Schweigen der Begegnung. Nicht die argumentative Kraft einer begrifflichen Deduktion, sondern die beunruhigende und subversive Neuheit der göttlichen Ankunft im menschlichen Exodus bildet die Basis einer solchen trinitarischen Theologie der Offenbarung. Das historische Prinzip ist in ihr das Wort, auch wenn das theologische Prinzip, an das das Wort selbst verweist, das Schweigen ist. Wenn also in der Heilsökonomie das Wort das ist, was zuerst und am Anfang ist, so muss gerade im Gehorsam ihm gegenüber erkannt werden, dass die Priorität dem Schweigen zukommt; die Quelle ist im Schweigen, wie das Kommen im Wort und die Zukunft im Geist der immer neuen Begegnung ist.

Nicht die deduktive Logik einer in sich gefangenen Vernunft, sondern die induktive Kontemplation, die vom Kreuz des Auferstandenen ausgeht und nie vollkommen vollendet ist, bildet also die Basis der Christologie: Es ist genau diese Konzeption, die die christologische Hermeneutik fundiert als das beständige Hinausschreiten über das Wort im Gehorsam gegenüber dem Wort selbst in Richtung auf die Tiefen Gottes und gegenüber der Zukunft seiner Verheißung, insofern sie dem Menschen im inkarnierten Wort zugänglich geworden sind. In Analogie zur ewigen Geschichte, die im trinitarischen Osterereignis geoffenbart worden ist, umfasst auch die Begegnung des gläubigen Denkens mit Christus den Tod und das Leben: Es ist Leben als Eröffnung und Leben spendende Gabe; es ist Tod als Exodus und Verleugnung seiner selbst. In der ewigen Begegnung stirbt das Schweigen, weil es, indem es sich im Wort ausspricht, aus sich herausgeht und sein Reich mit widerhallendem Anfang erfüllt, der die ewige Zeugung des Wortes ist; aber auf einer höheren Ebene lebt das Schweigen auch, weil es, mittels des Wortes, daran geht, sich als der letzte Raum zu setzen, in dem das Wort, widerhallend, zur Ruhe kommt. Dieser im Leben überwundene Tod des Schweigens, dieses Sich-Begegnen von Tod und Leben des schweigenden Anfangs zu Gunsten des Lebens, drückt das andere Schweigen aus, das Schweigen der Ekstase, das als Begegnung des schweigenden Ursprungs hervorgeht und zu ihm zurückkehrt, zusammen mit dem Wort, als dem Schweigen der Heimat. Andererseits stirbt in der ewigen Begegnung auch das Wort: Hervorgehend aus dem Schweigen, tritt es aus sich heraus, um sich total vom Anderen aussprechen zu lassen, um reine Aufnahme von ihm zu sein, einziges göttliches Prinzip, bis dahin, dass es sich in der Form des Schweigens ausspricht, wie die Verlassenheit am Kreuz und der Tod des Fleisch gewordenen Wortes zeigen. Und doch ist es gerade so, dass das Wort, in seinem Aufgehen im Schweigen, lebt: Dieses Leben ist das Wort gewordene Schweigen selbst, und daher nicht länger das Schweigen des Ursprungs, aus dem das Wort hervorgeht, sondern das Schweigen jenseits des Wortes und durch das Wort, das schweigende Aufnehmen, das schweigend spricht und sprechend schweigt.

Dieser Tod des Wortes durch sein neues Widerhallen im aufnehmenden Nicht-sich-Aussprechen ist die Begegnung mit dem schweigenden Geist des Wortes, dessen dichte Figur in der Zeit die vergegenwärtigende Funktion ist, die der Paraklet gegenüber dem Christus ausübt: Indem er schweigt, spricht er das Wort aus. Der Geist, als ewige Begegnung, verhält sich also zum Schweigen und zum Wort wie ihre Eröffnung: Eben deshalb ist er Tod des Schweigens im Wort und des Wortes im Schweigen der Ekstase, ist er, heißt das, der, der aus dem Vater durch den Sohn ausgeht, lebend als ewiges Sich-Aussprechen des Schweigens und Schweigen des Wortes, schweigendes Wort im Unterschied zum widerhallenden Wort, beredtes Schweigen im Unterschied zum reinen Schweigen des Ursprungs, aus dem das Wort hervorgeht. Die ewige Begegnung ist das immanente Fundament in Gott für die Notwendigkeit, dass die Ökonomie des Wortes ergänzt wird von der Ökonomie des Geistes: Das in der Zeit ausgesprochene Wort ist nicht alles. „Doch ich sage euch die Wahrheit: Es ist gut für euch, dass ich fortgehe. Denn wenn ich nicht fortgehe, wird der Beistand nicht zu euch kommen; gehe ich aber, so werde ich ihn zu euch senden“ (Joh 16,7). Und in der Ökonomie des Geistes nimmt kein Wort das Wort in Gefangenschaft, kann kein Schweigen das ganze Schweigen beherbergen: Die Christologie – konzipiert in ihrer ganzen trinitarischen, kirchlichen und eigentlich pneumatologischen Dichte – ist ein Denken der Pilger des Glaubens, nie völlig gelöst, „auf dem Weg und nicht in der Heimat“, und eben deshalb dazu bestimmt, sich ständig zu erneuern und sich ständig zu überschreiten in Richtung auf das Übermaß des heiligen Geheimnisses. In dieser seiner ständigen Unvollendetheit, in diesem immerwährenden „im Werden“, gewinnt die Christologie ihre höchste Wahrheit – die Wahrheit der Evokation und des Verweises auf den „Deus revelatus in absconditate, absconditus in revelatione“ – und ihre Freiheit des Dienstes an der transzendenten Wahrheit, die allein befreit und rettet.

Aus dem Italienischen übersetzt von Karl Pichler

„Ausdruck der inneren Dynamik in der Begegnung von Gott und Mensch"

Die Christologie als Strukturprinzip einer responsorialen Dogmatik

von Christian Schaller

1. Die christologische Dimension der Theologie

Im Vorwort zu *Vom Vater gesandt. Impulse einer inkarnatorischen Christologie für Gottesfrage und Menschenbild* beschreibt Gerhard Ludwig Müller gleichsam das Programm für die Beschäftigung mit der Lehre, dem Sein und dem Wesen der Person Jesus von Nazareth: „Die Christologie ist zweifellos der Dreh- und Angelpunkt der gesamten christlichen Dogmatik und darum auch der Theologie insgesamt."[1] Die Christologie ist daher nicht nur ein Traktat unter vielen, sondern im Letzten das bestimmende und alles eröffnende Koordinatensystem, das für eine hinreichende Beschäftigung mit allen Themen der Theologie notwendig ist. Eine ausreichende Erkenntnis der Kirche etwa ist ohne den Verweis auf Jesus Christus unvollständig, ein Bekenntnis zum dreifaltigen Gott ohne die ein für alle mal ergangene Offenbarung im Sohn Gottes als ewiger Sohn des Vaters nicht zugänglich, und die Heilsgegenwart in den Sakramenten erschließt sich nur im Auftrag Jesu in Vollmacht und aus der Sendung durch ihn Heil gegenwärtig zu setzen. Eine Theologie, die sich von Christus verabschiedet, verliert sich in eine rein horizontale und immanente „gute Nachricht" ohne transzendenten und heilsrelevant normierenden Bezugspunkt.

Erst die Annahme eines von Gott hinein in die Geschichte gesandten Sohnes erhebt die natürliche Religion des Menschen in die Gewissheit übernatürlicher Verankerung im Heilswillen des Schöpfers und Vollenders.

Spätestens seit der neuzeitlichen Wende zum Subjekt und der Abkehr von einem seinsphilosophischen Konzept verliert sich der Mensch zugleich in die mit seinem Wesen nicht kompatible „Erkenntnis", er würde als Biomasse ohne transzendenten, ihn verankernden Hintergrund lediglich in einem horizontalen Raum-Zeit-Gefüge existieren. Eine objektive normgebende Ab-

---

[1] Gerhard Ludwig Müller, *Vom Vater gesandt. Impulse einer inkarnatorischen Christologie für Gottesfrage und Menschenbild*, Regensburg 2005, 9.

hängigkeit von Gott wird als abwegig und vernunftwidrig eingestuft. Eine noch deutlichere Ablehnung erfährt die Glaubensaussage, Gott ist in Jesus Christus Mensch geworden und in die Geschichte eingetreten. Der aufgeklärte Rationalist und der destruierende Relativist entdecken im Bekenntnis zum inkarnierten Logos die Umsetzung innerweltlicher Divergenzen: Von einem philosophischem Irrweg bis hin zum Machtinstrument der Kirche, die als Sachwalterin in eigenem Interesse Wahrheit als Druckmittel verstünde. Einer singularen Letzt-Offenbarung in Jesus Christus begegnet man nur als Postulat einer überholten Religion.

Was sind nun die Herausforderungen, der sich die Christologie stellen muss? Es gilt die anthropologische Dimension aufzuweisen, die deutlich macht, dass der Glaube an einen menschgewordenen Gottessohn nicht in die Welt der Mythologie abtaucht und es gilt zugleich die Offenbarung in ihrem Ergangen-Sein aufzuweisen. Offenbarung verstanden als konkrete Begegnung Gottes mit den Menschen.

2. Das Bild Gottes in der Welt

Hat Kant gewonnen? Ist der Mensch, seitdem er sich selbst dazu verurteilt hat, nur noch konditioniert Phänomene, äußere sichtbare Erscheinungen wahrzunehmen, nicht mehr in der Lage Wahrheit, das Sein, den Grund und das Wesen seiner Wirklichkeit zu erfassen? Oder begnügt er sich mit einer Strukturanalyse, prüft die Verfahrensordnung eines Experiments, um dadurch die Stimmigkeit sichtbarer Abläufe zu verifizieren (ohne die veritas hier weiter zu fassen)? Wenn also Kant mit seiner Erkenntnistheorie richtig liegt, wird Gott als nicht-sichtbare Größe – es bleibt nur das Postulat übrig[2] – nicht nur nicht

[2] Programmatisch für die Einordnung der Religion und des Glaubens als gesellschaftliche Funktion zur Erhaltung der geistigen Ordnung und der ansatzweise damit gegebenen Antworten auf den Sinn des Lebens bietet neuerdings auch Jürgen Habermas: *Ein Bewusstsein von dem, was fehlt. Über Glaube und Wissen und den Defaitismus der modernen Vernunft*, in: Neue Züricher Zeitung vom 10.02.2007, 1–4. Dazu die Repliken von Armin Schwibach, *Habermas antwortet auf die Regensburger Vorlesung*, in: Die Tagespost vom 13. 02. 2007, 9; Nikolaus Lobkowicz, *Ein Beitrag, der das Entsetzen erklärt*, in: Die Tagespost vom 17. 02. 2007, 9. Ausgangspunkt für die Diskussion war die Regensburger Vorlesung Papst Benedikt XVI. am 12. September 2006 an der Universität Regensburg Glaube, Vernunft und Universität. Erinnerungen und Reflexionen. Die autorisierte Fassung wurde abgedruckt in: AAS 118 (2006) 728–739 (dt.: VApSt 171, hg. vom Sekretariat der Deutschen Bischofskon-

erkannt, sondern, weil nicht erkennbar, als nicht existierend eingestuft auf der Wertigkeitsskala der Wissenschaften, die sich Kants Phänomem verschrieben haben. Es gibt eben kein Bild Gottes. Wirklich nicht?

Nehmen wir die neutestamentlichen Schriften zur Hand und schlagen das Lukasevangelium auf. Im 2. Kapitel wird uns in aller Ausführlichkeit von der Geburt des Sohnes Gottes berichtet, den Johannes als inkarnierten Logos bereits christologisch-theologisch, heilsgeschichtlich erläutert. In der Inkarnation offenbart sich Gott hinein in die Begrenztheit der Geschichte und in die Vergänglichkeit menschlicher Leiblichkeit – „Und ist Mensch geworden, und hat unter uns gewohnt" (Joh 1).

In der reflektierenden systematischen Durchdringung von Leben und Lehre Jesu Christi, beginnend mit den ersten Zeugnissen, die die Kirche zum Neuen Testament zusammengeführt hat, über die sich enorm ausweitende historische Vergewisserung bis zu den heute an sie herantretenden Anfragen liegt die Aufgabe der Christologie innerhalb der wissenschaftlichen Theologie, ohne dabei zu vergessen, dass Jesus Christus uns seine bleibende Gegenwart zugesagt hat. Es kann bei der Christologie daher nicht darum gehen, ein System auf seine Stimmigkeit hin zu überprüfen, sondern um die reale Begegnung mit einer Person:

> „Als Mitte und Fundament aller Aspekte der Christologie, die Gegenstand erkenntnistheoretischer, ontologischer, philosophischer, religionsvergleichender, psychologischer und soziologischer Forschung (eben objektivierender Art) sein können, zeigt sich die Person Jesu. (...) Gerade so wird in der Theologie Wissenschaftlichkeit erreicht, weil ihr Gegenstand nicht ein Sachverhalt ist, sondern ein anforderndes und herausforderndes personales Verhältnis".[3]

---

ferenz, Bonn 2006, 72–84); vgl. dazu: Benedikt XVI., *Glaube und Vernunft. Die Regensburger Vorlesung. Kommentiert von Gesine Schwan, Adel Theodor Khoury, Karl Kardinal Lehmann*, Freiburg 2006.

[3] Gerhard Ludwig Müller, *Christologie – Die Lehre von Jesus dem Christus*, in: Wolfgang Beinert (Hg.), *Glaubenszugänge. Lehrbuch der katholischen Dogmatik* 2, Paderborn 1995, 14; im Vorwort seiner Katholischen Dogmatik bezeichnet es Gerhard Ludwig Müller als die „wichtigste Aufgabe" der Theologie, die Selbstoffenbarung Gottes in Jesus von Nazareth mit der geistigen und ethischen Orientierung des Menschen zu vermitteln. Prägend für den Prozess der Aneignung des Glaubens im menschlichen Denken ist die Spannung zwischen der Endgültigkeit der Selbstmitteilung Gottes in der Geschichte und in den immer neuen Versuchen, sie in die sich wandelnden Verstehenshorizonte des Menschen und verschiedenen Kontexte des Offenbarungsempfängers zu übersetzen.", ebd. III. und betont somit bereits am Anfang seines Wer-

Weder ein rein rationaler Christusbegriff noch eine kritiklos affektiv besetzte Christusvorstellung kann uns durch irgendeine Form hypothetisch angenommener Offenbarung erlösen, sondern nur der in der Geschichte wirkende, dort sichtbare und den Menschen in seiner Kontingenz, seiner ihn begleitenden Erfahrung eigenen Hoffens auf die versöhnende Annahme durch Gott, geschichtliche Christus, der das Dasein nicht nur erklären und interpretieren will, sondern radikal-verinnerlichend verändert. Und zwar so, dass der Mensch in Jesus Christus seinen Weg zu Gott als unhinterfragbare Lebensbestimmung annimmt.

3. Der „reduzierte" Christus

In der Auseinadersetzung mit der Reduktion des Christentums auf *eine* durch die jeweilige Kultur geprägte Form natürlicher Religiosität des Menschen und der damit verbundenen Ablehnung des Offenbarungscharakters des Christusereignisses ist die am 6. August 2000 von der Kongregation für die Glaubenslehre herausgegebene Erklärung „Dominus Jesus" als die lehramtliche Reaktion darauf zu lesen.[4] Als neue Spielart der „Aufklärung" konstruieren die Vertreter des Religionspluralismus einen Christus, der nur durch die kulturellen und historischen Prozesse zu seiner im Bekenntnis fixierten Form gekommen ist. Eine Religion unter vielen Religionen und ein Credo unter vielen Bekenntnissen. Ihnen allen ist gemein, dass sie keinen Wahrheitsanspruch, keine Universalität und keine Einzigkeit für sich beanspruchen können. Einer derartigen Destruktion des Christusglaubens ist paradoxerweise die Idee zur Seite gestellt, dass durch die Aufgabe fundamentaler Lehraussagen (Christus ist der eschatologische Heilsbringer) dem Christentum neue Plausibilität und gesellschaftliche Akzeptanz zuwächst, weil es dadurch einen Beitrag zu Toleranz und zum Dialog erbringen würde. Die Darstellung der Originalität und Einzigkeit dagegen herausstellend formuliert Gerhard Ludwig Müller:

---

kes das alles verbindende Zentrum aller Suche nach dem Gott, der sich in Jesus Christus den Menschen geoffenbart hat.

[4] Kongregation für die Glaubenslehre, *Erklärung Dominus Jesus. Über die Einzigkeit und Heilsuniversalität Jesu Christi und der Kirche* vom 6. August 2000, in: AAS 92 (2000) 742–765 (dt.: VapSt 148, hg. vom Sekretariat der Deutschen Bischofskonferenz, Bonn 2000). Mit dem seit Mitte des 20. Jahrhunderts aufkeimenden Pluralismusdiskussion haben sich bereits die Enzyklika *Redemptoris missio* in Nr. 29, *Nostra Aetate* in Nr. 2 und *Lumen Gentium* in Nr. 16 geäußert.

> „Das Christentum kann sich nicht unter eine umfassende und allgemeine Offenbarungskonzeption und Wahrheitstheorie subsumieren oder als eine sekundäre und akzidentelle Verbegrifflichung der allgemein menschlichen religiösen Erfahrung qualifizieren lassen. [...] Christlicher Glaube wird [...] konstituiert [...] durch die unableitbare und nicht manipulierbare Begegnung mit dem historischen Menschen Jesus von Nazareth, der in seine Nachfolge beruft."[5]

Das Dasein des Menschen realisiert sich innerhalb der Geschichte. So ist die Existenz der Schöpfung die ursprünglichste Form der Gotteserfahrung. Wird Gott als Schöpfer erfahren, dann ist ihm auch die Geschichte als konkreter Raum der Vermittlung seiner Ziele offen. Zugleich bildet die Geschichte auch das reale Fundament des Menschen die Offenbarung zu empfangen, nicht in einem Akt unfreiwilliger Bestimmung, sondern in der Annahme der eigenen Endlichkeit, die auf Gott hin ausgerichtet ist. Auf Jesus, den Christus, übertragen bedeutet dies: Der „Urheber des Lebens" (Apg 3, 15; Hebr 5, 9) ist vom „Urheber und Vollender des Glaubens" (Hebr 12, 2) nicht zu trennen. Er ist der eine Mittler zwischen Gott und den Menschen (1 Tim 2, 5; Gal 4, 4). Durch die in seinem Gehorsam angenommene Sohnschaft, gelingt es ihm, eine endgültige Offenheit für die Offenbarung zu verwirklichen.[6]

[5] Gerhard Ludwig Müller, *Die Einzigkeit der Heilsmittlerschaft Christi im Kontext des religiösen Pluralismus,* in: Raymund Schwager (Hg.), *Relativierung der Wahrheit? Kontextuelle Christologie auf dem Prüfstand* (= QD 170), Freiburg 1998, 156–185, Zitat 170; Gerhard Ludwig Müller, *Erkenntnistheoretische Grundlagen einer Theologie der Religionen*, in: FoKTh 15 (1999) 161–179. Für eine sachorientierte und objektiv-wissenschaftliche Beschäftigung mit der Erklärung der Glaubenskongregation ist Gerhard Ludwig Müller (Hg.), *Die Heilsuniversalität Christi und der Kirche. Originaltexte und Studien der römischen Glaubenskongregation zur Erklärung „Dominus Jesus"* (= Römische Texte und Studien 1), Würzburg 2003 unentbehrlich.

[6] Zum gesamten – hier nur angedeuteten – Problemkreis Religionspluralismus/Universalität des Christusereignisses vgl. Gerhard Ludwig Müller/Massimo Serretti (Hg.), *Einzigkeit und Universalität Jesu Christi. Im Dialog mit den Religionen* (= Sammlung Horizonte NF 35), Freiburg 2001; Karl-Heinz Menke, *Die Einzigkeit Jesu Christi im Horizont der Sinnfrage*, Freiburg 1995; Michael Stickelbroeck, *Die Heilsmittlerschaft Jesu Christi vor der Herausforderung der pluralistischen Religionstheologie,* in: FoKTh 23 (2007) 81–92.

4. Kategorialität und Transzendentalität

Müllers Christologie setzt anthropologisch an und versteht sie so auch als eine von Karl Rahner beeinflusste Hinwendung zum Menschen, der sich als transzendental und kategorial konstituiertes Wesen erfährt und der in der Person des Erlösers seinen wesenhaften Erfüllungspunkt erkennt. Die christologische Ursynthese, die Müller entwickelt, besteht in der unauflösbaren Synthese von Kategorialität und Transzendentalität: „In der von der geschichtlichen Begegnung der Jünger mit Jesus ausgelösten und getragenen Transzendentalität ihres Bewusstseins ... spiegelt sich die Einheit von Transzendenz und Geschichte Jesu wider."[7] In das Personsein Jesu ist die Verknüpfung von transzendentaler Vermittlung und geschichtlich-kategorialer Annahme und Verwirklichung des Heilsangebotes Gottes derart hineingelegt, dass damit auch dem Menschen und der ihm eigenen Personalität in der Geschichte gerecht wird. Denn in Christus offenbart sich Gott als der *Sohn*, der als der universale Mittler des in Gott angebrochenen Heils sich als der im Logos inkarnierte eschatologische und präexistente Sohn Gottes in die Geschichte hinein offenbart. Hier ist die Grundlage des Mittler-Begriffes, der bei Müller systemhaften Charakter erhält. Die Person Jesus von Nazareth verdankt ihre Existenz als Mittler des eschatologischen Heils der „absoluten Identifikation Gottes"[8], die nicht statisch, sondern wechselseitig-relational und dynamisch ist. Der im Sohn-Sein in seiner Relation zum Vater grundgelegte Austausch beschreibt keinen zusätzlichen Qualitätssprung im Verhältnis Vater-Sohn, sondern ist das Koordinatensystem der Offenbarung Gottes hinein in die Welt. Wie der Vater sich dem Sohn mitteilt, so ereignet sich Offenbarung als universale Heilsvermittlung in der Kommunikation Gottes durch seinen Sohn zu uns Menschen. Die Selbstvermittlung Gottes vollzieht sich im menschlichen Heilsmittler, in der *Person* Jesus von Nazareth, der im Gehorsam, in Freiheit und in der Liebe sich der Heil schaffenden Initiative Gottes, des Schöpfers und Vollenders, überantwortet: „indem er aufgrund seiner Vollmacht der Mittler der Gottesherrschaft ist, gibt es an ihm vorbei keine Gemeinschaft mit Gott. Jesus ist also nicht nur Verkünder, sondern auch und gerade Inhalt des Evangeliums."[9]

---

[7] Gerhard Ludwig Müller, *Christologie – Die Lehre von Jesus dem Christus*, in: Wolfgang Beinert (Hg.), *Glaubenszugänge. Lehrbuch der katholischen Dogmatik 2*, Paderborn 1995, 21.

[8] Gerhard Ludwig Müller, *Katholische Dogmatik für Studium und Praxis*, Freiburg [7]2007, 49f.

[9] Gerhard Ludwig Müller, *Christologie – Die Lehre von Jesus dem Christus*, in: Wolf-

Die christologische Ursynthese („Der gekreuzigte Jesus ist der von Jahwe bestätigte eschatologische Mittler der Gottesherrschaft. Er ist der Christus, der messianische ‚Sohn Gottes'. In ihm ist die Verheißung eschatologischer Gegenwart Gottes definitiv eingelöst; im Menschen Jesus ist sie geschichtlich konkret realisiert worden."[10]) der Überwindung von Transzendenz und Kategorialität in der Person des Heilsmittlers und die anthropologische Bestimmung des Menschen als – zunächst Angesprochener, Gerufener – Hörer des Wortes – und die verantwortete Reaktion als Übernahme und Annahme des Heilsereignisses bestimmen auch in ihrer responsorialen Dynamik den Aufbau der Katholischen Dogmatik von Gerhard Ludwig Müller.

Die korrespondierend aufeinander bezogenen Traktate sollen nun in einem ersten Schritt erläutert werden, dient doch der Blick auf die innere Kohärenz der dogmatischen Ordnung der Erkenntnis, dass die Christologie das Strukturprinzip der Dogmatik ist.

---

gang Beinert (Hg.), *Glaubenszugänge. Lehrbuch der katholischen Dogmatik* 2, Paderborn 1995, 21.

[10] Gerhard Ludwig Müller, *Katholische Dogmatik für Studium und Praxis*, Freiburg [7]2007, 274; vgl. dazu Walter Kasper, *Der Gott Jesu Christi*, Mainz 1982, 209: Auf dem Hintergrund seiner Überlegungen über Auftreten und Verkündigung Jesu von Nazareth hält Kasper fest: „Es besteht heute ein breiter Konsens unter den Exegeten darüber, dass die neutestamentliche Christologie ihren Ausgangspunkt und *Urgrund* im Glauben seiner Jünger besitzt, dass Jesus, der Gekreuzigte, von den Toten auferweckt worden ist." (Hervorhebung durch den Autor). Der weitere, an dieser Stelle nur erwähnte, Gedankengang Kaspers, dass im „Zentrum der Verkündigung und des Auftretens Jesu selbst steht nicht seine Person, sondern die kommende Herrschaft Gottes" (210) wird erklärbar durch die tiefe Verwurzelung der Theologie Kaspers in der v. a. geschichtstheologisch ausgerichteten „Tübinger Schule", deren Vertreter die spekulative Theologie mit der historischen Methode verbanden und so die geschichtliche Verankerung des Christentums im Kontext seines ewigen Wahrheitsanspruchs verbinden konnten; vgl. dazu J. Rupert Geiselmann, *Die Katholische Tübinger Schule. Ihre Theologische Eigenheit*, Feiburg 1964; Christian Schaller, *Zwischen Aufklärungsrationalismus und Deutschem Idealismus. Die Kirche als Sakrament in der Tübinger Schule*, in: MThZ 52 (2001) 154–167.

5. Die responsoriale Struktur der Dogmatik

Im umfangreichen Werk Gerhard Ludwig Müllers ragt die nunmehr in siebter Auflage vorliegende Katholische Dogmatik[11] hervor. Mittels der klassisch gewordenen Einteilung in Traktate wird deren innerer Zusammenhang erläutert und zugleich das dialogische Geschehen von Angesprochen-Sein des Menschen durch Gottes Offenbarung und seine Reaktion auf die Revelatio untersucht. Der responsoriale Charakter des Glaubensgeschehen schützt vor einem rein statischen Überbau, der den Menschen in seiner vom Willen und der Freiheit bestimmten Entscheidung zum Glauben verabschiedet, und er betrachtet Gott in seiner Offenbarung als dynamisches Angesprochen-Werden, das sich seinem Geschöpf gegenüber in seinem Wesen „verantwortlich" sieht.

Auch wenn die Dogmatik den inneren Zusammenhang der Offenbarung darstellen will, kann dies keineswegs bedeuten, dass sich die Heils-Offenbarung Gottes gleichsam einem innerweltlichen von der menschlichen Vernunft vorgegebenen Systematisierungsraster unterstellen lässt. Die Offenbarung wird nicht durch die Fähigkeit des Menschen zur Vernunft entschlüsselt oder katalogisiert. Das alles übersteigende Mysterium Gottes und seiner Vermittlung an die Menschen ist nur in analoger Weise und unter den Bedingungen der geschichtlichen Prozesse als eine Art von Begrenzung der menschlich-geschöpflichen Rationalität ansatzweise erkennbar. So kommt die Vernunft zu einer „relativen Systematisierung"[12] – auch unter der Voraussetzung einer gnadenhaften Ermöglichung durch das Angesprochen-Sein durch Gott, das uns zu Hörern und Empfängern des Wortes macht. Als Adressat der Offenbarung ist dem Menschen seine Initiative zur Antwort durch Gott ermöglicht worden. Sie ist ein Akt der Gnade.

Karl Rahner skizzierte in seinem *Grundkurs des Glaubens*[13] Themenkomplexe, die er anstelle der als klassisch geltenden Traktateinteilung als Entwurf einer Gesamtdarstellung der Dogmatik vorgelegt hat. Er geht dabei von der anthropologischen Fragestellung aus, die sich in einer fortschreitenden Analyse zum transzendental-geschichtlichen Ansatz verdichtet. Müller setzt bei der klassischen Traktateinteilung ein und hebt ihren inneren Zusam-

[11] Gerhard Ludwig Müller, *Katholische Dogmatik für Studium und Praxis*, Freiburg [7]2007. Der Traktat Christologie/Soteriologie 254–389, die Sakramentenlehre 628–769.

[12] Ebd. 39.

[13] Karl Rahner, *Grundkurs des Glaubens. Studien zum Begriff des Christentums* (= Sämtliche Werke 26), Freiburg 1999.

menhang hervor. Damit gelingt ihm einerseits die umfassende Darstellung aller für die jeweiligen Traktate wichtigen systematischen und historischen Daten und zugleich ordnet er die Spezialgebiete so, dass das Geschehen der Offenbarung sich mit der Antwort des Menschen auf das Ergangensein der Revelatio verknüpft und sich im Strukturaufbau des Studienbuches wiedererkennen lässt. Das System der *Katholischen Dogmatik* und ihr Aufbau kann unter diesen Vorgaben mit dem Schema Angesprochen-Sein/Antwort oder als responsoriale Dogmatik bezeichnet werden.

Ihr ist eine dynamische Entsprechung der Themenfelder eigen. Auf der Grundlage der sich seit der Neuscholastik durchgesetzten Traktateinteilung gelingt es Müller einen geschichtlich-transzendentalen Ansatz zu entwickeln, der mit dem Rückgriff auf bewährte Konzepte analog-relativer Systematisierungen, bei der wesenhaften Verwiesenheit des Menschen auf Gott als Bedingung der Möglichkeit der vernunftgemäßen Erkenntnis der Offenbarung insgesamt ansetzt.

6. Die relationale Mitte – Die Christologie als Strukturprinzip

Eingefügt in das Gesamtkonzept der Katholischen Dogmatik verbindet sich die Christologie mit der Soteriologie und als Entsprechung, als Antwort des Menschen auf die in Christus ergangene Offenbarung mit der Sakramentenlehre. Müller nimmt mit dieser Einordnung der Christologie in die Abfolge der Traktate ebenso eine Neuordnung der Anthropologie vor, die den Menschen nicht als passiven Empfänger einer ihm verordneten „Heilszuweisung" beschreibt, sondern ihn unter seinen apriorisch-transzendentalen Voraussetzungen und Bedingungen als Mensch in seinem Sein vor Gott beschreibt.

Im Zentrum der Schöpfungslehre steht Gott, der Schöpfer, in seiner freien Selbsterschließung und Hinordnung auf sein Geschöpf. Im sich *schöpferisch* mitteilenden Gott wiederum findet das Geschöpf seine fundamentale Bezogenheit auf den sich in der Schöpfungs-Offenbarung eröffnenden Ursprung und Vollender allen Seins.

Mit der Schöpfung am Anfang der Relation Gott – Mensch ist aber die Heilsgeschichte nicht deistisch abgeschlossen, gleichsam als ob die *creatio ex nihilo* nun sich selbst überlassen, lediglich aus der Erbschaft ihrer eigenen Herkunft Gegenwart und Zukunft gestalten müsste.

Die Selbsterschließung des dreifaltigen Gottes als handelndes Subjekt der Geschichte des Heils im Alten Testament sowie in der neutestamentlichen Revelatio des Vaters als Vater und des Sohnes als Sohn ist der Beginn einer sich zusehends in der Christologie und Soteriologie kulminierenden Offenbarung, die den Sohn als die endgültige personale Heilszusage des Vaters im Heiligen Geist begreiflich macht. Konkrete geschichtliche Ereignisse dienen in ihrer Begreiflichkeit und Erfahrbarkeit der weiteren Durchdringung des als Communio sich mitteilenden dreifaltigen Gottes.

6.1 Die eigene Existenz in der Relation zum Schöpfer: Anthropologie – Mariologie

Der Initiative Gottes, dem Menschen sein Wesen in seiner uneinholbaren und letztlich auch unbegreiflichen Größe zu vermitteln, entspricht das *Antworten* des Menschen, der sich in freier Über-Antwortung an die Heilszusage Gottes in Schöpfung, Geschichte und Erlösung seinem Dasein Sinn und Ziel gibt. Exemplarisch ist daher die Mariologie als „Konzentration christlicher Anthropologie" dem Traktat gegenüber zu stellen, der „Herkunft und Bestimmung des Menschen im Lichte der geschichtlichen Selbstoffenbarung Gottes in Jesus Christus interpretiert"[14] – der Anthropologie. Wenn man „des Menschen wegen nach Maria"[15] fragt, dann deshalb, weil in ihrer Person die unzerstörbare Überantwortung an den Heilswillen Gottes durch die Gnade vollzogen wurde. Mit ihrem Ja-Wort wird sie dem Menschen zum Vorbild für die in der Gnade getragene menschliche Annahme der Heilsoffenbarung Gottes, der sich Maria als innerstes Prinzip und tiefgreifende Bestimmung ihrer Existenz mitteilt, um sich mit uns in der Liebe, die Gott selbst ist, zu verbinden.

6.2 Alpha und Omega: Protologie – Eschatologie

Der Schöpfungslehre – Protologie – stellt Müller die Vollendung des Menschen zur Seite (Eschatologie). Anfang und Ende, Erschaffung und Vollendung allen Seins korrespondieren miteinander. Liegt im sich in der Liebe verschenkenden Schöpfungsakt der „Anfang" der liebenden Hinwendung Gottes zum Geschöpf, so zeichnet die Eschatologie unter den gleichen Voraussetzungen einer nicht zu zerbrechenden Liebe Gottes zu uns Menschen

---

[14] Gerhard Ludwig Müller, *Katholische Dogmatik für Studium und Praxis*, Freiburg ^{7}2007, 106.

[15] Gerhard Ludwig Müller, *Maria – die Frau im Heilsplan Gottes* (= Mariologische Studien XV), Regensburg 2002, 226; ders., *Was heißt: Geboren von der Jungfrau Maria? Eine theologische Deutung* (= QD 119), Freiburg ^{2}1991.

mit starken und Hoffnung schenkenden Linien seine *end*-gültige Entschlossenheit zum ewigen Heil der Menschen. Der Ursprung des Seins im Schöpfungsakt wird über den Weg der Selbstmitteilung hinein in die Konkretheit der Geschichte zum Quell der Vollendung.

6.3 Das neue Volk Gottes: Theo-Logie – Ekklesiologie

Korrespondierend mit der Theo-Logie findet die Ekklesiologie als Sammlung der Kirche als das Volk Gottes seine Bedeutung.[16] Ihr Ursprung liegt im Selbstmitteilungswillen Gottes des Vaters, sie findet ihre bleibende Mitte in Jesus Christus und wirkt als das messianische Gottesvolk im Heiligen Geist mit am Aufbau des Reiches Gottes. In Anlehnung an die christologische Ursynthese entwickelt Müller auch eine „ekklesiologische Ursynthese“[17], um dem gerne vorgebrachten Argument entgegenzutreten, die Kirche wäre eine nachösterliche, rein soziale, unter psychologischen Vorzeichen entwickelte Gemeinschaft, die im Dienste der eigenen Suche nach Identität oder als reine Organisationsform sich der „Sache“ verschrieben hätte. Eine Abkoppelung von Jesus Christus, dem Haupt des Leibes, der die Kirche ist, würde aber zu einem reinen Konstrukt menschlicher Phantasie werden. Kirche Jesu Christi ist als *seine* Initiative aber zur Vergegenwärtigung des Heils in der Welt eingesetzt und gesandt. Daran erinnert das Zweite Vatikanische Konzil mit seiner programmatischen Aussage in Lumen Gentium 1: „Die Kirche ist ja in Christus gleichsam das Sakrament, das heißt Zeichen und Werkzeug für die innigste Vereinigung mit Gott wie für die Einheit der ganzen Menschheit.“

---

[16] Gerhard Ludwig Müller, *Trinitarisches Grundverständnis der Kirche nach „Lumen gentium“*, in: ders., *Mit der Kirche denken. Bausteine und Skizzen zu einer Ekklesiologie der Gegenwart*, Würzburg ^{3}2007, 13–31.

[17] „In Analogie zur christologischen Ursynthese kann auch von einer ekklesiologischen Ursynthese gesprochen werden. Wie der Glaube an Jesus den Christus aus der Erfahrung der Identität des vorösterlichen Jesus und des auferweckten Christus entspringt, so kann die Kirche als Mysterium des Glaubens dadurch erkannt werden, dass der auferstandene Herr den realen Zusammenhang zwischen der vorösterlichen Jüngergemeinde und der nachösterlichen Glaubensgemeinschaft selbst stiftet.“ In: Gerhard Ludwig Müller, *Katholische Dogmatik für Studium und Praxis*, Freiburg ^{7}2007, 585.

6.4 Die Heilsgegenwart Christi in den Sakramenten: Christologie – Sakramentenlehre

Im responsorial aufeinander bezogenen Aufbau der Dogmatik steht der Christologie die reale Heilsgegenwart Christi, des Hauptes und Herrn seiner Kirche in den Sakramenten gegenüber, ist also angesiedelt innerhalb der Traktate, die als Annahme der Offenbarung in der Geschichte zu lesen sind. Zumal die Gültigkeit des Sakramentenempfangs von der Disposition grundsätzlicher Gläubigkeit und persönlicher Orientierung auf die im Sakrament geschenkten Gnade abhängt. Einer Gnade, die sich erschließen lässt, wenn man die Sakramente nicht als passiv erlebtes Schauspiel über sich ergehen lässt, sondern wenn sie Ausdruck der personal-dialogischen Kommunikation des Menschen mit Gott sind. Das in die Geschichte hinein ragende Angebot des in den Sakramenten greifbaren Heils ist kein Automatismus, sondern konstituiert sich durch die positive Aufnahme des in den Sakramenten sich mitteilenden Heils im Menschen.

6.5 Zur Liebe berufen: Pneumatologie und Soteriologie

Die Pneumatologie knüpft wiederum mit der Gnadenlehre ein enges Netz. Nimmt man Gnade als „Inbegriff der ganzen gott-menschlichen Begegnung in der Selbstoffenbarung des Vaters, der Menschwerdung des Sohnes und der Ausgießung des Heiligen Geistes in unsere Herzen"[18], dann ist in der Soteriologie die unmittelbare und befreiende Wirkung der vom Geist Gottes getragenen Relation des Menschen zu Gott zur Vollendung geführt. Der Mensch tritt heraus aus der irdischen Verfasstheit und betritt den Raum des Gerechtfertigten, der neuen Schöpfung, in der das Alte vergangen ist und findet abschließend und zugleich erweiternd und weiterführend zur Communio mit Gott, die getragen ist vom Heiligen Geist. Er befähigt uns, den Bund der Gnade und das Angebot des Heils wirklich anzunehmen und dann den Menschen im tiefsten als den zu erkennen, der er ist – das aus der Liebe geschaffene und zur Liebe mit Gott berufene Geschöpf.

---

[18] Gerhard Ludwig Müller, *Katholische Dogmatik für Studium und Praxis,* Freiburg ^{7}2007, 811.

7. Die Christologie als Strukturprinzip der Dogmatik

In der Person Jesu Christi, des wahren Menschen und wahren Gottes, sehen wir den „Dreh- und Angelpunkt der gesamten christlichen Dogmatik und darum auch der Theologie insgesamt."[19] Das Personengeheimnis Jesu wird nicht in der Isolierung des sogenannten historischen Jesus entdeckt. Die Versuche einen rein historischen Jesus aus der Schrift herauszufiltern und diesen als eigenständiges Objekt des Glaubens zu betrachten, um zum wahren und eigentlichen Christentum voranzuschreiten haben zu keiner weiterführenden christologischen Erkenntnis geführt. Historischer Jesus contra Christus des Glaubens der Kirche verhüllt den eschatologischen Heilsbringer und reduziert ihn auf den besonderen Menschen Jesus, den Sohn des Zimmermanns[20].

7.1 Relationale Identität: Christologie im Ursprung

Einen schlüssigen Zugang zum Person-Sein Jesu als den unüberbietbaren Mittler des Heils gewinnen die Jünger in der Begegnung mit dem auferstandenen Christus. Die Wahrnehmung des Auferstandenen selbst ist Offenbarungsgeschehen. Und so kann auf dem Hintergrund der an Christus sich manifestierenden endgültigen Heilzusage Gottes Gott als Vater, Sohn und Heiliger Geist verstanden werden. Ist die Identifikation Vater-Sohn im Geschehen der Auferstehung gegeben, werden die Linien zur Präexistenz und der Wesenseinheit zum Signum seiner untrennbaren Abstammung aus Gott sichtbar. Das „Ursprungsereignis der Christologie"[21] besteht in der konkreten Erfahrung, dass Christus von den Toten auferstanden ist, sich also das in der Annahme unseres Seins ausgedrückte Angebot des Heils mit der Person Jesu verknüpft ist und den Anfang aller glaubenden Vertiefung bildet.

Von daher wird rückblickend die Identifikation Christus mit Gott geof-

---

[19] Gerhard Ludwig Müller, *Vom Vater gesandt. Impulse einer inkarnatorischen Christologie für Gottesfrage und Menschenbild*, Regensburg 2005, 14.

[20] Vgl. dazu Joseph Ratzinger, *Schriftauslegung im Widerstreit* (= QD 117), Freiburg 1989; ders., *Einführung in das Christentum. Vorlesung über das Apostolische Glaubensbekenntnis*, München 1968, v.a. 158; Joseph Ratzinger/Benedikt XVI., *Jesus von Nazareth*, Freiburg 2007.

[21] Gerhard Ludwig Müller, *Christologie – Die Lehre von Jesus dem Christus*, in: Wolfgang Beinert (Hg.), *Glaubenszugänge. Lehrbuch der katholischen Dogmatik 2*, Paderborn 1995, 27.

fenbart, aber zugleich weitet sich die Schau auf den in seiner Kirche gegenwärtigen *Christus praesens*. Eine Gegenwart, die sich aber zugleich jenseits menschlich-immanenter Raster von Zeit und chronologischen Abfolgen manifestiert. Als der präexistente Christus ist er Schöpfungsmittler, der noch dem Blick der Völker des Alten Testaments Entzogene und dennoch in der Geschichte Wirkende und der aus Maria, der Jungfrau, Geborene. Am Ende mündet die Geschichte Gottes mit den Menschen in die Errichtung des endgültigen Reiches Gottes als Heil schenkende absolute Herrschaft der Liebe.

Weder adoptianistische, doketistische, gnostische und neuzeitliche religionspluralistische Ansätze haben die Offenbarung im Ereignis der Auferstehung durchdrungen, weil, und das ist die Konsequenz derartiger Lösungsvorschläge, sie den „garstigen Graben" immer noch tiefer und breiter anlegen, anstelle die Herausforderung, die mit ihm gegeben ist, anzunehmen und die in der Auferstehung bestätigte Identifikation Jesus mit Gott als „Ursprungsereignis der Christologie" zu erschließen.

7. 2 Relationale Erkenntnis: Der Sohn offenbart den Vater

Jesu Auftreten innerhalb der historischen Parameter der Geschichte des Gottes Volkes Israel konnte innerhalb des „konsequenten Monotheismus"[22] des Bundesvolkes Jahwe nur als eine erweiternde „Information" über Gott selbst verstanden werden. Der eschatologische Heilsmittler, der dem Menschen die endgültige Erlösung bringt, kann nur Gott selbst sein. Die Relation Sohn – Vater, die in vielen Schriftzitaten und Worten Jesu bestätigt wird (Mt 3, 17; 11, 27; 16, 16; Joh 3, 16, 36; 8, 35; 1 Tim 2, 5), konstituiert Jesus als den von Gott eingesetzten Mittler der Gottesherrschaft inmitten der Welt und ihrer und der Menschen Geschichte. Die Selbstbezeichnung Jesu als „der Sohn" und die sich darin ausdrückende und auch gelebte Sendungsautorität bekunden den wesentlich übersteigerten Sinn des Wortes „Sohn" in seiner ihm zu tiefst eigenen Relation zum „Vater": „Mir ist von meinem Vater alles übergeben worden; niemand weiß, wer der Sohn ist, nur der Vater, und niemand weiß, wer der Vater ist, nur der Sohn und der, dem es der Sohn offenbaren will." (Lk 10, 22)

Auf dem Hintergrund der Lehre von der Präexistenz wird zusätzlich deutlich, dass sich im Sohnsein und Vatersein des einen Gottes keine akzidentelle Erweiterung vollzog, als der Sohn sich als Sohn geoffenbart hatte. Das „Ich

[22] Ebd.

und der Vater sind eins" (Joh 10, 30) ist Offenlegung der Relationalität Gottes in sich selbst („Selbstrelationalität"[23]) und gibt einen Einblick in das wechselseitige Geschehen der sich hingebenden Liebe Gottes, die sich nicht ungeschichtlich, relationslos und apersonal zeigt, sondern als dynamischer Prozess der Liebe, der das Wesen Gottes am besten beschreibt. „Die Christologie steht damit im Raum der Trinitätslehre"[24] und wird gerade durch die Hinweise auf die Relationalität in Gott selbst zu einer spezifischen Betonung des Monotheismus, weil Gott – der Vater – seinen Sohn gesandt hat, der ihn offenbart als Vater und damit zugleich das dynamische Geschehen wechselseitiger Hingabe *in* Gott hervorhebend, das Wesen der Liebe beschreibt, die Gott ist.

7.3 Das menschliche Antlitz der Erlösung

In der Erkenntnis, dass der Mensch als Geschöpf sich der Liebe Gottes verdankt, liegt auch der Grund für die Aussage, nur Gott kann dem Menschen Heil schenken (Lk 3, 6). Nimmt man die Relationalität Gottes in sich selbst hinzu, so ist eine Erlösung ohne das Zutun des zu Erlösenden dem Wesen Gottes widersprechend. Die Liebe Gottes hat ihn geschaffen, seine Liebe wird den Menschen auch erlösen. Damit das Heil seinen Weg zu den Menschen findet, hat es in Jesus von Nazareth menschliche Existenz angenommen und ist eingetreten in die Abläufe der Geschichte, damit die Erlösungstat Gottes „für immer als der umfassende Richtungssinn dem menschlichen Dasein und der Menschheitsgeschichte"[25] eingestiftet wird. Relationalität als Beschreibung nicht nur einer gewissen *Eigenschaft* Gottes, sondern als fundamentale Erläuterung seines *Wesens*, ist auch für die Menschwerdung des ewigen Logos der Verstehensrahmen der persönlichen Verantwortung gegenüber dem Heilsangebot Gottes, das in sichtbarer Gestalt gekommen ist und – auch nach Ostern – bleibend gegenwärtig die Welt und unsere eigene Relation zu Gott charakterisiert. Das im Angenommensein durch Gott sich charakterisierende Heil beeinflusst unsere Wirklichkeit nachhaltig, weil die Reich-Gottes-Verkündigung als Zusage des Heils als bleibendes Angebot der

---

[23] Gerhard Ludwig Müller, *Katholische Dogmatik für Studium und Praxis,* Freiburg [7]2007, 288.

[24] Gerhard Ludwig Müller, *Christologie – Die Lehre von Jesus dem Christus*, in: Wolfgang Beinert (Hg.), *Glaubenszugänge. Lehrbuch der katholischen Dogmatik 2*, Paderborn 1995, 27.

[25] Ebd. 28.

Liebe Gottes stehen bleibt – nicht statisch, sondern dynamisch in der Verkündigung durch die Kirche.

7.4 Der Leib Christi: Die christologische Dimension der Ekklesiologie

Im Schlussdokument der Außerordentlichen Bischofsynode des Jahres 1985 finden wir als programmatischen Einstieg eines Kapitels, das sich mit dem Geheimnischarakter der Kirche beschäftigt, folgenden Satz: „Jedes Moment der Kirche wird aus ihrer Verbindung mit Christus hergeleitet."[26] Die unbedingte Relation der Kirche zu Christus kann nicht konkreter ausgesagt werden. Aber es wäre zu kurz gegriffen, sähe man darin lediglich eine lose Rückbesinnung auf den historischen Jesus und seine Taten, die der gegenwärtigen Gestalt der Kirche in ihrem Handeln zum Vorbild dienen würden. Die Verbindung Christus mit seiner Kirche erreicht eine viel tiefere und absolute Dimension, wenn sie im Licht des Glaubens betrachtet wird.

Ein weiterer Aspekt liegt in der Wesensbeschreibung der Kirche als Sakrament, wie sie *Lumen Gentium* vornimmt und damit einen altkirchlichen, auf Paulus zurückgehenden Topos aufgreift. Durch dieses sakramentale Sein der Kirche ist sie auf so enge Weise mit Christus verbunden, dass jede Trennung der Kirche von Christus, als Auflösung der organischen Einheit verstanden werden muss.[27] Das Schauen auf Christus und den sich in der Sammlung des neuen Gottesvolkes ausdrückenden Heilswillen kann nicht von der in der Geschichte greifbaren und sichtbaren Kirche in der Welt getrennt werden – Christus stiftet Vollmacht ein, Christus beruft zur Sendung und schenkt in den Sakramenten sein Heil. Die Sakramentalität der Kirche steht für die Präsenz des Heils, für den *Christus praesens*, der sich in seinem Leib, den er konstituiert hat, geschichtlich fassbar zeigt. Und in der Sichtbarkeit ist der Verweis auf Jesus Christus eine Realität, die sich in der Eucharistie als Zentrum

---

[26] Schlussdokument der außerordentlichen Bischofssynode 1985 und Botschaft an die Christen in der Welt (= VapSt 68), Bonn 1985.

[27] Zum weiten Themenfeld Sakramentalität der Kirche vgl., Joseph Ratzinger, *Art. Kirche*, in: LThK^2 VI. 174–183; Leo Scheffczyk, *Jesus Christus – Ursakrament der Erlösung*, in: Hubert Luthe (Hg.), *Christusbegegnung in den Sakramenten*, Kevelaer ^{2}1992; Josef Meyer zu Schlochtern, *Sakrament Kirche. Wirken Gottes im Handeln der Menschen*, Freiburg 1992; Stefano Alberto, *„Corpus Suum mystice constituit" (LG 7). La Chiesa Corpo mistico di Cristo nel Primo Capitolo della „Lumen Gentium"*, Regensburg 1996.

des Glaubens an den gegenwärtigen Christus verdichtet. Die Konzentration auf Christus wird dadurch zur Lebensgemeinschaft der Gläubigen mit ihrem Haupt, das Christus selbst ist.

7.5 Relationalität des Menschen

Mit dem Erfassen der Kirche als das endzeitlich gesammelte Gottesvolk sind wir zugleich bei der Anthropologie angelangt. Wahres Mensch-Sein erschließt sich durch Relationalität, durch ein mehrfach geradezu prismenhaft aufgeschlüsseltes Koordinatensystem, innerhalb dessen der Mensch sich zu seinem Dasein berufen fühlt:

– Die erste fundamentale, Existenz begründende Relation ist die Schöpfungstat, bei der Gott nicht erst Gott wird und bei der Gott keine Reduzierung seiner göttlichen Seinskonstanten erfährt.
– Die Gott als Vater offenbarende Relation ist das Ergangen-Sein der unüberbietbaren Offenbarung des Sohnes als eschatologischer Heilsbringer. Er stiftet die Verbindung des Menschen zu Gott, weil er als Mittler die Tür endgültig geöffnet hat, die den Menschen in die relationale Bestimmung als Geschöpf mit der Option zum Erlöst-Sein führt.
– Dabei muss der Mensch so disponiert sein, dass er über die natürliche religiöse Empfindung den Zugang zum Selbstmitteilungswillen Gottes erhält.
– Mit diesen Voraussetzungen gelingt es dem Menschen über die Erkenntnis Jesus als Sohn des Vaters zur Vollendung durch Gott voranzuschreiten.

8. Die Dynamik der Begegnung

Gerade hier wird deutlich, wie eng die einzelnen Traktate in gegenseitiger Beziehung stehen. Vieles konnte nur angedeutet werden, was einer intensiveren Durchdringung noch entgegensteuert. Gerhard Ludwig Müller präsentiert in seinem Lehrbuch spezifische Elemente der traditionellen Dogmatik mit ihrer Einteilung in Traktate. Die so gewonnene Spezialkenntnis ist aber nicht das alleinige Ziel. Die Verknüpfung seines responsorialen Ansatzes der Dogmatik, die Abhängigkeiten, Ergänzungen und Perspektivenerweiterung freilegt, zeigt uns die Dogmatik als insgesamt dynamisches Ganzes, das wegen der Betonung des menschlichen Handlungsauftrags angesichts des Angesprochen-Werdens von Gott für das konkrete Leben zu einer heilshaften Begegnung mit Gott anregt.

In Jesus Christus ist Gott dem Menschen in aller Sichtbarkeit erschienen. Wie eine zweite Folie ließe sich die Analyse des zweiten Teils – Christologie als Strukturprinzip einer responsorialen Dogmatik – über das Schema der Dogmatik legen. Jesus Christus als in der Kirche gegenwärtig bleibende Mitte der Heilszuwendung Gottes an die Menschen. Er lässt uns verstehen, wie Gott mit uns kommunizieren möchte, er legt das wahre Mensch-Sein frei und weist auf das Kommende, dorthin, wo er als eschatologischer Vollender alles zum Vaterhaus zurückführt.

Gerhard Ludwig Müllers Dogmatik formuliert den Glauben als responsoriales Ereignis, dynamisch-kommunikativ. Er präsentiert die Inhalte des Glaubens als Angebot, das den Menschen in seine eigene Verantwortung zieht. Nicht stumm zu bleiben dem Angesprochen-Sein durch Gottes Heilswillen gegenüber, sondern sich in Freiheit der inneren Disposition als Wesen der Vernunft auf Gott einzulassen, sind die beiden Bedingungen, die eine Annäherung des Menschen an Gott ermöglichen. Aber erst im Lichte der endgültigen Offenbarung Jesu Christi als Selbstmitteilung Gottes erschließt sich Gott als Vater und Jesus Christus als Mittler und Befreier.

Der Christusglaube der Kirche

Einige Aspekte der Christologie bei Joseph Ratzinger

von Josef Kreiml

In seinem „Motu proprio" zur Approbation und Veröffentlichung des *Kompendiums* des *Katechismus der Katholischen Kirche* vom 28. Juni 2005 bezeichnet Papst Benedikt XVI. Jesus Christus, „der ‚der Weg und die Wahrheit und das Leben' ist (Joh 14,6)", als das „vorzügliche Geschenk ..., das Gott der Menschheit gemacht hat". Der Papst wünscht den Lesern des *Kompendiums*, dass sie „immer mehr die unerschöpfliche Schönheit, Einzigkeit und Aktualität" dieses vorzüglichen Geschenkes erkennen.[1] Wolfgang Beinert hat mit Recht festgestellt, dass die Spiritualität Joseph Ratzingers in einer „ausgesprochenen Christozentrik"[2] wurzelt.

Im folgenden Beitrag soll versucht werden, die Bedeutung und den Stellenwert der Christologie in der Theologie Ratzingers anhand einiger einschlägiger kleinerer Aufsätze zu erhellen. Eine Analyse größerer Werke des jetzigen Papstes – wie etwa des christologischen Teils seiner „Einführung in das Christentum"[3],

---

[1] Papst Benedikt XVI., in: Katechismus der Katholischen Kirche. Kompendium, übersetzt aus dem Italienischen im Auftrag der Deutschen Bischofskonferenz, München 2005, 9–11, hier 10 f. – Beachtenswert ist in diesem Zusammenhang auch der Aufsatz Ratzingers, der 1990 unter dem Titel „Jesus Christus heute" erschienen ist und Sein und Bedeutung Christi unter den johanneischen Topoi „Weg, Wahrheit, Leben" bedenkt (abgedruckt in: J. Kardinal Ratzinger, Ein neues Lied für den Herrn. Christusglaube und Liturgie in der Gegenwart, Freiburg 1995, 15–45). – Vgl. dazu auch H. Hoping / J.-H. Tück (Hg.), Die anstößige Wahrheit des Glaubens. Das theologische Profil Joseph Ratzingers, Freiburg 2005, 12–14.46–69.

[2] Vgl. W. Beinert, Joseph Ratzinger – Benedikt XVI. Ausschau als Rückschau, in: Cath(M) 60 (2006), 139–150, hier 145; außerdem E. Dirscherl, Gott und Mensch als Beziehungswesen. Die theologische und anthropologische Denkfigur Joseph Ratzingers ausgehend von der Christologie, in: F. Meier-Hamidi / F. Schumacher (Hg.), Der Theologe Joseph Ratzinger, (QD 222), Freiburg 2007, 56–72.

[3] Vgl. J. Ratzinger, Einführung in das Christentum. Vorlesungen über das Apostolische Glaubensbekenntnis. Mit einem neuen einleitenden Essay, München 2000, 179–310; auch ders., Die Christologie im Spannungsfeld von altchristlicher Exegese und moderner Bibelauslegung, in: J. Tenzler (Hg.), Urbild und Abglanz. Beiträge zu einer Synopse von Weltgestalt und Glaubenswirklichkeit. Festgabe für Herbert Doms zum 80. Geburtstag, Regensburg 1972, 359–367.

seiner Betrachtungen in „Der Gott Jesu Christi"[4] oder seiner „Versuche zu einer spirituellen Christologie"[5] – muss hier unterbleiben, da ich diese Schriften an anderer Stelle[6] untersuche. Gestützt auf seine Ausführungen über den „Sinn des Christseins" aus dem Jahr 1964 soll zunächst gezeigt werden, wie Joseph Ratzinger seine Christologie schöpfungstheologisch verortet.

1. Die Menschwerdung Christi als Durchbruch vom Schöpfer zum Geschöpf

Obwohl mit dem erstmaligen Auftreten von Geist und Bewusstsein in der Menschheitsgeschichte eine „entscheidende Wende" in der kosmischen Symphonie eingetreten ist, vermag – so Ratzinger in seinen Münsteraner Adventspredigten von 1964 – der Mensch allein sich selbst und der Welt „keinen genügenden Sinn"[7] zu geben. Existierte in der Welt nur menschlicher Geist, so würde die Bewegung des Kosmos am Ende in einem „tragischen Lauf ins Leere" enden. Den entscheidenden Umbruchspunkt in der Menschheitsgeschichte markiert die Menschwerdung Christi. In diesem Ereignis ist nicht nur der Durchbruch von Natur zu Geist erfolgt, sondern der Durchbruch vom Schöpfer zum Geschöpf. Damit sind an einem Punkt der Geschichte „Welt und Gott eins geworden". Der Sinn aller nachfolgenden Geschichte kann im Grunde nur noch darin bestehen, „die ganze Welt einzuholen in diese Vereinigung und ihr von daher den erfüllten Sinn zu geben"[8], der in ihrer Einheit mit dem Schöpfer besteht. Das Wort des Athanasius von Alexandrien „Gott ist Mensch geworden, damit die Menschen zu Göttern würden" beschreibt den „eigentlichen Sinn der Geschichte". Im Durchbruch von Welt zu Gott erhält alles Vergangene und alles Zukünftige seinen „Sinn als Ein-

---

[4] Vgl. J. Ratzinger, Der Gott Jesu Christi. Betrachtungen über den Dreieinigen Gott, München 2. Aufl. 1977, 47–84.

[5] Vgl. J. Kardinal Ratzinger, Schauen auf den Durchbohrten. Versuche zu einer spirituellen Christologie, Einsiedeln 1984; auch ders., Unterwegs zu Jesus Christus, Augsburg 2005 und meine Rez. dieses Buches in: FKTh 21 (2005), 75–77.

[6] Vgl. z. B. J. Kreiml, „Gott ist unendliche Nähe." Der Glaube an Jesus Christus in der Theologie Joseph Ratzingers, in: G. L. Müller (Hg.), Der Glaube ist einfach. Aspekte der Theologie Papst Benedikts XVI., Regensburg 2007, 85–100.

[7] J. Ratzinger, Vom Sinn des Christseins. Drei Predigten, München Neuausgabe 2005, 65–110, hier 69.

[8] Ebd.

beziehung der großen kosmischen Bewegung in die Vergöttlichung“[9], d. h. in ihre Rückkehr zum Schöpfer.

a) Die Grundbewegung der Liebe als fundamentale Dynamik der Schöpfung und der Heilsgeschichte

Von dieser Sinnbestimmung der gesamten Schöpfung her leitet der heutige Papst ein „persönliches Programm“ für jeden Menschen ab: Die ungeheure Alternative für den Menschen besteht darin, entweder sich in die kosmische Bewegung der Schöpfung einzuordnen und so Anteil zu gewinnen am Sinn des Ganzen oder sich dieser Linie zu verweigern und damit sein Leben der Sinnlosigkeit zu überantworten. Christsein heißt Ja sagen zu dieser Bewegung der geschöpflichen Wirklichkeit und sich in ihren Dienst stellen. Christ wird man – in einem gewissen Sinn – nicht für sich, sondern „für das Ganze, für die anderen, für alle“. Christ werden bedeutet das Bereitsein zu einem Dienst, den Gott seinem Geschöpf Mensch in der Geschichte aufträgt. Wer den Namen Christi trägt, stellt sich zum „Dienst für das Ganze“ zur Verfügung. Er versucht, die Existenzform des Egoismus aufzugeben und in die neue Existenzform des „Füreinanderseins“ einzutreten. Darin besteht – so Ratzinger – die entscheidende Dimension der ganzen Heilsgeschichte.

Am tiefsten hat diese fundamentale Dynamik der gesamten Schöpfung Jesus im „Gesetz des Weizenkorns“ formuliert. Das Gleichnis bringt anschaulich zum Ausdruck, dass dieses Grundgesetz nicht nur die Heilsgeschichte, sondern die ganze Schöpfung prägt (vgl. Joh 12, 24 f). In seinem Tod und in seiner Auferstehung hat Christus das „Gesetz des Weizenkorns“ erfüllt. Er ist in der Eucharistie zur hundertfältigen Frucht geworden, von der wir leben. Im Geheimnis der Eucharistie, in dem er der wahrhaft und ganz Für-uns-Seiende ist, fordert uns Christus auf, täglich in dieses Gesetz des Füreinanderseins einzutreten, in dem das Wesen der wahren Liebe besteht. Liebe kann nur bedeuten, den verengten Blick auf das eigene Ich aufzugeben, hinauszugehen aus dem eigenen Selbst, um da zu sein für die anderen. In dieser Grundbewegung der Liebe, die die „Grundbewegung des Christentums“ ist, nimmt der Mensch teil an der schöpferischen Liebe Gottes, der alle Menschen zum Miteinander und Füreinander führen will. In Jesus Christus ist „der entscheidende Durchbruch der Weltgeschichte auf die Vereinigung von

[9] Ebd., 70.

Geschöpf und Gott hin" geschehen. Der bleibende Anstoß und die bleibende Größe der christlichen Botschaft bestehen darin, dass das Schicksal der ganzen Menschheitsgeschichte an Jesus von Nazaret, d. h. an einer einzigen Person, hängt. An Jesus Christus wird sichtbar, dass wir füreinander da sind und voneinander leben.

b) Der stellvertretende Überfluss der Liebe Christi

Der Mensch kann – so die entscheidende Einsicht Ratzingers – von sich aus der Geschichte keinen Sinn geben. Bliebe er der einzige Akteur der Weltgeschichte, dann wäre die Menschheitsgeschichte gnadenlos dem Nihilismus und der Sinnlosigkeit ausgeliefert. Dabei verweist Benedikt XVI. auf Dichter des 20. Jahrhunderts, die die Langeweile und Vergeblichkeit als Grundgefühl des Menschen beschrieben haben. Christus hat dem Ganzen der Menschheitsgeschichte die entscheidende Sinndimension verliehen. Der in seiner Menschwerdung Wirklichkeit gewordene Durchbruch vom Schöpfer zum Geschöpf hat die „Bewegung ins Leere" zu einer „Bewegung in die Fülle ewigen Sinnes" transformiert. Durch den „stellvertretenden Überfluss" seiner Liebe hat Jesus Christus das „Defizit unserer Liebe" aufgefüllt. Glauben heißt – so Ratzinger – zugeben, dass wir ein solches Defizit haben, und die Bereitschaft aufbringen, sich von Gott beschenken zu lassen. Erst in solchem „Glauben" endet der Egoismus. Insofern ist Glaube in der wahren Liebe implizit präsent. Der Glaube ist „jenes Moment an der Liebe, das sie wahrhaft zu sich selber führt"[10], nämlich in die Offenheit dessen, der nicht auf seinem eigenen Können besteht, sondern sich als Beschenkten und als Bedürftigen weiß. In der Geste des Glaubens, in welche wahre Liebe übergehen muss, liegt der verlangende Ausgriff auf das Christusgeheimnis. Alles im Dogma Begegnende ist letztlich Auslegung der „entscheidenden und wahrhaft genügenden Grundwirklichkeit der Liebe Gottes und der Menschen".[11] Die

---

[10] Ebd., 99.

[11] Ebd., 101. – Zu Jesus Christus, der „fleischgewordenen Liebe Gottes" vgl. auch Papst Benedikt XVI., Enzyklika DEUS CARITAS EST (Nr. 12–15), hg. vom Sekretariat der Deutschen Bischofskonferenz, (VApS, 171), Bonn 2006; außerdem E. Jüngel, Caritas fide formata. Die erste Enzyklika Benedikt XVI. – gelesen mit den Augen eines evangelischen Christenmenschen, in: IKaZ 35 (2006), 595–614. – W. Beinert (Joseph Ratzinger – Benedikt XVI. [Anm. 2], 150) beurteilt diese Enzyklika des Papstes als „eine Art Zusammenschau" der Theologie ihres Autors: „In Christus durch den Hei-

Grundstruktur des Überflusses prägt die ganze Schöpfung und die ganze Heilsgeschichte. Dabei handelt es sich um die Torheit einer Liebe, die sich jeder Berechnung enthält und vor keiner Verschwendung zurückschreckt.

Damit haben wir gesehen, von welchen denkerischen Voraussetzungen her sich Joseph Ratzinger in seinen Münsteraner Predigten der Person Jesu Christi nähert. Ein Beitrag aus dem Jahr 1973 macht plausibel, dass eine authentische Annäherung an Jesus Christus nur vom Glauben der Kirche her möglich ist.

2. Der im Glauben der Kirche zugängliche wirkliche Jesus Christus

Der heutige Papst ist – so legt er in einer kleinen Veröffentlichung dar – Jesus Christus nicht literarisch oder philosophisch, sondern im Glauben der Kirche begegnet. Christus ist nicht ein Großer der Vergangenheit (wie z. B. Platon oder Thomas von Aquin); vielmehr ist er ein in der Gegenwart Lebender und Wirkender. Am zuverlässigsten kann man ihm innerhalb der von ihm ausgehenden Geschichte des Glaubens begegnen – in der Sehweise des Glaubens, wie sie am nachhaltigsten das Konzil von Chalkedon formuliert hat. Chalkedon ist „die großartigste und kühnste Vereinfachung des komplizierten, äußerst vielschichtigen Traditionsbefundes auf eine einzige, alles andere tragende Mitte hin“[12]: Sohn Gottes, gleichen Wesens mit Gott und gleichen Wesens mit uns. Dieses Konzil hat Jesus – im Gegensatz zu vielen anderen Versuchen im Laufe der Geschichte – theo-logisch ausgelegt. Allein diese Auslegung wird der ganzen Breite der Überlieferung und der „vollen Wucht“ des Phänomens Jesus Christus gerecht. Alle anderen Interpretationen sind zu schmal; sie erfassen nur einen Teil und schließen einen anderen aus.

Jesus und die Kirche sind weder voneinander trennbar noch können sie einfach miteinander identifiziert werden. Jesus Christus überragt die Kirche unendlich und bleibt als ihr Herr auch ihr Maß. Die Annahme Christi im Inneren der Kirche neutralisiert keineswegs die Wucht seiner Gestalt, die immer wieder erregend über die Kirche hinausweist. Jesus Christus unter dem Vorzeichen der Hermeneutik von Chalkedon kennenzulernen, bietet die Garantie

---

ligen Geist hat sich die Liebe des Vaters offenbart, um sich hinfort als ekklesiale Liebe zu verwirklichen."

[12] J. Ratzinger, Was bedeutet Jesus Christus für mich? (1973), in: ders., Dogma und Verkündigung. Donauwörth 4. Aufl. 2005, 133–136, hier 134. – Vgl. auch ders., Das Konzil von Chalkedon, in: ThRv 52 (1956), 103–112.

dafür, dass kein Teil der Tradition weginterpretiert werden muss, weil dieser vielleicht zu wenig gottheitlich aussähe und mit der Sache des Dogmas nicht in Einklang zu bringen wäre. Im Gegenteil, die kirchliche Tradition, in der die von Jesus gegründete Geschichtsbewegung bis heute lebenskräftig geblieben ist, begründet das Vertrauen in die biblische Tradition, der „mehr Wirklichkeit" zuzutrauen ist als allen Versuchen der Rekonstruktion eines chemisch reinen historischen Jesus aus der Retorte der historischen Vernunft. Der kirchlichen Tradition kann man – so Ratzinger – „in ihrer ganzen Breite" vertrauen. Je mehr Rekonstruktionen des sog. historischen Jesus sich als unhaltbar erweisen, desto begründeter ist dieses Vertrauen. Die Hermeneutik von Chalkedon ist die einzige, die nichts weginterpretieren muss, sondern „das Ganze annehmen kann". Jede andere Hermeneutik streicht bestimmte Teile des historischen Befundes im Namen ihrer vermeintlich besseren Einsichten. Die zu solchen Streichungen zwingende Autorität ist jedoch nur die Autorität einer bestimmten Denkform, deren historische Bedingtheiten meist eindeutig benennbar sind. Gegenüber solchen Teilautoritäten hat die vitale Kraft der kirchlichen Überlieferung ein unvergleichlich größeres Gewicht. Der Jesus der Evangelien ist der wirkliche Jesus, der die gelehrtesten Rekonstruktionen überdauert. Wer mit der Kirche glaubt, begegnet Jesus – im Gebet und in den Sakramenten, v. a. in der Eucharistie – „direkt".[13]

In engem Zusammenhang mit diesem Plädoyer des heutigen Papstes für den kirchlichen Christusglauben steht seine 1992 vorgelegte Auseinandersetzung mit verschiedenen Jesuanismen.

3. Die Trennung von Jesus und Christus als Ausdruck einer christologischen Krise

Hinter der weitverbreiteten Entgegensetzung zwischen Jesus und Kirche steckt – so Ratzinger in seinem Aufsatz „Christus und Kirche" – kein primär ekklesiologisches Problem, sondern „letztlich ein christologisches Problem".[14] Der eigentliche Gegensatz lautet nicht „Jesus ja, Kirche nein", sondern „Jesus ja, Christus nein" bzw. „Jesus ja, Sohn Gottes nein". Benedikt XVI. verweist auf die sog. „Jesuswelle" der 60er und 70er Jahre des vergangenen Jahrhunderts mit ihren verschiedenen Akzentuierungen. In dieser „Jesuswelle" kam

[13] Ebd., 136.

[14] J. Kardinal Ratzinger, Christus und Kirche. Aktuelle Probleme der Theologie – Konsequenzen für die Katechese (1992), in: ders., Ein neues Lied für den Herrn. Christusglaube und Liturgie in der Gegenwart, Freiburg 1995, 47–55, hier 47.

eine religiöse Begeisterung zum Ausdruck, die an der geheimnisvollen Gestalt Jesu und ihrer inneren Kraft festhalten, zugleich aber nichts wissen wollte vom Christusglauben der Kirche und – diesen begründend – vom Christusglauben des Neuen Testaments. Jesus erscheint in dieser Interpretationslinie als einer der „maßgebenden Menschen" (Karl Jaspers). Die Anhänger dieser theologischen Richtung ließen sich allein vom Menschlichen an Jesus berühren. Das Bekenntnis zu Gottes eingeborenem Sohn scheint Jesus – so Ratzinger – in den Augen vieler uns Menschen zu entfremden, ins Unnahbare und Unwirkliche zu entrücken und ihn zugleich der Verwaltung durch die kirchliche Macht auszuliefern. Die Trennung von Jesus und Christus führt zwangsläufig zur Trennung von Jesus und Kirche: Christus überlässt man dann der Kirche; er scheint ihr Werk zu sein. Indem Christus beiseite geschafft wird, hofft man, Jesus und damit eine neue Form von Freiheit und „Erlösung" zu gewinnen. Ratzinger nennt drei entscheidende Gründe, die zu dieser Trennung zwischen Jesus und Christus führen, von der schon der erste Johannesbrief eingehend gesprochen hat (2,22; 4,3), wobei der Verfasser dieses Briefes die Titel „Christus" und „Sohn Gottes" gleichsetzt (2,22 f; 4,15; 5,1).

a) Der Versuch einer Konstruktion des sog. „historischen Jesus"

Ein erster Grund liegt in dem Bestreben, hinter den Jesus der Evangelien zurückzugehen und einen „historischen Jesus" zu konstruieren, der nach den Maßstäben des vielbeschworenen modernen Weltbildes und der von der Aufklärung inspirierten Form von Geschichtsschreibung aus den Quellen – und zugleich gegen die Quellen – destilliert werden soll. Für dieses Unternehmen ist die Voraussetzung bestimmend, dass in der Geschichte nur geschehen könne, was grundsätzlich immer möglich ist. Aufgrund dieser Prämisse dürfe der normale, naturwissenschaftlich feststellbare Kausalzusammenhang nie unterbrochen werden. Was gegen die uns bekannten Gesetzlichkeiten verstößt, habe als ungeschichtlich zu gelten. Insofern kann – so die dahinterstehende Überzeugung – der Jesus der Evangelien nicht der wirkliche Jesus sein. Es müsse ein neuer Jesus gefunden werden, von dem all das zu subtrahieren ist, was nur Gott zugeschrieben werden kann. Das Konstruktionsprinzip dieses „historischen Jesus" schließt das Göttliche an ihm dezidiert aus: Der sog. „historische Jesus" ist ein „Nicht-Christus", ein „Nicht-Sohn". Wer bei seinen Exegesen dieser Auslegungsrichung folgt, lässt – so Ratzinger – nicht mehr den Jesus der Evangelien zu sich sprechen, sondern nur noch den „erklärten" Jesus der Aufklärer. Damit kommen zwangläufig auch die Kirche und die Sakramente zu Fall. Denn wie sollte es eine Realpräsenz des „historischen Jesus“ in der Eucharistie geben können? Hinter dieser unter dem Stichwort „historischer Jesus“ vorgenommenen Depotenzierung Jesu Christi steht letztlich der weltanschauliche Grundentscheid für das sog. „moderne Weltbild“.[15]

b) Die unverstandene christliche Erlösungslehre

Als zweiten Grund für die christologische Krise, die im Versuch einer Trennung von Jesus und Christus sichtbar wird, nennt Benedikt XVI. eine bestimmte Form von Existenzerfahrung bzw. bestimmte Erfahrungsdefizite. Der heutige Mensch versteht die christliche Erlösungslehre nicht mehr, weil diese in seiner Lebenserfahrung keine Entsprechung findet. Das mit dem Titel „Christus“ bzw. „Messias“ Gemeinte kommt in seinem Leben nicht vor und bleibt damit eine Leerformel. Der moderne Mensch kann sich unter Sühne, Stellvertretung, Genugtuung nichts vorstellen. Infolgedessen fällt das Bekenntnis zu Jesus *als Christus* im Grunde vollständig aus. Auf dem Hintergrund dieses Befundes ist der ungeheure Erfolg psychologischer Interpretationen des Evangeliums, das in dieser neuen Interpretationsrichtung zum symbolischen Vorvollzug erlösender Seelenheilung wird, zu erklären und die breite Zustimmung, die die politische Erklärung des uminterpretierten Christentums gefunden hat, zu verstehen. Erlösung wird bei diesen Versuchen

[15] Vgl. dazu J. Kreiml, Das Handeln Gottes in der Geschichte. Hans Jonas' Kritik des Bultmannschen Entmythologisierungsprogramms, in: ders., Christlicher Glaube in der Moderne. Zu einigen Grundthesen bei Hansjürgen Verweyen, Walter Kasper, Joseph Kardinal Ratzinger und Rudolf Bultmann, Regensburg 2000, 65–77. – In seiner kleinen Schrift „Skandalöser Realismus? Gott handelt in der Geschichte“ (Bad Tölz 2005) widerspricht Kardinal Ratzinger der Vorstellung „eines Großteils der modernen Wissenschaft“, wonach die Religion in den Bereich der Subjektivität gehört. Ein Gott, der mit der Welt der Materie nichts zu tun hätte, wäre kein Gott, sondern „nur noch ein Element der Psychologie und der Vertröstung“ (8). Unser subtiler Gnostizismus ertrage es nur schwer, dass auch die Materie Gott gehört. Ratzinger wendet sich gegen „Scheingewissheiten“ des modernen Weltbildes und verweist ausdrücklich auf Jonas' Bultmann-Kritik. Für den Glauben der Kirche sei es absolut einsichtig, dass Gott in der Menschwerdung und in der Auferstehung Christi „seine Macht bis in die Materie hinein gezeigt hat“. In diesen beiden Glaubensartikeln stehe „der Kern des Gottesbildes und der Realismus von Gottes geschichtlichem Handeln in Frage“. Der Glaube „wird nicht in der Retorte akademischer Methoden gemacht, sondern ist als lebendige Realität von der Kirche aller Orte und Zeiten her da“ (ebd., 34).

durch Befreiung im neuzeitlichen Sinn ersetzt, die entweder mehr psychologisch-individuell oder mehr politisch-kollektiv verstanden wird und sich häufig mit einem weitverbreiteten Fortschrittsmythos verbindet. Dieser uminterpretierte Jesus „*hat* uns nicht erlöst“[16]; er kann höchstens ein Leitbild für Erlösung bzw. Befreiung sein.

Erlösung im Sinn des christlichen Glaubens beinhaltet aber – so Ratzinger – mehr als den Kampf für politische Utopien und mehr als Psychotherapie. Wenn der Glaube keine „schon geschenkte Gabe“ der Erlösung mehr vermitteln, sondern nur noch Anweisungen für unsere Selbsterlösung geben kann, dann wird Kirche im überlieferten Sinn zum Ärgernis. Ihr kommt dann keine sakramentale Vollmacht mehr zu, sondern nur noch angemaßte Macht. Kirche wird in diesen Interpretationsversuchen als Ort der „Freiheit“ verstanden, die der Dimension des „Jenseitigen“ entbehrt; Kirche müsse sich in der eigenen Erfahrung als innerweltlich erlösende Instanz bewähren. Die klassische christliche Erlösungslehre bleibt heute – so der Papst – vielfach unverstanden, weil der moderne Mensch kaum in der Lage bzw. willens ist, die Ursache für das Elend der Welt und der eigenen Existenz in der Sünde zu suchen. Nach diesem Denken kann es auch keinen Sohn Gottes geben, der am Kreuz stirbt, um die Menschheit von der Sünde zu erlösen. Im Kontext dieser uminterpretierten Erlösungslehre kommt es zu einer grundlegenden Veränderung im Verständnis von Kult und Liturgie, nämlich zum Verschwinden der Vollmacht des Mysteriums.[17]

c) Der Verlust der christlichen Schöpfungslehre

Als dritten Grund für die christologische Krise nennt Ratzinger den Verlust der christlichen Schöpfungslehre. Die von der positivistischen Vernunft vorgenommene Reduktion der Welt auf das Nachweisbare und die Reduktion

---

[16] J. Ratzinger, Christus und Kirche (Anm. 14), 49. – Zur Kritik bloß immanenter Jesus-Projekte vgl. auch J. Ratzinger, Zur Lage des Glaubens. Ein Gespräch mit Vittorio Messori, München Neuausgabe 2006, 46. – Über das in den Philosophien des 20. Jahrhunderts sichtbar werdende „Verlangen nach Erlösung“ äußert sich Ratzinger in seinem Beitrag „Warum ich noch in der Kirche bin“ (1970), in: J. Ratzinger / Benedikt XVI., Grundsatz-Reden aus fünf Jahrzehnten, hg. v. F. Schuller, Regensburg 2005, 103–119, hier 115 f.

[17] Vgl. H. Hoping, Gemeinschaft mit Christus. Christologie und Liturgie bei Joseph Ratzinger, in: IKaZ 35 (2006), 558–572.

der menschlichen Existenz auf das Erlebbare beruht auf dem – von der Aufklärung mitverursachten – Verblassen des Gottesbildes.[18] Im allgemeinen Bewusstsein der Neuzeit hat sich der Deismus durchgesetzt.

Wie ist die hier diagnostizierte christologische Krise zu bewältigen? Das Geheimnis Gottes, des Schöpfers und Erlösers, muss – so Benedikt XVI. – wieder in seiner ganzen Größe entdeckt werden. Dies setzt voraus, dass der Mythos des modernen Weltbildes in seine Schranken gewiesen wird. Es muss sich die Erkenntnis durchsetzen, dass dem Glauben keine wirkliche Wissenschaft im Weg steht, wohl aber manche Pseudowissenschaft. Der biblische Schöpfungsglaube ist vernünftig. Er ist das Fenster, der die Größe Gottes sichtbar macht. Die Schöpfung ist nicht so determiniert, dass in ihr nur das Mechanische zählt und Liebe machtlos ist. Gott hat Macht in der Welt, weil Liebe eine machtvolle Wirklichkeit ist. Oder umgekehrt gesagt: Wir können auf die Macht der Liebe setzen, weil Gott der Allmächtige ist. Ratzinger hält es für absolut notwendig, die Gestalt Christi „in ihrer vollen Höhe und Tiefe“[19] darzustellen. Von Jesus Christus her erkennen wir Gott, und von Gott her erkennen wir Christus, und darin erst erkennen wir uns selbst. Der wirkliche Christus kann nur ins Blickfeld rücken, wenn pseudoexegetische Mythen demaskiert werden und der Christus der Evangelisten, d. h. der Zeugen, als der wahrhaft historische Jesus erkannt wird. Wer den wahren Jesus Christus sucht, braucht nicht zu befürchten, mit wirklicher Wissenschaft in Konflikt zu geraten. Ratzinger erkennt vorbehaltlos an, dass die moderne Exegese – wo immer sie Auslegung und nicht verkappte Ideologie ist – einen wunderbaren Schatz neuer Erkenntnisse zur Verfügung stellt.[20]

Nachdem deutlich geworden ist, mit welchen Argumenten der diagnostizierten christologischen Krise zu begegnen ist, können wir nun der Frage nachgehen, wie der Papst die Christozentrik des Glaubens begründet.

---

[18] Vgl. dazu J. Kreiml, Braucht die europäische Moderne (noch) das Christentum?, in: J. Reikerstorfer / ders. (Hg.), Suchbewegungen nach Gott. Der Mensch vor der Gottesfrage heute. (Religion – Kultur – Recht, 5), Frankfurt a. M. 2007, 89–104. In diesem Beitrag beziehe ich mich v. a. auf die Debatte zwischen Kardinal Ratzinger und Marcello Pera (in: M. Pera / J. Ratzinger, Ohne Wurzeln. Der Relativismus und die Krise der europäischen Kultur, Augsburg 2005, 61–84. 115–145).

[19] J. Ratzinger, Christus und Kirche (Anm. 14), 54.

[20] Vgl. auch Th. Söding, Die Seele der Theologie. Ihre Einheit aus dem Geist der Heiligen Schrift in Dei Verbum und bei Joseph Ratzinger, in: IKaZ 35 (2006), 545–557.

4. Die Christozentrik des christlichen Glaubens

Der vielfach geäußerten Behauptung, Jesu eigene Verkündigung sei nicht „christozentrisch", sondern ganz auf die Ankündigung des Reiches Gottes zentriert gewesen[21], setzt Ratzinger in einem Beitrag von 1961 – mit Berufung auf das Wort des Origenes von der autobasileia Christi – seine These von der Christozentrik des christlichen Glaubens entgegen. Christus ist „das begonnene Zu-uns-Kommen" des Reiches Gottes. Diese Einsicht ist sowohl für das Verständnis des „Reiches" wie auch für die Erfassung der biblischen Christusbotschaft von entscheidender Bedeutung. Die „Herrschaft Gottes" ist in der Botschaft Jesu kein unbestimmter Allgemeinbegriff, sondern hat in seiner eigenen Person ihren konkreten Ansatz und verweist auf ihn selbst als ihren eigenen Anfang. Umgekehrt gilt auch, dass Christus für die frühe apostolische Verkündigung allein deshalb zentral ist, weil er die Gegenwart des göttlichen Handelns an den Menschen ist. Die Christozentrik des christlichen Glaubens wäre zum Scheitern verurteilt, wenn sie nur darin bestünde, eine Person der Vergangenheit durch zeitgemäße Drapierung als mitreißendes Ideal für die Menschen der Gegenwart zu deklarieren. In diesem Zusammenhang setzt sich Ratzinger mit verschiedenen Jesuanismen des 20. Jahrhunderts auseinander. Wenn es nur darum ginge, für bestimmte Idealvorstellungen einen idealen Menschen zu finden, dann wäre es sinnvoller, sich in der jeweiligen Gegenwart umzusehen als in einer vergangenen Geschichtsepoche. Dann böten Gandhi, Martin Luther King, Korczak und Maximilian Kolbe bzw. – für andere – Ho Chi-Minh und Che Guevara greifbarere Vorbilder. Bloße Jesuanismen sind als chancenloser „Fluchtversuch" und „Abklatsch" einer verfehlten Christozentrik zu beurteilen.[22] Nur wenn Gott in Jesus wirk-

---

[21] So lautete die These A. von Harnacks in seinem „Wesen des Christentums", einer Grundschrift der religiösen Liberalismus. Harnack lehnt eine dogmatische Christologie strikt ab: „Nicht der Sohn, sondern allein der Vater gehört in das Evangelium, wie Jesus es verkündigt hat, hinein" (Das Wesen des Christentums [1900]. Mit einem Geleitwort von W. Trillhaas, Gütersloh 1977, 90; im Original gesperrt). – A. Kissler (Am Scheideweg. Benedikt XVI. und das Christentum des 21. Jahrhunderts, in: IKaZ 35 [2006], 623–636, hier 634) macht darauf aufmerksam, dass Adolf von Harnacks Schrift auch von jüdischer Seite scharfen Protest erfahren hat. Rabbiner Leo Baeck warf von Harnack, dessen Jesus alles Jüdischen entkleidet war, „eine hemmungslos privatistische Lesart der Bibel" vor; nicht „Wesen des Christentums" müsse das Buch heißen, sondern „Mein Christentum".

[22] Vgl. J. Ratzinger, Christozentrik in der Verkündigung? (1961), in: ders., Dogma und Verkündigung, Donauwörth 4. Aufl. 2005, 43–64, hier 45. – Verwiesen sei

lich Mensch geworden ist, bleibt Jesus Christus für alle Zeiten maßgebend und unersetzlich.

a) Seinschristologie ist Ereignischristologie

Unter der Voraussetzung der Menschwerdung Gottes zeigt das Menschsein Jesu, wer Gott ist. Dann ist der Mensch Jesus ein Weg zu Gott. Allein die Gottessohnschaft macht den Menschen Jesus einzigartig. Die Subtraktion der Gottessohnschaft würde nicht zur Entdeckung des Menschen Jesus führen, sondern zu seiner Verabschiedung zugunsten selbstgesetzter Ideale. Christozentrik hat nur dann einen Sinn, wenn sie in Jesus *den Christus* erkennt und insofern Theozentrik ist. Chalkedon mit seiner definitiven kirchlichen Formulierung der Gottessohnschaft Jesu bleibt für den Glauben der alles entscheidende Bezugspunkt. Nicht wenige Theologen haben der Seinschristologie von Chalkedon die Ereignischristologie der Bibel gegenübergestellt und die These vertreten, nur eine Ereignischristologie könne wirklich von Bedeutung sein. Heute wächst jedoch – so Ratzinger – im Blick auf „leerlaufende Jesuanismen" immer deutlicher die Erkenntnis, dass sich nur dann wirklich etwas ereignet hat, wenn Jesus der Sohn Gottes *ist.* Dieses Sein „ist das ungeheuere Ereignis, an dem alles hängt".[23] Wenn Gott wirklich Mensch *wurde,* dann stellt dieses Geschehen einen Durchbruch von unüberbietbarer Dramatik dar. Nur dann stehen Welt und Gott nicht ewig nebeneinander; nur dann hat Gott wirklich *gehandelt.* Das Gott*sein* Jesu ist ein Handeln Gottes unvorstellbaren Ausmaßes.

Eine lebendige Beziehung zu einer toten Person kann es nicht geben, auch nicht zum gestorbenen Menschen Jesus, wenn dieser nur im Weitergehen seiner „Sache" fortleben würde. Wenn Jesus aber auferweckt wurde, und wenn ich in der Lage bin, im „Sohn" den Vater-Gott anzusprechen, dann kann im Gebet eine tiefe Beziehung zu Jesus Christus wachsen. Insofern ist die Frage der Christozentrik des christlichen Glaubens eng mit der Frage nach der Möglichkeit und dem Sinn des Gebetes verbunden. Die Christozen-

---

auch auf J. Finkenzeller, Das wissenschaftliche Werk von Joseph Cardinal Ratzinger, in: P. Pfister (Hg.), Joseph Ratzinger und das Erzbistum München und Freising. Dokumente und Bilder aus kirchlichen Archiven, Beiträge und Erinnerungen, (Schriften des Archivs des Erzbistums München und Freising, 10), Regensburg 2006, 471–476, hier 475.

[23] J. Ratzinger, Christozentrik in der Verkündigung? (Anm. 22), 46.

trik des Glaubens hat ihre innere Voraussetzung im Gebet. Im meditierenden Umgang mit der Gestalt Christi wird deutlich, wer und wie Gott ist.[24]

b) Die Kirche als Ort grundlegender Glaubenserfahrungen

Für sich genommen sind Gott und Mensch unendlich voneinander geschieden. Ein Überspringen des Grabens zwischen Zeit und Ewigkeit ist von seiten des Menschen absolut unmöglich. Keine theologische Spekulation kann erklären, wie der Ewige, ohne seine Ewigkeit aufzugeben, eine zeitliche Schöpfung liebend begleiten kann. Es ist auch unausdenkbar, wie der Mensch aus der Grenze seiner Zeitlichkeit heraus an das Herz des Ewigen rühren könnte. Der Versuch, zu einem bloß historischen Jesus vorzudringen, erweist sich ebenfalls als Illusion, weil keine Hermeneutik zwei Jahrtausende überspringen und echte Gleichzeitigkeit herstellen kann.

Die Kirche bekennt sich im Credo als ein umfassendes Ich, das die Zeiten umspannt und eint. Kirche ist ein Geschichtsraum, der von tragenden Grunderfahrungen her lebt und von ihnen her über die Jahrhunderte hinweg seine Identität behält. Diese Grunderfahrungen sind verankert in den Sakramenten, in denen der Herr sich selbst gibt. So beruht die Identität der Kirche auf der Identität ihres Herrn, der diese in den Sakramenten immer wieder von neuem schafft. Damit ist ein doppelseitiger innerer Zusammenhang gegeben: Ohne die Kirche würde Christus in die Vergangenheit entrücken, und ohne Christus, den Auferstandenen, den Sohn Gottes, würde Kirche zur bloßen Organisation ohne innere Einheit degenerieren. Bei seiner Suche nach Gott und Christus weiß sich der einzelne Gläubige vom umfassenden Ich der Kirche getragen, das ihn zum Zeitgenossen Jesu Christi macht. Damit wird Gott in die Zeit, und der Glaubende in die Ewigkeit hinein vermittelt. Aus dem Glauben, dass wir in Jesus Christus ein „neuer Mensch" geworden sind, erwächst die Forderung, die Selbstbehauptung des naturhaften Egoismus hineinzerbrechen zu lassen in die Gemeinsamkeit des neuen Menschen Jesus Christus. Das geschieht in der persönlichen Beziehung zu ihm und im Mitglauben mit der Kirche und den Heiligen, in denen das wahre Antlitz der Kirche erkennbar wird. Zusammenfassend lässt sich die Christozentrik des christlichen Glaubens so beschreiben: Sie basiert erstens auf dem Ereignis

[24] Vgl. auch J. Ratzinger, Beten in unserer Zeit (1973), in: ders., Dogma und Verkündigung, Donauwörth 4. Aufl. 2005, 119–132.

der Menschwerdung Gottes und ist deshalb Theozentrik; sie setzt zweitens die Präsenz des auferstandenen Christus in der Kirche voraus und fordert das persönliche Hören auf Christus und die Einheit mit der Kirche.

c) Der Glaubensweg durch Christus im Geist zum Vater

Ohne den Heiligen Geist, der den historischen Jesus mit der historischen Kirche eint und der die Einheit des Sohnes mit dem Vater ist, kann weder von Christus noch von Gott gesprochen werden. Jesus bekennt sich als „Sohn" jenes Gottes, der im Alten Bund an den Menschen gehandelt hat, und er sendet den Geist, der die Innerlichkeit Gottes ist (vgl. 1 Kor 2,10 f). Das Neue Testament bekennt den *einen* Gott (vgl. 1 Kor 8,4); zugleich aber verkündet es einen an uns handelnden, in uns wirkenden „Geist Gottes", der uns in die Innerlichkeit Gottes hineinnimmt. Der glaubende Mensch ist im Geist durch Christus auf dem Weg zum Vater. Seinen Ausgangspunkt hat der Glaube an den dreifaltigen Gott in der geschichtlichen Person Jesu Christi und im geschichtlichen Faktum der Ausgießung des Heiligen Geistes. Der trinitarische Glaube basiert auf der Tatsache unseres Inseins in Christus durch den Heiligen Geist und unseres Hinseins zum Vater durch Christus (vgl. Eph 2,18).

d) Kirche als die durch das Christusereignis ausgelöste Dynamik der Menschheit auf Gott hin

Das vorrangige Ziel der Glaubensverkündigung besteht darin, dass der Mensch das Angebot der Liebe Gottes, das ihm in Christus entgegentritt, annimmt. Die Glaubensverkündigung bezeugt „das Eingehen Gottes auf den Menschen und die neue Bewegung, die ... (dieses Geschehen; J. K.) in der Menschheit geschaffen hat".[25] Die Existenz der Kirche als des „Leibes Christi" in der Menschheit besagt, dass der Vorgang der Inkarnation, der Einbeziehung des Menschen in Gott, nicht beim irdischen Jesus stehengeblieben ist, sondern sich – von ihm ausgehend – auf alle Menschen erstreckt. Die Tatsache, dass *ein* Mensch in die Person-Einheit mit Gott erhoben worden ist, betrifft nicht nur diesen *einen* Menschen, sondern ist ein Handeln Gottes an der allen Menschen gemeinsamen menschlichen Natur. Das Christusereignis tangiert die eine Natur aller Menschen und bringt sie auf Gott hin in Bewegung.

---

[25] J. Ratzinger, Christozentrik in der Verkündigung? (Anm. 22), 59; vgl. auch ebd., 61.

Im Menschsein Jesu ist gleichsam die göttliche „Angelrute“ zu sehen, mit der Gott das Menschsein aller Menschen zu sich zieht. Jesus Christus hat in der Menschheit eine neue Dynamik ausgelöst. Die Kirche, das In-Bewegung-Kommen der Menschheit auf Gott hin, ist ihrem Wesen nach „Pascha“, Übergang, Verwandlung des Leibes der Menschheit in den Leib Christi.[26] Sie ist die konkrete Gestalt der Heilsgeschichte, die mit der Erwählung Abrahams beginnt und sich bis zur eschatologischen Vollendung fortsetzt (vgl. 1 Kor 15,28). Die Einzigartigkeit des Christusereignisses entwertet das Leben der Menschen nicht, sondern gibt ihm Anteil an der göttlichen Kraft Christi. In den großen Gestalten des Glaubens – von Polykarp bis Maximilian Kolbe – zeigt sich real, was Leben in der Nachfolge Christi heißt. Die Wiederentdeckung der Heiligen wird Hand in Hand gehen mit der Wiederentdeckung der Kirche und der Wiederentdeckung Christi.

Nachdem die Analyse dieses Aufsatzes von 1961 die von W. Beinert festgestellte Christozentrik Joseph Ratzingers bestätigt hat, können wir uns abschließend den „Thesen zur Christologie“ aus dem Jahr 1973 zuwenden.

5. Wichtige Thesen zur Christologie

Gleichsam eine Synthese bzw. ein Summarium seiner christologischen Grundüberzeugungen legt Ratzinger in seinen „Thesen zur Christologie“ vor.[27] Sie sollen an den Schluss meiner Ausführungen gestellt werden: Den Ausgangspunkt der Christologie bildet die Tatsache der Auferweckung Jesu Christi. Sie ist die „offene Parteinahme“ Gottes für ihn in dem Prozess, den Juden und Heiden gegen ihn veranstaltet hatten. Diese Parteinahme Gottes für ihn bestätigt seine Auslegung des Alten Testaments und seinen eigenen Hoheitsanspruch, dessentwegen er zum Tod verurteilt worden ist.

Das Geschehen der Auferstehung ermöglicht die Auslegung der Kreuzigung Jesu auf der Linie der alttestamentlichen Vorstellung vom leidenden Gottesknecht (vgl. Ps 22; Jes 53). Damit ist der Stellvertretungsgedanke und im Blick auf die Abendmahlsworte auch die Verbindung zur Opfertradition Israels gegeben, die mit Jes 53 verbunden und martyrologisch uminterpretiert

---

[26] Diese Thematik behandelt J. Ratzinger auch in seinem Werk „Die Einheit der Nationen. Eine Vision der Kirchenväter“ (1971), Salzburg Neuauflage 2005.

[27] J. Ratzinger, Thesen zur Christologie (1973), in: ders. / Benedikt XVI., Credo für heute. Was Christen glauben, hg. v. H. Zaborowski und A. Letzkus, (Herder Spektrum, 5683), Freiburg 2006, 51–54.

wird: Jesus ist das wahre Opferlamm, das Bundesopfer, in dem der tiefste Sinn aller alttestamentlichen Liturgie erfüllt ist.[28] Damit ist sowohl der Erlösungsgedanke wie der Kern der christlichen Liturgie eröffnet.

Die Auferstehung Jesu begründet seine bleibende Herrschaft. Daraus resultiert zweierlei: Zum einen bestätigt die Auferstehung des Herrn den vorher noch nicht eindeutig zum Credo Israels gehörenden Auferstehungsglauben und begründet die spezifisch christliche eschatologische Hoffnung. Zum anderen eröffnet die Parteinahme Gottes für Jesus gegen die amtliche Auslegung des Alten Testaments durch die jüdischen Instanzen grundsätzlich jene Freiheit vom Buchstaben des Gesetzes, die zur Kirche der Heiden führt.

Der in der Auferstehung Jesu bestätigte Hoheitsanspruch drückt sich aus in der Vorstellung vom Sitzen Jesu zur Rechten des Vaters. Er führt zur Anwendung der alttestamentlichen Messiasverheißungen auf Jesus (vgl. Ps 2,7). Die zunächst vielfältigen Ausdrucksformen für die Hoheit Jesu kristallisieren sich zusehends in den Begriffen „Christus“ und „Sohn“, die am meisten der alttestamentlichen Verheißung wie dem historischen Anspruch Jesu entsprachen.

Für den Glauben der werdenden Kirche war das Bewusstsein konstitutiv, dass sie mit dieser Auslegung der Gestalt Jesu nicht nachträglich einen Lehrer in Israel „theologisch verklärte“, sondern „sachlich richtig sein eigenes Wort und Werk interpretierte“.[29] Deshalb gehört das erinnernde Festhalten der Worte Jesu und seines Weges von Anfang an zum Kern der Traditionsbildung und zu ihren Maßstäben. Die „Identität“ zwischen dem irdischen und dem auferstandenen Jesus ist grundlegend für den Glauben der Gemeinde und verbietet jede spätere Zertrennung zwischen historischem und kerygmatischem Jesus.

Die Formel „Mein Sohn bist du, heute habe ich dich gezeugt“ (Ps 2,7) erscheint zunächst als Auslegung des Auferstehungsgeschehens: Die Auferstehung ist die Thronerhebung Jesu, seine Proklamation zum König und zum Sohn. Aber weil die Auferstehung zugleich wesentlich als Bestätigung des Hoheitsanspruchs gefasst wurde, dessentwegen Jesus sterben musste, wird zusehends deutlich, dass der Sohnestitel auch schon vor der Auferstehung gilt und gültig beschreibt, wer Jesus war.

Dieser Zusammenhang wird mit voller Deutlichkeit im Johannesevangelium zu Ende gedacht: Jesus „ist selbst Wort Gottes seiner ganzen Existenz

---

[28] Vgl. auch J. Ratzinger, Der Neue Bund. Zur Theologie des Bundes im Neuen Testament (1995), in: ders., Die Vielfalt der Religionen und der Eine Bund, Hagen 1998, 47–79; außerdem meine Rez. dieses Buches in: ZKTh 120 (1998), 462–465.

[29] J. Ratzinger, Thesen zur Christologie (Anm. 27), 52.

nach".[30] In ihm handelt Gott als Mensch. So wird jetzt auch vollends klar, dass in ihm zwei alttestamentliche Verheißungslinien ineinander münden: die Verheißungen eines Heilbringers aus Davids Geschlecht und eine direkt theologische Verheißungslinie, die Gott selbst als das endgültige Heil Israels sieht. Zugleich erhalten die in den synoptischen Evangelien überlieferten Hoheitsansprüche Jesu damit ihren umfassenden Kontext; die Worte und Taten Jesu, in denen er faktisch an die Stelle Gottes tritt, werden plausibel.

Im Zug der zunehmenden Rückbesinnung auf die Voraussetzungen des Osterereignisses in der Gestalt des irdischen Jesus ist es zu verstehen, dass im Matthäus- und Lukasevangelium Überlieferungen über die Geburt und die Kindheit Jesu in die amtliche Überlieferungsform der Kirche aufgenommen werden. So wird sichtbar, dass sein Hoheitsbewusstsein nicht erst auf einer nachträglichen Berufung gründet, sondern auf dem, „was er von Anfang an ist".

Während die Evangelienüberlieferung das maßgebende Wort und Werk Jesu festhält, versuchen die Glaubensbekenntnisse der werdenden Kirche die zentralen Richtpunkte der Überlieferung zu markieren. Der mit den ersten Osterbekenntnissen einsetzende Prozess christologischer Bekenntnisbildung ist mit dem Konzil von Chalkedon zu einem gewissen Abschluss gekommen. Zwei Hauptaussagen sind hervorzuheben: Aus der Fülle christologischer Würdetitel wählt es als den maßgebendsten und umfassendsten Titel die Bezeichnung „Sohn Gottes" aus, die mit dem ganzen Gewicht des trinitarischen Glaubens ausgesprochen wird und der johanneischen Zentrierung der Christologie entspricht. In der Rede von der Zweiheit der Naturen und der Einheit der Person versucht das Konzil, das Paradox des Sohnestitels zu entfalten. Jesus ist Mensch in der unverkürzten Ganzheit des menschlichen Seins. Gleichzeitig aber gilt, dass er Gott „nicht nur durch sein ... Bewusstsein verbunden war, sondern durch sein Sein selbst"[31]: Als Sohn Gottes ist er wahrhaft Gott und wahrhaft Mensch.

Der Erlösungsgedanke erhält damit eine letzte ontologische Tiefe: Das Sein des Menschen ist in das Sein Gottes einbezogen. Aber diese ontologische Aussage behält nur Sinn unter der Voraussetzung des konkreten, realen und liebenden menschlichen Seins Jesu, in dessen Tod das Sein des Menschen für Gott eröffnet und Gott übereignet wird.

---

[30] Ebd., 53.

[31] Ebd., 54. – Vgl. auch J. Kreiml, „Mitarbeiter der Wahrheit". Theologische Grundüberzeugungen des Papstes Benedikt XVI., in: KlBl 86 (2006), 231–237; außerdem J. Kardinal Ratzinger, Gott und die Welt. Glauben und Leben in unserer Zeit. Ein Gespräch mit Peter Seewald, Stuttgart 2000, 169–292 und ders., Christologische Orientierungspunkte, in: ders., Schauen auf den Durchbohrten (Anm. 5), 13–40.

Die ontologische Vermittlung des „neuen Seins" durch Christus

von Imre Koncsik

Hinführung

Um ein Beispiel für die Problematik zu nennen: Eugen Biser etwa ist vom Gedanken getragen, das „Antlitz" Christi – wohl eine Anspielung auf die philosophische Konzeption von Levinas[1] – für jeden Glaubenden „hic et nunc" ansichtig zu machen und erkennen zu lassen[2]. Verfährt seine Methode phänomenologisch-existenzanalytisch[3], so soll hier ontologisch-metaphysisch[4] nach dem *wirkenden christologischen Grund* dessen gefragt werden, was das „neue Sein" des Christgläubigen innerlich konstituiert[5]. Wird Christus als die letzte Wahrheit allen Menschseins gefasst[6], dann geht es um die in Erkenntnis und Liebe des Bildes Christi vermittelte *reale* Bewirkung eben dieses Bildes im Menschen.

---

[1] Levinas, E., Jenseits des Seins oder anders als Sein geschieht, Freiburg-München 1992; ders., Humanismus des anderen Menschen, Hamburg 1989. Siehe dazu: Freyer, T., Der Mensch als „Bild Gottes"? Anmerkungen zu einem Vorschlag von E. Levinas im Hinblick auf die theologische Anthropologie, in: Wohlmuth, J. (Hg.), Immanuel Levinas – eine Herausforderung für die christliche Theologie, Paderborn u. a. ^{2}1999, 81–95

[2] Biser, E., Das Antlitz. Eine Christologie von innen, Düsseldorf 1999

[3] Zur Einordnung siehe Koncsik, I., Christologie im 19. und 20. Jahrhundert (HDG III, 1e) Freiburg i. Br. u. a. 2005

[4] Es wird eine *transformierte* klassische Ontologie vorausgesetzt – in Einheit und Differenz zu modernen Ontologien (Schmidinger, H., Metaphysik. Ein Grundkurs, Stuttgart u. a. 2000; Honnefelder, L.; Krieger, G. (Hgg.), Philosophische Propädeutik, Bd. 3: Metaphysik und Ontologie, Paderborn 2001)

[5] Der Ausdruck stammt von Paul Tillich, doch wird er hier konsequenter ontologisch und existentiell appliziert (Systematische Theologie, Bd. 2, übers. von R. Albrecht u. a., Stuttgart 1958, wonach Jesus als der „Christus" die „Manifestation des Neuen Seins in Raum und Zeit" ist (109), und zwar „in einem personhaften Leben" als „Bild wesenhaften Menschseins unter den Bedingungen der Existenz erschienen ist, ohne von ihnen überwältigt zu werden." (104). Der Schwerpunkt des „Neuen Seins" liegt in der existentiellen Überwindung der faktisch negativen, weil gefallenen „Existenz".)

[6] Daher wird in Christus die Suche nach Gottes Angesicht konkreter – so Joseph Kardinal Ratzinger, Unterwegs zu Jesus Christus, Augsburg 2003, 24.

Kann demzufolge jeder, der den historischen Jesus persönlich nicht kennt – das für alle nachfolgenden Glaubenden geltende Extrembeispiel ist Paulus – eben diesen als den *Christus* auf eine analog andere Weise personhaft kennen, lieben, an ihn glauben und auf ihn hoffen lernen? Beten Christen zur konkreten Person Jesu Christi? Bezeugen sie den konkreten Jesus als *Grund* ihres „neuen Seins in Christus"? Jenseits der neuzeitlich angestoßenen Diastase zwischen einem „historischen Jesus" und einem „österlichen Christus des Glaubens", welche das Sein Christi intrinsisch zerfällt und seine geschichtlich (im ontologisch auszudeutenden „Geschehen") analogisierte Integrität in ihrer Intimität aufsplittet, wird hier das *eine* gottmenschliche Sein vorausgesetzt, welches sich raumzeitlich universal ausstreckt und zugleich innigst in Jesus Christus konkretisiert ist. Es wird demnach binnenchristologisch angesetzt, um die Frage nach der personalen, existentiellen, mentalen und letztlich kosmologischen Wirkung der universal konstituierenden Wirklichkeit des Incarnatus, der alles wirkend verwandelt und „hinauf (zum Logos) analogisiert", ontologisch beantworten zu können.

Insbesondere geht es um die Sicherung des ontologischen Vorrangs der Realität gottmenschlicher Einheit *vor* ihrer Idee. Das gottmenschliche *Sein* Jesu Christi ist keine archetypische Idee einer gelungenen Einigung zwischen Schöpfer und Schöpfung, keine subjektive Projektion und letztlich zufällige Hineinverlagerung dieser Idee in die konkrete historische Gestalt Jesu von Nazareth, keine mögliche „Erfüllung" einer universalen Idee neben beliebigen anderen religiösen Symbolen gottmenschlicher Union[7], also keine divers spezifizierbare Möglichkeit einer gottmenschlichen Einigung, welche pluralistisch und die Einzigkeit seines Seins nivellierenden Manier universal-religiös „verortet" werden kann, keine Prolongation humaner Phantasie und keine maßlos die Realität überfrachtende Hypostasierung einer geschichtlichen Gestalt, keine rationale Ableitung im Dienst einer metaphysischen Reflexion,; es ist auch kein Ergebnis transzendentaltheologischer Spekulation[8], kein psycho-

---

[7] Hier wird an ein pluralistisch-idealistisches Axiom gedacht, wonach Jesus nur ein mögliches Zeichen neben anderen gleichwertigen „Hinweisen" ist – etwa Buddha, Mohammed, Ghandi u. a.

[8] Gemeint ist der transzendentaler Idealismus neukantianischer Provenienz. Beim transzendentalen Realismus Rahners hingegen wäre näher zu differenzieren, in welcher Hinsicht der transzendentale Horizont ideelles oder reales Sein meint (siehe dazu explizit die zumindest postulierte Anteszendenz der Erfahrung vor ihrer subjektiven Erkenntnis bei Rahner, K., Schriften zur Theologie IX, 104ff. u. a.) – und wenn es reales Sein meint, inwiefern die neu schaffende und kreativ-gestalterische Potenz

physisches Bedürfnis mit therapeutischem Nutzeffekt, keine Projektion der jedem Menschen eignenden Göttlichkeit in eine divin hypostasierte historische Figur von einer austauschbaren Tragik, und auch kein Ergebnis eines meditierenden Selbstgesprächs, das unmittelbar den göttlichen Adressaten und keinen unnötigen Mittler meinen sollte. Vielmehr kommt ontologisch die *Realität* Jesu Christi *vor* seiner diversifizierbaren *Wirkung*, welche aller erst jede analoge Unionsdynamik eines jeden Seienden – besonders des Menschen – mit seinem göttlichen Gegenüber fundiert, initiiert, motiviert, trägt, begleitet und ihr nachfolgt[9]. Sie stiftet dem die kenotisch-pleromatische Bewegung in Glaube, Liebe und Hoffnung frei mitvollziehenden Menschen die „Christusförmigkeit“[10] ins Zentrum seines vom (ewigen) Tod ins (ewige) Leben übergetretenen und immer neu übertretenden neuen Seins ein, um eine Christusähnlichkeit im „in Christo“ aktpotentiell zu ermöglichen.

Um ontologisch eine Wirkung des Gottmenschen lokalisieren zu können, muss dessen *Realität* die jedem Menschen zweifellos eignende Idee[11] einer gottmenschlichen Einigung analog und vollständig transmutieren – und nicht nur transformieren – sowie individuell spezifizieren. Ein solcher ontologischer Effekt der Verwandlung der universal-archetypischen Idee gottgeschöpflicher Einigung ist die Basisvoraussetzung der Erkenntnis der einmaligen *Unableitbarkeit* des Gottmenschen, der definitiv neue Möglichkeiten „zu sein“ generieren

---

dieses Seins, das unableitbar bleibt, berücksichtigt wird. „Die Gefahr ist nicht von der Hand zu weisen, dass die Glaubensinhalte (auf deren Objektivationen es gar nicht so entscheidend ankommt) aus der Subjektivität (des zuvor ‚vergöttlichten‘) Menschen abgeleitet werden.“ (Scheffczyk, L., Grundlagen des Dogmas. Einleitung in die Dogmatik (Katholische Dogmatik, Bd. 1), Aachen 1997, 247).

[9] Anklänge an die Gnadenlehre sind nicht zufällig, etwa an die Differenz zwischen „gratia praeveniens“ – „subsequens“ oder „illuminans“ – „inspirans“, wie sie sachlich bereits bei Augustinus (De spir. Et litt., 34) sowie bei Thomas von Aquin (S. Th. I. II. Q. 111 a. 1 resp.) vorliegt.

[10] Schmaus, M., Katholische Dogmatik I-IV, München 1939–1941, z. B. Band II, 114.

[11] Die vorauszusetzende Unbedingtheit dieser implizit von jedem Menschen immer erstrebten Idee wird besonders bei Rahner betont (z. B. Jesus Christus, II. Fundamentaltheologische Überlegungen und III. Dogmatische Vermittlung, in: Sacramentum Mundi, Bd. 2, Freiburg i. Br. u. a. 1968, 920–957, bes. 922–926), wobei aus der Realität des Strebens auf die Realität des Erstrebten im Sinn eines transzendentalen Realismus zurück geschlossen wird – ein via Introspektion gewonnener Rückschluss, welchen der hier skizzierte analoge Realismus (Anm. 43) deduktiv beim Sein aller Seienden und damit auch – zusammen mit Thomas gegen Anselm – beim konkreten Seienden ansetzend konstruktiv und notwendig ergänzt.

muss. Das „neue Sein" wiederum artikuliert sich als in sich geschlossene persönliche Glaubensevidenz, als gratuite Vermittlung neuer Erkenntnisse über den sonst „unbekannten Gott"[12], als selbstexplikative und irgendwo selbstevidente Einnahme eines überlegenen, insofern integrativen und andere mögliche Perspektiven integrierenden Standpunktes – gemäß der integrativen Potenz des Katholischen – etc.

Definition der Wirkung

> „Denn es kann zwar niemand gerecht sein, ohne dass ihm Anteil an den Verdiensten des Leidens unseres Herrn Jesus Christus verliehen wird; doch das geschieht in dieser Rechtfertigung des Gottlosen dadurch, dass aufgrund des Verdienstes dieses heiligsten Leidens durch den Heiligen Geist die Liebe Gottes in die Herzen derer ausgegossen wird, die gerechtfertigt werden, und ihnen einwohnt." (Trient, Rechtfertigungsdekret)[13]

Wie kann durch die heilsrelevanten, weil von transnaturaler Ermächtigung her vollzogenen Verdienste Christi die Liebe Gottes in die Herzen der Menschen „ausgegossen" werden? Der Gottmensch wird hier begriffen wie ein *Ventil*, welches das sich verströmende göttliche Gute freilässt: sobald das Missverhältnis zwischen Sünde, Gefallenheit, Tod einerseits und Barmherzigkeit andererseits ins Gleichgewicht gebracht ist, hat die *Gerechtigkeit* resp. (gottmenschliche) Einheit gesiegt. Als Folge dieser Einheit kann die *Liebe* als Urgrund der Gerechtigkeit und Barmherzigkeit existenzontologisch wirkhaft vermittelt werden, um jedem Menschen eine wirksame Einigungspotenz einzustiften, welche anhebt in seinem Herzen und sich vollendet im leiblichen Mitvollzug bis zum Martyrium.

Eine solche Wirkung im Herzen aller Menschen trägt *konstitutiv* – und nicht nur subsequent – das individuelle Signum des Gottmenschen. Die Rede von Jesu Heilsverdienst greift zu kurz, um das komplette Eingehen in seine heilsam-verwandelnde Wirkung adäquat zu begreifen; sie sollte durch seine

---

[12] So bereits die Areopagrede des Paulus (Apg 17, 23). Entgegen der Emphase negativer Theologie samt korrelierender Gottesattribute (Gott als letztes Geheimnis), welche Resultat der Fixierung der größeren Differenz der Analogie des Menschen zu Gott ist, sollte an der dominanten Ähnlichkeit und Einheit positiv im Sinn der Inkarnation des Unsichtbaren festgehalten werden (bereits mit Irenäus von Lyon gegen gnostische Häresien, etwa in: Adversus Haereses, SCh 264, 1979, Nr. 61, S. 88)

[13] DH 1530

Proexistenz und Ganzhingabe ergänzt werden: im Hingeben seiner selbst gibt der Sohn sein Leben durchaus auch ontologisch zu verstehen als universalem Lebens- und Seinsgrund. Er vollzieht somit die innertrinitarische Bewegung der restlosen Weitergabe des Lebens, um es von daher zu gewinnen: „wie der Vater das Leben in sich hat, so hat er auch dem Sohn gegeben, das Leben in sich zu haben."[14] Die Wirkung Christi ist ein spezifiziertes „in Christus Sein" als „neues Sein".

Diese christologische Wirkung kann differenziert werden. Sie ist von ihrem Ursprung her:
– *universal*, insofern er „für alle" (gestorben) ist; zugleich ist sie *spezifisch*, insofern nicht jeder die Kraft seines Verdienstes empfängt[15]
– *formal*, insofern er etwa „shapes of freedom"[16], „Felder"[17] metaphysischer Modalität im Sinn einer „informationellen" bzw. „Top-Down-Kausalität"[18] bereit stellt; zugleich ist sie *energetisch-material*, insofern sowohl die konkreten Inhalte des „neuen Seins" im Sinn der Eingebung konkreter Berufungen als auch ein real-effizienter Drang zum „neuen Sein" wirksam vermittelt wird[19]
– *vertikal*, insofern sie durch den innertrinitarischen Sohn, „in dem alles geschaffen" ist, als umfassenden Zielgrund aller Seienden gesetzt ist; zugleich

---

[14] Joh 5, 26

[15] Trient, Rechtfertigungsdekret (DH 1523)

[16] Dieser Begriff wird im Rahmen der divine action Debatte von Hodgons gebraucht. Vgl. einführend: Bernhardt, R., Was heißt „Handeln Gottes"? Eine Rekonstruktion der Lehre von der Vorsehung, Gütersloh 1999. Siehe auch die erheblich tiefere Reflexion bei Schmidbaur, H. C., Gottes Handeln in Welt und Geschichte. Eine trinitarische Theologie der Vorsehung, St. Ottilien 2003. – Aufschlussreich auch die Zusammenfassung von Stoch, K. v., Gottes Handeln Denken. Ein Literaturbericht zur Debatte der letzten 15 Jahre, in: ThRev 101 (2005) Sp. 89–108, der jedoch willkürlich das eigene Steckenpferd der (thematisch artfremden) Theodizee als vermeintliches Maß des Forschungsstandes ausgibt und inhaltlich umfassende Reflexionen pseudo-kritisch abqualifiziert.

[17] Pannenberg, W., Systematische Theologie Band 1, Göttingen 1988; Band 2, 1991, 101–103; zusammenfassend: ders., Geist als Feld – Nur eine Metapher? In: ThPh 71 (1996) 257–260

[18] Peacocke, A., Paths from science towards God. The end of all our exploring, Oxford 2001, 51f.

[19] Klassisch wird im Sinn der wechselseitigen Komplettierung der platonischen Emphase formaler Bestimmungen und der aristotelischen Betonung materialer Determinanten das hauptsächlich wirkende (gottmenschliche) Sein thomasisch sowohl als energetische „actualitas omnium actuum" wie als formale „perfectio omnium perfectionum" gewertet (Pot. q 7 a 2 ad 9)

ist sie *horizontal*, insofern sie durch konkrete Seiende, durch Zeugnis, Wort, Sakramente, Tradition etc. notwendig vermittelt wird
– *ideell*, insofern zunächst eine neu definierte Idee verbalisiert und bezeugt wird; zugleich ist sie *real*, insofern sie der göttlichen und gottmenschlichen Realität entspringt, so dass die Umsetzung der allgemeinen Idealität des durch Christus bewegten und veränderten Seins aller Seienden in die konkrete Einzelrealität[20] kraft der göttlichen Realität[21] ermöglicht wird.
– *dispositiv*[22] *schaffend*, insofern sie eine neue Möglichkeit „zu sein" dem Menschen einstiftet; zugleich ist sie – sekundär und dennoch gleichursprünglich – *sich selbst schaffend*, insofern die Annahme des Evangeliums eine selbstursprüngliche Aktivität erfordert, welche wiederum von innen her das eigene Sein selbsttätig umgestaltet[23]
– *selbstexplikativ*, insofern im Glauben seine Gewissheit unableitbar mitgesetzt wird und sich der objektive und subjektive Glaube selbst von innen her erklärt und durchleuchtet; zugleich ist sie *extern expliziert*, insofern das „neue Sein" im Glauben von anderen Zeugnissen seines Ereignetseins mit expliziert und an diesen „gemessen" wird.
– *identisch*, insofern stets dieselbe Wirkung derselben gottmenschlichen Quelle entströmt; zugleich ist sie *different*, insofern sie auf jeden Glaubenden einzeln abgestimmt und seiner Kapazität gemäß verteilt wird. Deshalb ist sie *analog-einheitlich*, weil keine 1:1-Abbildung der gottmenschlichen Einheitsfülle möglich ist, zumal die Differenz zwischen Erlöser und Erlöstem unüberbrückbar ist und eben diese zusammen mit der Identität der Wirkung „analogisiert" werden muss.

Von ihrem primär christologischen, sekundär jedoch pneumatologischen, gnadentheologischen und tertiär schöpfungstheologischen Terminationspunkt her ist die Wirkung:

---

[20] Näher siehe Siewerth, G., Der Thomismus als Identitätssystem, Frankfurt a. M. 1939; [2]1961

[21] So argumentiert auch der 2001 rehabilitierte Antonio Rosmini. Vgl. Krienke, M., Denken und Sein. Zur Hegelkritik Antonio Rosminis, in: ThPh 80 (1/2005) 56–74 sowie das Rosmini-Sonderheft der MThZ Nr. 1 (=MThZ 56 (1/2005) 1–96).

[22] Die formale Kategorie der *Disposition* – im Unterschied zur statischen Determination – schöpfungs- und gnadentheologisch publik gemacht hat bereits Thomas von Aquin (S. Th. IIIa q 26 a 1)

[23] Das ist der auf Trient formulierte Mittelweg zwischen Pelagianismus und diviner Determination in moderner Begrifflichkeit übersetzt (DH 1546).

– primär *personal* (existentielle Umkehr, dialogisch-mutuale und asymmetrisch getragene[24] Korrespondenz, existentielle Kommunikation: explizit reflektiert im Gebet, implizit vorausgesetzt im intuitiv-mystischen Berühren): so leuchtet dieselbe Kraft Gottes, welche die Welt erschafft, im Herzen auf[25] und ist als solche identifizierbar. Ebenso weist sich Jesus als Letztmaßstab aus[26], der in seinem eigenen Namen spricht, auf den seine „Schafe“ hören und „in“ dem universal-kosmisch Alles erschaffen wurde[27].
– dann jedoch auch *mental* (neue Erkenntnisse, illuminative und inspirierende Gnade): Gottes freigesetzter Geist bezeugt dem menschlichen Geist unmittelbar seine Herkunft in seiner unerreichbaren Abkünftigkeit[28].
– *psychisch* (Ekstase, Emotionen): es treten besondere Erfahrungen etwa der Entrückung auf[29]
– *physisch* (Erregung, gestärkte relative Immunität gegenüber Destruktionsversuchen der leiblichen Konsistenz): die irdische Leiblichkeit wird nicht nur negativ in Leid und Martyrium zum Zeugnis göttlicher Kraft, sondern durchaus auch positiv kraft der todesüberwindenden Macht Gottes sukzessiv immer mehr verklärt
– *universal-ontologisch*: das analog differenzierte „neue Sein“ in der gottmenschlichen Einheit

In allen Bereichen stellt sich eine dem Seinsmodus korrespondierende neue Einheit ein, welche sich divers artikuliert: als existentielle Sicherheit (Glauben, Hoffnung, Liebe), als Verifikationsabsicherung (Sicherheit des Denkens jenseits allen Zweifels als Folge der internen Differenzstruktur des menschlichen Wissens als Differenz zwischen Menschsein, Sein der Seienden und göttlichem Sein), als Ausgeglichenheit, Stärke etc. Um jedoch die konkrete

---

[24] Grümme, B., Religionsförmigkeit als heimliche Pointe der Korrelationsdidaktik?, in: ThG 1 (2002) 13–29, 26–28.

[25] 2 Kor 4, 6: Gottes informativ-spirituell-energetische Macht im Mentalen wird demnach abgeleitet von seiner schöpferischen Allmacht.

[26] Deutlich etwa bei Rahner, K., Schr.z.Th. IV, 72, wonach sich der Mensch „als der gemessene weiß“. Das geht ihm wiederum nur auf in der jede Erkenntnis überformende Liebe zum Geheimnis Gottes (Miggelbrink, R., Ekstatische Gottesliebe im tätigen Weltbezug. Der Beitrag Karl Rahners zur zeitgenössischen Gotteslehre, Altenberge 1989, 65–74)

[27] Vgl. Joh 8, 28; 16, 23 (man beachte die Zuordnung „im Namen des Vaters“ und „in meinem Namen“), Joh 10, 27; Col 1, 16

[28] 1 Kor 2, 10f

[29] Vgl. Peng-Keller, S., Unmittelbare Gegenwart Gottes? Zur Theologie der Mystik bei Bernhard McGinn, in: FrZThPh 51 (2004) 253–276

christologische Termination der göttlichen Wirkung gnoseologisch im Existenzvollzug zu erkennen, muss die Kraft des Urbildes Christi in den Nachbildern reflex und als solche ausweisbar zur Auswirkung gebracht werden[30].

Die Kraft des Urbildes ist Resultat einer *naturhaften*, weil hypostatischen Wirkung der Inkarnation[31] – für Christus ist das für uns „Übernatürliche" das natural Gegebene – und seine Umsetzung in den erlösten Menschen entspricht einer *gratialen*, gnadenhaften und pneumatologischen Wirkung.

Die gottmenschliche Einheit Jesu ist Grund und *Maßstab* jeder durch sie partizipativ vermittelten analogen Einigung eines Menschen mit Gott: die naturale Einheit disponiert, konstituiert und kreiert die gratiale Einheit gerade in ihrem individuell-konkreten Vollzug: sie wird christologisch grundgelegt, jedoch durch aktive Reaktion der erlösten und befreiten Menschen mitgetragen und eigeninitiativ ko-konstituiert[32]. Christus gilt somit als naturhaft-*reale* Wirkvermittlung aller gratial vermittelten „ideellen" gottmenschlichen Union. Jesus Christus ist selbst Geschenk und Schenkender des „neuen Seins", so dass in ihm der universale Heilswille Gottes konkretisiert, unableitbar spezifiziert und „verschärft" neu gesetzt wird: im göttlichen Sohn wird für alle Geschöpfe ein neuer, bis dahin nicht gegebener „Raum" in der trinitarischen Einigungseinheit aktpotentiell geschaffen und real geschenkt, insofern dieser „Raum" vom Sohn aus schöpfungstechnisch „ausgezogen" und analogisiert wird, indem alles Gefallene von einem neuen christologischen „Punkt" aus re-integriert, rekapituliert bzw. restituiert wird[33]. Das „neue Sein" besagt die

---

[30] Vgl. Scheffczyk, L. (Hg.), Die Mysterien des Lebens Jesu und die menschliche Existenz, Aschaffenburg 1985

[31] Dabei bleibt das „Urbild" stets vom Inkarnierten *different* und wird daher auch nie „an sich" ansichtig (Henry, M., Inkarnation. Eine Philosophie des Fleisches, München 2002, etwa 361), wenn auch entgegen negativ-theologischer Tendenzen ihre analoge Einheit dominiert.

[32] Das Argumentationsschema richtet sich an sakramentalen Strukturen aus: das Sakrament ist – wie Jesu Sein selbst – „ex opere operato", gratuit und definitiv gesetzt; es gelangt zur Auswirkung und zum terminalen Vollzug durch die Reaktion des Empfängers. Vgl. Stöhr, J., Wann werden Sakramente gültig gespendet? Zur Frage der erforderlichen Intention des Sakramentenspenders, Aschaffenburg 1980.

[33] Die klassische „recapitulatio" via „autokephalesis" erweist sich somit als ontologische Angabe der Möglichkeit von Heilung, Heiligung, Rechtfertigung und Verwandlung via Einstiftung des „neuen Seins": kraft der Re-definition des Zielgrundes aller Schöpfung durch einen „transnaturalen" Anker (=hypostatische Union) wird der väterlich-gütige Schöpfungswille prinzipiell unüberholbar als fortan waltende (vorwiegend existentielle) *Wirkung* gesetzt. Das *Kreuz* als *wirksames* Symbol der Beendi-

Annahme des Menschseins, die Restauration des ursprünglichen Menschseins und die schöpferisch-neue Restitution allen den Tod bestehenden und überwindenden Menschseins.

Modelle christologisch-soteriologischer Wirkvermittlung

Was hat demnach Jesus Christus mit dem Menschen „hic et nunc" jenseits des garstigen Grabens Lessings zu tun? – Ontologisch-existentielle Wirkvermittlung setzt stets metaphysisch „vertikal" und entsprechend zeitlos-ewig an; rein horizontal wäre eine originäre, weil substantielle Wirkung Christi nicht denkbar, da zwar der Anlass eines neuen Seins, jedoch nicht der entscheidende und in die Entscheidung treibende Grund gegeben wäre. Modelle christologisch-soteriologischer Wirkvermittlung intendieren stets diese ontologisch vertikale Perspektive.

1. Die *Sühnetodvorstellung* reflektiert den aktiven Verdienstcharakter des Todes Jesu als sog. Heilstod[34] im Sinn des Opfers als Geschenk und als Schaffung von Gemeinschaft[35]; besonders jedoch wird die Gerechtigkeit Gottes betont, welcher Jesus als mitleidender Restaurator eines destruierten und ruinierten Menschseins „genüge" leistet. Gott kann und darf daraufhin – nach Begleichung der „Schuld" als Tribut an seine Gerechtigkeit, welcher auch Gott nicht widersprechen kann, soll er nicht in einen Selbstwiderspruch verfallen[36] – gemäß seiner Liebe positiv reagieren: er vergibt dem Menschen und rettet ihn durch Einstiftung eines neues Seins, besser: neuer Seinsmöglichkeiten. Doch: warum reicht die Vergebung Gottes nicht wei-

---

gung des „alten Seins" bleibt unverrückt in den nährenden Acker aller todverfallenen Kreatur eingerammt, um als *Tor* zur Auferstehung jedem jederzeit offen zu stehen: die modrige Asche des nassen Grabes, zu welcher der Mensch mit dem Tod zurück kehrt, wird zur bleibenden Stätte der Bitte des Geschöpfes um Errettung durch den „Vater im Himmel" aufgrund seiner staurologisch bewiesenen und darin sekundär freigesetzten realen *Kraft* seiner liebenden Allmacht.

[34] Der Begriff vom Heilstod ist sekundär. Paulus spricht zunächst vom Sterben für die Sünde (Röm 6, 10) und Leben für Gott. Erst im Licht der erhofften Auferweckung ergibt das Mitsterben einen Sinn und kann Heil vermitteln.

[35] Vgl. die gelungene Zusammenfassung neutestamentlicher Kernaussagen bei Zimmermann, R., Die neutestamentliche Deutung des Todes Jesu als Opfer, in: KerDo 51 (2005) 72–99

[36] So bekanntlich Leo I., Tomus ad Flavianum (13. Juni 449) a. 3, in: ACO II, II, 1 (1932) 24–33 (PL 54, 1881, 755–781)

ter? Ergibt sich wirklich ein Selbstwiderspruch zur Barmherzigkeit Gottes, wenn Gottes Gerechtigkeit nicht entsprechend „versöhnt“ wird? Woran bemisst sich eine „vollkommene Genugtuung“?[37] – Man beachte das Limit des Modells: bei Relativierung des Sühnetodmodells droht zunächst eine Relativierung der universalen und exklusiven Heilsmittlerschaft Christi. Es sei denn, das gottmenschliche Sein Jesu wird im o.g. Sinn fokussiert und ontologisch konzentriert als universal-wirksame Einstiftung eines „neuen Seins“ interpretiert. Jesus ist dann der subsistierende Urgrund des Seins der Seienden, da „in ihm“ alles geschaffen wurde: das geschaffene Sein selbst und somit alles Seiende wird entworfen vermittelt durch die innertrinitarische Differenz als schöpferisch-analoge Nachbildung der Sohnschaft. Somit ahmen die Geschöpfe analog den Sohn und die durch ihn definierte gott-geschöpfliche Einigung nach und partizipieren an dem so real verfassten Sein vermittelt durch den Sohn *allein* – die christologische und soteriologische Exklusivität ist gesichert. Das Sühnetodmodell sollte demnach jenseits juridischer Kategorien reduktiv, also unter festen Rahmenbedingungen, und hierin erst positiv appliziert werden.

2. Das Modell der *Stellvertretung* versucht gleichfalls die metaphysisch-vertikale Bedeutung des gottmenschlichen Seins zu sichern[38]: so vertritt Jesus die Menschen vor Gott und Gott vor den Menschen, um zunächst einen singulär geglückten Fall gottmenschlicher Einigung durch spontane Neuschöpfung des Menschseins in Christus zu stiften. In diesem geglückten Fall wird der Sinn allen Seins – die analoge Einigung des Menschen mit seinem liebenden Schöpfer – erfüllt und zugleich neu gestiftet und als neuer eingefordert[39]. Fortan kann das horizontal-solidarisch und vertikal-substituiert vertretene Sein im Gottmenschen kraft seiner transzendentalen Attribute überzeitlich und überräumlich wirken. Jesus ist der eigentliche Mittler des in ihm kreierten und für alle Menschen neu geschaffenen

[37] Man denke etwa an die Aussagen von J. Duns Scotus, Opera Omnia (Editio Nova, ed. Waddingi) tomus 14 (Liber III, d. 1–22) Paris 1894, bes. III, d. 20, der zugunsten der Sicherung der göttlichen Allmacht und Unverfügbarkeit die „Vollkommenheit“ der Genugtuung relativiert: auch ein guter Engel könnte Satisfaktion leisten, da diese letztlich von der „acceptatio divina“ abhängt.

[38] Siehe dazu Fuchs, O., „Stellvertretung“ – eine christliche Möglichkeit!, in: ThQ 185 (2005) 95–126; Koncsik, I., Das ontologische Problem der Stellvertretung, in: Salzburger Jahrbuch für Philosophie XLVIII (2003) 121–154.

[39] Daher wären die Menschen, die nicht an Jesus glauben, „ohne Sünde“, wenn Er sich nicht inkarniert hätte (vgl. Joh 15, 22).

Seins. – Man beachte auch hier die Grenzen des Modells: es erfasst nicht die Spezifizität des in seine Wirkung unmittelbar eingehenden Gottmenschen, den jeder im Glauben persönlich kennen und lieben kann; ergänzend dazu muss durch Zusatzannahmen der Begriff der Stellvertretung präzisiert werden – etwa durch eine näher zu bestimmende Proexistenz (Schliermann) –, insofern nicht der konkrete Existenzvollzug samt individueller Schuld und subjektiver Sünde vertreten werden kann, sondern „nur" die isomorphe Struktur sowie der allgemeine Inhalt der todbringenden Sünde zur Auswirkung und nichtigen Verendung (im Tod Christi) gebracht wird, um sie von daher via Auferweckung zu überwinden: der Tod wird zum Tor zum ewigen Leben umfunktioniert, indem er existentiell als Ausdruck einer äußersten Proexistenz „überlistet" (Edith Stein) und positiv verwandelt wird. Die christologische Wirkung als Gegenwart, Gegenwart-Setzung und Vergegenwärtigung des gottmenschlichen Seins – analog-entsprechend zu einer Real- und/oder Aktualpräsenz im Menschsein – wird auch hier trotz der positiven Ansätze nicht vollständig erfasst, weil nicht hinreichend auf die ontologischen Basisannahmen reflektiert wird.

3. Ein ebenfalls vorläufiges Modell ist die von Paulus skizzierte *Adam-Christus-Typologie*: der Universalität Adams wird die Universalität Christi parallelisiert, um derart seine geforderte ontologisch-vertikale Universalität zu sichern – entgegen ihrer metaphorischen Reduzierung. Positiv soll zum Ausdruck gebracht werden: das universale „in Adam-Sein" wird durch das universale „in Christus-Sein" dialektisch abgelöst. Zu den genannten Grenzen jedoch tritt hier noch die Differenz zwischen dem limitierten Sein Adams ohne ontologische Universalität (das „in Adam-Sein" kann nur ontologisch begrenzt verstanden werden) zum uneingeschränkten Sein Christi hinzu: auch wenn Adam im Sinn eines kategorial-historischen Initiators einer Unheilsbewegung (Ursünde) ein exzeptioneller Stellenwert zugeschrieben wird und die Menschheit zurecht quasi als mit in den Tod gerissenes Netzwerk begriffen wird, in dem der erste Fall das gesamte Netz betrifft, entspricht das erneut einer Zusatzannahme, um die universal-negative Wirkung des Singulums Adam zu erklären.
4. Das plausibelste, weil am unmittelbarsten an den entscheidenden existentiell-ontologischen Grund heranreichende Modell ist das *„In-Christus-Sein"*, welches nur unter einer vorgängigen Generalisierung des gottmenschlichen Seins als universale gottmenschliche Union, welche „pro nobis" gültig ist, plausibilisierbar ist. Um die nähere Bestimmung des „in" sowie des „Christus-Seins" kreisen im Grunde die hier skizzenhaft vorgelegten Bestimmungen der wirkhaften Vermittlung des „neuen

Seins". Sie wird schließlich erreicht durch Benennung der Evidenzkriterien des christlichen Glaubens.

Christologische Fundierung der universalen Analogie

Die Universalität der gottmenschlichen Wirkung des „neuen Seins" resultiert aus der Universalität des durch den Inkarnationsakt transmutierten Seins aller Seienden. Sie ist Garant der Universalität von sich durchhaltenden ontologischen Mustern und Strukturen sowie des „Durchhalten-Könnens" selbst. Das entscheidende *formal*-ontologische Muster ist das der *Analogie*: das „esse creatum" expliziert seine Ur-Einheit in Identitäts- und Differenzstrukturen, in denen die Einheit selbst manifestiert wird und sich zugleich immer neu manifestiert. So befindet sich jedes Seiende zu jedem anderen im Verhältnis der analogen Einheit; jedes Seiende ist „in sich" analog gestufte Einheit etc. Im Menschsein kulminieren das Muster der Analogie, was sich u. a. aus ihrer totalen Reflektierbarkeit ergibt: der Mensch erfasst seine analoge Einheit mit der Schöpfung, mit sich selbst und mit Gott als Folge der Analogisierung desselben „esse creatum". Die totale Reflektierbarkeit und Zugänglichkeit der Analogie wird klassisch mit dem Erfassen-Können des „Seins der Seienden" parallelisiert: weiterhin formal ausgesagt wird im „Sein der Seienden" der Sinn des Seins „an sich" offenbar, also der „Logos" der „Ana-Logie" durchsichtig. Diese Durchsichtigkeit wiederum ist nur analog möglich, so dass sich der menschliche Geist mit Anselm von Canterbury auf einer – mathematisch formuliert – iterativen, selbstrepetitiven Schleife bewegt: das, wovon Größeres nicht gedacht werden kann, ist nicht das, wovon Größeres nicht gedacht werden kann, sondern stets größer als das – und darin eben das, wovon Größeres nicht gedacht werden kann.

Die analoge Grundstruktur allen Seins wird in der hypostatischen Union:

a) nach der Weise einer maximierten gottmenschlichen Einheit *positiv* grundgelegt und allumfassend fundiert

b) in ihrer ansonsten zu postulierbaren Nichtigkeit und Nicht-Realisierung, sprich: in ihrer Idealität *negiert*

c) eben darin wird die *eminente*, neue und aus jeder Idealität unableitbare Einstiftung und Offenbarung des ultimativen und von daher des strikt unüberbietbaren „Logos" der Analogie offenbar[40].

---

[40] Das intendieren auch aktuelle thomistische Forschungen, wenn auch kaum originär ontologisch – sondern begriffslogisch-essentialistisch – argumentiert wird. Vgl.

Somit bestätigt, negiert und überhöht der „Incarnatus" die universale und nicht weiter universalisierbare Analogie jedweden geschaffenen Seins. Dadurch entspricht, widerspricht und vertieft er die Analogie „an sich" auf eine analoge und zugleich analogielose Weise, insofern der göttliche Logos überhaupt erst der analogielose (und analogiehafte) Kreator des analogen und sich analogisierenden Seins der Seienden ist[41]. Die im Gottmenschen fundierte *analoge Einheit der Identität und Differenz* allen Seins ist a fortiori die konstitutive Grundlegung der analogen Einheit des Menschseins[42]. Adäquat umformuliert: die kosmisch-universal aprioristische Analogie der hypostatische Union fundiert die aposteriorische Analogie der gratialen Union eines jeden Menschen mit Gott. Das sind die Grundgedanken des sog. analogen Realismus[43], der mit dem Nachweis der (analogen) Wiederkehr der Analogie in ontologisch eruierbaren Einzelbereichen beschäftigt ist.

Christologische Glaubensevidenz

Wird ontologisch die Wirkvermittlung des gottmenschlichen Seins eruiert, so kann sie anhand einer Evidenzstruktur des Glaubens an die befreiende Macht des Gottmenschen detaillierter skizziert werden. Denn die Evidenzkriterien der Christologie als Konsequenz der Evidenzkriterien christlichen Glaubens entspringen stets aus genannter ontologischer Einheits- und Differenzstruktur.

Erkenntnistheoretische Grundlegung der Glaubensgewissheit als analoge Evidenz

Erkenntnistheorie besagt zunächst die schlichte Deskription des Gegenstandes der Erkenntnis des menschlichen Geistes. Anhand dem Gesagten bewegt er sich stets im Sein aller Seienden und erkennt analog-einheitlich wie analog-

---

Berger, D., Die Menschwerdung des ewigen Wortes – Aktuelle Aspekte der thomistischen Christologie, in: FoKTh 19 (2003) 14–38

[41] Näher ist der Gedankengang entfaltet in: Koncsik, I., Große Vereinheitlichung? Band 1: Trinitarische Fundierung, Hamburg 2000

[42] So übrigens bereits Lakebrink, B., Hegels dialektische Ontologie und die Thomistische Analektik, Köln 1955, 321. Doch wird hier der Begriff der Analogie zur „Analektik" logifiziert.

[43] Vgl. Koncsik, I., Der analoge Realismus als Fundament der Christologie Karl Rahners?, in: Folia Teologica Vol. 12 (Budapest 2001) 135–168

different somit *a)* die konkreten Seienden, *b)* sich selbst und *c)* analog vermittelt Gott als Zielgrund allen Seins.

In der Erfahrung des Menschseins wird nicht nur das eigene Menschsein, das Selbst bzw. das Ich als Träger und Herr der Akte, der menschliche Geist als verfügbarer Schauplatz aller Evidenzschlachten im Ringen um Wahrheit erfahren, sondern zugleich mit Betonung der Differenz „der Andere“[44] und mit Betonung der Einheit „der Eine“ – und alles zusammen im analog gestuften Sein, wie es im Menschsein wiederum analogisiert zum entsprechenden (!) Selbstvollzug gegeben ist: einerseits wird ontologisch-horizontal im Menschsein das Sein aller „anderen“ Seienden miterfahren; andererseits wird in diesem Sein ontologisch-vertikal der göttliche Seinsgrund analog erfahren[45]. Diese Erfahrung ist a priori und kann nicht geleugnet werden, ohne wiederum vorausgesetzt zu werden. Sie ist transzendent und nicht nur transzendental. Sie ist durch und durch analog, weil sie die Analogisierung des Seins ins Seiendsein rückwärts zum Zielgrund hin abschreitet. Eine Erkenntnislehre, welche äquivok einseitig die Differenz zwischen Gottes-, Selbst- und Weltwissen betont, ist ebenso abzulehnen wie die univoke Betonung ihrer vermeintlichen Identität zugunsten eines beliebig selektierten Grundes dieser Identität[46].

Aufgrund dieser Analogie sind Seins(er)kenntnis, Seinswissen und Seinserfahrung *real* und nicht projektiv: denn die subjektive Projektion und Produktion des (entsprechend subjektiv analogisierten) Seins ist nur eine Seite seiner

---

[44] Etwa bei Ricouer, P., Das Selbst als ein Anderer, München 1996; Splett, J., Gotteserfahrung im Antlitz des Anderen? Im Gespräch mit Emmanuel Levinas, in: MThZ 1 (1994) 59ff.

[45] Diese beiden Erfahrungen *konstituieren* als Ausgriff auf Differentes das Menschsein in seiner ideellen Essenz und relativ-unendlichen Wirkerstreckung, zu welcher *Relationen* zu Differenten als Vermittlungen der analogisierten Einheit des Menschseins notwendig dazu gehören. – Dieses positiv-mystische Urwissen um intrinsische Polarität und interne Differenz betont auch Balthasar, H. U. v., Pneuma und Institution. Skizzen zur Theologie IV, Einsiedeln 1974, 308; ders., Theodramatik, Bd. 1: Einsiedeln 1967, 605; ders., Zur Ortsbestimmung christlicher Mystik, in: Grundfragen der Mystik, hrsg. V. W. Beierwaltes / H. U. v. Balthasar / A. M. Haas, Einsiedeln 1974, 52; ders., Christliche „Mystik“ heute, in: Der Weg zum Quell. Theresa von Avila 1582– 1982 hrsg. V. J. Kotschner, Düsseldorf 1982, 13.

[46] Wird die *Welt* als Grund der Identität betont, ergibt sich leicht ein positivistisches Modell und bei Betonung der Idealität des menschlichen *Geistes* eine idealistische Konzeption. Vgl. zur ontologischen Verortung: Siewerth, G., Die Differenz von Sein und Seiend, in: Stockhausen, A. v., Gott in der Geschichte. Zur Gottesfrage bei Hegel und Heidegger. Ges. Werke III, 113–200, bes. 144–151.

Erfassung: gemeint ist die Seite des subjektiven Anteils, also der Aktivierung des eigenen Schöpferseins im Sinn der ontologischen Produktion von Ideen, Essenzen und letztlich dem Sein. Die andere Seite ist jedoch fundamentaler und objektiv: die Vorgegebenheit des Seins als ein bedingungslos motivierendes „Muss zu sein" sowie als absolute Voraussetzung jedweder Seinsvollzüge. Dabei wird das *subjektive* Schöpfersein ermöglicht und durchdrungen durch das *objektive* Sein, so dass Rezeptivität und Spontaneität des Menschseins eine untrennbare und unvermischte ontologische Einheit bilden. Beide Bereiche werden durch die Wirkung des gottmenschlichen Seins Jesu angesprochen: der „Rahmen" der Selbstentwürfe wird neu generiert (Schaffung neuer Seinsmöglichkeiten), um das eigene Schöpfersein als „befreite Freiheit" von Grund auf neu realisieren zu können. Diese Erfahrung der Transmutation des eigenen Menschseins ist nicht sachneutral, sondern personal fordernd, geistig erleuchtend und willentlich disponierend. Sie tritt im Imperativ statt Indikativ an den Menschen heran. Von daher erhellt bezogen auf die Wirkvermittlung: sie verlangt nach der Aktivierung des eigenen Menschseins durch Herz, Wille und Vernunft. Sie geschieht nicht automatisch, sondern durchstößt in den explizit verfügbaren Bereich menschlicher Existenz, wenn sie auch „von unten", von den Abgründen der Seele her, anhebt und ansetzt. Daher kann differenziert werden zwischen einer *subjektiven* und *objektiven* Seite der Glaubensgewissheit. Die subjektive Evidenz korreliert der subjektiven Seite des Menschseins und betont das subjektive Element des Selbstvollzugs des „neuen Seins in Christus". Die objektive Seite korreliert mit der objektiven Seite des gottmenschlich transmutierten Seins aller Seienden im Menschsein.

Mit dem „Hören" des Wortes verbindet sich ein subjektiv anhebender *Vergleich* des existentiell bezeugten und verbal objektivierten gottmenschlichen Seins samt seiner Wirkung im Zeugen[47]: der Hörende setzt sein analog differenziertes (s. o.) Menschsein[48] als „Maß" an die gehörte Botschaft an und

[47] Diese Art von „Verifikation" wird etwa in Joh 7, 17 indirekt genannt („Wer bereit ist, den Willen Gottes zu tun, wird erkennen, ob diese Lehre von Gott stammt oder ob ich in meinem eigenen Namen spreche": wer sich personal im Willen seinem intuitiven Urwissen von Gott hingibt, erkennt die Gottheit Jesu und wird letztlich durch ihn verwandelt – was andere Aussagen belegen, welche die Differenz des gegenwärtigen, bereits innovativen und unableitbaren „Geistbesitzes" zum vollen Sein „in Christus" artikulieren)

[48] Gemeint ist das Menschsein in analoger Einheit (und analog differenter Wirkerstreckung) mit sich, Gott und der Welt. Diese analoge Einheit, welche sich wiederum different in Form differenter Relationen analogisiert, bildet als *ganze* – nur als solche besteht sie auch im Sein – den objektiven Maßgrund jedweder Idee gottmenschlicher

stellt instantan sein „Gemessensein“ durch das bezeugte gottmenschliche Sein fest. Das entspricht einer intern und nur dem zentralen subjektimmanenten Selbstvollzug zugänglichen *Verwandlung* des eigenen Menschseins, das im Moment dieser Erkenntnis bereits geschehen sein muss[49]. Die jedem Menschsein eingestiftete archetypische *Idee* einer gottmenschlichen Union wird als sein *reales* Konstitutivum erkannt und erfahren, wie sie durch ihre geschichtliche Offenbarung in Christus konkretisiert und von daher in ihrer Unableitbarkeit neu definiert wird: die Uridee wird klarer gesehen, indem ihr realer Ursprung in der Realität des „neuen Seins“ erfasst wird. Jesus ist *nicht* der bloße Erfüller der konstitutiven Uridee, sondern als ihr letzter Zielgrund – gerade als ontologische Andersheit der Realität gegenüber der Idee – ihr *Verwandler.* Daher wird die im eigenen Menschsein als ihre essentiell zugehörige Wesenseigenschaft eingestiftete Idee der – auch individuell-eigenen (Berufung) – gottmenschlichen Einigung als in Jesus Christus *real* geschaffen und konstituiert erfahren. Das geschieht vermittelt durch die mit ihr korrelierten Transmutation des eigenen Menschseins. Die universale Uridee entlarvt sich im Glauben als vages Wittern des Paradieses endgültig gelungener gott-geschöpflicher Kommunion, die in Jesus Christus ihren *realen Urgrund* besitzt und ohne ihn quasi im Nichts unerfüllter Sehnsucht verenden würde. Die Idee ist ein perzeptiver Vorgriff, der begründet ist durch den realen Gottmenschen.

Subjektiv und objektiv gilt: die erkannte universale *Analogie* allen Seins hängt ohne fundierenden „Logos“ „im Nichts“, weil sie sonst keinen Urgrund besitzt; gleichursprünglich ist dieser Urgrund nur analog erreichbar, so dass der Mensch die Analogie nie wirklich verlassen oder überschreiten kann. Vielmehr existiert er im permanenten Überschreiten seiner selbst auf den Logos hin. Diese *Selbsttranszendenz*, welcher eine ebenso intensive *Selbstintroszendenz* zugeordnet ist, entspricht der Schaffung des „neuen Seins“ durch den Logos. Hier ist demnach an eine *intentionale* Wirkvermittlung mit realem Effekt im Menschsein gedacht: die ideelle Wirkung Christi vermittelt ein reales Sein im Menschen. Dieses reale Sein weist sich selbst aus, weil Realität stets „vor“ ihrer ideellen Ableitung kommt – ähnlich wie das Sein Christi vor dessen Idee (und vor seiner Analogisierung) kommt – und ideell nur via Retrogenose zugänglich ist: der Glaube als ein Vollzugs-

---

Einigung. Sie ist als Maßgrund *subjektiv* perzipiert bzw. a posteriori mitvollzogen und zugleich *objektiv* vorgegeben bzw. als Struktur a priori „erstvollzogen“.

[49] Man denke an folgende Aussage: „Sic enim est sermo Dei et sic debet esse fidelibus: tamquam pisci hamus: tunc capit quando capitur!“ (Augustinus, In Joannem Tractatus 42, 1 (PL 35, 1700)

modus dieses „neuen Seins" ist selbstexplikativ, selbstgewiss und (kraft christologischer Gründung) selbstfundierend, wie er zugleich (nie völlig) objektivierbar im Gottmenschen originär expliziert, verifiziert und fundiert wird.

Daraus ergibt sich eine *analoge*, also die Analogie zwischen dem Gottmenschen und dem Christen, zwischen subjektivem und objektivem Sein etc. authentisch mitvollziehende und „rückwärts" abschreitende *Evidenz*. Sie wahrt die Einheit zwischen Unableitbarkeit des „neuen Seins" und seiner festen Erkennbarkeit sowie zwischen der hypostatischen und gratialen Union. Das gottmenschliche Sein Christi ist in dem Maße zugänglich wie ein Stift, der einen Schatten wirft, aus dem Schatten heraus analog erschlossen werden kann.

Die subjektive und objektive Seite dieser analogen Evidenz, welche den Letztmaßgrund analog enthüllend sich darin selbst expliziert und verifiziert, sind *nicht* trennbar, sondern nur unterscheidbar: im subjektiven und geistimmanenten Selbstvollzug des Menschseins werden die objektiven Konstituentien ihres einheitlich-differenten Selbstvollzugs als transzendentale und apriorische Bestimmungen *formal* offenbar und evident mitgeteilt. Sie werden zudem *inhaltlich* als prinzipielle Unverfügbarkeit des eigenen Seins aufgrund der Unmöglichkeit einer reflexen Durchdringung der ideellen Unendlichkeit des Menschseins an der Wurzel seiner Seinsquelle erfahren[50]; ebenso *existentiell* im objektiven Anruf durch das Gewissen sowie durch die Begegnung mit dem different und einheitlich Anderen. Dadurch wird eine Perspektive „exterior" ermöglicht[51], wenn auch nur analog, also durch permanenten Analogievollzug bzw. durch das sukzessive Analogisieren. Das ermöglicht eine „Gottesperspektive" zumindest analog via göttlicher Selbstmitteilung auch für den Menschen. Die subjektive und objektive Seite sind jedoch auch nicht vermischbar: im Menschsein ereignet sich nicht das objektive Gottsein, weil sonst entweder der Mensch divinisiert oder Gott humanisiert wird. Beides *zusammen* zu denken fordert die Analogie als Grundmuster aller Wirklichkeit, besonders des Menschseins: der Mensch „ist" nur in der Analogie, indem er

---

[50] Gemeint ist etwa der ständige Drang zum Sein („appetitus ad esse" – in Anlehnung an den Drang zur Liebe nach 2 Kor 5, 14) vom Wurzelgrund der Person, der sich als Wahrheits- und Liebesdrang konkretisiert. In diesem „Sein-Müssen, -Können und -Sollen" drückt sich die Objektivität der ontologischen Vorgabe des Seins aus.

[51] Man denke in struktureller Verwandtschaft an das foucaultsche Pendel (das Fadenpendel-Gyroskop von 1851), das zwar „in der Welt" angebracht wird, dennoch an einem Punkt „außerhalb" – exterior – befestigt ist. Siehe Rössler, O., Das Flammenschwert. Oder: Wie hermetisch ist die Schnittstelle des Mikrokonstruktivismus? Bern 1996, 108.

seine Einheit in analogen Differenzen als analog identische realisiert. Diese ontologische Grundstruktur bildet auch das konditionale Gefüge für die Rezeption und (Re-)Aktivierung der christologischen Urwirkung „im Herzen", im „Geiste" und im „Willen". Gemäß den analogen Differenzen wird auch die christologische Wirkung im Menschsein „sortiert" resp. analogisiert.

Konkrete Evidenzkriterien christlichen Glaubens

Aus der genannten analog-ontologischen Grundstruktur ergeben sich konkrete Evidenzkriterien christlichen Glaubens, welche auf die erkenntnistheoretisch eruierbaren *Maßstäbe* des verwandelten eigenen Menschseins[52], des darin sich auswirkenden gottmenschlichen Seins und des transformierten Zugangs zu allen Seienden rekurriert. Jeder Maßstab ermöglicht und erzeugt seine ihm zukommende Gewissheit[53] bei entsprechender Zugänglichmachung durch die initial-freie und aktiv-empfängnisbereite Zuwendung zum Gottmenschen. Die resultierende *Gewissheit* entspricht der ontologisch analogen *Einheit* von Mensch, Gott und Welt. Die Erreichung des „neuen Seins" kann primär intern verifiziert werden kraft der ureigenen ontologischen Einheits- und Differenzstruktur[54]. Die damit gegebenen axiomatischen Maßstäbe sind *selbstevident*, insofern sie nicht durch andere Maßstäbe relativiert werden können[55].

---

[52] Die Gewissheit des eigenen Menschseins kann aufgefächert werden in eine *empirische*, *psychische*, *rationale*, mental-*intuitive* und *existentielle* Evidenz (vgl. Koncsik, I., Grundlagen eines Dialogs der Theologie mit den Naturwissenschaften, in: WiWei 61 (2/1998) 287–308).

[53] So auch Rosmini, der von einer Gleichursprünglichkeit von Selbst- und Gottesgewissheit ausgeht (Anm. 21). – Hier wird die Gottesgewissheit nicht im Sinn eines idealistischen Ontologismus (V. Gioberti), auch nicht im Sinn einer (irgendwie realitätsstiftenden) Transzendentalphilosophie, sondern im Sinn eines analogen Realismus.formuliert (Anm. 43), insofern sie sich am realen Seienden und an der Realität des Selbstvollzugs analog ausweist.

[54] Nach Trient etwa gilt: zwar ist der *Glaube* die erste Frucht der Rechtfertigung; dennoch gilt kein Umkehrschluss von der Gegebenheit des Glaubens auf die Sicherheit der Rechtfertigung als Heilsgewissheit (DH 1530f): um das widerspruchsfrei aufzulösen, ist die Annahme erforderlich, dass der letzte Maßgrund des Glaubens das im Menschsein analogisierte Sein und nicht das Christus-Sein selbst ist – sonst wäre Glaubensevidenz identisch mit Rechtfertigungsevidenz.

[55] So etwa Bonhoeffer, D., Christologievorlesung, in: Bethge, E. (Hg.), Gesammelte Schriften, Bd. 3: Theologie – Gemeinde. Vorlesungen, Briefe, Gespräche 1927 bis

Folgende selbst- (bezogen auf den Menschen) und fremdevidente (bezogen auf Gott und Welt/Mitmenschen/Schrift-Tradition) Kriterien können aufgelistet werden:

– Der selbstexplikativen Selbstevidenz korrespondiert die *Unableitbarkeit* christlichen Glaubens aufgrund der Selbstbezüglichkeit des „neuen Seins", das sich auf der logischen Ebene als Zirkel, besser: zirkuläre Einheit und Konsistenz des Glaubens und Erkennens manifestiert[56]. Wegen der Selbstbezüglichkeit bedarf es keiner weiteren externen Annahmen oder Axiome neben dem christologischen Basissatz[57]. Von der Unableitbarkeit des „neuen Seins" wird auf seinen unableitbaren christologischen Grund zurück geschlossen: kraft der analogen Eminenz des gottmenschlichen Seins wird die Eminenz des „neuen Seins" analog gesetzt.

– *Irreversibilität* und Unüberholbarkeit ergeben sich aus der authentischen Definitivität des neuen Seins als maximal erreichbare Kapazität an gottmenschlicher Einigungsdynamik

– Permanente *Selbstüberschreitung* kennzeichnet *a)* die ontologische Dynamik des „neuen Seins" in der unüberholbaren Analogie und *b)* den permanenten Ausgriff auf den „Logos" der Analogie

– Prinzip der *Integration*: das „neue Sein" muss andere (natürliche) Formen des Menschseins ebenso integrieren wie der eine Heilsweg mögliche Heilselemente anderer Religionen integriert und vollständig inert (voraus-)enthält, weil das „neue Sein" ideell und real irreduzibel und vollständig ist; umgekehrt darf es nicht durch die anderen Seinsmodi integrierbar sein[58], denn der

1944, München 1960: da Christus der universale Letztmaßstab ist, geht es nicht an, „hinter den Anspruch Christi zurückzukommen und ihn selber zu begründen. Damit maßt sich der menschliche Logos an, der Anfang und der Vater Jesu Christi zu sein. In maßlosem Anspruch intendiert der menschliche Logos trinitarische Gestalt." (172)

[56] Unableitbarkeit wiederum bedingt die Unerfindbarkeit. Vgl. Vobbe, G., Jesus Christus – Erfindung oder Wirklichkeit?, München u. a. 1976, bes. 22f.

[57] Dieses Kriterium lehnt sich an die *Logik* an, näher hin an das hilbertsche Postulat der *Vollständigkeit* und *Entscheidbarkeit* im Sinn der Ein(ein)deutigkeit der Wahrheit einer formalisierten Metatheorie. Logisch ist das aufgrund der internen Nichtigkeit und Vorläufigkeit einer finiten Logik nicht möglich, ontologisch jedoch aufgrund der eschatologisch besiegelten *unendlichen* (weil metaphysisch geltenden) Abgeschlossenheit und *endlichen* Offenheit der Christologie sehr wohl möglich – in Gegensatz zu anderen „vorläufigen" Religionen. Vgl. zur formalen Charakterisierung: Stegmüller, W. u. a., Strukturtypen der Logik (Probleme und Resultate der Wissenschaftstheorie und Analytischen Philosophie, Band 3), Berlin u. a. 1984, bes. 342–345.

[58] Das entspricht der Modelltheorie: das Meta-Modell muss das subordinierte Mo-

Logos ist nicht integrierbar, sondern die essentielle, ontologische und existentielle Integrable aller analogen Derivate, welche von ihm real unterfasst und von da aus entspringend gesetzt werden
– Existentielle *Offenheit* des „neuen Seins" kraft erfahrener Gelassenheit, innerer *Frieden* als Stabilität der erreichten neuen analogen Einheit mit Gott, *Freiheit* als Unantastbarkeit durch Außenfaktoren und schöpferische Sicherheit durch innere Determinanten.
– Letztlich die „übernatürlichen" Tugenden (Glaube, Liebe, Hoffnung): ihre Faktizität offenbart den Status des erreichten neuen Seins, also die erfolgreiche christologische Wirkvermittlung
– *Transmutation* des Menschseins als erfolgte und erspürte Auferstehung „im Geiste": es ergeben sich neue *Möglichkeiten* „zu sein", zu erkennen und zu lieben im Gottmenschen[59]. Die Macht zu sterben und wieder aufzuerstehen wird auf den christologischen Wirkgrund positiv reduziert. Der Vollzug dieser neuen kenotisch-pleromatischen Struktur eröffnet die Reflexion auf die Parallelität zu Jesu Sein, so dass erst im personalen Einlassen auf den Glauben die Apriorität Jesu erkannt werden kann – im Sinn des augustinischen „dum capit, capitur"[60].

Zusammenfassung

Die besonders evidenzmäßig relevante Analogie deckt zunächst das „Dass" der Offenbarung[61] als wirksame Vermittlung des gottmenschlichen Seins an den einzelnen Menschen auf – doch nicht vollständig das modale „Wie". Die-

---

dell integrieren, darf jedoch nicht durch es integrierbar sein. Folglich werden einzelne Kernaussagen verglichen und *intrinsisch* auf ihre integrative Potenz hin geprüft. Vgl. in diesem Sinn (wenn auch nicht explizit so entfaltet) bezogen auf den ökumenischen Dialog das interreligiöse Modell des *Interiorismus* von Knauer, P., Christus in den Religionen: Interiorismus, in: FrZThPh 51 (2004) 237–252

[59] Damit avanciert der Erkenntnisgewinn auf Basis der Analogie zu einem Echtheitskriterium christlichen Glaubens. Siehe hingegen Positionen, welche das sog. instruktionstheoretische Modell (Qualifikation nach Kessler) ablehnen und aus diesem Grund auch das Verständnis der Offenbarung als Mitteilung von Wahrheiten mit ablehnen (vgl. Beinert, W., Art. Offenbarung, in: ders. (Hg.), Lexikon der Katholischen Dogmatik, Freiburg i. Br. ²1987, 399–403). Doch geschieht nicht auch beim sog. epiphanischen Modell ein analog-realer Erkenntnisgewinn?

[60] Anm. 49

[61] Vgl. Bonhoeffer, 170.172 (Anm. 55)

ses bleibt personal konstituiert und entspricht der subjektiven Seite des „nach außen gekehrten" und daher auch „von außen" besessen werden könnenden neu (in-)formierten Seins aller Seienden im Menschsein. Dennoch ist bereits die Analogie bezogen auf die Realität der Fundierung des „neuen Seins" ein bislang nicht erarbeitetes Modell, das ontologisch das dogmatisch bezeugte Sein Jesu reflektiert und es als Antwort auf eine sonst unbeantwortet bleibende ontologische Problematik erkennt: der schöpferischen Fundierung, der (zu sich selbst, zur Welt und zu Gott) freisetzenden Verankerung und besonders der analogielosen Transmutation der Analogie allen geschaffenen Seins durch den göttlichen Logos als Basis des inkarnierten Ana-Logos. Der Gottmensch hinterlässt metaphysische Effekte im und als Sein, wodurch er jedes Menschsein anspricht und in ein neues, ihm analog entsprechenden und von ihm her analogisierten Menschein transmutiert. So ist Christus ganz Grund des „neuen Seins" und dadurch vermittelt der Mensch selbst ganz, aber nicht ganzheitlich („totum, sed non totaliter") Grund seines „neuen Seins"[62]. Beide sind analog eins, woraus sich die reaktive Vermittlung des neuen Seins in ontologischer Konsequenz ergibt: jeder Mensch erhält neue Seins- und Selbstaktualisierungspotenzen[63].

Die reale Vermittlung des gottmenschlichen Seins erfolgt primär in den *unverfügbaren* Bereich des Menschseins hinein, in die Abgründe und Tiefen des Herzens. Jesus wirkt v.a. am Wurzelgrund der Person, im Verborgenen und im sich als „Erst-Sein" im Menschen auswirkenden Areal[64]. *Horizontal* wirkt der Gottmensch bei Setzung (Taufe) und Vollendung (Tod und Auf-

---

[62] Ähnlich definiert Trient bezogen auf die „Gerechtigkeit" (und damit indirekt bezogen auf das „neue Sein in Christus"): „Denn diese Gerechtigkeit heißt die unsere, weil wir durch sie, die uns innerlich anhaftet, gerechtfertigt werden. Sie ist aber auch Gottes, weil sie uns von Gott um der Verdienste Christi willen eingegossen wird ... so sei es doch ferne, dass ein Christ auf sich vertraue oder in sich seinen Ruhm suche und nicht im Herrn." (DH 1547f).

[63] Hieraus ergibt sich die Rechtfertigung der Rede von geschaffener Gnade vermittelt durch die ungeschaffene Gnade. Vgl. treffend Scheffczyk, L., Die Heilsverwirklichung in der Gnade. Gnadenlehre (Katholische Dogmatik, Bd. 6) Aachen 1998, bes. 240–323

[64] Denn: die ontologische Basisfrage „Warum ist überhaupt etwas und nicht nichts" kann auch *existentiell* gestellt werden: „Warum *will* ich überhaupt etwas und nicht nichts?" oder konkreter: „Warum will ich das und nicht das andere?". Um diese Frage nach dem „Wollen" stellen zu können, muss ein „Wollen-*Können*" vorangegangen sein: die gottmenschliche Ermächtigung bzw. die geschenkte neue „Potenz zum Menschsein" kraft der Allmacht der Liebe.

erstehung) des neuen Seins; *vertikal* hinsichtlich der „Abgründe der Seele“ als wahre Gründe eigener Entscheidungen, der individuellen Ausprägung der Potenzen und Möglichkeiten, der Reichweite des eigenen Menschseins etc. Die Person erscheint hier getragen vom göttlich entströmten Meer des neu überformten und gottmenschlich re-integrierten Seins – wie die Rebe vom Weinstock! Beide Unverfügbarkeiten werden sowohl vom Menschen als auch von Gott besessen, wenn auch auf eine differente Weise: Gott erkennt und erfasst die gesamte Wirkerstreckung des Menschseins; der Mensch appliziert und konkretisiert sie als Kraftquelle seiner Applizierbarkeit, insofern der Mensch selbst a posteriori „ist“ kraft seines a priori vorgegeben und göttlich geschenkten Seins, d. h. sein Menschsein besteht im Konkretisieren und darin Mit-konstituieren des „neuen Seins“ zwecks koagierender Errichtung des Gottesreiches.

III „Die Kirche – gleichsam in Christus das Sakrament“
Ekklesiologische Vergegenwärtigung

„Der Stein des Anstoßes" und der christlich-jüdische Dialog

von Franz Mußner

In Röm 9,32b.33a schreibt der Apostel (nach der Übersetzung „Münchener Neues Testament"; 5., durchgesehene und neu bearbeitete Auflage): „... sie [die Juden] stießen an den Stein des Anstoßes, gleichwie geschrieben ist [bei Jes 8,14]: Siehe, ich setze in Sion einen Stein (des) Anstoßes und einen Felsen (des) Ärgernisses ...". Es geht mir jetzt nicht um die paulinische Textgestaltung und um die verschiedenen Applikationen des Jes-Zitats, etwa in 1 Petr 2,4–6 oder in 1 Q Hod oder im Targum zu Jes 8,14 (s. dazu die Kommentare zu Röm 9,32.33), vielmehr um die Frage: Was ist mit dem „Stein des Anstoßes" und dem „Felsen des Ärgernisses" konkret gemeint? Dazu die Meinung einiger Ausleger des Römerbriefs:

- Th. Zahn[1]: Es war „die Person Christi ..., an welcher das jüdische Volk in der Art Anstoß genommen hat, daß es darüber zu Fall kam, anstatt sich an ihm aufzurichten und in gläubigem Vertrauen auf ihn zu stützen"; dazu bemerkt Zahn in der Anmerkung: „1 Kr 1,23; Gl 5,11 speziell von dem gekreuzigten Christus. Daß dies einem Teil des jüdischen Volks widerfahren werde, wurde nach Lc 2,34 schon bald nach der Geburt Jesu seiner Mutter geweissagt. Die ev Tradition bestätigt dies vollauf; auch dadurch, daß nach Mt 11,2–6 selbst der Täufer in dieser Gefahr schwebte. Nach Mt 21,24f, noch deutlicher nach Lc 20,17f hat Jesus selbst im Anschluß an Ps 118,22 von sich unter dem Bilde eines Bausteins gesprochen, welchen zu ihrem Verderben die Baumeister in Israel zu verwerfen im Begriff stehen". Damit führt Zahn auf eine Spur, der es nachzugehen gilt.
- E. Peterson[2]: „Gott hat in Zion einen Stein des Anstoßes gelegt. Zion steht für Jerusalem und ist das Zentrum Israels. In dieses Zentrum des jüdischen Glaubens hat Gott einen Stein, einen Felsen gelegt, es ist der heilige Felsen, der noch heute verehrt wird. Von diesem heiligen Felsen hat Jesaja geweissagt, daß er für Israel ein Fels des Ärgernisses sein werde. Und das ist nun eingetroffen: Der Fels ist Christus. An ihm haben die Juden Anstoß und Ärgernis genommen". An welchem „Christus", bleibt bei Peterson offen.

---

[1] Der Brief des Paulus an die Römer ausgelegt (Leipzig $^{1-2}$1910), S. 472.

[2] Der Brief an die Römer (Aus dem Nachlaß herausgegeben von Barbara Nichtweiß unter Mitarbeit von Ferdinand Hahn) (Würzburg 1997), S. 294.

- A. Schlatter[3]: „Jesus war ja Jude. Aber in seinem Verhalten gegen Jesus zeigte der Jude, daß er zum Glauben nicht fähig war. Für ihn wurde Jesus zum Stein gemacht, an dem er anstieß und stürzte. Daß dies die Sendung des Christus für die Juden war, ist die Vollstreckung jenes göttlichen Willens, der den Zorn zeigt und Gefäße des Zornes macht. Diesen Erfolg hatte die Gegenwart Jesu in Zion, der Stadt Gottes, durch die göttliche Verfügung. Gott hat diesen Stein unter sie gelegt".
- O. Kuss[4]: „Jesus Christus ist der ‚Stein des Anstoßes' und der ‚Felsen des Ärgernisses', den Gott in Zion aufgerichtet hat. Die Juden haben sich an diesem Stein gestoßen, Israel ist an diesem Felsen gescheitert ... und das heißt für Paulus nichts anderes, als daß sie sich dieses einzige Heil, diese einzige Gerechtigkeit nicht schenken lassen wollen".
- W. Schmithals[5]: „Statt zu ‚glauben', ärgert sich das ungläubige Israel über die Zumutung des Kreuzes, die eigene Gerechtigkeit aufgrund des Besitzes der Tora oder aufgrund der Erfüllung der Gebote fahrenzulassen, und kommt so über den ‚Stein des Anstoßes' eschatologisch zu Fall".
- K. Haacker[6]: „Die exegetische Ineinssetzung der beiden ‚Steine' [„Stein des Anstoßes", „Fels des Ärgernisses" in Röm 9,33a] liefert ihm [Paulus] die Erkenntnis, daß der ‚Fels' des Evangeliums, auf den der (christliche) Glaube sich gründet, nicht zufällig in den Augen seiner jüdischen Zeitgenossen ein σκάνδαλον, d. h. ein in religiöser Hinsicht hochgefährliches Ding, sprich: eine verderbliche Irrlehre ist (vgl. 1. Kor. 1,23), die bekämpft werden muß (vgl. Gal. 5,11; 6,12) ... Der gedankliche Brückenschlag von der Kreuzestheologie zur Metaphorik des ‚Steins' bzw. ‚Felsen' könnte durch topographische Kenntnis vom Golgotha-Felsen als dem Ort der Kreuzigung Jesu nahegelegt worden sein".
- E. Lohse[7] „Der von Gott gesetzte Stein ist in der urchristlichen Tradition auf Christus bezogen [unter Verweis auf 1 Petr 2,4–8][8] ... Wird für diejenigen,

---

[3] Gottes Gerechtigkeit. Ein Kommentar zum Römerbrief (Stuttgart ⁵1975), S. 309.

[4] Der Römerbrief (Regensburg 1957ff), S. 746.747f. Kuss bringt auch die eigenwillige Bearbeitung der Jes-Zitate (Jes 8,14; 28,16) durch den Apostel in Röm 9,32f eingehend zur Sprache. Vgl. zu Kuss auch noch: E. Lohse, Otto Kuss als Ausleger des Römerbriefs, in: J. Hainz u. a. (Hg.), Unterwegs mit Paulus. Otto Kuss zum 100. Geburtstag (Regensburg 2006), S. 40–56.

[5] Der Römerbrief. Ein Kommentar (Gütersloh 1988), S. 364.

[6] Der Brief des Paulus an die Römer (Leipzig 1999), S. 200.

[7] Der Brief an die Römer (Göttingen 2003), S. 288.

[8] „Zu ihm hinzutretend, (dem) lebenden Stein, von Menschen zwar verworfen, bei

die sich gegenüber der in Christus geoffenbarten Gerechtigkeit Gottes verschließen [wie die ‚verstockten' Juden], der Stein zum λίθος προσκόμματος, so verleiht er doch denen, die an ihn glauben, festen Stand, damit sie nicht zuschanden werden".

- E. Käsemann[9]: Zu „Stein des Anstoßes" und „Fels des Ärgernisses" in Röm 9,33a: „Der Nachdruck liegt dabei keineswegs primär auf Jesu Tod oder dem historischen Jesus ..., sondern darauf, daß Israel an dem ihm von Gott gegebenen Messias, folglich an der Erfüllung der Verheißung scheiterte und nach Gottes Plan scheitern mußte. In Zion wurde jener Stein von Gott selbst aufgerichtet, der von vornherein dazu bestimmt war, Anstoß und Ärgernis zu wirken ... πρόσκομμα und σκάνδαλον meinen, inhaltlich kaum noch zu unterscheiden ..., den Anlaß des Verderbens ... Das Judentum muß sich an Christus ärgern, sofern die Glaubensforderung den Bruch mit seiner religiösen Vergangenheit verlangt ... Es vermag nicht zu sehen, daß es gerade so zu der ihm gegebenen Verheißung zurückgerufen wird ... Wo Christus auf den Plan tritt, wird der Konflikt zwischen wahrem und falschem Glauben akut".
- M Theobald[10]: „Nicht schon der Messias Jesus, der ja in seinem irdischen Leben ‚dem Gesetz unterstellt' (Gal 4,4) und ‚Diener der Beschneidung' war (Röm 15,8); also *als Jude* gemäß der Tora lebte, war der ‚Stein', über den seine Mitbürger in der Dunkelheit ihrer Sinne (vgl. 10,2; 11,8.10!) stolpern und fallen mußten, sondern der Gekreuzigte (vgl. 1 Kor 1,23), den Gott aus den Toten erweckt und zum *Herrn aller Völker* erhöht und mit dessen Anerkennung er sein endgültiges Heilsangebot *unterschiedslos* für *alle* Menschen verbunden hat (vgl. 10,9–13!). An-stößig ist für Israel die Kunde von dieser Tat Gottes also deshalb, weil mit ihr offenkundig wurde: Nicht ein Leben gemäß der Tora, nicht die ‚Werke' des Gesetzes, sondern allein der Glaube an den gekreuzigten und auferweckten ‚Herrn Jesus' (V.32/33) ist heilsentscheidend ... Alles, was Paulus hier und im folgenden über Israel sagt ..., ist auf

---

Gott aber auserwählt (und) kostbar, werdet auch (ihr) selbst wie lebende Steine aufgebaut als ein geistliches Haus zu einer heiligen Priesterschaft, um darzubringen geistliche Opfer, wohlannehmbar [für] Gott durch Jesus Christus. Denn es ist enthalten in (der) Schrift [Jes 28,16]: Siehe ich setze in Sion einen auserwählten, kostbaren Eckstein, und der Glaubende an ihn wird gewiß nicht beschämt". Vermutlich hat in der Urkirche der Schrifthinweis auf Jes 8,14; 28,16 mit Blick auf die „Verstockung" Israels Jesus und dem Evangelium gegenüber eine wichtige Rolle gespielt, der dann aber leicht antijüdisch ausgemünzt werden konnte. Vgl. auch noch Barn 6,2–4.

[9] An die Römer (Tübingen [1]1973, [4]1980), S. 266 (1. Auflage).

[10] Römerbrief. Kapitel 1–11 (Stuttgart 1992), S. 275f.

Israels Begegnung mit dem Evangelium zu beziehen und darf von ihr nicht abgelöst werden!" „Evangelium" dabei verstanden im Sinn des Apostels als die Botschaft: Heil für alle durch den Glauben an den gekreuzigten und auferstandenen Christus und nicht durch „Werke des Gesetzes"![11]

- Dazu noch die Monographie von K. Müller, Anstoss und Gericht[12]: „Als λίθος προσκόμματος und πέτρα σκανδάλου war er [der Messias Jesus] von Gott auf dem Sion, dem Zentralort göttlicher Gegenwart und göttlichen Wirkens in Israel, niedergelassen worden (V.33a). Als solche Setzung Gottes bewirkt er die Verderbnis des jüdischen Volkes in der mit ihm aufgebrochenen Heilsepoche ... Beide Nomina sind auf die im jüdischen Schrifttum vielfach vorbereitete Bedeutung: Anstoß zu Heilsverlust festgelegt" (S. 82).

Es darf nicht übersehen werden, daß das Subjekt sowohl in Jes 28,16 LXX (ἐγὼ ἐμβαλῶ) als auch in Röm 9,33a (τίθημι) Gott ist. Das heißt doch: Gott selber legt „in Zion den Stein des Anstoßes und den Fels des Ärgernisses" hin! Und dies gerade „in Zion", womit m. E. nicht allein der heilige Fels unter dem Tempel oder die Stadt Jerusalem (wie auch in Jes 28,16) oder gar der Golgothafelsen gemeint ist, sondern „Zion" als Repräsentationsbezeichnung für das ganze Volk Israel. „‚Zion' wurde schon in der Bibel symbolische Bezeichnung für Jerusalem als Stadt des Heiligtums und der Residenz und schließlich für Israel als religiöse wie politische Größe überhaupt" (J. Maier)[13]. Auch die „Verstockung" der „übrigen" ist nach Röm 11,7f von Gott verfügt: ἐπωρώθησαν (V.7b) ist pass.div., weil gemäß der Schriftaussage (Deut 29,3; Jes 6,9f), die der Apostel anschließend begründend[14] bringt, Gott selber es ist (ὁ θεός ist Subjekt im Schriftzitat!), der ihnen (den „übri-

[11] Zum Thema „Evangelium" bei Paulus sei auch noch hingewiesen auf P. Stuhlmacher, Das paulinische Evangelium, in: ders. (Hg.), Das Evangelium und die Evangelien. Vorträge vom Tübinger Symposium 1982 (WUNT 28) (Tübingen 1983), S. 157–182. Verwiesen sei auch auf D. Sänger, Die Verkündigung des Gekreuzigten und Israel. Studien zum Verhältnis von Kirche und Israel bei Paulus und im frühen Christentum (WUNT 75) (Tübingen 1994); ferner auf F. Voss, Das Wort vom Kreuz und die menschliche Vernunft. Eine Untersuchung zu Soteriologie des 1. Korintherbriefes (FRLANT 199) (Göttingen 2002; mit umfassender Literatur).

[12] Eine Studie zum jüdischen Hintergrund des paulinischen Skandalon-Begriffs (StANT XIX) (München 1969), hier S. 71–83.

[13] Judentum von A bis Z. Glauben, Geschichte, Kultur (Freiburg/Basel/Wien 2001), S. 437. Vgl. auch G. Fohrer, Art. σιών in ThWNT VII, S. 307 (Z. 1–25).

[14] Die Konjunktion καθάπερ (= καθώς) hat auch kausale Funktion, und Kausalsätze „geben Antwort auf die Frage, ‚warum oder weshalb o. ä. wird der Prädikatsinhalt

gen") „einen Geist des Tiefschlafes gab, Augen zum Nicht-Sehen und Ohren zum Nicht-Hören, bis zum heutigen Tag". Gott ist die eigentliche causa der Verstockung der „übrigen" Jesus und dem Evangelium gegenüber, so seltsam das auch für piae aures klingen mag. Dasselbe gilt für die Aussage von Röm 11,15: „Denn wenn ihre Verwerfung (ἡ ἀποβολή) Versöhnung des Kosmos (brachte), was wird die (endzeitliche) Annahme (Hinzunahme der „verstockten" Juden zum „Rest") (sein) wenn nicht Leben aus Toten". Es geht nicht um die (aktive) „Verwerfung" des Evangeliums durch die „Verstockten", vielmehr um ihre (einstweilige) Verwerfung durch Gott[15], die aber Folgen hat. Zum einen: Der „verstockte" Jude bleibt bis zum Ende der Zeiten[16]. Zum anderen: Damit ist ein mächtiger Impuls gegeben zur Evangeliumsverkündigung unter den Heiden, und „sie werden auch hören" (Apg 28,28b). Nach Röm 11 ist das „Heilshandeln Gottes ... untrennbar verkoppelt mit dem gegenwärtigen *und* künftigen Geschick Israels. Seine ἀποβολή hat die Versöhnung der Völkerwelt mit Gott zur Folge" (Sänger)[17], was die Kirche nicht zu der Meinung verführen darf, sie sei an die Stelle Israels getreten (vgl. die in ihr lange Zeit vertretene „Substitutionstheorie"). Die Kirche wurde

---

der übergeordneten Konstruktion verwirklicht'" (E.G. Hoffmann/H.v. Siebenthal, Griechische Grammatik zum Neuen Testament, Riehen ²1990, S. 540).

[15] Dazu ausführlich und überzeugend D. Sänger, Verwerfung und Annahme. Das Geschick Israels nach Röm 9–11, in: D. Sänger/U. Mell (Hg.), Paulus und Johannes. Exegetische Studien zu paulinischer und johanneischer Theologie und Literatur (WUNT 198) (Tübingen 2006), S. 381–410. Vgl. auch W. Bauer, WBNT (Berlin/New York ⁶1988) s. v. ἀποβολή: „1. d. Verwerfung übertr. auf d. Verwerfung der Juden durch Gott ... Röm 11,15 (Ggs. πρόσλημψις)"; H. Hübner, Gottes Ich und Israel. Zum Schriftgebrauch des Paulus in Röm 9–11 (FRLANT 136) (Göttingen 1984), S. 107: „Erst auf dem Hintergrund der durch Gott gewirkten Verblendung als Heilswirkung für die Heiden wird der gegenwärtige Zustand Israels ‚erklärlich'"; G. Röhser, Prädestination und Verstockung. Untersuchungen zur frühjüdischen, paulinischen und johanneischen Theologie (TANZ 14) (Tübingen/Basel 1994), S. 162–170 (§ 15: Die Negativstruktur des Heilshandelns Gottes und das Problem der „Kohärenz" von Röm 9–11). Da die „Annahme" („Hinzunahme") des „verstockten" Israels eine Tat des Handelns Gottes ist, kann auch der imselben Atemzug stehende Gegenbegriff „Verwerfung" nur eine Tat desselben Gottes sein.

[16] Dazu Näheres bei F. Mußner, Warum muß es den Juden post Christum noch geben? Reflexionen im Anschluß an Röm 9–11, in: ders., Dieses Geschlecht wird nicht vergehen. Judentum und Kirche (Freiburg/Basel/Wien 1991), S. 51–59; ders., Das jüdische Nein zu Jesus und zum Evangelium. Gründe und Konsequenzen für die Juden, in: TThZ 110 (2001) 47–66.

[17] A. a. O. (s. Anm. 15), S. 396.

„*Teilhaberin* der Wurzel des fetten Ölbaums", und „die Wurzel" trägt die Kirche, nicht umgekehrt, lehrt der Apostel in Röm 11,17f[18].

Die Ausführungen des Paulus über das „verstockte" Israel in Röm 9–11 scheinen voller Widersprüche zu sein, die historisch-*kritisch* aufgedeckt werden müßten, wie es zuletzt Karlheinz Müller in seinem gelehrten Beitrag in der Festschrift zu meinem 90. Geburtstag gefordert hat[19]. Ich zitiere: „die Konnotation von Evangelium und σωτηρία durchzieht als maßgebende Strukturlinie das gesamte Denken des Apostels. Man nimmt einen unüberbrückbaren Widerspruch zu so gut wie allem in Kauf, was Paulus sonst und gerade in Röm 9,1–10,24 sagt, wenn man der Textfolge 11,25–27 entnehmen wollte, dass der Apostel hier in Erwägung ziehe, die ‚Rettung' von ‚ganz Israel' werde schließlich ohne die Bekehrung der Juden zum Evangelium stattfinden"[20]. Weiter: „Unter strengen handwerklichen Vorgaben ist es somit schwerlich einsichtig zu machen, dass sich die Aussagen des Apostels in Röm 9–11 und dort näherhin das von Paulus in 11,25–26a formulierte ‚Geheimnis' auf das Gefälle eines ‚Sonderwegs' für die Juden drängen lassen. Was sich statt dessen aus Röm 9–11 ergibt, ist die harte Forderung einer Judenmission – mit dem Ziel einer schließlichen Hinwendung vom Glauben an den Messias Jesus (vgl. 11,26b)"[21]. Müller selbst lehnt ganz gewiß die Judenmission ab, aber ich ebenso, auch wenn ich mich als überzeugter Christ freue, wenn ein Jude den Weg zum Glauben an Christus findet, wie z. B. Edith Stein. Ich vertrete weiterhin den „Sonderweg" der Rettung ganz Israels; ich habe dabei deutlich genug gesagt, wie ich diesen „Sonderweg" verstehe: als einen Weg der Rettung ganz Israels *solo Christo et sola gratia*[22]. Der Jude

---

[18] Vgl. dazu F. Mußner, „Mitteilhaberin an der Wurzel". Zur Ekklesiologie von Röm 11,11–24, in: ders., Die Kraft der Wurzel. Judentum – Jesus – Kirche (Freiburg/Basel/Wien ^{2}1989), S. 153–159.

[19] K. Müller, Von der Last kanonischer Erinnerungen. Das Dilemma des Paulus angesichts der Frage nach Israels Rettung in Röm 9–11, in: M. Theobald/R. Hoppe (Hg.), „Für alle Zeiten zur Erinnerung". Beiträge zu einer biblischen Gedächtniskultur (Festgabe für Franz Mußner zum 90. Geburtstag) (StBSt 209) (Stuttgart 2006), S. 203–253.

[20] Ebd. 237.

[21] Ebd. 249f.

[22] Vgl. zum Thema „Sonderweg" auch die Monographie von W. Keller, Gottes Treue – Israels Heil. Röm 11,25–27. Die These vom „Sonderweg" in der Diskussion (StBiblStud. 40) (Stuttgart 1998) (dazu meine Rezension in ThRev 95, 1999, 126f). – M. Theobald schreibt in seinem Kommentar zum Röm-Brief (s. Anm. 10), S. 299: „Für heidenchristliche Leser ist die Kundgabe der schließlichen Errettung ganz Israels

und Pharisäer Paulus ist dafür das beste Paradigma; seine „Bekehrung" erfolgte solo Christo et sola gratia ohne vorgängigen Gehorsam gegen das Evangelium. Ich gehe deshalb hier nicht näher darauf ein, sondern stelle gegen Müller die *These* auf: Die „Widersprüche" in Röm 9–11 liegen bei Gott, nicht beim Apostel Paulus! Ich glaube, „die semantische Achse" von Röm 9–11 richtig in dem Satz in 9,18 erkannt zu haben: „Folglich nun, wen er will, (dessen) erbarmt er sich, wen er aber will, verhärtet er"[23]. Gott hat einen „Teil" Israels „verhärtet" („verstockt"): „Verstockung ist zum Teil dem Israel geworden (widerfahren), bis die Fülle der Heiden eingeht" (11,25b), wahrscheinlich meint Paulus dabei: in das ewige Reich Gottes. In all dem und was wir w.o. schon ausgeführt haben, begegnet uns das Problem der Prädestination und mit ihm die rational nicht durchschaubare „Logik" Gottes in der Heilsführung seines erwählten Volkes Israels[24]. Gott handelt, was speziell Israel angeht, nicht „logisch" (im Sinn der Logik der Sterblichen); sein Handeln ist scheinbar widersprüchlich, ja rätselhaft, unserer Logik entzogen. Wäre seine „Logik" die unsere, wäre Gott nicht Gott! Gott hält sich im Fall Israel *scheinbar* auch nicht an das dem Apostel geoffenbarten „Evangelium". Was die „Verstockung" Israels durch Gott angeht, so handelt er dabei aufs erste gesehen prädestinatorisch. M. Theobald bemerkt dazu in seinem Kommentar zum Römerbrief: „Undenkbar wäre es für ihn [Paulus] gewesen, in Gott den launischen Despoten zu erkennen, der nach Belieben den einen Menschen zum ewigen Heil vorherbestimmt, den anderen aber im Unheil der adamitischen Menschheit beläßt bzw. zur ewigen Verdammnis verurteilt ... Überhaupt hat Paulus trotz gegenteiliger Meinung unzähliger Theologen vieler Jahrhunderte keine eigenständige ‚Prädestinationslehre' entwikkelt. So wäre es grundverkehrt, Röm 9–11 zum ‚Material' oder zum Steinbruch für eine solche Lehre zu machen ...". Weiter: „Um den Sinn der kontrastierenden Aussagen von Röm 9 zu erfassen (Lieben – Hassen,

---

die Irritation ihrer Glaubenssicherheit, was für die spätere Kirche insgesamt gilt, die den Weg ihrer älteren Schwester am Evangelium vorbei als Provokation anstatt als Anfrage an ihr eigenes Glaubensverständnis begriffen hat. Ihr hat Paulus seine unerbittliche Warnung ins Stammbuch geschrieben, die da lautet: ‚[...] wenn du bleibst bei der Güte (Gottes), sonst wirst auch du ausgehauen!' (11,22)."

[23] Zur „semantische Achse" in Röm 9–11 vgl. F. Mußner, Die Kraft der Wurzel (s. Anm. 18), S. 46–48.

[24] Vgl. dazu F. Mußner, Israel in der „Logik" Gottes nach Röm 9–11 und im Denkgebirge Hegels, in: W.M. Neidl/F. Hartl (Hg.), Person und Funktion (FS zum Gedenken an Jakob Hommes) (Regensburg 1998), S. 63–78.

Erbarmen – Verstocken etc.), ist es zunächst entscheidend, den Fragepunkt des Kapitels insgesamt nicht aus dem Auge zu verlieren. Alles, was Paulus hier an der Geschichte der Väter Israels sowie seines Exodus aus Ägypten im Blick auf das Erwählungshandeln Gottes entwickelt, steht im Horizont der konkreten *Israelproblematik*. Mit anderen Worten: Nicht die Prädestination oder die Verwerfung einzelner *Individuen* ist für Paulus das Problem, sondern der Weg des Gottesvolkes, der ihm aufgrund des Neins Israels zum Evangelium zum großen Rätsel geworden ist"[25], das er letztlich nicht zu lösen vermochte. „O, Tiefe (des) Reichtums und (der) Weisheit und (der) Erkenntnis Gottes; wie unerforschlich (sind) seine Entscheidungen und (wie) unergründlich seine Wege! Denn wer erkannte (den) Gedanken [die Logik] des Herrn? Oder wer wurde sein Ratgeber?" (Röm 11,33b.34a). Niemand! Da bleibt zuletzt nur der doxologische Ruf: „Denn aus ihm und durch ihn und auf ihn hin (ist) alles; ihm (sei) die Ehre (δόξα) in die Äonen. Amen" (11,36)[26]. „Darum ist das letzte Wort Anbetung" (A. Schlatter)[27].

M. Theobald schreibt in seinem Kommentar, „daß nach Paulus die Zurückweisung des Evangeliums durch Israel kein *irrationaler* Vorgang war, Israel vielmehr Gründe für sein Verhalten besessen hatte"[28]. Und W. Breuning gibt seinem Beitrag in meiner Festschrift die Überschrift: Das Trennende nicht verbergen – das Gemeinsame auch dabei suchen[29]. Er kommt darin auch auf die „Bedeutung der Christologie" zu sprechen und erinnert an die bekannte Formulierung: „Der Glaube Jesu eint uns, der Glaube an Jesus trennt uns". Damit ist ein Problem angesprochen, das im christlich-jüdischen Dialog nicht umgangen werden darf[30]. Es ist die *Christologie*, die Christen und Juden voneinander trennt, trotz aller erfreulichen christlichen

---

[25] A. a. O. (s. Anm. 10), S. 277; 279.

[26] S. dazu E. Lohse, Doxologien im Römerbrief des Apostels Paulus, in: M. Theobald/R. Hoppe (Hg.), „Für alle Zeiten zur Erinnerung" (s. Anm. 19), S. 255–263.

[27] Gottes Gerechtigkeit (s. Anm. 3), S. 329. Man lese überhaupt die bedenkenswerten und ergreifenden Ausführungen Schlatters zu Röm 11,1–36 mit der Überschrift: Das Werk der Gnade in der Judenschaft (ebd. 319–330).

[28] A. a. O. (s. Anm. 10), S. 282.

[29] A. a. O. (s. Anm. 19), S. 329–336.

[30] Vgl. dazu etwa H. Frankemölle, Die heiligen Schriften der Juden und die Christologie, in: ders., Studien zum jüdischen Kontext neutestamentlicher Theologien (StB Aufs.-Bände 37) (Stuttgart 2005), S. 123–136 (S. 136 nennt F. weiterführende Literatur); ders., „Wie geschrieben steht." Ist die paulinische Christologie schriftgemäß, ebd. 255–291 (mit Literatur); ders., Die Bedeutung der Christologie im christlich-jüdischen Dialog. Bibeltheologische (und päpstliche) Impulse, ebd. 292–302.

und jüdischen Bemühungen, das Jude-Sein Jesu zu eruieren und ins Bewußtsein zu bringen; und dies mit Erfolg. Jesus von Nazareth war Jude. Wenn etwas historisch-kritisch gesichert sein will, dann dies. Dabei darf aber eines nicht übersehen werden, was gern übersehen wird: *Die nachösterliche Christologie hat ihren Grund im vorösterlichen Anspruch Jesu*, der von allen vier Evangelien bezeugt wird. Hätte die nachösterliche Christologie darin nicht ihren Grund, wäre sie nicht viel mehr als ideologischer Überbau. Das muß deutlich gesehen werden, auch im christlich-jüdischen Dialog, dem sonst der letzte Ernst fehlt. Dabei geht es nicht um die Gewinnung eines billigen Konsenses oder um „Bekehrungs“-Bemühungen und schon gar nicht um Antijudaismus, sondern zunächst nur um die Frage, ob Jesus von Nazareth mit seinem unerhörten Anspruch aus dem Rahmen des Judentums gefallen ist[31]. Zunächst eine jüdische Stimme und zwar die Stimme des unvergeßlichen David Flussers, der maßgeblich am christlich-jüdischen Gespräch beteiligt war und bekanntlich auch ein bedeutendes Jesusbuch geschrieben hat[32]. Er schrieb in seinem Vorwort zu C. Thoma, Christliche Theologie des Judentums[33]: „Nicht nur der Historiker, sondern auch die Theologen sollten sich mehr mit der Frage befassen, wie weit der historische Jesus ein Hoheitsgefühl hatte und wie weit es eine Brücke zwischen dem Selbstverständnis des historischen Jesus und dem ‚nachösterlichen‘ Christusglauben gibt. Wenn es nämlich so wäre, wie gewisse Kathederchristen behaupten ..., daß Jesus über sich nichts Besonderes oder nur sehr Geringes gedacht hat und daß seine Hoheitsansprüche kirchlich-nachösterlich sind, dann verliert meiner Ansicht nach der christliche Glaube jeden Anspruch auf seine Glaubwürdigkeit“. Dem kann ich nur zustimmen.

Zum Thema „Der Anspruch Jesu“habe ich mich wiederholt geäußert[34]. Sein unerhörter Anspruch, wie er in dieser Weise vorher in Israel von nieman-

---

[31] Dazu F. Mußner, Fiel Jesus von Nazareth aus dem Rahmen des Judentums? Ein Beitrag zur „Jesusfrage“ in der neutestamentlichen Jesustradition, in: ders., Jesus von Nazareth im Umfeld Israels und der Urkirche. Gesammelte Aufsätze (hg. von M. Theobald) (WUNT 111) (Tübingen 1999), S. 98–115.

[32] D. Flusser, Jesus in Selbstzeugnissen und Bilddokumenten (Rowohlts Monographien) (Hamburg ^{1}1968 u.ö.).

[33] Aschaffenburg 1978, S. 24f.

[34] F. Mußner, Traktat über die Juden (München ^{2}1988), S. 338–344; ders., Der Anspruch Jesu, in: F. Mußner, Die Kraft der Wurzel (s. Anm. 18), S. 104–124 (mit wichtiger Literatur); ders., Johannes und die Synoptiker. Gibt es eine Grundgemeinsamkeit?, in: Chr. G. Müller (Hg.), „Licht zur Erleuchtung der Heiden und Herrlichkeit für dein Volk Israel“. Studien zum lukanischen Doppelwerk (BBB 151) (FS f. Josef

dem erhoben worden war, begegnet speziell in den in den Evangelien erzählten Konfliktstoffen, so z. B. im Mk-Evangelium. Ich habe die in ihm begegnenden Konflikte zusammengestellt in meinem in der Anm. 34 aufgeführten Beitrag „Der Anspruch Jesu" (S. 121f):
- Vorwurf der Gotteslästerung von seiten der Schriftgelehrten wegen von Jesus beanspruchter Vollmacht der Sündenvergebung (2,7)[35]
- Anstoß der pharisäischen Schriftgelehrten am „Zusammenessen" Jesu mit Zöllnern und Sündern (2,16)[36]
- Anstoß daran, daß Jesus seine Jünger nicht zum üblichen Fasten anhält (2,18)
- Anstoß der Pharisäer am Ährenraufen der Jünger Jesu am Sabbat (2,24)
- Anstoß der Pharisäer an der Heilung des Mannes mit der verdorrten Hand an einem Sabbat (3,1–16) (mit dem ersten Todesbeschluß gegen Jesus, vgl. 3,6)
- Anstoß der Landsleute Jesu an seiner anspruchsvollen Lehre (6,3: „und sie nahmen Ärgernis an ihm"); dramatisch ausgearbeitet in Lk 4,16–30.
- Anstoß der Pharisäer und Schriftgelehrten am Brotessen der Jünger Jesu „mit unreinen Händen" (7,5)
- Anstoß der Hohenpriester und Schriftgelehrten an Jesus wegen Jesu „Tempelreinigung", wobei es aber eher um eine „illegitime" Lehrtätigkeit im Tempelbereich ging[37]
- Anstoß der Hohenpriester, Schriftgelehrten und Ältesten am Gleichnis von den bösen Winzern (vgl. 12,12)
- Vorwurf der „Gotteslästerung" gegen Jesus durch den Hohenpriester wegen seines Anspruchs, der Messias, ja der „der Sohn des Hochgelobten" zu sein (14,61–64) mit dem Urteil „aller" (so bei Mk), Jesus sei als Gotteslästerer „des Todes schuldig"[38]. Sie fordern deshalb vom Pontius Pilatus die Hinrichtung Jesu.

Zmijewski) (Hamburg 2005), S. 199–210 (mit Literatur). Dazu auch noch Th. Söding, „Wer sich zu mir bekennt ..." (Lk 12,8). Der Anspruch Jesu und die Universalität des Evangeliums, in: Th. Söding (Hg.), Ist der Glaube Feind der Freiheit? Die neue Debatte um den Monotheismus (QD 196) (Freiburg/Basel/Wien 2003), S. 53–122 (hier S. 60–85: 2. Der Anspruch Jesu).

[35] Näheres dazu bei F. Mußner, Fiel Jesus von Nazareth aus dem Rahmen des Judentums? (s. Anm. 31), S. 103–106.

[36] Dazu F. Mußner, „Das Wesen des Christentums ist συνεσθίειν". Ein authentischer Kommentar, in: H. Roßmann/J. Ratzinger (Hg.), Mysterium der Gnade (FS f. Johann Auer) (Regensburg 1975) 92–102.

[37] Vgl. dazu F. Mußner, Fiel Jesus von Nazareth aus dem Rahmen des Judentums" (Anm. 31), S. 108–111.

[38] Es ist vergebliche Liebesmüh, die Voruntersuchung gegen Jesus vor dem Hohen

Der unerhörte Anspruch Jesu findet sich besonders auch im Johannesevangelium, in höchst dramatischer Weise in 10,30–32. Jesus sagt: „Ich und der Vater sind eins. Wiederum hoben die Juden Steine auf, um ihn zu steinigen. Es antwortete ihnen Jesus: Viele gute Werke zeigte ich euch vom Vater; wegen welchen Werkes von ihnen steinigt ihr mich? (Es) antworteten ihm die Juden: Wegen eines guten Werkes steinigen wir dich nicht, vielmehr wegen Gotteslästerung, und weil du, der du (nur) ein Mensch bist, dich selbst machst zu Gott".

Ein Christ muß für diesen Vorwurf der „Gotteslästerung" Verständnis haben, was im christlich-jüdischen Gespräch m.E. durchaus ein Thema sein darf[39]. Dabei muß man bedenken, daß dieser Zimmermann aus dem Dorf Nazareth in Galiläa keineswegs ohne Weiteres in seiner göttlichen Würde erkennbar war, auch nicht einmal für ihm Nahestehende[40]. Jesus Christus bleibt für viele gläubige Juden, auch wenn sie ihn heute als einen der Ihrigen erkennen und anerkennen, „ein Stein des Anstoßes und ein Fels des Ärgernisses". „Niemand kann sagen, ΚΥΡΙΟΣ ΙΗΣΟΥΣ [Jesus ist der göttliche Herr] *als nur im Heiligen Geist*" (1 Kor 12,3): Dies gehörte zur Einsicht und Erfahrung des Apostels bei seiner Missionsarbeit, sowohl bei Juden als auch bei Heiden. Und das gilt bis zum heutigen Tag. Aber der Jude macht uns auch jeder Zeit bewußt, daß der Gott Israels der „deus absconditus" ist, bis hin zu Auschwitz[41]. Und die Juden sind nicht bloß unsere „äl-

---

Rat als „unhistorisch" zu erklären. Dazu F. Mußner, Glaubensüberzeugung gegen Glaubensüberzeugung. Bemerkungen zum Prozeß Jesu, in: ders., Die Kraft der Wurzel (s. Anm. 34), S. 125–136. Dazu auch noch: ders., Das ‚Unjudentum' in Jesus und die Entstehung der Christologie (ebd. 137–139).

[39] Vermutlich dürfte die Auseinandersetzung um den hohen Anspruch Jesu „auch in den jüdisch-christlichen Debatten … zur Zeit des Evangelisten eine Rolle gespielt haben" (so R. Schnackenburg, Das Johannesevangelium, II. Teil (Freiburg/Basel/Wien ^{2}1971), S. 389).

[40] Dazu Näheres bei F. Mußner, War Jesus von Nazareth für Israel erkennbar?, in: ders., Jesus von Nazareth im Umfeld Israels und der Urkirche (s. Anm. 31), 116–134. Mir genügt es nicht, in dem „Stein des Anstoßes und dem Fels des Ärgernisses" nur den Gekreuzigten oder den „λόγος τοῦ σταυροῦ" zu sehen. „Anstoß" und „Ärgernis" an Jesus gab es genügend schon in der vorösterlichen Zeit Jesu. Darauf hat bereits der große Exeget Th. Zahn in seinem Kommentar zum Röm-Brief hingewiesen (siehe unsere Anm. 1), wie er überhaupt die Meinung vertrat, das nachösterliche Kerygma müsse vorösterlich verifizierbar sein.

[41] Dazu F. Mußner, JHWH, der sub contrario handelnde Gott Israels (s. Anm. 31) S. 335–343; ders., JHWH, der nicht einleuchtende Gott Israels. Einige Überlegungen, in: TThZ 115 (2006), S. 50–59. Benedikt XVI., Wo war Gott? Die Rede in Auschwitz (Freiburg/Basel/Wien 2006), hier S. 12: „Wie viele Fragen bewegen uns an diesem

teren Brüder“ (Johannes Paul II.), sondern auch gewichtige Partner im ökumenischen Gespräch[42].

Ort! Immer wieder ist da die Frage: Wo war Gott in jenen Tagen? Warum hat er geschwiegen?“

[42] Vgl. F. Mußner, Was haben die Juden mit der christlichen Ökumene zu tun? (s. Anm. 31), S. 286–296; ders., Gemeinsame Aufgaben und Ziele von Juden und Christen gegenüber der modernen Welt, in: ders., Dieses Geschlecht wird nicht vergehen (s. Anm. 16), S. 121–130. Vgl. auch noch Kard. Walter Kasper/Hanspeter Heinz, Theologische Schwerpunkte im christlich-jüdischen Gespräch, in: FrRu 14 (2007), 18–25; C. Thoma, Das Messiasprojekt. Theologie jüdisch-christlicher Begegnung (Augsburg 1994); M. Goldmann, „Die große ökumenische Frage …“. Zur Strukturverschiedenheit christlicher und jüdischer Tradition mit ihrer Relevanz für die Begegnung der Kirche mit Israel (Neuk. Beitr. z. Syst. Theol. 22) (Neukirchen-Vluyn 1997); H.H. Henrix, Judentum und Christentum. Gemeinschaft wider Willen (Topos-Taschenbücher) (Kevelaer 2004); ders., Gottes Ja zu Israel. Ökumenische Studien christlicher Theologie (Studien zu Kirche und Israel 23) (Aachen 2005); ders., Jesus Christus im jüd.-christl. Dialog, in: StZ 131 (2006), 43–56; ders., Schweigen im Angesicht Israels? Zum Ort des Jüdischen in der ökumenischen Theologie (noch unveröffentlicht).

Erstlingsgabe (Ἀπαρχή)

Zur terminologischen und inhaltlichen Bestimmung des Weihepriestertums im ersten Jahrhundert.

von Anton Ziegenaus

I. Die Zeiten des Umbruchs

In der Dekade nach dem Zweiten Vatikanum, in den 70er Jahren des 20. Jahrhunderts, tauchte das Wort von der Krise des Priestertums auf. H. Heigert schrieb anlässlich des 20jährigen Jubiläums des Zweiten vatikanischen Konzils von 70.000 Laisierungen seit dem Konzil. Diese Zahl bleibt schrecklich, sowohl was die Einzelschicksale als auch was die Verwirrung der Gläubigen betrifft. Corruptio optimi pessima, sagen die Lateiner. Der Grund für diese Krise kann in der persönlichen Biographie eines Priesters liegen, aber ebenso in allgemeinen Zeitströmungen. Eine gewichtige Rolle spielt sicher auch die theologische Verunsicherung. So erklärte der Neutestamentler J. Blank[1], das Zweite Vatikanum habe die Problematik der Entstehung der Ämter nicht aufgegriffen, sondern unkritisch den Entwicklungsstand des 2. bzw. 3. Jahrhunderts übernommen. Im NT werde der Begriff „Priester" nur kritisch für das alttestamentliche Priestertum gebraucht; es gebe zwar kirchliche Ämter wie Episkopen, Presbyter, Diakone, aber diese würden an keiner einzigen Stelle „Priester" genannt. Bei der Aufzählung der Dienste und Ämter in 1 Kor 12 und Röm 12 fehle das Priesteramt. Beim Begriff Episkopos (profan: Markt- oder Bauaufseher) handle es sich zwar um jemanden in einer „leitenden Verwaltungsfunktion ... Ein sakral-kultisches Moment liegt darin nicht"[2]. Erst im 3. Jahrhundert sei aus dem Heidentum der priesterlich-kultische Opferdienst mit dem Bischofs-Ältestenamt verbunden worden[3]. Die Unterscheidung zwischen Klerus und Laien hält Blank für neutestamentlich illegitim. Der Unterschied sei alttestamentlich, aber Jesus habe sich mit der Tempelreinigung und der Auffassung, Gehorsam sei besser als Opfer, kultkritisch verhalten. Priesterlich sei im NT nur das Volk Gottes. Erst 1 Clem

---

[1] J. Blank, Kirchliches Amt und Priesterbegriff, in: F. Henrich (Hg.), Weltpriester nach dem Konzil, München 1969.

[2] Ebd. 24.

[3] Ähnlich: H. Küng, Wozu Priester, Zürich u. a. 1971, 41f.

führe wieder den alttestamentlichen Unterschied ein. Die Aufgaben des Amtes sind nach Blank[4] „das Heil zu spenden, Sünden zu vergeben, die Macht des Bösen zu vertreiben, Kranke zu heilen oder auch ganz kurz, Gutes zu tun. Es geht um eine befreiende und froh machende Vollmacht“. Der Dienst ist vor allem Verkündigungsdienst. Wenn der Heilsdienst, wie Blank zusammenfasst, im Gutes-Tun besteht, ist natürlich kein Unterschied mehr zwischen Laien und Klerus, denn dazu sind alle verpflichtet. Wenn der historische Jesus das Kultpriestertum nicht gewollt hat, ist es konsequent, in Schwierigkeiten das Priesteramt aufzugeben[5].

Die Abkoppelung des Priestertums von Jesus Christus und den Aposteln ging nun eine günstige Verbindung mit dem Funktionalismus ein. „Der moderne Funktionär ist das Produkt einer Gesellschaft, die ihre statische Struktur in eine dynamisch-pluralistische verwandelt hat; ihre Interessengruppen zu vertreten, ist Aufgabe des Funktionärs“[6]. Der Funktionalismus tritt an die Stelle der ontologischen Betrachtungsweise. Fragt diese nach dem Wesen, dem Was einer Sache, so der Funktionalismus nach dem Nutzen und der Effektivität innerhalb eines Sozialsystems. Er ist bestimmt vom Motiv des Interesses und der Bedürfnisse; ändert sich die Interessenlage, verlieren eine Sache oder ihr Vertreter ihre Bedeutung und werden ausgewechselt. So lautet auch der Titel von Küngs Schrift: „Wozu Priester?“

Die Funktionalisierung des Amtes erledigt zuerst den character indelebilis: Es gibt keine bleibende seinshafte Bestimmung und Prägung durch Christus; der Priester als Funktionär wird in seiner Eignung beurteilt nach seiner Kontakt- und Dialogfähigkeit in und mit der Gemeinde. Er kann auch nebenberuflich seinen Dienst ausüben, dieser muss nicht lebenslänglich und nicht männlich sein. Wer das Amt funktional versteht, wird zum Standpunkt des katholischen Lehramts nur den Kopf schütteln.

Dieses Verständnis hat sich weitgehend in den aus der Reformation hervorgegangenen Gemeinschaften durchgesetzt. Man bedenke nur die neuerdings diskutierte Frage um die Notwendigkeit der Ordination zur Feier des Abendmahles. Die These, dass die paulinischen Gemeinden oder wenigstens die in Korinth ursprünglich charismatisch strukturiert waren (weshalb man auch von einer pluralen Gemeindeordnung spricht), entspricht im Grunde der reformatorischen Lehre, dass alle geistliche Vollmacht schon durch die

---

[4] S. 38.

[5] Vgl. A. Ziegenaus, Zum Selbstverständnis des Priesters in Zeiten des Umbruchs: FKTh 2 (1986) 253–267, hier S. 257.

[6] G. Schlünder, Funktionär: Hist. Wörterbuch der Philosophie, Bd. 2, Sp. 1145f.

Taufe verliehen werde. E. Käsemann[7] betont die Vielfalt der charismatischen Funktionen. Jeder Christ ist aufgrund der Taufe Charismatiker und zugleich Amtsträger[8]. Laut Phil 1,1 habe es auch fest gefügte Ämter gegeben – Episkopen und Diakone –; erstere übersetzt Käsemann als „Kassenverwalter". Doch gebe es nicht das Privileg eines einzigen Beauftragten. Erst in den Pastoralbriefen werde das Charisma auf die Bevollmächtigung bei der Ordination eingeschränkt. Das Amt in diesem Sinn ist erst späteren Ursprungs.

Zu klären ist: Ist das Amt, auch das Apostolat des Paulus, ursprünglich charismatisch entstanden? Darf Episkopos aus dem Profan-griechischen (Bauaufseher, Kassenverwalter) abgeleitet werden? Sind die kultischen Aspekte erst später hinzugewachsen? Kannten die Gemeinde des Paulus verschiedene Strukturen?

Paulus hat Gemeindeleiter eingesetzt. Das zeigt schon Apg 14,23: Paulus und Barnabas kehrten von Derbe in das gefährliche – sie wurden dort gesteinigt – Antiochien und Ikonium zurück, um Presbyter einzusetzen. Wenn sie so großen Wert darauf gelegt haben, dürften sie es in allen Städten getan haben[9]. An die Gemeinde von Philippi, die Paulus um das Jahr 50 gegründet hat, schrieb er um 55 in einem Brief „an alle Heiligen in Christus Jesus in Philippi mit ihren Episkopen und Diakonen". Die nächste Gemeinde nach Philippi ist Thessalonich. Im Jahr 51 schrieb er dieser Gemeinde einen Brief aus Korinth, in dem es heißt: „Wir bitten euch aber Brüder, anerkennt (εἰδέναι) jene, die sich unter euch mühen (κοπιᾶν), die eure Vorsteher sind im Herrn, und euch anleiten zum Guten, schätzt sie besonders hoch in Liebe wegen ihres Wirkens" (1 Thess 5,12). Hier handelt es mehr um Funktionsbeschreibungen (sich mühen, vorstehen, anleiten), aber einige Personen sind als Leiter hervorgehoben. Dieser Paulus, der überall für Gemeindeleiter gesorgt hat, soll nun in Korinth keine eingesetzt haben, in dem es nur charismatisch gebildete Ämter gegeben habe?

---

[7] Amt und Gemeinde im Neuen Testament: ders., Exegetische Versuche und Besinnungen, Göttingen 1986, 33–58.

[8] Vgl. A. Ziegenaus, Die Heilsgegenwart in der Kirche. Sakramentenlehre: Katholische Dogmatik VII, Aachen 2003, 477ff.

[9] E. Nellessen [Die Einsetzung von Presbytern durch Barnabas und Paulus (Apg 14,23): Begegnung mit dem Wort. FS H. Zimmermann, Bonn 1980, 175–193] zeigt, dass bei Apg 14,22ff hinter der lukanischen Überformung eine Tradition steht, die nicht Lukas zum Urheber hat. Dass Paulus schon auf der ersten Missionsreise Presbyter eingesetzt hat, ist also nicht unbegründet.

II. Die Aussagen des ersten Klemensbriefes

Zur Klärung dieser Frage sei vom ersten Klemensbrief ausgegangen. Um das Jahr 96 verfasst, ist er wahrscheinlich älter als manche Schriften des NT, auch wenn er nicht in den biblischen Kanon gelangt ist. Die Kap. 42 und 44 sind für die Amtsfrage von höchster Bedeutung. Anlass zu diesem Schreiben aus Rom war die Absetzung bewährter Presbyter in Korinth durch einige jüngere Gemeindemitglieder, die eine Mehrheit auf ihre Seite bringen konnten. Die römische Gemeinde fordert die Wiedereinsetzung der Presbyter; die Unruhestifter sollten um des Friedens willen auswandern.

Es heißt im Einzelnen: „Die Apostel empfingen die frohe Botschaft für uns vom Herrn Jesus Christus; Jesus der Christus, wurde von Gott gesandt. Christus kommt also von Gott und die Apostel kommen von Christus her; beides geschah demnach in schöner Ordnung nach Gottes Willen. Sie empfingen also Aufträge, wurden durch die Auferstehung unseres Herrn Jesus Christus mit Gewissheit erfüllt und durch das Wort Gottes in Treue gefestigt, zogen dann mit der Fülle dese Heiligen Geistes aus und verkündeten die frohe Botschaft von der Nähe des Gottesreiches. So predigten sie in Stadt und Land und setzten ihre Erstlinge nach vorhergegangener Prüfung im Geiste zu Bischöfen und Diakonen für die künftigen Gläubigen ein. Und dies war nichts Neues; stand ja doch seit langen Zeiten von Bischöfen und Diakonen geschrieben. Denn so sagt an einer Stelle die Schrift: Ich will einsetzen ihre Bischöfe in Gerechtigkeit und ihre Diakone in Treue“. – „Auch unsere Apostel wussten durch unseren Herrn Jesus Christus, dass es Streit geben werde um das Bischofsamt. Aus diesem Grunde nun setzten sie, da sie genauen Bescheid im voraus erhalten hatten, die oben genannten ein und gaben hernach Anweisung, es sollten, wenn sie stürben, andere erprobte Männer deren Dienst übernehmen[10]. Dass nun die, die von jenen oder hernach von anderen angesehenen Männern unter Zustimmung der gesamten Gemeinde eingesetzt wurden, die untadelig der Herde Christi in Demut dienten, friedlich und großherzig, und von allen lange Zeit hindurch ein (gutes) Zeugnis bekamen – dass diese vom Dienst abgesetzt werden, halten wir nicht für recht. Denn es wird für uns keine kleine Sünde sein, wenn wir die, die untadelig und fromm die Opfer darbrachten (προσφέρειν τὰ δῶρα), vom Bischofsamt absetzen. Selig die vorangegangenen Presbyter, die ... hinschieden; denn sie müssen nicht Angst haben, es könnte sie jemand von dem für sie errichteten Platz (τόπος:

[10] διαδέξωνται = von einem früheren Inhaber übernehmen ... τὴν λειτουργίαν.

Posten, Amt) entfernen. Sehen wir doch, dass ihr einige, die einen guten Wandel führten, aus dem von ihnen untadelig in Ehren gehaltenen Dienst vertrieben habt."

Die Ausführungen von 1 Clem sind in vielerlei Hinsicht aufschlussreich:

1. Der Brief kennt eine Sukzessionslinie mit fünf Folgen: Vater – Jesus Christus – Apostel – Erstlinge – die von diesen eingesetzten Amtsträger. Die Sendungslinie: Vater – Jesus – Apostel begegnet häufig im NT (vgl. Mt 10,40; Lk 10,16; 22,28f; Joh 20,21). Die Linie wird über die Apostel hinaus weitergeführt in 1 Clem, aber auch mit der Bestellung von Presbytern durch Paulus (vgl. Apg 14,23) und mit dem Auftrag an Titus, in den einzelnen Städten Presbyter einzusetzen (Tit 1,5ff, vgl. 1 Tim 3,1ff; 5,22).

Die Amtsträger wurden demnach klar sozusagen von oben eingesetzt, nicht gewählt. Dies ergibt sich aus dem Sukzessionsgedanken, aus dem Handeln der Apostel, die die Erstlinge eingesetzt und entsprechende „Anweisungen" gegeben haben. Bei späteren Fällen, d. h. beim fünften Sukzessionsglied wurde bei der Einsetzung auch die Zustimmung der „gesamten Gemeinde" eingeholt, die aber beim vierten Glied noch nicht voll vorhanden war; deshalb wurden die Erstlinge „für die künftigen Gläubigen" eingesetzt.

2. Gegen die lächerliche Herleitung von „Episkopos" aus dem Profangriechischen („Bauaufseher", „Kassenverwalter") – dann müsste man 1 Petr 2,25 mit „Hirten und Kassenverwalter eurer Seelen" übersetzen – nennt 1 Clem auch „priesterliche" Aufgaben des Bischofs: Opfer darbringen und Verkündigung und Weitergabe des Amtes. In den Schriften des NT werden als weitere Aufgaben des Amtsträgers genannt: Salbung der Kranken und Sündenvergebug (Jak 5,14f), Sorge um die Gemeinde, ihre Ordnung und die rechte Lehre und die rechte Tradition (Apg 20,28; 1 Thess 5,12; 1 Petr 5,2f; 1 Tim 1,3; 2,8ff; 5,1ff; 2 Tim 2,14ff; 4,3ff, Tit 2,1 usw.). Wenn vom „Vorstehen" gesprochen wird (1 Thess 5,12; Hebr 13,7), fragt sich, wo dieser Dienst ausgeübt worden sein sollte, wenn nicht auch bei der Eucharistie.

Wenigstens nach 1 Clem 42,5 leitet sich Episkopos nicht aus dem profangriechischen her, sondern aus Jes 60,17, eine Stelle, in deren Zusammenhang von der messianischen Zeit gehandelt wird; diese Aufgaben sind offensichtlich nicht die eines „Kassenverwalters".

3. Wie werden die Angaben von 1 Clem in der heutigen theologischen Diskussion beurteilt? Blank nimmt davon keine Notiz und erklärt, die Sazerdotalisierung des Amtes hätte erst im 3. Jhd. begonnen bzw. es handle sich um ein Wiedererwachen alttestamentlicher Vorstellungen, obwohl Klemens von Jesus und den Aposteln her argumentiert.

Die entscheidende Frage zielt nach der Aufnahme der Argumentation des Briefes durch die Adressaten. Der römische Absender war auf alle Fälle von der Richtigkeit seiner Sicht überzeugt. Von der Reaktion der Korinther wissen wir nichts, sie scheinen aber den Brief akzeptiert zu haben: Wie Dionysius von Korinth um 170 berichtet, ist 1 Clem in Korinth „von jeher nach altem Brauch“[11] vorgelesen worden. Um diesen Brauch recht zu würdigen, ist zu beachten, dass der Brief die harte Forderung stellt, die Unruhestifter sollten auswandern. Hätten sich diese nicht gegen die römische Argumentation gewehrt, wenn sie gewusst hätten, dass die Ämter charismatischen Ursprungs sind? Es ist anzunehmen, dass die Verhältnisse im Sinn der römischen Mahnungen geregelt worden sind[12]

III. Die Erstlinge (ἀπαρχαί)

Die Apostel „predigten in Stadt und Land und setzten ihre Erstlinge nach vorangegangener Prüfung im Geiste zu Bischöfen und Diakonen für die künftigen Gläubigen ein“, bezeugt 1 Clem 42,4. Daraus geht hervor, dass vor allem die Erstlinge, die Erstbekehrten für das Amt eines Bischofs bzw. Diakons in Betracht gezogen wurden. Die Wahrheit dieser Aussage sollen den Korinthern auch die Überbringer des Briefes bestätigen, „zuverlässige und besonnene Männer, die von der Jugend bis ins Alter einen untadeligen Wandel unter uns geführt haben, diese werden Zeugen zwischen euch und uns sein“ (1 Clem 63,3).

Die Korinther haben wohl, wie man aus der Mitteilung des Dionysios schließen darf, die römische Position anerkannt. Sie hatten ihrerseits keine gegenteilige Tradition (etwa im Sinn der rein charismatischen Entstehung des Amtes), vielmehr bestätigt der erste Korintherbrief 1 Clem. 1 Kor 16,15 lautet nämlich: „Ich ermahne euch Brüder, kennt das Haus des Stephanas an[13], denn er ist die Erstlingsgabe (ἀπαρχή) von Achaia und sie haben sich für den Dienst an den Heiligen eingesetzt. Möchtet ihr euch solchen unterwerfen und jedem, der mitarbeitet und sich müht. Ich freue mich über die Anwesenheit des Stephanas, des Fortunatus und Archaikus, denn sie ersetzen euer Fehlen“. Ähnliche Termini begegnen auch in 1 Thess 5,12f, wo Paulus

[11] Vgl. Eusebius, Hist. Eccl. IV, 23.

[12] So H. v. Campenhausen, Kirchliches Amt und geistliche Vollmacht in den ersten drei Jahrhunderten, Tübingen 1953, 98.

[13] εἰδέναι (1 Kor 16,5 u. 1 Thess 5,12): nicht nur „wissen“, sondern auch „anerkennen“.

Anerkennung und besondere Hochschätzung in Liebe für die Vorsteher wünscht, die sich unter euch „mühen" und euch anleiten zum Guten.

Die Verbindung von „Erstling" und „sich mühen" und die Forderung nach Anerkennung für Stephanas, den Paulus selbst getauft hat (vgl. 1 Kor 1,16), bestätigt aus paulinischen Schriften die Angaben von 1 Clem. In Röm 16,5 grüßt Paulus „meinen geliebten Epänetus; er ist die Erstlingsgabe von Asia für Christus"[14]. 2 Thess 2,13 wird wegen der unklaren Lesart nicht berücksichtigt.

Welche Assoziationen verbanden sich mit ἀπαρχή? Zunächst ist damit die Erstlingsgabe gemeint, die man Gott von dem Ertrag des Ackers, der Weide und der Tiere darbringt (vgl. Dtn 18,4: „Gib ihm (dem Priester) auch die Erstlingsfrucht deines Getreides, Mostes und Öles, sowie die Erstlinge der Schur deines Kleinviehs", 26,3.10: Zur Bestätigung der Befreiungstat Gottes und der Überlassung des gelobten Landes soll der Israelit die Erstlingsgabe des Landes dem Priester übergeben, der sie auf den Altar des Herrn stellen soll. Num 18,8–12: Die Erstlingsgaben sind etwas Heiliges, gehören Gott, werden aber den Priestern überlassen; ähnlich Neh 10,37). Ἀπαρχή wird nur selten im außerkultischen Sinn gebraucht[15]. Die Sache, auch wenn der Begriff im griechischen Text fehlt, ist auch Dan 3,38 zu finden: Im Gebet des Asarja wird geklagt: „Wir haben in dieser Zeit weder Vorsteher noch Propheten und keinen, der uns anführt, weder Brandopfer noch Schlachtopfer ... noch einen Ort, um dir die Erstlingsgaben darzubringen und dein Erbarmen zu finden" (Dan 3,38). Darf man annehmen, dass hier eine Erwartung anklingt, die in messianischer Zeit erfüllt wird?

Ἀπαρχή drückt auch das Besondere in der Beziehung der Erstlingsfrucht Israels oder eines einzelnen Menschen zu Gott aus; sie sind Gottes Eigentum. Nach Philo[16] wurde das jüdische Volk, „wie eine Art Erstlingsgabe (τις ἀπαρχή) des ganzen Menschengeschlechts dem Schöpfer und Vater zugewiesen". Deshalb werden in Jak 1,18 die Christen „gewissermaßen Erstlingsfrucht (ἀπαρχή τις) seiner Schöpfungen" genannt.

---

[14] H. Schlier (Der Römerbrief, Freiburg ²1979) bemerkt dazu: „Er ist ein besonderer Bruder. Er ist der Erstbekehrte der Asia wie nach 1 Kor 16,15 Stephanas von Achaia. Das betont Paulus mit einer gewissen Feierlichkeit: er ist ‚die Erstlingsgabe für Christus'. An ἀπαρχή haftet wohl auch hier etwas von der Opfergabe (vgl. Röm 11,16) wie die Ergänzung εἰς χριστόν verrät."

[15] Vgl. Delling, ἀπαρχή: ThWNTh I, 483.

[16] De spec. Beg. IV, 180; vgl. ferner Fr. Mußner, Der Jakobusbrief, Freiburg ³1975, 94f.

Stephanas als Erstling Acharias besagt also, dass er als Weihegabe Christus dargebracht wurde und einen besonderen Dienst am Evangelium übernommen hat. Als besonderes Eigentum Gottes ist der Erstling dem profanen Bereich entzogen und gehört dem sakral- kultischen an. Jedes Erstes gehört nach israelischer Auffassung Gott; so auch der Erstbekehrte. Nach Dtn 26 liegt es nahe, zur Bestätigung der Treue Gottes den Erstling ihm darzubringen.

Ein Rückblick über die bisherigen Ausführungen kann folgende Momente festhalten: Das kirchliche Amt des Episkopos ist nicht vom profangriechischen Verständnis (Bauaufseher, Kassenverwalter) her zu erklären, sondern steht aufgrund des Zusammenhangs mit „Erstling“ von Anfang an in dem kultisch-sakralen Bereich, und zwar nicht nur als Weihegabe, sondern auch als einer, der die Gabe, wie es 1 Clem und wohl auch 1 Kor 16,15 bezeugt, darbringt. Die Aparché ist aus der Profanität herausgehoben, und zwar nicht nur in dem Sinn, wie Israel oder das neue Volk Gottes ein besonderes Eigentum Gottes ist, sondern auch im Hinblick auf einzelne Personen, die innerhalb der Gemeinde einen Sonderdienst (sich mühen, leiten) ausüben und deshalb besondere Anerkennung verdienen.

Dieses Amt ist nicht – oder: nicht nur – der Institutionalisierung des Charismas erwachsen, sondern wird durch die Einsetzung und die Einfügung in eine Sukzessionslinie begründet. Diese Linie findet sich in aller Klarheit in 1 Clem, ansatzweise schon an verschiedenen Stellen des Neuen Testaments. 1 Clem gibt nicht nur die Theologie der römischen Gemeinde wieder, sondern scheint auch von der Gemeinde in Korinth anerkannt worden zu sein. Die von 1 Clem überlieferte Einsetzung der Aparché (und ihrer Nachfolger) durch die Apostel wird auch in1 Kor 16,15 (in Verbindung mit 1 Kor 1,16) bestätigt. Auch Korinth wurde nicht anfänglich charismatisch geführt. Die Annahme einer pluralistischen Leitungsstruktur der paulinischen Gemeinden wird auch durch die Angabe von 1 Thess 5,12 und Phil 1,1 und Apg 14,23 widerlegt.

Die Berufung des Erstbekehrten zur Leitung der Gemeinde wird auch aus anderen Angaben bestätigt: So berichtet um 170 Dionysius von Korinth, dass der Areopagite von Apg 17,34 der erste Bischof von Athen gewesen sei[17].

---

[17] Vgl. Eusebius, Hist. Eccl. III 4,10; IV 28,3.

IV. Die Unbrauchbarkeit der „Erstlings"-Bezeichnung

Die Bezeichnung „Erstling" war zunächst günstig, um den gottgeweihten Kultdiener zu benennen, da man die vom Judentum und Heidentum her bekannten Termini wie „Priester", „Hoherpriester" wegen der Assoziationen an deren Opferdienst (Brandopfer, Schlachtopfer!) nicht verwenden wollte. Solche Benennungen wie sacerdos/Hieraus wurden erst im dritten Jahrhundert üblich. Doch ist verständlich, dass die sacerzodal-kultische Bedeutung von Aparché vergessen wurde, denn der Nachfolger des „Erstlings" kann nicht wieder Erstling sein. Die von 1 Clem angezcigte Bedeutungsnuance geriet völlig in Vergessenheit.

So kommt es, dass G. Delling (der Bearbeiter von ἀπαρχή im ThWNT I) 1 Clem nicht erwähnt. J. A. Fischer[18] verweist bei 1 Clem 42,4 in einer Fußnote auf Röm 16,5 und 1 Kor 16,15 und erinnert bei 1 Clem 44 an die Gabenopfer der Kirche bei der Eucharistie, an die priesterliche Tätigkeit des „Opferdarbringens" und an die mögliche Interpretation von Topos im Sinne von „Amt", G. Schneider (in der Ausgabe von Fontes Christiani, Bd. 15) thematisiert bei der Analyse der „Gemeinde und ihrer Verfassung" die Aparchai gar nicht, in einer Anmerkung zum Text stellt er nur die Frage, ob mit den „Erstlingen" die Episkopen und Diakone der ersten Generation gemeint sind, verweist auf Röm 16,5 und 1 Kor 16,15, ohne selbst Stellung zu nehmen. Episkopoi versteht Schneider als „Aufseher", obwohl er zugibt, dass „Opferdarbringen" an die Gabenbereitung der Eucharistie denken lässt[19].

Auch im Altertum scheint die Bedeutung von Aparché von 1 Clem 42,4 aus dem Bewusstsein geschwunden zu sein. Theodoret von Cyrus († 466) erklärt Röm 16,5 in dem Sinn, dass Epainetos als erster aus dem Heidentum zum Glauben gekommen sei. Bei 1 Kor 16,15 wird Aparché im Sinn von Erstglaubender verstanden[20]. Johannes Chrysostomos († 307) versteht Epainetos deshalb als Erstling, weil er den übrigen „Tür und Eintritt" wurde; er ist der erste der Reihe nach[21]. Der Ambrosiaster[22] sieht im Erstling die höhere Stellung des Epaineten angezeigt, zum Beleg, dass auch Hochgestellte glauben. Bei der Erklärung von 1 Kor 16,15 denkt der Verfasser nur an das initium fidei[23].

---

[18] Die Apostolischen Väter, Darmstadt 1970.

[19] Vgl. ebd. 167, 173.

[20] Vgl. PG, 82, 219. 371.

[21] Vgl. PG 60, 667f.

[22] Vgl. PL 17, 188.

[23] PL 17, 289.

Origenes († 254) sieht in Epainetos (Röm 16,5) den ersten Gläubigen aus der Provinz Asien. Er ist der „Anfang der Gemeinde“. Zudem sieht der große Allegoriker noch einen tieferen Sinn: Im Anschluss an die „Engel“ der Gemeinden in der Offenbarung des Johannes denkt er an „alle Engel Gottes, die die Gemeinde leiten“. Diese Engel „bringen die Erstlingsgabe von den Glaubenden Gott dar. Als Erstlingsgabe gelten aber bei ihnen nicht, die der Zeit nach die ersten sind, sondern die an Tugenden herausragen. Weil Paulus durch den Geist um ihre Erwählung wusste, dass nämlich die Engel den Epainetus erwählt hatten aus der ganzen Zahl der Glaubenden, die es in Asien gab, darum nannte er ihn die „Erstlingsgabe Asiens. Aber auch in einem anderen Brief sagt er von bestimmten Menschen, sie seien die „Erstlingsgabe“ Achaias. Dabei sieht er in ihnen ohne Zweifel dieselbe Begründung für diese Heilswirklichkeit“[24].

Eine priesterliche Funktion des Erstlings wird von Origenes nicht erwähnt, aber ein sakrifizieller Aspekt wird deutlich: Der Erstling ist „Erstlingsgabe“, die Gott dargebracht wird. Die Erstlingsgabe wurde von den Engeln erwählt. Dass auch die Erstlinge Opfer dargebracht haben, wie es 1 Clem berichtet, wird nicht gesagt. Doch der Zusammenhang mit den Engeln der Gemeinde in der Offenbarung des Johannes, die als Empfänger der Schreiben doch Menschen gewesen sein dürften und die Gemeinde geleitet haben, legt solche Gedankengänge nahe (wenigstes wenn nach dem Litteralsinn der Allegorese fragt).

Nach Irenäus († 202) führte der Heilige Geist am Pfingsttag die zerstreuten Stämme zusammen und brachte die ἀπαρχή aller Völker dem Vater als Opfergabe (προσφέρειν). Der Heilige Geist soll uns Gott anpassen[25]. Die Opfergabe ist, wie Irenäus anderswo ausführt, Christus in seiner Menschheit[26]. Der Sohn ist zur Tiefe der Erde herabgestiegen, um das verlorene Schaf zu suchen, und stieg wieder zur Höhe hinauf, „um dem Vater den wieder gefundenen Menschen als Erstlingsgabe der Auferstehung des Menschen in seiner Person darzubringen und zu übergeben (προσφέροντα … τῷ πατρὶ τὸν ἀνευρημένον ἀνθρωπον, ἀπαρχὴν ἀναστασεως ἀνδρώπον ἐν ἑαυτῷ ποιησάμενον), damit, wie das Haupt von den Toten auferstand, auch der übrige Leib jedes Menschen, der im Leben gefunden wird, auferweckt wird.“ Diese Stelle will mehr sagen, als dass Christus der Erstling der Auferstehung (vgl. 1 Kor 15,20) ist:

---

[24] Origenes, Commentarii in Epistulam ad Romanos, Fontes Christiani, Bd. 2/5, S. 247ff (Übers. Ther. Heither).

[25] Vgl. Adv. Haer. III 17,2 (Sources Chr. 211, 331ff).

[26] Ebd. 19,70ff.

Irenäus versteht die Auffahrt Christi als Darbringung seines Leibes an den Vater (vielleicht inspiriert von 1 Kor 15,17). Προσφέρειν, und damit auch ἀπαρχή sind Opfertermini.

V. Zusammenfassung

Das Weiheamt, wie man heute sagen würde, geht auf Christus und die Apostel zurück. Die dogmatische Bedingung an ein Sakrament, nämlich – u. a. – die Einsetzung durch Jesus Christus über die Apostel, ist von 1 Clem klar bezeugt. Es ist ein priesterliches Amt. Die Korinther scheinen die Argumentation von Rom, wie man mit gutem Grund vermuten darf, anerkannt zu haben. Sie hatten ihrerseits keine gegenteilige Überlieferung. Auch ist anzunehmen, dass sie den „Erstling" von 1 Clem 42,4 nicht anders verstanden haben als 1 Kor 16,15, zumal auch diese Stelle von Gemeindeleitern spricht.

Vom Alten Testament her ist klar, dass ἀπαρχή eine kultisch-sakrale Bedeutung hat. Als Opfergabe hat der Erstling eine besondere, eine seinsmäßig andere Qualität: Er ist aus der Profanität herausgehoben, eine sakrale Gestalt.

Diese Aspekte sind, wie gezeigt, in der Auslegung späterer Jahrhunderte völlig aus dem Blickfeld geschwunden. Diese Entwicklung ist verständlich, weil der Nachfolger nicht auch „Erstling" (im temporalen Sinn) sein kann. Dass aber bei dieser Entwicklung eine Blickverengung eingetreten ist, zeigt schon die Überlegung, dass, wenn es kein besonderes Amt gäbe (in heutiger Sprache: wenn es nur das Taufpriestertum, also: nur Laien gäbe), eine besondere Hervorhebung des Erstlings, wie sie bei Paulus zu konstatieren ist, keinen Sinn hätte.

Das 2./3. Jahrhundert (Irenäus, Origenes) hat noch diese Zusammenhänge geahnt, im Gegensatz zum 4./5. Jahrhundert. In der heutigen Zeit ist gerade im katholisch-protestantischen Dialog um das Amt an diese Zusammenhänge zu erinnern. 1 Kor 16,15 ist immerhin eine Schriftstelle des NT.

Religionen und Politik

von Angelo Kardinal Scola

1. Die „Rückkehr der Götter"

Die Wiederkehr der Religionen und der Sekten auf der ganzen Welt, und insbesondere der Aufbruch des Islam, die wir mit dem Ende der Epoche der Utopien – der Epoche der „großen Erzählungen"[1], um einen Ausdruck von Lyotard aufzugreifen – erleben, widerlegen die in der Nachkriegszeit herrschende Voraussage, dass es in der gegenwärtigen Welt den Religionen bestimmt wäre, an gesellschaftlicher und politischer Relevanz zu verlieren. Und wer erwartet hatte, der Prozess der Säkularisation würde in das Kommen der sog. *weltlichen Welt* münden, erlebt statt dessen eine geradezu ungezähmte Eruption des Sakralen.[2] Die tragischen Konflikte, die überall in der Welt nach dem Fall der Berliner Mauer ausgebrochen sind, genügen, um aufzudecken, wie naiv die Vorstellung eines 21. Jahrhunderts war, dessen Bestimmung schlicht darin bestünde, die Globalisierung des westlichen Lifestyle unter dem Schlüsselwort einer „Menschheit – mit plumper Wichtigkeit groß geschrieben"[3] durchzusetzen.

Um dem Einwand zu begegnen, diese allzu knappe Betrachtung betreffend das gesellschaftlich-politische Gewicht des religiösen Phänomens wäre ein unkritischer Scheingrund, ist es nötig, ernsthaft die objektiv dialektische Natur der Beziehung von Religion und Moderne zu erörtern. Und wenn wir der Geschichte Europas, dessen *mind* von tendenziell globaler Tragweite ist, die gebührende Beachtung schenken wollen, müssen wir explizit von der Dialektik zwischen *Christentum* und *Moderne* sprechen. Worin besteht diese?

Beginnen wir mit einem Pol der Dialektik.

Wir können heute nüchtern sagen, dass die Moderne das Christentum dahin geführt hat, sehr präzise die Konsequenzen der ebenso heilsamen wie notwendigen Unterscheidung von Religion und Politik darzulegen, die mit dem berühmten Satz „So gebt dem Kaiser, was dem Kaiser gehört, und Gott,

---

[1] Vgl. J.-F. Lyotard, *La Condition postmoderne: rapport sur le savoir.* Collection „Critique", Paris: Minuit, 1979.

[2] Vgl. die provokativen Reflexionen von André Glucksmann in: *La troisième mort de Dieu*, NiL Editions, Paris 2000.

[3] R. Calasso, in: *Il Corriere della Sera*, 5. Mai 2002, 33.

was Gott gehört!“ (Mt 22,21) schon im Evangelium ausgesprochen ist. Die Moderne, und insbesondere die Aufklärung, hat auf diese Weise einer bestimmten ideologischen Trift eben dieser christlichen Erfahrung Schach geboten, einer Sicht, die einer *doktrinalistischen* Auffassung geschuldet ist, die die geoffenbarte Wahrheit ausschließlich auf ein „System von begrifflichen Aussagen, aus denen die einzelnen Aspekte der Wirklichkeit zu *deduzieren* sind“, reduziert. Das führt dann dazu, den – unvorhersehbaren und nicht fixierbaren – geschichtlichen Charakter zu leugnen und das Gewicht der Verbindung der Wahrheit mit der Freiheit zu unterschätzen. Es gibt keinen Grund, nicht zuzugestehen, dass viele Umstände, die mit der Geschichte der Inkulturation des Christentums in Europa verbunden sind, diese ideologische Trift dokumentieren.

Seit der frühen Moderne ist die als Einbahn aufgefasste Sicht des Bezugs *Wahrheit-Freiheit* zunehmend in die Krise geraten. Diese Sichtweise betonte zu Recht die Pflicht der Freiheit, für die ganze Wahrheit Raum zu schaffen. Aber sie zeigte nicht klar, wie die Bedeutung der *Freiheit für die Wahrheit* mit der Bedeutung der *Wahrheit der Freiheit* zu verbinden sei, worin die objektive Anerkennung der richtig verstandenen *Freiheit des Gewissens* impliziert ist.

Andererseits aber – und damit ist der zweite Pol der Dialektik zwischen Christentum und Moderne angesprochen – muss herausgestellt werden, dass die europäische Moderne, insofern sie in einem gewissen Sinn es vermocht hat, das christliche Subjekt zu dieser größeren Authentizität zu drängen, sie das gerade dank des wesentlichen und permanent lebendigen Kerns eben dieses christlichen Glaubens bewirkt hat. Ein Kern, der von der ununterbrochenen christlichen *Traditio* – von Jerusalem bis Rom – überliefert wird und weiterhin eine entscheidende Ressource nicht nur für das Europa von heute darstellt.

Ich beziehe mich auf das Prinzip der *Differenz in der Einheit*; dieses lebt im Geheimnis der Trinität und geht kraft der Inkarnation, des Todes und der Auferstehung Jesu Christi ein in die Geschichte und wird, gemäß dem Gesetz der Analogie, Prinzip des Begreifens und der Wertschätzung jeder Differenz. Sie wird – sowohl auf personaler als auch auf gemeinschaftlicher Ebene – nicht nur toleriert, sondern sie wird hervorgehoben, weil sie eine bleibende Einheit bildet mit jener Wahrheit – die vor Lehre oder Ethik ein Ereignis ist (vgl. Deus caritas est, Nr. 1) –, die schließlich zur *ultima Thule*[4] der menschlichen Erfahrung gelangt und verhindert, dass die – auch radikalste – Differenz zu einem Faktor des mehr oder weniger gewaltsamen Zerfalls wird.

---

[4] [Vgl. Vergil, Georgica I 30].

In diesem Rahmen konnten sich im Westen Theorie und Praxis der Demokratie entwickeln, verstanden als freies und geordnetes Zusammenleben von Bürgern, Korporationen und Völkern, die eine vom Staat angemessen gestützte bürgerliche Gesellschaft ins Leben gerufen haben.

2. Die Verdrängung der Religion aus der Öffentlichkeit

Doch können wir eine Gegebenheit, die in Europa historisch aus der dialektischen Beziehung Moderne-Christentum hervorgegangen ist, nicht außer Acht lassen. Das wertvolle Ergebnis dieser Dialektik – die Wahrheit der Gewissensfreiheit und damit die angemessene Unterscheidung zwischen religiösem Glauben und politischem Handeln – wurde bezahlt mit dem Preis der *Verdrängung der Religion aus der öffentlichen Sphäre* der bürgerlichen Gesellschaft. Ein scharfsinniger Historiker schreibt, mit der Moderne beginne die Religion von außen wahrgenommen zu werden. Sie werde in die Kategorie der Sitte oder der geschichtlichen Kontingenzen eingeordnet. Und damit werde sie der Vernunft oder der Natur gegenüber gesetzt.[5] Ab dem 16. Jahrhundert entwickeln sich für die vorangehende Verbindung von Religion und Politik verschiedene Ersatzformen: der Versuch, alle Konkurrenten auf eine der religiösen Konfessionen zu reduzieren (Integralismus / Fundamentalismus); der Versuch, auf eine unterstellte allgemeine natürliche Religion zu rekurrieren, die fundamentaler wäre als die historischen Religionen (aufklärerischer Naturalismus); der Versuch, der „Politik“ die Rolle des Katalysators für Bürger, Korporationen, Bürgergesellschaft und Nationen zuzuschreiben, die Rolle, die zuvor die Religion innegehabt hatte (Totalitarismus); und schließlich der Versuch, sich der Haltung der „provisorischen Moral“ zu verschreiben, das heißt dem Skeptizismus (agnostischer Liberalismus).

Das historische Resultat dieses fundamentalen Prozesses ist ein doppeltes: einerseits der *politische Gebrauch der Religion* sowohl in autoritärem Sinn (Staatsreligion) als auch in liberalem Sinn (Religion als Faktor gesellschaftlicher Nützlichkeit);[6] andererseits die *Reduktion der Religion auf eine*

---

[5] M. de Certeau, *La scrittura della storia*, „Il pensiero scientifico“ Ed., Rom 1977, 162–163. [*L'Ecriture de l'Histoire*, Paris 1975; deutsch: *Das Schreiben der Geschichte*, Frankfurt am Main u. a. 1991].

[6] Montesquieu: „D'ailleurs, comme toutes les religions contiennent des préceptes utiles à la société, il est bon qu'elles soient observées avec zèle“, in: *Lettres Persanes*, Brief 86.

private Angelegenheit, ohne öffentliche Relevanz und Genehmigung. Man muss sehen: Was die Moderne nicht erkannt hat oder nicht zu denken vermochte, das ist die *öffentliche Relevanz* der in ihrer vollen Identität aufrecht erhaltenen Religion.

3. Etsi Deus non daretur?

Um jetzt recht schnell auf das Heute zu kommen: Die explosive Ausbreitung der Kultur der Vernetzung hat die Natur der politischen Teilnahme verändert und die Bedeutung von Korporationen und gesellschaftlichen Gruppen minimiert. In Europa ist die Meinung weit verbreitet, in einer demokratischen und pluralen Gesellschaft könne es zwischen den fundamentalen Rechten des Subjekts und des Staates einen korrekten Bezug nur unter der Bedingung geben, dass in diese Beziehung keine anderen Elemente des Bezugs und der Mediation eingeführt würden. Die Religion wäre in diesem Kontext ein „unbequemes Drittes", tolerierbar nur, wenn sie auf eine Privatangelegenheit des einzelnen Individuums reduziert wird. Es ist die gegenwärtige Phase des Prozesses der Globalisierung, die „eine Lösung der kulturellen Neutralität fordert: Für die gegenwärtige westliche Demokratie sind alle Religionen gleich (Un-Unterschiedenheit). Die Öffentlichkeit wird gegenüber den Religionen als neutral erklärt ... Von den verschiedenen Religionen wünscht und verlangt man, ihren Universalismus als eine private Gegebenheit zu betrachten, [besonders] innerhalb ihres Einflussbereichs."[7]

Bekannt ist diesbezüglich die Aussage von Kelsen, wonach die Wertschätzung der rationalen Wissenschaft und das Streben, sie von jeder metaphysischen oder religiösen Einmischung frei zu halten, charakteristische Merkmale der modernen Demokratie seien.[8]

Auf recht unterschiedliche Weise wird in Frankreich, Italien und Spanien – Ländern, in denen es eine heftige Debatte über die Laizität gibt – normalerweise vertreten, dass der zeitgenössische Staat laikal und neutral sein solle. Es ist aber nötig, diese Formel richtig zu interpretieren. In den schärferen Lesarten bedeutet das Adjektiv „laikal" nicht nur a-religiös, sondern klingt manchmal wie ein Synonym von „antireligiös".

---

[7] P. Donati, *Pensare la società civile come sfera pubblica religiosamente qualificata*, in: C. Vigna – S. Zamagni (Hrsg.), *Multiculturalismo e identità*, Vita e Pensiero, Mailand 2002, 55–56.

[8] H. Kelsen, *La democrazia*, Il Mulino, Bologna 1998, 246.

Unter den Gelehrten in den USA gibt es hingegen eine Auffassung – wenn sie auch nicht vorherrschend ist –, die im Allgemeinen den religiösen Begründungen eines jeden volles Bürgerrecht zuerkennt. Schon die Gründerväter hatten in gewisser Weise einen „laikalen Staat ohne Laizismus des Staates“[9] gewollt. Der politische Bereich ist klar vom religiösen Bereich getrennt, aber er ist bereit, mit diesem in Dialog zu treten, weil er sich sehr wohl bewusst ist, dass keine Regierung moralische Bürger schaffen kann, sondern dass im Gegenteil moralische Bürger oft von den Religionen inspiriert sind, für die Demokratie einzutreten. Heute verknüpfen die *Evangelikalen*, Methodisten, Baptisten, Pfingstler – die, von den USA ausgehend, auch in Lateinamerika (Brasilien), Asien, Afrika, großen Erfolg haben und sogar in vorwiegend muslimischen Ländern Proselyten machen – ihren Glauben eng mit der amerikanischen Kultur. Wie man diese religiösen Bewegungen, die man jedenfalls nicht unterschätzen darf, auch sehen mag, sie scheinen mir die Aussage zu bestätigen, dass es „eine wichtige Lektion in der amerikanischen Erfahrung der religiösen Unterschiedlichkeit innerhalb eines demokratischen politischen und gesellschaftlichen Gefüges gibt: Das religiöse Fundament der Kultur ist genügend breit, um die zu umfassen, die nach einer der drei großen Traditionen des abrahamitischen Glaubens zu leben versuchen, (und in jedem Fall zu bewahren suchen) die individuelle Freiheit zu glauben (oder nicht zu glauben) und zu praktizieren (oder nicht zu praktizieren).“[10]

Die These von Kelsen wird heute nicht nur von denen kritisiert, die – wie der amerikanische Jude David Novak – daran festhalten, dass „die religiösen Menschen fähig sind, sich für die Laizität einzusetzen, die sie aus ihren auf der Offenbarung gründenden Traditionen ableiten“,[11] sondern auch von Menschen, die in Europa die Notwendigkeit einer Besinnung über die pluralen Demokratien vertreten. Es genügt, auf Gelehrte wie Böckenförde und Habermas zu verweisen, die, auf unterschiedliche Weise, bejahen, dass der moderne Staat seine Genese nur in einem Konsens über Prozeduren haben kann, aber gleichzeitig nicht ausschließen, „dass der freiheitliche, säkularisierte Staat von Voraussetzungen zehrt, die er selbst nicht garantieren kann“.[12]

---

[9] Vgl. A. Besançon, *Situation de l'Église catholique*, in: *Commentaire* 113 (2006), 5–23, hier 11.

[10] C. Anderson, *Religione e politica nello spirito americano*, in: *Oasis* 1 (2005), Nr. 2, 96.

[11] D. Novak, *La legge mosaica e il diritto naturale*, in *Daimon* 4/2004, 213–224, hier 222.

[12] J. Habermas, in: J. Habermas – J. Ratzinger, *Dialektik der Säkularisierung. Über*

Die Gläubigen zu verpflichten, sich zu verhalten *etsi Deus non daretur* und daher die Entsprechung zwischen der Rationalität und dem letztlich göttlichen Ursprung einer bestimmten Vorschrift (Norm) nicht zu erwähnen, ist das nicht ein zu hoher Preis für das Leben in der Gesellschaft?[13] Sind wir vor allem sicher, dass damit der Gesellschaft nicht etwas Positives genommen wird?

So kann und darf, zumindest prinzipiell, nicht ausgeschlossen werden, dass die religiöse Motivation in den politischen Bereich hineinwirken kann.

4. Religionen: gesellschaftliches Kapital und Mestizisierung von Kulturen

Im Besonderen können wir uns fragen: Kann das ursprünglich christliche Prinzip der *Differenz in der Einheit* auch für die Zukunft Europas – und nicht nur Europas – eine substantielle Demokratie gewährleisten? Eine Demokratie, die nicht nur imstande ist, der schnellen interkulturellen und interreligiösen Transformation standzuhalten, sondern dieser neuen Physiognomie der Welt sogar eine Ressource der Kultur zu bieten?[14] Ich glaube schon. Und meine Überzeugung hat nichts Nostalgisches und schließt in keiner Weise die Restauration von Modellen einer „Christenheit" ein, die unrettbar untergegangen sind.

Ich will mich auf einige kurze Beobachtungen beschränken.

Ich beginne mit dem Hinweis, dass eine solche Sicht der religiösen Dimension der Zivilgesellschaft, unter anderem, der Schwäche des privatistischen liberalen Modells der Religion Abhilfe verschafft.

Vernunft und Religion, hrsg. von Florian Schuller, Herder, Freiburg 2005, 16. E. W. Böckenförde, *Die Entstehung des Staates als Vorgang der Säkularisation*, 1967, jetzt in Ders., *Recht, Staat, Freiheit*, Suhrkamp, Frankfurt am Main 1991, S. 112: „Der freiheitliche, säkularisierte Staat lebt von Voraussetzungen, die er selbst nicht garantieren kann."

[13] Vgl. D. Novak, *La legge mosaica* ..., a. a. O.

[14] Ein gesunder Realismus verlangt, bestimmte Warnungen, die von großen Gefahren sprechen, die mit der Begegnung bzw. dem Zusammenstoß der Kulturen verbunden sind, nicht zu ignorieren, vgl.: S. P. Huntington, *The clash of civilizations and the remaking of world order*, Simon & Schuster, New York 1997. Mit unterschiedlichen Nuancierungen siehe auch: A. Finkielkraut, *La défaite de la pensée: Essai*, Gallimard, Paris 1989; J. Palacios Romeo, *La civilización de choque. Hegemonía occidental, modernización y estado periférico*, Centro de Estudios Políticos y Constitucionales, Madrid 1999; R. D. Kaplan, *The Coming Anarchy. Shattering the Dreams of the Post Cold War*, Random House, New York 2000.

Die Demokratie braucht vor allem ein gesellschaftliches Kapital des Vertrauens und einen Rahmen geteilter Ideale, ohne die sie in bloße Konfliktverwaltung entgegengesetzter Interessen degeneriert. Das hat von Kutschera richtig gesehen, wenn er einräumt, dass die Ethik, deren zentrales Problem die „Vermittlung zwischen Interessen und Forderungen der Moral" ist,[15] für sich allein nicht genügt, das Wünschen und das Interesse des Menschen zu bewegen. Die Ethik hat mehr Anthropologie nötig, und das gilt um so mehr angesichts der Prozesse der Globalisierung des Marktes und des Geldwesens. Dass es heute kein anderes Modell der Demokratie gibt als das prozedurale, schließt nicht nur nicht aus, sondern bestätigt die These von Böckenförde: Die Demokratie braucht einen zivilen *Background*.

Es ist ferner nunmehr eine gesicherte Tatsache, dass die Ausgrenzung der Religion aus der gesellschaftlichen Sphäre für jene nichteuropäischen Kulturen, in denen die Religion ein wesentlich politisches Faktum ist, nicht akzeptabel ist.[16] Dass die modernen Lösungen der Beziehung Religion-Politik in diesem Sinn obsolet sind, zeigt das historische Auftauchen des manchmal gewaltsamen Prozesses – ich betone den Terminus „Prozess" – der *Mestizisierung der Zivilisationen und Kulturen.* Dieser Ausdruck, der vor 20 Jahren im Umfeld der anthropologischen Wissenschaften aufgekommen ist und von vielen noch voll Sorge und mit Argwohn aufgenommen wird, erweist sich meiner Meinung nach als viel umfassender als die Kategorien der Identität und Integration.[17]

---

[15] F. von Kutschera, *Fondamenti dell'etica*, Franco Angeli, Milano 1991, 327. [F. von Kutschera, *Grundlagen der Ethik*, 2., völlig neu bearbeitete und erweiterte Auflage, Berlin: de Gruyter, 1999].

[16] Vgl. M. Khatami, *Religione, libertà e democrazia*, Laterza, Rom-Bari 1999 [Vgl. Seyed Mohammad Khatami, *Religiosität und Modernität*, deux mondes 2001].

[17] Bemerkungen zum Thema in A. Scola, *Oasis: un soggetto all'opera*. Vortrag bei der Versammlung des Comitato Scientifico del Centro Internazionale di Studi e Ricerche *Oasis*, Venedig 20.–21. Juni 2005; Ders., *Una „civitas" per l'umanità*, in: Studi Cattolici, Nr. 524 (2004), 721–723. Siehe auch das Stichwort *Métissage/ Mestizaje/ Interbreeding* von U. Antwerpen im *Dictionnaire International des Termes Littéraires* (*http://www.ditl.info*): *http://www.ditl.info/arttest/art15276.php*. Zum Thema Métissage der Kulturen sei auf einige Bücher hingewiesen, deren Meinung man aber nicht unbedingt teilen muss: F. Laplantine, *Identità e métissage. Umani al di là delle appartenenze*, Elèuthera, Mailand 2004; J. Audinet, *Il tempo del meticciato*, Queriniana, Brescia 2001; J.-L. Amselle, *Logiche meticce. Antropologia dell'identità in Africa e altrove*, Bollati Boringhieri, Turin 1999 [*Mestizo logics*, 1998]; T. Todorov, *La conquista dell'America. Il problema dell' „altro"*, Einaudi, Turin 1984.

5. Religiös qualifizierte Öffentlichkeit

Wie könnte das neue öffentliche Profil aussehen, das die heutige schwierige historische Situation von den Religionen, zumindest im Westen, verlangt? Vor allem scheint es mir wichtig, die Notwendigkeit *eines pluralen und religiös qualifizierten öffentlichen Bereichs* zu bejahen, in dem die Religionen eine *Rolle als öffentliches Subjekt* einnehmen, klar getrennt von der Institution des Staates und klar unterschieden im Innern der Zivilgesellschaft.[18]

Das erfordert, dass die politische Macht gegenüber den Religionen von einer Haltung passiver Toleranz zu einer Haltung der „aktiven Öffnung" übergeht, die die politische Relevanz der Religionen nicht auf die Räume einschränkt, die durch Konkordate mit dem Staat geregelt sind. Von Seiten der Religionen ist es notwendig, Selbstinterpretationen privatistischer oder fundamentalistischer Art aufzugeben, um so einen Raum zu schaffen für den direkten Austausch mit den anderen Religionen und den anderen Kulturen; einen Raum des Dialogs, in dem die Religionen im öffentlichen Diskurs über die Werte der Bürgergesellschaft ihre Rolle spielen und ihr historisches Urteil ausdrücken können.

Kurz: „Der religiös qualifizierte öffentliche Bereich ist der Bereich, der innerhalb einer zivilen Gesellschaft besteht, definiert als das Feld der Begegnung zwischen Subjekten, die in einen gesellschaftlichen Austausch (des Marktes und der gesellschaftlichen Integration) treten, ohne dass sie zuvor ihre religiösen Zugehörigkeiten abgelegt haben, sondern vielmehr durch solche Zugehörigkeiten qualifiziert sind, und die untereinander interagieren unter Wertschätzung dieser Zugehörigkeiten, im Kontext einer politischen Demokratie, die die gemeinsame Präsenz verschiedener Religionen regelt durch die Vermittlung solcher Bereiche des Austauschs. [Der religiös qualifizierte öffentliche Bereich] ist der Ort der bürgerlichen Relationalität, die von diesen Religionen entfaltet wird in dem Moment, in dem sie außerhalb ihrer selbst tätig werden, über den Einfluss, den sie auf die gesellschaftlichen Akteure haben."[19]

Ein solcher Vorschlag beachtet die Tatsache, dass „die Freiheit sich immer mehr als ein relationales Phänomen offenbart",[20] eben in Übereinstimmung mit der Natur, die der eineindeutigen Beziehung zwischen Wahrheit

---

[18] Vgl. P. Donati, *Pensare la società civile* ..., 51–106.

[19] Ebd., 92.

[20] Ebd., 104.

und Freiheit eigen ist, die seit dem Beginn der Moderne in den bunten, vielfarbigen zeitgenössischen Kulturen fortwährend Vertiefungen erfährt.

6. Die Religionen und das „gute Leben"

Es geht also darum, die Physiognomie eines Staates, der fähig ist, in angemessener Form einer wirklich pluralen Zivilgesellschaft Raum zu geben, in strengeren Begriffen zu denken; eines Staates, der die unvermeidlichen konfliktuellen Aspekte einer solchen Gesellschaft nicht fürchtet, sondern sie positiv zu regeln weiß. Ich denke an einen Staat, der nicht „gleichgültig" (falsch neutral) ist, sondern der zwar nicht eine bestimmte Weltanschauung annimmt, aber erklärtermaßen im Dienst der Person und der sie konstituierenden letzten Bedürfnisse (Wunsch nach Freiheit und Glück, Erfüllung) steht, und der zugleich – unter Beachtung strenger demokratischer Prozeduren – sich die Werte zu eigen macht, die dem demokratischen Zusammenleben zugrunde liegen (bürgerliche und politische Freiheiten), das von den gesellschaftlichen Gruppen generiert wird. Dabei ist die geschichtliche Gegebenheit, dass die Werte immer durch partikuläre Überlieferungen übermittelt werden, zu deren Ausgestaltung die Institutionen zwar beitragen, von denen sie aber nie absehen können, weder zu ignorieren noch zu fürchten. Ich spreche diesbezüglich von „vorherrschender Tradition", in ähnlicher Intention wie Habermas von „Mehrwert" spricht.[21] So wenig man aufgrund der schlichten Tatsache, dass man für eine authentisch formale und prozedurale Betrachtung der Demokratie eintritt, notwendigerweise in eine „relativistische" Position fällt, so wenig führt es automatisch in den Fundamentalismus, wenn man festhält, dass diese prozedurale Betrachtung, die eine ihr eigene autonome Konsistenz hat, im Hinblick auf die Axiologie verstanden werden muss. Ich spreche bewusst von „Axiologie" und nicht von „Fundamenten" einer prozeduralen Demokratie. Das erlaubt es, auf eine „vorpolitische" Ebene auch religiöser Natur Bezug zu nehmen, die für die Verwirklichung der Menschenrechte sehr nützlich ist und daher auch für das gute Funktionieren der Demokratien. Andernorts habe ich in Erörterung dieser Themen in Bezug auf die italienische Situation von „neuer Laizität" gesprochen.[22]

---

[21] Vgl.. J. Habermas – J. Ratzinger, *Dialektik der Säkularisation*, 15–37.

[22] Vgl. A. Scola – G. E. Rusconi, *Prove di dialogo, tra fede e ragione*, in: Il Mulino 2006, Nr. 2, 369–379.

Die Grundrechte – wenn sie betrachtet werden entsprechend ihrem vollen Gewicht konstitutiver Erfordernisse der elementaren Hoffnung jeder Person und der Werte des demokratischen Zusammenlebens, die unausweichlich in die besondere Geschichte eines Volkes eingesenkt sind – stellen dann die positiven Leitlinien einer authentisch laikalen Gesellschaft dar. In ihr hat die Institution Staat auch die Aufgabe, die Koexistenz von Identitäten und verschiedenen Religionen zu ordnen (und fruchtbar werden zu lassen); Staat nicht verstanden als anonymer leerer Behälter, der nach Belieben gefüllt werden kann (eine schwache und faktisch nicht realisierbare Option), sondern als ein sicher nicht konfessioneller Raum, in dem jeder seinen eigenen Beitrag zum Aufbau des Gemeinwohls einbringen kann. Und das kann nur in der unausweichlichen und respektvollen Logik der Auseinandersetzung und der Anerkennung geschehen, der einzigen Logik, die die wahre Natur der Macht wahrt, die Dienst ist und bleiben muss, auch wenn sie, wie Kant sagte, zur Gewalt greifen muss, um das Recht zu garantieren.

Es handelt sich nicht aus Zufall um die einzige Option, die – unter Vermeidung der entgegengesetzten Gefahren des übertriebenen Individualismus und des oppressiven Kollektivismus – in angemessener Weise dem „relationalen" Wesen der Macht Rechnung trägt.[23] Niemand kann sich außerhalb einer Beziehung definieren: Das „Individuum" existiert nie als getrenntes Atom, sich selbst genügend und deshalb als entgegengesetzte, sondern immer auch als „unterschiedene Alterität".[24] Jeder ist zugleich „er selbst" (Identität) und „anderer" für „einen anderen" (Differenz). Wie Ricoeur schön gezeigt hat, drückt sich diese Relation konkret im Prozess der dialogischen Auseinandersetzung und der Anerkennung aus (aber nie ohne die entsprechende Nicht-Anerkennung), aus dem jedes gesunde Zusammenleben hervorgeht und auf den sich jede legitime Macht gründet.[25]

Der Zusammenhang von Identität und Differenz, in der Dynamik der Auseinandersetzung und der gegenseitigen Anerkennung, ist also, außer dass

---

[23] Vgl. M. Foucault, *Geschichte der Gouvernementalität I. Sicherheit, Territorium, Bevölkerung,* Vorlesung am Collège de France 1977–1978, hrsg. von Michel Sennelart, Suhrkamp, Frankfurt am Main 2006.

[24] Vgl. F. Botturi, *Condizioni antropologiche dell'interculturalità*, Vortrag vor dem Comitato Scientifico del Centro Internazionale di Studi e Ricerche *Oasis*, Venedig 20.–21. Juni 2005. Zu diesen Themen siehe die Web-Site des Centro *Oasis*: www.cisro.org.

[25] Vgl. P. Ricoeur, *Percorsi di riconoscimento*, Raffaello Cortina Editore, Mailand 2005, 275–290 [deutsch: *Wege der Anerkennung*, Suhrkamp, Frankfurt a. M. 2004].

er fruchtbarer Faktor der Demokratie ist, unübersteigbar. In dieser Sicht fordert der Bezug zwischen Religionen und Politik nur, dass die ganze Natur des *universale concretum* der Religionen respektiert wird. Sie ist nicht weniger entscheidend als die den Grundrechten eigene Universalität, die durch ihre Reduzierung auf ein bloßes Verzeichnis von Regeln, die historisch wenig kontextualisiert sind, zu oft abstrakt ist.

Für eine gesunde Demokratie genügt also nicht eine Zivilreligion, noch ist für sie eine auf das rein Private reduzierte individuelle Religion von irgendeinem Nutzen. Was sie braucht, ist eine volle Anerkennung persönlicher Glaubensweisen, die von gemeinschaftlichen Zugehörigkeiten (Religionen) nicht getrennt werden können und die fähig sind zu einer auch öffentlichen Subjektivität, der es darum geht, allen, ohne Privilegien, auf dem freien Feld der demokratischen, laikalen, öffentlichen und pluralen Auseinandersetzung Vorschläge für ein zugleich persönliches und gesellschaftliches gutes Leben anzubieten.

Aus dem Italienischen übersetzt von Karl Pichler

Der Bischof als „Alter Christus" nach Aurelius Augustinus

von Hans Christian Schmidbaur

Der abendländische Kirchenvater Augustinus (354–430) kann – nicht nur aufgrund seiner Leistungen als spekulativer Theologe und Philosoph, sondern auch hinsichtlich seines pastoralen, politisch-diplomatischen und kulturellen Wirkens – als einer der maßgeblichen „Architekten" der lateinischen Kirche, ihres Verständnisses von Theologie im Allgemeinen, wie ihrer Ekklesiologie im Besonderen, bezeichnet werden, dessen Einsichten und konkreten Entwürfe einen bis heute fortdauernden, gleichsam überzeitlich-prägenden Wert besitzen.

Betrachtet man diese in einem weit über tausend Jahre währenden Entwicklungsprozess entstandene, strukturelle Gestalt der sichtbaren, römisch-katholischen Kirche, ihre Hierarchie, ihr Amtsverständnis, ihr Selbstverständnis als von Christus in der Welt gegründete „Gesellschaft eigenen Rechts", die als völkerrechtliches Subjekt aller staatlichen Autorität und ihrem jeweiligen Recht sowohl gegenübersteht, als auch zum Wohle der Menschen zusammenwirken soll, begegnet uns heute – angefangen mit der spektakulären Kirchenkonstitution *Lumen Gentium* des Zweiten Vatikanischen Konzils, über das neue Kirchenrecht von 1983, bis hin zur Institution des Papsttums mit der Fülle seiner Rechte und lehramtlichen Vollmachten eine Gesamtkonzeption, die im monarchisch begriffenen Kollegium der Bischöfe als Nachfolger der Apostel und Garanten der Einheit ihr Zentrum findet.

I. Augustinus als Architekt der lateinisch-abendländischen Kirche und Theologie

Diese presbyterale und dann seit dem 1. Clemensbrief dezidiert episkopale Verfassung der Kirche geht in ihren Anfängen zwar nicht auf Augustinus zurück, sondern fußt bereits auf den Grundlagen der Didache (um 100), dem 1. Clemensbrief, und der Idee einer Apostolischen Sukzession, wie sie von den Kirchenvätern und patristischen Theologen der ersten Jahrhunderte, Ignatius von Antiochien († 110), Irenäus von Lyon (140–200), Tertullian (160–222), Cyprian von Karthago (200–258) und Hippolyt, die in Herkunft, Ausbildung und Denken alle dem griechischen Osten zuzuordnen sind, begründet worden ist: „Wo immer der Bischof erscheint, da soll auch die Gemeinde sein, gleichwie dort, wo Christus Jesus ist, auch die katholische Kirche ist!"[1]. Diese Idee des Monepiskopats mit dem Bischof als „*Alter Christus*" und einem hierarchisch gestuften Amt von Presbytern und Diakonen bildet also in der Lokalkirche – wie schon bei Ignatius von Antiochien bezeugt – den Apostel- und Jüngerkreis ab, die sich als Verkünder der Frohbotschaft an das Volk um Jesus Christus als den einzigen Hohepriester des neuen Bundes scharen.[2] Die gleiche Konzeption findet sich auch in der der unter Hippolyts Namen 210 in Rom verfassten Gemeindeordnung *Traditio Apostolica*.[3]

1. Von Christus gesandt, um die Welt zu heiligen

Das Entstehen einer spezifisch lateinischen Ausformung dieser episkopalen Struktur der Kirche mit der Idee einer stärker kollegialen und zentralistischen Verfasstheit des Bischofsamtes, die sich in einigen Teilen vom autokephalen, und dann de facto immer mehr caesaro-papistischen Modell des griechischen Ostens absetzte, ist jedoch ohne Augustinus, sein strikt christologisch-apostolisches Verständnis vom Bischofsamt und der bischöflichen Autorität, und vor allem sein pastorales und diplomatisches Wirken gegen oder mit den wechselnden Mächten, politischen Gestalten und Kräften einer Epoche, die von den Wirren des in sich zusammenbrechenden, lateinischen *Imperium Romanum* und der Völkerwanderung zutiefst geprägt war, nicht vorstellbar: In einer Zeit der politischen Agonie, des Niedergangs und des Chaos, in der heidnische Barbarenvölker einfielen, die Städte verwüsteten und die Menschen in Angst und Schrecken versetzten, hatte die allgemeine Wirrsal auch auf die christlichen Gemeinden und ihre Strukturen übergegriffen, die sich auf den Schutz einer nun untergehenden Staatsmacht nicht mehr stützen konnten: Nicht nur, dass revolutionäre Gegenkirchen wie z. B. die Donatisten und ihre fanatischen Circumcellionen die Menschen in ihren Bann zogen; – auch in theologisch-spekulativer Hinsicht begann sich die schwach gewordene, lateinische Kirche immer mehr aufzuspalten: Verwirrt und auf der Suche, wandten sich viele Christen oder Halbchristen den Lehren der Arianer, der Novatianer, der Pelagianer, oder auch gnostisch-manichäischen Sekten zu, die den Menschen nicht nur scheinbar einleuchtende Theorien

---

[1] Ignatius von Antiochien, Smyrn. 8,2.

[2] Vgl. Hermann J. Pottmeyer, Art. Bischof, in: LThK II, Bd. 2, F-B-R-W 1996, S.482.

[3] Vgl. Hermann J. Pottmeyer, Art. Bischof, in: LThK II, Bd. 2, F-B-R-W 1996, S.483.

und Versprechungen gaben, sondern auch die seit dem Edikt Kaiser Theodosius' († 395) zur Staatskirche erhobene Katholika als eine „Scheinkirche des Satans" brandmarkten, die mit dem schon wankenden Imperium, auf das sie gebaut hatte, und mit dessen Autoritäten sie in einer Symbiose verschmolzen war, sicher untergehen würde.

2. Diener und Mitarbeiter einer anvertrauten Wahrheit

In der Art jedoch, wie Augustinus nach dem Vorbild seines geistigen Vaters und Lehrers Ambrosius von Mailand (340–97) als Provinzbischof gegenüber den ihm anvertrauten Menschen, egal ob groß oder klein, bedeutend oder unbedeutend, gebildet, oder ungebildet, gläubig oder ungläubig, pastoral, caritativ und katechetisch handelte; wie er als bedeutender Theologe und zukünftiger Kirchenlehrer sich erfolgreich um theologischen Fortschritt zur Entwicklung einer reflektierten, katholischen Glaubenslehre bemühte; und wie er zudem als couragierter Repräsentant seiner Kirche und der ihr anvertrauten Wahrheit nicht nur gegenüber dem Staat und seinen Autoritäten, sondern auch gegenüber dem Papst und seinen Bischofskollegen sein Bischofsamt verstanden und ausgeübt hat, sollte ein Idealmodell des Bischofs als Hirt und Lehrer entstehen, das für die lateinische Kirche bis heute prägend bleiben würde: Der Bischof als Nachfolger der Apostel und Garant der Wahrheit übt als „Alter Christus" in Vollmacht die „drei *munera*" aus, die Jesus selbst als wahrem „Hirten und Bischof der Seelen" (1 Petr 2,25) zukommen: *munus regendi, docendi et sanctificandi.* Die Bischöfe sind nicht als „lokale Funktionäre oder Provinzstatthalter" zu begreifen, deren Macht funktionalistisch von einer papal-hierarchischen Organisation delegiert wäre, sondern sie üben als *Pastores gregis*[4] eine Voll-

---

[4] Es ist auffallend, dass die einschlägigen Handbücher und Lexika (z. B. LThK I+II) in ihrer Beschreibung der historischen und dogmatischen Entwicklung des Bischofsamtes die Positionen Augustins weitgehend überspringen, obwohl sein Beitrag zur Entfaltung des spezifisch lateinischen Bischofsamtes in Theorie und Praxis (vgl. *Sermones* 335/K; 339; 340; 340A; 383; 396) von entscheidender Bedeutung war. Nachdem unter Einfluss von Hieronymus (in ep. ad Tit. Ep.146), dem *Decretum Gratiani,* der Heraushebung des Papsttums als „Vicarius Christi auf Erden" bis hin zur Bulle *„Unam Sanctam"* (DH 870–75), und führenden Theologen der Scholastik (Thomas von Aquin STh suppl. 40,4; Sent IV 17,3,3;5) das Bischofsamt als „Fülle des Weiheamtes" und selbständiger, sacramentaler ordo bestritten, mit dem Priesteramt gleichgesetzt, oder in seinen spezifischen Vollmachten nur juridisch als „vom Papsttum delegiert" begriffen wurde, hat mit dem II. Vatikanischen Konzil (LG 18–28; bes. 21)

macht aus, die sich – wie auch die des Papstes als *primus inter pares* – via Apostolischer Sukzession aus der Vollmacht Christi selbst als Mensch gewordenem Sohn Gottes, als alleinigem Erlöser und Mittler zwischen Himmel und Erde, und einzigem, „wahrem Bischof der Seelen“ und „Hohepriester des Neuen Bundes“ (Hebr 4,14–10,18) ableitet.

Wenngleich das Bischofsamt aufgrund seiner Autorität und Machtfülle nach rein weltlichem Ermessen einen gewissen Glanz enthält, der stolz oder überheblich machen kann – Augustinus hat davor in vielen seiner Schriften immer wieder gewarnt[5] – so ist es im wesentlichen doch nur ein Dienstamt, das in seiner Ausgestaltung immer nur an einem Maß nehmen soll: an Christus selbst, an seiner Knechtsgestalt (Phil 2,5–11), an seiner Abba-Relation (Joh 5,19), und an seiner Totalhingabe als Pro-Existenz an den Vater im Himmel, dessen Wahrheit und Botschaft er den Menschen verkündet, „sei es gelegen oder ungelegen“: Die Botschaft, die wir in Wort und Tat verkünden, ist keine „menschengemachte Wahrheit“ irdischer Autoritäten oder Hierarchien, sondern die uns anvertraute Wahrheit Gottes, die es zum Heile der Menschen zu behüten und zu bewahren gilt – notfalls auch gegen den Irrtum oder Dünkel gewisser kirchlicher Autoritäten oder Amtsträger (1 Thess 2,13). Aus dieser Grundüberzeugung erklärt sich einerseits der unerhörte Freimut, mit dem Augustinus oftmals im Sinne einer paulinischen *correctio fraterna* (Röm 15,14; Gal 2,11) sowohl Päpste, wie auch verdienstvolle theologische Autoritäten wie z. B. den großen Hieronymus (347–419) u. a. kritisiert hat[6], wenn sie seiner begründeten Meinung nach geirrt hatten; wie er andererseits aber auch mit dem gleichen Freimut selbst öffentlich eigenes Fehlverhalten eingestand und dafür Buße tat, oder oftmals eigene theologische, moralische und kirchenpolitische Positionen früherer Schriften widerrief oder korrigierte, wenn er glaubte, sich selbst geirrt zu haben, oder zu tieferer Erkenntnis gekommen zu sein.[7] Sein Spätwerk, die *Retractationes*, – 426, vier Jahre vor seinem Tod unter schwierigsten politischen Verhältnissen noch begonnen – zeugen davon.

---

und dem Apostolischen Schreiben *Pastores Gregis* Johannes Pauls II. zum Bischofsamt, das in weiten Teilen auf Augustinus zurückgreift, die augustinische Konzeption eine beeindruckende Renaissance erfahren.

[5] Vgl. Aurelius Augustinus, Sermones 340A.

[6] Vgl. Hans Christian Schmidbaur, Augustinus begegnen, Augsburg 2003, S. 96; Alfons Fürst, Augustinus-Hieronymus, Epistulae mutuae – Briefwechsel, 2 Bde., in: Fontes Christiani 2002.

[7] Vgl. Hans Christian Schmidbaur, Augustinus begegnen, Augsburg 2003, S. 99f.

3. Den Irrtum hassen, den Irrenden aber lieben

Was die Wahrheit als Wahrheit Gottes anging, machte Augustinus keine Kompromisse – weder mit sich selbst, noch mit anderen: Niemand – keine Macht der Welt, kein Bischof, kein Theologe, kein Papst, und auch keine noch so „geheiligte Tradition" – steht über der Wahrheit der Offenbarung und der aus ihr abgeleiteten Glaubenslehre, sondern muss sich vielmehr umgekehrt an ihr messen (Gal 2,5).

Augustinus, in Thagaste, Numidien, als Sohn einer christlichen Mutter und eines heidnischen, aber gebildeten und karriereorientierten Vaters geboren, war mit seinem Lebenslauf und seinem Charakter wohl eine der Gestalten, in denen sich die Konversion der spätantiken Welt zum Christentum am exemplarischsten vollzog: Obwohl von seiner frommen, aber eher ungebildeten Mutter schon christlich erzogen, blieb er nach dem Willen seines Vaters ungetauft, verschrieb sich als junger, hochbegabter Intellektueller zunächst der eigenen Karriere, und betrachtete das Christentum als ein System frommnaiver Fabeleien, das von einem Menschen intellektuellen Niveaus nicht ernst zu nehmen sei. Er studierte Philosophie und Rhetorik, wurde Akademiker, Skeptiker und dann Manichäer, und gelangte so zuerst auf den hochdotierten Rhetorik-Lehrstuhl in Mailand.[8]

In dieser Zeit ereignete sich die für ihn schicksalsträchtige Begegnung mit Ambrosius von Mailand, der ihm durch seine Lehre, seinen Intellekt und sein beeindruckendes, pastorales und caritatives Wirken den ersten, nun auch ganzheitlichen Zugang zum Christentum, seiner Botschaft und seiner Sendung, sowie zum Inhalt des Bischofs- und Priesteramtes vermittelte. Er war davon existentiell tief betroffen, spürte aber bald, dass er aus Eigenem nicht im Stande war, die erkannte Wahrheit auch wirklich wollen und annehmen zu können: Der Mensch ist nicht nur Intellekt (*intellectus*), sondern auch Wille (*voluntas*), und zudem geprägt und geformt von seiner Lebensgeschichte mit all seinen Gewohnheiten der Lebensgestaltung (*memoria*).[9] „Eine solche Unergründlichkeit, glaubt mir, ist im Menschen, dass

---

[8] Einen guten Einblick in Augustins Lebensgeschichte und seine innere Entwicklung geben: Gisbert Kranz, Augustinus. Sein Leben und Wirken, Mainz 1994; Christoph Horn, Augustinus (Beck'sche Reihe Denker), München 1995; Wilhelm Geerlings, Augustinus (Herder Spektrum Meisterdenker), F-B-W 1999; Hans Christian Schmidbaur, Augustinus begegnen, Augsburg 2003.

[9] Vgl. Aurelius Augustinus, De Trinitate VIII-XIV.

sie dem Menschen selber, in dem sie lebt, verborgen ist!"[10] „Du standest vor mir. Ich aber war mir selber weggelaufen und fand mich selber nicht mehr, wie viel weniger dich!"[11]

4. Mysterium Gott – Mysterium Mensch: Gott, der dich ohne dich erschaffen hat, rettet dich nicht ohne dich! (Serm. 169,13)

Diese unergründliche „Trichotomie der menschlichen Seele" als Abbild des dreieinen Gottes, die später die spekulative Basis für seine epochemachende Trinitätslehre, für seine Anthropologie auf der Basis des von ihm entwickelten Personbegriffs[12], und für sein existentielles Verständnis von Theologie[13] werden würde, wurde dem jungen Aufsteiger Augustinus nun zum Verhängnis: Der innere Widerstreit zwischen der erlangten Einsicht und seinem dem Karrierismus, dem Geltungsdrang und der sog. „Frauenliebe" verhafteten Willen und Gemüt verhinderte auf tragische Weise einen Richtungswechsel in seinem Werdegang.[14]

Zum Rhetoriker am kaiserlichen Hofe aufgestiegen, wo er aufs Neue die faszinierenden Höhenflüge der Macht und des Einflusses, aber auch die tiefsten Abgründe des Menschlichen in Form von Größenwahn, Intrige und Utilitarismus erfahren musste[15], kam er zu einer neuen, sein ganzes weiteres

---

[10] Aurelius Augustinus, Ennarationes in Psalmos 41,13.

[11] Aurelius Augustinus, Confessiones V 2,2.

[12] Vgl. Michael Schmaus, Die psychologische Trinitätslehre des heiligen Augustinus (MBTh 11), Münster 1927, 2/1969; Carl Andresen, Zur Entstehung und Geschichte des trinitarischen Personbegriffs, in: ZNT 52 (1961), S. 1–39; Hans Christian Schmidbaur, a. a. O., S. 13–15; 146–156.

[13] Vgl. Aurelius Augustinus, Confessiones/Bekenntnisse (I-XIII), erl. v. J. Bernhart, Frankfurt 1987. Augustinus beschreibt in diesem Werk, 397 nach seiner Ernennung zum Bischof und am Höhepunkt seines Lebens geschrieben, die gesamte allgemeine, wie individuelle Heilsgeschichte als ein prozesshaftes, dynamisch-interpersonales Geschehen zwischen Gott und Mensch: „Die dreizehn Bücher meiner Bekenntnisse rühmen den *gerechten und guten* Gott aus Anlass wie des *Bösen so des Guten* in mir und rufen des Menschen *20* zu ihm auf. ... Vom ersten bis zum zehnten Buch handeln sie von mir, in den drei übrigen von der Heiligen Schrift, angefangen von der Stelle ‚Im Anfang schuf Gott Himmel und Erde' bis zur Sabbatruhe."

[14] Aurelius Augustinus, Confessiones VI 6,9.

[15] Diese Erfahrung bildet wohl die Grundlage für sein späteres Hauptwerk, seine dynamische Geschichtstheologie *De Civitate Dei,* in welcher er die grundlegende Pro-

Denken prägenden Erkenntnis: Keine abstrakte Theorie, Philosophie oder Weisheitslehre kann je ausreichen, den Menschen und die Menschheit zum Besseren und zum Heile zu führen, sondern allein die Begegnung mit einem Gott, der nicht nur reine Vernunft, sondern auch personale Liebe ist; der den Menschen als Person kennt und beim Namen ruft (Ps 139)[16], und der in seiner Vorsehung in Form einer gnadenhaft-erwählenden Berufung jedem eine individuelle Sendung und Aufgabe zuteilt, durch welche er im allgemeinen Heilsplane Gottes als ein *cooperator veritatis* mitwirken darf: „Gott, der dich ohne dich erschaffen hat, rettet dich nicht ohne dich!"[17].

In seiner Streitschrift gegen Pelagius schrieb Augustinus später: Im Heilswerk Gottes ginge es nicht nur darum, „die menschliche Natur zu regeln, sondern sie zu heilen!"[18] Diese persönliche Begegnung mit dem „Gott Abrahams, Isaaks und Jakobs, nicht der Theologen und Gelehrten" – um es mit den Worten des berühmten *Mémorial* Blaise Pascals (1623–62) zu beschreiben[19] – die ihn innerlich heilen, neu schaffen und zum Glaubenden, Priester, Bischof, und dann als *„doctor gratiae"* zum entschlossenen Verteidiger des absoluten Primates der Gnade im Heilsplan machen würde, fehlte ihm aber noch, und ereignete sich erst 386 in der berühmten „Gartenszene des *tolle-lege*", von der er in

blematik der Menschheitsgeschichte auf den inneren Widerstreit zweier Prinzipien zurückführt: Die der Sünde als Gottvergessenheit verfallene Welt als *Civitas terrena* folgt dem Prinzip „Selbstliebe bis hin zur Gottvergessenheit", während die durch Gottes gnädigen Heilswillen begründete *Civitas Dei* dem Prinzip „Gottesliebe bis hin zur Selbstvergessenheit" folgt: dieser innere Widerstreit spielt sich ab in Welt und Geschichte als Ganzer, in der pilgernden Kirche auf Erden, aber auch in jedem Menschen selber, wo „alter und neuer Mensch" bis zum Eschaton als „endgültiger Scheidung der Geister" stetig im Kampfe bleiben: Auf dieser Einsicht fußen seine differenzierte Ekklesiologie und sein heilsgeschichtlicher Optimismus, der jedem religiösen Fundamentalismus, welcher Menschheit und Kirche schon auf Erden in eine Minderheit von *pauci electi* gegen eine *massa damnata* aufzuspalten versucht, eine Absage erteilt: Augustinus war als Bischof immer bereit, mit allen Menschen guten Willens in Staat, anderen Religionen und auch christlichen Sekten zum Wohle der Menschen zusammenzuarbeiten, ohne sie im Vorhinein zu verteufeln, weil ihnen die volle Wahrheit noch fehlt: bis zur Vollendung der Geschichte braucht die pilgernde Kirche den Staat, um geschützt zu sein und wachsen zu können; und der Staat bedarf umgekehrt der Kirche, um in sich selbst gerecht und human zu werden.

[16] Aurelius Augustinus, Enchiridion de fide, spe et caritate.

[17] Aurelius Augustinus, Sermones 169,13.

[18] Aurelius Augustinus, De natura et gratia 11,12.

[19] Blaise Pascal, Gedanken, Stuttgart 1956ff, (Reclam Universalbibliothek Nr. 162[2]), S. 14.

seinen *Confessiones* so ergreifend berichtete[20]: Die Erfahrung, wie ein „zweiter Paulus" (Apg 9,1–9) vom Gott Jesu Christi selbst – und primär nicht nur funktionell von potentiell fehlbaren, irdisch-kirchlichen Autoritäten – erwählt, gesucht, berufen und gesandt worden zu sein, erweckte in ihm nicht nur den neuen Menschen, der als „Mitarbeiter einer höheren Wahrheit" Christus ganz gehört und von ihm her als dem „menschgewordenen Wort" denkt, handelt, verkündet und Theologie betreibt, sondern prägte auch seine Auffassung vom Bischofsamt als Hirte, Lehrer und Verkünder.

5. Erschaffe mir Gott, ein reines Herz, und einen neuen, beständigen Geist! (Ps 51)

„Das Wort wurde Fleisch und hat unter uns gewohnt!" (Joh 1,14): In der Art, wie der Bischof Augustinus sein Hirtenamt in Erfüllung seiner drei *munera* ausgeübt hat, finden wir die gleiche, über allen liegende Grundüberzeugung wieder: Die volle Wahrheit Gottes, die einst die Welt erschuf, ist nicht nur eine abstrakte Wahrheit, sondern auch Person, und als solche die transzendente Symbiose von Vernunft, Gutheit, Schönheit und tätiger Liebe. Dieser *Logos* wurde Mensch, sichtbare, greifbare Gestalt und rettende Tat, um diese vom „verworfenen Denken" (Röm 1,28) beschädigte und verwundete Welt zu heilen, zu heiligen und neu zu erschaffen. Dies kann weder die Welt allein, noch Gott allein, sondern nur Gott mit dem neugeschaffenen Menschen.

Nur unser Schöpfer, der Logos, der Fleisch wurde, kann unser Erlöser sein! Das Christentum als tätige Offenbarung der vollen Wahrheit und Wirklichkeit Gottes in Welt und Zeit ist deshalb in erster Linie einmal eine interpersonale, und damit christologische Beziehung; ein Dialoggeschehen zwischen dem Menschen und dem Subjekt/Objekt Christus als untrennbarer Symbiose von Vernunft, Wahrheit und tätiger Liebe, die „alles (natürliche) Erkennen übersteigt" (Eph 3,19): „Meine Denkkraft gelangte zu dem, was ist, in einem blitzenden Augenblick zitternder Schau. Aber des Blickes Schärfe vermochte ich nicht darauf zu heften – es prallte meine Schwachheit ab!"[21]

Wenn Theologie als *munus docendi* – oder noch mehr: der Theologe selbst – also diesen lebendigen christologischen Bezug verliert, sich vom spirituellen Dialog mit dem Herrn, von Liturgie und Anbetung entfernt, oder glaubt, in rationalistischer Manier aus dem Christusereignis für den natürli-

[20] Aurelius Augustinus, Confessiones VIII 8,19.

[21] Aurelius Augustinus, Confessiones VII 17,23.

chen Allgemeinverstand begreifbare, unabhängige, oder gar – in Lessing'scher Manier – „denknotwendige Vernunft-Wahrheiten“ abstrahieren zu können[22], hat sie nicht nur den Zentralgedanken des Christentums zerstört und den Glauben zur bloßen „Weltvernunft“ gemacht, sondern dem Menschen zudem die einzige, ihm gemäße Antwort genommen: Auch der Mensch ist nicht nur abstrakte Rationalität, sondern als Person und Ebenbild Gottes des interpersonalen Dialoges, der Freiheit und der tätigen Liebe bedürftig, um Person werden, sein und bleiben zu können.

Eine Theologie, die aus Angst vor dem Verlust „allgemeinwissenschaftlicher Vermittelbarkeit“ ihrer Botschaft, oder um des Erhalts der öffentlichen Anerkennung Willen diesen christologischen Bezug aufgibt oder relativiert[23], kreiert am Ende ein Bild von einem Menschen, der als Person in seinem Letztbezug ohne Freiheit und Liebe auskommen muss, oder dem jeder Wunsch, mit einem Gott in Verbindung zu treten, dessen Handeln die Hingabe an eine unvordenkliche Freiheit und Liebe impliziert, als „unvernünftig“, oder „nicht verantwortbar“ abgesprochen wird. Liebe und Freiheit als integrale Elemente interpersonaler Beziehung erfordern die Bereitschaft zur Hingabe, und wer – wie wieder G.E. Lessing, oder auch ein Sören Kierkegaard[24] es sagten, nicht bereit ist, über alle Sicherheiten hinweg diesen „garstigen Graben“ mit „Furcht und Zittern“ zu überspringen, wird den anderen – sei es im Höchsten der wahre Gott, oder auch „nur“ ein Mensch – nie finden.

Augustinus hatte als Skeptiker, Akademiker, gnostischer Manichäer und Rhetoriker diese „kalten Welten“ erlebt und auf die realen Folgen geschaut – in der Welt um sich, aber noch mehr in sich selbst: „Ich dachte an Ehre, Reichtum und Ehe, und Du verlachtest mich. An diesen Begierden erlitt ich die bitterste Beschwerde. Du aber warst mir umso gnädiger, je weniger Du es duldetest, dass mir süß sei, was nicht Du warst. ... Es war meine Sünde, dass ich nicht in Ihm, sondern in seinen Geschöpfen nach Freunden, Erhabenheiten, Wahrheiten suchte, und so stürzte ich kopfüber in Leiden!“[25]

---

[22] Gotthold Ephraim Lessing, Über den Beweis des Geistes und der Kraft, in: Sämtliche Schriften (Ed. Lachmann-Muncher), XIII, 1–8; Nathan der Weise (Ed. Lachmann-Muncher) 3/1968.

[23] Vgl. Hans Christian Schmidbaur, Das Individuum zwischen Wahrheit und Relativismus, in: RIVISTA TEOLOGICA DI LUGANO (RTL 1/06), Lugano 2006, S. 59–101.

[24] Sören Kierkegaard, Werke XII, 116; XVI, 1. Teil, 194f; XXX, 9; Ed. E. Hirsch, 1952ff.

[25] Aurelius Augustinus, Confessiones VI 6,9.

Im Herzen leer, schlägt also der Charakter des Menschen um, er verliert die Fähigkeit zu Empathie und Hingabe: Eine Welt, in der man lebt *„etsi Deus non daretur"* macht den Menschen im Umgang mit allen Dingen und Menschen utilitaristisch und macchiavellistisch – er denkt nur noch an sich selbst, und wird zum Unmensch. So entsteht die *Civitas Terrena,* die trotz aller operativen Intelligenz nur noch zu einem *uti,* aber nicht mehr zu einem *frui* aller Dinge gelangt, in der jeder nur noch sich selbst Gesetz und das Maß aller Dinge ist, und in der – wie Ernst Bloch es sagt – „über Gut und Böse nirgendwo geurteilt wird". Die unausweichliche Konsequenz ist die fortschreitende Zerstörung der Schöpfung. Wo der Grund der Welt und der letzte Sinn aller Dinge nicht mehr der Gott der Freiheit und der Liebe ist, sondern nur noch die Welt selbst mit ihrem „Recht des Stärkeren" im Kampf aller um das Überleben, erlischt die Fähigkeit zur Hingabe, wird zum „irrationalen Gefühl", oder wird zur berechnenden Heuchelei, hinter der in Wahrheit nur noch das verborgene Begehren steckt, etwas für sich zu bekommen.

Was heilt diesen Prozess eines sich fortzeugenden Unheils? – Was kann uns wieder führen zu einer Geisteshaltung, die sagt: „Wer gibt, gebe ohne Hintergedanken!" (Röm 12,8); „Geben ist seliger als Nehmen!" (Apg 20,35)? – Nach Augustinus keine größeres, operationales Wissen, keine abstrakte Philosophie oder allgemeine Meditation über den „Sinn des Lebens", sondern allein die berufende Begegnung mit dem „Gott der Liebe, der Freiheit und des Lebens" als dem Grund aller Dinge, der Mensch wurde und Tat, und der „unter uns gewohnt hat" (Joh 1,14), um diese Welt zu retten und zu erlösen aus ihrer Gefangenheit in sich selbst.

Nur in der liebenden Hingabe an diesen Jesus, der in seiner Hingabe an den Vater im Himmel selbst totale Hingabe war an den Menschen bis zum Tod, gelangt der Mensch wieder zur Gnade der selbstvergessenen Hingabe und zur wahren „Pro-Existenz" für andere: „So sehr hat Gott die Welt geliebt, dass er seinen einzigen Sohn für uns hingab" (Joh 3,16). Gott, der uns zuerst geliebt hat, hat in Christus diesen „garstigen Graben" übersprungen, ist Mensch, Knecht (der „heilige Tausch" Phil 2,6–11), und damit – wie der augustinisch geprägte Nikolaus Cusanus (1401–64) es gesagt hat – ein *Universale Concretum* geworden.[26]

---

[26] Nikolaus Cusanus, De docta ignorantia, in: Nikolaus von Kues, Philosophisch-theologische Werke Bd. I, Hamburg 2002.

II. Spekulative Theologie auf der Basis einer christologisch fundierten Analogie

Für das Christentum ist dieses *Universale Concretum* ein Faktum, absolut und zugleich historisch, universal und zugleich konkret, jedoch außerchristologisch und aus der rein natürlichen Vernunft niemals abstrakt beweis-, oder zwingend herleitbar. Nach seinem Ergangensein aufgrund der freien, hingebenden Erlöserliebe Gottes erscheint es uns doch keineswegs als ein irrationaler Widerspruch, der von uns als ein *„Credo quia absurdum“* fideistisch hingenommen werden müsste, sondern als die gnadenhafte Offenbarung jener innersten Wahrheit Gottes, die „alles Erkennen übersteigt“ (Eph 3,19), und die uns Menschen die einzige Lösung des eigenen „Mysteriums Menschsein“, unserer Geschichte und ihrer Vollendung aufzeigt[27]: „Du hast uns, Herr, auf dich hin geschaffen, und unruhig ist unser Herz, bis es ruhet in Dir!“.[28]

1. Gabe und Hingabe: ER hat uns zuerst geliebt!

Umgekehrt ist eine analoge Ganzhingabe des Menschen – an den anderen und auch an Gott – nur möglich, wenn und weil Gott selbst als der Anfang und das Ende aller Dinge und als das „Alpha und Omega“ (Joh 1,1–18) uns „zuerst geliebt“ und sich über alle Sicherheiten hinaus an uns mit allen seinen unausweichlichen Folgen hingegeben hat (Joh 3,35; 15,13: „Es gibt keine größere Liebe, als wenn einer sein Leben hingibt für seine Freunde“). Wo also diese „Ganzhingabe über alle Sicherheiten hinaus“ kein „Letztprinzip“ ist, das auch für Gott als den Absoluten und Letzten gilt – unter allen Religionen behauptet das – wie Augustinus in *De Trinitate* aufgezeigt hat – allein das Christentum: nicht nur soteriologisch, sondern auch innertrinitarisch (Joh

---

[27] Die Dogmatische Konstitution *Dei Filius* des I. Vatikanischen Konzils (DH 3000–45) hat gegenüber der von Lessing propagierten, skeptisch-relativistischen Unterscheidung zwischen „notwendiger Vernunftwahrheit“ und bloß „zufälliger Geschichtswahrheit“, wonach Letztere nie zur Begründung der Ersteren hinreichen könne, festgestellt, dass es demgegenüber noch die Offenbarungswahrheit gäbe, die trotz ihrer rationalistischen Unbeweisbarkeit dennoch von der „vom Glauben erleuchteten Vernunft“ als „Letzte Wahrheit“ erkannt werden kann, die dem Menschen den rechten Zugang zu Gott, Welt, Mensch und Geschichte, sowie ihres rechten Verhältnisses zueinander erschließt, sodass im Letzten Glaubenswahrheit und Vernunftvernunftwahrheit nie identisch, aber doch auch nie in grundsätzlichem Widerspruch stehen können (DH 3015–17).

[28] Aurelius Augustinus, Confessiones I 1,1.

3,35) – kann sie auch dem Menschen dem Menschen nicht als Letztprinzip seines Denkens, Handelns und Glaubens abverlangt werden. Die bloße „Wahrheit der Welt“, wie Hans Urs von Balthasar es treffend sagt[29], lässt dies nicht zu; allein die größere „Wahrheit Gottes“ und die gelebte Beziehung zu ihr als lebendigem und personalem Wort: „Himmel und Erde werden vergehen, aber meine Worte werden nicht vergehen!“ (Mt 24,35).

„Euch aber soll es zuerst um das Reich Gottes gehen, alles andere wird euch dazugegeben!“ (Mt 6,33) sprach der Herr zu seinen Jüngern, und aus dieser Weisung lässt sich in Theorie und Praxis die Art und Weise ableiten, wie Augustinus als Bischof, Nachfolger der Apostel und „alter Christus“ seine drei *munera* verstanden, gelebt und umgesetzt hat: „Es muss nämlich der, der dem Volke vorsteht, vorher einsehen, dass er der Diener vieler ist. Und das soll er nicht verschmähen. Ich sage, er soll nicht verschmähen, der Diener vieler zu sein. Weil der Herr der Herren es nicht verschmäht hat, uns zu dienen!“.[30]

Das „lebendige Wort, das vom Himmel gekommen ist“ und uns anvertraut worden ist, muss wie universale Christus selbst Fleisch, missionarisches Wort und konkrete Tat werden, um so die Welt zu retten, zu heilen und zu heiligen (*salvare, sanare, sanctificare* als die drei Wirkungen der Gnade), auf dass sie immer mehr zum sichtbaren Reich Gottes auf Erden werde. Man könnte also die leitende Grundüberzeugung des lateinischen Kirchenvaters mit dem Satz auf den Punkt bringen: Das Heilswerk Gottes und die Sendung der Kirche in all ihren Ausprägungsformen (Theologie, Katechese, Caritas, Spiritualität, ja sogar Mönchtum) zielt nicht auf eine Flucht *vor* der Welt, sondern auf eine Heiligung *der* Welt!

2. Wo die Liebe größer ist, ist die Mühe geringer (Serm. 340)

Die Ausübung der drei *munera* seiner Sendung als *alter Christus* bildeten in Augustinus eine wohl ebenso differenzierte Einheit wie schon seine trichotome Beschreibung der menschlichen Seele. Auf dem Bischof von Hippo Regius lastete nicht nur die Aufgabe der Predigt, des Gottesdienstes und der Katechese (über 500 Predigten sind bis heute erhalten), die Verwaltung seines Bistums, die Ausbildung des Klerus und die Gestaltung der auch im lateinischen Westen entstehenden Ordensgemeinschaften (auf seine Ordens-

[29] Hans Urs von Balthasar, Theologik I–III, Einsiedeln-Freiburg 1985ff.

[30] Aurelius Augustinus, Serm 340A; Drobner 79.

regeln gehen die späteren Augustiner-Chorherren und -Eremiten zurück), sondern – als anerkannt größter Geist seiner Zeit – auch noch der Kontakt mit der Römischen Kurie und die Teilnahme und Leitung großer dogmatischer Konzilien und kirchenpolitischer Synoden. Zu all dem kam auch noch das von Kaiser Honorius (395–423) den Bischöfen übertragene, weltliche Richteramt.[31]

Wie es ihm gelang, nachdem er den ganzen Tag mit Politik, staatskirchlicher Diplomatie, zivilen Rechtsstreitigkeiten und innerkirchlichen Skandalen zu gehabt hatte, und den Kampf mit den Sekten und den gravierenden Krisen des zusammenbrechenden Imperiums bewältigen musste, auch noch des nachts über 40 Großwerke zu schreiben, die das bis heute gültige Modell lateinisch-westlicher Theologie als Wissenschaft hervorbrachten, um danach noch lange im Gebet und im Psalmengesang zu verharren, ist bis heute unbegreiflich und übersteigt alles menschliche Vorstellungsvermögen, bezeugt aber auch, dass wir es mit Augustinus nicht nur mit einem „natürlichen Genie" von geradezu unerschöpflicher Kraft zu tun haben, sondern mit einem Menschen, der aus dem beständigen, inneren Dialog mit jenem Christus her dachte, lebte und handelte: „Und der Friede Gottes, der alles Verstehen übersteigt, wird eure Herzen und eure Gedanken in der Gemeinschaft mit Christus Jesus bewahren" (Phil 4,7). Im Anklang darauf bekannte auch Augustinus: „Wer aus der Hoffnung auf die künftige Ruhe wirkt, der beobachtet bereits den ewigen Sabbat und erkennt, indem er in der Neuheit des Lebens wandelt, wie Gott in ihm wirkt."[32]

3. Das Evangelium schreckt (Serm. 339)

Natürlich litt Augustinus als Mensch immer wieder unter dieser Bürde seines Amtes, und sehnte sich oftmals in sein vergangenes, leichteres Leben als Privatgelehrter und Professor zurück, aber sein Verständnis vom Evangelium als Christusnachfolge gebot ihm, standzuhalten: „Nichts ist besser, nichts ist angenehmer als den göttlichen Schatz zu durchforschen, ohne dass jemand lärmt. Das ist angenehm, das ist gut, aber zu predigen, zu rügen, zu tadeln, zu erbauen, um einen jeden sich zu bemühen ist eine große Last, ein großes Gewicht, eine große Mühe. Wer würde dieser Mühe nicht entfliehen? Aber

[31] Hans Christian Schmidbaur, a. a. O., S. 86–123.

[32] Aurelius Augustinus, De Genesi ad litteram IV 12,24.

das Evangelium schreckt!"[33]. Diese ermüdende Last des Amtes erfuhren und durchlebten in der Kirchengeschichte auch immer wieder andere, die als Professoren und Gelehrte den Aufstieg in das Bischofsamt gewagt hatten: Albertus Magnus OP (1200–80), einer der Väter der Hochscholastik, war 1260 Bischof von Regensburg geworden, gab aber dieses Amt, vom ständigen Streit mit dem reformunwilligen Klerus, den Domkapitularen und dem Adel ermüdet, nach zwei Jahren wieder auf, um in klösterliche Ruhe und wissenschaftliche Arbeit zurückkehren zu können.[34] Nicht nur das Evangelium, sondern auch die Welt kann schrecken!

4. Theologie als intellektuelle „probatio fidei"

Was Augustins Verständnis von Theologie als exakter Wissenschaft anbetraf, bringt ein Zitat aus seiner Erstlingsschrift *De Academicis* gegen die skeptischen Akademiker deutlich zum Ausdruck: „Ich bin nun einmal ein Mensch, der in seinem Verlangen ungeduldig ist, das Wahre nicht nur zu glauben, sondern zum Verstehen zu gelangen!"[35] Damit war gerade nicht eine rationalistische Reduktion der Theologie auf „bloße Vernunftwahrheiten" gemeint, sondern vielmehr die Einsicht: Aufgabe und Ziel wissenschaftlicher Theologie dürfen sich nicht nur auf eine bloße *demonstratio fidei* als richtiger Darstellung und Beschreibung des Geglaubten beschränken, sondern müssen im Sinne eines *reddere rationem* eine *probatio fidei* als Erweis der Wahrheit des Geglaubten entwickeln, die der menschlichen Vernunft einen Weg zum Verständnis des Geglaubten und zu seiner rechtfertigbaren Annahme eröffnen.

Theologie ist darum nie eine voraussetzungslose Wissenschaft, sondern setzt beim Faktum der bereits ergangenen Heilsgeschichte als tätiger Offenbarung Gottes als ihrem Materialprinzip an und versucht dann ihre intellektuelle Durchdringung und Rechtfertigung mit Hilfe der Vernunft als ihrem Formalprinzip. Dies bedeutet: Viele Inhalte und Ereignisse des Glaubens als historische Zeugnisse der ewigen Liebe und Freiheit Gottes mögen zwar aus der natürlichen Vernunft nie gänzlich ableitbar oder beweisbar sein, oder können ihre Verstehenskraft sogar unendlich übersteigen, andererseits gilt aber auch: Wenn die Botschaft des Christentums vom Menschen als wahr

---

33 Aurelius Augustinus, Serm 339; H. Drobner S. 41.

34 Vgl. LThK II Bd. 1, S. 337f.

35 Aurelius Augustinus, De Academincis II 20,43.

vermittelt und anerkannt werden soll, dann darf es einen fundamentalen Widerspruch zwischen Vernunft, Glaube und historischer Wahrheit nicht geben. Schlichtweg Unvernünftiges und in sich Widersprüchliches kann gar nicht wirklich geglaubt werden! Augustinus bringt diese Einsicht programmatisch auf den Punkt: „Es ist ausgeschlossen, dass unser Glaube den Verzicht auf vernunftgemäße Erklärung oder vernunftgemäßes Forschen verlangt. Denn wir könnten nicht glauben, wenn wir nicht vernunftbegabte Seelen hätten. Wenn es also ein Vernunftgebot ist, dass bei gewissen erhabenen Dingen, die wir noch nicht begreifen können, der Glaube der Vernunft vorausgeht, so geht auch ohne Zweifel ein bisschen Vernunft, die uns dieses lehrt, dem Glauben voraus! ... Es ist ausgeschlossen, dass Gott in uns den Vorzug hasse, den er bei der Schöpfung uns vor den Tieren gegeben hat!".[36]

5. Christologisch-existentielle Theologie gegen Rationalismus und Fideismus

Augustinus plädiert somit für eine Ermittlung der Glaubenswahrheit als alleinige dem Menschen gemäße Symbiose von Vernunft, Freiheit und Liebe, die sich von abstraktem Rationalismus einerseits, und einem entwürdigenden Fideismus andererseits abgrenzt. Wer in der Theologie alles auf abstrakte, „notwendige Vernunftwahrheiten" reduziert, nimmt dem Glauben nicht nur die Freiheit, die Liebe und die Historizität, und macht ihn so zum bloßen Wissen, sondern nimmt auch Gott sein Gottsein und macht ihn zu einem auf menschliche Verstehbarkeiten reduzierten, unfreien und lieblosen Idulum: Je weniger Theologie mit Geschichte und freier Geschichtlichkeit zu tun haben will, desto weniger hat der Glaube noch mit dem Leben und der Wahrheit des Menschseins zu tun.[37]

Wie lässt sich aber vernünftig reden über etwas, das alles „Erkennen übersteigt"? Augustinus war sich des unendlichen Abstandes zwischen dem unendlichen Gott und der endlichen Welt, der all unsere Begriffe und Ideen

[36] Aurelius Augustinus, Epistulae 120 3; 3,13.

[37] Vgl. Hans Urs von Balthasar, Theologie der Geschichte; Stefan Hartmann, Christo-Logik der Geschichte bei Hans Urs von Balthasar. Zur Systematik und Aktualität seiner frühen Schrift „Theologie der Geschichte", Hamburg 2004 (Geist und Wort Bd. 8), S. 58. Das Christentum als Glaube an das ‚universale concretum' schließt nach Balthasars *Ästhetik* alles mit ein: Philosophie, Religion und Mythos: „Gott wäre nicht Mensch geworden, wenn er mit diesen drei Formen nicht positiv in Kontakt gekommen wäre!" (Herrlichkeit. Eine theologische Ästhetik, III/1, Einsiedeln 2/1975, S. 220f).

entnommen sind, immer ganz bewusst. Ist Gott aber damit als der Ganz-Andere auch der ewig Unmitteilbare? Wenn dies wahr wäre, wäre auch eine Menschwerdung des *Logos* als alleinigem Mittler zwischen Himmel und Erde nicht möglich gewesen, der sich mit uns, um Transzendentes zu vermitteln, oft des Gleichnisses bediente! Christus, der Menschgewordene, der als ewiger Sohn einst den Menschen erschuf nach seinem Bilde (Gen 1,27), ist also als Symbiose beider Naturen das „Urbild im Abbild". Es besteht also zwischen Göttlichem und Menschlichem nie eine Gleichheit, aber zumindest doch eine gewisse „Analogie", oder „Entsprechung": „Niemand kennt den Vater, nur der Sohn, und der, dem es der Sohn offenbaren will" (Mt 11,27).

6. Christologisch fundierte Analogielehre

Wenn Gott in Christus Mensch wurde als eine Person mit beiden Naturen – „ungeteilt und unvermischt" (Konzil von Chalkedon, DH 300–303) – dann ist die Analogie zwischen Gott, seinem Sein und seiner Wahrheit, und unserem Sein und unserer Wahrheit nicht nur eine bloße Behauptung, sondern eine reale Wirklichkeit, die als Fakt gar nicht realisierbar gewesen wäre, wenn diese Analogie zwischen Gott und Welt nicht auch ontologisch bestünde. Wer also die Analogie leugnet, bestreitet auch die Möglichkeit der Menschwerdung als Zentrum der Christologie und des Christentums! Wir stoßen hier an die christologische Fundierung jener augustinischen Analogielehre, die – wenngleich von großen Theologen anderer Konfessionen wie z. B. Karl Barth immer wieder bestritten – bis heute die zentrale methodische Grundüberzeugung wissenschaftlicher Theologie ausmacht und 1215 auf dem berühmten IV. Laterankonzil feierlich proklamiert wurde. Alle mögliche Rede über Gott erreicht nach Augustinus immer nur eine *similitudo dissimilis* (Ähnlichkeit in der Unähnlichkeit)[38], und diese Formulierung ist in das genannte Konzil eingegangen: *„Inter creatorem et creaturam non potest similitudo notari, quin inter eos major sit dissimilitudo notanda"* (DH 806).

Auf der Basis dieser christologischen Fundierung seiner Analogielehre, durch die auch existentiell-anthropologische und geschichtlich-dialogische Ebene des göttlichen Offenbarungsaktes einerseits, und des menschlichen Glaubensaktes in seiner Prozesshaftigkeit andererseits, in die Reflexion einbezogen werden kann, entwarf Augustinus sein Modell von Theologie als

[38] Aurelius Augustinus, Epistulae 169,6; De Trinitate I 1; V 8; VII 5f.9.

„intellektuellem und existentiellem Aufweis der Glaubwürdigkeit des Geglaubten“, die sich in systematischer Hinsicht in sieben Grundbereiche aufteilen lässt, welche den Gesamtbereich des Glaubens als dialogisches Geschehen von beiden Seiten her umfasst und beleuchtet: (1) Spekulative Trinitätstheologie (*De Trinitate*), (2) Seinsphilosophie gegen den ontologischen Dualismus des Neuplatonismus, der Gnosis und der Manichäer, (3) Gnadenlehre als Verfechtung des Primates der Gnade gegen die Pelagianer (*De Natura et Gratia*), (4) Differenzierte und dynamische Ekklesiologie gegen den weltfeindlichen Partikularismus der Novatianer und Donatisten, (5) Dynamische Geschichtstheologie (*De Civitate Dei*), (6) Existentiell-dialogische Anthropologie (*Confessiones*), und (7) eine die bisherige Allegorese übersteigende, spirituell am Vorsehungsgedanken orientierte Exegese (*Ennarationes in Psalmos*).

Wenngleich sich seine Theologie rein chronologisch betrachtet parallel zu den zeitbedingten Streitfragen entwickelt hat, oder durch sie inspiriert wurde, wäre es jedoch falsch, in Augustinus einen Vertreter rein zeitbedingter Kontroverstheologie zu sehen. Ladislaus Boros hat deshalb zu Recht die Auffassung vertreten, dass die unübersehbare Fülle des augustinischen Schrifttums in zwei Gruppen aufgeteilt werden könne: Kontroverstheologische Streitschriften und in sich stehende, „unabhängig erarbeitete Werke“, die deshalb auch eine überzeitliche Geltung besitzen.[39]

In seinem eigenen, phasenreichen und problematischen Werdegang, der auch ein auf allen Ebenen seiner Person sich abspielendes, und über Jahrzehnte hindauerndes, inneres Ringen mit einschloss, erkannte Augustinus immer auch einen Prototypen für den Verlauf der gesamten Heilsgeschichte als dynamisch wachsendem, interpersonalem Prozess zwischen Gott, der ganzen Menschheit, und ihrer Geschichte: Es findet ein Kampf statt, ein Ringen Gottes um den Menschen, und ein Ringen der Menschen mit Gott: „Hier findet also ein Wettkampf statt; dieses Leben ist ein Theater, dem Gott zuschaut. Hier findet ein Gefecht statt, eine Auseinandersetzung mit allen Lastern und am meisten mit dem Fürsten der Laster wie mit Goliath. Der Teufel fordert nämlich die Seele gleichsam zu einem Zweikampf heraus. Er wird besiegt, wenn man standhält, aber im Namen des Herrn, nicht durch die Kräfte des Kriegers!“[40].

---

[39] Vgl. Ladislaus Boros, Aufstieg zu Gott, Düsseldorf 2002, S. 48–51.

[40] Aurelius Augustinus, Serm 335/K; zitiert bei Hubertus Drobner, „Für euch bin ich Bischof“. Die Predigten Augustins über das Bischofsamt, Würzburg 1993, S. 21.

III. Eine Theologie der Geschichte, und eine Geschichte der Theologie

Augustinus vergleicht also die Welt- und Heilsgeschichte als Ganze, wie auch die persönliche Lebens- und Entwicklungsgeschichte seiner selbst und jedes einzelnen Individuums, mit einem dynamischen Prozess im Sinne eines Theaterstücks mit vielen spannenden, dramatischen, oder auch tragischen Akten, dem jedoch jetzt schon ein positives Finale sicher ist, weil hinter all diesem „Theater" als Meta-Ebene ein überzeitlicher und allwissender Regisseur steht, der stets – interessiert und geduldig, aber keineswegs ohnmächtig – zuschaut, aber im rechten Moment lenkend eingreift, und dadurch das uns noch unbekannte Ende des Dramas schon vorherbestimmt hat: „Euch steht es nicht zu, Zeiten und Fristen zu erfahren, die der Vater in seiner Macht festgesetzt hat!" (Apg 1,7).

1. Das Leben ist ein Theater, dem Gott zuschaut (Serm. 335K)

Auf dieser Glaubensüberzeugung gründete Augustins nie erlöschender, realistischer Optimismus im Einsatz – als Theologe, Bischof, Seelsorger und Kirchenpolitiker in einer dem Untergang geweihten, antiken Welt: Mochten ihm dabei seine Gegner und Konkurrenten, egal ob überzeugte Häretiker und ihre Gegenkirchen, einfallende, heidnische Barbarenhorden, skrupellose Prokuratoren und Kaiser, skeptische, gnostische, aber gebildete Philosophen, oder auch aufgehetzte Volksmassen öfters wie ein unbezwingbarer Goliath erscheinen – wie ein kleiner David schleuderte er mit Mut den Stein seines Intellekts und siegte: „Denke daran, dass du im Kampfe stehst. Der Feind ist unsichtbar, aber unsichtbar ist auch dein Beschützer. Du siehst nicht, mit wem du aneinander gerätst, aber du glaubst an den, vom dem du beschützt wirst! ... Wie sollst du kämpfen? Wie David es getan hat!"[41]

Unbesiegbar ist kein Mensch, der nur auf die eigenen Kräfte baut; mutig und unermüdlich ist auch kein Augustinus aus sich heraus, sondern nur, wenn er wie ein kleiner David auf Gott vertraut in der Gewissheit, erwählter Diener und Werkzeug des allmächtigen Gottes zu sein, und so „die Werke dessen vollbringen kann, der ihn gesandt hat": „Mit einem einzigen Stein steckte er den so riesigen Feind nieder. Auf die Stirn traf er ihn, und er fiel, wo er das Zeichen der Gnade nicht hatte! ... Aller Aberglauben der Völker

[41] Aurelius Augustinus, Serm 335/K; Drobner S. 21.

lag danieder, der sich daraufhin nicht gegen die Kirche Gottes erheben konnte; denn auch wenn er sich erhob, dann wurde er selbst niedergeworfen, aber das Martyrium als Sieger gekrönt. Als hierauf die Kirche voranschritt, da jener Goliath ein so recht großes Schwert oder Speer trug, das heißt ein ganz ungeheures Schwert, die Beredsamkeit dieser Welt, die sich viele Geister unterjochte, lernten auch viele Diener Gottes dieselbe Beredsamkeit, damit Goliath von seinem eigenen Schwert getötet würde. Wie beredsam erschien der heilige Cyprian, wie blitzend sein Speer in seinen Schriften! Es ist das Schwert des Goliath, aber schon dem Daniederliegenden entwunden, damit der Feind vernichtet werde."[42]

Was Augustinus trug, standhalten ließ und das *donum perseverantiae*[43] gab in allem, war also nicht das Vertrauen in sich selbst und die eigene Kraft, sondern seine innere Rückbindung an den kosmischen Christus, der sagt: „Mir ist alle Macht gegeben im Himmel und auf Erden!" (Mt 28,18), und der den Aposteln mit der Zusage aussandte: „Ich habe euch die Vollmacht gegeben, auf Schlangen und Skorpione zu treten und die ganze Macht des Feindes zu überwinden!" (Lk 10,19). So deutete auch Augustinus seinen Auftrag: „Hat denn etwa David gesiegt? Achtet auf seine Worte und seht, dass nicht er selbst gesiegt hat. Er sagt nämlich: Es ist ein Kampf Gottes (1 Sam 17,47). ... Wenn ihr euch daran haltet, indem ihr das Gesetz im Milchkrug habt [= AT + NT], werdet ihr unbesiegbar sein!"[44]

2. Es findet ein Kampf statt: mit der perseverantia des David gegen den Goliath der Welt

Dieser große „Kampf zwischen David und Goliath" spielt sich nach Augustinus nicht nur zwischen der Kirche als Gemeinschaft der *„pauci electi"* und einer „bösen Welt" als *„massa damnata"* ab, sondern beginnt, solange die Kirche noch als pilgernde auf dem Weg ist, schon in jedem einzelnen Menschen, in welchem alter und neuer Mensch miteinander streiten, und auch in der Kirche selbst: Überall, unter Gläubigen wie Ungläubigen, Klerikern oder Laien, Rechtgläubigen oder Häretikern, finden sich Böse und Gute, Einsichtige und Uneinsichtige, Demütige und Hochmütige: „Viele, die drinnen scheinen, sind in Wahrheit draußen, und viele, die draußen scheinen, sind in Wahrheit

[42] Aurelius Augustinus, Serm 335/K; Drobner S. 24.

[43] Aurelius Augustinus, De Dono Perseverantiae.

[44] Aurelius Augustinus, Serm 335/K; Drobner S. 25f.

drinnen!" – Kein Mensch darf sich anmaßen, dies schon jetzt unterscheiden zu können, sondern muss dies Gott überlassen, der allein die Herzen der Menschen kennt: „Ich hatte dich zum Ausspender eingesetzt, nicht zum Eintreiber! ... Das ist meine Aufgabe: Wer gestern böse war, soll heute gut sein!"[45]

Spreu und Weizen, Früchte und Dornen lassen sich in dieser Welt nie trennen, oder wachsen – wie schon Jesus im Gleichnis vom Sämann sagt – immer zusammen. Wer dies nicht aushält und mit Umsicht handhaben will, taugt nicht zum „Hüter des Weinbergs": „Niemals können Trauben aus Dornen entspringen. Aber habt ihr nicht schon einmal gesehen, wie die Ranke eines Weinstocks in die Umzäunung hineinwächst, sich in den Dornen verfängt und unter den Dornen Samen hervorbringt und Trauben heranwachsen lässt? ... Pflücke, strecke deine Hand sorgfältig und vorsichtig aus. Hüte dich vor den Dornen und pflücke die Frucht! Genauso verhalte dich auch, wenn dir ein ganz böser oder übler Mensch die Lehre Christi verkündet: höre zu, nimm an und missachte sie nicht. Wenn es ein böser Mensch ist, gehören die Stacheln zu ihm. Wenn er Gutes sagt, hängt jene Traube unter den Dornen, entspringt aber nicht aus den Dornen!"[46] Dazu kommt noch der nach Augustinus „verwickelte Sachverhalt", dass auch Böse manchmal Gutes sagen können, das wir aufgrund ihres schlechten Charakters nicht verdammen dürfen.[47]

3. Hüte dich vor den Dornen und pflücke die Frucht! (Serm. 340A)

Alle haben die liebende Geduld und den klugen Beistand, nicht nur Gottes, sondern auch der Kirche, und ihrer Bischöfe nötig, um sich zu heilen und zu heiligen: So wie Christus ein *Christus medicus, Christus humilis, Christus exemplum* war, muss auch der gute Bischof ein *servus, praepositus* und *conservus* sein[48]: „Die Unruhigen muss man tadeln, die Kleingläubigen trösten, die Schwachen annehmen, die Widersprechenden widerlegen, vor den Tückischen muss man sich hüten, die Unerfahrenen lehren, die Trägen antreiben, die Streitsüchtigen zügeln, die Überheblichen tadeln, die Verzweifelten aufrichten, die Streitenden befrieden, den Mittellosen helfen, die Unterdrückten

---

[45] Aurelius Augustinus, Serm 339; Drobner S. 42.

[46] Aurelius Augustinus, Sermones 340A; Drobner S. 93f.

[47] Aurelius Augustinus, Sermones 340A; Drobner S. 92f.

[48] Aurelius Augustinus, Sermones 340A, Drobner S. 84.

befreien, die Guten bestätigen, die Bösen ertragen und … ach: … alle lieben!"[49]

4. Von zwei Seiten getragen

Augustinus erkannte darin immer auch die beglückendste Gnade seines Dienstes, denn er fühlte sich in allem was er war von zwei Seiten getragen. Als Amtsträger durfte er Mittler sein – von Christi Kraft getragen – ; als Glaubender und heilsbedürftiger Mensch hingegen durfte er Bruder sein, und war von der Gemeinschaft getragen: „Wo es mich schreckt, was ich für euch bin, tröstet er mich dort, was ich mit euch bin. Für euch bin ich nämlich Bischof, mit euch bin ich Christ. Jener ist der Name des empfangenen Amtes, dieser der Gnade; jener der Gefahr, dieser des Heiles."[50]

---

[49] Aurelius Augustinus, Sermones 340; Drobner S. 61.
[50] Aurelius Augustinus, Sermones 340; Drobner S. 59.

Homiletische Reflexion zu der Aussage: Jesus Christus ist Mittler und Befreier

von Ludwig Mödl

Im Reigen der Theologie hat Homiletik die Aufgabe, die theologischen Aussagen aus den verschiedenen Fächern daraufhin zu untersuchen, ob und wie sie in den Verkündigungsprozess eingebunden sind oder werden können. Sie testet aus, inwiefern allgemein formulierte Wahrheiten Glaubenshilfen für die Menschen von heute sind. Zugleich muss sie diese Wahrheiten so in den Lebenskontext hineinzuformulieren versuchen, dass sie Glaubensgut und Lebenshilfe für viele werden. Damit kommt der Homiletik eine wichtige Aufgabe zu, die mitentscheidet, ob Theologie im Kontext der Pastoral eine lebensrelevante Bedeutung hat oder ob sie einem „Glasperlenspiel" gleicht.

Die homiletische Fragestellung auf das Thema des vorliegenden Buches anzuwenden heißt zunächst danach zu fragen, wie die in die Stichworte „Mittler" und „Befreier" gefassten Aussagen der Christologie eine Korrespondenz im zeitgenössischen Denken finden und welche Assoziationen die Zeitgenossen damit verbinden. Dabei wird untersucht, welche Möglichkeiten bestehen, die unter diesen Begriffen gefassten Wahrheiten als Wahrheiten für das Leben der Leute fruchtbar werden zu lassen. Da gilt es erstens zu fragen: Wo kommen diese Begriffe in der Alltagsprache vor? Welche Probleme knüpfen sich an sie? Welche Stimmungen verbinden Menschen mit ihnen? Sodann ist zweitens zu fragen, welche lebenspraktische Tendenzen stecken in den theologischen Aussagen, d. h. was wollen sie auf der Handlungsebene bewirken? Weiterhin ist drittens zu fragen: Welche Erfahrungsbereiche müssen in den Blick genommen werden, um das mit diesen Begriffen zu vermittelnde Glaubensgut im eigentlichen, d. h. ursprünglich gemeinten Sinn verstehbar zu machen? Auf diese drei Fragebündel sei im Folgenden je eine Antwort versucht, die freilich jeweils als Hypothese verstanden werden will.

1. Alltagssprachliche Verwendung der Begriffe „Mittler" und „Befreier"

a) Mittler

Der Begriff „Mittler“ kommt im politischen Bereich vor, wenn es gilt, Konflikte zwischen Volksgruppen oder Interessensgruppen lösen zu helfen. Allerdings erhält der Begriff dann fast immer das Präfix „ver“. Man spricht also vom „Vermittler“. Ein mächtiger Politiker oder eine politische Gruppe, welchen die Konfliktparteien unter irgend einer Hinsicht verpflichtet sind, bieten sich als Vermittler an. Öffentlich wahrnehmbar dient solches Unterfangen einer Schadensbegrenzung oder der Verhinderung eines Krieges. Ähnliches gilt für den wirtschaftlichen Bereich. Eine Bank oder ein mächtiger Konzern tritt bei schwierigen Verhandlungen wie z. B. der Fusion von zwei Unternehmen vermittelnd auf.

Im persönlichen Bereich gibt es seit kurzem den „Mediator“ als Beruf. Ein Mediator ist ein Schiedsrichter für Konfliktfälle (z. B. bei Scheidung, Kündigung oder ähnlichem), der psychologisch und/oder juristisch dafür sorgt, dass die Konfliktparteien miteinander in adäquater Weise ins Gespräch kommen und dass bei der Abwicklung bzw. Lösung des Konfliktgegenstandes keine unlauteren Mittel eingesetzt werden. Offensichtlich hat man für die Berufsbezeichnung die lateinische Version „Mediator“ benützt, weil alltagssprachlich der Begriff „Vermittler“ leicht den Beigeschmack von „Beziehungen ausnützen“, „Vetterlerswirtschaft“ oder „Parteibuchkarriere“ hat. Damit bekommt er den Anstrich von „nicht so ganz nach der Ordnung laufend“; denn generell erwartet der Mensch von heute ordentliche Verfahren, bei welchen von vorne herein klar ist, wie er seine Rechte erhält. Jemanden einschalten zu müssen oder für jemanden sprechen zu müssen und ihm damit einen Vorteil zu verschaffen, lässt den Eindruck von Rechtsunsicherheit oder parteiischer Bevorzugung aufkommen. Sein Recht möchte ein Mensch erhalten, und gemäß seinen Fähigkeiten will er seine Tage autonom gestalten können. Da braucht es keine Vermittler. Was wir in der Ethik-Wissenschaft etwa bei Kant finden, dass es der moralischen und autonomen Freiheit des Menschen abträglich sei, wenn die Genugtuung durch einen Vermittler oder gar Stellvertreter geschehen müsse, das finden wir heute im Volksempfinden generell für den Alltagsbereich geltend. Vermittlung oder stellvertrendes Handeln wird als der Autonomie abträglich angesehen. Somit können wir feststellen: Der Begriff „Mittler“ hat alltag-sprachlich eine eher politisch orientierte Konnotation, die im privaten Bereich einen Hauch von suspekter Praxis erhält, da dort, wo ein solcher notwendig ist, die Autonomie oder zumindest die Unmittelbarkeit gestört ist. Dies schlägt bei manchen Menschen auch in den religiösen Bereich hinein, so dass sie sowohl Christus, als noch mehr die Kirche als Vermittlung in Frage stellen.

b) Befreier

Anders scheint es mit dem Begriff „Befreier“ zu sein. Freiheit gilt den Menschen als großes Gut. Freilich verstehen die Menschen ganz Unterschiedliches darunter. Im kirchlichen Kontext hat der Begriff „Befreiung“ von den sechziger Jahren des vorigen Jahrhunderts an einen hoffnungsgeladenen Charakter erhalten. Er wurde zunehmend synonym mit dem Begriff „Erlösung“ gebraucht, ja hat diesen sogar teilweise abgelöst.[1] Freilich verband sich mit diesem Begriff eine soziale Komponente, dominierte ihn sogar z. B. im Zusammenhang mit der „Befreiungstheologie“. Aus ungerechten Strukturen sollten die Menschen befreit werden, angespornt durch einen befreiungstheologischen Ansatz, der – hier kommen alle Formen der Befreiungstheologie zusammen[2] – (erstens) alle Christen im Glauben an „Gottes Befreiung des Menschen zu seiner Würde und zu seinem Heil“ teilnehmen lässt; der (zweitens) zur „kritischen und rationalen Reflexion der Praxis“ führt und der (drittens) „auf eine kritisch reflektierte Veränderung der empirischen Wirklichkeit“ zugeht.[3] Mit dem Bild vom „Exodus“ hat sich dieses Denken verbunden, das – vornehmlich im europäischen Umfeld – ein seelsorgliches Leitbild abgegeben hat, so dass viele sowohl in der Kirche als Ganzer, als vornehmlich in den Gemeinden einen Hort der Freiheit bzw. Befreiung sehen wollten. Gemeinde sei Ort der geschwisterlichen und kommunikativen Freiheit. Kirche sei Anwalt der Armen, ja sie trage generell eine Option für die Armen. Diese Leitidee suchte vielfach die pastorale Praxis zu bestimmen. Doch dieses Bild vom „Exodus“, der Befreiung des Menschen durch das Handeln der Kirche, ist spätestens seit den neunziger Jahren des vorigen Jahrhunderts zunehmend bezweifelt worden, da die Gesamtkirchenleitung diesem Leitbild Grenzen setzte und vor allem in den Gemeinden sich vieles Erhoffte als Illusion erwies. So konnte Rolf Zerfaß 1999 konstatieren, dass dieses in den sechziger Jahren so faszinierende Leitbild vom „Exodus“ als „Be-

---

[1] Vgl. Hans Kessler, Erlösung als Befreiung, Düsseldorf 1972.

[2] Nach Joachim G. Piepke gibt es vor allem in Südamerika vier Richtungen eines befreiungstheologischen Ansatzes: den „kirchlich-pastoralen“, den „historisch-sakramentalen“, den „kultur-populistischen“ und den marxistisch-revolutionären“ Vgl. Piepke, Befreiungstheologie, in: König/Waldenfels, Lexikon der Religionen, Freiburg 1989, Sp 47–50.

[3] Vgl. Gerhard-Ludwig Müller, Katholische Dogmatik. Für Studium und Praxis der Theologie, Freiburg-Basel-Wien ^{2}1995, 384.

freiung“ aus jedweder Entfremdung nicht mehr trägt bzw. nicht der kirchlichen Praxis entspricht. Er schlägt deshalb ein anderes Leitbild vor, das auf die Erfahrung des jüdischen „Exils“ zurückgreift, der so genannten Babylonischen Gefangenschaft des Gottesvolkes.[4] Der große gesellschaftliche Wandel weltweit und die vielen kirchlichen Konflikte, die eher als Mangel denn als befreiend empfunden werden, erwecken bei nicht wenigen den Eindruck: Ein Ort der Befreiung ist die Kirche nicht, zumindest nicht in dem Sinn, wie sie es sich erhofft hatten. Gerade dort, wo es um private Angelegenheiten geht wie z. B. im Bereich der Sexualität oder der Aktivität eines einzelnen in Liturgie oder mitsprechendem Einsatz scheint die Kirche in ihren Leitlinien und Forderungen gerade nicht als Garant von Freiheit und Befreiung – im Gegenteil. Was viele Menschen heute als befreiend und förderlich ansehen, wird hier als gefährlich und unadäquat oder gar sündhaft angeprangert. Naturordnung, Gottesordnung oder kirchlich eingeforderte Lebensgestaltungen gelten als einengend, Leben beschneidend und beschränkend. Dass Christus, und vor allem die kirchliche Verkündigung befreit, ist vielen gleichermaßen eine Phrase geworden wie es zuvor die Aussage war (und noch ist), dass er erlöst. Befreit oder erlöst wovon? Von Sünde? Das mag er tun, aber was darunter zu verstehen ist, deuten die Menschen ganz unterschiedlich. Befreit er von den Ungerechtigkeiten in der Welt? Das tut er nicht und auch seine Kirche in nur sehr beschränktem Sinn – mehr verbal als real. Also was bedeutet die Rede von Befreiung und Befreier?

Zusammenfassend lässt sich sagen: Die kirchliche Rede vom erlösenden Mittler“ und „Befreier“ kann in der von manchen erträumten Weise nicht weiter gepflegt werden. Wie kann aber dann – konkret gedacht – von „Mittler“ und „Befreier“ geredet werden, ohne dass der Verdacht von Ideologie[5] aufkommt?

Beide Begriffe, „Mittler“ und „Befreier“, sind also für unsere Predigthörer problematische Begriffe, wenn sie im Zusammenhang mit Theologie und Kirche gebraucht werden. Wie können wir sie in der Predigt bzw. der gesamten Verkündigung gebrauchen, damit sie jene Botschaft vermitteln, die

---

[4] Publiziert unter dem Titel: Volk Gottes unterwegs: in der Fremde, unter den Völkern, in: Herbert Haslinger u. a., Handbuch Praktischer Theologie Bd. 1, Mainz 1999, 167–177.

[5] Beide Begriffe bergen in sich die Gefahr der Ideologisierung und werden damit verdächtigt, Teil eines Herrschaftswissens zu werden. Ideologisch ist Theologie jeweils dann, wenn sie ihre Aussagen so macht, dass dahinter ein verstecktes Interesse lauert, welches in den Bereichen von Besitz, Macht oder Eros förderliche Ziele bzw. Vorteile erwarten lässt.

zentral zum Christentum gehört, ja geradezu ihr Spezifikum ist, die Botschaft von der Vermittlung des Heiles durch Jesus Christus und damit der Befreiung aus Sünde und Tod. Ehe wir darauf antworten können, müssen wir uns ins Gedächtnis rufen, welche lebenspraktischen Implikationen in den theologischen Reflexionsversuchen über die Soteriologie stecken mögen.

2. Soteriologische Aussagen für den Lebensvollzug

Vier Tendenzen finden sich in der Theologiegeschichte, um das Erlösungsgeschehen denkerisch anzugehen: „Erlösung als die Vergöttlichung des Menschen (Patristik); Erlösung als Satisfaktion (Mittelalter, besonders Anselm von Canterbury); Erlösung als Emanzipation (Autonomie des Subjekts: Neuzeit); Erlösung als integrale Befreiung."[6]

a) Tendenzen in der patristischen Soterologie

Die schwerpunktmäßige Aussage zur Erlösungsthematik in der patristischen Zeit ist der Gedanke, dass die Inkarnation „die Verähnlichung des Menschen mit Gott" zum Ziel hat, was einer „Aneilnahme des Geschöpfs am göttlichen Leben (Vergöttlichung)" gleichkommt. Zu erreichen ist sie „durch die Teilnahme an der Erniedrigung des Sohnes", der „durch sein Kreuz die Tiefen der Sünde Adams ...definitiv überwunden" hat und „in seiner Auferstehung der neue Adam geworden" ist. Diese „Vergöttlichung hat ihren Ansatz schon bei der Erschaffung des Menschen auf Gottes Bild hin", was keiner „Vergottung" gleichkommt und auch keine mythologische Apotheose zum Heroen oder Halbgott ist, sondern „nur ein anderer Ausdruck für die gnadenhafte Teilnahme am Sohnesverhältnis des menschgewordenen Gottessohnes zum Vater" ist.[7]

Der lebenspraktische Hintergrund und die alltagssprachlich greifbaren Motive der Theologietreibenden und Predigthörer von damals interessieren den Homiletiker. Warum hat die Idee von der „Vergöttlichung des Menschen" so begeisterten Zuspruch gefunden? Was war das Lebensgefühl der Menschen in diesen Zeiten? Und warum hat die christliche Form, dem Menschen und seinem Wirken Würde zuzusprechen und Hoffnung zu geben, die anderen Religionsversuche so plausibel überboten?

Gerhard Ludwig Müller meint zu diesem Fragekomplex, hier sei das hel-

---

[6] Gerhard-Ludwig Müller, Katholische Dogmatik (wie Anm. 3), 378.
[7] Ebd. 379–380.

lenistische Kosmosdenken überwunden worden, und zwar „durch den Gedanken der absoluten Transzendenz Gottes und der Personwürde des begnadeten Menschen, der zu einer dialogischen Partnerschaft mit Gott berufen ist."[8] Das Kosmosdenken in der Spätantike dürfte dahingehend interpretierbar sein, dass die Menschen eine gewisse „Erdenschwere" fühlten, aus der sie befreit werden wollten, und zwar durch eine Tendenz zur Vergeistigung. Frei werden von materieller und hinab ziehender Erdhaftigkeit! Da ist die Lehre von der absoluten Transzendenz Gottes zum einen, und die Überwindung des sündhaft Beschwerenden durch Tod und Auferstehung Christi zum anderen eine wirklich befreiende Botschaft, da in ihm Göttliches und Menschliches verbunden war. „Vergöttlichung" ist dann der Zielpunkt. Ein Weg dorthin muss nicht durch das Negieren des Fleischlich-Irdischen oder dessen Abqualifizierung geschehen, sondern durch dessen Verwandlung, welche in Christus tatsächlich geschehen ist. Ein Verbundensein mit Christus gibt die Garantie für die Würde der eigenen Person und für eine bleibende Zukunft im Kraftfeld des ewigen Gottes.

b) Tendenzen in der mittelalterlichen Soteriologie

Den Schwerpunkt in der mittelalterlichen Diskussion über Erlösung stellt die Satisfaktionstheorie dar, die das Werk Christi als Wiederherstellung „eines Rechtsverhältnisses zwischen Gott und den Menschen" fasst. Die Sünde hatte die Ordnung zerstört, die nur wiederhergestellt werden kann entweder durch Strafe oder Genugtuung. Dadurch, dass der Mensch geschaffen ist, ist er wesensmäßig auf Gott hingeordnet. Diese Hinordnung geschieht durch die Lebensordnung, die Gott grundlegend festgelegt hat. In der Einhaltung der Ordnung bzw. im Verhältnis zur Welt bestimmt der Mensch auch sein Verhältnis zu Gott, und zwar in der Gerichtetheit und im ordo der Gerechtigkeit. Sünde besteht damit nicht darin, Gott etwas anzutun, sondern „die sich in der Welt offenbarende Herrlichkeit Gottes als Medium des eigenen Heiles auszuschlagen".[9] Vergebung kann nicht durch einen Rechtsspruch geschehen, sondern dadurch, dass Gott die Freiheit des Menschen einbeziehend ihn zur neuen Ordnung der Gerechtigkeit befähigt. Dies wurde faktisch durch die Menschwerdung des göttlichen Wortes in Jesus Christus ermöglicht. Durch die Menschwerdung tritt Gott auf die Seite des Menschen, so dass in der menschlichen Freiheit Jesu Christi die Ordnung der Gerechtigkeit auch von Seiten

---

[8] Ebd. 380.

[9] Ebd. 382.

der Menschheit wieder hergestellt ist. So können die Menschen Gott wieder die Ehre geben, und sie können sich wieder in die Bundes- und Heilsordnung einfügen. Jesus ist Stellvertreter der Menschheit. „Er ist Ursprung der Begnadung und zugleich auch der Mittler für die Menschen, die in ihrer begnadeten Freiheit der Heilsordnung entsprechen können.“[10]

Hermeneutisches Umfeld für diese Thesen ist – nach Gerhard Ludwig Müller – nicht eine Übertragung der Feudalverhältnisse auf die Soteriologie und Gnadenlehre. Vielmehr sei der Bundesgedanke und die Betonung des Mittlertums Jesu in seiner Menschheit ausschlaggebend geworden. Dadurch würden die Bedeutung des freien Willens, die Heilsbedeutung von Gehorsam, Opfer und Verdienst Jesu hervorgehoben. Die lebenspraktische Seite, so denke ich, ist durch zwei Faktoren mitbestimmt, die sich auf dem Weg zum Hochmittelalter langsam als Lebensgefühl herausgebildet haben: zum einen eine Mentalität, die in Rechtskategorien denkt. Hinter dieser aber steht zum anderen eine neue Sicht des Kosmos als geordnete Größe, von Gott geschaffen, aber durch eingeschaffene Gesetzlichkeiten selbständig funktionierend. Der Mensch ist in diese große Ordnung eingebunden, wobei der Gottbezug, wie oben schon gesagt, sowohl durch die Gerichtetheit (rectitudo) auf die Gott-Ordnung, als vor allem durch den ordo justitiae geregelt ist, zu welchem der Mensch durch die Satisfactio Christi wieder befähigt wird. Erlösung und Befreiung des Menschen kommt also durch die ihn segnende Ordnung. Durch Christus als dem Mittler wird er, der Sünder, wieder befähigt zur Beziehungsordnung auf Gott hin.

c) Tendenzen in der neuzeitlichen Soteriologie

Im Laufe der folgenden Jahrhunderte wandelte sich das Lebensgefühl der Menschen langsam wieder, und zwar dahin, dass nicht mehr der Mensch als Gattung nach Erlösung und Befreiung fragt, sondern als Einzelmensch. Die dramatisch formulierte Frage Luthers „Wie finde ich einen gnädigen Gott“ spricht dies allgemein verständlich aus. Die Antworten, die gesucht werden, gehen einher mit dem zunehmenden Bewusstsein einer Autonomie des einzelnen Menschen – gerade auch in seiner Gottbeziehung. Befreiung aus jedweder Abhängigkeit wird zum anzustrebenden Ziel. Autonom sei der Mensch auch in der Entwicklung seiner sittlichen Persönlichkeit, so fordern es schließlich die Aufklärer. Für die katholische Version, die allemal die Kirche als notwendige vermittelnde Institution einschaltet, wird das Faktum der persönlichen Zuwendung Gottes in Liebe zum ausschlaggebenden Kriterium.

---

[10] Ebd. 383.

Liebendes Sich-Öffnen Gottes für den Menschen, und liebende Hingabe Jesu durch sein ganzes menschliches Leben hindurch mit dem Höhepunkt des Sterbens am Kreuz sind die erlösenden bzw. den Menschen befreienden Taten. Wer sich in den Kreislauf dieser Liebe hineinbegibt, der wird befreit und erlöst. Christus hat diese Liebesverbindung hergestellt. Vermittelt wird sie dem Einzelnen in der Kirche.

Der lebenspraktische Hintergrund dieses Konzeptes ist die langsam bürgerlich gewordene Gesellschaft der Städter und in Variation auch der Landbevölkerung, die nicht mehr als Großfamilien lebten, sondern in kleineren Verbänden, wobei jeder einzelne etwas beizutragen hatte, ihm aber zunehmend autonome Gestaltungsbereiche zugestanden werden mussten. Die kopernikanische Wende des Weltmodells, die Entdeckungen anderer Erdteile und Kulturen sowie die Retrospektive auf die Antike und deren Werte haben die Glaubenswelten relativiert und in neuer Weise nach Basen des sicheren Wissens und einer dem Menschen adäquaten Lebensweise suchen lassen. Die Fragen nach einem Erlöser und Mittler erhalten zunehmend einen persönlichen konfessionellen Charakter. Der Wir-Glaube wird immer mehr zum Ich-Glaube.

d) Tendenzen in der zeitgenössischen Soteriologie

Die vierte Variante soteriologischer Reflexion sieht Jesus als „Träger eines integralen Befreiungsprozesses“[11]. In Lateinamerika ist eine besondere Befreiungstheologie[12] entwickelt worden. In allen Dimensionen des Lebens soll Gott als Heil und Leben erfahren werden, da er den Menschen nach seinem Bild erschaffen hat und Jesus Christus für die Menschen gestorben ist. Heil ereignet sich nicht nur jenseits der Welt, sondern zeigt hier schon in seiner Schöpfung und in der Geschichte seine Spuren, die sich dann im Jenseits vollenden werden. Damit muss Soteriologie „Soteriolopraxis“[13] werden. „Der Glaubende nimmt *verstehend und handelnd* teil an dem Veränderungsprozeß der Geschichte, die Gott im Heilshandeln Jesu eröffnet hat.“[14] Durch reflexives Sehen, Urteilen aus dem Glauben und Handeln in Richtung auf die Befreiung bzw. Subjektwerdung der Menschen nimmt der Glaubende daran teil, dass Gottes Reich sich schon auf Erden zeige. Daraus ergibt sich eine Option für die Armen dort, wo Menschen in Verhältnissen leben müssen, die nicht ihrer Würde entsprechen.

---

[11] Ebd. 384.

[12] Zu den verschiedenen Richtungen der Befreiungstheologie vgl. Joachim G. Piepke, Befreiungstheologie (wie Anm. 2).

[13] Gerhard Ludwig Müller, Dogmatik (wie Anm. 3), 384.

[14] Ebd.

Die Kirche als Ganze, d. h. als Volk Gottes, soll als Sakrament des Heiles und Werkzeug der Gottesherrschaft sichtbar in der Welt wirken.[15]

Der lebenspraktische Hintergrund für diese Reflexionsform von Erlösung, Befreiung und Mittlerschaft Christi liegt in der Wahrnehmung ungerechter Strukturen im Wirtschafts- und Gesellschaftsleben Südamerikas wie auch anderer Länder der sog. Dritten Welt. In unseren Breiten hat diese Theologie vor allem bei denen Eingang gefunden, die die Weltsituation sehen und sich ihr gegenüber hilflos fühlen. Gleichzeitig nehmen sie auch in unserem Kontext vieles wahr, was Menschen in Abhängigkeit hält oder ihre Subjektwerdung behindert. Die Kirche, so die Tendenz der Übernahme dieser Theologien, müsse durch ihr ganzes Wirken grundlegend Subjektwerdung und Befreiung des Menschen fördern durch die Botschaft vom Mittler Jesus Christus. Dieses ihr Tun müsse aktiv und konkret geschehen und sei auch unter unseren Verhältnissen eine grundlegende Option. Die Exoduserfahrung Israels sei Leitbild für kirchliche Aktivitäten.

3. Ansatzmöglichkeiten für die homiletische Praxis

Um es vorweg zu sagen: Die Homiletik muss versuchen, nicht nur zeitgenössische Theologien als Predigtstoff beizuziehen, sondern aus dem gesamten Schatz der Theologiegeschichte zu schöpfen. So sei zu unserer Thematik gefragt, welche Hilfen dem Prediger die vorgenannten Materialien geben können, um seinen heutigen Hörerinnen und Hörern die Botschaft von der Erlösung durch Jesus Christus verstehbar zu machen.

Alle vier Ansätze theologischer Reflexion scheinen mir auch heute noch denkbare Möglichkeiten für die Verkündigung zu bieten.

a) Vergöttlichung als Ziel der Erlösung

Historisch, so haben wir gesehen, mag die tendenzielle Ausrichtung der Soteriologie auf die engere Verbindung des Menschen mit dem göttlichen Bereich zur Zeit der Väter in der Sehnsucht nach dem Befreitwerden aus der todverfallenen Welt erwachsen sein. Überzeitlich und damit auch für heute zutreffend kann dieser Schwerpunkt auf die immer wieder gemachte Erfahrung zu-

[15] Vgl. LG 1; GS 1; 10, 22.

rückgreifen, dass der Mensch sich klein und unbedeutend fühlen muss und dass vieles im Leben banal und hinfällig erscheint. Die Botschaft von der Vergöttlichung hebt aus einer banal empfundenen Welt heraus und gibt dem Menschen und seinem Handeln Würde und Zukunftsperspektive. Befreitwerden heißt damit: Die sinnlos erscheinende Todverfallenheit wird von Innen her verändert, so dass die Ahnung entsteht, auch die negativen Seiten des Daseins können im großen Zusammenhang mit der Gott-Wirklichkeit sinnvoll und zukunftsträchtig sein. Damit ist nichts mehr von dem, was den Menschen und seine Welt ausmacht und was ihm begegnet im Letzten sinnlos. Das Autonomiestreben erhält eine Basis und ein Ziel. Gnadenhaft ist beides freilich geschenkt. Damit wird die Aussage von Christus als dem Mittler nicht mehr mit Unregelmäßigkeit oder fremdverantworteter Zuwendung zusammen gedacht, sondern mit genereller Begnadung, welche als Basis für das selbständige Handeln gegeben wird. Christus ist „Mediator", der die Möglichkeit des neuen Gott-Bezugs geschaffen hat und so den persönlichen Kontakt zum Ewigen hin ermöglicht.

Die Predigt kann also den Topos der „Vergöttlichung" voll aufgreifen und ihn mit dem grundlegenden Autonomiestreben der Moderne zusammenbringen. Die Rede von der Vergöttlichng gibt diesem Streben eine Basis und weist ihm ein Ziel, indem sie zeigt, dass durch die Mediation Christi allen die Möglichkeit der Befreiung geschenkt wurde und alles autonome Handeln des Menschen, sofern es im Sinne Gottes geschieht, einen bleibenden Wert hat. Nichts mehr bleibt sinnlos, nicht einmal Leid und Tod.

b) Satisfaktion als Weg

Schwieriger scheint die Satisfaktionstheorie als Argumentation für das Befreitwerden in Jesu stellvertretendem Handeln vermittelbar. Sie basiert ja in einem Rechtsdenken und stellt im Zusammenhang mit Erlösung die Idee von Ordnung ins Zentrum. Das Sichhalten an die vorgegebene Ordnung in der rectitudo und das Eingebundensein in den ordo iustitiae stößt auf eine Blockade, die viele mit der Ordnung als handlungsleitendem Prinzip heute generell empfinden. Ordnung wird als Sekundärtugend angesehen, mussten die Menschen doch im 20. Jahrhundert die Erfahrung machen, dass Ordnung tödlich sein kann. Es war wohl kaum etwas ordentlicher organisiert als ein Konzentrationslager oder die Deportation von Juden. Jeder die Ordnung zum leitenden Prinzip erhebende Anspruch wird deshalb befragt nach seiner hinterkünftigen Sinnhaftigkeit.

Die Ordo-Idee liegt gleichsam auf der Ebene der Didaktik. Anselm wollte ja – gegen jüdische und muslimische Vorwürfe, dass Jesu Menschwerdung und Sühnetod der Ehre Gottes abträglich sei – nur zeigen, dass die Vorgehensweise Gottes mit der Inkarnation, die ihre äußerste Konsequenz in Leid und Tod Jesu fand, in sich logisch ist. Der Grund für alles und damit die Gott-redende (theologische) Basis ist die Liebe. Zuwendung und Gnade sind der Hintergrund für alles. Das Eigentliche ist also kein juristisch-formalistischer Automatismus, sondern Beziehung, die freilich im ordo recitudo und ordo iustitiae eine objektiv beschreibbare Form findet. Gerade dadurch findet der nach Autonomie strebende Mensch eine Orientierung, die ihm Leitspuren vorzeichnet, so dass er nicht – zu seinem Schaden – in die Irre läuft. Seine Freiheit ist ihm dadurch nicht genommen, sondern erst in ihrer Möglichkeit zugesagt.

Dies zeigend lässt sich die Satisfaktionstheorie auch heute noch als Predigt-Argument einbringen, freilich muss sie – wie eben angedeutet – in Zusammenhang gebracht werden mit der Erlösungstheorie aus der frühen Neuzeit, welche die freie Tat des Menschen betont.

c) Befreiungstheologie als Ansatz

Die vierte Theorie, die im Zusammenhang mit den Befreiungstheologien steht, ist in weiten Bereichen für den heutigen Menschen plausibel, birgt aber eine zweifache Gefahr. Die eine wurde oben schon angesprochen, dass die Kirche heute von vielen eben nicht als Ort der Befreiung und der Emanzipation erlebt wird und die Exodus-Leitlinie der Pastoral gegenwärtig stark in Krise geraten ist. Eine zweite Gefahr sehe ich darin, dass diese Theorien zunächst sosehr die innerweltliche Perspektive in den Blick nehmen, dass der – in der Theorie wohl ausführlich mit bedachte – eschatologische Aspekt aus dem Blick geraten kann.

Der das soziale Handeln der Kirche betreffende Aspekt kann und muss die durch die Befreiungstheologie angesprochenen methodischen Hinweise ernst nehmen. Das heißt: Alle Beteiligten sollen eingebunden sein, die konkreten Lebensbelange sind als Orte der Befreiung zu entdecken und das Wort Gottes, d. h. die biblisch-theologische Orientierung ist gleichsam als Leitlinie zu betrachten. Dies heißt konkret: Der Beziehungsaspekt ist gleichermaßen wichtig wie der Sachaspekt, ja unter theologischer Hinsicht als noch wichtiger anzusehen, da das eigentliche unserer Religion die Beziehung Gottes zum Menschen und jene des Menschen zu Gott ausmacht. Das hat zur Folge, dass die Würde des Einzelnen und sein Aktivwerden in liebender Zuwendung die Hauptkriterien für das Handeln sein müssen. Den Menschen aktivieren zu liebendem Handeln und ihn spüren lassen, dass Gott ihn liebt, sind Ziele der christlichen Caritas. So wird eine eschatologische Zukunftshoffnung nicht nur angefügt, sondern sie erhält eine Basis in der Erfahrung von Zuwendung und Liebe.

d) Gott-Mensch als Mittler

Beginnen wir beim Mediator. Er tritt auf bei Konflikten, ja ist dort oft der einzige, der ein Gespräch erst wieder zustande bringt und der es dann in der Weise lenkt und kontrolliert, dass eine Lösung des Konfliktes möglich wird. Wenn wir den Begriff „Mittler" im Zusammenhang mit Erlösung verwenden wollen, dann müssen wir zunächst den Konflikt in einer Weise darstellen, dass klar wird: Ohne Mediation ist eine Lösung des Konfliktes nicht denkbar. Der Begriff und das Faktum Sünde sind also ins Wort zu bringen, um die Rede vom Mittler plausibel werden zu lassen. Dies kann hier nicht behandelt werden. Es sei aber nur angedeutet, dass hierbei die meisten Zeitgenossen nicht das Modell einer „Übertretung einer Ordnung" hinreichend verstehen, sondern das Modell der „Zerstörung von Beziehungen". All zu lange hat das Ordnungs-Modell unsere Bußpastoral bestimmt. Um vom Mittler zu sprechen, müssen wir den Zusammenhang von Sünde und Willen Gottes herstellen. Die Sünde macht es dem Menschen unmöglich, aus seiner Enge herauszufinden und damit dem Angebot Gottes, mit ihm in Kontakt zu treten, zu entsprechen. Der göttliche Mensch Jesus Christus hat aber nun ein Menschenleben sündenlos durchgestanden. Jede Phase seines Lebens war er mit dem ewigen Vater-Gott verbunden. So gibt es durch ihn auf Seiten der Menschheit eine Entsprechung zum Angebot Gottes. Und so vermittelt er uns den Zugang zum Ewigen und erlöst uns grundlegend aus dem Zustand der Sünde. Die Doppelnatur des Gottes-Sohnes, durch welche sich in einem menschlichen Gesicht die göttliche Wirklichkeit spiegelt, verhilft dem Menschsein zur Befreiung aus der Sündverfallenheit. Und das besagt für die Christologie: Nicht nur durch einen prophetischen Menschen ist die Erlösung gekommen, nicht nur literarisch und nicht nur lehrmäßig wurde sie behauptet, sondern durch eine menschliche Person, die zugleich göttliche Wirklichkeit besitzt, ist sie geschenkt worden. Christus öffnet einen Zugang zur transzendenten Wirklichkeit. Bei der Rede vom Mittler ist die Doppelnatur Christi ins Gedächtnis zu rufen. Sie braucht also neben der Konnotationen von Sünde auch die Erinnerung an die Inkarnation als der Fleischwerdung des göttlichen Wortes.

Schluss

Die Begriffe „Mittler“ und „Befreier“ suchen die Aussage von „Jesus Christus ist unser Erlöser“ zu erklären, indem sie Aspekte beiziehen, die mittels alltagssprachlich zu beschreibender Erfahrungen Verstehenshilfen geben. Die in der Theologiegeschichte auffindbaren vier Theorien, die das Erlösungsgeschehen verdeutlichen wollen, können alle vier auch heute noch als Predigtansatz und Predigtstoff verwendet werden, wenn bei jedem dieser Ansätze die Missverständnisse ausgeräumt werden, die bei Menschen von heute auftreten können. Jesus Christus, das fleischgewordene Wort des ewigen Gottes, ist „Mediator“ zwischen der irdischen und der transzendenten Welt des göttlichen Bereiches. Durch sein Leben, Leiden und Sterben hat er auf Seiten der Menschheit dem Angebot des Ewigen, mit uns Menschen in Kontakt zu stehen, adäquat entsprochen. So hat er alle Menschen grundlegend befreit aus der Todverfallenheit der Sünde und sie zum Kontakt mit dem göttlichen Bereich befähigt.

Die Eheschließungsform gemäß kanonischem und gemäß liturgischem Recht

von Winfried Aymans

Die Beiträge der vorliegenden Festschrift sollen sich nach der Absicht der Herausgeber vornehmlich mit Fragen der Christologie befassen. Nun ist die Christologie jedoch nicht unmittelbarer Gegenstand der Kanonistik, wenngleich sie die entscheidende Grundlage für die Lehre von der Kirche und ihr sakramentalrechtliches Wesen bildet (vgl. LG 8). Noch mehr scheint sich das kirchliche Eherecht nur indirekt zur Christologie zu verhalten.

Zwar spielt auch die Ehe in der Verkündigung Jesu Christi eine bedeutsame Rolle, doch sind die Postulate der evangelischen Botschaft zunächst hauptsächlich als Anforderungen an das sittliche Verhalten der Jünger Jesu Christi zu begreifen[1]. Einzig der Epheserbrief bringt die Ehe in einen direkten Zusammenhang mit der Christologie[2]. Hier wird das Verhältnis von Mann und Frau in der Ehe theologisch ausgedeutet in einer Analogie zum Verhältnis Christus-Kirche. Wenn diese Analogie maßgeblich ist für das Verständnis von christlicher Ehe, muß die lateinisch-rechtliche Tradition der vertragsrechtlichen Grundlage christlicher Ehe fragwürdig erscheinen, und zwar aus christologischen Gründen, denn das Verhältnis Christus-Kirche gründet nicht auf einem Vertrag oder einer vertragsähnlichen Willenseinigung, sondern auf der gnädigen Stiftung Gottes. Christus hat sich mit seinen Jüngern nicht vertraglich geeinigt; vielmehr ist sein Verhältnis zur Kirche gottgestifteter Bund, dessen unsichtbares Haupt er selber ist[3].

Es fragt sich, wie es auf diesem Hintergrund in der Lateinischen Kirche zu einer so ungebrochenen Tradition eines kanonischen Eheschließungsrechtes kommen konnte, das ganz vom vertragsrechtlichen Denken beherrscht ist und das sich nicht nur von der orientalischen Rechtstradition, sondern auch von der eigenen liturgierechtlichen Tradition unterscheidet.

---

[1] Vgl. Mt 5, 27–32; 14, 4; 19, 3–12, 18; Mk 10, 2–12, 19; Lk 16, 18; 18, 20; in diesem Sinne auch Röm 2, 22; 13, 9; 1 Kor 7, 1–16; 7, 27–29; 7, 36–38; Hebr. 13, 4; Jak 2, 11; 1 Petr 3, 1–7.

[2] Eph 5, 21–33.

[3] Vgl. näherhin W. Aymans, Die sakramentale Ehe – gottgestifteter Bund und Vollzugsgestalt kirchlicher Existenz: REDC 47 (1990) 611–638 (abgdr.: Kirchenrechtliche Beiträge zur Ekklesiologie, Berlin 1995, 273–302); Aymans-Mörsdorf, Kanonisches Recht III, Paderborn u. a. 2006, § 135.

A. Zur Entwicklung der kanonischen Eheschließungsform im Recht der Lateinischen Kirche

Entscheidend für diese Entwicklung sind zwei Tatsachen: Auf der einen Seite ist die Ehe eine sowohl vorstaatliche als auch vorkirchliche Einrichtung des gesellschaftlichen Zusammenlebens der Menschen, gemäß der alttestamentlichen Tradition eine Einrichtung der natürlichen Schöpfungsordnung. Auf der anderen Seite wird in der neutestamentlichen Verkündigung die Ehe zwar in besonderer Weise – namentlich im Hinblick auf ihren gottgestifteten Charakter und auf die damit zusammenhängende Unauflöslichkeit – qualifiziert, nicht aber ein eigener Hinweis darauf gefunden, unter welchen Bedingungen und wodurch eine solche Ehe konstituiert wird. Somit lag es für das Leben der frühen Kirche nahe, daß im Hinblick auf die Konstituierung der Ehe – jedenfalls zunächst – die Regeln maßgeblich blieben, die aufgrund von Recht oder Gewohnheit herrschten, allerdings nur, soweit sie nicht – wie etwa im Fall der Wiederheirat Geschiedener – in Widerspruch zu der kirchlichen Verkündigung standen. Mit zunehmender Ausbreitung der Kirche bedeutete das vor allem eine Vorherrschaft des römischen Rechts.

Eigene kirchliche Vorschriften, die das Eherecht betrafen, wuchsen heran in der Auseinandersetzung mit Fragen, die sich aus der Praxis ergaben. Das konnte bedeuten, daß außerkirchlich geschlossene Ehen innerkirchlich keine Anerkennung fanden (v. a. Auseinandersetzung um die Unauflöslichkeit) oder umgekehrt innerkirchlich Ehen anerkannt wurden, die nach weltlichem Recht unmöglich waren[4]. Hinsichtlich der Eheschließung sind vor allem einzelne Ermahnungen bekannt, die den Wunsch erkennen lassen, daß die Eheschließungen von Christen nicht völlig abseits der kirchlichen Gemeinschaft vorgenommen werden sollten[5]. Daraus ist geschlossen worden, daß wenigstens rudimentär schon zu dieser frühen Zeit Erhebungen über die Ehefähigkeit vorgesehen waren[6]. Ob das in der abendländischen Kirche sich durchsetzende Konsensrecht tatsächlich auf das römische Recht zurückge-

---

[4] So Papst Kalixt I. (217–222) mit der kirchlichen Gestattung der Ehe von Freigelassenen mit christlichen Römerinnen.

[5] Vgl. Ignatius von Antiochien († spätestens 117) in Cap. V. seines Briefes an Polykarp von Smyrna († spätestens 156), ähnlich auch Tertullian (* um 160, † wahrscheinlich nach 220) in seiner montanistischen Schrift „De pudicitia“ (nach 205, cap. 4).

[6] Vgl. W. M. Plöchl, Geschichte des Kirchenrechts, Bd. 1, Wien München ^{2}1960, 89.

führt werden kann, ist umstritten[7]. Unbestritten ist jedoch der große Einfluß, der von dem Antwortbrief Papst Nikolaus I. aus dem Jahr 866 auf Anfragen aus Bulgarien ausging. Erst zwei Jahre zuvor hatten die Bulgaren das Christentum angenommen. Im praktischen Leben waren Unklarheiten darüber entstanden, welche Elemente für das Zustandekommen einer christlichen Ehe erforderlich seien, namentlich ob außer der Willenseinigung der Partner der priesterliche Segen hinzukommen müsse[8]. Nikolaus I. beruft sich auf Johannes Chrysostomus (um 354 bis 407), und bezieht sich in seiner Antwort auf die „leges“, also das römische Recht, und erklärt, daß demgemäß allein der Konsens genüge[9]. Diese Feststellung hat weniger bei den Bulgaren, die sich schon vier Jahre später (870) an Konstantinopel orientierten[10], um so mehr aber in der abendländischen Kirche nachhaltige Wirkung erzeugt[11].

Bei aller Entwicklung und dem allmählichen Ausbau eines eigenständigen kirchlichen Eherechtes[12], das ein Drängen auf die kirchliche Feier der Eheschließung durch die Benediktion des Bischofs oder durch die Abgabe der Ehewillenserklärung vor dem Bischof bzw. Presbyter einschloß, wurde doch die kirchliche Konstituierung der Ehe nicht einmal seit der Durchsetzung des kirchlichen Eherechtes vom 12. Jahrhundert an zur Bedingung ihrer Gültigkeit gemacht. In der Folgezeit war die gelehrte Diskussion vor allem mit der Frage befaßt, welche Rolle der „copula carnalis“ in diesem Zusammenhang zukomme. Den Meinungsstreit zwischen den maßgeblichen Schulen von Paris, wo die römischrechtlich geprägte Konsenstheorie gelehrt wurde, und Bologna, wo die jüdischer und germanischer Vorstellung eher entsprechende Kopulatheorie vertreten wurde, beendete der großen Kano-

---

7 Vgl. R. Weigand, Die Durchsetzung des Konsensprinzips im kirchlichen Eherecht: ÖAKR 38 (1989) 301–314, hier 301.

8 Vgl. W. M. Plöchl, Bd. 1, 400.

9 „... *Sufficiat secundum leges solus eorum consensus, de quorum coniunctionibus agitur; qui consensus si solus in nuptiis forte defuerit, cetera omnia, etiam cum ipso coitu celebrata, frustrantur, Joanne Chrysostomo magno doctore testante, qui ait: ‚Matrimonium non facit coitus, sed voluntas*“ (DS 643).

10 Vgl. G. Adriányi, Art. Bulgarien: LThK [3]II 774–776.

11 Vgl. E. Corecco, Die Lehre von der Untrennbarkeit des Ehevertrages vom Sakrament im Lichte des scholastischen Prinzips „gratia perficit, non destruit naturam“: AfkKR 143 (1974) 379–442. Verf. spricht sogar von einer doktrinellen Tyrannei, die diese Doktrin vom „solus consensus“ im Abendland ausgeübt habe (435).

12 Vgl. unter anderen K. Ritzer, Le mariage dans les Eglises chrétiennes du Ier au XIième siècle, Paris 1970; J. Gaudemet, Le mariage en Occident. Les moeurs et le droit, Paris 1987.

nistenpapst Alexander III. (1159–1181) mit dem Kompromiß, dem zufolge die Konstituierung der Ehe durch den Konsens der Brautleute erfolge, die absolute Unauflöslichkeit der Ehe jedoch erst nach leiblich vollzogener Ehe gegeben sei. Dagegen spielte die Frage nach der priesterlichen Mitwirkung für die gültige Konstituierung der Ehe bis ins 16. Jh. kaum eine Rolle[13].

Der Mangel an einer verbindlichen Form für den Konsensaustausch hatte zur Folge, daß im Konfliktfall nie geschlossene Ehen gleichwohl behauptet oder geschlossene Ehen abgeleugnet werden konnten. Diese Folgen der durch kirchliche Verbote vergeblich bekämpften sog. klandestinen Ehen – gelegentlich nicht zu Unrecht als „verheerend" bezeichnet[14] – waren für das Konzil von Trient der maßgebliche Anlaß, die Formpflicht für die Eheschließung einzuführen. Das Konzil verteidigt in seinem Dekret „Tametsi"[15] zunächst energisch die bis dahin zwar verbotenen, gleichwohl aber klandestin geschlossenen Ehen als gültig[16]. Im Kampf gegen die oft eintretenden schlimmen Folgen wird sodann die Aufgebotsbestimmung des 4. Laterankonzils eingeschärft und präzisiert[17]. Danach folgt die entscheidende Festlegung

---

[13] Vgl. W. M. Plöchl, Bd. II, 310 f.

[14] Vgl. E. Corecco, a. a. O. 435. Gelegentlich bezeichnete man als klandestine Ehen auch schon solche, die ohne Einwilligung der Eltern geschlossen waren; vgl. hierzu H. Jedin, Die Unauflöslichkeit der Ehe nach dem Konzil von Trient: K. Reihardt/H. Jedin, Ehe – Sakrament in der Kirche des Herrn, Berlin 1971, 61–109, 123–135, hier 76.

[15] Vgl. H. Jedin, Die Unauflöslichkeit der Ehe nach dem Konzil von Trient: a. a. O. 61–109.

[16] Siehe DS 1813: „*Tametsi dubitandum non est, clandestina matrimonia, libero contrahentium consensu facta, rata et vera esse matrimonia, quamdiu Ecclesia ea irrita non fecit, et proinde iure damnandi sint [lege: sunt] illi, ut eos sancta Synodus anathemate damnat, qui ea vera ac rata esse negant, quique falso affirmant, matrimonia a filiis familias sine consensu parentum contracta irrita esse, et parentes ea rata vel irrita facere posse: nihilominus sancta Dei Ecclesia ex iustissimis causis illa semper detestata est atque prohibuit.*"

[17] Siehe DS 1814: „*Verum, cum sancta Synodus animadvertat, prohibitiones illas propter hominum inoboedientiam iam non prodesse, et gravia peccata perpendat, quae ex eisdem clandestinis coniugiis ortum habent, praesertim vero eorum, qui in statu damnationis permanent, dum priore uxore, cum qua clam contraxerant, relicta, cum alia palam contrahunt, ut cum ea in perpetuo adulterio vivant; cui malo cum ab Ecclesia, quae de occultis non iudicat, succurri non possit, nisi efficacius aliquod remedium adhibeatur, idcirco sacri Lateranensis Concilii sub Innocente III celebrati vestigiis inhaerendo praecipit, ut in posterum, antequam matriminium contrahatur, ter a proprio contrahentium parocho tribus denuntietur, inter quos matrimonium sit contrahendum; ...*"

des Konzils, durch die die Einhaltung einer bestimmten Trauungsform künftighin zur Gültigkeit der Eheschließung als erforderlich erklärt wird. Die kanonische Trauungsform wurde dahin festgelegt, daß künftig Trauwillige, die ihren Ehekonsens nicht in Gegenwart eines Pfarrers oder eines anderswie bevollmächtigten Priesters sowie vor zwei oder drei Zeugen erklären sollten, für hierzu rechtlich unfähig („*inhabiles*") erklärt wurden, mit der Folge, daß ihr Ehevertrag null und nichtig sei[18].

Die Sanktion selbst spricht nur von der Anwesenheit des Priesters („*praesente parocho, vel alio sacerdote de ispius parochi seu Ordinarii licentia*"). Die zuständige Kardinalskongregation hat zur Klärung einer Zweifelsfrage sich dahin entschieden, daß das vom Konzil vorgeschriebene Formerfordernis der Mitwirkung des Priesters als „passive Assistenz" zu verstehen sei[19]. Schon unter rein rechtlichem Gesichtspunkt mußte die Entscheidung in ihrer *praktischen* Anwendung erneut in eine Sackgasse führen[20]. Aus Protest gegen den Hoheitsanspruch der Kirche, aber in Ermangelung einer anderen Eheschließungsmöglichkeit wurden bewußt zwangsweise Pfarrer zu Trauwilligen herbeigeschleppt oder umgekehrt von Trauwilligen überrascht, um vor ihm ihren Ehekonsens auszutauschen. Nach dem Erfinder dieser Eheschließungsweise Gilbert Gaulmin (1640) erhielten solche Ehen die Bezeichnung „Ehen à la Gaulmine"[21]. Diesem Mißbrauch wehrte endgültig erst das Dekret „Ne Temere" von 1907, das dann auch in den Codex von 1917 und diesem folgend in den geltenden Codex von 1983 Eingang gefunden hat[22] und in dem

---

[18] Siehe DS 1816: „*Qui aliter quam praesente parocho, vel alio sacerdote de ipsius parochi seu Ordinarii licentia, et duobus vel tribus testibus matrimonium contrahere attentabunt: eos sancta Synodus ad sic contrahendum omnino inhabiles reddit, et huiusmodi contractus irritos et nullos esse decernit, prout eos praesenti decreto irritos facit et anullat.*" Zu dem Problem der Inhabiltätserklärung vgl. K. Mörsdorf, Der Ritus sacer in der Rechtsform der Eheschließung: Schriften zum Kanonischen Recht, hrsg. v. W. Aymans, K.-Th. Geringer, H. Schmitz, Paderborn u. a., 1989, 601–603.

[19] Nachweis siehe bei K. Mörsdorf, Der Ritus sacer, 603, Anm. 42. W. M. Plöchl, IV 301 behauptet, Tametsi kenne nicht die Verpflichtung zur aktiven Assistenz. Dies trifft jedoch nur bezüglich der kanonischen Formpflicht zu, nicht jedoch bezüglich der Aussagen zur liturgischen Form.

[20] Auf die verwickelten Probleme der Rechtsgeltung des Dekretes in den verschiedenen Gebieten und Herrschaftsverhältnissen und seine nur allmähliche Durchsetzung sowie auf die Schwierigkeiten in Anwendung auf die Mischehen muß hier nicht näher eingegangen werden.

[21] Vgl. A. Knecht, Handbuch des katholischen Eherechts, Freiburg i. Br. 1928, 97.

[22] Siehe can. 1095 § 1 n. 3 CIC/1917 sowie c. 1108 § 2 CIC/1983.

die *aktive* Assistenz eingeführt wurde. Die aktive Assistenz im Rechtssinne beschränkt sich allerdings darauf, daß der Priester den Ehewillen in aller Freiheit erfragen muß. Immerhin ist seither auch in der Rechtsform der assistierende Geistliche nicht mehr bloßer – wenn auch qualifizierter – Zeuge der Eheschließung. Die Eheschließung in der kanonischen Rechtsform ist seither nicht mehr ein bloßer Vertragsschluß der Brautleute unter Zeugen, sondern ein Gesamtakt, in dem die Brautleute und der assistierende Geistliche als Mitträger der geistlichen Handlung zusammenwirken.

B. Elemente der liturgischen Trauungsform

1. Lateinische Kirche

Daß der Weg hin zu der aktiven Assistenz in der kanonischen Rechtsform so weit war, ist nur schwer nachvollziehbar. Dies dürfte darauf zurückzuführen sein, daß das Konzil von Trient darum bemüht war, bei der Festlegung der Rechtsform die überkommene Vertragslehre so wenig wie eben möglich zu berühren. Damit war jedoch die kanonische Form von der liturgischen Form geschieden. Alle Elemente, die über die eng umschriebene kanonische Form hinausgehen, wurden den „Trauungszeremonien“[23] zugerechnet. Dazu gehörte auch die Befragung der Brautleute.

Das Dekret Tametsi zählt die Befragung der Brautleute nicht zu den Präliminarien, nicht zu der bloßen Vorbereitung der Eheschließung, sondern zu der „celebratio matrimonii“ selbst. Hier wird ausgeführt, daß der Pfarrer nach dem erfolgten dreimaligen Aufgebot und der Feststellung, daß kein Hindernis im Wege steht, zur Feier der Trauung „in facie Ecclesiae“ übergehen kann. Diese wird damit eröffnet, daß der Pfarrer zunächst den Mann und die Frau befragt und sich über ihren wechselseitigen Konsens vergewissert[24].

Die Beschreibung der liturgischen Trauungsform in dem Dekret „Tametsi“ geht aber noch einen Schritt weiter. Hier wird nämlich ausgeführt, daß der Priester (Pfarrer) nach Erfragung des Ehewillens die folgenden Worte spricht „Ich verbinde euch zur Ehe im Namen des Vaters, des Sohnes und des Heiligen Geistes“; es steht ihm aber frei, sich anderer Worte gemäß dem

---

[23] Vgl. W. M. Plöchl IV 301.

[24] DS 1814: „*...; quibus denuntationibus factis, si nullum legitimum opponatur impedimentum, ad celebrationem matrimonii in facie Ecclesiae procedatur, ubi parochus, viro et muliere interrogatis, et eorum mutuo consensu intellecto ...*“.

örtlich anerkannten liturgischen Brauch zu bedienen[25]. Zwar ist so der Weg zu unterschiedlichen Trauformeln eröffnet, doch ist es bemerkenswert, daß das einzige ausgeführte Beispiel den Priester als den Spender des Ehesakramentes zu erkennen gibt. Dies ist nicht nur weit ab von der im Dekret Tametsi dann folgenden verpflichtenden kanonischen Form mit ihrer passiven Assistenz, sondern zeigt ein anderes Grundverständnis über den Spender des Ehesakramentes.

2. Der geltende Trauungsritus im deutschen Sprachbereich

An dieser Stelle muß ein Blick auf die Entwicklung des Trauungsritus im deutschen Sprachbereich seit dem II. Vatikanischen Konzil geworfen werden. Statt daß nämlich die kanonische Eheschließungsform sich der liturgischen Tradition mehr annähert, wie es gemeinrechtlich mit der kanonischen Anerkennung der aktiven Assistenz der Fall war, droht in der nachkonziliaren Entwicklung die liturgische Trauungsform im deutschen Sprachbereich kaum noch die Anforderungen des kanonischen Rechtes zu erfüllen. Allerdings muß unterschieden werden zwischen der liturgischen Trauordnung bis 1992 und der in eben diesem Jahr in Kraft getretenen Ordnung.

a. Die Trauordnung von 1975

Das im Auftrag der Bischofskonferenzen Deutschlands, Österreichs und der Schweiz sowie der Bischöfe von Luxemburg, Bozen-Brixen und Lüttich herausgegebene Trauungsbuch[26] hat drei mögliche Trauungsformen unterschieden: A, B und C.

Während nach kanonischem Recht die Konsenserfragung durch den assistierenden Kleriker und durch die bejahende Beantwortung – nach dem alten Grundsatz „consensus facit nuptias“ (c. 1057 § 1) – der die Ehe konstituierende Gesamtakt ist, betont die pastorale Einführung zu den Trauungsformen: „Die (vier) Fragen und ihre Beantwortung sind unmittelbare *Vorbereitung* der Eheschließung. Sie begründen noch nicht die Ehe“ (n. 15 S. 13). Dies ist allenfalls annehmbar, wenn danach gleichwohl die konstitutive Erfragung des Ehe-

---

[25] Am selben Ort unmittelbar anschließend: „*...vel dicat: „Ego vos in matromonium coniungo, in nomine Patris et Filii et Spiritus Sancti“, vel aliis utatur verbis, iuxta receptum uniuscuiusque provinciae ritum.*“

[26] Die Feier der Trauung in den katholischen Bistümern des deutschen Sprachgebietes, 1975.

willens oder ein äquivalenter Akt nachfolgt. Das aber trifft nur auf die Form C zu, die der bisherigen römischen Tradition folgt (ebd. S. 25 f.). Für die anderen beiden Formen wird stolz verkündet: „Die Eheschließung geschieht erst durch die ... anschließende Vermählung (Eheerklärung)“, entweder in der Tradition der alten deutschen „Collectio Rituum“ in dem sog. einfachen Vermählungsspruch (A): *„N., vor Gottes Angesicht nehme ich Dich an als meine Frau (meinen Mann) ...“* (ebd. S. 23 f.) oder in dem aus angelsächsischer Tradition kommenden großen Vermählungsspruch (B): *„N., ich nehme dich an als meine Frau (meinen Mann) und verspreche Dir die Treue in guten und in bösen Tagen, in Gesundheit und Krankheit. Ich will dich lieben, achten und ehren, solange ich lebe“ (S. 24 f.).*

In den beiden Formen A und B bildet den konstitutiven Akt eine wechselseitige Erklärung der Brautleute vor dem assistierenden Geistlichen. Allein in der Form C wird dem kanonischen Recht genügt, indem die Brautleute dem trauenden Geistlichen auf folgende Frage mit Ja antworten: *„N., nehmen Sie Ihre Braut N. als ihre Frau (bzw. Ihren Bräutigam als Ihren Mann) an und versprechen Sie, ihr (ihm) die Treue zu halten in guten und in bösen Tagen, in Gesundheit und Krankheit, und sie(ihn) zu lieben, zu achten und zu ehren, bis der Tod Sie scheidet?“*

Für den Fall, daß ein konfessionsverschiedenes Brautpaar den Wunsch hat, daß an der konfessionsgebundenen Trauung der Geistliche der je anderen Konfession beteiligt werden soll (eine sog. ökumenische Trauung ist ausgeschlossen), haben die Deutsche Bischofskonferenz und der Rat der Evangelischen Kirche in Deutschland eine eigene Trauordnung herausgegeben[27]. Bei der *katholischen Trauung* unter Beteiligung eines evangelischen Pfarrers ist ein Trauungsritus vorgesehen, der an die Collectio Rituum anschließt. Der Sache nach entspricht er der später erlassenen Trauungsordnung in den Formen A und B. Die Fragen des Trauenden erscheinen hier als Präliminarien zur Konsenserklärung.

Die *evangelische Trauung* unter Beteiligung eines katholischen Geistlichen folgt der am meisten verbreiteten der derzeit in Deutschland geltenden neuen Trauliturgien, nämlich derjenigen von EKU und VELKD. Diese geht davon aus, daß das Brautpaar – aufgrund der Ziviltrauung, was aber nicht eigens gesagt wird – schon ein Ehepaar ist. Im Anschluß an die Lesung spricht der Pfarrer das Brautpaar mit diesen Worten an: *„Liebes Brautpaar! Mit die-*

---

[27] Gemeinsame kirchliche Trauung. Ordnung der kirchlichen Trauung für konfessionsverschiedene Paare unter Beteiligung der Pfarrer beider Kirchen, Regensburg/Kassel ^{2}1972.

sen Worten bezeugt die Heilige Schrift den Ehestand als heilige und unverbrüchliche Ordnung Gottes. In solcher Ordnung hat er auch euch miteinander verbunden und eurem Stande seinen Segen verheißen." Daran schließen sich die Traufragen an: „*N.N. willst Du diese N. geborene N., die Gott dir anvertraut hat, als Deine Ehefrau lieben und ehren und die Ehe mit ihr nach Gottes Gebot und Verheißung führen in guten wie in bösen Tagen bis der Tod Euch scheidet, so antworte: Ja, mit Gottes Hilfe.*" Die entsprechende Frage wird an die Frau gerichtet. – Auf der einen Seite findet hier die Erfragung eines Ehewillens statt. Auf der anderen Seite ist die Äußerung des Ehewillens aber nicht konstitutiv, wie die Einleitungsworte zeigen. Diese Form der Trauung wird man als eine Art Gelöbnis oder eine religiöse Bekräftigung der bereits geschlossenen Ehe ansehen müssen.

Alle katholischen Trauungsformen sind ganz vom Vertragsdenken geprägt. Die Eheleute schließen den Ehebund vor Gottes Angesicht. Nicht Gott ist es, der zur Ehe verbindet. Etwas widersprüchlich folgt aber gleichwohl das Schriftzitat: „*Was Gott verbunden hat, darf der Mensch nicht trennen*" (Nr. 16).

b. Die Trauordnung von 1992

Die Trauordnung ist aufgrund der 2. Auflage der „editio typica" von 1990[28] überarbeitet worden und unter dem Titel „Die Feier der Trauung in den katholischen Bistümern des deutschen Sprachgebietes" 1992 in Kraft getreten[29]. In vier Kapiteln werden unterschieden: Feier der Trauung 1.) in der Messe, 2.) in einem Wortgottesdienst, 3.) eines Katholiken mit einem nichtgetauften Partner, der an Gott glaubt und 4.) eines Katholiken mit einem Partner, der nicht an Gott glaubt.

Immerhin heißt es in der deutschen Übersetzung der römischen „Praenotanda" (n. 35): „*Die wichtigen Elemente der Feier der Trauung sollen klar hervortreten: ... der Konsens der Ehewilligen, den derjenige, der der Trauung assistiert, erfragt und entgegennimmt; ...*". Und ferner unter der Überschrift: „Anpassungen durch die Bischofskonferenzen" (n. 41, 3.): „*Unter Wahrung der Struktur des sakramentalen Ritus kann die Reihenfolge der einzelnen Teile angepaßt werden. Wenn es besser erscheint, können die Fragen vor dem Konsens entfallen; immer muß jedoch der ... Assistierende die Konsens-*

[28] Editio typica altera v. 19. März 1990.

[29] Hrsg. im Auftrag der Bischofskonferenzen Deutschlands, Österreichs und der Schweiz sowie der (Erz-)Bischöfe von Bozen-Brixen, Lüttich, Luxemburg und Straßburg.

erklärung der Eheschließenden erfragen und entgegennehmen." Gleiches wird in n. 42 für den Fall festgehalten, daß ein den Bräuchen angepaßter Trauungsritus von der Bischofskonferenz erarbeitet wird.

Auch in der „pastoralen Einführung" der Bischöfe heißt es in n. 27 u. a.: *„Die Trauung findet nach dem Evangelium und der Homilie statt und besteht aus folgenden Elementen: 1.) Befragung der Brautleute nach ihrer Bereitschaft zur christlichen Ehe. Die Fragen leiten die Eheschließung ein und betreffen die Freiheit zur Eheschließung, die Bereitschaft zur ehelichen Treue, die Bereitschaft, Kinder anzunehmen, sowie die Mitverantwortung in Kirche und Welt. 2.) Segnung der Ringe. 3.) Die Vermählung. Sie geschieht in der Erklärung des Ehewillens durch die Brautleute, den der Zelebrant im Namen der Kirche erfragt und entgegennimmt. …"*

Schaut man dann jedoch in die folgenden liturgischen Texte für die verschiedenen Gottesdienstformen, so finden sich hier unter der Überschrift „Vermählung" stets zwei Formen: „A. Vermählungsspruch" und „B. Vermählung durch das Ja-Wort".

Der sog. Vermählungsspruch kommt zwar einem gewissen emanzipatorischen Zeitgefühl entgegen, erfüllt aber nicht die Erfordernisse der kanonischen Rechtsform. Er wird nicht erfragt, sondern es wird dazu aufgefordert: *„So schließen Sie jetzt vor Gott und vor der Kirche den Bund der Ehe, indem Sie das Vermählungswort sprechen."* Dann spricht der Bräutigam die Braut mit Namen an und erklärt: *„vor Gottes Angesicht nehme ich dich als meine Frau. Ich verspreche Dir Treue in guten und in bösen Tagen, in Gesundheit und Krankheit, bis der Tod uns scheidet. Ich will dich lieben, achten und ehren alle Tage meines Lebens."* Entsprechendes erklärt die Braut.

Anders in der Form B. Hier erklärt der Assistierende: *„So schließen Sie jetzt vor Gott und vor der Kirche den Bund der Ehe, indem Sie das Ja-Wort sprechen. …"* und nacheinander an Bräutigam und Braut gewandt, fragt er zunächst den Bräutigam: *„N., ich frage Sie vor Gottes Angesicht: Nehmen Sie Ihre Braut an als Ihre Frau und versprechen Sie, ihr die Treue zu halten in guten und bösen Tagen, in Gesundheit und Krankheit, und sie zu lieben, zu achten und zu ehren, bis der Tod Sie scheidet?"* Bräutigam: *„Ja"* Entsprechend ergehen Frage und Antwort bei der Braut.

Zwar wird man nicht davon ausgehen müssen, daß eine Eheschließung in der Form A ungültig ist, doch ist es schwer nachvollziehbar, weshalb die Bischöfe mit dieser Form eindeutig von dem Erfordernis des kanonischen Rechts und der Praenotanda und ebenso von den Beteuerungen in der Pastoralen Einführung abweichen. Noch weniger verständlich ist es jedoch, daß der Apostolische Stuhl diese Form genehmigt hat.

Unzufriedenstellend ist insgesamt, daß durch alle diese Formen der Gedanke unterstrichen wird, dem zufolge die Brautleute es sind, die den Bund der Ehe schließen, wenngleich es am Ende heißt: „... *Gott, der Herr, hat Sie als Mann und Frau verbunden.*" Aber nur einen Atemzug später fährt der Zelebrant fort: „*Im Namen Gottes bestätige ich den Ehebund, den Sie geschlossen haben*". Dann ruft der Zelebrant die Anwesenden zu Zeugen des heiligen Geschehens an: „*Was Gott verbunden hat, das darf der Mensch nicht trennen.*" Wer hat denn nun hier zur Ehe verbunden?

3. Orientalische Kirchen

Für die Orientalischen Kirchen ist die Ausgangslage eine andere. Orientalischer Tradition entspricht es, daß die Rechtsgültigkeit der Eheschließung aus dem ritus sacer folgt. Dessen verbreitetste Form ist die Krönung der Brautleute durch den Priester. Vor der Krönung betet der Priester: „*Auch jetzt Herr, strecke Deine Hand aus Deiner heiligen Wohnung und verbinde Deinen Knecht N.N. und Deine Magd N.N., da von Dir Mann und Frau verbunden werden. Vermähle sie in Eintracht, kröne sie in Liebe, verbinde sie in einem Fleische, schenke ihnen Leibesfrucht, gute Kinder und Unbescholtenheit.*" Nun erfolgt die Eheschließung, indem Gott durch den Priester sichtbar vertreten wird. Der Priester macht dreimal mit einem Kranz das Kreuzzeichen über Bräutigam und Braut und spricht dabei jedesmal: „*Es wird gekrönt der Knecht (die Magd) Gottes N.N., im Namen des Vaters und des Sohnes und des Heiligen Geistes.*"[30]

Das katholisch-orientalische Kirchenrecht hat im Zuge der ersten Kodifikationsversuche in can. 85 des MP Crebrae allatae[31] erstmals durch päpstliches Gesetz eine Rechtsform für die Eheschließung festgelegt, deren zentrales Konstitutivelement die priesterliche Ehesegnung ist[32]. Der Substanz nach ist diese Bestimmung vom CCEO übernommen worden[33]. Wenn im Vergleich zum CIC an dieser Stelle die Erfragung des Ehewillens unerwähnt bleibt, so

[30] Nachweis bei K. Mörsdorf, Die kirchliche Eheschließungsform nach dem Selbstverständnis der christlichen Bekenntnisse: Schriften (Anm. 18) 575–590.

[31] Vom 22. Januar 1949: AAS 41 (1949) 89–117.

[32] Vgl. K. Mörsdorf, Ritus sacer 591 f.

[33] C. 828 § 1: „*Ea tantum matrimonia valida sunt, quae celebrantur ritu sacro coram Hierarcha loci vel parocho loci vel sacerdote, cui ab alterutro collata est facultas matrimonium benedicendi et duobus testibus secundum tamen praescripta canonum, qui*

bedeutet dies nicht, daß dem Ehewillen keine konstitutive Bedeutung zukäme. Vielmehr wird schon für die Ehe als Einrichtung der Schöpfungsordnung der Konsens als Konstitutivum und durch keine menschliche Macht ersetzbar erklärt[34]. Er ist somit unerläßliche Voraussetzung der gültigen Eheschließung.

C. Schlußfolgerungen

Vergleicht man die beiden großen Traditionslinien des Ostens und des Westens in ihrem jeweiligen Grundverständnis des Eheschließungsaktes, so steht im Recht der Lateinischen Kirche der Gedanke des gegenseitigen Sichbindens der Brautleute vor dem Angesicht Gottes im Vordergrund (Ehekonsens), während im liturgierechtlich geprägten Osten der Gedanke des durch die priesterliche Segnung erfolgenden Gebundenwerdens durch Gott vorherrscht (Benediktion)[35]. Ein gewisser Ausgleich kommt dadurch zustande, daß auf der einen Seite die abendländischen Trauliturgien ebenfalls die Bindung der Brautleute durch Gott betonen („ego coniungo vos"), wie anderseits in das Recht der katholisch-orientalischen Kirchen eine Rechtsform eingeführt worden ist, die die wechselseitige Bindung der Brautleute im Ehekonsens zur unabdingbaren Voraussetzung hat.

Die Elemente der Willenseinigung der Partner und das göttliche Handeln an ihnen gehören zusammen. Allein in der Lateinischen Kirche haben sich Rechtsform und liturgische Form getrennt entwickelt. Die dadurch bedingte Differenz zur orientalischen Tradition ist theologisch nicht zu rechtfertigen. Im Gegenteil! Seit in der Folge des II. Vatikanischen Konzils auch im Recht das Grundverständnis vom „contractus matrimonialis" (Vertrag) dem biblisch begründeten Leitbild des „matrimoniale foedus" (Bund) unterstellt worden ist (vgl. c. 1055 CIC)[36], drängt sich um so mehr die Frage auf, ob nicht der nach wie vor bestehende Hiatus zwischen rechtlicher und liturgi-

---

sequuntur, et salvis exceptionibus, de quibus in cann. 832 et 834, § 2." § 2: „*Sacer hic censetur ritus ipso interventu sacerdotis assistentis et benedicentis.*"

[34] Siehe cc. 776 § 1, 817 CCEO.

[35] Auf diese Strukturelemente hat schon K. Mörsdorf in den hier zitierten eherechtlichen Beiträgen aufmerksam gemacht.

[36] Wenn dies mehr als die bloße Auswechselung der Worte, eine Änderung der Sprechweise bedeuten soll, muß dies als Ausdruck für das göttliche Handeln im sakramentalen Geschehen verstanden werden; vgl. W. Aymans, Die sakramentale Ehe – Gottgestifteter Bund und Vollzugsgestalt kirchlicher Existenz: Kirchenrechtliche Beiträge zur Ekklesiologie, Berlin 1995, 273–302.

scher Form durch Aufnahme der „benedictio“ in die ordentliche Rechtsform der Eheschließung behoben werden sollte. Theologisch geht es dabei nicht um eine Nebensächlichkeit. Wenn es für jegliches sakramentale Handeln wesentlich ist, daß dabei Gott der unter menschlichen Zeichen Handelnde ist, muß dies auch für die Ehe gelten. Nicht die Ehepartner verbinden sich zur Ehe[37], sondern Gott verbindet die Partner, die zur Ehe verbunden werden wollen. Der Priester ist es, der die ehewilligen Brautleute im Namen des dreieinigen Gottes zur Ehe verbindet[38].

Rechtlich würde dies nicht einen Totalumbau des kirchlichen Eherechtes nach sich ziehen, weil der ausreichende Konsens nach wie vor unabdingbare Voraussetzung der gültigen Eheschließung bliebe.

In der Frage nach dem Spender des Ehesakramentes hat sich die Doktrin um eine Antwort bemüht. Die fast einhellig herrschende Auffassung geht dahin, daß die beiden Ehepartner zugleich Spender und Empfänger in ihrem wechselseitigen Vertragsverhältnis sind. Vereinzelt wird – im Anschluß vor allem an Melchior Cano OP (1509–1560)[39] – der Priester als der Spender des Ehesakramentes angesehen[40]. Zwar hat dieser Gedanke auch in dem Dekret „Tametsi“ und in den abendländischen Trauliturgien ein Fundament, doch ist er mit der lateinischen Vertragsvorstellung nicht zu vereinbaren, es sei denn, man entwickelt die Vertragslehre in Unterordnung zu dem Bundesgedanken so fort, daß die Willenseinigung der Partner unerläßliche Voraussetzung für das Handeln Gottes an den Partnern wird.

---

[37] Die unausrottbare Vorstellung, daß die Brautpartner sich das Sakrament der Ehe spenden, ist irrig.

[38] Ob auch der Diakon für diese Form der aktiven Assistenz in Frage kommt, wäre – namentlich im Hinblick auf die ostkirchliche Tradition – theologisch noch zu klären. Entscheidend ist, daß es hier um ein hoheitliches Handeln der Kirche geht. Prinzipiell scheint es nicht ausgeschlossen, daß auch der entsprechend bevollmächtigte Diakon für diese Form der Eheassistenz in Frage kommt.

[39] W. M. Plöchl, IV 193 und 200 weist darauf hin, daß Cano mit seiner Ansicht im Einklang mit zahlreichen mittelalterlichen Kanonisten stand, und daß es ihm darum zu tun war, „gegen die „Verweltlichung“ des Ehebegriffs bei den Protestanten mit gewichtigen Argumenten anzukämpfen.“

[40] Vgl. E. Corecco, Der Priester als Spender des Ehesakramentes im Lichte der Untrennbarkeit von Ehevertrag und Ehesakrament: Ius Sacrum, Klaus Mörsdorf zum 60. Geburtstag, hrsg. v. A. Scheuermann, G. May, Paderborn u. a. 1969, 521–557, hier 528 f. (abgdr. Ordinatio Fidei, Schriften zum Kanonischen Recht, hrsg. v. L. Gerosa u. L. Müller, Paderborn u. a. 1994, 486–520; J. Prader, Der Ehebegriff im orientalischen Kodex: AfKR 408–417, hier 410–412.

Die Frage nach Spender und Empfänger kann im Hinblick auf das Ehesakrament nicht als theologisch endgültig entschieden gelten. Betrachtet man die geschichtliche Entwicklung des kanonischen Eheschließungsrechtes der Lateinischen Kirche von dem anfänglich formlosen Konsensaustausch bis hin zu der aktiven Ehewillenserfragung durch den der Eheschließung Assistierenden, so hat man darin eine kontinuierliche Annäherung der ordentlichen Rechtsform an die alte liturgische Trauungsform zu sehen.

Wenn es heute darum geht, die sakramentale Ehe als gottgestifteten und deshalb nicht zur menschlichen Disposition stehenden Bund deutlich zu machen, so muß dies auch auf dem Hintergrund des weltlichen Rechtes gewürdigt werden. Im staatlichen Recht ist weltweit eine Entwicklung zu beobachten, bei der es nicht mehr nur um Modalitäten oder um Zuständigkeiten geht, sondern wo der Ehebegriff selbst in Frage gestellt wird. Gegen diese katastrophale Entwicklung kann das überkommene, vom Vertragsdenken beherrschte kirchliche Eheverständnis nicht aufkommen. Nicht nur die Liturgie, sondern auch das kanonische Recht muß ein Eheverständnis zum Ausdruck bringen, das nicht einen sakramentalisierten Ehevertrag sanktioniert, sondern das vom Glauben her geprägt ist und mindestens die Ehe von Gläubigen als gottgestifteten Bund zum Ausdruck zu bringen vermag.

Die Eheschließung zwischen Katholiken und Muslimen

Kirchenrechtliche Erwägungen zu einem aktuellen Problem

von Christoph Ohly

I. Aktualität und Kontext der Fragestellung

Sie rief beachtliche Irritationen hervor und könnte doch zu einem Meilenstein in der kulturellen und religiösen Begegnung der Zukunft werden: die Vorlesung von Papst Benedikt XVI. in der Regensburger Universität vom 12. September 2006 zum Thema „Glaube, Vernunft und Universität“[1]. Sowohl die Vorlesung als auch die wenige Tage später darauf Bezug nehmende Ansprache des Papstes an die Botschafter muslimischer Länder und Vertreter von muslimischen Gemeinden in Italien laden zu einem „Dialog der Kulturen und Religionen“ ein, der vom „Mut zur Weite der Vernunft“[2] bestimmt sein muss:

> „In einer Welt, die vom Relativismus geprägt ist und allzu oft die Transzendenz aus der Universalität der Vernunft ausschließt, bedürfen wir dringend eines echten Dialogs zwischen den Religionen und zwischen den Kulturen, der uns helfen kann, alle Spannungen in einem Geist fruchtbarer Zusammenarbeit gemeinsam zu überwinden …; eines Dialogs, der auf eine immer wahrheitsgemäßere gegenseitige Kenntnis gründen muß, die mit Freude unsere gemeinsamen religiösen Werte anerkennt und die Unterschiede in loyaler Haltung respektiert. Der interreligiöse und interkulturelle Dialog ist notwendig, um gemeinsam die von allen Menschen guten Willens so sehr ersehnte Welt des Friedens und der Brüderlichkeit zu erbauen. Diesbezüglich erwarten unsere Zeitgenossen von uns ein beredtes Zeugnis, um allen den Wert der religiösen Dimension des Daseins zu zeigen. Auch müssen Christen und Muslime in Treue zu den Lehren ihrer je eigenen religiösen Traditionen lernen zusammenzuarbeiten, wie das bereits in verschiedenen gemeinsamen Erfahrungen geschieht; das ist notwendig, um sich vor jeder

[1] Benedikt XVI., Glaube, Vernunft und Universität. Erinnerungen und Reflexionen, abgedruckt in: VApSt, Bd. 174, hrsg. v. Sekretariat der Deutschen Bischofskonferenz, Bonn 2006, 72–84.

[2] Benedikt XVI., Glaube, Vernunft und Universität (Anm. 1), 84.

Form von Intoleranz zu schützen und jeder Manifestation von Gewalt entgegenzutreten"[3].

Die Notwendigkeit zu solchem Dialog, der die benannten Ziele dauerhaft erreichen will, wird freilich nicht allein auf der religiösen und weltpolitischen Hochebene erkennbar. Im Gegenteil: Gerade dort, wo sich das Aufeinandertreffen von Kulturen und Religionen im zwischenmenschlichen Raum konkretisiert, sind Orientierungshilfen aus einem der Vernunft verantwortlichen Glauben geboten, die einen wirksamen Dialog in Wahrheit und Liebe ermöglichen. Das gilt insbesondere für die religionsverschiedene Ehe, die zu einem herausragenden Ort der Begegnung des Christentums, näherhin des Katholizismus, mit einer anderen, nichtchristlichen Religion erwächst, die gemäß LG 16 auf die Kirche – und durch sie auf Christus als Mittler und Befreier aller Menschen – hingeordnet ist. Mann und Frau bedürfen an dieser Stelle weitaus mehr Kenntnis über die kulturelle Herkunft und den Glauben des künftigen Ehepartners als dies in einer rein christlichen, katholischen oder islamischen Ehe der Fall sein mag, da fremde Lebensgewohnheiten, unterschiedliche religiöse Vorstellungen und geistig-seelische Haltungen Gegenstand bleibender Spannungen werden können[4].

Zusammen mit anderen Disziplinen der Theologie kommt dabei vor allem auch dem Kirchenrecht, spezifisch dem kirchlichen Eherecht, eine besondere Funktion zu. Es steht gleichsam im Dienst am Dialog der Religionen, indem es in der Kraft göttlicher Offenbarung und menschlicher Vernunft Normen zur rechtlichen Handhabung einer religionsverschiedenen Eheschließung vorgibt. Die eherechtlichen Normen umfassen unerlässliche und bindende Hilfestellungen, die den Dialog mit Blick auf die konkrete Situation einer Ehe religionsverschiedener Partner auf ein tragfähiges Fundament stellen wollen. Das soll im Folgenden an der Eheschließung zwischen Katholiken und Muslimen erörtert werden, die auf dem Hintergrund von ca. 3 Millionen Muslimen in der Bundesrepublik Deutschland an Zahl und Bedeutung gewinnt.[5]

---

[3] Benedikt XVI., Ansprache an die Botschafter muslimischer Länder und Vertreter von muslimischen Gemeinden in Italien vom 25. September 2006, in: www.vatican.va/holy_father/benedict_xvi/speeches/2006/september/documents/hf_ben-xvi_spe_20060925_ambasciatori-paesi-arabi_ge.html (Stand: 22. November 2006).

[4] Vgl. dazu das warnende Urteil von Richard A. Strigl, Ehen zwischen Katholikinnen und Moslems im Lichte des kanonischen Rechts, in: AfkKR 135 (1966) 472–529, hier bes. 527–529. Anders: Barbara Huber-Rudolf, Die christlich-islamische Ehe im Kontext des interreligiösen Dialogs, in: MThZ 52 (2001) 56–66.

[5] Siehe dazu die umfassende Aufsatzsammlung: Il matrimonio tra cattolici ed islamici

II. Kirchenrechtliche Beurteilung

A. Eheverständnis

Das grundlegende Problem einer katholisch-islamischen Eheschließung ist im unterschiedlichen und größtenteils nur schwer harmonisierbaren Eheverständnis zu sehen. Gemäß den biblisch fundierten Aussagen des II. Vatikanischen Konzils, der einschlägigen päpstlichen Dokumente und des Codex Iuris Canonici (1983) stellt die Ehe in katholischer Perspektive einen Bund zwischen einem Mann und einer Frau in gleicher Würde und mit gleichen Rechten dar, durch den sie „unter sich die Gemeinschaft des ganzen Lebens begründen, welche durch ihre natürliche Eigenart auf das Wohl der Ehegatten und auf die Zeugung und die Erziehung von Nachkommenschaft hingeordnet ist" (c. 1055 § 1 CIC; c. 776 § 1 CCEO). Der eheliche Bund *(matrimoniale foedus)* kommt durch den Konsens der Partner als Willensakt zustande, durch den sich Mann und Frau „gegenseitig schenken und annehmen" (c. 1057 § 2 CIC; c. 817 § 1 CCEO). Dieser begründet die Ehe einerseits als Vertrag, d. h. als eine rechtlich verankerte, beschaffene und dadurch geschützte Beziehung, die unter rechtlichen Maßgaben steht. Andererseits schafft der Konsens die Ehe als einen unwiderruflichen Bund, der auf gegenseitige, ausschließliche und unauflösliche Liebe und Treue ausgerichtet ist. Einheit und Unauflöslichkeit sind deshalb Wesenseigenschaften jeder Ehe, die jedoch „in der christlichen Ehe aufgrund des Sakramentes eine besondere Festigkeit erlangen" (c. 1056 CIC; c. 776 § 3 CCEO). Zwischen Getauften wurde die Ehe „von Christus dem Herrn zur Würde eines Sakramentes erhoben" (c. 1055 § 1 CIC; c. 776 § 2 CCEO) und stellt so als wirkmächtiges Heilszeichen den Bund zwischen dem Bräutigam „Christus" und der Braut „Kirche" dar (vgl. Eph 5,21–33), der zugleich ihr Ursprung und ihr Ziel ist. Die mit Blick auf Konsens, Form und Ehehindernisse gültig geschlossene und vollzogene Ehe unter Getauften kann deshalb allein durch den Tod eines der Gatten aufgelöst werden (c. 1141 CIC; c. 853 CCEO).

In wesentlichen Punkten anders verhält es sich mit dem islamischen Eherecht. Das gilt sowohl für das Eherecht des Korans als auch für seine verschie-

---

(= Studi giuridici 58), Città del Vaticano 2002 sowie Giovambattista Piomelli, Il matrimonio tra cattolici e musulmani fra multiculturalismo, ecumenismo e normativa canonica, in: DirEccl 113 (2002) 731–781. Auch: Elke Freitag, Ehen zwischen Katholiken und Muslimen, Eine religionsrechtliche Vergleichsstudie, Berlin, angekündigt für Herbst 2007.

denen Umsetzungen in den Staaten mit überwiegend oder ausschließlich muslimischer Bevölkerung[6]. Danach entspricht die eheliche Lebensgemeinschaft von Mann und Frau der göttlichen Schöpfungsordnung[7], die von Liebe und Barmherzigkeit erfüllt sein soll[8]. Entgegen der Vorstellung personaler Gleichheit und Gleichberechtigung (vgl. c. 1135 CIC; c. 777 CCEO) besitzt der Mann jedoch in Ehe, Familie und Gesellschaft einen Vorrang gegenüber der Frau, der mit seiner Vollmacht und Verantwortung begründet wird (Zahlung der Morgengabe, Sicherung des Lebensunterhalts, Schutz und Vertretung ihrer Belange, Schutz ihrer Würde)[9] und sich in drei herausragenden Bestimmungen, die dem katholischen Eheverständnis entgegenstehen, konkretisiert:

1. Dem Muslim ist es erlaubt, eine Frau, die einer der so genannten Buchreligionen (Judentum und Christentum) angehört, zu heiraten, nicht jedoch eine heidnische Frau.[10] Der Muslimin ist dies ausnahmslos verboten, da die Kinder nach muslimischer Auffassung immer der Religion des Vaters

---

[6] Vgl. dazu ausführlicher Elisabeth Kandler-Mayr, Rechtliche Fragen im Zusammenhang der Eheschließung zwischen Muslimen und Katholiken – Aus der Praxis des Ehegerichts, in: AfkKR 174 (2005) 50–74, hier 54–62.

[7] Sure 16,72 (gemäß Der Koran. Arabisch-Deutsch, Übers. und Komm. v. A. Th. Khoury, Berlin / New York 2004): „Und Gott hat euch aus euch selbst Gattinnen gemacht und von euren Gattinnen Söhne und Enkel gemacht. Und Er hat euch (einiges) von den köstlichen Dingen beschert“. – Vgl. auch Joachim Gnilka, Bibel und Koran. Was sie verbindet, was sie trennt, Freiburg [3]2004, 71–83.

[8] Sure 30,21: „Und es gehört zu seinen Zeichen, dass Er euch aus euch selbst Gattinnen erschaffen hat, damit ihr bei ihnen wohnet. Und Er hat Liebe und Barmherzigkeit zwischen euch gemacht“.

[9] Sure 4,35: „Männer sollen vor Frauen bevorzugt werden (weil sie für diese verantwortlich sind), weil Allah auch die einen vor den anderen mit Vorzügen begabte und wie auch jene diese erhalten. Rechtschaffene Frauen sollen gehorsam, treu und verschwiegen sein, damit auch Allah sie beschütze. Denjenigen Frauen aber, von denen ihr fürchtet, daß sie euch durch ihr Betragen erzürnen, gebt Verweise, enthaltet euch ihrer, sperrt sie in ihre Gemächer und schlagt sie. Gehorchen sie euch aber, dann sucht keine Gelegenheit, gegen sie zu zürnen; denn Allah ist hoch und erhaben“. Siehe auch: Sure 24,31: „Und sprich zu den gläubigen Frauen, sie sollen ihre Blicke senken und ihre Scham bewahren, ihren Schmuck [ihre Reize] nicht offen zeigen, mit Ausnahme dessen, was sonst sichtbar ist. Sie sollen ihren Schleier auf den Kleiderausschnitt schlagen und ihren Schmuck nicht offen zeigen …“.

[10] Sure 5,6: „Es ist euch auch erlaubt, freie keusche Frauen zu heiraten, die gläubig sind, auch freie keusche Frauen von denen, welche die Schrift vor euch erhalten haben; wenn ihr ihnen eine Morgengabe gebt und züchtig mit ihnen lebt und sie nicht nur zu Konkubinen und Beischläferinnen macht oder heimlich Huren nehmt“.

folgen. Lediglich der Übertritt des christlichen Ehemannes zum Islam vor der Heirat macht eine solche Ehe möglich[11].

2. Dem Muslim ist es erlaubt, bis zu vier Frauen gleichzeitig zu haben (Polygynie = Mehrfrauenehe)[12], bzw. sukzessive oder simultane Mehrehen einzugehen (Polygamie), allerdings unter der Voraussetzung, die Frauen finanziell und von der inneren Zuwendung her gleich zu behandeln[13]. Hier tut sich „arabisch-fremdes Wesen dem Christen in besonderer Weise“ kund[14].
3. Dem Muslim ist ferner die Scheidung erlaubt, die neben Glaubensabfall, beiderseitigem Einvernehmen (Sure 2,229) bzw. richterlichem Urteil auch und vor allem auf alleiniges Betreiben des Mannes hin erfolgen kann (Sure 2,227). Die Ehe gilt im letzteren Fall als unwiderruflich geschieden, wenn der Ehemann die Entlassung innerhalb von drei Monaten dreimal ausgesprochen hat. Eine Versöhnung ist möglich. Für Lebensunterhalt und Wohnung der Frau muss der Muslim während der Wartezeit sorgen.

Das damit verbundene Eheverständnis ist für den Muslim bindend, auch wenn es in einzelnen Staaten zum offiziellen Verbot der Polygamie sowie zu einer stärkeren Absicherung der Frau im Scheidungsverfahren gekommen ist[15]. Daher stellt sich die Frage, inwieweit ein Muslim die notwendigen Voraussetzungen für die kanonisch gültige Eheschließung mitbringt und dem naturrechtlich begründeten Mindestwissen über das Wesen der Ehe gemäß c. 1096 CIC (c. 819 CCEO) entsprechen kann. Unter diesem Mindestwissen wird ein Dreifaches verstanden: die Ehe ist (1) eine Gemeinschaft zwischen [einem] Mann und [einer] Frau, (2) eine auf Dauer angelegte und keinesfalls nur vorläufige Gemeinschaft sowie (3) durch geschlechtliche Vereinigung auf Zeugung von Nachkommenschaft ausgerichtet. Letzteres Wissen wird gemäß c. 1096 § 2 CIC auch für den Muslim nach der Pubertät vermutet. Ein Irrtum

---

[11] Sure 60,10: „O ihr, die ihr glaubt, wenn gläubige Frauen als Auswanderer zu euch kommen, dann prüft sie [...] Wenn ihr feststellt, dass sie gläubig sind, dann schickt sie nicht zu den Ungläubigen zurück. Zur Ehe sind weder diese Frauen ihnen erlaubt, noch sind sie diesen Frauen erlaubt“.

[12] Sure 4,4: „Überlegt gut und nehmt nur eine, zwei, drei, höchstens vier Ehefrauen. Fürchtet ihr auch so noch, ungerecht zu sein, nehmt nur eine Frau oder lebt mit Sklavinnen (die unter eurer Hand, eurem Rechte stehen), die ihr erwarbt“.

[13] Lediglich in der Türkei, in Tunesien, Syrien und im Irak ist die Mehrehe des Mannes gesetzlich verboten; vgl. Kandler-Mayr, Rechtliche Fragen (Anm. 6), 54–62.

[14] Joachim Gnilka, Bibel und Koran (Anm. 7), 27.

[15] Vgl. Kandler-Mayr, Rechtliche Fragen (Anm. 6), 54–62.

bezüglich Einheit, Unauflöslichkeit oder sakramentaler Würde der Ehe beeinträchtigt zwar gemäß c. 1099 CIC (c. 822 CCEO) den Ehekonsens nicht, sofern er nicht den Ehewillen bestimmt. Doch muss aufgrund des islamischen Eheverständnis ernsthaft bezweifelt werden, dass Einheit und Dauercharakter der Ehe von einem Muslim allgemein gewusst und im konkreten Fall anerkannt werden, insbesondere da, wo Vielehe und jederzeitige Ehescheidung möglich sind. Sinnvoll erscheint es deshalb, vom muslimischen Partner eine verbindliche Erklärung einzufordern, mit der er die bevorstehende Ehe in ihrer Einheit und als Verbindung auf Dauer bejaht sowie gleichzeitig die Polygamie für sich ausschließt (vgl. c. 1086 § 2 i.V.m. c. 1125 n. 3 CIC; so auch c. 803 § 3 i.V.m. c. 814 n. 3 CCEO).

B. Hindernis der Religionsverschiedenheit

Auf dem Hintergrund dieser Überlegungen ist das seit dem 12. Jahrhundert gemeinrechtlich festgeschriebene Ehehindernis der Religionsverschiedenheit in der heutigen Fassung des c. 1086 § 1 CIC einschlägig[16]. Danach gilt: „Ungültig ist eine Ehe zwischen zwei Personen, von denen die eine in der katholischen Kirche getauft oder in sie aufgenommen wurde und nicht durch einen formalen Akt von ihr abgefallen ist, die andere aber ungetauft ist". Die kodikarische Norm betrifft alle, die im Augenblick der Eheschließung zur katholischen Kirche gehören. Nicht erfasst sind dadurch – anders als in der Parallelnorm im Gesetzbuch der katholischen Ostkirchen (c. 803 § 1 CCEO) – alle, die noch nie der katholischen Kirche angehörten und jene, die durch einen formalen Akt von ihr abgefallen sind *(actu formali ab ea defecerit)*. Auch wenn letztere Bestimmung bezüglich ihrer Interpretation seit langem Schwierigkeiten bereitet und bezüglich ihrer Existenzberechtigung unter anerkannten Kanonisten unterschiedlich bewertet wird, ist der davon durch den sog. „Kirchenaustritt" in Deutschland betroffene Personenkreis mit der einschlägigen Erklärung der Deutschen Bischöfe derzeit eindeutig bestimmt.[17]

---

[16] Vgl. zur geschichtlichen Entwicklung und Ausdeutung u. a. Paul Zepp, Die Dispens vom Ehehindernis der Religionsverschiedenheit, in: Puza, Richard und Weiß, Andreas (Hg.), Iustitia in caritate. Festgabe für Ernst Rößler zum 25jährigen Dienstjubiläum als Offizial der Diözese Rottenburg-Stuttgart (= AIC 3), Frankfurt a.M. u. a. 1997, 305–316.

[17] Vgl. dazu als Quellentexte: Pontificium Consilium de Legum Textibus, N. 9724/ 2005, Città del Vaticano, 3 maggio 2005. In deutscher Übersetzung abgedruckt in:

Das Hindernis ist rein kirchlichen Rechts und zielt ohne Zweifel auf den Schutz des katholischen Partners sowie seines katholischen Glaubens ab, ist aber als solches nicht unumstritten. Alfred Hierold sieht in der katholisch-muslimischen Ehe unter der Voraussetzung, dass diese in Deutschland geführt wird, sogar möglicherweise eine „ideale Chance ..., die gegenseitigen Vorurteile abzubauen und durch einen gelebten, überzeugenden Glauben den moslemischen Partner mit der Wahrheit des christlichen Glaubens vertraut zu machen oder gar dafür zu gewinnen, wie auch in der frühen Kirche im Vertrauen eine Ehe eines Christen mit einem Heiden nicht strikt verbietenswert erschien“[18]. Blickt man jedoch allein auf die reale Situation eines Christen und

---

AfkKR 174 (2005) 169–172; Ders., Schreiben an die Vorsitzenden der Bischofskonferenzen vom 13. März 2006, Prot.N. 10279/2006, veröffentlicht in: Comm 38.2 (2006) 175–177; Deutsche Bischofskonferenz, Erklärung zum Austritt aus der katholischen Kirche vom 24. April 2006, in: Abl Köln 146 (2006) 109–110. Als Literatur zu diesem Thema (Auswahl): Winfried Aymans, Die Defektionsklauseln im Kanonischen Recht. Plädoyer für die Tilgung des Befreiungstatbestandes eines „actus formalis defectionis ab Ecclesia catholica“ in den cc. 1086 § 1, 1117 und 1124 CIC, in: AfkKR 170 (2001) 402–440; Georg Bier, Was ist ein Kirchenaustritt? Neue Entwicklungen in einer altbekannten Frage, in: HK 60 (2006) 348–352; Peter Krämer, Kirchenaustritt – Beweggründe und Rechtsfolgen, in: StdZ 132 (2007) 44–54; Severin J. Lederhilger, Zur Beurteilung von Zivilehen ausgetretener Katholiken nach dem CIC/1983, in: DPM 4 (1997) 241–250; Titus Lenherr, Der Abfall von der katholischen Kirche durch einen formalen Akt. Versuch einer Interpretation, in: AfkKR 152 (1983) 107–125; Joseph Listl, Die Erklärung des Kirchenaustritts, in: HdbkathKR, Regensburg ²1999, 209–219; René Löffler, Ungestraft aus der Kirche austreten? Der staatliche Kirchenaustritt in kanonistischer Sicht (= FzK 38), Würzburg 2007; Klaus Lüdicke, in: MK, 1086, Rdnr. 1–5 (Stand: Februar 2006); Christoph Ohly, Einmal katholisch – immer katholisch? Die Diskussion um den Kirchenaustritt übersieht eine ekklesiologische Grundwahrheit, in: Die Tagespost, Nr. 100 v. 21. August 2007, S. 6. Joseph Prader, Zur Problematik der Folgen des Kirchenaustritts im lateinischen Eheschließungsrecht, in: Atti del Congresso Internazionale. Incontro fra canonici d'orienti e d'Occidente, Bd. 2: Communicazioni/Papers, Bari 1994, 467 f.; Bruno Primetshofer, Die Formpflicht des durch formalen Akt von der Kirche abgefallenen Katholiken, in: DPM 6 (1999) 93–115; Heribert Schmitz, Zum Rundschreiben des Päpstlichen Rates für die Gesetzestexte vom 13. März 2006 und zur Erklärung der Deutschen Bischofskonferenz vom 24. April 2006. Kanonistische Erläuterungen, in: AfkKR 174 (2005) 502–509; Hartmut Zapp, „Kirchenaustritt“ zur Vermeidung von Kirchensteuern – nun ohne kirchenrechtliche Konsequenzen, in: Dienst an Glaube und Recht. FS für Georg May zum 80. Geburtstag, hrsg. von Anna Egler und Wilhelm Rees (= KStuT 52), Berlin 2006, 673–707.

[18] Alfred Hierold, Eheschließung zwischen Katholiken und Muslimen, in: ThGl 74 (1984) 407–426, hier 417.

seiner Glaubensausübung in einem moslemischen Land sowie auf die oft starken familiären Bindungen moslemischer Familien in Deutschland, die eine andere Glaubenspraxis nicht oder nur sehr schwer zulassen, ist ein grundsätzliches Ehehindernis der Religionsverschiedenheit gerade heute nicht nur sinnvoll, sondern auch geboten. Dem katholischen Partner soll die weitreichende Bedeutung einer avisierten religionsverschiedenen Eheschließung für seinen Glauben und sein Glaubensleben offenkundig gemacht werden.

C. Dispens vom Hindernis

Gemäß c. 1086 § 2 i.V.m. cc. 1125 und 1126 (c. 803 § 3 i.V.m. c. 814 CCEO) kann vom Hindernis der Religionsverschiedenheit Dispens gewährt werden, wenn ein gerechter und vernünftiger Grund vorliegt[19]. Die Formulierung der Norm eröffnet der zuständigen kirchlichen Autorität einen Ermessensspielraum, der zwischen einem inakzeptablen Rigorismus (strikte Ablehnung der Eheschließung) und einem ebenso unannehmbaren Laxismus (automatische Ermöglichung der Eheschließung) liegt. Ein solcher Grund ist vor allem dort gegeben, wo ein katholischer Christ nach ernsthafter Prüfung die Ehe mit einem Ungetauften eingehen will und ihm nur die standesamtliche, kirchlich aber ungültige Trauung bliebe. Der oberste kirchliche Gesetzgeber gewährt die Dispens gemäß c. 1125 CIC (c. 814 CCEO) aber nur dann, wenn 1) der katholische Partner sich bereiterklärt, Gefahren des Glaubens zu beseitigen, und das aufrichtige Versprechen abgibt, nach Kräften alles zu tun, dass alle seine Kinder in der katholischen Kirche getauft und erzogen werden (§ 1), 2) der nichtkatholische Partner von diesem Versprechen rechtzeitig Kenntnis genommen hat, so dass feststeht, dass er wirklich um das Versprechen und die Verpflichtung des katholischen Partners weiß (§ 2) und 3) wenn beide Partner die Wesenseigenschaften der Ehe (Einheit und Unauflöslichkeit) im katholischen Sinne anerkennen, d. h. nicht willentlich ausschließen (§ 3).

Alle drei Bedingungen, die in Art und Weise ihrer Kundgabe durch die Bischofskonferenz gemäß c. 1126 CIC festgelegt werden müssen, bergen nicht

[19] Anders die Haltung der orientalischen Kirchen. Sie gewähren keine Befreiung vom Ehehindernis. Möglich ist allein die Konversion des islamischen Partners zur betroffenen christlichen Konfession, Die russisch-orthodoxe Kirche ist zur früheren Praxis der Duldung religionsverschiedener Ehen gemäß 1 Kor 7,12–16 zurückgekehrt. Vgl. dazu Barbara Huber-Rudolf, Die christlich-islamische Ehe (Anm. 4), 57 (mit Literaturhinweisen).

unerhebliche Schwierigkeiten in sich. Es ist wahr, dass mit der Formulierung des § 1 die Gefahr der Unwahrhaftigkeit einer Zusicherung im Gegensatz zur früheren Rechtslage (can. 1061 CIC/1917[20]) weitaus geringer ist. Das Versprechen bezieht sich nun nicht auf die Tatsache schlechthin, die Kinder katholisch taufen zu lassen, sondern auf die mögliche Kraftanstrengung, dies zu erreichen, auch wenn er weiß, dass der Partner dies keinesfalls zulassen wird[21]. Problematisch erweist sich § 2 aber insofern, als der muslimische Partner von diesem Versprechen lediglich Kenntnis nimmt und möglicherweise in dieser entscheidenden Phase der Ehevorbereitung in der Rolle des stummen Zuschauers bezüglich der religiösen Erziehung der Kinder verbleibt[22]. Das von der Kirche anerkannte Menschenrecht der Religions- und Gewissensfreiheit setzt einer Zustimmungserklärung des muslimischen Partners zwar Grenzen, doch vermag eine ausdrückliche, d. h. auch schriftliche Kenntnisnahme dieses Versprechens insbesondere im Zusammenhang mit der in § 3 geforderten Darlegung des katholischen Eheverständnisses problemlos zusammengehen.

Die Österreichische Bischofskonferenz hat deshalb in ihrem einschlägigen „Dekret über die rechtliche Ordnung religionsverschiedener Eheschließungen nach dem neuen kirchlichen Gesetzbuch“[23] dieses Erfordernis kon-

---

[20] Can. 1061 CIC/1917: „Ecclesia super impedimento mixtae religionis non dispensat, nisi: ... 2° Cautionem praesterit coniux acatholicus de amovendo a coniuge catholico perversionis periculo, et uterque coniux de universa prole catholice tantum baptizanda et educanda; 3° Moralis habeatur certitudo de cautionum implemento ...“.

[21] Vgl. dazu Deutsche Bischofskonferenz, Partikularnormen zur Ehevorbereitung, Eheschließung und Registrierung von Eheschließungen sowie des Ehevorbereitungsprotokolls vom 1. November 2005, abgedruckt in: Abl Köln 145 (2005) 276–284, hier Anmerkungstafel zum Ehevorbereitungsprotokoll, Nr. 15: „Bei religionsverschiedenen Brautleuten: Wenn die Kinder nicht getauft und katholisch erzogen werden, beinhaltet das Versprechen, das der katholische Partner ablegt, u. a. – dass er durch seine beispielhafte Lebensführung den Kindern den katholischen Glauben nahe bringt; – dass er durch religiöse Fortbildung seinen Glauben vertieft, um mit seinem Ehepartner ein fruchtbares Glaubensgespräch führen und die Fragen der Kinder beantworten zu können“.

[22] Vgl. Klaus Mörsdorf, Matrimonia mixta. Zur Neuordnung des Mischehenrechtes durch das Apostolische Schreiben „Matrimonia mixta“ Papst Pauls VI. vom 31. März 1970, in: AfkKR 139 (1970) 349–404, bes. 393 f. – Siehe Deutsche Bischofskonferenz, Partikularnormen (Anm. 21), Nr. 17: „Die Unterrichtung des nichtkatholischen Partners über Verpflichtung und Versprechen des katholischen Partners erfolgt meist dadurch, dass der Nichtkatholik bei der Belehrung und bei der Beantwortung der Frage 18 zugegen ist“.

[23] Österreichische Bischofskonferenz, Dekret über die rechtliche Ordnung religions-

kretisiert und zum Versprechen des katholischen Partners folgende Erklärung des ungetauften (hier muslimischen) Partners hinzugefügt:

> „Ich werde meinem katholischen Ehepartner in seiner Religionsausübung volle Freiheit lassen. Der katholischen Taufe und der katholischen Erziehung der aus unserer Ehe hervorgehenden Kinder werde ich nichts in den Weg legen".

Unterzeichnet dieser die Erklärung nicht, so soll festgestellt werden:

> „Der ungetaufte Partner ist von der Gewissenspflicht und dem Versprechen des katholischen Partners unterrichtet. Er unterzeichnet das Versprechen nicht aus folgenden Gründen: ...".

Eine zuvor als notwendig erachtete Erklärung des muslimischen Partners hinsichtlich der naturrechtlich begründeten Wesenseigenschaften der Ehe (siehe oben) hat sich jedoch bisher nicht durchgesetzt.

D. Eheschließungsform

Da nach islamischer Auffassung die Eheschließung als privatrechtlicher Vertrag zwischen zwei Familien verstanden wird, durch den dem Mann die Rechte eines Ehemannes über seine Frau zugestanden werden und der in Anwesenheit zweier männlicher Zeugen geschlossen wird, ist eine religiöse Eheschließungsform nicht prinzipiell vorgesehen. Je nach staatlicher Gesetzgebung findet die Eheschließung vor einem Standesbeamten (Türkei), vor einem Imam in einer Moschee (Saudi-Arabien, Golfemirate) oder vor einem Richter im Gericht statt. In der Regel wird die Braut dabei durch einen Ehevormund (Vater, Verwandter) vertreten. Eine stellvertretende Verheiratung minderjähriger Brautleute durch deren Väter ist auch heute noch möglich.

Katholische Christen haben gemäß c. 1129 i.V.m. c. 1127 CIC (vgl. c. 834 CCEO) die Eheschließung nach der kanonischen Form, d. h. nach katholischem Ritus abzuschließen. So sind gemäß c. 1108 CIC (vgl. mit entsprechender Akzentsetzung auf den *ritus sacer* c. 828 § 1 CCEO) nur jene Ehen gültig, die geschlossen werden unter Assistenz des Ortsordinarius oder des Ortspfarrers oder eines von einem der beiden delegierten Priesters oder Diakons – möglicherweise auch eines gemäß c. 1112 § 1 CIC delegierten Laien

---

verschiedener Eheschließungen nach dem neuen kirchlichen Gesetzbuch (can. 1086 und can. 1129), in: Abl-ÖBK, 2/1984, 16–18, Nr. 26.

oder der gemäß c. 1116 CIC (c. 832 CCEO) möglichen Noteheschließung – sowie vor zwei Zeugen. Die Ehe ist in der Pfarrei des katholischen Partners zu schließen, möglicherweise auch anderswo mit Erlaubnis des zuständigen Ortspfarrers (c. 1115 CIC; c. 831 § 1 nn. 1 und 2 CCEO). Sie kann als religionsverschiedene Ehe aber auch an einem anderen passenden Ort geschlossen werden (c. 1118 § 3 CIC). Stehen der Einhaltung der kirchlichen Eheschließungsform unüberwindbare Hindernisse im Weg (wenn beispielsweise der muslimische Partner diese Form ablehnt), kann der Ortsordinarius gemäß c.1127 § 2 CIC von der Pflicht zur Einhaltung der Form befreien. In diesem Fall reicht eine öffentliche Eheschließung (z. B. im Standesamt) aus, die aber zur Gültigkeit der Ehe erforderlich bleibt. Eine zusätzliche Eheschließung, z. B. nach dem islamischen Recht, vor oder nach der Trauung gemäß katholischem Ritus ist gemäß c. 1127 § 3 CIC (c. 839 CCEO) nicht erlaubt. Gleichfalls darf keine religiöse Feier stattfinden, in der der katholische Assistierende und der nichtkatholische Amtsträger zugleich, jeder in seinem Ritus, den Konsens der Partner erfragt. Es ist stets darauf zu achten, dass die andere religiöse Eheschließungsform, die mit Erlaubnis der katholischen Kirche verwendet wird, nicht die Wesenseigenschaften der Ehe gemäß katholischem Verständnis ausklammert und so die Gültigkeit der Ehe beeinträchtigt.

E. Liturgische Möglichkeiten der Eheschließungsfeier

Vom Notfall abgesehen, sind nach c. 1119 CIC (c. 836 CCEO) bei der Eheschließung die Riten zu beachten, die in den von der Kirche gebilligten liturgischen Büchern vorgeschrieben oder durch rechtmäßige Gewohnheiten eingeführt sind. Das Rituale „Die Feier der Trauung“ in der approbierten deutschen Fassung von 1993[24] legt unter der Überschrift „Die Trauung zwischen einem Katholiken und einem nichtgetauften Partner, der an Gott

[24] Rituale Romanum ex decreto Sacrosancti Oecumenici Concilii Vaticani II renovatum auctoritate Pauli Pp. VI editum Ioannis Pauli PP. II cura recognitum, Ordo celebrandi Matrimonium, v. 19. März 1990, Editio typica altera, Typis Polyglottis Vaticanis 1991; in dt. Fassung: Die Feier der Trauung in den katholischen Bistümern des deutschen Sprachgebietes, hrsg. im Auftrag der Bischofskonferenzen Deutschlands, Österreichs und der Schweiz sowie der (Erz-)Bischöfe von Bozen-Brixen, Lüttich, Luxemburg und Straßburg, Freiburg-Basel-Wien u. a. 1993 (konfirmiert von der Kongregation für den Gottesdienst und die Sakramentendisziplin am 13. Februar und 20. März 1992).

glaubt“ (Kapitel III) einen Wortgottesdienst vor.[25] Die Verwendung der rituellen Texte ist vorgeschrieben, während für Auswahl der biblischen Lesungen, Predigt, Fürbitten und Gesänge eine breite Gestaltungsfreiheit zugestanden wird, die dem religiösen Empfinden des muslimischen Partners entsprechen soll[26]. Das Zentrum der Eheschließung bildet die gegenseitige Abgabe des Eheversprechens. Der Konsens wird in der vorgeschriebenen Form vom assistierenden Priester oder Diakon erfragt. Mit Rücksicht auf das Bekenntnis des muslimischen Partners wird allein vom katholischen Partner das Versprechen zur Taufe und zur Erziehung künftiger Kinder im katholischen Glauben, vom Muslim lediglich seine Bereitschaft zur Annahme der Kinder als Geschenk Gottes erfragt.

F. Auflösung der Ehe

Gemäß islamischer Überzeugung endet die Ehe mit dem Tod oder mit dem Glaubensabfall eines Ehepartners vom Islam, möglicherweise auch mittels Verstoß der Frau durch den Mann mit Scheidungserklärung und deren rechtlichem Vollzug durch ein Gericht (siehe oben). Die gültig geschlossene Ehe zwischen einem katholischen und einem muslimischen Ehepartner steht gemäß katholischem Verständnis unter dem Prinzip der Unauflöslichkeit und endet mit dem Tod eines der Ehepartner. Da sie jedoch kein Sakrament unter Getauften ist, ist sie nicht absolut unauflöslich wie die christliche, sakramentale und vollzogene Ehe gemäß c. 1141 CIC (c. 853 CCEO). Unter bestimmten Umständen kann sie auf Antrag durch einen Gnadenakt des Papst *(Privilegium Petrinum)* zugunsten des Glaubens *(in favorem fidei)* aufgelöst werden[27]. Die Auflösung kann erfolgen, wenn die Ehe hoffnungslos zerrüttet

---

[25] Dessen Vorgaben blieben wegen einer nur bedingt möglichen gemeinschaftlichen Gestaltung und dem darin spürbar bleibenden Gedanken vom Ehehindernis nicht unbeanstandet. Vgl. Barbara Huber-Rudolf, Die christlich-islamische Ehe (Anm. 4), 59.

[26] Vgl. Pastorale Einführung der Bischöfe des deutschen Sprachgebietes, in: Die Feier der Trauung in den katholischen Bistümern des deutschen Sprachgebietes, hrsg. im Auftrag der Bischofskonferenzen Deutschlands, Österreichs und der Schweiz sowie der (Erz-)Bischöfe von Bozen-Brixen, Lüttich, Luxemburg und Straßburg, Freiburg-Basel-Wien u. a. 1993, 21–31, hier Nr. 38.

[27] Vgl. Congregatio pro Doctrina Fidei, Normae de conficiendo processu pro solutione vinculi matrimonialis in favorem fidei v. 30. April 2001, in: AfkKR 171 (2002) 161–168; in dt. Übersetzung in: DPM 9 (2002) 357–377.

ist und der Antragsteller eine neue Ehe eingehen möchte. Dieser darf jedoch die Zerrüttung nicht verursacht haben. Liegt eine solche vor, kann die Ehe „zugunsten des Glaubens" aufgelöst werden und eine neue Eheschließung ermöglicht werden. Voraussetzung muss sein, dass einer der Beteiligten katholisch ist, sei es der Antragsteller, sei es der neue Ehepartner. Die bestehende Ehe wird – anders als im Fall des *Privilegium Paulinum* – nicht erst durch die neue Eheschließung, sondern durch päpstlichen Gnadenakt aufgelöst, auf den jedoch kein Rechtsanspruch besteht.

III. Kirchenrechtliche und pastorale Anstöße

Ehen zwischen Katholiken und Muslimen sind von innen (Eheverständnis) und von außen (nationale und familiäre Umgebung) zahlreichen Belastungsproben ausgesetzt, die in kirchenrechtlicher und pastoraler Hinsicht einer verstärkten Aufmerksamkeit bedürfen. Alfred Hierold spricht diesem „Konfliktpotenzial" positive Konsequenzen zu, „wenn der katholische Partner durch die Anfrage des anderen sich seines Glaubens bewusst wird und vergewissert"[28]. Die Erfahrung lehre aber, dass zumeist religiöse Gleichgültigkeit um sich greife oder diese Ehen wegen großer Diskrepanzen letztlich doch zerbrächen. Kirchenrechtliche Normen können dies nicht verhindern, wohl aber unumgehbare Hilfestellungen leisten und gerade an diesem Ort der Begegnung zweier Religionen der *salus animarum* (c. 1752 CIC) – möglicherweise nicht nur der des katholischen Partners – dienen.

A. Erfordernisse einer intensiven Vorbereitung

Die unterschiedlichen Auffassungen von Ehe und Familie, die pastorale Erfahrung mit katholisch-muslimischen Ehen sowie die Erkenntnisse aus einschlägigen kirchlichen Annullierungsverfahren[29] machen die große Bedeutung einer entsprechend guten kirchenrechtlich-pastoralen Vorbereitung der Ehe gemäß cc. 1063–1072 CIC (cc. 783–789 CCEO) deutlich. Diese darf nicht als lästige Formalität verstanden werden, sondern muss vielmehr einer

---

[28] Alfred Hierold, Eheschließungen zwischen Katholiken und Ungetauften als pastorales und kirchenrechtliches Problem, in: DPM 8,2 (2001) 33–45, hier 45.

[29] Vgl. Kandler-Mayr, Rechtliche Fragen (Anm. 6), 67–71.

verantwortlichen Entscheidung dienen und zugleich die unabdingbare Voraussetzung für die Gewährung der Dispens vom Ehehindernis der Religionsverschiedenheit schaffen, die nur gewährt werden darf, wenn die in c. 1125 CIC (c. 814 CCEO) formulierten Bedingungen erfüllt werden. Dabei sind folgende Aspekte zu beachten.

1) Katechetische Unterweisung

Es bedarf einer intensiven katechetischen Unterweisung des katholischen Partners über das katholische Verständnis von Ehe und Familie, die dazu führt, sich in der angestrebten Ehe zum eigenen Glauben, zur Kirche und zu dem Versprechen zu bekennen, die Kinder taufen zu lassen und im christlich-katholischen Glauben zu erziehen. Eine derartige Unterrichtung muss aufgrund der stetig wachsenden Zahlen von Muslimen in Deutschland bereits Gegenstand der Katechese von Jugendlichen und jungen Erwachsenen im Rahmen der Firmung und der Erwachsenenbildung sein.

2) Gegenseitige Kenntnis

Der katholische Partner muss ebenso die islamische Religion und deren Ehe- und Familienverständnis kennen lernen so wie der muslimische Teil gut über die katholische Sichtweise zu informieren ist. Die Unterrichtung sollte in eine ausdrückliche Bestätigung über die Kenntnisnahme, möglicherweise über die Anerkenntnis der katholischen Lehre von Ehe und Familie seitens des muslimischen Partners münden[30].

3) Bewusstsein für die Schwierigkeiten einer religionsverschiedenen Ehe

Der katholische Partner – insbesondere die katholische Braut – muss auf die Schwierigkeiten hingewiesen werden, die sich mit Blick auf das Eheverständnis und die Religionsausübung aus einer Ehe mit einem Muslim ergeben. Das bedeutet vor allem: Der katholische Partner muss sich darüber im Klaren sein, dass das sakramentale Verständnis der Ehe als lebenslange, ausschließliche Beziehung eines Mannes und einer Frau dem muslimischen Konzept von der auflösbaren Bindung eines Mannes mit einer oder mehreren Frauen entgegensteht. Insbesondere die katholische Frau wird bedenken müssen, dass aus islamischer Sicht keine echte Gleichwertigkeit der Ehepartner besteht, was im alltäglichen Familienleben sowie in möglichen Konfliktsituationen of-

---

[30] Vgl. dazu als Textmuster: Erzbischöfliches Generalvikariat Köln – Hauptabteilung Seelsorge (Hg.), Katholisch-islamische Ehen. Eine Handreichung, Köln ^{3}2006, 76 f.

fenkundig werden kann. Vor der Eheschließung ist deshalb ein notarieller Vertrag zu erstellen, in welchem entsprechende Vereinbarungen zu Religionsausübung, eigene Berufsarbeit, Beteiligung an Entscheidungen in Familienfragen und Kindererziehung getroffen werden. Die Frage der Kindererziehung ist dabei eindeutig zu klären.[31] Der Vertrag darf jedoch in keiner Weise Einschränkungen bezüglich der Wesenseigenschaften und der Ziele der Ehe beinhalten, da diese die Eheschließung verungültigen würden.

4) Feststellung des Ledigenstandes

Der Ledigenstand beider Brautleute muss zweifelsfrei durch den Taufschein, eine zivile Bescheinigung bzw. den Ledigeneid feststehen[32]. Möglicherweise muss eine Auflösung einer nach islamischen oder zivilem Recht geschlossenen Vorehe des islamischen Partners gemäß *Privilegium Petrinum* erfolgen.

5) Eheschließungsform

Die Frage der Eheschließungsform ist zu klären. Bei der kirchlichen Trauung, die nur mit bewusster Zustimmung des muslimischen Partners vorgenommen werden sollte, soll das vermieden werden, was das Gewissen des muslimischen Partners belastet; gleichzeitig soll die liturgische Feier die Heiligkeit des Ehebundes mit seinen Konsequenzen herausstellen.

B. Dringlichkeit einer beständigen seelsorglichen Begleitung

Genauso wichtig wie die vorausgehende Vorbereitung der Partner einer religionsverschiedenen Ehe ist deren seelsorgliche Begleitung während der Ehe. Gemäß c. 1128 CIC (c. 816 CCEO) muss deshalb dafür gesorgt werden, dass katholische Ehegatten und ihre Kinder – zusammen mit ihren Ehepartnern – eine entsprechende geistliche Hilfe erfahren. Diese kann in der vielfältigen Unterstützung des Ehe- und Familienlebens genauso wie in der Hilfestellung für die religiöse Gestaltung ihres gemeinsamen Lebens liegen. In diesem Zusammenhang ist gemäß c. 529 § 1 CIC (c. 289 § 3 CCEO) an die entsprechende Sorgepflicht des Pfarrers zu erinnern.

---

[31] Ebd. – Vgl. auch die aktuelle Broschüre des Bistums Hildesheim mit dem Titel „Konfessionsverschiedene Ehen – Religionsverschiedene Ehen“, so gemäß www.kath.net/detail.php?id=15689 (Stand: 12. Januar 2007).

[32] Ebd.

C. Fazit

Die religiösen Koordinaten, die Richard Strigl im Jahre 1966 zu der ausdrücklichen Warnung vor einer Ehe zwischen Katholiken und Moslems veranlassten[33], mögen sich seither verändert haben. Eine Entwarnung bezüglich des Eingehens einer solchen Ehe kann aber aufgrund der fundamentalen Unterschiede und Widersprüche zwischen den Eheverständnissen auch heute nicht gegeben werden. Doch die aufgewiesenen kirchenrechtlichen Kriterien können helfende Schritte innerhalb jenes als notwendig erachteten Dialogs sein, der durch ihre Beachtung an Festigkeit und Authentizität zu gewinnen vermag. Nicht nur für die betroffenen Brautpaare und Eheleute wäre dies wünschenswert.

[33] Richard A. Strigl, Ehen zwischen Katholikinnen und Moslems (Anm. 4), 529.

Das bischöfliche Amt als Dienst an der Authentizität des Wortes*

von Eugenio Romero Pose †

Zur Einführung

Ich beabsichtige nicht, hier einen *status quaestionis* in Bezug auf die Funktion des Lehramts in der Kirche, im Besonderen was Subjekt und Objekt des *munus docendi* angeht, zu geben. Ebenso wenig beanspruche ich, inner- und außerkatholische Forschungsergebnisse, Titel und Autoren aufzuführen. Vielmehr beschränke ich mich darauf, die Hauptaussagen zum oben formulierten Thema – das bischöfliche Amt als Dienst an der Authentizität des Wortes – in Erinnerung zu rufen und es im Licht der synodalen *Lineamenta* und des II. Vatikanischen Konzils zu betrachten. Gleichzeitig werde ich einige alte und neue Probleme skizzieren, die dazu Anlass geben, aus pastoraler Sicht über die Gestalt des Bischofs als des bevollmächtigten Lehrers des Wortes nachzudenken, und zwar im Rahmen des kirchlichen Ereignisses der nächsten Synode.

Die Bischofssynode ist keine Synode einer Teilkirche, sondern eine Synode der Bischöfe der Weltkirche. Die nächste synodale Zusammenkunft stellt ins Zentrum ihrer Reflexion die Gestalt des Bischofs und das Bischofskollegium; zugleich rückt sie in den Mittelpunkt ihrer Befassung auch die Ausübung des *munus docendi* der Kirche in einer Welt des Unglaubens und inmitten einer Kultur, in der die Unkenntnis, wenn nicht gar Ablehnung des Christentums im Verein mit Verachtung und Gleichgültigkeit gegenüber dem autoritativen Wort des Lehramts täglich zunimmt. Es mag uns genügen, an

---

* Das spanische Original erschien erstmals in: Teología del Sacerdocio 24 (2001), 77–104.

Eugenio Romero Pose war von 1981 bis 1997 Professor der Theologie und Philosophie am Instituto Teológico Compostelano der Universidad Pontificia de Salamanca und zugleich von 1980 bis 1990 Gastprofessor an der Päpstlichen Universität Gregoriana. Johannes Paul II. ernannte ihn 1997 zum Weihbischof in Madrid. Mit seinem Tod am 25. März 2007 verliert die Kirche einen herausragenden Bischof und einen international angesehenen Theologen. Mit der Veröffentlichung dieses Beitrags möchten wir sein Andenken in Ehren halten.

die hitzige Polemik und den nachfolgenden Dissens um die lehramtlichen Äußerungen auf moralischem wie im eigentlichen Sinne dogmatischen Felde zu erinnern; dazu brauchen wir nur zwei Texte – *Veritatis splendor* und *Dominus Iesus* – und die von ihnen hervorgerufene Zustimmung bzw. Ablehnung zu erwähnen.

Das Thema, das Papst Johannes Paul II. für die im Oktober 2001 abzuhaltende X. Ordentliche Generalversammlung der Bischofssynode festgelegt hat, lautet: *episcopus minister Evangelii Iesu Christi propter spem mundi.*

Die *Lineamenta* – lehrmäßige Hinweise des Generalsekretariats der Synode, die dem *Instrumentum laboris* vorausgehen – unterstreichen, dass auf dem nachkonziliaren synodalen Weg die Synoden von 1987 über die Laien, von 1990 über die Priester und von 1994 über das Ordensleben samt den jeweiligen nachsynodalen Apostolischen Schreiben *Christifideles laici* (1988), *Pastores dabo vobis* (1992) und *Vita consecrata* (1996) ihr Augenmerk auf das II. Vatikanische Konzil gerichtet haben, insbesondere auf die Konstitutionen *Lumen gentium* und *Dei Verbum* sowie auf die Dekrete *Presbyterorum ordinis* und *Perfectae caritatis*. Dass danach im Hinblick auf die Feier der nächsten Synode an den Dienst gedacht wurde, den das *collegium* oder *corpus episcoporum* in der Kirche leistet, hieß im Grunde nur, dass man die Rezeption des ekklesiologischen Vermächtnisses des II. Vaticanum vertiefen wollte.

Die Kirche, die mit einem Wort des heiligen Johannes Chrysostomus ‚der Name für Versammlung und Synode' ist, hat sich in der nachkonziliaren Epoche bemüht, die konziliare Lehre durch die Synoden einzuholen; diese waren eine Bereicherung für die Beiträge und Reflexionen, die seitens verschiedener lehramtlicher Instanzen den Text und den Gehalt des II. Vatikanischen Konzils fortgeschrieben und expliziert haben. In der Tat liegt die Bedeutung der Synoden darin, dass sie eine Vollzugsform des Bischofsamtes und speziell seines *munus docendi* sind. Die Beiträge der Bischofssynoden sind allerdings in der im eigentlichen Sinne theologischen Reflexion insgesamt noch keineswegs ausreichend berücksichtigt worden.

So ist denn auch der Gegenstand der zum Beginn des neuen Jahrhunderts und Jahrtausends einberufenen Synode – das bischöfliche Amt als Dienst an der Authentizität des Wortes – der Thematik der früheren Versammlungen nicht fremd, vielmehr erreicht diese in ihm ihren Höhepunkt und ihre Vollendung. Das bischöfliche Dienstamt lässt sich nur im Hinblick auf die Getauften mit ihrer Vielfalt an Charismen verstehen, und umgekehrt können diese ohne jenes nicht bestehen.

Für diejenigen, welche die bei der Vorbereitung der Synoden angewendete Methode kennen, brauchen wir die Aufgabe der *Lineamenta* und des *In-*

strumentum laboris für den Ablauf der Synode hier nicht noch einmal darzustellen. Zweck der synodalen *Lineamenta* ist die Anregung und Belebung der Reflexion derer, die auf dem „gemeinsamen Weg“, das heißt eben der „Syn-ode“, in ihrem Beten und Nachdenken die Vorschläge, Hinweise und Erwartungen zur Sprache bringen wollen zur Bereicherung der in jeder Teilkirche gelebten Gemeinschaft und der *communio* aller Kirchen. So stellt sich die Synode als das dar, was sie ist: eine geeignete Gelegenheit, ein Gnadenereignis, dank dem sich das Geheimnis der Kirche in unserer Zeit vertiefen und aufnehmen lässt – als lehrinhaltliches Vermächtnis des II. Vatikanischen Konzils und als Geschenk des Heiligen Geistes an die Kirche und an die Menschheit unserer Tage.

Wegweisung der *Lineamenta* zur X. Ordentlichen Generalversammlung

Die *Lineamenta* der X. Ordentlichen Generalversammlung bieten eine breite und gehaltvolle Zusammenfassung der konziliaren Lehre über den bischöflichen Dienst in der kirchlichen *communio,* in der die wichtige Erfahrung der Kollegialität herausragt und in der die spirituelle und moralische Bedeutung hervortritt, welche dem Charisma der Apostolizität, dem authentischen Lehrer eignet, der das Wort verkündet und dem Leben der Gläubigen die Richtung weist. Apostolizität, Wort, Kollegialität und *communio* machen das innerste Wesen des bischöflichen Dienstes aus: das Wort zu verkündigen, welches der zur Fülle, zur Heiligkeit berufenen gläubigen Existenz die Richtung weist. So sind die Bischöfe Diener der *communio* um der Hoffnung willen.

Um das Wesen des Bischofsamtes zu kennzeichnen, heben die *Lineamenta* als Ursprung und Quelle hervor: den Bezug zur Heiligen Dreifaltigkeit, zu Christus, zu den Aposteln, zur Kirche, zum jeweiligen Presbyterium, zu den Gott Geweihten, zu den Gläubigen, zum Bischofskollegium mit seinem Haupt. Die Bischöfe sind Diener der Gemeinschaft für die Hoffnung, der bischöfliche Dienst ist ein relationales Amt, das Einheit in den vielfältigen Beziehungen der kirchlichen Gemeinschaft schafft. Das Lehramt der Bischöfe nimmt einen unübersehbaren Platz innerhalb der kirchlichen Gemeinschaft ein; sie haben ihn inne als Baumeister, Garanten und Wächter der christlichen Gemeinschaft, aus der sie zu Hirten berufen worden sind.

Das dritte Kapitel der *Lineamenta* ist der Darlegung und der Bedeutung der *tria munera* des bischöflichen Amtes gewidmet: zu lehren, zu heiligen und zu leiten; sie alle werden *in persona Christi* und im Namen Christi ausgeübt. Diese drei Aufgaben, die die Sendung des Bischofs formen, müssen, weil sie in

Christus nur drei verschiedene Aspekte seiner einzigen Mittlerrolle und drei Aspekte einer einzigen Heilstat sind, auch im Bischofsamt als eine Einheit betrachtet werden. Das II. Vaticanum betont, so die *Lineamenta,* bei der Betrachtung der *tria munera* der Bischöfe und Presbyter mit besonderem Nachdruck das *munus docendi.* Dies ist im Übrigen eines der hervorstechendsten Charakteristika der konziliaren Ekklesiologie. Die Konzilskonstitution *Dei Verbum* hat die zentrale Stellung des Wortes Gottes in der Kirche und in der Ausübung des bischöflichen Dienstes hervorgehoben.

Die für das Amt der Bischöfe charakteristische Funktion ist, dass sie Stellvertreter und Gesandte Christi in den ihnen anvertrauten Teilkirchen sind (vgl. LG 27); dabei übt jeder der Bischöfe seine sakramentale Funktion als lebender Ausdruck Christi im Dienst am Wort aus. Dieses Amt bekundet Christus, indem es ihn in der Kirche vergegenwärtigt und ihn seinen Brüdern wirksam mitteilt.

Die Existenz des Bischofs ist geprägt von dem dringlichen Dienst der Verkündigung des Evangeliums, er ist Verkünder des Glaubens, authentischer Lehrer, der den empfangenen und gelebten Glauben samt seinen Konsequenzen für den Alltag predigt. Er ist *magister fidei et doctor veritatis* als deren Knecht und Diener. Wort, Wahrheit und Lehramt erheischen einander und vereinen sich im bischöflichen Amt. Das Objekt seines Lehrens, das Zentrum seiner Verkündigung ist das Wort, es ist die Ansage des gekreuzigten und auferstandenen Christus, damit alle, die an ihn glauben, das Heil erlangen und in der Geschichte auf den vom Glauben gewiesenen Wegen voranschreiten können.

Die Verkündigung des Wortes, die gemeinsam mit dem Papst und den anderen Bischöfen erfolgt, verlangt vom Einzelnen Sorgfalt und Wachsamkeit und bringt für ihn die Aufgabe mit sich, den Glauben vor jeder Gefahr falscher Interpretation und vor der Versuchung des Vergessens zu schützen. Die Pflicht zur Wachsamkeit und zum Schutz der Paradosis rechtfertigt, dass das Amt das Ja zur Unverfügbarkeit des empfangenen Wortes schützt. Dieser Dienst verlangt, dass der Bischof Zeuge ist, der sich nicht vor Widerspruch fürchtet und nicht vor Verfolgung und Martyrium flieht. Das heißt: Ins Zentrum seines Lebens und seines Amtes stellt er das Wort vom Kreuz. Der Dienst am Wort, die Lehrfunktion, geht seinem Wesen nach der Begegnung mit dem Kreuz entgegen, und von daher und dafür wird das Amt des Lehrens gelebt. Der Dienst am Wort ist untrennbar verbunden mit der Verkündigung und Bewahrung des Evangeliums vom Kreuz, des Evangeliums, das das Dienstamt besiegelt und authentisch macht.

Die ins Weiheamt Berufenen, die das *munus docendi* erhalten haben, sind Lehrer des Glaubens, weil sie das Wort mit Vollmacht verkünden. Die

Authentizität des Amtes macht sie zu authentischen Erziehern des Glaubens; sie sind die authentischen Katecheten, die sich in der Kraft des Heiligen Geistes der Arbeit der Evangelisierung widmen. Ohne den lehramtlichen Dienst ließe sich weder die *communio* noch die Mission aufrecht erhalten.

Das lehramtliche Charisma ist einzigartig, persönlich und nicht delegierbar, aber in der Kirche nicht isoliert. Am *munus docendi* der Nachfolger der Apostel haben deren engste Mitarbeiter, die Priester, teil; die Bischöfe können aber auch auf die Mitarbeit der Theologen zählen. Das Lehramt der Hirten und die Hilfe der Theologen – zwei unterschiedliche Funktionen in der Kirche – hängen beide von dem einen Wort Gottes ab und habe beide ein Ziel: das authentische Wort zu verkündigen und das Volk Gottes in der rettenden Wahrheit zu bewahren.

Dieser Auftrag, das *munus docendi*, bleibt freilich von Schwierigkeiten nicht verschont, insbesondere nicht in einem neuen Weltszenario und in einer Welt und einer Kultur, die von einem von Schatten und Sünde nicht freien Säkularismus und Subjektivismus fasziniert ist. Aus all diesen Gründen ruft die Synode dazu auf, den großartigen, unverzichtbaren Lehrauftrag des Bischofskollegiums, aller Bischöfe und jedes einzelnen von ihnen zu betrachten, und lädt dazu ein, Verzeihung zu erbitten, wenn die Inhaber des ihnen anvertrauten Amtes demselben nicht immer treu sind, ziehen uns doch die Alltagsgeschäfte oft von unseren missionarischen Pflichten ab.

Die *Lineamenta* bringen als Hilfestellung einen Fragebogen, der zur Reflexion über die verschiedenen Aspekte des bischöflichen Auftrags, konkret des *munus docendi*, anleiten kann. Diese Fragen können uns als roter Faden dienen, um herauszufinden, welches gegenwärtig die dringlichsten einschlägigen Themen sind. Der Fragebogen thematisiert, mit welcher Sorgfalt, welchem Glaubenseifer und welcher Liebe der Bischof im soziokulturellen Kontext unserer Zeit das Wort verkündigt. Anders gesagt: Was die Verkündigung des Wortes fruchtbar macht, sind die Sorgfalt, der Glaube und die Liebe, mit denen dieser Dienst gelebt wird. Ferner: In einer neuen Welt, in der die Kommunikationsmedien einen beträchtlichen Teil der Kommunikation unter Menschen ausmachen, muss der lehramtliche Dienst der Hirten ein Auge auf diese Dimension haben, dass das Wort zu allen gelangen kann und nicht durch die Massenmedien selbst verdreht wird. Und schließlich fragen die *Lineamenta*, wie die sakramentale Funktion des Bischofs wahrgenommen und als Ansage des Evangeliums der Hoffnung aufgenommen werden kann.

Diese drei Fragen lassen sich in drei Aussagen über das *munus docendi* im bischöflichen Amt umwandeln: Nur vom Glauben und von der Liebe aus, verbunden mit der Hingabe, lässt sich in einer im Wandel begriffenen Welt verwirklichen, dass das Wort und die Person Jesu Christi als Wahrheit angenommen werden, die imstande ist, den Grund für die authentische Hoffnung der Menschen zu legen, dass – mit anderen Worten – durch das Amt das Wort in derselben Neuheit zu den Hörern dringt, mit der es seinerzeit zu den Zwölfen gelangte.

Die geschichtlich-kulturellen Bedingungen haben sich geändert, doch das Amt ist dasselbe bei den Aposteln und bei ihren Nachfolgern. Der Unterschied zwischen der Frühzeit der Zwölf und dem Bischofskollegium in unseren Tagen liegt vielleicht darin, dass anfänglich die verkündete und gelebte Wahrheit als absolut neue Wahrheit und neues Leben nicht aufgenommen wurde, weil ihr die Bürgschaft und Garantie des Alters fehlte. Heute dagegen wird das Lehramt von nicht wenigen kulturellen Instanzen gerade deshalb abgelehnt, weil es eine Position der Vergangenheit und keine Botschaft von bleibender Neuheit für die Menschheit sei. Der Auftrag des Lehramts, die authentische Verkündigung des Wortes, stützt sich auf dessen immer währende Neuheit für den Menschen. Von daher die Aufforderung der Synode über Begriff, Aufgabe, Subjekt und Objekt des *munus docendi* in der Kirche nachzudenken.

Das *munus docendi* auf dem II. Vatikanischen Konzil

Wie bereits angedeutet, verweisen die *Lineamenta* im Zusammenhang mit dem *munus docendi* und dem Lehramt des Bischofskollegiums unabwendbar auf die Lehre des II. Vatikanischen Konzils.

Das ganze heilige Volk Gottes hat teil am *munus propheticum* Christi (vgl. LG 12), und alle, die zum heiligen Volk gehören, haben durch Taufe und Firmung teil am *munus docendi* der Kirche (vgl. LG 32; 33), aber nicht auf ununterschiedene Weise, sondern strukturiert im Hinblick auf die rechte Ausübung des apostolischen Dienstes. Der Herr wollte die Gruppe der Apostel, die Zwölf, und ihre Nachfolger, die Bischöfe, auswählen (vgl. LG 21) und sie unter Teilhabe an seiner Vollmacht aussenden, um zu lehren, zu heiligen und zu leiten (vgl. LG 19), das Evangelium zu verkünden und die in den Aposteln und auf Petrus gegründete Kirche zu vereinen (vgl. LG 19).

Die Kirche ist auferbaut durch den Heiligen Geist, und der Heilige Geist erneuert sie ständig mit der Vielfalt hierarchischer und charismatischer Gaben (vgl. LG 4; 8); Erbauung und Aufbau des heiligen Volkes Gottes werden in ihrer Gründung gemäß dem Willen des Herrn offenbar (vgl. LG 5). Alle Gaben, mit denen die *ecclesia* ausgestattet ist, und die Verteilung aller Ämter sind hingeordnet auf ihre Sendung (vgl. LG 7): die Verkündigung und Weitergabe des Wortes der Wahrheit und der Gnade an die Menschheit (vgl. LG 8).

Die Kirche ist ausgestattet mit hierarchischen Organen, die verwirklichen sollen, was der Herr Jesus dem Petrus und den Aposteln gebot: seine Kirche auszubreiten und zu leiten (vgl. LG 8). Diejenigen, welche das Sakrament der Weihe empfangen haben (vgl. CD 4), sind im Namen Christi speziell dazu bestellt, die Kirche durch das Wort und die Gnade Gottes als Hirten zu weiden (vgl. LG 11). Dieses Amt, das Wort mit Authentizität zu verkünden, ist aufs innigste verbunden mit der Salbung des von Christus, dem Lehrer, Priester und König, geschenkten Geistes. Die Salbung steht am Beginn der Verkündigung und Lehre der Offenbarung des Vaters in der Person des Sohnes. Der Geist ist über die Kirche ausgegossen als Urgrund der Vereinigung und Einheit in der Lehre der Apostel (vgl. LG 13), damit das Wort zu allen gelange.

Die *Lineamenta* erinnern an das III. Kapitel der Konzilskonstitution *Lumen gentium* (vgl. LG 18–28), das bekanntlich die katholische Lehre über die hierarchische Verfassung der Kirche und in diesem Zusammenhang über Wesen und Zweck des Bischofsamtes und seiner lehramtlichen Sendung zum Wohl der ganzen Kirche entfaltet (vgl. LG 18); diesen Dienst hat der Herr gewollt (vgl. CD 20), als er mit der Aussendung seiner Apostel und ihrer Nachfolger, der Bischöfe, die Hirten des Volkes Gottes sein sollten, die Kirche stiftete und als Prinzip und Fundament der Einheit des Glaubens und der Gemeinschaft den heiligen Petrus einsetzte (vgl. LG 18).

Der Herr berief die Apostel und sandte sie aus, damit sie, in Teilhabe an seiner Vollmacht, alle Völker zu seinen Jüngern machen sollten. Die Apostel sammeln mittels der Verkündigung des Evangeliums und der Unterweisung in demselben die in den Aposteln gegründete und auf Petrus gebaute Kirche (vgl. LG 19). Diese dem Apostelkollegium übertragene Mission, Sendung und Verkündigung, die bis zum Ende der Welt dauern soll, wird von den Nachfolgern der Apostel, vom Kollegium der Bischöfe, als den Übermittlern des apostolischen Samenkorns fortgeführt, und durch sie wird die apostolische Paradosis auf der ganzen Welt bekundet und bewahrt, wenn sie als Hirten im Namen Gottes der ihnen anvertrauten Herde vorstehen und sie als Lehrer (*ut doctrinae magistri*) unterweisen (vgl. LG 20; 26).

In den Bischöfen, denen die Priester zur Seite stehen (vgl. CD 30; PO 1; 2; 4; 7; 9), wird unser Herr Jesus Christus gegenwärtig; durch ihren unvergleichlichen Dienst (*eximium servitium*) verkündet der Herr das Wort Gottes und teilt die Sakramente des Glaubens an die Glaubenden aus. Diejenigen, welche durch die Weihe zu diesem ausgezeichneten Dienst bestellt worden sind, erhalten den Auftrag, zu lehren, zu heiligen und zu leiten (*cum munere sanctificandi munera quoque confert docendi et regendi*; LG 21). Sie erhalten die Sendung, zu lehren (*missionem accipiunt docendi*), das Evangelium zu predigen, damit alle Menschen durch den Glauben, die Taufe und das Halten der Gebote gerettet werden. Dieses Amt (*munus*), das mit der Gnade des Heiligen Geistes ausgeübt wird, ist ein wahrer Dienst (*verum est servitium*), der in der Heiligen Schrift als *diakonia* oder *ministerium* bezeichnet wird (vgl. LG 24). Die Apostel und ihre Nachfolger erhalten das Mandat – *munus, servitium, ministerium* – und die Vollmacht, alle zu lehren (vgl. CD 2).

Unter den Hauptaufgaben (*praecipua munera*) der Nachfolger der Apostel ragt heraus (*eminet*) die Verkündigung (*praedicatio*) des Evangeliums. Sie sind Verkünder des Evangeliums, Herolde des Glaubens (*fidei praecones*) und als authentische Lehrer (*magistri authentici*) mit der Vollmacht Christi ausgestattet. Sie Verkündigen, was man glauben und im Leben vollziehen muss (*fidem credendam et moribus applicandam praedicant*), und mit ihrer Wachsamkeit halten sie die Irrtümer fern, welche die Glaubenden bedrohen.

Die Bischöfe sollen in Gemeinschaft mit Petrus als Zeugen der göttlichen und katholischen Wahrheit betrachtet und geachtet werden (*divinae et catholicae veritatis testes venerandi sunt*), und ihr Lehramt verlangt, dass die Gläubigen ihren Entscheidungen und Vorschlägen in Sachen des Glaubens und der Sitten anhangen und sie in religiösem Gehorsam annehmen (*sententiam de fide et moribus nomine Christi prolatam concurrere, eique religioso animi obsequio adhaerere debent)*. Sie lehren, worin authentischer Glaube und Sittlichkeit besteht; wenn sie übereinkommen, eine Entscheidung in Gemeinschaft untereinander und mit dem Nachfolger Petri als endgültig festzuhalten, tragen sie auf unfehlbare Weise die Lehre Christi vor, auch wenn sie – die Bischöfe – für sich allein das Privileg der Unfehlbarkeit nicht besitzen (vgl. LG 25).

Das Konzil erklärt in voller Kontinuität und Übereinstimmung mit dem I. Vaticanum, welches das Subjekt und das Objekt der Unfehlbarkeit in der Kirche im Dienst an der Bewahrung und Auslegung der Glaubenshinterlage ist (vgl. LG 25). Die Konstitution *Dei Verbum* vervollständigt und schreibt im Licht von *Lumen gentium* die konziliare Lehre fort, indem sie die Verbindung Wort – Verkündigung – Amt herstellt. Der Herr hat die Apostel und ihre Nachfolger ausgesandt, das Evangelium allen Menschen zu verkünden; dazu hat er sie ausgestattet mit dem *Charisma der Wahrheit*, dank dem sie die volle Wahrheit weitergeben und in sie einführen (vgl. DV 8). Die Bischöfe bewahren, ausgestattet mit dem *sicheren Charisma der Wahrheit*, das Wort, legen es aus und verbreiten es getreulich in ihrer Verkündigung, erleuchtet durch den Geist der Wahrheit (vgl. DV 9), und fördern die Eintracht unter allen Glaubenden, Gläubigen wie Hirten, in der Bewahrung, dem Schutz und dem Bekenntnis des empfangenen Glaubens (vgl. DV 10).

Die Aufgabe, das mündliche oder schriftliche Wort Gottes authentisch (*authentice*) und mit Vollmacht auszulegen, ist ausschließlich dem lebendigen Lehramt der Kirche anvertraut worden. Das Lehramt steht aber nicht über dem Wort Gottes, sondern in dessen Dienst, um es zu lehren, zu schützen und getreulich auszulegen (*munus interpretandi;* vgl. DV 10), um es kraft der empfangenen Beauftragung zu interpretieren und zu bewahren, damit das Wort in seiner Fülle und Gesamtheit (vgl. DV 12), in seiner Integrität (vgl. CD 12) erhalten bleibt. Den Bischöfen obliegt es, das Wort weiterzugeben und die Gläubigen im rechten Gebrauch der Heiligen Schrift zu unterweisen (vgl. DV 25).

Die wichtigsten nachkonziliaren Texte, die Umfang, Wesen und Gegenstand der lehramtlichen Akte der katholischen Kirche näher bestimmen

Ich beschränke mich darauf, einige nachkonziliare lehramtliche Momente und Dokumente anzuführen, die das Verständnis der Lehre des II. Vaticanum über das *munus docendi* erweitern und zugleich etwas über die Situation der Kirche aussagen. Die Weisungen und Lehren des Lehramts stehen in einem kirchlichen Kontext, dem sie dienen wollen, und sind ebendeshalb ein Reflex der Problematik des Glaubenslebens. Wir können wahrscheinlich keinen besseren Aussichtspunkt für eine Diagnose des Glaubenslebens wählen, als wenn wir unsere Aufmerksamkeit der vom kirchlichen Lehramt aufgegriffenen Thematik zuwenden. Es kann auch gar nicht anders sein, denn das *munus docendi* hat stets die Bedürfnisse der Kirche und der Menschheit im Auge.

Wir können an den Inhalten der wichtigsten lehrinhaltlichen Texte des nachkonziliaren Lehramts und der Internationalen Theologischen Kommission entlanggehen und werden in ihnen die wichtigsten Sorgen und lehramtlichen Äußerungen der Kirche in den letzten Jahren entdecken; wir werden einem beachtlichen Bemühen begegnen, die theologische Bedeutung der Lehraufgabe des Weiheamtes zu explizieren; nicht zuletzt werden wir die Reaktionen im Zusammenhang mit der Rezeption lehramtlicher Äußerungen beobachten wie der Enzyklika *Humanae vitae* (1968), der Erklärung *Mysterium Ecclesiae* (1973), der *Professio fidei* von 1989, der Instructio *Donum veritatis* (1990), des Katechismus der Katholischen Kirche (1992), der Enzyklika *Veritatis splendor* (1993), des Apostolischen Schreibens *Ordinatio sacerdota-*

lis (1994), der Enzyklika *Evangelium vitae* (1995) und des Apostolischen Schreibens *Ad tuendam fidem* (1998).

Diese stattliche Zahl an lehramtlichen Äußerungen – unterschiedlichen Ranges – lässt sich unmöglich in einem Referat wie diesem zusammenfassend behandeln. Doch jedes von ihnen stellt einen einzigartigen Beitrag zu der Reflexion dar, die – wie es die *Lineamenta* zur nächsten Bischofssynode tun – die unhintergehbaren Prinzipien des II. Vatikanischen Konzils fortgeführt und entfaltet hat.

Eine der großen Sorgen, die die lehramtlichen Interventionen im 20. Jahrhundert und insbesondere in der Nachkonzilszeit begleiteten, galt der genauen Bestimmung der verschiedenen Ebenen der Lehrautorität. Eines der Hauptanliegen der Ekklesiologie des 20. Jahrhunderts war es, die Ebenen der Lehrautorität der lehramtlichen Akte der katholischen Kirche zu präzisieren. Dies zeigte sich womöglich am deutlichsten in der Debatte um das Apostolische Schreiben Johannes Pauls II. *Ad tuendam fidem* aus dem Jahr 1998. Was wir gerade gesagt haben, tritt offen zutage in einer neueren Veröffentlichung von François Chiron, *L'infaillibilité et son objet. L'autorité du magistère infaillible de l'Église s'étend-elle aux vérités révélées?* (Paris: Les Éditions du Cerf 1999).

Ganz offensichtlich hat das Problem des innerkirchlichen Dissenses im *munus docendi* einen Ort gefunden, an dem sich die Unterschiede am deutlichsten zeigen. Eine der jüngsten Monographien zur Autorität des Lehramts, eben jenes Buch von J. F. Chiron, untersucht die Situation vom Konzil von Trient an bis in unsere Tage. Es behandelt zunächst die Begriffe *fides, mores et disciplina* sowie Irrtumslosigkeit und Indefektibilität vom Tridentinum bis zum II. Vaticanum, sodann die Ursprünge des kirchlichen Glaubens und der Unfehlbarkeit in der Darstellung der theologischen Handbücher (18. Jahrhundert bis II. Vaticanum), das Thema Unfehlbarkeit und Papst auf dem I. Vaticanum, die Polemik um *Humanae vitae*, um die Erklärung der Glaubenskongregation *Mysterium Ecclesiae*, um den CIC, um die *Professio fidei* von 1989, um die Instructio *Donum veritatis* der Glaubenskongregation (26. Juni 1990) und die Kommentare der bekanntesten Theologen, die sich dazu geäußert haben: B. Sesboüé, Dulles, Örsy, Sullivan, Duquoc, G. Thils, J. Galot, John P. Boyle, Christoph Theobald, Peter Hünermann und viele andere.

Über die lehrinhaltliche Reichweite der Enzyklika *Humanae vitae* (vom 25. Juli 1968) ist viel diskutiert worden. Hinsichtlich der Moralität der sogenannten künstlichen Kontrazeptiva stellten sich grundsätzliche Fragen auf ekklesiologischer und moraltheologischer Ebene, die Anlass gaben, das Wesen und die Aufgabe des unfehlbaren Lehramts in der Kirche zu klären.

Mehr noch: *Humanae vitae* rief mit Nachdruck die Frage hervor, welche Rolle der Autorität in der Kirche zukomme, anhand welcher Kriterien ein *actus humanus* moralisch zu definieren sei und inwiefern man von absoluten moralischen Normen ohne Berücksichtigung der Umstände sprechen könne. In der Diskussion um *Humanae vitae* kündigte sich eine Problematik an, die bis in unsere Tage fortdauern sollte. Nach den zahlreichen Stellungnahmen aus allen theologischen Bereichen hat Papst Johannes Paul II. den geoffenbarten Charakter des Inhalts der kirchlichen Lehre in dieser Materie betont und darauf hingewiesen, wie wichtig die Unfehlbarkeit in der Lehrtätigkeit des ordentlichen und universalen Lehramts ist.

Im kirchlichen Horizont der unmittelbaren Nachkonzilszeit setzte ein Reflexionsprozess ein, in dessen Verlauf sich zwei Richtungen abzeichneten: die eine, die die Rezeption des II. Vaticanum, insbesondere von *Lumen gentium*, einschloss und die Kontinuität zum I. Vaticanum wahrte, und eine andere, die mit dem konziliaren Erbe der beiden Vatikanischen Konzilien brach. In der Bejahung bzw. Ablehnung der lehramtlichen Äußerung Pauls VI. in *Humanae vitae* zeigte sich das Verständnis für den Dienst des Lehramts, des *munus docendi,* für die ganze Kirche einerseits und andererseits der Dissens oder die Abneigung gegenüber der Kirche, verbunden mit einer Distanzierung vom kirchlichen Lehramt und von den ekklesiologischen Vorstellungen des II. Vaticanum.

Diese Situation legte es dringend nahe, in einer historischen Lage, die Antworten auf neue Probleme verlangte, die Bedeutung des *munus docendi* zu vertiefen. Im Übrigen ist es bezeichnend, dass sich gerade auf dem moralischen Felde die Notwendigkeit der Intervention des Lehramts am drängendsten bemerkbar machte. So nahm denn auch das Verhältnis Lehramt–Moral eine zentrale Stellung in den lehramtlichen Äußerungen des gesamten letzten Drittels des 20. Jahrhunderts ein, und in ihnen zeigte sich das eigentliche Wesen des *munus docendi* besonders deutlich. In diesem Zusammenhang tritt natürlich auch hervor, dass der Geist dieser Zeit jedem Autoritätsargument und damit auch der *ratio* der Unfehlbarkeit abgeneigt ist.

Die Kongregation für die Glaubenslehre hat am 24. Juni 1973 die Erklärung *Mysterium Ecclesiae* veröffentlicht; sie handelte „von der katholischen Lehre über die Kirche zu dem Zweck, sie vor den heutigen Irrtümern zu schützen“. Man darf nicht vergessen, dass sie gewissermaßen eine Antwort auf die Vorbringungen von Hans Küng ist, auf die bereits unter anderen Karl Rahner geantwortet hatte. Der Text erwähnt die verschiedenen Formen von unfehlbarem Lehramt. Er spricht vom ordentlichen und universalen Lehramt mit den Begriffen von *Lumen gentium* 25 (*doctrinam tamquam de-*

finitive tenendam); hinsichtlich des unfehlbaren Lehramts der beim ökumenischen Konzil versammelten Bischöfe werden nicht die Begriffe von *Lumen gentium* benutzt, sondern die aus der dogmatischen Konstitution *Pastor aeternus*, welche die Unfehlbarkeit des römischen Pontifex definiert (*doctrinam tenendam definit*). „Nach der katholischen Lehre erstreckt sich die Unfehlbarkeit des Lehramts der Kirche nicht nur auf die Hinterlage des Glaubens, sondern auch auf jene Wahrheiten, ohne die diese Hinterlage nicht richtig bewahrt und ausgelegt werden kann" (*secundum doctrinam catholicam infallibilitas magisterii Ecclesiae non solum ad fidei depositum se extendit, sed etiam ad ea, sine quibus hoc depositum rite nequit custodiri et exponi*).

Es ist bemerkenswert, dass in *Mysterium Ecclesiae* zum ersten Mal eine Erklärung dieser Passage aus *Lumen gentium* gegeben wird. Die Erklärung verwendet zwei klassische Verben – bewahren und auslegen – und macht ihre im II. Vaticanum noch implizite Bedeutung explizit: Das unfehlbare Lehramt, das darauf sieht, die Glaubenshinterlage zu „bewahren" und „auszulegen", erstreckt sich auch auf die Wahrheiten, die notwendig sind, damit das *depositum fidei* bewahrt und ausgelegt werden kann.

Den am 25. Januar 1983 promulgierten Codex des kanonischen Rechts hat Papst Johannes Paul II. in der Apostolischen Konstitution *Sacrae disciplinae leges* als eines der Hauptergebnisse des Konzils betrachtet. Später wurden dann in dem Apostolischen Schreiben *Ad tuendam fidem* (aus dem Jahr 1998) einige die Ausübung des unfehlbaren Lehramts betreffende Canones modifiziert. Vom *munus docendi* – *De Ecclesiae munere docendi* – handelt Buch III des *Codex Iuris Canonici*, konkret in den cc. 747 § 1, 749, 750, 752. Der Codex erwähnte, getreu dem II. Vatikanischen Konzil, zunächst nicht ausdrücklich die Existenz einer zweiten Ordnung der Wahrheit als Gegenstand der Unfehlbarkeit. Erst *Ad tuendam fidem* hat den Text des *Codex Iuris Canonici* ergänzt.

Am 25. Februar 1989 hat die Kongregation für die Glaubenslehre eine überarbeitete Fassung der Formel der *Professio fidei* veröffentlicht; diese sollte von allen abgelegt werden, die eine Funktion im Namen der Kirche ausüben. Dieser Text hat eine beträchtliche Zahl von Kommentaren hervorgerufen (Galot, Sullivan, Thils, Örsy u. a.).

In der *Professio fidei* ist die Rede von drei Ebenen von Wahrheiten und vom Grad der Zustimmung, die für jede von ihnen verlangt ist. Hinsichtlich der ersten Ebene heißt es, mit den Worten „ich glaube fest" werde präzisiert, dass nur die von Gott geoffenbarten Wahrheiten im Vollsinn Bestandteil des Glaubensbekenntnisses sind. Auf der zweiten Ebene, die endgültig vorgelegte Wahrheiten umfasst, müssen diese fest angenommen und geglaubt werden;

da sie aber nicht als von Gott geoffenbart vorgelegt werden, ist die ihnen gebührende Zustimmung eine Zustimmung, die die Kennzeichen des kirchlichen Glaubens trägt.

Das I. Vaticanum hatte bewusst die Möglichkeit einbezogen, dass die Kirche Lehren definiert, ohne sie als göttlich geoffenbart vorzulegen. Das II. Vaticanum spricht in LG 25 im Zusammenhang mit der Unfehlbarkeit des Bischofskollegiums in Gemeinschaft mit Petrus von *sententiam definitive tenendam*, ohne genau zu bestimmen, dass sie ausschließlich Glaubenssätze oder -definitionen sein müssten. Dennoch zeigt sich an dem Ausdruck *definitive*, dass der Gegenstand der Unfehlbarkeit auch nicht geoffenbarte Wahrheiten umfasst.

Zum Gegenstand der irreformablen Definitionen, sofern sie nicht Glaubensdefinitionen sind, kann gehören, was sich auf das Naturgesetz bezieht, das ja gleichfalls der Ausdruck von Gottes Willen ist; diese Aussagen gehören in die Kompetenz der Interpretation und der Vorlage durch die Kirche kraft ihres Heilsauftrags. Es sind folgende Distinktionen zu treffen: irreformable Definitionen und Glaubensdefinitionen, wobei erstere die letzteren einschließen; Glaubensdefinitionen (primärer Gegenstand) und irreformable Definitionen (primärer und sekundärer Gegenstand).

Die Kongregation für die Glaubenslehre hat am 26. Juni 1990 eine Instruktion über die kirchliche Berufung des Theologen (*Donum veritatis*) veröffentlicht. Dieser Instruktion folgten die Publikation des *Katechismus der Katholischen Kirche* (11. Oktober 1992), die Enzyklika *Veritatis splendor* (1993), das Schreiben *Ordinatio sacerdotalis* (1994) und die Enzyklika *Evangelium vitae* (1995).

Von Veritatis splendor zu Ad tuendam fidem

Einer der in den letzten Jahrzehnten am lebhaftesten diskutierten Aspekte ist die Kompetenz des Lehramts der Kirche im Bereich der natürlichen Moral. Ein eher gefühlter als verstandener Vorbehalt galt dem Verhältnis von Lehramt und Moral, ein Feld, auf dem das Lehramt deutlich als ein konstitutives Moment des Seins und Handelns der Kirche hervortritt. Man denke nur an *Veritatis splendor* und die dadurch hervorgerufenen Reaktionen. Die Ausübung des Lehramts setzt zwingend ein Verständnis der Kirche und ihrer Sendung voraus.

Hier wurde die Diskussion hitziger und gab Anlass, neu den dauernden Anspruch des Lehramts zu bedenken, die Kirche sei zuständig für den Bereich der Moralität. In Treue zum Erbe des II. Vaticanum, das wiederum seinerseits ganz auf der Linie von *Pastor aeternus* stand, wurde die Geltung der Formel *de fide et moribus* bekräftigt; sie sei der treffendste Ausdruck, um den Gegenstand der Unfehlbarkeit des Papstes im Zusammenhang der Unfehlbarkeit der Kirche zu bezeichnen. Die Formel *de moribus* bezieht sich auf das Feld der Moral, insofern diese in Beziehung zum *depositum fidei* steht. Neben der Wendung *de moribus* ist auch ihr Zusammenhang mit dem I. Vaticanum bekannt; damals hat Erzbischof Anastasio R. Yusto von Burgos die Formel *fidei morumque principiis* vorgeschlagen, mit der er die Aufmerksamkeit von Mons. Gasser erregte und dessen Antwort veranlasste.

Man darf nicht vergessen, dass die Ausübung des Lehramts sich immer auf das Wort Gottes stützen kann, denn in ihm begegnet es der geoffenbarten Lehre. Das Lehramt definiert seinen ureigenen Kompetenzbereich ausgehend von der Beziehung zur Wahrung und Weitergabe der Lehre, die sich in der Hinterlage des Glaubens findet.

Der lehramtliche Dienst ist konzipiert von dem *sancte custodire et fideliter servare* des der Kirche anvertrauten *depositum fidei* her. Bedenkt man dies neu, so kommt man auf die Beziehung zwischen Moral und Glaube, zwischen Welt und Kirche. Wenn das Lehramt sich in seinem Vollzug einem unrichtigen Verständnis der Autonomie der Welt widersetzt, erscheint es gegenüber der Welt und dem Menschen als eine ganz andere Wahrheit.

Die Aussage, die Kirche könne feststellen, ob Argumente, die sich auf die Naturordnung beziehen, oder Thesen, die sich als naturrechtlich ausgeben, mit der geoffenbarten Lehre übereinstimmen oder nicht, ist dort schwer zu vertreten und zu verstehen, wo das anthropologische Ideal in der Vorstellung vom Menschen als der Norm seiner selbst wurzelt.

Wo keine positive Offenbarung gegeben ist, müssen die Inhalte des moralischen Naturgesetzes unter Rückgriff auf die menschliche Vernunft bestimmt werden, und daher wird sich die Verbindlichkeit einer solchen Lehre für die Menschen aus der Stärke ihrer Argumente ergeben, auch in Zeiten der Krise einer dürftigen Vernunft und eines schwachen Subjekts.

Das Apostolische Schreiben *Ad tuendam fidem*

Das Apostolische Schreiben *Ad tuendam fidem*, das am 18. Mai 1998 vom Papst unterzeichnet wurde, ist begleitet von einer *Nota explicativa* der Glaubenskongregation, die ihrerseits von deren Präfekten, Kardinal Ratzinger, unterzeichnet ist; sie liefert eine autorisierte Interpretation des Schreibens und gibt darin einen lehrmäßigen Kommentar zur *Professio fidei*, die bei der Übernahme bestimmter Ämter in der Kirche abzulegen ist.

Das Apostolische Schreiben *Ad tuendam fidem* modifiziert einige Canones des CIC, namentlich den c. 750: „Kraft göttlichen und katholischen Glaubens ist all das zu glauben, was im geschriebenen oder im überlieferten Wort Gottes als dem einen der Kirche anvertrauten Glaubensgut enthalten ist und zugleich als von Gott geoffenbart vorgelegt wird, sei es vom feierlichen Lehramt der Kirche, sei es von ihrem ordentlichen und allgemeinen Lehramt; das wird ja auch durch das gemeinsame Festhalten der Gläubigen unter der Führung des heiligen Lehramtes offenkundig gemacht; daher sind alle gehalten, diesen Glaubenswahrheiten entgegenstehende Lehren jedweder Art zu meiden."

Der CIC hatte die zweite Ebene von Wahrheiten, die in der *Professio fidei* von 1989 erschien, zunächst noch nicht ausdrücklich erwähnt. Das Dokument der Glaubenskongregation hingegen nennt diese zweite Kategorie. *Ad tuendam fidem* stellt also eine Weiterentwicklung von LG 25 dar. Der Konzilstext sprach von der „Hinterlage der göttlichen Offenbarung, welche rein bewahrt und getreulich ausgelegt werden muss" (*divinae revelationis patet depositum sancte custodiendum et fideliter exponendum*). *Ad tuendam fidem* bezieht sich, anders als LG 25, mit derselben Wendung *sancte custodiendum* nicht auf die Offenbarung, sondern auf das, „was im geschriebenen oder im überlieferten Wort Gottes als dem einen der Kirche anvertrauten Glaubensgut enthalten ist". Die Formel des II. Vaticanum bezeichnet ein Verhalten, eine Sendung: Die Unfehlbarkeit ist notwendig, um die geoffenbarte Glaubenshinterlage rein zu bewahren und getreulich auszulegen. Das Apostolische Schreiben spricht direkter von „allem und jedem, was" im Dienst des *depositum fidei* steht.

Der CIC von 1983 setzt in c. 833 fest, wer die *Professio fidei* zu leisten hat: Alle, die an einem Ökumenischen Konzil oder einem Partikularkonzil, an einer Bischofssynode oder an einer Diözesansynode teilnehmen; die Kardinäle, die Bischöfe, Diözesanadministratoren, Generalvikare, Bischofsvikare, Pfarrer, Rektoren und Professoren der Theologie und der Philosophie an Seminaren, Diakone, Rektoren einer kirchlichen oder katholischen Universität, Dozenten der Disziplinen, die Glaube und Sitte betreffen, die Oberen in klerikalen Ordensinstituten und in klerikalen Gesellschaften des apostolischen Lebens.

Die Formel, mit der die Betreffenden die *Professio fidei* ablegen, wurde von der Glaubenskongregation im Jahr 1989 approbiert. Sie besteht aus zwei Teilen: dem Nizäno-konstantinopolitanischen Glaubensbekenntnis und drei

Absätzen, in denen drei Grade lehramtlicher Verbindlichkeit der zu bekennenden Wahrheiten und der jeweiligen Zustimmung unterschieden werden.

Im ersten Absatz ist die Rede von den Lehren *de fide divina et catholica*, die von der Kirche als von Gott formell geoffenbart vorgelegt werden. Diese Wahrheiten sind im geschriebenen oder überlieferten geoffenbarten Wort Gottes enthalten und werden durch ein feierliches Urteil des Papstes, wenn er *ex cathedra* spricht, oder durch das beim Konzil versammelte Bischofskollegium als durch Gott geoffenbarte definiert oder aber durch das ordentliche und allgemeine Lehramt als unfehlbar zu glaubende Wahrheiten vorgelegt. Diese Wahrheiten verlangen von den Gläubigen die Zustimmung mit theologalem Glauben. Ihre Verneinung bedeutet Apostasie oder Häresie. In beiden Fällen stellt sich, wer sie leugnet, außerhalb der Gemeinschaft der Kirche.

Der zweite Absatz spricht von der Lehre *de fide catholica:* Alles, was auf dem Gebiet des Glaubens und der Sitten, auch wenn es noch nicht als formell geoffenbart vorgelegt ist, die Kirche endgültig lehrt, weil ohne die Bejahung dieser Wahrheiten die Glaubenshinterlage geschichtlich und logisch nicht erhalten und bewahrt werden kann. Diese Wahrheiten können von denselben Organen vorgelegt werden, die wir im vorangegangenen Absatz angeführt haben. Der Grad der Zustimmung ist mit dem identisch, den wir den Wahrheiten *de fide divina et catholica* entgegenbringen, auch wenn diese Zustimmung sich auf den dem Wort Gottes geschuldeten Glauben gründet (*de fide credenda*), während die zweite Art der Zustimmung sich auf den Beistand stützt, den der Heilige Geist dem Lehramt gewährt (*de fide tenenda*). Wer diese Sätze leugnet, steht nicht mehr in der vollen Gemeinschaft mit der katholischen Kirche.

Der dritte Absatz handelt von der durch das Lehramt als wahr oder sicher vorgelegten Lehre, auch wenn diese vom ordentlichen und allgemeinen Lehramt nicht als endgültig gelehrt wird. Diese Lehre verlangt einen religiösen Gehorsam. Wer diese Wahrheit ablehnt, lehrt irrig und bringt den Glauben in Gefahr.

Zu dieser Erklärung treten kanonische Strafen, die dazu beitragen sollen, die Gemeinschaft der Kirche zu schützen. Will man die Gemeinschaft und Einheit leben, so muss man wissen, wo die Grenzen sind, die ein Glaubender einhalten muss, soll er sich nicht selbst aus der katholischen Gemeinschaft ausschließen oder Gründe liefern, derentwegen er auszuschließen ist. Der Rahmen der in *Ad tuendam fidem* genannten kanonischen Strafen ist ein klares Beispiel für den breiten Raum, der dem katholischen Glauben zugestanden wird. Der einzige Grund, weshalb die verschiedenen Grade von Wahrheit und Zustimmung vertreten werden, ist die dringende Notwendigkeit, den Glauben zu schützen.

Beiträge der Internationalen Theologischen Kommission

Neben den unterschiedlichen lehramtlichen Texten hat die Internationale Theologische Kommission mit wichtigen Beiträgen die theologische Reflexion über das Lehramt vorangebacht. Bei den verschiedenen Interventionen dieses theologischen Organs, zumal von 1975 bis heute, kam mehrmals die Sprache auf die Sendung des Bischofs und sein *munus docendi*; dabei wurden dessen verschiedene Aspekte dargestellt und die Kontinuität vom I. zum II. Vaticanum hervorgehoben.

1975 untersuchte die Kommission die gemeinsamen Elemente von Lehramt und Theologie, das heißt die Beauftragung zur Lehre, die den Bischöfen kraft Einsetzung durch Christus zukommt und die sie in seinem Namen wahrnehmen, und die Aufgabe, die den Theologen dank ihrer Kompetenz, Gemeinschaft und Sendung zufällt, nämlich zu unterrichten und die Kenntnis der Lehre zu vertiefen. Als gemeinsame Elemente unterstreicht der Text mit dem Titel *Lehramt und Theologie* die Bewahrung und Auslegung des Glaubensgutes im Dienst am Volk Gottes sowie den Schutz der Sicherheit des Glaubens im Hinblick auf die Erlösung der Menschen.

Die Internationale Theologische Kommission hat das *munus docendi* breit behandelt und in Thesenform die fundamentalen Aspekte dargelegt; dabei hat es einen deutlichen Akzent auf die Art gesetzt, wie das Lehramt und die Theologie im Dienst an der Wahrheit dauerhaft miteinander verbunden sind. Beide sind vom Wort gleitet (vgl. DV 10; 24); beide sind verpflichtet, auf den der Kirche in Vergangenheit und Gegenwart eigenen *sensus fidei* zu achten. Die Kommission erinnert einmal mehr daran, dass das Wort Gottes sich im „Glaubenssinn“ (vgl. LG 12) und durch die Einmütigkeit zwischen Hirten und Gläubigen (vgl. DV 10) ausbreitet; beides, Glaubenssinn und Eintracht, sind darauf angewiesen, sich als Bezugsgröße an die Texte der Tradition zu halten; beide haben teil an der missionarischen und pastoralen Verantwortung.

Der Text der Internationalen Theologischen Kommission spricht auch von den Differenzen zwischen dem Lehramt und der Theologie. Dem Lehramt kommt es zu, mit Vollmacht die christliche Authentizität und die Einheit in Fragen des Glaubens und der Moral zu wahren. Dies ist, wie das II. Vatikanische Konzil erklärt hat, ein positiver, kein negativer Dienst an der Kirche, der die Integration der Teile zu einem Ganzen möglich macht, indem er zugleich die Verschiedenheit, die Universalität und die Einheit der Kirche bekundet. Die Vollmacht des Lehramts, die aus der Priesterweihe erfließt (vgl. LG 21), ist Teilhabe an der Vollmacht Christi. Das charismatische und juridische Lehramt als institutionelle Größe kann nur in der Kirche bestehen, seine Ausübung in Wahrheit und Heiligkeit ist hingeordnet auf den Aufbau der Kirche (vgl. LG 27) und besitzt die Freiheit, die ihm durch sein Wesen und seine Einsetzung garantiert ist.

Nun ist aber das *munus docendi* kein Dienst für die Theologen, sondern für alle, wobei den Einfachsten Vorrang gebührt. Das Lehramt legt – mit einem Wort Tertullians – den Sinn der *praescriptio catholica* dar, das heißt, es stellt fest, was Glaubenssinn der *Catholica* und Quelle geistlichen Lebens für den Glaubenden ist.

In der katholischen Theologie unserer Zeit war die Spannung zwischen der in der Reflexion tätigen Vernunft und der Bindung an die autoritative Instanz des Lehramts, die Bejahung des *munus docendi,* einer der wichtigsten Punkte für ein richtiges Verständnis. Nicht von ungefähr wollte die Enzyklika *Fides et ratio* von dieser Sicht aus das Thema Lehramt erörtern. Das Problem von Lehramt und Theologie wiederholt sich analog in der Frage von *fides et ratio*.

Die Internationale Theologische Kommission bekräftigt in ihrem Dokument *Ausgewählte Fragen der Ekklesiologie* aus dem Jahr 1984 die Garantie der Einheit in der Lehre der Nachfolger der Apostel und den *affectus collegialis* in der vielfältigen apostolischen und pastoralen Verantwortung. In dem gehaltvollen Text *Die Interpretation der Dogmen* aus dem Jahr 1988 richtet sich der Blick auf die Äußerungen und die Praxis des kirchlichen Lehramts, speziell in seiner pastoralen Dimension und im Zusammenhang mit der Aufgabe, in einer Welt mit neuen Herausforderungen und Fragen die Wahrheit Jesu Christi authentisch zu bezeugen.

Die neuere theologische Reflexion über die Ausübung des bischöflichen *munus docendi*

Die umfangreiche neuere Bibliographie über das *munus docendi* des Papstes, des Nachfolgers Petri, des Bischofskollegiums in Gemeinschaft mit seinem Oberhaupt, dem Bischof von Rom, und eines jeden Bischofs in der Teilkirche spiegelt die theologische Reflexion über das Wesen und die Ausübung des Lehramts im Licht des II. Vatikanischen Konzils in Kontinuität zur kirchlichen *Traditio* und die in den neuen, auch außereuropäischen kulturellen Kontexten ausgelöste Debatte. Nicht zuletzt lässt die Literatur über die Äußerungen des ordentlichen wie des außerordentlichen Lehramts die neuen Fragestellungen im Dialog mit der Orthodoxen Kirche und den christlichen

Konfessionen erkennen. Es ist unmöglich, im Einzelnen alle wichtigen Probleme anzuschneiden, die in der theologischen Reflexion der letzten Jahre in der katholischen Kirche und in anderen christlichen Gemeinschaften diskutiert wurden.

Die theologische Reflexion hat nicht nur Wesen und Aufgabe des Lehramts, das *munus docendi* in der Kirche, sondern auch seine zentrale ekklesiologische Stellung in Verbindung mit der Christologie und der christlichen Anthropologie herausgearbeitet.

Am Verhältnis zwischen der Autorität des Lehramts bzw. der dogmatischen Autorität und dem Leben des Glaubens in der kirchlichen Gemeinschaft hängt die Kontinuität der apostolischen Botschaft. Das *munus docendi* als Gabe des Geistes meint die lebendige Funktion, die das Wort der Wahrheit, das Dogma, in der Kirche hat. Diese Aussage gewinnt ihre ganze Leuchtkraft und verlangt nach Bestätigung in einem Augenblick, in dem die Ausübung der Autorität der Kirche in Glaubensdingen, die Lehrfunktion der Nachfolger der Apostel, als etwas Äußeres oder Äußerliches gegenüber dem persönlichen Leben des Glaubenden erscheint. Es ist nicht zu übersehen, dass sich der Dienst des *munus docendi* denselben Schwierigkeiten gegenübersieht, mit denen jede Ausübung der Autorität, ob auf lehrinhaltlich-dogmatischem oder auf disziplinärem Gebiet, in der Kirche zu kämpfen hat.

Es war dringend geboten, über die falschen oder einseitigen Vorstellungen von der Ausübung des Lehramts nachzudenken. Da war hinzuweisen auf die christologischen und anthropologischen Häresien in der Ekklesiologie und konkreter noch auf den Einfluss eines ekklesiologischen Monophysitismus in der Vorstellung vom Lehramt, nicht zu vergessen, dass die Krise der Wahrheit und die Krise des Glaubens ein gerütteltes Maß zum Mangel an Verständnis für diesen kirchlichen Dienst beitragen. In einer Wahrheitskrise wird der autoritative Rückgriff auf den Empfang und die Bewahrung eines *depositum fidei*, die von Christus den Aposteln und ihren Nachfolgern verliehene Vollmacht, die Wahrheit auszulegen, zu bewahren und zu verteidigen, nur schwer akzeptiert.

Wenn sich dagegen aus einem richtigen Verständnis der christlichen Anthropologie und somit der Christologie eine sachgerechte Vorstellung vom Dienst des Lehramts, des *munus docendi*, ergibt, dann kann man folgern, dass Unverständnis und Ablehnung gegenüber demselben ihren Ursprung nicht selten in der Ekklesiologie vorgelagerten unkorrekten lehrmäßigen christologischen und anthropologischen Positionen haben und verhindern, dass das Amt als wesentlicher Bestandteil der Kirche akzeptiert wird. Wie B. Sesboüé vor Jahren in diesem Zusammenhang gezeigt hat, ist die lehramtliche und dogmatische Aufgabe in der Zeit der Kirche im Ganzen der Glaubenslehre der Kirche verortet. Die Ablehnung oder Herauslösung der lehramtlichen Funktion setzt eine Fragmentierung der Kirche voraus.

Das bevollmächtigte, unfehlbare Lehramt ist eine eigene und exklusive Dimension der *Catholica*. Und heute so rührig wie eh und je in der Geschichte der Kirche. Je nachdem wie man es aufnimmt, es rezipiert oder sich zu ihm stellt, bleibt man in der *Catholica* oder nicht, ist man katholisch oder nicht. Wenn wir uns nach dem *munus docendi* fragen, schreibt Karl Rahner, nach dem bevollmächtigten Träger dieser Botschaft der Kirche, dann fragen wir nach dem Wesen der *Catholica*. Von der frühesten apostolischen Zeit an ist festzustellen, dass die Geschichte der Kirche eine Geschichte der Rezeption des Lehramts ist. Heute ist angesichts der tiefen ekklesiologischen Krise die fehlende Akzeptanz des Lehramts zweifellos eines der schwerwiegendsten Probleme der Kirche.

Die protestantischen Konfessionen lehnen das Lehramt ab, weil sie glauben, es verletze den Primat des Wortes (man denke nur an das Werk von Karl Barth), und genau in dieser grundlegenden Verneinung der *Catholica* manifestiert sich der Abstand zwischen dieser und jenen, und in ihr zeigen sich auch die unterschiedlichen theologischen Sehweisen: die Beziehung Christi zur Kirche, des Wortes Christi zur kirchlichen Gemeinschaft; das Verhältnis zwischen der apostolischen und der nachapostolischen Kirche; die Kirche als Charisma oder als Institution.

Einer der nicht eben leichgewichtigen Gründe, weshalb die Äußerungen des Lehramtes nicht vollumfänglich akzeptiert worden sind, dürfte das mangelhafte Verständnis des Verhältnisses von *theologia* und *fides* sein, auf das die lutherischen Vorstellungen erheblichen Einfluss hatten. Nur wenn man die *theologia* als *scientia fidei* betrachtet, kann die Bindung an das und der Gehorsam gegen das Lehramt fruchtbar sein. Betrachtet man die Theologie als Wissenschaft von der christlichen Religion, als ein Wissen über das Christentum, das nicht mehr ist als ein historisches Geschehen, dann wird das Wesen des Glaubens reduziert auf das absolut gewisse Vertrauen allein; unter diesem Gesichtspunkt bleibt nur ein enger, um nicht zu sagen gar kein Raum für die Funktion des Lehramts, die Funktion des Lehramts im kirchlichen Glauben, das sich – sowohl was die theologische Erkenntnis als auch was das Wesen des Lehramts angeht – auf die apostolische Sukzession und auf die Indefektibilität der glaubenden Kirche stützt.

So wie die einzelnen Sakramente – auch das des Episkopats – die Sakramentalität der Kirche (als des universalen Sakraments) voraussetzen, so setzt die Indefektibilität des Lehramts die Indefektibilität der glaubenden Kirche voraus. In einer kulturell-religiösen Situation, in der die kirchliche Realität als universales Heilssakrament – also die Einzigkeit der Kirche – nur schwer Anerkennung findet, bleibt kaum Raum für das Verständnis des *munus docendi* des Lehramts.

Wenn die primatial-episkopale Institution zur Gründung und Grundlage der Kirche gehört, gehört die Bleibendheit der Indefektibilität zum innersten kirchlichen Wesenskern. Die Unfehlbarkeit des Lehramts ist nur theologisch verständlich im Kontext der Indefektibilität der glaubenden Kirche. Die theologische Reflexion hat treffend erfasst, dass es widersprüchlich ist, einerseits die Indefektibilität des kirchlichen Glaubens zu behaupten und andererseits das sichere Charisma der Wahrheit des Lehramts zu leugnen, und sie hat aufgewiesen, dass der Zweck des Lehramts – die indefektible Einheit des kirchlichen Glaubens zu bewahren – die kirchliche Indefektibilität des Lehramts verlangt.

In einem kulturellen Umfeld, in dem der Zugang zur Wahrheit in Frage gestellt wird, ist es dringend geboten, katholischerseits die lehrmäßige Indefektibilität zu betonen. Das Grundthema ist nach wie vor der grundlegende Charakter der primatial-episkopalen Institution; er ist es, der in Frage gestellt wird, und mit ihm wird auch das unfehlbare Lehramt in Frage gestellt.

Diese Probleme stehen im Hintergrund des theologischen Horizonts der *Catholica*, und nur wenn man auf sie richtig antwortet, ist das Verständnis des *munus docendi* der Kirche, konkreter noch: der Funktion der Nachfolger der Apostel möglich. Wie vor Jahren J. Alfaro geschrieben hat: „*agitur de problemate theologico non marginali, sed stricte connexo cum christologia, ecclesiologia et anthropologia*“.

Der Glaube impliziert das Verstehen und den sprachlichen Ausdruck des Christusereignisses, und die Kommunikation desselben hat sowohl mit der Hermeneutik als auch mit der linguistischen Analyse zu tun. In unseren Tagen haben die Debatten um die Hermeneutik und die Analyse der Sprache des Glaubens auch, und zwar nicht wenig, das Verständnis des Lehramts betroffen.

Die Offenbarung Gottes in Christus ist der ganzen Kirche anvertraut worden, und der gesamte kirchliche Leib ist es, der Zeugnis von ihr gibt. Der Bund ist mit der ganzen *Catholica* geschlossen. Und die *Catholica* muss ihn der ganzen Menschheit ansagen. Die *Catholica* ist es, die durch das empfangene und inmitten der Erfahrung des Glaubens weitergegebene Wort voranschreitet in einem immer neuen Verstehen der Offenbarung. Jede menschliche Wahrheit wird erworben und entwickelt sich in einer Gemeinschaft, und die Ökonomie der Offenbarung respektiert dieses Gesetz; auch sie teilt sich mit und entwickelt sich in der Kirche.

Das Volk Gottes, in seiner Substanz und Organizität betrachtet, ist der theologale Ort und ist gemäß der Verheißung des Herrn unfehlbar und indefektibel in seinem Glauben. Die Indefektibilität der gesamten Kirche stellt aber keinen Gegensatz zu den hierarchischen Organen dar, die ihr sichtbarer Ausdruck sind; vielmehr sind die hierarchischen Organe in ihrem dienstamtlichen Verhältnis zu dieser grundlegenden Unfehlbarkeit zu sehen. Das Lehramt des apostolischen Amtes, die Arbeit oder Lehre der Theologen und der Glaube der Laien sind, wie das ganze Leben der Kirche, ein differenzierter, organisch verbundener Dienst.

Bekanntlich können wir drei Typen von Lehramt in der Kirche unterscheiden. Auf alle drei müssen alle in der christlichen Gemeinschaft hören. Das charismatische Lehramt, erlebt und erlernt in der Schule der Erfahrung Gottes (*pati divina*), ist das Lehramt der Heiligen, über das H. U. von Balthasar so schön geschrieben hat. Das fachliche oder theologische Lehramt, dessen Autorität in der wissenschaftlichen Qualifikation liegt, stellt eine Dimension dar, die nicht vom spezifischen Charakter der Theologie als Wissenschaft zu trennen ist. Zahlreich sind die Beispiele, die wir dafür aus der Geschichte anführen können, von Origenes bis zu den Theologen unserer Tage. Und da ist schließlich, aber nicht an letzter Stelle, das authentische Lehramt, dessen Autorität sich auf die apostolische Sukzession und die Sendung durch Jesus Christus gründet (vgl. DV 10). Diese drei Formen sind eng miteinander verbunden, und alle drei bereichern das Volk Gottes, auch wenn die beiden erstgenannten im dritten wurzeln und wachsen.

Alles, was im Volk Gottes gelebt wird und seinen Ausdruck findet, muss aufmerksam beobachtet werden, damit man es unterscheiden kann; was partikulär und lokal ist, muss mit dem konfrontiert werden, was universal ist. In diesem Sinn ist das Volk Gottes theologischer Ort, weil es theologaler Ort des Zeugnisses der Offenbarung ist. Die Bedeutung und das Verständnis der Offenbarung lassen sich nicht trennen von dem im Glauben der Kirche gelebten *consensus*. Wenn das konkrete Gewebe der kirchlichen *koinonia*, des *consensus* – der in der Urgemeinde so intensiv gelebt wurde – nachgibt und die hierarchische Funktion des Lehrens in der Kirche nicht mehr gewahrt wird, schwindet das Bewusstsein, dass die Gemeinschaft eine brüderliche und hierarchische Gemeinschaft ist.

Die Gegenwart weist, was das *munus docendi* angeht, zahlreiche Ähnlichkeiten mit der Frühzeit der Kirche und den Anfängen der christlichen Theologie auf. Gegenüber der Gnosis musste man Begriff, Notwendigkeit und Kompetenz des apostolischen Lehramts fixieren, das die Authentizität der verschiedenen Traditionen im Rahmen der großen Tradition garantieren sollte, und man musste tiefer eindringen in die objektive Bedeutung der apostolischen Sukzession in Übereinstimmung mit den Worten und Taten Jesu Christi, in die Tragweite des Schriftlichen und des Mündlichen und in die authentische Interpretation des überlieferten Wortes Gottes. Und all dies musste erfolgen angesichts der theoretischen Rechtfertigungen der zahllosen gnostischen Antworten.

Wir haben hier weder die Zeit noch den Raum, unsere Reflexion auf die Anfänge der Theologie des Amtes und dessen Funktion als Garant des Überkommenen auszudehnen. Vielleicht ist es in unseren Tagen aufgrund der Ähnlichkeiten mit den gnostischen Ansätzen durchaus aktuell, die Theologie des apostolischen Amtes in seiner lehramtlichen Dimension im Licht der großen antignostischen Theologen neu zu artikulieren. Um nur zwei Namen zu nennen: Irenäus in Bezug auf die apostolische Sukzession und Tertullian mit seiner Lehre von der *praescriptio haereticorum*, angewendet auf das Lehramt. Es könnte durchaus verlockend sein, bei den patristischen Ausführungen zu verweilen und ihre Aktualität für ein besseres heutiges Verständnis des Dienstes des Lehramts herauszustellen.

Die Krise oder Bestreitung des Amtes in einem gnostisch angehauchten Verständnis der Ekklesiologie stellt das Wesen des *munus docendi* so dar, wie es seinerzeit von den gnostischen Konventikeln oder Sekten verfochten wurde. Da gab es die Opposition zwischen der Großkirche – die lehramtlich die authentische Botschaft vorlegte und unterschied, die authentische *Paradosis* bewahrte und sich als ihre Verwalterin fühlte – und den übrigen Gruppen, deren jede die Offenbarung auf ihre Weise je nach den Launen der Vernunft (bzw. der Philosophie) interpretierte; die Opposition zwischen denen, die die öffentliche, schriftliche und objektive *Traditio* annahmen, und denen, die die subjektive, mündliche und geheime *Traditio* bevorzugten; die Interpretation der Botschaft ausschließlich in den Händen der Initiierten und die Vielzahl der Interpretationen, die sich nicht um Einmütigkeit mit dem *sensus fidei* der Einfachen, der *Catholica* kümmerten. Es wird immer wieder erforderlich sein, langsam und geduldig einen Kreislauf und eine Kommunikation in Gang zu setzen, die den authentischen und wahren *consensus Ecclesiae* widerspiegeln.

Angesichts der Krise des eschatologischen Horizonts ist es nicht verwunderlich, dass das Lehramt in seiner lehrenden Dimension um seines eigenen eschatologischen Wesens willen abgelehnt wird: Es hat Bezug auf die endgültige Dimension der menschlichen Fülle, es ist bevollmächtigter Überbringer des Auferstehungsereignisses, der Macht des triumphierenden Christus.

Das *munus docendi* ist eine *diakonia,* es steht im Dienst am Glauben der Kirche. Die Funktion des Lehramts wird in der Kirche als Dienst, als eine *dia-*

konia an der *koinonia* ausgeübt. *Diakonia* und *koinonia* sind Termini, welche im Neuen Testament die Grundkategorien der apostolischen Vollmacht zum Ausdruck bringen, im Unterschied zu *exousia*, der Macht, die in der Regel Christus vorbehalten ist. Die lehramtliche Vollmacht ist also eine *diakonia* der *communio* im Glauben, sie ist ein Dienst an der Authentizität und am *consensus* des Glaubens der Getauften.

Der Glaube der Kirche findet immer wieder seinen Ausdruck und seine Sprache. Da der Glaube Leben ist, müssen auch der Ausdruck und die Sprache des Glaubens lebendig sein. Die mit dem *munus docendi* verbundene authentische Verkündigung besteht darin, das in der Heiligen Schrift und in der Tradition der Glaubenden enthaltene Leben zu schenken. Dieses Leben wird vom Lehramt garantiert und gesichert; es ist der Ort und die Authentizität der Unterscheidung, wenn in der Geschichte neue Probleme auftreten. Das Wort des Lehramts drückt auf neue Weise – mit der der Botschaft innewohnenden Neuheit – den authentischen Glauben aus und schafft auf neue Weise die Einheit der Kirche, weil die Gemeinschaft im Glauben nicht etwas ist, was schlicht und einfach bewahrt wird, sondern eine immer neu zu vollziehende Schöpfung darstellt. Das Lehramt muss, soll es fruchtbar ausgeübt werden, einen engen Kontakt zur Weitergabe und Kundgabe des Glaubens des ganzen christlichen Volkes halten und die missionarische Verkündigung zum eigentlichen Ziel haben. Wie der Reichtum von jeher angesichts der neuen Fragen weiterzugeben ist, drückt Irenäus in *Adversus haereses* III 24,1 treffend aus:

„Wir haben ihn [den Glauben] von der Kirche empfangen und bewahren ihn. Er ist durch den Geist Gottes ständig als kostbare Hinterlage wie in einem guten Gefäß jung und hält auch das Gefäß selbst jung, in dem er ist."

Wie oben angedeutet, war das *munus docendi*, die lehramtliche Funktion der Kirche Gegenstand der durch die unterschiedlichsten Problematiken ausgelösten Diskussion; wir wollen hier nur noch einmal an die umfangreiche dogmatische und kirchenrechtliche Literatur über das Lehramt der Kirche erinnern; zu erwähnen sind auch die in nicht wenigen Bereichen der Kirche entstandene Dialektik zwischen Lehramt und Theologie sowie die Thematik der einzelnen in der Nachkonzilszeit abgehaltenen Synoden oder die Fragen aus dem Bereich der Christologie und Ekklesiologie, die dazu nötigen, tiefer über das Wesen des Amtes, seiner Reichweite und seiner lehramtlichen Kompetenz nachzudenken. Symptomatisch ist in dieser Hinsicht die Ansprache von Papst Paul VI. (Am 29. September 1967) über die Gefahren, die heute das Glaubensgut in Bezug auf das Lehramt der Kirche bedrohen.

Zum Schluss

Ich schließe mit einem bemerkenswerten Text, der die theologische Reflexion über das *munus docendi* der Nachfolger der Apostel geprägt hat. Es ist eine Stelle aus *Adversus haereses* des heiligen Irenäus:

„Darum muss man auf die Presbyter hören, die es in der Kirche gibt und die sukzessiv in der Nachfolge der Apostel stehen, wie ich gezeigt habe; zusammen mit der Sukzession im Bischofsamt haben sie das zuverlässige Charisma der Wahrheit, wie es Gott gefiel; aber alle anderen, die von dieser Sukzession, die bis auf den Ursprung zurückgeht, nichts wissen wollen und sich beliebig irgendwo versammeln, sind verdächtig, entweder Häretiker zu sein, die Übles im Sinn haben, oder Schismatiker, hochmütig und selbstzufrieden [*sibi placentes*], oder schließlich Heuchler, die das für Geld und Ansehen machen. Alle diese Leute verlassen die Wahrheit. Und die Häretiker, die fremdes Feuer auf Gottes Altar bringen, das heißt fremde Lehren, werden durch Feuer vom Himmel verzehrt [...]. Wer sich aber gegen die Wahrheit erhebt und andere gegen die Kirche aufhetzt, der bleibt in der Hölle [...]; wer aber die Einheit der Kirche zerteilt und zertrennt, den ereilt dieselbe Strafe von Gott wie Jerobeam“ (IV 26,2).

Die Nachfolger der Apostel empfangen mit der Sukzession das Charisma der Wahrheit (*charisma veritatis certum*; *Adv. haer.* IV 26,2), wie es Gott gefällt. Die Bischöfe folgen den Aposteln nach (*Adv. haer.* III 2,2; III 3,1). Sie empfangen das zuverlässige, sichere, feste, unverderbliche und reine Charisma für die Gewissheit, Sicherheit und Festigkeit der Kirche. Wahrscheinlich hat Irenäus an Joh 15,26 gedacht, dass nämlich die Apostel mit dem Heiligen Geist auch die Unterweisung in der Wahrheit empfangen würden. Und sie empfangen es wirklich, das *charisma veritatis certum* durch den Willen des Vaters; und weil der Vater es will, gehört das Charisma der Wahrheit zur Austeilung des Heils, zum Heilsgeheimnis, zur kirchlichen Heilsordnung. Im Willen des Vaters hat die Gewissheit und Sicherheit des von den Aposteln und ihren Nachfolgern Gelehrten ihren Sitz und ihre Verankerung. Das Charisma der Wahrheit haben die Apostel nicht dem Herrn abgerungen, es kommt aus der Güte des Vaters. Die vom Vater dem Sohn geschenkte und den Aposteln weitergegebene Macht ist nicht nur baptismal, sondern auch doktrinal (*Adv. haer.* III 17,1). Die apostolische Sukzession schließt auch die Sukzession im Lehrcharisma ein. Sie ist in den Aposteln so fest und sicher wie in deren Nachfolgern.

Das *charisma veritatis* eignet den Aposteln und ihren Nachfolgern, wie das Charisma der Prophetie den Patriarchen und Propheten zukommt. Die

Ablehnung des Lehrcharismas der Apostel und der Nachfolger der Apostel bricht erstens mit dem Ursprung, entfernt sich von der Sukzession in der Lehre, und sucht zweitens die Wahrheit nach eigenem Gutdünken anderswo als bei den Aposteln. Sich von der Sukzession abzuwenden heißt sich vom Ursprung zu trennen.

Aus dem Spanischen übersetzt von Karl Pichler

Leben und Lehre Jesu

Eine Vorlesung von Friedrich Wilhelm Maier an der Universität München (1947)

von Georg Schwaiger

Die Theologische Fakultät der Ludwig-Maximilians-Universität München war durch die Tragödie um Ignaz von Döllinger (1799–1890) in schwerste Bedrängnis geraten.[1] Auf Jahrzehnte trat, wie fast überall in der katholischen Theologie, Stagnation oder doch äußerste Zurückhaltung ein. Die heftigen Auseinandersetzungen um Reformkatholizismus und Modernismus brachten erneut schwere Verstörungen.[2] Aufs Ganze betrachtet, konnte die Lage der Fakultät am Beginn des 20. Jahrhunderts nicht befriedigen. Aber durch eine Reihe bedeutender Gelehrter gewann sie allmählich neues Ansehen, so durch Otto Bardenhewer, der von der Exegese in die Patrologie auswich, die Exegeten Johann Baptist Goettsberger (Altes Testament) und Joseph Sickenberger (Neues Testament), durch die Kirchenhistoriker Alois Knöpfler und Georg Pfeilschifter, durch den Kirchenrechtler und Rechtshistoriker Eduard Eichmann, durch den großen Erforscher der mittelalterlichen Scholastik Martin Grabmann, durch den Moraltheologen und -philosophen Theodor Steinbüchel.

Die nationalsozialistischen Machthaber suchten und fanden einen Anlaß, die Theologische Fakultät mit dem Ende des Wintersemesters 1938/39 zu schließen, freilich nicht ohne erhebliche Mitschuld kirchlicher Stellen.[3]

---

[1] Georg Schwaiger, Ignaz von Döllinger (1799–1890), in: Heinrich Fries u. Georg Schwaiger (Hg.), Katholische Theologen Deutschlands im 19. Jahrhundert, III, München 1975, 9–43; Lexikon für Theologie und Kirche III^3, 1995, 306f. (Victor Conzemius); Franz Xaver Bischof, Theologie und Geschichte. Ignaz von Döllinger (1799–1890) in der zweiten Hälfte seines Lebens. Ein Beitrag zu seiner Biographie (Münchener Kirchenhistorische Studien 9), Stuttgart 1997.

[2] Knappe Darstellung dieser Auseinandersetzungen in der Kirche mit QQ u. Lit.: Georg Schwaiger, Papsttum und Päpste im 20. Jahrhundert. Von Leo XIII. zu Johannes Paul II., München 1999, 93–101, 145–156, 446, 457–462.

[3] Helmut Böhm, Die Theologische Fakultät der Universität München, in: Georg Schwaiger (Hg.), Das Erzbistum München und Freising in der Zeit der nationalsozialistischen Herrschaft, I, München-Zürich 1984, 684–738; Georg Schwaiger (Hg.), Das Erzbistum München und Freising im 19. und 20. Jahrhundert, München 1989, bes. 354–363, 368–371; ders., Das Herzogliche Georgianum in Ingolstadt, Landshut,

Fünf Jahre später lag die Universität München mit weitesten Teilen der Stadtmitte im Brandschutt schier unermeßlicher Verwüstung. Unter härtesten Bedingungen wurden Fakultät und das der Universität seit der Stiftung (1494) eng verbundene Herzogliche Georgianum nach dem Zweiten Weltkrieg allmählich wieder aufgebaut und zu neuer Blüte gebracht. Zum Wiederaufbau des Lehrkörpers der Fakultät wurden fünf Professoren aus zwei ostdeutschen Hohen Schulen berufen, die durch die polnische Besetzung der deutschen Lande östlich der Oder-Neiße-Linie und die Ausweisung der Deutschen zu bestehen aufgehört hatten. Aus der Katholisch-Theologischen Fakultät der Universität Breslau kamen die Professoren Franz Xaver Seppelt (Kirchengeschichte des Mittelalters und der Neuzeit), Friedrich Stummer (Altes Testament) und Friedrich Wilhelm Maier (Neues Testament), aus der staatlichen Akademie Braunsberg in Ostpreußen, der philosophisch-theologischen Hochschule des Bistums Ermland, die Professoren Richard Egenter (Moraltheologie, auch Hochschule Passau) und Gottlieb Söhngen (Fundamentaltheologie). Aus Münster kamen Michael Schmaus (Dogmatik) und Joseph Pascher (Pastoraltheologie), der zugleich als Direktor des Herzoglichen Georgianums eingesetzt wurde. Weil die Gebäude der Universität und des Georgianums an der Ludwigstraße weitgehend in Trümmern lagen, wurden Theologische Fakultät und Georgianum zunächst (vom Ausgang des Jahres 1945 bis 1948/49) im ehemaligen königlichen Jagdschloß Fürstenried am Münchener Stadtrand untergebracht. Das Schloß mit Nebengebäuden und zugehörigem Park gehörte dem Erzbistum, wurde als Exerzitienhaus genutzt und beherbergte zu dieser Zeit noch ein Lazarett kriegsverwundeter Soldaten. Auch mehrere Professoren der Fakultät wohnten zunächst in den Schloßbauten, alle räumlich sehr beengt. Die Vorlesungen fanden im gläsernen Gewächshaus der Gärtnerei statt – im Sommer glühend heiß, im Winter durch einen kleinen eisernen Kanonenofen bei eisiger Kälte kaum notdürftig temperiert. Später kam als Hörsaal ein saalartiger Raum in einem Nebengebäude des Schloßareals hinzu, der Teile der Bibliothek umschloß und am Morgen zur Meßfeier der Professoren auf Tragaltären genutzt wurde, daher auch Zelebrationshalle genannt. Trotz heutigen Studierenden kaum vorstellbaren

---

München 1494–1994, Regensburg 1994, 176–190; Manfred Heim, Die Theologische Fakultät der Universität München in der NS-Zeit, in: Münchener Theologische Zeitschrift 48 (1997) 371–387; Manfred Weitlauff, Die Katholisch-Theologische Fakultät der Universität München und ihr Schicksal im Dritten Reich, in: Beiträge zur altbayerischen Kirchengeschichte 48 (2005) 149–373.

Bedrängnissen, gewürzt durch ständigen Hunger und Mangel an Bekleidung, Büchern, Schreibgerät und Schreibpapier, wurden diese Fürstenrieder Jahre für einige hundert Studierende unvergeßlich als eine Zeit intensivster geistiger Anstrengung, in vielem erinnernd an die universitas magistrorum et scolarium der frühen abendländischen Universität.[4] – Ich wohnte – als Student des Bistums Regensburg – vom Beginn des Wintersemesters 1947/48 bis Ende des Sommersemesters 1950 im Georgianum; nach vier Semestern an der wieder eröffneten Philosophisch-Theologischen Hochschule Regensburg besuchte ich in diesen sechs Semestern die Lehrveranstaltungen der Theologischen Fakultät. Sechs Semester hörte ich auch die Vorlesungen von Friedrich Wilhelm Maier, der uns unter allen Professoren am meisten zu fesseln, ja zu begeistern vermochte.

Friedrich Wilhelm Maier, Priester des Erzbistums Freiburg, war am 11. März 1883 in Müllheim (Baden) geboren. Als Privatdozent an der damals deutschen Universität Straßburg (1910) mußte er in den Modernismuskämpfen seinen Synoptiker-Kommentar, weil er die „Zweiquellentheorie" vertrat, nach der zweiten Lieferung abbrechen. Hierüber berichtete er uns in der Vorlesung, daß er und sein junger Kollege Fritz Tillmann, ebenfalls in Straßburg für neutestamentliche Exegese habilitiert, vor die Alternative gestellt wurden, entweder ein anderes, nichtexegetisches Fach in der Theologie zu wählen oder das theologische Lehramt zu verlassen. Maier sagte uns, daß er der ersten Liebe, dem neuen Testament, treu geblieben sei, während Freund Tillmann zur Moraltheologie übergewechselt sei – „jetzt fährt er mit der Stange im Nebel herum". Maier wurde 1913 bis 1921 Militärpfarrer (Divisionspfarrer und Armeeoberpfarrer), zeitweilig auch Gefängnisseelsorger (er sagte „Zuchthauspfarrer"), bis er 1924 die neutestamentliche Exegese in der Katholisch-Theologischen Fakultät der Universität Breslau übernehmen konnte. Hier lehrte er bis zur Vertreibung und Ausweisung der Deutschen 1945. Von 1945 bis zur Emeritierung 1951 vertrat er als Ordinarius in der wiedereröffneten Theologischen Fakultät der Universität München mit großem Pathos sein Fach, zunächst in den Behelfsräumen in Schloß Fürstenried, zuletzt im teilweise wiederhergestellten Hauptgebäude der Universität an der Ludwig-

[4] Schwaiger, Das Herzogliche Georgianum (wie Anm. 3), 186–201; Joseph Kardinal Ratzinger, Aus meinem Leben. Erinnerungen (1927–1977), München 1998, 51–67; Georg Schwaiger, Franz Xaver Seppelt in Breslau und München. Eine Erinnerung zum 50. Todestag, in: Anna Egler – Wilhelm Rees (Hg.), Dienst an Glaube und Recht. Festschrift für Georg May zum 80. Geburtstag, Berlin 2006, 295–314. Ergänzter Nebenabdruck, in: Archiv für schlesische Kirchengeschichte 64 (2006) 201–221.

straße. Er konnte in Tussenhausen bei Mindelheim (Bistum Augsburg) ein kleines Haus erwerben, starb am 28. November 1959 in Mindelheim und fand auf dem Friedhof von Tussenhausen seine letzte irdische Ruhestätte.[5]

Seine Erfahrungen als junger Gelehrter des Neuen Testaments mußte er als schweres Unrecht empfinden, das seine Spuren über das ganze Leben hinterließ. Von seiner Seelsorgetätigkeit beim Militär und vor allem im Zuchthaus konnte er gelegentlich tief beeindruckt berichten. Der schlesische Priester Josef Gewieß, nach der Vertreibung 1946 Professor des Neuen Testaments an der Universität Münster, urteilt über seinen Lehrer: „Maier war ein tiefschürfender Forscher und ein akademischer Lehrer, in dem sich strenge Akribie und mitreißende Kraft der Rede zur Einheit verbanden."[6] Hohe Anerkennung bekundet ähnlich Joachim Gnilka, der nach Josef Schmid und Otto Kuß den Lehrstuhl für neutestamentliche Exegese in der Katholisch-Theologischen Fakultät in München innehatte: Maier „gilt als Pionier der neutestamentlichen Exegese im katholischen Bereich, eine Schule begründend. Seine Arbeit verband strenge kritisch-historische Methode und theologische Deutung, erschloß seinerzeit seinen Schülern die biblische Theologie."[7]

Über den akademischen Lehrer Friedrich Wilhelm Maier und dessen theologische Einstellung spricht sein Breslauer Schüler Otto Kuß, der von 1960 bis 1973 Ordinarius für Neues Testament in München war, in der 2. Lieferung seines (unvollendeten) Kommentars zum Römerbrief (1959): Kuß legt zunächst vor, daß er durch Maiers Römerbriefvorlesung, im Wintersemester 1925/26 in Breslau, in die paulinische Theologie eingeführt wurde. „Von ihm haben seine Schüler lernen dürfen, daß die Schrift Quelle, Ursprung, Urgestein ist; von seiner Leidenschaft fortgerissen, haben sie erfahren, daß sie – riskieren wir die vielleicht ein wenig strapazierte Metapher – einem Ozean vergleichbar ist, der nicht ausgeschöpft wird. Sie haben sich aber auch immer wieder sagen lassen müssen, daß es – soweit es sich um das Bemühen des Einzelnen handelt, der nicht prophetische Kräfte in Anspruch nehmen kann – nur einen einzigen Weg gibt, sich des Wortes dieser Schrift zu vergewissern, den Weg einer genauen und geduldigen Literalexegese, wie sie zu allen Zeiten in der Kirche einen Ort gehabt hat, daß alle Arten ‚pneumatischer' Auslegung

---

[5] Lebensgang, Werke und Nachrufe: Lexikon für Theologie und Kirche VI², 1961, 1291 (Josef Gewieß); LThK VI³, 1997, 1201 (Joachim Gnilka). Ingrid Petersen, Friedrich Wilhelm Maier (1883 bis 1957, in: Archiv für schlesische Kirchengeschichte 56 (1998) 61–81.

[6] Gewieß (wie Anm. 5).

[7] Gnilka (wie Anm. 5).

durch einen Einzelnen immer hart an der Grenze der Willkür stehen, ja diese Grenze oft genug weit überschreiten und daß die Ehrfurcht vor Gottes Wort gerade in der entsagungsvollen Arbeit stecken kann, welche ‚historisch-kritische' Exegese genannt wird. Das Neue Testament war für Friedrich Wilhelm Maier ein Unendliches, Nie-zu-Ergründendes; es war für ihn die Stätte unaufhörlicher Begegnung mit der Sache selbst, mit den göttlichen Dingen, mit Gott, und also mit den allein wesentlichen Dingen des Menschen, und von hier aus läßt es sich wohl auch erklären, daß er so merkwürdig wenig an festen, ein für allemal präzisierten Resultaten interessiert war. Er konnte Examenskandidaten, die sich auf einen kaum einige Semester alten Kollegtext beriefen, zur Verzweiflung bringen mit der Bemerkung, er habe seine Meinung seither längst wieder geändert. Das Geschriebene, Fixierte, das für immer Festgelegte irritierte ihn, er empfand es wie eine Mauer, die ihm den Zugang zu der Sache selbst zu versperren drohte, und wer von ihm Geschriebenes liest, wird niemals ahnen können, welches Leben von ihm ausging, wenn er auf dem Katheder stand. Denn der Ort, wo sich seine Begegnung mit der Schrift eigentlich vollzog, war die Vorlesung, für die er lebte und arbeitete. Friedrich Wilhelm Maier war aus innerster Berufung Lehrer, er lebte lehrend; die geheimnisvoll zwingende Kraft, die vom Hörenden auf den Lehrenden ausströmt, hat ihn immer neue Zugänge zu dem Geheimnis finden lassen, das die Schrift enthüllt und doch auch immer wieder verbirgt; man braucht nicht nur an die schweren Jahre zu denken, in denen er sich in seinem besten Streben verkannt fühlte, um zu begreifen, warum er – mochte er auch manchmal anders reden – im Innersten von dem Schreiben nur noch wenig hielt. Die seine Schüler waren, werden ihn nicht vergessen, und in dem, was sie tun – und vielleicht auch schreiben –, lebt er. So hat er es sich immer gewünscht."[8]

Obwohl ich von Anfang an die Geschichte, speziell die Geschichte der Kirche, als mein eigentliches Arbeitsgebiet gewählt habe, betrachte ich auch heute, in der Rückschau auf mehr als ein halbes Jahrhundert, Friedrich Wilhelm Maier voll Dankbarkeit als einen meiner wichtigsten Lehrer. Auch der Lehrende und Forschende in der Theologie als Wissenschaft, besonders in den exegetischen und allen historisch-kritisch arbeitenden Fächern, ist Kind seiner Zeit. Hier liegt auch die notwendige Begrenzung jeder wissenschaftlichen Bemühung. Auf diese Begrenzung Friedrich Wilhelm Maiers hat ein anderer, ebenfalls höchst beeindruckter Hörer der genannten Münchener Studienjahre, Joseph

---

[8] Otto Kuß, Der Römerbrief. Zweite Lieferung, Regensburg 1959/1963, VIf.

Ratzinger, derzeit Papst Benedikt XVI., in seinen Erinnerungen hingewiesen.[9] Deshalb ist auch meine Skizze der Vorlesung vom Wintersemester 1947/48 in München (Fürstenried), die gewiß so nicht mehr gehalten werden könnte, ein Beitrag zur Geschichte der Theologie im 20. Jahrhundert.

Die Vorlesung „Leben und Lehre Jesu" hielt Friedrich Wilhelm Maier im Wintersemester 1947/48 dreistündig, jeweils Dienstag, Mittwoch und Donnerstag von 11 bis 12 Uhr, in Schloß Fürstenried. Weil das Heizungsmaterial nicht ausreichend zu beschaffen war, begannen die Vorlesungen der Theologischen Fakultät schon am 1. September und schlossen Mitte Dezember 1947. In meinen umfangreichen, meist stenographischen Aufzeichnungen habe ich den Inhalt sorgfältig festgehalten. Ich will wenigstens die Gliederung wiedergeben; sie umfaßt 48 Paragraphen, wobei (vor allem gegen Ende der Vorlesungen) Professor Maier sich offenkundig zu manchen Kürzungen des auf 50 Paragraphen ausgerichteten Inhalts[10] veranlaßt sah:

Leben und Lehre Jesu

§ 1. Einführung (Aufgabe, Methode, Aufbau und Gliederung).

1. Hauptteil: Allgemeine Grundlegung.

§ 2. Geschichte der Leben-Jesu-Forschung.
§ 3. Literatur zum Leben Jesu.
§ 4. Die geschichtliche Existenz Jesu.
§ 5. Quellen des Lebens und der Lehre Jesu.
§ 6. Chronologie der Geschichte Jesu.
§ 7. Schauplatz der Geschichte Jesu.

2. Hauptteil: Die Hauptfragen der Leben-Jesu-Forschung

§ 1. Zur Einführung und zur Frage der geschichtlichen Glaubwürdigkeit.
§ 2. Einzelprobleme.
§ 3. „Empfangen vom Heiligen Geist, geboren aus Maria der Jungfrau". Das Geheimnis der jungfräulichen, vaterlosen Geburt.
§ 4. Der Geburtsort: Bethlehem oder Nazareth?

---

[9] Ratzinger, Aus meinem Leben (wie Anm. 4),54–61.

[10] Im Wintersemester 1948/49 hielt Prof. Maier die Vorlesung „Die neutestamentliche Theologie", für die ich ebenfalls genaue Aufzeichnungen besitze. Hier verwies er zur „Predigt Jesu" (einschließlich ihrer Vorbereitung durch Johannes den Täufer) auf seine Vorlesung im Wintersemester 1947/48, § 24–50.

§ 5. Die Herkunft Jesu.
§ 6. Die Familie Jesu (Eltern und Verwandte; das Herrenbrüderproblem).
§ 20. Beschneidung Jesu. Mariae Reinigung. Darstellung im Tempel und Auslösung der Erstgeburt.
§ 21. Magier – Stern – Kindermord – Flucht und Rückkehr.
§ 22. Die Sprachen Jesu.
§ 23. Gestalt und Aussehen Jesu. Das geistige Gesicht des Herrn.
Die Zeit der öffentlichen Wirksamkeit
§ 24. Johannes der Täufer.
§ 25/26. Die Vorgeschichte Jesu selbst:
Aufbruch zum Jordan. Taufe durch Johannes. Versuchung Jesu.
§ 22. Jesus als Dämonenbeschwörer.
§ 23. Der Prozeß Jesu.

3. Hauptteil: Die Lehre Jesu

§ 24. Jesus als Lehrer.

1. Kapitel: Gott. Gottes Wort. Gottes Geist. Gottes Volk.

§ 25. Der Gottesgedanke Jesu.
§ 26. Die Entnationalisierung des jüdischen Gottesgedankens.
§ 27. Gottes Vaterschaft und des Menschen Gotteskindschaft.
§ 28. Der Vatergott als Gott der Sünder, der Sünderliebe und Sündenvergebung.
§ 29. Gottes Wort. Jesus und das Alte Testament.
§ 30. Gottes Geist. Der Hl. Geist im Leben und in der Verkündigung Jesu und seiner Jünger.
§ 31. Gottes Volk. Das alte und das neue Gottesvolk.

2. Kapitel: Gottes Reich. Das Evangelium von der Basileia tou theou

§ 32. Sprachliches. Statistisches.
§ 33. Der Gedanke der Gottesherrschaft im Alten Testament, im Spätjudentum und bei Johannes dem Täufer.
Das Verhältnis der Verkündigung Jesu zur Basileia tou theou, zu den verschiedenen Strömungen der zeitgenössischen jüdischen Reichserwartungen.
§ 34. Begriff und Wesensmerkmale der Basileia tou theou bei Jesus.
§ 35. Die bipolare Spannung zwischen der Basileia tou theou als Zukunftsgröße und Gegenwartsgröße.
§ 36. Die Basileia als Heilszustand. Die Heilsgüter der Basileia.
§ 37. Die Empfänger der Basileia. Einlaß und Ausschluß.

§ 38. Erwählung und Prädestination zur Basileia tou theou.
§ 39. Reich Gottes und Basileia des Menschensohnes. Reich Gottes und Kirche.

3. Kapitel: Gottes Sohn. Jesu Selbstoffenbarung.

Das Messiasbewußtsein Jesu als solches.
§ 40. Die Problemlage.
§ 41. Messianismus und messianische Bewegung im Judentum.
§ 42. Das Messiasbewußtsein Jesu im Licht fremder Zeugen und in geheimem Selbstzeugnis.

4. Kapitel: Gottes Forderung (Die „Ethik" Jesu).

§ 1 (43). Die Eigenart Jesu als Sittenlehrer.
§ 2 (44). Das Wesen der Sittenlehre Jesu.
§ 3 (45). Gesetz und Evangelium. Die Stellung Jesu als Verkünder der sittlichen Forderung Gottes in seinem Verhältnis zur alttestamentlichen Gottesoffenbarung.

Abschnitt: Das Zentralgebot der Basileia: Das Doppelgebot der Gottes- und Nächstenliebe.
§ 4 (46). Stellung im Alten Testament und bei Jesus.
§ 5 (47). Der konkrete Sinngehalt des Doppelgebotes.
§ 6 (48). Bedeutung der wechselseitigen Angleichung und Ineinandersetzung der beiden alttestamentlichen Gebote bei Jesus.

„Gottes Friede und Gottes Erbarmen über uns alle wie im alten so im neuen Jahr!"
Ende der Vorlesung (nach 43 Stunden) am 11. Dezember 1947.

WS 1947/48

Neues Testament

1. Leben und Lehre Jesu, 3stündig
Di. Mi. Do 11–12 — Maier

2. Neutestamentliches Seminar: Der Markustext des Matthäus und Lukas ~~S.U.~~
(Forts.) S.U.
Zeit nach Vereinbarung — Maier

Erläuterungen

zu 1: Quellen, Chronologie, Schauplatz u. Hauptprobleme der Geschichte Jesu. Die Lehre Jesu: Gott, Gottes Reich, Gottes Wort, Gottes Geist, Gottes Sohn.

zu 2: Es wird untersucht 1) ob die Mk-Vorlage des Mt und Lk denselben Umfang gehabt hat wie unser heutiger griechisch-kanonischer Markus 2) ob der erste und dritte Evangelist ihre Mk-Vorlage in derselben Textgestalt vor sich gehabt haben.

„Bedenken Sie, wieviel davon abhängt, von welchen Händen, in welchem Geiste die Bildung des jungen Klerus in dieser Zeit und in unserem Lande betrieben werde!“

Johann Michael Sailer und seine Landshuter Bemühungen um Verlebendigung des Christentums in einer postsäkularisierten Welt

von Manfred Heim

Die in der Überschrift dieses Beitrages zitierten Zeilen schrieb der Regensburger Bischof Johann Michael Sailer (1751–1832) nicht ganz vier Monate vor seinem Tod an Anton Günther (1783–1863), den wohl bedeutendsten katholischen deutschsprachigen Philosophen des 19. Jahrhunderts[1]; die Werke des seit 1824 in Wien als Privatgelehrter wirkenden katholischen Priesters wurden 1857 durch das Breve „Eximiam Tuam“ indiziert[2].

Man hat Johann Michael Sailer den „bayerischen Kirchenvater“ und den „Heiligen jener Zeitenwende“ genannt. Sein langes, bewegtes Leben, das im Sterbejahr seines um zwei Jahre älteren Zeitgenossen Goethe zu Ende ging, gehörte zwei Jahrhunderten an und vollzog sich in der Zeitenwende, die nur durch die Schlagworte Spätaufklärung, Französische Revolution, Napoleonische Kriege und folgende Restauration kurz angedeutet sei.

I

Sailer wurde am 17. November 1751 in Aresing bei Schrobenhausen geboren. Seine geistliche Bildung erhielt er am Jesuitengymnasium in München und im Noviziat in Landsberg am Lech. Nach der Aufhebung der Gesell-

---

1 Sailer an Günther, Regensburg, 28. Januar 1832. Hubert Schiel, Johann Michael Sailer, Leben und Briefe, Bd. I: Leben und Persönlichkeit in Selbstzeugnissen, Gesprächen und Erinnerungen der Zeitgenossen, Regensburg 1948; Bd. II: Briefe (641–665 ein vollständiges Verzeichnis der Schriften Sailers), Regensburg 1952, hier 545; vgl. Konrad Baumgartner, Johann Michael Sailer, Geistliche Texte, München-Zürich 1981, 65, 170.

2 Zusammenfassend Karl Hausberger, Günther, Anton, in: Manfred Heim (Hg.), Theologen, Ketzer, Heilige. Kleines Personenlexikon zur Kirchengeschichte, München 2001, 155 (Lit.).

schaft Jesu (1773) wurde er 1775 Weltpriester, 1780/81 Dogmatikprofessor an der Universität Ingolstadt. Von 1784 bis 1794 wirkte Sailer als Professor für Ethik und Pastoral an der Universität Dillingen, seit 1799 als Professor der Moral und Pastoral in Ingolstadt, von 1800 bis 1821 in Landshut, mit den zugehörigen Fächern Homiletik und Pädagogik, seit dem Tod des Professors Vitus Anton Winter im Jahr 1814 zusätzlich Liturgik und Katechetik. Wie zuvor in Dillingen hielt Sailer in Landshut wieder öffentliche Vorlesungen über die Religion für alle Akademiker und Privatvorlesungen über Sinn und Geist der Heiligen Schrift. Das Vertrauen der Kollegen brachte ihm auch die Bestellung zum Universitätsprediger ein. Dem bayerischen Kurprinzen und späteren König Ludwig I. hielt Sailer im Sommer 1803, auf dem Höhepunkt der Säkularisationswelle, dreimal in der Woche eine Privatvorlesung über „Die Moral des Regenten in christlichen Maximen“, einmal wöchentlich legte er ihm das Evangelium aus. Aus dieser Begegnung resultierten Wertschätzung und Verehrung, die Ludwig I. zeitlebens für Sailer empfand. Neben dem gesprochenen Wort des mitreißenden Universitätslehrers steht ein großartiges literarisches Œvre, vom berühmten „Vollständigen Lese- und Betbuch“ (1783) über die klassische Übersetzung der „Nachfolge Christi“ zu grundlegenden Werken zum religiösen und theologischen Neubau (christliche Erziehung und Verkündigung, Priesterbildung, Moral- und Pastoraltheologie). Seit der Neuorganisation der katholischen Kirche Bayerns (1821) wirkte er im Bistum Regensburg als Domkapitular, Weihbischof und Generalvikar, die letzten Lebensjahre, von 1829 bis zu seinem Tod 1832, als Bischof von Regensburg, zugleich kirchenpolitischer Berater König Ludwigs I. von Bayern. Sailers Einfluß reichte weit über Bayern hinaus, ins Rheinland, nach Niederdeutschland, Österreich und in die Schweiz, auch in den evangelischen Bereich, von Lavater in Zürich bis Matthias Claudius in Hamburg[3]. In beson-

---

[3] Neben Schiel (wie Anm. 1) seien zu Sailer genannt: Georg Schwaiger, Johann Michael Sailer. Der bayerische Kirchenvater, München-Zürich 1982 (grundlegend); ders./Paul Mai (Hg.), Johann Michael Sailer und seine Zeit, Regensburg 1982; ders.: Johann Michael von Sailer. Bischof von Regensburg (1829–1832), in: ders. (Hg.), Lebensbilder aus der Geschichte des Bistums Regensburg, 2 Teile, Regensburg 1989, 2. Teil, 495–512. – Zum 250. Geburtstag Sailers im Jahr 2001 erschien die 501 Seiten umfassende Festschrift: Konrad Baumgartner/Peter Scheuchenpflug (Hg.), Von Aresing bis Regensburg. Festschrift zum 250. Geburtstag von Johann Michael Sailer am 17. November 2001 (Beiträge zur Geschichte des Bistums Regensburg 35), Regensburg 2001. Auch die Katholisch-Theologische Fakultät der Universität München widmete ihrem herausragenden Mitglied im Lehrkörper aus diesem Anlaß ein Themenheft: Zum 250. Geburtstag von Johann Michael Sailer (1751–1832), in: Münchener

derer Weise hat Sailer, der Universitätslehrer und -prediger, Seelenführer und geistliche Schriftsteller, mit seinem gesprochenen und geschriebenen Wort die Brücke geschlagen von der alten in die neue Zeit. Vornehmlich von seiner Persönlichkeit und von dem weit über Fakultät und Universität hinausreichenden „Sailerkreis" war das Vierteljahrhundert der Fakultät in Landshut – neben schweren Auseinandersetzungen mit rationalistischer Aufklärung – gekennzeichnet[4]. Denn die Wende vom 18. zum 19. Jahrhundert war für die abendländische Welt zu einer Phase grundstürzender äußerer und innerer Erschütterungen geraten, die als gottgesetzt betrachtete alte Ordnung war zerbrochen, ein neues Zeitalter, das sich freilich längst angekündigt hatte, angebrochen. Am Beginn des 19. Jahrhunderts, an einer Epochen- und Zeitenwende, stand die katholische Kirche in Bayern – wie in ganz Deutschland – vor einem gewaltigen Trümmerhaufen. Eingeleitet durch den Umbruch des Jahres 1799, als der neue Kurfürst Max IV. Joseph aus der wittelsbachischen Linie Pfalz-Zweibrücken (1799–1825, seit 1806 König Max I. von Bayern) – mit ihm der leitende Minister Maximilian Joseph Freiherr (später Graf) von Montgelas (1799–1817)[5] – die Regierung antrat, schien das Ende der „Bavaria Sancta" gekommen. Doch obwohl Bischofsstühle verwaisten und vorerst nicht mehr besetzt werden durften, blieb überall im Land eine geordnete,

Theologische Zeitschrift 52 (2001) 289–378. – Manfred Heim, Die Büste Johann Michael Sailers (1751–1832) im Lichthof der Universität München und ihre Enthüllung am 14. Juni 1933, in: Zeitschrift für bayerische Landesgeschichte 66 (2003) 165–176; Peter Scheuchenpflug (Hg.), Die Privatbibliothek Johann Michael Sailers. Nachdruck des Verzeichnisses von Büchern aus Sailers Nachlass (Regensburger Beiträge zur deutschen Sprach- und Literaturwissenschaft Reihe A: Quellen Bd. 14), Frankfurt 2006.

[4] Alfons Beckenbauer, Die Ludwig-Maximilians-Universität in ihrer Landshuter Epoche 1800–1826, München 1992. – Eine ausgezeichnete Zusammenfassung zur Situation der Theologischen Sektion in Landshut bietet Andreas Precht, Zwischen Aufklärung und Romantik. Die Theologische Fakultät der Ludwig-Maximilians-Universität in der Landshuter Epoche (1800–1826), phil. Zulassungsarbeit (Typoskript), München 1998. – Resumierend: Manfred Heim, Ende der Bavaria Sancta? Umbruchszeit für Kirche und Theologie in Landshut (1800–1826), in: Laetitia Boehm/Gerhard Tausche (Hg.), Von der Donau an die Isar. Vorlesungen zur Geschichte der Ludwig-Maximilians-Universität zu 1800–1826 in Landshut (Ludovico Maximilianea. Forschungen Band 20), Berlin 2003, 115–140.

[5] Eberhard Weis, Der Umbruch von 1799. Die Regierung Max Josephs und ihre Bedeutung für die Geschichte Bayerns, in: Kommission für bayerische Landesgeschichte [(Hg.)], Der Umbruch von 1799. Zum Regierungsantritt der wittelsbachischen Linie Pfalz-Zweibrücken in Bayern, München 1999, 19–34; ders., Montgelas, 2. Band: Der Architekt des modernen bayerischen Staates 1799–1838, München 2005.

wenn auch vielfach bedrängte kirchliche Verwaltung erhalten; und obwohl es Störungen des religiösen Lebens gab und tiefe Verletzungen, konnte das kirchlich-religiöse Leben weitergetragen werden. Trotz des äußeren kirchlichen Zusammenbruchs fehlte es nicht an wirklich markanten Gestalten, Priestern und Laien, die entschlossen darangingen, den alten Glauben in der stürmisch aufgebrochenen neuen Zeit zu leben, zu verkünden und glaubwürdig darzustellen, das schwer erschütterte Kirchenwesen wieder aufzubauen. Zu ihnen sind auch Angehörige der Theologischen Fakultät (Sektion) der 1472 in Ingolstadt gegründeten ersten bayerischen Landesuniversität zu zählen, die sich von 1800 bis 1826 Landshut befand und seither als Ludwig-Maximilians-Universität München zu den weltweit großen Lehr- und Forschungseinrichtungen gehört.

II

Unter den hochqualifizierten Professoren, mit denen die Theologische Fakultät (Sektion) in der bewegten viertelhundertjährigen Landshuter Epoche ausgestattet wurde, ist allen voran der Moral- und Pastoraltheologe und Pädagoge Johann Michael Sailer zu nennen. In der Tat: Man kann von der katholischen Erneuerung im Deutschland des frühen 19. Jahrhunderts überhaupt nicht sprechen, ohne Sailer und sein über zwei Jahrzehnte währendes Wirken in Landshut mit an erster Stelle zu nennen. Die Universität Landshut, die in den folgenden Jahren durch die Berufung hochangesehener Gelehrter – unabhängig von ihrer Religionszugehörigkeit – zu einer der bedeutendsten deutschen Universitäten aufblühte, erhielt eine neue Verfassung mit tiefeinschneidenden Änderungen der bisherigen Strukturen. So traten an die Stelle der vier herkömmlichen Fakultäten der Theologie, Jurisprudenz, Medizin und Philosophie zwei Hauptklassen, nämlich die allgemeinen und die besonderen Wissenschaften, von denen jede in vier Sektionen gegliedert war. Damit war aus der Theologischen Fakultät die Theologische Sektion geworden. Als Ausbildungsstätte katholischer „Religionsdiener“ und „Volkslehrer“ wurde ihr von Minister Montgelas besondere Bedeutung zugedacht. Wie sehr die Anfänge der Universität in Landshut vom Geist der Aufklärung bestimmt waren, belegen die vom 4. bis 7. Juni 1802 begangenen Feierlichkeiten, als die Translokation nach Landshut als endgültig deklariert war; das Universitäts-Installationsfest, das ganz unter dem Zeichen aufgeklärter Fürstenpanegyrik stand und mit aller Macht und Pracht den Herrscher als Genius der Aufklärung und Toleranz feierte, enthielt auch ein akzentuiert-aufgeklärtes Programm für die Theologie. Das Portal der ehemaligen Dominikaner- und neuen Universitätskirche wurde, ganz im Geist „zeitgemäßer" Vernunftideologie, mit einem Triumphbogen geschmückt, den die Göttin der Wissenschaft, Pallas Athene, mit dem Universitätswappen krönte, zu ihrer Linken der Genius der Dankbarkeit (Gratitudo), zu ihrer Rechten das Sinnbild der Aufklärung, Lucipara, mit der Inschrifttafel „Fiat lux!" – „Es werde Licht!". Die Festpredigt in der Universitätskirche – sie war zugleich ein Loblied auf den Fortschritt der Wissenschaft – hielt Georg Alois Dietl, Pfarrer von Berg bei Landshut, seit dem Sommersemester 1801 Professor für Ästhetik und Philologie[6]. Nach Worten des Dankes an Kurfürst Max IV. Joseph, den er als Zweitgründer der Universität gewürdigt wissen wollte, entwickelte der zu den gewiß geistvollsten und angesehensten Landshuter Gelehrten gezählte Geistliche auf Grundlage der Schriftstelle im alttestamentlichen Buch der Sprüche „Die Weisheit baute sich einen Tempel und ließ sich einladen" (Spr 9,1.3) sein deutlich Immanuel Kant entlehntes aufgeklärtes Programm für die Theologie in Landshut, das ganz mit den von der bayerischen Regierung 1802 erlassenen Leitlinien zur Klerusausbildung übereinstimmte. Dietl proklamierte eine radikale Erneuerung der Theologie, die sich vor allem in der Anwendung der historischen Methode zeige und eben dadurch den „hüllenden Schleier" der Scholastik beseitigen könne. Die Theologie konzentriere sich in der Praxis nunmehr auf ihr eigentliches Ziel: „Sie hebt das Praktische aus den heiligen Schriften heraus, und ordnet es zu einem System christlicher Moral. Sie weis wohl, daß eine positive Religion ohne äußerliche Gottesverehrung nicht sein kann; sie lehret daher Liturgie und was zu priesterlichen Amtsverrichtungen gehöre; damit nach der Lehre des Apostels im Dienste des Altars alles mit Würde, Anstand und Ordnung geschehen möge; aber sie weis auch, daß die christliche Religion nach der Absicht ihres Stifters ein Lehrinstitut sein soll, wie die Menschheit zu allen Zeiten eines bedarf"[7]. Dementsprechend solle die Theologie, ganz im Sinne Montgelas', „ihre Zöglinge zu geschickten Volkslehrern" bilden, und die Studenten der Theologie seien, so Dietl im Rückgriff auf Mt 5,13f., dazu bestimmt, „das Licht der Welt, das Salz der Erde zu sein. Ihr seid die Priester des heiligen Feuers, welches Jesus von Himmel gebracht hat, und welches er auf Erden verbreitet wissen wollte. Ihr habt den schönen Beruf, durch reine, kraftvolle Darstellung

---

[6] Georg Alois Dietl, Rede, als die churfürstliche Universität zu Landshut die ehemalige Dominikanerkirche in Besitz nahm, und daselbst den ersten akademischen Gottesdienst hielt, Landshut 1802.

[7] Ebd. 27f. – Precht (wie Anm. 4), 56–58 (auch zum Folgenden).

der evangelischen Lehren die Herzen der Menschen zur Liebe des Guten zu entflammen, und das Reich Gottes, das Reich der Tugend und Wahrheit auszubreiten. – Wie, sollte bei diesen Zurufen den Kandidaten des Priesteramtes das Herz nicht höher schlagen?“[8] Für den Pfarrer und Professor Dietl ist es folgerichtig „Sache der Theologie, die Religion, ohne ihren ewigen Grundwahrheiten etwas zu vergeben, mit dem Geiste des Zeitalters in Harmonie zu bringen, und zu diesem Endzweck die Hülfsmittel, welche die höhere Kultur der Zeit darbietet, zu gebrauchen ... Man glaube nicht, daß Theologie und Philosophie, Religion und Vernunft, sich einander anfeinden, und mit wechselseitigem Grolle bekriegen ... Man fürchte nicht, daß die größere Aufklärung überhaupt der Religion gefährlich sei; sie kann es nur den Auswüchsen, den Mißbräuchen, den menschlichen Zusätzen sein.“[9]

III

Repräsentierten die Universität in den ersten Landshuter Jahren die Aufklärer auf philosophischem und theologischem Gebiet, zu denen nicht wenige Weltgeistliche und ehemalige Ordensangehörige zählten, dazu „Gesinnungsfreunde“ in allen Fakultäten, so änderte sich spätestens im Verlauf des zweiten Landshuter Jahrzehnts die geistige Atmosphäre zugunsten der neuen Ausrichtung, die freilich schon zu Beginn der Landshuter Epoche – im besten Wortsinn – zugegen war. Landshut hatte sich – nach dem ungeheuren, durch die Säkularisation verursachten Schock – zu einem der bedeutendsten Zentren einer wiedererstarkenden, neues Selbstbewußtsein schöpfenden katholischen Bewegung des süddeutschen Raums etabliert – der gut ein Jahrzehnt währende „Richtungsstreit“ zwischen Aufklärung und katholischer Erneuerung war damit siegreich für diese entschieden.

Zu den angesehensten, den Gegnern zugleich unverdächtig gebliebenen Gelehrten der Theologischen Fakultät gehörte dabei der seit 1794 zugleich als Pfarrer an der Liebfrauenkirche in Ingolstadt, in Landshut seit 1800 als Pfarrer von St. Jodok fungierende Vitus Anton Winter (1754–1814), bedeutender und

---

[8] Ebd. 28f.

[9] Ebd. 30–33. – Zur Konzeption einer aufgeklärten Theologie auch Manfred Heim: Goldenes Priesterjubiläum in München 1775. Heinrich Brauns „Rede von der Wichtigkeit der priesterlichen Würde“, in: Manfred Weitlauff/Peter Neuner (Hg.), Für euch Bischof – mit euch Christ. Festschrift für Friedrich Kardinal Wetter zum siebzigsten Geburtstag, St. Ottilien 1998, 245–270.

aufgeklärter Liturgiereformer, Professor für Kirchengeschichte und Patrologie, dann für Katechetik und Liturgik, seit 1804 Mitglied der Bayerischen Akademie der Wissenschaften[10]. Winter war, zu jener Zeit gerade Dekan, auch einer der vier Beauftragten, die im Jahr 1800 die sehr aufwendige Translokation der Universität nach Landshut durchzuführen hatten. In besonderer Weise jedoch erhielt die Theologische Fakultät ihr genuin Landshuter Gepräge durch den noch 1799 nach Ingolstadt berufenen Moral- und Pastoraltheologen Johann Michael Sailer, dann durch den Dogmatiker (später biblischen Archäologen) Patrizius Benedikt Zimmer (1752–1820)[11]. Mit dem gleichzeitig berufenen Philosophen Josef Weber (1753–1831)[12] war das bis 1794 an der fürstbischöflich-augsburgischen Universität Dillingen wirkende und dieser Hohen Schule hohes Ansehen verleihende, jedoch als aufgeklärt geziehene „glänzende Dreigestirn" oder „Dillinger Kleeblatt" in Landshut bis zur Rückkehr Webers nach Dillingen im Jahr 1804 wieder vereint. Es waren – um dies nochmals mit allem Nachdruck zu betonen – die überragende geistig-geistliche Gestalt Sailers und der weit über Landshut ausgreifende „Sailerkreis"[13] allen voran, die für die Geschicke – und das Ansehen! – der Theologischen Sektion in ihrer Landshuter Zeit geradezu konstitutiv wurden, und dies um so mehr, als Sailers Wirken bis zu seinem Weggang als Domkapitular nach Regensburg im Jahr 1821 beseelt war von seinem Anliegen, rationalistische Aufklärung zu über-

---

[10] Johann Michael Sailer, Rede zum Andenken an Vitus Anton Winter, Landshut 1814; Josef Steiner: Liturgiereform in der Aufklärungszeit. Eine Darstellung am Beispiel Vitus Anton Winters, Freiburg-Basel-Wien 1976; Manfred Heim, Winter, Vitus Anton, in: Lexikon für Theologie und Kirche 10 (^{3}2001) 1229.

[11] Engelbert M. Buxbaum, Zimmer, Patrizius Benedikt, in: Laetitia Boehm/Winfried Müller/Wolfgang J. Smolka/Helmut Zedelmaier (Hg.), Biographisches Lexikon der Ludwig-Maximilians-Universität München, Teil I: Ingolstadt-Landshut 1472–1826. Mit einem Beitrag von Christoph Schöner, Die „magistri regentes" der Artistenfakultät 1472–1526. Redaktionelle Bearbeitung: Winfried Müller und Michael Schaich, Berlin 1998, 498f.

[12] Ders., Weber, Josef (von), in: ebd. 466–468.

[13] Dem „Sailerkreis" standen nahe u. a. der Mediziner Andreas Röschlaub, der evangelische Philologe Friedrich Ast, der evangelische Philologe Friedrich Wilhelm Breyer und der Rechtshistoriker Friedrich Karl von Savigny, der freilich nur zwei Jahre, von 1808 bis 1810, in Landshut wirkte, bevor ihn Wilhelm von Humboldt an die neue „Musteruniversität" Berlin berief. Über seinen väterlichen Freund Sailer äußerte sich Savigny einmal: „Doch habe ich auch Menschen gefunden weit über meine Erwartung, vor allem Sailer, einen der herrlichsten, edelsten, kräftigsten Menschen, den ich ehren und lieben muß wie wenige." Zitiert nach Georg Schwaiger, Das Herzogliche Georgianum in Ingolstadt, Landshut, München 1494–1994, Regensburg 1994, 122.

winden und ein „lebendiges Christentum" vorzuleben. Diese „Triebfeder" für Sailers Werk, seine Lehre und sein gelebtes Vorbild, sein gesprochenes und geschriebenes Wort, konkretisierte sich in besonderer Weise in seiner Vorstellung von Priesterbild, Priesterbildung und Pastoral, mit der er aber zwangsläufig in härteste Konfrontation zu aufgeklärten Geistern geriet, namentlich zu Matthäus Fingerlos, der – von 1804 bis 1814 Direktor des Herzoglichen Georgianums – in Priesterbild und Pastoral rationalistische Aufklärung verfocht und die Ideen Montgelas' im Hinblick auf die Formierung von Geistlichen zu katholischen „Religionsdienern" und „Volkslehrern" vertrat[14]. Für Sailer hingegen waren Glaube und Frömmigkeit auf der einen und gründliches Wissen auf der anderen Seite – und nicht allein Sittlichkeit – die Grundpfeiler für die geistliche Bildung, keineswegs sich ausschließende Begriffe. Im Gegenteil: „Gottseligkeit" war für ihn geradezu Inbegriff für Haltung, Gemüt und Gesinnung des Theologiestudenten, überhaupt für des Christenmenschen Hingabe an Gott[15].

Kein geringerer als Joseph Görres (1776–1848)[16] hat für Sailers Priesterschule und den Sailerkreis anläßlich der Thronbesteigung König Ludwigs I. im Jahr 1825 dieses bedeutungsschwere Zeugnis abgelegt: „Unter den achtbaren Männern, die auf deinen Bischofsstühlen sitzen, ist einer der Berufenen, der früh im Lehrfach sich versucht. Er hat mit dem Geist der Zeit gerungen in allen Formen, die er angenommen; vor dem Stolz des Wissens ist er nicht zurückgetreten, sondern hat seinen Ansprüchen auf den Grund gesehen; keiner Idee ist er furchtsam zur Seiten ausgewichen, vor keiner Höhe des Forschens ist er bestürzt worden, immer nur eine Stufe höher hat er begonnen und ruhig das Kreuz hinaufgetragen und, wenn auch bisweilen verkannt, in Einfalt und Liebe wie die Geister so die Herzen ihm bezwungen. Er hat eine Schule von Priestern dir erzogen, die, den Forderungen der Zeit gerecht, deinen guten Absichten bereitwillig entgegenkommt: ihnen darfst du dein Volk und seine Erziehung kühnlich anvertrauen"[17].

---

[14] Ebd. 122–124.

[15] Ebd. 124. – Manfred Weitlauff, Priesterbild und Priesterbildung bei Johann Michael Sailer, in: Münchener Theologische Zeitschrift 46 (1995), 69–97.

[16] Harald Dickerhof (Hg.), Görres-Studien. Festschrift zum 150. Todesjahr von Joseph von Görres, Paderborn-München-Wien-Zürich 1999.

[17] Schiel (wie Anm. 1), Bd. I, 318. – Georg Schwaiger, Die katholische Kirche Bayerns zwischen Aufklärung und Erneuerung, in: ders./Mai (1982) (wie Anm. 2), 15–34, hier 33. Ebenso eindrucksvoll ist das Zeugnis aus der Feder des Melchior von Diepenbrock (1798–1853), ehedem Geheimsekretär Sailers und seit 1845 Fürstbischof von Breslau (1850 Kardinal), über seinen großen Mentor Johann Michael Sailer: „Elf Jahre hin-

IV

Nach einem Vierteljahrhundert tiefgreifender Veränderungen und verheerender Kriege der Napoleonischen Epoche schuf der Wiener Kongreß der europäischen Mächte (1814/15) wieder eine feste Ordnung im staatlichen Leben Europas, die für das 19. Jahrhundert grundlegend blieb[18].

Die Hauptarbeit zur Neubegründung einer soliden katholischen Theologie, zur Wiedergewinnung des stark verdunkelten Begriffs einer lebendigen Religion in der Kirche hatten in Deutschland zunächst aber einzelne Gruppen von Geistlichen und gebildeten Laien – vielfach innerkirchlich angefochten – geleistet. Johann Michael Sailer und seine nicht nur Landshut prägende und alles überragende Geistigkeit, dann der Kreis, der sich um den „bayerischen Kirchenvater" bildete, anschließend auch Theologen der Universität Tübingen waren die Hauptträger der geistig-religiösen Erneuerung in Deutschland. Für Sailers Wirken – in Landshut und ein Leben lang – kann pars pro toto eine Sentenz leitmotivisch genannt werden, die auch den Titel dieses Festschriftbeitrags für seinen Nachfolger umschreibt; Sailer hat sie 1811 in einem Brief an den Pfarrer von Wallersdorf und späteren Bischof von Passau Karl Riccabona 1811 folgendermaßen fixiert: „Christus lebet: davon giebt es täglich neue Proben. Wir wollen von ganzem Herzen daran glauben – bis wir es erfahren."[19]

---

durch habe ich in ununterbrochenem Verkehr mit ihm gelebt, die letzten acht Jahre als sein nächster Haus- und Tischgenosse ... und ich kann vor Gott versichern: ich habe ihn nie klein, nie sich ungleich, nie stolz oder eitel, nie gereizt, nie entmutigt, nie erzürnt oder verdrießlich, und wenn auch zuweilen tief verletzt und betrübt, doch nie außer Fassung, nie leidenschaftlich bewegt, stets seiner sich selbst würdig gefunden, habe ihn stets als ein Musterbild vor mir stehen sehen, an dem man sich erheben, erbauen und lernen konnte, ein Mann, ein Christ zu sein ... Das durchscheinende Geheimnis seines inneren Lebens war die stete Gegenwart Gottes". Melchior von Diepenbrock: Geistlicher Blumenstrauß aus christlichen Dichter-Gärten, Sulzbach [2]1852, XI-XIII; Schwaiger (wie oben), 33. – Alexander Loichinger, Melchior Diepenbrock. Seine Jugend und sein Wirken im Bistum Regensburg (1798–1845), Regensburg 1988.

[18] Zusammenfassend Manfred Heim, Einführung in die Kirchengeschichte, München 2000, 109–112 (171f. Lit.).

[19] Sailer an Riccabona, Landshut, 19. Februar 1811. Zitiert nach Baumgartner (wie Anm. 1), 24, 168 und Buchrücken.

Kraftvoll-lebendige Erinnerung bis heute

Zweites Vatikanisches Konzil und Gemeinsame Synode als Wegweiser für die Zukunft

von Karl Kardinal Lehmann

Bischof Gerhard Ludwig Müller und ich waren Lehrer der Theologie als Professoren an der Universität und sind nun Lehrer des Glaubens als Bischöfe. Ich bin seit fast 40 Jahren – auf dem Weg des Studiums, der Diplomarbeit, der Promotion und der Habilitation, sowie schließlich auch der Primizpredigt – sein Lehrer gewesen, durch vieles hindurch sein Freund geblieben und sein Kollege und Mitbruder im Bischofsamt geworden. Wir sind gut zehn Lebensjahre von einander entfernt. Fast genauso viel trennt mich von Papst Benedikt XVI. / Joseph Ratzinger, mit dem ich einige Jahrzehnte durch das Leben der Kirche gehen durfte. Zehn Jahre können in dieser Zeit viel sein. Ich durfte das Zweite Vatikanische Konzil und die Gemeinsame Synode der Bistümer in der Bundesrepublik Deutschland erleben. Sie und ihre Verwirklichung gehören zu meinem Leben. Wie ich sie erlebt habe und im Fall der Gemeinsamen Synode auch ein bisschen mitgestalten durfte, möchte ich – auch einmal in dieser Form – als ein kleines Vermächtnis des Älteren dem Jüngeren schenken.[1]

I.

Wer vom „Konzil“ spricht, darf nicht nur auf die vier höchst eindrucksvollen Jahre 1962 bis 1965 schauen. Freilich war dies der Höhepunkt: das Zusammentreffen von 2.400 Konzilsvätern aus aller Welt, die stürmischen Ereignisse

---

[1] Ich habe dafür keinen Text eigens verfasst oder zusammengebaut, sondern einen vorhandenen zur Verfügung gestellt: 40 Jahre Zweites Vatikanisches Konzil und 30 Jahre Gemeinsame Synode. Vortrag beim Festakt der Deutschen Bischofskonferenz und der Diözese Würzburg am 21. November 2005 in Würzburg. Der Text wurde für den Abdruck gründlich aktualisiert und ergänzt. Vgl. auch schon E. Garhammer (Hg.), Ecclesia semper reformanda. Kirchenreform als bleibende Aufgabe, Würzburg 2006; darin auch mein Beitrag zum Thema, a. a. O., 11–30. Vgl. grundsätzlich auch: P. Hünermann (Hg.), Das Zweite Vatikanische Konzil und die Zeichen der Zeit heute, Freiburg i.Br. 2006; darin auch meine Einführung, a. a. O., 11–26.

vom Oktober und November 1962, die 2.200 Konzilsreden, die 500 Abstimmungen und die 16 verabschiedeten Dokumente. Die Beobachter und Delegierten der nicht-katholischen Kirchen spielten – auch ohne Stimmrecht – eine große und einflussreiche Rolle als Katalysatoren in einem umfassenden Gespräch. Es genügt auch nicht, allein an die unerwartete Konzilsansage durch den unvergesslichen Papst Johannes XXIII. am 25. Januar 1959 in St. Paul vor den Mauern zu denken. Heute sehen wir deutlicher, dass der Gedanke an ein solches Konzil schon länger sich immer wieder rührte. Aber die Zeitläufe waren einer früheren Durchführung nicht günstig gesonnen.

Aus heutiger Sicht erkennen wir auch, dass es in vielen Bereichen den schroffen und manchmal grobschlächtigen Unterschied von „vorkonziliar" und „nachkonziliar" so nicht gibt. Denn gerade die große Theologie und die umfassenden Bewegungen zur Erneuerung der Liturgie und des Laienapostolates, genährt durch eine vertiefte Kenntnis der Bibel, haben schon seit den 20er Jahren langsam einen Aufbruch geschaffen, ohne den das Konzil schlechthin nicht denkbar ist. Dass das Konzil trotz aller Auseinandersetzungen am Ende so einmütig begrüßt wurde, setzt eine lange intellektuelle und spirituelle Bereitung voraus, die freilich ohne das unverfügbare Wehen des Gottesgeistes nicht verständlich ist. Darum können auch heute noch viele Impulse aus der Zeit vor Konzilsbeginn origineller und schöpferischer sein als manches, was sich nach Konzilsende bis heute so ausgibt. Wir sind auch sensibler geworden, dass man sich nicht zu unbesehen auf Konzilstexte in globaler Weise berufen kann. Man hat keine Angst vor einer Erneuerung und will auch das Rad der Geschichte nicht zurückdrehen, wenn man das Zweite Vatikanische Konzil bei allen frischen und manchmal auch umwälzenden Impulsen in Verbindung bringt mit den übrigen Konzilien und der kirchlichen Tradition. Wir würden uns selbst ärmer machen, wenn wir an ihren großen Schätzen vorbeigehen würden.

Was ist im Konzil eigentlich geschehen? Wo sind die Schlüsselereignisse? Im Mittelpunkt des konziliaren Geschehens[2] standen die drei großen Felder:

---

[2] Vgl. neben vielen weiteren: K. Lehmann, Konzilswollen und Konzilsfolgen. Die langen Lernwege seit dem II. Vatikanischen Konzil, in: Wie im Himmel, so auf Erden. 90. Deutscher Katholikentag vom 25.-27.5.1990 in Berlin, Dokumentation Teil 2, hrsg. vom Zentralkomitee der deutschen Katholiken, Paderborn 1991, 1661–1666; Ders., Zwischen Überlieferung und Erneuerung. Hermeneutische Überlegungen zur Struktur der verschiedenen Rezeptionsprozesse des Zweiten Vatikanischen Konzils, in: A. Autiero (Hg.), Herausforderung Aggiornamento. Zur Rezeption des Zweiten Vatikanischen Konzils, Altenberge 2000 (= Münsteraner Theologische Abhandlungen 62),

die innerkirchliche Erneuerung, die ökumenische Annäherung und das gewandelte Weltverhältnis. Die 16 Dokumente lassen sich auf diese Bereiche verteilen: Grundvollzüge im Leben der Kirche, neue Beziehungen zu den übrigen christlichen Kirchen sowie zu den Weltreligionen und erneuerte Sendung in die Welt hinein. Dabei standen vor allem folgende Themen im Vordergrund: Würde der menschlichen Berufung, Rang der menschlichen Person und ihrer personalen Rechte, Ehe und Familie, Kultur und Fortschritt, soziale und ökonomische Fragen der Völkergemeinschaft und nicht zuletzt der Frieden in der Welt.

Was war aber nun maßgebend geworden, um auf diesen drei Feldern sach- und zeitgerechte Aussagen zu machen, die auch eine gewisse innere Einheit aufweisen? Es sind wohl zwei Leitideen, die einen beherrschenden Einfluss hatten: *Dienst und Dialog*[3].

Dienst ist nicht bloß eine Beschreibung der letzten Zielsetzung des kirchlichen Amtes, sondern ist zuvor eine Grundkategorie im Verständnis des Handelns der Kirche in der Welt. Die Kirche ist nicht um ihrer selbst willen da, sondern besinnt sich auf ihre ureigene Aufgabe, „Instrument" des Heils für die ganze Welt zu sein. Dieser Dienst kann nur Früchte bringen, wenn ein unheilvoller Gegensatz zwischen dem Amt und den Laien überwunden wird, selbstverständlich ohne den jeweils eigenen Auftrag preiszugeben.

Das zweite Stichwort heißt *Dialog*. Dialog ist niemals als harmlose Weltverbrüderung und naives Sichanpassen an die Welt gedacht. Dialog[4] ist auch

---

95–110; Ders., Hermeneutik für einen künftigen Umgang mit dem Konzil (=Vortrag in Bamberg am 22.1.04), in: Günther Wassilowsky (Hrsg.), Zweites Vatikanum – vergessene Anstöße, gegenwärtige Fortschreibungen (= Quaestiones disputatae 207), Freiburg i. Br. 2004, 71–89 (auch als Sonderdruck). Diverse weitere Abdrucke.

[3] Vgl. K. Lehmann, Evangelium und Dialog. Ermutigender Rückblick 25 Jahre nach Abschluss des Zweiten Vatikanischen Konzils, in: Ders., Glauben bezeugen, Gesellschaft gestalten. Reflexionen und Positionen, Freiburg i. Br. 1993, 316–327; früher auch mit dem Untertitel: Ein Vortrag zum 25jährigen Konzilsjubiläum, in: Herder-Korrespondenz 45 (1991) 84–90; vgl. auch in: E. Kleindienst – G. Schuttermayr (Hrsg.): Kirche im Kommen. Festschrift für Bischof Josef Stimpfle, Frankfurt/Berlin 1991, 401–422; weitere Abdrucke.

[4] K. Lehmann, Vom Dialog als Forum der Kommunikation und Wahrheitsfindung in der Kirche heute. Eröffnungsreferat von Bischof Karl Lehmann bei der Herbstvollversammlung der Deutschen Bischofskonferenz in Fulda am 19. September 1994 (= Der Vorsitzende der Deutschen Bischofskonferenz Nr. 17), hrsg. vom Sekretariat der Deutschen Bischofskonferenz, Bonn o.J. (1994), jetzt in: K. Lehmann, Zuversicht aus dem Glauben. Die Eröffnungsreferate des Vorsitzenden der Deutschen Bischofs-

kein unverbindliches Gerede. Im Unterschied zum Wort „Gespräch" dient der Dialog dem gemeinsamen Finden und Anerkennen der Wahrheit und – dies ist nun das Wichtigste – benutzt zu diesem Zweck auch institutionalisierte Verfahrensweisen. Ein Dialog ist also entschieden zielgerichtet und auf einen herzustellenden Konsens bezogen. Der Dialog strebt nach einer Einigung, die einem zuvor bestehenden Missverständnis oder einem Streit ein Ende macht, mindestens sucht er eine Verständigung, die aufgetretene Gegensätze ausgleicht. Dabei können auch problematisch gewordene Geltungsansprüche zum Thema gemacht und auf ihre Berechtigung hin untersucht werden. Diese durch Argumentation gekennzeichnete Form der Kommunikation wird im neueren philosophischen Denken auch „Diskurs" genannt. „Dialog" ist etwas weiter gefasst, hat aber eine ähnliche Struktur. Er zielt auf eine Einigung in einer strittigen Sache, wobei es nicht zuletzt um die solide Haltbarkeit eines erreichten Konsensus geht, damit der Streit nicht bei nächster Gelegenheit wieder ausbricht. Andere Formen des Gesprächs haben eine lockere Fügung, sind direkt auf die Sache bezogen, wobei sich die angestrebte Einigung mehr auf verborgene Weise vollziehen kann. Der Dialog verläuft, wenn er sich selbst recht versteht, nach den Prinzipien des Findens der Wahrheit und der Wahrung der Freiheit. Im gemeinsamen Dialog hat jeder Teilnehmer gleiche Chancen. Das Gespräch gelingt nur durch die Antizipation, „dass beide Parteien auf der Ebene grundsätzlicher Gleichberechtigung und Freiheit in voller Offenheit miteinander zu sprechen bereit sind. Das erfordert nicht nur, dass derjenige, der es eingeht, diese Voraussetzungen bei sich selber realisiert, sondern das hängt auch davon ab, ob der Partner auf ein unter diesen Voraussetzungen geführtes Gespräch einzugehen bereit ist. Das Eingehen des Gesprächs ist also immer ein Wagnis und erfordert von den Beteiligten Mut und Überwindung der natürlichen Selbstbezogenheit."[5]

---

konferenz mit den Predigten der Eröffnungsgottesdienste, Freiburg i.Br. 2006, 205–219. Vgl. auch: Eine Lebensfrage für die Kirche. Bischof Lehmann zum Dialog als Form der Wahrheitsfindung. Eröffnungsreferat zur Herbst-Vollversammlung der Deutschen Bischofskonferenz 1994, in: Herder-Korrespondenz 49 (1995) Heft 1, 29–35; italienische Übersetzung in: Il Regno 40 (1995) Nr. 6, 15.3.1995, 178–181; K. Lehmann, Zum Dialog öffnen. Eine Zusammenfassung der Ausführungen des Vorsitzenden der Deutschen Bischofskonferenz im Rahmen der Thomas-Feier 2004 in Salzburg, in: Academia. Zeitschrift für Politik, Wirtschaft, Religion, Kultur, 55 (2004) Juni 2004 Wien, 38–39; vgl. grundsätzlich: Dialog, in: H. Baer, H. Gasper, J. Müller, J. Sanabell (Hrsg.), Lexikon neureligiöser Gruppen, Szenen und Weltanschauungen. Orientierung im religiösen Pluralismus, Freiburg i.Br. 2005, Sp. 239–245.

[5] Vgl. O. F. Bollnow, Das Doppelgesicht der Wahrheit, Stuttgart 1975, 66.

Äußere Überlegenheit und der Zwang des Mächtigeren dürfen bei der Wahrheitsfindung des Dialogs keine Rolle spielen. Wer sich auf einen Dialog einlässt, muss ferner ein gewisses symmetrisches Verhältnis von Hören und Sprechen zu wahren wissen und auf jede Form von „Gewaltanwendung" außer der Kraft der Argumente verzichten. Damit ein solcher Dialog überhaupt gelingen kann, muss eine hohe Solidarität vorausgesetzt werden. Ein wirklicher Dialog ist also recht anspruchsvoll, wird allzu leicht verletzt und gelingt darum gar nicht so oft, wie man vielleicht denkt.

II.

Dienst und Dialog als Vollzugsweisen des Kircheseins kreisen nicht um sich selbst. Sie verdoppeln nicht einfach das, was die Welt schon selber weiß. Sie bringen eine eigene Botschaft. Wir nennen heute mit einem biblisch-theologischen Grundbegriff den Inhalt und auch die Form der Vermittlung dieser Botschaft „Evangelium". Das Evangelium ist „die Einladung zum Glauben an Gottes geschichtliche Nähe in Jesus Christus. Diese Einladung ergeht in der Botschaft der Bibel und hat als solche heilschaffende Kraft.[6] Es ist eine Bot-

[6] Vgl. auch: O. H. Pesch, Evangelium/Gesetz, in: Neues Handbuch theologischer Grundbegriffe I, hrsg. von P. Eicher, München 1984, 321. Zum Begriff „Evangelium" vgl. schon K. Lehmann, Auferweckt am dritten Tag nach der Schrift (=QD 38), Freiburg i.Br. 1986, 36ff; K. Lehmann, „Ihr werdet meine Zeugen sein ...". Die missionarische Herausforderung des christlichen Glaubens heute, in: Ders., Glauben bezeugen, Gesellschaft gestalten, Freiburg i.Br. 1993, 531–546; Ders., Neu-Evangelisierung in Ost und West, a. a. O., 689–696. Vgl. zum weiteren Hintergrund: K. Lehmann, Ja zum Glauben – ja zum Leben. Perspektiven für die Evangelisierung heute, in: Rupertusblatt. Kirchenzeitung der Erzdiözese Salzburg 43 (1988), Nr. 6, 7. 2. 1988, Sonderbeilage IV–VII; Ders., „Und er stellte ein Kind in ihre Mitte ..." (Mk 1, 36). Der Auftrag des Religionsunterrichts zwischen Evangelisierung und Lebensbegleitung junger Menschen, in: Religionsunterricht heute (Mainz), Nr. 4, 1990, 13–18; auch in: CPB (Christlich-pädagogische Blätter) 104 (1991) 53–57; Ders., Was heißt Neu-Evangelisierung Europas? Hirtenwort zur Österlichen Bußzeit 1991, Mainz (Bischöfliche Kanzlei) 1991; auch in: K. Lehmann, Frei vor Gott, a. a. O., 98–106; vgl. Ders., Neu-Evangelisierung Europas in Ost und West, in: 41. Internationaler Kongress „Kirche in Not", Bd. 39 (1991): Osteuropa im Umbruch: Wird die Kirche gebraucht? hrsg. v. Albertus-Magnus-Kolleg-Haus der Begegnung Königstein e.V., Königstein, 30–40, diverse weitere Abdrucke und Übersetzungen; Ders., Evangelisierung – eine Herausforderung der säkularen Welt (Bischof Leo Nowak zum 70. Geburtstag), hrsg. v. H. Keul und W. Kraning, Leipzig 1999, 214–227; vgl. auch: Ders., Vom Ursprung der Mission

schaft, die dem Menschen Heil und Glück, Ganzheit und Vollendung bringen kann. „Evangelium" ist nicht die Chiffre für ideologische Wünsche und Forderungen einzelner, ja ganzer Gruppen oder des Zeitgeistes. Das Evangelium von der rettenden Nähe Gottes ergeht in Jesus Christus, dem „treuen Zeugen" des Vaters. In ihm, dem Sohn, ist grundsätzlich alles gesagt, was Gott dem Menschen von sich selbst enthüllt und mitteilt. Es ist die Botschaft von einem Gott, der voll und ganz, nicht mehr überholbar und reuelos, in unsere Geschichte eingetreten, selbst geschichtlich geworden ist. Das Evangelium ist die wirkmächtige und befreiende Botschaft Gottes selbst, sodass es nicht in seiner Kraft entleert wird, wenn es in unsere endliche, sterbliche Wirklichkeit kommt. Darum ist es auch ein heilschaffendes Wort, das nicht nur in diesem Leben gilt, sondern das in Jesus Christus durch den Abgrund des Todes gegangen ist und durch den Sieg über den Tod in der Auferstehung für alle Situationen des Lebens und des Sterbens einen letzten Halt bietet. Diese Botschaft behält Gottes Kraft, auch wenn sie in unsere Schwachheit kommt und die Welt zu durchdringen sucht.

Dieses Evangelium ist zu allen Menschen gesagt. Es lebt zwar in der Kirche und hat hier so etwas wie eine angestammte Heimat[7]. Hier wird es elementar gehört und bewahrt, verkündigt und ausgerichtet. Aber das wirkmächtige Wort des Heils soll an alle gehen. Die Einladung ist unbeschränkt. Eine andere Sache ist es, wer diese Einladung Gottes wirklich im Leben annimmt. Es liegt auf der Hand, dass die Kirche, auch wenn sie die angestammte Heimat des Evangeliums ist, sich mit diesem nicht einfach deckt. Das Evangelium ist selbst auch das Maß für die Kirche, der kritische Maßstab, an dem sie selbst gerichtet wird. So wird es bis zur Vollendung der Welt ein stetiger Prozess sein, dass die Kirche über sich hinausgeht und immer wieder allen Menschen diese Frohbotschaft verkündet. Kirche gibt es nur unter diesem Auftrag und in dieser Sendung, das Evangelium allen Menschen zu verkünden, es unter die Leute zu bringen. Man kann von der Kirche nicht reden, ohne sie als Botin und Zeugin des Evangeliums für alle Welt darzustellen; man kann aber auch vom heilschaf-

---

im Lebensgeheimnis Jesu Christi. Zur theologischen Begründung des Missionsauftrags der Kirche (Eröffnungsvortrag beim Missionskolloquium „Die Sendung der Kirche am Vorabend des dritten Jahrtausends" an der Universität Fribourg/Schweiz am 22. Oktober 1998), in: Zur Mission herausgefordert. Evangelisierung als kirchlicher Auftrag. Festschrift für Generalvikar Bruno Kresing zum 70. Geburtstag, hrsg. v. T. Schäfers, P. Schallenberg und U. Zelinka, Paderborn 1999, 23–33. Vgl. dazu auch mit ausführlicher Lit.: K. Lehmann, Zuversicht aus dem Glauben, a. a. O., 476–498.

[7] Vgl. K. Lehmann, Neuer Mut zum Kirchesein. Freiburg i. Br. 1982, 3. Aufl. 1985.

fenden Wort Gottes nicht reden, ohne die Kirche als konkret verantwortliche Trägerin dieser Botschaft im Auge zu behalten. „Evangelium" ist dabei ein Grundwort des Alten und des Neuen Testamentes. Es soll frohmachen und befreien, nicht Angst einjagen und knebeln. So ist deutlich geworden, in welch hohem Maß „Evangelium" die wahre Gabe des christlichen Glaubens darstellt. So versteht sich nun auch der fundamentale Zusammenhang von „Evangelium" und „(Neu)-Evangelisierung" besser.

Das Evangelium ist also das, worum sich alles dreht. Letztlich ist es in der Person Jesu Christi begründet und bezeugt zugleich die von ihm der ganzen Welt mitgeteilte Botschaft. Dienst und Dialog sind die Weisen, wie das Evangelium in die Welt kommt. Das Evangelium hat also grundlegend etwas mit Dienst und Dialog zu tun: Es ist ganz und gar Dienst an dem, was als verloren gilt und gerettet werden soll; es ergeht besonders wirksam im Dialog mit der Welt. Der Dialog ist nicht die einzige Form, in der das Evangelium wirksam wird. Dies kann auch anders geschehen: durch eine Mahnung, ein Lied, die Klage, die Erzählung, ein Protest, einen Befehl ... Aber ganz gewiss ist der Dialog eine besonders ausgezeichnete Weise, wie das Evangelium seine Adressaten erreicht. Der Dialog wurzelt bereits im Geheimnis der Menschwerdung: Gott selbst tritt als das in die Geschichte gesandte Wort in die Welt ein. Wie Jesus Christus sich den Mächten dieser Welt aussetzte und gar auslieferte – das Wagnis des Dialogs annehmend –, ähnlich muss sich die Kirche der ihr entfremdeten Welt stellen und sich mit ihr in liebendem Streit auseinander setzen. Anders kann man die Mauern der Trennung und des Missverständnisses nicht durchstoßen. „Denn Gott hat die Welt so sehr geliebt, dass er seinen einzigen Sohn hingab ... Denn Gott hat seinen Sohn nicht in die Welt gesandt, damit er die Welt richtet, sondern damit die Welt durch ihn gerettet wird".[8] Darauf zielte alles konziliare Geschehen: alle subtile Theologie, alle Institution, alle heilige Liturgie, alle mutige Mission.

III.

Die Kirchen in aller Welt haben nach dem Konzil versucht, diesen Aufbruch durch eine lebendige Vergegenwärtigung ins Heute (aggiornamento) jeweils auf ihrem geschichtlichen und kulturellen Boden aufzunehmen und zu übersetzen. Ich erwähne nur das eindrucksvolle, einmalige Erwachen der latein-

---

[8] Joh 3,16f.

amerikanischen Kirche in Medellín 1968 und die Synoden vor allem der deutschsprachigen Länder zu Beginn der 70er Jahre. Darauf ist noch zurückzukommen. Schließlich wäre das immense Reformwerk vor allem von Papst Paul VI. zu erwähnen. Heute sehen wir deutlicher als früher, dass dieser große und noch weithin in seiner Bedeutung unterschätzte Papst mutig die erneuernden Impulse von Johannes XXIII. als sein eigenes geistliches Erbe aufnahm und in unzähligen Bemühungen, in erstaunlich kurzer Zeit und insgesamt mit einem guten Erfolg die vielen Anstöße des Zweiten Vatikanischen Konzils für das Leben der Kirche in konkrete Münze umzuformen versuchte. Wir sehen heute auch deutlicher, wie die damals vorwiegend engagierte Generation von Theologen und Experten in vieler Hinsicht eine gründliche Arbeit leistete, die nur durch eine tiefe kirchliche Einstellung möglich wurde.

Freilich haben wir dabei auch gelernt, dass wir das Konzil mit seinen konkreten geschichtlichen und gesellschaftlichen Bedingungen verstehen müssen. Es gibt nicht das chemisch reine Konzil, das die christliche Botschaft keimfrei – gleichsam vakuumverpackt – anbieten könnte. Die Konzilstexte zeugen bei näherem Zusehen selbst von vielen tiefen Schichten, mehrdeutigen Anspielungen und Aufgabenbeschreibungen; viel mehr, als dass sie einfach fertige Lösungen dokumentieren. Sie stehen selbst in der Spannung von Kirche und Welt.[9]

Deshalb gibt es auch nicht einfach die „Folgen“ des Konzils allein. Vieles, was schon lange im Untergrund rumorte und nach Antworten verlangte, schoss nun an das Tageslicht. Die „Schleifung der Bastionen“[10] setzte viele verdrängte Probleme frei. Neue einschneidende gesamtgesellschaftliche Wandlungen im Gefolge der Ereignisse der Kriege in Vietnam und Biafra, des Einmarsches der Russen in die Tschechoslowakei und der Studentenunruhen des Jahre 1968 zerstörten ziemlich rasch eine etwas naive Konzilseuphorie auf allen Seiten und stellten Fragen, zu deren Beantwortung kein Repertoire zur Verfügung stehen konnte.

Niemand wird Ein- und Umbrüche in der Kirche dieser Zeit leugnen können. Viele sind verunsichert worden. Manche Disziplin ist rasch verloren gegangen, aber offenbar war sie auch schon innerlich labil und in Krisen nicht mehr tragfähig genug (vgl. z. B. das Bußsakrament). Wir dürfen auch nicht die Augen vor der Tatsache verschließen, dass manche Krisensymptome

---

[9] Zur Hermeneutik des Konzils vgl. neben den schon in Anm. genannten Veröffentlichungen auch A. Marchetto, Il Concilio Ecumenico Vaticano II, Vaticano 2005.

[10] H. U. v. Balthasar, Schleifung der Bastionen, Einsiedeln, 5. Auflage 1989.

der nachkonziliaren Zeit schon zurückreichen in die 50er und den Beginn der 60er Jahre: z. B. Schwächung der Verbände, Rückgang der geistlichen Berufungen, Verminderung der Reichweite katholischer Presse, Identifikationsschwierigkeiten vieler Kirchenmitglieder. Es gab schon länger eine Erosion von Grundüberzeugungen, die wir offensichtlich nicht rasch merkten.

Aus heutiger Sicht erkennen wir auch, dass manche unfruchtbaren Grabenkämpfe – ich rede bewusst einmal mit Schlagwörtern – zwischen Progressiven, die sich wenig um verbindliche Inhalte kümmerten, und Traditionalisten, die sich wenig um die Gegenwartnähe der Kirche sorgten, dem Konzil in gleicher Weise geschadet haben. Gesichtslos gewordene Anpasser und unglückselige Bewahrer haben die Aufgabe des Konzils verstellt. Jeder wirklich mit der Realität der Kirche Vertraute kann viele Defizite und enttäuschte Hoffnungen aufzählen. Vieles wurde auch als Aufgabe wieder rasch vergessen, wie z. B. die Aussagen zum Atheismus. Einer der eindrucksvollsten Konzilstexte, die Dogmatische Konstitution über die göttliche Offenbarung „Dei Verbum“[11], hat in der größeren Öffentlichkeit der Kirche und auch der Theologie wenig bewirkt. Die Kapitel IV bis VIII der Kirchenkonstitution „Lumen Gentium“ werden wenig zitiert. Aber wir spüren, wie hilfreich und uneingelöst auch heute noch manche Texte sind.

Wir haben für das Verständnis der Texte viele wertvolle Hilfsmittel. Ich denke an die Geschichte des Zweiten Vatikanischen Konzils, herausgegeben von Giuseppe Alberigo, deren italienische Ausgabe in fünf Bänden vollständig vorliegt (Bologna, 1995–2001). Es gibt auch Übersetzungen in englisch, französisch, spanisch, portugiesisch, russisch und deutsch (bisher vier Bände).[12] Wichtige Konzilsväter und Theologen haben ihre Tagebücher veröffentlicht und geben damit Einsicht in manche unbekannten Details, so z. B. Y. Congar. Die Tagebücher von H. de Lubac und O. Semmelroth werden für eine Veröffentlichung vorbereitet. Manche Kenner der Situation in manchen Bereichen der Kirche versuchen eine Bilanz.[13] Viele Kongresse und Symposien mit internationalem Charakter haben sich um einige Konzilstexte bemüht, die besondere Aufmerksamkeit verdienen. So z. B. die Erklärung zur

---

[11] Vgl. K. Lehmann, Schrift – Überlieferung – Kirche. Zu „Dei Verbum“, Art. 10, in: Internationale Katholische Zeitschrift Communio. Das Zweite Vatikanische Konzil ...wieder gelesen, 34 (2005) 559–571.

[12] Vgl. auch G. Alberigo, Breve storia del concilio Vaticano II, Bologna 2005 (Bibliografie: 181–189).

[13] Vgl. z. B. P. Marini, Il Quarantesimo della Sacrosanctum Concilium. Memoria di una esperienza vissulta nelle celebrazioni liturgiche del Santo Padre, Vaticano 2005.

christlichen Erziehung „Gravissimum educationis“[14], die Erklärung über das Verhältnis der Kirche zu den nichtchristlichen Religionen „Nostra aetate“[15], die Pastoralkonstitution über die Kirche in der Welt von heute „Gaudium et spes“[16], das Dekret über den Ökumenismus „Unitatis redintegratio“, die Konstitution über die heilige Liturgie „Sacrosanctum Concilium“, das Dekret über die Missionstätigkeit der Kirche „Ad gentes“ und das Dekret über die zeitgemäße Erneuerung des Ordenslebens „Perfectae caritatis“. Große Anerkennung verdienen die Herausgeber und Autoren des insgesamt fünfbändigen Werkes „Herders Theologischer Kommentar zum Zweiten Vatikanischen Konzil“.[17] Dieser Kommentar mit einer überarbeiteten Übersetzung der Texte – sie hat sich den Namen Studienausgabe gegeben – enthält eine Kommentierung der Konzilstexte, die dankbar auf die bald nach Konzilsende erschienenen Kommentare der großen Zeitzeugen des Konzils zurückgreift, aber auch sehr sorgfältig die Texte im Lichte der Wirkungsgeschichte des Zweiten Vatikanischen Konzils für unsere Gegenwart und nächste Zukunft auslegt. Es ist auch ein eindringliches Beispiel dafür, dass auch eine jüngere Theologengeneration, die selbst nicht mehr am Entstehen der Texte beteiligt war, sich heute die Dokumente von damals authentisch und verbindlich, historisch verlässlich und zugleich gegenwartsbezogen aneignet.

Nicht zuletzt darum haben wir auch genügend Grund, dankbar von den vielen Errungenschaften zu reden, die wir durch das Konzil erhalten haben. Was wäre denn die Kirche heute ohne die im Ganzen erstaunlich gelungene Erneuerung des Gottesdienstes und der Sakramente[18], ohne die ökumenische An-

---

[14] Vgl. K. Lehmann, 40 Jahre Konzilsbeschluss „Gravissimum educationis“ – Perspektiven und Auftrag für die katholischen Schulen, in: Gertrud Pollak, Clauss Peter Sajak (Hg.), Katholische Schule heute. Perspektiven und Auftrag nach dem Zweiten Vatikanischen Konzil, Freiburg i.Br. 2006, 32–51.

[15] Vgl. K. Lehmann, Die katholische Kirche und das Judentum – 40 Jahre nach Nostra Aetate, in: Hans Hermann Henrix (Hg.), Nostra Aetate – Ein zukunftsweisender Konzilstext. Die Haltung der Kirche zum Judentum 40 Jahre danach, Aachen 2006, 197–215; diverse weitere Abdrucke.

[16] Vgl. K. Lehmann, Christliche Weltverantwortung zwischen Getto und Anpassung. Vierzig Jahre Pastoralkonstitution „Gaudium et Spes“, in: Theologisch-Praktische Quartalsschrift, 153 (2005) Nr. 3, 297–310.

[17] Hrsg. von P. Hünermann und B. J. Hilberath, Bd. I–V, Freiburg i. Br. 2004–2005, mit einem weiteren Ergänzungsband außerhalb der genannten Reihe: Das Zweite Vatikanische Konzil und die Zeichen der Zeit heute, Freiburg i.Br. 2006.

[18] Die vom 2.-23. Oktober 2005 in Rom stattgefundene XI. Weltbischofssynode hat in eindrucksvoller Weise, fast mehr indirekt, gezeigt, dass die Kirche weltweit die Er-

näherung der Christenheit, ohne das Friedensethos des Konzil, ohne das Erwachen so vieler ehrenamtlicher Mitarbeiterinnen und Mitarbeiter in sehr vielen Gemeinden, ohne das neue Leben in vielen geistlichen Bewegungen, Gemeinschaften und auch Orden? Denen, die in der Arbeit der nachkonziliaren Räte nur Wichtigtuerei sehen, muss man mit allem Freimut widersprechen. Man muss den Mut haben, die ganze Wahrheit zu sehen. Wer auf die Dauer immer nur die halbe Wahrheit behauptet, verfälscht die ganze Wirklichkeit. So muss man auch nüchtern fragen, warum wir uns oft so entmutigen ließen. Es ist immer wieder eine Gewissenserforschung in Sachen „Konzilsrezeption" notwendig.

Auch und gerade mehr als vier Jahrzehnte nach dem Abschluss des Konzils wollen wir uns in aller Eindeutigkeit zu diesem Konzil, freilich auch zu den Aufgaben, die es uns hinterlassen hat, bekennen. Wir sagen uneingeschränkt Ja zu diesem Konzil: zu seinem Geist, den man allerdings nicht ohne die buchstäbliche Mühe um die Texte und ihren Sinn gewinnen kann; zum ganzen, unverkürzten Konzil mit allen seinen Dimensionen und Schattierungen; auch zu den Problemen, den noch aufzulösenden Knoten, den Aporien, dem Unvollkommenen und auch zu den Lücken. Dabei steht das Wort „Konzil" für zwei Dinge zugleich: die in mühseliger Auseinandersetzung gewonnenen und mit fast unvorstellbar hoher Zustimmung verabschiedeten Aussagen *und* das geistliche Ereignis dieser Kirchenversammlung, das einen eigenen Stil des Miteinander-Umgehens in der Kirche ausprägte. Konzil – das ist diese umfassende und begeisternde, nüchtern-heilige Wirklichkeit, kein bloßer Deckname für unsere eigenen Wünsche und Projektionen. Zu diesem Konzil, heute auch im Lichte seiner Wirkungsgeschichte neu gelesen, sagen wir ein vorbehaltloses Ja. Dabei wissen wir, dass kein großes Konzil schlagartig und problemlos in der Geschichte der Kirche verwirklicht werden konnte. Auch ein vom Geist Gottes geführtes Konzil kann die Signatur der Endlichkeit, Begrenztheit und Brüchigkeit des menschlichen Lebens nicht abstreifen. Um wie viel mehr gilt dies erst Recht für die Geschichte seiner Rezeption! Es darf uns nicht wundern, dass hier Fremdeinflüsse die An-

---

neuerung der Eucharistiefeier und der Sakramente sowie des Gottesdienstes überhaupt insgesamt sehr positiv aufgenommen und verwirklicht hat. Natürlich wissen die Bischöfe auch um einzelne Missbräuche, aber die gesamte Debatte war von einer unverkrampften, nüchternen Rezeption dieser Reformen geprägt. Vgl. zur Weltbischofssynode auch das Nachsynodale Apostolische Schreiben „Sacramentum Caritatis" (Sakrament der Liebe) von Papst Benedikt XVI. über die Eucharistie, Quelle und Höhepunkt von Leben und Sendung der Kirche, veröffentlicht am 13. März 2007 (ist inzwischen als Nr. 177 erschienen, Bonn 2007).

stöße des Konzils überlagern können, partielle Fehlentwicklungen möglich sind und also Überprüfungen sowie Korrekturen des eingeschlagenen Kurses notwendig werden können. Es ist nicht übertrieben, wenn der italienische Bischof Luigi Bettazzi, Alt-Bischof von Ivrea und Teilnehmer des Konzils, ein kleines Buch mit dem Untertitel „Pfingsten unserer Zeit“ versieht.[19] Dabei darf man sich gewiss nicht einfach ausruhen. M.-D. Chenu OP sagte schon vor mehr als 30 Jahren in einem berühmten Interview, das nun auch in deutscher Sprache vorliegt: „Wenn meine Diagnose zutrifft, wenn das Konzil wirklich prophetisch ist, dann gilt es, jetzt nicht nur seine Aussagen zu kommentieren oder seine Weisungen anzuwenden. Es ruft zu einer radikalen Anstrengung auf, zu einer geschärften Wachsamkeit für das Werden des Menschen und der Welt, zu einer Anstrengung permanenten Forschens, der Findung und Erfindung um der geschichtlichen Struktur des Christentums selbst willen, nicht aus Opportunismus, nicht aus Geschicklichkeit, sondern weil und insofern das Christentum ein Gebilde in der Kirche ist.“[20]

IV.

Am 23. November 1975 hat die Gemeinsame Synode der Bistümer in der Bundesrepublik Deutschland[21] – wir nennen sie auch mit einer Kurzformel die Würzburger Synode – ihren Abschluss gefunden. Die Gemeinsame Synode war der Versuch, das weltkirchliche Ereignis des Zweiten Vatikanischen Konzils in unserer deutschen Situation konkret gegenwärtig zu machen. Einzelne Diözesen, wie z. B. Hildesheim und Wien, hatten dies schon auf ihre Weise versucht. Schon vorher hatte das Niederländische Pastoralkonzil auf der Ebene eines Landes eine solche Umsetzung versucht (sechs Vollversamm-

[19] Das Zweite Vatikanum, Würzburg 2002 (Brescia 2000).

[20] Von der Freiheit eines Theologen = Collection Chenu 3, Mainz 2005, 239.

[21] Zur Gemeinsamen Synode der Bistümer vgl. K. Lehmann, Allgemeine Einleitung, in: Gemeinsame Synode der Bistümer in der Bundesrepublik Deutschland. Offizielle Gesamtausgabe I, Freiburg i. Br. 1976 u. ö., 21–67; Ergänzungsband: Arbeitspapiere der Sachkommissionen. Offizielle Gesamtausgabe II, Allgemeine Einleitung (K. Lehmann), Freiburg i. Br. 1977 u. ö., 7–27 – ich verzichte hier auf eine Darstellung und Auseinandersetzung mit der inzwischen erschienenen Literatur zur Gemeinsamen Synode. Man findet eine reichhaltige Bibliographie bei H. Heidenreich, Personales Angebot als Kernkonzept praktisch-theologischen Handelns. Zu seiner Rekonstruktion, Rezeption und Interpretation nach dem Würburger Synodenbeschluss von 1975 = Theologie und Praxis 20, Münster 2004, 286–322.

lungen von 1966 bis 1970). Die eindrücklichste Einwurzelung des Konzils – ich habe es schon gesagt – geschah jedoch wohl bei der Zweiten Lateinamerikanischen Bischofsversammlung von 1968 in Medellin.

Man muss dies deutlich herausstellen, um den Aufbruch nach dem Konzil nicht zu vergessen, der in vielen Ländern stattgefunden hat. Die deutschsprachigen Kirchen in Mitteleuropa haben diesen Grundimpuls der spezifischen Umsetzung aufgegriffen. So kam es in recht unterschiedlicher Form und Struktur zu den Synoden in Österreich, in der Schweiz, in der ehemaligen DDR und auch in der Bundesrepublik Deutschland. Ich brauche hier nicht zu wiederholen, was ich schon mehrfach sagte und schrieb.[22]

Wir wollen nicht zuviel zurückschauen. Aber ein wenig lebendige Erinnerung tut gut. In wenigen Monaten des Herbstes 1968 und Winters 1969 hatte die Bischofskonferenz die Forderung drängender Kräfte nach einer solchen Synode, die sich besonders auf dem Essener Katholikentag im September 1968 formierten, aufgegriffen. Rasch war man sich einig, dass man in dieser gärenden Zeit nach dem Konzil endlich ein wirkungsvolles Instrument braucht, um die vorwärtsdrängenden, spannungsvollen und kritischen Ideen zu sammeln und gemeinsam zu klären. Man musste Neuland betreten, um eine Struktur mit dem Apostolischen Stuhl abzustimmen, die der Synode insgesamt und damit auch den Laien ein beschließendes Stimmrecht zuerkannte, ohne die Verantwortung des bischöflichen Amtes auszuhöhlen. Die Bischofskonferenz hatte sich im Februar 1969 zu einer solchen Synode entschlossen – ein ungewöhnlich rascher und klarer Beschluss. In knapp zwei Jahren konnte die erste Sitzungsperiode stattfinden, welche die Synode erst richtig arbeitsfähig machte (Konstituierende Sitzung vom 3.-5. Januar 1971). In acht Sitzungsperioden von ca. je vier Tagen wurden in jeweils mindestens zwei Lesungen 18 Synodenbeschlüsse verabschiedet; sechs Arbeitspapiere wurden mit der Autorität der insgesamt zehn Sachkommissionen abgeschlossen und mit Zustimmung der Zentralkommission veröffentlicht. Beide Bände der Offiziellen Gesamtausgabe der Synode mit insgesamt 1200 Seiten konnten in den Jahren 1976 und 1977 der Öffentlichkeit übergeben werden.

---

[22] Vgl. K. Lehmann, Teilkirchliche Synoden und Gesamtkirche. I. Überlegungen zum grundsätzlichen Verhältnis von Ortskirche und Gesamtkirche, in: Schweizerische Kirchenzeitung 143 (1975), Nr. 24 vom 12. Juni 1975, 385–387; II. Teilkirchliche Synoden als spezifische Instrumente der Kommunikation mit der Gesamtkirche: Ebd., Nr. 25 vom 19. Juni 1975, 404–408; III. Besondere Probleme zwischen den Teilkirchen und dem Zentrum der Weltkirche im synodalen Geschehen: Ebd., Nr. 26 vom 26.6.1975, 417–421.

Die einzelnen Beschlüsse hatten gewiss ein unterschiedliches Schicksal. Es besteht jedoch kein Zweifel, dass viele Beschlüsse Geschichte gemacht haben. Das Bekenntnis der Synode „Unsere Hoffnung“ wird auch heute noch oft als nachdrückliches Zeugnis des Glaubens in unserer Zeit zitiert. „Der Religionsunterricht in der Schule“ hat aus einer sehr verworrenen religionspädagogischen Diskussion herausgeführt und ist in vielem wegweisend. „Christlich gelebte Ehe“ formuliert eindrucksvoll die Grundlagen und die uns immer noch bedrängenden Probleme. Die Beschlüsse über die pastoralen Dienste in der Gemeinde und die pastoralen Strukturen haben die seelsorglichen Planungen und nicht zuletzt die neueren pastoralen Berufe bis heute geprägt. Die Beschlüsse über den Gottesdienst und die Sakramentenpastoral, über die Jugendarbeit sowie die Orden und die Geistlichen Gemeinschaften, über die Ökumene und den Missionsauftrag sind durchaus noch lesenswert. Der Beschluss „Kirche und Arbeiterschaft“, der lange heiß umstritten war, erwies sich wie ein reinigendes Gewitter zur Klärung von Störungen in der Vergangenheit und zur Gewissensschärfung in der Gegenwart. Ich bin auch heute noch der festen Überzeugung, dass die gemeinsam gefundenen Grundsätze zur „Verantwortung des ganzen Gottesvolkes für die Sendung der Kirche“ in der Substanz hilfreich sind für die Beteiligung aktiver Mitglieder aus unserer Kirche für das Leben in den Gemeinden, Diözesen und auch das Wirken der Kirche in unserem Land. Das Zentralkomitee der deutschen Katholiken gibt selbst Zeugnis davon. Ich hoffe nicht, dass wir diese Einheit, die den einzelnen Bistümern noch genügend Freiheitsgestaltung gibt, verlieren.[23]

Manche Beschlüsse, die weit in den gesellschaftlichen und politischen

---

[23] Bischof Gerhard L. Müller ist hier für das Bistum Regensburg eigene und andere Wege gegangen. Ich kann und will diese hier weder darstellen noch bewerten. Ich lege aber Wert auf die Feststellung, dass er damit im Rahmen des heutigen kirchlichen Rechts gehandelt hat. Viele Bischöfe, darunter auch ich selbst, wollen jedoch auch in Anspruch nehmen, dass wir mit den Regelungen, die trotz aller Verschiedenheit im Kern auf die Gemeinsame Synode zurückgehen, auf dem Boden des Konzils und des Kirchenrechts von 1983 stehen. Seit diesem Datum haben wir unseren eigenen Weg den entsprechenden römischen Autoritäten immer wieder erläutert. Wir haben stets wieder dafür Verständnis gefunden. Von Zeit zu Zeit, gerade auch bei neuen Verantwortlichen und Mitarbeitern, bricht die Frage wieder auf und muss frisch aufgenommen werden. Die Antwort hängt auch vom Verständnis und von der Würdigung der Entwicklung der katholischen Laienbewegung seit 1848 ab. Dafür wird das angekündigte Buch von E. Gatz (Hg.), Geschichte des kirchlichen Lebens in den deutschsprachigen Ländern seit dem Ende des 18. Jahrhunderts, Band VIII: Laien in der Kirche, Freiburg i.Br. 2008, gewiss eine weitere Hilfe werden.

Raum hineinreichen, wie z. B. die Aussagen über die ausländischen Arbeitnehmer, zu Entwicklung und Frieden sowie zur kirchlichen Verantwortung im Bildungsbereich, lassen im Abstand stärker den geschichtlich bedingten Standort erkennen, aber es lohnt sich, sie wieder in die Hand zu nehmen. Von den sechs Arbeitspapieren sind mindestens drei impulsgebend und weiterführend: Das katechetische Wirken der Kirche, Sinn und Gestaltung menschlicher Sexualität, Aufgaben der Kirche in Staat und Gesellschaft. Ich habe früher schon zentrale Perspektiven der Synodenbeschlüsse formuliert.[24] An anderer Stelle habe ich vier Hauptfelder genannt, auf denen die Synode vor allem gearbeitet hat:

- Der Grundauftrag der Kirche Jesu Christi
- Die Erneuerung aller Charismen, Ämter und Strukturen für einen besseren gemeinsamen Dienst am Glauben
- Der Einsatz der Kirche für die Menschen in einzelnen gesellschaftlichen Bereichen
- Die Sorge um die Einheit der Kirche sowie um ihre weltweite Sendung und Verantwortung[25]

In einer Hinsicht war der Abschluss weniger günstig. Wenn Vorschläge gemacht worden sind, die wegen des weltkirchlichen Gesamtcharakters nicht von einer teilkirchlichen Synode beschlossen werden konnten, hat man Voten an den Apostolischen Stuhl verabschiedet. Das einzige Votum, das damals wirksam umgesetzt werden konnte, ist heute nicht mehr in der damaligen Gestalt in Kraft, nämlich der Beschluss zur Beteiligung der Laien an der Verkündigung. Aber es lohnt sich immer noch, sich mit diesem Text zu beschäftigen. Die übrigen Voten sollten bei der Verabschiedung des neuen Kirchenrechtes, die im Jahr 1983 erfolgte, berücksichtigt werden, was leider nicht geschah. So quälen wir uns noch wenigstens mit einem wichtigen Beschluss herum, nämlich „Ordnung der Schiedsstellen und Verwaltungsgerichte“. Es ist wenigstens eine bleibende Mahnung, die uns auch noch nach mehr als drei Jahrzehnten zeigt, dass noch nicht alles eingelöst oder gar erledigt ist.[26] Aber auch hier ist in letzter Zeit noch etwas Wichtiges gelungen. Wir haben 2005 den Kirchlichen Arbeitsgerichtshof mit Zustimmung des Hl. Stuhls eingerichtet. Dies wäre nicht möglich gewesen ohne eine Reihe von Elementen, die auch

---

[24] Vgl. Offizielle Gesamtausgabe I, 63f.

[25] Offizielle Gesamtausgabe II, 24, dazu die genauere Aufschlüsselung und Systematisierung aller einzelnen Beschlüsse, ebd., 25f.

[26] Vgl. D. Meier, Verwaltungsgerichte für die Kirche in Deutschland? = Münsterscher Kommentar zum CIC, Beiheft 28, Essen 2001.

die Fundamente einer Verwaltungsgerichtsbarkeit darstellen, so z. B. die Gewaltenteilung.

Die Pastoralsynode der Katholischen Kirche in der DDR[27] war ganz anders strukturiert. Im Seitenschiff der Dresdner Hofkirche tagten 140 Synodalen unter Ausschluss jeder Öffentlichkeit. Um der Freiheit der Synode willen hatte man manches Zugeständnis nach vielen Seiten hin gemacht, tatsächlich aber doch viele wertvolle Äußerungen vollbracht, die in mancher Hinsicht sogar noch ihre Zukunft haben könnten. Es ist die Synode des Mutes zum kleinen Weg. Es ist die Synode, dic bescheiden zu finden versuchte, was die Gemeinden realisieren können. Der Glaube hat der kleinen Herde Mut gemacht, ohne Angst und mit Zuversicht in die Zukunft hineinzugehen. Man hat die Glaubensnot sehr ernsthaft aufgenommen. Viele Menschen haben in Jesus Christus und im Raum der Kirche einen Atemraum menschlicher Freiheit gewonnen und gefunden. Unvergessen ist ein Wort von Kardinal Bengsch in der Schlusspredigt: „Unsere jetzt abgeschlossene Synode enthält Daten, Fakten, Texte, Arbeit, Grenzen, wie jede andere in der Geschichte der Kirche und überall auf der Welt. Und danach wird man sie beurteilen, loben oder kritisieren, zum Material weiterer Arbeit machen. Aber unsere Schlussabstimmung sollte sein, dass wir sie der Gnade Gottes überliefern, aus der wir leben. Er kann Begonnenes vollenden, Geringes fruchtbar machen und Misslungenes heilen."

Wir wollen jedoch nicht nostalgisch und weinerlich zurückschauen, auch wenn wir unsere guten Erfahrungen nicht vergessen wollen. Was trägt die Synode aus für unsere eigene Zukunft? Wo bleiben beide Synoden auch angesichts ihrer Unterschiedlichkeit vorbildlich? Warum wollen wir von dem geistlichen Ereignis Synode, das uns z. B. 32 Tage allein im Würzburger Dom fesselte, nicht lassen? Ich formuliere es mit wenigen Aktualisierungen wie in den letzten Jahren:

1. *Wir wollen unaufhörlich dem Evangelium Jesu Christi vertrauen.* Es ging bei der Synode gewiss auch sehr menschlich zu. Aber am Ende haben wir eigentlich doch immer wieder der Dynamik Gottes und stets wieder auf der Suche nach seinen Spuren in der gegenwärtigen Kirche und Gesellschaft ihm allein vertraut. Dafür waren die sorgfältig vorbereiteten Gottesdienste aller Art mit ihren Predigten und Meditationen ein unvergesslicher Rahmen, der alles umspannte und immer wieder zusammenführte.

[27] Vgl. die Arbeiten von R. Schumacher, bes. Kirche und sozialistische Welt. Eine Untersuchung zur Frage der Rezeption von „Gaudium et Spes" durch die Pastoralsynode der katholischen Kirche in der DDR (=EThSt 76), Leipzig 1998.

Wenn es manchmal bis zum Bersten angespannt war – ich denke an die Beschlussfassung zu „Christlich gelebte Ehe" –, haben wir immer wieder bei allem Ringen und Streiten den versöhnenden Gottesgeist unter uns gespürt. Deswegen war es gut, dass wir im Würzburger Dom tagen durften. Das Haus Gottes hat uns nicht den Mut zur Auseinandersetzung genommen, aber uns immer wieder auf die wesentliche Mitte hin orientiert.

2. *Wir haben uns nicht gegenseitig aufgegeben.* Die Konflikte waren mitunter hart, auch zwischen einzelnen Personen (z. B. Kardinal Höffner, Karl Rahner). Aber es blieben keine Gräben zurück. Immer wieder wurde versucht, auch in der Meinung des Andersdenkenden ein Körnchen Wahrheit zu finden. In mehreren tausend Abänderungsvorschlägen zu Textentwürfen wurde Rücksicht aufeinander genommen, und oft wurde ein Konsens gefunden, der uns in die Weite der Wahrheit führte und uns von den manchmal auch eng geführten persönlichen Meinungen befreite. Die nüchternen Beratungen und der geistliche Vollzug des Glaubens stießen sich oft im Raum, aber dennoch hat das eine das andere befruchtet und belebt.
3. *Wir konnten unseren Auftrag für die Gegenwart gemeinsam sagen und verbindlich aussprechen.* Nach Abschluss der Gemeinsamen Synode schrieb ich aus dem ersten, frischen Rückblick in der Allgemeinen Einleitung zur Offiziellen Gesamtausgabe I: „Im gemeinsamen Beten und Feiern wuchs der Einzelne über alle partikulären Standpunkte immer wieder über sich hinaus und hinein in die größere Gemeinschaft der Kirche. Daraus entsprang wiederum ein neues Ethos der Sachlichkeit und der Friedfertigkeit. Hier war der Ort, wo sichtbar wurde, dass die Grundgesetze einer Synode bei aller Anleihe demokratischer Verfahrensweisen ihren Ursprung nicht zuerst dem Parlamentarismus und einem allgemeinen Demokratisierungspostulat, sondern ungeachtet sonstiger Differenzen dem gemeinsamen Auftrag zum Dienst am Glauben verdanken."[28] Und dies ist wohl auch der Grund, warum die Synode als „geistliches Ereignis" für alles, gerade auch für die Themenbehandlung und die Ergebnisse tonangebend blieb. Und so konnten wir trotz mancher Versuchung zu Formelkompromissen, der wir sicher auch da und dort erlegen sind, in einer Welt zunehmender Polarisierung und Individualisierung gemeinsam sprechen und so auch gemeinschaftliches Handeln vorbereiten. Gerade dies ist aber für eine Kirche heute entscheidend.

---

[28] Offizielle Gesamtausgabe I, 55.

Deshalb danken wir zuerst Gott, der uns dieses Wunder des gemeinsamen Glaubenszeugnisses schenkte, und den beinahe vierhundert Synodalen und Beratern, die dieser Synode viel Zeit schenkten. Unvergesslich steht die Gestalt des Präsidenten der Gemeinsamen Synode vor uns, Julius Kardinal Döpfner, der ein halbes Jahr nach dem Abschluss der Synode zu früh starb, und dessen 30. Todestag wir in dankbarer Erinnerung 2006 begangen haben.[29] Ich denke aber auch an seinen Berliner Nachfolger, Alfred Kardinal Bengsch, Präsident der Dresdner Pastoralsynode, den Gott im Dezember 1979 zu sich rief. Viele Synodalen und Berater der damaligen Zeit haben uns verlassen. Ich nenne nur aus dem Präsidium Bischof Bernhard Stein und Mons. Henry Fischer, von den Synodalen Ida Friederike Görres und Karl Rahner, Franz Böckle und Hans Werners, nicht zu vergessen den ersten Sekretär Karl Forster und die unvergesslichen Bischöfe Franz Kardinal Hengsbach, Joseph Kardinal Höffner, Hermann Kardinal Volk und Klaus Hemmerle. Schließlich wollen wir nicht vergessen, dass der heutige Nachfolger Petri, Papst Benedikt XVI., entsendet durch die Deutsche Bischofskonferenz – wenn auch für kurze Zeit –, Mitglied der Gemeinsamen Synode war.[30]

Würden wir noch einmal eine Synode machen? Für meine Person möchte ich mit einem differenzierten Ja darauf antworten. Die synodale Praxis ist ja auch in der Gestalt von Diözesansynoden und pastoralen Foren nicht eingeschlafen. Man müsste schon eine ähnlich Form finden wie damals in Würzburg. Es könnten vielleicht weniger Mitglieder, aber auch nicht so viele Themen sein. Ich will damit nicht im Stil mancher Äußerungen der letzten Jahre zu einer neuen Synode aufrufen. Ich weiß im Übrigen auch aus den Jahren

---

[29] Vgl. K. Lehmann, Zuversicht aus dem Glauben, a. a. O., 21–35.

[30] Nach seinem Austritt schreibt der heutige Papst über die ausgebrochene Krise in der Kirche: „Wenn die Ursache der Kirchenkrise weitgehend im Austrocknen der spirituellen Reserven liegt, kann die Heiligung nicht primär aus organisatorischen Unternehmungen kommen. Dann ist man auf das Aufbrechen spiritueller Quellen angewiesen, und das wieder besagt, dass die Möglichkeiten begrenzt sind, die Krise durch eigenes ‚Machen' aus dem Weg zu räumen. Was am meisten Not tut, sind spirituelle Initiativen – Menschen, die den Kern des Evangeliums unverkrampft, authentisch und dadurch strahlkräftig leben. Ich setze nicht auf Gremien, sondern auf prophetische Existenz. Die kann man nicht erzwingen (darin liegt unsere Ohnmacht), aber in Richtung auf sie zu leben. Die spirituelle Vertiefung des Christseins in den einzelnen, der Versuch möglichst entschiedener Nachfolge könnten Wegbereitungen sein für einen neuen Aufbruch." (Wort und Wahrheit. Zeitschrift für Religion und Kultur, 27 (1972), Sonderheft 2: Der Zustand der römisch-katholischen Kirche. Eine Enquête unter Christen, 197–198; hier: 198. Das Zitat ist Zeugnis einer Wende.

1968–1977, den ersten Überlegungen bis zum endgültigen Erscheinen der zweibändigen Offiziellen Gesamtausgabe, wie viel Zeit und Kraft das Ganze gekostet hat. Aber wir haben Grund in der Sache offen zu bleiben. Überlassen wir dies dem Wehen des Geistes in der Zukunft. Wir jedenfalls dürfen in der lebendigen Erinnerung zuversichtlich sein.

Inzwischen haben wir gewiss einen Grundzug, der schon beim Konzil, noch ein wenig stärker bei der Gemeinsamen Synode spürbar war, außerordentlich verstärkt, nämlich das missionarische Bewusstsein der Kirche. Viele Dokumente der letzten Jahre geben davon Zeugnis. Karl Rahner sagte dazu 1966 bei einem Kolloquium in Paris: „Die Theologie von heute und morgen muss eine Theologie des Dialogs mit den Menschen sein, die meinen, nicht glauben zu können, sie muss daher in ganz neuer Anstrengung und radikaler Ehrlichkeit darüber nachdenken, was sie eigentlich meint und wie sie es sagen muss, wenn sie von Gott und Christus spricht."[31]

Schließlich möchte ich das letzte Wort Julius Kardinal Döpfner überlassen, der in seiner Predigt am 11. Mai 1975 sagte: „‚Damit er (der Sohn) allen, die du ihm gegeben hast, ewiges Leben schenkt.' (Joh 17,2) Die Menschen gehören also nicht uns, sondern dem Vater. Alle Eingrenzung und Erfolglosigkeit unserer apostolischen Sendung steht im Geheimnis der Erwählung des Vaters, über die wir nicht verfügen. Wie macht uns das demütig, gelassen, geduldig in unserem nach dem Beispiel Christi sich verzehrenden Dienst an den Menschen. Wir machen keine eigene Eroberung, sondern verherrlichen den Vater durch unseren Dienst."

Der Weg geht weiter. Neue Zeichen der Zeit[32] tauchen am Horizont auf. Auch wenn sich die Geschichte nicht wiederholt, so haben wir ein lebendiges Erbe erhalten, das uns im Geist Gottes weiterhelfen kann.

---

[31] M.-D. Chenu, Von der Freiheit eines Theologen, 240.

[32] Vgl. K. Lehmann, Zuversicht aus dem Glauben, a. a. O., 504–537.

China: Kirche, Staat und kirchliche Entwicklungshilfe – ein nicht einfaches Verhältnis*

von Josef Sayer

Warum überhaupt noch Entwicklungshilfe nach China geben? Eine solche Frage, die mit Nachdruck an staatliche Institutionen gerichtet wird, kann uns als Kirche nicht einfach unberührt lassen. Inwieweit ist dies auch eine Frage für Misereor, das Bischöfliche Hilfswerk der Katholischen Kirche in Deutschland? Welche Bedeutung hat die Hilfe Misereors für das Verhältnis von Kirche und Staat in China?

Eine Antwort darauf müssen wir von Misereor selbstverständlich aus der Perspektive unseres christlichen Glaubens geben.

Fragen wir uns zunächst, worin diese Anfrage nach der Fortsetzung der Entwicklungshilfe für China gründet? Wie auch in anderen Schwellenländern so finden gegenwärtig ebenso in China sehr hoffnungsvolle Entwicklungsprozesse statt. Diese lassen für gewisse Kreise die Frage berechtigt erscheinen, ob wir nicht unsere Entwicklungshilfe nach China einstellen und stattdessen z. B. mehr Hilfe an das verarmte Afrika leisten sollten. Wie die anderen Schwellenländer – etwa Brasilien und Indien – verfüge China inzwischen über genügend eigene Potentiale, um sich aus sich selbst heraus zu ent-

---

* Der vorliegende Artikel wurde im April 2007 abgeschlossen, also vor dem „Brief" des Papstes Benedikt XVI. an die Bischöfe, Priester, Ordensleute und Laien der katholischen Kirche Chinas vom 27.5.07. Dieses Schreiben des Papstes richtet sich an alle Katholiken Chinas, seien sie von der Untergrundkirche oder der offiziellen. Damit ergreift der Papst nach einer langen Phase des eher stillen Begleitens die Initiative und greift öffentlich in das Leben der Kirche ein: Er mahnt, durch Vergebung und Versöhnung Spaltungen zu überwinden und gibt Richtlinien für das kirchliche Leben. Er bestimmt die Positionen gegenüber den politischen Autoritäten und bietet einen konstruktiven Dialog an.
Dieses wichtige Dokument verortet das kirchliche Leben nicht nur in der leidvollen jüngeren Geschichte, sondern auch in den gegenwärtigen Herausforderungen. Dadurch dass es in der katholischen Kirche sehr lebhaft aufgegriffen, diskutiert und die kirchliche Praxis zu bestimmen beginnt, befördert es auch die Entwicklungszusammenarbeit Misereors in China. Und umgekehrt: Die Entwicklungszusammenarbeit Misereors hilft Raum zu schaffen, damit die katholische Kirche in China sich besser entfalten und ihre Verantwortung für Katholiken und das chinesische Volk wahrnehmen kann.

wickeln. Außerdem werde China mehr und mehr zu einem Konkurrenten unserer eigenen Wirtschaft. Und eine solche Konkurrenz sollte tunlichst nicht auch noch gefördert werden.

Es trifft zu, in China und den Schwellenländern weisen die Statistiken über die wirtschaftlichen Entwicklungen meist hohe Wachstumsraten auf. Ja, sie sind sehr viel höher als bei uns selbst und das bereits über eine Reihe von Jahren. Sie legen also den Schluss nahe, die Situation in den betroffenen Ländern sei doch – gemäß der Wachstumsstatistik – zufriedenstellend. Wir würden also nicht mehr gebraucht.

Unsere Betrachtungsweise als Kirche und Christen findet jedoch an solchen Wirtschaftwachstumszahlen ihre Grenze nicht. Wir blicken genauer hin auf die Menschen in der jeweiligen Gesellschaft, auch der chinesischen. Wie ergeht es ihnen? Insbesondere fragen wir, wie es um die Armen bestellt ist. Als Kirche können wir uns nicht einfach mit Durchschnittszahlen begnügen. Unsere Fragen beziehen auch die möglichen Verlierer von Wachstumsprozessen ein. Denn das haben wir aus der fünf Jahrzehnte währenden kirchlichen Entwicklungsarbeit Misereors gelernt: hohe Wachstumsraten alleine, die gerne von regierenden Eliten präsentiert werden, genügen nicht. Sie verdecken allzu rasch krasse Ungleichheiten und Ungerechtigkeiten in den betreffenden Ländern und verstellen den Blick auf diejenigen, an denen die Entwicklungsprozesse vorbeigehen oder auf deren Kosten sie gehen. Wir fragen also: Wie sieht es in China mit Menschen in Armut, wie sieht es mit der Ungleichheit aus? Einige Beobachtungen mögen für unsere Argumentation ausreichen; es kann im Rahmen dieses kurzen Artikels keine ausführliche Analyse vorgelegt werden.

Das heutige China ist geprägt von tiefgreifenden Transformationsprozessen. Riesige soziale Unterschiede kennzeichnen die chinesische Gesellschaft. Die soziale Frage verschärft sich. Die Kluft zwischen Armen und Reichen wächst rasch. Die Gerechtigkeitslücke bewegt die Menschen mehr und mehr. Ein Indikator hierfür kann folgende Angabe sein: Nach offiziellen Informationen, die in unseren Zeitungen und Nachrichtensendungen kaum auftauchen, gab es in China im Jahr 2005 über 87.000 Demonstrationen und Protestaktionen. Diese Aktionen sind in den letzten 10 Jahren erheblich häufiger geworden (1994 waren es ca. 10 000). Allein solche Zahlen müssen uns aufhorchen lassen.

Durch den Zusammenbruch von sozialen Sicherungssystemen wie der Krankenversorgung, der Renten- und Arbeitslosenabsicherung ist die Lage der Armen äußerst prekär geworden. Vor allem die arme Landbevölkerung, die ca. 150 Millionen Wanderarbeiter, die sich in den östlichen Ballungsräumen und Wachstumszonen unter inhumanen Bedingungen verdingen müssen, um zu überleben, sowie die ca. 220 Millionen Menschen, die unter der Armutsgrenze leben, stellen eine riesige Herausforderung an das Gesellschaftssystem dar.

Die Frage nach dem inneren Zusammenhalt der chinesischen Gesellschaft und die Gefahren, die sich aus solchen spannungsgeladenen Konstellationen auch für das Weltgemeinwohl ergeben, sind zu groß, als dass wir in Deutschland untätig beiseite stehen könnten. Dies gilt für die staatliche Entwicklungszusammenarbeit. Und es gilt erst recht für Misereor als kirchlichem Hilfswerk.

Warum kirchliche Entwicklungszusammenarbeit mit China durch Misereor?

Misereor wurde von den Bischöfen der Bundesrepublik Deutschland gegründet als Werk gegen „Hunger und Krankheit“ in der Welt. Der Kölner Kardinal Frings betonte in seiner Gründungsrede 1958 ausdrücklich, dass es dem Werk nicht um Missionierung gehe. Wäre dies der Fall gewesen, hätte es Misereors nicht bedurft, denn Missio existierte bereits seit langem und hat die Aufgabe der Unterstützung der Missionierung in Afrika und Asien.

Kardinal Frings und die deutschen Bischöfe legten eindeutig fest, mit dem neuen Werk Misereor gehe es der Kirche in Deutschland um den Kampf gegen Armut in der Welt: Armen solle Hilfe angeboten werden und zwar unabhängig von Rasse, Nationalität, Geschlecht und sogar unabhängig von Religion – so in der expliziten Formulierung von Kardinal Frings in der Gründungsrede Misereors vor der Deutschen Bischofskonferenz. Also nicht etwa katholisches Geld für arme Katholiken oder arme Christen war die Ausrichtung. Einziges Kriterium ist das Armutskriterium. Gemäß dem 25. Kapitel des Matthäusevangeliums wird der wiederkehrende Menschensohn beim Weltgericht nicht etwa sagen: „Ich war ein hungriger Katholik oder Christ und ihr habt mich nicht gespeist.“ In dieser Gerichtsrede heißt es schlicht: „Ich war hungrig und ihr gabt mir zu essen …“ Jesus Christus identifiziert sich mit den Armen. So weit reicht das Erbarmen Gottes. Ihr Wohl und Wehe, ihre Würde ist ihm so wichtig, dass er sagt: „Ich selbst bin es, der in Armut durch die Welt geht.“ Und dies können wir Christen in der Nachfolge unseres Herrn nicht anders verstehen als einen Anruf und als Herausforderung für unser Verhalten und Handeln.

Als ich mich bei meinem ersten Chinabesuch als Hauptgeschäftsführer von Misereor mit verschiedenen Repräsentanten halbstaatlicher Organisationen traf – damals gab es kaum Nichtregierungsorganisationen – begann ich bei der Präsentation Misereors und der Begründung unserer Entwicklungszusammenarbeit stets mit Jesus Christus und seinem Evangelium. Die chinesischen Gesprächspartner sollten Klarheit über unsere Zielsetzung und Motivation haben, die im christlichen Glauben gründen. Transparenz war bei diesen Gesprächen oberstes Gebot. Wir bei Misereor stellen unser Gründen im Glauben an Jesus Christus nicht hinten an, um eventuell irgendwelche Vorteile zu erreichen. Wir wollen als Partner mit unserer Identität akzeptiert werden, und zentral für uns ist unser christliches, biblisches Fundament.

Es war erstaunlich, in allen Gesprächen – sei es in Peking, in Xian, in Chengdu oder sonst wo – wurde dies akzeptiert. Für Chinesen mit ihrer Kultur ist es ja nicht so einfach zu verstehen, dass da jemand kommt und helfen will, so ganz ohne Hintergedanken. Aber genau darum ging es Kardinal Frings in seiner Gründungsrede von Misereor. Hilfe solle durch das bischöfliche Werk geleistet werden, schlicht um der Armen willen. Das allein ist Grund genug. Nicht mehr und nicht weniger. Denn in jedem Armen sehen wir den Menschen, d. h. das Ebenbild Gottes. Wo dieses Antlitz des Menschen durch Armut verdunkelt wird und die Würde des Menschen nicht zum Zuge kommt, sind wir als Christen herausgefordert. Das christliche Menschenbild ist nicht von Nützlichkeitsdenken geprägt. *Alle* Menschen sind per se geschaffen nach dem Bild Gottes und durch Gott. Und folglich sind wir Geschwister. Mit dieser Gabe Gottes verbindet sich eine Aufgabe: Wir stehen in einem Beziehungsgeflecht, das in Gott, dem Schöpfer und Erlöser der Menschen, der Menschenfamilie gründet. Gemäß des christlichen Menschen- und Gottesbildes sind wir entsprechend zu einem solidarischen Füreinander-Einstehen gerufen und verpflichtet.

Mit wem arbeiten wir in China zusammen?

Misereor kennt keine Berührungsangst. Darin lassen wir uns vom Beispiel Jesu leiten. Wenn es verlässlich um die Gestaltung einer menschenwürdigeren, gerechteren Lebenswelt geht, dann können wir Partner werden.

1. Selbstverständlich steht für uns auch in China wie in den anderen Ländern die Zusammenarbeit mit der Kirche an erster Stelle. Vermutlich kann jetzt gefragt werden, ob wir mit der „Untergrundkirche“ oder mit der „offiziellen Kirche“ arbeiten. Wer ein wenig in die chinesischen Verhältnisse hinein geschaut hat, weiß, dass eine solche schematische Einteilung inzwischen problematisch geworden ist. Was ist „unten“, was ist „offiziell“? Die Grenzen sind fließend geworden. Die übergroße Mehrheit – bis auf

wenige Ausnahmen der Bischöfe – der „offiziellen Kirche" anerkennt den Papst. Eine ganze Reihe von ihnen wurden mit dem Plazet des Heiligen Vaters geweiht. Mit diesen arbeiten wir zusammen. Unsere Zusammenarbeit koordinieren wir mit dem Staatssekretariat. Es gibt für uns allerdings ein Ausschlusskriterium: Falls ein Bischof der „offiziellen Kirche" mit einem der „Untergrundkirche" im Konflikt liegen würde, würden wir seine Projekte nicht fördern. Dies ist leicht einsichtig.

2. Darüber hinaus arbeitet Misereor mit mehreren halbstaatlichen Organisationen zusammen, wie z. B. der chinesischen Assoziation für Armutsbekämpfung, dem chinesischen Frauenverband oder dem Behindertenverband. Intensiv geworden ist inzwischen die Zusammenarbeit mit mehreren chinesischen Universitäten von Peking bis Hongkong. Von besonderer Bedeutung ist für uns bei Misereor die Zusammenarbeit mit der Chinesischen Akademie für Sozialwissenschaften in Peking mit ihrem Institut für Weltreligionen sowie mit der Shanghaier Akademie für Sozialwissenschaften. Die Zusammenarbeit mit diesen beiden Akademien wird unten näher dargestellt.

Nichtregierungsorganisationen sind in China in den letzten Jahren wie die Pilze aus dem Boden geschossen. Sie werden immer mehr tragender Teil des chinesischen Gesellschaftslebens. Die Entwicklungsarbeit der Nichtregierungsorganisationen zeichnet sich auch dadurch aus, dass sie den Mut haben, neue und auch kritische Themen auf zu greifen – für eine Gesellschaft im Umbruch ist dies besonders wichtig.

Was kann Misereor in die Entwicklungszusammenarbeit mit diesen nichtkirchlichen Partnern einbringen?

Was bringen wir ein, das unsere Entwicklungszusammenarbeit sinnvoll, plausibel, ja sogar notwendig erscheinen lässt? Wir sind uns – und darauf sei vorneweg verwiesen – angesichts der riesigen Herausforderungen, die in China gegeben sind, bewusst, dass wir mit unseren begrenzten Mitteln China „nicht retten" werden. Es kommt also darauf an, unsere Mittel so intelligent und effektiv wie möglich einzusetzen. Drei Aspekte möchte ich ausführen:

1. Es geht uns um die Entwicklung und Erprobung von Modellen für bestimmte Problemfelder, die wir dann z. B. dem Staat, halbstaatlichen Organisationen für eine Umsetzung auf nationaler Ebene anbieten.

In China macht man rasch die Erfahrung, dass Problembereiche Millionen, ja sogar viele Millionen von Menschen betreffen; bei einer Bevölkerung von 1,3 Milliarden ist das nicht verwunderlich. In dem Gespräch mit der chinesischen

Assoziation für Armutsbekämpfung z. B. berichtete mir deren Präsident von einem Trinkwasserproblem in einer bestimmten Gegend. Es muss eine Lösung vor Ort gefunden werden. Wir können doch nicht fünf Millionen Menschen so einfach umsiedeln. Oder wenn es um Behindertenarbeit geht, dann heißt das in China an ca. 83 Millionen Menschen denken. – Wer kennt schon die exakten Zahlen der Behinderten? Zahlen und Statistiken sind in China ohnehin allenfalls eine Richtgröße, die die Tendenz angeben. Um die Problemlage besser erfassen zu können, kann es hilfreich sein, Folgendes zu bedenken: Wenn wir uns in Deutschland bei einer Bevölkerung von 80 Millionen und bei hervorragenden wirtschaftlichen, wissenschaftlichen, organisatorischen etc. Kapazitäten in einzelnen Bereichen bei der Lösungsgestaltung nicht gerade leicht tun, dann können wir eher ermessen, vor welchen Problemen China steht. Wie soll man mit einer Behindertenanzahl, die in etwa unserer bundesrepublikanischen Bevölkerung entspricht, umgehen, wenn hierfür kaum Modelle vorhanden sind und beispielsweise die Ausbildung von Sozialarbeitern erst am Anfang steht?

Nochmals: Bei Misereor wissen wir um die Größe der Herausforderungen und um die Begrenztheit unserer Mittel angesichts dieser immensen Herausforderungen. Unsere Erfahrungen aber, sei es aus Deutschland, sei es aus den verschiedenen ca. 100 Ländern in Asien, Afrika oder Lateinamerika, in denen wir mit Partnerorganisationen zusammenarbeiten, sowie unsere Erfahrungen aus den rund 50 Jahren der Entwicklungszusammenarbeit geben uns die Möglichkeit, Hilfe zur Selbsthilfe z. B. über die Entwicklung und Erprobung von Modellen zu geben.

Wie sieht das konkret aus?

1.1 Nehmen wir das Beispiel der *Sozialarbeiterausbildung*. Angesichts der riesigen Menge an Verlierern des Transformationsprozesses, der in China seit den 80er Jahren abläuft, ist es nötig, eine professionelle Antwort auf die immer riesiger werdenden Sozialprobleme zu geben. Seit 1996 unterstützt Misereor eine kleine Gruppe von Professoren der Pekinger Universität bei der Entwicklung der Sozialarbeiterausbildung. Nach 1949 gab es eine solche nicht mehr. Wir halfen nicht nur beim Aufbau einer entsprechenden Bibliothek mit Literatur aus dem Westen, so dass die Professoren in die Lage kamen, Defizite aufzuarbeiten und Entwicklungen, die in anderen Teilen der Erde seit langem laufen, nach zu vollziehen und ihre eigenen Vorstellungen für ihre Gesellschaft entwickeln zu können. Misereor gelang es auch, diese Professoren zu einer Zusammenarbeit mit der Polytechnischen Hochschule

Hongkongs zu bringen, dic wir ebenfalls seit langem fördern. Diese Kooperation erwies sich als besonders fruchtbar. Der Studiengang Sozialarbeit wurde inhaltlich so gestaltet, dass er an den sozialen Herausforderungen der chinesischen Gesellschaft orientiert ist, die berufsethische Kompetenz wurde gefördert, ein Train-the-Trainer Programm entwickelt, etc.

Mit der Zeit wurden die Sozialarbeiterkurse vom Erziehungsministerium jährlich gebilligt. Ziel war es, eine generelle Einbindung der Sozialarbeiterausbildung in die Curricula des Erziehungsministeriums zu erreichen, so dass diese Ausbildung schließlich chinaweit erfolgen würde. Ein chinaweites Problem braucht eine chinaweite professionelle Lösung. Seit Februar 2007 hat nun das Ministerium für Zivilangelegenheiten – also nicht nur das Erziehungsministerium – das Berufsfeld der Sozialarbeit anerkannt und fördert es. Angesichts der vielen sozialen Konflikte hat das Ministerium erkannt, dass professionelle Sozialarbeit einen Beitrag zur harmonischen Gesellschaft leistet.

Dieses Beispiel belegt, wie sehr es sich lohnte, bei der Entwicklung des Modells Hilfestellung gegeben zu haben. Es geht um Millionen betroffener Menschen. Zudem haben wir bei meinem ersten Besuch in China mit den verantwortlichen Professoren auch darüber gesprochen, wie die so ausgebildeten Sozialarbeiterausbilder auch für die Kirche dienstbar sein können. Kirche muss ja in ihrer Sozialarbeit ebenfalls professionelle Standards aufweisen, um angemessene Antworten auf Problemlagen der Menschen geben zu können. Dieses Beispiel zeigt zugleich unser Bemühen, kirchliche Kräfte mit sonstigen gesellschaftlichen Gruppierungen zusammenzubringen, um so bessere (Ausbildungs-)Standards beim kirchlichen Personal zu erreichen. Außerdem baut eine solche Vorgehensweise auch Vorurteile und Berührungsängste gegenüber der Kirche und vice versa ab.

1.2 Was für die Sozialarbeiterausbildung gilt, wenden wir auch bei der *Behindertenarbeit* oder Blindenarbeit an: Die Entwicklung von Modellen hat Vorrang. Dabei fördern wir Einzelpersönlichkeiten, die Notlagen sehen, kreativ Antworten suchen, Nichtregierungsorganisationen gründen und damit das von ihnen entwickelte Modell auf eine breitere Basis stellen.

In Peking hat beispielsweise eine sehr couragierte Laienvertreterin ein Modell der Behindertenarbeit entwickelt, das die Eltern einbezieht. Diese Art der Arbeit hat sie inzwischen mit Unterstützung Misereors bereits in mehreren Städte verbreitet.

1.3 Eine andere Frau, Nichtchristin, entwickelte ein Modell für *Familien mit einem autistischen Kind*. In einer Ein-Kind-Gesellschaft kann ein solches Modell gute Hilfe leisten.

1.4 Über solche Fälle hinaus, in denen Einzelpersonen mit einem besonderen Charisma zur Bewältigung von sozialen Problemen der Gesellschaft beitragen, soll noch auf ein besonderes Modell in der *Blindenarbeit* hingewiesen werden. Blinde haben in der chinesischen Gesellschaft wenig Chancen. Masseure, Klavierstimmer oder „Wahrsager" sind ja nicht gerade Berufe, in denen die Millionen von Blinden Chinas unterkommen und in das berufliche Leben integriert werden können. Bei einer entsprechenden Modellentwicklung haben wir nicht nur die Pekinger Universität mit der Hochschule von Nanying in Kooperation gebracht, sondern auch das Institut für Sonderpädagogik in Hamburg eingebunden.

1.5 Die *Selbstmordrate von Frauen* auf dem Land in China ist die höchste der Welt. Wir haben bewirkt, dass ein Professor aus Frankfurt, Theologe und Psychologe, dieses Problem mit chinesischen Kollegen bearbeitet. Das Handelsblatt vom 27.03.2007 berichtet unter Berufung auf „China Daily", dass unter den 15–34-Jährigen der Selbstmord ein Drittel aller Todesfälle ausmache.

Diese Beispiele mögen belegen, wie die Entwicklungszusammenarbeit Misereors mit China gerade im Sozialbereich geprägt und wichtig ist.

1.6 In Deutschland und generell im Westen wird in letzter Zeit besonders über Fragen des *Umweltschutzes* diskutiert, und häufig wird in diesem Zusammenhang auf China als dem nach der USA höchsten Produzenten von CO^2-Ausstoß und Umweltbelastungen verwiesen. Bisweilen führt man in den Industrieländern das Verhalten der Chinesen als Entschuldigung dafür an, wenn man im eigenen Land noch weit hinter den Kyoto-Verpflichtungen hinterher hinkt.

Bei Misereor haben wir das Umweltproblem in China sehr früh aufgegriffen. Seit Beginn der 90er Jahre arbeitet Misereor mit der ersten Umweltorganisation, die in China entstanden ist, den „Friends of Nature", zusammen. Sie dürfte meiner Kenntnis nach auch eine der ersten, wenn nicht gar die erste Organisation sein, die man als eine Nichtregierungsorganisation bezeichnen konnte.

Die Nichtregierungsorganisation „Friends of Nature" hat sich intensiv und gegen viele Widerstände darum bemüht, ein Bewusstsein für eine nachhaltige Umweltpflege zu schaffen. Wie sehr dieses Bewusstsein gewachsen ist, belegt die Tatsache, dass die chinesische Regierung 2006 erstmals ein Weißbuch gegen Umweltzerstörung erstellt hat.

Nicht unschuldig an den Umweltproblemen Chinas sind die von westlichen Industrieunternehmen exportierten, wenig nachhaltigen Produktionsweisen. Umweltstandards, die solche Unternehmen in ihren Herkunftsländern einhalten müssten, befolgten sie in China nicht. Nach dem chinesischen Umweltbericht belaufen sich die Umweltschäden jährlich auf 200 Milliarden US-Dollar. 16 der 20 Städte mit der stärksten Luftverschmutzung finden sich gemäß Weltbankbericht derzeit in China. Die Folgen des wenig nachhaltigen Wirtschaftens betrifft aber auch das Weltklima als solches (China ist der zweitgrößte Emittent von CO^2).

1.7 Kardinal Frings gab Misereor den Auftrag, sich gegen Hunger in der Welt zu engagieren. Modell- und beispielhaft für unsere Entwicklungszusammenarbeit zur Hungerbekämpfung in China ist hierfür das *integrierte ländliche Entwicklungsprogramm*. Ein Beispiel aus der Provinz Sichuan soll diese Art der Arbeit veranschaulichen.

Es greift neben der Ernährungssicherung zugleich die Problematik der Minoritäten in China am Beispiel der Yi-Minorität auf. Die Situation der Yi hat der Künstler Professor Li aus Chengdu in das Misereor-Hungertuch von 2007/2008 mit aufgenommen, um so Bewusstsein für die Minoritäten und deren spezifische Armut zu schaffen. Der Druck der Han-Chinesen auf die Minoritäten wird immer stärker, so dass deren Lage immer prekärer wird. Zu der ohnehin existierenden ökonomischen Armut der Minorität kommt noch die Gefährdung ihrer kulturellen Identität hinzu.

Mit dem Projekttyp der *„integrierten ländlichen Entwicklung"* versucht Misereor auf diese vielschichtige Problematik zu antworten. Der Ansatz ist ganz bewusst ein *partizipativer*, der in einem System, in dem alles von oben bestimmt wird, die Betroffenen Yi als Subjekte ihrer eigenen Entwicklung von der Planung angefangen begreift. Ziel ist eine Gemeinwesenentwicklung mit einer gemeindebasierten Vorgehensweise. Sie umfasst ausgehend vom indigenen Wissen um nachhaltige landwirtschaftliche Produktion bis hin zur Vermarktung die verschiedensten Aspekte: Erhaltung der Biodiversität, Schutz der natürlichen Ressourcen, Verbesserung des Zugangs zu Trinkwasser, Basisgesundheit, Grundbildung, berufliche Qualifizierung der Bauern insbesondere der Frauen, Training in der Vermarktung, Wiederaufforstungsmaßnahmen. Zum Beispiel gelingt es über „Farmers' Field Schools", Schulungen auf dem Acker vor Ort, das indigene traditionelle Wissen und Brauchtum zu wahren und die Identität der Yi zu stärken. In dieses Projekt wurde seitens Misereors neben anderen Organisationen ganz bewusst die China Foundation for Poverty Alleviation einbezogen. Sie ist eng mit dem Armutsbüro des Staatsrats verbunden. Ein solches integriertes Modell, das Armut auf dem Land bekämpft und zugleich das ökologische Gleichgewicht und die kulturelle Identität von Minoritäten berücksichtigt, soll Schule machen – auch in politischen Kreisen auf regionaler und nationaler Ebene.

Was kann Misereor in die kirchliche Entwicklungszusammenarbeit einbringen?

Ziel der Entwicklungszusammenarbeit Misereors ist es, dabei zu helfen, die Kirche in China zu befähigen, ihre Verantwortung für die Menschen, insbesondere für die Armen und für die chinesische Gesellschaft besser wahrnehmen zu können. Kirche ist ja nicht Selbstzweck. Sie ist, wie es in der dogmatischen Konstitution des II. Vatikanischen Konzils über die Kirche *Lumen gentium* (Nr. 1) ausgedrückt wird, Instrument und gleichsam Sakrament für die Vereinigung der Menschheit unter sich und mit dem Dreifaltigen Gott. Hoffnungen und Ängste der Menschen sind auch die Hoffnungen und Ängste der Kirche, so sagt es *Gaudium et spes*. Damit Kirche auch in China diesen Dienst an den Menschen und der Menschheit leisten kann, geben wir Hilfestellung.

Was wir vor allem in der Anfangsphase unserer Zusammenarbeit mit der Kirche in China feststellten, war, dass sich die Kirche viel zu sehr in die „Sakristei" zurück zieht. Aus geschichtlichen Gründen ist dies zwar verständlich, wirkt sich aber gewiss nicht gerade günstig für die Zukunft aus – für ihre eigene und die der Menschen Chinas. Um diese verengte Sicht von Pastoral und Evangelisierung aufzubrechen und Kirche für eine Sozialpastoral, für die Alltagssorgen der Menschen und die Herausforderungen des chinesischen Volkes zu öffnen, entschlossen wir uns, nach und nach schwerpunktmäßig mit Modelldiözesen zusammen zu arbeiten. Ziel ist es, anderen Diözesen Beispiele für ihr Wirken zu geben.

Bevor ich im einzelnen auf die Entwicklungsprozesse eingehe, die kirchliche Einrichtungen und Diözesen in China durchführen, ist es wichtig, folgendes zu beachten: In einem sozialistischen Zentralstaat wie China waren und sind gerade die Armutsbekämpfungsprojekte Misereors über halbstaatliche Institutionen (wie die Chinesische Assoziation für Armutsbekämpfung, der Chinesische Frauenverband, die Pekinger Universität etc.) und Nichtregierungsorganisationen entscheidend. Sie verschafften einerseits der kirchlichen Entwicklungszusammenarbeit durch Misereor Glaubwürdigkeit und öffneten Bewegungsfreiheit für die Arbeit mit den Diözesen und die Arbeit der Diözesen überhaupt. Unser Tun wird von Lokal- und Provinzregierungen, aber auch auf nationaler Ebene sehr genau beobachtet. Entspricht das, was wir tun, auch dem, was wir zu tun vorgeben? Welche Funktion erfüllt die Kirche mit ihrer Sozialpastoral, ihrer Entwicklungsarbeit für das chinesische Volk? Nicht zuletzt an der Antwort auf solcherlei Fragen bemisst sich der Spielraum für kirchliches Wirken.

Andererseits bietet die Entwicklungszusammenarbeit Misereors im außerkirchlichen Bereich, die wir analog der Vorgehensweise in anderen Ländern und dort selbstverständlich auch mit kirchlichen Projektträgern durchführen, die Chance, Diözesen und kirchlichen Einrichtungen in China vor Augen zu führen, was Kirche an gesellschaftlicher Verantwortung von der kirchlichen Soziallehre her wahrnehmen könnte. Außerdem kann durch Begegnungen, Workshops etc. zudem kirchliches Personal in Verbindung gebracht werden mit dem Personal aus anderen Projekten und deren Institutionen. So kann nicht nur Misstrauen gegen die Kirche abgebaut werden. Es können auch Lernprozesse initiiert werden, die der kirchlichen Arbeit mehr Professionalität verleihen (vgl. Sozialarbeit, integrale Armutsbekämpfungsprojekte, s. o.).

Eine solche Vorgehensweise schien uns von Misereor aufgrund der besonderen Ausgangslage angezeigt zu sein. Die katholische Kirche stellt in China mit ihren ca. 12–14 Millionen Katholiken – dies entspricht etwa 1 % an der Gesamtbevölkerung – eine sehr kleine Minderheit dar. Ihre Geschichte in der Volksrepublik China ist durch vielerlei Repressionen gekennzeichnet und von daher ist es nicht verwunderlich, dass sie überwiegend in der „Sakristei“ existierte, obwohl die katholische Kirche eine der fünf offiziell anerkannten Religionen in China ist. Mit dem beginnenden Transformationsprozess Chinas boten sich auch der Kirche neue Möglichkeiten, ihre Rolle in der chinesischen Gesellschaft zu gestalten. Hierbei konnte und kann die Kirche in Deutschland über Misereor ihre Dienste in Form von Entwicklungszusammenarbeit anbieten.

Welche Konzeption der kirchlichen Entwicklungszusammenarbeit hat Misereor in China?

Zunächst unterstützten und ermunterten wir Diözesen, sich auch in der Sozialpastoral mit kleineren Projekten zu betätigen, so z. B. im Gesundheitswesen, der Trinkwasserversorgung von Gemeinden, im Bildungswesen (Renovierung von Dorfschulen), in der Armutsbekämpfung (einkommensschaffende Maßnahmen für arme Bauernfamilien). Das sind Aufgabenfelder, die einerseits von verarmten Bevölkerungskreisen insbesondere auf dem Land nachgefragt werden. Andererseits sind Lokal- und Provinzregierungen aufgrund der wegbrechenden sozialen Sicherungssysteme während der Transformationsprozesse so unter Druck geraten (vgl. z. B. die zunehmende Anzahl von Protestaktionen, s.o.), dass sie alle sich bietenden sozialen Entwicklungsmaßnahmen zuließen und sogar förderten. Wir machten die Erfahrung, dass es auf lokaler oder Provinzebene sehr darauf ankam und ankommt, welche Beziehungen Bischöfe und kirchliche Autoritäten mit den Provinz- und Lokalregierungen haben. Kirchliche Entwicklungsprojekte helfen, diese für den Spielraum der Kirche entscheidenden Beziehungen positiv zu gestalten.

Freilich betrachten wir – aufgrund unserer langjährigen Erfahrungen in anderen Ländern – diese Einzelprojekte als ein Durchgangsstadium. Von einer nachhaltigen Entwicklungskonzeption her beraten wir die Diözesen dahingehend, nach und nach zu Entwicklungsplanungen für die gesamte Diözese zu kommen und sich nicht mit einzelnen, mehr oder weniger zufälligen Projekten hier und da zu bescheiden. Ein solcher Schritt ist nicht einfach. Ich erinnere mich an ein Gespräch mit Bischof Li Duan von Xian. Auf den Vorschlag in seiner Diözese doch ein Sozialzentrum einzurichten, von dem aus die Kirche ihre Sozialpastoral systematisch planen, steuern und umsetzen sowie die Zusammenarbeit mit lokalen Behörden gestalten könne, ging er erst nach einer Bedenkzeit ein – dafür ist ja auch verlässliches und ausgebildetes Personal nötig. Für uns bei Misereor war dies der Schritt, zu entscheidenden methodischen Modelldiözesen zu gelangen.

Inzwischen arbeiten wir mit sieben Diözesen auf solche Weise zusammen. Sie können Lernbeispiele für andere Diözesen sein.

Dabei wurde darauf geachtet, dass diese Modelldiözesen

- in verschiedenen Landesteilen gelegen sind,
- kleinere und größere Diözesen sind,
- kleineren bzw. größeren Spielraum von den lokalen und Provinzregierungen haben,
- mit einem weniger bzw. stärkeren konfliktbehafteten Ambiente zu tun haben.

Über Sozialzentren sollen sie die Sozialpastoral, die „diakonia“ als Grundfunktion der Kirche systematisch in den Blick nehmen und sich dabei an den Prinzipien der kirchlichen Soziallehre ausrichten. Diese Sozialzentren sollen – wie gesagt – die Planung, Durchführung und das Monitoring der Projekte koordinieren. Dabei sollen auch „sensible“ gesellschaftliche Themen aufgegriffen werden wie HIV/Aids. Die kirchliche Grundfunktion der „koinonia“, der Gemeinschaftsbildung, wird in diesen Diözesen besonders beachtet. Hierbei leisten die diözesanen Schwesternkongregationen einen wichtigen Beitrag. Von Misereor aus legen wir ein besonders Gewicht auf die Ausbildung der Schwestern. Nach einer Ausbildung beispielsweise als Krankenschwester oder Ärztin leisten sie auf dem Land in kleinen Gesundheitsposten eine hervorragende Arbeit zum Wohle der Bevölkerung. Oder sie sind nach einer Sonderausbildung (in Thailand) in der Prävention von Aids und der Begleitung von Aidspatienten im städtischen Gebiet von der Kommunalregierung sehr gefragt und bekommen für ein Wirken in der Öffentlichkeit Spielraum und Rückhalt von dieser. Mit solchen und ähnlichen Arbeitsgebieten lässt sich auch die Jugendarbeit etc. verbinden.

Eine Kirche, die sich für die Erfüllung der Grundbedürfnisse der Menschen wie Ernährung, Gesundheit, Bildung engagiert, sich für die gesellschaftlich Benachteiligten (Behinderte, Minderheiten) einsetzt, gewinnt das Vertrauen der Bevölkerung und der gesellschaftlich Verantwortlichen. Ein solcher Einsatz drängt sich ihr verstärkt auf, nicht zuletzt auch deshalb, weil ihre Mitglieder selbst ebenso durch die mit den Transformationsprozessen verbundenen Problemlagen betroffen sind. Auch in China kommt die Kirche um die Sozialpastoral nicht herum. Analog zu Deutschland und anderswo muss sie lernen, ihre Funktion für die Gestaltung eines gerechteren Miteinanders innerhalb des chinesischen Volkes wahrzunehmen.

Von den christlichen Werten her kann die Kirche in einer nach Orientierung und Zusammenhalt suchenden Gesellschaft Entscheidendes beitragen. In einer Situation, in der die Sozialkonflikte immer stärker werden und die Kluft zwischen Arm und Reich sich enorm und äußerst rasch vergrößert, hat die Kirche mit ihrer Soziallehre ein Potential, das sie nicht unter die Scheffel in ihren Sakristeien stellen darf. Die Prinzipien der Soziallehre wie Personalität, Subsidiarität, Gerechtigkeit, Solidarität und das Gemeinwohl stellen bereits einen erprobten Orientierungsrahmen dar, der in der speziellen geschichtlichen Lage der chinesischen Gesellschaft zum sozialen Ausgleich beitragen und die Familien und die Würde eines jeden einzelnen stärken helfen kann.

Zur Begleitung dieser Entwicklung haben wir von Misereor aus auch zwei Symposien mit der Chinesischen Akademie für Sozialwissenschaften und deren Institut für Weltreligionen durchgeführt: In 2002 „Zum christlichen Engagement in der gegenwärtigen Gesellschaft". (Die Beiträge des dreitägigen Symposiums sind 2003 auf chinesisch und deutsch in Peking publiziert worden.) An diesen Symposien nahmen 30 chinesische Professoren der Akademie und verschiedener chinesischer Universitäten teil und von deutschsprachiger Seite 15, darunter zwei Bischöfe (Bischof Fürst und ein Bischof aus Lateinamerika) sowie ein Professor aus Afrika.

Es ging uns darum, das Verhältnis Kirche und Staat zu diskutieren und zu überdenken, welche Rolle und Funktion die Kirche hier übernehmen könne. Wir spiegelten unsererseits mit Untersuchungen und Berichten, wie sich dieses Verhältnis im deutschsprachigen Raum im Laufe der Geschichte entwickelt hat und welche Vielfalt zurzeit bei uns gegeben ist. Über diese Referate kam es mit den chinesischen Teilnehmern zu interessanten Diskussionen. Einzelne Referate, so der Beitrag des Kirchenrechtlers Aimone zum Verhältnis Kirche – Staat und den verschiedenen Konkordatsmodellen, wurden auch im hohen politischen Bereich zur Kenntnis genommen.

Das folgende Symposion (2005) siedelten wir im Themenfeld der sozialen Verantwortung und der Soziallehre an und diskutierten über das Sozialengagement der Kirche. An diesem Treffen beteiligten sich 65 Chinesen und 18 Professoren aus dem deutschsprachigen Raum. Diesmal präsentierten auch chinesische Misereor-Partner ihre kirchliche Sozialarbeit aus den Bereichen der Behindertenarbeit, der Gesundheits- und Aidsarbeit, der Armutsbekämpfung und Medienarbeit.

Dass ein chinesischer Bischof, ein Generalvikar, Priester, Schwestern und Laien ihre Arbeit vor einer Professorenschaft der Chinesischen Akademie und mehrerer Universitäten präsentieren konnten und diese auf einer solch hohen Ebene wahrgenommen wurde, verzeichnen wir bei Misereor als besonderen Erfolg. Und umgekehrt haben diese Christinnen und Christen ebenso wahrgenommen, dass sie durchaus Wichtiges für das Gemeinwohl beitragen können und dass ihre Mitwirkung geschätzt wird.

Mich persönlich hat bei diesem Symposion besonders berührt, dass eine Professorin der chinesischen Akademie ihre Forschungsergebnisse über den Vergleich der Enzyklika Mater et Magistra von Johannes XXXIII. und der Harmonielehre des chinesischen Präsidenten Hu vortrug. Bei der Suche nach tragfähigen Grundlagen des menschlichen und gesellschaftlichen Lebens tun sich also überraschende Perspektiven auf.

Mit der Shanghaier Akademie für Sozialwissenschaften konnte Misereor in Zusammenarbeit mit dem KAAD bereits drei Tagungen durchführen, eine erste über „Konflikte in urbaner Gesellschaft" in Shanghai; eine zweite 2006 über Migration in Mainz (in Kooperation mit der Universität Mainz und mit Beteiligung des Präsidenten der Deutschen Bischofskonferenz Kardinal Lehmann) und eine dritte im Mai 2007 über die „Harmonische Gesellschaft", wiederum in Shanghai. Zu dieser Zusammenarbeit wirkt sich das langjährige soziale Engagement von Bischof Jin in Shanghai aus.

Zu dieser weitsichtigen und zukunftsträchtigen Anlage der Konzeption unserer Entwicklungszusammenarbeit in China haben die besonderen Erfahrungen und Kenntnisse unseres Chinareferenten Michael Kropp beigetragen. Er hat nicht nur Sinologie in China studiert, sondern dort auch gelebt und bezog und bezieht in die Strategieentwicklung systematisch verschiedene chinesische Partner ein, wie Bischof Li Duan von Xian (2006 verstorben), der sein Wirken äußerst weitblickend anlegte, oder Vertreter von halbstaatlichen Institutionen, Universitäten und Nichtregierungsorganisationen. In einem so komplexen Arbeitsfeld, wie es China darstellt, wären wir in so kurzer Zeit der Entwicklungszusammenarbeit nie so weit gekommen, wenn wir in Peking nicht auf ein weiteres Instrument hätten zurückgreifen können, nämlich dem einer Dialog- und Verbindungsstelle. Geeignete Partner finden, den kontinuierlichen Dialog zu und zwischen ihnen und der Misereor-Geschäftsstelle in Aachen zu pflegen, wäre ohne eine solche Dialogstelle nicht möglich. Dieses neue Instrument unserer Entwicklungszusammenarbeit hat sich in China äußerst bewährt.

Bewusstseinsbildung in der Bundesrepublik

Die Ausrichtung der kirchlichen Entwicklungszusammenarbeit durch Misereor im Hinblick auf China wäre unvollständig beschrieben, wenn wir nicht auch die Bewusstseinsbildungsarbeit in Deutschland betrachten würden. Misereor hat durch Kardinal Frings in seiner Gründungsrede vor der Bischofskonferenz den Auftrag, ausgehend von den Erfahrungen unseres weltweiten Partnernetzes – mit gegenwärtig ca. 5000 Partnerorganisationen – Bewusstsein in Kirche und Gesellschaft mitgestalten zu helfen. Unsere weltkirchliche Aufgabe im Sinne des Frings'schen „den Mächtigen ins Gewissen zu reden" kommen wir in der Weise nach, dass wir die Anliegen, Herausforderungen und Sichtweisen unserer Partner aufgreifen und in unsere Lobby- und Bildungsarbeit einbringen.

Diese Arbeit soll am Beispiel der „fair-spielt"-Kampagne vorgestellt werden. Unternehmen aus den westlichen Industrieländern produzieren bzw. lassen in chinesischen Weltmarktfabriken produzieren. Im Kampf um Weltmarktanteile und immer niedrigere Kosten nutzen viele die Vorteile, dass in China andere Produktionsbestimmungen als in den Herkunftsländern gelten bzw. chinesische Behörden die Einhaltung international geltender Arbeits- und Menschenrechte nicht kontrollieren. Nach China wurde auf diese Weise ein Kapitalismus exportiert, der in krassem Gegensatz zu der kirchlichen Soziallehre steht und den Johannes Paul II. scharf kritisierte.

Im Zentrum dieses Kapitalismus stehe nicht der Mensch und sein Recht auf die Unverletzlichkeit seiner gottgegebenen Würde. So werden unter menschenunwürdigen Bedingungen u. a. Elektrogeräte, Sportartikel, Schuhe, Bekleidung und Spielwaren für den Weltmarkt hergestellt.

Am Beispiel der Spielwarenindustrie konnten wir die Verletzungen von Menschenrechten in der Produktion nachweisen und Importfirmen mit den menschenunwürdigen Bedingungen in den Zulieferfirmen konfrontieren: Arbeitstage mit bis zu 16 Stunden und 150 Überstunden pro Monat verstoßen auch gegen die chinesischen Arbeitsregelungen; in der Hochsaison arbeiten die vor allem jungen Frauen von Mai bis September ohne jeglichen freien Tag pro Woche; die gesetzlichen Mindestlöhne werden erheblich unterschritten und Überstunden nicht bezahlt, Löhne z.T. einbehalten; Frauen schuften so für 25 bis 64 Euro im Monat; Arbeits- und Gesundheitsschutzmaßnahmen sind völlig unzureichend und auf die Gesundheit der Arbeitnehmerinnen wird aufgrund des riesigen Angebots an billigen Arbeitskräften keine Rücksicht genommen; die Unterbringung ist menschenunwürdig etc. Dies sind Ergebnisse, die vom Hongkong Christian Industrial Committee bzw. vom Asia Monitor Ressource Center unter chinesischen Arbeiterinnen in den Spielzeugfabriken erhoben wurden.

Mit diesen Ergebnissen konfrontierten wir einzelne Firmen in Deutschland – so z. B. bei der jährlichen Spielwarenmesse in Nürnberg – und auch den Weltverband der Spielwarenindustrie. Um dem Anliegen nach einer den internationalen Standards entsprechenden menschenwürdigen Produktion Nachdruck zu verleihen, ließen wir einen TV-Film drehen und verbanden uns in der „fair-spielt"-Kampagne mit der Katholischen Frauengemeinschaft Deutschlands, der Katholischen Arbeitnehmerbewegung Deutschlands, dem Nürnberger Bündnis Fair Toys und der Werkstatt Ökonomie.

In regelmäßigen Pressekonferenzen informierten wir die Öffentlichkeit, gewannen Parlamentarier des deutschen Bundestages für das Anliegen, Ex-Bundesminister Blüm engagierte sich, die parlamentarische Staatssekretärin und Vorsitzende des Ausschusses für Menschenrechte und Humanitäre Hilfe (Nickels) übernahm die Schirmherrschaft der Kampagne und die damalige Bundesministerin Künast lud unseren verantwortlichen Mitarbeiter Dr. Piepel zu einer Reise nach China und zur Besichtigung einer Spielzeugfabrik ein. Zehn Jahre Arbeit von Dr. Piepel auf diesem Gebiet zeitigten schließlich Früchte. Ein wichtiger Aspekt der Misereor-Vorgehensweise ist, dass unser Mitarbeiter seine Arbeit nicht *gegen* die Industrieunternehmen anlegte. Es ging vielmehr darum, diese für die Einhaltung der allgemein verbindlichen Menschenrechte zu gewinnen. Erfolgreich war die Zusammenarbeit mit dem Weltverband der Spielwarenindustrie (ICTI). Dieser erarbeitete einen Verhaltenskodex, in dem die gesetzliche Arbeitszeit, die Zahlungen der gesetzlich vorgesehenen Löhne und Überstundenvergütung, das Verbot von Kinder- und Zwangsarbeit, die gesetzlichen Leistungen bei Krankheit und Schwangerschaft, das Recht auf Arbeitnehmervertretung, Arbeits- und Gesundheitsschutz, angemessene Hygieneeinrichtungen, sichere Schlafräume, das Verbot seelischer und körperlicher Disziplinierung sowie die Bekanntgabe der Standards in der örtlichen Sprache festgelegt werden. Die Inhalte des Kodex spiegeln die Verstöße in den chinesischen Weltmarktfabriken. Die

Crux besteht darin, dass schöne Codizes alleine nicht genügen. Ihre korrekte Umsetzung muss auch unabhängig und regelmäßig kontrolliert werden. Gerade hier liegt der wunde Punkt. Wir sahen uns schließlich als Trägerorganisationen der Kampagne gezwungen, die Namen von Unternehmen zu veröffentlichen, die keine unabhängigen Kontrollen ihrer Zulieferfirmen zulassen.

Wenn Verbraucher in Deutschland ihren Kindern mit Spielzeug eine ungetrübte (Weihnachts-)Freude machen wollen, darf das nicht auf Kosten der Arbeitnehmerinnen in China gehen. Deutsche Unternehmen und Verbraucher haben eine Verantwortung für menschenwürdige Arbeitsbedingungen in China. Wenn wir uns von den Prinzipien der kirchlichen Soziallehre leiten lassen, kann es ja nicht angehen, dass Weltmarktfabriken in bestimmten Ländern der Südkontinente unter menschenunwürdigen Bedingungen produzieren. Der Preis für den Kampf um Marktanteile und niedrige Kosten darf nicht von ausgebeuteten chinesischen Frauen und andererseits arbeitslosen Menschen in Deutschland bezahlt werden. Hier sind die Verantwortlichen in Politik und Wirtschaft gefragt, sich für eine gerechte Globalisierung einzusetzen.

Ich habe das Beispiel aus der Spielwarenproduktion so ausführlich dargestellt, damit man ermessen kann, in welch komplexe Zusammenhänge kirchliche Entwicklungszusammenarbeit gestellt ist und dass es nicht vergebens ist, sich hier von unserem christlichen Grundverständnis her zu engagieren.

Sich in der kirchlichen Entwicklungszusammenarbeit mit China zu befassen, wird zudem mehr und mehr durch die Expansion der chinesischen Wirtschaft und Politik nach Afrika (aber nicht nur dorthin) – immer dringlicher. Unsere dortigen Partner informieren uns über ihre diesbezüglichen Herausforderungen. In einer globalisierten Welt wird es entscheidend sein, sowohl in der staatlichen als auch kirchlichen Entwicklungszusammenarbeit zu einer dreipoligen partnerschaftlich getragenen und verantworteten Zusammenarbeit zwischen Deutschland, China und Afrika zu gelangen. Dafür gilt es, in der Öffentlichkeit in Deutschland Bewusstsein zu wecken.

Wir wissen um die Schwierigkeiten eines solchen Dialogs: Es ist nicht vertretbar, dass Europa und China Afrika lediglich als ihren billigen Rohstofflieferanten und Absatzmarkt für ihre Massenproduktion betrachten und es zwischen China und Europa zu einem Konkurrenzkampf um Marktanteile und Einfluss in Afrika kommt. Afrika muss gleichberechtigt und eigenständig seine Interessen einbringen können. Die Entwicklungskonzeptionen müssen tatsächlich tripartiär erarbeitet werden. Wenn China oder Europa *für* Afrika denken und handeln und die jeweiligen afrikanischen Eliten durch entsprechende Vorteilsnahme je für sich zu gewinnen suchen, die kritische Zivilgesellschaft aber außer Acht lassen, werden alte Fehler letztlich nur wiederholt. Ein solcher von einander lernender Dialog, in dem sich Afrika, China, Europa mit ihren jeweiligen Kulturen respektieren und sich miteinander zum Gemeinwohl aller entwickeln, ist Bedingung, sofern wir eine Globalisierung in Gerechtigkeit anstreben.

Bei Misereor versuchen wir mit unserer Bildungs- und entwicklungspolitischen Arbeit dazu einen Beitrag zu leisten. Wir tun dies, indem wir uns z. B. mit der Fastenaktion an alle kirchlichen Gemeinden wenden. Ganz konkret wird beispielsweise mit dem Hungertuch 2007/8, das von dem chinesischen Künstler Li aus Sichuan zu den Seligpreisungen der Bergpredigt gemalt wurde, und mit den entsprechenden Materialien für die Bildungsarbeit der Blick auf China aus der Perspektive unseres Glaubens gelenkt.

Fassen wir zusammen

Kirchliche Entwicklungsarbeit durch Misereor als dem Bischöflichen Werk der katholischen Kirche folgt auftragsgemäß und in seiner Grundausrichtung dem Beispiel und der Lehre Jesu Christi. Seine vorrangige Option für die Armen, das Aufscheinen der Barmherzigkeit Gottes in ihm, die Gerechtigkeit in Liebe meint, verpflichten uns zu dem selbstlosen, uneigennützigen Dienst an und zusammen mit den Notleidenden und Armen in Kirche und Gesellschaft Chinas. Das christliche Menschen- und Gottesbild sind die Grundlage hierfür.

Auf der einen Seite sind in der chinesischen Entwicklung in den letzten Jahren riesige Fortschritte zu verzeichnen. Auf der anderen Seite lassen uns die wachsende Kluft zwischen Armen und Reichen in China, die Gerechtigkeitslücke, die vermehrten sozialen Konflikte etc. dringend geboten erscheinen, vom Gedanken des Gemeinwohls, des Weltgemeinwohls her das in unseren Kräften Stehende zu unternehmen, um Hilfe zur Selbsthilfe zu leisten. Kirche selbst ist davon betroffen. Auch viele ihrer Mitglieder sind arm. Sie kommt nicht darum herum, die soziale Frage als Folgeerscheinung in dem Transformationsprozess aufzugreifen. Das Verhältnis Staat-Kirche ist nach wie vor spannungsgeladen und durch eine prekäre Geschichte gekennzeichnet. Katholiken als kleine Minorität in China hatten und haben viel zu leiden.

Bei allem aber gilt es zu bedenken, Kirche ist nicht Selbstzweck. Nach Lumen Gentium 1 hat sie eine wichtige Aufgabe für die Vereinigung der Menschheitsfamilie zu leisten. Die Entwicklungszusammenarbeit Misereors mit und durch die Kirche, mit und durch halbstaatliche Organisationen und Nichtregierungsorganisationen will vor allem durch Modellentwicklungen dazu beitragen, dass die Kirche gemäß der Soziallehre ihre Aufgabe für die Menschen und Bevölkerung durch die Sozialpastoral wahr nimmt und aus der „Sakristei“ heraustritt. Andererseits hilft sie damit staatlichen Stellen und gesellschaftlichen Kreisen zu erkennen, welch wichtigen Beitrag die Kirche mit ihren christlichen Werten und der Soziallehre gerade heute für den Zusammenhalt der chinesischen Gesellschaft leisten kann. Eine solche Entwicklungszusammenarbeit kann Räume für das Wirken der Kirche öffnen.

Der katholische Glaube in Polen nach 1989

von Sławomir Śledziewski

1. Einführung

Wenn man von der polnischen Religiösität spricht, dann muss man mit aller Deutlichkeit feststellen, dass Polen ein besonderer Fall unter den ehemaligen Staaten der kommunistischen Welt ist, der eine religiöse Sonderstellung aufgrund des Gewichtes der Strukuren der katholischen Kirche einnimmt.[1] Nicht einmal die despotische Willkür des kommunistischen Regimes konnte die Verbindung der Kirche mit den breiten Massen der polnischen Bevölkerung abschaffen. Sowohl in den Jahren 1945–1989, wie auch später in der neuen Situation nach der Wende, stellte sich die Kirche als Garant der nationalen Identität dar, bekräftigt durch die Verbindung zwischen der katholischen Kirche und der polnischen Nation, die ihre Stärke aus der Tradition und Geschichte der letzten Jahrhunderte schöpfte.

Der polnische Katholizismus und seine Sonderstellung unter den früheren kommunistischen Ländern bekam dennoch nach dem Jahr 1989 eine neue Herausforderung: die pluralistische Gesellschaft, sowohl im sozialen wie auch im kulturellen Bereich, und die falsch verstandene Demokratie.[2] Darüber hinaus kamen auch andere Gefahren, die bis zu diesem Zeitpunkt in Polen noch nicht Fuß gefasst haben. Hier ist vor allem der Liberalismus gemeint, der verschiedene Gesichter haben kann: die Abneigung gegen Tradition und Autoritäten, die Willkür, den Egoismus, den Amoralismus, den Nihilismus und den Konsumismus. Dazu soll noch erwähnt werden, dass der Kommunismus ein negatives Erbe in den ökonomischen Strukturen hinterlassen hat: eine zerstörte Infrastruktur, eine Pyramide von Schulden, Betriebe, die nicht fähig waren die Gesetze der freien Marktwirtschaft und des internationalen Wettbewerbs anzunehmen, Gebiete mit zerstörter Umwelt und schließlich Menschen, die in der neuen Realität sich nicht zurecht finden

---

[1] Vgl. J. Kłoczkowski: Formen der Christentums in Ostmitteleuropa. In: Mayeur, J.-M. (Hrsg.), *Die Geschichte des Christentums*, Bd. XIII: Kriesen und Erneuerung (1958–2000), Freiburg im Breisgau 2002, S. 361

[2] Vgl. J. Mariański: *Religia i Kościół w społeczeństwie pluralistycznym. Polska lat dziewięćdziesiątych*, Lublin 1993, S.100

konnten.[3] All diese Konsequenzen waren tief in der polnischen Gesellschaft verwurzelt und mussten *geheilt* werden. Nun stellte sich das Problem heraus, wie die Heilung verwirklicht werden soll. Könnte das allein mit den äußeren Veränderungen möglich sein oder müsste man doch den Menschen selbst verändern, den *homo sovieticus*, wie der bekannte polnische Philosoph Josef Tischner mit diesem Begriff die Menschen der Ostblockländer-Mentalität bezeichnete, abschaffen? Welche Rolle soll dabei die Religion, der polnische Katholizismus spielen? Läßt sich hier eine strikte Grenze zwischen Politik/Wirtschaft und Glaube/Religion ziehen? Schließlich geht es um den Menschen, der sich sowohl als Mitglied der Gesellschaft, Bürger des Staates, wie auch als Christ versteht. Als Bürger und Christ ist er verpflichtet das gemeinsame Wohl bereits hier auf Erden zu realisieren. Dieses gemeinsame Wohl beruht grundsätzlich auf drei wesentlichen Elementen: auf Achtung und Schutz der fundamentalen Rechte der Person, auf Wohlstand, verstanden als Entwicklung der geistigen und materiellen Werte, und auf Frieden und Sicherheit, sowohl des Einzelnen, wie auch des ganzen Gemeinwesens. Die menschliche Person braucht das soziale Leben um sich im Einklang mit seiner Natur zu entwickeln.[4]

In dieser Situation befand sich Polen in den 90er Jahren des XX. Jahrhunderts. Einerseits hatte man mit der Freiheit zu tun, die viele positive Errungenschaften und Hoffnungen mit sich brachte, andererseits musste man viele Nachteile des alten Systems beheben und die Mentalität der Menschen verändern. Mit dieser Problematik wurde die polnische Bevölkerung konfrontiert. In einemn katholischen Land wie Polen kann man dennoch nicht von der Gesellschaft sprechen, ohne die Meinung der Kirche miteinzubeziehen. So begann gleich nach der Wende der geistige Kampf um den Einfluß in der Gesellschaft zwischen dem demokratischen Liberalismus und der katholischen Kirche, verstanden als Institution und Hüter von ethischen Werten. Die Vertreter des demokratischen Liberalismus wollen nicht nur die Hierarchie der Kirche sondern auch die Kirche der Laien aus dem öffentlichen Leben beseitigen. Aber es zeigt sich, was mit Recht Leszek Kołakowski, ein guter Kenner marxisitischer Philosophie betont, dass es keinen lebendigen ethischen Kodex ohne Kirche gibt. Will ein Staat die Inhalte eines christlich ethischen Kodex übernehmen, wird er zwangsläufig die Kirche nicht ausschalten können. Dabei hat die Kirche laut dem II. Vaticanum das Recht

---

[3] Vgl. *II Polski Synod Plenarny (1991–1999)*, Poznań 2001, S. 71

[4] Vgl. ebd. S. 85

und sogar die Verpflichtung, das politische Leben im Staat *ratione veritatis* zu gestalten. Die Kirche ist in erster Linie das Heilssakrament und die Heilslehre. Aber die Kirche weiß zugleich um die Tatsache, dass der Mensch ein innerweltliches Wesen, ein Individuum und ein *zoon politikon* ist. Sie weiß um seine Lebensziele, seine Würde und sein Glück. Konnte man all diese Aspekte bei der Debatte um die Gestaltung eines *neuen* Polen vergessen? War man sich nicht der Tradition und zugleich der neuen zukunftgestaltenden Aufgabe verpflichtet?

Dabei hat eine sehr angespannte Situation der polnischen Gesellschaft die anderen Probleme überschattet. Es sind sehr viele Massenfrustrationen, Unruhen, Neurosen, Depressionen und Agressionen zu sehen. Es herrschte eine allgemeine Verarmung der Gesellschaft und eine sehr hohe Arbeitslosigkeit, die zu einer materiellen und sozialen Verunsicherung führen. Diese Umstände lassen den Gedanken über die *echte* Demokratie verschwinden. Dabei sollte es nach 1989 völlig anders werden. In dieser Situation war nicht nur der christiliche Glaube, sondern vor allem der polnische Katholizismus gefragt.

2. Polnischer Traum von der Demokratie

Mit der Wende und dem Untergang der kommunistischen Staaten kam die Hoffnung auf die Demokratie, die jede andere Staatsform übersteigen soll. Nach 1989 hoffte man auch in Polen, dass die Demokratie in unserem Land eine Chance dafür sein wird, dass die Gesellschaft sich selbst regieren kann. Nun musste man den richtigen Begriff von Demokratie suchen. Eine wahre Demokratie bedeutet lange noch nicht, die Mehrheit habe recht, sondern viel mehr soll die Demokratie dazu beitragen, dass alle menschlichen Fähigkeiten sich frei und voll entfalten können, weil sie zur ungeschränkten menschlichen Entfaltung notwendig sind. Polen wollte mit Recht nach all den Jahren des totalitären Systems wieder die Werte verwirklichen, die eine wahre Demokratie mit sich bringt. Diese Werte gehen auf die Menschenwürde zurück. Ohne die Beachtung der Menschenwürde wandelt sich die Demokratie sehr leicht in den öffentlichen oder getarnten Totalitarismus um.[5] Die Kirche identifiziert sich aufgrund ihrer transzendentalen Mission

---

[5] Vgl. Johannes Paul II: Enzyklika: Centesimus Annus, 46. In: *Encykliki Ojca Świętego Jana Pawła II.*, Kraków 1996, Bd.II, S. 515

mit keinem politischen System. Sie kann diese Systeme dennoch beurteilen, inwieweit sie dazu beitragen, das gemeinsame Wohl der Menschen zu realisieren. Nach der Meinung des kirchlichen Lehramtes kann das authentische demokratische System nur auf einem festen moralischen Fundament gebaut werden. In der Praxis des öffentlichen Lebens bedeutet das eine Unterscheidung von zwei eng mit sich verbundenen Bereichen: Dem einem, in dem die Regeln der demokratischen Mehrheit herrschen und dem anderen der fundamentalen ethischen Regeln, die nicht der Entscheidung der Mehrheit unterliegen. Sich auf die dauerhaften moralischen Gesetze zu berufen bedeutet nicht, dass sie zum Fanatismus oder Fundamentalismus führen. Nicht die Wahrheit des Evangeliums, sondern der Agnostizismus und Relativismus, und ihre Folgen im sozialen Leben, führen zum steigenden Fanatismus. Mit diesen Tendenzen haben wir auch im katholischen Polen zu tun. In diesem Zusammenhang muss daher folgende Frage gestellt werden: Wie kann sich in einem solchen katholischen Land, wie Polen, ein politischer Atheismus durchsetzen? Die Antwort scheint leicht zu sein: Unserer polnischen Gesellschaft wurden in den Jahren nach dem II. Weltkrieg nur die kommunistischen Theorien angeboten und aufgedrängt. Man wollte keine gläubigen Menschen an dem öffentlichen Geschehen teilhaben lassen. So waren fast ausschließlich Atheisten an der Macht beteiligt. Nach der Wende versuchten die gleichen atheistisch geprägten Menschen immer wieder mit Erfolg die politschen Eliten zu bilden, damit sie in Polen regieren. Solche Menschen, die kommunistisch und atheistisch geprägt sind, können nur schwer die Demokratie als Teilnahme aller Bürger an dem politischen Geschehen verstehen, weil sie nur autoritäre Macht und Diktatur gewohnt sind. Mit der Zeit wächst eine neue Generation, die neue Maßstäbe der Demokratie setzt. Als Christen sind wir verpflichtet zur Einführung der moralischen Regeln, die das politische Geschehen konstituieren. Wir müssen es lernen, sich kompetent an der politischen Debatte zu beteiligen. Erst dann können wir dazu beitragen, dass die wahre Demokratie in Polen Realität wird.

3. Das Verhältnis von Staat und Kirche (das Konkordat)

Wenn man das Verhältnis von Staat und Kirche anspricht, dann muss man in erster Linie von den rechtlichen Bestimmungen ausgehen, die dieses Verhältnis von der Struktur her bestimmen. Das Konkordat zwischen Polen und dem Vatikanstaat wurde am 28. Juli 1993 unterschrieben.[6] Dazu muss gesagt werden, dass das frühere Konkordat von 1925 durch die kommunistische Regierung der Nachkriegszeit abgelehnt wurde. Nach den Veränderungen im Jahre 1989 ergab sich die Möglichkeit einer neuen Rechtsbestimmung, welche bereits in den 80er Jahren des XX. Jahrhunderts als notwendig gesehen wurde. Bereits im Jahre 1987 wurde eine gemeinsame Kommission von Vertretern der Regierung und der Kirche ins Leben berufen, um die Beziehung zwischen Polen und dem Heiligen Stuhl zu normalisieren. Erst aber in der völlig neuen Realität war es möglich am 17. Mai 1989 drei Gesetze als Vorboten des neuen Konkordats zu beschliessen:

a.) Über das Verhältnis des Staates zu der katholischen Kirche
b.) Über die Gewissens- und Konfessionsfreiheit
c.) Über die Sozialversicherung der Geistlichen.[7]

Diese Gesetze bildeten einen Ausgangspunkt für die weitere Debatte um das Entstehen des neuen Konkordats. Im Jahre 1992 wurde ein neuer Ausschluss aus Vertretern der Regierung und des Heiligen Stuhls gebildet. Es wurden zwei Entwürfe des Konkordats vorgelegt: der eine wurde durch das polnische Auswärtige Amt vorbereitet, den anderen hat der Heilige Stuhl vorgestellt. Nach langen Verhandlungen wurde schließlich im Juli 1993 dieses internationale Abkommen unterschrieben. Es war notwendig, das Konkordat mit einem Land, in dem über 90 % der Bevölkerung katholisch ist, und die Kirche in ihrem institutionellen Bereich eine sehr ausgebaute und ausgeprägte Organisationsstruktur im ganzen Land bildet, zu unterschreiben.[8] Daher war es von grosser Relevanz, dass die katholische Kirche in Polen eine klare, stabile und eindeutige Rechtslage bekommt, die weder von den wechselnden Konjunkturen noch von verschiedenen politischen Bestimmungen abhängt. Mit dem Entstehen eines neuen demokratischen Staates verändert sich auch die Rolle der Kirche. Durch das Abschliessen des Konkordats hat man von Anfang an versucht, die Kompetenzen des Staates und der Kirche zu bestim-

---

[6] Vgl. Hanna Suchocka: Polska i nowy konkordat polski. In: Dobroczyński, G. (Hrsg.), *Przemiany w Europie Środkowo-Wschodniej*, Warszawa 1995, S.51

[7] Vgl. ebd. S.50

[8] Vgl. ebd. S.52

men. Man kann mit aller Deutlichkeit feststellen, dass dieses Abkommen ein modernes Dokument ist, welches die Veränderungen seit 1925 und die internationalen Regeln, ohne die ein moderner Staat nicht gut funktionieren könnte, berücksichtigt. Darüber hinaus wird es auch ein Konzilskonkordat genannt, weil es auch die Hauptgedanken des II. Vatikanischen Konzils aufnimmt. Die Bestimmungen sollten nicht dazu führen, dass man Polen als einen Konfessionsstaat (Religionsstaat) verstehen würde. Vielmehr strebt das neue Konkordat eine dauerhafte und harmonische Regulierung der gegenseitigen Beziehung von Staat und Kirche an.

Es gab viele offene Fragen, die dieses Abkommen beantworten sollte. Es waren vor allem:

a) Im Bezug auf das polnische Staatsrecht war es im Interesse Polens die Bestimmung der Verpflichtungen der Kirche gegenüber dem Staat, die sich auf das innere Leben der Kirche bezogen (Territoriale Organisation der Kirche in Polen, Ernennung von Bischöfen, Bildung von kirchlichen Rechtspersonen), zu nennen.

b) Die Bestimmung von gegenseitigen Verpflichtungen des Staates und der Kirche in Bereichen, die für den Staat von größter Bedeutung sind.

c) Im Bezug auf die vielen kanonischen (kirchlichen) Eheschliessungen war es von Relevanz, dass man im Konkordat die Problematik der Eheschliessung reguliert (Art. 10 im Konkordat).

Die Problematik der Eheschliessung brachte in die Debatte um das Abkommen die meisten rechtlichen Kontroversen mit sich. Die Rechtsbestimmungen im Konkordat sprechen nur von der Eheschliessung und nicht von der Ehescheidung, weil die Kirche nur ein Ehenichtichkeitsverfahren, laut dem CIC, durchführen kann, niemals kann aber die Ehe kirchlich geschieden werden. Der polnische Staat dagegen hat in seinen rechtlichen Strukturen eine Ehescheidung, die unter Umständen durchgeführt werden kann. Hier gilt also die Regel von zwei verschiedenen Rechtsordnungen.

Der Artikel über die Rechte zum Religionsunterricht (Art. 12) wird auch oft diskutiert. Religionsunterricht wurde in den polnischen Schulen bereits 1990 eingeführt und die Bestimmungen darüber entsprechen den Standards in anderen demokratischen Ländern. Die Teilnahme ist nicht obligatorisch sondern fakultativ (freigestellt). Jede Kritik gegen diese Bestimmung ist ungerecht, weil dieser Artikel weder die Gewissens- und Religionsfreiheit noch die Regeln der Religionstoleranz verletzt.

Die Gegner des Konkordats gingen von einer These aus: Der Staat soll *säkular*, d. h. atheistisch sein, und die Kirche darf nicht zu den Bereichen des öffentlichen Lebens (Politik, Kultur, Wirtschaft, Wissenschaft, Administration, Soziales, Kunst usw.) zugelassen werden. Aus dieser Hauptthese folgten die weiteren: Man sollte keine Verträge zwischen Staat und Kirche schließen. Daher dauerte es so lange, bis man in Polen das Konkordat unterschrieben hat, was auf günstige politische Umstände zurückzuführen ist.

Die obengenannten verschiedenen Probleme und Betrachtungsweisen der Bestimmungen des Konkordats haben dazu beigetragen, dass erst am 8. Januar 1998 im neuen Parlament durch die Mehrheit (273 Stimmen *für* und 161 Stimmen *gegen*) die Ratifizierung, also die verbesserte Version des Konkordats, positiv entschieden wurde. Kurz danach, am 23. Februar 1998, unterschrieb die Regierung von Jerzy Buzek die Ratifizierung.[9] Dieser Akt hat den langen und schwierigen Weg der Verhandlungen über die Regulierung des Verhältnisses Staat – Kirche in Polen abgeschlossen.

4. Strukturen und Organisation der polnischen Pfarreien

In der polnischen sozial-kulturellen Realität bedeutet eine römisch-katholische Pfarrei nicht nur eine religiöse Institution und elementare Struktur der Kirche sondern auch eine wichtige soziale Einrichtung mit einem breiten Spektrum der Einwirkung in viele Bereiche des lokalen Gemeinwesens. Man spricht sogar von einem Phänomen der römisch-katholischen Pfarrei in Polen.[10] Woran besteht dieses Phänomen? Um diese Frage beantworten zu können sollte man einige Aspekte dieser Problematik ansprechen.

Die territorial-administrative Struktur der katholischen Kirche in Polen und zugleich die diözesane Angehörigkeit vieler Pfarreien unterlag in den 90er Jahren des letzten Jahrhunderts vielen Veränderungen. Am 25. März 1992 verkündete Papst Johannes Paul II. die Bulle *Totus Tuus Poloniae Populus*, aufgrund derer alle Grenzen der bisherigen Diözesen in Polen verändert wurden. Als Folge dieser Reorganisation gibt es in Polen zur Zeit 13 kirchliche Metropolen, die in 39 Diözesen unterteilt sind. Eine der führenden Ideen dieser Reorganisation war die Verkleinerung der Gebiete der Diözesen, damit der Diözesanbischof öfter die Möglichkeit zu einem Treffen mit dem Klerus

---

[9] Vgl. E. Jarmoch: Stolica Apostolska a Kościół w Polsce. In: Zdaniewicz, W./ Zembrzuski, T. (Hrsg.): *Kościół i religijność Polaków 1945–1999*, Warszawa 2000, S. 291

[10] Vgl. E. Firlit: Struktury parafialne w Polsce i ich działalność, in: Zdaniewicz, W./ Zembrzuski, T. (Hrsg.), *Kościół i religijność Polaków 1945–1999*, Warszawa 2000, S. 107

und den Gläubigen hätte. Dies sollte wiederum zu einer Dynamisierung der pastoralen Tätigkeit, sowohl in der Diözese allgemein, wie auch innerhalb der Pfarreien führen. Die Zahl der Pfarreien in den Diözesen ist sehr verschieden. Die kleinsten Diözesen, was die Zahl der Pfarreien angeht, sind: Die Diözese Białystok mit 86 Pfarreien, die Diözese Drohiczyn mit 92 Pfarreien und die Diözese Warszawa-Praga mit 137 Pfarreien. Dagegen gehören folgende Diözesen zu denen mit den meisten Pfarreien: Die Diözese Tarnów mit 435 Pfarreien, die Diözese Poznań mit 405 Pfarreien und die Diözese Kraków mit 402 Pfarreien. Dabei soll noch erwähnt werden, dass die Struktur der Pfarreien im gesamten Polen eine wachsende Charakteristik aufweist. Zum Beispiel in den Jahren 1987–1997 wuchs die Zahl der Pfarreien in Polen um 904 (Im Jahre 1987 waren in Polen 8459 Pfarreien und zehn Jahre später bereits 9363 Pfarreien.)[11] Diese Angaben sollen nur einen kurzen Blick auf die veränderte Struktur der polnischen Kirche werfen. Allerdings geben die Zahlen kein Bild über den Status und das *innere* Leben der polnischen Pfarreien.

In den 70er Jahren des XX. Jahrhunderts bemerkte man in Polen den Rückgang der sozialen Funktionen der Pfarreien und die Wendung eher zu religiösen und seelsorgerischen Diensten. Dies ändert sich dennoch in den 80er Jahren. Diese Belebung hat mit Sicherheit mit dem Aufblühen der sozialen Initiativen in unserem Land zu tun. Dabei merkt man viel stärker die Initiativen in den Stadtpfarreien. Der Zeitraum der Transformation des politischen Systems dynamisierte deutlich die soziale Aktivität der Pfarreien. Vor allem im Bereich der karitativen Tätigkeit verspürte man eine deutliche Belebung. Besonders nach 1989 stellte man fest, dass die karitative Arbeit der polnischen Kirche notwendig ist. Daher wurde 1990 Caritas Polska reaktiviert, eine Organisation, die die soziale Hilfe für Hilfbedürftige in der Bevölkerung propagierte und in jeder polnischen Diözese eine Sektion gründete. Darüber hinaus entstanden in vielen Pfarreien kirchliche Einrichtungen, die sich der fürsorgerisch-erzieherischen Tätigkeit widmeten. Dies war notwendig, weil nach 1989 der polnische Staat sehr stark im Bereich des sozialen Schutzes nachgelasssen hat und die einzelnen Pfarreien im ganzen Land verschiedene Projekte, wie Häuser für alleinstehende Mütter, Essen für Arme und Obdachlose, Übernachungsmöglichkeiten, materielle Hilfe für Bedürftige, wie auch viele andere Aktivitäten unterstützten.

In der polnischen Pfarrei spielt der Pfarrer nicht nur im Bereich der Liturgie, sondern auch in jeder anderen Hinsicht, eine Schlüsselposition. Viele

---

[11] Vgl. ebd. S. 108

Untersuchungen aus den 90er Jahren des vergangenen Jahrhunderts beweisen die hohe Autorität der Priester unter der polnischen Bevölkerung. Zum Beispiel wurde bei der Untersuchung im Jahre 1994 festgestellt, dass 64 % aller Polen *den Priestern Achtung und Ansehen geben,* 6 % gaben keine Angaben und 30 % äußerten sich negativ über die Geistlichen.[12]

Die polnischen Pfarrer erweisen nach 1989 viel größere politische und soziale Aktivität. Die Zusammenarbeit der Pfarreien mit den lokalen Zentren der politischen Behörden, wie auch mit den Schulen, hat auch nach der Wende stark zugenommen. Seit 1990/91 findet der Religionsunterricht in allen Schulen statt, darunter auch in den staatlichen. Allgemein gesagt, kann man feststellen, dass die öffentliche Tätigkeit der Priester in Polen nach 1989 deutlich gewachsen ist. Im Gegenteil zu der starken Position der Priester in den Pfarreien ist die Rolle der Laienhelfer und Pfarrgemeinderäte sehr gering. In den meisten Pfarreien gibt es die Beratungsgremien der Laien, die die Arbeit der Pfarrer unterstützen, aber sie treffen allein keine Entscheidungen. Eine Untersuchung aus dem Jahre 1994 hat erwiesen, dass eine Pfarrei grundsätzlich durch den Pfarrer geleitet wird und den Mitgliedern der Pfarrei die Entscheidungen nur bekanntgegeben werden. Dabei hätten sich etwa 40 % der Laien aktiv am Leben ihrer Pfarrei beteiligt und hätten auch Einfluss auf die Beschlüsse gehabt. Ein großer Anteil der Christen hat keine Ahnung über die Laienstrukturen und Gremien in den polnischen Pfarreien.

Zusammenfassend läßt sich feststellen, dass die Passivität der Laien und ihre Gleichgültigkeit im Bezug auf die Angelegenheiten der Pfarreien nur einen Faktor bei dem Defizit der Laienbewegungen in den polnischen Pfarreien bilden. Viel entscheidender scheinen die patriarchale Struktur des polnischen Klerus, wie auch mangelndes Vertrauen gegenüber den Laien in Sachen Verwaltung der Pfarreien zu sein.

5. Beschreibung der Lage der polnischen Frömmigkeit

Vorweg muss zu diesem Punkt gesagt werden, dass es schwierig ist, über die individuelle Religiösität der einzelnen Menschen in einem Land zu sprechen. Man muss in erster Linie auch den Unterschied zwischen der soziologischen und der religiösen Betrachtungsweise der Frömmigkeit feststellen. Der Soziologe, der sich mit bestimmten Umfragen beschäftigt, kann nur die Religion

[12] Vgl. ebd. S. 115

als Thema seiner Erwähung nehmen und niemals Gott selbst, weil er als Wissenschaftler die Religion auf den Menschen und die Gesellschaft bezieht. Daher behandelt er die Religion als eine soziale Erscheinung.[13] Der Glaube ist eine private Angelegenheit und kann eigentlich in einer Umfrage nur mit Vorbehalten angesprochen werden. Daher soll die Frage nach der Frömmigkeit eher nur als ein komplexes Phänomen aus einem sozialen Winkel betrachtet werden, in dem gewisse Richtlinien und Verallgemeinerungen zustande kommen. Die Untersuchung der Religiösität in Polen in den Jahren nach der Wende und die Meinung über die katholische Kirche erlauben es uns nochmals eine Antwort auf die Frage zu geben, wie es mit dem polnischen Katholizismus steht.[14]

Die polnische Bevölkerung besteht grundsätzlich aus armen Leuten, besonders im Vergleich mit dem Westen. Dennoch ist sie meistens optimistisch im Bezug auf die Zukunft eingestellt. Die Polen schätzen die Familie und ihr Vaterland, obwohl sie sich vieler Fehltritte und Irrtümer im öffentlichen Leben bewußt sind. Die Religiösität der Polen charakterisiert gut die Hypothese von W. Piwowarski: „Die Religiösität in Polen wird fortwährend aufbewahrt und hat ein hohes Niveau, oder sie steigt sogar unter gewissen Umständen, aber nur auf allgemeinnationaler Ebene (gemeinsamer Wert). Dagegen im Bereich des täglichen Lebens (personaler Wert) unterliegt sie beträchtlichen Veränderungen, welche den ähneln, die in den hochentwickelten Gesellschaften vorkommen, was wiederum ein Hinweis auf die verbreitete Selektivität ist“[15] (Übersetzung des Autors). Diese These bestätigt auch die Charakteristik des Modells eines Christen in unserem Land: Den Glauben an Gott respektieren fast alle, dagegen die konkreten ethischen Normen z. B. der Sexualmoral akzeptiert nur etwa ein Drittel der befragten Personen. Ein anderes Problem hat man in Polen mit den Laien, was oben bereits angesprochen wurde. Wie kann man die Laien zu einer engagierten Haltung in der Kirche bewegen? Die Einführung der Reformen des II. Vatikanischen Konzils trifft in unserem Land bis jetzt auf die größten Schwierigkeiten im Bereich der Veränderung des Ortes und der Rolle der Laien in der kirchlichen Gemeinschaft.

Wie die Umfrage deutlich macht, glauben an Gott in Polen über 90 % der Menschen; 70 % bekennen sich als religiös und nur 15 % beteiligen sich aktiv an der Arbeit in der Pfarrei. Man muß hier aber betonen, dass die man-

---

[13] Vgl. J. Marianski: Religia i Kościół, S. 11

[14] Vgl. W. Zdaniewicz: Posłowie, in: Zdaniewicz, W./Zembrzuski, T. (Hrsg.), *Kościół i religijność Polaków 1945–1999*, Warszawa 2000, S. 439

[15] Vgl. W. Piwowarski: *Socjologia religii*, Lublin 1996, S. 252

gelnde sozial-religiöse Aktivität der Christen in Polen in keinerlei Beziehung zur sozialen Sensibilität steht. Als Beweis der Sensibilität und Hilfsbereitschaft sollen viele Spenden für bedürftige Menschen genannt werden, die in unserem Land und in der ganzen Welt unter den Polen gesammelt werden.

Der Besuch der sonntäglichen Messe ist vielleicht kein adäquater Zeiger der Frömmigkeit. Dennoch kann er gewisse Hinweise über die religiöse Lage in einem Land geben. Seit 1979 werden regelmässig Statistiken über die Gottesdienstteilnehmer (Dominicantes) und Kommunionsempfänger (Communicantes) in polnischen Diözesen geführt. Aufgrund dieser Untersuchungen kann man in vielen Diözesen eine leicht sinkende Zahl der Gottesdienstteilnehmer beobachten. (Im Jahre 1989 gingen regelmäßig 50,3 % der Katholiken in die Kirche, dagegen betrug im Jahre 1999 die Zahl der Gottesdienstbesucher 46,9 %.[16] Dagegen z. B. in Deutschland betrug die prozentuale Zahl der Gottesdienstbesucher im Jahre 1995 18,6 %.[17]) Zugleich beobachtet man eine steigende Zahl der Kommunionsempfänger, was vielleicht auf die vertiefte Religiösität oder zumindest auf gewisse dynamische Prozesse der polnischen Frömmigkeit hinweist. (Im Jahre 1989 betrug die Zahl der *Communicantes* in Polen 9,9 %. Zehn Jahre später stieg die Zahl auf 16,3 %.[18]) Ein anderer Hinweis auf die polnische Frömmigkeit kann das andauernde hohe Niveau der Priester- und Ordensberufungen sein (1998–25004 Mitglieder des Weltklerus und Ordensklerus, wie auch 24790 Mitglieder der Frauenorden in Polen)[19].

6. Ausblicke für die Zukunft

Kürzlich schrieb Jose Casanova, ein Soziologieprofessor aus New York, in einem interessanten Aufsatz mit dem Titel: *Beispiel an der Weichsel*[20] über den Beitritt Polens zur EU und seine Bedeutung für die Religiosität unseres Kon-

[16] Vgl. W. Zdaniewicz; T. Zembrzuski (Hrsg.): *Kościół i religijność Polaków 1945–1999*, S. 512, 545

[17] Vgl. Ebertz, M.N. Kirche im Gegenwind. Zum Umbruch der religiösen Landschaft, Freibunrg-Basel-Wien 1997. S. 48–64

[18] Vgl. W. Zdaniewicz; T. Zembrzuski (Hrsg.): *Kościół i religijność Polaków 1945–1999*, S. 510, 546

[19] Vgl. J. Kłoczkowski, Formen des Christentums in Ostmitteleuropa, S. 376

[20] Vgl. J. Casanowa: Przykład znad Wisły, in: Rzeczpospolita, 20–21 September 2003, Beilage

tinents. Er hofft, dass Polen bei seinen traditonellen Werten, die eng mit dem Glauben und der Religiösität verbunden sind, bleibt. Darüber hinaus meint der Soziologe: Polen wäre imstande zu beweisen, dass der Untergang der Religion in Europa nicht ein unausweichlicher Prozess ist, der mit der Moderne zusammenhängt, sondern viel mehr eine historische und autonome Entscheidung, die allein von den Europäern abhängt. Bei diesen Gedanken könnte man auf die Idee kommen, dass ich meinem Land eine messianische Rolle zuschreiben will, was eigentlich kein origineller Gedanke mehr wäre. Das ist nicht meine Absicht. Viel mehr will ich auf die Möglichkeit einer geistigen Erneuerung hinweisen, die von Polen Richtung gemeinsames Europa ausgehen soll. Dass das gemeinsame Europa eine religiöse Erneuerung braucht, sollen die Worte der Synode der Bischöfe von Europa aus dem Schreiben *Instrumentum laboris* aus dem Jahre 1999 beweisen. Sie haben gesagt: Der Bau des gemeinsamen Hauses Europa, gestützt auf den Werten des Evangeliums, scheint viel schwieriger zu sein, als man in den 90er Jahren des XX. Jahrhunderts erwartet hätte.[21] Damit wurde im Jahr 2004 mit dem Beitritt zur Europäischen Union ein großes Wirkunsgfeld für Polen und den polnischen Katholizismus erschlossen. Schließlich gehört das Wiederfinden der religiösen Wurzeln der europäischen Kultur zu einem wesentlichen Element der Suche und der Begründung der Identität unseres Kontinents.

Das Thema meines Beitrags war die Lage des katholischen Glaubens in Polen nach 1989. Bei der Bearbeitung dieses Themas war es unumgänglich, neben den eigenen Beobachtungen, sich auf verschiedene Literatur und Untersuchungen zu berufen. Die Untersuchungen über die Einstellung der polnischen Bevölkerung zum Glauben und die Meinungen über die katholische Kirche geben nochmals die Antwort auf die Frage: Wie ist der polnische Katholizismus? In diesem Bereich wurden viele verschiedene Untersuchungen gemacht. Manche von ihnen haben einen internationalen Charakter bekommen, weil sie in zehn postkommunistischen Ländern, darunter Polen, durchgeführt wurden. Uns hat dabei interessiert, wie die religiöse Praxis in Polen aussieht, wie es mit dem Verhältnis zwischen Kirche und Staat steht, wie die Strukturen und die Organisation der polnischen Pfarreien funktionieren, welche Rolle die entstehende Demokratie für das Christentum hat und was die Wende an der Situation des christlichen Glaubens mit sich gebracht hat.

---

[21] Vgl. Zembrzuski, T., Podsumowanie, in: W. Zdaniewicz; T. Zembrzuski (Hrsg.): *Kościół i religijność Polaków 1945–1999*, S. 442

Diese kurze Schilderung versuchte in groben Zügen das Christentum bzw. den Katholizismus in Polen in seinem geschichtlichen und gesellschaftlichen Kontext darzustellen.

Abschließend soll noch gesagt werden, dass unser Landsmann Johannes Paul II. in diesem Zusammenhang ein polnisches Zeichen der Zeit bedeutete. Er sollte für uns alle ein Symbol der internationalen Zusammenarbeit und der Solidarität der Menschen als Pilger dieser Welt zu unserer wahren Heimat sein.

Literaturverzeichnis

J. Casanowa: Przykład znad Wisły, in: Rzeczpospolita, 20–21 September 2003, Beilage

G. Dobroczyński (Hrsg.): *Przemiany w Europie Środkowo-Wschodniej*, Warszawa 1995

Johannes Paul II: Enzyklika: Centesimus Annus, 46, in: *Encykliki Ojca Świętego Jana Pawła II*: Kraków 1996, Bd.II

J. Mariański: *Religia i Kościół w społeczeństwie pluralistycznym. Polska lat dziewięćdziesiątych*, Lublin 1993

J.-M. Mayeur (Hrsg.): *Die Geschichte des Christentums*, Bd. XIII: Kriesen und Erneuerung (1958–2000), Freiburg im Breisgau 2002

W. Piwowarski: *Socjologia religii*, Lublin 1996

II Polski Synod Plenarny (1991–1999), Poznań 2001

T. Zembrzuski: Podsumowanie, in: Zdaniewicz, W./Zembrzuski, T. (Hrsg.), *Kościół i religijność Polaków 1945–1999*, Warszawa 2000

Gottgeweihte Frauen und Männer: „Zeugen der verwandelnden Gegenwart Gottes“ (Papst Benedikt XVI.)

von Maria Luisa Öfele

„Habt keine Angst vor Christus! Er nimmt nichts und er gibt alles. Wer sich ihm gibt, der erhält alles hundertfach zurück. Ja, aprite, spalancate le porte per Cristo – dann findet ihr das wirkliche Leben.“ Mit diesen Worten seines Vorgängers ermutigte Papst Benedikt XVI. die vielen jungen Menschen am Petersplatz am Tag seiner Amtseinführung, sich Christus vorbehaltlos zu öffnen.

„Folge mir nach!“ (Lk 5,26). „Steht auf, habt keine Angst!“ (Mt 17,7). Das sind der bleibende Ruf und die Einladung Jesu an einen jeden von uns, auch heute noch. Jesus ermutigenden und tröstenden Worte: *„Habt Vertrauen, ich bin es; fürchtet euch nicht!“ (Mt 14,27)* gelten nicht nur dem Nachfolger Petri und den Bischöfen sondern allen Christen, also auch den gottgeweihten Frauen und Männern unserer Zeit. Gerade Sie werden von Papst Benedikt XVI. als *„Zeugen der verwandelnden Gegenwart Gottes“* begrüßt.

Heutige Stellungnahmen zum geweihten Leben, insbesondere zum Ordensleben, geraten oft in eine Darstellung unterschiedlicher Problemanalysen. Ohne diese zu ignorieren oder gar zu verschweigen, mag es verwundern, dass der Hl. Vater seine erste „Aussage“ zum geweihten Leben mit einer Zusage zum Ausdruck bringt. Doch steht diese Zusage – in der Form eines Grußwortes – in Kontinuität mit vielen Ausführungen zum geweihten Leben seines Vorgängers. Papst Johannes Paul II. wählte das Geheimnis der Verklärung als „Bild“ für das geweihte Leben in seinen unterschiedlichen Formen in seinem nachsynodalen Apostolischen Schreiben *„Vita consecrata“*. Mit diesem „Bild“, das auf ein tieferes Geheimnis hinweist, grüßt Papst Benedikt XVI. die gottgeweihten Frauen und Männer in aller Welt. *„Auf dieses „Bild“ bezieht sich eine ganz alte geistliche Tradition, wenn sie das kontemplative Leben mit dem Gebet Jesu „auf dem Berg“ verbindet. Auf diese Tradition lassen sich außerdem in gewisser Weise selbst die „aktiven“ Dimensionen des geweihten Lebens zurückführen, da die Verklärung nicht nur Enthüllung der Herrlichkeit Christi ist, sondern auch Vorbereitung zur Übernahme des Kreuzes. Sie beinhaltet ein „Aufsteigen zum Berg“ und ein „Herabsteigen vom Berg“: die Jünger, die sich der Vertraulichkeit des Meisters erfreut haben, für einen Augenblick vom Glanz des trinitarischen Lebens* *und der Gemeinschaft der Heiligen umhüllt, gleichsam verzückt im Horizont der Ewigkeit, sind sogleich zur Wirklichkeit des Alltags zurückgeführt, wo sie nur „Jesus allein“ in der Niedrigkeit der menschlichen Natur sehen und eingeladen sind talwärts zu gehen, um mit ihm die Mühe des Planes Gottes zu leben und mit Mut den Kreuzweg einzuschlagen.“*[1] Die verschiedenen Charismen die Gott im Laufe der Zeit durch den Hl. Geist in der Kirche hervorgerufen hat, erinnern an die Schönheit und Güte die ihrem göttlichen Wesen zu Grunde liegen. Der Berg Tabor, als der Ort der „verwandelnden Gegenwart Gottes“ an dem die gottgeweihten Personen in aller Welt ihren Platz finden, könnte kein geeigneter Ort sein, um immer neu auf die Stimme des Geliebten zu hören und nach seinen Worten zu leben. Berufung und Sendung finden hier ihren Ausgangspunkt. Es ist der Ort an dem das Leben des Einzelnen zur verwandelten Gegenwart eines „Anderen“ werden soll, ein Leben, das eucharistische Züge annehmen soll. Durch die Jahrhunderte hindurch haben die gottgeweihten Personen das Volk Gottes nicht nur daran erinnert auf das Wort Gottes zu hören, sondern auch die göttliche Gegenwart anzubeten. Die Wahrheit dieses göttlichen Wortes und die liebende Gegenwart des Gott-mit-uns haben zu allen Zeiten in vielen Frauen und Männern eine große Anziehungskraft ausgeübt, die ihre großherzige und freie Hingabe mit edlem Glanz erfüllt haben. Die unterschiedlichen Formen des geweihten Lebens sind für das Volk Gottes eine Gnade durch die Gott uns in jeder Generation beschenkt. Der missionarische Eifer, die Erziehung von Kindern und Jugendlichen, der Einsatz im Dienst der Caritas in allen ihren Formen, vor allem im Dienst der Armen und Kranken, füllen kostbare Seiten des Zeugnisses für das Evangelium so vieler gottgeweihten Frauen und Männer auf der ganzen Welt. Auch jene die in der schweigenden Einsamkeit ihrer Klausur von der Güte und Barmherzigkeit Gottes künden, in der Abgeschiedenheit einer Einsiedelei sich dem Gebet und der Buße widmen oder in der Verbindung Christi mit seiner Kirche ein besonderes eschatologisches Bild von der himmlischen Braut und dem zukünftigen Leben darstellen, gehören zum großen Schatz des Geheimnisses der Kirche, die das zweite Vatikanische Konzil hervorgehoben hat. Das gottgeweihte Leben gehört zum Mysterium der Kirche, also findet es im Geheimnis der Kirche seinen Platz, sein Fundament. Im Herzen der Kirche muss also das gottgeweihte Leben seine Quellen und seinen Ort suchen und nicht anderswo.

---

[1] Nachsynodales Apostolisches Schreiben Vita Consecrata von Johannes Paul II. (VC), 25. März 1996, Nr. 14.

„Im Geheimnis der Kirche, dem mystischen Leib Christi, verändert die göttliche Macht der Liebe das Herz des Menschen und macht diesen fähig, die Liebe Gottes seinen Brüdern und Schwestern zu vermitteln. Im Verlauf der Jahrhunderte haben viele Männer und Frauen, die von der göttlichen Liebe verwandelt worden waren, ihr Leben dem Reich Gottes geweiht. Bereits am Ufer des Sees von Galiläa haben viele Menschen sich von Jesus einnehmen lassen: Sie waren auf der Suche nach Heilung an Körper oder Geist und sind berührt worden von der Macht seiner Gnade. Andere wurden von ihm persönlich auserwählt und sind seine Apostel geworden. Wir finden auch Menschen, die wie Maria Magdalena und andere Frauen ihm aus eigenem Antrieb nachgefolgt sind, einfach aus Liebe, aber wie der Jünger Johannes hatten auch sie einen besonderen Platz in seinem Herzen. Diese Männer und Frauen, die durch Jesus das Geheimnis der Liebe des Vaters kennengelernt haben, stehen für die Vielfalt der Berufungen, die es von Anfang an in der Kirche gegeben hat. Das Vorbild aller, die berufen sind, auf besondere Weise die Liebe Gottes zu bezeugen, ist Maria, die Mutter Jesu, die auf ihrem Pilgerweg des Glaubens unmittelbar teilhatte am Geheimnis der Menschwerdung und der Erlösung."[2]

Der Ort der „verwandelnden Gegenwart Gottes", als der Ort des Primats der Gnade und der Liebe im Herzen der Kirche, führt unweigerlich den Blick auf den gekreuzigten und erhöhten Herrn. Jesus, der Sohn Gottes, hat seine Liebe durch seine Hingabe am Kreuz für uns bekundet. Deswegen hat keiner eine größere Liebe, als wer sein Leben für ihn und die Brüder und Schwestern hingibt (vgl. LG 42). Im Tod Jesu am Kreuz vollzieht sich der radikalste Akt der Liebe Gottes zu uns Menschen. Dort können wir die Liebe Gottes anschauen. Aus der offenen Seite des Herzens Jesu am Kreuz flossen Blut und Wasser (vgl. Joh 19,34). Aus dieser Quelle, der Wundmale seines Leidens, insbesondere der Wunde seines Herzens, entspringen die Sakramente der Kirche und alle Heilsgnaden. Durch das vergossene Blut werden wir an das Kreuzesopfer und an das Geschenk der Eucharistie erinnert. Das Wasser erinnert uns nicht nur an die Taufe, sondern an die Gabe des Heiligen Geistes (vgl. Joh 3,5; 4,14; 7,37–39). In dieser Mitte der verwundeten Liebe hat das gottgeweihte Leben seinen Ursprung gefunden, im Herzen Jesu, im Herzen der Kirche. An der offenen Seite des Herzens Jesu sind die vielfältigen Ordensfamilien durch die Gabe des Hl. Geistes entstanden. An seinem Herzen haben ihre Gründer und Gründerinnen, die Stifter und Stifterinnen gelauscht, um den Willen Got-

[2] Papst Benedikt XVI., Botschaft zum Weltgebetstag für geistliche Berufungen 2005.

tes zu erkennen. Dorthin muss das geweihte Leben wieder zurück, um die Quellen und Ströme lebendigen Wassers zu suchen und zu finden.

Die vielfältigen Herausforderungen vor denen heute das gottgeweihte Leben steht, die sowohl Hoffnung und Kreativität, aber auch Angst und Misstrauen auslösen, teilen die Personen des geweihten Lebens mit den Nöten und Sorgen und der Armut vieler Zeitgenossen. Die Unsicherheit hat sich breit gemacht. Wenn aber die fleischgewordene Liebe Gottes die Mitte unseres Lebens, all unseres Strebens, Denkens, Fühlens und Handelns bleibt, dann wird aus einer Zeit der Unsicherheit eine Zeit der Gnade; dann werden wir zu Zeugen der Hoffnung die uns trägt, die einzige Hoffnung, die unserem Leben Sinn geben kann. Eine lebendige Beziehung mit Christus führt uns vom Individualismus heraus zum Dialog und zur Freude an der Begegnung mit den Brüdern und Schwestern, zur gelebten Versöhnung, die Spaltungen überwindet, die vielleicht über Jahrzehnte hinweg zur Last gefallen waren und neue Projekte in einer Gemeinschaft blockiert haben.

In der liebenden Beziehung mit Christus gewinnen die evangelischen Räte ihren eigentlichen Sinn, sie befreien uns nach und nach von allem, was uns von der Liebe zu Christus trennt und befähigen uns zu größerer Freiheit im Dienst der Kirche. Der innerste Sinn der evangelischen Räte liegt nicht im Verzicht, sondern vielmehr in der Annahme des Geheimnis Christi in seiner Kirche.

Die Gnade ist aber notwendig, damit wir das Gute wollen. Sie kommt uns zuvor. *„Zu wollen liegt freilich in unserer Macht auf Grund des freien Willens, nicht aber auch zu können was wir wollen."*[3] Von Gott erhielten wir das Wollen, das Fürchten sowie das Lieben. Gutes zu wollen, zu fürchten und zu lieben, können wir als Geschöpfe Gottes nur durch die Gnade. In anschaulicher Weise führt uns der Apostel Paulus dies vor: *„Das Wollen ist bei mir vorhanden, aber ich vermag das Gute nicht zu verwirklichen. Denn ich tue nicht das Gute, das ich will, sondern das Böse, das ich nicht will. Wenn ich aber das tue, was ich nicht will, dann bin nicht mehr ich es, der so handelt, sondern die in mir wohnende Sünde (Röm 7,18–20)."* Die Vollkommenheit wird darin bestehen, das Gute, das wir wollen, auch verwirklichen zu können. Dazu braucht es des *„doppelten Geschenks der Gnade, nämlich der wahren Weisheit, was eine Hinwendung des Willens zum Guten ist, und auch des vollen Vermögens, was eine Befestigung desselben im Guten ist.*[4] Auf-

[3] Bernhard von Clairvaux, Über die Gande und den freien Willen, Gra VI,16.

[4] Gra VI,19. Es handelt sich hier um zwei Gaben des Hl. Geistes: sapientia und fortitudo.

grund der Schöpfung besitzt der Wille ein allgemeines Gut, weil er gemäß dem Wort der Schrift vom Guten nur gut geschaffen werden konnte: *„Gott sah alles an, was er gemacht hatte: es war sehr gut (Gen 1,31).“* Zudem kommt dem Willen auf Grund seiner Freiheit ein zweites Gut hinzu, durch das er ganz nach dem Bild des Schöpfers (*„ad imaginem“*) geschaffen ist. Wenn der Wille sich außerdem dem Schöpfer zuwendet, kann er als vollkommen gut beurteilt werden. *„Wenn also Gott diese drei Tätigkeiten in uns bewirkt, das heißt: Gutes zu denken, zu wollen und zu vollbringen, dann tut er das erste gewiss ohne uns, das zweite mit uns, das dritte durch uns.*[5]

Gottes Handeln zeigt sich in dreifacher Weise: zunächst äußert sich sein Werk in der Schöpfung, dann in der Erneuerung derselben und schließlich in deren Vollendung. So wird der Mensch in Christus zur Freiheit des Willens geschaffen, er wird durch Christus erneuert und geheilt zum Geist der Freiheit und schließlich wird er mit Christus gerettet und vollendet zum ewigen Leben. Nichts von all dem stammt vom Menschen, alles wirkt Gott in seiner Güte und in seinem Erbarmen. Der Mensch kann sich weder erschaffen, noch kann er sich aus eigenem Willen von der Sünde befreien, und schon gar nicht vom Tod zum Leben erwecken.

Aus Liebe erschafft Gott die Welt. Aus Liebe sind wir geschaffen worden, aus Liebe sind wir von Gott beim Namen gerufen worden; in großer Liebe und durch unsere unverdiente Gnade haben wir Gott unser Fiat geschenkt. Durch die Taufe bleiben wir in Gott geborgen und in der Liebe Gottes dürfen wir ewig wohnen. Das ist unsere Sehnsucht, das ist das Ziel nach dem unsere Seele ein Leben lang dürstet. Die Liebe Gottes hat unser Leben durchkreuzt! *„Er hat uns mit allem Segen seines Geistes gesegnet durch unsere Gemeinschaft mit Christus im Himmel. Denn in ihm hat er uns erwählt vor der Erschaffung der Welt, damit wir heilig und untadelig leben vor Gott; er hat uns aus Liebe im voraus dazu bestimmt,(…) durch Jesus Christus und nach seinem gnädigen Willen zu ihm zu gelangen (…) wir sind zum Lob seiner Herrlichkeit bestimmt, die wir schon früher auf Christus gehofft haben“* (Eph 1, 3–5; 12–14).

Dieser Hymnus aus dem Epheserbrief, der uns durch das Stundengebet der Kirche vertraut ist, lässt die Berufung zur Heiligkeit aller Getauften wie eine liturgische Ouvertüre erklingen und erinnert uns daran, zu welch hoher Berufung wir durch die Taufe berufen sind. Dabei steht nicht das Tun des Menschen im Sinn asketischer oder moralischer Übungen an erster Stelle, sondern die heiligende Zuwendung Gottes zu uns Menschen, durch die wir

[5] Gra XIV,46.

als heiliges Volk (1 Petr 2,5–9) und als Heilige Gottes (Eph 2,19–21) berufen sind. Es handelt sich also um die Anteilhabe an der Heiligkeit des dreifaltigen Gottes, eine Gabe, die allen Gläubigen zuteil werden soll. Dieses Geschenk der Dreifaltigkeit an die Kirche findet in der Nachfolge Jesu ihren konkreten Vollzug. Ein Geschenk kann aber angenommen oder abgelehnt werden. Insofern sind wir als Kirche aufgerufen, uns für diese Gnade bereit zu halten, damit die Berufungen zur Ehe, zum Priestertum und zum geweihten Leben von vielen Menschen erkannt werden. Sie alle bauen den Leib Christi auf!

Die Zusage des Hl. Vaters am Petersplatz ist ebenso eine Einladung unsere Berufung zur Heiligkeit nicht zur vergessen. Seine Worte erklingen zur Amtseinführung, weder davor noch danach. Das besagt m.E. drei entscheidende Wesenselemente des „Programms“, das von diesen Worten ausgeht:

– Das gottgeweihte Leben steht in enger Verbindung mit der Kirche und ihrem Haupt, also auch mit dem Stellvertreter Christi auf Erden, dem Papst.
– Das gottgeweihte Leben lebt aus der Feier der Eucharistie und kann nur aus dieser Mitte heraus die „verwandelnde Gegenwart Gottes“ bezeugen.
– Das gottgeweihte Leben kann seine Sendung nur als Sendung der Kirche verstehen, mit ihr und in ihr, „zum Lob der Herrlichkeit Gottes“ (Eph 1,14).

Die liturgische Feier in der dieser Gruß eingebettet ist, hebt auch die liturgische Dimension des geweihten Lebens hervor, das in besonderer Weise zum „Lob der Herrlichkeit Gottes“ (Eph 1,14) berufen ist. In diesem ewigen Dialog zwischen Gott und Mensch, geschieht durch die Hingabe Jesu am Kreuz die Umformung in Christus zu der alle Getauften berufen sind.

Durch den Gruß des Papstes und die Bestätigung, „Zeichen der verwandelnden Gegenwart Gottes“ zu sein, werden wir an die christologisch-trinitarischen Quellen des geweihten Lebens erinnert, die im Geheimnis des verklärten Christus zu finden sind. Aufstieg und Abstieg vom Berg gehören zusammen. *„Die Begebenheit der Verklärung bezeichnet einen entscheidenden Augenblick in der Sendung Jesu. Es handelt sich um ein Offenbarungsereignis, das den Glauben im Herzen der Jünger festlegt, sie auf das Drama des Kreuzes vorbereitet und die Herrlichkeit der Auferstehung vorwegnimmt. Dieses Geheimnis wird von der Kirche, dem Volk auf dem Pilgerweg zur endzeitlichen Begegnung mit seinem Herrn, ständig neu erlebt. Wie die drei auserwählten Apostel, so betrachtet die Kirche das verklärte Antlitz Christi, um sich im Glauben zu stärken und die Ohnmacht vor seinem entstellten Antlitz am Kreuz nicht zu riskieren. In einem wie im anderen Fall ist sie die Braut, die vor dem Bräutigam steht, die an seinem Geheimnis teilhat und von seinem Licht eingehüllt ist. Von diesem Licht werden alle ihre Söhne und Töchter erreicht, die alle in gleicher Weise berufen sind, Christus zu folgen, indem* *sie den letzten Sinn des eigenen Lebens in ihn setzen, um mit dem Apostel sagen zu können: ‚Für mich ist Christus das Leben!' (Phil 1,21)*"(VC 15).

Was bedeutet es heute „Zeugen der verwandelnden Gegenwart Gottes" zu sein? Was bedeutet eine solche Zusage von Seiten des Nachfolgers Petri im Hinblick auf das geweihte Leben insgesamt und für jede einzelne Person auf ihrem Weg auf den Berg hinauf oder vom Berg hinunter, nach vielen Jahren der empfangenen Berufung oder zu Beginn eines Berufungsweges? Diese Zusage ist gleichzeitig auch eine Einladung, immer wieder neu den Blick auf den verklärten Herrn zu richten, um von dort aus die eigene Berufung zu vertiefen.

Zeugen des Auferstandenen zu sein, Zeugnis für das Evangelium abzulegen, uns zu Christus und zu Seiner Kirche zu bekennen, das führt uns zum Ursprung der Kirche zurück, zum Bekenntnis der Märtyrer. Sie waren sozusagen die Frauen und Männer der ersten Stunde der Kirche und ihnen folgten unzählige Zeugen im Laufe der Geschichte der Kirche bis zum heutigen Tag. Durch die Hingabe ihres Lebens haben sie Zeugnis für den Herrn und das Evangelium gegeben. *„Wer sich zu den evangelischen Räten bekennt, ist wie jeder Getaufte und sogar aus noch zwingenderen Gründen dazu verpflichtet, mit allen seinen Kräften nach der Vollkommenheit der Liebe zu streben. Das ist eine Verpflichtung, an die die unzähligen Beispiele heiliger Ordensstifter und -stifterinnen und vieler Personen des geweihten Lebens deutlich erinnern, die die Treue zu Christus bis hin zum Martyrium bezeugt haben" (VC 93).* In diesem Zusammenhang erinnerte uns Papst Benedikt XVI. bei seiner Amtseinführung: *„Lieben heißt auch, bereit sein zu leiden"*. So sehr waren diese Frauen und Männer von der Botschaft des „neuen Weges" ergriffen, dass sie trotz aller Widerstände und Unverständnis zu ihrem Glauben standen und in ähnlicher Form wie die drei auf dem Berg sprechen konnten: *„Herr, es ist gut, dass wir hier sind!" (Mt 17,4).* Diese Worte sind Ausdruck eines Menschen, der an der Gegenwart des Herrn in allen Situationen des Lebens nicht mehr zweifelt. Sie sind Ausdruck eines Menschen, der gerne beim Herrn seine Zuflucht nimmt, der sich bei Ihm zu Hause weiß. Diese Worte drücken die ganze Spannung christlichen Lebens aus. Deshalb können sie auch in den schwierigen und schmerzvollen Stunden eines Lebens gesprochen und gelebt werden. Sie spenden Kraft, Trost und Hoffnung und sind Ausdruck eines leidenschaftlichen Gottvertrauens. Wer die Gnade dieser besonderen Liebesgemeinschaft mit Christus erfährt, fühlt sich in der Tat von seinem Lichtglanz erfasst und kann an seiner Gegenwart nicht mehr zweifeln.

„Die drei verzückten Jünger erreicht der Anruf des Vaters, auf Christus zu hören, in ihn ihr ganzes Vertrauen zu setzen und ihn zum Mittelpunkt ihres Lebens zu machen. Im Wort, das von oben kommt, erhält die Einladung eine neue Tiefe, mit der Jesus selbst sie am Anfang seines öffentlichen Wirkens zu seiner Nachfolge berufen hatte, indem er sie aus dem Alltagsleben riss und in sein Vertrauen nahm. Aus dieser besonderen Gnade innerer Verbundenheit erwächst im geweihten Leben die Möglichkeit und der Anspruch der totalen Selbsthingabe im Bekenntnis zu den evangelischen Räten (VC 16).

Das gottgeweihte Leben steht in enger Verbindung mit der Kirche und ihrem Haupt, also auch mit dem Stellvertreter Christi auf Erden, dem Papst.

Das gottgeweihte Leben in all seinen Formen findet seinen Ursprung und sein Fundament in der Person Jesu Christi, in seinem Leben und in seiner Lehre. Es besteht hauptsächlich darin, Ihm in Radikalität zu folgen. Es handelt sich dabei um ein Charisma in der Kirche und für die Kirche durch das Wirken des Hl. Geistes. „So wird das geweihte Leben zu einer der konkreten Spuren, die die Dreifaltigkeit in der Geschichte hinterlässt, damit die Menschen das Faszinierende der göttlichen Schönheit und die Sehnsucht nach ihr wahrnehmen können" (VC 20). *Die tiefste Wahrheit und den Reichtum der Werte des geweihten Lebens sind ein Widerschein der Offenbarung Gottes in Jesus Christus.* „Die Tiefe der durch die Offenbarung über Gott und über das Heil der Menschen erschlossenen Wahrheit leuchtet uns auf in Christus, der zugleich der Mittler und die Fülle der ganzen Offenbarung ist" (DV 2).

Da das geweihte Leben zum Wesen der Kirche gehört, wird es nie fehlen, da es ein unverzichtbares und kennzeichnendes Element ist. „Die Kirche kann absolut nicht auf das geweihte Leben verzichten, weil es auf anschauliche Weise ihr inneres ‚bräutliches' Wesen zum Ausdruck bringt. (...) Es bedarf solcher Menschen, die das väterliche Antlitz Gottes und das mütterliche Antlitz der Kirche zeigen, die das eigene Leben aufs Spiel setzen, damit andere Leben und Hoffnung haben. Die Kirche braucht Personen des geweihten Lebens, die, noch ehe sie sich dem Dienst an der einen oder anderen edlen Sache widmen, sich von der Gnade Gottes verwandeln lassen und dem Evangelium vollständig gleichförmig werden" (VC 105).

Bei der Verklärung geschieht es ebenso wie bei der Taufe Jesu am Jordan. Auch dort bewirkte das Gebet Jesu, dass sich der Himmel öffnete und der Hl. Geist auf ihn herabkam: *„während er betete, öffnete sich der Himmel ..." (Lk 3,21 f.).* Jesus ist auf den Berg gestiegen, um dort zum Vater zu beten und *„während er betete, leuchtete sein Gesicht wie die Sonne, und seine Kleider wurden blendend weiß wie das Licht" (Mt 17,2).* Dieses Geschehen bildet den Schlüssel zum Verständnis dieses Geheimnisses und bringt uns dieses näher. Wenn das Ziel der Kontemplation die Umformung in Christus selbst ist, wie es uns der Apostel Paulus darstellt, dann spiegeln wir alle mit enthülltem Angesicht die Herrlichkeit des Herrn wider und werden so in sein eigenes Bild verwandelt, von Herrlichkeit zu Herrlichkeit, durch den Geist des Herrn (vgl. 2 Kor 3,18). Die Kirche braucht in unserer Zeit solche Spiegel, Zellen des Gebetes, der Gemeinschaft und der Gastfreundschaft, Frauen und Männer die die verwandelnde Gegenwart Gottes mit strahlendem Licht widerspiegeln. Mit Maria öffnen sich die Personen des geweihten Lebens dem Wort, um mit ihrer bedingungslosen Hingabe und ihrem lebendigen Zeugnis zum Wohl der Menschen und zum Aufbau des Reiches Gottes mitzuwirken. So wie Jesus sich im Gebet auf dem Berg sich dem Willen des Vaters öffnet, so sind wir täglich eingeladen uns im Gebet immer wieder neu auf Ihn allein hin auszurichten, um die Stimme des Vaters zu vernehmen. Denn die Worte des Evangeliums: *„Das ist mein auserwählter Sohn, auf ihn sollt ihr hören" (Lk 9,35)* gelten auch uns. Die Stimme weist eindeutig auf Jesus hin, auf Christus sollen wir hören, auf Ihn allein. Damit erübrigen sich die beiden anderen Zelte die Petrus bauen wollte. Vielleicht müssen wir hin und wieder andere aufgeschlagenen Zelte in unserem Leben wieder abbauen, um Jesu Stimme inmitten der unzähligen Stimmen dieser Welt neu zu vernehmen. Wir wissen, wem wir unser Leben geschenkt haben (vgl. 2 Tim 1,12).

Das Geheimnis der Verklärung führt uns in anschaulicher Weise vor Augen, wie sehr die trinitarische Dimension für das christliche Leben und umso mehr für das geweihte Leben konstitutiv ist. Darin wird die theologische Identität des geweihten Leben deutlich. Es trägt in der Kirche dazu bei, das Verlangen nach Geschwisterlichkeit als Bekenntnis zur Dreifaltigkeit lebendig zu erhalten, das Verlangen nach Gott, denn es lebt „von" Gott und „für" Gott (vgl. VC 41). Von daher versteht sich auch die Sendung in Kirche und Welt.

Da die Personen des geweihten Lebens in der Kirche einen besonderen Platz einnehmen, kommt Ihnen im Festhalten mit Herz und Verstand am Lehramt der Bischöfe ein besonderes Merkmal kirchlicher communio zum Ausdruck. *„Bei den Stiftern und Stifterinnen erscheint der Sinn für die Kirche immer lebendig und zeigt sich in ihrer vollkommenen Teilnahme am kirchlichen Leben in all seinen Dimensionen und im bereitwilligen Gehorsam den Bischöfen, insbesondere dem Bischof von Rom gegenüber" (VC 46).* Das „sentire cum ecclesia" schafft kirchliche Gemeinschaft und wirkt insofern missionarisch im Dienst der Einheit der Kirche. Dazu sind die Personen und Gemeinschaften des geweihten Lebens in besonderer Weise aufgefordert. Dann wird die Kirche in ihrem sakramentalen Wesen, in der Vereinigung mit Gott und dem gesamten Menschengeschlecht immer vollkommener verwirklicht.

Das gottgeweihte Leben lebt aus der Feier der Eucharistie und kann nur aus dieser Mitte heraus die verwandelnde Gegenwart Gottes bezeugen.

Die „verwandelnde Gegenwart Gottes" kommt in der Feier der Eucharistie zu ihrem Höhepunkt. In dieses Geheimnis ist unser ganzes Leben eingetaucht, um Christus immer ähnlicher zu werden, bis wir eins werden mit Ihm. Der Gruß und die Zusage des Papstes an die gottgeweihten Personen innerhalb der Eucharistiefeier, hebt diese Realität hervor und erinnert an das Zentrum des geweihten Lebens. „*Wie wir nach dem Bild des Irdischen gestaltet wurden, so werden wir auch nach dem Bild des Himmlischen gestaltet werden ... Denn dieses Vergängliche muss sich mit Unvergänglichkeit bekleiden, und dieses Sterbliche mit Unsterblichkeit" (1Kor 15,49–57)*. Oder, anders gesagt: „*Wer sich an den Herrn bindet, ist ein Geist mit ihm" (1Kor 6,17)*. Hierin liegt die Kraft der eucharistischen Gemeinschaft. „*Ist das Brot, das wir brechen nicht Teilhabe am Leib Christi" (1Kor 10,16)*, das die Kirche ist? Ist es nicht etwas Wunderbares, dass wir durch die Feier der Eucharistie zum Aufbau und zur Einheit der Kirche beitragen, den Leib Christi festigen, Christus ähnlicher werden bis wir eins werden mit IHM? Es gibt nichts Größeres zu dem wir berufen sein könnten, nichts Heiligeres! Und bei all dem, schenkt ER sich selbst!

Wie oft haben wir schon die Worte der Doxologie gehört: „DURCH IHN und MIT IHM und IN IHM ..." Unzählige Male! Manchmal klingen diese Worte in unserem Herzen nach, als prägten sie sich mit tiefer innerer Gewissheit in unsere Seele ein, anderen Males liegt in ihnen eher der Bittruf nahe: „Komm, Herr!" „*Marana tha" (1Kor 16,22)*, wie das Seufzen von Geist und Braut. „*Der Geist selbst tritt jedoch für uns ein mit Seufzen, das wir nicht in Worte fassen können" (Röm 8,26)*. Hier ist er also, der Leib Christi, das Sakraments des Heils der Menschen und der Herrlichkeit Gottes. Das Amen der Gläubigen, welches seit dem 2. Jahrhundert bis heute als gläubige Akklamation, als Antwort auf die Doxologie erklingt, ist keine hohle Gebetsfloskel, sondern stellt die innere Einheit von realem Opfer Christi und der Kirche, von Glaubens- und Opfergesinnung der Christen und der Feier dieses Gesamtgeschehens in der zeichenhaft-realen Liturgie der Kirche dar.

Mit Christus gehen, weil wir durch ihn beim Namen berufen worden sind, bedeutet immer mehr Sein Leben unser Leben werden zu lassen, an uns geschehen zu lassen. Dies führt uns zugleich zu Maria, der Mutter der Kirche, die erste Frau, die Christus gleichförmig wurde, der erste Tabernakel, der IHN geborgen hat. So wie das Magnificat Lob und Danksagung ist, so auch die Eucharistiefeier und die Liturgie selbst. Das heißt also, umso mehr wie *„mit IHM verweilen, weil ER uns liebt“ (Teresa von Avila, Leben 8,5)*, umso gleichförmiger werden wir mit IHM. Jesu Auftrag *„Tut dies zu meinem Gedächtnis“* schließt die Verheißung ein, Christus gleichförmig zu werden an der Hand Marias die unter dem Kreuz stand und uns an jenem Ort zur Mutter geschenkt wurde.

Papst Johannes Paul II. hat uns den Auftrag zum eucharistischen Leben nicht nur durch das eucharistische Jahr als Vermächtnis hinterlassen, sondern auch durch seine letzte Botschaft zum Tag des geweihten Lebens 2005: *„Die Eucharistie ist die unversiegbare Quelle der Treue zum Evangelium, weil sich in diesem Sakrament, der Herzmitte des kirchlichen Lebens, die innere Eingliederung in Christus und die vollkommene Gleichgestaltung mit Ihm voll verwirklichen, zu denen die geweihten Personen berufen sind“*. In ihr ist das Heilsgut der Kirche in seiner Fülle enthalten, Christus selbst, den wir hier nicht nur im Glauben schauen – wie auf dem Berg der Verklärung – sondern auch ganz empfangen. Die Eucharistie steht deshalb im Zentrum des geweihten Lebens eines einzelnen, aber auch der Gemeinschaft, denn durch sie wird die Kirche aufgebaut und bleibt *„jung“*, wie der Hl. Vater es bei seiner Amtseinführung sagte. Die Worte des Petrus: *„Es ist gut, dass wir hier sind! (Lk 9,33)* erhalten in der eucharistischen Kommunion und in der Anbetung eine besondere Tiefe und Realität. So wird die Eucharistie zur Quelle der Spiritualität des geweihten Lebens, weil sich die Person in der Hingabe des eigenen Lebens mit dem Opfer Christi vereint.

Das gottgeweihte Leben kann seine Sendung nur als Sendung der Kirche verstehen, mit ihr und in ihr, „zum Lob der Herrlichkeit Gottes“ (Eph 1,14).

Die Kirche lebt von der Eucharistie. Wenn heute weltweit von Veränderungen der Strukturen der Gemeinschaften die Rede ist, vom Zusammenschluss ganzer Ordensprovinzen, vom Aufgeben großer Aufgaben, wenn die hohe Altersstruktur vieler Gemeinschaften andere Tätigkeitsfelder verhindert und einen größeren Einsatz in der Alten- und Krankenpflege der eigenen Ordensangehörigen fordert, dann sollten alle Veränderungen aus der Mitte des geweihten Lebens bedacht werden und diese ist die Person Jesus Christus und Seine Kirche. Alle schöpferische Neuorientierung müssen wir uns vom Herrn in der

Kirche neu schenken lassen, in der Treue zum eigenen Gründungscharisma. Im nachsynodalen Apostolischen Schreiben *Sacramentum Caritatis* von Papst Benedikt XVI. wird der innere Zusammenhang zwischen Eucharistie und den verschiedenen Berufungen zum geweihten Leben als „prophetische Zeichen" herausgestellt. Bei allen Aufgaben und Dienste soll die ständige Verbindung mit Gott, die Suche nach Gott nicht in Vergessenheit geraten.

„Der wesentliche Beitrag, den die Kirche sich von dem gottgeweihten Leben erwartet, ist viel mehr auf das Sein bezogen ist als auf das Tun", schreibt Papst Benedikt in *Sacramentum Caritatis.* Aber auch die verzückten Jünger mussten den Berg Tabor wieder hinuntergehen. Die drei Jünger hatten den Schatten der Wolke verlassen, doch der Hl. Geist selbst ist es, der sie nun sendet. Ebenso können wir uns in dieses Geheimnis der Hingabe und Sendung hineinbegeben. Vater, Sohn und Hl. Geist sind in diesem Geheimnis präsent. Es ist die Stimme des Vaters die uns einlädt, allein auf Christus zu hören. Christus ist mitten unter uns und schenkt sich selbst als Speise und der Hl. Geist bewirkt diese Umwandlung und unsere Umformung in Christus. Aus dem Ostergeheimnis – das schon bei der Verklärung vorweggenommen wird – entspringt auch der missionarische Charakter, der ein Wesenszug der Kirche ist und im geweihten Leben eine besondere Verwirklichung findet. *„Die erste missionarische Aufgabe haben die Personen des geweihten Lebens gegenüber sich selbst und sie erfüllen sie dadurch, dass sie ihr Herz dem Wirken des Geistes Christi öffnen. (...) Sie werden vor allem dann missionarisch sein, wenn sie unablässig das Bewusstsein vertiefen, von Gott berufen und erwählt worden zu sein, dem sie daher ihr ganzes Leben zuwenden" (VC 25).* Die besondere Sendung des geweihten Lebens besteht gerade in diesem Zeugnis eines Lebens der vollständigen Hingabe an Gott und an die Brüder und Schwestern. Ein solches Leben ist Ausdruck und Zeichen für die Welt, dass einer, je mehr er aus Christus lebt, Ihm umso besser dienen kann, bis zu den äußersten Grenzen die ein missionarischer Einsatz fordern kann, bis hin zur Hingabe des eigenen Lebens. Durch Ihn, mit Ihm und in Ihm, durch das Wirken des Hl. Geistes in Einheit mit der Kirche in der wir durch die Taufe eingegliedert worden sind. Mit Leidenschaft für Gott und für die Menschen ist das gottgeweihte Leben heute gerufen in Gemeinschaft mit der Kirche dem Evangelium zu dienen, im Dienst an der Heiligung des Gottesvolkes. Die Gemeinschaft und Einheit mit der Kirche und ihren Hirten sind unbedingt erforderlich, wenn das gottgeweihte Leben nicht eine Randerscheinung in der Gesellschaft darstellen möchte. Im dritten Jahrtausend ist das gottgeweihte Leben dazu berufen, auf festem Fundament zu bauen, auf Jesus Christus selbst. So ist auch die bräutliche Dimension des geweihten Lebens, die in der

Verbindung Christi mit seiner Kirche zum Ausdruck kommt, neu zu ent-decken und zu leben. Nur im Austausch aller Charismen und aller Formen des geweihten Lebens im Herzen der Kirche ist eine Neuevangelisierung möglich und fruchtbar.

Schluss

„DURCH IHN und MIT IHM und IN IHM", das ist der Weg der Kirche. Das ist auch unser Weg in der Einheit des Heiligen Geistes zur Herrlichkeit und Ehre Gottes jetzt und in Ewigkeit. Dieser Weg wird und uns durch die Gesamtheit der gottesdienstlichen Handlungen der Kirche dargestellt, angefangen bei der Taufe bis hin zur letzten Stunde unseres Todes. Die Liturgie der Kirche ist in ihrer Vielfalt wie ein Vorgeschmack dessen, was wir beim *„Hochzeitsmahl des Lammes" (Offb 19,9)* nicht nur schauen werden, sondern uns zur ewigen Teilnahme bereitet wird.

Ich möchte diese Gedanken schließen mit der gläubigen Überzeugung, dass wir als Christen und gottgeweihte Frauen und Männer des dritten Jahrtausends umso mehr am Aufbau der Kirche mitwirken, umso tiefer wir aus der Kraft, der Gnade und der Weite der Liturgie der Kirche leben *„bis Christus in uns Gestalt annimmt" (Gal 4,19)*. DURCH IHN aus Gnade, MIT IHM in gläubiger und vertrauensvoller Antwort auf unserem Weg, IN IHM zur Vollendung.

„Habt keine Angst vor Christus! Er nimmt nichts und er gibt alles. Wer sich ihm gibt, der erhält alles hundertfach zurück. Ja, aprite, spalancate le porte per Cristo – dann findet Ihr das wirkliche Leben". Ihr seid *„Zeugen der verwandelnden Gegenwart des Herrn!"*

Tota pulchra es Maria – Ganz schön bist du, Maria

Wie die Bibel in der Liturgie zur Gestalt wird

von Michaela Christine Hastetter

Einleitung

„Die christliche Liturgie ist Liturgie auf dem Weg, Liturgie der Pilgerschaft auf die Verwandlung der Welt hin, die dann geschehen sein wird, wenn ‚Gott alles in allem' ist."[1] Mit diesen Worten beschließt Joseph Ratzinger in seinem Liturgiebuch das Kapitel „Vom Alten zum Neuen Testament: Die vom christlichen Glauben bestimmte Grundgestalt christlicher Liturgie". Er zeigt hier die innere Konsequenz auf, wie die Kultgeschichte Israels zu Jesus Christus ins Neue Testament hineinführt, das wirklich als die Erfüllung des alten Bundes bezeichnet werden kann. In ihm ist die „dem inneren Drama des Alten Testamentes entsprechende innere Vermittlung der zunächst widerstrebenden Elemente, die in der Gestalt Jesu Christ, in seinem Kreuz und seiner Auferstehung"[2] zu einer Einheit gekommen. Wenn wir über die Gestaltwerdung der Bibel reflektieren, die wir im Folgenden auf das Alte Testament und im Besonderen auf das Hohe Lied der Liebe beschränken, muss dies immer unter dieser christologischen Grundrichtung geschehen. Der christliche Kult, in dem das alttestamentliche Wort Gestalt angenommen hat, führt in die Mitte des Christus-Geheimnisses. Wir wollen hier eine Wegstrecke eines einzigartigen, sich über Jahrhunderte ersteckenden Prozesses der Gestaltwerdung der Bibel in der Liturgie mitgehen, uns einlassen auf die „Liturgie der Pilgerschaft" anhand eines kleinen, aber nicht unbedeutenden Elements aus dem Offizium zum Fest der Unbefleckten Empfängnis Mariens.

---

[1] Ratzinger, Joseph, Der Geist der Liturgie. Eine Einführung, Freiburg u. a. ^{3}2000, 43.

[2] Ratzinger, Geist der Liturgie, 31.

Zum Hintergrund des Festes der Unbefleckten Empfängnis

1854 verkündete feierlich Papst Pius IX. (1846–1878) in der Bulle *Ineffabilis Deus*, dass Maria „von gar allem Makel der Sünde immer frei und ganz schön und vollkommen" sei – „ab omni prosus peccati labe semper libera ac tota pulchra et perfecta" (DH 2800) und erhobt damit die Lehre von der Unbefleckten Empfängnis Mariens, die besagt „dass die seligste Jungfrau Maria im ersten Augenblick ihrer Empfängnis durch eine einzigartige Gnade und Bevorzugung des allmächtigen Gottes im Hinblick auf die Verdienste Christi [...] von jeglichem Makel der Urschuld unversehrt bewahrt wurde" (DH 2803) zum Dogma der Kirche. Gleichzeitig gab Pius IX. die Erstellung eines neuen Festoffiziums, also der liturgischen Texte für die Messe und das Stundengebet des bereits von Sixtus IV. 1476 für Rom approbierten Festes der „Empfängnis der unbefleckten Jungfrau Maria" (ein Festformular war bereits in seinem Auftrag von Leonhard de Nogardis angefertigt worden) und von Clemens XI. 1708 auf die ganze Kirche ausgedehnten Festtages für den 8. Dezember in Auftrag.[3] Neun Jahr später, im Jahr 1863 erschienen schließlich das neue Festoffizium und die Messtexte, die nach der Liturgiereform durch das II. Vatikanum größtenteils beibehalten wurden.[4]

Ohne auf die komplizierte Vorgeschichte der Immaculata Conceptio näher einzugehen[5], zeugt das Beispiel des Festes der Unbefleckten Empfängnis von einer tiefen Symbiose zwischen Exegese, Liturgie und Dogmatik, wobei nach Leclercq die Frömmigkeit der theologischen Entfaltung immer einen Schritt voraus war, diese auslöste und unterstützte[6].

Wir wollen der Gestaltwerdung des Alten Testaments in der Liturgie anhand eines sehr kleinen Ausschnittes aus dem neugeschaffenen Stundengebet

---

[3] Vgl. Seybold, Michael, Unbefleckte Empfängnis. I. Dogmatik, in: MarL 6, 522; Berger, Rupert, Neues Pastoralliturgisches Handlexikon, Freiburg u. a. ^{2}1999, 330; Söll, Georg, HDG III, 4, 188–189.

[4] Vgl. Berger, Pastoraltheologisches Handlexikon, 330.

[5] Vgl. dazu Horst, Ulrich, Das Dogma von der Unbefleckten Empfängnis Mariens (1854). Vorgeschichte und Folgen, in: Weitlauff, Manfred (Hg.), Kirche im 19. Jahrhundert (Themen der katholischen Akademie in Bayern), Regensburg 1998, 95–114.

[6] Vgl. Leclercq, Jean, Wissenschaft und Gottverlangen. Zur Mönchstheologie des Mittelalters, Düsseldorf, 1963, 238–239, 242 u. 248–250. Leclercq weist in dem für uns wichtigen Zusammenhang mit der Unbefleckten Empfängnis auf die Reflexionen Edamers hin, der sich ganz an der Heiligen Schrift führen ließ und über die Meditation der Liturgie zum dogmatischen Gehalt der Empfängnis Mariens vorgedrungen ist.

zum 8. Dezember nachgehen, nämlich anhand der 1. Antiphon aus der 2. Vesper des Hochfestes der Gottesmutter Maria am 8. Dezember.

Die Antiphon in ihrer heutigen Textgestalt

„1. Ant: Ganz schön bist du, Jungfrau Maria, vor dem Makel der Urschuld hat Gott dich bewahrt."[7]

Als Antiphon wird der Rahmenvers eines Psalms im Stundengebet bezeichnet. Gewöhnlich wird ein Halbvers aus dem Psalm genommen, zu besonderen Anlässen, jedoch wie in unserem Fall ein reicheres Textstück zum jeweiligen Inhalt des Festes passend, der dem nachfolgenden Psalm eine christologische Prägung gibt.

Wenn wir das Stundenbuch am 8. Dezember aufschlagen, finden als erste der drei Antiphonen den Vers: „1. Ant: Ganz schön bist du, Jungfrau Maria, vor dem Makel der Urschuld hat Gott dich bewahrt."[8] In der lateinischen Fassung lautet sie: „Tota pulchra es Maria, et macula originalis non est in te."[9] Diese erste Antiphon nimmt die Formulierung aus der Bulle *Ineffabilis Deus* „ac tota pulchra" die wir eingangs gehört haben, auf. Weder im Text der Bulle selbst, noch im Verzeichnis der Bibelstellen bei Denzinger[10] aber wird erwähnt, dass es sich bei dem „tota pulchra" um ein dem Festgeheimnis angeglichenes Zitat aus dem vierten Kapitel des alttestamentlichen Hohenlied handelt: Im Original heißt der Vers in der Einheitsübersetzung: „Alles an dir ist schön, meine Freundin, kein Makel haftet dir an." (Hld 4,7) – während die Vulgataversion der Formulierung unserer Antiphon noch etwas näherkommt: „Tota pulchra es, amica mea, et macula non est in te." Schon dieser erste flüchtige Blick bestätigt uns, dass hier die Bibel in der Liturgie Gestalt angenommen hat – aber nicht nur Gestalt, sondern eine neue Gestalt, die im Chris-

[7] Die Feier des Stundengebets. Stundenbuch. Für die katholischen Bistümer des deutschen Sprachgebietes. Authentische Ausgabe für den liturgischen Gebrauch. Erster Band Advent und Weihnachtszeit, Einsiedeln u. a. 1991, 822.

[8] Stundenbuch. Für die katholischen Bistümer des deutschen Sprachgebietes. Authentische Ausgabe für den liturgischen Gebrauch. Erster Band Advent und Weihnachtszeit, Einsiedeln u. a. 1991, 822.

[9] Lateinisches Stundenbuch.

[10] Denzinger, Heinrich, Kompendium der Glaubensbekenntnisse und kirchlichen Lehrentscheidungen. Verbessert, erweitert, ins Deutsche übertragen und unter Mitarbeit von Helmut Hoping herausgegeben von Peter Hünermann, Freiburg u. a. ^{38}1999, 1701.

tusmysterium gedeutet worden ist. In Maria sieht die Kirche die eigentliche Braut des Hohenliedes, sie ist die ganz Schöne, die der göttliche Bräutigam erwählt und deren Makellosigkeit mit ihm die Kirche in dieser 1. Antiphon besingt. Dies ist ein erster Beleg dafür, dass die römische Liturgie, wie es Vagaggini in seinem Buch „Theologie der Liturgie“ ausgedrückt hat, ganz schriftverbunden ist, dass ihre Texte zum größten Teil direkt der Bibel entstammen oder deren Gedanken zumindest erklären oder unterstreichen.[11] Wichtig ist dabei, dass die Heilige Schrift nicht irgendwie aufgefasst wird, sondern es dazu ein „besonderes Interpretationsgesetz“[12] gibt. Das Alte Testament wird im Licht des Mysteriums Christi gelesen und gedeutet. Klassisch geworden ist die Formulierung des heiligen Augustinus: „Quapropter in veteri testamento est occultatio novi, in novo testamento est manifestatio veteris“.(Im Alten Testament ist das Neue verhüllt und im Neuen das Alte enthüllt.)[13] Wir können diesen Vorgang als die Eckdaten des Prozesses jeder Gestaltwerdung der Bibel in der Liturgie bezeichnen. Im Fall der „Tota pulchra“-Antiphon haben wir jedoch eine besondere Form vorliegen, in der der biblische Text verändert wird und eine neue, dogmatisch geformte Gestalt annimmt. Der erste Teil der Antiphon bewegt sich noch ganz im Rahmen der typologisch-christologischen Interpretation des Alten Testamentes: „Tota pulchra es Maria“. Die Braut des Hohenliedes, die „amica mea“, wird auf Maria hin gedeutet. Das außergewöhnliche dieser Antiphon ist die dogmatische Fixierung ihres zweiten Teils auf das Geheimnis der Unbefleckten Empfängnis: das Fehlen der „macula“ bei der Freundin des Hohenliedes wird nun mariologisch ergänzt zum Nicht-Vorhandensein einer „macula originalis“, der Erbschuld, was einen deutliche Zuspitzung des biblischen Textes bedeutet.[14]

Bevor wir uns weiteren Reflexionen über die liturgische und musika-

---

[11] Vagaggini, Cyprian, Theologie der Liturgie. Ins Deutsche übertragen und bearbeitet von August Berz, Einsiedeln u. a. 1959, 267.

[12] Vagaggini, Theologie der Liturgie, 267. Der Autor führt dazu aus: „Die Liturgie liest die Schrift im Licht des höchsten Prinzips der Einheit des Mysteriums Christi, der beiden Testamente und der ganzen Heilsgeschichte, einer organisch fortschreitenden Einheit, worin das Alte Testament auf das Neue und die gegenwärtige Heilordnung auf die eschatologische Wirklichkeit hinläuft.“

[13] Augustinus, Aurelius, De cathecizandis rudibus IV.8, in: PL 40, 316.

[14] Zur dogmengeschichtlichen Entwicklung und Deutung des Verses Hld 4,7 auf die Inmaculata conceptio vgl. den Abschnitt 6.2 „Mariologische Interpretation von Hld 4,7“ meiner Dissertation „Horch! Mein Geliebter!“ Die Wiederentdeckung der geistlichen Schriftauslegung in den Hoheliedvertonungen des 20. Jahrhunderts (MThSt.S 69), St. Ottilien 2006, 203–215.

lische Gestaltwerdung des biblischen Verses in der Liturgie widmen, soll ein kurzer exegetischer Exkurs unseren Blick für diesen kleinen Vers schärfen.

Exegetischer Befund

„Alles an dir ist schön, meine Freundin; kein Makel haftet dir an." (Hld 4,7) Was bedeutet das in der Exegese? Drei exemplarische Schlaglichter aus dem deutschsprachigen Raum seit dem II. Vatikanischen Konzil, jeweils im Abstand von etwa 20 Jahren, mögen genügen, um eine gewisse Entwicklungslinie in der exegetischen Forschung aufzuzeigen. Einig ist man sich, dass der besagte Vers Hld 4,7 das Beschreibungslied der Freundin (Hld 4,1–7) abschließt, in dem ihre Schönheit in ausdrucksstarken Bildvergleichen gepriesen wird.

1964 kommentiert der Benediktiner und Alttestamentler Leo Krinetzki den Schlussvers des Beschreibungsliedes der Braut, der wie ein Resümee über die Gestalt der Geliebten erscheint: „Alles an dieser Frau ist vollkommen. [...] Sie stimmt den Sprecher zu nicht endender Freude, sie, die ganz Fehlerlose und Reine, die man nur mit voller Ehrfurcht betrachten und noch mehr besitzen kann (beachte das Suffix – *AK* am Anfang und Ende, das das Innere des Textes gleichsam ehrfürchtig umfängt)"[15]. Alle Aussagen Krinetzkis könnten auch der unbefleckten Gottesmutter gelten.

1986, also gut 20 Jahre später, deutet der Schweizer Exeget Othmar Keel, zunächst wie Krinetzki den Vers Hld 4,7 als Bekräftigung des Eingangsverses des Beschreibungsliedes mit dem verstärkenden Zusatz des „ganz" schön. Dann schlägt Keel jedoch mit seiner eigenwilligen Widergabe des zweiten Teil des Verses eine eigene Richtung ein: „[...] das ‚ganz' wird weiter durch die Aussage expliziert und unterstrichen, dass ‚nichts an dir stört'"[16] und folgert: „An der Geliebten ist nichts, was dem Liebenden missfallen oder ihn irgendwie stören und veranlassen könnte, sie zurückzuweisen oder wegzuschicken [...]."[17] Die noch bei Krinetzki vorhandene ehrfurchtsvolle Haltung ist gefallen, aus dem Moment des Makellosen wird ein lediglich immanentes, auch im zwi-

---

[15] Krinetzki, Leo, Das Hohe Lied. Kommentar zu Gestalt und Kerygma eines alttestamtentlichen Liebesliedes, Düsseldorf 1964, 162.

[16] Bei Keel steht die wörtliche Übersetzung nurmehr in Klammer. Er verweist auf den Gebrauch dieser Wendung in der Kultsprache bei Gebrechen von Priestern und Opfern (z. B. Lev 21,17), was den Unwillen der Gottheit provozieren könnte, vgl. Keel, Othmar, Das Hohelied (Züricher Bibelkommentare AT 18), Zürich ^{2}1992, 144.

[17] Keel, Hohelied, 144.

schenmenschlichen Bereich recht banal klingendes „Nicht-Stören", was nun jeglichen liturgischen und dogmatischen Bezug auf Maria verloren hat.

Noch einen Schritt weiter geht wiederum knapp 20 Jahre später der Würzburger Alttestamentler Theo Seidl in seinem Aufsatz, „Schön bist du meine Freundin". Unser Hoheliedvers erscheint hier als Überschrift mit dem Untertitel „Wahrnehmung des Körpers im Hohen Lied". In der Analyse fungiert die Exklamation Hld 4,7 lediglich noch als gesteigerter Rahmenvers und wird in der Einzelanalyse der Verse (Hld 4, 1–6) nicht mehr eigens berücksichtigt.[18] Innerhalb Seidls aus anthropologischer Sicht äußerst aufschlussreichen Ausführungen zur Geschlechterdifferenz und der unterschiedlichen Wahrnehmung der Körperlichkeit von Mann und Frau im Hohenlied spielt jedoch unser Vers Hld 4,7 keine Rolle mehr.

Zusammenfassend kann für die historisch-kritische Exegese festgehalten werden, dass sich die Auslegung von Hld 4,7 kontinuierlich von der ursprünglichen Einheit zwischen Heiliger Schrift und Liturgie, die immer christuszentriert war, wegbewegt und losgelöst hat. In Folge dessen wurde das Hohelied beispielsweise in den Lesungen an Marienfesten nach dem Konzil nahezu verdrängt und ist auch am Fest der Unbefleckten Empfängnis eben nur noch in der besagten Antiphon vorhanden.[19] Dem heutigen Beter des Stundengebetes ist dabei kaum mehr bewusst, welche lange spiritualitäts- und dogmengeschichtliche Tradition sich hinter diesem kleinen liturgischen Element der „Tota pulchra"-Antiphon verbirgt. Freilich können im Rahmen dieses Beitrags nur einige wenige Stationen im Verlauf der Gestaltwerdung der Bibel in der Liturgie herausgegriffen werden. Wir wollen dazu in vier Etappen vorgehen.

---

[18] Vgl. Seidl, Theodor, „Schön bist du meine Freundin". Wahrnehmung des Körpers im Hohen Lied, in: Klinger, Elmar (u. a. Hg.), Der Körper und die Religion. Das Problem der Konstruktion von Geschlechterrollen, Würzburg 2000, 134–137.

[19] Teresa von Avila weist etwa in ihrer Hoheliedauslegung noch auf die Häufigkeit der Lesungen aus dem Hohenlied im marianischen Offizium (vgl. Teresa von Avila, Die Seelenburg der heiligen Theresia von Jesu. Mit einem Anhang: Gedanken über die Liebe Gottes/Rufe der Seele zu Gott/Kleinere Schriften. Übersetzt und bearbeitet von P. Alonsius Alkofer [Sämtliche Schriften der hl. Theresia von Jesus V], München, Kempten 1952, 284), während die Liturgiewissenschaft den Wegfall von Hohelied-Lesungen zu Marienfesten nach der Liturgiereform des II. Vatikanums gemeinhin begrüßt hat, da kaum eine Verbindung zum Festgeheimnis bestehen würde.

Vier Etappen auf dem Weg der Gestaltwerdung der Bibel in der Liturgie

1. Wegstrecke: Verklanglichung

„Wo der Mensch mit Gott in Berührung kommt, reicht das bloße Reden nicht mehr aus. Es werden Bereiche seiner Existenz geweckt, die von selbst zu Gesang werden“[20] – so Ratzinger. Es verwundert daher nicht, dass wir das älteste schriftliche Zeugnis einer „Tota pulchra“-Antiphon anlässlich eines Marienfestes in der Westkirche Ende des 10. oder Anfang des 11. Jahrhunderts in vertonter Gestalt vorliegen haben.[21] Es stammt aus dem Antiphonar von Hartker (St. Gallen) und lässt sich um das Jahr 1000 datieren. Nicht von ungefähr wird die „Tota pulchra“-Antiphon am Fest der Geburt Mariens gesungen, das in engem Zusammenhang mit ihrer unbefleckten Empfängnis steht und das in der Ostkirche bereits im 8. Jahrhundert mit dem Hoheliedvers 4,7 konnotiert ist.[22]

Der Tonumfang dieser ältesten überlieferten Fassung beträgt eine große Sext und ist damit relativ gering. Andächtig neigt sich die aus kleinen Melismen gebaute Melodie vor der ganz Schönen, um sich dann zur Aussage „meine Freundin“ als melodischem Höhepunkt aufzuschwingen; dem „Fehler“ selbst wird wenig melodische Aufmerksamkeit gewidmet. Auffallend sind die Virga auf den Verben „du bist“ und „ist nicht“, als handle es sich um Affirmationen des Gesagten: Du bist wirklich die ganz Schöne und wahrhaft ist kein Fehl an dir. Die musikalische Gestalt dieser ältesten liturgischen Vertonung deckt sich interessanterweise genau mit der exegetischen Interpretation des Verses Hld 4,7 von Krinetzki und kann daher strukturanalog zu ihr aufgefasst werden.

---

[20] Ratzinger, Geist der Liturgie, 117.

[21] Vermutlich ist sie noch sehr viel älter, da man die gregorianischen Gesänge erst aufschrieb, als der Choral seine Blütezeit überschritten hatte. Für unseren Zusammenhang bleibt festzuhalten, dass die liturgische Verwendung des Hoheliedverses 4,7 an Marienfesten auf eine über tausendjährige Tradition zurückblicken kann.

[22] Vgl. etwa Andreas von Kreta, In Nav. B. Mar. IV (PG 97, 870–871).

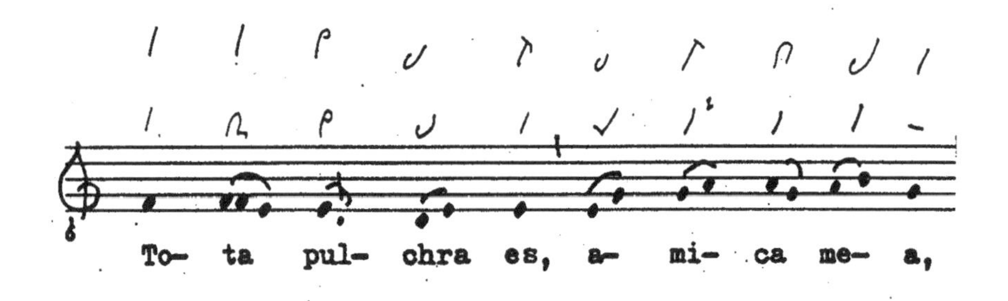

Notenbeispiel 1: „Tota pulchra"-Antiphon aus dem Antiphonarium Hartkeri II, fol. II/191
Die Umschrift stammt aus Stenzl, Jürg, Hohelied-Vertonungen vom 8. bis zu Mitte des 15. Jahrhunderts. Bibliographien. Texte lateinisch/deutsch. HL-Exegese. Repertoire-Übersichten. Musikbeispiele, Salzburg 2001 (Scriptum des Instituts für Musikwissenschaft).

2. Wegstrecke: Verbildlichung

Bis zur dogmatischen Definition der Unbefleckten Empfängnis wird die „Tota pulchra"-Antiphon acht Jahrhunderte lang in ihrer originären biblischen Textfassung zu Marienfesten gesungen, auch dann noch, als sich die Verehrung Mariens als Unbefleckte Empfängnis in der Frömmigkeitsgeschichte längst durchgesetzt hat. Die Denkarbeit eines Duns Scotus ist abgeschlossen, der Franziskanerorden hat die liturgische Festfeier der Unbefleckten Empfängnis auf dem Generalkapitel in Pisa (1263) eingeführt und das Fest ist nun auch für Rom verbindlich.[23] Wie man sich dieses Stadium auf dem Weg der Gestaltwerdung der Bibel in der Liturgie vor 1854 vor-

---

[23] Vgl. Lechner, Gregor Martin, Unbefleckte Empfängnis. III. Liturgiewissenschaft, in: ML 6, 526.

zustellen hat, führt eine flämische Buchmalerei aus der 1. Hälfte des 16. Jahrhunderts bildlich-exemplarisch vor Augen.[24]

Maria, die unbefleckt empfangene, ist in einem Strahlenkranz über die Erde erhoben, zwei Engel krönen sie. Im Himmel, wiederum von zwei Engeln umgeben, thront in der Mitte Gott Sohn als König über die Welt. In einem Spruchband, das gleichzeitig Himmel und Erde voneinander trennt, ist das Motto des Bildes eingeschrieben: „Tota pulchra es amica mea et macula non est in te" (Hld 4,7). Der Hoheliedtext unserer Antiphon ist wie in der Liturgie dieser Zeit noch unverändert in der originären Textform, aber schon eindeutig im Sinne des Dogmas zu verstehen, blickt man auf den Engel unten links im Bild, der einen achteckigen Spiegel mit der Inschrift trägt: „Speculum sine macula" – Spiegel ohne Makel.[25] Bisher war es in der patristischen Tradition üblich, den (hier noch viereckigen) Spiegel christologisch, antropologisch und ekklesiologisch zu deuten – so etwa bei Pseudo Cyprianus[26]. Jetzt erscheint der Spiegel als marianisches Symbol in achteckiger Form, als Zeichen der Vollkommenheit Mariens.[27] Damit gelingt es dem Künstler, dass „amica mea" und „Maria" zu einer einzigen Aussage verschmelzen, wie es auch in der Litur-

---

[24] Die Abbildung ist entnommen aus Kopp-Schmidt, Maria. Das Bild der Gottesmutter in der Buchmalerei, Freiburg u. a. 1992, 28 (Tafel 6).

[25] Die Bezeichnung Mariens als den „vollkommensten Spiegel der Gottheit" zu bezeichnen, „aus dem vorzüglicher als auch jedweder Kreatur die unaussprechlichen göttlichen Beziehungen hervorleuchten" findet sich etwa um die gleiche Zeit auch bei Jean Ambroise Saint-Cyran († 1643), zitiert nach Flachaire, Charles, La dévotion à la Vierge, Paris 1916, 75; deutsche Übersetzung: Scheffczyk, Leo, Die „Unbefleckte Empfängnis" im umgreifenden Zusammenhang des Glaubens", in: Rovira, German (Hg.), Immaculata. Gedanken zur Unbefleckten Empfängnis von Joseph Kardinal Ratzinger, Joachim Kardinal Meisner, Leo Kardinal Scheffczyk, Kisslegg 2004, 31.

[26] Diesen Hinweis verdanke ich Patricio de Navascués, der mich freundlicherweise auf seine Studie über „De montibus Sina et Sion" aufmerksam gemacht hat. Hier weist er auf, wie Pseudos-Cyprianus in seiner Interpretation des „ungetrübten Spiegels von Gottes Kraft" (Weish 7,26) den Spiegel auf den Sohn als den „makellosen Spiegel des Vaters" deutet, sowie neben einer anthropologischen Interpretation den hier noch viereckigen Spiegel (speculum quadratum) auf die Kirche, weniger in ihrer Vollkommenheit als vielmehr in ihrer Universalität bezieht, vgl. Navascués Patricio, De montibus Sina et Sion: judíos, magos y mártires entre apocalíptica y donatismo, in: Vetera Christianorum 37 (2000), 296–297.

[27] Zur Symbolik der Zahl „acht" im Mittelalter vgl. Meyer, Heinz / Suntrup, Rudolf, Lexikon der mittelalterlichen Zahlenbedeutungen (MMAS 56), München 1987; Bandmann, Günter, Acht, Achteck, in: Kirschbaum, Engelbert / Bandmann, Günter (Hg.), Lexikon der christlichen Ikonographie, Bd. 1, Rom 1968, 40–41.

gie der Fall ist. Alle anderen Symbole, die sich um die Gottesmutter ranken, sind entweder ebenfalls Bilder aus dem Hohelied, die auf Maria gedeutet werden oder Anrufungen aus der Laurentanischen Litanei, die ihre Unbeflecktheit und Jungfräulichkeit versinnbildlichen.

3. Wegstrecke: dogmatisch korrigierte Antiphonen[28]

Erst nach der Verkündigung des Dogmas wird der biblische Text in der Antiphon zur zweiten Vesper offiziell an das Festgeheimnis der Unbefleckten Empfängnis angeglichen. Folglich war auch eine musikalische Anpassung notwendig geworden. Ob es sich bei der heute vorliegenden lateinischen Choralmelodie im römischen Antiphonale um eine Neukomposition oder um eine vereinfachende Angleichung an ältere Vorbilder handelt, konnte bisher nicht geklärt werden. Sicher ist nur, dass die gregorianische Fassung der neuen Textgestalt auf die Initiative Pius IX. zurückgeht.

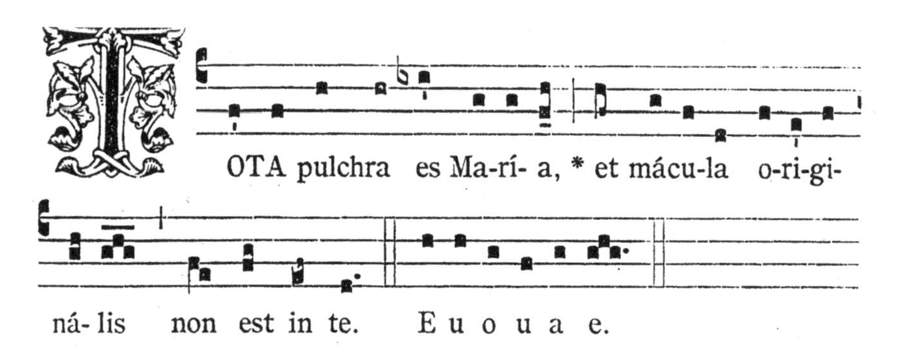

Abbildung 1: Rosarium flämisch

Hier tritt uns die „Tota pulchra"-Antiphon in einem ganz neuen musikalischen Gewand entgegen. Nicht nur das Tongeschlecht hat sich verändert, sondern auch die Bewegungsrichtung der beiden Vershälften ist gänzlich unterschiedlich. In der ersten Hälfte überwiegen aufwärtsgerichtete Tonschritte, als wolle die Melodie den Blick des Beters zu Maria emporheben. Die Sünde, der Fehler hingegen ist mit einer abwärts gerichteten Linie vertont, die ansetzt, um

[28] Zu den folgenden beiden „Wegstecken" vgl. ausführlich Hastetter, „Horch! Mein Geliebter!", 222–234.

Notenbeispiel 2: „Tota pulchra"-Antiphon aus dem Antiphonale Romanum

sich zu erheben, aber nur noch weiter nach unten fällt, um auf der Endsilbe den Tiefpunkt des gesamten Tonumfangs zu erreichten, der insgesamt nur eine kleine Sext umfängt. Das „originalis" verstrickt sich schließlich in immer denselben Tönen, torkelt hin und her, wie der Torkulus auf der Endsilbe – wenn wir die Melodie in Neumenschrift transkribieren würden – besonders unterstreicht. Ungewöhnlich ist, dass die Aussage „ist nicht in dir" noch einmal mit einem Trennungsstrich abgehoben ist, was auf die späte Entstehungszeit dieser Antiphon deutet, in der die Choralregeln nicht mehr so geläufig waren. Theologisch besagt die Vertonung, dass Maria nie die Tiefe der Sünde geschaut hat, sie gänzlich frei geblieben ist von den Verstrickungen in die Erbschuld.

Merkwürdig bleibt für den mit der gregorianischen Musik vertrauten Hörer die gegen die übliche Praxis der gregorianischen Textbehandlung verstoßende Wendung „Mariá" statt „María" (durch den Pes auf – a wird die Endsilbe von Maria betont) – in einer Musik, deren Ideal gerade die vollkommene Übereinstimmung von Wortakzent und Melodieduktus darstellte. Ist es denkbar, dass sich die Neuvertonung der Antiphon doch auf ein altes „amica mea"-Vorbild stützt?

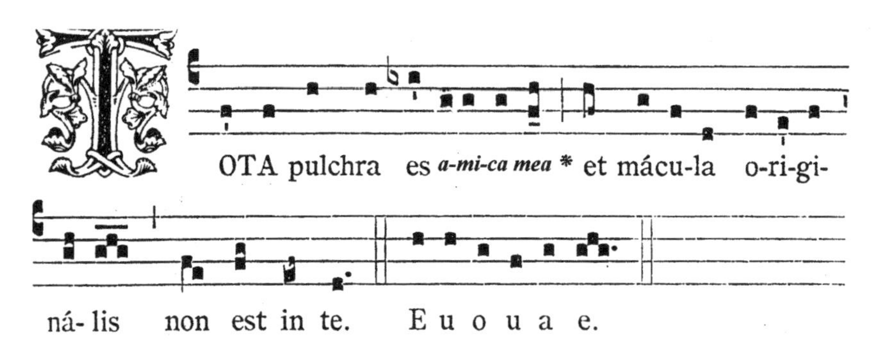

Notenbeispiel 3: fiktive „amica-mea"-Version der „Tota pulchra"-Antiphon von 1949

Da eine ältere, leicht abweichende Fassung der Antiphon aus dem Jahre 1888 diese merkwürdige Abweichung noch nicht aufweist, ein Abschreibefehler aufgrund der Texttreue bei liturgischer Musik auszuschließen ist, zumal der zweite Versteil ebenfalls unterschieden ist und eine reichere, um nicht zu sagen kompliziertere Melismatik aufweist (eine noch deutlichere Verstickung in die Erbsünde), kann der Quellenvergleich eine Lösung herbeiführen.

Alle mir bisher zugänglichen „Tota pulchra"-Antiphonen (z. B. aus dem Antiphonale der Dominikaner aus dem Jahr 1933, oder auch die reicher ausgeschmückte Fassung der Antiphon aus dem Mess-Antiphonarium der Mai-

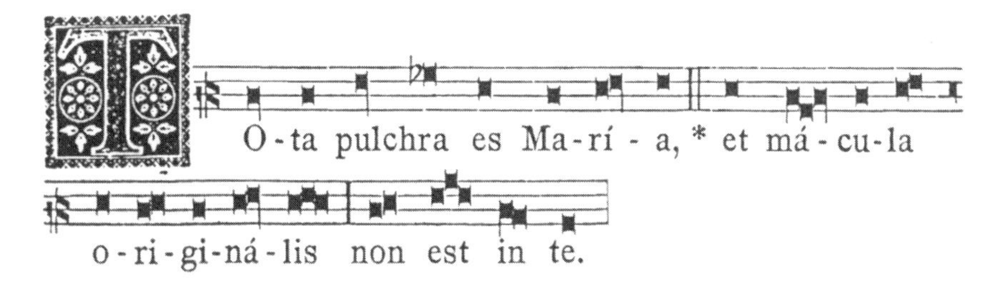

Notenbeispiel 4: „Tota pulchra“-Antiphon von 1888

länder Liturgie von 1935, sowie die Halleluja „Tota pulchra“-Antiphon aus dem Antiphonale von Tournai und die aus dem Antiphonale Monasticum der Benediktiner von 1943 – hier ist der Pes im Terzabstand auf der Zwischensilbe „rí“) betonen das Wort María gemäß dem Sprechduktus. Wir müssen die letzte Klärung der Frage im Moment offen lassen. Trotz ihres Betonungsfehlers wurde die „Tota-pulchra“-Antiphon aus dem Antiphnale Romanum in ihrer heutigen offiziellen vertonten lateinischen Gestalt Ausgangspunkt für eine neue Etappe der Gestaltwerdung in der Liturgie.

4. Wegstrecke: die „Tota pulchra“-Antiphon in der Kirchenmusik

Man möchte meinen, der Prozess der Gestaltwerdung sei mit 1863 abgeschlossen, aber genau an diesem Punkt eröffnet sich eine neue Dimension der Gestaltwerdung der Bibel in der Liturgie, die wir bisher noch nicht berücksichtigt haben: das weite Feld der Kirchenmusik. Sie ließ sich vielfach von gregorianischen Melodien inspirieren, sind doch „Kirchenkompositionen um so heiliger und liturgischer, je mehr sie sich in Verlauf, Eingebung und Geschmack der gregorianischen Melodik“[29] nähern. Der französische Komponist und Organist Maurice Duruflé (1902–1986) entspricht in seiner „Tota pulchra es“-Komposition aus dem Jahr 1960 ganz dem Moto proprio Pius X., übersteigt es sogar, da sich seine Musik nicht nur dem Choral nähert sondern sich ganz aus ihm nährt, wie schon der Titel seines op. 10 „Quatre motets sur des Thèmes Grégorienns“ beweist.

Der Text der zweiten Motette für dreistimmigen Frauenchors mit dem Titel „Tota pulchra es“ setzt sich aus den drei Antiphonen zur 2. Vesper am

[29] Pius X. Moto proprio (II.3), 27.

8. Dezember zusammen. Unsere „Tota pulchra"-Antiphon fungiert als Ritornell der dreiteiligen Rondoform und wird im Sopran in den ersten drei Takten notengetreu wiedergegeben.

Bei Duruflés „Tota pulchra es" handelt es sich um ein für den liturgischen Gebrauch komponiertes Chorstück, in dem der biblische Text in seiner dogmatischen Umformung vertont wird. Vier kurze Bemerkungen zu dieser neuen Klanggestalt unseres Hoheliedverses 4,7:

1. Der Anfang bewegt sich traditionell in g-Moll. Ab T. 9 ändert sich schlagartig die Stimmung und schlägt in die Mediante Es-Dur um. So ist die Sündenlosigkeit Mariens auch klanglich von der Erbsünde unterschieden.
2. Die Erbsünde selbst ist mit einem bewussten Tonsatzfehler vertont. In T. 8–9 folgen vier parallele Grundakkorde in Grundstellung, was drei aufeinanderfolgende offene Quintparallelen, dem Kapitalfehler jedes Tonsatzes, zu Folge hat. Die Erbsünde als Totalabkehr von der göttlichen Ordnung wird offensichtlich mit dem totalen Verstoß gegen die Regeln der Harmonielehre verklanglicht. Dazu ist der Sündenfall in der absteigenden Akkordfolge versinnbildlicht.
3. Dass Maria wirklich frei von der Erbsünde ist, unterstreicht Duruflé mit der Wiederholung des „non est in te", die wie eine Bestätigung des bereits gesagten klingt. Analog dazu ist die Wiederholung des „Tota pulchra es, Maria" (T. 3–5) zu sehen, gesteigert durch den das gregorianische Original überbietenden Aufschwung zur Quint auf „es" in T. 5.
4. Eine letzte Besonderheit des gesamten Stückes ist das Fehlen von Leittönen. Leittönen liegt eine latente Spannung inne[30], sie drängen zur Auflösung im harmonischen System und fordern einen neuen Klang. Wenn Duruflé hier ganz auf sie verzichtet, könnte man darin ein Klangsymbol für die unbefleckte Gottesmutter sehen, die ganz vollkommen und frei von jeder ungeordneten Triebhaftigkeit war. In der „ganz schönen" ist die rastlose Sehnsucht der Frau auch musikalisch vollständig zur Ruhe gekommen.

Nur am Rande sei hier angemerkt, dass der Komponist sich des Betonungsfehlers der Antiphon wohl bewusst war, sie im Stück aus Respekt vor dem liturgischen Original zwar beibehält, in der kurzen dreitaktigen Coda jedoch verbessert und dem Namen María in vier richtig betonten Varianten seine ursprüngliche Schönheit zurückschenkt.

Wie das erste theologische Bekenntnis in der Geschichte zu Maria als der

---

[30] Vgl. Kühn, Clemens, Leitton, in: Das große Lexikon der Musik. Komponisten. Interpreten. Sachbegriffe V, Freiburg u. a.1992, 93, der sich hier auf E. Kurth bezieht.

II. Tota pulchra es

pour 3 voix de femmes

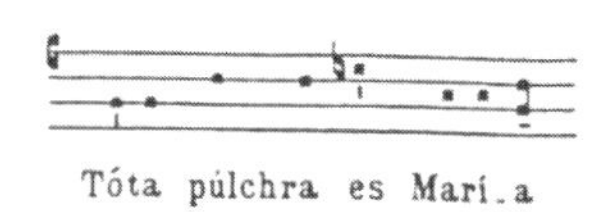

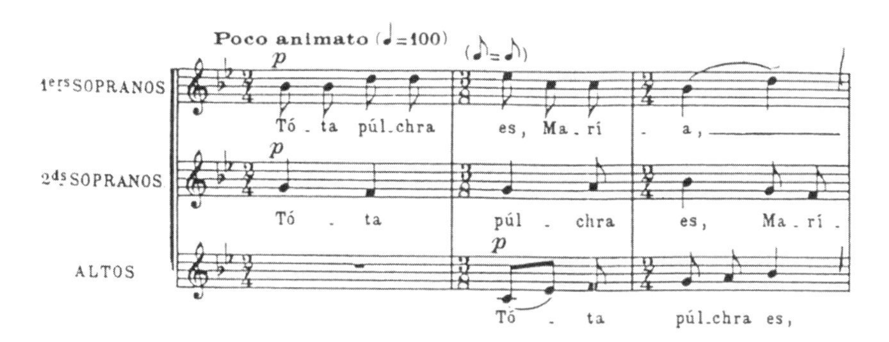

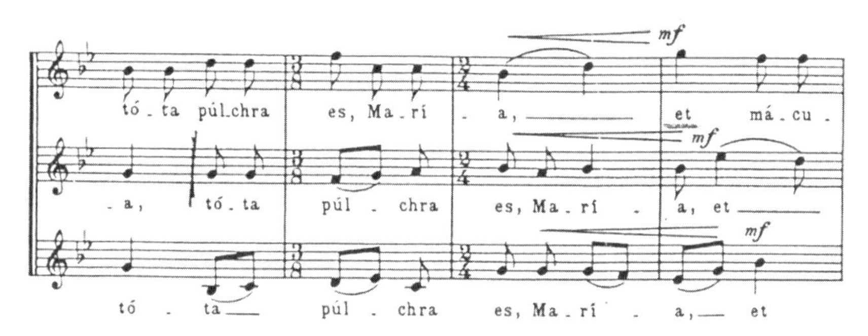

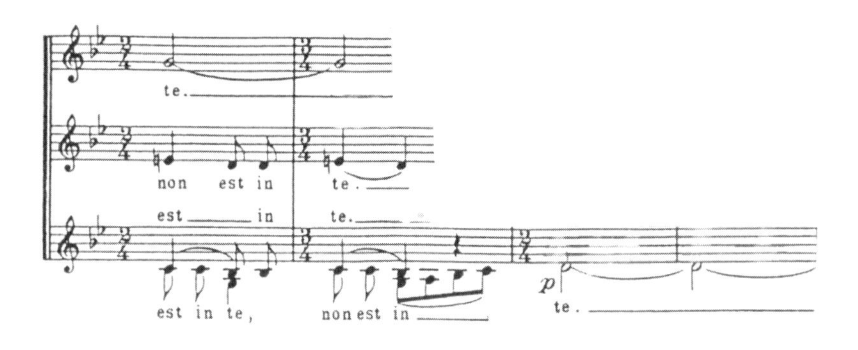

Notenbeispiel 5: Maurice Duruflé, Tota pulchra es (1960), T. 1–11.

Notenbeispiel 6: Maurice Duruflé, Tota pulchra es, 4 Schlusstakte

Unbefleckten Empfängnis von Eadmer, bezeichnenderweise Benediktinermönch und Schüler von Anselm, eine Frucht aus der Meditation der Liturgie war, ist auch Duruflés musikalisches Zeugnis Frucht einer tiefen Betrachtung der Liturgie und der Gestaltwerdung des biblischen Wortes in ihr. Seine Musik atmet Edamers Geist, der einmal bezeugte: „Ich persönlich glaube und bekenne, dass Maria unbefleckt empfangen und dass sie unberührt ist vom geringsten Mangel."[31]

Resümee

Wir haben versucht, gemeinsam eine Wegstrecke pilgernd durch die Jahrhunderte zurückzulegen, und dem lebendigen und facettenreichen Prozess der christologischen und mariologischen Gestaltwerdung der Bibel in der Liturgie in Wort, Bild und Musik nachzuzeichnen. Ausgehend von der neuen Antiphon zur Dogmatisierung der Unbefleckten Empfängnis haben wir nach einem kurzen exegetischen Abstecher vier Etappen des liturgischen Pilgerwegs durch die Jahrhunderte zurückgelegt. Liturgie ist aber nie bloße Erinnerung, sie vergegenwärtigt immer das ganze Christusmysterium, sie „aktualisiert [...] den Sinn der von ihr verwendeten Schriftstellen"[32]. Gottes Handeln am Menschen, wie wir es hier im Besonderen an Maria, der „tota pulchra", der „ganz schönen" betrachtet haben, wird „frische Gegenwart"[33]. Bis einmal

---

[31] Geenen, Godfried, Eadmer, le premier theologien de l'immaculée concepcion, (Acta congressus mariologici-mariani V), Rom 1955, 90–136.

[32] Vagaggini, Theologie der Liturgie, 283.

[33] Ratzinger, Geist der Liturgie, 134.

das ewige Hohe Lied gesungen werden kann, muss auch im dritten Jahrtausend das Lied der Liebe immer wieder neu angestimmt werden, damit das Wort Gottes auch in unserer Zeit Gestalt annehmen kann. Dazu sei mit einem Wort Ratzingers der Bogen zum Anfang geschlagen, der jede wahre menschliche Kunst als eine Annäherung an *den* Künstler, Jesus Christus, versteht: „Auch heute ist die Freude an Gott und die Berührung mit seiner Gegenwart in der Liturgie eine unerschöpfliche Macht der Inspiration. Die Künstler, die sich diesem Auftrag unterwerfen, brauchen sich wahrhaftig nicht als Nachhut der Kultur zu verstehen: Die leere Freiheit, aus der sie heraustreten, wird ihrer selbst überdrüssig. Die demütige Unterwerfung unter das, was uns vorangeht, setzt die wirkliche Freiheit aus sich heraus und führt uns zu der wahren Höhe unserer Berufung als Menschen.“[34]

[34] Ratzinger, Geist der Liturgie, 134.

Anhang

Gerhard Ludwig Müller
Wissenschaftliche Bibliographie

A Selbständige Veröffentlichungen

1. Bonhoeffers Theologie der Sakramente (= FTS 28), Frankfurt 1979
2. Für andere da. Christus – Kirche – Gott in Bonhoeffers Sicht der mündig gewordenen Welt (= KKTS 44), Paderborn 1980
3. Gemeinschaft und Verehrung der Heiligen. Geschichtlich-systematische Grundlegung der Hagiologie, Freiburg 1986
4. Was heißt: Geboren von der Jungfrau Maria? Eine theologische Deutung (= QD 119), Freiburg 1989. (grundlegend überarbeiteter Wiederabdruck in A 12)
   italienisch: Nato dalla Vergine Maria. Interpretazione teologica, Brescia 1994
5. Laßt uns mit ihm gehen. Eucharistiefeier als Weggemeinschaft, Freiburg 1990
   spanisch: La celebración eucarística. Un camino con Cristo, Barcelona 1991
6. Was bedeutet Maria uns Christen? Die Antwort des Konzils. Überlegungen zum Marienkapitel der Kirchenkonstitution des Zweiten Vatikanischen Konzils, Wien 1994
   spanisch: ¿Qué significa María para nosotros, los cristianos? Reflexiones sobre el capítulo mariológico de la Lumen gentium, Prólogo: Mons. Karl Lehmann, Madrid 2001
   koreanisch: Waegwan 2003
7. Christologie – Die Lehre von Jesus Christus, in: Beinert, W. (Hg.), Glaubenszugänge. Lehrbuch der Katholischen Dogmatik 2, Paderborn 1995, 1–297[1]
   polnisch: Chrystologia-Nauka o Jezusie Chrystusie (Podrecznik Teologii Dogmatycznej Traktat V), Krakau 1995 (erschienen als Monographie)
8. Katholische Dogmatik. Für Studium und Praxis der Theologie, Freiburg 1995, ^{2}1996, ^{3}1998, ^{4}2001, ^{5}2003, ^{6}2005, ^{7}2007
   spanisch: Dogmática. Teoría y prática de la teología, Barcelona 1998
   italienisch: Dogmatica cattolica. Per lo studio e la prassi della teologia, Cinisello Balsamo 1999
   ungarisch: Budapest 2007
9. John Henry Newman begegnen (= Zeugen des Glaubens), Augsburg 2000
10. Priestertum und Diakonat. Der Empfänger des Weihesakramentes in schöpfungstheologischer und christologischer Perspektive (= Sammlung Horizonte NF 33), Freiburg 2000
    englisch: Priesthood and Diaconate, The Recipient of the Sacrament of Holy Orders from the Theology and Christology, San Francisco 2002
11. Mit der Kirche denken. Bausteine und Skizzen zu einer Ekklesiologie der Gegenwart, Würzburg 2001, ^{3}2007

---

[1] Der monographische Charakter dieses umfangreichen Beitrags lässt die Einordnung an dieser Stelle der Bibliographie als begründet erscheinen.

12. Maria – die Frau im Heilsplan Gottes (= Mariologische Studien XV), Regensburg 2002
13. Die Messe. Quelle christlichen Lebens, Augsburg 2002 (grundlegende Neubearbeitung von A 5)
    spanisch: La Misa. Fuente de vida cristiana, Madrid 2004
    polnisch: Msza Święta. Zródło Chrześcjańskiego życia, Lublin 2007
14. Gustavo Gutiérrez/Gerhard Ludwig Müller, An der Seite der Armen. Theologie der Befreiung, Augsburg 2004
    spanisch: Del lado de los pobres. Teología de la Liberación, Lima 2005
15. Vom Vater gesandt. Impulse einer inkarnatorischen Christologie für Gottesfrage und Menschenbild, Regensburg 2005
16. Gott und seine Geschichte. Ein Gespräch über die Bibel, Freiburg 2005

B Gerhard Ludwig Müller als Herausgeber, Mitherausgeber und Bearbeiter

1. Die Heiligen – ein altes und neues Thema der Ökumene. Überlegungen aus der Sicht der systematischen Theologie, in: Müller, G.L. (Hg.), Heiligenverehrung – ihr Sitz im Leben des Glaubens und ihre Aktualität im ökumenischen Gespräch, München 1986, 102–122
2. (zus. mit Albrecht Schönherr) Bonhoeffer, Dietrich, Gemeinsames Leben. Das Gebetbuch der Bibel (= DBW 5), Berlin 1988
    englisch: Bonhoeffer, Dietrich, Life Together and Prayerbook of the Bible (= Dietrich Bonhoeffer Works 5), Minneapolis 1996
    italienisch: Vita commune. Il libro di preghiera della Bibbia (= Opere di Dietrich Bonhoeffer 5), Brescia 1991
    französisch: De la vie communautaire et Le livre de prières de la Bible (= Œuvre de Dietrich Bonhoeffer 5), Genève 2007
3. Der Heilige Geist (= tzt D 7, 2), Graz 1993
4. Gnadenlehre I-II, 2 Bde. (= tzt D 7, 1 A-B), Graz 1996
5. Auf dem Weg zum Heiligen Jahr 2000. Aufbruch ins Dritte Jahrtausend. Theologisches Arbeitsbuch, Köln 1997
6. Der Empfänger des Weihesakraments. Quellen zur Lehre und Praxis der Kirche, nur Männern das Weihesakrament zu spenden, Würzburg 1999
7. Frauen in der Kirche. Eigensein und Mitverantwortung, Würzburg 1999
    spanisch: Las mujeres en la Iglesia. Especificidad y corresponsabilidad, Madrid 2000
8. Internationale Theologische Kommission: Erinnern und Versöhnen. Die Kirche und die Verfehlungen in ihrer Vergangenheit (= Neue Kriterien 2), ins Deutsche übertragen und hg. v. Gerhard Ludwig Müller, Freiburg 2000 (ab ^{3}2000 erweitert um: Johannes Paul II., Ansprache und Vergebungsbitten)
9. (zus. mit Massimo Serretti) Einzigkeit und Universalität Jesu Christi. Im Dialog mit den Religionen, Freiburg 2001
    italienisch: Unicità e universaltità di Gesù Cristo. In dialogo con le religioni, Cinisello Balsamo 2001

englisch: The Uniquineness and Universality of Jesus Christ. In Dialogue with Religions, Michigan 2004

10. Die Heilsuniversalität Christi und der Kirche. Originaltexte und Studien der römischen Glaubenskongregation zur Erklärung „Dominus Iesus" (= Römische Texte und Studien 1), Würzburg 2003
11. Der Diakonat – Entwicklung und Perspektiven. Studien der Internationalen Theologischen Kommission zum sakramentalen Amt (= Römische Texte und Studien 2), Würzburg 2004
12. Von „Inter Insigniores" bis „Ordinatio Sacerdotalis". Dokumente und Studien der Glaubenskongregation (= Römische Texte und Studien 3), Würzburg 2006
13. Der Glaube ist einfach. Aspekte der Theologie Papst Benedikts XVI., Regensburg 2007

C Beiträge in Sammelwerken und Zeitschriften

1. Schau des Geheimnisses. Die Eucharistie in der prophetischen Theologie Hildegards von Bingen, in: IKaZ 8 (1979) 530–542
2. Wiederversöhnung in der Gemeinde. Das streitbare Engagement Dietrich Bonhoeffers für die Erneuerung der Einzelbeichte, in: Cath 33 (1979) 292–328
3. Charisma und Amt. Die heilige Hildegard von Bingen in der Auseinandersetzung mit dem kirchlichen Amt, in: Cath 34 (1980) 279–295
4. Der Aufgang Gottes im anthropozentrischen Bewußtsein. Eine Alternative, in: Buch, A. J./Fries, H. (Hg.), Die Frage nach Gott als Frage nach dem Menschen, Düsseldorf 1981, 24–50
5. Tod und Auferstehung Gottes. Zur Überwindung des neuzeitlichen Atheismus in Bonhoeffers theologia crucis, in: ZKTh 105 (1982) 172–190
6. Vom Leben mit den Toten zum Leben nach dem Tod. Die Bestimmung der Communio Sanctorum als Ort christlicher Auferstehungsbotschaft in der „Symbolik" J.A. Möhlers, in: Cath 36 (1982) 31–38
7. Die Heiligen – ein altes und neues Thema der Ökumene, in: HerKorr 38 (1984) 522–527
8. Theologie und Ideologie. Bonhoeffer und die Anfänge der Bekennenden Kirche 1933, in: Cath 38 (1984) 135–149
9. Der eine Gott und das Gebet zu den Heiligen, in: IKaZ 14 (1985) 319–333
10. Die Grenze der Ökumene als ihre Chance, in: HerKorr 39 (1985) 570–575. (aufgenommen in A 11)
11. El Dios único y la oración a los santos, in: Revista Católica Internacional Communio 7 (1985) 366–379 (siehe C 9)
12. Fegfeuer. Zur Hermeneutik eines umstrittenen Lehrstücks in der Eschatologie, in: ThQ 166 (1986) 25–39
13. Der theologische Ort der Heiligen. Überlegungen zum ekklesiologischen Ansatz des 2. Vatikanischen Konzils, in: ZThK 108 (1986) 145–154. (aufgenommen in A 12)
14. Hebt das Sola-fide-Prinzip die Möglichkeit einer natürlichen Theologie auf? Eine Rückfrage bei Thomas von Aquin, in: Cath 40 (1986) 59–96

15. Die Marien- und Heiligenverehrung. Eine Ausformung der theologischen Anthropologie aus katholischer Sicht, in: Cath 40 (1986) 165–186. (aufgenommen in A 12)
16. Warum verehren wir die Heiligen?, in: Hinkel, H. (Hg.), Die Heiligen im Regionalkalender des deutschsprachigen Raumes, Mainz 1986, 5–10
17. Anfang in Gnade. Zur Empfängnis der Gottesmutter Maria ohne Erbschuld, in: OR vom 24. Juli 1987, 8. (aufgenommen in A 12)
18. Auf dem Pilgerweg unseres Glaubens. Zur Enzyklika „Redemptoris Mater", in: Münchener Katholische Kirchenzeitung vom 5. April 1987, 28
19. Das Kreuz in Auschwitz. Gedanken zum Martyrium von Edith Stein, in: Christliche Innerlichkeit 22 (1987) 173–178
20. Der römische Primat. Ein Ansatz zu seiner dogmatisch-theologischen Begründung, in: MThZ 38 (1987) 65–68. (aufgenommen in A 11)
21. Priester und Laien im kirchlichen Dienst, in: Rundbogen. Zeitschrift des Priesterseminars 5 (1987) Heft 9, 14 f.
22. Woher kommt das Böse? Dogmatische Überlegungen zur Theodizeefrage in der Neuzeit, in: MThZ 38 (1987) 311–325
23. Christus und Maria, in: Zur Debatte. Themen der Katholischen Akademie in Bayern 18 (1988) 11
24. Die Liturgie als Quelle des Glaubens, in: LKat 10 (1988) 105–109. (aufgenommen in A 11)
25. Die Suche J.A. Möhlers nach der Einheit von geschichtlicher und theologischer Vernunft, in: MThZ 39 (1988) 195–206
26. Priesterlicher Dienst. Theologische Überlegungen, hg. vom Pressereferat der Erzdiözese München und Freising, München 1988
27. Unser Glauben und Sprechen in eschatologischen Fragen, in: Pädagogische Welt. Monatszeitschrift für Unterricht und Erziehung, Beilage zu Heft 7, 42 (1988) 8–13
28. Vergangene und künftige Wege der katholischen Theologie in Deutschland, in: Deutsche Tagespost vom 24. 12. 1988, 17 f.
29. Die Verehrung der Heiligen in der Sicht der katholischen Dogmatik, in: Limburg, H./Rennings, H. (Hg.), Beglaubigtes Zeugnis. Selig- und Heiligsprechungen in der Kirche, Würzburg 1989, 11–28. (aufgenommen in A 12)
30. Dogmatik, in: Epistula. Zeitschrift des Herzoglichen Georgianums 37 (1989) 13–18
31. Theologische Überlegungen zur Weiterentwicklung des Diakonats, in: MThZ 40 (1989) 128–143
32. Die Engel. Aspekte der systematischen Theologie, in: Diak 21 (1990) 323–329
33. Die Situation der Theologie in der Zeit des Erzbischofs Willigis, in: Hinkel, H. (Hg.), 1000 Jahre St. Stephan in Mainz (= QMRKG 63), Mainz 1990, 101–111
34. Die Verehrung der Heiligen in der Sicht der katholischen Dogmatik, in: Dinzelbacher, P./Bauer, D. (Hg.), Heiligenverehrung in Geschichte und Gegenwart, Ostfildern 1990, 345–357. (geringfügig überarbeiteter Neudruck von C 29)
35. Die Welt nicht nur ergründen, sondern auch verändern. Eine Einführung in die Theologie der Befreiung – Unterdrückte werden zu Handelnden, in: Münchener Katholische Kirchenzeitung vom 18.11.1990, 12

36. Gemeinschaft in Wort und Sakrament, in: Zur Debatte. Themen der Katholischen Akademie in Bayern 20 (1990) 12 f.
37. Heiligung und Rechtfertigung, in: Cath 44 (1990) 169–186
38. Priestersein heute – der dogmatische Ansatz zur Bestimmung des Amtspriestertums in einer Communio-Ekklesiologie, in: Ansprachen und Referate der Priestertage der Erzdiözese Freiburg 1990, Freiburg 1990, 26–47
39. Recht und Notwendigkeit der Befreiungstheologie, in: MThZ 41 (1990) 327–346
40. Was ist kirchlicher Gehorsam? Zur Ausübung von Autorität in der Kirche, in: Cath 44 (1990) 26–48. (aufgenommen in A 11)
41. Auf den Spuren der Engel. Boten der Nähe Gottes, in: Zentralkomitee der Deutschen Katholiken (Hg.), Wie im Himmel so auf Erden. 90. Deutscher Katholikentag vom 23. bis 27. Mai 1990 in Berlin, Dokumentation Teil II, Paderborn 1991, 1027–1039
42. Gemeinschaft mit Jesus Christus in Wort und Sakrament. Liturgie im katholischen Verständnis, in: Baumgartner, H., u. a. (Hg.), Unfähig zum Gottesdienst? Liturgie als Aufgabe aller Christen, Regensburg 1991, 78–102. (aufgenommen in A 11)
43. Priestertum und Zölibat. Reflexionen nach einem Besuch in Südamerika, in: Sayer, J./Tzscheetzsch, W. (Hg.), „Pastoral der Befreiung". Eindrücke einer praktisch-theologischen Forschungsreise nach Peru (= Skriptenreihe der Akademie Altenberg 2) 1991, 98–101
44. Prinzipien der katholischen Mariologie im Licht evangelischer Anfragen, in: Cath 45 (1991) 181–192
45. Theologische Anmerkungen zum Thema „Menschenbild", in: ArztChr 37 (1991) 24–32
46. Unauflöslichkeit der Ehe – Scheidung – Wiederheirat, in: MThZ 42 (1991) 46–68
47. Hat der Mensch ein Recht auf die Wahrheit seines Todes? Theologische Vorüberlegungen zu einer anthropologischen Grundfrage, in: ArztChr 38 (1992) 33–40
48. Jesus Christus als der wahre Mensch und die anthropologische Wende der Neuzeit, in: Mertens, G./Kluxen, W./Mikat, P. (Hg.), Markierungen der Humanität. Sozialethische Herausforderungen auf dem Weg in ein neues Jahrtausend, Paderborn 1992, 105–120
49. Jesus Christus, Sohn Gottes – Mythos oder Wirklichkeit? Zu Eugen Drewermanns neuem Buch „Das Matthäusevangelium", veröffentlicht als Mitteilung der KNA: Am Wege der Zeit 5 vom 24. März 1992
50. Kirchlicher Eucharistieglaube: die Transsubstantiation, in: Kontakte 1 (1992) 3–4
51. Neue Ansätze zum Verständnis der Erlösung. Anfragen an Eugen Drewermann, in: MThZ 43 (1992) 51–73
52. Nur eine Treppe ins eigene Innere. Christus ein Mythos? Drewermanns neues Buch, in: Bayernkurier vom 6.6.1992, 17
53. Ein neuer Hut aus altem Filz. Eine Glosse zu Eugen Drewermann, in: MThZ 43 (1992) 239–250. (gekürzt aufgenommen in A 11)
54. Was ist faul bei Drewermann? Antworten von gestern auf die Fragen von heute, in: SZ vom 4./5.4.1992, 194

55. Das Problem des dogmatischen Ansatzpunktes in der Christologie, in: MThZ 44 (1993) 49–78. (aufgenommen in A 15)
56. Jesucristo el Senor crucificado y resucitado, in: Gonzales de Cardedal, O./Martinez, C./Juan, A. (Hg.), El Catecismo posconciliar. Contexto y contenidos, (= Teologia siglo XXI), Madrid 1993, 111–131
57. Problémy dnesní nauky o milosti, in: Krest'anská víra ve svetle soucasné teologie (Sborníky Krest'anské akademie 7), Prag 1993, 71–78
58. Selbsterfahrung und Christusbegegnung. Christologie im Horizont neuzeitlicher Anthropozentrik, in: Kreiner, A./Schmidt-Leukel, P. (Hg.), Religiöse Erfahrung und theologische Reflexion (= FS Döring), Paderborn 1993, 163–174. (aufgenommen in A 15)
59. Zur Hermeneutik des Gottesglaubens im Zeitalter eines technogenen Weltbildes, in: ZME 39 (1993) 143–150
60. Das trinitarische Grundverständnis der Kirche in der Kirchenkonstitution „Lumen Gentium“, in: MThZ 45 (1994) 451–465. (aufgenommen in A 11)
    spanisch: La comprensión trinitaria de la Iglesia en la constitutión „Lumen Gentium“, in: Rodríguez, P. (Hg.), Eclesiología 30 Años despues de „Lumen Gentium“. Pueblo de Dios – Cuerpo de Cristo, Templo del Espíritu Santo, Sacramento – Comunión, Madrid 1994, 17–38
    italienisch: La comprensione trinitaria fondamentale della Chicsa nella Costitutzione „Lumen Gentium“. in: Rodríguez P. (Hg.), L'ecclesiologia trent'anni dopo la „Lumen Gentium“ (= Studi di teologia 1), Rom 1995, 17–34
61. Ist Jesus der Sohn Gottes?, in: Christusglaube im Widerstreit, in: Materialien 5/1994, hg. v. Seidel, W./Reifenberg, P., Mainz 1994, 14
62. Christologie im Brennpunkt. Ein Lagebericht, in: ThRv 91 (1995) 363–378
63. Die Geschichtlichkeit der Offenbarung in der Sicht Johann Adam Möhlers, in: Wagner, H. (Hg.), Johann Adam Möhler (1796–1838). Kirchenvater der Moderne (= Konfessionskundliche Schriften des Johann-Adam-Möhler-Instituts 20), Paderborn 1996, 99–117
64. El intento de una nueva fundamentación de la fe cristiana, in: Revista Católica International Communio 17 (1995) 76–90
65. Glaubensvollzug und Sakramentalität der Ehe, in: Geschieden, wiederverheiratet, abgewiesen? Antworten der Theologie (= QD 157), Freiburg 1995, 202–212
66. Theologische Perspektiven der Ökumene-Enzyklika Papst Johannes Pauls II. „Ut unum sint“, in: Materialien 11/1995, hg. v. Seidel, W./Reifenberg, P., Mainz 1995, 1–19. (aufgenommen in A 11)
67. Die Eucharistie. Feier der Gemeinschaft Gottes mit den Menschen in Liebe, in: Christophorus 41 (1996) 116–123
68. Experiencia de Dios como apertura original de la fe cristiana, in: Revista Católica International Communio 18 (1996) 180–193
69. Heute Dogmatik lehren, in: Hillenbrand, K./Nichtweiß, B. (Hg.), Aus der Hitze des Tages. Kirchliches Leben in Momentaufnahmen und Langzeitperspektiven (= FS Lehmann), Würzburg 1996, 15–24

70. Jesus Christus, der Sohn des Vaters. Zeugung und Sohnschaft im dreifaltigen Gott, in: Anthropotes 12 (1996) 289–303. (aufgenommen in A 15)
71. Wer ist Person? Überlegungen zu einem Grundbegriff theologischer Anthropologie, in: ZME 42 (1996) 119–127
72. Der sakramentale Diakonat. Geschichtliche Entfaltung – systematische Perspektiven, in: AKathKR 166 (1997) 43–68
73. Eines Wesens mit dem Vater – Jesus Christus im Glauben und Bekenntnis der Kirche, in: Ders. (Hg.), Auf dem Weg zum Heiligen Jahr 2000, 104–122. (aufgenommen in A 15)
74. Eines Wesens mit dem Vater. Jesus Christus in Glaube und Bekenntnis der Kirche, in: Ausblicke. Dokumentationsschrift des Seniorenstudiums der Ludwig-Maximilians-Universität München, Heft 2 / SS 1997, 54–59
75. Gustavo Gutiérrez. Vater der Befreiungstheologie, in: Pauly, S. (Hg.), Theologen unserer Zeit, Stuttgart 1997, 125–138
76. Schöpfung bewahren?, in: Schubert, V./Quenzel, H. (Hg.), Klima und Mensch (= Wissenschaft und Philosophie. Interdisziplinäre Studien 14), St. Ottilien 1997, 267–288
77. Erfahrung Gottes als ursprüngliche Eröffnung christlichen Glaubens, in: Stubenrauch, B. (Hg.), Dem Ursprung Zukunft geben. Glaubenserkenntnis in ökumenischer Verantwortung (= FS Beinert), Freiburg 1998, 9–24. (aufgenommen in A 15)
78. Communio in caritate. Das Kirchenverständnis Johann Adam Möhlers, in: Weitlauff, M./Neuner, P. (Hg.), Für euch Bischof – mit euch Christ (= FS Wetter), St. Ottilien 1998, 625–642
79. Communio Sanctorum. Das Kirchenverständnis Martin Luthers, in: Sánchez de Murillo, J. (Hg.), Edith Stein Jahrbuch Bd. 4, Würzburg 1998, 215–223
80. Das Amt in der Kirche. Hierarchische Formen in einer demokratischen Umwelt, in: AKathKR 167 (1998) 1–21. (aufgenommen in A 11)
81. Der Geist verheißt Zukunft, in: Röser, J. (Hg.), Christsein 2001. Erwartungen und Hoffnungen an der Schwelle zum neuen Jahrtausend, Freiburg 1998, 219–222. (aufgenommen in A 11)
82. Die hl. Hildegard von Bingen vor dem Geheimnis des dreifaltigen Gottes, in: Hildegard von Bingen 1098–1998 (= Binger Geschichtsblätter 20. Folge), Bingen 1998
83. Die Stellung des Diakons im sakramentalen Ordo (Interview), in: Diakon Anianus 27 (1998) 10–16 (u. d. T. Der sakramentale Diakonat aufgenommen in A 11)
84. Die Ursprungssünde: Der Mensch zwischen Tod und Erlösung, in: Anthropotes 13 (1998) 333–358
85. Doch kein Konsens in der Rechtfertigungslehre? Zur Diskussion über „Die Gemeinsame Erklärung“, in: Cath(M) 52 (1998) 81–94
86. Erscheinungen, Visionen und Prophezeiungen – Elemente für eine theologische und geschichtliche Hermeneutik der Ereignisse, in: Actas do congresso internacional de Fátima. Fenomenologia e teologia das aparições (9–12 de Outubro 1997), Fatima 1998, 609–617
87. Fest im Grundsätzlichen um Ausgleich bemüht. Kardinal Friedrich Wetter wird

am Freitag 70 Jahre alt – Einen Blick auf seinen Dienst am Glauben wirft Gerhard Ludwig Müller, in: Deutsche Tagespost vom 19. 02. 1998, 3

88. Ist die Einzigkeit Jesu Christi im Kontext einer pluralistischen Weltzivilisation vermittelbar?, in: Schwager, R. (Hg.), Relativierung der Wahrheit? Kontextuelle Christologie auf dem Prüfstand (= QD 170), Freiburg 1998, 156–185
89. Leidenschaftliches Engagement für die Kirche, in: Metropolitan-Kapitel München (Hg.), Mit euch bin ich Christ. Für euch bin ich Bischof (= FS Wetter), München 1998, 118–121
90. Schwarzer Tag für die Laien? Kommentar von Prof. Dr. Gerhard Ludwig Müller, in: Ghost Writer. Zeitschrift der Theologiestudierenden der LMU München vom 19.02.1998 Nr. 4, 8–9. (aufgenommen in A 11)
91. Voran zur vollen Gemeinschaft. Gegen das Nein der 150 Theologieprofessoren zur „Gemeinsamen Erklärung zur Rechtfertigungslehre“, in: CiG 50 (1998) 61–62.64
92. Vom Umgang mit fehl- und totgeborenen Kindern im Krankenhaus. Theologischer Kommentar zum Fallbericht, in: ZME 45 (1999) 77–79
93. Der anonyme Gott. Das Problem der Gotteserfahrung heute, in: Pauly, S. (Hg.), Der ferne Gott in unserer Zeit, Stuttgart 1999, 46–58
94. La experiencia del Espíritu Santo en las Iglesias cristianas, in: Est Trin 33 (1999) 45–73
95. Ein Ausdruck der Hoffnung. Dogmatiker Gerhard Ludwig Müller zur Vergebungs-Bitte des Papstes, in: Katholische Sonntagszeitung für das Bistum Augsburg vom 11./12. 03. 2000, 3
96. Die Vergebungsbitte der Kirche im Heiligen Jahr der Versöhnung, in: IKaZ 29 (2000) 406–423 (aufgenommen in A 11)
97. Schuldig wird nur der Einzelne. Eine Interpretation des päpstlichen „Mea Culpa“ aus theologischer Sicht, in: Kölner Stadt-Anzeiger vom 11./12. 03. 2000, 2
98. Wie auf einen Räuber seid Ihr mit Knüppeln losgegangen. Eine Bußpredigt, gerichtet an die Polemiker gegen die Vergebungsbitte des Papstes, in: Die Tagespost vom 18. 03. 2000, 15
    spanisch: Alfa y Omega vom 20. 04. 2000, 24–25
99. An das anknüpfen, was gemeinsam ist. Zum Dialog der Religionen: Über die Einzigkeit Jesu Christi im Gespräch mit Juden und Muslims, in: Die Tagespost vom 9. 11. 2000, 6. (aufgenommen in A 11)
100. Damit die Welt glauben kann. Gerhard Ludwig Müller über die Vergebungsbitte des Papstes, in: Kirchenbote. Wochenzeitung für das Bistum Osnabrück vom 12. 03. 2000, 7
101. Der Mensch als Person – zwischen Technik und Ethik, in: ZME 46 (2000) 231–240
102. Die Kirche steckt in einer Krise, und die ist dramatisch. Hoch lodert das Feuer der Empörung über Rom, und der Theologe Hünermann gießt noch einmal Öl darauf, in: Die Tagespost vom 19. 09. 2000, 5. (aufgenommen in A 11)
103. Die universale Heilsmittlerschaft Jesu Christi. Voraussetzung und Gegenstand des christlichen Dialogs mit den Religionen, in: Krämer, K./Paus, A. (Hg.),

Die Weite des Mysteriums. Christliche Identität im Dialog (= FS Bürkle), Freiburg 2000, 158–184. (aufgenommen in A 11)

104. Gegen die Intoleranz der Relativisten. Zu der Empörung über die Erklärung der Glaubenskongregation „Dominus Iesus“, in: Die Tagespost vom 09. 09. 2000, 3–4. (aufgenommen in A 11)
 spanisch: Alfa y Omega vom 26.10.2000, 24–31
105. Ist „Rom“ gegen die Freiheit der Theologie. Zum Streit um die „Professio fidei“ und den Treueid bei der Übernahme eines wichtigen kirchlichen Amtes, in: Die Tagespost vom 13. 06. 2000, 5. (aufgenommen in A 11)
106. Jesuscristo, el designio salvador del Padre, in: Illanes, J.L. u. a. (Hg.), El Dios Padre de nuestro Senor Jesucristo. XX Simposio international de Teología del la Universidad de Navarra, Pamplona 2000, 237–249
107. Keine Kollektivschuld aber Verantwortungsgemeinschaft, in: Glauben und Leben. Kirchenzeitung für das Bistum Mainz vom 12. 03. 2000, 24–25
108. La experiencia del Espíritu Santo en las Iglesias cristianas, in: Se encarnó por obra del Espíritu Santo, (= Semanas de Estudios Trinitarios 34), Salamanca 2000, 101–129 (Wiederabdruck von B 98)
109. La unidad cristológica de la economía salvifica como marco de la relación entre fe y razón, in: RET 60 (2000) 339–355
110. Nur griesgrämig die alten Klischeebilder bedient. Antwort auf eine Erklärung, die die Arbeitsgemeinschaft der deutschsprachigen Dogmatiker und Fundamentaltheologen zu „Dominus Iesus“ abgegeben hat, in: Die Tagespost vom 5. 10. 2000, 5. (aufgenommen in A 11)
111. Schöpfung und Inkarnation. Koordinaten der Heilsgeschichte, in: Zwischen Anfang und Ende. Nachdenken über Zeit, Hoffnung und Geschichte. Ein Symposion (Münster, Mai 1999), hg. v. Fechtrup, H./Schulz, F./Sternberg, T. (= Dokumentation der Josef Piper Stiftung 5), Münster 2000, 115–132
112. Versöhnte Erinnerung, in: Allgemeine Jüdische Wochenzeitung vom 16. 03. 2000, 1 (aufgenommen in A 11)
113. Wir glauben auf dreifaltige Weise. Der Münchener Dogmatikprofessor Gerhard Ludwig Müller über die Trinität Gottes, in: Münchner Kirchenzeitung vom 18. 06. 2000, 3
114. Zur „Gemeinsamen Erklärung zur Rechtfertigungslehre“ – Augsburg im Widerspruch zum Trienter Rechtfertigungsdekret?, in: Hillenbrand, K. (Hg.), Glaube und Gemeinschaft (= FS Scheele) Würzburg 2000, 79–99. (aufgenommen in A 11)
115. Denn der Erlöser hat sein Werk nicht halb getan – John Henry Newman und seine Entdeckung der einen Kirche Jesu Christi, in: Die Tagespost Beilage „forum“ vom 28. 12. 2001, 1–2. (aufgenommen in A 11)
116. Einer ist Mittler zwischen Gott und den Menschen – Die Hypothese des Religionspluralismus und die Antwort in „Dominus Iesus“, Teil 1, in: Missio. Korrespondenz Heft 4 (2001) 4–5
117. Christi Missionsbefehl und die Toleranz der Christen, in: Raffelt, A. (Hg.), Weg und Weite (= FS Lehmann), Freiburg 2001, 601–614. (aufgenommen in A 11)
118. Christlicher Glaubensanspruch und religiöse Vielfalt. Interview mit Prof. Dr.

Gerhard Müller, in: Erzbistum Berlin (Hg.), Informationen für die Mitarbeiterinnen und Mitarbeiter Nr. 69 III. Quartal 2001, 15–17

119. Dos teólogos: Karl Barth y Henri de Lubac. Reflexiones sobre dos grandes teólogos de la Trinidad, in: Est Trin 35 (2001) 135–153
120. La encíclica Fides et ratio y la teología, in: Cuadernos de Pensamiento 14 (2001) 9–18
121. La teología no tiene que servirse a sí misma, in: Alfa y Omega vom 21. 06. 2001, 3–7
122. Maria-Urbild der Kirche als Gemeinschaft der Glaubenden, in: Mariologisches Jahrbuch 5 (2001) Bd. 1, 3–37
123. Nuevo milenio: Dios trinitario, la esperanza para el hombre, in: Dios Trinidad entre utopía y esperanza (= Semanas de Estudios Trinitarios 36), Madrid 2001, 173–195
124. Theologische Grundsatzreflexion zur Feier des Jahres 2000, in: Episteme 12 (2001) 33–72
125. La Pasión redentora de Cristo en el tratado del Amor de Dios, in: El Maestro Avila. Actas del Congreso Internacional, Madrid 2002, 599–604
126. Die Einheit der drei Ordostufen im apostolischen Ursprung, in: LebZeug 57 (2002) 14–21
127. Neue Plausibilitäten für den Glauben Marias und der Christen, in: Ziegenaus, A. (Hg.), Das Marianische Zeitalter. Entstehung – Gehalt – Bedeutung (= Mariologische Studien XIV), Regensburg 2002, 217–228
128. Die Einzigkeit Christi im Gespräch mit Juden und Muslimen, in: The Three Religions. Interdisciplinary Conference of the Tel Aviv University and Munich University, Venice Oktober 2000, München 2002, 101–108
129. Können Frauen die sakramentale Diakonenweihe gültig empfangen? In: Scheffczyk, L. (Hg.), Diakonat und Diakonissen, St. Ottilien 2002, 67–106
130. Santidad y santification. Los santos: un reto para el hombre de hoy. In comunione ecclesiae (= FS Rouco Varela), in: RET 62 (2002) 631–650 (Wiederabdruck in: Carrasco, A./Prades, J. (Hg.), In Comunione Ecclesiae. Miscelanea en honor del Cardenal Antonio Mª Rouco Varela, con ocasion del XXV aniversario de su consegracion episcopal, Madrid 2003, 491–510
131. Theologie der Personenwürde, in: ZME 48 (2002) 259–270
132. Das Volk Gottes stirbt sicherlich nicht aus. Aber es fragt sich, wer noch dazugehört, in: Die Tagespost Beilage „forum“ vom 7. Juni 2003, 23
133. Der Gott des Friedens heilige euch ganz und gar. Versöhnung aus dem Sakrament der Buße, in: Der Fels 34 (2003) 163–165
134. Anthropology as the Hermeneutics of Theology, in: Wierciński, A. (Hg.), Between Suspicion and Sympathy Paul Ricoeurs Unstable Equilibrium, Toronto 2003, 234–243
135. Das Menschenbild Gottes – der Heilige, in: Pfister, P. (Hg.), Ihr Freunde Gottes allzugleich. Heilige und Selige im Erzbistum München und Freising (= FS Wetter), München 2003, 23–29
136. Das Verhältnis von Reich Gottes und Kirche, in: Augustin, G./Kreidler, J. (Hg.), Den Himmel offen halten. Priester sein heute, Freiburg 2003, 190–204

137. Die Botschaft Jesu wie Feuer lodern lassen, in: Misericordia. Zeitschrift der Barmherzigen Brüder in Bayern 55 (2003) 3
138. Die Liturgie als Quelle des Glaubens, in: Schumacher, T. (Hg.), Denken im Glauben, München 2003, 49–60. (siehe A 11)
139. Eucaristia e sacrificio, in: Mysterium Redemptionis. Do Sacrificio de Cristo à dimensao sacrificial da existencia crista. Congresso Internacional de Fátima (9–12 de Maio de 2001), Madrid 2002, 405–432
140. In quibus et ex quibus – Zum Verhältnis von Ortskirche und Universalkirche, in: Universalität und Partikularität in der Kirche (= Essener Gespräche zum Thema Staat und Kirche 37), Münster 2003, 59–70
141. La pienezza della grazia di Cristo e la „missio ad gentes", in: Serretti, M. (Hg.), L'attuale controversia sull'universalità di Gesù Cristo, Rom 2003, 135–161
142. Laudatio für Friedrich Kardinal Wetter, Erzbischof von München und Freising. Zum 75. Geburtstag am 20. Februar 2003, in: KlBl 83 (2003) 27–28
143. Die Vergebungsbitte der Kirche im Heiligen Jahr der Versöhnung, in: Ausblicke. Dokumentationsschrift des Zentrums Seniorenstudium der Ludwig-Maximilians-Universität München 14, München 2003, 6–16
144. „Lumen gentium" – Enthält die Kirchenkonstitution zwei gegensätzliche Ekklesiologien?, in: Communio et sacramentum. En el 70 cumpleanos del Prof. Dr. Pedro Rodríguez (= BTeo 28), Pamplona 2003, 265–286
    spanisch: „Lumen gentium": ¿dos eclesiologías en la Constitución sobre la Iglesia?, in: Villar, R., Iglesia ministerio episcopal y ministerio petrino, Madrid 2004, 15–32
145. Eucharistie und Priestertum. Gedanken zur Enzyklika „Ecclesia de Eucharistia" von Johannes Paul II., in: OR vom 25. 07. 2003, 8
    spanisch: OR(E) vom 22. 08. 2003, 7
146. El monoteismo trinitario, in: Perez de Laborda, A. (Hg.), Dios para pensar el escorial 2002 (= PD 2), Madrid 2003, 163–176
147. Der Glaube kommt vom Hören (Interview), in: Andreas Schaller, Gott wird uns überraschen. Theologie im Gespräch, München 2003, 59–66
148. Schöpfungsglaube und Evolutionsbiologie, in: Koncsik, I./Wilhelms, G. (Hg.), Jenseits, Evolution, Geist (= BamTS 20), Frankfurt 2003, 205–212
149. Las mujeres en la Iglesia, in: Alfa y Omega vom 4. 12. 2003, 18–19
150. Teología de la Iniciación Cristiana, in: Catechumenium 1 (2003) 47–68
151. Nakaz Misnyjny Christusa a Tolerancja Chrze'scijan, in: Roczniki Teologiczne 2 (2003) 1–21
152. Die universale Heilsmittlerschaft Jesu Christi – Voraussetzung und Gegenstand des christlichen Dialogs mit den Religionen, in: Mödl, L./Rohls, J./Wenz, G. (Hg.), Das Wesen des Christentums (= MTF 1), Göttingen 2004, 295–324
153. Verso la comprensione del diaconato come sacramentum ordinis. Prospettive storico-teologiche e conciliari, in: Asprenas. Rivista di teologia 50 (2003), 401–416
154. Ein Bischof steht zu seinem Auftrag (Interview), in: Der Fels 35 (2004) 80–81
155. Nicht Funktionalität, sondern Sakramentalität. Die Frauen in der Kirche: Was

die Theologie zu der ausschließlich den Männern vorbehaltenen Weihe zum Priestertum sagen kann, in: Die Tagespost vom 20. 03. 2004, 12

156. The Epistemological Basis of a Theology of Religion, in: Serretti, M. (Hg.), The uniqueness and universality of Jesus Christ. In dialogue with the Religions, Michigan 2004, 19–38
157. Die Unverfügbarkeit der Eucharistie – Vollzug unserer Erlösung. Wie die vatikanische Instruktion „Redemptionis sacramentum" über die Liturgie richtig zu lesen ist, in: Die Tagespost vom 27. 04. 2004, 5
    spanisch: OR(E) vom 23. 06. 2004, 7
158. Gegenseitige Gastfreundschaft kann es noch nicht geben. Gerhard Müller und Johannes Friedrich wünschen sich zwar die Einheit der Christen, sehen aber noch zahlreiche Hindernisse (Interview), in: SZ vom 29./30./31. 05. 2004, 11
159. „Wir tanzen auf dem Vulkan", in: Bayernkurier vom 27. 05. 2004, 20
160. Die Unverfügbarkeit der Eucharistie – Vollzug unserer Erlösung, in: OR vom 25. 06. 2004, 11. (Wiederabdruck von B 157)
161. „Korrespondenz" mit der Welt. Vor 40 Jahren schrieb Papst Paul VI. die Enzyklika „Ecclesiam suam", in: KNA-Spezial Kirchenpresse 29/30 vom 20. 07. 2004, 1–2
162. Dialog teologii z kulturą, in: Kosciol w zyciu Publicznym. Teologia polska i europejska wobec nowych wyzwan (Vortrag und Publikation zur Verleihung der Ehrendoktorwürde der Universität Lublin am 14. September 2004), Lublin 2004, 197–206 (u.d.T. Keine Kultur ohne Begegnung mit Gott abgedruckt in: Paneuropa 27 Nr. 4 (2004) 15–18)
163. Un mediatore unico e le molte religioni, in: Serretti, M. (a cura di), Le Mediazioni partecipate e l'unica mediazione di cristo, Roma 2004, 47–62
164. María, senal de esperanza certa para el pueblo de Dios en marcha, in: Prades, J. (Ed.), La Esperienza en un mundo globalizado (= PD 6), Madrid 2004, 167–186
165. Perspektiven der Moral – 10 Jahre Veritatis splendor, in: Camminare nella Luce. Prospettive della teologia morale a partire da Veritatis splendor (a cura di Livio Melina e José Noriega), Rom 2004, 457–462
166. Hermann Volk und die Liturgie, in: Lehmann, K./Reifenberg, P. (Hg.), Zeuge des Wortes Gottes. Hermann Kardinal Volk, Mainz 2004, 170–185
167. Der Ständige Diakonat – eine Dimension des kirchlichen Amtes, in: Diakon Anianus 38 (2004) 4–5
168. Gegenwart des Heils: Das Verhältnis von Eucharistie und Priestertum, in: Augustin, G./Knoll, A./Kunzler, M./Richter, K. (Hg.), Priester und Liturgie (= FS Probst), Paderborn 2005, 117–126
169. La misa como Sacrificio de la Iglesia, in: Pérez, S. L./MªSantana, J. (eds.), Mientras nos hablaba en el camino (= Collectanea scientifica compostellana 19), Santiago de Compostela 2005, 167–174
170. Die Apostolizität der Kirche und der Eucharistie, in: La Eucaristía, Luz y Vida del nuevo Milenio. Memoria antecedida por las Actas del Simposio Internacional Teológico Pastoral sobre Ecclesia de Eucharistia, Guadalajara 2004, 137–142

171. Die wesentlichen Glaubensaussagen über Maria. Die Jungfräulichkeit Marias, in: Bote von Fatima 63 (2005) 148–151
172. Cristo, Sorgente di Speranza per l'Europa, in: Borgonovo, G./Cattaneo, A. (Hg.), Prendere il Largo con Cristo. Esortazioni e Lettere di Giovanni Paolo II, Siena 2005, 145–154
deutsch: Die Kirche für das neue Europa. Anmerkungen zum Nachsynodalen Schreiben „Ecclesia in Europa" von Johannes Paul II., in: Hauke, M./Stickelbroeck, M. (Hg.), Donum Veritatis. Theologie im Dienst an der Kirche (= FS Ziegenaus), Regensburg 2006, 331–342
173. La teologia del matrimonio, in: Congregazione per il clero, Temi di Teologia dal Vaticano II ad oggi. Video-conferenze per la formazione permanente dei presbiteri, Vatikanstaat 2005, 336–340
174. Gesú affida la sua Chiesa a Maria, sua Madre, in: Congregazione per il clero, Temi di Teologia dal Vaticano II ad oggi. Video-conferenze per la formazione permanente dei presbiteri, Vatikanstaat 2005, 391–392
175. Il Dono del Timore del Signore, in: Congregazione per il clero, Temi di Teologia dal Vaticano II ad oggi. Video-conferenze per la formazione permanente dei presbiteri, Vatikanstaat 2005, 422–423
176. L'uomo di oggi può comprendere lo Spirito della Liturgia?, in: Congregazione per il clero, Temi di Teologia dal Vaticano II ad oggi. Video-conferenze per la formazione permanente dei presbiteri, Vatikanstaat 2005, 457–462
177. Die Enzyklika „Deus Caritas est" entwirft eine neue Welt. Ein Kommentar zum ersten Lehrschreiben von Papst Benedikt XVI., in: Die Tagespost vom 26. 01. 2006, 5
178. Christliche Liebe. Eine Reflexion zur Enzyklika „Deus Caritas est", in: Katholische Sonntagszeitung für das Bistum Regensburg vom 11./12. Februar 2006, 20–21
179. „Stellt euch Gott zur Verfügung als Menschen, die vom Tod zum Leben gekommen sind" (Röm 6,13), in: Kaiser, U./Raith, R./Stockmann, P. (Hg.), Salus animarum suprema lex (= AIC 38) (= FS Hopfner), Frankfurt 2006, 291–294
180. Una Iglesia y un Futuro común: Solidaridad en Cristo, in: Instituto Bartolomé de Las Casas (IBC), Amigos de la Vida. Homenaje al teólogo Gustavo Gutiérrez, Lima 2006, 31–35
181. Tieferes Verständnis für die Kirche durch den Nachfolger Petri, in: OR vom 08. 09. 2006, 10
182. Heiligkeit und Heiligsprechung. Die Heiligen – eine Herausforderung für den Menschen von heute, in: Mödl, L./Samerski, S. (Hg.), Global-Player der Kirche? Heilige und Heiligsprechung im universalen Verkündigungsauftrag, Würzburg 2006, 341–366
183. Glaubensbegründung und Glaubensgewissheit, in: Siebenrock, R./Tolksdorf, W. (Hg.), Sorgfalt des Denkens. Wege des Glaubens im Spiegel von Bildung und Wissenschaft. Ein Gespräch mit John Henry Newman (= Internationale Cardinal Newman Studien XIX. Folge), Frankfurt, 2006, 61–75
184. Die Theologie als Universitätswissenschaft in einer pluralistischen Gesellschaft, in: Siebenrock, R./Tolksdorf, W. (Hg.), Sorgfalt des Denkens. Wege des Glau-

bens im Spiegel von Bildung und Wissenschaft. Ein Gespräch mit John Henry Newman (= Internationale Cardinal Newman Studien XIX. Folge), Frankfurt, 2006, 263–279

185. La Santità dell'Eucaristia, Attualizzazione della nostra Redenzione, in: Congregazione per il Culto Divino e la Disciplina dei Sacramenti, Redemptionis Sacramentum. L'Eucaristia azione di Cristo e della Chiesa, Siena 2006, 35–40
186. Il Vescovo e L'Ecumenismo, in: Congregazione per i Vescovi, Duc in altum. Pellegrinaggio alla Tomba di San Pietro. Incontro di Riflessione, Vatikan 2006, 173–180

     deutsch: Der Bischof und die Ökumene, in: AKathKR 175 (2006) 91–99
187. Mut zur Weite der Vernunft entspricht der Würde des Menschen. Der Theologe Joseph Ratzinger erteilt der Diktatur des Relativismus eine entschiedene Absage, in: Die Tagespost vom 07. 04. 2007, 24
188. Sacerdozio ed Evangelizzazione all'Inizio del III Millennio, in: Borgonovo, G. (a cura di), Giovanni Paolo II e la formazione sacerdotale, Siena 2007, 57–66
189. „Vio Dios cuanto había hecho, y todo estaba muy bien" (Gen 1,31). La creacíon como comunicación en el bien, in: Pérez-Soba, J./Dios Lassú, J./Ballesteros, J. (Hg.), Una Ley de libertad para la vida del mundo, Madrid 2007, 61–70

D Rezensionen

1. Beinert, W., Wenn Gott zu Wort kommt. Einführung in die Theologie (= Theologie im Fernkurs 6), Freiburg 1978, in: ThPh 54 (1979) 623 f.
2. Kasper, W., Zukunft aus dem Glauben, Mainz 1978, in: ThPh 54 (1979) 628 f.
3. Baur, J., Einsicht und Glaube. Aufsätze, Göttingen 1978, in: ThPh 55 (1980) 614–616
4. Greschat, M., Theologen des Protestantismus im 19. und 20. Jahrhundert, 2 Bde., Stuttgart 1978, in: ThPh 55 (1980) 293–295
5. Hemmerle, K., Glauben – wie geht das? Wege zur Mitte des Evangeliums. Freiburg 1978, in: ThPh 55 (1980) 311 f.
6. Lotz, J.B., Was gibt das Christentum dem Menschen? Grunderwartungen und Erfüllung, Frankfurt 1979, in: ThPh 55 (1980) 626 f.
7. Mengus, R., Théorie et Pratique chez Dietrich Bonhoeffer (= ThH 50), Paris 1978, in: ThPh 55 (1980) 420–422
8. Stappert, H., Weltlich von Gott handeln. Zum Problem der Säkularität in der amerikanischen Theologie und bei Friedrich Gogarten (= Koinonia 15), Essen 1978, in: ThPh 55 (1980) 606 f.
9. Volk, H., Gesammelte Schriften III, Mainz 1978, in: ThPh 55 (1980) 299
10. Vorgrimler, H., Buße und Krankensalbung (= HDG IV/3), Freiburg 1978, in: ThPh 55 (1980) 430–434
11. Weger, K. H., Karl Rahner. Eine Einführung in sein theologisches Denken. Freiburg 1978, in: ThPh 55 (1980) 298 f.
12. Bouyer, L., Das Handwerk des Theologen. Gespräche mit Georges Daix (= Theologia Romanica XI), Einsiedeln 1980, in: ThPh 56 (1981) 302 f.

13. Hudal, A., Römische Tagebücher. Lebensbeichte eines alten Bischofs, Graz 1979, in: ThPh 56 (1981) 298 f.
14. Kunz, E., Protestantische Eschatologie. Von der Reformation bis zur Aufklärung (= HDG IV/c. 1. Teil), Freiburg 1980, in: ThPh 56 (1981) 292–295
15. Margreiter, R., Ontologie und Gottesbegriffe bei Nietzsche. Zur Frage nach der ‚Neuentdeckung Gottes' im Spätwerk (= MPF 160), Meisenheim 1978, in: ThPh 56 (1981) 133–135
16. Ahlers, B., Die Unterscheidung von Theologie und Religion. Ein Beitrag zur Vorgeschichte der Praktischen Theologie im 18. Jahrhundert, Gütersloh 1980, in: ThPh 57 (1982) 601 f.
17. Fries, H./Becker, W./Biemer, G. (Hg.), Newman-Studien. Elfte Folge (= Veröffentlichungen der Internationalen Newman-Gesellschaft), Heroldsberg 1980, in: ThPh 57 (1982) 300
18. Fries, H./Iserloh, E./Kretschmar, G. (Hg.), Confessio Augustana. Hindernis oder Hilfe, Regensburg 1979, in: ThPh 57 (1982) 615 f.
19. Grane, L./Lohse, B. (Hg.), Luther und die Theologie der Gegenwart. Referate und Berichte des 5. Internationalen Kongresses für Lutherforschung, Göttingen 1980, in: ThPh 57 (1982) 313 f.
20. Kantzenbach, F.W., Einheitsbestrebungen im Wandel der Kirchengeschichte (= Studienbücher Theologie. Kirchen und Dogmengeschichte), Gütersloh 1979, in: ThPh 57 (1982) 301 f.
21. Kehl, M./Löser, W. (Hg.), In der Fülle des Glaubens. Hans Urs von Balthasar-Lesebuch, Freiburg 1980, in: ThPh 57 (1982) 315 f.
22. Klostermann, F./Müller, J. (Hg.), Pastoraltheologie. Ein entscheidender Teil der josephinischen Studienreform. Ein Beitrag zur Geschichte der praktischen Theologie, Freiburg 1979, in: ThPh 57 (1982) 602 f.
23. Lotz, J.B., Person und Freiheit. Eine philosophische Untersuchung mit theologischen Ausblicken (= QD 83), Freiburg 1979, in: ThPh 57 (1982) 465–467
24. Schmithals, W., Die theologische Anthropologie des Paulus. Auslegung von Röm 7,17–8,39, Stuttgart 1980, in: ThPh 57 (1982) 582
25. Finkenzeller, J., Die Lehre von den Sakramenten im allgemeinen. Von der Schrift bis zur Scholastik (= HDG IV/1a), Freiburg 1980, in: ThPh 58 (1983) 276–279
26. Finkenzeller, J., Die Lehre von den Sakramenten im allgemeinen. Von der Reformation bis zur Gegenwart (= HDG IV/1b), Freiburg 1982, in: ThPh 58 (1983) 279–281
27. Schachten, W., Ordo Salutis. Das Gesetz als Weise der Heilsvermittlung. Zur Kritik des hl. Thomas von Aquin an Joachim von Fiore (= BGPhMA N.F. 20), Münster 1980, in: ThPh 58 (1983) 269–271
28. Schlier, H., Der Geist und die Kirche. Exegetische Aufsätze und Vorträge IV, hg. von V. Kubina und K. Lehmann, Freiburg 1980, in: ThPh 58 (1983) 253 f.
29. Schlier, H., Gotteswort in Menschenmund. Zur Besinnung, hg. von V. Kubina und K. Lehmann, Freiburg 1982, in: ThPh 58 (1983) 254 f.
30. Arendt, H.-P., Bußsakrament und Einzelbeichte. Die tridentinischen Lehraussagen über das Sündenbekenntnis und ihre Verbindlichkeit für die Reform des Bußsakramentes (= FThSt 121), Freiburg 1981, in: ThPh 59 (1984) 598–600

31. Lochbrunner, M., Analogia Caritatis. Darstellung und Deutung der Theologie Hans Urs von Balthasars (= FThST 120), Freiburg 1981, in: ThPh 59 (1984) 617 f.
32. Sievernich, M., Schuld und Sünde in der Theologie der Gegenwart (= FTS 29), Frankfurt 1982, in: ThQ 164 (1984) 231 f.
33. Beinert, W. (Hg.), Die Heiligen ehren. Eine theologische Handreichung, Freiburg 1983, in: ThPh 60 (1985) 313–315
34. Heidler, F., Die biblische Lehre von der Unsterblichkeit der Seele, Göttingen 1983, in: ThPh 60 (1985) 616–618
35. König, O., Dogma als Praxis und Theorie, Graz 1983, in: ThPh 60 (1985) 607 f.
36. Rogge, J./Schille, G., Frühkatholizismus im ökumenischen Gespräch, Berlin 1983, in: ThPh 60 (1985) 614–616
37. Berdjaev, N., Die russische Idee. Grundprobleme des russischen Denkens im 19. Jahrhundert und zu Beginn des 20. Jahrhunderts, Sankt Augustin 1983, in: ThPh 61 (1986) 426 f.
38. Sonnemans, H., Seele – Unsterblichkeit – Auferstehung der Toten, Freiburg 1984, in: ThPh 61 (1986) 294–296
39. Sullivan, F.A., Die Charismatische Erneuerung. Wirken und Ziele, Graz 1984, in: ThPh 61 (1986) 305 f.
40. Berning, V., Systematisches Philosophieren. Zwischen Idealismus und Neuscholastik um die Jahrhundertwende. Studien zur christlichen Philosophie Herman Schells (= APPR NF 42), Paderborn 1984, in: ThPh 62 (1987) 113 f.
41. Ferber, R., Platos Idee des Guten, Sankt Augustin 1984, in: ThPh 62 (1987) 86f.
42. Weissmahr, B., Ontologie, Stuttgart 1985, in: ThPh 62 (1987) 143 f.
43. Elders, L., Die Metaphysik des Thomas von Aquin in historischer Perspektive, Bd. I und II, Salzburg 1985/1987, in: ThRv 84 (1988) 269–274
44. Gertler, T., Jesus Christus – Die Antwort der Kirche auf die Frage nach dem Menschsein. Eine Untersuchung zu Funktion und Inhalt der Christologie im 1. Teil der Pastoralkonstitution „Gaudium et spes“ des Zweiten Vatikanischen Konzils, Leipzig 1986, in: ThRv 84 (1988) 482 f.
45. Kraus, G., Gotteserkenntnis ohne Offenbarung und Glaube? Natürliche Theologie als ökumenisches Problem (= KKTS 50), Paderborn 1987, in: ThRv 84 (1988) 135–137
46. Pannenberg, W., Metaphysik und Gottesgedanke, Göttingen 1988, in: ThRv 84 (1988) 274–276
47. Ganoczy, A., Aus seiner Fülle haben wir alle empfangen. Grundriß der Gnadenlehre, Düsseldorf 1989, in: ThRv 85 (1989) 475–477
48. Pesch, O.H., Thomas von Aquin. Grenze und Größe mittelalterlicher Theologie. Eine Einführung, Mainz 1988, in: ThRv 85 (1989) 25 f.
49. Schockenhoff, E., Bonum hominis. Die anthropologischen und theologischen Grundlagen der Tugendethik des Thomas von Aquin (= TThR 28), Mainz 1987, in: ThRv 85 (1989) 115–117
50. Splett, J., Freiheits-Erfahrung. Vergegenwärtigung christlicher Anthropo-theologie, Frankfurt 1986, in: MThZ 40 (1989) 253 f.

51. Greiner, S., Die Theologie Wolfhart Pannenbergs (= BDS 2), Würzburg 1988, in: ThRv 86 (1990) 9–11
52. Góźdź, K., Jesus Christus als Sinn der Geschichte bei Wolfhart Pannenberg, Regensburg 1988 (= ESt NF 25), in: ThRv 86 (1990) 13 f.
53. Gäde, G., Eine andere Barmherzigkeit. Zum Verständnis der Erlösungslehre Anselms von Canterbury (= BDS 3), Würzburg 1989, in: ThRv 86 (1990) 215–218
54. Koch, K., Der Gott der Geschichte. Theologie der Geschichte bei Wolfhart Pannenberg als Paradigma einer Philosophischen Theologie in ökumenischer Perspektive (= TTS 32), Mainz 1988, in: ThRv 86 (1990) 11–13
55. Möhler, J.A., Nachgelassene Schriften, Bd. I. Hg. von Rudolf Reinhard, Paderborn 1989, in: MThZ 41 (1990) 301–303
56. Pannenberg, W., Systematische Theologie, Bd. I, Göttingen 1988, in: ThRv 86 (1990) 1–8
57. Pannenberg, W., Christentum in einer säkularisierten Welt, Freiburg 1988, in: ThRv 86 (1990) 7–9
58. Splett, J., Leben als Mit-Sein. Vom trinitarisch Menschlichen, Frankfurt 1990, in: MThZ 41 (1990) 299–301
59. Stock, E., Die Konzeption einer Metaphysik im Denken von Heinrich Scholz, Berlin 1987, in: ThRv 86 (1990) 505–507
60. Weitlauff, M./Hausberger, K. (Hg.), Papsttum und Kirchenreform. Historische Beiträge (= FS Schwaiger), St. Ottilien 1990, in: MThZ 41 (1990) 298 f.
61. Bresch, C./Daecke, S.M./Riedlinger, H. (Hg.), Kann man Gott aus der Natur erkennen? Evolution als Offenbarung (= QD 125), Freiburg 1990, in: ThRv 87 (1991) 217–219
62. Deissler, A., Was wird am Ende der Tage geschehen? Biblische Visionen der Zukunft, Freiburg 1991, in: MThZ 42 (1991) 190–192
63. Glaubensbekenntnis und Treueid. Klarstellungen zu den ‚neuen' römischen Formeln für kirchliche Amtsträger, Mainz 1990, in: Theologischer Literaturdienst 2/1991, 19 f.
64. Klauck, H.J, Gemeinde-Amt-Sakrament. Neutestamentliche Perspektiven, Würzburg 1989, in: MThZ 42 (1991) 412–415
65. Metz, J.B./Bahr, H.E., Augen für die anderen. Lateinamerika – eine theologische Erfahrung, München 1991, in: MThZ 42 (1991) 418–419
66. Möhler, J.A., Nachgelassene Schriften, Bd. II. Hg. von Rudolf Reinhardt, Paderborn 1990, in: MThZ 42 (1991) 189 f.
67. Möhler, J.A., Vorlesungen zum Römerbrief. Hg. von Reinhold Rieger, München 1990, in: MThZ 42 (1991) 190
68. Ratzinger, J., Eschatologie – Tod und ewiges Leben, Regensburg 6. erw. Aufl. 1990 (= KKD IX), in: MThZ 42 (1991) 415–416
69. Ratzinger, J., Zur Gemeinschaft gerufen. Kirche heute verstehen, Freiburg 1991, in: MThZ 42 (1991) 416–418
70. Simonis, W., Gott in Welt. Umrisse christlicher Gotteslehre, St. Ottilien 1988, in: ThRv 87 (1991) 56–59
71. Beinert, W. (Hg.), „Katholischer" Fundamentalismus. Häretische Gruppen in der Kirche? Regensburg 1991, in: MThZ 43 (1992) 137 f.

72. Pannenberg, W., Systematische Theologie, Bd. II, Göttingen 1991, in: ThRv 88 (1992) 353–360
73. Denzinger, H., Enchiridion symbolorum definitionum et declarationum de rebus fidei et morum – Kompendium der Glaubensbekenntnisse und Lehrentscheidungen. Verbessert, erweitert, ins Deutsche übertragen und unter Mitarbeit von Helmut Hoping hg. von Peter Hünermann, Freiburg [38]1991, in: MThZ 43 (1992) 251 f.
74. Greshake, G., Priestersein. Zur Theologie und Spiritualität des priesterlichen Amtes, Freiburg [5]1991, in: MThZ 43 (1992) 136 f.
75. Gutiérrez, G., Theologie der Befreiung. Mit einer Einleitung des Autors und einem Vorwort von Johann Baptist Metz, Mainz [10]1992, in: MThZ 43 (1992) 368–370
76. Kertelge, K., Grundthemen paulinischer Theologie, Freiburg 1991, in: MThZ 43 (1992) 135
77. Müller-Fahrenholz, G./Pannenberg, W., Christentum in Lateinamerika. 500 Jahre seit der Entdeckung Amerikas, Regensburg 1992, in: MThZ 43 (1992) 370–373
78. Vorgrimler, H., Wiederkehr der Engel? Ein altes Thema neu durchdacht, Kevelaer 1991, in: Theologischer Literaturdienst 1/1992, 1 f.
79. iedenhofer, S., Das katholische Kirchenverständnis. Ein Lehrbuch der Ekklesiologie, Graz 1992, in: Theologischer Literaturdienst 4/1992, 53 f.
80. Breytenbach, C./Paulsen, H. (Hg.), Anfänge der Christologie (= FS Hahn), Göttingen 1991, in: MThZ 44 (1993) 124 f.
81. Cyrill von Jerusalem, Mystagogicae Catecheses. Mystagogische Katechesen, übers. und eingl. von Georg Röwekamp (= FC 7), Freiburg 1992, in: MThZ 44 (1993) 373–376
82. Flecha, J.R., Die Moraltheologe im neuen Katechismus, in: MThZ 45(1994) 411–431. (Originaltitel: La Teología moral en el Nuevo Catecismo, in: González de Cardedal, O./Martínez Camono, J.A. (Hg.), El Catecismo posconcillar. Contexto y contenidos, Madrid 1993, 152–181)
83. Kuschel, K.J., Geboren vor aller Zeit? Der Streit um Christi Ursprung, München 1990, in: MThZ 44 (1993) 129–134
84. Menke, K.H., Stellvertretung. Schlüsselbegriff christlichen Lebens und theologische Grundkategorie (= Sammlung Horizonte NF 29), Freiburg 1991, in: MThZ 44 (1993) 120–124
85. Scholtissek, K., Die Vollmacht Jesu. Traditions- und Redaktionsgeschichtliche Analysen zu einem Leitmotiv markinischer Christologie (= NTA 25), Münster 1992, in: MThZ 44 (1993) 119 f.
86. Schoonenberg, P., Der Geist, das Wort und der Sohn. Eine Geist-Christologie, Regensburg 1992, in: MThZ 44 (1993) 125–129
87. Schwaiger, G./Heim, M., Kardinal Joseph Wendel 1901–1960. Zum Gedächtnis des Bischofs von Speyer und Erzbischofs von München und Freising, München 1992, in: MThZ 44 (1993) 292–294
88. Anzenbacher, A., Einführung in die Philosophie. Überarb. und erw. Neuauflage, Freiburg 1992, in: MThZ 45 (1994) 235–236

89. Greshake, G., Geschenkte Freiheit. Einführung in die Gnadenlehre, Freiburg 1991, in: MThZ 45 (1994) 94–95
90. Rahner, K., Theologische und philosophische Zeitfragen im katholischen deutschen Raum (1943), hg., eingel. u. komm. v. Hubert Wolf, Ostfildern 1994, in: ZKG 106 (1995) 293–294
91. Lehmann, K./Schnackenburg, R., Brauchen wir noch Zeugen? Die heutige Situation in der Kirche und die Antwort des Neuen Testaments, Freiburg 1992, in: MThZ 45 (1994) 235
92. Nichtweiß, B., Erik Peterson. Neue Sicht auf Leben und Werk, Freiburg 1992, in: MThZ 45 (1994) 93–94
93. Pannenberg, W., Systematische Theologie, Bd. III, Göttingen 1993, in: ThRv 90 (1994) 1–10
94. Rauch, A./Imhof, P. (Hg.), Das Dienstamt der Einheit in der Kirche. Primat – Patriarchat – Papstum (= Koinonia. Schriftenreihe des ostkirchlichen Instituts Regensburg IX), St. Ottilien 1991, in: MThZ 45 (1994) 236–238
95. Schwaiger, G. (Hg.), Mönchtum, Orden, Klöster. Von den Anfängen bis zur Gegenwart. Ein Lexikon, München 1993, in: MThZ 45 (1994) 352
96. Schwaiger, G./Ramisch, H. (Hg.), Monachium sacrum (= Festschrift zur 500-Jahr-Feier der Metropolitankirche zu Unserer Lieben Frau in München), München 1994, in: MThZ 46 (1995) 144–145
97. Menke, K.H., Die Einzigkeit Jesu Christi im Horizont der Sinnfrage, Freiburg 1995, in: ThRv 92 (1995) 253–255
98. Hempfer, H./Pfister, P., St. Ludwig in München. 150 Jahre Pfarrei 1844–1994, Weissenhorn 1994, in: MThZ 46 (1995) 145
99. Peter, A. (Hg.), Christlicher Glaube in multireligiöser Gesellschaft. Erfahrungen, Theologische Reflexionen, Missionarische Perspektiven, in: NZM 52 (1996) 295–297
100. Bürkle, H., Der Mensch auf der Suche nach Gott – die Frage der Religionen (Amateca. Lehrbücher zur katholischen Theologie 3), Paderborn 1996, in: NZM 53 (1997) 157–158
101. McGrath, A.-E., Der Weg der christlichen Theologie. Eine Einführung, München 1997, in: CiG 49 (1997) 342
102. Greshake, G., Der dreieine Gott. Eine trinitarische Theologie, Freiburg 1997, in: ThRv 94 (1998) 84–87
103. Lubac, H. de, Meine Schriften im Rückblick. Mit einem Vorwort von Erzbischof Christoph Schönborn (= Theologia Romanica XXI) Freiburg 1996, in: ThRv 94 (1998) 627–628
104. Ratzinger, J., Vom Wiederauffinden der Mitte. Grundorientierungen. Texte aus vier Jahrzehnten, Freiburg 1997, in: ThRv 94 (1998) 545–546
105. Rocchetta C., Il sacramento della coppia. Saggio di teologia del matrimonio cristiano, Bologna 1996, in: DPM 6 (1999) 422–425
106. Jaroslav P., Maria. 2000 Jahre in Religion, Kultur und Geschichte, Freiburg 1999, in: CiG 51 (1999) 106
107. Rahner, K., Hörer des Wortes. Schriften zur Religionsphilosophie und zur

Grundlegung der Theologie (= Sämtliche Werke 4), bearb. v. Albert Raffelt, Düsseldorf 1995, in: ThRv 95 (1999) 318–320
108. Rahner, K., Selbstvollzug der Kirche. Ekklesiologische Grundlegung praktischer Theologie (= Sämtliche Werke 19), bearb. v. Karl-Heinz Neufeld, Düsseldorf 1995, in ThRv 95 (1999) 316–317
109. Rahner, K., Geist in Welt. Philosophische Schriften (= Sämtliche Werke 2), bearb. v. Albert Raffelt, Düsseldorf 1995, in: ThRv 95 (1999) 317–318
110. Souletie, J.L., La Croix de Dieu. Eschatologie et histoire dans la perspective christologique de Jürgen Moltmann. Préface par J. Doré, Paris 1997, in: ThLZ 124 (1999) 83–85
111. Souletie, J.L., The Cross of God. Eschatology and History in the Christological Perspective of Jürgen Moltmann, in: Review of Theological Literature 1 (1999) 93–95
112. Kasper, W., Theologie und Kirche, Bd. 2, Mainz 1999, in: CiG 51 (1999) 346
113. Menke, K.H., Fleisch geworden aus Maria. Die Geschichte Israels und der Marienglaube der Kirche, Regensburg 1999, in: ThRv 96 (2000) 226–228. (aufgenommen in A 12)

E Artikel in Nachschlagewerken und Lexika

Lexikon für Theologie und Kirche (LThK³)

1. Ablaß
2. Analogie
3. Assumptus-Homo-Christologie
4. Diakon
   Systematisch-theologisch
5. Enhypostasie
6. Exegese und systematische Theologie
7. Fegfeuer
8. Freiheit Christi
9. Gemeinschaft der Heiligen
10. Heilig, das Heilige
    a) Systematisch-theologisch
    b) In den reformatorischen Kirchen
    c) Spirituell
11. Heiligkeit
12. Idiomenkommunikation
13. Jungfrauengeburt (aufgenommen in A 12)
    a) Religionsgeschichtlich
    b) Biblisch
    c) Dogmen- und theologiegeschichtlich
    d) Systematisch-theologisch
14. Kondeterminismus
15. Kongruismus in der Gnadenlehre

16. Natur
    Systematisch-theologisch
17. Nigg Walter
18. Nihilianismus
19. Notwendigkeit
    Systematisch-theologisch
20. Ordo
21. Präexistenz
    Systematisch-theologisch
22. Quasiformale Kausalität
23. Sendung
    Biblisch-theologisch
24. Strafe
    Systematisch-theologisch
25. Trichotomie
26. Unsichtbarkeit Gottes
27. Weihesakrament
    a) Theologie- und dogmengeschichtlich
    b) Systematisch-theologisch
28. Wissen Jesu Christi

Die Religion in Geschichte und Gegenwart (RGG^4)

29. Trinität
    Dogmatisch katholisch
30. Weihe/Weihehandlungen
    Katholisch

Handbuch der Ökumenik (HÖ)

31. Beichte

Lexikon der katholischen Dogmatik (LKDog)

spanisch: Diccionario de Teología Dogmática, Barcelona 1990
italienisch: Lessico di Teologia Sistematica, Brescia 1990
englisch: Handbook of catholic Theology, New York 1995

32. Christologie
33. Christologische Hoheitstitel
34. Christologische Irrlehren
35. Christologische Modelle
36. Christozentrik
37. Christusgeschehen
38. Gottmensch
39. Heil

40. Höllenabstieg Jesu Christi
41. Inkarnation
42. Menschsein Jesu Christi
43. Soteriologie

Lexikon der Religionen (LRel)

44. Leben

Dictionnaire de spiritualité (DSp)

45. Sacré

Praktisches Lexikon der Spiritualität (PLSp)

46. Heiligenverehrung

Marienlexikon (MarL)

47. Gottesmutter (aufgenommen in A 12)
48. Heilige und Maria
49. Hypostatische Union (aufgenommen in A 12)
50. Mittlerin der Gnade (aufgenommen in A 12)

Dizionario di Omiletica

51. Bonhoeffer Dietrich

Der Glaube der Christen. Ein ökumenisches Handbuch

52. Sinn und Ziel der Geschichte

Bei Prof. Dr. Gerhard Ludwig Müller eingereichte Habilitationen und Promotionen

Habilitationen

Dr. Christoph Binninger, „Ihr seid ein auserwähltes Geschlecht". Berufen zum Aufbau des Gottesreiches unter den Menschen. Die Laienfrage in der katholischen Diskussion in Deutschland um 1800 bis zur Enzyklika „Mystici corporis" (1943) (2002)

Dr. Gerhard Gäde, Die vielen Religionen und das eine Wort Gottes. Eine theologische Auseinandersetzung mit der pluralistischen Religionstheologie John Hicks (1997)

Prof. Dr. Dr. Karin Heller, La relation homme-femme comme principe théologique d'edification de l'eglise. Contribution à une théologie de l'amour (2000)

Dr. Imre Koncsik, Jesus als Mittler des Glaubens an den dreieinen Gott. Eine ontologische Deutung in Auseinandersetzung mit aktuellen theologischen Positionen, aufgezeigt an der Kategorie der analogen Einheit der Wirklichkeit (2001)

Dr. Josef Kreiml, Die Selbstoffenbarung Gottes und der Glaube des Menschen. Eine Studie zum Werk Romano Guardinis (2001)

Dr. Otmar Meuffels, Grundlegung einer kommunikativen Sakramententheologie (1994)

Dr. Wolfgang W. Müller, Die Gnade Christi. Eine geschichtlich-systematische Darstellung der Gnadentheorie M. J. Scheebens und ihrer Wirkungsgeschichte (1991)

Dr. Hans Christian Schmidbaur, Gottes Handeln in Welt und Geschichte. Eine trinitarische Theologie der Vorsehung (2001)

Dr. Michael Schulz, Die ursprunggebende Sünde Adams – Zur Theodramatik des Sündenfalls (2004)

Dr. Michael Stickelbroeck, Christologie im Horizont der Seinsfrage. Über die epistemologischen und metaphysischen Voraussetzungen des Bekenntnisses zur universalen Heilsmittlerschaft Jesu Christi (2001)

Dr. Rudolf Voderholzer, Offenbarung und Exegese. Studien zur Vorgeschichte und zur Rezeption der dogmatischen Konstitution über die Göttliche Offenbarung Dei Verbum des Zweiten Vatikanischen Konzils (2004)

Promotionen

Hans Anzenberger, Die Anthropologie Paul Tillichs im Dialog mit Humanwissenschaften (Rupert Riedl, Erich Fromm und Viktor E. Frankl) (1995)

Franz Joseph Baur, Erlöste Endlichkeit. Malebranches Christologie als Antwort auf die neuzeitliche Problematik von Natur und Gnade (2000)

Mathias Behrens, Analogie und Mystik – ein philosophisch-theologisches Gespräch mit dem heiligen Johannes vom Kreuz (1998)

Thomas Böhm, Arius: Eine frühkirchliche Christologie im Rahmen der Hellenisierungsthese (1990)

Achim Buckenmaier, „Schrift und Tradition“ seit dem Vatikanum II. Vorgeschichte und Rezeption (1995)

Martin Chen, Die Paradoxie des Todes und die Konsequenz für das christliche Leben (2005)

Joachim Drumm, Ort, Funktion und Bedeutung des Doxologiebegriffs im Kontext der Neubegründung dogmatischen Redens von Gott durch die zeitgenössische evangelische Theologie (1995)

Alexa Feucht, Licht und Herrlichkeit. Dogmatische Studien zur Darstellung des Herrn (2005)

Lorenz Gadient, Wahrheit als Anruf der Freiheit. Hans Urs von Balthasars theodramatischer Erkenntnisbegriff in vergleichender Auseinandersetzung mit der transzendentalphilosophischen Erkenntniskritik Reinhard Lauths (1997)

Oliver Garbrecht, Vernunftkritik der Modeme – Adorno und Heidegger (1999)

Richard Götz, Aufgehen in die Communio des drei einen Gottes. Entwurf einer trinitarischen Gebetslehre im Lichte gebetstheologischer Ansätze des 20. Jahrhunderts (1998)

Paul Inje, A Study of the christological concept of sacrifice in the epistle to the hebrews and ghandian understanding of sacrifice (2006)

Jeannette Kanberg, Maria – Ersterbin des in Christus neu geschaffenen Lebens. Die leibliche Aufnahme Mariens in den Himmel als Nachfolgeereignis der Auferstehung Christi und prototypische Demonstration deren Universalität (2004)

Nikolai Krokoch, Ekklesiologie und Palamismus. Der verborgene Stolperstein der katholisch-orthodoxen Ökumene (2005)

Ulrich Manz, Das Wesen der Gestalt. Eine theologische Systematik zur Analogie der dialogischen Inexistenz (1990)

Klaus Metzl, Phänomenologische Hermeneutik und Analogia Entis. Martin Heidegger – mit Erich Przywara weiter-gedacht – Modellfall einer verstehenden Theologie (2000)

Sascha Müller, Kritik und Theologie. Christliche Glaubens- und Schrifthermeneutik nach Richard Simon (1638–1712) (2003)

Wolfgang W. Müller, Das Symbol in der dogmatischen Theologie, unter besonderer Berücksichtigung der Symboltheorien bei Karl Rahner, Paul Tillich, Paul Ricoeur und Jaques Lacan (1988)

Veit Neumann, Die Theologie des literarischen Renouveau catholique. Glaubensreflexion französischer Schriftsteller in der Moderne am Beispiel von Georges Bernanos und Francois Mauriac (2005)

Dariusz J. Olewinski, Theologische Motive der Bilderverteidigung bei Johannes von Damaskus (2003)

Stefan Pauly, Subjekt und Selbstwerdung. Untersuchungen zur Genese des Subjektdenkens Romano Guardinis bei Sören Kierkegaard und seiner Einlösbarkeit in der Postmoderne (1999)

Brigitte Rieks, Das Ehesakrament. Die Liebe christlicher Ehegatten als Analogie göttlicher Liebe (1995)

Juan Antonio Santamaría Lancho, Un estudio sobre la soteriología del dogma del Descensus ad inferos: 1 Pe 3, 19–20a y la tradición sobre „la Predicación de Cristo en los Infiernos“ (2007)

Christian Schaller, Organum Salutis. Die Sakramentalität der Kirche im ekklesiologischen Entwurf des Würzburger Apologeten Franz Seraph Hettinger. Ein Beitrag zur Ekklesiologie des 19. Jahrhunderts (2002)

Hans Christian Schmidbaur, Personarum Trinitas. Struktur und System in der Trinitätslehre des heiligen Thomas von Aquin (1992)

Michael Schulz, Sein und Trinität. Systematische Erörterungen zur Religionsphilosophie G.W.F. Hegels im ontologiegeschichtlichen Rückblick auf J. Duns Scotus und I. Kant und die Hegel-Rezeption in der Seinsauslegung und Trinitätstheologie bei W. Pannenberg, E. Jüngel, K. Rahner und H.U. v. Balthasar (1995)

Sławomir Śledziewski, Theologie der Schöpfung und moderne Astrophysik. Der christliche Schöpfungsglaube im Dialog zwischen Theologie und Naturwissenschaften (2000)

Matei Surd, Ekklesiologie und Ökumenismus bei Joseph Ratzinger. Einheit im Glauben – Voraussetzung der Einheit der Christenheit (2006)

John Antony Theodore Vazhakoottathil, Thomas Merton's mystical quest for the union with God (1992)

Rudolf Voderholzer, Die Einheit der Schrift und ihr geistiger Sinn. Der Beitrag Henri de Lubacs zur Erforschung von Geschichte und Systematik christlicher Bibelhermeneutik (1997)

Jan-Christoph Vogler, Nulla veritas crescit? Skizze zur Erstellung einer katholischen Dogmenentwicklungstheorie (2004)

Cesar Vumuka-ku-Nanga, Politische Theologie in Afrika. Das dogmatisch-politische Denken des hl. Ambrosius von Mailand als Modell für die Beziehung zwischen Staat und Kirche im modernen Afrika (2000)

Andrzej Wierciński, Der Dichter in seinem Dichtersein. Versuch einer philosophisch-theologischen Deutung des Dichterseins am Beispiel von Czeslaw Milosz (1996)

Autorenverzeichnis

Papst Benedikt XVI.

Prof. Dr. Winfried Aymans
Professor em. für Kirchenrecht und Vorstand des Kanonistischen Instituts der Ludwig-Maximilians-Universität München

Dr. theol. Franz Joseph Baur
Regens des Erzbischöflichen Priesterseminars in München

PD Dr. Christoph Binninger
Privatdozent am Lehrstuhl für Dogmatik und Ökumenische Theologie an der Ludwig-Maximilians-Universität München und Studienleiter des „Studium Rudolphinum" am Priesterseminar der Diözese Regensburg

Prof. DDr. Eugen Biser
Professor em. für Christliche Weltanschauung und Religionsphilosophie an der Ludwig-Maximilians-Universität München

Dr. theol. Achim Buckenmaier
Dozent an der Akademie für die Theologie des Volkes Gottes der Katholischen Integrierten Gemeinde in Frascati.

Dr. theol. Alexa Feucht
Öffentlichkeitsreferentin im Erzbischöflichen Jugendamt München und Freising. Freiberufliche Mitarbeiterin bei der KNA Bayerischer Dienst und bei der Kirchenzeitung München

Rìno Fisichella
Weihbischof in Rom und Rektor der Päpstlichen Lateranuniversität

Bruno Forte
Erzbischof von Chieti – Vasto

Prof. DDr. Hanna-Barbara Gerl-Falkovitz
Professorin für Religionsphilosophie und vergleichende Religionswissenschaften an der Technischen Universität Dresden

Prof. Dr. Olegario Gonzales de Cardedal
Professor der Dogmatik an der Universidad Pontificia de Salamanca

Prof. Dr. Krzysztof Góźdź
Professor an der Katholischen Universität Johannes Paul II. Lublin

Prof. Dr. Joachim Gnilka
Professor em. für Exegese des Neuen Testaments an der Ludwig-Maximilians-Universität München

Prof. Dr. Gustavo Gutiérrez
Professor an den Fachbereichen für Theologie und Sozialwissenschaften an der Ka-

tholischen Universität in Lima (Peru) und Gründer und Leiter des Instituto Bartolomé de Las Casas in Lima-Rimac

Dr. theol. Michaela Christine Hastetter
Assistentin am Arbeitsbereich Pastoraltheologie der Albert-Ludwigs-Universität Freiburg

Prof. Dr. Manfred Heim
Professor für Bayerische Kirchengeschichte an der Ludwig-Maximilians-Universität München

Walter Kardinal Kasper
Präsident des Päpstlichen Rates zur Förderung der Einheit der Christen

PD Dr. Imre Koncsik
Privatdozent am Lehrstuhl für Dogmatik und Ökumenische Theologie an der Ludwig-Maximilians-Universität München

Prof. Dr. Josef Kreiml
Professor für Fundamentaltheologie und Dozent für Ökumenische Theologie an der Philosophisch-Theologischen Hochschule St. Pölten

Karl Kardinal Lehmann
Bischof von Mainz; Vorsitzender der Deutschen Bischofskonferenz

Joachim Kardinal Meisner
Erzbischof von Köln

Prof. Dr. Karl Heinz Menke
Professor für Dogmatik und Theologische Propädeutik an der Universität Bonn

Prof. Dr. Ludwig Mödl
Professor em. für Pastoraltheologie an der Ludwig-Maximilians-Universität München; Spiritual am Herzoglichen Georgianum in München

Prof. DDr. Franz Mußner
Professor em. für Exegese des Neuen Testaments an der Universität Regensburg

Prof. Dr. Wolfgang W. Müller
Professor für Dogmatik an der Theologischen Fakultät der Universität Luzern und Leiter des Ökumenischen Instituts Luzern

Dr. theol. Dr. phil. Sascha Müller
Wissenschaftlicher Mitarbeiter am Lehrstuhl für Dogmatik an der Theologischen Fakultät Trier

Maria Luisa Öfele
Ordinariatsrätin, Leiterin des Referats Orden und Geistliche Gemeinschaften im Bischöflichen Ordinariat Regensburg

PD Dr. Christoph Ohly
Privatdozent am Klaus-Mörsdorf-Studium für Kanonistik an der Ludwig-Maximilians-Universität München

Eugenio Romero Pose †
Weihbischof in Madrid

Prof. Dr. Josef Sayer
Hauptgeschäftsführer des Bischöflichen Hilfswerkes Misereor

Dr. theol. Christian Schaller
Theologischer Referent des Bischofs von Regensburg

Prof. Dr. Hans Christian Schmidbaur
Professor für Dogmatik an der Facultà di Teologia di Lugano

Prof. Dr. Michael Schulz
Professor für Dogmatik an der Rheinischen Friedrich-Wilhelms-Universität Bonn

Prof. Dr. Georg Schwaiger
Professor em. für Kirchengeschichte des Mittelalters und der Neuzeit an der Ludwig-Maximilians-Universität München

Angelo Kardinal Scola
Patriarch von Venedig

Prof. Dr. Slawomir Śledziewski
Professor für Dogmatik an der Kardinal-Wyszynski-Universität Warschau

Prof. Dr. Michael Stickelbroeck
Professor für Dogmatik an der Philosophisch-Theologischen Hochschule St. Pölten

Prof. Dr. Thomas Söding
Professor für Biblische Theologie an der Universität Wuppertal

Prof. Dr. Rudolf Voderholzer
Professor für Dogmatik an der Theologische Fakultät Trier

Prof. DDr. Andrzej Wierciński
Research Professor in Hermeneutics, University of Toronto, Canada

Prof. DDr. Anton Ziegenaus
Professor em. für Dogmatik an der Universität Augsburg